◇ 행 복 ◇

한 권의 책은 독자의 「일생 물줄기」를 바꿔 놓기도 합니다.
또 그것은 값진 선물이 되기도 합니다.

아무쪼록 이 책이 님의 일생에 한 줄기 등불이 되시기를,
그리고 행복과 성공의 길잡이가 되시기를 진심으로 기원합니다.

년   월   일

인생의 나침반이요, 이정표 그리고 내비게이션!!
누구나 꼭, 꼭, 꼭, 꼭
한번 봐두실 책

초판 1쇄 발행　2023년 04월 10일
초판 2쇄 발행　2023년 04월 30일

신고번호　제313-2010-376호
등록번호　105-91-58839

지은이　기노영

발행처　보민출판사
발행인　김국환
기획　　김선희
편집　　정은희
디자인　김민정

주소　경기도 고양시 일산동구 연리지로 51, 라몬테이탈리아노 411호
전화　070-8615-7449
사이트　www.bominbook.com

ISBN　979-11-92071-70-0　03300

- KOMCA 승인필
- 가격은 뒤표지에 있으며, 파본은 구입하신 서점에서 교환해드립니다.
- 이 책은 저작권법에 의하여 보호를 받는 저작물이므로 무단 전재와 복사를 금합니다.

인생의 나침반이요, 이정표 그리고 내비게이션!!

누구나 꼭, 꼭, 꼭, 꼭 한번 봐두실 책

기노영 지음

태어나는 순간부터 … 눈을 감는 순간까지
알아야 되고 해결해야 될 일생문제 해답집!

어머니의 마음

낳실제 괴로움 다 잊으시고 기를제 밤낮으로 애쓰는 마음
진자리 마른자리 갈아 뉘시며 손발이 다 닳도록 고생하시네
하늘 아래 그 무엇이 넓다 하리오 어머님의 희생은 가이없어라

어려선 안고 업고 얼러주시고 자라선 문 기대어 기다리는 맘
앓을사 그릇될사 자식 생각에 고우시던 이마 위에 주름이 가득
땅 위에 그 무엇이 높다 하리오 어머님의 정성은 지극하여라

사람의 마음속엔 온 가지 소원 어머님의 마음속엔 오직 한 가지
아낌없이 일생을 자식 위하여 살과 뼈를 깎아서 바치는 마음
인간의 그 무엇이 거룩하리오 어머님의 사랑은 그지없어라

- 양주동 시 / 이흥렬 곡

서문

　우리 인생의 삶의 목표는 행복 추구에 있습니다. 재산도 지위도 명예도 성공도 그 어떤 것도 행복을 능가할 수는 없습니다. 행복은 흐뭇한 정신적, 육체적 만족 상태입니다. 행복하면 삶이 즐겁고 기쁘고 한량없이 재미가 있습니다. 신바람도 덩달아, 콧노래도 절로 나옵니다. 반면에 불행하면 삶이 심히 안 좋습니다. 소태처럼 쓰고, 그래서 애를 쓰고 노력을 합니다. 행복은 삶의 원동력입니다. 행복은 만인의 염원임에도 재수 없으면 불행한 삶이 찾아오기도 합니다. 막을 수만 있다면 그 '불행 방지책'을 이 책 안에 담았습니다. 이혼은 슬프디 슬프고 그지없이 불행한 일입니다. 이혼을 작정했다가 이 책을 보고 마음을 되돌려 원상회복을 하게 된다면, 또 이 책을 보고 학교폭력을 당하지 않게 된다면, 자살을 하지 않게 된다면 행복한 일임엔 틀림이 없습니다.

　해마다 실종아동 신고 건수가 2만여 건 접수되고 있고, 그중 돌아오지 않는 아이들도 있을 것입니다. 그 가족들은 한평생 상상하기 어려운 고통 속에 불행한 삶을 살아가게 될 것입니다. 미아, 유괴, 포경수술, 안전사고, 체벌, 간섭, 학대, 학습장애, 학교폭력, 왕따, 가출, 채팅, 원조교제, 음주, 흡연, 약물중독, 음란물, 학원·과외, 스마트폰·인터넷 중독, 10대 미혼모, 임신, 낙태, 성폭력, 섭식장애, 비만, 데이트 폭력, 혼수, 미투, 부부싸움, 실직, 사업실패, 이혼, 황혼이혼, 부모학대, 범죄, 한국병, 음주운전, 자살 등 안 좋은 일들이 너무 많이 계속 일어나고 있습니다. 막을 수만 있다면 그 '예방과 해결책'을 이 책 안에 담았습니다.

이 외에도 출산, 육아, 자녀교육 대원칙, 버릇, 예절교육, 조기교육, 선행학습, 자립·독립심, 영재교육, 성교육, 경제교육, 조기유학, 교환학생, 생활 및 공부 지도요령, 꿈, 자기주도 학습요령, 공부방법, 시험공부, 글쓰기, 발표력, 리더십, 호신술, 저작권, 사춘기, 순결, 친구, 이성친구, 대안학교, 진로, 진학, 낙방, 재수, 인생설계, 스펙, 군입대, 취업, 직장생활, 승진, 자기계발, 인맥관리, 재무설계, 이성교제, 결혼, 임신, 출산, 낙태, 취미, 성생활, 식생활, 가정경영관리, 맞벌이, 가족계획, 재혼, 건강, 효도, 이직, 자영업, 재취업, 노후 및 은퇴 준비, 노인문제, 황혼육아, 웰다잉, 행복, 부자 되기, 창업, 성공, 목표, 발명, 작심삼일, 문제 해결방법, 판단과 선택, 입조심·말조심, 오해, 성 에너지 전환, 실천 등 참고해야 할 항목이 이 책 안에 가득 들어있습니다.

다행스럽게도 이 책을 보고
- 성적 불량 학생이 우등생이 된다면
- 가고 싶은 대학에 들어간다면
- 가고 싶은 곳에 취업이 된다면
- 마음에 드는 사람과 결혼하게 된다면
   행복하고 경사스러운 일이 아닐 수 없습니다.

이름이 마음에 들지 않아 개명한 사람이 2012~2017년 사이에 85만 명에 이르고 있습니다.(여 65.6% / 남 34.4%) 그 작명법도 이 책 안에 담았습니다.

이 책은 12장으로 구성되어 있습니다. 미래의 주역인 유·초·중

· 고등학생에게 좀 더 비중을 두고 집필했습니다.

제1장은 영·유아편으로 지·덕·체, 건강, 육아, 조기교육, 선행학습, 안전사고, 미아방지 등의 '지도요령'을 제시했습니다.

제2장은 초등학생의 생활, 공부, 경제, 성교육, 꿈, 자립심 등의 '지도요령'을 담았고, 학원 과외, 조기유학 등을 점검해봤습니다.

제3장은 중학생부터는 아무래도 학부모로서는 지도가 어렵기 때문에 자녀가 스스로 해낼 수 있는 '자기주도 학습·생활요령'을 제시했습니다. 또 사춘기의 여러 문제점도 점검해봤습니다.

제4장은 고등학생편으로 대학입학 시험에 초점을 맞춰 대안을 제시했고, 더해 실업계(특성화고, 마이스터고) 학생편도 점검해봤습니다.

제5장은 대학생편으로 인생설계, 학업, 사회 진출에 대비하고
제6장은 20대편으로 취업은 어떻게, 직장생활은 어떻게, 결혼과 결혼생활은 어떻게 해야 할까 그 대안을 제시했고
제7장은 30대편으로 인생의 황금 같은 시기이고, 도약의 기회이므로 놓치지 말고 도전·쟁취하고 가정·부부생활의 여러 문제점도 살펴봤습니다.
제8~9장은 40~50대편으로 인생의 완숙기로 갈고 닦은 경륜을 펴고 지나온 삶을 살펴보고 퇴직·은퇴 준비에도 초점을

맞췄습니다.
제10장은 60대 노년으로서의 노후생활에 대한 대안을
제11장은 인생의 황혼기로서 맞이해야 할 죽음에 대한 대비책을 제시했습니다.
제12장은 일생을 살아가는 데 있어서 참고해야 할 성찰항목이 들어있고(19항목), 국민의 한 사람으로서 부강한 나라, 아름다운 사회 건설에 동참해서 만들고, 지켜내고, 그리고 1등 국가, 1등 국민의 마음가짐, 자세 등을 점검해봤습니다. (12항목)

'인생은 문제투성이'라고 그 누가 말했습니다. 문제 아닌 게 없습니다. 눈을 뜨면 문제가 기다리고 있습니다. 쉬운 문제, 어려운 문제, 잘 풀리기도 하고, 안 풀리기도 하고, 산 넘어 산이요, 장애물 경기와 같습니다. 짧지 않은 우리 인생, 태어난 순간부터 눈을 감는 순간까지 알아야 되고, 해결해야 될 일생문제의 전 과정을 한 권에 담아 나름대로의 답을 제시했습니다. 힘난하고 어려운 세상, 굴곡 많은 한평생 순탄하고 행복하게 살아가는 데 어떤 안내서가 필요함에도 살펴보니 없기에 작정하고 집필하게 된 것입니다. 두 마디도 아니고 한 마디로 이 책은 일생의 나침반이요, 이정표, 그리고 내비게이션 역할이라고 할 수 있습니다. 조·부·손 삼대가 참고해야 될 안내서입니다. 그러나 "인간이 쓴 건 완성본이 아니다."고 누가 말했습니다. 오류가 있을 수도, 소견이 다를 수도 있습니다. 아무쪼록 취사선택을 잘하셔서 일생을 경영하시는 데 참고가, 보탬이 되는 게 있다시면 쓴 보람이 있겠습니다. 감사합니다.

• 인간만이 자신의 행복을 창조한다. - A. P. 체호프

- 2023년 4월

기노영

목차

제1장. 탄생~취학 전	26
제2장. 초등학생	202
제3장. 중학생	299
제4장. 고등학생	469
제5장. 대학생	510
제6장. 20대 청년	551
제7장. 30대 황금년(黃金年)	732
제8장. 40대 중년(中年)	854
제9장. 50대 장년(壯年)	877
제10장. 60대 노년(老年)	891
제11장. 죽음 – 인생과의 작별	924
제12장. 기타 – 성찰(省察)	938

세부 목차

어머니의 마음 · 4
서문 · 5

제1장. 탄생~취학 전

1. 탄생(誕生) · 27
2. 존경해 마지않는 아내님에게 · 28
3. 우선 이름부터 짓고 · 32
  (1) 좋은 이름은 뭘까? · 32
  (2) 안 좋은 이름은 뭘까? · 33
  (3) 한자로 지을까? · 33
  (4) 한글로 지을까? · 34
  (5) 그러면 어떻게 지을까? · 34
  (6) 이름을 고치려면? · 35
4. 여보, 우리 천사들 이렇게 잘 가르칩시다-다짐과 각오 · 36
5. 나는 몇 점짜리 부모일까? · 40
6. 가정교육은 어떻게? · 41
  (1) 가정교육은 이렇게! · 41
  (2) 부모의 역할 · 43
    ① 아버지 역할은 무엇인고? · 48
    ② 어머니 역할은 또 무엇인고? · 51
    ③ 편부모 자녀교육 · 55
7. 자녀교육 대원칙-유·초·중·고생 · 58
  (1) 모범, 본 · 58
  (2) 대화 · 59
  (3) 관심과 간섭 그리고 잔소리 · 61
  (4) 칭찬과 격려 그리고 꾸중 · 66
  (5) 체벌 · 72
  (6) TV 안 보기, 덜 보기 · 77
  (7) 부부싸움 안 보여주기 · 77
  (8) 등교 시의 스킨십 그리고 기도 · 78
8. 무엇을 어떻게 가르치고 기를 것인가? · 80
  (1) 전인교육이란 무엇인고? · 80
  (2) 체육-건강하고 튼튼하게 기르기 · 80
    ① 젖먹이 · 81
      ㄱ. 모유 먹이기 · 81
      ㄴ. 이유식(離乳食)이란? · 85

      ㄷ. 재우기 · 87
      ㄹ. 입히기 · 88
      ㅁ. 대소변 훈련시키기 · 89
      ㅂ. 울 때 · 91
      ㅅ. 열이 나고 경련을 일으킬 때 · 92
      ㅇ. 심하게 흔들지 않기 · 93
      ㅈ. 보행기 덜 태우기 · 94
      ㅊ. 젖먹이에게 TV, 비디오, 휴대폰 안 보여주기 · 94
      ㅋ. 스킨십 · 97
    ② 영유아 건강과 질병 · 98
      ㄱ. 건강 · 98
      ㄴ. 건강체크·검진·접종 · 99
      ㄷ. 질병 · 101
    ③ 영양관리 · 114
    ④ 편식 · 114
    ⑤ 놀이(공부, 운동)와 놀잇감(장난감) · 116
    ⑥ 안전사고 · 118
      ㄱ. 어린이 교통사고 · 119
      ㄴ. 화상사고 · 121
      ㄷ. 기타 사고 · 122
      ㄹ. 예방과 처치 · 122

  (3) 지육(知, 智育)-두루 알고 지혜롭게 기르기 · 124
    ① 언어교육 · 124
    ② 지능계발 · 125
      ㄱ. 영양 · 126
      ㄴ. 환경 · 127
    ③ 조기교육-시킬까 말까 · 127
      ㄱ. 언제가 적당할까? · 128
      ㄴ. 뭘 가르칠까? · 128
      ㄷ. 폐해는 어떤 것이 있을까? · 130
    ④ 선행학습(先行學習) ① · 132
    ⑤ 영재교육 · 135
      ㄱ. 영재의 요건은 뭘까? · 135
      ㄴ. 영재성이 있나 없나 어떻게 알 수 있을까? · 136
      ㄷ. 그러면 부모의 역할은 뭘까? · 136

⑥ 문자교육 • 138
　　ㄱ. 한글 가르치기 • 138
　　ㄴ. 숫자, 셈 가르치기 • 139
　　ㄷ. 옛날 얘기 해주기 • 139

⑦ 예체능 교육 ① • 141
⑧ 외국어 교육(영어) • 142
⑨ 인터넷 교육 • 145
⑩ 유아 성교육 • 146

(4) 덕육(德育)-덕성스럽게 기르기 • 148
　① 성격-길들이고 고치기 • 149
　　ㄱ. 어머니 역할 • 150
　　ㄴ. 아버지 역할 • 150
　　ㄷ. 어떻게 고쳐줄까? • 151

　② 버릇(습관) • 154
　③ 예절교육 • 157
　　ㄱ. 인사예절 • 158
　　ㄴ. 언어예절 • 159
　　ㄷ. 식사예절 • 160
　　ㄹ. 부모님에게 존댓말 쓰기 • 163
　　ㅁ. 효도와 어른 공경하기 • 164
　　ㅂ. 형제자매간의 우애 • 166

　④ 법과 질서 교육 • 168
　　ㄱ. 일반질서 • 168
　　ㄴ. 교통질서 • 168
　　ㄷ. 환경질서 • 169
　　ㄹ. 실천하기 • 169

　⑤ 도덕교육 • 169
　⑥ 관심과 간섭 그리고 잔소리 • 170
　⑦ 칭찬과 격려 그리고 꾸중 • 170
　⑧ 체벌 • 170
　⑨ 아동학대 • 170
　⑩ 해서는 안 되는 말, 상처를 주는 말 • 174
　⑪ 자립심, 독립심 길러주기 • 177
　⑫ 사회성 길러주기 • 179
　⑬ 자녀사랑 • 181

(5) 기타 문제 • 182
　① 탄생선물-보험 • 182
　② 맞벌이 부부의 육아문제 • 182
　　ㄱ. 어떤 대리 양육자가 좋을까? • 183

　　ㄴ. 퇴근 후 • 184
　　ㄷ. 남편은 뭘 해야 되나? • 184

　③ 미아·유괴 그리고 기아 • 186
　　ㄱ. 미아 • 186
　　ㄴ. 유괴 • 190
　　ㄷ. 기아(棄兒) • 193

　④ 유치원, 어린이집 • 195
　　ㄱ. 보낼까 말까? • 195
　　ㄴ. 유치원 • 196
　　ㄷ. 선택 시 고려사항 • 196

　⑤ 사립 초등학교 • 197
　　ㄱ. 차이점 • 197
　　ㄴ. 고려사항 • 197

　⑥ 초등학교 입학 전 점검사항 • 197
　　ㄱ. 건강상태 점검 • 198
　　ㄴ. 생활습관 길들이기 • 198
　　ㄷ. 기타 교육 • 199
　　ㄹ. 학습준비 • 199
　　ㅁ. 준비물 • 200
　　ㅂ. 학부모 되기 준비 • 200

제2장. 초등학생

1. 가정에서의 생활지도 요령 • 203
(1) 학교생활 적응하기 • 203
(2) 계획적인 생활습관 길러주기 • 204
(3) 예절교육 • 207
(4) 고쳐야 할 버릇-언어 파괴와 욕설 • 207
(5) 경제교육-시킬까 말까 • 209
　① 왜 시켜야 되나? • 209
　② 언제 시킬까? • 210
　③ 어디서 • 211
　④ 누가 • 211
　⑤ 무엇을 • 211
　⑥ 어떻게 • 211
　　ㄱ. 벌기 • 211
　　ㄴ. 쓰기 • 212
　　ㄷ. 저축하기 • 213
　　ㄹ. 늘리기(투자) • 214
　　ㅁ. 빌리기 • 215

ㅂ. 나누기 • 215

(6) 성교육 • 216
　① 초경(初經)과 몽정(夢精) • 217
　② 자위(自慰) • 217
　③ 성폭력으로부터 우리 아이
　　지키기 • 218
　　ㄱ. 왜 일어날까? • 218
　　ㄴ. 언제 • 218
　　ㄷ. 어디서 • 218
　　ㄹ. 누가 • 219
　　ㅁ. 무엇을 • 219
　　ㅂ. 예방하려면 어떻게 • 219
　　ㅅ. 기타 • 220
　　ㅇ. 사후대처 방법 • 221

(7) 환경교육 • 222
(8) 건강 • 223
　① 비만 • 224
　② 성조숙증 • 224
　③ 안경 안 쓰기 • 224
　　ㄱ. 그 원인은 뭘까? • 224
　　ㄴ. 어떻게 관리해야 할까? • 225

(9) TV 시청 • 226
(10) 인터넷 중독 • 228
　① 원인은 뭘까? • 229
　　ㄱ. 학업 스트레스 • 229
　　ㄴ. 접근 용이 • 229
　　ㄷ. 놀이문화 부족 • 229
　　ㄹ. 맞벌이 영향 • 230
　② 인터넷 중독에는 어떤 것이
　　있을까? • 230
　③ 청소년 인터넷 중독 자가진단
　　척도 • 231
　④ 청소년 스마트폰 중독 자가진단
　　척도 • 233
　⑤ 인터넷 중독 예방수칙 • 235
　⑥ 중독이 됐다면 어떻게 해야
　　할까? • 235

(11) 저작권 교육시키기 • 236
(12) 발표력 길러주기 • 238
　① 쓰임새 • 238

　　ㄱ. 학교생활 • 238
　　ㄴ. 직장생활 • 238
　　ㄷ. 사회생활 • 238

　② 효과 • 238
　③ 어떻게 길러줄까? • 239
　④ 언제부터 연습시킬까? • 241

(13) 꿈 심어주기 • 241
(14) 노는 것도 공부 • 241
(15) 집안일 돕기 • 243
(16) 자립심, 독립심 길러주기 • 244
(17) 방학-보람 있게 보내기 ① • 244
　① 계획 세우기 • 244
　② 생활지도 • 244
　③ 학습지도 • 245
　④ 건강관리 • 245

(18) 재능, 적성 찾아주기 • 247
(19) 꼭 가르쳐야 할 것 • 248

2. 가정에서의 공부지도 요령 • 250
(1) 공부하기 좋은 환경 만들어주기 • 250
(2) 공부습관 길러주기 • 251
(3) 공부계획 짜기 ① • 252
(4) 공부 잘하는 비법 • 252
(5) 과목별 공부방법 • 254
　① 국어 • 254
　② 영어 • 254
　③ 수학 • 254
　④ 사회 • 255
　⑤ 과학 • 255

(6) 노트정리 • 255
(7) 숙제 지도 • 256
(8) 학습지 지도 • 256
　① 목적에 맞게 • 257
　② 수준에 맞게 • 257
　③ 꾸준하게 • 257
　④ 스스로 풀도록 • 257

(9) 일기쓰기 지도 • 257
(10) 독서 지도 • 259
(11) 한자 지도 • 260
(12) 초등 4학년 • 262

(13) 홈스쿨링 • 262

3. 학교 공부 이외의 문제들 • 264
  (1) 사교육(학원, 과외) • 264
    ① 왜 사교육이 필요할까? • 264
    ② 어느 학원, 과외에 보내야 할까? • 265
    ③ 현실은 어떤가? • 265
    ④ 비용 • 266
    ⑤ 폐해 • 267
      ㄱ. 잠을 제대로 못 자면 • 267
      ㄴ. 아침 굶으면 • 267
      ㄷ. 정신질환 • 268
      ㄹ. 중독 • 268
      ㅁ. 선생학습 ② • 269
      ㅂ. 어떻게 해야 할까? • 272

    ⑥ 이민 • 273
    ⑦ 외국 사례 • 273
    ⑧ 치유방법 • 274
      ㄱ. 자각, 대오각성 • 275
      ㄴ. 직업의식을 바꿔야 • 276
      ㄷ. 덜 보내기 운동 • 276
      ㄹ. 가장 좋은 방법 • 277

    ⑨ 이기적인 부모가 됩시다 • 278

  (2) 예체능 교육 ② • 279
    ① 악기 • 279
    ② 운동 • 279

  (3) 조기유학(해외 어학연수) • 280
    ① 현실은 어떤가? • 280
    ② 왜 그렇게 기를 쓰고 보내려 할까? • 280
    ③ 아무 문제는 없을까? • 281
    ④ 귀국 후의 적응문제 • 282
    ⑤ 기러기 아빠 • 282
    ⑥ 대안은 없는가? • 284
    ⑦ 그래도 조기유학을 원한다면? • 285
      ㄱ. 뭘 준비해야 할까? • 285
      ㄴ. 언제 보낼까? • 285
      ㄷ. 어느 나라로 보낼까? • 285
      ㄹ. 어느 지방으로 • 285
      ㅁ. 표준영어 습득 • 286
      ㅂ. 종합적으로 • 286
      ㅅ. 최종적으로 • 286

  (4) 대안학교 • 286
    ① 대안학교란? • 286
      ㄱ. 인가형 • 287
      ㄴ. 비인가형 • 287

    ② 뭘 가르칠까? • 287
    ③ 왜 가는가? • 287
    ④ 보낼까 말까? • 288
      ㄱ. 심사숙고 • 288
      ㄴ. 비용 • 288

  (5) 지금 님의 아이들은 행복합니까? • 288

4. 기타 • 291
  (1) 학습(장애, 지체, 부진) • 291
    ① 학습장애 • 291
    ② 학습지체 • 291
    ③ 학습부진 • 291

  (2) 행동장애 • 292
  (3) 음란물 • 292
    ① 문제는 뭘까? • 293
    ② 어떻게 해야 할까? • 293
    ③ 내 아이가 음란물을 본다면? • 294

  (4) 채팅과 원조교제 • 294
  (5) 음주, 흡연 교육 • 295
  (6) 학교폭력 • 296
  (7) 왕따 • 296
  (8) 가출 • 296
  (9) 중학교 입학 전 준비사항 • 296
    ① 학습 • 296
    ② 생활습관 • 297
    ③ 등교 거부-새학기 증후군 • 297

제3장. 중학생

1. 꿈 많은 중학생 여러분에게 드리는 글 • 300
  (1) 큰 꿈을 꾸십시오 • 300
  (2) 꿈(일생)의 설계 • 302
  (3) 그렇다면 어떻게 해야 꿈을 이룰 수 있을까? • 304

2. 어떻게 공부할 것인가? · 307
  (1) 왜 공부해야 하는가? · 307
  (2) 초등학교와 중학교의 다른 점 · 308
  (3) 공부방법 · 308
    ① 예습과 복습 · 310
    ② 자기주도 학습이란 뭣이냐? · 311
    ③ 나만의 공부(학습) 계획 짜기 ② · 313
    ④ 공부 방해꾼 · 315
      ㄱ. TV · 315
      ㄴ. 컴퓨터 · 316
      ㄷ. 스마트폰 · 316
      ㄹ. 기타 · 318

    ⑤ 자투리 시간 활용하기 · 318
    ⑥ 교재선택과 활용방법 · 318
      ㄱ. 선택 · 318
      ㄴ. 활용방법 · 320

  (4) 수업 태도 · 320
    ① 수업시간 충실히 하기 · 320
    ② 질문하기 · 320
    ③ 노트정리 잘하기 · 321
      ㄱ. 왜 필요할까요? · 321
      ㄴ. 효과적인 노트정리법 · 322
      ※ 오답노트 만들기 · 322

  (5) 과목별 공부방법 · 324
    ① 국어 · 324
      ㄱ. 읽기 · 325
      ㄴ. 쓰기 · 325
      ㄷ. 말하기 · 325
      ㄹ. 듣기 · 326

    ② 영어 · 327
      ㄱ. 말하기, 듣기 · 328
      ㄴ. 쓰기, 영작 · 328
      ㄷ. 읽기, 독해 · 328
      ㄹ. 문법 · 329
      ㅁ. 단어 · 329

    ③ 수학 · 329
      ㄱ. 왜 수학을 배워야 할까? · 329
      ㄴ. 어떻게 하면 잘할 수 있을까? · 330

    ④ 과학 · 332
      ㄱ. 어떻게 해야 과학을 잘할 수 있을까요? · 333
      ㄴ. 참고로 과학자의 요건, 자질을 소개합니다 · 334

    ⑤ 사회 · 335
    ⑥ 기타 과목 · 335

  (6) 시험 잘 보는 요령 · 336
    ① 시험 보기 전 · 336
      ㄱ. 시험공부 기간 · 337
      ㄴ. 시험공부 일정 · 337
      ㄷ. 시간 배분 · 337
      ㄹ. 시험공부 순서 · 337
      ㅁ. 과목 수 · 337
      ㅂ. 횟수 · 338

    ② 시험 볼 때 · 338
    ③ 시험 본 후 · 339
    ④ 부모님께 한 말씀 · 340

  (7) 공부하기 싫을 때 · 341
  (8) 싫어하는 과목 공략법 · 343
  (9) 정신집중 공부법 · 344
  (10) 효과적인 암기법 · 346
    ① 이해한 후 외울 것 · 347
    ② 집중해서 외울 것 · 347
    ③ 연계, 연상해서 외울 것 · 347
    ④ 감각을 활용해서 외울 것 · 347
    ⑤ 시간을 두고 반복해서 외울 것 · 347
    ⑥ 복잡한 것은 나누어서 외울 것 · 347

3. 어떻게 보낼 것인가? · 348
  (1) 건강관리 · 348
    ① 아침밥 먹기 ① · 349
    ② 수면(잠자기) · 350
    ③ 섭식장애(거식, 폭식증) · 352
      ㄱ. 정의 · 352
      ㄴ. 섭식장애 증상 및 진단법 · 352
      ㄷ. 실태는 어떤가? · 353
      ㄹ. 왜 이런 현상이 일어나는가? · 353
      ㅁ. 거식, 폭식 이유 · 354
      ㅂ. 건강에 미치는 영향 · 354
      ㅅ. 어떻게 해야 할까? · 354

ㅇ. 효과적인 다이어트 요법 • 355
④ 시력 • 355
⑤ 비만 • 355
⑥ 소음성 난청 • 355
⑦ 키 • 356
　ㄱ. 영양 • 357
　ㄴ. 수면(잠) • 358
　ㄷ. 운동 • 358
　ㄹ. 비만(성조숙중) • 358
⑧ VDT(영상표시 단말기) 증후군 • 359
⑨ 학업 스트레스 해소하기 • 361
⑩ 여학생에게는 어떤 건강관리가 필요할까요? • 363
(2) 시간관리 ① • 364
(3) 친구 사귀기 • 368
　① 친구란? • 368
　② 좋은 친구 나쁜 친구 • 369
　③ 어떻게 만들까? 사귈까? • 369
(4) 글쓰기 • 372
(5) 취미와 여행 • 374
　① 취미 • 375
　② 여행 • 375
(6) 발명하기 ① • 376
(7) 자원봉사하기 • 378
　① 왜 필요한가? • 378
　② 어디 가서 무엇을 어떻게 해야 할까요? • 378
　③ 언제 할까? • 379
　④ 왜 할까요? • 379
　⑤ 현실은 어떤가? • 379
(8) 독서 ① • 380
　① 왜 독서를 해야 할까요? • 380
　② 어떤 책을 읽을 것인가? • 381
　③ 어떻게 읽을 것인가? • 381
　　ㄱ. 계획을 세워서 • 381
　　ㄴ. 자기 수준에 맞게 • 382
　　ㄷ. 속독, 정독 • 382
　　ㄹ. 정리 • 382
　　ㅁ. 재독 • 382

(9) 외모 가꾸기 • 383
　① 화장 • 383
　② 성형수술 • 386
　③ 여드름 손질하기 • 388
(10) 동아리 활동 • 389
(11) 리더십 기르기 • 390
　① 리더, 리더십이란? • 390
　② 리더, 어떤 유형이 있을까? • 391
　　ㄱ. 자유 방임형 • 391
　　ㄴ. 권위형 • 391
　　ㄷ. 민주형 • 391
　③ 리더십, 어떻게 길러야 할까? • 391
(12) 교환학생 • 392
　① 취지 • 392
　② 부수효과 • 392
　③ 주관 • 392
　④ 자격 • 392
　⑤ 기간 • 393
　⑥ 준비사항 • 393
　⑦ 유의사항 • 393
(13) 호신술 익히기 • 393
(14) 방학-보람 있게 보내기 ② • 396

4. **사춘기 고민은 어떻게 풀어야 할까?** • 399
(1) 사춘기란? • 399
(2) 고민은 어떤 것이 있을까? • 400
(3) 그렇다면 고민을 어떻게 풀어야 할까? • 400
(4) 열등감 극복하기 • 401
(5) 부모님께 한 말씀 • 403

5. **부모와 자식간의 갈등(葛藤)** • 405
(1) 갈등해소 • 405
(2) 바람직한 대화요령 • 406

6. **이성교제 ①** • 410
(1) 10대 미혼모, 미혼부 • 410
(2) 바람직한 이성교제는 뭘까? • 412
(3) 임신-어떻게 막을까 • 415
(4) 피임 • 418
(5) 순결 • 418

▪ 어떻게 지켜야 할까 • 419

**7. 비행-나쁜 짓 · 못된 짓 ·
해서는 안 될 짓 • 421**
　(1) 학교폭력 • 422
　　① 실상은 어떤가? • 422
　　② 왜 때릴까? 왜 폭력이 끊이지
　　　 않을까? • 424
　　③ 어떻게 해야 폭력이 사라질까? • 425
　　　ㄱ. 가해 학생 • 425
　　　ㄴ. 피해 학생 • 426
　　　ㄷ. 가해 학생 부모님 • 428
　　　ㄹ. 피해 학생 부모님 • 429
　　　ㅁ. 학교에 한 말씀 • 433

　(2) 왕따(집단 따돌림) • 434
　　① 왜 이런 일들이 자꾸
　　　 벌어질까요? • 435
　　▪ 가해 학생 여러분! • 435

　　② 어떻게 해야 할까? • 436

　(3) 가출 • 438
　　① 왜 가출할까요? • 438
　　② 왜 안 돌아올까요? • 439
　　③ 그렇다면 어떻게 해야 할까? • 439
　　▪ 학생 여러분! • 440

　(4) 채팅과 원조교제 • 443
　(5) 성폭력(가해자) • 445
　(6) 음란물 • 448
　(7) 술과 담배 • 448
　(8) 도박 • 451
　(9) 약물중독 • 453
　(10) 자살 ① • 454
　　① 자살 이유 • 454
　　　ㄱ. 성적 때문에 • 455
　　　ㄴ. 학교폭력이나 왕따에
　　　　 시달려서 • 456
　　　ㄷ. 실연 때문에 • 457

　(11) 학교 체벌에 대해 한 말씀 • 458

8. 진로와 진학 ① • 462
9. 고등학교 입학 전 준비해둘 일 • 468

제4장. 고등학생

1. 어떻게 보낼 것인가? • 470
　(1) 학교와 가정생활-어떻게 할
　　 것인가 • 471
　　① 학교생활 • 471
　　　ㄱ. 모범생 • 471
　　　ㄴ. 수업태도 • 472
　　　ㄷ. 동아리 활동 • 472
　　　ㄹ. 친구 사귀기 • 472

　　② 가정생활 • 472
　　　ㄱ. 건강관리 • 472
　　　ㄴ. 슬럼프 극복하기 • 473
　　　ㄷ. 신문보기 ① • 473
　　　ㄹ. 방학의 효율적 이용 • 475
　　　ㅁ. 기타 생활 • 476

　　③ 시간계획표 작성 • 476

　(2) 공부 역시 어떻게 해야 할까? • 476
　　① 대학입시에 초점을 맞춘다. • 477
　　② 학습방법 • 477
　　　ㄱ. 학년별 • 477
　　　ㄴ. EBS 교육방송, EBS
　　　　 교재활용 • 477

2. 1학년 • 479
　(1) 1년간의 생활, 학습계획 세우기 • 479
　(2) 폭넓은 활동 • 479
　(3) 아르바이트 • 480
　(4) 학교생활기록부 관리 • 481
　(5) 논술 준비 • 482
　(6) 문과 · 이과 • 483
　(7) 지망대학 입시요강 확보 • 483

3. 2학년 • 485
　(1) 평소대로 • 485
　(2) 예비 고3학년 • 485

4. 대망의 3학년 • 486
　(1) 본격적 입시준비 돌입 • 486
　(2) 진로와 진학 ② • 486
　　① 장차 무슨 일을 할 것인가? • 487
　　② 그 일이, 그 직업이 소질이 있고

　　　　적성에 맞는가? • 487
　　　③ 그에 맞는 전공, 학과는 뭘까? • 488
　　　④ 부모님께 한 말씀 • 488
　　　　ㄱ. 관찰 • 489
　　　　ㄴ. 정보제공 • 489
　　　　ㄷ. 강요금지 • 489

　　　⑤ 의견이 맞지 않을 경우는 어떻게 • 490

　　(3) 지망학과, 지망대학 선택 • 490
　　(4) 1학기 모의고사 • 491
　　(5) 고3 여름방학 • 492
　　(6) 응시 • 492
　　　① 수시와 정시 • 492
　　　② 논술 • 494
　　　③ 자기소개서 • 494
　　　④ 면접요령 • 495
　　　⑤ 주사위는 던져졌다 • 497

　　(7) 낙방 • 497
　　(8) 재수 • 499
　　　① 첫째는 실패 원인을 찾아보고 보완, 보충하는 일입니다 • 499
　　　② 둘째는 공부방법의 선택입니다 • 500
　　　　ㄱ. 독학 • 500
　　　　ㄴ. 재수 전문학원(종합반) • 500
　　　　ㄷ. 기숙학원 • 500

　　　③ 셋째는 마음가짐, 자세입니다 • 501
　　(9) 진학하지 않은 학생은 어떻게 해야 할까? • 502

5. 실업계(특성화고·마이스터고) • 504
　　(1) 실력 배양 • 504
　　(2) 시간 활용 • 507
　　(3) 전문가 시대 • 508
　　(4) 사회 진출 • 508

제5장. 대학생

1. 대학, 대학생 • 511
2. 대학생활-어떻게 할까 • 512
　　(1) 꿈과 낭만 그리고 고민 • 512

　　(2) 인생설계 • 513
　　　① 대학생활 목표 • 514
　　　② 시간관리 ② • 515

　　(3) 학업 • 517
　　　① 공부 All-in 전략 • 518
　　　② 수강과목 선택과 학점관리 • 519
　　　③ 전공이 맞지 않을 때 • 520

　　(4) 자기계발 • 521
　　　① 독서와 신문보기 • 521
　　　　ㄱ. 독서 • 521
　　　　ㄴ. 신문 ② • 522

　　　② 동아리 활동 • 523
　　　③ 외국어 공부 • 523
　　　④ 방학 이용 • 524

　　(5) 인간관계 • 525
　　　① 교우관계 • 525
　　　② 이성교제 • 526
　　　③ 교수와의 관계 • 528

　　(6) 스펙관리(Spec) ① • 529
　　　① 학점 • 531
　　　② 자격증 • 531
　　　③ 외국어 • 532
　　　④ 공모전 • 532
　　　⑤ 인턴십 • 533
　　　⑥ 아르바이트 • 534
　　　⑦ 봉사활동 • 534
　　　⑧ 해외 어학연수, 여행 • 535

3. 군입대 • 536
　　(1) 장교로 갈까? 사병으로 갈까? • 536
　　(2) 언제 갈까? • 536
　　(3) 왜 안 가려 할까? • 536
　　(4) 그럼에도 불구하고 • 537
　　(5) 가게 되면 어떤 좋은 점이 있을까? • 537
　　　① 조직생활을 통해서 인간관계 기술을 배웁니다 • 537
　　　② 각종 기술을 배웁니다 • 538
　　　③ 금연 기회로 삼습니다 • 538
　　　④ 체중관리 기회로 삼습니다 • 538

(6) 안 보내려고 머리 쓰는 부모님께 한
　　　말씀 • 539

4. 졸업 후의 진로-선택과 준비 • 540
　(1) 사회 진출 • 541
　　① 기업체 • 541
　　② 공직 • 542
　　③ 창업 ① • 542
　　　ㄱ. 창업교육 • 543
　　　ㄴ. 공모전 • 543
　　　ㄷ. 멘토링 • 543
　　　ㄹ. 종합지원 • 544
　　　ㅁ. 창업공간 • 544
　　　ㅂ. 개발자금 • 544
　　　ㅅ. 융자(보증) • 544

　(2) 학업 • 545
　　① 대학원 진학 • 545
　　② 외국 유학 • 546

5. 기타 • 548
　(1) 절제 • 548
　(2) 절제 항목 • 548
　(3) 권고사항 • 549

6. 졸업-학창을 떠나며 • 550

제6장. 20대 청년

1. 취업 • 552
　(1) 어떻게 취업할까? • 552
　　① 취업인의 자세 • 552
　　　ㄱ. 자신감을 가지십시오 • 552
　　　ㄴ. 눈높이에 맞게 • 553
　　　ㄷ. 체면 문화 • 554

　　② 어떤 직업을 선택해야 할까? • 556
　　　ㄱ. 직업이란? • 557
　　　ㄴ. 좋은 직업은 어떤 걸까? • 557
　　　ㄷ. 전공, 적성-불일치 • 557
　　　ㄹ. 선택권 • 558

　　③ 직장 선택 기준은 어디에 둬야
　　　할까? • 558

　　④ 뭘 준비해야 할까? • 562
　　　▪ 스펙 ② • 562

　　⑤ 어떻게 들어갈까? • 564
　　⑥ 이력서, 자기소개서 작성요령 • 564
　　　ㄱ. 이력서 • 565
　　　ㄴ. 자기소개서 • 566

　　⑦ 면접 • 569
　　　ㄱ. 중요성 • 569
　　　ㄴ. 종류 • 569
　　　ㄷ. 뭘 평가할까? • 570
　　　ㄹ. 뭘 준비할까? • 570
　　　ㅁ. 뭘 물어볼까? • 571
　　　ㅂ. 떨어졌을 때 • 572
　　　ㅅ. 유의사항 • 573

　(2) 이참에 창업이나 할까? ② • 574
　　① 어떤 사업을 벌릴 것인가? • 575
　　② 어떤 준비가 필요할까? • 576
　　③ 혼자서 할까? 동업을 할까? • 577
　　④ 어떻게 해야 성공할 수
　　　있을까? • 577

　(3) 아니면 세일즈는 어떨까? • 578

2. 직장생활-어떻게 해야 할까 • 580
　(1) 기본자세 • 580
　　① 주인의식 • 580
　　② 30분 전에, 30분 후에 • 582
　　③ 근무시간 올인 • 582
　　④ 예절 한 가지 • 584

　(2) 업무 처리는 이렇게 • 585
　　① 빨리 습득 • 585
　　② 목표설정, 계획수립, 강력추진 • 585
　　③ 문서작성 • 586
　　④ 회의 • 587
　　⑤ 지시받을 때는 이렇게 • 588
　　⑥ 보고할 때도 이렇게 • 589
　　⑦ 결제받을 때도 이렇게 • 590
　　⑧ 발표-프레젠테이션(PT) • 590
　　⑨ 실패를 두려워하지 마십시오 • 592
　　⑩ 업무에 미치십시오 • 594

(3) 바람직한 직장생활 • 596
  ① 자기계발 • 596
  ② 직무 제안, 발명 • 598
  ③ 승진 • 599
    ㄱ. 목표를 정해 벽에
       붙여놓습니다 • 600
    ㄴ. 실력을 기르고 실적을
       쌓아야 • 600
    ㄷ. 경력관리가 필요 • 601
    ㄹ. 덕을 쌓아야 • 601
    ㅁ. CEO(최고경영자)가
       되려면 • 601
  ④ 상사, 동(급)료, 부하와 잘
     지내려면 • 602
    ㄱ. 부하 • 602
    ㄴ. 동(급)료 • 603
    ㄷ. 상사 • 604
    ㄹ. 아부하기 • 605
  ⑤ 인맥 만들고 관리하기 • 607
    ㄱ. 만들기 • 608
    ㄴ. 관리하기 • 609
  ⑥ 비난과 칭찬 • 609
  ⑦ 불평, 불만 • 610
  ⑧ 슬럼프에 빠질 때 • 611
  ⑨ 기술 유출 • 612
  ⑩ 직장 내 성희롱, 성추행 • 615
    ㄱ. 왜 이런 일이 시도 때도 없이
       일어날까? • 616
    ㄴ. 어떻게 막아야 할까? • 616
  ⑪ 빗나간 사랑-불륜 • 617
  ⑫ 직업병 • 620
  ⑬ 파업-할까 말까 • 6??

3. 슬슬 결혼이나 해볼까? • 626
  (1) 사랑, 사랑, 내 사랑아 • 626
  (2) 순결을 지켜야 하나 말아야 하나? • 628
    ① 암, 지켜야지 • 628
    ② 성관계 후의 남녀 이해특실
       비교 • 631
      ㄱ. 미혼남녀의 성 반응은
         어떨까? • 631
      ㄴ. 서로 사랑하면 성관계를 가져도
         괜찮나요? • 631
      ㄷ. 피임을 하면 성관계를 가져도
         괜찮나요? • 632
      ㄹ. 책임질게 걱정 마 • 633
      ㅁ. 성관계 이후의 문제 • 634
    ③ 데이트 폭력 ① 성폭력 • 635
      ㄱ. 왜 때릴까? • 635
      ㄴ. 전조증상이 뭘까? • 636
      ㄷ. 고쳐질까? • 636
      ㄹ. 어떻게 해야 할까? • 636
      ㅁ. 데이트를 앞둔 여성에게 • 637

  (3) 결혼, 결혼이란 무엇이더냐? • 645
    ① 자격(조건) • 647
    ② 선택 • 647
    ③ 만남 • 649
      ㄱ. 연애결혼 • 649
      ㄴ. 중매결혼 • 650
      ㄷ. 보완책 • 650
    ④ 프러포즈는 어떻게 할까? • 650

  (4) 준비 • 651
    ① 뭘 준비할까? • 651
      ㄱ. 자금 • 651
      ㄴ. 기타 • 651
    ② 말도 많고 탈도 많은 혼수예물,
       예단 • 652
      ㄱ. 신랑, 신부 예물 • 652
      ㄴ. 가족예단 • 652
      ㄷ. 지참금, 이바지, 함 • 652
    ③ 혼수갈등 • 653
    ④ 결혼문화-고치고 바꾸고 없애야 할
       것 • 655
    ⑤ 꼭 빠져서는 안 될 것 • 655

  (5) 드디어 기다리고 기다렸던 결혼식이
     시작되는구나 • 656
    ① 개식사 • 656
    ② 신랑, 신부 입장 • 657
    ③ 하객에게 인사 • 657

④ 결혼서약 • 657
⑤ 주례사 • 657
⑥ 축시 • 658
⑦ 신랑 신부 퇴장 • 659
(6) 꿈같은 신혼여행 • 659
  ① 첫날밤 • 659
  ② 사랑의 맹세 • 659
  ③ 합궁 • 661
(7) 새아침, 새출발 • 661
(8) 행복한 결혼생활을 위한 설계 • 662
  ① 평생을 신혼처럼 • 663
  ② 혼인신고 즉시 하기 • 664
  ③ 가훈(家訓) • 665
  ④ 부부 호칭 • 667
  ⑤ 신혼폭력 ② • 669
  ⑥ 가정경영 관리 • 670
    ㄱ. 가계부 쓰기 • 670
    ㄴ. 신혼저축 • 671
    ㄷ. 소비요령 • 672
    ㄹ. 절약-할까 말까 • 674
  ⑦ 생애 재무 설계 • 678
    ㄱ. 저축 • 679
    ㄴ. 결혼자금 • 681
    ㄷ. 주택자금 • 681
    ㄹ. 교육자금 • 682
    ㅁ. 노후자금 • 683
    ㅂ. 투자(재테크) • 685
    ㅅ. 빚 • 686
    ㅇ. 신용관리 • 688
    ㅈ. 보험 • 690
  ⑧ 보증-설까 말까 • 691
  ⑨ 취미생활 • 693
  ⑩ 주부-신문보기 ③ • 702
  ⑪ 신혼의 성생활-코피 안 나게 • 704
  ⑫ 서로 바라는 것은 뭘까? • 704
    ㄱ. 아내가 남편에게 바라는 것 • 704
    ㄴ. 남편이 아내에게 바라는 것 • 705
    ㄷ. 옷에 대해 한 말씀 • 705
  ⑬ 결혼생활에 도움이 될 수 있는 말 • 706

(9) 맞벌이 • 707
(10) 가족계획 • 709
  ① 언제 낳을까? • 710
  ② 몇 명이나 낳을까? • 710
  ③ 터울은? • 710
  ④ 피임 • 711
  ⑤ 저출산 • 711

(11) 임신과 출산 • 713
  ① 계획 임신 • 713
  ② 임신 중에 알아야 할 사항(20가지) • 716
  ③ 임신 중절수술(낙태)-할까 말까 • 725
    ㄱ. 낙태란 무엇인고? • 726
    ㄴ. 왜 할까? • 726
    ㄷ. 문제점 • 726
    ㄹ. 어떻게 했으면 참 좋을까? • 726
  ④ 난임 • 727
  ⑤ 출산 • 729
    ㄱ. 분만 • 729
    ㄴ. 제왕절개 수술 • 730
    ㄷ. 드디어 • 730

제7장. 30대 황금년(黃金年)

1. **직장에서는** • 733
  (1) 전문가(프로)가 돼야 • 733
  (2) 중간관리자 • 734
    ① 어떻게 해야 유능한 리더가 될 수 있을까? • 735
    ② 부하 질책은 이렇게 • 737
      ㄱ. 다른 직원이 안 보는 데서 • 738
      ㄴ. 짧게, 5분 이내 • 738
      ㄷ. 경우에 따라서는 용서도 필요합니다 • 738
      ㄹ. 꾸중 뒤에는 반드시 격려가 필요합니다 • 738
  (3) 이직 • 739
    ① 신입직원 • 739
      ㄱ. 이직 이유 • 739
      ㄴ. 안 떠나면 안 될까? • 739

② 경력직원 · 742
　ㄱ. 뭘 준비할까? · 742
　ㄴ. 언제 사직서를 낼 것인가? · 743
　ㄷ. 후회막급 · 743
　ㄹ. 참고사항 · 744

(4) 직장에서 붙잡는 직원은 어떤 타입일까? · 745
(5) 실직 · 746
(6) 창업 ③ · 749
　① 창업이란 무엇인고? · 752
　② 왜 창업을 할까? · 752
　③ 창업의 종류 · 752
　④ 어떻게 해야 성공할 수 있을까? · 752

(7) 시련과 고난과 절망 앞에서 · 755
(8) 사업 실패로 자살하려는 분에게 · 757

2. 가정에서는 · 760
(1) 부부란? · 761
　▪ 부부계명 · 762

(2) 주부란? · 765
　▪ 주부 10계명 · 766

(3) 행복한 부부의 비결은 뭘까? · 767
(4) 가족회의 · 768
　① 규칙 · 768
　② 절차 · 769
　③ 시행 및 평가 · 769

(5) 부부문제는 뭐가 있을까? · 770
　① 갈등 · 770
　② 대화 부족 · 771
　③ 부부싸움 · 773
　④ 가정폭력 ③ · 777
　　ㄱ. 왜 때릴까? · 777
　　ㄴ. 안 때리면 안 될까? · 778
　　ㄷ. 왜 맞을까? · 779
　　ㄹ. 어떻게 했으면 좋을까? · 779
　　ㅁ. 방법은 없는가? · 780
　⑤ 권태기를 어떻게 넘길까? · 786
　⑥ 외도란 무엇이더냐? · 787
　　ㄱ. 왜 외도를 하려고 할까? · 789

　　ㄴ. 외도를 안 하면 안 될까? · 789
　　ㄷ. 외도 사실을 알았다면 · 790

⑦ 성생활은 어떻게? · 791
　ㄱ. 성이란 무엇인고? · 791
　ㄴ. 좋은 점은 뭘까? · 792
　ㄷ. 테크닉 개발 · 793
　ㄹ. 성 능력을 강화, 증진시키려면 · 793
　ㅁ. 성기능 장애-극복은 어떻게 · 794
　ㅂ. 성 트러블 · 796
　ㅅ. 성병 걸리지 않기 · 796

⑧ 고부갈등 · 797
　ㄱ. 어떤 갈등이 있을까? · 798
　ㄴ. 어떻게 풀어야 할까? · 798
　ㄷ. 그렇다면 남편은 옆에서 구경만 하고 있을 것인가? · 800
　ㄹ. 장서갈등 · 801

⑨ 이혼-할까 말까 · 802
　ㄱ. 이유는 뭘까? · 802
　ㄴ. 어떤 문제가 생길까? · 803
　ㄷ. 아이들에게 어떤 후유증이 생길까? · 804
　ㄹ. 막을 수는 없을까? · 806
　ㅁ. 결론은 뭔가? · 808

⑩ 재혼-잘하기 · 809

3. 건강 · 814
(1) 어떤 관리가 필요할까? · 815
　① 정기적인 종합검진 · 815
　② 예방 · 815
　③ 운동 · 815
　④ 먹는 것 · 816
　⑤ 끊어야 할 것 · 817
　　ㄱ. 술의 해악과 금주, 절주하는 법 · 818
　　ㄴ. 담배의 해악과 끊는 법 · 820
　　ㄷ. 마약의 해악과 끊는 법 · 825
　　ㄹ. 도박의 해악과 끊는 법 · 828

(2) 약과 보약 · 831
　① 약 · 831
　② 보약(補藥) · 833

4. 식생활 • 836
   (1) 뭘 어떻게 먹을 것인가? • 836
   (2) 알고 먹어야 할 것 • 837
      ① 아침밥 굶지 않고 먹기 ② • 837
      ② 소식(小食) • 838
      ③ 채식 위주 • 839
      ④ 싱겁게 먹기 • 840
      ⑤ 덜 달게 먹기 • 841
      ⑥ 유해, 불량식품-안 먹고 가려 먹기 • 842
      ⑦ 음식물 쓰레기 줄이기 • 842
         ㄱ. 가정에서는 • 843
         ㄴ. 음식점에서는 • 843

5. 효도-할까 말까 • 844
6. 노후준비 • 849
   (1) 왜 해야 하는가? • 849
   (2) 그렇다면 무엇을 어떻게 준비할 것인가? • 850
      ① 노후자금 준비 • 850
      ② 노후건강 준비 • 850
      ③ 소일거리(취미생활) • 851
      ④ 관계유지(말벗) • 851
      ▪ 노후준비에 대한 질문 • 852
      ▪ 노후준비의 중요성 • 852
      ▪ 노후준비의 기본 • 853

제8장. 40대 중년(中年)

1. **직장에서는** • 856
   (1) 업무성과 • 856
   (2) 임원 되기-준비 • 857
      ① 업무능력 • 857
      ② 실적 • 858
      ③ 신망 • 858
   (3) 정년퇴직 후 무엇을 할 것인가? • 859
   (4) 자영업 • 860
      ㄱ. 경영능력 • 861
      ㄴ. 업종(아이템) • 861
      ㄷ. 자금 • 862
      ㄹ. 사업장소 • 862

   (5) 주부 재취업 • 866
      ㄱ. 여성가족부 • 866
      ㄴ. 고용노동부 • 867
      ㄷ. 문화체육관광부 • 867
      ㄹ. 교육과학기술부 • 867
      ㅁ. 기타 • 867

2. **가정에서는** • 868
   (1) 가족건강 • 868
   (2) 자녀 교육비 • 869
   (3) 주부 • 870
   (4) 갱년기 • 871
   (5) 남편 기 살리기 • 872
   (6) 중년의 위기-불륜 • 874

제9장. 50대 장년(壯年)

1. **직장에서는** • 878
   (1) CEO(최고경영자) 역할 • 878
   (2) CEO의 자격 조건은 뭘까? • 879
   (3) 어떻게 해야 직장을 성장시킬 수 있을까?-경영방침 • 880
      ① 비전 제시 • 880
      ② 인재육성 • 880
      ③ 유망 신사업 발굴 • 880
      ④ 전체를 훤히 꿰뚫고 있어야 • 881
      ⑤ 한눈을 팔지 말아야 • 881
      ⑥ 실기 • 881
      ⑦ 과욕 • 882
   (4) 물려주기 • 882
   (5) 하선(下船) • 883
   (6) 재취업과 창업 • 883
      ① 재취업 • 884
      ② 창업(반퇴) • 886

2. **가정에서는** • 888
   (1) 학자금과 결혼자금 • 888
      ① 학자금 • 888
      ② 결혼자금 • 889
   (2) 노년의 시작을 앞두고 • 890

제10장. 60대 노년(老年)

1. 생활비 • 893
2. 노인건강 • 895
   (1) 뇌졸중(중풍) • 896
      ① 뇌졸중이란? • 896
      ② 원인 • 896
      ③ 증상 • 896
      ④ 증상이 나타나면? • 897

   (2) 치매 • 898
      ① 치매란? • 898
      ② 원인 • 898
      ③ 증상 • 898
      ④ 예방 • 899
         ㄱ. 3권(勸) • 899
         ㄴ. 3금(禁) • 899
         ㄷ. 3행(行) • 899

   (3) 골절(낙상) • 901
   (4) 운동과 영양 • 902
   (5) 약복용 • 903
   (6) 장수 노인들 • 904

3. 소일거리(취미생활) • 905
4. 관계유지(말벗) • 907
5. 노인의 성(性) • 908
6. 황혼육아 • 910
7. 황혼이혼과 재혼 • 913
   (1) 이혼 • 913
   (2) 재혼 • 914

8. 노부모 학대 • 916
   ▪ 노-노 학대 • 917

9. 아름답게 늙는 지혜 • 919
10. 혼자 살게 될 때를 대비하십시오 • 921

제11장. 죽음-인생과의 작별

1. 죽음 • 925
2. 공포 • 928
3. 웰다잉(Well Dying) • 930
4. 떠날 준비 • 933
   (1) 재산정리-상속과 기부 • 933

   (2) 장례문제 • 933
      ① 부고범위 • 934
      ② 장례형식 • 934
      ③ 장례식 장소 • 934
      ④ 기간 • 934
      ⑤ 수의, 관 • 934
      ⑥ 방식 • 934
      ⑦ 비용 • 934
      ⑧ 유품정리 • 934

   (3) 장기기증 • 934
   (4) 기타 • 935

5. 아, 아 기어코 떠날 때가 왔구려
   - 정말 가기 싫은데 • 936

제12장. 기타-성찰(省察)

1. 인생의 여러 문제들 • 939
   (1) 어떻게 살 것인가? • 939
   (2) 바람직한 인간관계는 뭘까? • 942
      ① 주는 것입니다 • 943
      ② 배려하는 것입니다 • 943
      ③ 양보하는 것입니다 • 943
      ④ 오해부터 하지 않는 것입니다 • 943
      ⑤ 칭찬해주는 것입니다 • 943
      ⑥ 먼저 인사를 하는 것입니다 • 944
      ⑦ 잘 듣고 맞장구를 쳐주는 것입니다 • 944
      ⑧ 늘상 웃는 낯으로 대하는 것입니다 • 944
      ⑨ 감동을 주는 사람이 되는 것입니다 • 945
      ⑩ 약속을 잘 지키는 것입니다 • 945

   (3) 행복 • 946
   (4) 성공의 비결 • 949
      ① 목표 설정 • 951
         ㄱ. 목표는 크게 • 952
         ㄴ. 실현 가능해야 • 952
         ㄷ. 구체적이어야 • 952
         ㄹ. 기한을 정해야 • 952
         ㅁ. 글로 써둬야 • 953
         ㅂ. 끈기가 있어야 • 953

      ② 계획 수립(PLAN) • 954
      ③ 실천, 행동(Do) • 955
      ④ 검토(Check) • 956
      ⑤ 실패 • 956

(5) 부자 되기 • 958
(6) 발명하기 ②-전국민 발명가 되기 • 960
　① 그렇다면 어디에서 아이디어를
　　찾고 얻을 것인가? • 961
　② 그러면 어떻게 발명할까?-발명기법
　　▪ 주부 발명가 되기 • 964

(7) 문제해결 방법 • 967
(8) 생각의 위대한 힘 • 969
(9) 작심삼일 • 970
(10) 대화기술 • 972
(11) 메모하기 • 974
(12) 인내 • 977
(13) 입조심, 말조심 • 981
(14) 판단과 선택 • 984
(15) 오해 • 987
　ㄱ. 瓜田不納履(과전불납리) • 988
　ㄴ. 李下不整冠(이하부정관) • 989

(16) 교통사고 • 989
　① 음주운전 • 989
　② 안전띠-생명띠 • 992

(17) 자살 ② • 994
　① 자살 징후는 뭘까? • 995
　　ㄱ. 언어 • 995
　　ㄴ. 행동 • 995
　　ㄷ. 정서 • 996

　② 어떻게 해야 할까? • 996
　③ 이런 경우 • 997

(18) 성(性) 에너지의 전환 • 1001
(19) 실천(실행, 행동) • 1002

2. 부강한 나라, 아름다운 사회건설을 위하여 • 1006
(1) 1등 국가를 만들고 1등 국민이
　됩시다 • 1006
　① 지도자 • 1007
　② 법과 질서 • 1010
　　ㄱ. 법 • 1010
　　ㄴ. 질서 • 1012
　③ 환경 살리기 • 1014
　　ㄱ. 지구 온난화 • 1014

　　ㄴ. 물 오염 • 1016
　　ㄷ. 환경 호르몬 • 1017
　　ㄹ. 일반 쓰레기 • 1018
　　ㅁ. 음식물 쓰레기 • 1020
　　ㅂ. 미세 플라스틱 쓰레기 • 1020

　④ 범죄 없는 사회 • 1022
　⑤ 한국병 • 1024
　　ㄱ. 빨리빨리 병 • 1024
　　ㄴ. 적당주의 • 1026
　　ㄷ. 학원, 과외 • 1027
　　ㄹ. 부정부패 • 1028
　　ㅁ. 쏠림 • 1030
　　ㅂ. 예약 부도 • 1033

　⑥ 아버지 순결 서약 • 1037
　　ㄱ. 거시기 극복 • 1037
　　ㄴ. 어떻게 해야 할까? • 1038
　　ㄷ. 순결서약서 • 1038
　　ㄹ. 순결선언문 • 1038
　　ㅁ. 두란노 아버지 학교 • 1039
　　ㅂ. 미투(Me Too) 운동 • 1040

　⑦ 자원봉사와 기부, 자선 그리고
　　장기기증 • 1041
　　ㄱ. 자원봉사 • 1041
　　ㄴ. 기부, 자선 • 1043
　　ㄷ. 장기기증 • 1046

　⑧ 독서하는 국민 ②-독서의 생활화 • 1048
　⑨ 기업가 우대 • 1050
　⑩ 다문화 가족 • 1054
　⑪ 단결! 또 단결! • 1058
　⑫ 가지, 가자, 어디로? • 1062
　　ㄱ. 해외로 • 1062
　　ㄴ. 해저로 • 1063
　　ㄷ. 우주로 • 1064

(2) 위대한 한국, 한국인 • 1065
　① 위대한 한국 • 1065
　② 위대한 한국인 • 1067

후기 • 1068
부록 – 알아두시면 유용한 전화번호 • 1069

제1장
탄생~취학 전

1. 탄생(誕生)

으앙~ 으아앙~
어둠을 뚫고 힘차게 고고지성(呱呱之聲)을 울렸다.
웬 울음소리가 이렇게 맑고 힘차고 아름다운고.
아가야, 엄마 아빠 사랑 속에 태어났구나.
긴 시간 얼마나 답답했을까.
머리로 헤딩도 하고 발로 돌려차기도 했었다.
어서 빨리 나오느라 땀이 좀 났겠지.

탄생, 그것은 너와 나의 만남
그것은 결실이고 기쁨이고 축복이다.
너는 행운아, 너는 복덩이, 너는 미완성 그리고 하얀 도화지
달님도 햇님도 너를 위해 방긋 웃고
꽃은 살며시 피어나고
나비는 너울너울 춤을 추고
새는 온종일 노래하니
모두 다 너를 위한 축복의 환호다.

석가 탄생, 공자 탄생, 예수 탄생
그러므로 너는 출생이 아니고
너는 곧 탄생이다.

2. 존경해 마지않는 아내님에게

　아이도 건강하고 당신도 건강하니 정말 다행이구랴. 후유증도 심하고 안 좋은 일도 많은데(안 좋은 일은 뒤에 나옵니다. 716쪽) 열 달 동안 고생이 많았지요? 무거운 몸으로 집안살림 다 했으니, 마음대로 먹지도 못하고 외출도 제대로 못하고 그놈의 입덧도, 태교하느라(뒤에 나옵니다. 718쪽) 지킬 것도 많았으니. 또 있지요. 출산의 그 고통! 진통이 시작되면 겪어보지 못한 통증이 몰려오고, 뼈와 근육이 늘어나고, 정신이 혼미해지고, 젖먹든 힘까지 다 내서 낳는다는데 견디기 힘들었지요? 산모라면 누구나 다 겪는 일이지만 그 긴긴 진통 한두 시간도 아니고 괜찮다가 아프고, 사르르 아프다가 괜찮고, 겪어본 사람만이 알 수 있을 텐데, 당신은 잘 참아냈어요. 정말 장하구랴. 어떤 산모들은 그 고통에 제 남편 원망을 많이 한다는데, 저 썩을 X 때문에 이를 갈기도 하고, 소리소리 지르기도 하고, 얼마나 아팠으면 그런 말이 나올까? "인내는 쓰나 그 결과는 달다"고, 고진감래(苦盡甘來, 고생 끝에 낙이 온다는 말씀)라! 그 대신 예쁘고 사랑스럽고 귀여운 당신 닮은 자식을 얻은 것 아니겠어요? 한결 성숙해지고 어머니로서 가슴 뿌듯한 행복감을 맛본 것 아니겠어요? 그래서 애들은 아버지보다 어머니를 더 따르고 더 좋아하는 것 아니겠어요? 나도 덩달아 아버지가 되고, 나야 구경만 했지 별로 한 것도 없지만 그 고통을 대신 분담할 수도 없었으니 그 고마움을 어떻게 갚아야 할꼬. 아 내 님! 당신은 그 고통 속에서 한 생명을 탄생시킨 위대한 어머니요, 창조자인 것입니다.

이제 어머니가 됐습니다. 여성은 약하나 모성은 강하다고 했습니다. 힘이 빠질 대로 빠진 당신, 쇠약할 대로 쇠약해진 당신, 보약보다도 잉어보다도 더 급한 것, 필요한 것이 극진한 보살핌과 보호가 아니겠어요? 아직도 배가 아프고, 하혈도 그치지 않고, 관절도 쑤시고, 어디 안 아픈 곳이 없을 텐데… 그래서 하는 말이오만 앞으로 열 달 동안 밥도, 빨래도, 시장 보고, 설거지하고, 청소도, 기저귀도 갈아주고, 보채고 울 때도 내가 다 알아서 하리다. 대장부로서 약속하는 겁니다. "믿어주세요." 그러니 당신은 산후조리, 몸조리나 신경 쓰구랴. 어디 손 한 번 만져봅시다. 얼굴 부기도 덜 빠진 것 같고, 젖멍울도 안 풀린 것 같고, 거시기도 덜 아문 것 같구랴. 아내, 왈 "장부일언중천금"이라고 말만 하지 말고 실천해야지! 어디 한 번 두고 봅시다. 하나 안 하나?

요새 제왕절개 분만이 40%가 넘는다는데(그 폐해는 뒤에 나옵니다 20대편 730쪽) 고통은 참기 어렵고 두렵습니다. 그러나 견디지 못하는 고통은 별로 없다 했습니다. 그 고통이 파괴가 아니고 창조라면 정상분만! 한 번쯤 겪어볼 만한 것 아니겠어요?

- 여자는 약하다. 그러나 어머니는 강하다. - 셰익스피어
- 모성애! 인간 사랑의 극치, 절정, 완성, 그것은 지고지순, 지심의 사랑이다. - 안병욱
- No pain, No gain.(고통이 없으면 얻는 것도 없다.) - 영국 격언
- 고통이 있어야 탄생을 볼 수 있다. - D. 슈워츠

산후조리는 어떤 걸 염두에 둬야 할까? 출산 6~8주는 자궁이나 장기 등이 정상으로 돌아오는 시기입니다. 임신 전 상태로 복귀할 때까지의 시기, 산욕기에 해당합니다. 가급적 안정을 취해야 하나 산후에 움직이면 안 된다고 꼼짝 않는 것보다는 아기 돌보기라든가,

간단한 움직임, 간단한 일상생활은 산후 빠른 회복이나 식욕을 돋구는 데도 좋습니다. 오로(산후 질 분비물)는 4주 후면 대부분 없어지고, 회음부 절개 부위는 2주 정도가 되면 아물기 시작하므로 청결한 관리가 필요합니다. 출혈이나 피로누적으로 철분이나 단백질 손실이 많으므로 육류, 생선, 우유, 치즈, 콩, 과일, 채소 등을 고루 섭취하고 보충해야 합니다. 모유보다 우유만 먹이면 분만 4~5주가 지나면 생리가 시작되므로 성생활은 임신 위험이 따르고 연년생 출산의 원인이 되기도 합니다. 모유 수유는 수유 기간 동안 대부분 생리가 발생하지 않으므로 임신이 되지 않으니 터울 조절이 가능합니다. 옛날에는 대부분 모유 수유로 3살 터울이 많았습니다. 그러나 지금은 우유 수유를 많이 하기 때문에 연년생을 많이 낳고 있습니다. 이때 중요한 것은 남편의 배려와 인내심입니다. 거시기가 아물 때까지 (6~8주) 성생활을 참아내야 합니다. 애를 낳자마자 덜커덕 또 임신이 되면 어떻게 될까요? 산모나 아이 건강은 말할 것도 없고, 이것이 모유 수유 권장의 이유인 것입니다. 그러므로 남편인 귀하는 이성적이고, 인내심이 많고, 고결한 인격의 소유자이므로 능히 이겨낼 수 있습니다. 참는 자에게 행복이 온다고 했습니다.

■ 산후우울증

산모의 30~75%가 산후우울증을 겪기도 하는데 3~4주가 지나면 대부분 사라지나 오래 가면 전문가의 도움이 필요합니다. 무기력해지고 멍하고 불안, 불면, 짜증을 잘 내고 아이에 대한 애착이 없어집니다. 이때 남편이나 가족은 산모에게 스트레스 주는 일을 삼가고 위로, 격려, 배려하고 마음 편하게 해줘야 합니다. 무엇보다 남편의 손길이 중요합니다. 여왕처럼 받들어 모셔야 합니다. 열 달 동안 큰 일을 했잖아요? 임신 중에 칼슘 섭취가 부족했거나 모유 수유로 칼슘이 빠져 나가기 때문에 보충이 필요합니다. 또 치아가 흔들릴 수 있습니다. 그렇다고 너무 많이 먹으면 그것 역시도 탈이 될 수 있습니다. 우울증 해소에 도움이 될 수 있는 노래를 소개합니다.

- 피서지에서 생긴 일
- 토셀리의 세레나데
- 퀜 세라

3. 우선 이름부터 짓고

우리 천사들 이름은 뭘로 지을까? 이름은 자신을 대표하고 상징하는 고유명사입니다. 살아있는 동안에도, 죽은 뒤라도 말하고 부르는 이름, 귀하고 소중하지 않을 수가 없습니다. 좋은 이름은 좋고, 안 좋은 이름은 안 좋습니다. 좋은 이름은 갓 태어난 자식에게 주는 값진 사랑의 선물입니다. 잘 살고 잘 되게 하려는 일념으로 부모는 자식에게 좋은 이름을 지어주려고 애를 씁니다. 성격이나 운명이 바뀔 수도 있기 때문입니다. 잘못 짓고 마음에 안 들어 고치게 되면 여러 가지 문제가 생깁니다. 호적, 주민등록, 각종 증명서, 서류, 직장, 학교, 동창회, 대인관계 등 예기치 않은 여러 가지 불이익, 착오, 혼란을 가져오게 됩니다. 그러기 때문에 처음부터 심사숙고해서 잘 지어야 합니다. 참고로 2012~2017년 5년 동안 개명자가 85만 2,614명입니다. (여성 66.6%, 남성 33.4%) 좋은 이름은 뭐고, 안 좋은 이름은 뭘까? 한자로 지을까? 한글로 지을까? 그리고 어떻게 지을까? 대부분 한자로 지었으나 시대와 생각이 자꾸 변하니 한글로 짓는 사람이 늘고 있습니다. 선택은 자유지만 가급적 남에게 부탁해서 짓는 것보다 내 자식이므로 부모가 연구하고 상의해서 바람과 복이 들어있는 이름을 지어준다면 좋고도 의미가 클 것입니다.

(1) 좋은 이름은 뭘까?

듣기 좋은 음악같이 듣기 좋고, 부르기 쉽고, 딱딱하지 않고, 부드럽고, 기왕지사 뜻도 좋고, 기억하기 쉽고, 멋진 이름이구나 하는 여운이 남는 이름! 어둡지 않고 밝은 이름! 특히 쓰여질 때보다 불려질 때를 생각해서 먼저 발음이 좋아야 합니다. 위의 내용이 다 포함된 이름이면 금상첨화겠으나 뜻은 좋아도 듣기 싫고 부르기 힘들거나 듣기 좋고 부르기 쉬워도 뜻이 상서롭지 못하면 좋은 이름이 될 수 없습니다.

(2) 안 좋은 이름은 뭘까?

듣기 싫은 음악처럼 듣기 싫고, 부르기 힘들고, 어려운 한자 또는 수치심이나 혐오감을 주거나(노숙자, 변태성, 이음순, 이성기, 박아라, 주길년, 현상범, 배신자), 촌스런 이름(점순, 삼순, 쌍수, 말숙, 점백), 짐승이나(이무기), 기생이름처럼(명월, 춘심), 흉악범, 지탄 대상자(이완용), 일본식(태랑, ○자), 남자인데 여자처럼(○순, ○희), 여자인데 남자처럼(○남, ○식) 등은 좋지 않습니다. 자칫 놀림받고 상처받기 쉬운 이름이 될 수도 있습니다. 그 외에 한 글자를 여러 가지로 읽는 경우 寧(영, 녕, 령), 부를 때 김숙영 → 김수경, 이덕호 → 이더코, 임인수 → 이민수가 되고, 열과 렬, 제와 재도 부르고 쓸 때 혼동을 줄 수가 있습니다.

(3) 한자로 지을까?

가문과 대를 중시하는 우리의 관습상 전통적으로 남아들에게는 항렬에 맞게 지었습니다. 좋은 뜻만 생각하거나 항렬자만 맞춰서 지은 경우 어려운 글자는 읽기 어렵기도 하고, 부르기 힘들거나 듣기 거북스럽거나 자연스럽지 못한 경우도 있습니다.(임륭웅, 권혁홍, 이횐균) 좋은 이름을 지어준다는 것이 안 좋은 이름이 되면 약 주고 병 주는 꼴이 됩니다. 대법원은 이름에 쓸 수 있는 한자 8,142자를 지정했는데 꼭 대법원 홈페이지에 접속해서 확인해보는 것도 좋을 것입니다.

(4) 한글로 지을까?

아름다운 우리 한글은 독창적이고, 과학적이고, 어떤 소리도 다 적을 수 있고, 표현할 수 있습니다. 산들산들, 졸졸졸, 꾸벅꾸벅, 퐁당퐁당처럼 아름다운 우리글 -. 달아, 별아, 누리, 송이, 보슬, 예분, 솔아, 초롬, 시내, 슬기, 단비, 이슬, 하늘, 아름, 보라, 빛내리로 지은 경우도 있고 김새나, 김벌레, 김뻑국으로 지은 사람도 있습니다. 개똥이로 부르다가 호적에는 개동이로, 막둥이로 부르다가 막동으로 올린 경우도 있습니다. 그러나 한글 이름이 어렸을 때는 예쁘고 튀는 이름이어서 좋았는데 어른이 돼서는 불편하거나 유아적이거나 어색하거나 놀림감이 되거나 부담을 느껴 한자로 바꾸는 사람도 늘고 있습니다.

(5) 그러면 어떻게 지을까?

위 사항을 참고로 아래 내용이 포함되면 좋을 것입니다.

- 부르기 쉽고, 듣기 좋고, 뜻도 좋고, 기억하기 쉬운 이름
- 성과 이름을 잘 맞추고(강아지, 임신중, 김상무, 정수기, 황인종)
- 어른이 됐을 때를 생각하고(이귀염, 김아롱)
- 남자는 남자다운, 여자는 여자다운 이름
- 항렬에 맞춰 지을 경우 역시 맞춰보고

그런즉슨, 국어사전이나 옥편이나 각종 명단, 신문의 인사란 등에서 여러 개를 골라 여러 날을 두고 엄마, 아빠가 서로 성과 이름을 같이 또는 이름만 따로 불러보고 들어보고(부드럽고 듣기 좋은지, 거친지, 된소리가 나는지, 이상하지 않은지), 써보기도 하고, 이웃에게 물어보기도 하고 그리고 골라 정하는 것입니다.

(6) 이름을 고치려면?

안 좋은 이름 때문에 고통받고 있는 사람들을 위해 옛날에는 개명이 어려웠지만 지금은 정당한 사유만 있으면 과거의 범죄경력이나 빚을 갚지 않으려는 등의 목적이 아니라면 어렵지 않게 개명을 허가해주고 있습니다.

- 사회생활에 지장을 주는 이름(욕설과 수치심)
- 성별이 부적합한 이름
- 항렬자를 일치시키기 위한 경우
- 진기하고 난해한 이름
- 통용되는 이름이 아닌 경우
- 귀화자의 외국식 이름
- 출생신고서에 잘못 기재된 이름
- 일본식 이름
- 한글 이름을 한자로 바꾸고자 할 때
- 한자 이름을 한글로 바꾸고자 할 때
- 친족 중에 같은 이름이 있는 경우
- 발음하기가 어렵고 까다로운 경우
- 호적과 다른 이름

이 외에 여러 사유로 개명이 되고 있습니다.

- 호랑이는 죽어서 가죽을 남기고 사람은 죽어서 이름을 남긴다. - 한국 속담

4. 여보, 우리 천사들 이렇게 잘 가르칩시다
- 다짐과 각오

　부모 되기는 쉬워도 부모답고 부모 노릇하기는 어렵다고 했습니다. 당신과 만나 별 준비 없이 결혼하고 얼떨결에 자식을 낳았고, 이제 부모가 됐으니, 부모가 뭣이냐? 우리가 정말 부모 자격이 있는가? 낳아만 놓으면 뭘 해요? 사람 구실을 하게 잘 가르쳐야 그게 부모지! 입은 삐뚤어져도 말은 바로 하랬다고 여보, 내 말이 맞지 않나요?
　모든 부모는 자기 자식이 건강하게 자라고 공부도 잘해서 장차 성숙한 사람, 훌륭한 인격을 갖춘 사람, 사회에 이바지할 수 있는 사람이 되기를 바랄 것입니다. 말은 이렇게 점잖게 하지만 솔직히 말해 남의 자식은 어찌 되든 내 자식만은 일류대학을 나와 일류직장에 들어가 빨리 성공, 출세, 부자 되기를 바랄 것입니다. 바란다고 잘 되는 것은 아니지만 잘 되게 하려면 잘 가르쳐야, 곰이 재주를 넘고 돌고래가 묘기를 부리는 것은 잘 가르쳤기 때문입니다. "콩 심은 데 콩이 나고, 팥 심은 데 팥이 나듯" 심은 대로 거둔다고 했습니다. 이 세상일 가운데 자식 잘 키우고 잘 가르치는 일보다 소중하고, 가치 있고, 보람찬 일은 없다고 해도 과언은 아닐 것입니다. 그렇다면 무엇을 어떻게 가르쳐야 할까? 속담에 "면장도 알아야 한다."고 그 방법을 알아야 할 것입니다. 가정은 훌륭한 학교요, 부모는 훌륭한 교사라는 말들을 합니다. 그렇다면 내 가정은 어떤가? 부모로서 교사 자격은 있는가? 몇 점짜리나 될까? 한 번 깊이 생각해보는 것입니다. 부모로서 과연 자식들을 훌륭하게 키울 수 있는가? 자신은 있는가?

밑바닥 인생을 살게 할 것인가? 부러움과 존경을 받고 잘 살게 할 것인가? 모두 부모의 책임인 것입니다. 그러면 어떻게 해야 할까? 정말로 잘 가르치려는 마음과 뜻은 있는가?

"뜻이 있는 곳에 길이 있다."
"정신일도 하사불성(精神一到 何事不成)"

위의 말처럼 목표를 세우고 온 정신을 한 곳에 쏟으면 안 되는 일이 없다고, 대부분 된다고 했습니다. 할려고 하면 맘만 먹으면 안 될 게 없다고 했습니다. 잘 모르기도 하고, 하기 싫으니까 안 하려고 하니까 안 되는 것입니다. 그러므로 잘 가르치겠다는 비장한 '다짐과 각오'를 하는 것입니다. 그리고 자식들의 성공한 모습을 상상해보고 머릿속에 미리 그려보는 것입니다. 시인도 소설가도 등산가도 발명가도 마술사도 좋고, 과학자도 기업가도 운동선수도 좋고, 부동산중개사도 보험설계사도 좋습니다. 직업에는 귀천이 없는 시대가 오고 있습니다. 그러면 어떻게 가르칠 것인가? 전문가도 아니고 방법을 잘 모르는데 어떻게? 그래서 전문가들의 강의도 듣고, 곰곰이 생각도 해보고, 물어도 보고, 전문가가 쓴 책을 보는 것입니다. 책방에 가면 수많은 책들이 기다리고 있습니다. 자녀교육에 관한 책을 애 낳기 전에 한 권이라도 사본 부모가 몇이나 될까? 처음부터 전문가가 된 사람은 아무도 없습니다. 배우고, 연구하고, 생각도 해보고, 남 말 듣고, 남의 책을 많이 보고 벤치마킹한 덕분일 것입니다. 그러므로 책 사는 걸 아까워 마시고 애 낳기 전에 영역별로 다양하게 이유식이면 이유식, 버릇이면 버릇 1~2권씩 사서 공부하는 것입니다. TV 덜 보시고 술 덜 마시고 전문가가 돼보는 것입니다. 맘먹고 투자하는 것입니다. 내 자식은 반드시 내가 가르쳐야 합니다. 성교육을 이떻게 시켜야 할지 모르겠다면 성교육책을 사서 공부하는 것입니다.

도서관에 있는 책은 다 무료입니다. 지금도 늦지 않습니다. 열일 제쳐놓고 책방에 달려가는 것입니다. 옷 고르듯 화장품 고르듯 고르는 것입니다. 학비만 대줬다고, 학원 보내고 참고서만 다 사줬다고 부모 역할을 다했다고 말할 수는 없습니다. 잘 가르치기 위해서는 공부가 꼭 필요합니다.

■ 심사숙고해야 할 점은 뭐가 있을까?

본(本), 지혜, 인내 / 욕, 꾸중 → 칭찬, 격려 / 학대, 체벌 → 대화 / 간섭 → 자유 / 사랑, 삶의 안정이 그것입니다. 자녀 교육은 난이도 높은 하나의 기술입니다. 손색없는 기술자에게는 본(本)과 지혜, 인내가 한없이 요구됩니다. 그것의 으뜸은 본(모범)에 있습니다. 부모가 본보기를 보여주는 것입니다. 아이들은 성장과정에서 욕이나 꾸중을 듣고 크면 주눅 들거나 기가 죽게 됩니다. 기(氣)는 중요한 삶의 동력입니다. 그럼에도 그것이 시도 때도 없이 시도되고 난무합니다. 날로 확대 재생산되고 있습니다. 반면 칭찬이나 격려는 소금 역할과 같습니다. 소금을 치면 맛이 나듯 그것은 자신감을 얻게 하고, 적극적인 성격으로 변모시켜 줍니다. 중요 성장인자인 동시에 관계 개선의 동인이 되고 있습니다.

역시 학대 당하거나 체벌 등 맞고 크면 마음 한켠에는 증오심, 분노, 적개심이 쌓여 성격이 거칠어지거나 반사회적인 인간이 되기 쉽습니다. 이에 대화교육이 절실히 필요합니다. 간섭은 자율성을 뺐습니다. 그럼에도 대부분 간섭하면서 키웁니다. 자주성도 자립심도 사라집니다. 소심한 성격으로 바뀝니다. 마마보이가 되기 십상입니다. 속박하지 않고 구김 없이 자유스럽게 키워야 원만하고, 진취적이고, 품격 높은 인성이 길러집니다. 사랑은 용광로와 같습니다. 사랑을 받고 커야 남을 사랑할 줄 알게 되고, 밝고 긍정적이고, 만족 혹은 행복을 느끼게 됩니다. 삶의 안정도 성장과정의 중요 행복요소입니다. 자녀 키우기가 그렇게 쉽다면 누가 걱정을 할까? 세심한 관심과 관찰, 그리고 배전의 노력이 필요합니다. 그럼에도 노력은 성공의 열쇠임에도 노력을 하지 않는다는 점입니다. 그래서 실패한 자식을 낳게 되는 것입니다.

5. 나는 몇 점짜리 부모일까?

　알 길이 없습니다. 부모 자격시험이라도 있어 시험 보지 않는 이상 50점짜리인지 100점짜리인지 전혀 알 수가 없습니다. 있다면 부족한 점을 파악해보고, 그 점을 보충하기 위해 애를 쓰고 개선하는 길뿐입니다. 뭐가 부족할까? 뭐가 넘칠까? 뭘 고칠까? 뭘 보충할까? 곰곰이 생각해봅니다. 아이에겐 뭘 가르쳐야 할까? 뭘 해줘야 될까? 파악해보는 것입니다. 공부 싫어하는 타입이면 공부에 취미를 붙여 열심히 할 수 있게 가르쳐주는 것입니다. 그쪽으로 유도해주는 것입니다. 우울한 성격이라면 좀 더 밝게 키우는 것입니다. 누가 괴롭히면 즉시 막아주는 것입니다. 즐겁고 행복한 나날이 될 수 있도록 환경을 만들어주는 것이 100점짜리 부모일 것입니다. 인터넷상에는 여러 곳에서 다양하게 '점수 체크리스트'를 만들어 제시하고 있습니다. "나는 몇 점짜리 부모일까?"를 참고해보십시오.

6. 가정교육은 어떻게?

(1) 가정교육은 이렇게!

　가정은 하나의 학교요, 부모는 최초의 교사라고 했습니다. 훌륭한 학교, 훌륭한 교사 밑에 훌륭한 학생이 나오듯 가정도 마찬가지입니다. 전제조건이 있다면 의좋은 부모와 가정 분위기가 항상 평화롭고 밝고 안정감이 있어야 효과적인 교육이 이루어진다는 사실입니다. 늘 불안하고 다툼이 있다면 제대로 교육이 이루어질 수가 없습니다. 가정은 모든 교육의 출발점이고, 성숙한 인간을 기르기 위한 훈련장입니다. 인간으로서 갖춰야 할 덕목(성격, 습관, 도덕심, 예절, 질서, 준법, 화목, 정서, 인내심, 약속, 지식, 지혜, 학습, 건강, 봉사, 희생, 양보, 배려, 효도, 사회성 등)을 음으로 양으로 알게 모르게 배웁니다. 그러기 때문에 부모의 역할이 무엇보다 크고 중요합니다. 어린 나무는 곧게 키우기는 쉽지만 커버린 굽은 나무는 곧바로 바로 잡기가 어렵듯이 어릴수록 교육하기가 쉽고, 효과도 크고, 평생을 좌우하게 됩니다. 그만큼 때가 중요합니다. 학교교육은 주로 지식교육에 치중하지만 가정교육은 학교교육처럼 잘 짜여진 교육은 못 되지만 학교에서 가르칠 수 없는, 배울 수 없는 인간 됨됨이, 예절교육, 사회성 교육, 인성교육을 배우게 됩니다. 하루하루 일상 속에서 이루어지기 때문에 생활 자체가 훌륭한 교육이 되는 것입니다. 태어난 순간부터 이미 교육은 시작됐다고 봐야 할 것입니다. 가족간에 어울리면서 부딪치면서 알게 모르게 의식적으로 무의식적으로 보고 듣는 것, 해보고 겪어보는 것이 배우는 것, 아는 것, 얻는 것, 살아있는 참교육인 것입니다. 앵무새가 말을 하고 원숭이가 자전거를 타는 것은 잘 가르쳤기 때문입니다. 인간을 인간답게 잘 가르치는 것 역시 가정교육의 역할인 것입니다.

- 가정은 알게 모르게 가르치고 배우는 곳이다. 부모의 일거수 일투족이 곧바로 교육이 된다. 부모가 교과서다. - 중암
- 곡식도 잘 가꿀 때만이 좋은 결실을 맺는다. 자녀교육도 마찬가지다.
- 유대인들은 가정 응접실(거실)에 술병을 전시하지 않는다는데 우리의 응접실에 있는 술장식장 속에는 별의별 술을 전시해두고 있다. 아이들이 매일 술병을 보고 자라면 커서 꺼내먹기도 하고, 술꾼이 되기 쉽다. 한국은 무슨 공화국이냐? 음주 공화국이다. 안 보이는 곳으로 치워야 되느냐? 그것은 각자 알아서 할 일이다.
- 가정은 도덕을 가르쳐 진실한 인격을 갖춘 인간을 길러내는 데 없어서는 안 될 중요한 곳이다. 누구 얘기더냐? 페스탈로치 선생 얘기올시다.
- 가정교육이 중요하다는 것을 알지만 막상 무엇을 어떻게 해야 할지, 가르쳐야 할지 막막하다는 의견이 많았다. 어느 학부형 모임에서 나온 말. 답은 자녀교육에 관한 책을 많이 읽어보는 것이다. 그리고 본을 보이는 것이다.
- 어떻게 가르치느냐를 아는 것은 교육의 위대한 기술이다. - 헨리 F. 아미엘 / 일기
- 운전도 기술이 있어야 되듯이 자녀교육도 기술이 있어야, 잘 알아야 잘 가르칠 수가 있는 것이다. 아마추어가 아니라 프로가 되어야 한다. 그러기 위해서는 자녀교육에 대한 공부를 게을리해서는 안 되는 것이다. - 중암
- 교육의 목적은 기계를 만드는 데 있지 않고 사람을 만드는 데 있다. - J. J. 루소

- 자식을 잘 가르치는 것보다 중요한 일은 없다. - 추적 / 명심보감
- 아이에게 가장 좋아하는 걸 가장 잘하게 해주는 것이 가장 좋은 교육이다. - 문용린 전 교육부장관
- TV 드라마 시청은 열광하면서도 자녀 가르침에는 무관심하다. 이것이 우리 가정의 현실이다. 전자는 재미있고 후자는 재미없고 잘 모르고 귀찮기도 하니 방관하게 된다.
- 항상 생각할 기회를 주는 교육이어야 한다. 교육은 인간을 만든다. 가르치기에 달려있다.
- 물가에 못 가게 막는 것보다는 헤엄치는 법을 가르치는 것이 더더욱 현명하다.
- 자녀를 잘 가르치기 위해 자녀교육에 관한 책을 한 권도 읽지 않고 어찌 자식 잘 되기를 바라리오.
- 교육이란 어린아이가 자기의 잠재능력을 실현하는 것을 도와주는 것을 뜻한다. - E. 프롬 / 사랑의 기술

(2) 부모의 역할

부모만큼 가장 자연스럽고 가장 적합한 교육자는 없습니다. 낳았다고 다 부모는 아닙니다. 부모다운 부모가 참부모인 것입니다. 부모는 최초의 교사요, 나침반, 조타수이고, 최고의 교사여야 합니다. 부모보다 훌륭한 스승은 없다고 했습니다. 나는 정말 부모 자격이 있는가? 어떤 부모가 될 것인가? 좋은 부모가 될 것인가? 나쁜 부모가 될 것인가? 훌륭한 부모가 되기 위해 어떤 훈련과 어떤 교육을 받았는가? 씨앗을 뿌려만 놓고 잘 가꾸지 않으면 잘 자라지도, 여물지도 않듯이 자식도 마찬가지입니다. 잘 가르치면 좋은 일이 생기고 잘못 가르치면 안 좋은 일이 생깁니다. 자업자득이라고나 할까요? 아이들은 부모의 말과 행동을 보고 배우고, 부모는 자식에게 보여줌으로써 가르친다고 했습니다. 자식들에게 뭘 보여줄까? 일일이 간섭

이나 하고, 욕이나 하고, 탁탁 때리기나 하고, 인상이나 쓰고, 고함이나 지르고, 꾸중이나 하는 부모는 아니었나 반성해보는 것입니다.

부모로부터 보고 듣고 알게 모르게 배워 인간다운 인간이, 인격이 형성되는 것이므로 부모는 인생의 선배로서 모델이 되어야 합니다. 부모 스스로가 본을 보여주는 것입니다. 속담에 "윗물이 맑아야 아랫물도 맑다."고 했습니다. "아이들 보는 데서는 찬물도 못 먹는다."고 했습니다. 맛있는 줄 알고 따라 먹기 때문입니다. 그대로 따라하기 때문입니다. 그리고 중요한 것은 문제부모 밑에 문제아가 생긴다는 사실입니다. 대부분 문제아는 문제부모가 만드는 것입니다. 그런즉슨 부모 자신이 좋은 부모가, 훌륭한 부모가 돼야 합니다. 문제부모가 되지 말아야 합니다. 얼굴을 닮듯이, 유전자를 가지고 나왔듯이 부모가 폭력을 휘두르면 아이도 커서 폭력을 휘두르고, 부모가 도박을 좋아하면 아이들도 대부분 도박을 좋아하고, 술 먹고 행패 부리면 아이들도 행패 부리게 되고, 신경질을 잘 부리면 아이들도 잘 부리고, 거짓말을 잘하면 거짓말도 잘하게 되고, 게으르면 게으르고, 부지런하면 부지런하고, 바람둥이면 대개 바람둥이가 된다는 사실입니다. 부전자전(父傳子傳)이라고나 할까요? 부지불식간에 보고 듣고 배워 따라하기 때문입니다. 한마디로 모범적인 부모가 훌륭한 자녀를 만드는 것입니다. 이외의 부모 역할이라면 건강을 챙겨주고, 법과 질서, 예절을 가르치고, 좋은 습관을 길러주고, 함께 사는 지혜를 주고, 인생의 방향을 제시해주고, 가정의 행복과 화평, 그리고 안정을 지켜주는 일 등입니다.

- 부모가 변해야 자식도 변합니다. 어렵겠지만 화나고 속상한 일이 있었더라도 꾹 참고 아이들 앞에서는 웃는 낯을 보이면 아이들도 덩달아 즐거워집니다. 화난 얼굴, 인상 쓴 얼굴을 보면 아이들은 괜히 속

으로 불안하고 전전긍긍하고 즐거울 턱이 없습니다. 스트레스의 원인이 되고도 남습니다. 어디 가서 뺨 맞고 어디 와서 눈 흘긴다고 자식들에게 분풀이, 화풀이해서는 안 될 것입니다. 아이들에게 무슨 잘못이 있을까?

- "안 된다, 못 쓴다, 하지 마라"가 아니라 하되 잘하라고 격려해야 합니다.
- 자녀의 고민을 들어보고 함께 풀어보자. 지금 님의 자녀가 무슨 고민을 하고 있는지 알고 계십니까? 무슨 생각을 하고 있는지, 좋아하는 것은 무엇인지 꿈은 무엇인지 물어보셨나요?
- 과잉보호를 받고 자란 아이는 이기적이고 배려할 줄 모르는 인간이 되기 쉽습니다. 왕따의 표적이 될 수도 있습니다.
- 얘기할 때는 항상 웃는 낯으로 부드럽고 정겹게 소곤소곤 교양있게 화 안 나게 말해야 합니다. 그래야 경청하게 되고, 순종하게 됩니다.
- 아이들의 교과서는 누굴까? 부모다. 부모 되기 위한 준비를, 교육을 받아본 일이 있는가?
- 요즘 아이들은 참을성이 부족하다. 조금만 어렵거나 힘든 일에 부닥치면 쉽게 포기한다. 그것은 하나에서 열까지 다 알아서 해주니 참을성을 기를 기회가 없고, 스스로 할 수 있는 능력이 길러질 수도 없다. 응석받이, 마마보이가 되고 만다. 스스로 하게 해서 실패나 성취감을 맛보게 해야 한다.
- 어린이들은 부모의 일굴을 비추는 거울과 같사오니 우리의 자녀들이 부모의 고운 말과 선한 행동을 날마다 먹고 자라게 하소서. - 성경
- 아이에게 상처를 가장 많이 주는 사람은 누구냐? 부모다. 그냥 놔두면 안으로 파고든다. 어루만져주고 싸매줘야 한다.
- 사소한 잘못은 못 본 체 못 들은 체 넘어간다. 하나에서 열까지 시시비비를 가리면 꾸중을 해대면 여리디 여린 아이는 어떻게 견딜 수가 있을까? 역지사지를 해보는 것입니다.

- 문제 있는 부모는 어떤 타입일까? 무관심, 맹목적이고 지나친 사랑, 지나친 욕심, 지나친 집착, 지나친 통제, 지나친 간섭이 아닐까?
- 자녀를 행복하게 하자. 싱글벙글하게 하자. 뿔나게 노엽게 하지 말자.
- 어떻게 하면 훌륭한 부모가 될 수 있는가를 항상 스스로 물어보고 고심하고 찾고 연구하고 노력한다.
- 유대인들은 인간성 교육에 치중하지만 우리는 공부, 성적에만 신경 쓴다. 그들은 1등보다 남보다 다르게 키우려 한다. 우리는 오로지 공부, 공부, 공부밖에 모른다. 공부벌레가 되고 있다. Number One이 아니라 Only One이 되게 해야 한다.
- 노는 것도 훌륭한 공부다. 사회성 제고의 지름길이다.
- 우리는 부모가 되는 교육을 받지 않고, 시험도 보지 않고 덜컥 부모가 됐다. 교육을 안 받았으니 알 수도 없고 그래서 많은 시행착오를 일으킨다. 자식 키우기가 무척 어려운데도 간단히 생각한다. 자동차 운전면허 시험 보듯 부모자격 시험을 봐야 한다고 주장하는 사람도 있다.
- 홧김에 집을 나가라면 집을 나갑니다. 집 나가란 소리는 절대 금물입니다.
- 바른 말은 귀에 거슬린다. 좋은 말도 자주 하면 잔소리가 된다. 될 수 있으면 잔소리를 줄이자. 요령껏 하자.
- 아이들은 부모의 사랑에 목말라 있다. 속으로만 놔둘 게 아니라 겉으로 표현해줘야 한다. 눈으로 말로 몸짓으로 행동으로!
- 먹고 싶다고 하고 싶다고 갖고 싶다고 다 들어줘서는 안 된다. 적당히 거절해서 좌절감을 맛보게 해줘야 된다.
- 자식을 불행하게 만드는 확실한 방법은 언제든 무엇이든 쉽게 손에 넣을 수 있게 해주는 일이다. - J. J. 루소 / 에밀
- 요즘 님의 아이들은 어떻습니까? 말이 없습니까? 표정이 어둡지 않습니까? 의기소침하지 않습니까?

- 부모의 시각으로 자녀를 볼 것이 아니라 자녀의 시각으로 자녀를 보십시오. 눈높이 교육이어야 합니다.
- 자녀의 교육에는 관심이 많지만 자녀가 무슨 생각을 하고 있는지, 무엇을 원하는지에는 무관심하다.

■ 자녀가 생각하는 좋은 부모는 어떤 부모일까?
1위 : 아이의 말을 잘 들어주고 대화를 많이 하는 부모(23.6%)
2위 : 함께 많은 시간을 보내는 부모(16.1%)
3위 : 남과 비교하지 않고 자녀를 있는 그대로 받아들이는 부모(13.7%)

(출처 : 여성가족부 2016년 설문조사)

■ 정말 중요한 교육 - 질문

유대인 부모들은 아이들에게 항상 질문한다는 것입니다. 어떻게? 왜? 너는 어떻게 생각해? 왜 그렇게 생각해? 답하기 위해 생각하고 궁리하고 머리를 쓰니 자연 창의력이 발달하게 됩니다. 유대인은 세계 인구의 0.2%임에도 노벨상 수상자 25%가 유대인입니다. 우리는 어떤가? 지시만 있습니다. 시키는 대로만 했습니다. 머리를 쓸 필요가 없습니다. 그러니 노벨상 수상자가 나올 수가 없습니다. 오늘부터 실천하는 것입니다.

■ 유대인 출신
- 아인슈타인(물리학자)
- 마크 저커버그(페이스북 창업자)
- 래리 페이지(구글 창업자)
- 스티븐 스필버그(영화감독)
- 번스타인(지휘자)

■ 밥상머리 교육

하루 중 온 가족이 모여 머리를 맞대고 얘기를 나눌 수 있는 시간이 식사시간입니다. 오순도순 둘러앉아 즐겁게 밥을 먹으면서 하루에 있었던 일, 즐거웠던 일, 힘들었던 일, 예절이라던가, 배려, 삶의 지혜, 사회성 등을 가르치는 것입니다. 그동안의 밥상머리는 꾸중과 지적의 자리였습니다. 이제는 소통의 자리, 칭찬과 격려의 자리가 돼야 합니다. 인성교육의 장으로 선용하는 것입니다. 듣기 싫어 밥 먹다 벌떡 일어나 나가버리는 자리가 돼서는 안 될 것입니다.

■ 밥상머리 교육 실천지침 10가지

1. 일주일에 두 번 이상 '가족식사의 날'을 가집니다.
2. 정해진 장소에서 정해진 시간에 함께 모여 식사합니다.
3. 가족이 함께 식사를 준비하고 함께 먹고 정리합니다.
4. TV는 끄고 전화는 나중에 합니다.
5. 대화를 할 수 있도록 천천히 먹습니다.
6. 하루일과를 서로 나눕니다.
7. 어떻게 하면 좋을까식의 열린 질문을 던집니다.
8. 부정적인 말을 피하고 공감과 칭찬을 많이 합니다.
9. 아이의 말을 중간에 끊지 말고 끝까지 경청합니다.
10. 행복하고 즐거운 가족식사가 되도록 노력합니다.

(출처 : 서울대 학부모 정책연구센터 밥상머리 교육 학부모용 길라잡이)

① 아버지 역할은 무엇인고?

같은 부모지만 어머니와는 성(性)과 하는 일이 다르므로 역할도 조금은 다릅니다. 옛날에는 엄부자모라고 아버지는 엄해야 하고, 어머니는 자애로워야 한다고 했습니다. 엄격하고, 무섭고, 권위적이고, 질책만 하고, 명령만 하는 것이 옛 아버지의 모습이었습니다. 그러나 시대와 가치관이 변해 전형적인 아버지상도 바뀌고 있습니다. 지금의 아이들이 바라는 아버지상은 뭘까? 엄, 무, 권, 질, 명의 아버지가 아니라 봄볕처럼 따사로운 아버지, 다정다감한 아버지, 자상하고 배려 깊은 아버지, 친구처럼 잘 놀아주는 친구 같은 아버지, 손톱도 깎아주고 목욕도 같이하고 용돈도 알아서 잘 주는 아버지, 옷도 사주고 맛있는 것도 사주는 아버지, 생일도 챙겨주고 노래도 가르쳐주고 밖으로 손잡고 놀러도 다니고 공부도 잘 가르쳐주고 고민도 해결해주는 아버지, 술주정 안 하고 쉽게 성내지 않고 욕하지 않고 탁탁 때리지 않는 아버지, 엄마와 싸우지 않는 아버지, 가정에 충실한 아버지! 이런 아버지라면 얼마나 좋아할까? 얼마나 기뻐할까? 아이들의 기쁨은 나의 기쁨이고, 아이들이 슬퍼하면 나도 곧 슬퍼지게 되나니 어떻게 해야 할까? 노랫말처럼 아, 어떻게 했으면 참 좋을까? 답은 그런 아버지가 되려고 노력하고, 그런 아버지가 되는 것입니다. 아는 것보다 중요한 것이 실천이요, "시작이 반"이라고, "쇠뿔은 단김에 빼라."고, 늦었다면 지금 시작하는 것입니다. 아버지의 관심과 사랑과 보살핌은 아이들을 자신감 넘치고 활달하고 구김살 없는 적극적인 아이로 만들어줍니다. 삐뚤어지지 않고 탈선하지 않는다는 사실입니다.

대체로 바람직한 아버지 역할은 뭘까? 가족을 경제적으로 부양하고, 집안 대소사에 적극 대처하고, 성에 따른 역할, 성격형성, 인간관계, 도덕, 사회규범, 직업관을 보여주고 가르쳐주는 일입니다. 실의에 빠지거나 의욕을 잃은 자녀에게 힘과 용기를 주는 일입니다. 또 외부로부터의 나쁜 풍조(음주, 흡연, 도박, 마약, 성, 불량교제, 탈선 등)에 물들지 않도록 막아주는 방파제, 파수꾼, 울타리 역할을 해주는 일 등입니다. 아들에게는 같은 남성으로서 남성상, 가장의 역할을 가르치고 배우고 본받게 해야 합니다. 딸에게는 아버지는 남성관,

배우자관에 영향을 줌으로 바람직한 아버지상, 남성상을 심어줘야 합니다. 엄하고, 무섭고, 억세고, 거친 아버지 밑에서 자란 딸은 장차의 남편감을 아버지 같은 사람으로 받아들일 수 있으므로 부드럽고 따스하고 자상하고 유머 넘치는 남성상을 보여줘야 합니다. 한마디로 아버지는 가정의 정신적 지주이며, 가장으로서 가족을 부양하고 보호하고 이끌어가는 리더, 지도자인 것입니다. 왕왕 자녀의 양육과 교육을 아내 몫으로 치부하고 소극적으로 등한시하는 경우가 많은데 아이들의 인격형성, 사회성, 지적, 정서적 발달, 학업성취도에서 어머니보다도 영향이 크기 때문에 아버지가 적극 참여해야 합니다. 아버지는 어떻게 하면 아이들을 행복하게 해줄까? 기뻐하게 해줄까? 하루 10분이고, 20분이고 고민하고 연구해야 합니다. 아주 중요한 일임에도 등한시하는 경향이 많습니다.

- 아버지가 자식을 위해 할 수 있는 가장 중요한 일은 그들의 어머니를 사랑하는 것이다. - T. M. 헤즈버그
- 나는 어떤 아버지였나? 좋은 아버지였나? 나쁜 아버지였나? 좋은 아버지가 되기 위해 얼마나 노력했나? 하숙생 아버지는 아니었나? 자녀 교육은 전적으로 아내에게만 맡기지는 않았나? 돈만 벌어다 주면 아버지 역할은 끝났다고 생각은 안 했나? 피곤하다고 휴일에 종일 잠을 자거나 TV만 보지 않았나 생각해봅니다.
- 뭘 사달라고 할 때 경우에 따라서는 곧바로 사주지 말고 좌절, 인내심을 길러주기 위해 약간 뜸을 들입니다.
- 헌신적인 아버지의 뒷바라지로 성공한 인사들로는 타이거 우즈, 모차르트, 피카소, 빌 게이츠, 대처 등이 있습니다.
- 하루 30분 이상 자녀에게 투자하자.(대화, 학습, 놀이)
- 내 기억에 새겨진 최초의 인간의 모습은 요람 옆에 서계신 아버지였다. 그때부터 아버지를 바라볼 때마다 나는 그 성상(聖像) 같은 인품

에 경의와 감탄을 금할 수가 없었다. 그래서 나는 늘 성화(聖畵)를 보는 기분으로 아버지를 우러러보곤 했다. - C. V. 게오르규 / 25시에서 영원의 시간으로

- 한 사람의 아버지가 백 사람의 선생보다 낫다. - G. 허버트
- 아버지 되기는 쉽다. 그러나 아버지답기는 어려운 일이다. - 세링 그레스

② 어머니 역할은 또 무엇인고?

"한 사람의 장래 운명은 곧 그 어머니의 소산이다." 누가 말했을까요? 나폴레옹올시다. 속담에 "그 어미를 보고 그 딸을 데려오라."고 했습니다. "아버지는 악마 같아도 어진 어머니의 딸이거든 아내로 맞아도 좋다."고 했습니다. 아버지는 일 때문에 밖으로 돌고 집에 있는 어머니는 집안일 꾸려가랴, 밥하고 청소하랴, TV 보고 김치 담그랴, 아버지보다도 접촉하는 시간이 더 많기 때문에 영향이 더 큰 것입니다. 어머니의 일거수일투족 말하는 것, 생각하는 것, 행동하는 것을 옆에서 알게 모르게 무의식적으로 보고 듣고 배우기 때문입니다. 율곡 어머니 신사임당, 한석봉의 어머니, 맹자의 어머니, 발명왕 에디슨의 어머니 등 위인들의 뒤에는 으레 훌륭한 어머니가 있었습니다. 훌륭한 작곡가가 불멸의 명곡을 만들어내듯 훌륭한 자식은 훌륭한 어머니가 만들어내는 것입니다.

■ 잘 가르칠려면 어떻게 해야 할까요?

훌륭한 어머니가 되려면 어떻게 해야 할까? 꼭 배움(학력)이 많아야만 되는 것은 아닙니다. 알다시피 한석봉이나 맹자 어머니가 교육학 박사 학위자는 아니었습니다. 작정하고 관심을 갖고 궁리하고 연구하고 강의도 듣고 물어보고 전문가가 쓴 책을 보는 것입니다. "책 속에 길이 있다."고 했습니다. 책이 방법을 가르쳐주기 때문입니다.

TV 좀 덜 보시고 그 시간을 아이들 교육에 투자하는 것입니다. 한 가지 우리 어머니들이 고쳐야 할 게 있다면 내 분신인 귀엽고 사랑스런 자식에게 참지를 못하고 시도 때도 없이 욕하고 탁탁 때리기를 잘한다는 점입니다. 너그럽지 못하고 관대하지 못하고 인자하지 못하기 때문입니다. 속담에 "개구리 올챙이적 생각 않는다."고 자기는 뭐 어릴 때 말 잘 듣고 공부도 잘하고 잘 알아서 척척 잘했남? 벌렸다 하면 욕이 튀어나오고, 들었다 하면 손목이 올라가고, 고함 지르고 왜 그럴까? 참지를 못해서인 것입니다. 교양머리가 없기 때문입니다. 클 때 제대로 가정교육을 받지 못했기 때문입니다.

 - 오월의 훈풍처럼 따사로운 어머니, 솜처럼 포근하고 인자스런 어머니, 유월의 박꽃처럼 순백한 어머니의 모습을 보여주면 안 될까? 왜 그것이 그렇게 안 될까? 일대 자각이 필요합니다. 어떤 일이 있어도 절대로 욕하지 않고, 때리지 않겠다고 자신에게 맹세하는 것입니다. 역지사지, 내가 부모님한테 욕먹고 얻어맞았다고 생각해보는 것입니다. 기분이 어떨까? 그런즉슨, 오늘부터 지금부터 당장 실천에 옮기는 것입니다. 그러면 아이들은 입이 째지게 좋아할 것이고, 행복해할 것이고, 고맙게 생각하게 되고, 부모님을 존경할 것입니다. 더불어 사회도 한결 밝아지고 폭력도 줄어들 것입니다. 어떻게 한 번도 안 때리고 키울 수 있나? 한 번도 안 맞고 한마디 욕도 듣지 않고 큰 사람도 있기는 있습니다. 그러니 안 때리겠다고 마음먹으면, 작정하면 되는 것입니다. 손이, 욕이 튀어나오려고 하면 하나, 둘… 100을 세는 것입니다. 세다가 사그러들게 마련이고, 버릇 들면 고쳐지게 되고 서로 좋은 것입니다. 성냥 가지고 여러 차례 불장난해서 좋은 말로 제지했으나 듣지 않는다면 그때는 적당한 체벌이 필요하겠으나 그렇지 않고 어떤 경우든 욕하지도 때리지도 않겠다고 결심하고 실천하는 것입니다. 대신 고운 말로 덕으로 심금으로 때리

는 것입니다. 누구든 얻어 맞거나 욕을 먹고 크면 성격이 거칠어지고 포악해집니다. 역시 제 자식을 욕하고 때리면서 키운다는 사실입니다. 엄마한테 배웠으니깐요.

■ 바람직한 어머니의 역할은 뭘까?

집안 살림을 잘 꾸려내는 일입니다. 의식주, 먹는 것, 입는 것, 자는 것, 건강 등을 잘 관리하는 일입니다. 가족들이 포근히 쉴 수 있고, 위안을 받을 수 있고, 안락하고 행복한 가정을 꾸리는 일입니다. 아들에게는 따스함과 용기, 배려심을 심어주고, 딸에게는 부드럽고 다소곳하고 참을성을 길러주는 일 등입니다. 그러나 무어니 해도 자식을 사랑하는 일입니다. 갈증 나면 물 먹이듯 사랑을 많이 넣어주는 일입니다. 사랑은 용광로와 같습니다. 모든 것을 녹여줍니다. 슬픔도 괴로움도 아픔도 분함도 성냄도 갈등도 눈 녹듯 스스로 녹아내리게 합니다. 이렇듯 사랑의 힘은 위대한 것입니다.

- 어머니는 학원과외에는 열성적이면서도 가정교육에는 등한히 하는데 그 이유는 뭘까? 그것은 어떻게 가르쳐야 할지 잘 모르기 때문이다. 그래서 공부가 필요한 것이다.
- 어린아이의 운명은 항상 그 어머니가 만든다. - 나폴레옹
- 자모(慈母)에 패자(敗子)가 있다. 사기에 있는 말입니다. 너무 오냐, 오냐 키우지 말라는 뜻입니다. 잘못했을 때는 못 본 체하지 말고 따끔하게 지적을 해서 고쳐주라는 것입니다. 충고, 조언을 해서라도 바른 길로 인도하라는 것입니다. 욕하지 말고, 웃는 낯으로! 너무 응석받고 자라면 버릇 없고 세상 물정도 모르는 애어른이 될 수 있기 때문입니다. 단, 체벌이 아닌 심금(心琴)으로!
- 아름다운 아내의 매력은 짧다. 좋은 어머니의 감화는 길다. - 롤랑
- 한 명의 현명한 어머니는 100명의 교사와 맞먹는다. - J. F. 헤르바

르트
- 어머니의 과잉간섭, 과잉보호는 아이를 창의성, 독립심, 자주성, 모험심 없는 마마보이로 만든다.
- 욕심 많은 엄마가 아이를 망친다.
- 난폭하고 무례하고 고집스럽고 배려할 줄 모르고 이기적인 아이는 태어나는 것이 아니고 길러지는 것입니다.
- 헬리콥터 어머니, 캥거루 어머니가 자식의 장래를 그르치게 합니다.
 - 앞장의 가정교육, 부모, 아버지, 어머니 역할에 대한 속담, 격언, 경구 등 한 달에 한 번씩 음미해보는 것도 좋을 것입니다.
- 속담은 거리의 지혜다. - W. 베넘
- 격언이란 한 사람의 기지이자 모든 사람의 지혜다. - 러셀 / 경구
- 격언이란 오랜 경험에 기초한 짧은 문장이다. - 세르반테스
- 속담은 매일 매일의 경험의 소산이다. - 영국 격언
- 이가 약한 자도 씹을 수 있도록 뼈를 빼낸 것은 인간의 지혜다. - A. G. 비어스 / 악마의 사전

- 격언과 속담은 지혜의 보물창고와 같습니다.
 기분전환 겸 시 한 수 감상하십시오.

이름 없는 여인이 되어
- 노천명

어느 조그만 산골로 들어가
나는 이름 없는 여인이 되고 싶소
초가지붕에 박넝쿨 올리고
삼밭엔 오이랑 호박을 놓고
들장미로 울타리를 엮어

마당엔 하늘을 욕심껏 들여놓고
밤이면 실컷 별을 안고

부엉이가 우는 밤도 내사 외롭지 않겠소
기차가 지나가 버리는 마을
놋양푼의 수수엿을 녹여 먹으며
내 좋은 사람과 밤이 늦도록
여우 나는 산골 얘기를 하면
삽살개는 달을 짖고
나는 여왕보다 더 행복하겠소

노래도 감상하십시요.

- 저 구름 흘러가는 곳
- 동심초

③ 편부모 자녀교육

편부모란 어떤 이유로 한쪽 부모만 있는 경우를 말합니다. 엄마가 아이를 혼자 키우는 싱글맘, 아빠가 아이를 혼자 키우는 싱글대디. 자녀교육은 한쪽보다 두 쪽이 담당해야 균형 잡힌 교육이 이루어집니다. 축구에 있어서도 왼쪽 공격수와 오른쪽 공격수가 있어야 제대로 공격이 이루어지듯 교육도 마찬가지입니다. 역할이 각각 다르기 때문입니다. 통계청 자료에 의하면(2018년) 편부모 가정이 150만 가구가 넘습니다. 특히 이혼일 경우는 자녀들의 심적 고통이 더할 것입니다. 버림받지 않을까? 부모가 헤어진 건 내 탓이 아닌가 하는 심적 갈등 등 두려운 생각, 죄책감을 갖게 되기도 할 것입니다. 편부모로서 무척 어렵겠지만 항상 평상심을 가져야 되고, 위축되지 않고 당당하고 의연하게 사는 모습을 보여줘야 합니다. 한층 더 두 몫의 사랑을 쏟아야 합니다. 아이들이 방황할 수 있고, 비행에 빠질 수 있으므로 간섭이 아닌 더 많은 관심을 가져야 되고, 격려와 배려를 해줘야 합니다. 아버지가 없는 홀어머니 가정은 남성상의 학습효과를 얻을 수 없기 때문에 배려가 더 필요합니다. 아들에게 필요한 남자다움, 씩씩함, 적극성, 외부 지향성, 가장 역할 등의 학습 기회를 놓칠 수 있고, 배울 수 없기 때문입니다. 할아버지라든가 삼촌이라든가 친척이나 이웃과의 접촉, 교류의 기회를 자주 갖게 하는 것입니다. 딸도 마찬가지입니다.

　이혼이 날로 늘어가는 마당에 이제 편부모 가정은 가족의 한 형태로 자리 잡아가고 있습니다. 연연할 것 없이 있는 그대로를 받아들이고 위축될 것 없이 당당하게 살아가는 모습을 보여줘야 합니다. 혼자 몸으로 두 몫을 해야 되기 때문에 어려운 문제가 한두 가지가 아닐 것입니다. 경제문제, 양육, 교육문제, 직장, 가사문제, 사회편견 등 많은 문제가 도사리고 있습니다. 그렇다고 주저앉을 수는 없습니다. 하늘이 무너져도 솟아날 구멍이 있다고 했습니다. 그 구멍이 뭘까? 용기를 잃지 말고, 위축되지 말고 박차고 일어나는 것입니다. 세상에 어려움 없는 가정이나 시련 없는 사람은 없다고 했습니다. 지위가 높든 낮든, 부자든 빈자든, 어른이든 아이든 누구에게나 다 있습니다. 좌절하지 말고 극복해 꿋꿋이 살아내 통쾌하게 보여주는 것입니다. 특히 편모슬하에서 위인이나 성공자가 많이 나온다는 사실입니다. 공자님도 맹자님도 편모슬하에서 컸습니다. 미국의 오바마 전 대통령도 2살 때부터 홀어머니 밑에서 컸고, 클린턴 전 대통령도 유복자로 태어났습니다. 용기를 잃지 마십시오. 희망을 잃지 마십시오.

- 용기 있는 곳에 희망이 있다. - C. 타키투스 / 연대기
- 용기는 역경에 있어서 빛이다. - L. C. 보브 나르그 / 잠언과 성찰
- 용기는 불운을 부숴버린다. - 영국 격언
- 용기는 모든 것을 정복한다. 힘까지 주기도 한다. - 오비디우스

7. 자녀교육 대원칙
- 유·초·중·고생

나라에도 법칙이 있고, 회사에도 사칙이 있고, 학교에도 교칙이 있듯 자녀교육도 기분 내키는 대로, 즉흥적으로, 중구난방식이 아닌 방침과 철학 또는 어떤 원칙을 세워두고 임해야 효과적인 교육이 이루어집니다. 우리가 늘 먹어야 하는 5대 영양소처럼 그 중요한 요소, 그 원칙은 어떤 것이 있을까? 각인각색(各人各色)이요, 맞게 정하는 것입니다.

(1) 모범, 본

자주 언급했습니다만 알게 모르게 자식은 부모의 말과 행동과 생각을 보고 듣고 배우고 따라하게 됩니다. 때로는 눈빛이나 분위기로도 배웁니다. 바람직스러운 것도, 그렇지 않은 것도 배웁니다. 근면, 말투, 버릇, 갈등해소, 어려움 극복방법, 동정심, 인간미, 성실성, 대인관계 등을 배웁니다. 반대로 배우지 말아야 할 것도 배웁니다. 술주정, 거짓말, 도둑질, 욕설, 게으름 등도 배웁니다. 폭력을 휘두르는 것도, 심지어 바람피우는 것도 배웁니다. 부전자전이란 말이 있듯이 부모의 삶 자체가 자식들의 교과서인 셈입니다. 그래서 부모는 훌륭한 교과서가 돼야 하고, 자식도 그 교과서를 보고 배워 훌륭한 자식이 되는 것입니다. 그래서 순자님은 "윗물이 맑으면 아랫물도 맑고, 윗물이 흐리면 아랫물도 흐리다."고 했습니다.(군도편) 나는 바람풍해도 너는 바람풍해서는 안 된다. 바람풍(風)해라. 나는 도둑질해도 너는 도둑질해서는 안 된다. 어미게처럼 옆으로 가면서 너만은 똑바로 가라고 할 수는 없는 것입니다. 코가 삐뚤어지게 먹고 와서 자식들에게는 술 먹지 말라고, 주먹을 휘두르면서 너희들은 절대로 주먹을 휘두르지 말라고 훈계할 수는 없는 것입니다. 나는 내 자식에게 얼마나 모범을 보였는가? 본보기가 됐는가? 자녀교육의 교과서, 비법은 부모의 모범입니다. 본을 보이는 것입니다. 보고 배우니깐요.

- 첫째도 본보기요, 둘째도 본보기요, 셋째도 본보기다. 누구 말이더냐? 슈바이처 박사의 말입니다.
- 모범은 훈화보다 유효하다. - 영국 격언
- 아이들에게 비평보다 본보기가 필요하다. - J. 주베르 / 팡세

(2) 대화

대화는 인간관계의 기본인 동시에 의사소통의 도구입니다. 대화를 통해서 상대의 의중을 알 수 있고, 내 생각을 알릴 수가 있습니다. 대화는 일방통행이 아닌 쌍방통행이어야 효과적인 대화가 될 수 있습니다. 일방은 지시인 것입니다. 지시를 좋아할 사람은 별로 없습니다. 아이들과의 대화 역시도 마찬가지입니다. 지시, 명령, 야단, 잔소리여서는 효과적인 대화가 이루어질 수 없습니다. 그러면 입을 다물게 되고 대화는 끊어지고 맙니다. 아이들은 무슨 생각을 하고 있는지, 뭘 하려고 하는지, 계획은 뭔지, 뭘 원하는지, 무슨 고민을 하고 있는지, 건전한 생각을 갖고 있는지, 불량한 생각을 갖고 있는지, 가출을 생각하고 있는지, 원조교제를 하려고 생사 중인지 입을 다물고 있으면 부모로서 알 수 없고, 알 수 있는 방법은 대화밖에 없습니다. 잘 알려면 소통하려면 평소 자녀들과 수시로 스스럼없이 마음을 터놓고 얘기를 나눠야 합니다. 그런 분위기 조성이 아주 중요합니다. 묻기 전에 수시로 자발적으로 말하게 해야 합니다. 대화는

자녀교육에 있어서 아주 중요한 요소입니다. 깜깜 모르고 있다가 문제가 터지면 그때서야 부랴부랴 수습하려면 그만큼 힘들고 어렵습니다. 조기예방, 조기수습은 대화밖에 없습니다. 수시로 대화를 통해서만이 자녀들이 품고 있는 속마음을 알 수 있고, 입장을 이해할 수 있고, 문제를 풀 수가 있고, 유익한 정보를 줄 수가 있고, 바른 길로 인도할 수가 있습니다.

언제가 좋을까? 아무 때도 좋습니다. 같이 TV를 보면서도, 길을 가면서도, 밥 먹으면서도, 잠자리에 들면서도 도란도란 그때그때 아무 때도 좋습니다. 그러나 분위기가 중요합니다. 아이가 아파 누워 있는데, 막 외출하려고 하는데 대화를 좀 하자고 하면 대화가 제대로 이루어질 수가 없습니다. 언성을 높이지 않고 다정한 말투로 소곤소곤 나누는 것입니다. 화난 얼굴이 아니라 웃는 얼굴이 경계심을 풀게 합니다. 아무 때고 스스럼없이 입을 열게 해야 합니다. 경청의 자세도 중요합니다. 건성으로 듣지 말고, 무시하지 말고 진지하게 듣습니다. 윽박지르면 입을 닫습니다. 맞장구도 필요합니다. 그만큼 대화요령이 필요합니다. 다시 말씀드려 대화를 통해서만이 문제점을 발견하게 되고, 대책을 세우고, 해결할 수 있고, 올바른 길로 인도할 수가 있는 것입니다.

- 적게 말하고 아이들 말을 많이 듣자.
- 눈높이 대화, 아이 수준에 맞게 하자.
- "안 된다. 못쓴다. 하지 마라."가 아니라 하되 잘하라 - 부정적인 말보다 긍정적인 말을 많이 하자.
- 좋아하는 말은 뭘까? 잘했어, 좋았어, 수고했다, 고맙다, 힘들지, 용돈 올려줄까?, 자랑스럽다, 대견하다, 네가 최고다 그러니 많이 하자.
- 대화하기를 꺼려 하거나 피하거나 거리가 느껴지면 편지를 써보자.

심금을 울려보자. 대화장벽을 허무는 데 큰 도움이 된다.
- 건성으로 하지 말고 진지하게 하자.
- 부모와 대화가 많은 아이들은 대개 학교에서 인기가 높고, 관계가 좋을 뿐만 아니라 삐뚤어지지 않고, 문제아가 될 소지가 적다고 말하는 전문가도 있습니다. 옳은 말입니다.
- 대화는 쉽고 가벼운 것부터 하자. 하루 얼마간 시간을 정해서 한다. 계속하게 되면 좋은 습관이 된다. 폭넓고 다양하게 한다. 집안일, 관심사, 취미, 친구, 공부, 꿈, 진로, 시사, 운동, 독서, 건강, 경제, 저축 등

(3) 관심과 간섭 그리고 잔소리

부모가 자식에게 관심을 갖는 것은 당연합니다. 아이들은 나이가 어려 경험도 판단력도 부족하고, 세상 물정이 어둡기 때문에 물가에 놔둔 것처럼 불안합니다. 어린 싹이나 다름없기 때문에 모른 채 놔두면 혹시 안 좋은 일이 생길 수 있으므로 관심과 보살핌이 필요합니다. 일거수일투족 조심스럽게 거리를 두고 눈에 안 띄게 아이 모르게 지켜보는 것입니다. 어디 아픈 데는 없는지, 대소변은 잘 가리는지, 신발은 작지 않은지, 옷은 제대로 입고 있는지, 밖에 나가 맞고 오지는 않는지, 용돈은 부족하지 않는지, 학교는 잘 다녀왔는지, 칠판 글씨는 잘 보이는지, 멍자국은 없는지, 따돌림은 안 당했는지, 친구는 누구와 사귀고 있는지, 혹시 담배 피우는 것은 아닌지 소 닭 보듯 모른 체해서는 안 되는 것입니다. 담배 피우면 못 피우게, 왕따 당하면 벗어나게 해줘야 합니다. 바람막이 해주는 것이 부모 역할이기 때문입니다.

그러나 간과해서는 안 되는 것이 간섭입니다. 부모들은 대부분 간섭을 관심으로 착각하는 경향이 많습니다. 관심을 갖는 것은 좋습니

다. 그러나 간섭은 어른이나 아이나 다 싫어합니다. 간섭을 많이 받게 되면 의타심이 생기고, 자신감도 잃게 되고, 적극성도, 창의성도 떨어집니다. 또 개성이, 자아개념이 없어집니다. 능동적으로 적극적으로 스스로 해결하려는 능력을 잃게 됩니다. 이것 먹어라, 저것 먹어라, 손 씻어라, 머리 감아라, 이것 입어라, 저것 신어라, 이 닦아라, 추우니 밖에 나가지 마라, 여기 앉아라, 저기 서라, 이렇게 하라, 저렇게 하라… 일일이 간섭하고 알려주니 굳이 머리 써서 하려고 할 필요도 없고, 시키는 대로 하면 되는 것입니다. 그러니 창의성이 생길 리 없습니다. 로봇이 되고 바보가 됩니다. 자발적으로 했다가 잘못되면 괜히 혼나니 그럴 필요가 없습니다. 긁어 부스럼 만들 필요가 없습니다. 가만히 있는 게 상책입니다. 자연 수동적 인간이 되고 맙니다. 폭력이나 왕따의 표적이 되기도 합니다.

- 엄마가 버스 타고 가면서 애한테 전화로 냉장고에 수박이 있으니 꺼내 먹고, 오징어도 두어 마리 구워 먹고, TV는, 오락프로는 보지 말고 빨리 숙제해라. 알았지? 이처럼 일일이 간섭하고 통제한다면 좋아할 아이들은 없을 것입니다. 짜증이 나고 지겹고 화나고 역효과가 나기 마련입니다. 자연 스트레스가 쌓이게 됩니다. 어떤 때는 간섭이 필요할 때가 있지만 걱정이 돼서 실수할까 봐 조바심이 나서 교육 차원에서 잘 되라고 간섭합니다. 그러나 아이들은 실수하면서 배우고 성장하는데, 젖먹이도 넘어지면서 요령을 배우고 서게 되는데 버릇이 들면 간섭하지 않고는 못 배기게 됩니다. 성년이 한참 지난 뒤에도 간섭을 하게 됩니다. 그러니 우울증이 생길 만도 하고, 결국 제 스스로는 아무것도 할 수 없는 바보가 되고 만다는 사실입니다.

입장을 바꿔보면 알 수가 있습니다. 내가 아이가 되고, 아이가 내가 되면 간섭이 좋은지 나쁜지 알 수가 있습니다. 지금 당장 시험해 보는 것입니다. 알다시피 아이들에게는 창의력이 중요합니다. 판단하고 결정하는 능력, 스스로 할 수 있는 능력, 문제를 해결할 수 있는 능력을 길러줘야 합니다. 그것은 스스로 해봄으로써, 간섭받지 않고 머리를 써서 해봄으로써, 습득이 됩니다. 간섭은 이런 능력을 기를 기회를 뺏는 것입니다. 간섭은 창의적인 인간을 로봇으로 만드는 지름길입니다. 로봇이나 꼭두각시란 시키는 대로 하는 존재입니다. 그 이상 생각할 수도, 나아갈 수도, 발전도 있을 수 없습니다. 문제는 아이가 성년이 되어 홀로 독립된 생활을 할 때입니다. 어려움에 부딪쳤을 때 헤쳐나갈 수 있는 능력, 스스로 해결할 수 있는 능력이 있어야 되는데 없으면 감당할 수가, 살아가기가 힘든 것입니다.

- "일일이 간섭하는 부모가 너무 많다. 제 생각대로 안 하면 참지 못하고 성질을 부리면서 서슴없이 체벌을 가한다. 절대복종을 강요한다. 아이의 의사나 감정을 무시하고 제 틀에 맞춰 끌고 가려고 한다." 어느 전문가의 지적입니다. 하루 이틀도 아니고 일일이 간섭하고 잔소리하면 얼마나 피곤하고 못 견뎌 할까? 화가 날까? 웬만하면 보아도 못 본 체, 들어도 못 들은 체 넘어가는 것이 서로의 정신건강을 위해서도, 장래를 위해서도 좋습니다. "자녀의 행동에 지나친 간섭은 건전한 성격 형성을 방해한다." 누구의 말인가요? 저 유명한 육아 전문가 스포크 박사의 말입니다. 지나친 간섭은 일종의 과잉보호, 과잉양육이나 마찬가지입니다. 병증이라고 해도 과언은 아닙니다. 못마땅해서, 맘에 안 드니, 실수나 실패할까봐 조바심에서 일일이 간섭하고, 통제하고, 잔소리하겠지만 좀 실수하면 어떻습니까? 걱정이 돼서 물가에 못 가게 막을 것이 아니라(간섭) 가게 놔두되 수영도 잘 못하는데 멀리 가는지(관심) 주의 깊게 살펴보는 것이 더 중요합니다.

- 애가 어디로 여행 간다면 빠진 것이 없이 잘 챙겼는지 살펴보는 것이 관심이고, 가다가 목이 마려우면 우유라도 사먹고 굶지 마라, 차 조심하고, 비 오면 비 맞지 말고 처마 밑으로라도 가있다가 비가 그치면 나서거라, 알았냐? 예, 알겠습니다. 이런 것이 간섭이고 잔소리인 것입니다. 내버려둬도 잘 알아서 할 텐데 실수할까봐 불안해서 그걸 못 참고 간섭하니, 과잉통제하니 문제가 되는 것입니다. 스스로 할 수 있는 능력배양의 기회를 뺏는 것과 같습니다. 그러니 배울 수가 없습니다. 발전이 될 수가 없습니다. 실패와 실수는 값진 자산입니다. 어릴 때는 실수와 실패를 많이 겪어보게 하는 것이 좋습니다. 그걸 통해서 배우게 되고, 지혜를 얻게 되고, 발전을 가져오고, 한결 성숙한 인간이 되기 때문입니다. 그걸 겪어보지 않고 크면 성인이 돼서도 작은 실패에도 쉽게 포기하고 좌절하고 절망하고 만다는 사실입니다.

■ 어떻게 해야 할까?

외출할 때 이 신발 신어라, 저 신발 신어라 간섭할 게 아니라 무슨 신발을 신는지 관심을 갖고 살펴보는 것입니다. 한여름인데도 털신을 신으면 이유를 물어보고, 그리고 신어서는 안 되는 이유를 알려주고 가르쳐주는 것입니다. 이때는 간섭이 필요합니다. 그러나 간섭이 심하면 반항심, 분노, 적개심이 생깁니다. 너 어디 있냐? 거기서 뭘 해? 누구와 있냐? 몇 시에 끝났어? 끝났으면 빨리 와야지! 왜 안 와? 몇 시에 올 거야? 그때까지 안 오면 문 안 열어준다. 알았지? 이것은 관심이 아니고 간섭이고 감시요, 얼마나 힘들까?

"에이, 이렇게 간섭받고 살아서 뭐해? 죽어버릴까?"
"아이고, 참아라."

사사건건 이렇게 간섭하고 통제하니 어떻게 견딜 수가 있을까? 싹은 때가 되면 알아서 땅을 뚫고 나오듯 느긋하게 기다려주면 알아서 할 텐데 그걸 못 참아서 안절부절못하고, 왜 그렇게 참지 못하고 들들 볶으니 스트레스에 시달려 정신과 치료를 받는 아이들도 많은 것입니다. 지속되면 우울증에 걸릴 수도 있고, 부자관계가 악화, 삐그덕거릴 수 있고, 하루 이틀이지 계속되면 삶 자체가 무척 고통스러울 것입니다. 스스로 목숨을 끊는 이유가 될 수도 있습니다.

- 성장과정에 있는 아이에 대한 타율적인 간섭은 모든 정신병리, 특히 파괴행위의 가장 깊은 원인임을 나타내고 있다. - E. 프롬 / 소유냐 삶이냐
- 감을 따서 갔다 주지 말고 올라가서 따게 하자.
- 아이들이 할 수 있는 기회를 뺏지 말자. 선택의 기회를 주자.
- 엄마의 간섭이 100이면 아이의 생각은 0(제로), 엄마의 간섭이 0이면 아이의 생각은 100이 된다. - 이미경
- 관심은 사랑의 표현이다. 간섭은 창의성을 죽이는 길이다.
- 자녀의 취미까지 일일이 간섭하는 것은 폭군이다. - 오소백 / 단상
- 일일이 간섭하면 스스로 문제해결 능력을 기를 수 없다.
- 과잉간섭은 아이의 장래를 망치는 첩경이다.
- 사사건건 간섭하고 통제하면 제 힘으로는 아무것도 할 수 없는 바보가 된다.
- 과잉보호란 자녀를 필요 이상으로 통제하고 간섭하며, 자녀의 자율성을 저해하며 성장단계에 맞지 않게 부모의 보호가 지나쳐 자녀가 할 일을 대신해주는 태도이다. - 김민희

자기주도 학습이 아니고 엄마주도 학습이란 말이 생겼듯이 초, 중, 고 때야 말할 것도 없고, 대학생일 때도 일거수일투족 간섭을 하

는 부모가 늘고 있다는 점입니다. 버릇이 돼버렸으니, 성적이 안 좋으면 학교 찾아가서 담당 교수에게 성적 좀 올려달라고 하소연도 하고, 대리출석도 하기도 하고, 대학원 면접시험에 따라가기도 하고, 직장에서 상급자로부터 질책을 받으면 왜 질책하느냐고 따지고, 심지어 군대 간 아들 중대장에게 전화해 몸이 허약하니 훈련을 살살 시키라는 엄마도 있다는 것입니다. 놀랠 '노'자요, 결혼 후에도 일일이 간섭하는 부모도 많을 것입니다.

문제는 자녀 스스로의 자기주도 학습이어야 하는데, 스스로 알아서 판단해서 해야 되는데 그래야 생각도 해보고, 알아도 보고, 시도해보고, 실수도 해봐야 스스로 깨닫고 느끼고 배우고 얻고 성장하고 생생한 경험을 쌓을 수 있는데 간섭하고 다 해주니 마마보이를 만드는 것이고, 성장할 기회를 뺏는 것과 다름이 없으니 큰 문제가 되는 것입니다. 하지만 부모가 자녀에게 평생 다 해줄 수는 없습니다. 먼저 가게 되니 그 후에는 누가 해줘야 하나? 스스로 해본 게 없으니 할 줄 몰라 제대로 할 수가 없는 것입니다. 학교, 직장, 사회생활에 적응할 수가, 스스로 해낼 수가 없는 것입니다. 결국 문제아가 되고 맙니다. 안타까움에 중언부언 장황한 언설의 일단을 피력했습니다. 우리 모두 반성하는 것입니다.

(4) 칭찬과 격려 그리고 꾸중

칭찬! 듣고 싶은 말이 아닐 수 없습니다. 잘하면 칭찬해주고, 잘못하면 꾸중(질책)하는 것이 교육의 바른 길입니다. 무조건 꾸중해서는 안 되지만 꾸중해야 할 때 안 하면 잘못을 다시 저지를 수도 있으므로 지적해주고 잡아줘야 합니다. 그러나 꾸중에도 때와 장소를 가려서 해야 효과를 얻을 수 있습니다. 그렇지 않으면 반감을 살 수 있으므로 주의해야 합니다. 칭찬도 요령이 필요하듯이 꾸중도 기술이 필요합니다. 효과적인 꾸중은 꾸중이 아니라고 믿을 정도로의 꾸중이어야 합니다. 여러 사람이 있는 데서 꾸중을 한다면 하지 않는 것만 못합니다. 주눅 들고, 쥐구멍이라도 있으면 들어가고 싶고, 자존심에 큰 상처를 입기 때문입니다. 화가 나더라도 참고 또 참고 소곤소곤 웃는 낯으로 지적해줍니다. 큰소리보다 작은 소리로 목소리를 낮춰 말할 때 더 귀를 기울이는 법입니다.

반면 칭찬거리가 있을 경우 칭찬을 안 해도 별 문제가 없겠지만 받게 되면 기분이 좋고 자신감이 생겨 기대에 부응하기 위해서라도 더 잘하려는 마음이 생기게 됩니다. 칭찬해준 사람을 고맙게 생각하고 친근감을 느끼게 됩니다. 인간관계가 돈독해집니다. 꾸중보다는 칭찬해주는 것이 몇 십 배 더 효과적입니다. "칭찬은 고래도 춤추게 한다."고 했습니다. 토끼도 춤추게 하는 마력이 숨어있습니다. 꾸중은 꾸중을 낳고, 칭찬은 칭찬을 낳습니다. 꾸중은 독약과 같고, 칭찬은 보약과 같습니다. 꾸중은 적게 하고, 칭찬은 많이 할수록 좋습니다. 자꾸 꾸중을 들으면 공자님도 싫어할 것입니다. 우선 기분 나쁘고 우울해지고 의욕도 떨어지고 기도 죽고 자신감을 잃고 열등감을 느끼고 성격도 거칠어지고 소극적인 성격으로 변합니다. 덩달아 학습능력도 떨어집니다. 당연히 꾸중한 사람을 미워하고 나쁘게 생각하고 관계가 좋을 리 없습니다. 그러므로 웬만하면 꾸중할 일이 있어도 못 본 체 못 들은 체 넘어가는 것입니다. 너그럽게 관대하게 용서해주는 것입니다. 그러함에도 꾸중부터 하는 부모가 너무 너무 많습니다. 꾸중거리가 안 되는 것도 꾸중합니다. 아이들이 꾸중 들으면 무슨 생각을 하고 있는지 생각을 해보고 꾸중하는 부모가 몇이나 될까?

- "너는 맨날 그 모양이냐? 정신 차려라! 이녀석아! 머리가 그렇게 안

돌아가냐? 이것도 못해! 이 바보 멍청아! 처먹듯 해라! 나가서 죽어라! 살아서 뭣해!" 이런 말은 칼로 가슴을 후벼파는 부정적인 말이고 해서는 안 되는 말들입니다. 반면 칭찬받으면 엔돌핀도 더 나오고, 더 잘하려고 노력하게 되는 긍정적인 속성이 있습니다.

- "참 잘했어! 좋았다! 능력이 있는데! 멋이 있는데! 너는 머리가 좋아! 똑똑해!" 그리고 격려의 말 "너는 잘할 수 있어! 너라면 문제없어! 너는 중요한 사람이야! 너는 틀림없이 성공할 거야! 위대한 인물이 될 거야!" 암시해주고 힘을 북돋아주는 것입니다. 한마디의 격려가 일생을 좌우할 수 있는 것입니다. 알다시피 저능아로 취급받던 에디슨 선생도 어머니의 용기와 격려의 말에 힘을 얻어 위대한 발명가가 된 것입니다.

격려는 의욕을 북돋아 힘을 내게 하는 마술과 같습니다. 사람은 격려를 받을 때 힘이 배가 됩니다. 의욕이 샘솟습니다. 지치고 자포자기한 삶에 부축해준 그 격려의 말 한마디가 인생을 바꾼 경우가 많이 있습니다. 격려는 거름 같은 기능을 합니다. 그렇다고 칭찬을 남발해서는 안 됩니다. 보약도 마구 먹이면 안 좋듯 칭찬받을 일도 아닌 것 같은데 칭찬하면 역겨운 생각이 들 수도 있습니다. 햇볕도 좋을 때가 있고, 안 좋을 때가 있듯 칭찬이 너무 지나치면 자만심이 생기고, 우쭐대고, 교만해지기 쉽습니다. 공주병이나 왕자병이 될 수도 있습니다. 그러므로 칭찬도 요령 있게 해야 합니다. 잘했을 때나 칭찬할 일이 생겼을 때는 모른 체하지 말고 그 즉시 아낌없이 칭찬해줘야 합니다.

결과보다 과정을 더, 그리고 구체적으로 진실되고 일관되게 즉시 해줘야 합니다. 삼겹살도 식은 뒤에 먹으면 맛이 없듯 한참 지난 뒤에 하게 되면 효과가 떨어집니다. 꾸중은 혼자 있을 때, 칭찬은 여러 사람이 있는 데서 해주는 것이 좋습니다. 자긍심과 사기를 높여주기 때문입니다. 다시 언급합니다만 계속 칭찬을 받게 되면 칭찬받을 짓을 더 하게 됩니다. 더 노력하게 되니 성과도 더 올라가게 되고, 더 발전을 가져옵니다. 이것이 칭찬의 효과입니다. 아이들의 보약은 칭찬입니다. 자녀를 모범생으로 만드는 비결이기도 합니다. 격려도 마찬가지 효과가 있습니다. 어느 설문조사를 보면 "가장 좋은 때가 부모가 칭찬해줄 때"라고 합니다. 나를 칭찬해주는 엄마, 아빠가 제일 좋다는 것입니다. 좋아하는데 안 해줄 이유가 없는 것입니다.

그럼에도 우리는 칭찬과 격려에 인색합니다. 보약을 줘야 하는데 보약은 안 주고 꾸중, 독약만 줍니다. 칭찬 효과를 모르기 때문입니다. 클 때 꾸중만 듣고 자랐기 때문에 칭찬할 줄 모르니 꾸중만 하게 됩니다. 고기도 먹어본 사람만이 먹을 줄 안다고 칭찬받아 본 일이 없기 때문에 칭찬할 줄 모르는 것입니다. 이제는 꾸중거리는 멀리하고 칭찬거리를 찾아야 합니다. 아이들 주위를 둘러보면 칭찬거리가 많이 있습니다. "야, 일찍 일어났구나. 네가 이불 갰어? 장하구나. 마루도 쓸고 아이고 척척 잘하는구나. 다 컸어. 해가 서쪽에서 뜨겠다." 하루 1건씩 찾아내 칭찬해주는 것입니다. 그러면 아이들은 달라집니다. 변합니다. 돈 한 푼 안 들이고 훈육 효과를 얻을 수 있습니다. 그러니 꾸중거리만 찾을 게 아니라 칭찬거리를 찾으려고 애를 쓰는 것입니다. 그리고 꾸중한 뒤에는 반드시 상한 기분을 풀어줘야 합니다. 그냥 놔두면 마음속에 앙금처럼 남아있으므로 맺힌 걸 풀어줘야 합니다. 꼬옥 껴안고 정겨운 말로 다독거려 줘야 합니다. "내가 너무했구나. 잘못했다 용서해다오." "주여! 나의 자녀에게 책망보다는 칭찬을, 비난보다는 용기를, 다른 아이와 비교하기보다는 항상 격려할 수 있게 하시옵소서." 성경 말씀을 옮겨봅니다.

- 칭찬을 받으면 어른이나 아이나 콧노래가 나온다.
- 칭찬은 돈이 안 든다. 꾸중은 돈이 든다. 도가 지나치면 정신과 치료를 받아야 되기 때문이다.
- 적대적인 사람도 칭찬해주면 내 편이 된다.
- 자신도 모르는 점을 칭찬해주면 기쁨은 더 크고 더 발전된다.
- 칭찬은 잘했을 때만 소용되지만 격려는 잘못했을 때, 실패나 좌절했을 때, 의욕을 잃었을 때, 절망에 빠졌을 때 소용되는 차이가 있다.
- 칭찬은 삶의 에너지다. 칭찬을 받으면 힘이 불끈불끈 솟는다. 그것은 사람의 능력을 배가시켜 준다.
- 칭찬은 기술이 필요하다. 요령 있게 해야 칭찬 효과가 크다.
- 칭찬은 남이 알게 큰소리로, 꾸중은 작은 소리로 남모르게 한다.
- 칭찬은 성장과 발전의 동력이다.
- 인간은 칭찬을 갈망하면서 사는 동물이다. - 윌리엄 제임스
- 칭찬과 격려는 인간의 행동을 변화시키는 가장 강력한 도구다. 칭찬과 격려는 사람들로 하여금 더 잘하게 하며, 모험을 하도록 용기를 준다. - 심리학자 스키나
- 칭찬보다 더 힘을 솟게 하는 말은 없다. - 멕시코 속담
- 칭찬은 최고의 인간 경영술이다. - 윤은기
- 잘못했을 때는 조용히 웃는 낯으로 지적하고, "이점 잘못한 것 같다. 앞으로 잘했으면 좋겠다." 이렇게 하자. 그래도 듣지 않으면 그때 꾸중하자.
- 무조건 꾸중부터 하지 말고 아이 말을 먼저 들어보고 꾸중할 일인지 살펴보자. 장난감을 부순 경우 꾸중부터 하지 말자. 마구 던지고 부순 경우가 아니라면 호기심으로 여기저기 만지작거리다 분해하거나 부순 경우라면 속상하지만 모른 체 넘어가자. 탐구심을 키우게 되는 효과가 있다. 혹 발명왕이 될지 모른다.
- 한마디의 칭찬이 꾸중보다 열 배 효과가 있다.

- 칭찬은 사랑의 구체적 표현이다. - 중암
- 꾸중은 감정적 화풀이가 돼서는 안 된다.
- 꾸중할 때는 그 이유를 알려주고 해야 한다. 이유를 모른 체 꾸중을 듣게 되면 반감, 반항심이 생긴다.
- 꾸중해야 할 때는 심하게 하지 않고 부드럽게 타이르면 그 이상의 효과가 있다.
- 툭하면 화내고 꾸중부터 하는 못된 성질을 버리자.
- 칭찬은 우리에게 가장 좋은 식사이다. - 스미스 홀런드

다시 언급합니다만, 인간관계 기술 중의 하나가 칭찬입니다. 칭찬 받으면 좋아하고 꾸중 들으면 싫어합니다. 시험해보면 알 수가 있습니다. 어떤 이는 "칭찬은 인간 최고의 경영술"이라고 말합니다. 자녀교육에 있어서 칭찬은 뭣과도 비교할 수 없는 보약입니다. 꾸중, 비난은 독약입니다. 그럼에도 보약은 주지 않고 독약만 줍니다. 덕분에 몸과 마음에 병이 생기기도 합니다.

■ 칭찬요령
- 즉시 칭찬한다.
- 구체적으로 칭찬한다.
- 공개적으로 칭찬한다.
- 진실되게 칭찬한다.
- 결과보다 과정을 칭찬한다.

■ 칭찬효과
- 자신감이 생긴다.
- 더 잘하려고 하니 발전이 된다.
- 칭찬한 사람을 고맙게 여긴다. 내 편이 된다.

- 소극적인 사람이 적극적인 사람이 된다.
- 바보가 똑똑이가 된다.

(5) 체벌

때리지 않으면 안 될까? 성인(聖人)이 돼 보면 안 될까? 말을 듣지 않거나 잘못했을 때 대부분 아이를 욕하고 때리게 됩니다. 다시 하지 말라고 잘하라고 훈육 차원에서 때립니다. 사랑의 매라고 그럴듯하게 포장하지만 대부분 감정이 들어감으로 화풀이에 지나지 않습니다. 훈육의 매가 아니고 폭력에 불과합니다. 화가 나서, 성질을 못 참아서 욕하고 때리지만 때려서는 나쁜 행동을 고칠 수 없습니다. 마음속에서 진심으로 우러나오는 반성이게 해야 합니다. "아, 잘못했구나! 다음부턴 잘해야지." 하는 생각이 들게 해야 합니다. 누구나 얻어맞으면 아프고 기분 나쁜 건 인지상정입니다. 매는 잘못된 행동을 고쳐준다고 하지만, 그래서 매를 들지만 바람직한 방법은 아닙니다. 잘못해서 맞는다는 것을 알면서도 제 잘못을 반성하기보다는 때리는 것만 원망하고 야속하게 생각합니다. 자주 맞게 되면 마음속 깊은 곳에는 때리는 사람에 대한 미움과 분노, 적개심, 응어리가 쌓이게 됩니다.

입장을 바꿔 잘못했다고 누가 나를 때린다면 잘못해서 맞는 것을 알면서도 아프고 기분 나쁘고 화나고 분하고 미운 생각이 드는 것은 똑같은 심정일 것입니다. 아이나 어른이나 입맛은 같습니다. 사랑스런 내 자식, 눈에 넣어도 아프지 않을 내 귀여운 자식, 내 분신, 내 후계자 때리지 말아야 하는데도 자꾸 때리니 문제가 되는 것입니다. 주먹으로 때리든 빗자루로 때리든 힘이 없으니 도망갈 수도 없고, 때리는 대로 맞을 수밖에 없습니다. 얼마나 아프고 분하고 화날까? 약자니 어쩔 수 없이 맞습니다. 그러나 얻어맞으면 대부분 잊혀지지 않고 맘속에 맺혀 상처가 되어 흔적이 남습니다. 오래 가기 마련입니다. 자꾸 맞다 보면 감정의 동물이라고 나를 낳아 키워준 부모라 하더라도 분노, 증오심, 적개심은 쌓이게 되고, 언젠가는 폭발하게 된다는 사실입니다. 자식이 크면 부모에게 대들고 욕하고 때리고 학대하고 살인까지 하는 원인은 여기에 있습니다. 복수, 앙갚음인 것입니다.

언젠가 대학교수가 자고 있는 아버지를 흉기로 목숨을 끊게 한 일이 있었습니다. 어렸을 때부터 맞고 컸다는 것입니다. 어머니도 수시로 맞았다는 것입니다. 아버지가 밖에서는 인격자요, 집에서는 폭군이었다는 것입니다. 얼마나 원한이 사무쳤으면, 증오심이 컸으면 아버지께 패륜을 저질렀을까? 왕왕, 늙어서 자식의 학대와 구박에 못 이겨 자살한 아버지도 있습니다. 나는 못되게 굴었어도 의당 부모니까 자식들은 잘해주겠지 한다면 이건 큰 오산입니다. 자식이라도 잘해줘야 늙어 대접을 받습니다. "대접받고 싶으면 먼저 대접하라."고 일찍이 성경은 말했습니다. 이제부터는 폭력을 써서 가르칠 생각은 접어야 합니다. 어떤 이유로든 폭력은 정당화될 수 없습니다. 폭력은 대물림됩니다. 고기도 먹어본 사람이 먹을 줄 안다고 맞은 것도 경험이라고 저 역시도 제 아들과 제 처를 때리게 된다는 사실입니다. 폭력은 폭력을 낳습니다. 그러므로 때려서도 안 되고 때려서라도 가르치려는 생각을 확 버려야 합니다. 내 자식 내 맘대로 하는데 무슨 상관이냐고 할 수 있겠으나 어린 자식도 한 인간이며, 한 인격체입니다. 어떤 이유로든 때려서는 안 됩니다. 말을 듣지 않으면 때려서라도 가르쳐야 된다고, 사랑의 매가 필요하다고 생각하는 사람이 많지만 때린다고 듣는 것은 아닙니다. 잠시 순응할 뿐입니다.

때리지 않고도 스스로 뉘우치고 감동해서 눈물을 줄줄 흘리면서 잘못을 인정하고 앞으로는 말 잘 듣고 나쁜 짓을 하지 않겠다고 속으로 다짐케 하는 방법이 필요한 것입니다. 병법에도 있듯 싸워 이기는 것보다 싸우지 않고 이기는 것이 상책이듯 때리지 않고도 훈육 효과를 얻을 수 있는 방법을 찾아내야 합니다. 어쨌든 때리지 않고 가르치는 것이 가장 훌륭한 방법입니다. 알면 뭐할까? 실천이 중요합니다. 오늘부터 때리지 않겠다고 자신에게 맹세하는 것입니다. 아이에게 약속하는 것입니다. 그대로 실천하면 되는 것입니다. 때릴 상황이 돼 때리지 않고는 못 배기겠다면, 병날 것 같다면 100까지 세어보는 것입니다. 그것이 어렵다면 밖에 나가 땅바닥을 몇 번 쳐보는 것입니다. 아니면 찬물이라도 벌컥벌컥 서너 잔 마신다면 때리고 싶은 마음이 사그러들 것입니다.

아이가 값비싼 그릇을 깨뜨렸다면 님은 어떻게 하시겠습니까? 십중팔구 욕하고 고함지르고 성질부리고 때릴 것입니다. 화나고 속상하고 참기 어렵겠지만 어쩌겠습니까? 한 번 깨진 것을 참고 또 참고 웃는 낯으로 좋은 말로 조용히 매사 조심하라고 주의를 주는 것입니다. 이럴 때 어머니의 인자한 모습, 너그러운 모습을 보여주는 것입니다. 찬스도 되는 것입니다. 아이 역시도 미안하고 죄송스럽고 쥐구멍이라도 들어가고 싶겠지만, 몸 둘 바를 모르겠지만 어머니의 그 너그러운 용서 한마디에 속으로 얼마나 좋아할까? "괜찮다. 누구나 실수할 수 있지. 어디 다친 데는 없냐?" 용서의 묘를 살리는 것입니다. 욕하고 때린다고 깨진 그릇이 원상회복된다면 모르겠으나 회복될 리 없습니다. 다시 사면 된다고 괜찮다고 힘껏 끌어안아 주는 것입니다.

맞을 짓을 했는데도 꾸중 한마디 없으니 아이는 감격해서 두 눈에서는 닭똥 같은 눈물이 줄줄 흘러내릴 것입니다. 매사 조심해야겠다고 속으로 다짐할 것입니다. 깨진 그릇은 다시 살 수 있지만 욕먹고 얻어맞은 상처는 되돌릴 수가 없습니다. 그러니 이 순간부터는 육체적으로 아프고, 정신적으로 상처를 주는 체벌을 절대 하지 말아야 합니다. 때리지 않고 좋은 말로 타이르겠다고 스스로에게 맹세하는 것입니다. 그렇다면 때리지 않고 때린 것 이상의 효과를 볼 수 있는, 마음을 움직일 수 있는, 스스로 잘못을 뉘우칠 수 있는 방법은 뭘까? "엄마, 아빠, 제발 때리지 마세요." 언론에 보도된 아이들의 한결같은 절규입니다. 중언부언 장황스럽게 폭력의 폐해를 나열하는 것은 가녀린 아이들에게 그 상처가 너무 크기 때문입니다. 쉬 아물지 않고 평생 가기 때문입니다. 체벌은 슬픔의 수렁 속으로 들어가는 지름길입니다.

■ 체벌의 나쁜 점
- 불안, 두려움, 공포심을 주고 말을 더듬게 된다.
- 공격적, 폭력적, 반사회적인 아이가 된다.
- 맞은 기억과 마음의 상처는 잊히지 않는다.
- 때릴수록 교육효과는 떨어진다. 늘 얻어맞으니 공부할 의욕도 잃게 되고 성적이 떨어진다.
- 뇌 발달을 저하시킨다.
- 반성보다 증오심, 적개심이 커진다.
- 대물림된다.
- 부자간의 정이 떨어진다. 원수라고 생각하고 복수심이 생긴다.
- 성격이 어두워지고, 정서불안, 우울증이 생긴다.
- 때린다고 진정으로 회개하지 않는다.
- 학교폭력, 사회폭력을 부추긴다.
- 가출의 원인이 된다.

- 비행에 빠지게 된다.
- 늙으면 자식으로부터 학대를 당하게 된다.

■ 좋은 방법
- 아예 때릴 생각을 않는다. 절대로 때리지 않는다.
- 좋은 말로 타이른다.
- 체벌 이외의 방법을 찾는다.
    - 혼자 빈 방에 있게 한다.(5분간)
    - 양손을 들고 서있게 한다.(5분간)
    - 휴대폰을 압수한다.(5분간)
    - 두 손을 흔들면서 만세 삼창 복창케 한다.
    - 잘못한 이유를 알려준다.(웃는 낯으로)
    - 때리지 않고 때리는 시늉을 한다. 20까지 세게 하면서 회초리로 손바닥이나 종아리에 대기만 한다. 속으로 감동하지 않을 애가 있을까? 시험해보면 알 수가 있다. 학교 갔다 수업 없으니 집에 가라고 했을 때 기분이 좋은 것처럼, 맞을 짓을 했는데도 안 때리니 기분 좋은 것은 당연합니다.
- 맞을 자가 매질할 사람을 매질하는 역체벌을 한다. "내가 너를 잘못 키웠으니 네가 어서 내 종아리를 때려다오, 사랑하는 아들아."
- 참다 참다 못 참고 몇 대 때렸다면 반드시 끌어안고 얼굴이라도 비벼주면서 사과해야 합니다. 때려서 미안하다고 앞으론 안 때리겠다고 응어리진 마음을 풀어줘야 합니다. 그래야 풀어집니다. 꼭 필요한 사항인데 사과하는 부모가 몇이나 될까요? 때리는 걸로만 끝내니까 문제가 됩니다.

체벌, 이 못된 야만적인 습관은 버릴 때가 한참 지났습니다. 오늘, 지금부터 실천하는 것입니다. 일등 국민이 돼보는 것입니다.

• 우둔한 인간은 철면피한 폭력을 휘두른다. - R. W. 에머슨 / 대의사

진심으로 반성하는 아이는 삐뚤어지지 않습니다.

(6) TV 안 보기, 덜 보기(초등학생편 226페이지를 참고하십시오.)
(7) 부부싸움 안 보여주기

아이들을 위해 부부싸움 안 하면 안 될까? 안 싸우는 것이 최고로 좋겠으나 꼭 싸워야 한다면 자식들 보는 앞에서는 싸우지 말라는 것입니다. 보는 데서 싸우면 아이들이 받는 마음의 상처는 클 것입니다. 흥분하고 고성이 나오고 욕설도 튀어나오고 뭘 마구 던지고 부수고 치고 받고 주먹질이 오가는 것을 보면 불안하고 무섭고 충격을 받게 됩니다. 부모가 싫고 짜증나고 화도 날 것입니다. 사니 마니 갈라서자고 하는 말이 튀어나오면 고아가 되는 것 아니냐는 생각도 들 것입니다. 부모가 자주 싸우면 아이들은 우울하고 안절부절 못하고 전전긍긍하지 않을 수가 없을 것입니다. 모든 게 귀찮고, 공부하기도 싫고, 사는 재미도 없고, 우울해지고, 정서불안도 느낄 것입니다. 남의 싸움은 구경거리지만 부모싸움은 보기 싫으니 자연 집이 싫어지고, 밖으로 나돌게 되고, 집에 들어가기도 싫고, 방황하다 보면 비행을 저지르기도 하고, 학업중단, 가출로 이어질 수가 있습니다.

그런즉슨, 아이들을 위해 꾹 참고 피하고 안 싸우는 게 제일 좋습니다. 헤어지고 싶어도 아이들 때문에 못 헤어진다고 하듯이 아이들을 위해 안 싸우는 것입니다. 정 싸우지 않으면 안 될 중요한 일이라면 아이들이 안 보고 안 들리는 곳에서나 밖에 나가서 차 안이나 학교 운동장에 가서 목청껏 싸우는 것입니다. 부모 싸우는 꼴 안 보고 안 들으니 아이들에게도 좋습니다. 대부분 별일 아닌 것 가지고, 싸

울 일도 아닌 것 가지고 싸우는데 싸울 때는 아이들 안 보는 데서 싸우겠다고 서로 약속하는 것입니다. 어느 조사에서 청소년 1,700명에게 가장 행복을 느끼는 순간이 어느 때냐고 물어보니 50%가 가정이 화목한 때라는 대답입니다. 그러니 알아서들 하는 것입니다. 그것의 회피는 아이들에게 기쁨을 주는 행복술과 같습니다.

(8) 등교 시의 스킨십 그리고 기도

아이들은 늘 부모의 관심과 사랑을 받고 싶어 합니다. 사랑을 먹고 큽니다. 부모가 아이들을 사랑하는 방법 중 좋은 방법의 하나는 스킨십입니다. 스킨십이란 신체, 피부 접촉을 말합니다. 손을 잡거나 볼에 입 맞추거나 포옹, 쓰다듬어 주는 것, 등을 토닥거려 주는 것 등 모두 사랑의 표현입니다. 꼬옥 껴안아 주고 쓰다듬어 주고 볼에 입이라도 맞춰주면 몸에서 몸으로, 체온에서 체온으로 정이 전달되는 가운데 사랑이 깊어집니다. "내가 사랑을 받고 있구나." 하는 감정을 느낄 것입니다. 기분도 최고가 될 것입니다. 기분이 좋으니 흥이, 신바람이 날 것입니다. 엔돌핀도 많이 솟을 것입니다. 힘이 절로 날 것입니다. 공부 의욕도 더 생길 것입니다. 그러므로 매일 아침 등교 시에 빼먹지 말고 문 앞에서 사랑스런 눈빛으로 꼬옥 껴안아 주면서 곁들여 격려의 말을, 축복의 기도를 해주는 것입니다. "사랑한다. 너는 잘할 거야. 너는 큰일을 할 거야. 틀림없이 훌륭한 사람이 될 거야. 잘 다녀와." 간절한 기도는 통한다는 사실입니다.

이런 격려와 축복기도 속에서 자란 아이들은 삐뚤어지지도 탈선하지도 않고 건강하게 성장할 것입니다. 우리 어른들이 부모로부터 등교 시 이런 스킨십을 받고 자란 사람이 몇이나 될까? 기껏 선생님 말씀 잘 듣고, 친구들과 싸우지 말고 빨리 집에 오라는 말이 전부였던 것입니다. 한마디로 스킨십은 심리적으로나 정서적으로 위안을 줍니다. 든든함을 느끼게 됩니다. 정신건강뿐만 아니라 신체건강에도 좋습니다. 악을 쓰고 우는 젖먹이도 어머니가 꼬옥 껴안고 등을 토닥여주면 울음을 그치듯 그런 힘이 숨어있습니다. 미국의 어떤 의사는 미국 가출소녀의 90%가 접촉 결핍증에 걸려있다고 말합니다. 일리가 있습니다. 스킨십은 반드시 필요함으로 오늘 아침부터 당장 실천하는 것입니다. 안 하던 짓 쑥스럽고 어색하겠지만 하면 좋은데 안 할 이유가 없습니다. 인간이 성숙해지고 자신이 충만해집니다. 해보시면 효과를 보게 됩니다. 백지불여(百知不如) 실천입니다. 용기를 내보십시오. 용기는 성공의 동력입니다. 참고로 매일 포옹을 받는 사람이 감기 걸릴 확률은 32% 낮고, 회복 속도도 빠르다는 어느 전문가의 조언도 있습니다.

8. 무엇을 어떻게 가르치고 기를 것인가?

(1) 전인교육이란 무엇인고?

전인교육의 목적은 뭘까? 그것은 전인적인 인간을 만드는 데 있습니다. 음식도 여러 가지 고루 먹어야 몸에 좋듯 갖출 것을 고루 갖춘 사람, 사람다운 사람을 만들기 위한 교육이 전인교육인 것입니다. 흔히 지육(知,智育), 덕육(德育), 체육(體育)을 말합니다. 체와 지와 덕이 잘 조화된 교육, 효과적인 교육이 되기 위해선 무엇을 어떻게 해야 할까?

(2) 체육 - 건강하고 튼튼하게 기르기

아이가 정신적, 육체적으로 건강하게 태어나 잘 먹고 잘 자고 잘 싸고 잘 놀면 문제가 없는데 문제가 생기니 그것이 문제인 것입니다. (웬 놈의 문제가 또 생기는고.) 세 살 건강이 여든까지 간다고 했습니다. 유아시절의 건강이 그만큼 중요하다는 뜻입니다. 아이들은 새싹처럼 어리고 여리기 때문에 많은 관심과 보살핌과 적절한 훈련이 필요합니다. 단계적으로 성장하고 성장 속도가 아주 빠른 시기입니다. 태어나서 3세까지가 어린이 발육에 결정적 영향을 미치는 시기라고 전문가들은 말합니다. 장차 멋들어진 삶을 시작할 어린 자녀들에게 뭘 보살펴줘야 할까? 건강하고 튼튼하게 키우려면 어떻게 해야 할까?

- 건강가정지원센터(www.family.or.kr) : 부모교육 상담 프로그램 아이돌봄서비스 1577-9337
- 육아종합지원센터(central.childcare.go.kr) : 영유아 보육, 육아상담 1577-0756
- 아이사랑 : 임신, 출산, 육아 종합포털 1644-7373

① 젖먹이
ㄱ. 모유 먹이기

엄마 젖은 아이 건강에 절대적입니다. 성장에 필요한 최고의 영양소가 들어있습니다. 그럼에도 등한히 하는 경향이 많습니다. 우유는 소젖이므로 소가 먹어야 알맞고, 모유는 사람 젖이므로 사람이 먹어야 맞는데도 여러 이유로 모유보다 우유를 먹는 젖먹이들이 많습니다. 모유는 아이에게 꼭 필요한, 건강에 필수적인 영양소가 완벽하게 들어있는 최고의 음식이고 최초, 최고의 선물입니다. 특히 초유(분만 후 일주일 내에 나오는 연노란색의 모유)는 질병을 막아주는 면역성분이 들어있고, 성장하는 데 필요한 성분이 우유보다 몇 배 더 들어있으므로 꼭 먹어야 되는 첫 번째 예방주사라고 전문가들은 말합니다.

대한소아과학회에서는 모유는 적어도 돌까지는 먹어야 되고, 유니세프나 세계보건기구는 최소한 두 돌까지는 먹일 것을 권하고 있습니다. 단, 4~6개월부터는 부족하기 쉬운 철분이나 비타민이 풍부한 이유식과 같이 먹이라고 권장하고 있습니다. 산모는 수유 중에는 산모와 아이 건강을 위해서 고른 영양섭취가 필수적입니다. 이때의 영양공급이 아이에겐 평생 건강의 기초가 되기 때문입니다. 육류, 생선, 야채, 과일, 잡곡류, 철분, 칼슘, 비타민, 미네랄 등이 풍부한 식품을 섭취합니다.

■ 모유를 먹이면 젖먹이에게 이런 점이 좋습니다.
- 모유 속에는 면역물질이 들어있으므로 각종 감염질환이 예방되어 잔병치레가 적고
- 황달을 예방하고
- 성장이 촉진되고
- 각종 알레르기, 천식, 습진, 아토피성 피부염이 예방되고
- 소아마비 독성이 약해지고
- 비만아가 될 확률이 30% 적고
- 변비성 설사, 구토를 잘 일으키지 않고
- 당뇨병을 예방하고
- 턱과 잇몸 발달에 좋고 충치도 감소되고
- 두뇌발달, 지능지수가 높아지고
- 백혈병도 덜 걸리고
- 영아 돌연사도 줄여주고
- 통증도 덜 느끼고
- 공부 성적도 수유 기간이 길수록 높아지고
- 엄마의 따뜻한 체온과 심장고동 소리를 듣게 돼 정서적, 심리적 안정을 느껴 원만한 성격이 형성되고
- 오래 먹일수록 많이 먹일수록 모유 장점은 비례하고 모유로 큰 아이가 더 건강하고 더 똑똑해진다고 전문가들은 강조합니다. 환경부 발표를 보면 6개월 동안 모유를 먹인 아이가 안 먹인 아이보다 아토피 피부염 발생률이 절반밖에 안 된다는 것입니다.

■ 산모에게도 이런 점이 좋습니다.
- 정신적으로 편안함, 자신감, 행복감을 느낄 수 있고
- 산후우울증이 적어지고
- 유방암, 자궁암, 난소암, 골다공증에 걸릴 빈도가 낮아지고

- 엄마 젖을 1년 먹일 때마다 유방암 위험이 43% 감소하고(수유 경험이 없는 성인 여성은 유방암에 걸릴 확률이 높습니다.)
- 자궁수축 촉진, 산후출혈 예방, 산욕기 신진대사를 도와 임신 전 몸매로 빨리 회복되고, 하루 2,500kal 이상 열량이 소모됨으로 산후체중 감량에 효과적이고
- 배란이 억제되어 자연 피임이 됨으로 자녀 터울이 조절되고, 모유 안 먹이면 1~3개월부터 생리가 시작되니 연년생을 낳게 되기 쉽고
- 경제적이고 시간이 절약되고
- 저 유명한 세익스피어 선생은 이런 말을 남기고 죽었습니다. 그게 뭐이냐? "아기를 가슴에 품고 젖을 물리고 있는 엄마의 모습은 이 세상에서 가장 평화롭고 아름다운 장면이다." 아셨지요?

■ 이렇게도 좋은 점이 많은데 모유 수유율이 낮은 이유는 뭘까?
　　(1960년대는 90% 이상, 지금은 20% 이내)
A. 젖이 안 나오거나 적게 나와서(60%)
B. 귀찮아서
C. 젖가슴이 처지거나 망가질까봐
D. 사회 인습, 직장 때문에
E. 젖이 아파서

A. 젖이 잘 나오게 하는 효과적인 방법은 젖을 자주 빨리는 일입니다. 태어나자 30분 내로 젖을 빨려야 되는데 대부분 신생아실로 격리시키고 있고 산모 스스로 모유가 부족하다고 지레짐작(실제 부족은 1%) 분유를 함께 먹이니 모유는 줄어들고 아기는 우유를 더 찾게 돼 모유 수유가 실패하기 쉽다는 것입니다. 보리물이나 사탕물도 주지 말고, 젖병이나 인공꼭지는 물리지 말아야 하고, 거기에 익숙해지면 젖을 물지 않으려 하고, 안 빨

려 한다는 것입니다. 산모는 누구나 처음에는 젖이 잘 안 나오다가 젖을 빤 지 3~4일부터는 정상적으로 나오므로 자주 빨리고 먹일수록 생리적으로 잘 나오게 돼 있으니 너무 조급하게 생각지 말고 느긋하게 참고 기다리라는 것입니다.

왜 쉽게 포기하려 할까? 인내는 성공의 열쇠인데. 젖멍울의 통증을 막는 방법도 자주 젖을 물리고 빨리는 데 있다고 전문가들은 말합니다.

B. 귀찮으면 낳지를 말지 낳아놓고 귀찮다고 안 먹이면 애는 어쩌라는 걸까? 그것은 모성 포기요, 잔인한 성정의 표현과 같습니다.

C. 처지는 것은 젖을 먹여서가 아니라 임신, 수유 기간에 젖가슴을 잘 받쳐주지 않아서라는 것입니다. 밤에 잘 때도 브래지어를 하는 것이, 받쳐주는 것이 좋고, 앞이 터진 수유용 브래지어나 잘 맞는 브래지어를 착용하면 유방 모양이 그대로 유지된다는 것입니다. 안 해봤으니 잘 모르지만 간혹 젖이 몰리고 불면 무게 때문에 처질 수도 있겠으나 좀 처지면 어떻습니까? 아이 건강이 중할까? 그것이 중할까? 자연 원상회복이 되기 마련입니다.

■ 성공적인 모유 먹이기
- 엄마와 아기가 한 방을 쓴다.
- 출산 30분 내에 젖을 물린다. 모자 동실을 써야 하는데 낳자마자 신생아실로 격리시키는 것이 문제인데 모자 동실을 쓰는 곳도 점점 늘어나고 있습니다. 신생아실로 격리시킬 경우는 낳자마자 유방 마사지를 하면서 2~3시간마다 젖을 짜내야 자극이 되어 양도 많아지고 잘 나오

게 되고 젖멍울도 가시게 됩니다.
- 인공 젖꼭지 등 다른 것을 물리지 않는다.
- 자주 빨린다.
- 조급해 말고 느긋하게 기다린다.
- 엄마 젖을 포기하게 만드는 가장 큰 원인은 엄마 자신에게 있다는 것입니다. 젖의 양이 적다는 이유로 노력을 제대로 안 해보고 포기하는 태도가 문제라는 것입니다. 처음에는 잘 안 나오더라도, 적게 나오더라도 자주 빨리면, 포기하지 않고 노력하면 노력은 성공의 열쇠임으로 생리적으로 잘 나오게 되어있습니다. 조물주의 조화이기 때문입니다. 포기는 금물입니다.
- 젖병을 물리고 자는 습관은 유아 충치의 가장 큰 원인이 된다.
- 젖을 일찍 떼면 아이는 어머니에 대한 연모의 정이 생기지 않을 뿐더러 지능이나 정서에 결함이 생긴다고 전문가들은 지적합니다. 어머니 품에 안겨 젖을 먹고 재롱을 피우고 등에 업혀 잠들고 한 몸이 됐을 때 아기는 두려움이 가시고 평온함, 만족감, 행복감을 느끼게 될 것입니다. 결론적으로 아이 건강을 생각지 않는다면 굳이 모유를 먹일 필요가 없을 것입니다. 반대로 건강을 생각한다면 반드시 꼭 모유를 먹여야 할 것입니다.

- 한국모유수유협회(www.mommilk.co.kr)
- 대한모유수유의사회(www.bfmed.co.kr)
- 임산부 약물상담 : 마더 세이프 상담센터 1588-7309

ㄴ. 이유식(離乳食)이란?

이유는 젖을 아주 떼는 단유(斷乳)가 아니라 젖을 계속 먹이면서 몸이 거감에 따라 적절한 영양공급이 필요한데 모유에서 부족한 걸 보충해주는 보충식입니다. 젖만 빨다가 씹고 삼키는 능동적인 행동을 배울 수 있고, 유동식에서 점점 고형식으로 바뀌는 과정에서 음식 모양, 맛, 색깔, 냄새 등을 다양하게 경험함으로써 치아, 턱, 위장 같은 소화기관이 발달하고 올바른 식습관이 길러지게 됩니다.

■ 언제쯤 시작하는 것이 좋을까?

보통 생후 4~6개월부터 시작하는 것이 좋습니다. 6개월 정도가 되면 철분도 부족해집니다. 일찍 시작하면 영양과잉, 소화불량, 알레르기를 유발할 수 있고, 늦게 시작하면 영양부족, 편식, 성장발육이 늦어질 수가 있으므로 아이에 맞게 선택합니다.

■ 뭘 어떻게 먹이는 게 좋을까?

다양한 식품군을 골고루 계단식으로 먹이는 것입니다.

① 곡류, 전분류
② 채소, 과일류
③ 고기, 생선, 계란, 콩류
④ 우유제품
⑤ 유지, 견과, 당류   (보건복지부)

차차 유동식에서 고형식으로(미음 → 죽 → 진밥 → 된밥) 줍니다. 처음에는 조금씩 주고 소화가 잘 되나, 변은 이상 없나 확인해보면서 양을 늘립니다. 주스 같은 단 음식을 계속 먹이면 다른 음식은 기피하게 되므로 주의해야 되고, 알레르기 식품(생우유, 생선, 버터, 밀가루, 털 있는 과일 등)은 돌 이후에 주는 게 좋고, 숟가락으로 먹어야 씹는 능력이 생기고, 턱과 두뇌 발달에 도움이 되고, 엄마가 음식물을 씹어 아이 입에 넣어주면 전염 위험이 있으므로 삼가해야 합니다. 벌꿀은 영아 보툴리느스증(근골쇠약, 호흡곤란으로 인한 사망위험)의 원인이 되므로 돌 전에는 먹이지 말라고 소비자보호원은 경고하고 있습니다.

■ 이유식 먹이기
- 만들어 먹인다.
- 쌀 미음부터 시작한다.
- 새 음식은 한 가지씩 4~7일 간격으로 준다.
- 일정한 시간에 준다.
- 숟가락으로 먹인다.
- 소화능력에 맞게 적당히 먹인다.
- 알레르기가 생기는지 살핀다.
- 원칙은 없다. 아이에 맞게 적당히

ㄷ. 재우기

아무렇게 재워도 쌔근쌔근 잠만 잘 자면 되지만 잘 재우는 것이 득이 됩니다. 특히 머리가 한쪽으로 눌리거나 들어간 사두증(斜頭症)을 예방하기 위해선 재울 때 좌우로 번갈아가며 눕히는 지혜가 필요합니다. 쌍둥이는 더욱더 신경을 써야 합니다. 그렇다면 똑바로 천장을 보고 반듯하게 눕혀 재울 것인가? 반대로 엎드려 재울 것인가? 구토로 인한 질식을 피하기 위해서나 뒷머리가 눌리는 것을 막기 위해 엎드려 재우는 경향이 있는데 문제는 엎드려 재웠을 때입니다. 자다가 푹신한 침구에 입과 코가 막혀 사망하는 경우가 있는데 언젠가 대한소아과학회가 조사한 것을 보면 1,000명당 0.3명꼴로 사망하므로 엎드려 재우지 말라고 경고합니다. (영아 돌연사) 미국에서는 바로 재우기 운동을 벌여 사망률이 58%가 줄었다는 보도도 있었습니다. 그러므로 푹신한 침구는 피하고 약간 딱딱한 곳에 눕히고 또 술 취한 아빠 옆에 재우지 않는 것이 좋고, 담배 피워도 안 좋고, 옆으로 뉘어서도 안 좋고, 춥다고 이불로 너무 감싸는 것도 안 좋고, 특히 2~4개월짜리는 더욱더 주의해야 됩니다. 사망원인을 알 수 없는 1년 미만의 영아 돌연사의 원인이 될 수 있기 때문입니다. 영아 돌연사 증후군(SIDS)이란 1년 미만의 건강했던 영아가 수면 중 갑자기 사망하는 것을 말합니다.

또, 같은 방에 재울 것인가? 따로 재울 것인가? 같은 방에 재우면 심리적 안정감을 줄 수 있어서 좋습니다. 이불이라도 덮어주니 한 번이라도 더 피부 접촉이 이루어짐으로 편안하고 행복감, 유대감을 더 느낄 수 있습니다. 울거나 보채거나 칭얼댈 때마다 즉각 보살필 수가 있으니 좋습니다. 또 불안감, 무서움을 없앨 수가 있습니다. 서양사람들은 독립심을 길러주기 위해 갓난애부터 따로 재우는 경향이 많다는데 아무래도 불안감, 무서움, 외로움을 느끼게 되어 정서 발달에도 안 좋고, 심성이 메말라질 수도 있습니다. 그렇다면 언제부터 따로 재우는 게 좋을까? 대소변을 가릴 수 있는 나이가 적당하다고 말하는 사람도 있고, 불안분리가 어느 정도 가시는 초등학교 입학 무렵이 적당하다고 말하는 사람도 있는데 경험적으로 입학 무렵이 적당하다고 여겨집니다. 관찰해보면 얼굴은 준수한데 귀가 보기 싫은 사람이 의외로 많습니다. 유전이나 혹은 태아가 산도를 통과할 때 눌리기도 하고, 엎드려서 혹은 옆으로 재울 경우 눌릴 수도 있는데 어쨌거나 그냥 놔두면 펴지지 않고 굳어질 수가 있으므로 같은 값이면 다홍치마라고 송편 빚듯 자주 손으로 조물조물 주물러서 보기 좋게 만드는 것도 나쁜 것은 아닐 것입니다. 성형외과 의사가 돼 보는 것입니다.

ㄹ. 입히기

여름에는 시원하게, 겨울에는 따뜻하게 입히는 게 좋고, 입고 벗기가 편해야 되고, 몸에 딱 맞는 것보다는 좀 넉넉한 게 좋고, 쑥쑥 큰다고 몸에 맞지 않는 너무 큰 것은 피해야 합니다. 운동이나 활동하는 데도 좋지 않습니다. 입고 벗기가 불편하면 스트레스를 받게 되고, 성장발육에 지장을 줄 수가 있습니다. 또 땀 흡수에도 좋고, 피부에도 부드러운 면 종류가 좋고, 어두운 것보다는 밝고 산뜻하고 귀여운 차림새가 좋습니다. 혹 입으로 삼킬 수 있는 단추나 장식물은 제거하는 게 좋습니다. 왕왕, 아이들이 옷을 더럽힌다고 신경질을 부리고 야단치는 엄마들이 많은데 바람직한 모습은 아닙니다. 저희들끼리 어울려 신나게 놀아야 하는데도 꾸중이 두려워 한쪽 구석에만 쭈그리고 앉아 구경만 하고 있다면 문제가 될 수 있습니다.

큰맘 먹고 비싼 옷 사줬더니 금세 더럽혀놨으니 속상할 때도 있을 것입니다. 그러나 그까짓 옷이 문제일까요? 아이들은 밖으로 놀이터로 들로 산으로 뛰어다니면서 노는 것이 일상적인 모습입니다. 어울리면서 성장하기 때문입니다. 밀치기도 하고, 씨름도 하고, 코피도 나고, 무릎이 까지기도 하고, 뒤로 넘어지기도 하고, 뒹굴기도 하고, 물장난이나 흙장난을 하면서 보내니 옷이 더럽혀지기 마련입니다. 그것이 자연스럽고 바람직한 모습입니다. 그러니 너무 꾸중하면 위축되기 쉽고, 불안하고, 눈치를 보게 되고, 소극적인 성격이 형성될 수 있으므로 보아도 못 본 체 너그럽게 대해줘야 합니다. 세탁을 하려면 귀찮지만 어쩝니까? 내 귀여운 자식인 것을. 밝고 자연스럽게 자유스럽게 키우는 것이 좋습니다.

ㅁ. 대소변 훈련시키기

대소변 처리는 골칫거리지만 성격 형성에 영향을 미치기 때문에 소홀히 할 수 없는 문제입니다. 이거 또 문제가 생겼구먀. 하루에도 여러 차례 처리해야 되는데 짜증도 나고, 성질 사나운 엄마는 신경질도 부리고, 고함도 지르고, 참지 못해 마구 때리기도 할 것입니다. 송아지처럼 쑥 낳자마자 스스로 걸어 다니고 그러면 좋으련만 그렇지 못하니 문제가 되는데 젖은 기저귀를 곧바로 갈아주지 않으면 불쾌해서 칭얼대기도 하고, 깊은 잠을 못 자 깨기도 할 것입니다. 뒤척이기도 하고, 또 의사 표시를 못하니 답답도 하고, 정서적으로 불안하고, 성격에도 영향을 줍니다. 스스로 알아서 척척 처리하면 서로 좋겠지만 그러나 단계가 있는 법입니다.

■ 언제가 적당할까?

전문가마다 의견이 다른데 대뇌의 배설 조절기능이 서서히 완성되는 시기, 걸음마가 시작되고 한두 마디 의사표시를 할 수 있는 시기, 어른 흉내를 내거나 혼자 먹으려 하거나 할 때, 두 살 전후가 적당할 것입니다. 늦어도 안 좋고 빨라도 안 좋고 서둘지 말고 조급해 하지 말고 아이 특성에 맞게 느긋하게 애정을 갖고 기다려보는 것이 좋을 것입니다. 잘 못 가린다고 엄하게 꾸짖거나 때리면 불안하고 화도 나고 반항심도 생기고 자신감을 잃거나 강압적으로 시키면 소심해지거나 사회성 발달에 영향을 줄 수 있습니다. 잘 못 가릴 경우 "괜찮다. 잘할 수 있어. 너만 그런 것이 아니고 다 그런단다. 엄마도 그랬지." 질책보다 위로와 격려가 필요합니다. 엄마가 민감하게 나오면 아이는 스트레스를 받게 됩니다. 스트레스는 만병의 근원입니다. 여아의 경우, 대변 처리는 뒤에서 앞으로가 아니라 앞에서 뒤로 처리하는 버릇을 꼭 길러줘야 합니다. 여아들은 요도가 짧아서 대장균이나 잡균이 침투하면 방광이나 신장에 좋을 리가 없기 때문입니다. 야뇨증이 의심되면 전문의사의 진단·치료가 필요합니다.

■ 1회용 기저귀 사용

어느 해인가, 1년에 20억 8천만 개가 소비되고, 쓰레기 처리는 청소차 15만 4천여 대가 동원되고 있습니다. 아기 1명이 25개월 동안 하루 평균 5~6개씩 쓴다면 총 4,400여 개가 소요됩니다. 천기저귀보다 산림자원은 249배, 대기오염은 2~3배, 쓰레기 발생량은 10배 증가하니 좋을 리 없습니다.(서울환경연합 추정치) 환경관리 차원에서 귀찮지만 아기 피부를 위해서도 좋고 가급적 천기저귀를 쓰는 게 좋을 것입니다. 환경절약 차원에서도 애국자가 돼 보는 것도 좋습니다.

ㅂ. 울 때

울면서 태어났으니 우는 게 정상이지만 놀다가도 울고 자다가도 울고 시도 때도 없이 울 경우 달래봐도 소용없고 짜증날 때도 많을 것입니다. 소가지가 사나운 엄마는 마구 소가지를 부릴 것입니다. 그러나 다 이유가 있습니다. 왜 울까? 한밤중에 그치지 않고 마구 울어대면 경험 없는 초보 엄마는 당황하지 않을 수가 없습니다. 어쩔 줄 모르고 발만 동동 구르게 됩니다. 뚝 그치면 좋으련만 몰라서 그렇지 다 이유가 있습니다. 울음은 아이의 언어라고 말합니다. 말은 못하고 대신 울음으로 불만을 표시합니다. 울음은 일종의 의사전달 수단입니다. 그 울음이 배가 고파서, 목이 말라서, 더워서, 추워서, 놀아달라고, 기저귀가 젖었다고 우는 것이라면 별 문제는 없겠으나 심히 아파 통증을 참지 못해 우는 것이라면 문제가 될 수 있는 것입니다.

우선 그 원인이 뭔지 찾아봐야 합니다. 전신을 살펴보고 뭐가 불편한지 배고플 때 우는 소리는 대개 힘이 없으니 짧고 저음이지만 통증이 있거나 심히 불편할 때는 찢어지는 듯한 고음일 수도 있습니다. 경험자 아닌 초보 엄마로서는 분간하기가 어려울 것입니다. 울다가 그치면 다행이겠으나 그래도 그치지 않고 계속 울거나 병원에 가야 할지 어떨지 판단이 서지 않을 경우 우선 응급의료 도우미

1399번(24시간 운영 - 보건복지부)이나 119에 전화해서 담당자의 조언을 듣는 것도 좋을 것입니다.

ㅅ. 열이 나고 경련을 일으킬 때
- 1세 이하 정상체온 36.5~37.5℃
- 3세 이하 정상체온 36.5~37.2℃
- 미열 : 37.5~38℃ 미만
- 중열 : 38℃ 이상
- 고열 : 41.7℃(뇌손상 응급상태)

체온이 40℃를 오른다고 무조건 해열제를 먹여서는 안 된다고 전문가들은 경고합니다. 열은 내리지만 원인은 제거되지 않을 수 있기 때문입니다. 열이 나는 것은 몸에 이상이 생겼다는 신호이고, 병원균에 대한 방어작용입니다. 그 원인은 여러 가지 있습니다. 감기, 독감, 폐렴, 홍역, 인후염, 수두 등 많습니다. 우선 방을 시원하게 하고, 옷을 다 벗겨 몸을 식히고, 미지근한 물수건으로 몸을 닦아주고, 시원한 보리차라도 먹이고, 머리에 찬 물수건이라도 올려놓아 봅니다. 특히 크는 동안(6개월~6세 사이)에 여러 차례 경련(경기)을 일으키는데 의식도 없고 눈을 뒤집고 사지를 뒤틀고 떨기도 하고 거품을 내기도 하는데 초보 엄마로서는 무척 당황스러울 것입니다. 이때는 침착하게 대처해야 합니다. 주로 체온이 갑자기 올라갈 때 일어나는데(열성경련) 그렇다고 껴안거나 팔다리를 주무르거나 억눌러서는 안 되고, 토하거나 음식물이 입에 들어있을 때는 기도가 막힐 수 있으므로 손을 넣어 빼내줘야 합니다. 짧게는 1~2분, 길게는 10~15분 시간이 지나면 대부분 가라앉게 됩니다. 문제는 열이 있을 때 하는 경련은 별 문제가 없으나 열이 없을 때 하는 경련이 문제가 됩니다. 경련이 5분 이상 지속되거나 하루 2회 이상 열이 나면(복합성 경련) 소아과 치료가 필요합니다. 경련 시는 물도, 기응환도, 청심환도 먹여서는 안 됩니다. 기도가 막힐 수도, 폐렴이 생길 수 있기 때문입니다. 응급의료 도우미 1399번(보건복지부), 119번으로 도움을 요청합니다.

■ 구급상자(가정 상비품) 비치

유비무환이라고 어린아이들에게는 언제 어떻게 몸에 이상이 생길지 모르기 때문에 임시로 응급처치를 위해서도 갖춰둬야 합니다. 디지털 체온계, 해열제, 진통제, 소화제, 지사제, 소독약, 연고, 반창고, 붕대, 솜 등

ㅇ. 심하게 흔들지 않기

울거나 보챈다고, 밉거나 화난다고 2세 이하 아이의 머리를 심하게 흔들어 생기는 '흔들리는 아이 증후군'(SHAKEN BABY SYNDROME)이 국내에서도 발생하고 있습니다. 가뜩이나 머리를 제대로 가누지 못하는 아이에게 머리를 좌우, 상하로 심하게 흔들면, 머리를 지탱하고 있는 목의 근육이 덜 발달된 상태에서 충격을 받게 되니 사망, 뇌출혈, 실명, 사지마비, 정신박약 같은 후유증이 생길 수 있다고 전문가들은 경고합니다. 아이를 달래기 위해서 장난삼아 한두 차례 가볍게 흔드는 것은 괜찮으나 심하게 여러 차례 혹은 공중으로 던졌다 받거나 울퉁불퉁한 비포장도로를 장시간 달리거나 해서는 안 됩니다. 남에게 맡길 때도 반드시 심하게 흔들지 말라고 당부해야 합니다. 이것도 일종의 아동학대, 아동폭력인데 미국의 경우 '흔들리는 아이 증후군'이 아동학대에 의한 사망원인 중 1위를 차지하고 있고, 매년 750~3,700명이 발생하고 있다는 것입니다. 주의하는 수밖에 없겠습니다.

ㅈ. 보행기 덜 태우기

보행기를 너무 일찍 태우면 안 좋은 일이 생길 수도 있습니다. 어떤 안 좋은 일이 생길까? 젖먹이들은 방바닥을 기어 다니고, 밀기도 하고, 들어 올리기도, 넘어지기도 하고, 팔을 짚고 일어서려고 하다 보면 근육운동도 되고, 자연 돌 무렵이 되면 걷게 됩니다.

그런데 보행기를 일찍 태우면 그 능력을 키울 연습할 시간이 부족함으로 늦게 걸을 수도 있습니다. 걸음마 속도를 늦추는 결과를 가져옵니다. 또 한편으로는 보행기를 타고 문턱을 넘다가 넘어지기도 하고, 화장대 등 높은 곳에 있는 물건을 꺼내 입으로 가져갈 수 있고, 펄펄 끓는 냄비에 손을 댈 수도 있습니다. 허리를 제대로 가누지 못하는 아이인데 세게 구르다 벽에 부딪쳐 머리나 허리를 다칠 수 있고, 다 때가 있습니다. 그러면 언제가 적당할까? 돌 지난 뒤에 태우는 게 좋다는 의견도 있습니다. 놀이 삼아 혹은 일에 방해가 되니 태우는데 다칠 수 있으므로 항상 옆에서 지켜보는 게 좋습니다.

ㅊ. 젖먹이에게 TV, 비디오, 휴대폰 안 보여주기

왜 자폐아(자폐스펙트럼 장애)가 생길까? 자폐아가 인구 1만 명당 2~5명꼴로 발생하고 있고, 지금도 국내에는 3만 명 이상 있는 걸로 추정하고 있습니다. 자폐증은 3세 이하의 유아에게 나타나는 것으로 현실과 동떨어지고 내면에 갇혀 있어 평생 혼자 살아갈 수 없는 정신지체 질환입니다. 보호자가 돌봐줘야만 살아갈 수가 있습니다. 언어장애, 지능지체, 일상생활, 신변정리의 어려움, 대인관계, 사회성에 문제가 많습니다. 남아가 여아보다 4배 이상 발생하고 있습니다. 원인은 불명이나 뇌에 장애가 있기 때문입니다. 특히 3세 이하의 아이가 자주 TV, 비디오 등을 시청했을 때 강렬한 시각적 자극으로 뇌가 정상적으로 발달하지 못하고 장애가 생겨 자폐아가 되는 게 아니냐고 여러 전문가들은 지적하고 있습니다. - "아기가 태어나서 접하는 환경에는 대체로 TV가 있습니다. 생후 1개월 15일 정도 지나 귀가 트이고 사물을 볼 수 있게 된 아이에게 TV를 보여주면 아기의 두뇌에 TV가 각인됩니다. 그렇게 되면 엄마의 목소리에는 반응하지 않게 되어 엄마가 아기에게 이야기를 해주거나 노래를 불러주어도 별 반응을 보이지 않습니다. 이러한 아기는 2~3세가 되면 대부분 다음과 같은 생활태도를 보입니다.

1. 말을 하지 않는다.
2. 엄마와 눈을 맞추지 않는다.
3. 동작이 거칠다. 가만히 있지 못하고 왔다 갔다 한다.
4. TV에 나오는 광고를 좋아하고 CM송을 따라 부른다.
5. 뭔가를 스스로 하지 못한다. 일상생활을 혼자서 하지 못한다.
6. 위험한 게 뭔지 깨닫지 못한다.
7. 기계의 종류를 좋아하고 조작하는 기능은 빨리 익힌다.
8. 지적인 면에서는 좀 특별한 면을 보인다.

아기의 두뇌에 TV에 의한 각인법칙이 행해지는 것은 태어난 직후부터 2세 정도까지입니다. 2세 아이에게 하루에 5~6시간씩 TV를 보여준다면 틀림없이 이러한 경향을 지닌 아기로 자라게 됩니다. TV가 아기에게 좋지 않은 이유는 일반적으로 알려져 있듯이 아기에게 일방적으로 전달하기만 할 뿐 서로 대화할 수 없기 때문에 언어 발달이 늦어진다는 점입니다."

(출처 : 가슴이 따뜻한 천재로 키워라, 북뱅크, 시치다 마코토 지음, 박지영 옮김)

- 두 돌이 지나도 엄마와 눈을 맞추지 못하거나 웃지 않거나 불러도 반응이 없으면 자폐증을 의심해보라는 전문가들의 시적도 있습니다. 그래서, 우리 국회에서도 "만 3세 이하는 정서, 언어, 인

지 발달이 가장 활발하게 이루어지는 시기로 보호자나 상호작용 없이 비디오 영상물과 TV를 장기적으로 과도하게 시청할 경우 언어 발달 부작용 등 유사자폐나 발달장애 위험이 있다."고 경고합니다. 이걸 볼 때 젖먹이 아기들에게 비디오나 TV 시청에 각별한 주의가 필요합니다. 스마트폰 역시도 장난감 대용으로 많이 보게 하는데 3세 이하 아이에게 자주 보여주면 집중력 저하, 시력 이상, 언어, 두뇌 발달이 지체된다고 전문가마다 지적합니다. 대만에서는 이런 부작용을 막기 위해 만 2세 이하 어린아이들에게 디지털 기기 사용을 법으로 금지하고 있다는 것입니다.

- 3세 이하의 유아에게 TV나 비디오를 보여주지 말 것! 3세 이후라도 하루 30분 내로 제한할 것! 집중력, 사고력, 창의성이 떨어지고 뇌형성 장애로 말이 늦고, 지능도 떨어지고, 자연 사회성이 떨어집니다.
- 엄마가 일을 하고 싶어도 덤벼들고 방해해 TV나 비디오를 혼자 보게 하는데 아이 돌보는 일을 TV나 비디오에 맡기지 말아야 합니다.
- 가족 중 TV를 보고 싶을 때는 젖먹이를 TV 없는 곳에 있게 해야 합니다.
- 젖이나 음식물을 먹일 때는 TV를 꺼야 합니다.
- 유아들은 TV를 시청하지 않는 게 좋다는 것이 미국 소아과학회의 공식 견해입니다.
- 조기교육의 일환으로 학습 비디오를 일찍, 오래 보여주면 주변 사람들과 대화를 하지 않고 혼자 노는 등 유아 비디오 증후군에 빠질 수 있다고 지적하는 전문가도 많습니다.

유아 비디오 증후군이란 비디오나 TV를 지나치게 보여주면 유사 자폐증, 언어 발달지체, 사회성 장애를 겪게 되는 정신질환을 말합니다. 그것들은 일방적으로 시각적으로 보여만 주기 때문에 뇌 발달이 이루어지지 않고, 특히 언어가 지체돼 대화를 못한다는 점입니다. 그러므로 될 수 있으면 적게 보여줄수록 안 보여줄수록 좋습니다. 이런 노력만이 우리 어린아이들이 위와 같은 위험으로부터 벗어날 수가 있습니다.

ㅋ. 스킨십

스킨십이란 피부 접촉을 말합니다. 엄마와 아이 간에 일정한 피부 접촉이 없으면 아이가 정서적으로나 성장발육에 지장을 받게 됩니다. 엄마가 아이를 자주 안아주거나 업어주면 아이는 기분이 좋고 포근함, 안정감, 평온함, 행복감을 느끼게 됩니다. 그만큼 정서적, 신체적으로 좋습니다. 안아줄수록 지능과 정서에 영향을 주는 베타 엔돌핀이라는 뇌 물질이 왕성하게 나오기 때문에 적어도 하루에 4시간 이상 안아주거나 업어주는 것이 좋다고 전문가들은 말합니다. 비덜프라는 사람은 "스킨십은 불안한 아이들의 성숙을 돕는 강력한 무기"라고 말하기도 합니다. 살과 살을 맞대는, 체온과 체온이 느껴지는 스킨십은 모자간의 사랑을 깊게 하는 일종의 매개체인 셈입니다. 사랑의 대화인 것입니다. 젖을 물리고 볼을 비비고 안아주고 쓰다듬어 주고 팔베개해서 재우고 업어주고 손잡고 거닐고 지금껏 우리 어머니들은 수많은 스킨십 속에서 우리를 키웠습니다.

이 세상에서 아이들을 격려시키지 않고 기르는 나라는 아기구덕이 있는 제주도를 제외하고는 우리나라밖에 없다는 것입니다. 우리 민족이 우수한 것은 이 때문이 아닐까? 그러함에도 시대가 변함에 젖은 분유로, 실내에서는 보행기로, 밖에서는 유모차로 키우니 모자 접촉의 기회가 점점 줄어들고, 인간성도 메말라지고 거칠어지는 것은 아닐까? 좋은 게 좋다고 같은 값이면 다홍치마라고 엄마 손은 약손이라고 돈도 안 드니 많이 안아주고 업어주고 쓰다듬어 주는 것입니다. 아이들의 뇌는 엄마의 스킨십을 가장 좋아한다는 사실입니다. 그러니 스킨십을 자주 안 해줄 이유가 없는 것입니다.

② 영유아 건강과 질병

ㄱ. 건강

다리도 기초가 튼튼해야 허물어지지 않고 오래 가듯 영유아기 때의 건강이 평생을 좌우하기 때문에 그만큼 중요한 시기입니다. 적절한 식생활, 적당한 운동, 규칙적인 일상생활 등 3박자가 맞아야 합니다.

■ 적절한 식생활
- 즐겁게 먹기
- 고루 적당히 먹기
- 인스턴트, 탄산음료 적게 먹기
- 천천히 잘 씹어 먹기
- 제때 먹기
- 우유도 먹고 과일도 고기도 먹기
- 싱겁게 먹기
- 덜 달게 먹기

■ 적당한 운동
- 장난감 가지고 놀기
- 뜀뛰기
- 줄넘기
- 자전거 타기
- 걷기
- 달리기
- 수영하기
- 그네타기

■ 규칙적인 일상생활
- 일찍 자고 일찍 일어나기
- 하루 3번 이 닦기
- 용변처리 스스로 하기
- 방 치우기
- 자주 손 씻기
- 마루 쓸고 닦기

ㄴ. 건강체크·검진·접종

 병 없이 건강하게 성장하려면 어떤 점검이 필요할까? 첫째는 수시로 건강상태를 확인해보는 것입니다. 얼굴 표정은 어떤가? 몸 상태는 어떤가? 피부 발진은 없는가? 얼굴은 붓지 않는지, 열은 없는지, 토하려는 기색은 없는지, 대소변은 어떤지, 숨소리는 어떤지, 깜짝깜짝 놀래지는 않는지, 체온은 정상인지, 맥박은 잘 뛰는지… 눈여겨 관찰해보고 이상이 느껴지면 병원에 가봅니다. 둘째는 정기 건강검진을 받아보는 것입니다. 정상적으로 건강하게 자라고 있는지, 발육은 순조로운지, 생후 6개월까지는 1달에 1번, 7개월부터 돌까지는 2달에 1번, 3세, 6세 시차를 두고 체크해봅니다. (체중, 키, 사시, 영양상태, 고관절 탈구, 결핵, 이상행동, 기형상태, 눈, 코, 입, 치아, 목, 흉부, 심장, 복부, 생식기 등) 셋째는 예방접종입니다. 예방접종은 병원균으로부터 인체를 방어할 수 있는 힘, 즉 면역력을 길러줌으로 병을 예방해줍니다. 예방은 최선의 치료법입니다. 접종 시기를 놓치면 병에 걸릴 수 있으므로 놓쳐서는 안 될 것입니다. 보도를 보면 수두, 백일해, 볼거리 같은 옛날 병이 증가 추세에 있습니다. 제때 빼먹지 말고 접종을 받습니다. 잊지 않고 접종할 수 있도록 달력에 표시해두거나 예방접종 사전 알림 서비스를 이용합니다. 예방접종 예진표 작성 시 휴대폰을 사전 알림 수신에 동의하면 되고, 휴대전화 변경 시 접종받은 의료기관에 수정요청을 합니다.

<영유아 건강검진>

검진항목		검진시기					
		4개월	9개월	2세	3세	4세	5세
문진(청각 및 시각)		●	●	●	●	●	●
진찰		●	●	●	●	●	●
신체계측		●	●	●	●	●	●
발달평가			●	●	●	●	●
시력검사					●	●	●
건강교육	안전사고 예방	●	●	●	●	●	●
	영양	●	●	●	●	●	●
	수면	●					
	구강		●				
	대소변 가리기			●			
	정서 및 사회성				●		
	개인위생					●	
	취학준비						●
구강검진				●		●	●

(출처 : 국민건강보험공단)

보건복지부가 지원하고 지방자치단체(보건소), 국민건강보험공단이 실시하는 무료검사입니다. 단, 신생아 청각선별 검사는 저소득층을 대상으로 시행하고 있습니다.

<국가 필수 예방접종>
• 대상 : 만 12세 이하
• 접종명 : 국가 예방접종
• 무료접종 : 보건소 · 국가 필수 예방접종 위탁 의료기관

■ 접종 일정

대상 전염병	백신종류 및 방법	0개월	1개월	2개월	4개월	6개월	12개월	15개월	18개월	24개월	36개월	만4세	만6세	만11세	만12세
결핵	BCG (피내용)	1회													
B형 간염	HepB	1차	2차			3차									
디프테리아, 파상풍, 백일해	DTaP			1차	2차	3차		추4					추5		
	Td(성인용)/ Tdap													추6	
폴리오	IPV(사백신)			1차	2차	3차							추4		
뇌수막염	Hib			1차	2차	3차	추4								
폐렴구균	PCV			1차	2차	3차	추4								
홍역, 볼거리, 풍진	MMR						1차						2차		
일본뇌염	JEV(사백신)							1~3차					추4		추5
	JEV(생백신)							1~2차							
수두	Var						1회								
A형 간염	HepA						1~2차								
사람유두종 바이러스	HPV2/HPV4														1~2차
인플루엔자	Flu(사백신)						1~2차								

(출처 : 질병관리본부, 043-719-6848~52)

ㄷ. 실병

잘 걸리는 병에는 뭐가 있을까? 감기, 소화불량, 설사, 구토, 두통,

천식, 아토피, 황달, 경련, 인후염, 간염, 급성신염, 중이염, 두드러기 등 병에 걸리지 않고 잘 크면 좋은데 큰 병이라도 걸리면 어린 몸으로 정신적, 육체적으로 고통이 무척 클 것입니다. 큰 수술이라도 받게 되면 얼마나 아퍼할까? 견디기가 무척 어려울 것입니다. 종종 병원에 가보면 웬 아픈 애들이 그렇게 많은지 병에 안 걸릴 수는 없을까? 막을 수는 없을까? 병에 걸려서 치료하는 것보다는 안 걸리는 것이 최상인데 무럭무럭 아무 탈 없이 크면 좋으련만 정녕 안 걸리는 방법은 없을까?(부모 책임 95%, 아이 책임 5%)

■ 손씻기

손은 인체 중에 병원균이 가장 많이 묻어있는 곳입니다. 한쪽 손에 6만 마리, 양쪽 손에 12만 마리의 각종 세균이 득실거리고 있다는 것입니다. 불결한 손으로 눈을 만지면 눈병이요, 코를 만지면 콧병입니다. 설사, 바이러스성 뇌막염, A형 간염, 사스, 콜레라, 이질, 식중독, 메르스 등 손을 통해 전염되기 때문에 손만 잘 씻어도 90% 이상 예방이 된다고 전문가들은 말합니다. 그런즉슨, 손 씻기를 생활화하게 해야 합니다. 한때 범국민 손 씻기 운동본부에서는 하루 8차례 30초 이상 손을 씻자는 1830 손 씻기 운동을 벌이기도 했습니다. 식사 전후, 용변 후, 애완동물이나 장난감을 만진 후, 컴퓨터나 휴대폰, 그리고 놀이나 작업 후, 오물을 만진 후, 흙장난 후, 코를 푼 후, 외출 후 귀가 시에 반드시 비누로 30초 이상 손을 깨끗이 자주 씻도록 습관이 되도록 가르쳐주는 것입니다. 알면 뭘 할까요? "쇠뿔은 단김에 빼라."고 지금 당장 아이를 앞에 앉혀놓고 교육을 시키는 것입니다. 그래서 병에 걸리지 않고 성장할 수 있게 해주는 것입니다. 한마디로 손 씻기는 효과적이고, 경제적인 감염 예방법인 것입니다.

■ 유아 스트레스

아이들은 어른처럼 복잡하지 않지만 나름대로의 고통거리, 스트레스를 받고 살아갑니다. 엄격한 부모 훈육, 엄마와 아빠의 싸움, 꾸중, 고함, 체벌, 형제간의 갈등, 이혼, 이사, 낯선 사람, 대소변 문제, 간섭, 조기교육, 학원이나 유치원 친구나 선생님과의 갈등 등 수없이 많습니다. 바로바로 풀어주지 않고 쌓이면 마음의 상처가 되고, 울분이 쌓여 틱 같은 장애가 올 수도 있습니다. 심하면 우울증이 깊어지고, 소극적인 성격으로 바뀔 수도 있습니다. 한마디로 여리기 때문입니다. 그런 느낌이 올 때는 모른 체하는 것보다는 그때그때 바로 해소시켜 줘야 합니다. 해소방법은 울 때는 엉엉 울게 내버려 두면, 실컷 울고 나면 후련해지고 스트레스가 풀리기도 할 것입니다. 친구들과 실컷 놀게 하거나 동물원 구경, 어린이 영화감상, 맛있는 음식을 먹거나 놀이터 가서 시소나 그네를 타거나 운동도 좋고, 놀이공원도 좋을 것입니다. 잘했을 때는 칭찬도 해주고, 잘못했을 때는 꾸중보다 격려와 위로가 필요합니다. 이런 때일수록 부모님의 사랑과 배려가 더 필요합니다.

■ 소아 비만

비만은 엄연한 병입니다. 만병의 근원이 되고 있습니다. 세계보건기구에서도 비만을 질병으로 분류하고 있습니다. 그럼에도 비만을 병으로 생각하지 않는 데 문제가 있습니다. 옛날에는 비만아가 드물었습니다. 요즘에는 눈에 띄게 많아지고 있습니다. 원인은 잘못된 식습관과 운동 부족에 있습니다. 비만은 6세 이전에 시작됩니다. TV나 컴퓨터 게임에 빠져 밖에 나가 놀 시간도, 운동할 틈도 없고, 간식에다 고지방, 고열량 가공식품을 자주 즐겨 먹으니 자연 몸이 뚱뚱해질 수밖에 없습니다. 쌓인 에너지를 소비할 기회가 점점 줄어들고 있습니다. 10을 섭취했으면 10을 소모시켜야 되는데 10이 안 되니 남는 게 전부 축적되어 그것이 비만인 것입니다. 그냥 놔두면 놀림감이 되고, 스스로 부끄럽게 생각하고, 스트레스에 시달리게 됩니다. 심리적으로 위축되고 소극적인 성격으로 변하게 되고, 자신감을 잃게 되고, 열등감에 빠지게 됩니다. 장차 교우관계나 직장, 그리고 사회생활에도 영향을 주게 됩니다.

세 살 비만이 여든까지 간다고 했습니다. 문제는 치료하지 않고 내버려두면 소아당뇨, 고혈압, 심장질환, 고지혈증에 걸리게 되고, 장차 성인 비만으로 이어지게 된다는 사실입니다.(80%) 그러므로 빨리 살을 빼야 합니다. 쑤시고 아파야만 병은 아닙니다. 특별한 증상이 없으므로 방심, 등한히 하는 경향이 많지만 병임으로 적극 치료해줘야 합니다. 역시 치료 못지 않게 중요한 것이 예방입니다. 한 번 찐 살은 빼려면 어렵고 힘들고 고통스럽기 때문에 안 찌게 하는 것이 제일 좋습니다. 책임은 부모에게 있습니다. 쑤시고 아프고 칭얼대면 병원에 데리고 갔을 텐데 아픈 기색이 없으니 등한히 하게 되고, 그래서 점점 살이 찌게 됩니다. 또 소아비만은 성조숙증의 원인이 되고 있습니다.

■ 비만 예방법
- 식사는 거르지 않고 제시간에 먹는다.
- 고루 알맞게 먹는다.
- 고지방 고칼로리 음식을 적게 먹는다.(햄버거, 피자, 치킨, 튀김, 라면, 햄 등)
- 설탕이 들어간 음식도 적게 먹는다.(콜라, 사이다, 과자, 사탕, 탄산음료 등)
- 야채와 과일을 많이 먹는다.
- 군것질이나 간식을 줄인다. 특히 야간 간식을 줄인다.

- TV나 게임 시간을 대폭 줄인다.(TV 10분, 게임 10분) TV 시청이 1시간 늘어나면 몸무게가 2% 늘어난다는 연구 결과도 있습니다.
- 규칙적인 운동을 한다. 1일 30분 집 주위 달리기, 속보, 수영, 자전거 타기, 계단 오르내리기 등. 부모와 같이 하는 것이 더 좋습니다.
- 밖에 나가 친구와 놀게 한다.

답은 이미 나와 있습니다. 문제는 실천 여부에 달려있습니다.

■ 고약한 아토피성 피부염

옛날에는 아토피 피부염이 아주 드물었으나 요즘은 눈에 띄게 앓고 있는 아이들이 많습니다. 아토피는 피부에 생기는 만성 염증성 피부질환입니다. 태어난 뒤 2~3개월이 지나면 볼과 팔다리에 주로 생깁니다. 피부가 붉어지고 부풀고 짓무르고 가렵습니다. 대부분 돌 무렵 없어지지만 치료하지 않으면 성인으로까지 이어지기도 합니다. 피부가 좋아졌다 나빠졌다 반복되면서 성장과 학업, 일상생활에 지장을 줍니다. 가려운데 안 긁을 수는 없고, 자주 긁다 보면 피도 나고, 주야 가리지 않고 찾아옵니다. 수면장애를 겪기도 합니다. 아이나 부모 모두 곤혹스러울 것입니다.

ㄱ. 원인은 뭘까?

환경적, 유전적 요인이고, 환경적인 것은 공해물질, 집먼지 진드기, 곰팡이, 바퀴벌레, 애완동물 분비물, 면역력 저하, 스트레스, 지나친 청결, 모유 기피 등입니다. 특히 집먼지 진드기는 알레르기 질환의 원인 물질입니다. 비염, 천식, 아토피 피부염을 일으킵니다. 진드기는 사람의 몸에서 떨어진 비듬을 먹고 삽니다. 사체나 배설물이 침구나 소파 카펫에 떨어져 있다가 몸이나 호흡기를 통해 몸속에 들어오면 발병하게 됩니다.

ㄴ. 어떻게 치료할까?

피부 건조는 아토피의 적입니다. 보습제를 하루 2회 이상 바르고, 옷은 헐렁한 면제품이 좋고, 가습기나 젖은 빨래를 널어두거나 일정하게 온도와 습도를 유지하고(실내온도 18~23℃, 습도 40~50% 유지) 집먼지 진드기를 제거하기 위해서는 침구나 카펫, 소파 등을 자주 청소해서 깨끗하게 해둬야 합니다. 손톱과 발톱을 짧게 깎습니다. 가공식품보다는 신선한 야채나 과일 섭취가 좋고, 특히 검증되지 않은 치료법이나 특효약처럼 과대 선전하는 것도 병을 악화시킬 수 있으므로 주의해야 합니다. 아토피성 피부염을 예방하려면 출산 후 6개월 동안은 반드시 모유를 먹어야 한다는 연구결과도 있습니다. 시골보다 도시 아이들이, 저개발국보다 선진국 아이들이 더 많이 걸리고, 너무 깨끗한 환경에서 키우게 되면 면역력이 떨어져 아토피에 잘 걸릴 수 있다는 것입니다. 맨땅에서 뒹굴고 흙장난이나 물장난을 치면서 키워야 하는데 도시 아이들은 온통 콘크리트 바닥에서 크니 영향이 없다고는 할 수 없을 것입니다. 간과해서는 안 될 점은 가습기 살균제 중 어떤 제품은 몸에 해로울 수 있다는 점입니다. 호흡기를 통해 흡수가 되면 폐 손상을 가져올 수가 있습니다. 몇 해 전 143명이라는 믿기지 않은 사망자가 발생해 사회문제가 된 일이 있었습니다. 주의해야 할 것입니다.

- 아토피, 천식 교육정보센터 : www.atopyinfocenter.co.kr
- 아토피, 천식 예방관리 홈페이지 : www.atopy.cdc.go.kr
- 수원시 환경성 질환 아토피센터 - 어린이 아토피 환자대상 맞춤치료
  (전국) : 031-247-2900

■ 치아관리

흔히들 이를 오복의 하나라고 말합니다. 이가 시원찮아 맛있는 걸

제대로 먹지 못하면 속상하기도 할 것입니다. 아리고 아프면 그것 역시도 참기 어려울 것입니다. 늙으면 먹는 재미로 사는데 어릴 적 관리 부실로 이가 시원찮아 씹지 못하거나 마음대로 먹지 못하면 낭패가 아닐 수 없습니다. 마치 긴 병 속에 들어있는 물고기를 꺼내 먹고 싶으나 부리가 짧은 새처럼 입맛만 다실 수밖에 없다고나 할까요? 어릴 때의 치아관리가 여든까지 간다고 했습니다. 치과질환이 없는 건강한 이를 갖고 있는 사람이 그렇지 않은 사람보다 7년 정도 더 산다는 연구결과도 있습니다. 잘 씹을 수 있으니 그럴 듯합니다. 쪽고른 하얀 이, 한결 품위가 돋보이고 그래서 미인을 명모호치(明眸皓齒)라고 말하기도 합니다. 그렇다면 어떻게 관리를 해야 할까요?

첫째, 젖니(유치) 관리가 대단히 중요합니다.

젖니가 빠지면 대수롭게 생각하는데 영구치가 바르게 자리 잡는 데 역할을 하는 것이 임시치, 젖니입니다. 젖니가 영구치의 길잡이, 향도 역할을 하는 셈입니다. 젖니는 6개월부터 나기 시작하고, 이때부터 적극적으로 관리해야 합니다. 젖니가 빠지거나 썩어 제대로 관리하지 않으면 주변에 있는 다른 치아에게 영향을 줘 영구치가 나올 자리가 좁아지거나 방해해서 영구치가 들쑥날쑥 나와 부정교합의 원인이 됩니다. 소위 말하는 뻐드렁니가 될 수도 있는 것입니다. 보기 흉해 웃을 때 입을 가리거나 주눅 들 수도 있습니다. 부모가 신경 써서 잘 관리해줘야 합니다. 또 손가락을 자주 빨거나 물어뜯는 아이들도 있는데 이것도 부정교합의 원인이 될 수 있습니다.(손 빠는 버릇 156쪽을 참고하십시오.)

둘째는 충치 예방입니다.

입 안에 있는 충치균이 이 사이에 있는 음식 찌꺼기를 먹고 배설한 산 성분이 이를 삭게 만드는 것이 충치입니다. 충치균이 먹을 게 없으면 충치가 생기지 않을 것입니다. 먹을 게 없게 만들면 될 것입니다. 그러기 위해서는 이를 잘 닦아 이에 낀 음식 찌꺼기를 제거해야 합니다. 333 원칙을 지키는 것입니다. 하루 3번, 식후 3분 안에, 3분 이상 이를 잘 닦는 것입니다. 버릇 들게 해야 합니다.

- 젖병이나 엄마 젖을 물리고 재우지 않습니다.
- 칫솔질을 세로로 위에서 아래로, 아래에서 위로, 어금니는 가운데, 뒤쪽도 앞쪽처럼 닦습니다.
- 잠자리에 들기 전에 반드시 닦습니다.
- 정기적으로 검진, 스케일링을 합니다.
- 단 음식, 음료수는 먹은 뒤 즉시 입을 헹굽니다.
- 아이에게 음식물을 씹어서 주면 충치균을 옮길 수 있으므로 삼갑니다.
  - 양치질만 잘해도 잇몸병의 80%는 예방이 됩니다.

■ 시력관리

잘 보이던 눈이 이상이 있거나 잘 보이지 않는다면 겪어보지 않은 사람은 알 수가 없을 것입니다. 그 절망감이란 이루 말할 수 없을 것입니다. 속담에 "몸이 천냥이면 눈이 구백냥"이라고 했습니다. 그만큼 눈의 역할이 중요하다는 뜻입니다. 특히 어릴 때의 눈 건강이 평생을 좌우하기 때문에 적절한 관리가 필요합니다. 관심을 갖고 세심한 관찰이 필요합니다. 자꾸 눈을 비비거나 눈을 찡그리거나 자주 깜박이거나 가까이 가서 보거나 가늘게 뜨거나 시야가 흐리거나 겹쳐 보이거나 머리가 아프다고 했을 때 병원에 가서 검사해봐야 합니다.

ㄱ. 어린이 눈병에는 어떤 것이 있을까요?

미숙아 망막증, 근시, 가성근시, 난시, 약시, 원시, 사시, 선천성 녹내장, 백내장 등 많기도 한데 특히 조산아, 미숙아는 망막검사를 꼭 받아 봐야 한다고 전문가들은 강조합니다.

ㄴ. 어떻게 해야 할까요?

이상이 없어도 만 3세 안에 1차 검진을, 늦어도 5세 안에는 검사를 꼭 받아보라는 것입니다. 조기에 발견하면 조기치료가 가능하기 때문입니다. 커갈수록 눈이 나빠지는 아이들이 많은데 유전적인 원인도 있겠으나 잘못된 생활습관에 영향을 받기 때문입니다. TV, 비디오, 휴대폰, 컴퓨터 게임 등이 지적되고 있습니다. 대부분 5~6세가 되면 성인 시력에 도달하고, 9세가 되면 발달이 끝납니다. 이 시기에 TV, 비디오, 스마트폰, 컴퓨터 게임 등 장시간 자주 가까이 보거나 사용하면 눈에 무리가 가서 시력이 떨어지게 되고, 한 번 나빠진 시력은 원상회복이 어렵다는 점입니다. 무엇이든 무리하거나 혹사하면 탈이 나게 되어있습니다. 이때는 적절한 통제가 필요합니다. 방관은 금물입니다. 사용규칙을 정하고 사용케 해야 합니다. 자제력이 부족해서 통제를 하지 않으면 무리하게 되고, 자연 시력도 떨어지게 되고, 그래서 안경을 쓰게 됩니다. 특히 성장단계에 있는 어린 아이들의 스마트폰 사용은 좁은 화면을 가까이서 집중해 보게 됨으로 안구 모양, 망막 시신경 등의 손상을 가져온다고 전문가들은 지적합니다. 결론이라면 시력이 안 좋으면 떨어지지 않게 하고, 좋은 눈은 더욱 좋게 유지시키는 노력이 필요합니다.

■ 눈의 상처 - 외상

멀쩡한 눈인데 예기치 않게 눈을 다쳐 시력이 현저히 떨어지거나 아예 보이지 않거나 실명한 아이들이 몇 명이나 될까? 정확한 통계 수치는 안 나와 있으나 상당한 수에 달할 것입니다. 잘 보이던 눈이 아무것도 안 보이니, 온통 캄캄해 그 충격, 절망, 낭패감, 불편함으로 인해 점잖지 못한 표현을 쓰자면 미치고 환장할 것입니다. 앞이 안 보이니 남의 도움 없이는 한시도 혼자 살아갈 수도 없고, 어떻게 살아갈 것인가? 삶다운 삶을 살 수가 없을 것입니다. 좋아하는 TV도 못 볼 것이요, 마음대로 나다닐 수도 없고, 밥 먹을 때도 성장해서 결혼이라도 해서 자식을 갖게 된다면 귀여운 자식 얼굴도 볼 수 없을 것입니다. 외상의 원인은 뭘까? 각막(검은자위)이 뾰족한 물체에 찔려서 생깁니다. 대부분 어릴 적에 다치는 경우가 많고, 다친 즉시 아니면 몇 년 후 몇 십 년 후에 실명이 오게 됩니다. 주로 연필이나(20%) 막대기라든가 가위, 칼, 포크, 철사토막, 드라이버, 젓가락, 야구나 던지기 놀이, 플라스틱 칼싸움놀이, 화초 잎사귀나 눈앞으로 날아오는 물체를 피하지 못해서 기타 무수히 많습니다. 원인을 알면 예방할 수가 있습니다. 위험인자로부터 접촉을 하지 않거나 주의하거나 멀리하거나 피하거나 없애거나 하는 것뿐입니다. 눈에 넣어도 안 아픈 내 귀여운 자식이 실명했다고 가정해본다면 두고두고 속상하지, 아프지 않을 수가 없을 것입니다. 방심은 금물입니다. 앞에 앉혀놓고 교육을 시키는 것입니다. (한국실명예방재단 02-718-1102)

■ 소아난청

선천성 난청이 아닌, 잘 들리던 귀가 잘 안 들리면 얼마나 답답하고 속상할까? 못 견딜까? 주로 겨울철에 감기 후유증으로 중이염에 걸려 난청을 호소하는 아이들이 늘어나고 있다는 보도도 있었습니다. 방치하면 귀가 멀고 언어발달 장애를 가져온다고 경고하고 있습니다. 2/3 정도가 3살 때까지 3번 이상 앓고, 6개월에서 2세 사이에 많이 발생하고, 대부분 자연스럽게 치유됩니다. 무엇이든 그렇지만 문제는 한 번 나빠진 청력은 회복이 어렵다는 점입니다. 혹시 감기 후에 귀가 아프다거나 열이 있거나 귀가 멍한 느낌이 들거나 고름이 비치면 한 번쯤 의심해보고 병원에 가봅니다. 청력관리를 위해서는 생후 3개월 이내, 7세, 12세에 정기검사를 받아봐야 한다는 전문가들의 조언도 있습니다. 사랑하는 자식이 귀가 잘 안 들린다고 칭얼대면 마음이 몹시 아프고, 그것 역시도 괴롭고 속상할 것입니다. 역시 부모 책임입니다. 관심을 기울이고 막아야 합니다.

■ 포경수술 - 해줄까 말까

"에이, 해주지 말자. 왜?" 포경수술이란 뭣이냐? 남아의 성기 귀두를 덮고 있는 포피를 잘라내어 귀두를 드러나게 하는 수술입니다. 점잖지 못한 표현을 빌린다면 X을 깐다는 말입니다. 위생상 염증이 생길까봐, 상업적으로, 종교적으로, 애들이 요구한다고 해주는 모양이지만 그동안 많이 해주기도 했고, 해줄까 말까 망설이는 부모들도 더러 있을 것입니다. 옆집 누구는 해줬다는데 안 해줄 수 없고 고민 중인 부모도 없지 않아 있을 것입니다. 뭐든 음양이 있고 장단점이 있지만 어린 애들에게 칼을 댄다는 것이 꼭 옳은지, 황당한 생각은 안 드는지 심사숙고를 해야 할 것입니다. 통증, 정신적, 정서적 쇼크, 출혈, 감염, 과대 또는 과소 절제, 미성숙 음경 손상, 부작용, 후유증 등으로 어린 애는 비뇨기과 의사들도 대부분 반대하고 있다는데 남이 하니, 남 말 듣고 부모가 서둘러 지각없이 꼭 해줘야 할까? 통증(43%), 수술 후유증(30%), 의학적 검증 불충분, 성감 저하, 포피의 귀두 보호작용 제거 등 1994년 미국 소아과학회에서는 포경수술이 득보다는 실이 훨씬 많다는 결론을 내린 바 있습니다.

그런데도 우린 왜 그렇게 극성일까? 이것도 일종의 '쏠림현상'인데 해야 할 경우라면 태어날 때부터 비정상적으로 문제가 있다면 꼭 해줘야겠지만 정상인데도 할 필요가 없는데도 일부러 꼭 해줘야 할까? 그것이 경제 원칙에도 맞는 것일까? 많이 해주다 보니, 한때 국내에서 포경수술 반대운동을 벌인 일부 과학자들이 국제인권상을 수상했다는 보도도 있었습니다. (포경수술 바로알기연구회) 무엇이든 너무 지나치면 안 좋습니다.

포경수술 안 했다고 죽거나 자식 못 낳는 것도 아니고, 아무 불편이 없는데 이것도 하나의 수술인데 잘못하면 후유증이 생길 수 있고, 긁어 부스럼이 될 수도 있는데 깊이 생각 안 해보고 아이 입장을 생각 않고 무지해서 물론 몰라서겠지만 남 말 듣고 남이 하니 지각도 없이 너도나도, 옆 아이가 하니 질 수 없어 따라하겠지만 비정상적이고 바람직한 모습은 아닙니다. 조선시대 우리 조상들은 어땠을까? 이슈가 된 일도 없었고, 아무 문제가 없었습니다. 우리 한국은 6·25 이후 미군 왕래로 시작됐습니다. 외국에서는 몇 나라만 하고 있습니다. 유대 교인이나 이슬람 교인들은 종교적인 이유로, 나이지리아(95% 시술), 필리핀(90%), 미국(75%), 한국(60%), 영국(8%), 일본(1%) 등입니다. 포경수술을 법적으로 금지하고 있는 나라도 있습니다. (스웨덴) 대부분 엄마가 데리고 가는데 여성은 남성의 성 생리를 잘 모릅니다. 알 턱이 없습니다. 수술 안 한 남편에게 문제가 있었느냐고 물어본다면 거의 문제가 없었다고 얘기할 것입니다. 수술을 해주는 게 문제라고 얘기할 것입니다. 그런즉슨 걱정도 팔자인 것입니다.

기우라고 하늘이 내려앉을까봐 걱정했다는 고사도 있듯이 때가 되면 콧수염도 나오고, 음모도 나오고, 밤송이도, 꽃봉오리도 때가 되면 쫙 벌어지듯 때가 되면, 물건을 주물럭거리면(자위) 머지않은 장래에 귀두의 포피는 홀러덩 저절로 벗겨지니 걱정할 것 없고, 따라서 수술할 필요가 없는 것입니다. 그럼에도 불구하고 싫어하는 아이를 억지로 데리고 가서 수술케 하니 정신적, 육체적으로 아파하고 아물 때까지 불편을 겪게 되니 시간 뺏기고 돈 들고 고통까지 주는 일이 과연 현명한 부모의 현명한 처사라고 볼 수 없습니다. 왜 그렇게 지각이 없을까? 모르기 때문이지만 알면 안 해주겠지만 극성이 지나치면 독성이 되고 맙니다. 친구들은 다 했는데 해달라고 조른다면 알아듣게 합리적으로 수술에 대한 올바른 정보를 제공해서 충분하게 이해시켜 줘야 합니다. 않는 것이 정상이라고 알려주는 것입니다. 그것이 부모 역할입니다. 옛날에는 수술한 게 놀림감이 됐는데 차라리 그 비용으로 성교육책이나 1권 선물해주는 것이 좋을 것입니다. 아니면 노후자금에 보태는 것입니다. 할 필요 없는데 정녕코 안 해주고는 못 배길 것 같다면, 고민이 돼서 잠 못 이루는 날이 많아진다면 해주되 물건이 다 자란 뒤 60이 지나 해주는 것도 늦지는 않을 것입니다.

"나는 죄가 많다. 그래서 더욱 포경수술을 하지 말라고 외치는 건지도 모르겠다. 80년대에 간호사와 조산사로 병원생활을 하면서 신생아 포경수술을 적극적으로 권했었다. 출산 후 산모가 퇴원하기 전에 수술할 수 있도록 설득하고 서약서를 받았으니… 갓난아기를 곧바로 수술대에 올렸던 것이다. 〈중략〉 군대에서 포경수술을 한 사람들을 많이 만났는데 그들은 쾌감의 차이를 확실하게 느낀다고 했다. (전후) 당연히 수술 후 쾌감이 떨어졌다는 얘기다."

잘 아시는 성교육 전문가 구성애님(푸른아우성 대표)이 책자 〈포경유감〉에 기고한 글(추천사)의 일부입니다. 한미디로 포경수술의 폐해를 잘 모르고 수술을 권고했다는 후회의 글입니다. 수술해줄 계획이 있다시면 수술 전 일독을 권합니다. 다행스럽게도 수술이 확 줄어들고 있습니다.

③ 영양관리

　곡식도 잘 자라려면 양분이 필요하고 부족하면 잘 자라지 못하듯 어린아이들도 크는 데 양질의 영양공급이 필요합니다. 제때 골고루 잘 먹어야만 보리 자라듯 쑥쑥 크게 됩니다. 특히 유아기(1~5세)는 일생 중 몸과 마음이 가장 크게 빨리 변하는 시기이고, 칼로리의 소모량도 성인의 거의 2배가 됩니다. 아침부터 저녁까지 한시도 가만히 앉아있지 않고 움직이기 때문에 더 많은 에너지가 필요합니다. 또 이 시기는 대뇌발육이 가장 왕성한 시기이고, 90% 이상 완성되는 시기이므로 각별한 보살핌이 필요합니다. 그만큼 적절한 영양공급이 필요한 시기입니다. 부족하면 성장발육이 늦어지고 면역력이 떨어져 병에 잘 걸리고 사망의 원인이 되기도 합니다.

- ■ 그렇다면 어떤 식품을 먹어야 할까?
- 5대 영양소인 단백질, 탄수화물, 지방, 비타민, 무기질(미네랄), 특히 단백질은 에너지원이고, 피와 살을 만드는 원료이고, 들어있는 식품으로는 우유, 계란, 고기, 생선, 콩, 두부 등입니다.
- 머리를 좋게 하는 DHA가 풍부한 등푸른생선이 들어있는 식품은 고등어, 꽁치, 참치 등이 있습니다.
- 키 성장에 좋은 식품으로는 우유, 칼슘 등이 있습니다. 키 큰 아이를 만들기 위해서 인위적으로 운동이다 수술이다 약이다 여러 방법을 다 쓰는데 가장 효과적인 방법 중 하나라면 우유를 상용하는 것입니다. 성장기까지 계속 우유를 먹으면 평균 5cm가 더 큰다는 사실입니다. 우유가 완전식품에 가깝기 때문입니다. 우유 소비가 느니 낙농가에도 좋고, 일거양득이 되는 셈입니다.

④ 편식

　편식이란 음식을 고루 먹지 않고 가려 먹거나 제 좋아하는 것만 먹는 것을 말합니다. 건강에 좋을 리 없고, 그래서 걱정하게 됩니다. 가리지 않고 이것 저것 잘 먹으면 좋으련만 안 먹으니 속상한 것입니다. 편식은 부모가 만든다고 했습니다. 아무거나 먹게 놔두지 않고 부모 눈높이로 이것 먹어라, 저것 먹어라 밥 숟가락 위에 얹어주기도 하고, 입에 넣어주기도 하고, 감자 먹고 싶은데 고기 먹으라고 일일이 간섭하고 억지로 먹이려고 하니 뿔다구도 나고 먹기 싫어하고 거부하게 되고 좋아하는 음식만 가려 먹게 되는 것입니다.

■ 원인은 뭘까?

다양한 음식을 주지 않아서일까? 똑같은 걸 주다 보니 길들여진 건 아닐까? 싫어하는 음식을 억지로 먹여서일까? 지나친 간섭은 아닐까? 과다한 당분섭취, 탄산음료, 인스턴트 식품 아니면 병으로 인한 식욕부진, 불규칙한 간식제공은 아닐까? 관찰해보면 알 수가 있습니다.

■ 어떻게 해야 할까?

식사시간이 되면 배고픔을 느낄 수 있게 평소 간식을 많이 주지 말고, 안 먹는다고 꾸중하거나 야단치지 말고, 식사 끝날 때까지는 못 일어나게 하고, 새 음식을 먹으면 칭찬하거나 선물도 주고, 좋아하는 것보다는 덜 좋아하는 것을 먼저 주고, 음식도 알록달록 보기 좋게 담고, 그릇도 색깔이나 무늬, 모양 등 예쁜 그릇에 담아주는 것도 좋을 것입니다. 단것을 먹으면 입맛이 떨어지고 쓴것을 먹으면 입맛이 돌아옵니다. 윽박지르거나 채근하지 말고 강제로 먹이려면 역효과가 날 수 있으므로 느긋하게 조금씩 개선해 나가는 것입니다. 욕하거나 때려서는 안 되고, 식습관이나 취향에 맞게 적절히 대응하는 것입니다. 음식 만들 때 동참시키는 것도 좋을 것입니다. 자기가 만든 음식이니 거부감이 줄어들 것입니다.

⑤ 놀이(공부, 운동)와 놀잇감(장난감)

어린아이들은 아침에 일어나 저녁에 잘 때까지 한시도 쉬지 않고 열심히 움직입니다. 움직임은 놀이인 동시에 운동입니다. 깨어있는 동안 대부분 놀이에 매달리므로 놀이는 생활 그 자체입니다. 놀이를 통해 보고, 듣고, 만지고, 느끼고, 경험하고, 습득함으로써 성장합니다. 자연 사고력, 탐구력, 상상력, 창의력이 길러집니다. 놀이는 학습 자체이고 공부입니다. 성장 발달의 중요 요소입니다. 특히 손가락을 움직여서 하는 놀이는 시각, 촉각을 통해서 뇌세포를 자극하고 두뇌 발달이 촉진됩니다. 가위질, 연필깎기, 과일 깎기, 젓가락질, 종이접기, 악기연주 등 유아기의 지능 발달에 큰 도움이 됩니다. 놀이를 즐겁고 재미있고 신나게 하기 위해서는 놀잇감, 장난감이 필요합니다. 가게에서 파는 장난감만이 전부는 아니고 주위에 있는 모든 물건은 흉기가 될 수 있는 걸 빼고는 눈에 띄는 모든 것이 훌륭한 놀잇감이 될 수가 있습니다. 어떤 이는 장난감을 최상의 교과서라고 말하기도 합니다. 빈 상자, 공, 플라스틱 그릇, 신문지, 책, 베개, 이불, 보자기, 방석, 생활폐품 등 적절히 활용하면 좋은 장난감이 될 수 있습니다. 왕왕, 장난감만 사주면 되는 걸로 알고 있는 부모도 많은데 무엇보다도 아이들이 제일 좋아하는 것은 엄마, 아빠와의 놀이일 것입니다. 무등도 태워주고, 말타기도 해보고, 발바닥 간지럼 태우기도 해보고, 끌어안고 뒹굴고, 말꼬리 잇기도 해보고, 손뼉 치면서 노래도 가르쳐주고, 말판놀이나 윷놀이도 좋고, 블록쌓기 퍼즐도 맞춰보고, 소꿉놀이, 보물찾기도 해보고, 종이배, 비행기도 만들어보고, 그림도 그려보고, 색칠도 해보고, 신문지를 오려 붙여보기도 합니다. 접고 자르고 붙이고 다양한 종류, 다양한 방법을 찾아 시도해본다면 사랑도 한결 깊어지고 상상력과 창의력도 점점 커질 것입니다. 어린 날의 아름답고 행복했던 부모와의 즐거운 추억거리도 되는 것입니다.

그러나 애들과 놀아준다는 것은 사실 귀찮고 재미없고 힘들지만 내 귀여운 자식인데 하기 싫어도 함께 놀아주면 값비싼 어떤 장난감보다도 좋고 의미 있고 효과도 큰 것입니다. 어디서 조사해보니, 원하는 것이 뭣이냐고 물어보니 엄마 아빠가 같이 놀아주는 것이 제일 좋다는 것입니다. 그만큼 사랑에 메말라 있다는 증거이기도 합니다. 놀이는 나이에 맞아야 하고, 맞지 않거나 벅차면 흥미를 잃게 되고, 효과적인 놀이가 될 수 없습니다. 눈높이에 맞는 놀이여야 합니다. 공놀이, 자전거 타기, 줄넘기, 달리기 등 점점 수위를 높여야 합니다. 그리고 하루 한 번 이상 밖에 나가 뛰어놀게 해야 합니다. 제 또래 아이들과의 놀이, 어울림은 사회성을 기를 수 있는 최고의 공부이기 때문입니다.

또 한편으로는, 비타민 D가 부족하면 뼈 발육, 구루병에 취약하므로 하루에 1~2시간씩 햇빛을 쬐야 비타민 D가 합성이 되니 더더욱 좋습니다. 집 주위의 골목이나 놀이터도 좋은 장소입니다. 특히 자연은 훌륭한 장난감이고 놀이터입니다. 산과 들로, 논밭으로, 냇가로 마구 뛰어다니고 메뚜기도 잡아보고 송사리도 잡아보고 연도 날려보고 감꽃도 꿰어 목걸이도 만들어보고… 어린 시절 농어촌에서 나고 자란 아이들은 축복받고 태어났다고 해도 과언은 아닐 것입니다. 사시사철 자연 속에 파묻혀 살았기 때문입니다. 각설하고, 특히 주의할 점은 나이가 어릴수록 무조건 아무거나 입으로 가져가는데 먹어서는 안 될 게 입으로 들어갈 수도 기도가 막힐 수도 삼킬 수도 있고 색깔 있는 장난감에서 안 좋은 것이 녹아 나올 수도, 베이거나 찔릴 수도 있으므로 위험한 것은 미리 치워둬야 사고를 막을 수 있습니다. 한마디로 다양한 놀이경험은 신체, 인지, 사회성 발달을 가져옵니다. 장난감의 요건이라면 아이가 흥미를 느끼고, 좋아해야 하고, 나이에 맞아야 되고, 안전해야 되고, 교육적인 보탬이 돼야 합니다.

■ 어린이 용품 - 환경호르몬 노출

어린이 용품에는 인체에 해로운 물질이 들어있거나 묻어있을 수 있습니다. 납, 카드뮴, 프탈레이트 가소제, 형광증백제(섬유제품) 등 그로 인해 성장 발달, 성조숙증, 생식기능 저하, 백혈구 감소 등 건강을 해칠 수 있습니다. 구매 시 확인사항으로는 다음과 같은 것들이 있습니다.

1. 환경 유해인자 표시 확인 : 함유 여부, 함유량 표시
2. 친환경마크 확인 : 에너지 덜 소비, 오염물질 덜 배출 제품 인증 마크
3. KC 마크 : 환경, 안전 분야별 인증받은 제품 인증마크
   • 어린이 용품 환경안전상담센터 : 1670-5280
   • 케미스토리 : www.chemistory.go.kr

(자료 : 환경부, 환경보전협회, 어린이 방송)

• 아이의 창의력과 감성을 발달시킬 수 있는 방법 중 가장 쉽고 효과적인 것은 아이와 함께 노는 것이다. - 뚝딱이 아빠 김종석
• 유아의 놀이경험이 인지 발달에 지대한 영향을 미친다. - 장 피아제

⑥ 안전사고

가정 내 어린이 안전사고가 2014~2016년 사이에 52,344건이 발생했습니다. 설마 우리 아이한테 사고가 나겠어? "설마가 사람 잡는다."고 현실은 날 수도 안 날 수도 있습니다. 재수 없으면 나게 됩니다. 다 부주의 탓입니다. 예쁜 자식 잘 키우다 뜻밖의 사고를 당하면 아이 자신은 물론 옆에서 지켜보는 부모 마음이 한없이, 아니면 평생토록 아플 것입니다. 아이 잘못도 있지만 대부분 부모 책임입니다. 불구가 되면 억울하고 마음이 사정없이 아플 것입니다. 죽기라

도 한다면 얼마나 슬플까? 울고불고 해봤자 속담의 "죽은 자식 불X 만지기"나 다름없습니다. 유아사고는 대부분 집에서(방, 거실, 베란다, 화장실, 출입문, 계단, 부엌, 마당 등) 발생하고(60%) 취학 전 6세 이하가 70%, 여아보다 남아가 많고 아이들 사망률의 50%가 사고로 사망하고 있습니다. 어릴수록 집 안에서, 커갈수록 집 밖에서 사고를 많이 당합니다. 유아들은 모든 게 신기하고 호기심이 많아 눈에 띄는 대로 무조건 손으로 만져보고, 입으로 가져가고, 잡아 당겨보고, 꺼내보고, 뒤집어보고, 또 높은 데 올라가기를 좋아합니다. 성장과정이지만 눈에 띄는 대부분이 흉기가 될 수 있습니다. 펄펄 끓는 물에 데이면 화상이요, 침대나 밥상이나 의자에서 떨어지면 추락사고요, 단추나 옷핀이나 수은 전지를 삼키면 하나도 좋을 것이 없습니다. 틈에 끼이고 찔리고 베이기도 합니다.

과자 부스러기는 괜찮지만 화장품이나 담배나 소독약이나 농약이라도 삼켰다면 어쩔 것인가? 다 부모 부주의 탓이요, 화장실 바닥이 미끄러워 넘어져 머리를 다쳤다면 누구 책임일까? 그 역시도 부모 책임인 것입니다. 어린이 사고는 교통사고가 제일 많고 화상, 약물, 익수, 추락, 질식사고 이외에도 많습니다. 어느 해 어린이 사고 사망 원인 1위가 교통사고, 2위가 화상, 3위가 추락사고, 4위가 익수(溺水)사고 순입니다.

ㄱ. 어린이 교통사고

2015년 어린이 교통사고 부상자 수는 18,524명이고, 사망자 수는 79명(14세 미만)이었습니다. 주로 집 부근에서 놀다가 횡단보도 건널 시, 유치원 버스나 학원 오갈 때 발생합니다. 밖에 나갈 때는 반드시 손을 꼭 잡고 가야 합니다. 손을 놓치게 되면 해방감에 앞장서 뛰어가려는 습성이 있으니 주의해야 합니다. 어린이 교통사고는 오후 4~6시 하굣길에 많이 발생하고 있습니다. 뛰어가는 것이 천천히 걷는 것보다 사고 위험이 7배, 갑자기 뛰어들어서 생기는 사고가 180%라는 것입니다. 젖먹이를 차에 태울 때는 반드시 카시트를 착용케 합니다. 걱정되는 것이 횡단보도를 건널 때가 문제인데(사고의 70%) 건너가는 방법을 철저히 가르치는 것입니다. 우선 멈추고, 차가 오는지 좌우를 살피고, 차가 완전히 멈춘 것을 확인하고 파란불이 켜지면 손을 들고 왼쪽 차와 운전자를 보고 건너고, 중간지점을 건너서는 오른쪽 차와 운전자를 보고 신속히 건너게 합니다. 남보다 먼저 가려 말고 뒤따라가게 하는 지혜가 필요합니다. 횡단보도에서 미처 정지하지 못한 차가 있으므로 파란불이 켜진 후 속으로 하나, 둘, 셋을 센 후 건너가게 합니다.

애가 옆에 있으면 지금 가르치는 것입니다. 덧셈, 뺄셈 가르치는 것만이 교육은 아닙니다. 승용차 승차 시는 정면충돌 시의 사고를 줄이기 위해서라도 반드시 뒷자리에 앉히고, 카시트나 안전벨트 착용을 습관화시켜야 합니다. 설마 사고 나겠어? 안 난다는 보장이 없는 것이 문제입니다. 무단횡단해서는 안 되는데도 호기롭게 엄마가 아이 손잡고 무단횡단하는 경우가 많습니다. 모범을 보여줘야 하는데 너도 나처럼 무단횡단하라는 시범을 보여주는 것과 같습니다. 빨리 가봤자 몇 분 빨리 가는데 사고 나면 어쩌려고 뭐가 그리 급할까? 버스에서는 완전히 정차한 뒤 내리게 하고, 내릴 때는 오른쪽을 보고 오토바이나 자전거가 오는지 살펴보고 내리게 합니다. 킥보드나 인라인 스케이트를 타는 법과 헬멧과 무릎 보호대를 착용케 하고, 자전거 사고도 계속 늘어나고 있으므로 주의를 줘야 합니다. 큰길에서나 해 질 녘에는 못 타게 하고, 어린이 교통사고를 막기 위해서는 무엇보다도 철저한 반복교육이 필요합니다. 또 그것은 불행을 막는 과학이며, 소득을 올리는 지름길입니다.

ㄴ. 화상사고

어린이 사고사망 2위이고, 2세 미만이 50%, 저녁시간에 부엌이나 주방에서 발생합니다. (86%)

- 방문 밑 부엌으로 내려가 끓는 솥에 손이나 발을 넣거나 빠지기도 하고
- 끓고 있는 냄비나 주전자를 건드려서
- 엄마가 부주의로 뜨거운 국그릇을 놓쳐서
- 화재가 나서 이런저런 이유로 화상을 입게 됩니다.

이외에도 전기밥솥, 목욕탕, 정수기, 약탕기, 커피포트, 다리미, 스팀청소기, 전기장판, 폭죽놀이 등을 하다가 화상을 입기도 합니다. 젖은 손으로 콘센트를 만지다가, 쇠젓가락을 구멍에 넣다가 화상을 입기도 합니다. 콘센트에는 반드시 안전덮개를 씌웁니다. (5세 미만 감전사고 중 77%가 콘센트 사고) 어린애들은 피부가 얇고 반사작용이 느려서 상처가 깊습니다. 사고를 당하면 2분 이내로 약하게 튼 수돗물에 10~15분 동안 식힌 뒤 깨끗한 거즈나 타월로 덮고 빨리 병원에 가야 합니다. 간장이나 된장을 발라서는 안 되고, 소주나 알콜, 연고, 찜질도 피부 손상이 가중되고 상처 통증을 악화시키므로 피해야 합니다.

예방은 첫째도 둘째도 조심하고 위험요소를 제거하는 것입니다. 요리 중인 요리기구 손잡이는 안쪽으로 두고 다 끓을 때까지, 다리미는 다 식을 때까지 아이들 손 못 대게 반드시 옆에서 지켜봐야 합니다. 사고 나고 싶어서 나는 것은 아닙니다. 순간 부주의, 방심하는 사이 나게 됩니다. 식을 때까지 기다리기가 뭐하면 손이 안 닿는 곳으로 옮겨놔야 합니다. 아이 울음소리 듣고 달려가면 때는 이미 늦습니다. 상처가 넓고 깊으면 치료가 어렵고 기능상, 외형상 후유증

이 남기 마련입니다. 특히 얼굴 화상은 정신적, 육체적 고통이 따르고 학업, 취업상, 사회활동을 하는 데 평생 지장이 많습니다. 책임은 부모에게 있고, 죄책감은 평생 갑니다. 소 잃고 외양간 고치는 우를 범해서는 안 되는데도 너무 많은 것이 문제인 것입니다. 화상 입을 원인을 아예 없애버리는 것입니다. 지금 집 안팎을 둘러보고 확인해 보는 것입니다.

ㄷ. 기타 사고
- 중독사고 : 의약품, 세제, 살충제, 화장품, 구두약 등
- 익수사고 : 욕조, 수영장, 냇가, 저수지, 바닷가 등
- 추락사고 : 침대, 소파, 밥상, 책걸상, 창문, 베란다, 옥상, 놀이터, 유원지 등
- 귀에 넣거나 삼켰을 때 : 동전, 단추, 구슬, 수은 전지, 옷핀, 장난감 등
- 현관 이중장치 : 어린이 감금장치가 되고 있습니다. 평소 작동법을 철저히 교육시킵니다.
- 보행기 : 옆에서 지켜봅니다.
- 식탁보 : 잡아당기므로 치워둡니다.
- 놀이터 : 잘 가는 곳이 있으면 사고요인이 있는지 점검해둡니다.
- 기도막힘 : 김, 젤리 같은 것은 작게 잘라서, 떡이나 사탕이나 땅콩 같은 것도 주의해야 합니다.
- 문틈 사이에 자주 낍니다.
- 책상이나 밥상 모서리에 많이 다치기도 합니다.
- 칼이나 가위 등 흉기가 될만한 것은 안 보이는 곳으로 치워둡니다.

ㄹ. 예방과 처치
집 안에는 아이들에게 흉기가 될 수 있는 물건들이 많이 있으므로 즉시 치워야 되고, 손에 닿지 않는 곳으로 옮겨둡니다. 질병보다 위

험스러운 다양한 안전사고! 어떻게 보면 집안은 사고 온상이고, 안전 사각지대라고 할 수 있습니다. 모든 사고는 보호자의 작은 부주의나 방심한 사이에 순간 일어나므로 언제 어디서 어떻게 발생할지 모르기 때문에 긴장을 늦추지 말고 대비해둬야 합니다. 노력은 성공의 열쇠라고 말들을 하지만 노력을 하지 않으니 사고가 찾아옵니다. 예방이라면 방이나 거실, 욕실, 베란다, 주방이나 마당, 집 안팎을 자세히 살펴보고 사고 위험요소를 제거하는 것입니다. 아이 혼자 두지 말고 옆에서 지켜보는 것입니다. 그러나 24시간 지켜볼 수 없으므로 아이 스스로 안전을 지킬 수 있도록 수시로 안전교육을 시키는 것입니다. 무엇보다 조심, 조심하게 하는 것입니다. 사고 나면 제일 중요한 것이 당황하지 말고 침착하게 원인요소를 제거하고, 경중에 따라 자가 처치하거나 빨리 병원에 가거나 119에 도움을 청하는 것입니다. 다 아는 사실이지만 알면 뭐할까요? 아무 소용이 없고 도움이 되지 않습니다. 오로지 실천, 실천하는 것뿐입니다. 부주의는 후회의 산물이고, 불행의 씨앗입니다. 예방은 소홀함에 망연자실하게 됩니다.

<알아두면 쓸모 있는 기관정보>

구분	관련기관	홈주소	전화번호
각종 재난 안전 정보	행정안전부	www.safekorea.go.kr	110
생활 속 위험요소 신고	행정안전부	www.safetyreport.go.kr	
전기 안전 관련문의	한국전기안전공사	www.kesco.or.kr	1588-7500
가스 안전 관련문의	한국가스안전공사	www.kgs.or.kr	1544-4500
건물 안전 관련문의	한국시설안전공사	www.kistec.or.kr	055-771-1400
소방 안전 관련문의	소방청	www.nfa.go.kr	119
승강기 안전 관련문의	한국승강기안전공사	www.koelsa.or.kr	1566-1277
응급의료 도우미	보건복지부	www.1399.or.kr	1399
어린이 안전넷	한국소비자원	www.safe.go.kr	02-3460-3000

작은 관심과 실천이 큰 사고를 예방하는 첫걸음입니다.

(행정안전부)

(3) 지육(知, 智育) - 두루 알고 지혜롭게 기르기

지육은 지식(知識)과 지혜(智慧)를 아우르는 교육입니다. 지식은 앎의 총체요, 그 위에 이루어지는 것, 응용하는 것이 지혜입니다. 지식은 지혜의 바탕이고, 지식을 넣어주기 위한 수단이 말과 글입니다. 그걸 통해서 의사소통이 이루어지고 눈과 귀를 통해서 보고 듣고 배우게 됩니다. 잡은 고기를 그냥 놔두면 썩습니다. 이것은 지식입니다. 오래 보관하려면 어떻게 하면 될까? 내장을 제거하고 말리면 안 될까? 이것은 지혜입니다. 지혜가 많다는 것은 재간이, 그리고 슬기롭다는 것입니다. 문제가 생겼을 때 신속 정확하게 판단해서 쉽게 해결할 수 있는 힘이 지혜인 것입니다. 속담에 "고기를 잡아다 주는 것보다는 잡는 법을 가르쳐주라."고 했습니다.

- 아는 게 힘이다. - 영국 격언
- 지식과 힘은 동의어다. - F. 베이컨
- 지식은 정신의 음식물이다. - 소크라테스
- 지혜는 경험의 딸이다. - 레오나르도 다빈치
- 지식은 대화로 주고받을 수 있지만 지혜는 그렇지 않다. - 헤르만 헤세
- 지혜란 구해야 할 것과 피해야 할 것에 대한 지식이다. - M. T. 키케로 / 의무론
- 지혜는 지식을 능가한다. - B. 파스칼 / 팡세
- 지혜로운 자는 귀가 길고 혀가 짧다. - 영국 격언

① 언어교육

생후 3개월부터 아기들은 옹알이를 시작하고, 2살 때는 말문이 터지고, 4세까지는 1,600여 개 단어를 사용하고, 만 5세까지는 기초가 이루어집니다. 그 사이 아이들은 말을 익혀가면서 끝없이 질문을 시작합니다. 눈에 띄는 모든 것이 신기하고 호기심, 탐구심이 발동합

니다. "이것은 뭐야? 저건 뭐야? 야, 토끼 봐라! 원숭이 봐라! 엉덩이가 빨갛다." 그리고 엉뚱한 질문도 나옵니다. 들어줘야 되고 답해줘야 합니다. 질문을 통해서 많은 것을 배우게 되고, 느끼고 생각을 키우게 되고, 지식과 지혜를 얻게 됩니다. 사고의 세계가 넓어지고, 지적 발달이 이루어집니다. 언어교육의 기본은 자꾸 말을 걸어 말을 많이 주고받게 하는 것이고, 가장 효과적인 방법입니다. 그리고 자주 질문을 해야 합니다. 어떻게, 왜라는 질문을 자주 던짐으로써 답하기 위해 생각하고 궁리하게 됩니다. 스스로 생각하는 힘과 창의력이 생깁니다. 생각하는 힘, 즉 사고력, 문제 해결력을 높여줍니다. 귀찮다고 모른다고 엉뚱한 질문이라고 답해주지 않으면 호기심과 탐구심이 사그러들고 알 기회와 지식 습득의 기회를 놓치게 됩니다. 왕성한 호기심과 알고자 하는 탐구력, 잡다한 질문은 지적 발달의 기초가 됩니다.

유대인 교육의 특징은 질문과 토론에 있습니다. 어떻게, 왜? 서로 질문하고 토론함으로써 사고력, 창의력이 길러지고 답을 얻게 됩니다. 유대인들이 노벨상의 25%를 차지하는 것도 여기에 있다고 봐야 할 것입니다. 특히 부모의 말투를 듣고 배우기 때문에 교양 있고 품위 있는 말, 바르고 고운 말을 써야 합니다. 어휘력을 높이기 위해 하루 5단어씩 가르쳐준다면 365일 × 5 = 1,835단어를 익히게 됩니다. 말은 자주 해야 늘게 되므로 자꾸 시켜야 합니다. 속담에 "고기는 씹어야 맛이고 말은 해야 맛"이라고 했습니다.

② 지능계발

지능이란 사물을 정확하게 알고 바르게 처리하는 능력을 말합니다. 이 지능을 수치로 나타내는 것이 IQ(지능지수)입니다. 머리가 좋다는 것은 통상 얘기하는 IQ가 높다는 뜻입니다. IQ는 4살 안에

50%가, 9살까지는 30%, 17~19살 사이에 나머지 20%가 완성됩니다. 일반적으로 IQ가 90~110은 보통(50%), 110 이상은 25%, 90 이하가 25%, 70 이하는 정신박약, 130 이상은 우수아로 분류합니다. 150 이상을 천재라고 하는데 200이 넘는 천재도 있습니다. 전문가마다 의견이 달라 보입니다. 그리고 발달단계에 따라 지능이 변한다는 사실입니다.

■ 지능은 어떻게 결정되는가?

50%는 유전이고 50%는 환경에 좌우됩니다. 전문가들은 IQ 검사 결과를 지나치게 믿지 말라고 말합니다. 검사종류, 검사문항, 검사자, 지역, 건강상태, 기분에 따라 수치가 다르게 나타나기 때문입니다. 다시 말해 높게도, 낮게도 나올 수 있어 절대적이 아니니 100% 믿지 말고 참고만 하라는 것입니다. IQ가 높다고 대통령이 되고, 대기업가가 되는 것은 아닙니다. 오히려 IQ가 150보다 120짜리가 학업 성적이 낫다는 것입니다. 150짜리는 학교수업에 흥미를 못 느껴 적응치 못하고 오히려 성적이 떨어지는 경우가 많다는 것입니다. 단지 IQ가 높으면 공부를 잘할 수 있다는 가능성은 있지만 반드시 공부를 잘하는 것은 아니라는 것입니다. 무엇이든 노력하지 않으면 실적이 오를 수 없듯이 공부 역시도 지능보다 노력이 우선인 것입니다. 한때 미분·적분을 척척 풀고 화제가 됐던 3세 신동이 성년이 돼서는 평범한 범인(凡人)이 된 경우도 있습니다. 그러나 "같은 값이면 다홍치마가 낫다."고 낮은 것보다는 높은 것이 좋은데 어떻게 하면 IQ(지능)를 높일 수 있을까? 지능을 계발시킬까? 두 가지만 간단히 소개하겠습니다.

ㄱ. 영양

두뇌계발이 가장 활발하게 이루어지는 시기는 3~5세이고, 뇌를 좋게 하는 영양소인 DHA를 섭취해야 하는데 등푸른생선, 고등어, 꽁치, 참치에 많이 들어있고, 뇌세포 재료가 되는 단백질(고기, 생선, 콩, 우유, 치즈), 뇌세포가 활동하는 데 쓰이는 당질(쌀, 보리, 감자, 고구마), 과일, 채소 등 고루 섭취하는 것입니다. 먹을 때는 꼭꼭 씹어서 먹는 것이 소화도 잘 되고, 뇌를 자극해주어 좋습니다.

ㄴ. 환경

생활 속의 다양한 자극은 지능계발에 도움을 줍니다. 우선 잘 놀게 합니다. 여러 경험을 쌓게 합니다. 읽고 쓰고 보고 듣고 부르고 그려보고 만들어보고 이것저것 해보게 합니다. 오감(시각, 미각, 촉각, 청각, 후각)을 자극하는 환경을 만들어주는 것입니다. 자주 질문함으로써 답을 얻기 위해 머리를 쓰게 되니 두뇌가 발달이 됩니다. 가급적 사고력, 상상력, 관찰력을 길러주는 질문을 하는 것입니다. 특히 놀이 중에 손가락을 움직여서 하는 놀이는 손가락을 많이 사용함으로 뇌 발달을 가져옵니다. 다양한 종이접기도, 포크 사용보다 젓가락이 좋습니다. 손은 제2의 두뇌라고 말하는 사람도 있습니다. 손의 신경은 머리 신경중추와 긴밀히 연결되어 있어 손재주가 있는 아이가 머리가 좋다는 것입니다. 집에 하나씩 가지고 있는 연필깎이 사용은 뇌의 발달에 도움이 되지 않을 것입니다. 과일도 스스로 깎게 해야 합니다. 깎아주면 어느 의미에선 지능 발달을 막는 것과 같습니다. 무엇이든 스스로 하게 하는 것입니다. 그래야 배울 수가 있고, 알 수가 있고, 얻을 수가 있고, 할 수가 있으니깐요.

③ 조기교육 - 시킬까? 말까?

취학 전 아이들에게 보다 빨리 조기에 지적, 정서적, 신체적으로 성장할수록 미리 가르치는 것을 말합니다. 집에서 하는 조기교육과 밖에서 하는 조기교육으로 나눌 수 있습니다. 집에서 이루어지는 조기교육은 아무래도 밖에서보다는 규모, 공간, 능력, 내용, 노하우가 부족하겠지만 과목에 따라 여건만 갖춰진다면 꼭 밖에 보낼 필요가 없고 병행하는 것도 좋을 것입니다. 부모가 피아노를 칠 줄 안다면 직접 집에서 가르치는 것도 한 방법이 될 것입니다.

ㄱ. 언제가 적당할까?

적기에, 나이에 맞게, 발달단계(지능, 신체)에 맞게 흥미를 느끼고 받아들일 수 있고, 소화할 수 있는 준비가 됐을 때가 가장 적당한 시기입니다. 욕심으로 조기에 이것저것 많이 배우게 되면 부담을 느끼고 받아들이기가 벅차므로 흥미를 잃게 되고, 싫증을 낼 수도 있습니다. 무리하게 강요하면 스트레스를 받게 되고, 정신과 치료를 받을 수도 있습니다. 속담에 "급히 먹는 밥은 체한다."고 했습니다. 싫어하고 거부하면 수용하는 것이 정답입니다. 취학 전의 진정한 조기교육은 뭘까? 제 또래 아이들과 맘껏 뛰놀게 하는 것입니다. 정 걱정이 된다면 무리 없는 기초적인 교육이어야 합니다.

ㄴ. 뭘 가르칠까?

문자, 외국어, 음악, 미술, 한자, 운동, 컴퓨터 등입니다. 그러나 한창 뛰놀고 재롱 필 나이에 이걸 다 가르칠 수는 없고, 다 가르쳐서도 안 되고, 학교에서 배울 수 없는 것 중 재미있어 하고, 흥미를 느끼고, 소질이 엿보이는 1가지 정도가 적당할 것입니다. 과목에 따라 초등학교에 들어가면 체계적으로 다 배우게 될 텐데 미리 가르칠 필요가 있느냐는 선생님들의 한결같은 지적입니다. 1ℓ의 물병에 2ℓ의 물을 넣을 수는 없는 것처럼 용량이 있는데 무엇이든 지나치면 부작용이 생기고, 역효과가 나기 마련입니다. 욕심은 금물입니다. 그럼에도 부모가 너무 극성을 부리니 문제가 되고 있습니다.

- 문자 : 읽고, 쓰고, 셈하기(138쪽을 참고하십시오.)
- 외국어 : 한글을 완전히 익힌 다음에 가르치는 것이 좋고, 같이 배우면 혼란을 줄 수 있기 때문입니다. 우리말도 제대로 못하는 아이에게 남의 나라 말을 가르친다는 것은 무리일 수가 있습니다. 초등학교 들어가면 체계적으로 다 배울 텐데, 느긋하게 참고 기다리면 될 텐데 뭐가 그리 급할까? 효과가 시원찮다는 전문가들의 한결같은 지적입니다.(142쪽을 참고하십시오.)
- 음악(피아노, 바이올린 등) : 특별히 타고난 능력이 아니라 취미 정도라면, 세계적인 음악가로 키우지 않을 작정이라면 건반이나 현을 제대로 컨트롤할 수 있는 초등생 때가 적당할 것입니다. 하기 싫어하면 가르치지 않는 것이 좋습니다. 심한 스트레스를 받게 되면 병이 날 수 있으므로 뒤로 일단 물러서는 지혜가 필요합니다.
- 미술 : 불세출의 화가를 만들려 하지 않은 이상 아무래도 초등학교에 들어가서도 늦지는 않을 것입니다. 밀레나 고흐도 6세 이전에 조기교육을 받지 않았다는 것입니다.
- 한자 : 역시 무리가 될 수 있으므로 초등학교에 들어가서 하루에 1자씩 가르친다면 1자 × 365일 × 6년 = 2,190자를 익히게 됩니다. 일상 생활, 직장, 신문, 전적, 족보를 충분히 보고도 남습니다.
- 운동 : 태권도, 검도, 수영, 무용 등 뼈에 무리가 가고, 골절 위험이 있으므로 초등학교 고학년이 된 뒤에 배워도 늦지 않을 것입니다.
- 컴퓨터 : 생활의 일부가 됐고, 정보화 시대에 발맞추기 위해서도 필수적인 만큼 입학 전에 간단한 수준의 학습은 필요할 것입니다.

유치원 갔다가 학원 가는 아이들 비율이 70%가 넘는다는 보도가 있었습니다. 유치원으로 끝내야 되는데 무척 피곤하고 무척 힘들어 할 것입니다. 매사 무리하면 탈이 나게 되어있습니다. 씨 뿌릴 봄에 거둘 수는 없습니다. 느긋하게 기다리면 될 텐데 뭐가 그리 급할까?

5살 먹은 모차르트처럼 척척 작곡을 하지 않은 이상, 세계적인 음악가로 키우려 하지 않은 이상 천천히 가르쳐도 늦지 않습니다. 적기에 가르치는 것이 오히려 낫습니다. 더 능률적이고 더 효과적입니다. 한창 뛰어놀 나이에 이 학원 저 학원으로 내모는 것이 꼭 좋은 것만 아닙니다. 코흘리개 아이들이 뭐 알까요? 부모가 하라니까, 안 하면 혼나니까, 하기 싫어도 시키니까 어쩔 수 없이 억지로 하는 것입니다. 그래서 스트레스를 받아 생병이 생기는 아이들도 늘어나고 있습니다. 공터나 동네 골목에 노는 아이들이 눈에 띄지 않는 세상이 돼버렸습니다. 부모의 욕심, 3심(경쟁심, 허영심, 조바심) 때문에 혹사, 학대 당하고 있습니다. 자각과 소신이 필요한데 글쎄 올시다인 것입니다.

ㄷ. 폐해는 어떤 것이 있을까?

햇볕도 추운 겨울은 좋지만 더운 여름에는 더워서 땀이 많이 나니 싫듯 조기교육은 다 좋은 것이 아니고 부작용이 있습니다. 어떤 것이 있을까요?

■ 과잉 학습장애

3살짜리가 동화책을 줄줄 읽지만 내용이 무엇이냐고 물어보면 답변을 못합니다. 4살짜리가 한글을 읽고 쓰고 하지만 정작 초등학교에 입학해서 정규 수업을 따라가지 못하고 힘들어하는 아이들이 많다는데 그것은 성장과정(적기)을 무시하고 너무 일찍 너무 많이 가르친 덕분이라고 전문가들은 지적합니다. 한마디로 소화능력을 무시한 주입식 교육의 병폐인 것입니다.

- 유아 조기교육, 특기교육은 유아들에게 정신적, 신체적 부담이 되고, 제 또래 관계형성을 방해하며, 초등학교 저학년의 공부하는 태도를

망치는 결과를 가져옵니다. 전 이화여대 유아교육과 이기숙 교수님의 고견입니다.

- 가늘고 엉성하게 연결된 전선에 과도한 전류를 흘려보내면 불타버리죠? 어릴 때 과잉 사교육도 마찬가지예요. 뇌신경에 불을 내는 셈이죠.
- 뇌신경 세포 사이 회로가 성숙되지 않은 어린이에게 과도한 조기교육을 시키면 각종 스트레스 증세가 나타나 두뇌 발달에 큰 지장을 초래합니다.
- 어린이의 뇌는 성인과 다릅니다. 갓 태어난 아이 뇌의 무게는 성인 뇌의 25%에 불과합니다. 더군다나 시기별로 발달하는 부위가 다릅니다. 각 부위가 성숙하지 않은 상태라 뇌 신경세포가 엉성하게 연결돼 있습니다. 그런데 부모들은 어른 뇌처럼 가르쳐주기만 하면 쏙쏙 받아들일 거라고 착각해 선행학습을 시키려 합니다.
- 3~6세의 두뇌는 사고와 인성을 관장하는 전두엽에서 급격하게 신경회로가 발달합니다. 6~13세엔 발달 부위가 뇌 중간의 측두엽(언어와 청각)과 두정엽(공간 인식)으로, 13~15세엔 뒤쪽 뇌인 후두엽으로 이동합니다. 앞쪽에서 뒤쪽으로 서서히 뇌 발달이 이뤄지는 것입니다.
- 3~6세 유치원 때에 초등학교 과정을 선행학습하면 그 시기에 발달해야 하는 전두엽에 악영향을 끼칩니다. 이 시기에는 창의, 인성을 길러주고, 동기를 유발하는 교육을 해야 합니다. 전두엽 장애는 주의집중력 저하와 동기 결여로 이어지고, ADHD(주의력결핍 과잉행동장애)의 원인이 됩니다. 주의가 산만하고 충동적으로 변해 인성과 창의성도 떨어집니다. 약 3만 년 전 네안데르탈인이 멸망한 것도 전두엽이 발달하지 못해서였습니다. 네안데르탈인의 뇌 크기는 지금 인류와 거의 비슷합니다. 전두엽은 눈에 띄게 작습니다.
- 두뇌 발달 시기를 고려해 적절한 교육을 해야 합니다. 부모 욕심으로

선행교육을 시키면 아이 뇌를 망가뜨릴 수 있습니다. - 가천대 뇌과학 연구원 서유헌 원장님의 고견입니다.(전 서울의대 교수 / 2017. 3. 18. 조선일보)

이런 폐해가 있음에도 경쟁사회에서 옆집 막둥이는 시키는데 안 시키면 우리 애만 뒤처지는 것 아니냐는 부모는 늘 불안, 조바심을 내고, 어린아이들이 알게 모르게 조기교육을 받느라 스트레스를 많이 받다 보면 강박증, 우울증, 행동장애를 가져오기 마련입니다. 무엇이든 너무 지나치면 좋을 턱이 없습니다. 사물마다 다 다르듯이 복사꽃이 필 때가 있고, 고구마 캘 때가 있듯이 현명한 부모는 적기교육을 시키지만 소신 없는 부모는 과잉교육을 시키고 적기교육을 시키지 않는 것입니다. 지나친 조기교육은 조기에 스트레스를 주는 것과 같습니다. 스트레스는 만병의 근원이라고 했습니다. 대안이라면 자주 대화를 하고 질문을 해서 생각능력, 사고력을 키워주고, 동화책도 읽어주고 상상하고 꿈꾸게 하고, 다양한 장난감을 가지고 놀게 해서 창의력을 키워주고, 다양한 경험을 쌓게 하고, 친구들과 어울리게 하는 것이 더 좋은 것입니다. 초교 입학 전만이라도 건강하고 즐겁고 밝게 구김살 없이 자유스럽게 키우는 것입니다. 한마디로 과도한 조기교육은 학습을 빙자한 아동학대와 다름없습니다. 제때 제대로 잘 가르치는 것이 정답입니다.

④ 선행학습(先行學習) ①
앞장의 조기교육과도 상통하지만 선행학습이란 국가, 학교 교육과정에 앞서 하는, 정규교육 과정보다 한 학기 이상 미리 배우는 학습을 말합니다.(교육부) 학교 가서 다음날 배울 곳을 미리 부담 없이 예습해보는 선행학습이어야 정상인데 입학하기도 전에 초등과정을 과도하게 미리 배우니 문제가 되는 것입니다. 열심히 한다고 해도

수박 겉핥기식이 되고 맙니다. 완전히 이해하고 알고 넘어가야 되는데 일방적인 암기, 주입식 진도 우선인 선행학습은 얼마 못 가 잊혀지기 마련입니다. 입학 후에 배운 것을 또 배우니 복습효과는 있을지 모르겠으나 대부분 수업이 재미없고 흥미를 잃게 돼 하품이나 하고, 딴전을 피우거나 장난쳐 혼나는 경우가 많다는 것입니다.(선생님 말씀)

배우기 위해 학교 가는데 미리 다 배우고 가면 다 알지도 못하면서 그것도 배웠다고 배울 게 없으니 공부 흥미가 떨어지는 것은 당연합니다. 모난 돌이 정 맞는다고 공부는 신경 안 쓰고 딴전만 피우니, 다 배웠다고 다 안다고 말을 안 듣거나 반항하는 경우도 종종 있다는 것입니다. 자연 선생님 눈 밖에 나거나 미움받고 혼나게 됩니다. 한마디로 학교가 재미있는 곳이 돼야 하는데 재미 없는 곳이 돼 버린 셈입니다. 뒷집 개똥이는 구구단을 줄줄 외워대는데 우리 아이만 못하는 것 아니냐, 처지는 것 아니냐는 불안한 생각도 들겠지만 구구단 미리 배워오면 뭐하느냐는 것입니다. 2학년 올라가면 차근차근 원리부터 배우게 되는데 아까운 에너지만 낭비한다고 안타까워합니다. (초등학교 선생님 말씀) 학습은 적기에, 발달단계에 맞아야 정상이고 효과적인 교육이 됩니다. 유아들에게 초등학교 과정의 선행학습은 무리이고, 어렵고 소화하기가 부담이 될 것입니다. 그럼에도 부모의 강요에 못 이겨 억지로 하게 되니 지루하고 재미 없고 공부 자체를 싫어하는 원인이 될 수가 있습니다. 한마디로 선행학습의 병폐입니다.

■ 그렇다면 무엇을 어떻게 해야 할까?
무리한 선행학습보다는 책을 읽도록 하는 것도 한 방편이 될 수도 있습니다. 그것도 무리일 수 있으나 재미를 느끼고, 폭넓은 어휘를 접하게 되고, 사물을 이해하고, 생각하는 힘이 길러지고, 덩달아 타 과목 학습능력도 길러지기 때문입니다. 가령, 수학문제도 말뜻을 제대로 모르면 풀 수가 없습니다. 저학년 아이들이 수학을 잘 못하는 중요한 이유 중의 하나가 문제를 잘 이해하지 못하기 때문이라고 다녀간 아이들을 가르친 선생님의 얘기입니다. 진정 아이들에게 필요한 것은 마구 앞으로만 빨리 학습진도만 나가는 게 좋은 것이 아니라 적기에, 발달단계에 맞는 학습인 것입니다. 1학년은 1학년 과정, 2학년은 2학년 과정을 배우는 것이 바람직하고 정상입니다. 천천히 해도, 입학 후에 해도 늦지 않을 텐데 어떤 전문가는 6개월 이상의 선행학습은 역효과가 나고, 독이 될 수 있다고 말합니다. 득보다 실이 많은 것을 알면서도 선행학습을 시키는 것은 다 같이 안 하면 되는데, 하니 안 할 수 없어 따라하게 된다는 데 있습니다. 하지 않기로 전국의 학부모가 한자리에 모여 무슨 결의대회라도, 각서라도 쓴다면 모를까 그것은 불가능하고 각자가 스스로 자각해서 내 자식만큼은 도가 넘는 지나친 선행학습은 안 시키겠다고 다짐하고 실천한다면 한 사람, 두 사람 이심전심! 이런 기풍이 전국적으로 퍼진다면 수그러들지도 모릅니다.

결론적으로, 선행학습을 원한다면, 못해줘 잠이 안 온다면, 가려워 못 견디겠다면 초등학교 1학년 1학기 한 단원만 하는 것입니다. 욕심을 부려 4학년 과정까지 선행학습을 시킨다면 막상 4학년이 되면 4년 전에 이미 배웠던 게 얼마나 남아있을까? 기억력에는 한계가 있으므로 시간이 지날수록 쉽게 잊혀지기 때문에, 거의 잊혀지고 다시 배워야 되니 그간의 선행학습 효과는 별로라고 볼 수 있습니다. 시간, 노력, 스트레스, 비용의 낭비가 될 수 있는 것입니다. 대신 밖에 나가 아이들과 맘껏 뛰놀게 합니다. 노는 것 자체가 참 공부이기 때문입니다. 훌륭한 사회과목이기 때문입니다. 끼리끼리 놀면서 어울리는 가운데 재미, 즐거움을 느끼고 협동심, 질서, 이해, 인내, 경쟁, 배려 같은 덕목을 배울 수 있기 때문입니다. 사회성을 배울 수 있는 기회가 되기 때문입니다. 왕따로부터 벗어날 수 있는 길도 되는 것입니다. 내 아이의 삶이 즐거운 게 좋을까? 힘들어하는 삶이 좋을까? 각자의 소신과 선택에 달려있습니다. 참고로 독일에서는 취학통지서에 "당신의 아이가 글자를 깨치고 입학하면 불이익을 받을 수 있습니다." 하는 경고문구가 들어있다는 것입니다. 우리보다 수준이 한 단계 높은 걸 알 수 있습니다.

⑤ 영재교육

국어사전을 보면 천재란 선천적으로 뛰어난 지능(재능)을 가지고 태어난 사람을 말합니다. (1% 미만) 나라마다 판정기관마다 다르나 지능만을 기준으로 삼을 수는 없지만 보통 IQ가 150 이상을 말합니다. 세 살짜리가 구구단을 줄줄 외우고, 네 살짜리가 천자문을 줄줄 읽는다고 다 천재는 아닌 것입니다. 암기력이 우수할 뿐 그런 능력은 대부분 가지고 있다고 전문가들은 말합니다. 그렇다면 영재란 천재보다 한 계단 낮은 지능을 갖춘 인재라고 평가할 수도 있을 것입니다.

ㄱ. 영재의 요건은 뭘까?

영재가 갖추어야 할 요건으로는 지능, 창의력, 집착력을 꼽습니다. 지적 능력이 떨어지고, 창의력이 줄중하고, 과제를 해결하려는 의지와 끈기가 쇠힘줄처럼 질기면 일단 갖췄다고 볼 수 있습니다. 이제는 한 사람이 수천 수만 명을 먹여 살리는 시대가 됐습니다. 그래서 정부에서는 범국가적 차원에서 우수두뇌 확보를 위해 영재교육 진흥법을 만들어 영재교육에 힘을 쏟고 있습니다. 영재란 재능이 뛰어난 사람으로서 타고난 잠재력을 계발하기 위해 특별한 교육을 필요로 하는 자를 말합니다. (법 2조) 좋은 씨앗을 좋은 땅에 심어 잘 가꿔야 좋은 열매를 맺듯이 지능 + 환경 + 꾸준한 노력이 있어야만 비로소 한 명의 훌륭한 영재가 될 수가 있는 것입니다. 발명왕 에디슨 선생은 말했습니다. "천재란 1%의 영감과 99%의 노력의 소산이다."

ㄴ. 영재성이 있나 없나 어떻게 알 수 있을까?

영재성은 일찍 나타날 수도 있고, 늦게 나타날 수도 있습니다. 수학에 남다른 재능을 보일 수도 있고, 언어나 음악에 재능을 보일 수도 있습니다. 천재 물리학자 아인슈타인 박사도 대학시험에 떨어졌다는 것입니다. 뒤늦게 천재성이 발휘된 케이스입니다. 그러므로 관심을 갖고 아이가 좋아하는 것이, 흥미를 갖고 있는 것이, 집중하고 있는 것이 무엇인지, 뭘 자주 질문하는지, 파고들려고 하는지, 기억력이라든가 특출한 부분이 뭐가 있는지, 조기발견은 부모님 몫입니다. 지속적으로 관심을 갖고 주의 깊게 관찰해보면 눈에 띄기 마련이고, 어느 정도의 영재성을 발견할 수가 있습니다. 한국교육개발원이 개발한 '영재 판별법'을 참고하는 것도 좋을 것입니다. (네이버, 다음 - 7개 영역별)

ㄷ. 그러면 부모의 역할은 뭘까?

뭘 뒷받침해줘야 할까? 건강하게 잘 자라고 있는 보통 아이에게 영재인 줄 착각하고 욕심을 부려 영재교육을 시켜 정신적, 육체적으로 고통을 주는 일은 자제해야 할 것입니다. 다 나름대로의 그릇이 있습니다. 한 말짜리 그릇에 두 말짜리를 집어넣으면 터지거나 찌그러집니다. 섣불리 판단해 영재라고 무리한 교육을 시키면 역효과를 가져올 수 있습니다. 영재든 보통 아이든 수준에 맞게 교육시킴으로써, 각자 타고난 소질과 재능을 최대한 계발할 수 있도록 도와주는 것이 중요합니다. 일단 가능성이 엿보이면, 어느 분야에 재능을 보이면 전문기관의 검사를 받아보고 영재로 판명이 되면 적극적으로 지원, 계발해줘야 합니다. 공인된 전문기관에 맡기는 것이 좋을 것입니다. 현재 국내에는 영재교육기관이 2,497개(학급), 학생 수는 10만 9천 명이 넘습니다.(전국 초중교생의 1.91%) 우후죽순처럼 늘어나고 있습니다. 대부분 선행학습으로 필기시험으로 입학이 되고 있습니다. 유치원 다닐 때부터 준비하는 경우도 있습니다. 선천적인 영재가 아니고 인위적으로 만들어지고 있어 문제가 되기도 합니다. 쏠림현상이 나타나기도 합니다. 치맛바람으로 특목고나 대학진학 수단으로 이용되기도 합니다. 그런즉슨 내 아이가 진짜 영재일까 자문자답해봅니다. 중요한 것은 영재성을 조기에 발견하는 것입니다. 내 아이가 에디슨이나 아인슈타인 같은 천재인데도 몰라보고 지나쳤다면 개인이나 국가, 인류 발전을 위해서도 큰 손실이 되기 때문입니다.

■ 참고 사이트

• 한국적성연구소 (02) 998-5722

　ⓐ 지능검사

　ⓑ 진로흥미 적성검사

　ⓒ 창의성 검사 (수학, 과학)

• CBS 영재교육학술원 (02) 2650-7036

　ⓐ 영아검사

　ⓑ 유아 지능검사

　ⓒ 아동 지능검사

• 시엘 영재교육 학술원 (02) 719-7036

⑥ 문자교육

아이들은 태어나면 먼저 말을 배웁니다. 그런 연후 읽고 쓰고 셈하고 글자를 배웁니다. 어떻게 가르쳐야 할까?

ㄱ. 한글 가르치기

한글은 모든 학습의 기본입니다. 글자를 알아야 글을 읽을 수 있고, 쓸 수 있고, 이해할 수 있고, 풀 수가 있습니다.

■ 몇 살부터가 적당할까?

초등학생을 둔 100명의 학부형에게 설문조사한 걸 보면 5~6세가 적당하다는 부모가 68%, 3~4세가 26%로 나왔습니다. 개인차가 있으나 가장 적당한 때는 아이가 글자에 관심을 보이거나 질문하거나 흥미를 느낄 때입니다. 어떤 전문가는 3살 전에 한글을 읽기 시작한 어린이는 '과잉언어증'을 의심해봐야 한다고 경고합니다. 과잉언어증이란 읽는 능력은 뛰어나게 발달했지만 언어를 이해하거나 의사소통 능력, 언어구사 능력이 떨어지는 것을 말합니다. 빨리 가르쳐 주려는 조급증은 능사가 아니고 역효과가 날 수 있다는 지적입니다. 독일이나 핀란드, 이스라엘에서는 7세 전에는 문자교육을 금지시킨다는 것입니다. 정서 발달을 방해하기 때문이라는 것입니다.

■ 어떻게 가르쳐야 할까?

먼저 문자학습보다는 놀이학습부터 시작하는 것이 효과적입니다. 기차라는 낱말을 가르친다면 기차놀이를 하면 쉽게 이해하게 됩니다. 자음과 모음, 글자 원리부터 먼저 가르치면 딱딱하고 생소하고 구분하기 어렵지만 직접 실물이나 그림을 보여주거나 통문자로 가르쳐주면 더 쉽게 빨리 이해할 수 있습니다. ㄱ + ㅏ = 가, ㅇ + ㅜ + ㅣ = 위, 가위가 된다는 식보다는 가위라는 말을 통째로 가르쳐주는 것입니다. 그림이나 실물을 보여주면 이해가 빠르고 재미있게 배울 수 있고 효과가 더 큽니다. 낱말카드, 딱지를 이용하는 것도 좋습니다.

　ㄴ. 숫자, 셈 가르치기
　1 + 1 = 2, 2 - 1 = 1과 같이 어린아이에게는 추상적이고 암기 위주의 셈 교육보다는 생활과 놀이를 통해서 가르치는 것이, 실물을 사용하는 것이 더 효과적입니다. 손으로 만져볼수록 이해가 빠릅니다. 과일이나 과자를 먹을 때 세어보게 하거나 빼거나 더하거나 신발장의 신발을 세어보게 하거나 장난감 돈으로 물건을 사고 팔게 하거나 숟가락으로 뺄셈과 덧셈을 가르치거나 아빠 발과 엄마 발을 비교해서 크고 작음, 큰 그릇과 작은 그릇으로 양을 비교해보거나 주사위 놀이를 해보거나 싫증을 느끼지 않고 재미있게 배울 수가 있습니다. 어떤 것이 길고 짧은가? 크고 작은가? 양은 무게는 어떤가? 가볍고 무거운가? 이처럼 생활 속에서 자연스럽게 가르치는 것입니다. 이렇게 가르침으로써 자신감을 얻게 되고, 장차 배울 수학을 재미있게 또는 재미없게 받아들이는 데 영향을 미칩니다. 학습 수준은 입학 후 수업을 따라가는 데 지장을 주지 않을 정도의 기초적인 학습이어야 합니다. (199쪽을 참고하십시오.)

　ㄷ. 옛날 얘기 해주기
　"옛날 옛날에 어느 바닷가 오막살이에 어린 소녀와 늙은 아버지가 살았단다. 엄마는 소녀가 세 살 때 병으로 하늘나라에 가시고…" 눈 내리는 겨울밤 화롯불에 고구마나 알밤을 구워 먹으며 할머니의 구수한 옛날 얘기를 듣는 것은 어린 날의 가장 즐거운 추억 중의 하나일 것입니다. 꿈과 용기, 기쁨과 슬픔이 가득 들어있는 옛날 얘기를 들으면서 자란 아이들은 그만큼 심성이 고와지고, 상상력이 풍부해지고, 정서적인 아이로 성장할 것입니다. 감동에 겨워 눈물을 글썽이는 우리 아이들의 모습을 상상해보십시오. 상상력, 창의력, 집중력, 듣기능력을 길러주고, 정의감과 동정심이 생기고, 지혜를 얻을 수 있고, 언어 발달에도 좋고, 읽어주면 책과 가까워질 수 있는, 독서를 좋아하게 될 계기도 될 것입니다. 책을 읽어주는 CD는 언어 발달에 도움이 되지 않는다는 전문가의 지적도 있습니다. 언어는 주고받으면서 발달이 되는데 일방적이기 때문에 안 좋을 것입니다. 또 어떤 전문가는 TV를 2시간 보는 것보다는 10분 듣는 것이 듣기능력, 이해력 향상에 좋다는 것입니다. 어린 날 엄마 아빠가 들려주는 옛날 얘기는 성장해서도 잊혀지지 않는 귀중하고 값진 자산이 될 것입니다. 문득문득, 새록새록 피어날 것입니다. 기왕이면 전기불을 끄고 호롱불이나 촛불을 켜고(불조심) 듣는 것이 감흥이 더 클 것입니다. 1주일에 한 번도 좋습니다. 얘기거리가 없다면 동화 한 편 읽어주는 것도 좋을 것입니다. 백 번 아는 것보다는 한 번 실천이 낫습니다. 독일 사람들은 아이가 잠들 때까지 침대 옆에 앉아서 동화책을 읽어주는 것을 의무로 생각한다는데 우리는 어떤가? 아이들은 상상의 나래를 펴고 꿈속으로 빠져들 것입니다.

■ 언제부터 들려줄까? 읽어줄까?

어떤 사람은 생후 3~4개월부터 들려줘도 좋다고 하지만 아무래도 3~4세가 적당할 것입니다. 동화책을 스무 권 읽어주는 것보다 한 권을 스무 번 읽어주는 게 낫다고 얘기하는 사람도 있습니다. 아이 취향에 따라 들려주거나 목욕할 때는 퐁당퐁당, 잠들기 전에는 자장가도 좋을 것입니다.

우리 아기 착한 아기
소록소록 잠들라
하늘나라 아기별도
엄마 품에 잠든다
둥둥 아기 잠자거라
예쁜 아기 자~ 장

우리 아기 금동 아기
고요고요 잠잔다
바둑이도 짖지 마라
곱실 아기 잠깰라
오색 꿈을 담뿍 안고
아침까지 자~ 장
- **자장가**(김영일 시, 김대현 곡)

안고서도 업고서도 젖을 물릴 때도 재울 때도 자주 불러주는 것입니다.

⑦ 예체능 교육 ①
"피아노, 미술은 기본이고, 남자아이는 운동을 잘할 것 같아서 축구를 가르쳐요. 좀 있다 수영이나 태권도도 하나 더 가르칠까 하는데…" 여섯 살짜리 애엄마의 애기입니다. 한창 동네방네 뛰어다니면서 친구들과 놀아야 할 아이에게 유치원 갔다 오면 이 학원 저 학원 두세 군데 내모는 것이 정말 잘한 일일까? 노는 것도 중요한 사회성 교육인데 정녕 아이를 위한 일일까? 어떤 소아정신과 의사는 아이를 느리게 키우라고 강조합니다. 물론 특출한 소질이 있거나 천재성이 엿보인다면 한 살짜리라 할지라도 적극적으로 가르치고 뒷받침해줘야 할 것입니다. 한국의 모차르트, 한국의 에디슨을 만들기 위해서라도 발 벗고 나서야 되겠지만 손가락 근육이 완전히 발달하지 않은 어린아이에게 건반을 두드리게 하는 것이 괜찮을까? 부모 욕심에 애를 위한답시고 가기 싫은데 억지로 가야 되고, 안 간다면 욕하고 때리니 안 갈 수도 없고, 좋은 점도 있겠으나 급히 너무 많이 먹으면 체하기 쉽듯 안 좋은 점이 많기 때문입니다. 이치에 맞지 않으면, 무리하면 탈이 나게 되어있습니다.

음악은 뇌를 자극해서 뇌 발달에도 좋고, 정서적으로도 좋고, 미술은 창조력, 상상력을 키워주고, 태권도나 무용은 자신감과 적극적인 성격이 형성되므로 좋지만 언제가 적당할까? 피아노도 어떤 전문가는 초등학교 들어가서 배우는 게 좋다는데, 거부하지 않고, 즐겁게 받아들이고, 좋아하고, 체력에도 맞고, 적극적으로 배우려 할 때가 적당한 시기일 것입니다. 혹시 아이가 학원 가기가 싫다고, 배우기 싫다고 칭얼댈 경우 한 발 물러나 아이 의사를 존중해서 보내지 않는 것이 정답입니다. 가기 싫은데 억지로 보낸다면 효과적인 교육이 될 수가 없습니다. 스트레스만 쌓이게 될 뿐입니다. 우리 대통령 가운데 피아노를 칠 줄 아는 사람이 몇이나 될까? 체능교육도 마찬가지입니다. 279쪽을 참고하십시오.

⑧ 외국어 교육(영어)

글로벌 시대에 만국 공용어인 영어에 대한 어린아이들의 취학 전 조기교육이 붐을 이루고 있습니다. 일부에서만 국한해서 이루어지던 취학 전 영어교육이 이제는 전국적으로 행해지고 있습니다. 모른 체할 수도 없고 보내야 될지 어떨지 고민하는 학부모들이 많을 것입니다. 초등학교에 들어가면 정식 영어과목으로 보다 체계적으로 배우게 되는데 코흘리개 아이들을 보내야 할까? 말아야 할까? 입학해서 배울 때까지 느긋하게 기다렸다가 그 사이 우리말, 우리글에 투자하면 안 될까? 학교에서 가르치지 않는다면 모르겠지만 체계적으로 다 배우게 되는데 보내야 될까? 말아야 될까? 앞으로 20~30년 후에 써먹을지도 말지도 모르는데 시간과 비용과 정신적, 육체적 스트레스를 감수해 가면서까지 보내는 게 잘하는 일일까? 영어회화 한마디 못해도 대통령 거뜬히 해낼 수 있고, 국회의원이나 장관도 할 수가 있는데 영어로 유창하게 말할 수 있는 판사들이 몇 명이나 될까? 교장도 교수도 한의사도 해낼 수 있는데 취학 전 영어회화를 꼭 배워야 할 필요가 있을까? 장차 영어전공 교수가 되려면 모를까? 이민 가지 않는 이상 그게 그렇게 꼭 필요할까? 손짓 발짓만 가지고 용감하게 세계 무전여행을 하고 다닌 사람도 있는데 안 하면 안 될까?

직장에 들어가 짬짬이 틈을 내 영어(회화) 공부를 해서 오대양 육대주를 누비고 다니는 직장인도 있는데, 취업 후에 배워도 그렇게 늦지 않다고 말하는 직장인도 있는데 꼭 유아 때부터 가르쳐야 될까? 성인이 돼서 고추방앗간을 하게 된 경우라면 취학 전 배웠던 영어를 써먹을 수 없을 텐데 아깝지 않을까? 외국어 공부는 유아기 때부터 시작하는 게 좋다고 말하는 전문가도 있고, 너무 빠르다고 말하는 전문가도 있지만 뭐니 뭐니 해도 적기에 시키는 것이 제일 좋은 방법일 것입니다.

어떤 전문가가 연구실험을 한 결과 영어교육은 영유아기에 적당하지 않고 7세부터 시작하는 것이 효과적이라는 것입니다. 언어를 담당하는 뇌구조가 동시에 한글, 영어, 중국어, 독일어 같은 다중언어 소화능력이 부족하다는 것입니다. 한마디로 버거워 역효과를 가져올 수 있다는 것입니다. 우리나라 말도 제대로 못하는 아이들인데 수용능력을 감안하면 적기에, 초등학교 들어간 뒤 교과시간에 받는 것이 정도인 것입니다. 다섯 살짜리 코흘리개 아이를 유명 영어유치원에 보내기 위해 경쟁이 심하다 보니 입학을 위해 과외까지 시킨 경우도 있는데 아이들이 견뎌낼 수 있을까? 행복하다고 말할 수 있을까? OECD 국가 중 행복지수가 꼴찌인 나라에서 살고 있는 우리 불쌍한 아이들이 행복할 수가 없는 건 당연한 귀결입니다. 옆집 애가 가니 자존심이 있지 수입의 반 이상을 주고 보낸 경우도 있다는데 경제적으로 심적으로 타격이 클 수밖에 없을 것입니다.

초등학교에 들어가면 체계적으로 배우는데 안 보내면 되는데, 걱정할 게 없는데 과잉, 무분별한 부모 덕에 우리 어린 새싹들이 골병이 들고 있습니다. 학대를 당하고 있는 것이나 다름없습니다. 왜 쏠리기를 잘할까? 뚜렷한 교육관, 소신이 필요합니다. 보도를 보면, 입학 전 영유아 때부터 조기 영어유치원에 다니다 보니 우리말이 서툴러 다시 스피치 학원에 다니는 초등학교 아이들이 많다는 것입니다. 라면을 롸면, 선생님을 셩쉥님, 수업을 슈업… 이처럼 혀 꼬부라진 아이들이 많다 보니 놀림감이 되기도 하고, 그래서 학원에 가서 가갸거겨고교부터 다시 배운다는 것입니다. 놀랠 노자요, 복장이 터질 일이요. 우리나라 말도 제대로 못하는 아이들에게 혼란스럽고 스트레스를 주게 되니 약 주고 병 주는 꼴이 되고 있습니다. 또 어떤 전문가는 인공지능의 발달로 머지않은 장래에 귀에 꽂은 통역기능을 갖춘 게 나오면 기저귀 차고 배웠던 게 쓸모없어지는 것은 시간문제라는 것입니다. 세상에 기저귀 차고 영어 배우러 영어유치원에 다니다니 참, 그렇습니다.

왜 우린 이렇게 쏠리기를 잘할까? 소신이 없을까? 판단력이 부족할까? 이게 우리 수준입니다. 교육열이 아니고 교육 횡포나 다름없습니다. 또 어떤 전문가는 모국어도 제대로 익히지 않은 영유아 시기에 과도하게 교육하면 아이가 혼란스러워 둘 다 제대로 하기 어렵다는 것입니다. 결론이라면 지나친, 도가 넘는 학습은 정상적인 뇌 발달을 방해한다는 점입니다. 특히 취학 전 조기 영어교육을 받은 아이에게서 유창성 언어장애(말더듬)가 많이 발생하고 있습니다. 말이 다르고, 발음, 어순, 억양, 의미 등이 달라 헷갈릴 수가 있어 그럴 법도 합니다.

⑨ 인터넷 교육

인터넷이 문명의 이기임엔 틀림없으나 무엇이든 잘 쓰면 좋은 일이 생기고 잘못 쓰면 나쁜 일이 생기듯 어린아이들의 인터넷, 게임 중독이 큰 문제가 되고 있습니다. 3~5세 아이들의 64.3%가 인터넷을 하고, 그중 92%가 게임을 한다는 어느 해 정부 발표가 있었습니다. 치료보다 예방이 중요한데 "세 살 적 버릇이 여든까지 간다."고 인터넷 중독은 유아기에 형성되므로 유아기 때부터 철저한 교육과 지도, 감독이 절대 필요합니다. "3~5세 어린아이들이 하루 30분 이상 게임하고 있으면 이미 매우 위험한 인터넷 사용자이고, 초등학교나 중학교 졸업 전에 중증 중독자가 될 가능성이 높다는 것을 알아야 한다. 그리고 컴퓨터 사용습관의 핵심은 가족과 미리 약속을 하고 약속시간이 되면 스스로 끄고 일어나는 습관을 길러줘야 한다." 놀이미디어 교육센터의 권장희 소장님은 강조합니다.

그렇다면 약속시간이 되어도 끄지 않으면 어떻게 해야 할까요? 코드를 확 뽑아버리는 것입니다. 인정사정 볼 것 없다는 영화 제목처럼 봐줘서는 절대 안 되고, 이렇게 몇 번 하다 보면 건전한 사용습관이 들게 될 것입니다. 아이들은 시간 가는 줄도 모르고 빠져들기 때문에 과단성 있게 대처해야 합니다. 속담에 "호미로 막을 걸 가래로도 못 막는다."고 잠깐 방심하는 사이 인터넷 중독에 빠져드는 것을 막아야 합니다. 게임중독은 담배나 알코올 중독처럼 끊기가 어렵고, 금단현상이 생기기도 합니다. 핵가족화 시대에 부모의 맞벌이 증가로 홀로 남게 된 아이들은 통제자가 없으니 인터넷에 빠져 중독이 되고, 부모가 알게 된 뒤는 이미 늦어 불화가 생기게 됩니다. 무엇이든 수렁에 빠진 뒤 건지기보다는 빠지지 않게 미리 막는 것이 제일 좋습니다. 우선 사용규칙을 정합니다. 컴퓨터는 부모가 지켜보는 안방이나 거실에 놔두고, 5~6세 이후 사용케 하고, 1주일에 몇 번, 하루에는 몇 분 이내만 하기로 철저하게 약속을, 손도장을 받아두는 것입니다. 그리고 컴퓨터 앞에 써붙여둡니다. 어겼을 때를 대비해 벌칙을 정해두는 것입니다. 벌칙은 뭐가 좋을까? 서로 상의해서 정하는 것이 좋습니다. TV를 못 보게 하는 것도, 간식을 중지하는 것도, 집 안팎 청소로 쓸고 닦게 하는 것도 좋습니다. 미국 소아과학회에서도 컴퓨터, 스마트기기는 이른 나이에는 노출을 피할수록 좋다는 것입니다. 별개 다 나와 가지고 속을 썩이는구랴.

■ 관련 사이트
- 유해차단 사이트 : 정보통신윤리위원회(http://www.lces.or.kr)
- 교육용 게임 사이트(http://file.simmani.com)

⑩ 유아 성교육

아이들은 3~4세가 되면 자연 성과 성기에 대한 호기심과 관심을 갖게 됩니다. 놀이 친구와의 신체적인 차이에서 그걸 느끼게 됩니다. 유심히 쳐다보기도 하고 만져보기도 합니다.

"누구는 뭐가 달려있는데 나는 왜 없어?"
"애기는 어디로 나와?"

갖가지 황당한 질문을 하게 됩니다. 성장과정에서 있을 수 있는 자연스러운 현상이고 호기심, 알고자 하는 욕구가 강하기 때문입니다. 이때는 당황하지 말고 자연스럽게 사실대로 알아듣기 쉽게 알려주는 것입니다. 유아 성교육의 기본입니다. 쪼그만 것이 별것 다 묻는다거나 무시하거나 얼버무린다거나 크면 다 알게 된다거나 회피해서는 안 됩니다. 어디까지나 자연스럽게 의문을 풀어줘야 합니다. 남녀의 성 차이, 성 역할을 바르게 알려줘야 합니다. 그렇지 않으면 성에 대한 왜곡을 심어줄 수 있기 때문입니다. 부모는 훌륭한 성교육 전문가가 돼야 합니다. 늘상 가까이 지켜보고 조언할 수 있는 위치에 있기 때문입니다. 그래서 공부가 필요합니다. 성교육 시기는, 국제 성교육 지침서는 5세부터, 스웨덴은 만 4세부터 성교육을 의무화해서 가르친다는 것입니다.

"아빠는 턱수염이 있지만 엄마는 없지 않느냐? 한 번 비교해봐라. 남자와 여자는 하느님이 다르게 만들었단다. 그래서 달라. 알았냐?"

"모르겠는데요."

"모르면 그만 둬라. 크면 다 알게 된다. 알았지."

다리 밑에서 주워 왔다거나 배꼽에서 나왔다가 아니라 "엄마 아빠가 서로 사랑하면 아기가 생기고, 엄마 뱃속에서 있다 열 달이 지나면 다리 사이로 나온단다. 너도 그랬어."

"그래?"

"응."

이때 아이들에게 자세한 설명은 필요치 않습니다. 알지도 못할 뿐더러 이런 답변 정도로 자연스럽게 넘어갑니다. 그때그때 상황에 맞게, 눈높이에 맞게 대답해주면 좋을 것입니다. 더 자세한 내용은 초등학생이 된 뒤에 가르쳐줘도 늦지 않습니다. 그러나 기초적인 것!

남에게 보여주거나 거시기를 만지지 못하게 하거나 아무 데서나 옷을 벗어서는 안 된다는 것 정도는 필요합니다. 모르는 것보다 아는 것이 보탬이 되기 때문입니다.

(4) 덕육(德育) - 덕성스럽게 기르기

덕은 어질고 착하고 바르고 너그러운 품성입니다. 참을 줄 알고 베풀고 도와주고 이해하고 양보하고 배려할 줄 아는 인격입니다. 두루 존경받을 수 있는 마음씨와 행실입니다. 끌어당기는 힘, 인간적인 매력입니다. 사람을 사람답게 하는 근본입니다. "지식과 재능도 필요하지만 인간의 자질 중에서 가장 중요한 것이 덕"이라고 어느 철학자는 말합니다. 또 어떤 스님은 재주가 덕을 이겨서는 안 된다고 했습니다. 옛글에도 덕불고 필유린(德不孤 必有隣)이라고 덕이 있는 사람은 외롭지 않고 이웃이 있다고 했습니다. 그를 믿고 따르고 존경하는 사람들이 모여들기 때문입니다. 그러니 외롭지 않을 것입니다.

또, 덕은 기쁨을 주는 가장 가치 높은 재산이라고 했습니다. 인간답다는 것은 덕이 있다는 것이요, 인간답지 않다는 것은 덕이 없다는 것입니다. 지장(智將)보다 덕장(德將)이 되라고 했습니다. 지략이 출중한 장수라 할지라도 진심으로 믿고 따르는 부하가 없다면 지휘 통솔이 제대로 이루어질 수가 없습니다. 소대장이 소대원에게 돌격 명령을 내렸으나 이유를 달고 도망갈 궁리를 한다면, 머뭇거리고 가만히 있다면 어떻게 될까요? 총탄이 비 오듯 쏟아지는 적진 앞에서 머뭇거리는 것이 인지상정인데 서로 선봉이 되겠다고 다투는 것은 오로지 덕의 힘인 것입니다. 덕은 타고날 수 있으나 수련과 노력을 해야 쌓을 수 있고 깊어집니다. 옛글에 진교양덕(眞敎養德)이라고 참된 교육은 덕 있는 사람을 기르는 데 있다고 했습니다. 이런 덕성을 어떻게 길러줘야 할까요?

① 성격 - 길들이고 고치기

성격은 각 개인이 가지고 있는 독특한 성질, 품성, 인품입니다. 태어날 때부터 가지고 나오는 유전자와 자랄 때의 환경에 영향을 받고, 대부분 6세 이전에 형성됩니다. 이때 굳어진 성격은 잘 변하지 않기 때문에 고치기 어려워 아주 중요한 시기입니다. 얼굴 모습도 제각각이듯이 성격도 천차만별입니다. 급한 성격, 차분한 성격, 거친 성격, 부드러운 성격, 모난 성격, 둥글둥글한 성격, 고집 센 성격, 융통성 있는 성격, 잔인한 성격, 선한 성격, 소극적·적극적인 성격, 이기적·이타적인 성격, 참을성 많은 성격·적은 성격, 공격적, 반항적, 신경질적인 성격, 변덕스럽고 의심 많은 성격, 이상 성격, 괴팍한 성격, 원만한 성격…

옛글에 "사람의 본성은 선함과 악함이 섞여있고, 선을 닦아 나가면 선한 사람이 되고, 악을 키우면 악한 사람이 된다."고 했습니다. 그래서 성격을 키우고 가르치는 방법에 따라 고칠 수 있고, 바꿀 수 있다고 했습니다. 여기에 교육의 가치와 목적이 있는 것입니다. 성격은 타고난 것보다 환경이 더 중요합니다. 거주환경보다 인적 환경이 더 중요합니다. 집이 부유하고 넓은 곳에서 구김살 없이 자란 아이와 가난하고 비좁은 단칸 셋방에서 어렵게 자란 아이와 차이가 있을 수 있겠으나 그것보다도 성격에 큰 영향을 미치는 것은 그를 둘러싼 인간관계, 즉 인적 환경에 크게 좌우된다는 사실입니다. 특히 부모의 영향이 지대합니다. 매일매일 생활하는 가운데 의식, 무의식적으로 말과 행동을 눈으로 보고 듣고 느끼고 배우기 때문입니다. 부모의 사고방식, 말과 행동, 양육방법, 태도가 성격형성에 영향을 미치게 된다는 뜻입니다. 부모 성격이 괴팍하면 아이도 괴팍해지기 마련입니다. 성격이 변덕스러우면 아이도 변덕쟁이가 되고, 인색한 성격이면 아이도 인색한 아이가 됩니다. 부모가 너그러운 성격이면 자식도 너그러운 성격이 형성됩니다. 부전자전인 셈입니다. 무엇보다 부모가 본을 보이는 것입니다.

ㄱ. 어머니 역할

자녀를 사랑하는 일입니다. 사랑을 받지 못하고, 학대받고 자란 아이는 정서적으로 불안하고 남을 잘 믿지 못하고 배타적이고 거칠어지기 쉽습니다. 매사를 불리하게 보고 고깝게 보고 곡해를 잘하고 심통을 잘 부리고 성격이 삐뚤어져 어른이 된 뒤에도 반사회적인 성향이 나타나기도 합니다. 사랑을 받아본 자만이 남을 사랑하게 되듯이, 도움을 받아본 자만이 고마움을 알듯이, 특히 어머니 사랑은 식물에게 있어서의 햇빛과 물과 영양분과 같습니다. 대체 어머니의 사랑은 뭘까? 낳고 먹이고 입히고 키우는 것 모두가 사랑인 것입니다. 품에 안고 젖 주는 것도 사랑이요, 열나면 머리에 손을 얹는 것도 사랑이요, 나가 들어올 때 껴안는 것도 사랑이요, 모두 다 사랑 아닌 것이 없습니다. 정겨운 어머니 모습, 따스한 어머니 손길, 어머니의 인자한 눈동자가 바로 사랑 그 자체인 것입니다. 그래서 어머니 사랑은 가이 없다고, 끝이 없다고 했습니다. 바다보다 깊고 하늘보다 높다고 했습니다. 어머니의 사랑만이 모든 것, 응어리, 못된 성격을 녹일 수가 있는 것입니다. 건달이 다 된 자식, 방탕의 수렁 속에 빠진 자식이 어머니의 사랑의 힘으로 성인(聖人)이 된 사람이 있습니다. 그게 누군가요? 잘 아시는 성 어거스틴입니다.

ㄴ. 아버지 역할

좋은 아버지가 되는 것이 첩경입니다. 원만하고 부드럽고 너그러운 성격의 아버지가 되는 일입니다. 보고 듣고 배우기 때문입니다.

이왕 키울 바엔 성격 좋은 아이로 키워야 합니다. 이혼 사유 수위가 성격 부조화에 있습니다. 좋은 성격으로 길러줘야 되고, 나쁜 성격은 고쳐줘야 합니다.

ㄷ. 어떻게 고쳐줄까?
- 고집 센 성격의 아이

순종적인 아이도 있지만 말을 듣지 않고 자기 하고 싶은 대로 하려고 고집을 피울 때 대부분 부모는 참지 못하고 욕하고 탁탁 때리는데 이 시기는 자기 주장이 강한 시기이므로 맞설 것이 아니라 기분을 돌궈주고 존중해주고 적당히 치켜주고 달래주면 대부분 듣습니다. 욕하고 때리면 그 순간은 고집을 꺾을지는 몰라도 속으로 복종하지 않습니다. 기분 나빠하고 화나고 반항심만 키우게 되므로 절대 삼가야 합니다. 울기라도 하면 살살 달래보기도 하고 그칠 때까지 복장이 터져도 참고 또 참고 느긋하게 기다리는 자세가 아주 중요합니다. 그럼에도 왜 참지 못할까? 왜 인자하지 못할까? 슬기로운 사람이 되라고 이름도 슬기로 지어주는 사람도 많은데 자기는 왜 슬기롭지 못할까?

- 거칠고 공격적이고 폭력적인 성격의 아이

제 마음에 들지 않으면 뒹굴거나 물거나 할퀴거나 못 참아 벽에 머리를 박거나 동생이 있으면 폭력을 휘두르기도 합니다. 마음속에 뭔가 불만이 있어 분출구로써 그런 행동을 한 것입니다. 늘 부모로부터 꾸중, 체벌, 편애, 억압을 당하게 되면 이런 성향이 나타납니다. 사랑받고 싶다는, 사랑을 해달라는 표시이므로 안아주고 쓰다듬어주고 토닥거려주고 사랑해줘야 합니다. 손부터 올라갈 것이 아니라 속이 부글부글 끓더라도 참고 또 참고 좋은 말로 타이르면 풀어지고 열려 점점 심성 고운 아이로 변모해갈 것입니다.

■ 침착하지 못하고 참을성이 부족한 성격의 아이

밥을 먹다가도 왔다 갔다 하거나 장난치거나 두리번거리거나 딴 전을 피우거나 말을 듣지 않거나 할 경우 귀엽다고 모른 체해서는 안 되고 적절한 주의, 제재가 필요합니다. 도가 지나치면 혹시 주의력결핍과잉행동장애(ADHD)일 수 있으므로 소아정신과의 도움이 필요합니다. 옛글에 인지위덕(忍之爲德)이라고 참으면 덕이 된다고 했습니다. 덕목 중의 훌륭한 덕목입니다. 참아야 할 때 못 참아 일을 그르친 경우가 너무 많습니다. 먹고 싶을 때, 갖고 싶을 때, 하고 싶을 때가 참 많은데 참는다는 것은 어렵고 큰 고통입니다. 그걸 참고 이겨냈을 때 덕이 되고 득이 됩니다. 그래서 "인내는 쓰나 그 결과는 달다."고 했습니다.

- 어떤 방법이 좋을까?

여러 가지가 있겠지만 참기 어려운 것 중의 하나가 추위입니다. 추우면 잠도 오지 않습니다. 견디기도 어렵습니다. 겨울, 추운 날씨라면 문밖에 한 5분 정도 세워두는 것입니다. 발을 동동 구르게 됩니다. 인내심을 기르는 좋은 방법 중의 하나입니다. 일본의 예를 들어서 뭐합니다만 일본 어린애들은 추운 겨울에도 내의도 안 입히고 반바지 차림으로 나다니게 한다는 것입니다. 우리는 어떤가? 밖에 못 나가게 하고 조금만 추워도 두 겹 세 겹 마구 껴입힙니다. 그러니 참을성이 길러질 수가 없습니다. 과보호는 아이를 나약하게 만드는 지름길입니다. 또 망치는 길이기도 합니다.

■ 문제아, 성격 부적응아, 곤란한 성격의 말썽꾸러기

아이가 성격도 좋고 말썽도 안 피우고 별 문제도 없고 제 또래 아이들에게도 인기가 좋고 엄친아라고 칭찬이라도 듣게 되면 부모로서 대견스럽고, 보람도 느끼고, 기분도 아주 좋을 것입니다. 반대로 문제를 일으키고 속을 썩이고 말썽을 부리면 화나고 속상한 것은 부모로서 다 같은 심정일 것입니다. 만일 잘 보이던 눈이 잘 안 보인다면? 다 이유가 있습니다. 왜 잘 안 보일까? 병원에 가서 검사해보면 대부분 그 원인을 알 수가 있습니다.

아이들 문제도 이와 같습니다. 그게 뭘까? 겉으로는 아이에게 있지만 그 뒤에는 반드시 부모가 있습니다. 사사건건 간섭하고 닦달부터 하니 문제가 풀릴 리 없습니다. 문제만 깊어질 뿐 해결되지 않습니다. 문제가정, 문제부모 밑에 문제아가 있다고 했습니다. 부모인 내게 문제가 있는데 닦달부터 하니 순서에도 맞지 않고, 문제가 풀릴 수도, 해결될 수도 없습니다. 대부분 이 사실을 모르거나 망각합니다. 인정하려고 하지 않습니다. 부모가 알게 모르게 잘못 가르쳤고, 잘못 배워 문제아가 됐는데 아이 탓만 하니 문제가 풀릴 수가 없습니다. 우선 부모인 내가 내 탓이라고 인정을 해야 합니다. 스스로 점검해봐야 합니다. 내게 문제가 없었는지, 내가 잘못 가르쳤는지, 본보기를 보여줬는지, 말과 행동에 문제가 없었는지, 간섭이 너무 지나쳤는지, 무관심했는지, 자주 때리고 윽박질렀는지 문제점부터 찾는 것이 해결의 실마리입니다. 그러나 아쉽게도 인간에게는 제 잘못을 인정하기를 싫어하는 속성이 있습니다. 남의 탓으로 돌리기를 좋아합니다. 합리화를 잘 시킵니다. 우선 자각과 반성과 개선의 노력도 필요하고, 아이가 문제라고 보여지면 전문가의 도움도 필요합니다.

- 운명은 그 사람의 성격에서 만들어진다. 또 성격은 그 사람의 일상생활의 습관에서 만들어진다. - 테케이
- 미(美)는 눈을 즐겁게 하지만 아름다운 성격은 혼을 매혹시킨다. - 볼테르

- 모난 돌이 정 맞는다. - 한국 속담
- 타고난 성격이 각자의 운명을 결정한다. - C. 네포스 / 해외 명장전
- 성격은 사람을 안내하는 운명의 지배자다. - 헤라클리투스
- 좋은 성격은 인생살이의 큰 덕목이고 자산이다. - 중암
- 어른의 성격은 어려서부터 길들이기에 달려있다. - 윤태림 / 서둘러도 갈 길은 하나
- 교정(矯正)은 어릴 적에 하라. - 영국 격언
- 문제아는 없다. 문제 부모가 있을 뿐이다. - 니일

② 버릇(습관)

버릇은 오랫동안 여러 번 거듭하는 동안에 저절로 몸에 배어버린 말과 행동입니다. 좋은 버릇 역시도 인생살이의 큰 덕목이고 큰 자산입니다. 성격은 다분히 유전적인 소질이 포함되어 있지만 버릇은 환경, 즉 사는 동안에 자연스럽게 얻어지고 습득되는 결과물입니다. 성격처럼 버릇도 한 번 굳어지면 고치기가 어렵습니다. 그래서 "세 살 적 버릇 여든까지 간다."는 속담이 생긴 것입니다. 나쁜 버릇은 들기 전에 바로 고쳐주는 것이 아주 중요합니다. 좋은 버릇은 계속 길러줘야 합니다. 좋은 버릇은 1등 국민의 기초가 됩니다.

ㄱ. 어떻게 고칠까?

■ 거짓말하는 버릇

왜 거짓말을 할까? 다 이유가 있습니다. 잘못을 숨기려고, 혼나니 책임을 면하려고, 장난삼아서, 악의적으로 하는 경우 등 다양합니다. 그렇다고 심하게 꾸짖거나 때리거나 벌을 주는 것보다는 좋은 말로 타이르는 것이 백 번 효과적입니다. 왜 거짓말을 했는지, 하면 왜 안 되는지, 순간은 모면할 수 있어도 계속되면 안 좋다고 버릇이 된다고 가르쳐주는 것입니다. 스스로 "아하, 내가 거짓말했구나. 다

시는 하지 말아야지." 하고 뉘우칠 수 있도록 알려주고 다짐을 받아 둬야 합니다. 거짓말을 안 하게 하는 방법 중의 하나는 부모가 거짓말을 하지 않는 것입니다. 보고 배우기 때문입니다. 거짓말이 난무하는 세상에 어떻게 안 하고 살 수 있나 하겠지만 그래도 참말이, 정직이 최선이라고 가르쳐야 합니다. 어디서 전화 오면 집에 있으면서도 없다고 해라고 해서는 안 됩니다. 한 번 버릇이 들면 커서도 거짓말을 밥 먹듯이 하게 되고, 사기꾼이 될 수도 있기 때문입니다. 저 사람 거짓말쟁이라고 찍히게 되면 살아가는 데 무척 힘이 듭니다. 정직한 사람이 되게 할 것인가, 거짓말쟁이가 되게 할 것인가는 부모에게 달려있습니다.

■ 훔치는 버릇

거짓말은 죄가 될 수도 있고, 안 될 수도 있습니다. 그러나 남의 것을 훔치는 것은 죄가 됩니다. 사리 분별력이 없는 아이들은 죄가 뭔지도 모르고, 죄가 되는 줄도 모르고 죄를 짓게 됩니다. 참을성도, 자제심도 없고 갖고 싶어서 탐이 나서 욕심에 호기심에 꾐에 훔치게 되는 것입니다. 속담에 "바늘 도둑이 소도둑 된다."고 했습니다. 한두 번 자꾸 훔치게 되면 쾌감이나 스릴 같은 것을 느끼게 되고, 자연 버릇으로 굳어져 남의 것을 보면 갖고 싶어 훔치게 됩니다. 그런즉 남의 것을 아예 탐내거나 쳐다보지도 말라고 가르치는 것입니다. 장차 너처럼 큰일을 할 사람이 시시하게 남의 것을 탐내서야 되겠느냐, 너 커서 좀도둑이 되려고 그러느냐. 그래서는 안 된다고 좋은 말로 타이르고 가르치는 것입니다. 그런 버릇이, 낌새가 보이면 강하게 단호하게 제지해야 합니다. 미리 싹을 잘라버려야 합니다. 그렇다고 때려서도 욕을 해서도 안 되고 좋은 말로 타일러야 효과를 볼 수가 있습니다.

■ 욕하는 버릇

아이들 얘기, "엄마랑 아빠랑 운전할 때 특히 욕을 많이 해요. 저랑 제 동생이 뒤에 타고 있는데도 신경 안 쓰세요.", "저희 집에선 9시 뉴스 할 때마다 엄마랑 할머니랑 욕 퍼레이드를 해요.", "나쁜 놈 나오면 서로 욕하느라 정신없어요." 속담에 "윗물이 맑아야 아랫물이 맑다."고 했습니다. 부모가 본을 보여주는 것입니다. 솔선수범하는 것입니다.

■ 떼쓰고 우는 버릇

불만이 있을 경우나 못마땅한 점이 있거나 흡족스럽지 못하거나 뭐 안 사준다고 땅바닥이든 마루바닥이든 마구 뒹굴고 울면서 떼를 쓰는 아이들이 많은데 참아야지 어쩝니까? 열이면 아홉은 욕이 튀어나오고 손이 올라가는데 들어줄 것은 들어주고 살살 달래야 합니다. 그러나 지나치게 과도하게 요구하는 경우는 단호하게 제지해야 합니다. 버릇 들면 곤란하기 때문입니다. 그렇다고 때리거나 욕부터 하는 것은 금물입니다. 땅바닥에서 뒹굴 때는 떼어놓고 간다고 그냥 앞서가는 것입니다. 그러면 겁이 나 그치고 뒤따라옵니다. 떼를 쓰면 들어준다는 걸 알면 계속 떼를 쓰게 됩니다. 관찰해보면 울면서도 눈치 보며 떼를 씁니다. 고얀 놈, 먹고 살기도 힘든데 이처럼 애 키우기가 어렵습니다. 무자식이 상팔자라고 자식이 없으면 이런 꼴을 볼 필요가 없을 텐데 참 그렇습니다. 그러나 자식 키우는 재미라고 자위하는 수밖에 없겠습니다.

■ 손 빠는 버릇

충분히 젖을 먹지 못해서 불안, 심심해서, 허전해서 아니면 스트레스로, 욕구불만, 엄마의 사랑이 부족한 경우 손을 빨게 되는데 영구치가 고르게 착상하는 데 문제가 될 수도 있습니다. 부정교합이 될 수도 있습니다. 손톱을 물어뜯기도 하고, 커서도 빠는 아이가 있습니다. 어떻게 했으면 좋을까? 빨 때 손에 장난감을 쥐어주거나 간식을 주거나 관심을 다른 곳으로 돌려주는 것입니다. 아기들은 손 빠는 게 정상이고, 돌 전에 그친다는 전문가의 지적도 있지만 욕구가 뭔지, 왜 빠는지 찾아보고 채워주는 것입니다. 관찰해보면 알 수가 있습니다. 그렇다고 때리거나 강제로 못 빨게 다그치지 말고 심하면 전문가의 도움이 필요합니다. 결론적으로 버릇 나쁜 아이 뒤엔 무관심하고 배려심 없는 양육 나쁜 부모가 있다는 사실입니다. 점검이 필요합니다.

- 인간은 버릇 들이기에 달려있다. - W. 셰익스피어
- 인간은 습관에 따라 달라진다. - W. 셰익스피어
- 매년 한 가지씩 나쁜 습관을 뽑아버린다면 극악한 인간도 이윽고 선량한 인간이 될 수 있다. - 프랭크린
- 배운 도둑질 - 한국 속담
- 나쁜 습관은 마음에 녹이 슨 것이다. - 서양 속담
- 습관은 제2의 천성이다. - 영국 격언

③ 예절교육

예절은 세상을 살아가는 데 있어 꼭 필요한 도리요, 아름다운 질서의식입니다. 공손하고 진중한 몸가짐, 삼가고 배려하는 마음씨, 폐를 끼치지 않는 언행 등은 살아가면서 필요하고 갖춰야 할 생활태도입니다. 한때 우리는 동방예의지국 소리를 들었는데 지금은 동방예의안지국이 돼가고 있습니다. 무례가 판을 치고 있습니다. 외국 비행기 안에서도 무례하게 자주 행패를 부려 한국 사람은 기피 대상이 되고 있습니다. 이런 행동의 근저에는 예절교육, 배움이 없기 때문입니다. 어릴 때 부모로부터 제대로 배우지 못했기 때문입니

다. 배우고 싶어도 안 가르쳐주니 못 배운 것입니다. 안 배우고 컸으니 가르칠 수가 없습니다. 가정교육의 부재현상입니다. 습관화되기 위해서는 어릴 때부터 철저히 가르쳐야 합니다. 몸에 배면, 버릇 들면 예의 바른 아이로 성장하게 됩니다. 그것은 본을 보여주는 것입니다.

ㄱ. 인사예절

인사는 존경심, 친밀감, 반가움의 표시입니다. 공손하고 예의 바르게 하는 인사는 좋은 인간관계의 기초가 됩니다. 남한테 하는 인사는 결국 나를 위하는 것입니다. 인사는 윗사람, 아랫사람, 친구간다 다릅니다. 때와 장소와 상대에 따라 다르므로 그때 그때 맞게 해야 합니다. 인사 잘해 뺨 맞는 법은 없습니다. 인사를 안 해 불이익이나 오해를 사기도 합니다. 아는 사람이 인사 않고 멀뚱거리거나 지나치거나 모른 체하면 불쾌하고 괘씸하게 생각합니다. 인사는 처세의 기본입니다.

- 아침에 일어나 부모님께 문안인사 드리기
- 부모님이 밖에 나가실 때 문밖에 나와서 "잘 다녀오십시오."; 돌아오시면 "잘 다녀오셨습니까?" 인사하기, 커서는 쑥스러워서 못합니다.
- 외출 시에는 부모님에게 "다녀오겠습니다."; 돌아와선 "다녀왔습니다." 반드시 말씀드리기, 늦을 경우 전화 드리기
- 고개만 끄덕이는 인사가 아니라 허리를 굽혀서 하기
- 받기보다는 먼저 하기
- 먼저 본 사람이 먼저 하기
- 웃어른에게 공손히 인사하기
- 오랜만에 뵐 경우 - 방 안에서는 무릎 꿇고 절하기

인사깔 밝다는 소리를 듣게 가르치는 것입니다.

인사성 밝은 칠호 - 동시

집에 오는 길에
무서운 형들이 다가왔다.
틱틱 침 뱉으며
돈을 달라고 했다.
없다고 하니
주먹으로 때리려 했다.
그때 등 뒤에서
'칠호야!' 부르며
자전거 타고 가던
경비 아저씨가 구해줬다.
집에 다 와 갈 때
내 이름은
칠호가 아니라고 했더니
만날 때마다 인사하는
인사성 밝은 107호,
칠호 집 애가 틀림없다고 했다.

- 이장근(1971~)

ㄴ. 언어예절

언어는, 말은 자신의 생각을 표현하는 수단입니다. 의사소통은 대부분 말로 이루어집니다. 생활의 필수도구인 언어, 교양인은 품위 있는 말을 쓰는 것이 기본입니다. 남을 존중하고 배려하는 말 한마디는 남으로부터 호감과 존경을 받습니다. 무심코 뱉은 말 한마디는 깊은 상처를 주고 인간관계를 해치게 됩니다. "가는 말이 고와야 오는 말이 곱고, 말 한마디로 천냥 빚을 갚는다."고 했습니다. 말의 중함을 표현한 속담입니다. 아이들에게 바르고 부드럽고 밝은 말을 쓰도록 어릴 때부터 가르쳐야 합니다. 그래야 곱디고운 말을 쓰게 됩니다. 중요한 것은 부모가 솔선수범해 본을 보이는 것입니다. 보고 배우기 때문입니다.

- 우선 부모가 욕설 안 하기
- 욕설 않도록 가르치기
- 부모님께 존댓말 쓰기. 반말 안 쓰기
- 곱고 부드럽고 아름다운 말 쓰기
- 남 흉 안 보기
- 고마울 때는 고맙습니다. 잘못했으면 잘못했습니다. 미안합니다. 죄송합니다… 자연스럽게 나올 수 있도록 가르치기

몸에 배면, 버릇 들면 예의 바른 아이로 성장하게 됩니다.

ㄷ. 식사예절

인간의 삼대 욕구 중 하나가 먹는 욕구입니다. 먹는 것은 즐겁습니다. 맛있는 음식을 먹으면 더더욱 즐겁습니다. 그러나 즐거워야 할 식사시간이 잘못하면, 예의 없이 굴면 즐겁지 않은 시간이 되고 맙니다. 기분을 잡치게 됩니다. 식사에도 지켜야 할 예절이 있으므로 어릴 때부터 가르쳐야 됩니다.

- 먹기 전에 손 씻기
- 어른이 먼저 숟가락을 든 뒤 들기
- 식사 후 어른이 숟가락을 먼저 놓은 뒤 놓기

- 어른보다 먼저 끝내서는 안 되고 보조 맞추기
- 숟가락과 젓가락을 함께 쥐고 식사 안 하기
- 쩝쩝, 후르륵 소리 안 내고 먹기
- 질질 흘리지 않기
- 숟가락이나 젓가락을 그릇에 걸쳐 놓지 않기
- 먹을 수 있는 만큼만 덜어 먹기, 안 남기기
- 먹은 후 고마움 표시하기
- 밥투정, 반찬투정 안 하기
- 가리지 않고 먹기
- 장난치거나 떠들지 않고 조용히 먹기
- 이것저것 집었다 놨다 뒤집었다 안 하고 한 번에 콱 집기
- 왼손으론 숟가락을 잡고 오른손으로 젓가락을 잡고 반찬을 집어 왼손 숟가락에 얹어 안 먹기 – 어른들도 보기 싫게 요즘 유행하고 있습니다. 왜 그렇게 따라하기를, 쏠리기를 잘할까? 체통이 없을까?

어떤 조사를 보니 어른 10명 중 6명이, 어린아이 10명 중 8명이 젓가락질을 품위 있게 제대로 못한다고 나와 있습니다. 어떤 초등학교는 학생 전체에게 젓가락질을 가르치기도 하고, 젓가락질 사용급수 시험을 치르는 학교도 있고, 젓가락질 바르게 사용하기 대회를 연 학교도 있습니다. 또 젓가락으로 콩 집어 옮기기 대회를 연 학교도 있습니다. 손가락으로 밥을 집어먹는 나라, 국민도 있는데 아무렇게나 집어먹고 소화만 잘 되면 되지 할 수도 있겠으나 기왕지사, 제대로 하면 보기도 좋고, 의젓하고, 품위도 있고, 자유자재로 집을 수 있으니 좋은 것입니다. 젓가락질은 포크를 사용했을 때보다 손가락, 손목 등 30여 개의 관절과 60여 개의 근육을 움직이게 됨으로 뇌의 중추신경을 자극하여 뇌 발달에 배 이상의 효과가 있다는 전문가의 조언도 있습니다. 집중력을 기르고 치매예방에도 좋다는 것입니다.

반도체 기술, 복제기술, 옛날의 병아리 감별, 미세수술 등은 손재주가 필요한 부분인데 우리가 두각을 나타내는 것은 젓가락질을 잘하기 때문일 것입니다. 양궁이나 골프도 마찬가지로 집중력, 손의 조절력이 요구되므로 우리가 세계를 휩쓰는 것도 다 이유가 있는 것입니다. 젓가락으로 조나 참깨, 들깨를 자유자재로 집을 수 있는 민족은 우리가 으뜸일 것입니다. 그런데 이런 경우, 상견례와 같은 맞선 보고 식사하는 자리에서 당사자나 부모가 젓가락질을 제대로 못하는 걸 본다면 상대편에서 어떻게 볼까? 상급자와 식사를 할 때 젓가락질을 제대로 못하는 걸 봤을 때 어떻게 볼까? 저 사람은 가정교육을 어떻게 받았길래 젓가락질 하나 제대로 못하나, 심지어 취업면접에서도 젓가락질을 해보라는 면접관도 있습니다. 이상적인 젓가락 잡는 법을 소개합니다. 콩 20개를 이쪽저쪽 그릇에 담는 연습을 한두 시간 하면 숙달된 조교처럼 잘하게 될 것입니다. 앎보다 중요한 것은 실천입니다. 즉시 가르치는 것입니다.

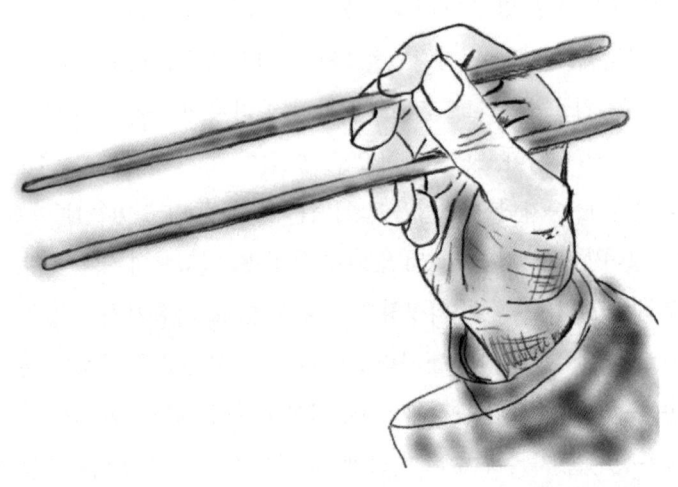

ㄹ. 부모님에게 존댓말 쓰기 - 반말 안 쓰기

"엄마 밥 먹어, 아빠 빨리 와봐." 40이 된 아들이 60이 넘은 어머니에게 엄마, 엄마 하는데 보기도 싫고 듣기도 거북스러운 것도 사실입니다. "잡수십시오. 이쪽으로 오십시오." 얼마나 품위가 있습니까? 존댓말은 존경의 표시이고, 반말은 하대의 표시입니다. 존경해야 할 부모님에게 하대하다니 고쳐줘야 할 악습입니다. 다른 어른들에게는 존댓말을 쓰면서도 정작 내 부모님에게 왜 반말을 쓰나요? 쓰게 하나요? 허물이 없고 친근감의 표시로 반말을 쓰는지 모르겠으나 친할수록 예의를 지키라고 했습니다. 세상에서 제일 친하고 소중한 분이 누구신가요? 부모님이십니다. 부모가 자식에게 가르쳐주지 않아서이겠지만 이 시간 이후 존댓말을 쓰게 해야 합니다. 아이들이 반말을 쓰면 쓰지 말고 존댓말을 쓰라고 분명히 얘기해줘야 합니다. 얘기 안 해주면 모르고 계속 쓰게 됩니다. 최소한 초등학교 입학 첫날부터 엄마 아빠가 아니라 어머니 아버지! 대답도 '응'이 아니고 '예'라고 분명히 하게 해야 합니다. 3번 복창시켜 보십시오. 고치고 못하게 해야 합니다.

한 번 버릇 들면 성인이 돼서는 쑥스러워 말이 나오지 않고 고치기가 어렵습니다. 입학 전 미리 약속을 받아두는 것입니다. 등교 첫날부터 "아버지 어머니, 학교에 다녀오겠습니다." 갔다 와서는 "다녀왔습니다." 하게 합니다. 지금 복창시켜 봅니다. 가뭄에 콩 나듯 하지만 어린아이가 제 부모에게 존대말을 쓰는 걸 볼 때면 당연한에도 신기하고 다시 쳐다봐집니다. 이것이 진정한 인성교육이요, 훌륭한 가정교육인 것입니다.

ㅁ. 효도와 어른 공경하기

■ 효도

효도는 백행지본(百行之本)이라고 했습니다. 모든 행동거지와 예절의 근본은 효도로부터 나온다고 했습니다. 내 삶의 시작은 부모님 덕분입니다. 부모님이 안 계셨더라면 내가 어떻게 태어날 수가 있을까? 삶을 누릴 수가 있을까? 효도를 하는 것은 당연한 것입니다. 마땅히 해야 할 도리인 것입니다. 그러나 코흘리개 아이들이 효도가 뭔지나 알까요? 배고프면 밥 달라 하고 안 사주면 떼쓰고 우는 아이들인데… 왕대밭에서 왕대가 나고, 효자 부모 밑에서 효자 자식 난다고, 효도는 못할망정 참으로 불효막심한 자식들이 널려있습니다. 그것은 부모가 잘못 가르쳤기 때문입니다. 자업자득인 셈입니다. 부모인 내가 내 부모님에게 지극정성으로 효도를 다한다면 자식들도 보고 따라 효도 자식이 되는 것입니다. 보고 배우니 본을 보이는 것이, 실천하는 것이 잘 가르치는 것입니다. 효도란 부모님에 대한 고마움과 존경과 사랑의 표현입니다. 30대편 844쪽에 또 있습니다.

■ 어른 공경하기

우리는 예부터 삼강오륜이라는 아름다운 전통을 갖고 있었습니다. 그 오륜 중의 장유유서가 그 하나입니다. 윗사람은 아랫사람을 사랑하고 아랫사람은 윗사람을 공경하는 풍습이 있었습니다. 그런 전통이 점점 사라지고 있습니다. 경로사상이 점점 엷어지고 있습니다. 옛날에는 어른이나 윗사람을 보면 공손히 두 손을 모으고 극진히 허리를 굽혀 인사를 했습니다. 뜻을 거슬리는 짓을 삼갔습니다. 집에 어른이 오시면 뛰어나가 공손히 인사를 했습니다. 가실 때 역시 문밖에 나와 안녕히 가시라고 공손히 인사드리고 배웅을 했습니다. 무거운 짐을 들고 가면 거들어드리고 어른 앞에서는 큰소리로 떠들지 않고, 그리고 순종했습니다. 술을 먹을 때는 얼굴을 한쪽으로 돌리고 먹었습니다. 맞담배질을 안 했습니다. 그러나 지금은 가는지, 오는지도 눈 뻔히 뜨고도 모른 체합니다. 맞담배질도 합니다. 심지어 욕설, 폭행도 서슴치 않습니다. 부모 책임이요, 가르쳐주지 않으면 알 수가 없습니다. 아름다운 전통을 살려내야 할 책임은 우리 어른에게 있습니다. 요사이 직장에서는 인사, 식사, 접대, 보고, 대면 전화, 승강기 승차예절 등 신입직원 예절교육을 시키는 곳이 늘어나고 있습니다. 자기 아들이 직장 상사로부터 업무상 질책을 받자 엄마가 전화로 항의하는 일도 벌어진다는 것입니다. 그러니 그런 부모 밑에 큰 자식이 제대로 예절을 갖출 수가 없는 것은 당연한 것입니다.

- 예의 바른 행동, 그것은 고귀한 성품의 최종적 완성의 꽃이다. - W. 윈터 / 행동하는 이와 그의 책임
- 예의 바른 행동이란 타인의 감정에 대한 배려를 표현하는 방법이다. - A. 밀러 / 새터네이 이브닝 포스트지
- 열이 초를 녹이듯 예의 바름은 상대방을 부드럽게 만든다. - A. 쇼펜하우어
- 예가 아니거든 보지를 말라. 예가 아니거든 말하지 말라. 예가 아니거든 행하지 말라. - 논어
- 어떠한 때고 인사는 부족한 것보다 지나친 편이 낫다. - 톨스토이
- 예는 스스로 낮추고 상대를 존경하는 것이다. - 예기
- 꽃에는 향기, 사람에게는 예의가 요구된다. - 인도 격언
- 예의를 지키는 데 돈이 안 든다. - 영국 격언
- 바른 예절은 사회생활의 안정제이다. - 체스터 필드
- 태어났을 때부터 예의 바른 사람은 없다. - 프랑스 격언
- 너희는 남에게서 바라는 대로 남에게 해주어라. - 성경
- 예의는 매력도 있고 이익도 있다. - 에우리 피데스 / 히폴리테스

• 예의는 자기 자신을 비추는 거울이다. - J. W. 괴테
• 친할수록 예의를 지켜라. - 영국 격언

ㅂ. 형제자매간의 우애

　형과 언니는 동생을 사랑하고, 역시 동생은 형과 언니를 믿고 따르고 공경해야 합니다. 모르는 것이 있으면 잘 가르쳐주고 도와주고 대신 심부름 같은 걸로 보답합니다. 이것이 형제자매간의 도리이고 정표입니다. 속담에 "형제간에는 콩 한쪽이라도 생기면 나눠 먹으라."고 했습니다. 그런데도 형제간에 다툼이 많으니 웬일인가요? 그것은 이(利)가 끼어들기 때문입니다. 왕왕 유산 상속을 놓고 형제자매간에 다툼이 생기는데 이는 이(利)를 먼저 챙기려 하기 때문입니다. 양보심, 우애심이 부족하기 때문입니다. 속이 좁고 옹졸하기 때문입니다.

　자존심 때문에 혹은 지지 않으려고 싸우기도 합니다. 부모 다음으로 가까운 혈육 사이인 형제간이므로 서로 감싸고 이해, 배려하고 도와주고 격려해주고 양보하는 사랑이 필요합니다. 우애심을 길러주는 중요한 요소가 배려와 양보심입니다. 하나 더 가지려고 더 차지하려고 뺏기지 않으려고 싸우게 되지만 하나 덜 가지려고 덜 차지하려고 더 줄려고 하면 우애를 지키게 됩니다. 더 차지한들 우애를 잃는다면 그 재산이 무슨 소용이 있을까? 형제의 정보다 재산이 더 소중할까? 유념할 점이라면 편애해서는 안 된다는 점입니다. 형만 편애하면 동생이 기분 나빠하고 질투하게 됩니다. 동생만 편애하면 형도 속이 편치 못하고 동생을 미워하게 됩니다. 또 비교해서는 안 됨에도 곧잘 비교를 합니다. "동생 반만 닮아라. 형처럼 해라. 그게 뭐냐?" 형이 비교당하면 비교하는 동생을 미워하고 못살게 굽니다. 동생이 비교당하면 형을 미워하고 질투하게 됩니다. 자연 사이가 나

빠집니다. 부모의 양육태도에 따라 형제간의 우애가 갈립니다. 비결은 공평하게 대하는 것입니다. 배려, 요령이 필요합니다.

옛날 전라도 어느 마을에 의좋은 형제가 살았습니다. 가을 추수가 되자 형이 생각하기를 동생은 새살림을 차렸으니 나보다 어렵겠지, 동생 역시도 형은 식구가 많으니 나보다 더 어렵겠지, 서로 걱정하고 밤이 되자 형이 논에 나가 동생 논에 볏단을 옮겨놓고, 동생 역시도 형 논에 볏단을 옮겨놨습니다. 아침이 되어 서로 논에 나가 보니 분명히 옮겨놨는데 그대로 있으니 이상하게 생각하고 밤이 되자 서로 볏단을 지게에 지고 가다 중간에서 만났습니다. 볏단이 없어진 이유를 알게 되자 서로 감격해 부둥켜안고 울었다는 전래동화입니다. 우리에게 이런 아름다운 우애의 전통이 있었습니다.

- 형제는 콩 한 쪽만 있어도 나눠 먹는다. - 한국 속담
- 형제는 사랑하여 서로 우애하고 존경하기를 서로 먼저 하라. - 성경
- 인생의 마지막 별이요, 모든 선행의 왕관은 형제의 우애이다. - E. 마컴
- 아무리 멀리 떨어진다 해도 핏줄은 끊지 못하는 것, 형제는 영원토록 형제이다. - J. 키블
- 세상에서 얻기 어려운 것이 형제요, 구하기 쉬운 것은 재물이라. 설사 재물을 얻을지라도 형제의 마음을 잃는다면 무엇하리오. - 소경
- 형제는 집안에서 싸움을 해도 남의 모욕을 받으면 합심해서 그것을 막는다. - 시경
- 형아, 아우야, 네 살을 만져보아라. 누구에게서 태어났기에 모습조차 같을손가. 한 젖 먹고 길러 나서 딴마음을 먹지 말라. - 송순 / 면앙집
- 피는 물보다 진하다. - W. 스콧

④ 법과 질서 교육

혼자 살 수 없는 세상이므로 함께 살아가기 위해서는 준법정신과 질서의식을 어릴 때부터 길러주는 것입니다. 법이 서지 않고 질서가 문란한 사회는 혼란을 가져오고 발전할 수 없고 선진사회가 될 수 없습니다. 선진사회란 법과 질서가 확립된 사회입니다. 어릴 때부터 법과 질서를 잘 지키고 양보하고 도와주고 배려하고 폐를 끼치지 않고 나의 이익보다는 공공의 이익을 먼저 생각하고 실천에 옮기는 생활태도를 길러주는 것입니다. 대부분 공공기물은 내 재산이 아니라고 여기기 때문에 함부로 훼손합니다. 내가 직접 돈 주고 산 재산이라면 마구 대할까? 그러나 그 속에는 내가 낸 세금이 포함된 것입니다. 내가 돈 주고 샀다고 내 재산이라고 생각케 하는 것입니다. 이런 점들을 어릴 때부터 철저히 주입시키고 습관화시켜 줘야 합니다. 아이들 한 명 한 명이 이심전심, 습관이 돼 철저히 지킬 때 나아가 준법사회, 질서 있는 사회, 건강하고 성숙된 도덕사회가 되는 것입니다. 자연스럽게 일등 국가, 일등 국민이 되는 것입니다.

ㄱ. 일반질서
- 차례 차례 줄서기
- 큰소리로 떠들지 않기
- 공공시설물 내 것처럼 아끼기
- 나 좋다고 남이 싫어하는 일 안 하기
- 경기장, 공연장, 관람질서 지키기
- 음주소란 피우지 않기
- 장난전화 안 하기(소방서, 경찰서)

ㄴ. 교통질서
- 교통법규 지키기

- 무단횡단 안 하기
- 타고 내릴 때 순서 지키기
- 우측 통행하기
- 안전벨트 꼭 매기
- 에스컬레이터 뛰어내리지 않기

ㄷ. 환경질서
- 쓰레기 함부로 버리지 않기, 버릴 곳에 버리기, 주머니에 넣었다 버리기, 집에 가져와 버리기
- 길바닥에 침 뱉지 않기
- 껌은 그냥 땅바닥에 뱉지 말고 싸서 쓰레기통에 버리기, 길바닥에 눌러붙은 껌을 떼어보기, 1일 봉사시키기
- 1회용품 덜 사용하기
- 노상방뇨 안 하기

ㄹ. 실천하기
알고도 실천하지 않으면 아무 소용 없습니다. 어릴 때부터 철저히 실천하게 합니다. 버릇 들게 합니다. 그리고 부모님이 솔선수범하는 것입니다.

⑤ 도덕교육

국어사전을 보면 도덕이란 사람으로서 마땅히 지켜야 할 도리이며, 그걸 실천하는 행위를 말합니다. 또 비교해서 뭐합니다만 일본인들의 친절한 태도, 서비스 정신, 질서의식은 우리가 배워야 할 점이라고 말합니다. 그들은 또 남에게 폐 끼치는 것을 금기로 여기고 어려서부터 이를 엄히 가르친다는 것입니다. 그런데 여기서 한 가지 의문스러운 점은 이지메(괴롭힘, 따돌림)가 성행한다는데 어떻게 해

석해야 할까? 그들은 발등을 밟혀도 밟은 사람보다는 밟힌 사람이 먼저 미안하다고 사과한다는 것입니다. 밟히게 했으니깐요. 참, 놀랠 노자요. 그런데 우리 한국 사람들은 어떻게 나올까? 밟은 사람이 사과하지 않으면 싸움으로 이어집니다. 그런즉슨 하루 한 가지씩 도덕교육을 시키는 것입니다. 부모가 본을 보여줍니다.

- 공중도덕을 지켜라. 자신에게 성실하라. 남을 배려하라. 역지사지해보라. 혼자 있을 때를 삼가라. 양보심을 발휘하라. 남의 것을 넘보지 말라. 폐 끼치지 말라. 나에게 엄격하고 남에게는 관대하라. 음란물을 멀리하라. 의(義)가 아니면 행하지 말라. 오른뺨을 때리면 왼뺨까지 내주라는 건 아니고 - 1년이면 365가지의 도덕교육이 이루어지는 셈입니다. 그것이 몸에 배면 성인이 돼서도 우러나 도덕인이 되는 것입니다. 또 그것은 일등 국민, 일등 국가의 밑바탕이 되는 것입니다.
- 도덕교육은 악이 사람의 마음을 점령하기 전에 일찌감치 시작해야 한다. 그 이유는 만약 밭에 좋은 씨를 뿌리지 않으면 가장 흉한 잡초만이 자라날 것이기 때문이다. - J. 코메니우스 / 대교수학
- 종교는 많이 있지만 도덕은 하나뿐이다. - J. 러스킨 / 미술 강의

⑥ **관심과 간섭 그리고 잔소리**(61쪽을 참고하십시오.)
⑦ **칭찬과 격려 그리고 꾸중**(66쪽을 참고하십시오.)
⑧ **체벌**(72쪽을 참고하십시오.)
⑨ **아동학대**
"보호자를 포함한 성인이 아동의 건강 또는 복지를 해치거나 정상적 발달을 저해할 수 있는 신체적, 정신적, 성적 폭력이나 가혹행위를 하는 것과 아동 보호자가 아동을 유기하거나 방임하는 것을 말한다."(아동복지법 제3조) 때리거나 욕하거나 꼬집거나 할퀴거나 성적

으로 괴롭히는 것도 아동학대에 해당이 됩니다. 모욕을 주거나 차별하거나 출생신고를 않거나 이것 역시도 학대에 해당합니다. 못살게 굴거나 굶기거나 아파도 치료해주지 않거나 무관심하거나 모른 체하거나 학교를 안 보내거나 부부싸움을 보여주는 것도 일종의 정신적 학대에 속합니다. 학대를 당하면 어떤 안 좋은 일이 생길까? 뇌에 이상이 생기게 되고, 우울증이나 섭식장애, 틱장애 같은 정신질환도 생깁니다. 분노와 증오심도 쌓이게 됩니다. 충동이나 감정조절 능력이 떨어지고, 욱하는 성격이 형성되기도 하고, 학습능력도 떨어지고, 자신감도 위축되고, 적응력이 떨어져 제 또래와 관계형성이 어려워지고, 왕따의 표적이 될 수도 있습니다.

성인이 되면 충동이나 감정조절을 못해 자해하거나 자기 집에 불을 지르기도 하고, 남을 학대하거나 살인이나 반사회적인 행동을 하기도 합니다. 학대를 당했으니 당한 만큼 학대를 하겠다는 심리도 깔려있을 것입니다. 자연 분노 분출이 안팎에서 나타납니다. 학대가 어릴수록 회복이 늦거나 어려워집니다. 학대자는 소득이나 교육 수준, 직업이나 종교와는 무관합니다. (알다시피 히틀러는 어렸을 때부터 아버지로부터 상습적으로 매를 맞고 컸다는 것입니다. 학대로 생긴 분노를 복수심으로 표출해서 유대인 600만 명을 학살한 이유가 됐는지도 모릅니다.)

주로 손이나 발로 막대기로 닥치는 대로 무차별 때리거나 흉기로 위협하거나 찌르기도 할 것입니다. 한창 부모의 사랑을 받고 자랄 나이인데 학대하다니. 2019년 아동학대 발생 건수 4만 1,389건, 사망 42명! 행복한 삶이 아니라 공포의 삶, 행복한 가정이 아니라 지옥이나 다름없습니다. 학대자는 아버지가 51%, 어머니가 34%, 가정 내 80%, 당하는 아이 10대 이하가 50% 이상이고, 원인은 부모의 포악한 성격, 실직, 경제문제, 가출, 별거, 이혼, 알콜중독, 게임중독 등 여러 이유가 있겠지만 어린 자식이 무슨 죄가 있을까? 있다면 부모 잘못 만난 죄겠지만 자기 자신을 탓하지 않고 힘없는 어린 자식 화풀이로 때리고 못살게 구니 감당해낼 수가 없을 것입니다. 불쌍한 생각이 들지 않을까? 입장을 바꿔 생각해보면 그렇게 학대할 수는 없을 것입니다. 그 상처 후유증은 너무 크고 평생 남게 됩니다. 내가 낳은 귀여운 내 자식인데 잘해주지는 못할망정 어떻게 학대할 수가? 생각을 바꿔야 실마리가 풀릴 것입니다. 첫째는 그 원인을 제거하는 것입니다. 생각을 바꾸고 행동으로 옮기면 삶이 바뀐다고 했습니다. 아이들이 미운 짓을 하더라도 너그럽게 용서해주고 말을 잘 듣지 않더라도 말로 타이르고 속상한 일이 있더라도 화풀이 말고 참고 또 참아내는 것입니다. 아량이란 말이 있듯이 너그럽게 아량을 베푸는 것입니다. 어디서 뺨 맞고 와서 어디서 눈 흘겨서는 안 될 것입니다.

내가 포악한 성격이라면 온화하게 바꾸고, 실직했으면 다시 잡으면 되고, 돈이 없으면 돈 벌려 애쓰면 되고, 이혼했으면 다시 재혼하면 되고, 알콜중독이면 술을 끊으면 되는데 그것이 말처럼 쉽지 않으니 문제인 것입니다. 세상사가 말처럼 쉽다면 안 되는 일이 없습니다. 그러나 어렵다고 손 놓고 있으면 해결될 수가 없습니다. 방법은 그쪽으로 전력을 다해 노력하는 것뿐입니다. "노력은 성공의 열쇠"라고 안 되는 것 빼고 다 되고 맙니다. 뜻대로 안 되면 되게 하는 수밖에 없습니다. 그 원인이 실직에 있다면 직장을 잡는 것입니다. 과거의 자존심을 버리고 눈높이를 낮추고 찾아보고 알아보고 물어보고 부탁해보고 백방으로 노력해보는 것입니다. "하늘은 스스로 자신을 위해 애쓰는 사람을 도와준다."고 했습니다. 길이 자연 열리게 됩니다.

문제는, 한창 부모사랑을 받고 자랄 나이에 학대받아 견딜 수가 없어 자연 탈출구를 찾게 되고, 그 첫 번째가 가출입니다. 가출은 절대로 막아야 합니다. 갈 곳은 뻔합니다. 비행 속으로 빠지게 됩니다. 문제는 다시 돌아와도 재학대하니(2014년 재학대 1,027건) 문제인 것입니다. 어느 부모가 잘해주고 싶지 학대하고 싶어 하는 부모가 있느냐고 한다면 그것은 핑계에 지나지 않습니다. 학대는 대물림됩니다. 장차 제 자식을 학대하게 됩니다. 또 학대를 하면 늙어 학대받은 자식으로부터 학대를 당한다는 사실입니다. 인과응보의 원리가 여기에도 작용합니다. 분명한 것은 자식에게 잘해줘야 늙어서도 자식으로부터 부모 대접을 받게 된다는 사실입니다. 자식 학대에 견디지 못하고 자살한 부모도 많을 것입니다. 부디 내 귀여운 자식 많이 사랑해주십시오. 학대하지 마십시오. 불쌍하지 않습니까?

학대는 대부분 부모에 의해서 가정 내에서 발생합니다. 밖으로 노출되지 않고 지속됩니다. 주위의 관심과 빠른 신고가 아동학대를 막을 수 있고 줄일 수 있습니다. 신고자는 법적으로 비밀보장을 받습니다.(아동학대 특례법 10조 3항) 신고 보상금도 받습니다. 아동학대는 범죄행위입니다. 특례법에 의해서 처벌받습니다. 부모로부터 학대를 당할수록 스마트폰 중독 위험이 높다는 연구결과도 있습니다.

- 보건복지부 상담센터 129번
- 경찰서 112번
- 아동권리 보장원 (02) 6283-0200
- 중앙 아동보호 전문기관 1577-1391 (Korea1391.org)
- 가족상담 전화 1644-6621

⑩ 해서는 안 되는 말, 상처를 주는 말

의도적이든 홧김이던, 아무 생각 없이 무심코 던진 말이던 아이에게 큰 상처를 준다는 사실입니다. 심심해서 무심코 던진 돌이 개구리에게는 어쩌듯이 말에 따라서는 평생 잊히지 않을 수도 있습니다. 옛말에 "말이 입힌 상처는 칼이 입힌 상처보다 크다."고 했습니다. 칼의 상처는 쉬 아물지만 말의 상처는 쉽게 아물지 않기 때문입니다. 여린 가슴에 대못을 쾅쾅 박은 거와 같습니다. 시커멓게 멍이 든 거나 마찬가지입니다. 사려 깊은 부모라면 평소 조심스럽게 가려서 말해야 되는데 아무 생각 없이 혹은 참지 못하고 혹은 기분 내키는 대로 불쑥불쑥 함부로 말하는 부모도 많습니다. 말하는 부모야 그 순간은 시원하고 후련할지 모르겠지만 듣는 아이들은 못 견뎌 할 것입니다. 귀를 막고 싶고 뛰쳐 나가고 싶을 때도 많을 것입니다. 입장을 바꿔 생각해보면 알 수가 있습니다. 그러나 인간은 입장을 바꿔 생각하지 않으려는 심리가 깔려있습니다. 배려하려고 하지 않습니다. 남편이 아내에게 "당신은 세 살 먹은 애도 아니고 뭐 그 모양이야 병신같아." 반대로 아내가 남편에게 "당신도 인간이야? 이 호랑말코 같은 인간아. 돼먹지 못하고 바보같으." 뭐 어쩌고 했을 때 기분이 썩 좋지는 않을 것입니다. 그런즉슨 말은 조심스럽게 해야 됩니다. 가려서 해야 합니다. 참지 못하고 기분 내키는 대로 나오는 대로 쑥쑥 해서는 안 됩니다. 한 번 내뱉은 말은 주워 담을 수 없기 때문입니다.

그러면 어떻게 하라는 얘기요? 말을 하지 말라는 얘기요? 아닙니다. 말을 하지 말라는 얘기가 아니고 하되 가려서 하라는 얘깁니다. 아이들에게 상처 주는 말을 하지 않으면 문제가 될 게 하나도 없습니다. 그러니 속상하고 화나더라도 내 자식이니, 사랑스런 귀여운 내 자식이니 참고 또 참고 함부로 말하지 말라는 것입니다. 그럼에도 왜 그렇게 참지 못하고 함부로 말할까? 인내심이 부족하기 때문입니다. 배려할 줄 모르고 감정을 자제할 줄 모르기 때문입니다. 교양머리가 없기 때문입니다. 인격과 수양의 문제요, 부모로서는 자격 미달이라 봐도 무방할 것입니다. 그러면 성인(聖人)이 되라는 얘기요? 될 수만 있으면 성인이 되면 더더욱 좋습니다. 그런즉슨, 어른인 부모가 참아야 되고, 할 말인지 아닌지 가려서 해야 되고, 상처를 주는 말은 하지 말아야 합니다. "참는 자에게 복이 온다."고 했듯이 참기 어려워도 참게 되면 아이가 상처를 안 받으니 서로 좋은 것입니다. 복 받는 일입니다. 속담에 "누이 좋고 매부 좋은 격"입니다.

- 아이고 이 병신 육갑하고 있네.
- 이 바보 멍청아!
- 네 동생 좀 봐라. 형 노릇 좀 똑똑히 해라. 나이 헛쳐 먹었어.
- 너는 어찌 하는 짓이 그 모양이냐?
- 보기 싫으니 당장 꺼져버려!
- 돼지처럼 처먹기는 잘하는군.
- 이 웬수야, 나가 죽어라. 살아서 뭐해?
- 그래 가지고 커서 뭐 될래?
- 너는 이놈아, 내 자식이 아니다. 어서 나가라. (나가라면 나가는 아이도 있습니다. 금물입니다.)
- 저런 것이 살아 가지고는 어디다 쓸까?

이런 말들을 듣고 자란 아이, 우리 귀여운 자식들의 반응은 어떨까? "괴로웠다. 가슴이 미어지는 슬픔을 느꼈다. 죽고 싶었다. 엄마 같지 않은 생각이 들었다. 공부하기 싫었다. 집을 나가고 싶었다. 커서 복수하고 싶었다." 얼마나 사무쳤으면 이런 생각을 할까? 나이 들수록, 고학년일수록 이런 감정은 더 할 것입니다. 이런 마음의 상처가, 응어리가 치유되지 않는다면 어떻게 될까? 매사 자신감이 없어지고 분노, 증오심, 반감, 열등감, 우울증, 의욕상실, 대인기피증이 생길 수가 있습니다. 주눅 들고 좌절하게 되고, 성격이 삐뚤어질 수가 있습니다. 그러므로 상처를 주거나 한이 되는 말을 해서는 안 될 것입니다. 상처를 주는 말을 했을 경우는 반드시 맺힌 감정, 응어리를 풀어줘야 합니다. 껴안고 진심으로 "잘못했다, 미안하다, 다시는 안 할게. 용서해다오." 즉시 사과해야 합니다. 사과하는 부모가 몇이나 될까? 안 하니 문제가 됩니다. 그래야 맺힌 게 풀리게 됩니다. 풀리는 게 좋을까? 안 풀리는 게 좋을까? 알고만 있으면 안 되고 실천을 해야만 보탬이, 득이 되는 것입니다. 내일로 미룰 것 없이 오늘부터 실천하는 것입니다. 너그럽고 인자한 부모가 되는 것입니다. 상처 주는 말을 하지 않겠다고 스스로 맹세하는 것입니다.

- 말에는 보이지 않는 에너지가 있어서 엄마가 축복해준 말에는 아이의 뇌로 가슴으로 그대로 전달되어 나중에는 엄마의 말대로 이루어진다. - 김강일, 김명옥 / 평생성적 초등 4학년에 결정된다
- 말은 돈으로 알고 사랑하라. - G. C. 리히텐 베르크
- 저주의 말은 저주의 인간으로, 축복의 말은 축복의 인간으로 만들어진다. - 중암
- 미련한 자는 그 입으로 망하고 그 입술에 스스로 옭아 매인다. - 잠언 18:7
- 거친 말은 주먹을 날리는 행위와 같다. - 존 어스틴
- 신체 폭력만이 학대가 아니고 거친 말, 상처를 주는 말 모두가 언어폭력, 학대에 해당되며, 또 뇌가 상처를 받는다는 사실이다. - 우우당

아름다운 음악은 격한 심성을 아름답게 순화시켜 주는 힘이 있습니다. 그런 의미에서 노래 1곡 소개합니다. "귀에 익은 그대 음성"(비제)

⑪ **자립심, 독립심 길러주기**

성년이 되고 때가 되면 부모슬하를 떠나 자립, 독립하게 됩니다. 이제까지는 부모가 다 해줬으나 이후부터는 스스로 해결해 나가게 됩니다. 사노라면 순경도 역경도 있습니다. 화창한 날도 있지만 비바람치는 날도 있을 것입니다. 험난한 파도와 싸워가며 항해하는 항해사처럼 어렵고 힘든 사회생활을 헤쳐나가기 위해서는 의타심을 버리고 스스로 어려움을 견디고 이겨낼 수 있는 힘, 해결할 수 있는 능력, 자립심, 독립심을 어릴 때부터 길러줘야 합니다. 습관화시키는 것입니다. 습관은 무서운 힘이 되기 때문입니다. 속담에 "귀여운 자식에게 고생을 시키라."고 했습니다. "젊어서 고생은 돈 주고 사서라도 하게 하라."고 했습니다. 고생보다 더 좋은 경험은, 교육은, 훌륭한 스승은 없기 때문입니다. 그럼에도 가정마다 한두 명 낳다 보니 바람에 날릴세라, 어디 다칠세라 금이야 옥이야 과보호해서 키우다 보니 자기만 알게 되고 참을 줄도 모르고 배려할 줄도 모르고 안하무인, 공주병, 왕자병 아이들이 늘어나고 있습니다. 그러다 보니 조금만 어려움이 있어도 이겨내지 못하고 좌절하고 쉬 포기해버립니다. 거절의 기회를 줘야 하는데, 실수나 실패, 좌절의 경험을 겪어보게 해야 하는데 요구하는 대로 다 해주니, 입혀주고 챙겨주고 갖다주고 사다주니 자립할 수 있는 기회를 뺏고 있습니다. 해봐야 배우는데 다 해주니 뭘 배울 수가 없습니다. 경험을 쌓을 수 있는 기회를 뺏고 있는 것입니다. 득을 주는 것이 아니라 독을 주고 있는 것과 같습니다.

자립이란 부모님이나 가족의 도움을 받지 않고 스스로 일어서는 것을 말합니다. 내가 다 알아서 해내는 것입니다. 그렇다고 언제까지나 부모가 먼저 가니 다 해줄 수는 없습니다. 그럼에도 어떻게든 고생시키지 않고 온실 속의 화초처럼 될 수 있으면 편하게 살게 해주려고 하니, 군대 안 가게 해주려고 하는 것처럼 하나에서 열까지 다 해주려고 하니 배울 수가 할 수가 없게 되고 진정한 자립, 독립심이 길러질 수가 없습니다. 스스로 해볼 수 있는, 경험할 수 있는 기회를 뺏지 않는 것이 자립, 독립심을 길러주는 길이고 서로를 위하는 길입니다.

- 자기 일은 스스로 알아서 하도록 가르치기
- 옷 갈아입기, 이불정리, 방, 거실, 마루 쓸고 닦기
- 이닦기, 용변, 세수, 머리감기, 목욕하기
- 사용한 물건 제자리 갖다놓기
- 놀았던 자리 깨끗하게 정리 정돈하기
- 집안일 거들기
- 망치로 벽에 못질하기
- 연필, 과일 스스로 깎기
- 떨어진 단추 스스로 달기, 바느질 해보기
- 신발끈 매기
- 설거지하기, 심부름하기
- 집 안팎 쓸기
- 눈 치우기
- 마마보이 안 만들기
- 헬리콥터, 캥거루 부모 안 되기

이처럼 스스로 하게 한다면 책임감 성취감, 자신감을 얻게 되고 자립심, 독립심이 길러질 것입니다.

- 사나운 짐승이나 새일수록 자랄 때 어미로부터 아픔과 고난과 자조의 시련을 받는다. 어미 사자는 새끼를 열길 벼랑 아래로 짐짓 밀어뜨리

고, 매는 새끼들에게 먹이를 줄 때 깃에서 뛰어오르지 않으면 받아먹을 수 없게 하며, 높은 나무 아래로 떨어지게 해 상처를 입힌다. 이를 낙상매라고 한다. - 이규태 코너 / 조선일보

- 잔잔한 파도는 훌륭한 뱃사람을 만들지 못한다. 거친 파도는 유능한 뱃사람을 만든다. - 영국 격언
- 초등학교 담임선생님이 6학년 아이들을 데리고 수학여행 갔는데 절반이 넘는 아이들이 운동화 끈을 매지 않은 채 다니자 매라고 얘기해도 듣지 않아 살펴보니 끈을 맬 줄 모르더라는 것입니다. 엄마가 다 매줬으니, 그래서 매는 법을 가르쳐줬다는 것입니다. - 조선일보
- 아들 혼자(초교 5학년) 대중교통을 이용하게 한 게 한 차례도 없다. 학원도 차로 데려다주고, 버스나 지하철로 자신이 갈 수 없으면 할머니가 동행케 했다는 주부
- 어른이 됐을 때 작은 역경이라도 닥치면 쉽게 포기해버리는 아이로 키우고 있는 건 아닌지 우려가 된다는 주부
- 공부보다 자립심을 길러주는 게 중요하다는 생각이 들었다. 좀 부족하게 키울 궁리를 하고 있다는 주부
- "너는 공부만 해라. 나머지는 엄마가 알아서 해줄게." - 중앙일보

그런즉슨, 아이들은 스스로 해봄으로써 실수와 실패를 통해서 깨닫고 배우게 되고 성장하게 됩니다. 어느 의미에서 그것들은 인생의 훌륭한 스승인 셈입니다. 그럼에도 엄마가 다 해주니 문제인 것입니다.

⑫ 사회성 길러주기

일테면 친구 사귀기, 사회적응 훈련입니다. "인간은 사회적 동물"이라고 그 누가 말했습니다. 혼자 살 수 없고 함께 살아가기 위해서는 대인관계가 아주 원만해야 합니다. 이런 능력은 유아시절부터 길

러줘야 합니다. 유아시절은 사회생활의 기초가 되는 중요한 시기입니다. 걷기 시작할 나이가 되면 시야가 집 밖으로 향하게 됩니다. 제 또래와 어울리기를 좋아합니다. 소꿉놀이가 시작되고 놀이를 통해서 인간관계 기술을 배웁니다. 양보하고 이해하고 배려하고 참아야 할 때도 있고, 협조할 때도 있습니다. 싸우기도 하고 화해하기도 합니다. 토라질 때도 있고, 도움을 주고받을 때도 있고, 실수할 때도 있고, 주장하기도 합니다.

이때는 장차 사회생활을 무난히 해나갈 수 있는 요령을 배우게 되는 초석이 되는 시기입니다. 어울려 노는 가운데 자연스럽게 인간관계를 주고받고 유지하는 기술을 배웁니다. 이것이 부족하면 살아가는 데 어려움을 겪게 됩니다. 외톨이가 되거나 성격이 삐뚤어지거나 공격적이거나 반사회적인 인간이 될 수 있습니다. 제 또래와 잘 어울리지 못하면 왕따의 표적이 될 수도 있습니다. 대체로 친구를 잘 사귀는 아이들은 유치원이나 학교생활에 적응을 잘하게 됩니다. 아이들이 놀고 있는 걸 관찰해보면 거기에 끼지 못하고 앉아서 구경만 하고 있는 아이가 있습니다. 친구 사귈 시기에 집 안에서만 생활해 친구 사귈 기회를 놓쳤기 때문입니다. 친구 사귐은 일종의 교제술입니다. 자주 밖에 나가 친구들과 어울리게 해야 합니다. 친구 집에 가서 놀기도 하고 데리고 와 놀게 해야 합니다. 데리고 오는 걸 싫어하는 부모도 있지만 친구 사귈 기회를 적극적으로 만들어줘야 합니다. 집에만 있고 밖에 나가 놀지 않으면 바보 되기 십상입니다. 사고날까봐 잘못될까봐 걱정이 돼서 나가 노는 걸 꺼리는 부모도 있겠지만 구더기 무서워 장 안 담글 수는 없습니다. 돈 안 주고 배울 수 있는 사회성 교육의 기회를 뺏는 거나 다름없습니다. 아이를 위해 제 또래 친구들과 마구 놀게 하는 것입니다.

- 사회는 하나의 배 같은 것이다. 누구나 키를 잡을 준비를 하지 않으면 안 된다. - H. 입센 / 민중의 적
- 사회는 바다와 같다. 헤엄칠 줄 모르는 놈은 빠져 죽게 마련이다. - 스페인 격언

⑬ 자녀사랑

아이들이 엄마 아빠로부터 가장 듣고 싶은 말은 뭘까? 그것은 사랑한다는 말입니다. 어느 설문조사에서 나온 말입니다. 사랑받기를 원하므로 바닷물처럼 많이 사랑해주는 것입니다. 사랑을 받으면 만족과 기쁨과 행복을 느끼게 됩니다. 아이가 행복을 느끼면 부모 역시 행복해집니다. 사랑해줄수록 서로에게 좋으므로 사랑을 많이 베풀어주는 것입니다. 좋아하니 안 해줄 이유가 없습니다. 돈도 들어가지 않습니다. 그렇다면 사랑은 뭘까? 그것은 마음을 기쁘고 즐겁고 행복하게 해주는 일입니다. 관심을 갖고 보살펴주는 일입니다. 슬플 때는 위로해주고 기쁠 때는 기쁨을 같이 나누고 아플 때는 아픔을 같이 하는 일입니다.

어떻게 사랑해줘야 할까? 진심에서 우러나오는 마음으로 사랑을 받고 있다는 느낌이 들게 해줘야 합니다. 일시적이 아니고 꾸준히 다양한 방법을 써야 합니다. 사랑하는 눈빛으로 미소를 머금고 다정한 음성으로 머리를 쓰다듬고 볼을 비벼주거나 등을 토닥이면서 꼬옥 껴안고 사랑한다고 말해주는 것입니다. 응어리졌던 캥김도 눈 녹듯 사라질 것입니다. 행복감이 충만해질 것입니다. 그러나 맹목적인 사랑, 눈먼 사랑은 고집 세고 우쭐대고 안하무인이 되기 쉽고 버릇없는 아이로 만들어집니다. 요령이 필요합니다. 사랑은 삶의 원천이고 자양분입니다. 밥이 육체의 양식이라면 사랑은 마음의 양식입니다. 어릴 때 사랑을 받지 못하고 크면 마음이 가난해지고 심성이 거

칠어지기 쉽습니다. 죄지을 확률도 높게 나타납니다. 반사회적인 행동의 근저에는 사랑결핍이 지적되고 있습니다. 분노, 반감, 응어리의 표출로 나타납니다. 사랑은 사랑을 낳습니다. 사랑은 다다익선, 많을수록 좋습니다. 그러니 많이 많이 사랑해주는 것입니다.

- 모성애! 인간 사랑의 절정, 완성, 그것은 지고, 지순, 지심의 사랑이다. - 안병욱
- 어린 자녀들을 바르게 키우는 정서적 음식은 사랑이다. - 이원영
- 아이는 어머니의 사랑을 먹고 큰다. - 우우당

(5) 기타 문제
① 탄생선물 - 보험

탄생은 아이에게는 행운이고 축복이며 부모로서는 보람이고 기쁘고 지극히 경사스러운 일입니다. 돌이나 생일, 입학, 졸업 시에 선물하듯 탄생기념으로 뭘 선물한다면 의미 있는 일이 될 것입니다. 어떤 선물이 좋을까? 여러 가지 있겠으나 보험가입도 좋을 것입니다. 아무 사고 없이 건강하게 무럭무럭 자라고 제때에 학업을 마친다면 바람직스러운 일이지만 어느 누구도 앞일을 알 수가 없습니다. 부모가 실직하거나 사업에 실패하거나 사망한 경우, 학자금이 없어 학업을 중도에 그만둘 경우도 있고, 다치거나 아파 치료해야 되는데 치료비용이 없어 애를 태우는 경우도 생길 수가 있을 것입니다. 그걸 대비해서 신생아 종합보험(학자금 + 사고 + 질병)에 가입해두는 것입니다. 선견지명, 유비무환이라고 매사 미리 준비해둔다면 걱정이 없다고 했습니다. 가입이 빠를수록 보험료가 적게 들어갑니다.

② 맞벌이 부부의 육아문제

맞벌이 부부가 늘어나면서 엄마의 가장 큰 고민은 직장생활과 아

이 양육 그 두 가지를 제대로 할 수 있느냐 하는 것입니다. 엄마가 집에 있을 때는 제대로 보살핌을 받지만 직장에 나가게 되면 조부모, 친척, 도우미, 기타 탁아시설에 맡기게 되는데 어떤 보살핌도 엄마만 못할 것입니다. 그러다 보니 여러 문제가 생기기도 합니다. 엄마를 봐도 기피하거나 도망가거나 대인관계에 정서장애가 나타나기도 하고, 특히 애착관계를 형성할 시기(만 3세까지)에 부모의 보살핌을 받지 못하면 언어장애나 행동장애를 일으키게 된다는 전문가들의 지적도 있습니다. 엄마가 직장에 출근할 때 맡기려면 아이는 불안감에서 엄마 곁을 떨어지지 않으려고 울고불고 붙잡고 떼를 쓰고 못가게 할 것입니다. 이른바 분리불안장애 현상입니다. 애처롭고 안타까움에 직장을 그만 두는 경우도 있지만 그것이 해결책은 아닙니다.

이때 주의할 점은 임시방편으로 그 자리를 모면하기 위해 몰래 가거나 잠깐 나갔다 온다고 거짓말을 해서는 안 된다는 점입니다. 아이는 이제나 저제나 기다리고 안절부절 못하겠지요. 불안감만 주고 대안이 될 수 없으므로 이런 경우는 왜 직장에 나가야 하는지, 무슨 일을 하는지 자세히 알아듣게 설명하고 이해시켜 받아들이게 해야 합니다. 그리고 스킨십, 사랑스런 눈으로 볼을 비벼주거나 껴안고 등이라도 토닥거려 주면서 웃는 낯으로 헤어져야 어느 정도 안심과 위안을 얻을 수가 있을 것입니다. 사랑받고 있다는 걸 느낄 수 있게 보여주는 것입니다. 어떤 전문가는 가능하다면 직장에 데려가 일하는 모습을 보여주는 것도 한 방편이 될 수 있다고 말합니다. 시간이 지나면 분리불안장애 현상이 자연 없어지나 정도가 심하면 4주가 넘으면 전문가와의 상담이 필요합니다.

ㄱ. 어떤 대리 양육자가 좋을까?
아이에게 애정을 갖고 내 자식처럼 적극적으로 놀아주고 가르쳐주고 일관성 있게 보살펴줄 수 있는 사람이면 좋을 것입니다. 자꾸 바뀌는 것은 안 좋습니다. 하지만 쌀밥, 보리밥 가릴 처지가 못 되고 대리 양육자에게 감지덕지해야 할 처지지만 그렇다고 하는 대로 못 본 체해서는 안 될 것입니다. 양육자에게 필요한 사항을 요구하고 할 말은 해야 합니다. TV나 비디오는 장시간 보게 한다거나(1회 10분 이내) 간식을 많이 준다거나 실내에 종일 있게 한다거나 서로의 의견교환이 필요합니다. 맡겼으니 부모 역할은 끝났다고 생각해서는 안 될 것입니다. 부탁하는 입장이므로 부드럽게 기분 상하지 않게 조용히, 따진다는 느낌이 들지 않게 해야 합니다. 항상 칭찬과 감사의 말을 잊지 말아야 합니다. 그래야 대리양육의 보람을 느낄 수 있기 때문입니다. 다툼이 잦으면 아이에게 좋을 턱이 없습니다.

ㄴ. 퇴근 후

퇴근 후에는 집안일보다 먼저 아이와 보내는 시간을 최우선으로 하되 양보다 질이 더 중요합니다. 안아주고 놀아주고 대화하고 동화책도 읽어주고 노래도 가르쳐주고 다양하게 보내야 합니다. 주말에는 아이와 시간을 많이 갖고 보상해줘야 합니다. 맛있는 것도 사주고 어린이 공원이나 놀이터, 나들이, 쇼핑 등 여기저기 데리고 다녀야 합니다. 보는 것이 배우는 것입니다. 아이의 욕구를 만족시켜 주는 것입니다. 부모와 같이 보내는 시간이 즐겁고 기쁘고 재미있고 그것을 통해 행복감을 느끼게 해주는 것이 중요합니다.

ㄷ. 남편은 뭘 해야 되나?

가부장적인 사고방식에 젖어있어 가사와 육아는 전적으로 아내 몫이라고 생각하고 거들떠보지 않는 남편이 많이 있을 것입니다. 그러나 주부, 며느리, 아내, 엄마, 직장인으로서 1인 다역을 해야 하는 아내의 입장을 봐서라도 가사와 육아에 적극 동참해야 합니다. 남의 일이 아니기 때문입니다. 맞벌이 부부 가사 노동시간 아내 3시간 28분, 남편 32분, 아이 돌보기 아내 59.4%, 남편 24%. 어느 해 통계 자료입니다.

속담에 "백짓장도 맞들며 낫다."고 낚시나 등산, 술자리를 피하거나 가급적 줄이고 아내를 적극 도와줘야 합니다. 눈에 띄는 대로 아이랑 놀아주고 목욕도 시켜주고 공부도 가르쳐주고 방도 쓸고 마루도 닦고 밥도 하고 설거지도 하고 시장도 보고 빨래도 널고 기저귀도 갈아주고 부담을 덜어줘야 되고 나눠 가져야 합니다. 하면 하는 것입니다. 안 하려고 꾀를 부리니 안 하게 되는 것입니다. 육아는 남편과 아내의 의무사항이고 공동책임입니다. 힘든 직장일 마치고 집에 와서는 푹 쉬고 싶겠지만 힘든 거야 아내도 마찬가지 피장파장이요, 자각하고 생각을 바꾸고 가정의 화목을 위해서라도 지금 당장 적극적으로 동참하고 분담해야 합니다. 이것이 진정한 아내 사랑의 표현입니다. 자녀교육 효과도 높아지고 아내와도 균형이 맞습니다.

직장을 그만둘 생각이 없는데 어떻게 했으면 좋을까? 말처럼 쉽지 않겠지만 가능하다면 직장 근처로 집을 옮기는 것도 한 방편이 될 것입니다. 출퇴근 시간도 벌고 집이 가까우니 급할 때는 얼른 가볼 수 있기 때문입니다. 다소나마 심리적으로 위안이 될 수 있을 것입니다. 제대로 보살펴주지 못해 미안할 것입니다. 그렇다고 죄책감을 너무 갖지 말아야 합니다. 요구하는 대로 다 들어주면 절제심, 인내심 없는 응석받이가 될 수 있습니다. 주말에는 친정 부모나 시부모에게 맡겼을 때는 부부가 같이, 못 갈 경우는 엄마가 가야 합니다. 엄마를 더 찾게 되니까요. 그리고 수시로 전화통화를 하면 아이가 다소 위안을 받게 되니 좋습니다. 혼자 있을 경우 5~6세 아이라면 스스로 알아서 처리할 수 있게 교육시켜 둬야 합니다. 식사시간이 되면 굶지 말고 밥은 밥통에서, 반찬은 냉장고에서 척척 꺼내서 먹고, 끝난 뒤 남은 반찬은 냉장고에, 다 먹은 그릇은 씽크대 안에 넣어두게 합니다.

■ 아이가 드러내는 마음의 적신호
- 엄마 아빠를 봐도 반가워하지도 않고 소 닭 보듯 한다.
- 멍하니 한 곳만 응시하거나 외로워 보인다.
- 풀이 죽어있다.
- 말수가 적고 표정이 어둡다.
- 공격적인 행동을 보인다. 친구들과 자주 싸운다.
- 짜증을 잘 낸다.

이런 때는 전문가(소아정신과)와 상담이 필요할 것입니다. 애 키우시느라 고생이 많으시지요? 시원한 노래, 격조 높은 음악을 소개합니다. "라쿰파르시타, 안개 낀 밤의 데이트(조애희)"

③ 미아·유괴 그리고 기아
■ 실종 아동 개념정의 및 범위규정
약취, 유인, 유기, 사고 또는 가출하거나 길을 잃는 등의 사유로 인하여 보호자로부터 이탈된 14세 미만의 아동 및 정신지체인, 발달장애인, 정신장애인을 말한다. (어린이재단)

ㄱ. 미아
길 잃은 아이들이 해마다 늘어나고 있습니다. 2015년 실종 아동 신고 건수 1만 9,428명, 2018년 21,969명(18세 미만), 3~7세가 45%, 왜 이런 일이 생길까? 못 돌아오는 아이들은 어디서 무엇을 하고 있을까? 생이별인데 아이는 말할 것도 없고 부모나 가족들은 얼마나 애타고 마음이 아플까? 한시도 잊을 수가 없고, 평생 고통 속에서 살아가야 할 것입니다. 당해보지 않은 사람은 알 수가 없을 것입니다. 어디에 있는지 제대로 먹는지 아픈 데는 없는지 눈감기 전까지는 잊히지 않는 날이 없을 것입니다. 죄책감에 밥이 제대로 넘어가겠으며, 발 뻗고 제대로 잘 수도 없을 것입니다. 생업을 포기하거나 직장을 그만두고 전국 방방곡곡, 여기저기 찾아다녀 보지만 실망만이 앞설 것입니다. 사는 게 사는 것 같지 않고 후회, 자책, 슬픔과 통곡 속에 가정이 말이 아닐 것입니다. 병난 경우도, 자살이나 이혼하는 경우도 있을 것입니다. 비극이 아닐 수 없습니다. 생기지 말아야 하는데 자꾸 생기니 문제가 되고 있습니다. 잃지 않으면 아무 문제가 없는데, 비극이 생기지 않을 텐데 안타까움을 금할 길이 없습니다.

■ 왜 이런 비극이 생길까?
- 집 앞이나 놀이터에서 실종(75%)
- 학교, 유치원 부근(7%)
- 백화점, 쇼핑센터, 유원지, 시장, 버스터미널(5%)
- 날씨가 풀리는 3~4월, 여름 휴가철에 많이 발생
- 혼자서 밖에 나가 놀다가 길을 잃거나 엄마 손을 놓치거나 방심하고 한눈 팔 때 발생하게 됩니다.

■ 어떻게 막을까?
- 밖에 나가 놀 때는 가능한 한 지켜봐야 합니다.
- 혼자 놀거나 멀리 못 가게 하고 친구들과 같이 놀게 해야 합니다.
- 아이들은 호기심이 많고 새롭고 신기한 곳, 낯선 곳을 좋아합니다. 방향 감각이 없기 때문에 항상 눈을 떼지 않고 지켜보는 것이 최고의 예방책입디. 앗차 하는 순간 시야에서 벗어납니다.
- "가게에 가서 사탕 사올 테니까, 화장실 갔다 올 테니까 어디 가지 말

고 잠깐 여기 있으라." 당부하고 갔다 오지만 그 사이 가만히 있지 못하고 왔다 갔다 하다가 잃게 됩니다. 반드시 가게 안으로, 화장실 안으로 꼭, 꼭 데리고 들어가야 합니다. 반드시 지켜야 할 사항입니다. 순간 방심과 부주의로 잃어버리게 되는 것입니다. "설마가 사람 잡는다."고 했습니다.

■ 실종예방 준비사항
- 자신의 이름, 나이, 주민번호, 주소, 집전화번호, 부모님 휴대폰번호를 줄줄 외울 수 있도록 암기시킵니다.
- 인적사항, 이름표를 옷 안쪽이나 주머니 속에 붙여두거나 가방 안쪽에 넣어둡니다. 미루지 말고 지금 당장 만들어줍니다.
- 성장기 아이들이라서 사진을 6개월에 한 번 정면 사진을 찍어 보관해둡니다.
- 동반 외출할 때는 눈에 띄는 색깔의 옷이나 모자를 씁니다.(찾기 쉽게)
- 미아 발생 상황을 연극으로 꾸며 연습시킵니다.
- 미아방지용 각종 통신기기 서비스를 이용합니다.(위치추적 등)
- 경찰과 부모에게 연결시켜 주는 휴대폰도 있습니다.
- 미아방지 용품을 휴대케 합니다.(목걸이, 팔찌 등)
- 친한 친구가 누군지 알아둡니다. 전화번호를 기록해둡니다.
- 친구와 같이 놀러갈 때는 목적, 행선지, 귀가시간 등을 확인해둡니다.
- 길을 잃을 경우 울지 말고 경찰이나 주위 어른들이나 가게 안으로 들어가 도와달라고 말하게 합니다.
- 공중전화 '긴급통화버튼 112(경찰)' 사용방법을 알려줍니다.

■ 미아예방 3단계 구호 익혀주기
- 1단계 멈추기 : 제자리에서 기다리기, 부르기

- 2단계 생각하기 : 부모님 이름, 전화번호, 주소
- 3단계 도와주세요 : 경찰이나 어른들에게 도와달라고 큰소리로 외치기(출처 : 어린이재단)

이런 관심과 세심하고 적극적인 대비가 미아를 막아줄 것입니다. 설마, 내 자식이 하겠지만 그건 알 수가 없습니다. 유비무환이라고 소 잃고 외양간 고치는 우(愚)를 범해서는 안 될 것입니다.

■ 지문 등 사전등록

지문 등 사전등록이란 실종자를 빨리 찾기 위해 지문, 사진, 신상정보를 경찰청 전산망에 미리 등록하는 제도를 말합니다. 발견 시 보호자에게 즉각 연락해주고 실시간 등록자의 위치정보를 보호자에게 알려주는 서비스입니다.

1. 등록대상 : 18세 미만 아동, 자폐성 정신장애인, 치매 질환자 (55.8%)

2. 등록방법
① 경찰서 방문 : 직접 등록
② 경찰청 Dream 앱 : 직접 등록(휴대폰)
③ LG유플러스 매장 방문 : 직접 등록(전국 144개)

3. 아이를 찾기까지 걸리는 시간
① 지문 등록 시 : 52분
② 지문 미등록 시 : 3,360분(56시간)
③ 실종사고 해결사 → 지문 등 사전등록

4. 신고전화 : 112, 182번

ㄴ. 유괴
왜 유괴를 할까? 영리나 양육, 성 목적 등으로 유괴가 발생하고 있습니다.

■ 영리
돈을 벌기 위해서라면 다른 방법은 없을까? 그것뿐이 없을까? 유괴하기 전 입장을 바꿔보면 내 자식, 내 동생이 유괴당했다고 한 번쯤 입장을 바꿔보면 어떨까? 그것은 큰 죄를 짓는 일이며, 할 짓이 못 되고 남의 가슴에 평생 못을 박는 일입니다. 생각을 바꾸어 사업 쪽으로 눈을 돌린다면 잘만 하면 큰 부자가 될 수 있고, 양심의 가책이나 마음 졸일 일이 없을 텐데, 언젠가는 죄상이 드러납니다.

■ 양육
키우기 위해서라면 무자식이 상팔자라고 남의 자식 몰래 데려다가 커서 속을 썩이게 되면 어쩌려고. 나중에 알게 되면, 자연 알게 되지만 부자관계가 제대로 맺어질 수가 있을까? 불행의 시작이요, 절차를 밟아 입양해서 키우는 것이 복 받을 일이고 떳떳하고 정당한 길입니다.

■ 성목적
큰 죄를 짓는 일입니다. 당장 생각을 바꾸십시오.

■ 어떻게 예방할까? - 행동요령
• 낯선 사람이 말을 걸면 경계하거나 모른 척하고 지나간다.
• 길을 묻거나 같이 가자고 할 때 따라가지 않는다.

- 엄마 친구인데 엄마가 교통사고로 입원했다고 데려오라 한다. 가족 누가 저쪽에서 기다리고 있다고 했을 때 따라가지 않고 거절한다. 엄마 아빠에게 꼭 확인전화를 해본다.
- 마구 끌고 가려고 할 때는 "안 돼요!" 큰소리로 외치고 지나가는 사람에게 구조요청을 한다.
- 위급할 때는 사람 있는 곳으로 빨리 피하거나 가게 안으로 들어가 도움을 요청한다.
- 자동차 안에 혼자 놔두지 않는다.
- 화장실은 혼자 보내지 말고 꼭 따라간다.
- 엘리베이터에 낯선 사람이 타면 얼른 내렸다 다시 탄다.
- 낯선 사람 차를 타지 않고 아는 사람 차도 엄마 허락을 받는다.
- 놀 때는 혼자 놀지 말고 여럿이 함께 논다.
- 나갈 때는 반드시 누구와 어디로 뭘 하러 가는지, 언제 오는지 말하고 나간다. 동행 친구 전화번호를 적어놓고 나간다.
- 몸이 아프니 도와달라거나 짐을 옮겨달라거나 했을 때 대꾸하지 말고 얼른 피한다.
- 학원차량을 이용하고 골목길보다 큰길로 다닌다.
- 낯모르는 사람이 돈이나 선물, 과자나 음식을 줄 경우 받지 않는다.

가정에서 철저한 교육과 수시 반복교육이 필요합니다. 질문이나 연극으로 꾸며 연습해봅니다.

■ 유괴예방 3단계 구호 익혀주기

1단계 : "안 돼요!" 낯선 사람이 억지로 데려가려고 하면 큰소리로 "안 돼요!" 분명하게 외치기

2단계 : "싫어요!" 내가 원하지 않는 상황에서는 분명하고 똑똑하게 "싫어요!" 하고 말하기

3단계 : "도와주세요!" 위험할 때는 "도와주세요!"하고 큰소리로 외쳐 주위 사람들에게 알리기

주변에 공중전화가 있으면 긴급통화 버튼을 누르고 112번(경찰)으로 도와달라고 전화합니다.(출처 : 어린이재단)

어느 방송에서 어린이를 대상으로 '아동유인 관찰실험'을 한 결과 17명 중 13명이 1~2분이 안 된 짧은 시간에 유인이 되더라는 것입니다. 이걸 볼 때 유괴에 대비해서라도 철저히 유괴방지 교육을 사전에 꼭 해두는 것입니다. 유괴는 대개 차량으로 납치하기 때문에 차 안에서나 차 옆에서 남자든 여자든 부를 경우 절대 가지 말고 빨리 지나갑니다. 3인이나 2인 1조가 대기하고 있다가 뭣 모르고 차 가까이 가면 얼른 문 열고 안으로 끌고 가기 때문에 주의해야 합니다. 잡힐 경우 큰소리로 지나가는 사람들에게 살려달라고 구조요청을 합니다. 버스 정류소에서 버스를 기다리고 있거나 길을 가고 있는데 승용차나 승합차가 다가서면서 뭘 묻거나 어느 쪽으로 가느냐, 같은 방향이면 태워주겠다고 할 경우도 위험함으로 절대 타지 말아야 합니다. 항상 찻길 쪽보다는 안쪽으로 다녀야 합니다. 가급적 친구와 동행합니다.

■ 찾는 방법
- 제일 먼저 경찰서에 확인해봅니다.
- 경찰서 실종 가출센터에 신고합니다.(182번)
- 어린이재단(실종아동 전문기관)에 신고합니다. (02) 777-0182 (www.missingchild.or.kr) : 실종가족지원, 실종아동 예방사업지원
- 파출소 어린이 찾아주기 센터에 사진 제출합니다.
- 시, 군, 구 사회복지과에 문의 : 임시보호시설, 보육시설의 위치와 전

화번호를 파악해봅니다.
- 경찰 - 페이스북간 실종경보 시스템 업무 협약으로 실종 시 112번에 신고하면 실종자 주위 스마트폰 소지자에게 실종상황을 통보해 찾게 하는 제도를 이용합니다.
- 아동권리 보장원 : 실종아동 전문기관 (02) 0283-0200

ㄷ. 기아(棄兒)

많은 아이들이 부모에 의해서 버려지고 있습니다. 2015년에는 321명이 발생했습니다.(통계청) 원인은 부모의 실직, 사업실패, 불화, 외도, 별거, 가출, 이혼 끝에 떠맡고 싶지 않아서, 힘들어서, 장애아라서, 아니면 미혼모로 혼자 키울 능력이 없어서, 기타 여러 이유가 있을 것입니다. 자기가 낳은 자식인데 오죽했으면 버렸을까? 키우고 싶지 않은 부모가 어디 있을까? 그러나 겪어보지 않은 사람은 그 절박한 심정을 모르겠으되 한편으론 동정심이 앞서지만 아이가 무슨 죄가 있을까? 대부분 어려움을 무릅쓰고 꿋꿋이 키우는데 꼭 버려야만 될까? 왜 쉽게 포기할까? 꼭 그 길밖에 없을까? 생각을 바꿔보면 찾아보면 반드시 길은 있을 것입니다. 문제가 있으면 분명 답은 있습니다. 풀지 못할 문제가 별로 없다고 했습니다. 풀려고 애를 쓰지 않고 또 쉬 풀리지 않으니 최후의 수단으로 택하기 때문일 것입니다. 그러나 버리는 순간 그 죄책감은 눈을 감을 때까지 한시도 떠나지 않을 것입니다. 요사이는 고아 아닌 고아도 늘어나고 있습니다. 가정 해체로, 형편상 잠깐 보육시설에 맡겼다가 풀리면 다시 데려온다고 하는 경우인데 아이들은 이제나 저제나 엄마 아빠가 찾아오길 손꼽아 기다릴 것입니다. 불안하고 외롭고 마음 한구석엔 응어리져 있을 것입니다. 아무리 좋은 시설에 산다 하더라도 부모 밑에 있는 것만 못할 것입니다. 그러니 자주 찾아가고 자주 전화해서 응어리졌던 닫힌 마음을 풀어줘야 할 것입니다. 안심시키거나 위로

해줘야 할 것입니다. 그런데 문제는 몇 번 찾아오다가 소식이 끊긴다는 것입니다. "오늘도 엄마 아빠 얼굴 그렸어요. 내일은 엄마가 찾아올까요?" 아이들의 희망이란 뭘까? 부모 얼굴 보는 일일 것입니다. 목소리를 듣는 것일 것입니다. 어려운 환경에서 살고 있지만 한 가닥 희망이 있기 때문에 버텨낼 것입니다. 그것은 엄마 아빠가 빨리 와서 집으로 데려가는 일일 것입니다. 그러니 어렵더라도, 일이 뜻대로 되지 않더라도 아이에게 희망의 끈을 놓지 않게 해줘야 할 것입니다.

자주 오다 갑자기 안 오면 아이들의 심정은 어떨까? 아이들은 무척 상심해할 것입니다. 분개하고 원망도 할 것입니다. 가정 해체의 원인은 대부분 남편 쪽에 있겠지만 반면 엄마들은 경제적으로나 어려움에 빠지면 쉽게 가출하는 경향이 있는데 어린 자식들은 어쩌라고 가출할까? 미래에 대한 희망의 끈이 보이지 않아서, 여러 이유를 대겠지만 만난을 극복하고 헤쳐나갈 궁리를 진지하게 해봤을까? 자식들이 무슨 잘못이 있을까? 어린 자식들이 엄마로부터 왜 버림을 받아야만 할까? 옛날의 우리 어머니들은 힘들고 어렵게 살더라도 자식들을 소중히 여기고 꿋꿋하게 키웠습니다. 그러나 지금의 엄마들은 조금만 어려워도 참지 못하고, 이겨내지 못하고 자식들을 팽개쳐두고 가출을 하니, 그 덕분으로 어린 자식들은 불행에 빠지게 됩니다.

엄마로부터 왜 버려져야만 하는가? 오죽하면 버릴까? 동정이 가지만 방법은 없을까? 더더욱 문제는 10대의 미혼모입니다. 공부도 해야 되고, 청춘이 구만리 같은데 혼자 키우라고 하기도, 그렇다고 버리라고 할 수도 없는 진퇴양난에 빠지게 됩니다. 이런 경우 어떻게 해야 할까?

우선 주위의 도움을 받을 수 있는 경우라면 만난을 무릅쓰고 꿋꿋이 키워야 되고, 그렇지 않으면 적법한 절차를 밟아 입양을 취해야 할 것입니다. 우리 주위엔 왜 이렇게 슬픈 일이 많이 생길까? 자식을 버리는 건 독한 마음이 있어야 되는데 버리려 말고 생각을 바꿔 그 독한 마음으로 만난을 무릅쓰고 꿋꿋이 키우면 안 될까? 관건은 본인의 의지에 달려있습니다.

④ 유치원, 어린이집

어린이집은 보육 목적이 우선이므로 맞벌이 부부에 적합합니다. 나이는 0~7세(가정 내 어린이집은 1~4세), 복지부 주관이고, 유치원은 교육이 목적이고, 5~7세, 일반사립, 국공립, 초등병설이 있고, 교육부 주관입니다. 장단점이 있겠으나 형편과 환경에 맞는 곳을 선택합니다.

ㄱ. 보낼까 말까?

장차 많은 나날을 학교와 학원에 매달려야 할 텐데 제 앞가림도 제대로 못하는 나이에 보내야 할까? 남들 보내는데 안 보낼 수는 없고, 안 보낸다고 대학총장 되지 말라는 법은 없지만 꼭 보내야 될까? 아이들에게 집에서 접촉하는 사람은 주로 엄마 아빠인데 생활이 단조롭기 때문에 보고 듣고 배울 수 있는 시야가 좁아 호기심 많은 아이들의 욕구를 충분히 충족시킬 수가 없을 것입니다. 이에 반해 유치원(어린이집) 생활은 여러 환경에서 자란 아이들과의 만남이므로 다양한 인간관계가 맺어질 수가 있습니다. 그 속에서 더불어 사는 법을 배우게 되고, 또 초등학교 생활, 더 나아가 사회생활의 적응능력, 기초도 배우게 됩니다. 이를테면 초등학교 생활의 선행학습인 셈입니다. 교육 내용도 다양한 프로그램 속에서 진행되기 때문에 유용한 시간이 될 수 있으므로 가능하면 보내는 것이 좋을 것입니다.

그러나 유치원 교육은 놀이 중심의 장(場)이 되어야지 초등학교 학과 선행학습의 장이 되어서는 안 될 것입니다. 그 속에서 생활습관, 의사소통, 도덕성, 사회성, 기초질서, 배려, 양보, 이해, 인내심을 배울 수 있는 인간교육의 장이 되어야 합니다. 지식교육보다 인성교육, 바른 사람이 되기 위한 교육이 우선시되어야 합니다. 독일에서는 잘 놀게 하는 유치원을 가장 좋은 유치원으로 평가하고 있다는 것입니다. 독일, 이태리, 이스라엘, 핀란드에서는 글자교육을 시키지 않는다는 것입니다. 이스라엘에서는 유치원에서 초등학교 과정을 가르치면 불법이라는 것입니다. "대부분 학부모들이 상담 시 자신의 아이가 다른 아이보다 얼마나 뛰어나고 개성이 있는지를 집중적으로 물어봤다. 아이 인성(人性)이 어떤지를 묻는 부모는 3년 유치원 교사를 했지만 거의 없었다." 어느 유치원 교사의 말입니다.

ㄴ. 유치원 - 어디로 보낼까?

국공립 혹은 초등학교 병설유치원은 비용이 사립보다 싸고 초등학교와 연계된 교육을 받을 수 있어 초등학교 입학 후 보다 잘 적응하는 장점이 있고, 사립유치원은 비용이 좀 비싸나 현장체험 학습이 다양하고 시설이나 교구가 잘 정비돼 있다는 장점이 있습니다.

ㄷ. 선택 시 고려사항

- 집 가까이 있는가?
- 실내 환경이 쾌적한가?
- 비용은 다른 데보다 어떤가?
- 식단은 적절한가?
- 주변의 평판은 어떤가?
- 시설은 잘 돼 있는가?
- 프로그램은 다양한가?
- 교사 수준은 어떤가?
- 수용 인원은 적당한가?
- 내 자식처럼 잘 보살펴줄 수 있는 곳인가?
- 뛰어놀 공간은 확보되어 있는가?

• 주위에 위험물은 없는가?

• 화장실 사용은 편리한가?

• 사정없이 때리지는 않는가?

남 말 듣고 선택하는 것보다는 직접 가서 보고 물어보고 확인해보고 선택하되 아이 입장을 고려해야 할 것입니다.

⑤ 사립 초등학교

공립 초등학교보다(전국 5,300여 개) 적고(70여 개) 반 이상이 서울에 집중돼 있어 제한적일 수밖에 없습니다.

ㄱ. 차이점

특성화 교육(인성교육, 외국어 교육, 예체능 교육 등)에 치중하고 시설도 다양하고 교사의 세심한 관심과 지도, 학교일(급식, 청소당번 등)이 없는 대신 비용이 많이 든다는 점일 것입니다.

ㄴ. 고려사항

통학거리가 차로 30분 넘으면 지칠 수 있고, 각 학교마다 교육방침이라든가 교과과정이 다르므로 가서 확인해보고, 다른 학부모 말도 들어보고, 아이의 취향과 적성에 맞아야 할 것입니다. 부모 눈높이에 맞춰 욕심부려 선택해서는 안 될 것입니다. 빛이 있으면 반드시 어둠이 있기 때문입니다.

⑥ 초등학교 입학 전 점검사항

엄마 아빠의 분신인 아이가 이제 초등학교에 입학하게 됐으니 설레기도 하고, 뿌듯하기도 하고, 대견스럽기도 하고, 한편으로는 제대로 따라갈지, 적응은 잘 할 수 있을지 걱정되기도 할 것입니다. 원만한 학교생활을 하기 위해선 어떤 점검, 준비가 필요할까요?

ㄱ. 건강상태 점검

미리 점검해서 병이 있으면 치료해줘야 합니다. 집단생활을 하게 되므로 유행성 질병에 대한 예방접종도 필요합니다. '감염병의 예방 및 관리에 관한 법률' 제31조, '학교보건법' 제10조 등에 따라 보육시설, 초등학교 입학(입소) 시 예방접종을 하고 '예방접종 증명서'를 제출하게 되어있으나 인터넷 또는 모바일 예방접종 도우미에서 4종의 접종내역이 모두 확인되는 경우 학교에 증명서를 제출할 필요가 없습니다.

- **접종 종류 4가지**
  - DTAP 5차
  - 폴리오 4차
  - MMR 2차
  - 일본뇌염 사백신 4차(또는 생백신 2차)

- **기타**
  - 시력검사(칠판이 잘 보이는지 차후 확인)
  - 청력검사
  - 축농증, 알레르기 비염, 아토피 : 치료
  - ADHD(주의력결핍 과잉행동장애) 검사
  - 치과검사 : 충치치료

ㄴ. 생활습관 길들이기
- 일찍 자고 일찍 일어나기 : 등교 2시간 전에 일어나고 밤 10시 전에 자기(2달 전부터 시작하기)

- 자기 일 스스로 하기 : 옷 입고 이불 정리, 청소, 세수, 식사, 책가방, 준비물 챙기기(전날밤)
- 달력, 시계 보는 법 익히기
- 대소변 제대로 하기 : 수업 중 급할 땐 참지 말고 옷에 싸지 말고 당당하게 선생님께 의사표시 교육시키기(평생 놀림감이 됩니다.)
- 편식 안 하기
- 젓가락질, 가위질 연습시키기
- 연필 쥐는 법, 깎는 법 가르치기
- 신발끈 묶고 푸는 법 가르치기
- 공중전화 사용법 가르치기
- 집주소, 집전화, 주민번호, 부모님 휴대전화 번호 외워두기

ㄷ. 기타 교육
- 부모님께 존댓말 쓰기
- 욕설 안 하기
- 선생님 말 잘 듣기
- 친구와 사이좋게 지내기
- 제 물건 잘 챙기기
- 학교 미리 가보기
- 숙제물 잘 알아오기

ㄹ. 학습준비
어디까지가 적당할까? 미리 다 해가면 자칫 흥미를 잃기 쉬우므로 간단한 예습 정도가 좋다는 전문가들의 조언입니다.

■ 한글
입학하게 되면 차근차근 다 배우게 됨으로 선행학습이 필요 없다

고 1학년 선생님은 말합니다. 자음, 모음, 글자 구성, 획순, 순서대로 또박또박 쓰기 정도.

■ 수학

1~10까지 읽고 쓸 정도면 된다는 선생님 말씀, 걱정이 된다면 20까지 읽고 쓰기. 1단위 더하기 빼기 정도.

학교 가서 선생님으로부터 한 가지씩 배워감으로써 학습의 보람과 기쁨과 즐거움, 자신감, 성취감을 느끼게 해주는 것이 무엇보다 중요합니다. 그럼에도 미리 다 해가니 문제가 불거집니다. 수업시간이 지루하고 재미없고 장난치거나 혼나기도 할 것입니다.

ㅁ. 준비물
• 옷은 입고 벗고 앉고 서고 달리고 뒹굴기 좋은 것
• 단추가 적은 것, 화장실 이용 편한 것
• 가방은 가볍고 메고 다니기 쉬운 것
• 손수건, 휴지는 항시 휴대하기
• 필통은 딸랑딸랑 소리 안 나는 것 : 천으로 된 필통
• 신발은 구두보다 운동화, 조금 넉넉한 것
• 학용품은 학교마다 다를 수 있으므로 다 준비할 것이 아니라 기본적인 것만 준비하기

ㅂ. 학부모 되기 준비

나는 학부모가 될 자격은 갖췄는가? 아이는 학교 갈 준비가 됐는가? 학교생활에 잘 적응할 수가 있을까? 가정이라는 좁은 공간에서 이제 학교라는 큰 세상으로 나가게 됐습니다. 그동안 제대로 키웠는지 부족한 점, 아쉬운 점, 잘못한 점은 없었는지 점검이 필요합니

다. 앞으로 긴 시간(초, 중, 고, 대) 자녀교육에 매달리게 됩니다. 가정생활, 학교생활을 어떻게 가르치고 돌봐줄 것인가? 뒷받침은 어떻게 해줄 것인가? 즐겁고 행복한 학창시절을 보낼 수 있도록 어떻게 뭘 해줄 것인가? 진로, 진학은 어디로 정할 것인가? 한두 가지가 아닐 것입니다. 벅차고 감당할 수 없는 경우도 있을 것입니다. 하지만 어려움을 무릅쓰고 성숙한 인재로 키울 소임은 부모님에게 있습니다. 한시도 잊어서는 안 될 것입니다. 어떻게 해야 할까? 사업계획, 결혼계획 세우듯 철학(방침)을 갖고 교육계획을 세우는 것입니다. (가정교육, 학교교육) 그리고 철저히 실천하는 것입니다.

우선 축하의 말씀을 드립니다. 힘들게 낳아 어렵게 키운 코흘리개 아이가 이제 초등학교에 입학하게 되었으니, 내 분신이 학교 사회에 첫발을 내딛게 되었으니 뿌듯하고 감개가 무량할 것입니다. 그러나 이제부터 시작입니다. 그릇도 장인의 솜씨에 따라 명품이 되느냐, 하품이 되느냐에 달려있듯 자식도 마찬가지입니다. 부디 훌륭한 명품 자식을 만드십시오. 훌륭한 장인이 되십시오. 그것은 대단한 각오, 그리고 마음먹기에 달려있습니다.

- 노래 1곡 소개할까요.
  • 오 사랑하는 나의 아버지 - 조수미

제2장
초등학생

초등학교 입학은 학교생활의 첫 출발이며, 장차 있을 모든 교육의 기초가 되는 중요한 시기입니다. 가정의 작은 울타리 안에서 생활하다가 유치원을 거쳐 더 크고 더 넓은 학교 사회에 나가 선생님과 여러 친구들과 어울리는 공동생활, 단체생활을 맞게 된 것입니다. 어느 정도 스스로 알아서 해야 할 위치에 와 있지만 그래도 어리고 부족한 점이 많으므로 부모님의 지속적인 관심과 지도가 필요합니다. 속담에 "될성부른 나무는 떡잎부터 알아본다."고 했습니다. 그만큼 어릴 때의 교육이 얼마나 중요한 것인가를 알려주는 단적인 말입니다. 두각을 나타내기 위해서는 남과 다른 지도가 필요합니다. 이런 중요한 시기에 무엇을 어떻게 가르쳐야 할까?

1. 가정에서의 생활지도 요령

이 시기의 아이들은 인지능력이나 사리분별력이 부족합니다. 아이 스스로 척척 알아서 할 나이가 아니므로 부모님의 많은 사랑과 간섭이 아닌 관심과 지도가 필요합니다.

(1) 학교생활 적응하기
응석받이로만 알았던 아이가 스스로 학교에 다니게 되니 기쁘고 대견스럽지만 한편으로는 걱정이 앞설 것입니다. 아이들과 어울려 사이좋게 잘 지내는지, 괴롭힘이나 따돌림을 안 당하는지, 짝꿍은 마음에 드는지, 선생님 말씀 잘 듣고 공부는 잘 따라가는지, 화장실은 제때 잘 다녀오는지, 과제물은 잘 챙기는지, 학교규칙은 잘 지키는지, 부족한 점이나 고쳐야 할 점은 없는지, 학교생활에 대체로 만족하고 잘 적응하는지… 한두 가지가 아닐 것입니다. 어른이든 아이든 누구나 환경의 변화를 싫어하고 두려워합니다. 그러나 대부분 시간이 지나면 잘 적응하고 잘 따라가지만 적응하지 못하는 아이들도 있을 것입니다. (3~4% 부적응) 적응 여부는 정확히 알 수가 없지만 관찰이나 질문을 해보면 어느 정도 알 수가 있습니다. "옆 친구와는 안 싸웠냐? 화장실은 잘 다녀왔어? 선생님은 무섭지 않더냐? 칠판 글씨는 잘 보이더냐? 뭘 질문했어? 학교가 재미있지? 아냐 재미없어. 학교 가기 싫어. 왜, 뭐가 어째서 그래?" 이거 재미없으면 큰일인데 잘 적응하지 못하면 어떻게 해야 할까? 속상하겠지만 무소선 윽박시르거나 욕하고 때려서는 안 됩니다. "이 바보 뭐가 부족해서 못 따라가? 너는 왜 그 모양이냐? 나가 죽어라?"가 아니라(장차 노벨상을 탈지 누가 압니까?) 이럴수록 질책부터 할 것이 아니라 기를 살려주고 자신감을 심어주고 많은 격려가 필요합니다.

우선 원인을 파악하고 해결책을 찾아보는 것입니다. 현상을 자세히 잘 모르기 때문에 일차 담임선생님과의 상담이 꼭 필요합니다. 원인을 알 수 있고 해결의 실마리를 찾을 수 있기 때문입니다. 일반 학부모도 입학 후 2~3개월 내로 한 번쯤 학교에 찾아가 담임선생님과의 상담이 필요합니다. 어떻게 생활하고 있는지, 어려운 점이나 부족한 점은 없는지 알기 위해서입니다. "언제 한 번 가기는 가야겠는데 이거 빈손으로 갈 수 있나? 부담되는데…" 그러나 지금은 부정청탁 및 금품수수 금지법(일명 김영란법)에 의해 담임선생님에게 일체의 선물, 하다못해 커피 한 잔도 못 드리게 됐고, 선생님도 일체 거부함으로 부담 갖지 말고 방문, 상담하는 것입니다.

(2) 계획적인 생활습관 길러주기

무슨 일이든 계획을 세워서 하면 그만큼 시간낭비를 막고, 시행착오도 줄고, 능률도 오르고, 성과도 높습니다. 역시 아이들 일상생활도 마찬가지입니다. 전날밤이나 아침에 일어나 하루의 계획, 오늘은 무엇을 할까? 언제 어떻게 할까? 시간대별로 하루 일과표를 작성해 보게 합니다. 계획을 스스로 짜게 해야 합니다. 습관화시키는 것입니다. 일에는 우선순위, 경중, 완급이 있듯이 아이들의 일상생활도 마찬가지입니다. 분별하고 가려서 해야 효율적인 성과를 올릴 수가 있습니다.

그리고 결과에 대한 검토가 꼭 필요합니다. - 어떻게 짤까? 자투리 시간은? 학교 갈 때 올 때는 뭘 할까? 쉬는 시간은 뭘 할까? 단어는 몇 개씩 외울까? 방과 후는 뭘 할까? 학원 갔다 와서는 뭘 할까? TV 보고 숙제할까? 숙제하고 TV를 볼까? 몇 분간 볼까? 친구와 노는 시간은 언제가 적당할까? 복습과 예습은 언제 할까? 독서는 얼마 동안 할까? 만화책을 볼까? 순정소설을 볼까? 위인전을 볼까? 하루를 마치게 되면 잠자기 전에 반드시 그날 일과표대로 실천에 옮겼는지 검토하게 합니다. 몇 % 실천했는지, 왜 못했는지, 계획을 잘못 짠 건 아닌지, 무리한 건 아닌지, 잘못한 점이나 실수한 점은 뭘까? 왜 이렇게 했을까? 잘할 수 있었을 텐데 하는 반성의 시간을 갖게 합니다. 통제되고 계획적인 생활이 처음에는 적응키 어렵고 불편하지만 반복되면 자연스럽게 몸에 익어 좋은 습관이 형성되고, 나아가 성공적인 가정생활, 학교생활이 될 것입니다. 중요한 것은 미루지 않고 꾸준하게 실천하는 일입니다. 주간, 월간, 연간 계획을 세우게 합니다.

1일 계획표 (예시)

■ 오전 ○시 ○분 기상
- 방청소
- 등교준비
- 식사
- 학교 가는 동안 뭘 할까?
- 학교수업
- 휴식시간에는 뭘 할까?

■ 점심식사 후
- 운동, 대화, 예습과 복습

■ 하교 후
- 학원 : 부족한 과목, 예체능

- 친구와 놀기

■ 귀가
- 숙제
- 학습지
- 독서
- 운동

■ 저녁식사 후
- 예습과 복습
- 부모와 대화시간 매일 갖기(20~30분)
- 오락(TV 시청, 게임)

■ 취침 전
- 일기 쓰기
- 일일 검토 · 반성의 시간
- 다음날 계획 세우기

- 좀 느슨하게 짭니다.
- 자기 능력, 수준에 맞게 짭니다.
- 휴일은 평일과 달리 짭니다.
- 잘못된 계획은 수정합니다.

"일 년 계획은 봄에 있고, 하루 계획은 아침에 있다. 봄에 뿌리지 않으면 가을에 거둘 게 없고, 아침에 일찍 일어나서 서둘지 않으면 그날 할 일을 못한다."(공자 / 삼계도)

(3) 예절교육(유아편 157쪽을 참고하십시오.)
(4) 고쳐야 할 버릇 - 언어 파괴와 욕설

ㄱㄱㅁ, ㄷㄷㄷ, ㅋㅋㅋ, 듣보잡, 이머병, 솔까말(솔직히 까놓고 말해서) 등은 외계어가 아니라 우리 아이들이 사용하고 있는 은어, 비속어입니다. 무슨 뜻인지 알 수 없고, 세대간 소통에도 문제가 되고 있습니다. 어릴 때부터 고운 말과 바른 글을 써야 하는데 말과 글이 무차별 파괴되고 있으니 문제가 되고 있습니다. 갈수록 심화되면 성격이나 인간성에도 영향을 미치게 됩니다. 말과 글은 자신의 품위, 인격의 표현입니다. 거친 말을 쓰면 성격도 거칠어집니다. 더 나아가 사회도 거칠어집니다. 어린 나이에 못된 말버릇이 몸에 배어버렸는데 모두 우리 어른들의 책임이 아닐 수 없습니다.

"X나, 씨X, 개XX야."

요즘 아이들은 만나면 인사가 욕설이요, 입만 뻥긋하면 상스런 욕설이 튀어나옵니다. 욕설 없이는 대화가 이루어지지 않습니다. 때와 장소를 가리지 않습니다. 어른들이 옆에 있어도 개의치 않고 저희들끼리 욕설을 해댑니다. 뜻도 모르고 무의식적으로 튀어나옵니다. 특히 중고생이 더 합니다. 나라의 보배요, 사랑스런 우리 아이들이 지금 욕 문화에 빠져 있습니다. 욕설이 몸에 배어버린 것입니다. 말이 거칠면 심성도 거칠어집니다. 아름답고 고운 말을 배우고 써야 할 나이에 입에 담기조차 싫은 욕을 해대니 사회가 온통 욕설 투성이가 되고 있습니다. 욕설 공화국이 돼가고 있습니다. 욕을 안 배웠으면 안 쓰는데 욕을 배웠으니 욕을 쓰는 것입니다. 정부가 조사한 걸 보면 남녀 초중고생 73.4%가 매일 욕설 한마디 이상을 하고 있고, 의미도 모르고 하는 경우가 73%, 인터넷상에서는 더욱 심하고, 대화 중에 욕을 하지 않으면, 다 하는데 나만 안 하면 따돌림을 당하니 안 할 수도 없어 동참하기도 하고, 뜻도 모르고 의식도 없이 욕을 놀이나 생활습관으로 여긴다는 것입니다.

■ 왜 욕을 할까?

극심한 학업 스트레스(학교, 학원, 과외), 부모의 간섭이나 잔소리, 꾸중, 친구와의 갈등으로 인한 심적 고통으로부터 벗어나기 위한 해소책이 원인일 수도 있습니다. 욕을 함으로써 쌓인 분노가 발산이 되고, 막힌 것 같은 답답한 가슴이 후련해지고 통쾌함도 느끼기 때문일 것입니다. 어디서 조사한 걸 보면 습관적으로, 남이 하니까, 스트레스 해소 순입니다.

■ 욕을 주로 어디서 배울까?

친구, 선후배, 인터넷, 부모나 성인영화, TV에서 배운다는 것입니다. 안 배웠으면 안 쓸 텐데 배웠으니 써먹게 됩니다. 그렇다고 모른 체할 수는 없습니다.

■ 어떻게 해야 할까?

이 모두 우리 어른들의 잘못이요, 책임감을 느끼고 자중자각해서 못된 버릇을 고쳐줘야 합니다. "윗물이 맑아야 아랫물도 맑다."고 우선 일차적인 책임은 우리 어른, 부모에게 있으므로 아이들 앞에서는 욕설을 하지 말고 관심을 갖고 욕설을 하면 타이르고 가르쳐서 못하게 해야 합니다. 때리고 욕하면 오히려 역효과를 볼 수가 있습니다. 좋은 말로 자꾸 타이르면 "낙숫물이 댓돌을 뚫듯이" 착한 우리 아이들 - 고쳐지게 되어있습니다. 언어 파괴 역시도 마찬가지입니다. 언젠가 어느 초등학교에서는 '높힘말 쓰기운동'을 벌여 저희끼리 'ㅇㅇ씨', 'ㅇㅇ님', 말끝에 '~해요' 하기로 했더니 처음에는 어색하게 생각했으나 자꾸 쓰니 좋아하고 욕도 자제하고 왕따, 폭력도 줄고 효과를 봤다는 것입니다. 전국 초, 중, 고등학교로 확산되면 좋을 것입니다.

- 가는 말이 고와야 오는 말도 곱다. - 속담
- 욕설은 한꺼번에 세 사람에게 상처를 준다. 욕을 먹는 사람, 욕을 전하는 사람, 그러나 가장 심하게 상처를 입는 자는 욕을 퍼부은 그 사람 자신이다. - I. M. 고리키
- 욕은 마음씨가 나쁜 사람의 위안이다. - J. 주베르

친할수록 예의를 지키라고 했습니다. 바른 말 고운 말 따뜻한 말을 쓰게 합니다.

(5) 경제교육 - 시킬까 말까?

반드시 시켜야 합니다. 않는 것보다 시키는 것이 득이 되기 때문입니다.

① 왜 시켜야 되나?

언젠가 10대, 20대 청소년들이 휴대폰 요금을 내지 못해 신용불량자가 늘어나고 있다는 보도가 있었습니다. 원인 중의 하나라면 어렸을 때 경제교육을 제대로 받지 못했기 때문일 것입니다. 경제교육이란 거창한 이론교육이 아니라 실생활에 있어서의 돈벌이나 돈 씀씀이, 합리적인 소비교육을 말합니다. 일종의 금융교육입니다. 어디서 보니 "부자가 천국에 들어가기가 낙타(밧줄)가 바늘구멍 통과하기보다 어렵다."고 했습니다. 그럴까요? 그렇다면 가난한 자만이 해당이 될까요? 아닙니다. 천국이 있다면 부자든 가난한 자든 선을 행하면 다 갈 수가 있을 것입니다. 알다시피 기업을 일으켜 세계 부자가 된 미국의 마이크로소프트사의 빌 게이츠 창업자는 번 돈으로 사회를 위해 좋은 일을 많이 하고 있습니다. 정말 천국이 있다면 천국

행 1순위자가 되고도 남을 것입니다. 각설하고, 속담에 "돈은 처녀 불X도 따올 수 있고, 귀신도 부린다."고 했습니다. 불가능을 가능케 하는 것이 돈의 위력입니다. 안 되는 걸 빼고는 다 이루어집니다. 귀하고 좋고 소중한 존재가 아닐 수 없습니다. 그러함에도 돈이 인생의 전부가 아니라고 말하기도 하고 스스로 자위하기도 합니다.

그러면 뭐가 전부일까? 가난한 자의 넋두리에 지나지 않습니다. 돈이 있어야 구실을 할 수 있고, 삶의 질이 높아지고, 좋은 일도 할 수 있고, 큰일을 할 수가 있고, 가난한 자도 도와줄 수 있고, 선행의 기회가 많아집니다. 가난하면 선행하고 싶어도 할 수가 없습니다. 그러므로 돈이 있어야 되고, 돈을 모아야 합니다. 어려서부터 금전교육, 금융교육을 시켜야 할 이유가 여기에 있습니다. 영국이나 캐나다는 초등생부터 금융교육을 의무적으로 시키고 있다는데 그럼에도 우리 학교에서는 오로지 점수 올리기에 올인하고 있습니다. 수원의 어떤 고교 교사는 학급생들에게 금융교육을 시키려 하자 영어, 수학 공부시간도 모자라는 판에 학부모로부터 핀잔만 들었다는 것입니다. 자연 경제교육은 뒷전으로 밀리고 맙니다. 오로지 좋은 점수 받아 일류 대학, 일류 직장에 들어가는 걸 추구하고 만족하고 안주합니다. 기껏 돈 있는 기업가 밑에 들어가 월급쟁이 노릇하는 걸로 만족하고 천직으로 여기니 부자가 될 수 없습니다. 이제는 생각을 바꿔 돈벌이 교육에 매진해야 합니다. 학교 믿지 말고 가정에서 부모가 경제교육, 부자교육을 시키는 것입니다. 학교 우등생이 꼭 사회 우등생이 된다는 보장이 없습니다. 부자들을 살펴본다면 대학 간판이 없는 사람들이 많습니다.

② 언제 시킬까?
아빠 호주머니를 뒤지고, 엄마 돈지갑을 여는 나이, 초등학교 입

학 후가 적당할 것입니다. 일찍 경제교육을 받은 아이가 그렇지 않은 아이보다 100배나 더 부자가 될 수 있다고 〈부자가 된 키라〉에서 저자는 강조합니다.

③ 어디서
집에서 시장에서 일상생활을 통해서 가르칩니다.

④ 누가
부모 특히, 어머니가 돈 관리를 하니, 부모가 알뜰살뜰하면 아이도 알뜰살뜰하게 되고, 헤프게 쓰면 따라서 헤프게 씁니다. 보고 배우니, 부모가 훌륭한 교과서 노릇을 해야 합니다.

⑤ 무엇을
돈을 벌고, 쓰고, 저축하고, 늘리고, 빌리고, 나누는 걸 가르치는 것입니다.

⑥ 어떻게
ㄱ. 벌기

버는 것은 주로 용돈입니다. 미국 아이들은 잔디를 깎거나 아이를 돌보거나 돈 벌 거리가 많아 용돈을 스스로 벌어 쓴다는데 우리 아이들은 벌 거리가 그리 많지 않습니다. 수입의 전부가 용돈이나 세뱃돈입니다. 용돈 벌 기회가 있더라도 교육열이 높은 우리 어머니들이 시킬 리, 허락할 리가 없을 것입니다. 그럴 시간이 있으면 공부나 하라고 꾸중부터 할 것입니다. 어찌 보면 영어, 수학 공부보다도 더 중요한 것임에도, 한평생 써먹을 교육인데도 등한히 하고 있습니다. 속담에 "귀한 자식 고생을 시키라."고 했습니다. 돈 벌기가 얼마나 힘들고 땀 흘려 힘들게 번 돈만이 가치 있고 소중하고 뜻있고 더 애착이 가고 함부로 쓰기가 아까운지를 몸소 겪어보게 하는 것입니다. 헌 신문지나 빈 병, 헌 옷, 헌 책, 헌 물건을 고물상에 가 팔거나 동네마다 열고 있는 토요장터, 벼룩시장에 필요 없는 물건을 자리 펴놓고 팔게 해보는 것입니다. 골라 사보게 합니다. 시골 같으면 강아지나 토끼나 닭, 계란을 장터에 갖고 가 팔게 해보는 것입니다. 좀 커서는 아르바이트가 좋습니다. 훌륭한 경제교육이 될 것입니다.

■ 용돈

언제 줄까? 사회생활을 시작하는 초등학생 때부터가 적당할 것입니다. 초등학교 저학년은 주급으로, 고학년은 보름이나 한 달 간격으로 일정한 날짜에(주초, 월초) 주는 것이 좋을 것입니다. 정하지 않고 아무 때나 주면 씀씀이 계획을 세울 수가 없습니다. 헌 돈보다 새 돈으로(아끼게 되니까) 꼭 봉투에 넣어서(정성을 담아야 아끼니까) 주는 것입니다. 얼마나 줄까? 아이의 특성에 맞게 서로 상의해서 일정한 액수(필요액보다 조금 더 주고 빠듯하게 주면 저축할 게 없으니)를 주되 호주머니나 가방, 책상 서랍에 보관시키는 것보다 은행에 가서 직접 통장을 만들어 저축하게 하는 것입니다. 예금, 적금의 장점을 알려주는 것도 좋습니다. 미리 다 쓰고 또 요구하면 주지 말아야 합니다. 균형감각, 조절능력, 책임감을 길러주기 위해서나 다음 용돈 시까지 참고 기다리는 인내심을 길러주기 위해서입니다.

ㄴ. 쓰기

돈이란 있으면 쓰게 되고, 없으면 못 쓰는 것이 인지상정입니다. 있는 대로 보는 대로 쓰면 남는 게 없습니다. 정작 돈이 필요한데 돈이 없으면 남의 것을 넘보게 됩니다. 그래서 균형 잡힌 금전관리가 필요한 것입니다. 수입은 얼마고 지출은 얼마인데 남아있는 것은 얼마인가 일목요연하게 알아보는 방법이 용돈 기입장(금전 출납부)입니다. 많이 썼구나, 잘못 썼구나, 괜히 썼구나, 잘 써야지, 적게 써야지, 아껴야지 반성할 수 있고, 그래서 합리적인 수입과 지출, 용돈관리를 잘할 수가 있습니다. 예산에 맞춰 쓰게 되고, 씀씀이를 줄이거나 참고 자제할 줄도 알게 되는 것입니다. 부모님은 주는 걸로만 끝나는 것이 아니고 씀씀이를 점검하고 고쳐주고 지도해줘야 합니다. 잘 쓰는 방법은 직접 물건을 보고 직접 사보게 하는 것입니다. 살 물건을 적어보고 당장 필요한가? 우선순위가 어떤가? 이게 나을까? 저게 나을까? 어떤 게 좋은가? 싼가? 비싼가? 고르는 법, 깎는 법, 거스름돈 주고받는 것 등 스스로 경험해보게 하는 것입니다. 잔액 범위 내에서 쓰는 법을 배우게 됨으로 자연 돈 관리능력이 생기게 되고, 어릴 때 몸에 밴 소비습관이 평생 가게 되는 것입니다. 사달라고 다 사준다면 자칫 나쁜 습관이 몸에 밸 수 있으므로 거절해야 할 때는 그 이유를 설득력 있게 설명해주고 단호히 거절해야 합니다. 용돈관리가 몸에 배면 계획성, 소비습관, 자립심을 길러줍니다.

ㄷ. 저축하기

대부분 쓰고 남는 걸로 저축하려고 하는데 그런 식으로는 목돈마련을 하기가 어렵습니다. 용돈을 받으면 당장 쓸 것만 남기고 예금토록 해야 합니다. 저축 액수가 점점 늘어나고, 이자도 붙으니 신기하고 좋아서 자다가도 일어나 통장을 꺼내보기도 하고, 애착이 가니 안 쓸려 할 것입니다. 다시 언급합니다만 쓰고 남는 걸로 저축할 게 아니라 일단 떼어 저축부터 하고 남는 걸로 쓰게 한다면 좋은 소비습관이 길러질 것입니다. 통장도 저축용, 일반용 2가지를 만듭니다. "저축(목돈)은 성공의 찬스를 만든다."고 했습니다. 성공의 찬스가 왔는데(투자기회) 투자할 목돈이 없으면 놓칠 수밖에 없습니다. 예를 들어 1억짜리 땅이 나와 당장 사두면 1년 후에는 2억을 받을 수 있는데 목돈이 없으니 살 수 없고 발만 동동 구르는 수밖에 없게 됩니다.

실제 1년 후에 보니 2억에 팔렸다면 - 속 쓰림을 겪어보게 합니다.

ㄹ. 늘리기(투자)

재산보다는 돈 버는 지혜를 상속해주라고 말하는 사람도 있습니다. 가지고 있는 돈을 통장에만 놔두면 크게 늘어나지 않습니다. 수익률이 높은 곳에 투자해야 늘어납니다. 코흘리개 아이들에게 투자에 대한 교육을 시킨다는 것은 우습고 무리지만 장차 투자 마인드를 심어주기 위해서는 기초적인 것을 가르쳐주는 것도 결코 손해 나는 일은 아닐 것입니다.

■ 어디에 투자할까?

증권, 은행, 보험, 금 등 기타 수익성 높은 곳에 투자하는 것입니다.

■ 투자 원칙은 뭘까?

한 곳에 전부 투자하면 위험하고 실패할 수 있으므로 위험부담을 줄이기 위해 여러 곳에 분산 투자해야 하는 걸 가르치는 것입니다. 달걀도 한 광주리 안에 다 안 담듯 투자 3원칙(안전성, 수익성, 환급성)을 알려주는 것입니다. 투자는 항상 위험이 따른다는 것, 그러므로 신중히 투자해야 한다는 것, 이익을 볼 수도 손해를 볼 수도 있다는 것을 가르쳐주는 것입니다. 가끔 은행, 신문사, 증권사 같은 곳에서 어린이를 위한 금융, 경제교실을 열고 있습니다. 가서 받게 하는 것도 좋습니다. 잘 아시는 투자의 귀재, 미국의 부자 워런 버핏씨도 주식투자의 모든 것을 11살에 배웠다고 말합니다. 주식투자로 큰 부자가 된 것입니다. 많은 돈을 사회에 환원하고 있습니다. 워런 버핏씨도 천국이 있다면 입국 2순위자가 될 것입니다. 1순위자는 빌 게이츠씨, 3순위자는 귀하 자녀

ㅁ. 빌리기

　돈이 필요할 때 돈이 있으면 걱정할 필요가 없습니다. 없을 때가 문제가 됩니다. 그렇다고 남의 것을 훔칠 수는 없고 남에게 빌리는 수밖에 없습니다. 그런데 빌려주는 사람은 신용을 보고 빌려줍니다. 신용이 없으면 빌려주지 않으니 빌릴 수가 없습니다. 이것이 신용사회의 기본입니다. 그러므로 어릴 때부터 약속, 신용을 잘 지켜야 된다고 강조해야 합니다. 신용 있는 사람이 되게 해야 합니다. 신용을 잃으면 콩으로 메주를 쑨다고 해도 믿지를 않습니다. 신용은 재산입니다. 신용은 생명입니다. 적든 크든 빌린 돈을 어떤 일이 있더라도 제 날짜, 제 시간에 꼭 갚아야 된다는 점을 교육시켜야 합니다. 이것이 신용사회의 생존법칙입니다. 돈뿐만 아니라 물건도 마찬가지입니다. 일단 빌렸으면 제 날짜 제 시간에 갖다줘야 합니다. 다시 언급합니다만 10대, 20대 청소년이 신용불량자가 된 것은 어릴 때부터 빌린 돈은 제 날짜에 갚아야 된다는 교육이나 책임감, 기본적인 소비습관이 되어있지 않았기 때문입니다. 예비 신용불량자를 막기 위해서도 필요한 것입니다. 신용불량자가 되면 여러 불이익이 있다는 것을 가르치는 것입니다. 카드 발급도 사용도 못하고 휴대전화 가입도, 취업도 어렵고, 은행거래도 할 수 없다는 것을 진지하게 가르치는 것입니다.

ㅂ. 나누기

　혼자 살 수 없는, 함께 사는 세상입니다. 서로 서로 돕고 살아야 합니다. 남는 것은 주고 베푸는 삶을 강조하는 것입니다. 이웃이 있으므로 내가 있으니 이웃의 고마움을 알고 어려운 이웃에게 베풀 줄 아는 아이로 키우는 것입니다. 용돈에서 조금씩 불우 이웃에게 나누게 하는 것도 좋은 방법입니다. 꼭 돈만을 나누는 것은 아닙니다. 안 쓰는 물건, 불필요한 물건, 남는 물건도 좋고 봉사도 좋습니다. 이런 마음씨를 갖춘 아이들, 한명 두명이 모여 살맛나는 사회, 아름다운 세상이 만들어지는 것입니다. 학년이 올라갈수록 업그레이드된 경제교육이 필요합니다. 그러기 위해선 부모도 공부가 필요합니다.

■ 어린이 경제교육 사이트
- 한국은행 경제교실 (bokeducation.or.kr)
- 놀토 어린이 금융투자교실 (www.kcie.or.kr)
- 청소년 금융교육협의회 (www.fq.or.kr)
- 기획재정부 어린이 청소년경제교실 (kids.most.go.kr)
- 각 은행, 증권사 금융체험교실

(6) 성교육

아이들이 커갈수록 성에 호기심과 관심을 갖는 것은 지극히 당연하고 정상적입니다. 호기심과 관심에 만족스럽게 답을 해주는 것이 성교육의 기본입니다.

■ 언제, 어떻게 해주는 것이 좋을까?

시기가 따로 있는 것이 아니고 물어왔을 때 즉시 해줘야 되고, 질문에 대비해 준비해뒀다가 또는 적당한 시기에 정확하게 사실대로 알려줘야 합니다. 그래야만 왜곡되거나 정확치 못한 정보로 나쁜 선입견을 가지는 것을 막을 수 있습니다. "몰라도 돼. 별것 다 묻는구나. 어른이 되면 다 알게 돼." 하는 소극적인 대처 방법은 바람직하지 않습니다. 미리 알려줌으로써 임신이라든가 성병이나 성범죄를 예방할 수 있기 때문입니다. 성교육의 최고의 교사는 아무래도 부모가 되겠습니다. 늘 지켜보니 성장 발달에 대해 누구보다도 잘 알기 때문입니다. 효과적인 성교육을 위해서는 성에 대해서 잘 알고 있어야 합니다. 속담에 "알아야 면장한다."고 했듯이 공부가 필요합니다.

여러분은 전문가가 아니기 때문에 전문가가 쓴 책을 1~2권 읽어봐야 합니다. 그리고 자연스럽고 유머러스하게 가르쳐주는 것입니다. 성교육에 관한 책을 선물하는 것도 좋습니다.

① 초경(初經)과 몽정(夢精)

요즘 아이들은 성장 발육이 좋아 빠른 아이들은 초등학교 고학년 나이가 되면 남자 아이들은 음모가 나고 몽정이 시작되고, 여자 아이들도 음모가 나고 가슴이 부풀고 초경이 시작됩니다. 모르고 있다가 갑자기 당하면 놀래고 당황하고 속으로 걱정을 하게 됩니다. 특히 여자 아이들은 생리(월경)에 대한 교육과 준비가 꼭 필요합니다. 생리대를 휴대시키거나 처치법을 알려줘야 합니다. 그리고 이때부터 성관계를 하게 되면 임신이 된다는 사실을 꼭 알려줘야 합니다. 결혼 전까지는 성관계는 절대로 가져서는 안 된다고 강조해야 합니다. 장차 결혼해서 아이를 낳을 몸이므로 몸조심, 특히 성관계를 가져서는 안 된다고 재차 강조해야 합니다. 각서라도 받아두는 게 좋습니다. 10대 미혼모들이 얼마나 많나요? 초등학생 엄마 아빠, 중학생 엄마 아빠, 고등학생 엄마 아빠를 어떻게 생각하느냐고 반드시 물어봐야 합니다. 그 폐해를 알려줘야 합니다. 네가 중학생 엄마, 아빠라면 키울 자신이 있느냐고 물어본다면 거의 부정적인 답변을 할 것입니다. 묻기가 쑥스럽고 물어서는 안 될 질문임에도 그 비극을 사전에 막기 위해 경각심을 주는 의미에서 꼭 물어봐야 합니다. 10대 미혼모, 10대 미혼부를 막는 길이기 때문입니다. 초경이나 몽정은 정상적으로 성인이 되어 간다는 증거이고, 축하의 말이라도 건네는 것도 좋을 것입니다. 초경파티를 열어준 부모도 있습니다.

② 자위(自慰)

성장과정에서 나타나는 자연스런 현상입니다. 죄악시하거나 야단치는 것은 안 좋고 모른 척 놔두는 것이 좋습니다. 너무 집착하거나 정도가 지나쳐 공부에 소홀하거나 일상생활에 지장을 가져올 정도가 된다면, 극히 드물겠지만 전문가와의 상담이 필요합니다. 운동, 독서, 친구, 취미활동 등 관심을 다른 곳으로 돌려주는 것입니다. 특히 남자 아이들은 자위를 하면 귀두를 둘러싸고 있는 포피가 자연스럽게 훌러덩 벗겨지므로 포경수술을 할 필요가 없습니다. 이점 꼭 참고해둘 필요가 있습니다. (취학 전편 111쪽을 참고하십시오.)

③ 성폭력으로부터 우리 아이 지키기

어린이 성폭력은 우발적이 아니고 대부분 계획적으로 일어나고 있습니다. 어린아이들에겐 힘이 없고 사리분별 능력이 없기 때문에 안 좋은 일을 당하게 됩니다. 왜 조물주께서는 남자들에게 그걸 줘서 어린애들이 안 좋은 일을 당하게 하실까? 늘상 보호자가 옆에 붙어있으면 그런 일이 생기지 않겠지만 그럴 수도 없고, 혼자 있을 때를 대비해서 철저한 성폭력 방지교육이 필요합니다. 성은 소중한 것이고, 내 몸은 내가 지켜야 된다는 것을 강조하는 것입니다.

ㄱ. 왜 일어날까?

성과 음란물의 범람으로 사회 분위기가 남자들의 성욕을 자극하기 때문입니다. 어리다 보니 접근이 쉽고 저항할 힘이 없으니 표적이 되고 있습니다.

ㄴ. 언제

밤보다 낮에, 학교·학원 마치고 귀가시간에 대부분 발생합니다.

ㄷ. 어디서

놀이터, 집 부근, 공원, 학교운동장, 공터, 후미진 곳, 사람 안 다니

는 곳, 가해자나 피해자의 집

ㄹ. 누가
모르는 사람, 아는 사람, 이웃

ㅁ. 무엇을
강제로 하는 성행위는 물론 부위에 따라 몸에 손대는 행위도 성추행에 해당됩니다.

ㅂ. 예방하려면 어떻게
유괴나 납치와 비슷합니다.(취학 전편 186쪽을 참고하십시오.)

- 큰길로 다닙니다.
- 등하교 시 친구와 동행합니다.
- 낯모르는 사람은 절대로 따라가지 않습니다.
- 놀 때는 혼자 놀지 않고 여럿이 함께 놉니다.
- 낯선 사람의 차를 타지 않습니다.
- 아는 사람 차도 엄마 승낙을 받습니다.
- 낯선 사람과 엘리베이터를 타지 않습니다. 얼른 내립니다.
- 몸을 만지면 큰소리로 만지지 말라고 분명히 말합니다.
- 혼자 있을 때 노크를 하거나 초인종 소리가 날 때 열어주지 않고 인기척을 내지 않습니다. 위급 시에는 경비실이나 경찰(112)에 신고합니다.
- 밖에서는 위급 시 빨리 피하거나 주위 사람들에게 큰소리로 도움을 청합니다.
- 흉기를 들고 협박하는 경우 말을 듣는 척하다가 인기척이 있거나 사람이 지나가면 그쪽으로 달려가서 "살려주세요. 도와주세요." 큰소리

로 외칩니다.
- 남 앞에서는 옷을 벗거나 보여줘서는 안 됩니다.

■ 남녀칠세부동석(男女七歲不同席)

남자나 여자가 일곱 살이 되면 단둘이 같은 자리, 같은 방에 못 있게 하는 것이 좋다고 했습니다. 방문을 열어놓거나 거실에서 놀게 하는 것입니다. 조상들의 천금 같은 삶의 지혜인 것입니다. 특히 한 이불에 재우지 말아야 합니다.

■ 가상역할 - 연기해보기

여러 가지 사례를 구분해서 맞게 꾸며 해봅니다. 듣는 것보다 보는 것이, 보는 것보다 해보는 것이 백 번 낫습니다. 돈도 들지 않습니다.

어머니 : "누가 네 사타구니를 만질 경우 어떻게 할래?"
아이 : "왜 만지십니까? 만지지 마세요! 어서 비키세요!"

큰소리로 외칩니다. 가르쳐주지 않는 것보다 가르쳐주는 것이 백 번 낫고 성폭력 예방률도 높게 나옵니다.

ㅅ. 기타

■ 느낌이 있을 때(성폭력)

부모에게 얘기를 않는 경우가 62%, 6개월 이상 않는 경우가 34%, 왜 얘기를 안 할까? 안 하더라도 관찰해보면 낌새를 챌 수가 있습니다. 명랑한 애가 말이 없거나 의기소침, 우울, 불안해하거나 자다가 놀래 깨거나, 음식을 먹지 않거나, 낯선 사람을 두려워하거나 불 켜고 자거나 누가 싫다거나 학원 가기 싫다고 했을 때 대수롭지 않은

듯 슬며시 물어보는 것입니다.

■ 왜 얘기를 안 할까?

무서워서, 용기가 없어서, 수치심, 죄책감 때문에, 아는 사람이라서, 부모와 관계가 안 좋아서, 발설하면 어쩌겠다고 협박해서일 것입니다. 당했을 때는 어떤 경우든 누구든 즉시 말할 수 있도록 평소에 교육시켜 두는 것입니다.

ㅇ. 사후대처 방법

신체적, 정신적 피해를 최소화하기 위해서는 빨리 병원에 데리고 가야 합니다. 수습을 잘못하면 후유증이나 큰 상처를 주기 때문입니다. 증거물 보전을 위해서는 씻지 말고 입은 채로 가야 합니다. 분하고 홧김에 아이에게 잘못을 따지거나 야단쳐서도 안 됩니다. 무엇보다 놀란 가슴(심신)을 안정시켜 주는 것이, 네 잘못이 아니라고 안심시켜 주는 것이 아주 중요합니다. 아이 보는 데서 책임 여부를 놓고 하는 부부싸움은 피해를 입은 아이에게 더 큰 고통을 주기 때문에 피해야 합니다. "내 잘못으로 싸우는구나." 할 것입니다. 경우에 따라서는 정신과 치료, 임신, 성병검사도 필요할 것입니다.

인간은 누구나 성욕을 가지고 태어납니다. 때가, 나이가 되면 성욕이 발동합니다. 배고프면 음식을 먹고 싶은 욕망이 생기듯 성욕은 인간의 본능입니다. 그것이 없다면 인류는 진즉 멸종이 되고 말았을 것입니다. 문제는 그것이 정도를 벗어났을 때 생기는데 모든 남성을 거세시키지 않는 이상 성범죄는 계속 일어날 것입니다. 어떻게 해야 할까? 쑥스럽고 어색하지만, 남아던 여아던 어릴 때부터 지속적인 성교육, 도덕과 윤리 교육이 꼭 필요하고, 특히 남아에게는 음란물과의 접촉을 멀리하게 하는 것도 한 방법이 될 것입니다.

- ■ 성 관련 단체

  - 경찰서 : 국번없이 112번
  - 성폭력 피해자 지원서비스(여성가족부) : 국번없이 110번, 1366번(치료 동행서비스, 돌봄비용지원, 치료회복 프로그램지원, 의료지원, 법률지원, 주거지원 및 기타)
  - 피해자 신변 보호지원 : 국번없이 1301번
  - 해바라기아동센터(성폭력 아동전담 지원기관) : 1899-3075
  - 대한법률구조공단 : 132번
  - 대한변협법률구조재단 : (02) 3476-6515
  - 한국성폭력위기센터 : (02)-883-9284
  - 한국청소년성문화센터협의회 : www.wesay.or.kr
  - 우리 아이 지키기 : forchild.mogef.go.kr
  - 푸른 아우성 : www.aoosung.com
  - 평등 어린이 세상 : kids.mogef.go.kr
  - 탁틴내일 청소년 성문화센터 : www.tacteen.net / (02) 338-7480

(7) 환경교육

　우리는 이 땅을 산 좋고 물 좋고 공기 좋고 경치 좋은 삼천리 금수강산이라고 기려왔습니다. 그러나 산업화, 도시화로 각종 쓰레기와 오염물질이 마구 쏟아져 나와 날로 환경이 악화되고 있습니다. 공기는 점점 탁해지고 물은 오염되고 하천은 썩어가고 있습니다. 우리가 마시는 공기, 우리가 먹는 물, 우리가 살고 있는 이 땅을 우리 손으로 파괴하고 오염시키고 있습니다. 이대로 놔두고는 쾌적하고 건강한 삶을 계속 누릴 수가 없습니다. 그래서 우리는 후손들에게 쾌적하고 살기 좋은 환경을 물려줘야 할 책임이 있습니다. 한 번 오염되고 파괴된 환경은 되살리기가 어렵습니다. 많은 시간과 비용이 들어갑니다. 한시 바삐 환경을 살려야 되고 지켜야 합니다. 특히 미래의 주역인 우리 아이들을 철저히 교육시켜 환경보전에 동참시켜야 합니다. "세 살 적 버릇이 여든까지 간다."고 했습니다. 어릴 때 환경보전에 좋은 버릇이 들면 이어져 커서도 그대로 하게 되어있습니다. 그러면 어떻게 가르쳐야 할까? 일례로, 껌을 씹은 뒤에는 무심코 길바닥에 버리지 말고 껌종이에 싸서 쓰레기통에 버리게 하거나 집에 가져와 쓰레기통에 버리도록 교육시키는 것입니다. 실제로 길바닥에 늘어붙어 있는 껌을 떼어보게 합니다. 아무 데나 버리려는 생각을 하지 않을 것입니다. 이례로, 다 쓴 수은 건전지를 아무 데나 버리면 땅에 흡수되고 녹아 빗물에 씻겨 강이나 바다로 흘러 들어갑니다. 수은 건전지에는 수은이나 독성물질이 들어있습니다. 먹이사슬에 의해서 수은에 오염된 물고기를 먹으면 자연 인체에 축적되고 그로 인해 무서운 병이 생깁니다. 사지가 뒤틀리고 어쩌고 하는 병입니다(미나마타병). 교육을 통해서 이런 사실을 알게 되면 함부로 아무 데나 버리려 하지 않을 것입니다. 아이들에게 될 수 있으면 안 버리고 덜 버리고, 버리려면 반드시 버릴 곳에 버리도록 교육을 시키는 것입니다. 어릴 때부터 이런 습관이 몸에 배면 한 사람 두 사람 실천에 옮겨진다면 환경이 오염되지 않고 깨끗해질 것입니다.

(8) 건강

"제일의 재산은 건강이다."(R. W. 에머슨 / 인생의 방법)

우리 아이들 건강한 것이 좋을까? 건강하지 않은 것이 좋을까? 겉으로 봐서는 몸에 이상이 있는지 모르므로 정기적인 건강검진이 필요한데 건강검진을 성인만 받는 걸로 알고 있습니다. 그러나 아이들도 받는 게 좋습니다. 안 받는 것보다는 받는 게 득이 되기 때문입니다. 중요한 곳만 받아도 좋을 것입니다. 요새 도시 아이들 비만이 눈에 띄게 많고, 태반이 안경을 쓰고 있습니다. 몸이 건강해야 마음도 건강해집니다.

■ 어떻게 해야 할까?

① 비만 : 취학 전편 103쪽을 참고하십시오.

② 성조숙증

남아는 만 9세 이전, 여아는 8세 이전에 2차 성징(고환, 음모, 유방 발달)이 나타나는 것을 말합니다. 성조숙증은 성장판(무릎, 골반, 척추 등 뼈 끝에 있는 연골조직)을 빨리 닫게 해 키 성장을 방해합니다. 키가 제대로 자라지 않게 됩니다. 키가 클 건데 안 큰다는 얘기입니다. 성조숙증의 원인은 유전, 비만, 환경호르몬, 수면, 운동량 부족, 스트레스 등 다양합니다. 증상이 나타나면 제 또래보다 키가 작거나(5cm 이상) 성장 속도가 느릴 경우(1년에 4cm 미만) 정확한 조기진단과 빠른 치료가 필요합니다.

③ 안경 안 쓰기

언젠가 어느 초등학교 5학년생을 대상으로 시력검사를 해보니 10명 중 6명이 안경을 써야 할 정도로 나쁘다는 결과가 나왔습니다. 안경을 쓰면 불편한 점이 한두 가지가 아닐 것입니다. 안경에 김이 서리면 닦으려면 귀찮고 운동할 때나 밤에 나다닐 때도 안 좋습니다. 갈수록 안경 쓰는 아이들이 늘어나고 있습니다.

ㄱ. 그 원인은 뭘까?

앞에서도 살펴봤지만 유전적인 원인 말고 환경적 요인, TV, 비디오, 컴퓨터, 게임기, 스마트폰, 공부, 독서 등 눈을 장시간 자주 혹사시킨 결과라고 볼 수 있습니다. 어두운 곳에서 보거나 가까이서 보거나 오랫동안 집중해서 보면 눈이 쉬 피로해지고 충혈되고 건조해지고 따끔따끔 아프고 그러다 보니 눈을 자주 비비게 되고 시야도 흐릿하게 보이고 자연 시력이 떨어져 안경을 쓰게 됩니다. 기계도 오래 무리하게 사용하면 피로가 생겨 고장이 나듯 눈도 마구 써먹으니 무리가 생기게 되는 것입니다. 1.2 나가던 시력이 3년 후에 재보니 0.5로 떨어진 아이도 있습니다.

ㄴ. 어떻게 관리해야 할까?

책을 안 볼 수 없고 우선 TV나 컴퓨터, 스마트폰 등 절제해서 보거나 사용하거나 줄여야 합니다. 그리고 사용규칙을 정해 사용케 합니다.

- 40~50분 사용 후 '반드시' 10분 휴식을 취합니다.
- 눈 운동을 자주 합니다. 눈을 깜박거리거나 좌우로 굴려보거나 먼 산을 쳐다봅니다.
- 거리를 둡니다. TV는 2m 이상, 책, 컴퓨터 50cm 이상 두고 봅니다.
- 조명은 적당하게(400~500룩스)
- 엎드려서, 누워서 보지 말 것
- 어두운 곳에서 장시간 보지 말 것
- 안약을 함부로 넣지 말고 전문가의 상담을 받을 것
- 정기적으로 시력검사를 받을 것
- 눈에 좋은 식품으로는 비타민 A, 김, 간, 녹황색 야채 등이 있으며, 너무 많이 먹으면 그것 역시 탈이 될 수 있습니다.
- 화면이 좁은 스마트폰을 장시간 가까이 보지 말 것, 30분 보고 먼 거리 1분 이상 볼 것
- 햇빛에 눈을 자주 찡그리거나 깜박이거나 비비거나 가까이 다가가 보거나 고개를 기울이거나 할 경우 검진을 받을 것
- 학교 칠판이 제대로 잘 보이는지 점검해볼 것
- 그리고 철저히 실천할 것

철저히 실천하면 되는데 그게 그렇게 간단치가 않습니다. 의지가

강해야 실천하게 되는데 귀찮고 하기 싫고 깜빡 잊기도 해 나도 모르게 시력이 점점 떨어져 안경을 쓰게 됩니다. 말은 쉽지만 어려운 게 실천입니다. 매사 성공은 실천에 있습니다.

(9) TV 시청

TV는 뉴스, 드라마, 영화, 스포츠, 날씨, 건강, 교육, 여행, 경제, 취미, 오락 등 다양한 장르의 볼거리를 제공합니다. 짧은 시간에 유익한 정보를 손쉽게 얻을 수 있고 재미있게 즐길 수 있는 문명의 이기임엔 틀림이 없습니다. 그래서 남녀노소 누구나 눈을 뜨면 틈만 나면 시청합니다. TV 시청은 삶의 일부분이 됐습니다. 어떤 사람은 TV에 중독된 사회라고 말합니다. 그러나 모든 것은 음과 양이 있고 "장미에도 가시가 있듯" 그로 인해 여러 가지 문제가 발생합니다. 첫째는 과도한 시청입니다. 하루 2시간 이상이면 연간 30일 80세까지 본다면 6년간 시청한다는 계산이 나옵니다. 보고 나면 뭘 봤는지 별로 남는 게 없을 때가 많습니다. 짧은 인생 많은 시간을 TV 시청에 허비한다고나 할까요? 그 시간을 돈 버는 데 쓰거나 아이디어 개발, 자기계발이나 건설적인 곳에 투자한다면 좀 더 값진 삶이 될 수도 있습니다.

그러나 문제는 성장단계에 있는 아이들의 TV 시청입니다. 어른처럼 눈만 뜨면 TV 시청이요, 밖에서 돌아오자마자 TV 시청이니 학업에 전념해야 할 아이들이 큰 꿈을 그려야 할 나이에 TV에 매달리고 있으니 문제가 되는 것입니다. 부모나 가족간의 대화시간이 줄고 공부, 독서, 자기계발, 취미 등에 할애해야 됨에도 많은 시간을 뺏기게 됩니다. 소아비만, 시력저하, 모방범죄, 성범죄, 음란물, 욕설 등을 배우게 됩니다. 문제는 TV에 시간을 뺏기면 뺏길수록 공부시간이 줄어드니 성적이 떨어진다는 사실입니다. 그래서 잔소리를 하게 되고 통제를 하게 됩니다. 미국에서는 1990년경부터 1년에 1번 1주일간 TV 안 보기 시민모임을 결성해서 운동을 벌인 일이 있었습니다. 우리나라도 2005년 1월 TV 안 보기 시민모임을 결성해서 운동을 벌인 일이 있었습니다. 아이들을 위해 TV를 없애는 게 상책이나 용감하게 없앤 부모도 있지만 안 보게 할 수는 없고 어떤 좋은 방법은 없을까?

① **아이와 TV 시청 규칙을 정합니다.**
ㄱ. 일반 방송은 1일 1시간 이내로 정하고 시간이 되면 자진해서 끄고 벌떡 일어납니다.
ㄴ. 도움되는 교육방송은 보게 합니다.

② 거실에서 안방으로 옮깁니다.
③ 약속을 지키지 않으면, 시간이 지나도 끄지 않으면 영화 제목처럼 인정사정 볼 것 없이 확 끕니다.(외출 시 코드를 가지고 나가는 엄마도 있습니다.)
④ 식사나 대화 중에는 TV를 끕니다.
⑤ 주 2회 가족 전체가 TV 안 보는 날을 정합니다.
⑥ TV 프로그램을 치웁니다.(신문)
⑦ 부모가 솔선수범합니다.
⑧ TV 시청 외의 시간을 제공합니다. 운동, 음악, 그림, 독서, 시짓기, 친구, 발명, 신문보기 등
⑨ 꼭 실천합니다.

TV를 좋아하는 아이치고 공부를 썩 잘하는 아이가 없습니다. 1시간 TV 보는 아이와 1시간 공부하는 아이는 차이가 나는 것이 당연합니다. TV 시청이 1시간 늘어나면 몸무게가 2% 늘어난다는 연구

결과도 있습니다. TV는 생각하는 힘, 사고력을 빼앗습니다. 일방적으로 보여주기 때문에 생각할 겨를이 없습니다. 그래서 바보상자라고 말하기도 합니다. TV를 끄면 가족간에 대화시간이 늘어납니다. 시간이 남으니 자연 독서나 취미생활에 몰두할 수가 있으니 좋습니다. 또 TV는 집중력을 방해합니다. 제 방에서 공부를 한다고 하지만 거실에서 들려오는 TV 소리에 눈은 책을 보지만 귀에 자연스럽게 들리게 되니 제대로 공부가 될 수 없습니다. 거실에서 안방으로 즉시 옮겨야 합니다. 부모님의 의무사항이고 배려가 필요합니다. 아니면 아이 방에 방음장치를 해줍니다. 또 장시간 시청은 정서 발달에도 안 좋습니다. 어쨌거나 공부하는 학생에겐 그다지 보탬이 안 된다고 봐야 할 것입니다.

(10) 인터넷 중독

인터넷 강국, 이제 인터넷은 생활의 일부가 됐습니다. 흔히들 인터넷을 정보의 바다라고 말합니다. 바닷물처럼 정보가 많다는 것입니다. 많은 사람들은 그 많은 유익한 정보를 실생활에 유용하게 이용하고 있습니다. 이처럼 훌륭한 매체인데도 호사다마라고 할까? 양지가 있으면 음지가 있고, 좋은 점이 있으면 나쁜 점이 있듯 많은 문제가 생기고 있습니다. 그게 뭐이냐? 과다 사용으로 인한 중독현상입니다. 성인도 과다 사용으로 사망하기도 합니다. 중독은 일종의 정신질환입니다. 중독이 되면 벗어나기가 어렵습니다. 여기에 문제가 있습니다. 초중고생 12.5%가 인터넷 중독현상을 보이고 있다는 통계도 있습니다. 수렁에 빠지면 못 빠져나오듯이 한 번 중독되면 빠져나오기가 어렵습니다.

심하면 학교생활도, 일상생활도 어렵고 은둔형 외톨이나 폐인이 되기 쉽습니다. 온통 인터넷 생각만 하기 때문입니다. 정신건강에도, 뇌에도 좋을 턱이 없습니다. 우울증, 충동조절 장애 같은 증상도 나타납니다. 사고를 치기도 합니다. 건전하게 적당하게 사용하면 좋으련만 그게 말처럼 간단치가 않으니 문제가 되고 있습니다. 관심을 갖고 내 아이가 인터넷에 너무 빠져 있는지 계속 살펴봐야 합니다. 인터넷 중독이란 스스로 통제할 수 없고 병적으로 너무 집착해서 사용하는 것을 말하며, 하루 2시간 이상 사용하면 잠재적 중독자, 4시간 이상은 고위험 중독자로 분류하고 있습니다.(한국정보문화진흥원)

① 원인은 뭘까?
ㄱ. 학업 스트레스
자나 깨나 쉴틈없이 오로지 공부, 공부! 학교, 학원과외에 매달리다 보니 과도한 스트레스가 쌓이게 되고 지치게 되고 부모의 과도한 간섭, 잔소리에 진절머리가 나고 공부한다고 했는데도 성적이 쑥쑥 올라가는 것 같지도 않고 그러니 공부 재미도 못 느끼고 지겹기도 하고 그래도 인터넷, 게임은 재미라도 있으니, 현실도피나 스트레스 해소 차원에서 10분 하고 공부해야지 하다가도 10분, 20분, 재미있으니 시간 가는 줄도 모르고 1시간, 2시간, 하루, 이틀, 1달, 2달 하다 보니 인터넷 중독에 빠지게 됩니다.

ㄴ. 접근 용이
통제해도 주위에 PC방이 널려있으니 혼자 혹은 친구와 같이 자주 가게 되다 보면 동병상련이라고 빠지게 됩니다.

ㄷ. 놀이문화 부족
인터넷보다 더 재미있는 놀이문화가 부족한 점도 원인이 될 수 있습니다. 아이에 맞게 부모님이 개발해주는 것입니다.

ㄹ. 맞벌이 영향

맞벌이 부모가 늘다 보니 집에 혼자 있게 돼 쓸쓸하고 허전하고 무섭기도 하고 무료하다 보니 자연 인터넷에 몰두하게 돼 중독이 됩니다. 엄마라도 옆에 있으면 자제라도 할 텐데 혼자 있으니 재미없는 공부보단 먼저 손이 가니 빠지게 됩니다.

■ 부모 마음

인터넷 10분만 하고 공부했으면 성적이 오를 테고 참 좋은데 그게 그렇지 않으니 부모 속이 많이 상하게 됩니다. 그렇지 않아도 속 썩을 일이 많은데 왜 또 이런 게 나와 가지고 속을 썩이는구랴. 무자식이 상팔자라고 그것 참, 그렇네요.

② 인터넷 중독에는 어떤 것이 있을까?

대체로 3가지 - 채팅중독, 게임중독, 음란물 중독입니다. 채팅중독은 낯모르는 사람과 호기심으로 시작하게 되고, 자칫 원조교제(여학생)나 성매매에 빠질 수 있고, 게임중독은 게임을 즐기다 보면 시간 가는 줄도 모르고 몰두하니 정신건강을 해치게 되고, 음란물 중독은 음란물에 지나치게 집착하면 성 가치관이 왜곡될 수 있고, 성충동으로 성범죄를 저지를 수가 있습니다. 학생이니 공부에 지장이 많은 것은 말할 것도 없습니다.

■ 게임중독

(정의) 세계보건기구(WHO)에 의하면 게임하고 싶은 욕구를 참지 못하고 다른 관심사나 일상생활(가족, 학교, 직장 등)을 제쳐놓고 게임하는 것을 우선시하고, 이로 인해 삶에 문제가 생겨도 게임을 중단하지 못하는 증상이 12개월 이상 지속되는 경우를 말한다. 2019년 5월 세계보건기구는 게임중독을 질병으로 분류했습니다. (정신질환)

암에 걸리면 치료해야 되듯 치료하지 않고 계속하게 되면 마약, 도박, 알콜 중독처럼 폐인이 되기 쉽습니다. 특히 뇌 발달에 악영향을 줍니다. 전두엽 기능, 자기조절 능력이 떨어진다는 점입니다.

③ 청소년 인터넷 중독 자가진단 척도

번호	항목	전혀 그렇지 않다	그렇지 않다	그렇다	매우 그렇다
1	인터넷 사용으로 건강이 이전보다 나빠진 것 같다.				
2	오프라인에서보다 온라인에서 나를 인정해주는 사람이 더 많다.				
3	인터넷을 하지 못하면 생활이 지루하고 재미가 없다.				
4	인터넷을 하다가 그만두면 또 하고 싶다.				
5	인터넷을 너무 사용해서 머리가 아프다.				
6	실제에서 보다 인터넷에서 만난 사람들을 더 잘 이해하게 된다.				
7	인터넷을 하지 못하면 안절부절 못하고 초조해진다.				
8	인터넷 사용 시간을 줄이려고 해보았지만 실패한다.				
9	인터넷을 하다가 계획한 일들을 제대로 못한 적이 있다.				
10	인터넷을 하지 못해도 불안하지 않다.				
11	인터넷 사용을 줄여야 한다는 생각이 끊임없이 들곤 한다.				
12	인터넷 사용시간을 속이려고 한 적이 있다.				
13	인터넷을 하고 있지 않을 때는 인터넷이 생각나지 않는다.				
14	주위 사람들이 내가 인터넷을 너무 많이 한다고 지적한다.				
15	인터넷 때문에 돈을 더 많이 쓰게 된다.				

채점방법		[1단계] 문항별	전혀 그렇지 않다 : 1점, 그렇지 않다 : 2점, 그렇다 : 3점, 매우 그렇다 4점 ※ 단, 문항 10번, 16번은 다음과 같이 역채점 실시 <전혀 그렇지 않다 : 4점, 그렇지 않다 : 3점, 그렇다 2점, 매우 그렇다 : 1점>
		[2단계] 총점 및 요인별	총점 → ① 1~15번 합계 요인별 ⸵ ② 1요인(1, 5, 9, 12, 15번) 합계 ③ 3요인(3, 7, 10, 13번) 합계 ④ 4요인(4, 8, 11, 14번) 합계
고위험 사용자군	중고교생		총점 → ① 44점 이상 요인별 → ② 1요인 15점 이상 ③ 3요인 13점 이상 ④ 4요인 14점 이상

	초등학생	총점 → ① 42점 이상 요인별 → ② 1요인 14점 이상 ③ 3요인 13점 이상 ④ 4요인 13점 이상
	판정 : ①에 해당하거나 ②~④ 모두 해당되는 경우	
	인터넷 사용으로 인하여 일상생활에서 심각한 장애를 보이면서 내성 및 금단현상이 나타난다. 대인관계는 사이버 공간에서 대부분 이루어지며, 오프라인에서 만남보다는 온라인에서 만남을 더 편하게 여긴다. 인터넷 접속시간은 중고생의 경우 1일 약 4시간 이상, 초등생은 약 3시간 이상이며, 중고생은 수면시간도 5시간 내외로 줄어든다. 대개 자신이 인터넷 중독이라고 느끼며, 학업에 곤란을 겪는다. 또한 심리적으로 불안정감 및 우울한 기분을 느끼는 경우가 흔하며, 성격적으로 충동성, 공격성도 높은 편이다. 현실세계에서 대인관계에 문제를 겪거나 외로움을 느끼는 경우도 많다. → 인터넷 중독 성향이 매우 높으므로 관련 기관의 전문적인 지원과 도움이 요청된다.	
잠재적 위험 사용자군	중고교생	총점 → ① 41점 이상~43점 이하 요인별 → ② 1요인 14점 이상 ③ 3요인 12점 이상 ④ 4요인 12점 이상
	초등학생	총점 → ① 39점 이상~41점 이하 요인별 → ② 1요인 13점 이상 ③ 3요인 12점 이상 ④ 4요인 12점 이상
	판정 : ①~④ 중 한 가지라도 해당되는 경우	
	고위험 사용자에 비해 보다 경미한 수준이지만 일상생활에서 장애를 보이며, 인터넷 사용시간이 늘어나고 집착을 하게 된다. 학업에 어려움이 나타날 수 있으며, 심리적 불안정감을 보이지만 절반 정도의 학생은 자신이 아무 문제가 없다고 느낀다. 대체로 중고생은 1일 약 3시간 정도, 초등생은 2시간 정도의 접속시간을 보이며, 다분히 계획적이지 못하고 자기 조절에 어려움을 보이며, 자신감도 낮은 경향이 있다. → 인터넷 과다 사용의 위험을 깨닫고 스스로 조절하고 계획적으로 사용하도록 노력한다. 인터넷 중독에 대한 주의가 요망되며, 학교 및 관련 기관에서 제공하는 건전한 인터넷 활용지침을 따른다.	
일반 사용자군	중고교생	총점 → ① 40점 이하 요인별 → ② 1요인 13점 이하 ③ 3요인 11점 이하 ④ 4요인 11점 이하
	초등학생	총점 → ① 38점 이하 요인별 → ② 1요인 12점 이하 ③ 3요인 11점 이하 ④ 4요인 11점 이하
	판정 : ①~④ 모두 해당되는 경우	

	중고생의 경우 1일 약 2시간, 초등생은 약 1시간 정도의 접속시간을 보이며, 대부분 인터넷 중독문제가 없다고 느낀다. 심리적 정서문제나 성격적 특성에서도 특이한 문제를 보이지 않으며 자기 행동을 잘 관리한다고 생각한다. 주변 사람들과의 대인관계에서도 충분한 지원을 얻을 수 있다고 느끼며, 심각한 외로움이나 곤란함을 느끼지 않는다. → 인터넷의 건전한 활용에 대하여 자기 점검을 지속적으로 수행한다.

(출처 : 한국지능정보사회진흥원 스마트 쉼센터(japc.or.kr) : 1599-0075번

④ 청소년 스마트폰 중독 자가진단 척도

번호	항목	전혀 그렇지 않다	그렇지 않다	그렇다	매우 그렇다
1	스마트폰의 지나친 사용으로 학교 성적이 떨어졌다.				
2	가족이나 친구들과 함께 있는 것보다 스마트폰을 사용하고 있는 것이 더 즐겁다.				
3	스마트폰을 사용할 수 없게 된다면 견디기 힘들 것이다.				
4	스마트폰 사용시간을 줄이려고 해보았지만 실패한다.				
5	스마트폰 사용으로 계획한 일(공부, 숙제 또는 학원수강 등)을 하기 어렵다.				
6	스마트폰을 사용하지 못하면 온 세상을 잃을 것 같은 생각이 든다.				
7	스마트폰이 없으면 안절부절 못하고 초조해진다.				
8	스마트폰 사용시간을 스스로 조절할 수 있다.				
9	수시로 스마트폰을 사용하다가 지적을 받은 적이 있다.				
10	스마트폰이 없어도 불안하지 않다.				
11	스마트폰을 사용할 때 그만 해야지라고 생각은 하면서도 계속한다.				
12	스마트폰을 너무 자주 또는 오래한다고 가족이나 친구들로부터 불평을 들은 적이 있다.				
13	스마트폰 사용이 지금 하고 있는 공부에 방해가 되지 않는다.				
14	스마트폰을 사용할 수 없을 때 패닉상태에 빠진다.				
15	스마트폰 사용에 많은 시간을 보내는 것이 습관화되었다.				

채점방법	[1단계] 문항별	전혀 그렇지 않다 : 1점, 그렇지 않다 : 2점, 그렇다 : 3점, 매우 그렇다 4점 ※ 단, 문항 8번, 10번, 13번은 다음과 같이 역채점 실시 <전혀 그렇지 않다 : 4점, 그렇지 않다 : 3점, 그렇다 2점, 매우 그렇다 : 1점>
	[2단계] 총점 및 요인별	총점 → ① 1~15번 합계 요인별 → ② 1요인 일상생활장애(1, 5, 9, 12, 12번) 합계 ③ 3요인 금단(3, 7, 10, 14번) 합계 ④ 4요인 내성(4, 8, 11, 15번) 합계

	총점 → ① 45점 이상 요인별 → ② 1요인 16점 이상 ③ 3요인 13점 이상 ④ 4요인 14점 이상
고위험 사용자군	판정 : ①에 해당하거나 ②~④ 모두 해당되는 경우
	스마트폰 사용으로 인하여 일상생활에서 심각한 장애를 보이면서 내성 및 금단현상이 나타난다. 스마트폰으로 이루어지는 대인관계가 대부분이며, 비도덕적 행위와 막연한 긍정적 기대가 있고, 특정 앱이나 기능에 집착하는 특성을 보이기도 한다. 현실생활에서도 습관적으로 사용하게 되며, 스마트폰 없이는 한순간도 견디기 힘들다고 느낀다. 따라서 스마트폰 사용으로 인하여 학업이나 대인관계를 제대로 수행할 수 없으며, 자신이 스마트폰 중독이라고 느낀다. 또한 심리적으로 불안정감 및 대인관계 곤란감, 우울한 기분 등이 흔하며, 성격적으로 자기 조절에 심각한 어려움을 보이며, 무계획적인 충동성도 높은 편이다. 현실세계에서 사회적 관계에 문제가 있으며, 외로움을 느끼는 경우도 많다. → 스마트폰 중독 경향성이 매우 높으므로 관련 기관의 전문적인 지원과 도움이 요청된다.
	총점 → ① 42점 이상~44점 이하 요인별 → ② 1요인 14점 이상 ③ 3요인 12점 이상 ④ 4요인 13점 이상
잠재적 위험 사용자군	판정 : ①~④ 중 한 가지라도 해당되는 경우
	고위험 사용자군에 비해 경미한 수준이지만 일상생활에서 장애를 보이며, 필요 이상으로 스마트폰 사용시간이 늘어나고 집착을 하게 된다. 학업에 어려움이 나타날 수 있으며, 심리적 불안정감을 보이지만 절반 정도는 자신이 아무 문제가 없다고 느낀다. 다분히 계획적이지 못하고 자기 조절에 어려움을 보이며, 자신감도 낮게 된다. → 스마트폰 과다 사용의 위험을 깨닫고 스스로 조절하고 계획적으로 사용을 하도록 노력한다. 스마트폰 중독에 대한 주의가 요망된다.
	총점 → ① 41점 이하 요인별 → ② 1요인 13점 이하 ③ 3요인 11점 이하 ④ 4요인 12점 이하
일반 사용자군	판정 : ①~④ 모두 해당되는 경우
	대부분이 스마트폰 중독문제가 없다고 느낀다. 심리적 정서문제나 성격적 특성에서도 특이한 문제를 보이지 않으며, 자기 행동을 관리한다고 생각한다. 주변 사람들과의 대인관계에서도 자신이 충분한 지원을 얻을 수 있다고 느끼며, 심각한 외로움이나 곤란감을 느끼지 않는다. → 때때로 스마트폰의 건전한 활용에 대하여 자기 점검을 지속적으로 수행한다.

출처 : 한국지능정보사회진흥원 스마트 쉼센터(japc.or.kr) : 1599-0075
※ 청소년(9~17세) 34%가 스마트폰 중독

⑤ **인터넷 중독 예방수칙**

- 사용 규칙을 정합니다.
- 컴퓨터는 가족이 같이 사용할 수 있는 곳에 둡니다.
- 할 일을 다 한 후 켭니다.
- 목적 없이 심심풀이로 괜히 켜지 않습니다.
- 정한 시간이 되면 즉시 끄고 벌떡 일어납니다.
- 인터넷보다 독서, 취미, 운동에 투자합니다.
- 위 사항을 철석같이 지킵니다.

⑥ **중독이 됐다면 어떻게 해야 할까?**

우선 중독에 빠진 원인을 제거하는 것입니다. 가족간의 대화부족, 사랑의 부재, 무관심에 있다고 얘기하는 전문가도 있습니다.

첫째, 상의해서 컴퓨터를 거실이나 안방에 놔둡니다. 아이 동의 없이 우격다짐이나 강제로 치우면 친구 집이나 PC방에 가게 됩니다.

둘째, 빠져 있는데 못하게 하면 강하게 반발하는 등 역효과가 나게 됩니다. 때리거나 욕해서도 안 되고, 서로 상의해서 사용규칙을 정해 일주일에 몇 번, 몇 시간씩 횟수와 시간을 정합니다.

셋째, 접촉시간을 줄이되 인터넷보다 재미있게 즐길 수 있는 쪽으로 이끌어주는 것입니다. 문화생활, 취미생활 - 삼국지 같은 재미있는 소설을 읽게 하거나 친구들과 어울려 축구나 농구 같은 운동을 하거나 악기를 배우게 하거나 밖에 나가 그림을 그리게 하거나 사진촬영이나 가족과 같이 잠깐 여행을 다녀오거나 음악회나 경기장에 같이 가거나 - 시선을 다른 곳으로 유도합니다.

넷째, 신속하게 치료해줍니다. 중독은 뇌의 이상으로 생기는 엄연한 병입니다. 중독이 의심이 되면 빨리 전문가나 상담기관의 도움을 받는 것이 매우 중요합니다. 애플의 잡스씨도 자기가 만든 아이패드를 자기 자녀들은 못 쓰게 했다는 것입니다. 비인격자인 셈입니다. 빌 게이츠씨도 14세까지는 스마트폰을 안 사줬다는 것입니다.

■ 인터넷 게임중독 상담기관
• 여성가족부는 2005년부터 인터넷 중독 예방상담과 치료 재활사업 일환으로 '한국 청소년 상담복지개발원(www.kyci.or.kr)'과 전국 137개 지역 청소년 지원센터, 19개 대학병원과 연결망을 구축해놓고 여러분의 참여를 기다리고 있습니다.(051-662-3000) 또 여성가족부는 청소년 인터넷 중독 거주형 치료, 재활시설을 구축, 지원하고 있습니다.
• 국립중앙 청소년디딤센터 (031) 333-1740(www.nyhc.or.kr)
• 국립 청소년 인터넷 드림마을 (063) 323-2275~6(http://nyid.kyci.or.kr) - 인터넷, 스마트폰 중독문제 해소하기 위해 합숙, 상담예방 및 해소 프로그램 운영
• 한국진흥정보사회 진흥원 인터넷 중독 대응센터 1599-0075(www.japc.or.kr)
• 사이버 중독 정보센터(www.cyadic.or.kr)
• YMCA 인터넷 중독 및 약물 예방센터(counsely.ymca.or.kr/drug)
• 청소년 미디어 중독예방센터 (02) 793-2000

(11) 저작권 교육시키기

저작권이란 시, 소설, 음악, 미술 등과 같은 저작물을 창작한 사람이 자신의 창작물을 복제, 공연, 전시, 전송 등 법이 정하고 있는 일정한 방식으로 스스로 이용하거나 다른 사람이 이용하는 것을 허락할 수 있는 권리를 말합니다. 남의 것을 이용하려면, 내 신주머니는 내 것이요, 친구 휴대폰은 내 것이 아니므로 한 통화 이용하려면 친구한테 허락을 받아야 되듯 남의 저작물을 이용하려면 허락을 받아야 됩니다. 허락받지 않고 이용할 경우 저작권법에 저촉이 되면 처

벌을 받게 됩니다. (물론 예외조항은 있습니다.) 다시 언급합니다만 남이 쓴 글이나 시, 소설, 남이 만든 음악이나 그림이나 사진, 영화, 컴퓨터 프로그램 등을 허락받지 않고 사용하거나 내 블로그에 올린 경우 저촉이 되는 것입니다. 5년 이하의 징역이나 5,000만 원 이하의 벌금을 물게 됩니다. (저작권법 위반) 2008년 한 해 위반 건수가 81,356건, 2014년은 22,907건이었습니다. 이중 초중고생이 많아 문제가 되고 있습니다. 노래 한 곡 무심코 홈페이지에 올렸다가 "○○○변호사 사무실입니다. ○○○는 ○○○의 저작권을 침해했습니다. 합의하지 않으면 형사처벌을 받을 수 있습니다." 이런 통보를 받으면 당황하게 되고 부모님은 부랴부랴 돈을 주고 합의를 하게 됩니다. 저작권이 뭔지도 모르고, 모르니까 대수롭지 않게 이용해서 법을 어기게 된 것입니다. 어떻게 해야 할까요? 모르니까 알려주는 수밖에 없습니다. 철저히 교육시키는 것입니다.

■ 청소년들이 생활 속에서 저지르기 쉬운 저작권 침해 유형들
- 인터넷에 떠도는 글, 그림, 사진을 퍼서 내 홈피에 올리기
- 공유 사이트나 웹하드 등에서 자료 주고받기
- 영화, 음악파일을 게시판 자료로 올리기
- 컴퓨터 프로그램을 CD로 구워서 친구들에게 나눠주기
- 멋진 음악을 내 홈피나 블로그에 배경음악으로 쓰기
- 인기 드라마, 쇼 프로그램 등 방송 프로그램을 캡쳐해 인터넷에 올리기
- 좋아하는 가수 팬클럽 카페에 음악 올리기
- 글짓기, 그리기 대회에 다른 사람 글, 그림 베껴서 내기
- 학교 과제를 인터넷 자료만 그대로 옮겨서 내 것인양 제출하기
- 문제집, 참고서 등 학습자료를 스캔해서 학교 홈페이지에 옮기기

(출처 : 청소년서작권교실 http://1318.copyright.or.kr /
한국저작권위원회 www.copyright.or.kr 1800-5455)

- 이외에도 많이 있습니다.

(12) 발표력 길러주기

발표력이란 자신의 뜻이나 생각, 주장, 사안 등을 타인에게 조리 있고 명쾌하고 설득력 있게 전달해서 공감을 얻는 능력을 말합니다. 효과적으로 알리기 위해서나 뜻한 바대로 설득하기 위해서는 적절한 발표기술이 필요합니다. 발표능력은 하나의 기술이므로 잘할 수 있도록 충분히 길러줘야 합니다. 발표 인재가 되게 합니다.

① 쓰임새

사노라면 발표할 기회가 무수히 많습니다. 때와 장소에 맞는 조리 있고 명쾌하고 돋보이는 발표능력은 존경과 부러움과 유능함을 인정받는 기회가 됩니다.

ㄱ. 학교생활

자기소개, 질문, 답변, 토론, 학급, 학교 회장선거, 사회자, 동아리 리더 활동 등 발표할 기회가 많습니다. 장차 상급학교 입학이나 취업 등의 면접시험에도 중요한 플러스 요소가 됩니다.

ㄴ. 직장생활

보고, 회의, 토론, 교육, PT(프레젠테이션·발표), 취임인사 등

ㄷ. 사회생활

각종 모임에서의 의견 발표, 정견 발표, 설교, 인사말, 주례 등

② 효과

발표할 기회에 대비해서, 멋지게 한 말씀 하게 될 기회에 대비해서 발표능력을 길러주는 일이 뭣보다도 중요합니다. 공부 1등은 못할지라도 발표력 1등짜리를 만들어주는 것입니다. 공부 성적은 취

업할 때까지의 참고사항이고, 더 쓰임새 있는 것은 발표능력이고 평생 써먹기 때문입니다. 요즘 소통이 강조되듯이 직장에서는 발표 잘하는 인재를 원합니다. 발표력이 부족하면 제대로 능력을 평가받을 수가 없습니다. 사안마다 조리 있고 당당히 설득력 있게 펼쳐 보임으로써 목적한 바를 얻을 수가, 이룰 수가 있기 때문입니다. 인정받음으로써 빠른 승진을 기할 수가 있습니다.

③ 어떻게 길러줄까?

 평상 시의 일상적인 대화와 여러 사람 앞에서의 발표는 다릅니다. 대화는 누구나 스스럼 없이 잘하지만 발표는 대중을 상대하기 때문에 신경이 많이 쓰이고 두렵기도 하고 어렵습니다. 이에 준비와 훈련이 필요합니다. 사실 여러 사람 앞에 서게 되면 불편하고 부자연스럽습니다. 일거수일투족 보이게 됨으로, 쳐다봄으로 긴장이 되고 두근거리기도 하고 얼굴도 빨개지고 땀도 납니다. 일종의 대인공포증으로 누구에게나 다 있습니다. 발표를 할라치면 더욱더 곤혹스럽습니다. 잘할 수 있을까? 실수하지 않을까? 더듬거리지, 횡설수설하지 않을까? 사안을 제대로 설명할 수 있을까? 전전긍긍하게 됩니다. 소심한 성격, 내성적인 성격이라면 더 할 것입니다. 이런 현상은 평소 가정에서의 토론문화가 부족했거나 발표할 기회를 자주 갖지 않았기 때문입니다. 그렇다면 어떻게 해야 할까? 우선 자신감을 길러주는 일입니다. 자신감이 있으면 당당해집니다. 자연스럽습니다. 발표력이 부족하니 자신감이 없고 두려워합니다. 발표 공포심은 누구나 다 가지고 있습니다. 이겨내기 위해서는 발표할 기회를 자주 줘야 합니다.

 또 자주 연습시켜야 합니다. 연습을 하면 할수록 발표능력은 배가 됩니다. 군대 용어로 숙달된 조교처럼, 관심을 갖고 적극적으로 훈련을 시키는 것입니다. 총도 자주 쏘면 명중률도 높습니다. 처음에는 서툴기 때문에 비판, 질책을 삼가고 용기를 불어넣어 주고 칭찬과 격려가 필요합니다. 1주일에 한 번, 아니면 2주일에 한 번 적당한 시간에 주제를 정해 발표를 하게 합니다. 그때그때 시사문제도 좋습니다. 처음에는 뭘 어떻게 시작해야 할지 난감할 것입니다. 제대로 된 흡족한 발표일 수가 없습니다. 처음부터 잘할 수 없으므로 개의치 말고 하게 합니다. 자주 하게 되면 요령이 생기고 경험이 쌓이고 차차 나아집니다. 늘게 됩니다. "첫술에 배부를 수 없듯"이 한 번 두 번 여러 번 하게 되면 낙숫물이 떨어져 댓돌을 뚫듯이 어느새 숙달되어 잘하게 됩니다. 처음부터 일류 강사는 없습니다. 여러 번의 실수, 시행착오를 겪으면서 숙달된 강사가 되는 것입니다. 자전거도 넘어지면서 잘 타게 되듯이 나아가 효과적인 발표를 위해서는

- 태도 : 자연스럽고 당당하고 자신 있는
- 발음 : 분명하고 고, 저, 강, 약이 조절된
- 제스처 : 적절하고 자연스런
- 목소리 : 듣기 좋고 상냥한
- 시선처리 : 여유 있게 청중을 두루 살펴보는
- 적절한 사례, 유머 등을 가미, 배합해서 해보게 합니다.

가족을 청중으로 여기고 서서 하게 합니다. 경험이 쌓이면 스스로 거울을 보고 하게 합니다. 녹음, 녹화도 필요합니다. 원고가 필요할 때는 스스로 쓰게 합니다. 대입 논술에도 도움이 됩니다. 그리고 가족들의 총평, 지적, 조언, 지도가 필요합니다. 잘할 수 있는 비결은 꾸준한 연습, 훈련에 있습니다. 독서도 보탬이 됩니다.

④ 언제부터 연습시킬까?

　초등학교(3~4학년) 때가 좋을 것입니다. 빠를수록 좋습니다. 결론은 발표력을 훈련시킨 경우와 시키지 않은 경우 차이가 나는 것은 당연합니다. 발표력 지도서를 참고삼아 불세출의 일류 강사를 만드십시오.

(13) 꿈 심어주기

　내 아이의 꿈은 뭘까? 뭘 꿈꾸고 있는가? 커서 무슨 일을 하게 할까? 어떤 사람이 되게 할까? 꿈은 희망이고 삶의 목표고 소원입니다. 꿈이 없는 사람은 표적을 잃은 화살과 같습니다. 목표가 없으니 갈 곳이 없습니다. 정처가 없습니다. 꿈은 삶의 구심점입니다. 한 곳으로 지향케 합니다. 어린 시절에는 누구나 꿈을 꿉니다. 무지개빛 큰 꿈을 꿉니다. 꿈은 수시로 변하지만 꿈을 꾼다고 다 이루어지는 것은 아닙니다. 노력 없이는 꿈을 이룰 수가 없습니다. 꿈은 많은 노력이 필요합니다. 꿈은 아이가 꾸지만 이루게 하는 것은 부모님 몫입니다. 땅을 파서 고르고 싹트게 잘 심어주는 것입니다. 한 차원 높은 계발, 지도, 뒷받침이 필요합니다. 기왕지사 소아(小我)보다는 대아를 위한 꿈, 인류 발전을 위한 꿈이어야 합니다. 도대체 내 아이가 어느 쪽에 관심이 많은가? 소질이 엿보이는가? 좋아하고 잘하는 게 뭘까? 부디 자녀가 이름 석 자를 인류 역사에 남기게 해주십시오. 위인들의 전기를 많이 읽게 해주십시오. 자극제가 되니깐요.

(14) 노는 것도 공부

　노는 것처럼 재미있는 게 없는데 재미있어 하니까 놀리는 게 좋은데 그렇다고 무한정 놀릴 수는 없고, 공부하는 학생이니 학생의 본분은 학업에 있습니다. 그래서 심혈을 기울여 학업에 열중합니다. 학교로, 학원으로 쉴새없이 시계 불X처럼 왔다 갔다 눈코 뜰새가 없습니다. 밤잠 안 자고 공부에 매진합니다. 부모로서는 자녀가 나가 놀면 시간을 뺏겨 공부에 지장이 있으니 못 놀게 하고 성화를 부리기도 합니다. 간섭하고 통제합니다. 그러다 보니 동네 놀이터와 골목길이 텅 비어있습니다. 그러나 친구들과 어울려 노는 것은 엄연한 하나의 훌륭한 사회공부 과목입니다. 자주 언급했습니다만 노는 것을 통해서 대화, 소통기술, 협조, 다툼, 화해, 중재, 배려, 시비, 갈등, 인내, 경쟁, 우정 등의 여러 덕목을 배우게 됩니다. 함께 살아가는 방법, 삶의 지혜, 인간관계 등의 여러 노하우를 배우게 됩니다. 값진 교육이 되고도 남습니다. 그래서 어떤 이는(J. 하우얼 / 격언집) "공부만 하고 놀지 않으면 그 아이는 바보가 된다."고 했습니다. 옳은 말입니다. 국, 영, 수만이 공부과목이 아니고 노는 것도 훌륭한 사회과목이므로 등한히 하거나 소홀히 해서는 안 될 과목입니다. 편식을 지양하고 고루 먹어야 하듯 공부과목으로 인정, 할애해야 합니다. 학교 우등생이 꼭 사회 우등생이 된다는 보장이 없습니다. 학교 성적과 사회적 성공과는 일치하지 않는 경우가 많기 때문입니다. 크게 성공한 사람들을 살펴보면 알 수가 있습니다.

왕따도 알고 보면 친구들과 어울릴 줄 모르기 때문에 생기는 현상입니다. 열외자로서 표적이 됐기 때문입니다. 그러므로 밖에 나가 친구들과 놀게, 사귀게 해야 합니다. 집으로 초대하거나 친구 집에 놀러가게 해야 합니다. 자연스럽게 친구관계가 맺어집니다. 소극적인 아이라면 부모가 적극적으로 사귈 수 있도록 도와주어야 합니다. 그러면 친구들이 좋아하게 되고 인기도 올라갑니다. 진실되고 좋은 친구는 장차 사회생활을 하는 데 조력자, 버팀목이 될 수 있습니다. 삶의 윤활유이고 훌륭한 자산이 됩니다. 한 친구보다는 여러 친구를 사귀게 하는 것이 좋습니다. 속담에 "친구 따라 강남 간다."고 했듯이 알게 모르게 영향을 주고받습니다. 담배 피우는 친구와 놀면 자연 담배를 피우게 됩니다. 그러므로 어떤 친구와 사귀는지 세심한 관찰이 필요합니다. 어떤 선생님은 집에서 친구 얘기를 잘하지 않으면 문제가 있다는 신호라는 것입니다. 음미해볼 대목입니다. 지나가는 말처럼 친구가 누군지 슬적 슬적 물어보는 것도 좋습니다. 어쨌든 공부 노예가 되는 걸 지양해야 할 것입니다.

어느 해 보건복지부가 조사한 걸 보면 방과 후 친구들과 놀기를 원하는 초등학생이 48.7%, 실제 노는 아이는 5.7%라는 것입니다. 엄마가 못 놀게 하니깐요.

(15) 집안일 돕기

농어촌 아이들은 사시사철 집안일, 농사일로 할 일이 너무 많지만 도시에 사는 아이들은 별로 할 일이 없습니다. 공부하게 하느라 일을 시키지도 않습니다. 제 방 쓸고 닦고 하는 아이들이 몇 명이나 될까? 며칠만이라도 집 안 청소나 설거지나 빨래를 시켜보고 눈 올 때는 마당이나 문밖에 있는 눈을 치워보게 하는 것도 좋습니다. 자꾸 시키면 하게 되어있습니다. 안 시키니 안 하게 되고 할 줄 모르게 됩니다. 자꾸 하게 되면 인내심도 길러지고 노동의 가치를 알게 됩니다. 힘든 일을 하고 나면 밥맛도 좋습니다. 운동이 되니 비만예방에도 좋습니다. 오늘부터는 제 방 청소는 제가 하도록 하게 합니다. 그럴 것이 아니라 아예 집 안팎 청소를 맡기는 것입니다. 방도 마루도 마당도 문밖도 쓸고 닦게 합니다.

- 온갖 육체적 노동은 인간을 고상하게 한다. 자기 자식에게 육체적 노동을 가르치지 않는 것은 그에게 약탈 강도의 준비를 시키는 것과 다름없다. - 탈무드
- 땀을 흘리지 않고 우수한 투사가 될 수 없다. - 에픽테토스

(16) 자립심, 독립심 길러주기(취학 전편 177쪽을 참고하십시오.)
(17) 방학 - 보람 있게 보내기 ①

"야! 방학이다. 신난다. 실컷 놀자! 놀긴, 엄마가 가만 놔두나." 방학은 아이들에겐 꿈이고 희망입니다. 가기 싫은 학교 안 가게 됐으니 신날 수밖에 없습니다. 기다리고 기다렸던 방학, 노는 것도 공부지만 내내 놀렸으면 좋겠으나 엄마 조바심에 마냥 놀게 할 수는 없을 테고, 어떻게 보내게 해야 할까요? 방학(放學)은 말 그대로 공부의 속박으로부터 놓여나는 시간입니다. 반면, 학교수업에서 부족했던 부분을 보충하고, 다양한 체험을 할 수 있는 소중한 기회입니다. 방학은 학교나 학원과외 공부에 지쳐 있을 아이들에게 휴식과 재충전의 기회를 주는 시간이어야 합니다. 아이들의 시간이므로 방학 동안 만이라도 시험삼아 학원과외 보내지 말고 학교 과제만 하게 합니다. 대신 즐겁고 보람 있고 재미있는 시간이 되게 해주는 것입니다.

① 계획 세우기
아이는 놀기를 원하고 부모님은 공부하기를 바랍니다. 뭘 어떻게 해야 할지, 어떻게 보내야 할지 그래서 계획이 필요합니다. 주인공은 아이임으로 아이의 의견을 존중하고 부모가 너무 욕심을 부려서는 안 됩니다. 아이에게 주어진 시간이므로 서로 상의해서 무리하지 않고 실천 가능한 계획을 세워야 합니다. 그리고 매일 매일 결과를 스스로 점검케 합니다.

② 생활지도
방학 동안 생활 속에서 배우고 익힐 수 있게 많은 기회를 줘야 합니다. 계획대로 보내야 효과적이고 보람찬 방학이 됩니다. 많은 추억거리를 만들어줍니다.

ㄱ. 견학 : 고궁, 박물관, 동물원, 미술관, 과학관, 유적지
ㄴ. 가족여행
ㄷ. 친척방문
ㄹ. 습관 길들이기(일찍 자고 일찍 일어나기, 방청소, 침구 옷정리, 집안청소)
ㅁ. 각종 캠프 참가하기
ㅂ. 해보고 싶고 배우고 싶었던 것 해보기 : 취미생활, 특기 살리기
ㅅ. 책읽기 : 1주 1~2권
ㅇ. TV, 인터넷, 게임 : 방학 동안 안 보고 안 하기

③ **학습지도**
ㄱ. 과제물, 일기 : 개학 전날 몰아서 벼락치기 하지 말고 그날 그날 하게 하기
ㄴ. 성적이 좋은 아이 : 개학해서 배울 곳 간단히 미리 해보기(예습)
ㄷ. 성적이 안 좋은 아이 : 부진했던 과목 보충하기(복습)
ㄹ. 다 같이 학원 안 보내기, 덜 보내기(방학 동안)

4학년 김아무개는 방학이 시작되자마자 어머니 등쌀에 못 이겨 피아노, 웅변, 태권도, 영어학원 4곳을 다니게 됐는데 오히려 방학 전보다 힘들다고, 어떤 때는 학원 숙제하느라 잠도 제대로 못 잘 정도라고 말합니다. 이건 엄연한 학대이고 고문이나 다름없습니다. 얼마나 화났을까? 친구들은 놀러 다니는데 얼마나 스트레스를 받았을까? 시대와 환경이 다르지만 미국의 오바마 전 대통령은 하루에 여러 군데 학원 다녀 대통령이 된 것은 아니었을 것입니다.

④ **건강관리**
ㄱ. 시력검사

ㄴ. 치과치료

ㄷ. 축농증, 비염, 아토피

ㄹ. 비만

겨울방학 하는 날

                                    - 조선일보(가슴으로 읽는 동시)

숙제 잊지 말고
건강하게 잘 지내다
개학식 날 만나자.
별일 있으면 안 된다.
선생님 보고 싶다고 징징 울지 말고
핸드폰으로 지금 찍어 놓아라.
눈이 오면 눈밭에서 뒹굴고
자기 닮은 눈사람 만들어 꼭 사진 찍어라.
세상에 나 같은 사람 또 하나 있다는 것도 괜찮단다.
방 안에서 문제집만 푸는 녀석들 가만 안 두겠어.
얼음길에서 미끄럼도 타고
고드름 칼싸움도 해라.
겨울밤 하늘은 맑고 깨끗해서 별자리 보기에 최고다.
별자리가 너희를 기다리고 있다.
너희들 눈동자가 초롱초롱한지
대결하는 것도 잊지 마라.
이상 지금부터 시작이다.
겨울방학 실시!

* 김영(시인, 아동문학가, 「떡볶이 미사일」, 「바다로 간 우산」 저자)

(18) 재능, 적성 찾아주기

지금 님의 자녀, 무슨 재주가 있습니까? 좋아하고 관심이 많은 것은 뭘까요? 속담에 "될성부른 나무는 떡잎부터 알아본다."고 했습니다. 우리 아이에게 어떤 재능이 있을까? 숨어있는 능력은 뭘까? 사람의 재능은 선천적인 것이 30%, 후천적인 것이 70%, 대부분 초등학교 시기에 보고 듣고 배우고 경험한 것이 영향을 준다고 했습니다. 일테면 초등학교 6년간은 숨어있는 재능을 찾아주는 시기입니다. 무엇에 관심이 많고 좋아하고 잘하는 것은 무엇인가? 특별한 점은 뭘까? 무슨 소질, 무슨 재주가 있는가? 저 먹을 것을 가지고 태어난다고 했듯이 사람은 누구나 다 재능 한두 가지씩 뭔가를 가지고 태어난다고 봐야 할 것입니다. 그것이 뭘까? 보통 이상의 것인데 사장(死藏)된다면 억울하고 여간 아까운 일이 아닐 수 없습니다. 개인은 물론 국가적으로 큰 손실일 수가 있습니다. 도대체 우리 아이가 뭘 가지고 태어났을까? 나 닮은 건 아닐까? 나로 말할 것 같으면 박치기 소질이 좀 있는데 그건 아니겠지. 암기력이 대단한가? 언변이 뛰어난가? 손재주가 특별한가? 배가 터지도록 먹는 데만 소질이 다분한가? 늘어지게 잠만 잘 자는가? 피아노를 잘 치는가? 장구치는 소질이 있는 것 같기는 한데, 보지 않고 아무거나 척척 잘 그리는 것 같은데, 술만 먹지 마시고 TV만 보지 마시고 세심하게 계속 관찰해서 찾아주고 계발해서 적극 밀어주는 것, 꽃을 피워주는 것이 부모님 몫입니다. 보석처럼, 다이아몬드처럼 영롱하고 반짝반짝 빛나는 재능이 숨어있을 텐데 속담에 굼벵이도 구르는 재주가 있다는데 조물주께서 1가지 이상 재능을 주셨을 텐데 그게 뭘까? 장차 진로 진학, 중, 고, 대학, 학과 선택, 진로 선택에 있어서 아주 중요한 점검인 것입니다.

- 아이들은 저마다 타고난 재능이 있다. 부모는 그것을 발견하고 길러

줄 의무가 있다. - 전혜성

- 나면서부터 타고난 재능은 마치 자연수(自然樹)와 같은 것으로서 그것을 학문에 의해서 전정(剪定)할 필요가 있다. - F. 베이컨 / 수필집
- 재능은 오랜 동안에 노력에 의해서 얻어진 노력의 산물이다. - G. 플로베르
- 남이 하기 어렵다고 하는 것을 쉽게 행하는 것, 그것이 재능이다. - H. F. 아미엘 / 일기
- 천리마는 언제나 있지만 백락(伯樂)은 언제나 있지 않다. - 한유 / 잡설

(19) 꼭 가르쳐야 할 것

부모가 자식에게 가르쳐야 할 것, 자식이 부모에게 배워야 할 것이 한두 가지가 아닐 것입니다. 인생의 초입 단계에 있는 우리 아이들은 많은 것을 다 배워야 하고 다 익혀야 할 것들입니다. 그중에서 뭣을 가르쳐야 할까? 배워둬야 할까? 각인각색이요, 소생은 시간의 소중함, '시간낭비'를 들고 싶습니다. 시간은 흐르는 물과 같다고 했습니다. "Time is money." 시간은 돈이라고, 돈과 같다고 했습니다. 그런데도 돈을 마구 흘려보내다니. 시간은 시위를 떠난 화살처럼 빠르게 휙휙 지나갑니다. 한 번 흘러간 시간은 다시 돌아오지 않습니다. 다른 것은 다 살 수 있어도 시간은 살 수가 없습니다. 코흘리개 시절이 엊그제 같은데 벌써 몇 십 년이 훌쩍 지나갔으니 시간의 빠름을 실감합니다. 아시다시피 인생은 이회적(二回的)인 삶이 아니고 오직 한 번뿐인 삶입니다. 한 번 왔다가 때가 되면 가게 됩니다. 정한 이치요, 또다시 사는 삶이 아닙니다.

한 번 가면 다시 돌아오지 않는 인생, 그러함에도 쇠털같이 많은 날 어쩌고 하면서 대부분 시간을 너무 많이 낭비하고 있습니다. 비

건설적인 곳에 마구 물 쓰듯 헛곳에 쓰고 있습니다. 그리고선 지나간 시간을 아쉬워하고 회한에 젖습니다. 시간을 되돌려서 다시 한 번 쓸 수 있다면 얼마나 좋을까? 지금보다 몇 배 더 나은 삶을 살 수 있을 텐데… 그러나 한 번 지나가 버린 시간은 야속하게도 다시 돌아오지 않습니다. 되돌릴 수가 없습니다. 버스 지나간 뒤의 손들기인 것입니다. 어린 시절에 누가 조언을 좀 해줬더라면, 가르쳐 줬더라면, 본서 같은 책이라도 있었더라면 하고 아쉬워합니다. 성공적인 삶을 산 사람들은 어떤 사람들일까? 그들은 시간을 마구 허비하지 않고 내 것으로 만들어 적절히 이용한 사람들입니다. 그러므로 커나가는 아이들에게 시간의 중함, 시간의 가치를 일깨워서 성공적인 삶을 살게 해야 합니다. 시간을 낭비하지 말고 천금같이 여기고 몸에 밴 계획적인 생활, 계획적인 시간관리를 하게 한다면 성공적인 삶이 되고도 남을 것입니다. 아멘.

- 가장 비싼 낭비는 시간낭비다. - 테오 프라스토스
- 너는 인생을 사랑하는가? 그렇다면 시간을 낭비하지 마라. 인생은 시간으로 되어있다. - 플랭크린 / 가난한 리처드의 책력
- 모든 낭비 중에서 가장 책망받아야 할 것은 시간낭비다. - M. 레슈친스카
- 하찮은 일에 시간이나 재능을 낭비하지 말아라. - J. 스토리 / 젊은 법률가들에 대한 충고

2. 가정에서의 공부지도 요령

앞장에서의 생활지도 요령처럼 공부도 부모가 옆에서 가르쳐줘야 합니다. 문제는 학년이 올라갈수록 과목 내용이 어려워져 지도가 어렵다는 점입니다. 그렇다고 모른 체할 수 없고 알아봐서라도, 배워서라도 가르쳐주는 것입니다. 귀여운 내 자식이니깐요. 그러기 위해서는 TV 좀 덜 보시고 부모도 공부를 해야 합니다. 아이들은 공부방법, 요령을 잘 모르기 때문에 어떻게 해야 하는가를 부모가 가르쳐줘야 합니다. 공부계획을 세우고 그대로 실천해보고 점검을 해보게 합니다. 속담에 "물고기를 잡아다주는 것보다 잡는 법을 가르쳐주라."고 했습니다.

(1) 공부하기 좋은 환경 만들어주기

첫 번째가 공부에 집중할 수 있도록 조용한 독방이 필요합니다. 온 가족이 함께 쓰는 단칸방이라면 공부 중에는 TV를 끄거나 말소리를 낮추거나 가족간의 사려 깊은 배려가 필요합니다. 공부하고 있는데 TV를 보거나 떠들면 집중되지 않고 공부가 제대로 될 리가 없습니다. 앞에서도 언급했지만 거실에서 TV를 켜면 공부방에 다 들립니다. 눈은 책을 보지만 귀에는 TV 소리가 자연 다 들리게 돼 집중이 되지 않고 공부에 방해가 되므로 TV를 안방으로 옮기는 배려가 필요합니다. 아니면 방음처리를 해주는 것입니다. TV를 없앤 부모도 있습니다. 가급적 공부에 방해가 되는 행동은 자제해야 합니다. 시력 보호를 위해서나 집중력을 높이기 위해 방 밝기에도 신경을 써야 되고(400~500LUX) 사전과 옥편, 참고서를 준비해줍니다.

(2) 공부습관 길러주기

습관은 한 번 들면 고치기가 어렵습니다. 공부하는 학생이므로 공부하는 습관을 길러준다면, 밥 먹고 나면 으레 누가 시키지 않더라도 숭늉을 먹듯이 공부하라 마라 귀찮게 간섭할 필요가 없습니다. 듣기 싫은 말 중의 하나가 공부하라는 말인데 억지로 시켜서 마지못해 하는 공부는 능률이 오르지 않습니다.

■ 어떻게 하면 공부습관 들게 할까?

매사 시켜서 하는 것보단 스스로 하는 것이 즐겁고 흥이 나고 재미있고 능률도 오르고 효과가 크다는 사실입니다. 다그쳐도 자신이 하려고 하지 않으면 오히려 역효과가 납니다. 속담에 "말은 물가에 끌고 갈 수 있으나 억지로 먹일 수 없다."고 했듯이 윽박지르면 뒷발에 채일 수 있는 이치와 같습니다. 어떻게 할까? 일요일 오후에 다음 주 1주일간 요일별로 일일 계획을 세우게 합니다. 계획표대로 매일 매일 꾸준히 실천하다 보면 습관이 되어 자연 몸에 배게 됩니다. 자기주도 학습능력이 자연 길러집니다.

처음에는 어떻게 해야 할지 잘 모르기 때문에 부모님의 지속적인 지도와 확인이 필요합니다. 대부분 지시만 했지 확인을 않거나 등한히 하는 경우가 많습니다. 확인행정이란 말도 이래서 생겨난 관청 용어입니다. 그러나 "구슬이 서 말이라도 꿰야 보배가 되듯이" 실천하지 않으면 공염불이 되고 맙니다. 스스로 계획을 세우고 그대로 실천해보고 점검케 합니다. 차차 요령도 생깁니다. 계획이 잘못된 건 아닌지 무리한 건 아닌지 왜 못 따라가는지 점검하고 반성, 수정, 실천의 과정이 반복되면 습관화가 이루어집니다. 계획 실천에 대한 적절한 보상도 필요합니다.

(3) 공부계획 짜기 ①
　계획을 세워 계획표대로 실천하면 시간낭비를 줄이고 집중하게 되니 그만큼 능률도 오릅니다. 구체적이고 세밀한 계획이 필요합니다. 어떻게 짜야 할까?

　① 무리한 계획보다 실천 가능한 계획을 세운다.
　② 그날 해야 할 공부거리를 정한다.
　③ 자투리 시간도 포함시킨다.
　④ 시간표를 작성한다.
　　ㄱ. 학습능력(수준)을 고려한다.
　　ㄴ. 우선순위를 정한다. 숙제를 먼저 할까? 예습을 먼저 할까?
　　ㄷ. 학습량, 시간 배정, 국어는 몇 쪽 할까? 30분이면 될까? 부족한 수학은 많이 잡을까?
　　ㄹ. 약간 융통성 있게 짠다.

　⑤ 한 번 세운 계획은 미루지 않고 그대로 실천한다.
　⑥ 반드시 결과를 점검하고 계획대로 이루어지지 않았으면 그 원인을 파악해본다. 그리고 수정한다.

(4) 공부 잘하는 비법
　예습은 다음날 배울 곳을 미리 읽어보고 써보고 외워보고 풀어보는 것입니다. 복습은 배운 곳을 다시 한 번 해보는 것입니다. 예습과 복습을 했을 때와 예습만 또는 복습만 했을 때 차이가 나는 것은 당연합니다. 1가지만 하는 것보다는 2가지 하는 것이 효과적이기 때문입니다. 예습과 복습을 그날그날 빠짐없이 철저히 해서 완전히 소화한다면 성적은 계속 오르기 마련입니다. 예습과 복습은 공부의 기본이고 공부 잘한다는 소릴 들을 수 있고 성적을 올릴 수 있는 비결입니다. 공부 못한다는 소리를 듣는 것은 머리가 나빠서가 아니라 예습과 복습을 제대로 안 했기 때문입니다. 혼자 예습하다 보면 안 배웠으니 의문이 나고 모르는 부분이 있게 마련입니다. 풀려고 애쓰다 보면 풀리게 되고 사고력, 창의력도 생깁니다. 그래도 모르거나 못 푼 문제는 학교 가서 다시 배우게 되고 두 번 하게 되니 자연 알게 됩니다. 머리에 쏙 들어옵니다. 수업 중에 이해가 안 되거나 모를 경우는 물어서라도 알고 넘어가야 하는데 대부분 묻기를 싫어합니다. 그냥 넘어가면 알 수가 없습니다. 모르면 반드시 질문을 하는 습관이 중요합니다. 유대인 부모들은 자녀가 학교에 가서 선생님에게 무엇을 질문했느냐고 항상 묻는다는 것입니다. 모르는 것은 질문해야 알 수 있기 때문입니다.

복습은 배운 것을 집에 가서 다시 해봄으로 복습효과가 있습니다. 그날 배운 것을 미루지 말고 그날 복습하는 습관을 들이는 것입니다. 사람마다 관점이 다르지만 학습효과면에서는 복습보다 예습이 효과가 더 있습니다. 2배 이상의 효과가 있다고 말하는 전문가도 있습니다. 특히 영어 공부는 예습이 꼭 필요합니다. 예습 않고는 제대로 따라갈 수가 없습니다. 미리 배울 곳의 모르는 단어, 숙어, 발음, 철자 뜻을 완전히 외우고 나서 한 번 읽고 써보고 해석해보고 학교 수업에 들어가야만 따라갈 수가 있습니다. 미리 예습해보지 않고 가면 제대로 읽고 쓰고 해석할 수가 없습니다. 선생님 설명이 무엇인지 잘 알 수가 없습니다. 제대로 따라가지 못하고 뒤처지는 원인이 여기에 있습니다. 성적은 노력에 비례합니다. 일등과 꼴찌의 차이는 공부방법의 차이에 달려있습니다.

(5) 과목별 공부방법

공부는 탑을 쌓듯 한 계단, 한 계단 차근차근 해나가야 합니다. 그래야 기초가 다져지고 제 실력이 붙습니다. 하루아침에 높은 수준까지 끌어올릴 수는 없습니다. 벼락치기 공부는 통하지 않습니다. 그만큼 과정이 중요합니다. 모든 공부의 기초가 되는 초등학교 과정, 어떻게 공부해야 할까?

① 국어

모든 과목의 기본이 되는 필수과목입니다. 국어 공부가 시원찮으면 타과목도 어렵습니다. 말하기, 듣기, 읽고, 쓰기 등 이 4가지가 국어 공부의 핵심인데 말하기와 듣기를 통해서 표현력, 의사 소통력을 키우게 되고, 읽기를 통해서 독해력, 어휘력, 쓰기를 통해서 사고력을 키우게 됩니다. 국어 과목을 철저히 해둬야 타과목도 잘할 수 있습니다.

② 영어

영어는 단기간에 끌어올릴 수 있는 과목이 아니라 오랜 시간을 두고 조금씩 조금씩 반복적으로 학습해야 하는 과목입니다. 영어학습의 기본은 어휘력에 달려있습니다. 그래서 단어 암기가 중요합니다.

③ 수학

수학은 기초가 튼튼하지 않으면 학년이 올라갈수록 어려워 따라가지 못하면 흥미를 잃게 돼 포기하기 쉽습니다. 특히 4학년 과정부터는 수준이 어려워 매일매일 꾸준히 해야 처지지 않고 따라갈 수가 있습니다. 수학은 다들 어렵게 생각하지만 어려운 문제를 풀고 나면 기쁘고 성취감을 느낄 수 있고 자신감을 갖게 되고 자연 좋아하게 됩니다.

④ 사회

국, 영, 수라고 하듯이 국어, 영어, 수학 과목보다 등한히 하는 게 사실입니다. 그러나 사회생활을 해나가는 데 있어서 다양한 문제들을 해결할 수 있는 지식과 능력을 기를 수 있으므로 중요한 과목입니다. 체험학습도 중요하고 어린이 신문읽기도 도움이 될 것입니다.

⑤ 과학

수학처럼 딱딱하고 재미없는 과목이지만 생활 주변에 늘 호기심을 갖고 관찰과 실험을 통해 원리를 체득해서 흥미를 갖게 해야 합니다. 과학의 발전 없이는 문명사회가 될 수 없으므로 역시 중요한 과목입니다.

(6) 노트정리

기억에는 한계가 있습니다. 제아무리 비상한 기억력을 가지고 있다 하더라도 시간이 지나면 잊게 됩니다. 그걸 방지하기 위해서는 메모가 필요합니다. 메모를 해두면 잊었다 하더라도 다시 보면 알 수가 있고 기억해낼 수가 있습니다. 노트정리도 마찬가지입니다. 선생님이 가르쳐준 공부 내용을, 칠판에 써준 내용을 빠뜨리지 않고 꼼꼼히 노트해두면 잊었다 하더라도 노트한 걸 보면 알 수가 있고 기억해낼 수가 있습니다. 그래서 노트정리가 필요한 것입니다. 정리된 노트는 일종의 기억창고와 같습니다. 설령 수업시간에 딴짓을 하다 정리를 안 했다 하더라도 결석을 해서 수업 내용을 몰랐다 하더라도 옆 친구 노트를 빌려서라도 반드시 노트정리를 해둬야 합니다. 공부 잘하는 아이들은 다 노트정리를 꼼꼼히 잘해둡니다. 귀찮다고, 게을러서 노트정리를 하지 않으면 성적은 올라갈 수가 없습니다. 한 가지를 알면 미루어 열 가지를 알 수 있다고 이처럼 노트정리를 잘 하면 다른 것도 정리를 잘하게 된다는 사실입니다.

(7) 숙제 지도

학교나 학원에 다녀오면 즉시 숙제부터 하는 버릇을 들여주는 게 좋습니다. 밖에 나가 실컷 놀다가 아니면 TV나 컴퓨터 게임을 한 뒤, 잘 무렵이나 다음날 아침에 부랴부랴 하는 경우도 있을 것입니다. 자료가 없으면 못할 수도 있습니다. 숙제를 안 해가면 선생님한테 혼나거나 벌을 받게 됩니다. 친구들이 보는 앞에서 창피한 생각이 들 것입니다. 자꾸 벌을 받게 되면 학교 가기가 싫어질 수도 있습니다. 중요한 것은 잘 모른다고 어렵다고 대신 부모가 해주는 경우가 많습니다. 숙제는 아이에게 내준 것이지 부모님에게 내준 것은 아닙니다. 스스로 하게 해야지 자꾸 대신해주게 되면 의뢰심이 생깁니다. 실력이 붙을 수가 없습니다. 대변 뒤처리도 유아 때만 해주는 것이지 일곱, 여덟 살이 될 때까지 해줘서는 안 되듯 숙제도 마찬가지입니다. 버릇 들면 스스로 해낼 능력이 생기지 않고 또 실력도 늘지 않습니다. 잘하든 못하든 스스로 하게 해야 합니다. 그럼으로써 능력과 요령이 생깁니다. 물어왔을 때 자료 찾는 방법만 알려주면 됩니다. 습관이 되면 훌륭한 자기주도 학습능력이 생기게 됩니다. 학습준비물도 마찬가지로 스스로 준비하게 해야 합니다. 자립심의 기초가 되기 때문입니다. "숙제는 아이의 문제해결 능력을 길러주는 훌륭한 학습방법이다."(김강일, 김명옥 「평생 성적 초등 4학년에 결정된다」 저자)

(8) 학습지 지도

정해진 분량을 매일매일 꾸준히 계속해야 되기 때문에 스스로 공부할 수 있는 습관을 길러주는 데 효과가 있습니다. 비싼 돈 주고 안 하면 버려야 하니 아까워서라도 하게 돼 공부습관을 자연스럽게 길러줄 수가 있습니다. 우등생의 공통점은 스스로 알아서 하는 '자기주도 학습'에 익숙한 아이들입니다. 잘 선택해서 한다면 효과적이고 능률적인 학습이 될 것입니다.

① 목적에 맞게

학습을 위한 것인지 사고력, 창의력을 길러주기 위한 것인지 맞게 선택합니다.

② 수준에 맞게

너무 수준이 높으면 못 따라가 금방 싫증을 느낄 것입니다. 좋은 학습지란 아이에게 맞는 학습지입니다. 분량이 적고 쉬운 것부터 시작해야 합니다. 차츰 실력이 느는 것을 느끼게 되면 자신감, 성취감이 생기고 자연 공부에 재미를 느끼게 됩니다.

③ 꾸준하게

매일매일 소화하지 못하고 빼먹거나 밀리게 되면 포기하기 쉬우므로 꾸준히 계속해야 합니다.

④ 스스로 풀도록

문제는 풀다가 어려운 문제가 생기면 먼저 답을 볼 것이 아니라, 알려줄 게 아니라 스스로 풀도록 해야 합니다. 그래야만 사고력, 응용력, 창의력, 자신감이 생기고 실력이 붙습니다. 그리고 매일 점검이 필요합니다.

(9) 일기쓰기 지도

하루를 마치고 잠자리에 들기 전 그날에 있었던 일들을 기록하는 것도 퍽 의미가 있는 일입니다. 나의 발자취를 남기게 되기 때문입니다. 그날 있었던 일, 보고 듣고 해보고 느끼고… 일기를 쓰면 여러 가지 좋은 점을 얻게 됩니다. 관찰력, 문장력, 판단력, 사고력이 길러집니다. 잘한 일, 잘못한 일을 들춰보게 되고 생각을 하게 되고 반성하게 됩니다. 왜 잘못했을까? 안 됐을까? 그 이유가 뭘까? 생각해보면 답을 얻을 수가 있습니다. 반성하는 아이는 삐뚤어지지 않는다고 했습니다. 심성이 고와지고 착해지고 나쁜 일을 하지 않게 됩니다. 그러니 친구를 괴롭히거나 왕따나 폭력을 휘두르지 않게 됩니다. 일기는 솔직하고 사실대로 써야 합니다. 그래야만 가치 있고 생명력이 있습니다. 남에게 잘 보이기 위해서 꾸며 쓰는 것은 진정한 일기일 수 없습니다. 고학년에 올라갈수록 누가 보면 어떨까? 어디에 숨길까? 신경을 쓰게 됩니다. 훔쳐보는 걸 싫어하기 때문입니다. 그러나 부모로서는 하도 세상이 험하니 걱정이 돼서 무슨 생각을 하고 있는지, 무슨 고민은 없는지, 누구와 어울리는지, 왕따는 폭력은 안 당하는지 집 밖의 생활을 알고 싶어 훔쳐보게 됩니다. 훔쳐보는 걸 알게 되면 쓰기를 중단합니다. 그러므로 눈치채지 않게 봐야 합니다. 처음 얼마 동안은 양해를 구해 쓰는 요령이라든가 어떤 것을 어떻게 써야 되는지 지도 차원에서 같이 보는 것은 괜찮습니다. 그런 연후에는 보지 않는 것이 좋습니다.

그러나 아이들은 공부하기 싫어하듯 일기 쓰기를 싫어합니다. 왜 계속 쓰기를 싫어할까? 대개 아침부터 저녁까지 그날 있었던 일을 순서대로 나열하는데, 아침에 일어나서 옷 입고 세수하고 밥 먹고 책가방 메고 학교 갔다… 이런 식으로 하루 이틀 같은 것을 계속 쓰게 되니 재미도 없고 부담을 느끼고 자연 쓰기 싫어합니다. 그러나 나열식이 아니라 하루에 있었던 일 중 하나를 골라 집중적으로 쓰는 방법도 싫증을 느끼지 않게 쓰는 방법의 하나가 될 것입니다. 놀이터에서 놀았던 놀이일기, 꽃나무를 관찰한 관찰일기, 책을 본 소감을 적은 독서일기, 시장 보고 와서 쓴 시장보기 일기 등 찾아보면 쓸거리가 많이 있을 것입니다. 일기 쓰기가 즐겁게 느껴진다면 자연 좋은 버릇으로 굳어질 것입니다. 덩달아 문장력도 길러지고 대입 논술에도 많은 도움이 될 것입니다. 오늘의 일기는 자신의 발자취이므로 먼 훗날 값진 보물이 될 것입니다. "너는 쓸 일이 없다고 한다. 그렇다면 쓸 일이 없는 것을 쓰라."(플리니우스 2세)

(10) 독서 지도

독서의 힘, 독서 효과는 무엇과도 비교할 수 없이 크기 때문에 어릴 적부터 책을 읽는 습관을 길러주는 것이 아주 중요합니다. 어떻게 길러줘야 할까? "세 살 적 버릇이 여든까지 간다."고 독서의 생활화, 버릇 들게 되면 독서에 재미를 느끼게 되고 어른이 돼서도 책을 가까이하게 됩니다. 독서 지도의 첫째 목적은 아이들이 독서에 재미를 느껴 책을 가까이하게 하는 데 있습니다. 그러려면 책에 관심을 갖고 흥미를 느낄 수 있도록 해줘야 합니다.

첫째는 손 가까이 놔두는 것입니다. 침대도 좋고, 마루도 좋고, 화장실도 좋습니다. 스스로 골라 읽게 합니다. 둘째는 독서에 취미가 없는 것 같으면 부모가 재미있는 내용의 책을 읽어주는 것입니다. 심청이 인당수에 팔려가는 대목도 좋고, 흥부전이나 콩쥐팥쥐전도 좋습니다. 감동에 겨워 훌쩍훌쩍 우는 내용도 좋습니다. 감동을 받아야 잊지 않습니다. 감성이 풍부해집니다. 어린 날의 감동은 쉬이 잊히지 않고 평생 가기 때문입니다. 셋째는 수준에 맞는 책을 골라주는 것입니다. 너무 높으면 이해를 못하니 재미를 못 느끼고 싫증을 느껴 책을 멀리하게 됩니다. 넷째는 재미가 있어야 합니다. 재미없으면 읽다 맙니다. 독서 자체를 싫어할 수도 있습니다. 다섯째는 부모가 늘 독서하는 모습을 보여줘야 합니다. 따라하기 때문입니다. TV 보면서 아이에게 독서하라고 하면 제대로 될 리 없습니다. 여섯째는 책방이나 도서관에 데리고 다니는 것입니다. 책방에 가서 많은 책을 구경시켜 주고 사는 것도 보여주고 직접 골라 사게 합니다. 도서관에 가서 많은 사람이 책 읽는 모습을 보여주는 것입니다. 어떤 전문가는 처음부터 만화책에 길들여지면 문장으로 된 일반 책은 읽지 않으려는 경향이 있으니 막 읽기 시작한 초등학교 저학년에게는 만화책을 읽지 못하게 하는 것이 좋다고 말합니다. 일리가 있습니다. 그리고 책 읽는 모습을 칭찬해주면 더 많이 읽게 될 것입니다.

- 독서효과 : 뇌가 발달해 머리가 좋아지고 어휘력, 창의력, 사고력, 독해력도 풍부해지고 국어는 물론 수학, 과학, 영어 등 타과목을 잘하게 된다는 점입니다. 지식, 지혜, 상식도 늘어납니다.
- 독서수준 : 저학년은 재미있는 동화책 위주, 고학년은 순정소설, 위인전 등
- 독서량 : 능력에 맞게 1주 1권 이상
- 독서시간 : 시간을 정해두면 습관이 되어 독서의 생활화가 이루어집니다.
- 선물주기 : 1권 끝나면 스티커를 하나씩 주고, 몇 개 되면 좋아하는 선물을 사줍니다. 단, 싫어하는 아이에게만 줍니다.

(11) 한자 지도

우리에게는 한글이 있습니다. 과학적이고 독창적이고 체계적이고 어떤 소리도 다 표현하고 쓸 수 있는 아름다운 한글이 있습니다. "먼 곳에 아지랑이가 아롱거리고 벌, 나비도 꽃을 찾아 윙윙거리네. 시냇물도 졸졸 흘러갑니다. 저기 저 꾀꼬리 이 뫼에서도 꾀꼴 저 뫼에서도 꾀꼴, 뻐꾸기도 덩달아 뻐꾹. 뻐뻐꾹." 우리는 아름다운 우리글을 아끼고 사랑하고 가꾸고 바르게 써야 합니다. 그러나 예전엔 우리글이 없어 중국글, 한자를 얻어 썼고 지금도 신문을 비롯해서 집 문패도 한자로 쓴 집도 많고 간판도 회사 이름도 단체 이름도 여

기저기 여러 곳에서 상용하고 있습니다. 한자도 엄연한 우리글입니다. 70% 이상이 한자로 되어있습니다. 국어사전을 보면 알 수가 있습니다. 그 많은 전적, 문화재, 족보들이 한자로 돼 있습니다. 없앨 수도 없고 없애서도 안 되고 버릴 수도 없고 이용해야 되고 그러기 위해서는 한자를 알아야 되고 배워야 합니다. 배워두면 실생활에 여러모로 도움이 됩니다.

- ■ 성씨를 구분할 수 있고 - 강(姜, 康), 정(鄭, 丁), 전(全, 田), 조(趙, 曹)
- ■ 동음이의어(同音異義語) - 소리는 같되 뜻은 다른 말
  - 양식(樣式, 洋式, 糧食, 養殖)
  - 사기(史記, 詐欺, 士氣, 社旗)

한자를 알면 쉽게 구분, 정확히 알 수가 있습니다. 한글을 읽을 수 있어도 뜻을 모르면 무슨 말인지 알 수가 없습니다. 한자를 배워두면 문제를 쉽게 제대로 알 수가 있습니다. 취미로 서예를 배울 때도, 아이 이름 지을 때도 요긴합니다.

- ■ 공부에도 많은 도움이 됩니다.
  - 과학용어 - 용매, 용질, 용해(溶媒, 溶質, 溶解)
  - 수학용어 - 등변, 등식, 등호(等邊, 等式, 等號)
  - 역사용어 - 사적, 사료, 사화(史蹟, 史料, 史話)

특히 세계화 시대에 동양권, 중국이나 일본과의 무역, 문화교류, 왕래를 위해서도 배워야 합니다. 하루 1자씩, 6년 (1 × 365 × 6 = 2,190자)이면 2,000자 정도 익힐 수 있고, 취업시험에도 유리하고 직장생활, 일상생활이나 신문, 문화재, 전적, 족보 등을 보고도 남습니다. 유식하단 말을 들을 수 있습니다.

(12) 초등 4학년

초등학교 저학년(1, 2, 3학년)은 교과 수준이 낮지만, 고학년(4, 5, 6학년)부터는 수준이 높아지고 어려워집니다. 저학년도 기초학력을 키우는 중요한 시기지만 성적이 안 좋아도 다소 뒤처지더라도 조금만 노력하면 금방 따라잡기가 쉽습니다. 그러나 4학년부터는 어렵다 보니 한 번 처지면 따라잡기가 어렵기 때문에 놓칠 수 없는 중요한 시기입니다. 마라톤에서 중간이나 하위그룹에 처지게 되면 상위그룹을 따라잡기가 어렵고 힘들듯, 초등학교 4학년부터는 실력을 가늠하는, 잘하는 아이, 못하는 아이가 갈리는 중요한 시기입니다. 공부도 하나의 습관이기 때문에 이 시기에 확실히 공부습관을 길러주는 일이 무엇보다 중요합니다. 또 고학년에 올라갈수록 교과 수준이 높아지기 때문에 학부모로서도 지도가 벅차고 어려울 것입니다. 모든 것은 때가 있습니다. 뿌릴 때가 있고 거둘 때가 있습니다. 지나가 버린 시간은 다시 돌아오지 않습니다. 공부도 마찬가지입니다. 4학년, 5학년, 6학년 획획 금방 지나가 버립니다. 그 과정을 제대로 습득하지 못하면, 진도는 계속 나가고 기초가 부실하고 실력이 뒤따라가지 못하면 중학교, 고등학교로 올라갈수록 성적도 떨어지고 자연 뒤처지게 됩니다. 더구나 수학은 처지면 수포자(수학포기자)가 되기 쉽습니다. 또 초등학교 때 배운 내용이 중, 고로 연계돼 다시 나오니 모르고 넘어가면 알 수가 없습니다. 그러기 때문에 4학년 과정부터는 열심히 해야 합니다. 예습과 복습도 철저히 하고 꾸준한 학습이 중요합니다. 어느 해 통계를 보면 학습 부진이 나타나는 시기가 초등 고학년입니다. 한시도 한눈을 팔아서는 안 될 것입니다.

(13) 홈스쿨링(가정학교, 재택교육)

아이들을 학교에 보내지 않고 부모가 집에서 가르치는 것을 말합니다. 학교교육이 맘에 들지 않아서, 얽매이는 게 싫어서, 경쟁이 싫어서, 학원과외가 싫어서, 학교생활에 적응을 못해서, 왕따, 학교폭력 때문에, 부모의 종교적 신념 때문에… 여러 이유로 선택할 것입니다. 부모가 권하고 자녀가 응하지만 거의 부모의 결정에 의해서 선택하게 됩니다. 70년대 미국에서 종교적인 이유로 시작되고 미국은 200만 명, 일본은 10만 명, 한국은 1,000여 가정에서 홈스쿨링이 이루어지고 있다고 추정합니다. 중요한 것은 부모 중 한 명은 아이 공부에 전적으로 매달려 정성을 쏟아야 하고, 가르칠 능력과 인내심, 끈기, 경제적인 뒷받침이 돼 있느냐 하는 점입니다. 준비 없이 시작하면 실패하기 쉽습니다. 학교에서는 체계적으로 다양한 과정의 학습과 선생님, 친구들 속에서 보고 듣고 배우고 협조하고 다투고 경쟁을 통해서 얻는 게 많은데 이런 사회성을 배울 수 있느냐 하는 점입니다. 처음에는 의욕적으로 시작했다가 뜻과 같지 않으면 그렇다고 중도 포기할 수 없고 다시 학교생활로 돌아갈 수도 없는 난처한 상황에 직면할 수도 있으므로 신중을 기해야 할 것입니다. 바람직한 교육은 역시 공교육인데 후회 없는 선택이어야 할 것입니다.

3. 학교 공부 이외의 문제들

(1) 사교육(학원, 과외)

모든 것은 순기능과 역기능이 있습니다. 밥을 안 먹어도 안 되지만 너무 많이 먹어도 탈이 나듯, 사교육도 마찬가지입니다.

① 왜 사교육이 필요할까?

공교육(학교)이 달리거나 부족한 경우 아이에 따라 어느 정도 사교육이 필요합니다. 그러나 진정한 사교육은 학교에서 가르치는 것을 배우는 것이 아니라 배울 수 없는 것을 배우는 것이어야 합니다. 그런데도 학교에서 체계적으로 다 가르치고 있는 것을 사교육에서는 앞당겨 가르치고 있습니다. 예를 들면 악기나 무용, 태권도나 검도, 수영, 바둑이나 웅변 같은 과목이 주가 되어야 하는데 학교에서 가르치는 일반과목 위주로 가르치고 있습니다. 선행학습 위주, 중복수업이 주가 되고 있습니다. 그렇기 때문에 현재의 사교육은 참다운 사교육이라고 볼 수 없습니다. 정상적인 학교교육의 보조교육이어야 함에도 학교교육을 등한히 하고, 사교육에 의존하는 경향이 너무 커 문제가 되는 것입니다. 암기 주입식, 시험점수만 올리는, 문제풀이 요령만을 가르치는, 진도만 우선하는 사교육에 너무 치중해서는 안 됨에도 너도나도 사교육에 매달리고 있는 것입니다. 여기에는 부모들의 과욕, 자존심, 경쟁심, 조바심, 상업성 등이 복합적으로 작용하고 있습니다. 부모가 변하지 않고는 사교육의 폐해는 줄어들지 않을 것입니다.

② 어느 학원, 과외에 보내야 할까?(초, 중, 고생)

　보낸다면 기왕지사 아이에게 맞는 학원, 과외를 선택해야 할 것입니다. 학원은 유명학원, 과외는 족집게 강사를 찾지만 그렇다고 성적이 쑥쑥 올라가는 것은 아닐 것입니다. 실력과 성향이 맞지 않으면 따라가지 못하므로 자연 스트레스를 받게 되고 흥미도 잃고 가기 싫어하고 시간낭비, 금전낭비가 되고 역효과가 나는 것은 당연합니다. 먼저 아이 수준이 어느 정도인지 알아보는 것이 순서일 것입니다. 그리고 거기에 맞게 선택하는 것입니다. 문제는 어디에 다니느냐보다 어떻게 다니느냐 제대로 따라가느냐 소화하느냐가 더 중요합니다. 성적이 낮고 기초가 부족한 과목이라면 한시적으로 학원보다는 과외가 나을 수 있고, 어느 정도 수준이 돼 있다면 학원 보내는 것이 나을 것입니다. 그렇다고 학원비 주는 거로만 만족해서는 안 됩니다. 수시로 어떤지 확인점검이 필요합니다. 방문상담도 필요합니다. 못 따라감에도 마지못해 억지로 다닌다면 고역스러운 일이고 심대한 스트레스를 주는 꼴이 되고 맙니다. "밑 빠진 독에 물 붓는 격"이고 효과 없는 학원, 과외는 중단하는 것이 정답입니다. 그것이 경제원칙에도 맞습니다. 원인을 파악해서 아이에게 맞는 길을 제시하는 것은 부모님의 몫입니다.

③ 현실은 어떤가?(실태)

- 초, 중, 고생 73%가 사교육
- 초등생 학원, 과외 1~2개가 53%, 3개 이상 47%
- 중학과정 학원서 미리 배우자. : 선행학습 붐
- 오전에는 초등학생, 오후에는 중학생
- 초등 4학년 중1 과정, 초 6년생 중학과정 선행학습
- 선행학습에 수업은 뒷전, 학생 설반 수업시간 학원숙제
- 공부는 학원서 잠은 학교에서 : 눈 뜨고 자는 데는 도사

- 초등생 미적분 배워요.
- 어느 초 5년생 방학 중 일과 : 글짓기, 컴퓨터, 피아노, 바이올린, 영어 학원, 학습지 공부
- 선행학습 따라가는 학생 10명 중 2~3명에 불과
- 학원서 시간만 때우는 애들 진짜 많아요. : 아이들 얘기
- 학원만 가면 성적 오르는 줄 착각 : 아이들 얘기
- 누가 한국 엄마 좀 말려줘요. : 아이들 얘기
- 학원 시간에 쫓겨 편의점에서 혼밥(혼자 먹는) 먹는 초등생 늘어나
- 남보다 2~3년은 앞서야 : 부모들 과외 경쟁
- 과외 때문에 소풍 안 보내고 학원 때문에 집안 행사 뒷전, 명절 때도 수학 문제지 챙기고
- 중학 진학을 위해 사는 ○○동의 집을 팔고 ○○동에 전세 얻어 이사
- 학원비 대기 위해 노래방 도우미를 하는 엄마들
- 독감 걸려도 학교 안 보내고 학원 보냈다는 엄마
- 길거리 대기, 학원 끝나자 다른 학원 태워주고 차에서 먹고 졸고 하는 엄마들
- 대부분 허리가 휘고 자녀는 진이 빠지고 방과 후 고달픈 공부 : 지긋지긋
  - 학원 과외 열병, 광풍, 과외 공화국, 입시지옥, 망국병

위의 내용은 언론에 보도된 내용들입니다.

④ 비용

2021년 통계를 보면 초, 중, 고생 사교육 참여율이 75%, 사교육비로 연간 23조 4,000억 원이 지출되고 있습니다. 수입의 20~30%, 50% 이상 부담하는 가정도 있고 학년이 올라갈수록 비용이 눈덩이처럼 커지고 있습니다. 사교육비를 벌기 위해 주부들이 식당일, 파

출부, 노래방 도우미, 대리운전, 아이 돌보기, 아르바이트 등을 하고 있습니다. 어떤 노래방 도우미는 탈선해서 이혼한 경우도 있습니다. 전세나 내 집 마련, 노후준비를 미루거나 아예 포기한 가정도 있습니다. 자식에게 모든 걸 걸고 그 속에서 위안을 찾고 나의 못다 한 꿈을 자식을 통해 이루고자 하는 우리 부모들이 있는 한 사교육은 줄어들지 않고 계속 늘어날 것입니다.

⑤ **폐해**

과외공부에 시간을 너무 뺏기니 잠 시간이 부족하고 굶게 되고 정신건강을 해치게 되고 중독현상도 나타납니다.

ㄱ. 잠을 제대로 못 자면

학원 갔다 오고 학교 숙제하고 나면 잠자리에 드는 시간은 대개 밤 1시입니다.(중, 고생) 잠을 제시간에 맞춰 푹 자고 나면 피로가 풀리고 컨디션이 좋고 정신이 맑아지고 몸이 가뿐할 텐데 잠이 늘 부족하니(20.8%) 건강에 좋을 리 없습니다. 성장호르몬도 밤에 분비가 왕성한데(밤 10~2시 사이) 잠이 부족하면 욕구불만이 생기고 신경질을 잘 부리게 되고 집중력, 기억력도 떨어지고 공부 능률도 오르지 않습니다. 키 성장에도 영향을 받습니다. 농작물도 밤에 가로등 불빛을 받으면 덜 자랍니다. 칠흑 같은 밤이어야 잘 자랍니다. 학교수업 중 졸게 되면 선생님 강의가 귀에 들어올 리 만무고, 자연 학교공부가 부실해질 수밖에 없습니다. 학교에서는 자고 공부는 학원에서 하는 악순환이 반복됩니다. 그러니 학교 성적이 오를 수 없습니다. 주객이 전도된, 잘못돼도 한참 잘못된 학습 행태입니다. 고쳐야 하는데도 기미가 보이지 않으니 문제가 되고 있습니다.

ㄴ. 아침 굶으면(중학생편 349, 837쪽을 참고하십시오.)

ㄷ. 정신질환

아이 : "엄마, 너무 힘들어. 나 학원 안 다니면 안 돼?"
엄마 : "다른 애들은 다 다니는데 너만 안 다니면 어쩌려고? 그래도 되겠어?"
아이 : "그래 알았어."

유아 때부터 기저귀 차고 사교육에 짓눌려 지냈으니 지겨울 만도 하겠습니다. 학교 공부, 성적, 사교육에, 강박감에 스트레스를 받게 되어있습니다. 정확한 통계는 없지만, 정신과 치료를 받았거나 받고 있는 아이들이 많을 것입니다. (고교생 25%가 치료를 받았다는 조사도 있습니다.) 정서장애, 우울증, 불안, 초조, 자살, 등교 거부, 거식증까지 다양합니다. 전문가들은 말합니다. "뇌가 심한 자극이나 스트레스를 계속 받으면 정신질환이 생길 수 있다."는 것입니다. 전기도 과부하가 걸리면 불나듯 뇌도 휴식이 필요합니다. 크는 아이들은 더 필요합니다. 그러함에도 아이들은 이 학원 저 학원으로 내몰아 아이를 망쳤고 망치고 있는지도 모릅니다. 우리는 소 잃고 외양간 고치는 일을 너무 많이 겪어왔습니다, 학원, 과외 강요는 정신 학대나 별반 다를 게 없습니다.

ㄹ. 중독

마약, 알코올, 도박중독만이 중독은 아닙니다. 밥을 먹고 난 뒤 으레 숭늉을 마시듯 학교수업을 마치면 학원 가는 것을 당연시하고 안 가면 불안하고 혼자서 공부하는 것을 힘들어하고 성적이 떨어질 것 같다든가 하는 강박증에 시달리는 것도 다 중독증세인 것입니다. 한번 학원, 과외에 익숙해지면 계속 이에 의존하기 때문에 스스로 문제를 찾고 해결하는 능력은 퇴화한다고 전문가들은 강조합니다. 학원 다닌다고 성적이 나아진다는 보장은 없습니다. 문제는 암기, 주입식 선행 위주의 사교육에 집착하다 보면 스스로 찾아보고 생각해 보고 문제를 해결할 수 있는 능력을 기르지 못한다는 데 있습니다. 다 가르쳐주니 어른이 돼서도 다른 사람의 도움 없이는 문제를 제대로 해결하기가 어려울 것입니다. 스스로 할 수 없으니 어려운 문제가 닥치면 쉽게 포기하게 됩니다. 공부는 스스로 해보고 끙끙 앓으면서 풀어봐야 사고력, 창의력, 응용력이 생기는데 학원에서는 처음부터 끝까지 가르쳐주니 문제 푸는 요령만 배우니 그런 능력이 생길 수가 없습니다. 달달 외는 암기능력은 출중한데 응용문제가 나오면 쩔쩔매게 되는 것입니다. 이것이 학원, 과외의 병폐이기도 합니다. 한 번 중독이 되면, 어릴 때부터 사교육을 받게 되면 자기주도 학습능력을 잃게 된다는 점입니다. 또 한 가지, 밤늦게까지 공부하느라 치킨, 라면, 삼각김밥 등 고지방, 고열량, 고나트륨에 노출되어 고혈압, 비만 등 건강을 해치게 됩니다. 카페인 같은 에너지 음료 중독도 문제가 되고 있습니다.

ㅁ. 선생학습 ②

 선행학습이란 내일 배울 곳을 미리 풀어보고 예습해보는 것이 진정한 선행학습인데 지금의 선행학습은 공교육(학교)의 정규 교육과정을 건너뛰고 미리 배우는 것입니다. 입학 전 아이가 초등과정을, 초교생이 중학과정을, 중학생이 고교과정을 미리 배우는 걸로 변질되어 버렸습니다. 한마디로 김수희 님의 노랫말처럼 "너무합니다"인 것입니다. 어떤 초등 6년짜리는 미적분을 배우기도 한다는 것입니다. 너도나도 선행학습이요, 어중이 떠중이 다 선행학습이요. 한마디로 선행학습 이상과열, 이상광풍이 아닐 수 없습니다. 초3생이 중3 과정을 선행한다면 막상 중3이 됐을 때 배웠던 게 얼마나 기억에 남아있을까? 기억능력을 과학적으로 연구한 녹일 심리학자 에빙하우스의 연구결과에 의하면 배운 게 10분이 지나면 잊기 시작하고

1시간 후에는 5%, 하루 지나면 67%, 한 달 뒤에는 79%가 잊힌다는 것입니다. 이럴진대 선행학습의 효과에 의문을 품지 않을 수가 없습니다. 노력에 비해 별 효과가 없다는 결론에 도달합니다. 거의 다 잊어버리게 되니 그때 가서 다시 새로 배워야 하는 것입니다. 그동안의 정신적, 육체적, 정서적, 시간적, 금전적 낭비라고 봐도 과언은 아닐 것입니다. 미리 배운다고 꼭 좋은 것만은 아닌 것입니다. 장땡이 아니라는 얘기입니다. 빨리 배우고 암기한 것은 빨리 잊혀지기 마련입니다. 학습내용을 이해, 소화하지 못하고 내 것으로 만들지 못하고 암기 위주, 진도 위주로 따라가기만 한다면, 앞으로 나가기만 한다면 수박 겉핥기식이 되고 선행학습 효과를 기대할 수 없을 것입니다. 그래서 정부에서도 선행학습을 금지한 법을 만든 것입니다.(선행학습 방지법) 공부를 독려해야 할 정부가 오죽했으면 미리 공부하지 말라고 했을까? 도가 지나치니 못 본 체할 수 없어 폐해가 많기 때문에 제재하기 위해 법을 만든 것입니다. 물론 선행학습이 100% 나쁜 것은 아닙니다. 정도보다 너무 지나치기 때문에 문제가 되는 것입니다.

초3짜리가 중3 과정을 배운다는 게 버겁지 않을 수 없을 것입니다. 용량이 있는데 두뇌능력이 따라갈 수가 없고, 이해할 수가 없을 것입니다. 한마디로 무리수를 두고 있는 것입니다. 선행하는 아이들로서는 학교공부, 학원공부 다 따라가려니 죽을 지경일 것입니다. 과도한 선행학습은 득보다 독이 될 수 있는 것입니다. 전문가마다 안 좋다고 지적합니다. 아이들이 자발적으로 하고 싶어서 하는 것이 아니고 부모가 하라고 하니까 하는 것입니다. 느긋하게 좀 기다리고 있으면 학교에서 체계적으로 다 가르칠 텐데 아이가 스트레스 받는 건 생각 안 해봤을까? 다시 언급합니다만, 학원에서 이미 배운 걸 학교에서 다시 배우니 그것도 배웠다고 학교수업이 재미없고 지루하고 흥미도 없고 짜증도 나고 장난치거나 수업을 방해하거나 엎드려 자거나 졸거나 학원숙제를 하거나 휴대폰을 만지작거린다거나 그래서 선생님한테 혼나기도 하고 그러니 공부가 제대로 될 리가, 성적이 좋아질 리가 없을 것입니다. 알려진 대로 아이들의 행복도가 OECD 국가 중 꼴찌일 수밖에 없는 것입니다. 덕분에 못 견뎌 목숨을 끊는 일도 생겨나고 있습니다.

모든 것은 때가 있고 과정이 있습니다. 6학년짜리는 6학년 과정을 제때 진도에 맞게 배워야 합니다. 학습연령, 학습진도에 맞는 교육 능력과 수준에 맞는 적기교육, 이것이 정상적이고 바람직한 모습입니다. 그러면 어떻게 하라는 얘기요? 하지 말라는 얘기요? 아닙니다. 다음날 학교 가서 배울 것만 예습하라는 얘기입니다. 좀 부족하다 싶으면 한 단원만 하라는 얘기입니다. 그럼으로써 선행학습 스트레스를 줄일 수 있고 병폐를 막을 수가 있습니다. 그 대신 선행학습을 복습의 시간으로 돌리라는 얘기입니다. 배운 게 한 달이 지나면 79%가 잊힌다고 했으니 선행보다 복습이 더 득이 되는 것입니다. 주기적으로 자주 복습함으로써 기억 효과를 높일 수가 있습니다. "낙숫물이 댓돌을 뚫듯이" 반복 효과를 살리는 것입니다. 결론이라면 선행학습보다 복습이 더 효과적이라는 사실입니다. 학원, 과외에 쏟는 노력을 학교 공부에 쏟는다면 우등생이 되고도 남을 것입니다.

- 중1짜리 아무개는 초등 5학년 때 중등수학 과정을 끝내고 수학의 정석(고교수학 참고서)을 배우기 시작했습니다. 얼마 전에 고교과정을 마치고 요즘은 한국 수학 올림피아드를 준비 중입니다. 주말도 없이 학원에서 자정을 넘기기 일쑤이고, 학교 수업시간 내내 엎드려 자니 내신성적은 바닥이다.(지역내일신문)
- 공부 때문에 지친 아이들은 엄마가 자신을 통제하려는 데 거부감이

크다. 엄마가 해주는 밥까지 거부하기도 한다. 증상이 심해지면 부모한테 욕이나 막말을 하고 가출을 감행한다.(ENS 브레인 맵 임은영 원장)
- 실제로 대부분의 중, 고교 교사가 아이들의 수업시간에 엎드려 자거나 졸아도 그냥 놔둔다고 말합니다. 깨어봤자 학원에서 다 배웠다고 잘난 척하는 아이와 싸우느라 힘 빼기가 싫다는 것입니다.(이나미 신경정신과 원장 / 건강의 벗)
- 실제 가보면 수업 중 책상에 엎드려 자는 아이들이 눈에 띄게 많습니다. 어디서 조사한 걸 보면 수업시간에 안 자는 교실이 초등 71%, 중등 21%, 고등 7%라는 것입니다. 수업 중 자는데 성적이 오를 수 있을까? 참 걱정이 되는구랴.
- 다들 선행한다는데 중학교 수학 기본개념도 모르는 고등학생이 태반입니다. 중3 때 중3 과정도 이해 못하면서 고1 과정을 선행합니다. 결국 중3, 고1 수학 다 놓칩니다. 어느 유명 전직 학원강사의 말입니다. 그런즉슨 선행학습보다 복습인 것입니다.

ㅂ. 어떻게 해야 할까?

"부모의 강요에 의해서 학원에 보내면 아이를 망칠 수 있으므로 아이가 싫어하면 바로 끊어라." 어느 유명 전직 학원강사의 말입니다. 아이 의사를 존중해서 가기 싫어하면 보내지 않는 것이 정답입니다. 맛없는 음식 억지로 먹으면 맛도 모르고 먹는 재미도 모르고 결국 탈이 나듯, 억지로 맺어진 부부는 결국 헤어지게 됩니다. 속담에 "말은 물가에 끌고 갈 수 있으나 억지로 먹일 수 없다."고 우격다짐으로, 완력으로 입을 벌리고 집어넣게 되면 말도 성질이 있는 바뿔다귀가 나니 뒷다리로 차면 다칠 수 있으므로 조심해야 되듯, 싫어하면 보내지 말아야 합니다. 안 간다고 욕하고 때리면 오히려 역효과가 날 수 있습니다. 가출이라도 아니면 정신질환, 스트레스, 자살의 원인이 될 수 있습니다. 현명한 부모의 현명한 선택은 아닙니다. 못 견뎌 자살이라도 하면 어쩌려고. 2014년 자살한 10대 학생은 245명입니다. 2015년 미성년자 정신과 치료를 받은 아이는 16만 6,876명입니다.(건강보험공단) 이중에는 사교육이 원인이 돼서 치료받은 아이도 많이 있을 것입니다. 바람대로 성적이 쑥쑥 올라간다는 보장이 없습니다.

이해하고 제대로 알고 따라가는 아이들이 몇 명이나 될까? 앞 사례에서 보듯 대부분의 학생들은 학원, 과외를 역겨워한다는 사실입니다. 그러니 효과 없는 학원, 과외가 되고 맙니다. 그렇다면 싫어하는 학원, 과외를 보내지 않고 성적을 올릴 수 있는 방법은 없을까? 있습니다. 그게 뭐요? '자기주도 학습'이 잘만 하면 한 방편이 될 수가 있습니다. 어떻게?(중학생편 311쪽을 참고하십시오.) 일주일 내내 학원 다니기가 지겹고, 괴롭고, 학교수업도 재미없다는 아이들의 한결같은 하소연을 어떻게 해야 할까? 답은 보내지 않고 기꺼이 수용하는 것입니다. 대신 학교 공부에 올인하는 것입니다. 돈도 벌고 스트레스 안 주니 서로 좋습니다. "누이 좋고 매부 좋고", "꿩 먹고 알 먹고"인 것입니다.

⑥ 이민

사교육비 지출에 허리가 휘고 입시경쟁, 입시병, 입시지옥에 넌더리가 나 아이들의 교육을 위해 이민을 생각하고 이민을 가는 경우도 있을 것입니다. 지금은 많이 줄었지만, 결코 바람직한 현상은 아닙니다.

⑦ 외국 사례

우리보다 선진국인 미국은 과외가 있으나 과외병이 없다는 것입니다. 우리는 돈을 써가며 매일 아이들을 들들 볶는 게 학원, 과외지만 그들은 성적이 수준 이하인 아이들에게만 방학 동안 보충수업을 해주는 것이 과외라는 것입니다. 학교수업 끝나고 시간이 많으니 다양한 활동에 참여하고 있다는 것입니다.

ㄱ. 한국은 과외중독의 나라며 이런 풍토에 감탄하지만 절대 닮고 싶지 않다. 어느 주한 외국인의 말입니다.

ㄴ. 중국에서는 수학, 서예나 피아노 학원에 다니기는 하지만 좋아서 하는 것이지 학교 성적 때문에 다니지 않는다며 우리 아이들이 안쓰럽다고 말하는 중국 동포 어린이의 말입니다.

ㄷ. 미국은 절반이 놀리는 교육이고, 우리 교육은 절반은 죽이는 교육, 우리나라는 교육에 취한 나라이고, 부모는 과외에 취하고 있으며, 학생들은 시험에 취하고 있다는 어느 가정주부의 말을 음미해 볼 필요가 있습니다.

ㄹ. 네덜란드에서는 학교가 끝나면 학원 가는 아이가 거의 없고 대부분 방과 후 스포츠 활동이나 음악, 미술 관련 취미생활을 하면서 보낸다는 것입니다.

ㅁ. 핀란드에 사교육이 있냐고 물어보니 핀란드 아빠는 이렇게 대답했다. "우리 아이는 운동을 좋아해요. 학교 마치면 화요일은 야구클럽, 수요일은 테니스 클럽, 금요일은 농구클럽… 휴, 비용 만만치 않네요." 처음부터 끝까지 운동 얘기였다. 스포츠를 통해 평생 취미와 건강을 얻고 여럿이 어울리는 법을 배우는 것, 핀란드엔 우리와 다른 사교육이 있었다. (그림에다의 핀란드 육아체험, 2016. 11. 30. 조선일보)

⑧ 치유방법

옆집 아이가 두발자전거 보조 바퀴를 떼자 자존심이 상한다고 지기 싫어 아침 일어나자마자 운동장에 데려가 가르쳐주는 아버지, 별

것 아닌 것 가지고 경쟁하려 하고 하찮은 거라도 지는 꼴 못 보는 부모들. "사촌이 논을 사면 배가 아프다."는 속담도 있듯이 웬 오기가 그렇게 많을까? 심지어 아이 노래방 점수가 뒤져도 마음 상하는 부모들. 왜 이렇게 대범하지 못할까? 정녕 우리 수준이 이것뿐이 안 되는가? 경쟁은 좋은 것입니다. 경쟁이 없으면 발전이 없습니다. 우리나라가 이렇게 짧은 기간에 세계 10위권의 경제대국이 된 것도 부모님들의 뜨겁고 헌신적인 교육열이 있었기 때문입니다. 그러나 문제는 뜨거운 교육열이 아니라 맹목적인 교육관이 문제인 것입니다. 남의 자식은 어떻게 되든 내 자식만은 어떻게든 수단과 방법을 가리지 않고 일류 대학 인기학과에 보내 좋은 직장 들어가 좋은 상대 만나 결혼시키는 것을 학원, 과외의 교육목표로 삼는 교육관이 문제입니다. 그렇다고 나무랄 건 못 되지만 너무 지나치니까 문제가 되는 것입니다. 자주 언급했지만, 뭐든 너무 지나치면 좋지 않습니다. 밥도 너무 많이 먹으면 몸에 안 좋듯이 적당히 먹으면 좋듯이 학원, 과외도 많이 받을수록 창의성이, 자립능력이 떨어진다는 사실입니다.

■ 어떻게 치료해야 할까?
ㄱ. 자각, 대오각성

지금 우리는 학벌사회에 갇혀 있습니다. 대학간판이 없으면 대접받을 수 없는 사회에 살고 있습니다. 대학 졸업장이 없으면 반반한 직장에 이력서를 낼 수가 없습니다. 이러니 너도나도 대학에 가려고 기를 씁니다. 자연 경쟁이 심해지고 학원, 과외에 매달리게 됩니다. 그러나 대학은 인생의 전부는 아닙니다. 길이 그곳만 있는 것도 아닙니다. 아주 중요하지만 크게 보면 한 부분에 불과합니다. 시대 정신에 맞지 않지만, 미국의 링컨 대통령이나 트루먼 대통령도 대학에 다니지 않았습니다. 우리에게도 대학간판 없는 대통령이 있습니다. 세계의 부자 빌 게이츠씨도 스티브 잡스씨도 대학간판이 없습니다.

남의 이목이나 허욕, 경쟁에 휘둘리지 말고 뚜렷한 소신과 교육관을 가지고 내 능력이나 아이의 수준에 맞게 사교육에 임하는 지혜와 자각이 필요합니다.

ㄴ. 직업의식을 바꿔야

사농공상의 유교적인 직업관의 잔재가 아직 남아있지만, 대학간판이 아닌 특기나 능력이 요구하는 시대로 점점 접어들고 있습니다. 능력에는 귀천이 있습니다. 능력 있는 사람은 귀한 대접을 받고 능력 없는 사람은 덜한 대접을 받는 것이 정당한 가치 질서입니다. 직업에는 수만 가지가 있습니다. 미용에 소질이 있으면 그쪽으로 보내고, 병아리 기르기에 취미가 있으면 그쪽으로 보내고, 디자인에 관심이 많으면 역시 그쪽으로 보내 성공할 수 있도록 학원, 과외에 쏟는 만큼 전적으로 지원해준다면 성공 못할 자녀가 없을 것입니다. 축구선수 박누구와 피겨선수 김누구를 보면 알 수가 있습니다. 그들은 각고의 노력 끝에 성공해서 부와 명예를 누리고 있지 않습니까? 자꾸 일본의 예를 들어서 뭐합니다만 일본의 어떤 사람은 일류 대학을 나오고도 대물림으로 우동가게를 하고 있습니다. 우리라면 어떨까? 천부당만부당, 큰일 나고도 남을 것입니다. 그들은 장인정신이 투철해서 대물림으로 가업에 종사하는 사람이 많습니다. 우리도 그들처럼 직업관을 사정없이 바꿔야 합니다. 가치 기준을 높여야 합니다. 그리고 변해야 합니다. 변함은 발전의 수단입니다. 세상은 날로 달로 바뀌고 있습니다.

ㄷ. 덜 보내기 운동

1970년대 새마을운동, IMF 때의 금모으기 운동처럼 학원, 과외 덜 보내기 운동을 벌인다면 효과가 없지는 않을 것입니다. 냄비 끓듯 반짝 시늉만 할 게 아니라 대대적으로 1년이고 2년이고 지속적으로 전개한다면 어느 정도 소기의 목적을 달성할 수가 있을 것입니다. 길거리 전도하듯 그 많은 종교인이 일어나야 합니다. 우리 어린 새싹들이 너무 불쌍하지 않습니까? 그리고 종교인 자녀부터 학원 4군데 보내고 있으면 3군데로, 2군데 보내고 있으면 1군데로 줄이는 것입니다. 솔선수범하는 것입니다. 내 자식 때 빼고 광내는 직업, 직장보다는 더럽고 힘든 직업, 직장을 선택하도록 늘 기도하는 것입니다. 양보심을 발휘해야 합니다. 종교인의 덕목은 자세를 낮추고 몸소 실천에 있습니다. 희생에 있습니다.

학원, 과외 관계자 제위께
우리 어린아이들이 너무 불쌍해서 본의 아닌 소견을 적었습니다. 죄송스럽고 거듭 해량해주시기 앙망합니다.

ㄹ. 가장 좋은 방법
혼자 게임을 즐기듯 공부에 재미를 붙여 집에서 혼자 열심히 하게 하는 것입니다. 부모는 가정교사가 되어 아이가 스스로 공부할 수 있는 환경을 만들어주고 궁리하고 배워 방법을 가르쳐주는 것입니다. 여건이 맞아야 되고, 어려울 수도 있을 것입니다. 연구가 필요합니다. 요사이는 옛날과 달라 교육자료, 참고서, 교육방송, 시청각 자료 등 혼자서도 공부할 수 있는 보조자료가 많이 있습니다. 적절히 활용한다면 그런대로 뜻한 바 목적을 이룰 수가 있을 것입니다. 사교육을 받는다고 성적이 쑥쑥 올라간다는 보장이 없습니다. 도움이 되기도 하겠지만 열심히 하지 않거나 따라가지 못하면 사교육 효과를 볼 수가 없습니다. 그러나 공부방법을 알면 사교육을 받지 않아도 좋은 성적을 올릴 수 있습니다. 그게 뭐요? 앞에서도 언급했듯 '자기주도 학습법'입니다.

■ 과외비 줄이기 10가지 다짐

인간교육실현 학부모연대는 과열 과외 경쟁에서 벗어나 진정으로 자녀를 위하는 길을 생각해야 할 때라며 학부모 스스로 사교육비 줄이기 10가지 다짐을 발표했습니다.

1. 자녀에게 과외를 부추기지 맙시다.
2. 과외의 효과를 너무 믿지 맙시다.
3. 예체능 과외는 한 번에 한 가지 이상을 시키지 맙시다.
4. 자녀를 점수로만 평가하지 맙시다.
5. 공부는 자녀 스스로가 하는 것임을 인정합시다.
6. 교육은 학교 선생님에게 맡기고 믿읍시다.
7. 교육방송 과외를 적극 활용합시다.
8. 학교의 방과 후 교육활동을 활성화시킵시다.
9. 학교교육의 내실화와 정상화를 요구합시다.
10. 과다한 과외비 지출은 수치스러운 행위임을 깨달읍시다.

(자료 : 인간교육실현 학부모연대)

⑨ 이기적인 부모가 됩시다.

100세 시대가 성큼 다가오고 있습니다. 의술의 발전으로 수명이 계속 늘어나고 있습니다. 자녀교육에 올인(다 걸기)하다 보면 정작 노후가 됐을 때 노후 생활자금이 준비 안 된 노인들은 어려운 생활을 면할 수가 없을 것입니다. 실제로 자녀교육에 올인했습니다. 그렇지만 자식이 노후를 책임져 준다는 어떤 보장도 없습니다. 내 노후는 내가 알아서 준비해야 합니다.

■ 어떻게 해야 할까?

자식을 잘 가르치는 것이, 뒷바라지를 잘해주는 것이 부모의 의무고 도리겠으나 이제는 자녀교육에 전부를 걸어서는 안 될 것입니다. 시대가 바뀌고 있습니다. 사교육비 일부를 노후자금으로 돌리는 것입니다. 노후 설계전문가들의 한결같은 지적입니다. 돈이 있어야 효도를 받습니다. 올인하고 자식에게 손 내밀면 다 싫어합니다. 수중에 돈이 없으면 자식에게 천대받습니다. 그래서 돈이 효자를 만든다고 했습니다. 손주 녀석들도 용돈이라도 줘야 좋아하고 따릅니다. 그렇지 않으면 원두쟁이 쓴외보듯 경원합니다. 이것이 현실이고 잊어서는 안 될 것입니다. 그런데도 인간은 망각의 동물이라고 자주 잊으니 문제가 되고 있습니다.

(2) 예체능 교육 ②

여기에서의 예체능은 학교에서 제대로 배울 수 없는 과목을 말합니다. 정서적으로 도움이 되는 피아노나 바이올린, 체력단련을 위한 태권도나 수영이나 무용 등입니다.

① 악기

소질이나 취향에 따라 피아노나 바이올린 등 한 가지 배워둔다면 일생을 살아가는 데 정서적으로나 취미활동에 보탬이 되고 활력도, 위안도 얻을 수 있습니다.

② 운동

고학년(5·6학년)이 되면 태권도 등 한 가지쯤 배워두면 학교생활, 조직생활, 사회생활을 하는 데 많은 도움이 됩니다. 건강에도 좋고, 소극적인 성격을 적극적인 성격으로 바꿀 수 있고, 힘이 생기니 자신감이 생기고, 리더십을 발휘하는 데 보탬이 되고, 호신술에도 좋고, 폭력이나 왕따를 막을 수도 있습니다. 정의감, 의협심 발휘의 동력이 될 수도 있습니다. 나이가 어리다고 생각되면 중학생 때도 좋을 것입니다. 세상이 하도 험하다 보니 여자아이도 호신술 차원에서 배워두는 것도 좋을 것입니다.

(3) 조기유학(해외 어학연수)
① 현실은 어떤가?

과외열풍 속에서 너도나도, 가족과 같이 아니면 홀로 조기유학을 가는 아이들이 많습니다. 누가 갔는데 안 갈 수도 안 보낼 수도 없어 보내는 경우도 많을 것입니다. 가히 조기유학 열풍인 것입니다. 아이 장래를 위해서라지만 한편으론 부모의 욕심, 허영심, 자존심 때문에 가기 싫어하는 아이를 억지로 보내기도 할 것입니다. 코흘리개 아이를, 제 앞가림도 제대로 못하고 사리 판단력도 부족한 아이를 이역만리 먼 곳으로 동반하거나 혼자 보내는 게 정말 잘한 일일까? 갈 사람은 가고 안 갈 사람은 가지 말아야 하는데 "망둥이가 뛰니 꼴뚜기도 뛴다."고 어중이떠중이 너도나도 가고, 갈려고 하니 그것이 문제가 되고 있습니다. 일종의 쏠림현상입니다. 왜 그렇게 쏠리기를 잘할까? 물정도 모르고 주관이 없기 때문입니다.

② 왜 그렇게 기를 쓰고 보내려 할까?

어디서 조사한 걸 보면 첫 번째가 영어회화 배우러 간다는 것입니다. 글로벌 시대에 유능한 인재를 만들기 위해 만국 공용어인 영어를 현지인처럼 유창하게 구사할 수 있게 하기 위함일 것입니다. 그러나 장차 써먹을 필요 없는 직업에 종사할 경우라면 배웠던 게 무용지물이 될 텐데 그래도 괜찮을까? 애들 앞일은 모르지만 장차 떡방앗간을 하게 될지도 모르는데 그것이 '조기'에 꼭 필요할까? 아깝지 않을까? 후회는 안 될까?

③ 아무 문제는 없을까?

가뜩이나 저출산으로 인구가 감소 추세인데 갔다가 안 오는 경우도 있으니 인구가 점점 줄어들 수밖에 없습니다. 국부도 유출됩니다. 그러나 걱정되는 것은 탈선과 비행입니다.

- 초등학생을 외국에 유학 보내는 사람이 어디 있느냐고 유학 출신 어느 노교수는 말합니다. 또 어떤 유명 영어강사는 외국에 학문 배우러 가는 것이지 영어 배우러 가는 것은 잘못됐다는 것입니다.
- "조기유학을 보내지 마세요. 적어도 한국에서 대학을 졸업하고 유학 가는 게 낫지 않을까요?" 고교 졸업 후 미국으로 유학 가서 대학 졸업하고 미국 유수의 은행 고위직에 있는 사람의 말입니다. 말이 제대로 안 통하니 수업도 못 따라가고 인종차별, 왕따, 놀림감이 되기도 하고 답답하고 흥미도 없고, 외롭고, 지치고, 그렇다고 중도에 귀국할 수도 없고 - 스트레스를 받게 되니 자연스럽게 국내 유학생끼리 만나 술, 담배, 마약, 섹스에 빠지는 경우가 더러 있다는 것입니다. 하지만 훌륭하게 유학생활을 하는 아이들도 많이 있고, 다 그런 것은 아닐 것입니다.
- "한국서 온 어린 학생들을 보면 탈선할까봐 아슬아슬해요." 미국 어느 시 교육청에 근무하는 재미교포 얘기입니다.
- "보호자 없이 단독으로 조기유학을 올 경우 10명 중 8명은 탈선하거나 적응에 실패한다. 도피성 유학이나 목적이 없는 단독 조기유학은 위험하다. 미국은 학교가 일찍 끝나기 때문에 새벽녘까지 공부에 매달려야 하는 한국 현실과는 다르며, 방과 후 다양한 동아리 활동에 적극 참여하기 어려운 유학생의 경우 부모나 보호자가 없으면 유혹에 빠지기 쉽다."고 미국 주재 우리 교육 담당자의 말입니다.(국민일보) 차라리 유학을 안 보냈으면 좋았을 텐데 뒤늦게 후회하는 부모들도 있을 것입니다.
- 중학교 2학년부터 고교 1년 사이가 조기 유학생들이 유학생활 적응에

가장 취약합니다. 사춘기 연령에 유학 온 학생들의 최대 문제는 정신적 공황이며, 부모 역할이 가장 중요한 시기에 부모가 옆에 없다 보니 술과 담배에 손을 대고 심지어 마약을 찾게 되는 경우도 있다는 어느 대학 유학생의 말입니다.(한국일보)

④ 귀국 후의 적응문제

어린 나이에 조기유학을 가서 현지 적응을 못해 언어장벽, 외로움, 인종차별, 왕따, 가족이 보고 싶어서 중도에 귀국하는 아이들이 점점 늘어나고 있습니다. 와서도 유학 기간의 공백을 메꾸려 하니, 따라가려니 힘들 수밖에 없을 것입니다. 가기 전보다 갔다 온 후의 성적이 떨어지는 것은 불문가지일 것입니다. 따라잡기 위해서 다시 학원에 다녀야 하니 시간낭비에다 돈은 돈대로 들어가서 고통스럽고 후회스러울 것입니다. 왔다가 적응을 못해 다시 나가는 아이들도 있다는 것입니다. 가도 걱정, 와도 걱정! 도대체 영어회화가 뭐길래 야단법석일까? 장관이나 국회의원이 영어를 현지인처럼 술술 잘하는 사람이 몇이나 될까? 현지인처럼 술술 잘할 수 있게 배워왔어도 영어 문법시험을 제대로 못 봐 애를 먹고 있다는 애도 있는데 좌절감은 생기지 않을까? 어디서 조사하는 걸 보면 조기유학 갔다 온 아이들이 학교공부, 친구관계, 학교규칙, 질서, 선생님 순으로 학교생활이 어렵다고 호소하고 있습니다. 학교 특별반이나 독서, 신문, 방학 기간을 통해서 빨리 적응 해소하는 방법밖에 없다는 전문가의 조언도 있습니다. 안 보내면 서로 좋을 텐데 걱정도 팔자인 것입니다.

⑤ 기러기 아빠

조기유학을 위해 아내와 아이들을 외국에 보내고 홀로 쓸쓸히 생계를 꾸려가는 남편들이 있습니다. 이는 비정상적인 교육열 때문에 생겨난 슬픈 아버지 모습입니다. "가족은 항상 함께 살아야 된다."고 성철스님은 말했습니다. 한 지붕 아래 살을 맞대고 고락을 같이하는 것이 가족일진대 떨어져 살게 돼 외롭고 쓸쓸하고 불안, 우울, 불면, 울분, 스트레스 속에서 하루하루 견딘다는 것은 여간 고통이 아닐 수 없을 것입니다. 재미없는 삶, 행복하다고 말할 수는 없을 것입니다. 안 보내면 되는데, 바로 귀국하면 행복해질 텐데 못 견뎌 자살하는 사람도 있습니다.

역시 힘든 것은 아이들이나 아내도 마찬가지겠지만 하루 이틀도 아니고 1년, 2년 기간이 길어질수록 문제가 생깁니다. 신종 화병일 수 있는데 달래기 위해 술, 도박, 외도에 빠질 수 있고, 아내 역시도 타지에서 외롭고 무료하고 술이나 자칫 불륜에 빠질 수도 있습니다. 이혼 등 간간이 안 좋은 사례가 보도되기도 합니다. 잘못된 교육열이 단란한 가정을 파괴한 것입니다. 가족이란 무엇인가? 무엇 때문에 필요한가? 가족의 행복이 중요한가? 아이 외국어 회화공부가 중요한가? 커서도 얼마든지 가능한데 - 아니다 싶어 중도에 포기하고 귀국하는 사례도 늘어나고 있습니다. 원인으로는 조기유학을 심사숙고하지 않고 너무 쉽게 생각하고 결정하기 때문에 이런 문제들이 생기는 것입니다. 주위에서 누가 가니 자존심이 있지, 따라 보내게 되는 것입니다. 기러기 생활한 지가 10년이 넘은 유명인도 있습니다. 어디서 조사한 걸 보면 기러기 아빠의 음주가 주 1회가 25%, 2~3일에 1회, 매일 30%, 과다음주 25%, 외로움을 느끼는 게 23% - 직장에 나갔다 저녁에 문을 열고 들어오면 반기는 것은 바둑이요, 아니면 썰렁한 빈 방뿐일 것입니다.

다행스럽게도 요즘은 조기유학 연수생이 점점 줄어들고 있습니다. 2006년 99,800명, 2018년 9,077명입니다.(초, 중, 고생) 2019년 (초 4,693, 중 2,752, 고 1,516), 2020년(초 2,041, 중 1,110, 고 514)(e-나라

지표) 2~3년 단기로 갔다 오면 영어회화 실력은 나아졌을지 몰라도 다른 과목은 격차가 많이 생기므로 학원 가서 뒤떨어진 과목을 다시 시작해야 하니 비용이나 시간은 물론 정신적, 육체적, 정서적으로 무척 힘들 것입니다. 요즘은 원어민들이 학교, 학원 등에 많이 들어와 가르치고 있습니다. 영어회화를 배울 수 있는 기회가 많다 보니 굳이 가정을 떠나 비용, 시간, 정력, 탈선, 스트레스를 받아가며 갈 필요가 없겠다는 생각이 들기 때문에 장단기 유학이 갈수록 줄어든 이유일 것입니다. 대학입학이나 취업이 보장되는 것도 아니고, 직장생활도 인맥이 중요한데 취업도 장기 유학자는 불리하다는 것입니다. 조기유학이 줄어드는 이유는 득보다 실이, 메리트가 없어지기 때문입니다. 대신 영어학원이나 영어캠프 쪽으로 눈을 돌리고 있습니다. 현명하고 현실적인 선택이 되고 있습니다.

⑥ 대안은 없는가?

원어민들이 많이 들어와 학교나 학원에서 영어를 가르치고 있습니다. 국제학교(14곳), 영어마을, 영어캠프도 늘어나고 있습니다. 집 가까운 믿을 만한 곳을 선택해서 열심히 배운다면 효과 역시 별반 다르지 않을 것입니다. 아이도 좋고, 비용도 덜 들고, 탈선 걱정도 없고, 스트레스받을 필요도 없고, 공부 공백 걱정할 필요도 없고, 기러기 아빠도 안 생기고, 가족 해체 염려도 없을 것입니다. 또 국부 유출을 막을 수 있고, 일석 몇 조의 효과를 얻을 수 있습니다. 외국 유학을 갔다 온다면 영어회화 능력이 좀 나을지 모르겠으나 장차 써먹을 수 있을지도 모릅니다. 반면 국내에서 공부했어도 현지인 못지않게 잘하는 사람도 있고, 순 토종 TV 영어강사도 눈에 띕니다. 문제는 어디서 어떻게 어떤 노력을 했느냐에 달려있습니다. 길은 많이 있습니다. 아이에 맞게 찾아서 전력을 쏟는다면 유학보다도 효과를 얻을 수 있을 것입니다. 이제 우리 모두 외국에 가야만 영어회화를 잘 배울 수 있고, 잘할 수 있다는 고정관념은 버려야 할 것입니다.

⑦ 그래도 조기유학을 원한다면?

정녕코 안 보내고는 자존심 상해서 못 살 것 같다고 생각되면, 병이 날 것 같다면 기왕지사 성공적인 유학이 되게 해야 합니다. 매사 성공은 준비에 달려있습니다.

ㄱ. 뭘 준비해야 할까?

적어도 1~2년 전부터 여유를 두고 유학정보를 두루두루 많이 수집해야 합니다. 유학기관, 갔다 온 사람, 가있는 사람 등 다양하게 의견을 들어야 합니다. 유학정보 책자라든가, 경험담을 엮은 책자를 많이 봐야 할 것입니다. 시행착오를 줄일 수 있기 때문입니다.

ㄴ. 언제 보낼까?

아이마다 초등학교 4~5학년, 중학교 1~2학년, 고교 1~2학년 등 다 다르겠지만 영어를 받아들이는 능력은 초등학교 3~4학년 때가 적당하다고 말하는 사람도 있습니다. 10살짜리인데 적당할지, 사춘기 나이 때 보내면 자칫 탈선 위험이 있을 수 있고, 그러므로 반드시 동반은 필수고, 어느 정도 영어 소통능력을 키운 다음에 가야 적응이 쉽다는 것입니다. 귀가 뚫릴 때까지는 말 못하는 바보 취급을 당한다는 것입니다.

ㄷ. 어느 나라를 보낼까?

미국, 캐나다, 영국, 호주, 뉴질랜드, 중국, 필리핀, 심지어 남아프리카 공화국까지 다양합니다. 아무 데나 가서 잘 배워오면 되겠지만 아무래도 본고장이 나을 것입니다.

ㄹ. 어느 지방으로

가급적 한국 학생들이 없는 곳으로 보내야 영어회화를 빨리 배울 수가 있을 것입니다. 동병상련이라고 한국 학생끼리 어울리면 자연 한국말을 쓰게 되니 습득이 더딜 것입니다.

ㅁ. 표준영어 습득

지방마다 사투리가 있으므로 공적인 자리에서 사투리를 쓰면 우습게 보일 수도 있습니다. 귀화한 미국인이 우리 어떤 지방에서 살다가 TV에 나와 지방에서 배운 우리 사투리를 쓰니 우스꽝스럽게 보여지기도 한 것처럼 신경 써야 할 대목입니다.

ㅂ. 종합적으로

국가, 지역, 공사립, 기숙사 유무, 유학기간, 학비 조달능력 등 점검, 준비가 필요합니다.

ㅅ. 최종적으로

희망학교 방문상담, 기타 잘 알아보고 결정해야 할 것입니다.

(4) 대안학교
① 대안학교란?

말 그대로 공교육의 대안으로 생긴 학교입니다. 90년대 후반부터 한두 군데 문을 열기 시작해 지금은 200여 군데로 늘었습니다. 처음엔 일반학교에 적응하지 못하거나 피치 못할 사정으로 중퇴한 학생을 수용했으나 지금은 관심도 높고 인식이 달라져 유명인사 자녀들도 다니고 있습니다. 대안학교는 인가형(30%)과 비인가형(70%)으로 나뉩니다.

ㄱ. 인가형
- 특성화 학교 : 정부의 재정지원을 받고 일반학교와 똑같은 학력을 받습니다.
- 위탁형 학교 : 다녔던 일반학교에 적을 두고 출석도 인정받고 졸업장도 일반학교에서 받습니다. 주로 일반학교에 적응하지 못하는 아이들이 다닙니다.

ㄴ. 비인가형
- 정부 지원은 없고 학력도 인정받지 못하므로 진학 시는 검정고시를 통해야 합니다. 자율적으로 운영하는 것이 특징입니다.

② 뭘 가르칠까?

필수과목 외에 다양한 커리큘럼에 의해 수업이 진행됩니다. 농사일, 특별활동, 체험학습, 여행, 목공, 사진기술, 악기, 요리, 승마, 골프, 무술, 협업, 봉사활동 등 학교마다 특징이 있고 다 다르게 운영합니다. 입시 위주의 수업이 아니고 인성, 인간 교육에 중점을 두고 있습니다.

③ 왜 가는가?

일반학교에 적응하지 못해 다니는 경우를 제외하고 획일된 교육, 성적에 일희일비하는 교육, 오로지 대학입시에 올인하는 교육, 막중한 사교육에 찌들 대로 찌든 아이들에게 숨통을 열어주기 위한 방편으로 가게 됩니다. 10대는 한창 꿈꾸고, 꿈에 부풀고, 이상을 찾아 탐구해야 할 나이입니다. 그런데도 막중한 학업에 스트레스를 받게 되니 몸과 마음은 피곤하고 지치게 됩니다. 그래서 입시 위주의 교육에서 해방되고 자아를 찾아 억압받지 않는 교육, 사율적인 교육을 받기 위해 지망합니다.

④ 보낼까 말까?

ㄱ. 심사숙고

아이의 장래를 결정 짓는 중요한 문제임으로 많은 준비와 고민이 필요합니다. 부모의 섣부른 판단과 욕심에 이끌려 누가 가니 휩쓸려 보내게 되면 후회가 따를 수가 있습니다. 갔다가 적응하지 못하고 되돌아오는 아이들도 많다는 것입니다. 몇 군데 데리고 가서 보고, 물어보고, 그리고 현재 다니고 있는 학생이나 부모 말을 들어보는 것도 좋을 것입니다.

ㄴ. 비용

자고 먹고 하는 기숙형이 대부분이므로 비용을 생각해봐야 합니다. 후회 없는 선택이 돼야 할 것입니다.

<대안학교 관련 정보>

단체명	전화번호	홈페이지	참고
대안 교육연대	(02) 322-0190	psae.or.kr	비인가 대안학교연대
대안교육 학부모연대	(02) 0707-7135-5508	cale.adumnet/mfcomm	대안교육 부모 모임
서울시 대안교육센터	(02) 2675-1319	seoulallnet.org	수도권 도시형 비인가 담당
대안교육 종합센터	(02) 871-2733	daeancenter.or.kr	위탁형 대안학교 담당
도서출판 민들레	(02) 322-1603	mindlle.org	대안교육지 발행

(5) 지금 님의 아이들은 행복합니까?

행복이 뭘까? 몸과 마음이 즐겁고 만족스러운 상태입니다. 몸이 아프면 행복하다고 말할 수는 없습니다. 마음이 괴로워서 죽을 지경이라면 역시 행복하다고 말할 수는 없습니다. 요즘 우리 아이들의 삶이 행복하다고 자신 있게 말할 수는 없을 것입니다. 학교 갔다 오면 들로 산으로 아니면 동네방네 친구들과 어울려 마음껏 뛰놀아야 되는데 그게 정상인데 집에 책가방을 던져놓기가 무섭게 학원에 가니, 학교 문 앞에서 학원차가 대기하고 있다가 교문을 빠져나오면 벼락같이 타고 학원으로 직행하는 삶이 반복되니 하루하루의 삶이 지겹고 괴롭지 않을 수가 없을 것입니다. 공부를 떠나서 잠깐만이라도 나만의 시간을 가져야 되는데, 좋아하는 일이나 취미생활에 시간을 할애해야 하는데 아침부터 밤중까지 오로지 공부, 공부에 시달리고 시험점수에 일희일비해 그 삶이 행복하다고 말할 수는 없을 것입니다. 알다시피 지금 우리 어린아이들 공부 노예가 돼가고 있습니다. 엄마의 지나친 간섭과 맹목적인 교육 열성에 우리 아이들 마음이 멍들어가고 있습니다. 자발적인 학원, 과외 공부가 아니라 부모가 시키니 어쩔 수 없이 다니고 있습니다.

공부 강요하는 부모가 분노, 증오의 대상이 돼가고 있습니다. 물어보면 아이들 거의가 학원 가기가 싫다고 지겹다고 말하는데 이제 놀릴 때가 됐습니다. 풀어줄 때가 한참 지났습니다. 혹 시달림에 중압감에 스트레스가 쌓여 이겨내지 못하고 덜컥 자살이라도 하면 어쩔 것인가? 한국 청소년 사망 1위가 자살인데 2014년에 245명이 목숨을 끊었습니다. 십년공부 나무아미타불이요, 정신과 치료를 받는 아이들도 늘어나고 있습니다. 아이들에게 너 지금 행복하냐고 물어 행복하지 않다고 한다면 행복하게 해줄 의무가 부모에게 있습니다. 어떻게? 학원 가기 싫다면 안 보내거나 학원 수를 줄이고 뛰노는 시간을 더 늘려주는 것입니다. 공부 스트레스를 안 받으니 좋아하고 행복해집니다. 대신 인성교육에 치중합니다.

OECD 국가 중 우리 청소년들의 행복지수가 제일 낮고 공부시간이 제일 많고 자살률은 제일 높게 나옵니다. 이설 보너라도 우리 아이들이 공부에 얼마나 시달리는지를 알 수가 있습니다. 견디지 못해 정신과 치료를 받는 이유이기도 합니다. 틱장애도 여기에 있습니다. 뇌가 충격을 받거나 계속 스트레스를 받게 되면 이상이 생기게 됩니다. 바로 정신질환입니다. 부모 특히 엄마도 같이 병행 치료해야 한다는 지적도 있습니다. 실제로 아이와 엄마가 같이 정신과 상담을 받는 경우도 많다는 것입니다. 지금 님의 아이는 행복합니까? 님도 행복하십니까?

4. 기타

(1) 학습(장애, 지체, 부진)

제대로 읽지도 못하고 쓰지도 못하고 셈도 잘 못하는 아이들이 늘어나고 있습니다. 공부를 잘해야 되는데 썩 잘하지는 못할지라도 따라갈 정도는 돼야 하는데 못 따라가고 처진다면 장차 진학도 어렵고 잘못하면 사회 낙오자가 될 수도 있으니 걱정이 안 될 수가 없을 것입니다. 어떻게 해야 할까?

① 학습장애
머리가 나쁘지 않지만 읽고 쓰고 셈하는 데 특정한 부분에서만 떨어질 경우 1 : 1 맞춤교육이 필요합니다.

② 학습지체
지능이 낮아(IQ 70~80) 못 따라가는데 이때는 따로 공부해야 합니다. (자폐아, 정신지체아) 특수학교, 특수학급에 맡겨야 합니다.

③ 학습부진
지능이 정상이거나 그 이상인데도 못 따라가는 경우, 공부에 흥미가 없다거나 다른 데 팔려있거나 공부 여건이 안 좋은 경우 잘 지도하면 정상적으로 올라설 수가 있습니다.

위와 같은 이유로 못 따라가는데도 공부를 않는다고, 성적이 안 좋다고 교육열에 눈이 먼 우리 어머니들은 왜 그런지 그 이유를 알아보지 않고 욕하고 때리고 성질을 부립니다. 개구리 올챙이적 생각 않는다고 자기는 뭐 공부를 잘했남. 배 아파 먹을 수 없는데도 왜 안 먹느냐고 성질부터 부리는 못된 어머니처럼 닦달하게 되면 아이는 설 땅이 없습니다. 이런 문제일수록 조기에 발견해서 극복할 수 있도록 전문가의 도움을 받아 빨리 치료해주는 것입니다. 용기와 격려와 배려, 칭찬이 약이 되고 필수사항입니다. "너는 충분히 극복할 수 있어. 암, 할 수 있고말고. 내 아들이 누군데, 걱정 마."

(2) 행동장애

집중을 못하고 차분히 앉아있어야 할 자리에 가만히 있지 못하고 왔다 갔다 하거나 덜렁거리거나 손가락이나 팔다리를 가만히 놔두지 못하고 자꾸 움직이거나 떨거나 순서를 기다리지 못하고 이탈하거나 힘들어하거나 혼자 떠들거나 수업 중 돌아다니거나 옆 친구를 자꾸 건드리거나 귀찮게 하거나… 대충 이런 유형을 말합니다. 한편으로는 ADHD(주의력결핍 과잉행동장애)를 의심해볼 수도 있습니다. 초등학생 3~5%가, 한 반에 1~2명이 ADHD 장애를 갖고 있고 남아에게 더 많고 대부분 치료를 못 받고 있습니다. 원인으로는 뇌에 이상이 있거나 스트레스, 불안, 가정불화 등입니다. 아이가 이런 기미가 보이면 주의 깊게 관찰해보고 미루지 말고 하루빨리 정확한 진단과 치료가 필요합니다. (ADHD 부모 모임 http://cafe.daum.net/ADHDParents)

(3) 음란물

음란물 홍수 속에 우리 청소년들이 허우적거리고 있습니다. 음란물을 접하는 아이들의 연령이 점점 낮아지고 있습니다. 어느 조사에 29%가 초등학생일 때, 96%가 중학생 때 본다는 것입니다. TV나 컴퓨터, 스마트폰을 켜면 선정적인 영화나 음란물이 수없이 나오니 자연 보게 되고, 자극을 받게 되고, 또 호기심에 자주 보게 되니 중독이 되는 것입니다. 부모의 무관심, 방임, 모르는 사이에 빠지게 됩니다. 무엇이든 한 번 빠지게 되면 수렁에 빠진 것처럼 빠져나오기가 무척 어렵습니다. 빠지기 전에 안 빠지게 해야 하는데 그것이 쉽지 않아 문제가 됩니다. 24시간 감시할 수도 없고, TV나 컴퓨터, 스마트폰을 치울 수도 뺏을 수도 없으니 난감할 수밖에 없습니다. 너무 통제하면 가족 눈을 피해 PC방이나 친구 집에 가서 보니 더더욱 통제할 수도 없습니다. 더구나 판단력과 자제심이 없다 보니 걷잡을 수 없이 빠져드는 것입니다. 그렇다고 손을 놓을 수는 없습니다.

① 문제는 뭘까?
음란물을 자주 보거나 중독이 되면
- 성에 대한 가치관이 왜곡되고 삐뚤어지게 됩니다.
- 비정상적인 성(性)이 정상적으로 받아들여지게 됩니다.
- 맑고 순수해야 될 정신(영혼)이 파괴되고, 황폐해지게 됩니다.
- 자주 연상되므로 공부에 집중할 수가 없습니다.
- 모방심이 강해서 여건만 되면 따라하게 됩니다. 그래서 제 또래 아이들에게서 성폭력이 일어나게 됩니다.

② 어떻게 해야 할까?
음란물에서 빠져나오게 하려면 어떻게 해야 할까? 음란물을 제공한 어른들의 책임이요, 그걸 막지 못한 것도 우리 어른들의 책임입니다. 돈벌이도 여러 가지가 있을 것입니다. 한때의, 성장 시의 한 과정일 수 있으나 너무 지나치면 모른 체할 수 없습니다. 우선 가정에서의 대책과 성교육이 필요합니다.
- 시야를 건전한 곳으로 유도합니다. 취미생활, 자기계발, 발명 쪽으로

눈을 돌리게 합니다.
- 컴퓨터는 아이 방에 두지 말고 거실이나 안방에 둡니다.
- 음란물 유해 차단 서비스를 받아둡니다.
- 성인영화가 나오는 TV 채널을 일반채널로 바꿉니다.
- 수시로 점검합니다.
- 성교육도 필요합니다.
- 음란물은 돈 벌기 위해서 만든 가짜라는 것, 계속 보면 중독이 되고 한 번 중독이 되면 끊기가 어렵다는 것, 그러므로 보지 말 것! 장면이 나오면 바로 끌 것 - 강력히 당부해둡니다.
- 공부에 지장이 많고 성적이 떨어지고 대학 가기가 어렵다는 것을 가르치는 것입니다.

③ 내 아이가 음란물을 본다면?

설마 우리 아이가, 착한 아이가 하겠지만 자연 보게 되고 또 친구 권유나 호기심에 보게 됩니다. 놀라고 무척 당혹스러울 것입니다. "이놈 새끼! 하라는 공부는 안 하고!" 화도 날 것입니다. 그러나 어쩝니까? 현명하게 대처해야지 감정보다는 이성적으로 무조건 크게 혼내거나 손찌검해서도 안 되고, 그런다고 해결이 되는 것도 아닙니다. 그것이 왜 나쁘고 안 좋은지 알아듣게 설명해주고 이해시켜 줘야 합니다. 너그럽고 인자하게 - 무조건 나무라면 반발심이 생기고 역효과가 날 수 있습니다. "다시는 안 봐야지, 바로 꺼야지." 스스로 잘못했구나 하는 반성의 마음이 들게 해야 합니다. 반성한다는 것은 개선의 여지가 있다는 증거입니다.

(4) 채팅과 원조교제(중학생편 443쪽을 참고하십시오.)

(5) 음주, 흡연 교육

술과 담배는 건강한 몸과 마음을 병들게 합니다. 어린 나이의 음주와 흡연은 해독이 더 크고 성장발육에 지장이 더 많습니다. 극소수겠지만 술담배를 초등학교 6학년 때부터 하는 아이도 있다는 것입니다. "세 살 적 버릇 여든까지 간다."고 한 번 배우게 되면 중, 고, 대학생에서 성인으로 이어지게 됩니다. 버릇 들면 끊기가 무척 어렵습니다. 그러기 때문에 술담배 안 배우게, 안 먹고 못 피우게 하는 것이 상책입니다. "친구 따라 강남 간다."는 속담이 있듯이 어린아이들은 호기심, 모방심이 강해서 알게 모르게 따라 배우게 됩니다. 좋은 것보다는 안 좋은 것을 더 하려는 경향이 많습니다. 좋은 것을 배우면 좋은 일이 생기지만 안 좋은 것은 말리면 더 한다고 호기심에 못된 친구가 자꾸 권하니 따라 배우게 되는 것입니다. 담배 피우는 친구와 어울리면 담배를 배우게 됩니다. 술도 마찬가지입니다. 모방심리는 인간의 속성이기 때문입니다. 해악에 대해서 속속들이 잘 모르기 때문에 손대게 되는 것입니다. 쥐약을 주면서 먹으라면 먹으면 죽는 걸 아니까 줘도 안 먹을 것입니다.

그러나 술담배는 당장 문제가 없으니 손을 대므로 미리 그 해악을 자세히 알려주는 것입니다. 어릴 때부터 싹을 잘라버리는 것이 상책입니다. 비용도 들지 않습니다. 늘 관심을 갖고 관찰해보고 흡연은 서랍이나 책가방, 호주머니도 살펴보고 옷냄새도 맡아보고 수시로 물어보고 다짐을 받아둬야 합니다. 말보다는 각서를 받아두는 것도 좋습니다. 술담배는 몸에 아주 해로운 것, 담배는 평생 피우지 말 것, 술은 성인이 돼서 먹을 것. 담배 피우는 친구는 멀리할 것 - 한 달에 한 번씩 교육과 다짐이 필요합니다. 못이 박히면 단념하게 됩니다. 꼭 실천사항이라면 책상머리에 끔찍한 폐암이나 간암 사진을 붙여두는 일입니다. 혐오감, 경종, 경각심을 줄 수가 있기 때문입니다.

자주 쳐다볼수록 역겨워 손대고 싶은 생각이 사라질 것입니다.

실제로 태국에서는 담뱃갑에 흉측한 사진을 넣었더니 청소년 흡연율이 18.9%에서 9.7%로 떨어졌다는 것입니다. 우리 역시도 담뱃갑에 경고 그림을 넣어 판매 중인데 14%가 줄었고, 보건소 금연 클리닉 등록자 수도 배 가까이 늘었습니다. 효과가 있다는 얘기입니다. 이렇게 어릴 적부터 적극적으로 대처하는 길만이 음주와 흡연을 막을 수가 있습니다. 오로지 부모님 몫입니다. 그런데 요사이는 다양하게 디자인된 향이 첨가된 액상형 전자담배가 판매되고 있습니다. (시계, 게임기 모양, USB, 파우더 케이스 등) 담배인데도 위장했으니 알 수가 없습니다. 한 번쯤 점검이 필요합니다. 방에서나 옷에서 초콜릿 냄새나 과일향이 난다면 흡연을 의심해보는 것입니다.

(6) 학교폭력(중학생편 422쪽을 참고하십시오.)

(7) 왕따(중학생편 434쪽을 참고하십시오.)

(8) 가출(중학생편 438쪽을 참고하십시오.)

(9) 중학교 입학 전 준비사항

곧 다가올 진학에 대한 설렘과 더불어 공부를 잘할 수 있을지, 제대로 따라갈 수 있을지, 적응을 잘할 수 있을지 불안하고 걱정이 앞설 것입니다. 뭘 어떻게 준비해야 할까?

① 학습

겨울방학을 효과적으로 이용하는 것입니다. 초등과정 중 뒤떨어진 과목, 부족한 과목을 완벽하게 복습해둡니다. 시간이 남으면 중학 1학년 1학기 첫 단원 배울 곳을 간단히 예습해둡니다. 초등 학습은 중, 고 학습의 기초가 됩니다. 초등학교의 기초실력이 부족하면 중, 고 과정을 따라가기가 어렵기 때문에 복습을 철저히 해서 마스터해두는 것이 무엇보다도 중요합니다. 중, 고 과정 선행학습보다 초등학교 부족한 과목 복습이 더 중요합니다. 중, 고 과정은 자연 배우게 되지만 초등과정은 배우지 않기 때문입니다. 다시 말씀드려 중, 고 과정은 초등과정의 연장선상에 있기 때문에 다시 나오므로 초등과정을 모르면 따라갈 수 없으므로 초등과정을 완벽하게 복습해둬야 합니다.

겨울방학 중에 상업적으로나 선행학습 열기에 휩쓸려 중학 1년 과정이나 2~3학년 과정을 선행하는 경우가 많은데 그것이 좋을 것 같지만 미리 배웠다고 자만하게 되고, 수업을 등한히 하게 되어 성적이 오를 리 없습니다. 6년 동안 배운 것 중 모르는 것, 부족한 것을 복습해서 마스터해두는 것이 더 중요하지 그걸 제쳐두고 장차 배우게 될 걸 미리 배우는 것은 앞뒤가 맞지 않고 비능률, 비효과적인 학습태도인 것입니다. 지양해야 합니다.

② **생활습관**
잘못된 생활습관이 몸에 배어있으면 중학교에 진학해서도 곤란을 겪게 됩니다. 늦잠 자는 버릇, 뒤로 미루는 습관, 숙제를 않거나 친구에게 부탁하는 것 등 점검하고 고치게 해야 합니다. 계획적인 생활을 하게 합니다. 아픈 곳이 있으면 치료하는 것입니다. 예방접종도 필요하고 비만, 비염, 축농증, 시력검사, 청력검사, 치과치료도 좋습니다.

③ **등교 거부 - 새 학기 증후군**
다른 아이들은 책가방 챙겨메고 알아서 학교를 가는데 안 갈려고 칭얼대면 속이 무척 상할 것입니다. 성질 급한 부모라면 얼굴이 붉으락푸르락, 안절부절못하고, 윽박지르거나 욕부터 할 것입니다. 배

가 아프다. 머리가 아프다. 어지럽다. 가기 싫다고 떼를 씁니다. 초등생 3~4%, 중학생 1%가 등교 거부 반응을 보인다는 것입니다. 새 학교나 새 학년, 방학 끝나고 주로 새 학기에 나타납니다. 집에서 자유스럽게 생활하다 방학 끝나 다시 규칙적인 학교생활을 해야 하니 부담을 느끼고 힘들어할 것입니다. 어른도 쉬다가 월요일 아침 출근하기가 싫듯 아이들도 마찬가지 심정일 것입니다. 1차적으로는 담임선생님이나 전문가의 상담이 필요합니다. 새 학교 새 친구 새 선생님에 대한 불안심리, 학기 중에는 짝꿍이 싫어서 귀찮게 굴거나 왕따를 당했거나 호랑이같이 무서운 선생님한테 꾸중을 많이 들어서, 수업을 못 따라가거나 선행학습으로 수업시간이 재미없어서… 여러 이유가 있을 것입니다. 그걸 알아야 처방을, 해결할 수가 있습니다. 이럴 때일수록 부모님의 따뜻한 말 한마디, 다정스럽게 칭찬과 격려가 약이 될 것입니다. 잔뜩 주눅 들어있는데 혼부터 내거나 손찌검하거나 윽박지르는 것은 해결책이 못 되고 오히려 역효과가 날 수 있습니다. 그 이유를 알아서 해소시켜 주는 것이 부모님 몫입니다. 새 학기 증후군이란 학교 갈 시간에 여러 이유로 스트레스나 불안을 느껴 머리가 아프다, 배가 아프다, 가기 싫다고 떼를 쓰는 적응장애를 말합니다.

제3장

중학생

1. 꿈 많은 중학생 여러분에게 드리는 글

(1) 큰 꿈을 꾸십시오

여러분은 이제 어엿한 중학생이 되었습니다. 한 단계 성숙한 위치로 올라섰습니다. 어제까지는 부모님의 보살핌과 지시를 받아왔지만 오늘부터는 여러분 스스로가 생각하고 판단하고 행동하고, 그리고 책임져야 할 단계로 접어든 것입니다. 코흘리개 시절은 지났습니다. 생각은 크게, 행동은 진중히, 시야는 높고 넓게 멀리 보아야 합니다. 인생의 목표를 정하고 한 길로 줄기차게 매진해야 합니다. 그래야만 목표, 꿈을 이룰 수가 있습니다. "Boys, be ambitious!"(소년들이여, 야망을 품어라!) 그러면 꿈이란 뭣이더냐? 그것은 갖고 싶고, 하고 싶고, 되고 싶고, 이루고 싶은 것을 마음속에 품은 야망입니다. 큰 꿈, 큰 생각, 큰 목표! 크게 생각하고 큰 꿈을 꿔야 큰 것을 얻을 수가 있고, 이룰 수가 있습니다. 큰 꿈(Big Dream)을 품으십시오. 위대한 일생을 산 사람들은 거의가 어렸을 적에 큰 꿈을 꾼 사람들입니다. 그리고 불철주야 노력을 해서 꿈을 성취한 것입니다. 꿈이 없으면 꿈을 이룰 수가 없습니다. 꿈이 없으면 희망도 없습니다. 죽은 목숨과 같습니다. 그러니 여러분! 큰 꿈을 꾸십시오.

위대한 과학자, 위대한 기업가, 위대한 예술가! 이제 여러분은 큰 꿈을 꾸었습니다. ○○○를 꾸었습니다. 그 꿈을 이루기 위해 한 길로 줄기차게 밀고 나가야 합니다. 그리고 의젓해야 합니다. 허튼 짓을 해서는 안 됩니다. 장차 위대한 일을 할 사람이 시시하게 처신해서는 안 됩니다. 약자를 괴롭혀서도 안 됩니다. 약자를 도와줘야 합니다. 나의 이익보다는 공익을 먼저 생각하고 행동해야 합니다. 내 개인의 이익만 추구하는 꿈이 아니라 이웃, 국가, 인류 발전을 위한 꿈이어야 합니다. 그럼으로써만이 보람 있고 가치 있는 꿈, 위대한 삶이 되는 것입니다. 여러분은 모두 다 꿈을 이룰 수가 있습니다. 여러분은 소질과 능력이 충분히 있습니다. 위대한 인물이 될 수가 있습니다. 그러나 위대한 인물은 그냥 태어나는 것이 아니라 만들어지는 것입니다. 불철주야 한 길로 피나는 노력을 해야 이룰 수 있습니다. 하루 24시간 누구에게나 똑같이 주어집니다. 맘먹기에, 하기에 달려있습니다. 여러분은 무한한 꿈, 무한한 가능성을 가지고 이 세상에 태어났습니다. 그러니 여러분! 자부심을 가지시고 큰 꿈을 꾸십시오. 행동으로 옮기십시오. 그리고 꼭 이뤄내십시오.

난 난 꿈이 있었죠.
버려지고 찢겨 남루하여도
내 가슴 깊숙이 보물과 같이 간직했던 꿈~

혹 때론 누군가가
뜻 모를 비웃음 내 등 뒤에 흘릴 때도
난 참아야 했죠. 참을 수 있었죠. 그날을 위해~

늘 걱정하듯 말하죠.
헛된 꿈은 독이라고.
세상은 끝이 정해진 책처럼
이미 돌이킬 수 없는 현실이라고~

그래요. 난 난 꿈이 있어요.

그 꿈을 믿어요. 나를 지켜봐요.
저 차갑게 서 있는 운명이란 벽 앞에
당당히 마주칠 수 있어요.

언젠가 나 그 벽을 넘고서
저 하늘을 높이 날을 수 있어요.
이 무거운 세상도
나를 묶을 수 없죠. 내 삶의 끝에서
나 웃을 그날을 함께해요.

- 거위의 꿈 / 노래 인순이 / 작사 이적 / 작곡 김동률

- 큰 꿈, 큰 생각, 큰 행동! - 호텔왕 힐튼
- 주머니가 작으면 큰 물건을 담을 수 없다. - 장자
- 작은 꿈을 꾸지 말라. 그것은 마법이 부족하다. 꿈은 크게 꾸어라. 그런 다음 그것을 현실로 만들어라. - 도널드 더글라스
- 간절히 원하는 꿈은 우주가 힘을 합쳐 도와준다. - 파울로 코엘류
- 자신의 꿈을 만들어가지 못하면 언젠가 남의 꿈을 이루는 데 이용될 것이다. - 암바니
- 청소년기는 꿈을 이룰, 기초를 닦는 중요한 시기다. 놓치지 말고 잊지 말라. - 중암
- 꿈을 날짜와 함께 적어놓으면 그것은 목표가 되고, 목표를 잘게 나누면 그것이 계획이 되며, 그 계획을 실행에 옮기면 꿈이 실현되는 것이다. - 그레그 S. 레이드

(2) 꿈(일생)의 설계

인생은 오직 단 한 번뿐 -.
대저, 우리 인생이 한 번 태어나 살다가 죽고 연속해서 다시 태어

나 또다시 삶을 살 수 있다면 얼마나 좋을까요? 세계 최고의 축구선수가 되어 멋지게 살다가 죽고 다시 태어나 위대한 기업가, 위대한 발명가, 위대한 예술가의 삶을 계속해서 살 수만 있다면 얼마나 좋을까요? 이생에선 이 사람과 결혼해서 재미있게 살고, 다음 생은 저 사람과 결혼해서 즐겁게 살고 - 그러나 아쉽게도 우리 인생은 한 번으로 그치고 만다는 사실입니다. 그러기 때문에 소중하기 그지없는 삶인 것입니다. 기껏해야 80~90세 아니면 100세의 짧은 찰나 같은 삶, 초로인생인 것입니다. 이 짧은 인생을 보람 있고 가치 있고 성공적인 삶을 살기 위해서는, 꿈을 이루기 위해서는 집 지을 때 설계도가 필요하듯 일생 계획, 꿈의 설계가 필요한 것입니다. 일본 최고 부자요, 재일동포인 소프트 뱅크의 손정의 회장(1957년생)은 19세 때 '인생 50년 계획'을 세웠습니다.

- 20대에 이름을 알리고, 30대에 1,000억 원의 사업자금을 모으고, 40대에 사업에 승부를 걸고, 50대에 사업을 완성하고, 60대에 후임자에게 사업을 물려준다.
- 내가 가진 것이라고는 아무 근거도 없는 꿈과 자신감뿐이었다. 그리고 거기서 모든 것이 시작됐다.

이렇게 그는 큰 꿈을 꾸고 스스로 설계해서 자기 계획대로 그렇게 꿈을 이뤄냈습니다. 여러분, 멋지지 않습니까? 장하지 않습니까? 눈도 두 개요, 귀도 두 개요, 입은 하나요. 그와 여러분과 다를 게 하나도 없습니다. 단지 큰 꿈을 꾸고 이루기 위해 계획을 세우고 만난을 무릅쓰고 불철주야 노력을 했다는 점입니다. (도서관에 가서 그의 일대기를 꼭 읽어보십시오.) 무엇이든 잘만 하면 생각한 대로 이루어진다고 했습니다. 그러니 여러분도 지금 그처럼 큰 꿈을, 일생을 멋지게 설계해보십시오. 돈 한 푼 들어가지 않습니다. 꿈의 설계, 일생 계획

- 무엇을 언제까지 어떻게 이룰 것인가? 구체적인 행동 계획을 세우십시오. 20대는 뭘 할 것인가? 뭘 이룰 것인가? 30, 40, 50, 60, 70대는? 몇 날 며칠을 고민해보십시오. 그리고 찾아내십시오. 필자도 여러분처럼 다시 어린 시절로 돌아갈 수만 있다면 마음먹고 다시 꿈을 크게 꾸고 멋지게 펼쳐보고 싶은데 후회막심이요, 아쉬움만 남는구려. 버스 지나간 뒤 손든 격이 돼버렸습니다.

(3) 그렇다면 어떻게 해야 꿈을 이룰 수 있을까?

"생생하게 상상하고 간절히 바라며 진지하게 믿고 열의를 다해 행동하면 그것이 무엇이든 반드시 이루어진다."(폴 J. 마이어) 우선 실력을 길러야 합니다. 여러분은 학생 신분이므로 1차로 공부를 열심히 하는 것입니다. 공부는 꿈을 이룰 기회를 제공하기 때문입니다. 80을 넘어 공부할 수는 없습니다. 모든 것은 때가 있습니다. "때를 놓치지 말라. 이 말은 인간에게 주어진 영원한 교훈이다." 철강왕 앤드류 카네기 선생의 말입니다. 꿈은 때가 있습니다. 꿈꿀 때가 있고 꿈을 접을 때가 있습니다. 지금은 꿈의 씨앗을 심을 때인 것입니다. 그러나 꿈을 꾼다고 다 이루어지는 것은 아닙니다. 소수에 불과할 뿐 -. 감나무 밑에 입 벌리고 누워있으면 감이 저절로 떨어져 입 안으로 쏙 들어오는 것이 아닙니다. 올라가 따야 되듯 꿈도 마찬가지입니다. 뭘 딸까? 언제까지 딸까? 어떻게 딸까? 여러분은 ○○○가 되겠다고 꿈을 꿨지요? 우선 롤모델을 정하고 벤치마킹(모방)하는 것입니다. 닮기 위해 그처럼 생각하고 그처럼 행동하는 것입니다. 막연하게 의상 디자이너가 될까가 아니라 한복 디자이너가 될까? 양장 디자이너가 될까? 정한 후 실현 계획, 행동 계획을 세워야 합니다. 막연한 계획이 아니고 구체적인 계획, 세부 계획을 세워야 합니다.

일단 세웠으면 뒤도 안 돌아보고 밀고 나가야 합니다. 꿈만 있고 행동이 없으면 그 꿈은 공상에 불과합니다. 헛된 개꿈에 지나지 않습니다. 속담에 "구슬이 서 말이라도 꿰어야 보배가 된다."고 했습니다. 즉각 행동에 옮기는 것입니다. 이때 빼놓을 수 없는 것이 시간 설정(달성일)입니다. 언제까지 이루겠다는 자신과의 약속을 정하는 것입니다. 못을 박듯 쾅 박아둬야 합니다. 그래야 압박을 받게 되고(독촉), 미루는 것을 막게 되고, 동력이 생기게 되고, 더 분발하게 됩니다. "세월아, 네월아, 언젠가는 되겠지." 이런 자세는 금물입니다. 또 머리에 각인시키기 위해서는 그 꿈을 휴대폰이나 종이에 적어두고 수시로 아니면 하루 서너 차례 보고 또 보고 마음속에 다지는 것입니다. 오매불망 자나 깨나 앉으나 서나 그 꿈의 완성을 위해 전력을 다하는 것입니다. 미쳐야 꿈을 이룰 수가 있습니다. 세계 부자 마이크로 소프트사의 빌 게이츠 선생도 어릴 적 컴퓨터에 미쳐 꿈을 이룬 것입니다. 무엇이든 미치지 않고는 이룰 수 없는 것이 세상의 이치입니다. 어렵기 때문에 품은 꿈을 이룬 사람이 드문 것입니다. 쉬우면 다 이룰 수가 있습니다.

꿈을 향해 노력하다 보면 장애물이나 시련과 좌절이 앞을 가로막기도 할 것입니다. 대부분 극복하지 못하고 주저앉습니다. 저기가 고지(高地)인데, 한 발짝만 더 나가면 목적지에 도달할 수가 있는데 견디지 못하고 좌절하고 포기합니다. 한 삽만 더 파면 금맥이 보이는데 이겨내지 못하고 포기합니다. 꿈을 이루는 데 중요한 요소는 집념과 끈기입니다. 로마는 하루아침에 이뤄지지 않았듯 꿈도 하루아침에 이루어지지 않습니다. 전구를 에디슨 선생은 2,399번 시험에 실패하고 2,400번째 성공했다는 것입니다. 처마의 낙숫물이 한 방울 두 방울 떨어져 맷돌을 뚫듯이, 파도가 모난 돌을 매끄럽게 만들 듯 꿈은 끈기와 인내심을 시험하고 요구합니다. 넘어지고 다시 일어나고 칠전팔기의 각오로 초심을 잃지 않고 끈적끈적 달라붙어 과감히 밀고 나가야 이룰 수가 있는 것입니다. 속담에 "우물을 파도 한 우물을 파라."고 했습니다. 실현 가능한, 선명한 꿈, 목표를 정하고 구체적인 계획을 세워 언제까지 꼭 이루고야 말겠다는 강력한 의지를 가지고 탱크처럼 밀고 나간다면 꿈은 반드시 이루어집니다. 노래 1곡 소개할까요? "I have a dream."(아바)

2. 어떻게 공부할 것인가?

무엇이든 방법을 알면 일이 쉽고 효율적이고 성공률도 높습니다. 공부 역시도 마찬가지입니다.

(1) 왜 공부해야 하는가?

공부하는 목적은 뭘까? 알고 하는 것과 모르고 하는 것과는 차이가 있습니다. 알고 하면 우선 자발적이고 의욕적인 자세를 갖게 됩니다. 자연 능률이 오릅니다. 지식을 쌓고 교양을 높이기 위해서, 시험을 잘 보기 위해서, 실력을 기르기 위해서, 훌륭한 사람이 되기 위해서, 상급학교 진학을 위해서, 출세하기 위해서, 꿈을 이루기 위해서일 것입니다. 학생마다 다르겠지만 거의가 장차 써먹기 위해서입니다. 수영을 배우는 것은 체력단련이나 물에 빠졌을 때를 대비하기 위해서나 수영선수가 되기 위해서입니다. 여러분은 학생입니다. 농부는 농부의 일이 있습니다. 학생의 일은 공부하는 일입니다. 공부를 하지 않으면 실력을 기를 수 없습니다. 실력이 없으면 꿈을 이룰 수 없습니다.

꿈이 훌륭한 의사라면 의과 대학에 가서 의술을 배워야 되고 들어가려면 입학시험에 합격해야 하므로 열심히 공부해야 합니다. 같은 값이면 다홍치마라고 기왕 하는 공부 적당히 할 것이 아니라 코피가 날 정도로 열심히 해서 발군의 실력을 쌓는 것입니다. 공부란 꼭 학과 공부만을 의미하는 것은 아닙니다. 운동도 일종의 공부이고, 알다시피 우리의 김연아 선수는 오랫동안 피나게 열심히 연습(공부)해서 올림픽 피겨 챔피언이 된 것입니다. 뜻을 세우고 목표를 정해 노력 끝에 10여 년 만에 꿈(목표)을 이룬 것입니다. 장하지 않습니까? 되는 대로 아무렇게나 일생을 그럭저럭 살겠다고 마음먹고 있다면 골치 아픈 공부, 할 필요가 없습니다. 그러나 여러분은 큰 꿈을 꾸었기에 꿈을 위해 열심히 공부해야 하는 것입니다. 진학 선물로 노래 1곡 선사합니다. "스케이터 왈츠"(발트 토이펠)

(2) 초등학교와 중학교의 다른 점

우선 수업형태, 시험방식, 학교생활이 달라집니다. 중학교는 수업시간도 길고, 과목도 많고, 수업량, 숙제량도 많고 과목마다 가르치는 선생님이 다르고 과목내용도 어렵습니다. 시험과목도 많고 시험일정도 깁니다. 동아리 활동, 특별활동, 봉사활동도 있습니다. 교칙도 엄해서 아침마다 교문 앞에서 지각, 두발, 복장 검사 등 지도감독이 이루어집니다. 환경이 바뀌면 불안하고 스트레스를 받게 돼 심적 부담을 느낄 수 있으나 적극적으로 학교생활에 임한다면 오히려 재미있는 학교생활이 될 것입니다. 왕왕, 적응을 못해서 학교생활이 재미없고 지루하고 자신감을 잃게 되면 3년간의 학교생활이 힘들 수 있으므로 적자생존이라고, 빨리 적응해서 즐거운 학창생활이 될 수 있도록 노력해야 할 것입니다. 그러기 위해선 그 원인이 무엇인가 알아야 되고, 그런 연후 부모님, 선생님, 친구들의 도움을 받고 해결책을 찾아 극복해내는 것입니다.

(3) 공부방법

공부에는 왕도가 없습니다. 비법이나 공식이 없습니다. 감기환자라도 의사처방이 다 다르고, 얼굴 모습도 다 다르듯 공부방법도 다 다릅니다. 다른 것이 정상이고 같을 수가 없습니다. 옷도 신발도 내 몸에 맞아야 되듯 있다면 내게 맞는 방법뿐입니다. 그걸 개발하고 찾아서 해야 효율적인 공부가 될 것입니다. 나만의 공부 방법 - 달리기도 신체적으로 단거리에 맞는 선수도 있고, 장거리에 맞는 선수가 있듯 초저녁보다 새벽녘이 더 잘 되면 그것이 내게 맞는 방법이고, 조용한 곳보다 시끄러운 곳이 더 잘 되면 그것이 내게 맞는 방법인 것입니다. 놀 때는 신나게 놀고 공부할 때는 집중해서 했더니 성적이 쑥쑥 오른다면 그것도 내게 맞는 방법인 것입니다. 여러 권의 문제집을 한 번 푸는 것보다 한 권을 여러 번 푸는 것이 성적이 올라간다면 그것도 내게 맞는 방법인 것입니다. 잘하는 과목보다 떨어지는 과목에 집중했더니 성적이 올랐다면 그것도 내게 맞는 방법인 것입니다. 자발적인 공부보다 채근해서 마지못해 억지로 하는 공부가 잘 되고 성적이 오른다면 그것도 내게 맞는 바람직한 방법은 아닐 것입니다. 또 음악을 들으면서 해도 공부가 더 잘 되고 성적이 오른다면 그것도 내게 맞는 방법이지만 무리하게 들으면 귀에 이상이 올 수 있고, 집중이 안 돼 바람직한 방법은 아닐 것입니다.

또 있습니다. 수업 중 꾸벅꾸벅 졸면서 전교 1등의 성적을 유지한다면 그것도 내게 맞는 좋은 방법은 아닌 것입니다. 효율적인 면에 있어서도 무턱대고 열심히만 한다고 성적이 오르는 것은 아닙니다. 열심히 했는데도 성적이 오르지 않는다면 공부방법에 문제가 있으므로 문제점을 찾아보고 공부방법을 바꿔야 합니다. 어려운 문제가 나오면 쉽게 포기하는 타입인지, 아니면 답이 나올 때까지 끈질기게 물고 늘어지는 타입인지 한 번쯤 점검이 필요합니다. 그렇다면 내게 맞는 방법은 무엇인가를 생각해보고 찾아내는 것입니다. 그게 무얼까? 적은 시간을 투자해서 많은 효과를, 성적을 올릴 수 있는 방법은 무엇일까? 집중하는 것도 한 방법이 될 것입니다. 집중을 방해하는 것, 방바닥에 엎드려서도 누워서도 안 좋고 회전의자도 안 좋고 책상 위의 인형도, 연예인 사진도, 스마트폰도 방해가 되므로 안 보이는 곳으로 치우는 것입니다. 공부에 한 가지 왕도가 있다면 그것은 예습과 복습을 철저히 하고 그날 공부 목표, 계획한 것을 그날 소화하고 자투리 시간을 활용하는 것 정도일 것입니다.

① 예습과 복습

예습이란 내일 배울 곳을 미리 해보는 것이고, 복습이란 배운 것을 다시 한 번 해보는 것입니다. 예습과 복습을 하지 않고 그냥 넘어간다면, 수업을 따라갈 수 없고, 성적이 올라갈 수가 없습니다. 학습의 기본은 예습 → 수업 집중, 소화 → 복습 순입니다. 배울 곳을 미리 해보거나 풀어보고 학교 가서 다시 배우고 집에 와서 다시 해보는 것이 예습 않고 학교에서 배운 걸 복습만 하는 것보다는 효과가 더 크기 마련입니다. 삼위일체! 예습, 학교수업, 복습 이 세 가지가 균형을 이룰 때 성적은 올라가기 마련입니다. 집에서 혼자 해보거나 풀 때 안 풀려 끙끙대기도 하고 모르거나 이해 안 되는 부분도 있을 것입니다. 그럴 때 학교에서 다시 배우게 되므로 몰랐던 것을 알게 되고, 자신도 생기고 희열을 느끼게 되고, 자연 머리에 쏙 들어오기 마련입니다. 그리고 집에 와서 다시 복습하니 한 문제를 세 번 하게 되니 공부 효과도 그만큼 큰 것입니다. 그러나 시간상 전 과목을 예습할 수는 없을 것입니다. 학교수업이나 복습만 가지고도 따라갈 수 있는 과목은 생략하고, 그 예습시간을 자신 없는 과목, 뒤처지는 과목에 더 할애해야 합니다. 복습은 빠를수록 효과가 큽니다. 그날 하는 것과 1주일 후에 하는 것과는 차이가 큽니다. 시간이 지날수록 빨리 잊혀지게 되고, 기억해내기가 어렵기 때문입니다. 어떤 전문가는 배운 걸 4시간이 지나면 50%가 잊혀진다고 했습니다. 그러므로 복습은 빨리 반복해야 배운 것을 잊지 않게 됩니다. 그날 배운 것은 그날 복습하는 걸 원칙으로 삼습니다. 그러면 성적은 오르기 마련이고, 사교육을 받지 않아도 될 것입니다.

② 자기주도 학습이란 뭣이냐?

학생 스스로 자신의 학습과정에서 주도적으로 목표를 설정하고 계획하여 학습한 후 스스로 결과를 평가하는 과정을 통해 창의력과 문제 해결력을 향상시키는 학습을 말합니다.(과학기술부) 쉽게 말해 내 스스로, 내가 알아서 하는 공부를 말합니다. 초등학교 때는 부모님의 도움을 많이 받았습니다. 그러나 지금부터는, 학년이 올라갈수록 내용이 점점 어려워져 부모님이 가르칠 능력이 부족해 도움을 받을 수 없는 경우가 많을 것입니다. 내가 스스로 학습 계획을 세워 알아서 공부에 임해야 합니다.

시집 장가도 내가 가지 부모님이 대신 가줄 수 없듯이 이제는 의타심을 싹 버려야 합니다. 물어보고 찾아보고 궁리해보고 이렇게도 저렇게도 풀어보고 헤쳐나가는 것입니다. 자립, 독립의 기초도 되는 것입니다. 부모님은 이제 모른 체해야 합니다. 스스로 하게 해야 합니다. 마마보이를 만들어서는 안 됩니다. 하나 안 하나? 잘하나 못하나? 간섭이 아닌 관심을 가져야 합니다. 그러나 스스로 할 수 있는 능력이 부족한 경우는, 스스로 할 수 있는 능력이 생길 때까지는 도와주거나 적절한 조언자, 멘토 역할이 필요합니다. 속담에 "물고기를 잡아주는 것보다는 잡는 법을 가르쳐주라."고 했습니다. 그것이 아이를 위하는 길이기 때문입니다. 다시 언급합니다만 밥도 내가 먹고, 숙제도 내가 하고, 세수도 내가 하고, 코도 내가 푸는 것처럼 공부도 내 스스로 하는 것입니다. 학습 목표도, 학습 계획도 내가 세우고, 내 스스로 해보고, 점검하고, 수정 보완하는 것입니다. 내가 주도해서 스스로 해야 참 공부가 되고 실력이 붙는 것입니다. 억지로 시켜서 하는 공부가 아니고 내 스스로 하니 재미있고 즐겁고 능률도 오르고 자신감도 생기고 자부심도 클 것입니다. 공부 잘하는 학생들 대부분은 자기주도 학습에 능숙한 학생들입니다. 실제로 하위권에서 상위권으로 올라선 사례도 많습니다. 더 나아가 잘만 하면 사교육(학원, 과외)을 탈피할 수가 있습니다. 안 받아도 될 것입니다. 실제로 사교육을 중단한 학생도 많습니다.

참말인지 거짓말인지 옆에서 안 봤으니 모르겠으나 어느 해 대입 수능 전국 1등짜리 인터뷰 기사를 보니 학원, 과외를 한 번도 받지 않았다는 것입니다. 잘만 하면 가능한 일입니다. 2019년 수능시험에서도 어려운 가정형편을 딛고 사교육 한 번 받지 않고 하루 4시간 자면서 억척같이 공부해 전교 꼴찌에서 전국 최고가 된 수능 만점자도 나왔습니다.(경남 김해외고 3학년 송영준군) 또 한 가지는 "공부하라 마라. TV 그만 보고 어서 공부해라." - 부모님 잔소리나 꾸중을 들을 필요가 없으니 "누이 좋고 매부 좋은 격"입니다. 일석이조의 효과를 얻게 되는 것입니다. 어머니는 공부에 간섭할 필요 없으니 그 시간에 동네 한 바퀴 휙 도는 것도 다이어트를 위해 좋을 것입니다. 피차 정신건강에도 좋습니다. 여러모로 좋으니 자기주도 학습이 꼭 필요하고 중요합니다. 적극 시도해보는 것입니다. 하면 하는 것입니다. 안 하려 하니 안 되는 것입니다. 참고로, 사교육과 자기주도 학습 중 어느 방법이 효과가 있는지 연구한 사례를 소개합니다. "고등학교 때 사교육보다 자기주도 학습 즉, 혼자서 스스로 공부하는 시간이 수능성적뿐만 아니라 대학진학 후 학점, 향후 취업 후 시간당 실질임금에도 효과가 더 크다. 자기주도 학습이 사교육보다 중·장기적으로 더 큰 효과가 있다."「학업성취도 진학 및 노동시장 성과에 대한 사교육의 효과 분석」- KDI 연구보고서, 2010. 김희삼 광주과학기술원 교수

③ 나만의 공부(학습) 계획 짜기 ②

매사 계획 없이 하는 일은 능률도 오르지 않고 시간낭비도 많고 성공할 수도 없습니다. 계획을 세워서 하는 것과 그렇지 않은 것과는 차이가 많습니다. 배를 만들 때도 설계도가 필요하듯 공부도 마찬가지입니다. 공부 계획을 꼼꼼히 세워 거기에 맞춰 공부를 해야 성적도 오릅니다. 계획은 연간 계획을 토대로 월간, 주간, 일일 단위로 세우고 일일 시간표를 작성해서 그대로 실천한 뒤 취침 전 점검 평가하고 잘못되었거나 비능률적이면 수정, 보완해야 합니다. 그래야 성적도 오르고 보람도 느끼고 날로 성장하게 됩니다.

잘못된 계획은 노력에 비해 성과가 떨어집니다. 그리고 그날 계획한 것은 미루지 말고 그날 마무리해야 합니다. 소화해야 합니다. 자꾸 미루거나 밀리게 되면 의욕을 잃게 되고, 포기하게 되고, 작심삼일이 되기 쉽습니다. "미룸의 결과는 실패 원인"이 된다고 했습니다. 계획을 무리하게 세우거나 욕심을 부리면 다 소화할 수가 없습니다. 약간 높게 세우되 내 수준, 능력에 맞게 짜야 합니다. 1시간에 영어 단어 200개를 외우겠다고 하면 그것은 무리한 계획이 될 것입니다. 무리한 계획을 세워서 실천하지 못하는 것보다는 실천 가능한 계획을 세워서 적게라도 실천하는 것이 백 번 낫습니다. 의욕도 자신감도 생깁니다. 무엇보다도 중요한 것은 실천입니다. 훌륭한 계획을 짜놨다 하더라도 실천하지 않으면 그 계획은 아무 쓸모가 없습니다. 무용지물이 되고 맙니다. 중단 없는 실천, 꾸준히 실천해야 소기의 목적을 달성할 수가 있습니다. 잘하는 과목보다는 취약 과목, 부진한 과목에 시간 배정을 더 많이 해야 합니다.

"학습 계획을 짜서 공부하니까 낭비하는 시간을 줄일 수 있을 뿐만 아니라 뭘 어떻게 공부해야 할지 감이 잡혀요."

"무계획적으로 공부할 땐 산만해져 공부가 잘 안 됐는데 계획을 세워서 하니 성취감도 느끼게 되고 공부가 재미있어졌어요."
- 어느 중학생의 말입니다.

■ 1일 활동 계획에 포함해야 할 내용
• 기상, 취침
• 예습, 복습
• 학원, 과외
• 숙제, 독서
• 운동, 취미 활동
• 자투리 시간 활용
• 오락 : TV 10분, 게임 10분
• 친구와 놀기
• 부모님과 대화 나누기
• 휴식(음악감상)
  - 그리운 금강산
  - 슈베르트의 세레나데
  - 별이 빛나건만 - 플레시도 도밍고
  - 태양은 가득히, 대부, 해바라기(영화음악)

취침 전에 1일 점검(결산), 일기 쓴 후 다음날 계획을 세웁니다. 주말은 부족한 과목, 취약한 과목 등 보충학습을 하거나 예습과 복습을 합니다. 자주 계획을 세우다 보면 요령이 생겨 효율적인 계획을 세울 수가 있습니다. 계획표대로 꾸준히 하게 되면 자연 공부 습관이 몸에 배게 되어 좋습니다. 자기 취향에 맞게 능력, 상황에 맞게 위 내용을 참작해서 짜면 좋을 것입니다.

④ 공부 방해꾼

ㄱ. TV

없애는 게 상책이나 그럴 수는 없고, 거실에 있다면 안방으로 옮기고 공부방에는 소리가 안 들리게 해야 합니다. 거실에서 TV를 켜면 대부분 공부방에 들리게 되고 눈은 책을 보지만 귀에 자연 들리게 되니 공부 집중이 되지 않습니다. 용감하게 창고에 넣어버린 아버지도 있습니다. 경우에 따라선 방음장치도 필요합니다. 이것은 부모님 몫이고, 학생 여러분은 교육방송을 제외한 프로는 가급적 보지 않거나 줄이는 것입니다. 방송국에서는 시청률을 높이기 위해서 계속 보게 만듭니다. 그게 당연하지만, 학생들로서는 1시간 시청하면 공부시간이 1시간 줄어들고 5시간 시청하면 5시간이 줄어드는데 그래도 보고 싶거든 평일에 보지 말고 주말에 잠깐 보는 것이 좋을 것입니다.

보되 가려서 보는 지혜가 필요합니다. TV는 중독성이 강해서 계속 보게 되고, 한 번 보기 시작하면 나도 모르게 1시간, 2시간, 3시간 훌쩍 지나가 버리니 문제가 됩니다. 재미있어 보긴 보지만 프로에 따라선 보고 나선 별로 남는 게 없는 것도 있습니다. 한마디로 공부에 지장을 주는 물건입니다. 할아버지, 할머니에겐 좋은 친구요, 오락거리지만 여러분에게는 공부시간을 뺏는 공부 방해꾼입니다. 안 볼수록 멀리할수록 좋습니다. TV 좋아하는 학생치고 공부를 썩 잘하는 학생은 없습니다. 학업을 마치고 성인이 되면 볼 기회가 너무 많으니 그때까지 꾹 참고 이겨내는 것입니다. 장차 큰일 할 사람인데 TV 시청에 연연해서야 되겠습니까? 꿈을 달성하기 위해서 TV 시청을 지양해야 합니다. 그 시간을 실력 배양, 공부에 쏟는 것이 정답입니다. 각오를 단단히 하고 TV를 멀리하는 것입니다.

ㄴ. 컴퓨터

이것 역시도 마찬가지올시다. 인터넷(게임) 중독이 우려스럽게도 심히 사회문제가 되고 있습니다. 한 번 재미를 붙이면 중독이 되고, 중독이 되면 공부는 뒷전이고, 정신건강에도 좋을 리 없습니다.(4대 중독 : 인터넷(게임), 마약, 알콜, 도박) 어떤 20대 청년은 게임을 며칠 밤낮으로 하다 사망한 일도 있습니다. 헛된 죽음이 된 것입니다. 자제력이 약한 여러분에게는 부모님의 통제와 지도가 꼭 필요합니다. 그렇지 않으면 여러분 스스로가 자율적으로 잠금장치를 해두거나 여러분 방에 두지 말고 거실이나 안방에 두는 것입니다. 교육프로나 학습 사이트를 활용할 때만 사용하는 것입니다. 하루에 3시간 인터넷을 하는 것과 하루 3시간 공부하는 것 중 어느 것이 내게 보탬이 될까를 생각한다면 오늘 이 시간 이후 인터넷(게임) 안 하겠다고 자신과 부모님께 약속을 하는 것입니다. 장차 큰일 할 사람인데 이거 하나 절제 못해서야 되겠느냐 큰소리도 쳐보는 것입니다. 그리고 지금 당장 실천에 옮기는 것입니다. 하면 하는 것입니다. 안 하려 하니 안 하고 안 되는 것입니다. 자기 합리화는 금물입니다. 지금은 실력을 기를 때이지 헛곳에 시간을 낭비할 때는 아닙니다. 꿈을 위해 한시도 잊어서는 안 됩니다. 개미와 베짱이의 우화를 항상 생각하십시오.

- 2014년 인터넷 중독률 13.2%(통계청)
- 2019년 세계보건기구(WHO) : 게임중독을 중독으로 규정

ㄷ. 스마트폰

이것 역시도 잘만 사용하면 유익하지만 지나치게 사용하면 부작용이 생깁니다. 문제는 눈만 뜨면 시도 때도 없이 만지작거린다는 점입니다. 밥을 먹을 때도, 화장실에서도, 이불 속에서도, 길을 가면

서도, 친구와 얘기 중에도 만지작거립니다. 한마디로 놀이기구가 돼 버렸습니다. 시간과 공간 제약을 받지 않으므로 한시도 손에서 떨어지지 않습니다. 신체 일부가 돼버린 것입니다. 무엇이든 습관이 되면 사용치 않고는 못 배기게 되고 자연 중독으로 이어집니다. 문제는 지나치게 사용했을 때입니다. 한 시간, 두 시간… 하루, 이틀, 한 달, 두 달… 이렇게 지나면 나도 모르게 중독이 돼버린다는 사실입니다. 2015년에 여성가족부가 조사한 걸 보면 전국 초중고생 142만 명을 대상으로 조사해보니 스마트폰이 없으면 심각한 금단현상을 보이는 스마트폰 중독 위험군이 15만 1,915명(10.6%)으로 나타났습니다. (2018년 10대 스마트폰 중독률 34%)

중독이 되면 마약중독처럼 금단현상이 일어납니다. 불안, 초조해지고 짜증 나고 안절부절 못하고 못 견뎌 합니다. 공부집중 방해, 수면장애, 충동조절 장애, 친구관계, 일상생활 등 여러 문제가 생깁니다. 이로 인해 사랑하는 부자관계, 부모님과 자식간에 다툼이 생깁니다. 시험 기간에도 하게 되니 성적이 좋을 리 없습니다. 여러 폐해, 정신건강에도 안 좋고 아까운 공부시간을 뺏기게 되니 걱정도 하고 그래서 말리게 됩니다. 학교에서도 수업에 지장이 있기 때문에 아침에 회수, 보관했다가 오후 수업이 끝나면 되돌려주기도 합니다. 어떤 꾀보는 2개 가지고 와서 1개는 보관시키고, 1개는 수업시간에 만지작거린다는 것입니다. 큰일을 할 사람이 그렇게 꼼수를 쓰면 되나? 친구끼리의 소통의 도구인데 없앨 수는 없고, 어떻게 했으면 참 좋을까? 359쪽을 보시라는 얘기입니다. 참고로 프랑스에선 문제가 많다 보니 2018년 9월부터 학교에서 초, 중생의 스마트폰 사용이 제도적으로 금지된다는 보도가 있었습니다. 중국에서도 2021년 2월 1일부터 모든 중, 고생의 학교 내 휴대폰 사용이 금지되고 있습니다. 학생들의 시력보호, 학업집중, 인터넷 중독 방지를 위해서라는 것입니다. 어디서건 문제가 되고 있습니다.

- 인터넷 중독 대응센터 1599-0075
- 청소년 미디어 중독예방센터 (02) 793-2000
- 인터넷 게임중독 상담기관(초등학생편 236쪽을 참고하십시오.)

ㄹ. 기타

공부에 관계 없는 것들, 시각적이거나 청각적인 것 등 책상 위에 있는 잡동사니를 싹 치웁니다. 주의력이 분산되기 때문입니다. 정신 집중을 방해하는 물건이나 소지품을 안 보이는 곳으로 옮겨둡니다. 벽에 붙여둔 연예인 사진을 떼어낸 대신 "정신일도 하사불성"(精神一到 何事不成)이라는 글귀를 써붙여둡니다. 정신을 한 곳에 쏟으면 어떤 일이든지 이룰 수 있다는 뜻입니다.

⑤ 자투리 시간 활용하기

자투리란 쓰고 남은 천 조각을 말합니다. 대부분 버립니다. 버리지 않고 그걸로 밥상보나 방석 커버를 만들기도 합니다. 자투리 시간도 따지고 보면 금쪽같은 시간인데 등한히 하고 대부분 그냥 흘려보냅니다. 등하교 시간, 수업시간 전후, 점심시간, 종례시간 등 하루 2시간 이상 자투리 시간, 덤이 생깁니다. 이 시간을 제대로 이용한다면 어떤 결과가 나올까요? 어디에 어떻게 이용하면 좋을지 고민해보십시오. 이용한 사람과 이용하지 않은 사람과 차이가 없을까요?(1일, 2시간 × 365일 = 730시간 ÷ 24 ≒ 30일)

⑥ 교재선택과 활용방법

ㄱ. 선택

교재는 스스로 공부하는 데 최상의 도움을 받을 수 있는 교재(자습서, 참고서, 문제집 등)여야 합니다. 교과서 내용을 체계적으로 쉽게 설명해서 이해가 잘 되고 교과서의 부족한 부분을 보충해주는 것이 좋은 교재입니다. 좋은 교재는 선생님을 대신할 수 있을 정도로 중요합니다. 그러나 시중에는 수많은 교재가 나와 있어 선택하기가 쉽지 않을 것입니다. 자습서는 교과서 해설이 주가 되고, 참고서는 종합적이고, 문제집은 문제풀이가 주가 됩니다. 자습서는 교과서를 만든 출판사 것을 택하는 것이 좋고, 자세하고 이해하기 쉬운 것이 좋습니다. 참고서는 교과서의 해설, 힌트, 요점정리, 중요사항 등이 일목요연하게 종합적으로 잘 정리되어 있는 것이 좋습니다. 문제집은 처음부터 어려운 내용보다 쉬운 것으로 시작하고 차츰 수준을 높여야 합니다. 어떤 것이 내게 맞는 교재일까? 나의 공부 목표, 취향, 수준에 맞아야 합니다. 자세하고 이해하기 쉽고 거기다 재미까지 느낄 수 있으면 더 좋을 것입니다. 산만하고 이해가 어려우면 내게 맞지 않고 좋은 교재일 수가 없습니다. 교재는 대부분 내용이 비슷비슷해서 여러 권 꼼꼼히 비교 분석해서 내게 맞는 걸 선택해야 합니다. 과목당 여러 권을 구입하면 다 볼 수 없으므로 시간, 금전 낭비가 될 수도 있습니다. 1~2권 잘 선택해서 완전 습득할 때까지 반복 학습해야 효과를 볼 수가 있습니다.

- 저자나 출판사가 믿을 만한가?
- 인쇄는 선명하고 보기 좋은가? 조잡하지 않은가?
- 종합적, 체계적으로 잘 돼 있는가?
- 풀이가 자세하고 이해하기가 쉬운가?
- 가격은 적정한가?
- 주위의 평판은 어떤가?(선생님, 선배, 친구)

ㄴ. 활용방법

　좋은 교재도 제대로 활용하지 못하면 가치가 없습니다. 중요한 곳, 어려운 문제, 틀리기 쉬운 곳을 표시해뒀다가 반복 학습해야 합니다. 문제를 풀 때도 미리 풀이나 답을 보지 말고 혼자 힘으로 풀다가 도저히 안 풀리면 그때 봐야 쏙 들어오고 잊히지 않고 오래 갑니다. 한 번 정한 교재는 중간에 이것저것 바꿔서는 안 되고 오히려 시간낭비일 수 있으니 끝까지 완독, 소화해서 내 것으로 만들어야 합니다. 몇 쪽에 뭐가 있다 할 정도로 통독해야 합니다. 여러 권 한 번 보는 것보다 한 권을 여러 번 보는 것이 낫습니다.

(4) 수업 태도

　성실하고 공부 잘하는 학생은 수업 태도도 진지합니다. 수업 태도가 불량한 학생은 보나마나 성적도 시원치 않습니다. 기왕 받는 수업, 진지하고 성실하게 받아야 합니다. 남을 위해서가 아닌 나를 위한 공부이기 때문입니다.

① **수업시간 충실히 하기**

　수업시간에는 한눈 팔지 말고 집중해서 들어야 이해할 수 있고, 소화할 수가 있습니다. 딴짓(장난치거나 다른 책을 보거나 휴대폰을 만지작거리거나, 학원 숙제하거나 잠자거나 낙서하는 것 등)을 하지 말아야 합니다. 그 시간을 놓치거나 허비하면 따라잡는 데 배 이상의 시간을 들여야 하기 때문입니다. 중요한 곳, 시험에 나올 곳을 강조하거나 반복 설명하니 그곳을 표시해두고 자주 복습해야 합니다. 10분 휴식 시간에 예습이든, 복습이든 한 번 훑어보는 것도 좋습니다.

② **질문하기**

　이해가 잘 안 되거나 모르는 것은 반드시 알고 넘어가야 합니다.

선생님께 질문하거나 옆 친구에게 물어봐야 합니다. 수업 중 모르거나 이해가 안 되는 부분이 있을 경우 그냥 넘어가면 알 수가 없습니다. 이때 중요한 것은 질문을 해서라도 알고 넘어가야 합니다. 교무실에 찾아가서라도 아니면 방과 후 전화해서라도 알고 넘어가야 합니다. 아니면 다음 시간에라도 물어보는, 이런 적극적인 공부자세, 공부습관이 꼭 필요합니다. 모르고 넘어가면 그 문제는 계속 모르게 됩니다. 그곳이 재수 없게 시험에라도 나오면 어떻게 될까요? 대부분 질문을 싫어하거나 주저하지만 질문은 실력 향상의 지름길입니다. 모르는 것이 있으면 질문하는 습관을 들이는 것이 아주 중요합니다.

③ 노트정리 잘하기

ㄱ. 왜 필요할까요?

노트정리는 수업의 기본이고, 또 하나의 훌륭한 공부방법이기 때문입니다. 우리 인간의 기억력은 한계가 있습니다. 시간이 지나면 쉬 잊혀지는 속성이 있습니다. 그래서 기록이 필요합니다. 수업도 마찬가지로 듣기만 하고 필기를 해두지 않으면 100% 기억해낼 수가 없습니다. 수업을 들은 후 다음날에는 67%가 잊혀진다고 했습니다. 복습할 때도 시험공부할 때도 노트 없이는 효과적인 공부가 될 수 없습니다. 복습 시 노트를 보면 기억이 되살아나 자연 알게 되고, 시험공부도 범위가 넓은 경우는 노트가 없으면 처음부터 시작해야 하니 많은 시간이 들지만, 노트를 보면 시간이 절약되어 그 시간을 타 과목에 할애할 수도 있으니 좋습니다. 노트를 보면 수업을 다시 듣는 효과가 있고, 참고서보다 효과가 크다고 말하는 학생도 있습니다. 남이 쓴 참고서보다 가르친 선생님의 설명이 더 낫습니다. 시험문제는 가르친 선생님이 출제자이기 때문에 제대로 정리된 노트를 복습하면 좋은 점수를 올릴 수 있습니다. 그 안에 시험문제도 답도 있기 때문입니다. 노트는 시험점수를 올릴 수 있는 훌륭한 도구인 셈입니다. 귀찮고 싫더라도 노트정리는 빼먹지 말고 철저히 해둬야 합니다. 빼먹은 경우는 옆 친구 것을 빌려서라도 꼭 해둬야 합니다. 공부하지 않으면 나만 손해이듯 노트정리도 하지 않으면 나만 손해인 것입니다.

ㄴ. 어떻게 해야 효과적인 노트정리가 될까요?
병도 의사에 따라 치료방법도 다 다르듯 노트정리도 학생마다 다 다를 것입니다. 같을 수가 없습니다. 형형색색으로 보기 좋게 꾸민 경우는 어지럽거나 집중력이 떨어질 수 있으므로 중요도에 따라 간단히 표시해두는 정도가 좋을 것입니다. 남에게 보여주는 노트가 아니므로 나만이 알기 쉽고, 이해하기 쉽고, 기억해내기 쉽게 효율적으로 정리하는 것이 좋습니다. 중요도에 따라 나만의 표시(※, ☆)를 한다거나 과목별로 달리한다거나 내 취향에 맞게 한눈에 쏙 들어오게 학습에 도움이 되게 또는 포스트잇을 덧붙이거나 빨리 연상시키기 위해서 선생님의 우스갯소리나 에피소드 등을 적어두는 것도 좋습니다. 그렇다고 선생님의 설명 내용을 전부 필기할 필요는 없습니다. 중요 부분, 강조한 부분, 반복 설명한 부분 등 요점을 알기 쉽게 압축 간추려서 정리하면 될 것입니다. 필기에 집중하다 보면 설명을 놓칠 수 있기 때문에 필기보다는 설명에 중점을 둬야 합니다. 속기로 정리했다가 방과 후 다시 꼼꼼히 정리하는 것도 복습도 되고 좋을 것입니다. 어디까지나 자신의 취향에 맞게 정리하는 것이 제일 좋은 방법입니다. 정리할 내용 - 날짜, 제목, 설명 내용, 보충, 추가, 반복, 강조한 점, 그림, 우스갯소리 등

■ 오답노트 만들기
오답노트란 시험문제나 자주 틀린 문제 풀이과정이나 답을 알기

쉽게 정리한 노트를 말합니다. 자주 틀리면 그 원인을 파악해서 반복, 틀리지 않게 개선하는 것이 성적을 올리는 지름길입니다.

ㄱ. 왜 만들어야 하는가?
바둑기사들은 대국하고 나면 반드시 복기합니다. 처음부터 다시 두어보면서 어디를 잘못 뒀는지, 왜 잘못 뒀는지 검토합니다. 차후 실수 없이 잘 두기 위해서입니다. 마찬가지로 시험 본 후나 문제집을 푼 뒤 틀리면 어디가 틀렸는지, 왜 틀렸는지 그 원인을 파악하지 않고 그냥 넘어가면 알 수가 없습니다. 반드시 알고 넘어가야 합니다. 차후 시험에 또 나오거나 비슷한 응용문제가 나오면 제대로 풀 수가 없기 때문입니다. 그래서 틀린 문제를 별도로 오답노트를 만들어 정리해두는 것입니다. 틀렸으면 왜 틀렸는지, 문제를 잘못 봤는지, 계산 실수는 아니었는지, 착각했는지, 풀이과정에서 오류는 없었는지… 문제를 잘못 봤다면 침착하게 보고 푸는 습관을 들이고, 계산 실수면 꼼꼼히 보고, 시간 부족이면 시간 배분을 다시 생각해 보고, 그리고 주기적으로 오답노트를 복습해야 내 것이 되고 성적이 올라갑니다. 공부 잘하는 비결이라고 말하는 전문가도 있습니다. 귀찮고 하기 싫더라도 오답노트를 만들어 적극적으로 활용해야 합니다. 과목은 전 과목 다 해야겠지만 중요 과목이나 취약 과목은 반드시 해야 합니다. 오답이라고 다 정리할 필요는 없습니다. 반복적으로 틀리는 문제, 어렵거나 아리송하거나 애매한 문제만 정리하는 게 좋을 것입니다.

ㄴ. 어떻게 만들까?
별도의 노트를 준비해서 1페이지에 1~2문제 정리합니다.

• 날짜

- 횟수
- 범위
- 문제 구분(시험/일반)
- 풀이과정
- 틀린 부분, 틀린 이유

내 취향에 맞게 효율적으로 정리합니다.

ㄷ. 어떻게 사용할까?

시험공부 시에는 시험범위 전부를 해야겠지만 시간 부족 시는 오답노트만 훑어봐도 그만큼 시간이 절약될 것입니다. 그러나 시간이 지나면 잊히게 되므로 기간을 정해 주기적으로 반복 복습해야 효과를 볼 수 있습니다. 반드시 복습 횟수를 표시해둡니다. (1차(날짜), 2차, 3차)

(5) 과목별 공부방법

과목마다 특성이 있습니다. 그에 맞는 공부방법이 필요합니다. 국어는 읽고 쓰고 말하고 듣는 능력, 수학은 궁리하고 푸는 능력, 영어는 독해나 영작능력, 외국인과의 소통능력, 과학은 탐구심, 관찰력, 사회는 살아가는 데 필요한 상식능력을 배우는 과목이므로 공부방법도 달라야 합니다.

① 국어

국어는 말하고 듣고 읽고 쓰는 능력을 기르는 과목입니다. 국어는 이 땅에 사는 동안 평생 써먹을 말과 글이고, 모든 과목의 기본이고 도구입니다. 그러함에도 늘 쓰는 말이라선지 쉽게 생각하고, 아니면 성적의 편차가 심할 것 같지 않다고 봐서인지 등한시합니다. 영어공부는 극성을 부리면서도 국어공부는 소홀히 합니다. 수학에 이등변삼각형에 관한 문제가 나왔다면 이등변이란 단어의 뜻을 모르면 풀 수가 없듯 다른 과목도 마찬가지입니다. 그렇기 때문에 국어를 잘해야 다른 과목도 잘할 수 있습니다. 국어 영역에는 읽기, 쓰기, 말하기, 듣기, 문법, 문학 등입니다.

ㄱ. 읽기

많이 읽어야 독해력(읽고 이해하는 능력)이 길러지고 사고력, 어휘력이 늘어납니다. 모르는 낱말이 나오면 대부분 귀찮아 사전을 찾아보지 않는데 즉시 찾아보는 습관을 길러야 합니다. 문학작품(현대, 고전)을 많이 읽어 감상능력을 기릅니다.

ㄴ. 쓰기

자꾸 써보고 쓴 것을 다시 고쳐 써봐야 글이 늘게 됩니다. 독후감도 일기도 좋습니다. 좋은 글이란 미사여구나 어려운 글이 아니라 이해하기 쉬운 글이 좋은 글입니다. 맞춤법이나 띄어쓰기에 맞게 쓰는 습관을 길러야 합니다. 어느 정도 익숙해지면 주제를 정해서 본론, 서론, 결론에 맞춰 써보는 것입니다. 하루아침에 좋은 글을 쓸 수는 없습니다. 평소에 꾸준히 읽고 자주 써봐야, 갈고 닦아야 좋은 글을 쓸 수가 있습니다. 축적되면 대입 논술에도 좋습니다.

ㄷ. 말하기

말하기의 핵심은 내 생각을 상대가 알아듣기 쉽도록 조리 있고 설득력 있게 말하는 능력에 있습니다. 여러 사람 앞에서도 당당하게 말할 수 있게 발표력도 길러야 합니다. 잘하기 위해서는 자꾸 해봐야 합니다. 활도 자주 쏴봐야 명중률이 높듯이 자주 해보면 발표력도 좋아지고 늘게 됩니다. 그러나 말이라고 다 말은 아닙니다. 횡설

수설은 말이 아닙니다. 논리적으로 조리 있고 이해하기 쉽게 말하는 능력을 길러야 합니다. 이것은 하루아침에 길러지는 것은 아닙니다. 평소에 꾸준히 노력해야 합니다. 연설 역시도 처음에는 원고를 작성해서 말해보고 익숙해지면 주제를 정해서 원고 없이 서론, 본론, 결론에 맞게 연습해서 연설 잘하는 능력도 길러야 합니다. 속담에 "천냥 빚도 말 한마디로 갚는다."고 세치 혀로 사람을 죽이고 살리고, 울리고 웃기는 것이 말의 위력인 것입니다. 그것은 장점이 되고 무기가 됩니다.

ㄹ. 듣기

대부분 남의 말을 듣는 것보다는 내 말을 하는 걸 좋아하는 습성이 있습니다. 사실 남의 말이란 정보의 보고이고, 아이디어의 원천입니다. 남의 것을 내 것으로 만들 수 있습니다. 내 말만 하고 남 말을 듣지 않으면 얻는 게 없습니다. 그래서 입은 하나요, 귀는 둘입니다. 듣되 집중해서 들어야 되고, 말하려는 의도가 무엇인지 파악해서 들어야 응대할 수가 있습니다. 국면을 내 쪽으로 이끌 수가 있습니다. 듣기를 소홀히 하면 원활한 의사소통이 이루어지지 않고 손해를 볼 수도 있습니다. 쥐를 사오라고 했는데 건성으로 잘못 듣고 쥐약을 사다주면 어떻게 될까요? 읽고 쓰기를 통해서 사고력, 표현력이 길러지고 말하기, 듣기를 통해서 의사소통 능력을 기르고 독해(문학작품)를 통해서 많은 상식과 어휘력, 이해력, 감상능력을 키웁니다. 이런 능력은 하루아침에 길러지는 것은 아닙니다. 꾸준히 갈고 닦아야 합니다. 어느 해 기업체 신입사원 채용담당자의 지적인데 국어실력, 특히 쓰기와 말하기 실력이 시원찮다는 것입니다. 쓰기가 시원찮으면 기획서나 보고서 작성도 시원치 않을 테고, 말하기 능력이 부족하면 전달이나 설득도, 여러 사람 앞에서 설명하는 프레젠테이션 능력도, 보고능력도 부족할 것입니다. 장차 훌륭한 인재가 되기 위해서는 뛰어난 국어실력을 갖춰야 할 것입니다.

② **영어**

세계화, 지구촌 시대에 외국인과의 접촉으로 만국 공용어인 영어 사용이 필요한 시대에 살고 있습니다. 업무상, 교제상 외국인과 만나서 의사소통을 할 수 없다면 문제가 아닐 수 없습니다. 그래서 영어공부에 많은 시간과 노력을 기울이고 있습니다.

■ 어떻게 하면 영어를 잘할 수 있을까?

국어처럼 자유자재로 말하고 듣고 읽고 쓸 수가 있다면 얼마나 좋을까요? 영어공부는 의사소통이 주가 되므로 제일 좋은 방법은 원어민과의 접촉이 가장 빠른 길입니다. 그래서 단기 어학연수나 장기 유학을 다녀오기도 합니다. 그러나 전과 달리 많은 원어민이 들어와 유치원, 초, 중, 고, 대, 학원과외를 통해서 가르치고 있습니다. 그들과 기회가 닿는 대로 틈틈이 접촉해서 습득하는 방법도 좋을 것입니다. 그러기 위해서는 기초를 튼튼히 익혀둬야 합니다. 영어공부는 어휘력에 달려있습니다. 어휘력 확보가 우열을 좌우합니다. 말하기, 듣기, 독해, 문법, 영작을 익힘으로써 영어를 잘할 수 있습니다.

■ 읽고 쓰고, 듣고 말하려면

첫째 단어, 말뜻이 뭔지 알아야 합니다. 정확하게 읽어야 하고 써야 하고 해석해야 합니다. 우선 수업에 들어가기 전에 예습을 철저히 해서 배울 단어를 완전히 소화해야 합니다. 읽을 줄 알아야 하고 쓸 줄 알아야 하고 뜻도 알아야 합니다. 그런 연후 본문에 들어가서 읽고 써보고 해석해보는 것입니다. 예습 없이 수업에 들어가면 제대로 읽을 줄도 쓸 줄도 해석할 수가 없습니다. 다른 아이들은 척척 읽고 쓰고 해석하는데 나는 그렇게 못한다면 꿔다놓은 보릿자루처럼 바보가 됩니다. 수업 진도는 계속 나가는데 예습 않고 수업에 임하면 따라갈 수도 없고 흥미를 잃게 되고 영어공부를 포기하게 됩니다. 그래서 영어공부는 예습이 중요합니다. 예습 않고는 따라갈 수가 없습니다. 마라톤 경기를 유심히 살펴보십시오. 뒤로 자꾸 처지면 따라잡을 수가, 역전이 어렵습니다.

ㄱ. 말하기, 듣기

회화공부는 혼자도 할 수 있게 많은 시청각 교재가 나와 있습니다. 교육방송, 외국방송, 영화, 드라마, 동화, 영어노래 등 다양합니다. 내게 맞는 걸 꾸준히 공부해봅니다. 학교에서 가르치고 있는 외국인 교사를 적극 활용해봅니다. 접촉을 늘리는 것입니다. 때로는 지나가는 외국인을 붙잡고 말을 걸어보는 배짱도 필요합니다.

ㄴ. 쓰기, 영작

전문가들이 이구동성으로 강조하는 것이 교과서는 잘 된 기본문장이므로 외우는 것이 좋다는 것입니다. 영작에 많은 도움이 됩니다. 교과서를 통째로 다 외운 학생도 있습니다. 맘먹으면 외울 수 있습니다. 수준이 되면 일기쓰기도 좋습니다. 많이 써봐야 잘 쓸 수가 있고 실력이 늘어납니다.

ㄷ. 읽기, 독해

읽기는 지식과 정보를 얻기 위한 수단입니다. 과학에 관한 책을 읽으면 과학에 관한 지식과 정보를 얻을 수 있듯이 자기 수준에 맞게 계속 넓혀가는 것입니다. 영자신문도 좋고, 수준 높은 문학작품도 좋습니다. 읽되 큰소리로 읽어야 합니다. 그래야 자신감도 생기고, 발음 정도를 확인할 수 있고, 교정도 가능하기 때문입니다.

ㄹ. 문법

정확한 표현, 해석과 영작을 위해서는 문법을 잘 익혀야 합니다. 문법은 한 권을 잘 선택해서 중도 포기하지 말고 끝까지 여러 차례 집중 마스터해야 제대로 익힐 수가 있습니다. 유학 가서 회화는 시원찮아도 문법은 본토박이보다 잘한다는 평판이 있습니다. 회화는 상대가 있어야 되지만 문법은 암기 위주라 혼자서도 익힐 수 있기 때문입니다.

ㅁ. 단어

영어학습의 기본은 어휘력입니다. 단어 확보에 달려있습니다. 단어는 하루에 몇 단어를 정해서 꾸준히 암기해야 합니다. 영어공부는 반복적인 학습이 비결입니다.

③ **수학**

ㄱ. 왜 수학을 배워야 할까?

동심초나 산골짝의 등불처럼 부르면 즐겁고 정신건강에도 좋은 음악과목도 아니고 더하기, 빼기, 곱하기, 나누기만 배우면 평생 살아가는 데 별 불편이 없는데 1차함수다, 2차함수다, 미분이다, 적분이다, 써먹을 일이 얼마나 있다고 골치 아프게 속 썩이는데 안 배우면 안 될까? 어허, 무슨 소리! 필요하고 배워야 되니까 가르치고 배우라고 생긴 과목올시다. 수학 하면 우선 골치 아픈 과목이라고 생각하는 경향이 많습니다. 내용도 딱딱하고 재미가 없을 뿐만 아니라 생각해야 되고 풀어야 하고 어렵다는 선입관 때문에 지레 겁을 먹고 싫어합니다. 자연 성적도 안 좋습니다. 수학 1등짜리도 다 마찬가지입니다.

그러나 수학은 공학, 경제학, 물리, 화학, 천문학, 통계학, 보험학의 기초가 되기 때문에 배워야 하지만 그보다는 풀려고 이 생각, 저 궁리를 하고 머리를 쓰다 보면 머리가 좋아지고 생각하는 힘, 푸는 능력, 점잖게 얘기해서 사고력, 창의력, 응용력, 문제해결 능력이 길러집니다. 하다못해 가업으로 물려받은 정미소를 운영하게 되더라도 종업원이 들락날락 속을 썩이면 어떻게 해야 할까? 좋은 방법은 없는가? 이렇게 저렇게 수학문제 풀듯 생각해보고 궁리하다 보면 해답이 나오게 되고, 그래서 더더욱 수학을 배워야 하는 것입니다. 인생은 문제투성이라고 그 누가 말했습니다. 인간사 문제 아닌 게 없습니다. 일단 문제가 생기면 모른 체할 수 없고 해결 안 할 수 없고 풀어야 합니다. 수학문제를 자꾸 풀어봄으로써 숙달이 되면 어려운 일상사 문제를 풀 수 있는 능력, 방법을 터득할 수 있고, 요령을 배우기 때문에 배워야 하는 것입니다. 미리 겁을 먹어서 그렇지 파고들면 수학도 재미있는 과목입니다. 애를 쓰고 끙끙대다 풀리면 희열을 느끼게 되고, 자신감이 생기고 좋아하게 됩니다. 뭐든 열심히 하면 다 도사가 되듯 마찬가지로 재미를 붙이고 머리를 싸매고 덤벼들면 다 수학도사가 될 수 있습니다. 누구는 뭐 나올 때부터 도사였나요?

ㄴ. 어떻게 하면 잘할 수 있을까?

수학은 암기보다 이해하는 과목입니다. 외우는 것보다 주가 푸는 것입니다. 공식이니 뭐니 암기할 것을 철저히 암기해야겠지만 주가 문제풀이니까 원리와 개념을 먼저 알고 나서 문제풀이에 들어가야 합니다. 일에는 순서가 있듯이 원리개념을 알아야, 문제가 요구하는 것이 무엇인가 이해해야 제대로 풀 수가 있는 것입니다. 급하다고 실을 바늘허리에 매달 수 없듯이 2차 방정식이 무엇인가 원리개념을 알아야 문제를 제대로 풀 수가 있는 것입니다. 수학은 어렵지만 끈질기게 달라붙어 풀다 보면 대부분 풀립니다. 그런데도 풀다가 안 풀리면 쉽게 포기하거나 참지 못해 풀이과정이나 답을 보는데 이런 방법은 참 실력이 붙지 않습니다. 손 안 대고 코 풀려고 해서는 안 됩니다. 내 힘으로 풀어야지 남이 풀어놓은 걸 보면 실력이 붙지 않습니다. 끝까지 풀릴 때까지 답을 보지 말고 내 힘으로 풀어야 진짜 실력이 붙습니다. 습관화시키는 것입니다. 푸는 방법을 알아야 비슷한 문제가 나오더라도 풀 수가 있고 푸는 능력이 생깁니다. 그리고 눈으로만 풀지 말고 직접 써가면서 풀어보는 것입니다. 한 번 대충 풀어보는 것보다는 적어도 서너 번은 풀어야 암기도 되고 내 실력으로 소화가 될 것입니다. 풀기 귀찮다고 눈으로만 한 번 슬쩍 보면 그 순간은 알겠지만 시간이 지나면 잊게 되므로 반드시 직접 풀어봐야 체화(體化)가 됩니다.

쉽게 번 돈은 헤프기 마련이고, 힘들게 어렵게 번 돈은 오래갑니다. 마찬가지로 수학도 힘들게 푼 문제는 오래갑니다. 많이 풀수록 실력이 붙습니다. 또 수학은 연결고리처럼 연결되어 있습니다. 기초를, 과정을 빠짐없이 알고 넘어가야 계속 따라갈 수가, 윗 단계로 올라갈 수가 있습니다. 초등학교 수학이 시원찮으면 중학수학, 중학수학이 시원찮으면 고등학교 과정을 따라갈 수가 없습니다. 지금 배우고 있는 1학년 수학이 어렵고 이해가 안 돼 못 따라가면 포기하지 말고 초교 수학과정을 별도로 시간을 내서 완벽하게 복습해둬야 합니다. 수학은 과정을, 차근차근 단계를 밟아 공부해야 하는 과목입니다. 그래서 수학은 벼락치기가 안 통합니다. 중학수학이 시원찮으면 고교에 가서도 애를 먹게 됩니다. 따라갈 수 없으니 수포자, 수학포기자가 되고 맙니다. 2015년 5월 '사교육 걱정 없는 세상'에서 초, 중, 고생 7,719명을 상대로 설문조사를 한 결과 초 36.6%, 중 46.2%, 고 59.7%가 수포자라는 것입니다. 2019년에는 중3생 수포자가 12%로 나타났습니다. 어쨌든 기초가 든든해야 응용문제가 나와도 당황치 않고 막히지 않고 제대로 풀 수가 있습니다.

왕왕 알고 있는 문제인데도 틀리는 경우가 생깁니다. 이것은 문제 풀이 습관이 잘못된 경우입니다. 문제를 대충 보거나 수식, 단위, 계산착오 때문에 생기게 됩니다. 몰라서 못 푼다면 어쩔 수 없겠으나 잘 아는 문제인데도 순간 실수로 그르친다면, 중요한 시험일 경우라면 낭패고 여간 억울하지 않을 수가 없는 것입니다. 그러므로 평소에 덜렁대지 말고 침착하게 꼼꼼히 푸는 습관을 들여야 합니다. 그래야 착오를, 실수를 줄일 수가 있습니다. 특히 수학은 끈기와 반복이 요구되는 과목입니다. 수학은 쉬우면 수학이 아닙니다. 어려우니까 수학인 것입니다. 돈벌이가 쉬우면 다 부자가 되는 이치와 같습니다. 문제집은 너무 쉽거나 어려우면 푸는 재미를 못 느끼고 지루하고 답답함을 느끼게 됩니다. 내 수준보다 조금 높은 것을 선택하되 2권 정도 준비해서 처음 풀 때는 잘 안 풀리거나 어려운 문제는 표시를 해두고 두 번째 풀 때는 잘 아는 것은 넘어가고 표시해둔 문제만 풀면 시간이 절약될 것입니다. 수학은 과학의 기초이며 과학은 부국의 원천입니다. 부디 수학도사가 되십시오. 골치 아픈 수학공부, 잘 안 풀릴 때 기분전환 겸 잠깐 머리도 식힐 겸 노래 2곡 감상하십시오. "호반에서 만난 사람"(박기영), "진도아리랑"

④ 과학

20층 아파트에 엘리베이터가 없다면 걸어 다녀야 할 텐데 하루에도 몇 차례 내려갔다 올라갔다 해야 된다면 무척 힘들 것입니다. 짐이라도 있다면 더더욱 힘들 것입니다. 다행히 과학의 힘으로 엘리베이터를 발명해 편리한 생활을 누릴 수가 있습니다. 달나라 가는 것도, TV, 컴퓨터, 자동차, 휴대폰 등 이 모두가 과학의 산물입니다. 입고, 먹고, 자는 의식주, 문화생활, 건강생활 등 모든 실생활이 과학과 연관되어 있습니다. 과학의 힘을 빌리지 않고는 사람다운 삶을 누릴 수가 없습니다. 과학은 우리의 삶을 풍요롭고 윤택하고 편리하게 해주는 원천적인 기술입니다. 과학의 힘은 실로 위대한 것입니다.

ㄱ. 어떻게 해야 과학을 잘할 수 있을까요?

　과학 역시 수학처럼 어렵게 느껴지는 과목입니다. 잘하려면, 가까워지려면 친해지는 수밖에 없습니다. 내가 먼저 과학에 다가가야 합니다. 공식을 암기할 것은 철저히 암기하되 원리를 알아야 합니다. 맞나 안 맞나 실험을 통해서 규명해보는 것입니다. 과학은 우리 곁에, 우리 생활 속에 있습니다. 왜 비가 오나? 왜 하늘은 파란가? 왜 공부하기 싫은가? 사랑하다 헤어지면 왜 슬픈가? 뇌는 무슨 작용을 하나? 사물에 대해 호기심을 갖고 왜, 왜 의문을 품어야 생각하게 되고, 탐구하게 되고, 그리고 답을 얻을 수가 있습니다. 원리는 이론적으로 이해하기 쉽지 않으므로 직접 실험, 실습을 해봐야 알 수가 있습니다. 물은 몇 도에 끓을까? 이론적으로는 배워 알지만 몇 도에 물이 끓는지 직접 끓여보면서 온도를 재보는 것입니다. "아하, 100도가 되니 끓는구나." 하고 알 수가 있습니다. 이론은 따분하지만 실험은 재미있고 과학을 좋아하게 하는 계기가 될 수 있습니다. 무엇이든 좋아하면 파고들게 되고 잘하게 됩니다. 과학공부를 재미있게 하려면 위에서처럼 실생활에 연관시켜 관찰, 탐구, 실험해보는 것입니다. 과학은 자연과 사물의 원리를 실험을 통해 증명해 보이는 과목입니다. 물리, 화학, 생물, 지구과학으로 세분화되고 있습니다. 과학은 관찰력, 응용력, 탐구심, 상상력, 창의력을 길러줍니다. 더불어 실생활의 문제를 푸는 능력도 생깁니다. 과학은 인간을 사려 깊게 만듭니다. 또 과학은 부자도 만들어줍니다. 젊은데 왜 머리가 빠질까? 비누칠하듯 머리에 쓱쓱 칠하면 다음날 머리가 콩나물 올라오듯 쑥쑥 나오는 약을 만들면 어떨까? 만약 여러분이 이런 약을 만든다면 좋은 일을 하고 세계적으로 큰 부자가 될 수 있습니다. 여러분도 잘 알고 있는 발명왕 에디슨 선생도 과학의 힘을 빌려 부자가 된 것입니다.

- 과학과 친해지려면 재미있는 과학책을 읽거나 전시회, 캠프, 현장답사, 체험을 통해 적극적으로 과학활동에 참여하는 것도 좋습니다.
- 법칙, 공식, 개념 등을 철저히 암기하고 알아둬야 합니다.
- 사물에 호기심을 갖고 관찰하고 탐구하고 응용하는 습관을 길러야 합니다.
- 모르거나 이해 안 되는 부분이 있으면 그 즉시 질문을 해서 알고 넘어가야 합니다.
- 용어집을 만듭니다. 용어가 뭔지 모르면 이해할 수 없고 문제를 풀 수가 없습니다.(용해, 용액, 용매, 용질)
- 동식물을 키워 성장과정을 관찰해보면 과학공부에 도움이 될 것입니다. 베란다나 집 모퉁이에 나팔꽃이라도 심어 관찰해봅니다.
- 관찰은 수동적 과학이요, 실험은 능동적 과학이다. - C. 베르나르

ㄴ. 참고로 과학자의 요건, 자질을 소개합니다.

첫째는 호기심을 가져야 합니다. 흥미를 느끼고 접근해야 합니다. 왜 그런가? 이유는 뭔가? 자연 발견, 발명으로 이어집니다. 과학의 첫 출발은 호기심에 있습니다. 둘째는 관찰력입니다. 보지 않고는 현상을 알 수가 없습니다. 사물을 건성으로 보면 잘 보이지 않습니다. 무심코 떨어지는 사과를 보고 뉴턴은 만유인력을 발견했듯이 평소 사물을 허투루 보지 않고 세심히 보는 습관을 길러야 합니다. 셋째는 집중력과 끈기를 가져야 합니다. 알고 싶은 주제가 정해지면 깊이 파고들어야 답을 얻을 수 있고, 끈기 있게 매달려야 결실을 볼 수 있습니다. 넷째는 상상력이 풍부해야 합니다. 상상력은 창조력과 직결됩니다. 내가 만약 한 마리 새라면 훨훨 날아다닐 수가 있을 텐데, 그럴 수는 없고 다른 방법은 없는가? 그래서 라이트 형제가 비행

기를 만든 것입니다.

⑤ 사회

사회란 우리 조상들이 어디서 어떻게 살아왔고, 현재 우리는 어떤 모습으로 살아가고 있는지 사회현상을 배우는 과목입니다. 과정에는 사회, 역사, 지리 등 범위가 넓고 이해하고 암기해야 할 내용이 많습니다. 실제로 사회과목은 실생활에 직접적으로 밀접하고 보탬이 될 수 있는 과목인데도 국, 영, 수 위주의 학습에 밀려 소홀히 하는 경향이 많습니다. 밀려났다가 시험 때가 되면 암기 위주의 벼락치기 공부에 매달리게 되는데 시간이 지날수록 쉬 잊혀집니다. 평소에 국, 영, 수처럼 예습과 복습을 철저히 해둬야 합니다. 사회과목에는 각종 사진, 지도, 그림, 도표, 그래프, 통계수치 등이 많이 나옵니다. 낯설고 생소하지만 익숙해지기 위해서는 자주 보고 익혀둬야 합니다. 사회과목은 무조건 암기하기보다 배경이나 원인, 결과 등 흐름을 이해하고 숙지해둬야만 머리에 오래 남고 산지식이 됩니다. 백문이 불여일견이라고 백 번 듣는 것보다는 한 번 보는 것이 낫다고 사회과목을 이해하는 데 체험학습이 중요합니다. 교과서에서 배운 내용을 실제로 현장에 가서 보고 듣고 느끼고 만져보고 배움으로써 효과적인 학습이 이루어집니다. 석굴암이 어떻게 생겼나, 가서 보는 것입니다. 또 한편으로는 사회 일원이기 때문에 사회 현실에 관심을 갖고 틈틈이 신문을 보고 안목을 넓혀둬야 합니다. 사회 돌아가는 모습을 알기 위해서는 신문만 한 매체가 없습니다. 다양한 상식의 교재이기도 합니다.

⑥ 기타 과목(음악, 미술, 체육, 도덕, 한문, 기술가정, 컴퓨터)

국, 영, 수만 중요하고 기타 과목은 중요하지 않은가? 뭐, 데리고 온 자식인가? 왜 그렇게 서자 취급할까? 코만 중요하고 손톱은 중요하지 않은가? 손톱이 없다면? 교육의 목표는 전인교육에 있습니다. 전인교육을 위해서는 국, 영, 수만 중요한 게 아니라 기타 과목도 중요합니다. 정서 함양을 위해서 음악, 미술 과목도 중요하고, 체력단련을 위해서 체육 과목도 중요하고, 타과목을 쉽게 해석하고 실생활에 도움이 되는 한자 과목도 중요하고, 인간이 지켜야 할 도리 학습을 위해서 도덕 과목도 중요합니다. 컴퓨터 과목도, 가정, 기술 과목도 여학생뿐만 아니라 남학생에게도 가정생활을 하는 데 알아둬야 할 내용도 많이 있고, 하다못해 토끼장을 만들려면 망치질, 톱질, 대패질하는 기술도 배워야 합니다. 그럼에도 실생활에 모두 중요한 과목임에도 데리고 온 자식 취급을 하고 있습니다. 오로지 시험(고입, 대입) 때문에 그런 취급을 당하겠지만 기왕지사 배우고 알아야 되기 때문에, 배워 남 주는 것이 아니기 때문에 국, 영, 수처럼 예습, 복습, 이론, 실기공부를 열심히 해서 실력을 길러야 합니다.

(6) 시험 잘 보는 요령

시험이 없다면 얼마나 좋을까요? 머리 싸매고 공부할 필요도, 점수가 잘 안 나올까봐 고민할 필요도 없고 참 좋은데 있으니 그게 문제인 것입니다. 시험은 내 실력이, 그동안 배운 것이 어느 정도인지 평가하는 최적의 방법입니다. 일했으면 보수를 받듯이, 공부했으니 평가를 받는 게 당연한데 만약 시험이 없다면 누가 공부하려고 할까요? 그렇게 되면 인류문명이 사그러들고 말았을 것입니다. 어찌 됐든 시험은 봐야 되고, 시험을 잘 보려면 어떻게 해야 할까요?

① 시험 보기 전

시험 일정이 발표되면 우선 준비에 들어가야 합니다. 과목별로 언제부터 얼마 동안 어떻게 공부해야 할지 시험공부 계획표를 구체적으로 작성해야 합니다. 그래야 효율적인 공부가 될 수 있고, 좋은 성적을 올릴 수 있습니다. 불안도 덜 수가 있습니다.

ㄱ. 시험공부 기간

일찍 시작해서 기간이 길면 지치거나 피로가 오기 쉽고 긴장감, 집중력이 떨어집니다. 반대로 늦게 시작하면 시간 부족으로 불안, 초조, 조급해지고 집중력도 떨어집니다. 대체로 3~4주가 적당합니다.

ㄴ. 시험공부 일정
- 4주 전 : 어렵고 시간이 많이 걸리는 과목
- 3주 전 : 뒤진 과목
- 2주 전 : 암기과목(일찍 암기해두면 쉬 잊게 되므로)
- 1주 전 : 전 과목 완료
- 3일 전 : 마지막 날 시험과목
- 2일 전 : 둘째 날 시험과목
- 1일 전 : 첫째 날 시험과목

ㄷ. 시간 배분
어려운 과목은 많게, 쉽고 잘하는 과목은 적게

ㄹ. 시험공부 순서
- 원리, 개념 이해
- 중요 내용 암기 및 문제 풀기
- 오답노트 정독

ㅁ. 과목 수
- 하루 2~3과목

- 주말 : 최대 집중

ㅂ. 횟수
- 각 과목 2회 이상

　시험 일주일 전에는 대부분 시험문제가 출제된 상태이므로 선생님이 강조하거나 힌트를 주는 경우가 많으므로 수업시간에는 집중해서 들어야 합니다. 실컷 놀다가 하는 벼락치기 공부는 시험 끝나면 대부분 잊혀지거나 남지 않습니다. 평소 꾸준히 하는 것이 정답입니다. 시험공부 - 계획대로 꼭 실천합니다. 위의 내용은 정석이 아니므로 참고로 하고 내게 맞는 방법을 찾아서 해야 합니다.

② 시험 볼 때
　시험! 하면 불안, 초조, 긴장이 됩니다. 시험지를 받게 되면 가슴이 두근대고 떨리기도 합니다. 모르는 문제가 나오면 어쩌나? 잘 못 보면 어쩌나? 부모님 얼굴도 떠오르고 안절부절하게 됩니다. 그러나 이런 현상은 나만 있는 게 아니라 수험생이라면 거의 다 갖게 됩니다. 이럴 때는 심호흡을 두세 번 깊게 하고 나면 다소 진정이 됩니다. 장차 큰일을 할 사람인데 자신감을 갖고 담담히 한 문제 한 문제 침착하게 풀어나가는 것입니다.

- 우선 시간 배분을 적절히 해야 합니다. 60분 시험에 30문제라면 2분 내에 풀어야 합니다.
- 1번 문제부터 순서대로 풀되 아는 문제부터 풀고 어렵거나 모르는 문제는 표시해둡니다.
- 어렵고 잘 모르는 문제에 너무 시간을 할애하면 다른 문제를 풀 시간이 줄어듦으로 다 풀고 나서 표시해둔 문제를 마지막에 풉니다.

- 잘 아는 문제인데도 틀린 경우가 생깁니다. 여간 억울하지 않을 수 없습니다. 그 원인은 급하다고 "급히 먹는 밥은 체한다."는 속담이 있듯이 문제를 건성건성 빨리 읽거나 제대로 이해하지 못하고 답을 쓰는 경우입니다. 문제가 뭔가 정확히 알고 침착하게 풀어야 합니다.
- 빨리 풀었다고 기세 좋게 폼잡고 퇴실하지 말고 끝날 때까지 두 번 세 번 꼼꼼히 살펴봐야 합니다. 틀린 답을 발견할 수 있기 때문입니다.

③ 시험 본 후

일에는 마무리가 필요합니다. 처음이 있으면 끝이, 끝맺음이 있어야 되듯 시험은 끝났으나 다 끝난 것은 아닙니다. 남아있는 게 있으니 그게 뭘까요? 시험 결과에 대한 검토와 반성입니다. 시험공부 때문에 TV도 못 보고 게임도 못했습니다. 이제 시험도 끝났으니 시원하고 그 해방감에 들뜨게 됩니다. 틀린 문제만 대충 맞춰보거나 점수만 확인하고 그냥 넘어갑니다. 그러나 원치 않게도 다음 시험이 계속 기다리고 있습니다. 귀찮으니 그냥 넘어갈까? 안 될 말씀이요. 틀린 거나 몰라서 못 푼 것은 다시 3~4회 풀어 반드시 알고 넘어가야 합니다. 소화해야 합니다. 왜 틀렸는지, 계산 실수인지, 문제를 잘못 봤는지, 착각했는지, 시간 부족으로 못 풀었는지, 어려운 문제에 시간을 너무 들였는지, 너무 긴장했는지, 그 원인을 파악해서 보완해야 합니다. 그래야만 다음 시험에서도 실패하지 않고 좋은 성적을 올릴 수 있기 때문입니다. 잠 안 자고 열심히 했는데 성적이 나쁘게 나왔다면 허탈, 실망하겠지만 그럴수록 허리띠 다시 졸라매듯 마음을 추스르고 다시 시작하는 것입니다. 자신감을 잃거나 좌절하거나 포기해서는 안 됩니다. 다음에 잘 보면 되는 것입니다. 첫 시험(중간고사) 성적이 3년간의 성적을 좌우한다는 말이 있으나 성적이 부진할 경우라도 낙심하지 말고 원인을 분석해서 더 열심히 노력하면 좋은 성적을 올릴 수 있으므로 너무 걱정할 필요가 없습니다. 노력은 성공의 열쇠입니다. 노력 앞에는 적이 없습니다. 답은 이미 나와 있으므로 코피 날 정도로 노력하면 반드시 학년 1등하고도 남습니다. 시험도 끝났겠다 노래 1곡 감상하십시오. "러브 스토리"

④ 부모님께 한 말씀

시험을 잘 볼 때도 있고, 못 볼 때도 있을 것입니다. 잘 본 애들은 기분이 좋고 의기양양하겠지만 못 본 애들은 기분도 안 좋고 기가 죽어 어깨도 축 처져 있을 것입니다. 부모님 볼 면목도 없을 것입니다. 제일 먼저 떠오르는 것이 부모님 얼굴일 것입니다. 왜? 성적이 안 좋으면 꾸중을 들을 것 같기 때문일 것입니다. 부모 입장으로서도 내 아이가 성적이 좋으면 기분도 좋고 보람도 느낄 것입니다. 반면 성적이 안 좋으면 기분이 안 날 뿐더러 속상하고 그래서 왕왕 아이를 닦달하게 됩니다. 참지 못하고 욕이나 손찌검을 하게 됩니다. 이미 엎질러진 물인데 왜 물동이를 깼느냐고 꾸중한다고 원상태가 되는 것은 아닙니다. 다른 그릇에 주워 담을 수밖에 없습니다. 쥐구멍이라도 들어가고 싶은 아이에게 꾸중만 하니 몸 둘 바를 모를 것입니다. 이같이 시험 점수가 낮다고 꾸중하면 효과보다 역효과가 나는 것은 당연합니다.

이럴수록 주워 담는 지혜가 필요합니다. 속상하고 화가 나더라도 참고 겉으로는 "잘했다. 점수도 중요하지만 잠 안 자고 열심히 했으니 그게 더 중요한 것이지. 다음번에는 더 노력해서 더 잘 보면 되지 않겠냐? 실망하지 말고 힘을 내라. 자, 나가서 짜장면이라도 한 그릇 사먹자. 아니면 뭘 먹고 싶으냐?" 등을 가만히 두들겨주는 것입니다. 기왕지사 "옛다, 10만 원 용돈이다." 그러면 아이는 힘이 나고 기분도 째지게 좋고 용기 백배해서 자신감도 항우장사처럼 넘칠 것입니다. 꾸중도 않고 돈까지 주니 고맙게 생각하고 더 열심히 노력하겠다고 속으로 다질 것입니다. 그렇지 않고 "이것도 점수라고 내미냐? 이녀석아! 나가 죽어라." 욕하고 때리면 어떻게 될까요? 기분도 안 좋은데 욕먹고 얻어맞으니 기분이 째지게 좋을까요? "에이, 공부 안 해." 하고 문 박차고 나가면 어떻게 할 것인가요? 이럴수록 격려가 아주 중요합니다. 성적 나쁜 아이에게 보약은 질책이 아니라 격려인 것입니다. 성적이 나쁜 학생들은 성적 나쁘다고 엄마가 꾸중하려는 기색이 보이면 이 페이지를 보여주십시오. 어디에서 초, 중, 고생을 대상으로 시험성적이 나쁘게 나왔을 때의 심리상태를 조사한 걸 보면

1위가 죽고 싶다.
2위가 집에 들어가기 싫다.
3위가 부모님께 맞을까 걱정된다.

아이들이 성적에 얼마나 전전긍긍하고 있는지를 엿볼 수가 있습니다. 포용력, 관대함, 너그러움이 아주 많이 필요합니다.

(7) 공부하기 싫을 때

무슨 일이든 같은 일을 다람쥐 쳇바퀴 돌리듯 반복하다 보면 싫증이 나고 하기 싫을 때가 있습니다. 공부 역시도 마찬가지입니다. 이럴 땐 좋아하는 운동을 하거나 좋아하는 음악을 듣거나 영화를 보거나 맘 맞는 친구와 여기저기 돌아다니면서 맛있는 것 사먹기도 하고 장난도 치고 즐겁게 노는 것도 좋을 것입니다. 그러나 무작정 놀 수는 없고 공부는 하기 싫고 안 할 수는 없고 안 하면 나만 손해니 성적도 떨어지고 상급학교 진학도 어렵고 꿈도 이룰 수가 없고 하긴 해야겠는데 하긴 싫고 어찌했으면 좋을까? 싫은 원인이 있을 것입니다. 그걸 찾아 제거하면 안 될까? 그게 뭘까? 발이 아프면 그 원인이

작은 신발이라면 좀 큰 것, 내 발에 맞는 신발을 사 신으면 되듯이 싫은 공부, 그 원인을 내 안에서 찾아내는 것입니다.

- 기초가 부족해서 이해를 못하고 따라가지 못할 경우 – 처음부터 다시 시작하는 것입니다.
- 열심히 한다고 했는데 성적이 오르지 않고 떨어진 경우 – 공부방법이 잘못됐는지 점검해봅니다.
- 마음은 콩밭에, 딴 곳에 있는 경우 – 장차 가수가 될까? 뭐가 될까? 우선 소질이 있는지 따져보는 것입니다.
- 이성친구 때문에 – 그게 오묘해서, 장차 큰일을 할 사람인데 이보 전진을 위해서 일시중단, 대학 입학 때까지 보류! 너무 심한가?
- 책상머리에 진득이 붙어있는 성격이 아니라서 – 이원복 교수가 쓴 만화책(먼나라 이웃나라)이라도 붙들고 있다 보면 습관이 붙지 않을까?
- 공부 습관이 안 들어서 – 게임하듯 더 열심히 파고들면 습관이 들게 됩니다. 노력은 성공의 열쇠라고 했습니다.
- 부모님의 성화, 잔소리가 심해서 – 진정성을 가지고 안심, 이해시키고 공부하는 모습을 자주 보여드리는 것입니다.
- 공부 스트레스, 심신이 피곤해져서 – 야구 구경이나 영화 구경이나 음악회에 가보는 것도 머리를 식힐 겸, 아니면 마당이나 거실에서 태권도나 무용연습이라도 해보면, 집 주위를 한두 바퀴 휙 달려본다면 기분전환이 될 것입니다.
- 늘 머리가 무겁고 짓눌려서 – 병원에 가봅니다. 또 뭐가 있을까요? 곰곰이 생각해보고 찾아봅니다.

이럴수록, "공부야, 게 섯거라! 내가 간다. 한판 붙자!"는 기백과 적극적인 자세로 더 파고들거나 더 분발한다면 틀림없이 좋아하게 될 것입니다. 또 주위의 도움이 필요합니다. 부모님, 선생님, 친구,

선배의 조언을 구해보는 것도 좋습니다. 공부, 이거 안 하면 안 되나? 어허, 또 쓸데없는 소리! 안 하면 안 됩니다. 꿈을 이룰 수가 없습니다. 포기는 금물입니다. 장차 큰일을 할 사람인데 참고 이겨내는 수밖에 없습니다. 그래서 인내는 쓰나 그 결과는 달다고 그 누가 말했던 것입니다. 공부하기 싫을 때 들으면 좋은 노래, 소개합니다. "일요일은 참으세요(never on Sunday)"(카니프란시스), "밀양아리랑"

(8) 싫어하는 과목 공략법

싫어하는 음식도 있고 좋아하는 음식도 있듯이, 좋아하는 과목이 있으면 싫어하는 과목도 있기 마련입니다. 그렇다고 싫어하는 과목을 싫다고 등한시한다면 성적이 쑥쑥 올라갈 리 만무할 것입니다. 성적이 점점 떨어지는 것은 당연합니다. 왜 싫어할까요? 그 이유가 있을 것입니다. 앞장에서처럼 싫어하는 이유를 알아내서 그걸 제거하고 더욱더 좋아하려고 애를 쓰면 좋아지는 과목이 될 것입니다. 싫은 이유라면 ① 어려워서 ② 외우고 풀기 싫어서 ③ 담당과목 선생님이 싫어서일 것입니다. "○○과목 - 이름만 들어도 싫다. 아주 싫다. 밥맛 없다." 이런 부정적인 생각을 버리고 좋아해야지, "좋아질 거야!" 이런 긍정적인 생각을 갖고 노력하면 좋아지게 됩니다. 뭐든 좋아하게 되면 열심히 하게 됩니다. 또 열심히 하면 잘하게 됩니다. 성적도 오르게 됩니다.

① 기초가 부족하므로 처음부터 아니면 전(前) 학년 것을, 중3이면 중2 것을, 중2면 중1일 것을 다시 시작해서 마스터하는 수밖에 없습니다.

② 외운다는 것은 고역스러운 일입니다. 외우기 싫어도, 잘 외워지지 않아도 자꾸 외우는 수밖에 없습니다. 한 번 외워도 외워지지 않으면 다시 외우고, 외워도 외워지지 않으면 다시 외우는 수밖에

없습니다. 10번 외우고 20번 외우고 또 외우면 안 외워질 리 없습니다. 외워지지 않고는 못 배기고야 말 것입니다. 자연히 좋아하는 과목이 될 것입니다. 푸는 것 역시도 머리를 써야 하니 골치가 아픕니다. 그러나 어쩝니까? 안 풀 수는 없고 풀기는 해야 되고. 수학을 예로 든다면 학교 가서 5문제, 쉬는 시간에 5문제(5교시 × 1문제), 점심 시간 5문제, 귀가 후 10문제, 이렇게 매일 의무적으로 25문제씩 서너 달 풀게 되면 습관이 돼서 재미가 붙고 성적도 오르고 자연히 좋아지게 될 것입니다.

③ 나를 이뻐하고 좋아하는 선생님이 있으면 인정을 받기 위해서라도 그 과목만큼은 더 잘하려는 속성이 있습니다. 반면 싫어하는 선생님, 혼났거나 미움받고 있다는 생각이 들면 그 과목을 싫어하거나 등한시하는 경향이 있습니다. 자연히 성적이 떨어지겠지요. 그렇다고 안 하면 나만 손해니 안 할 수도 없고, 밉고 싫어도 해야겠는데, 이쁨받는 것도 미움받는 것도 자기 하기에 달렸다고 했습니다. 그러니 기왕에 할 거 이쁨받도록 눈에 들도록 더 열심히 하게 되면 성적이 올라가게 되고, 선생님도 이뻐할 것이고, 나도 따라 선생님이 좋아질 것이고, 그 과목도 싫어하지 않고 좋아하게 될 것입니다. 답이 됐나요?

(9) 정신집중 공부법

정신집중이란 딴 생각을 하지 않고 오로지 정신을 한 곳에 쏟는 걸 말합니다. 공부도 온 정신을 쏟고 해야 성과도 나고 성적도 쑥쑥 올라갑니다. 공부의 필수요소는 집중력입니다. 실력의 차이는 집중력에 달려있다고 해도 과언은 아닙니다. "성공의 열쇠는 적성이나 재능이 아니라 집중력이다." 〈집중력〉이라는 책을 쓴 작가(세론듀몬)의 말입니다. 공부하면서도 이 생각 저 생각에 빠져 있으면 제대로 공부가 될 수 없습니다. 이성친구 생각은 더 집중이 되지 않습니다. 집중하면 30분 내에 끝낼 공부도 집중하지 않으면 1시간에도 못 끝낼 수 있습니다. 집중효과는 집중을 어느 정도 했느냐? 얼마나 깊이 많이 했느냐에 달려있습니다. 옆에 누가 왔는지도 모를 정도로 몰두했을 정도가 돼야 제대로 집중했다고 볼 수 있습니다.

- 정신일도 하사불성(精神一到 何事不成) : 정신을 한 곳에 쏟으면 이루지 못할 것이 없다.
- 낭중지추(囊中之錐) : 주머니 속의 송곳처럼, 방망이로는 주머니를 뚫을 수 없지만 뾰족한 송곳은 뚫을 수 있다.
- 낙숫물이 바위(댓돌)를 뚫듯이
- 중석몰촉(中石沒鏃) : 돌에 화살이 박히듯, 낚시꾼은 찌에서 두 눈을 떼지 않는다.
- 우물을 파도 한 우물을 파라.
- 두 마리 토끼를 잡으려다 한 마리 토끼마저 놓친다.
- 볼록렌즈로 햇빛을 모아 종이 한 곳에 쬐이면 종이에 불이 붙는다.

- 집중효과에 대한 새겨둘 속담과 격언입니다.

■ 집중력을 높이려면 어떻게 해야 할까요?
- 공부는 지정된 장소에서 합니다. 이 방 저 방, 마루, 식탁 등 여기 저기서 하면 집중력이 떨어집니다.
- 공부는 책상 위에서 합니다. 방바닥에 엎드려서나 누워서 하게 되면 불편하고 자게 됩니다.
- 책상 위에는 집중력을 방해하는 물건을 싹 치웁니다. 쳐다보거나 만지작거리게 됩니다.
- 거실에서 TV를 켜면 공부방에 소리가 다 들리니 안방으로 옮깁니다.

- 조명을 밝게 합니다.(400~500LUX) 어두우면 집중이 안 되고 시력도 떨어집니다.
- 간식을 먹으면서 하지 않습니다.
- 끝날 때까지 의자에서 몸을 떼지 않는 습관을 들입니다.
- 음악을 들으면서 하지 않습니다.
- 벽에 "정신일도 하사불성"이란 글귀를 붙여놓습니다.

(10) 효과적인 암기법

암기는 배운 것을 머릿속에 집어 넣어뒀다가(기억) 필요할 때 꺼내 써먹기 위해 외우는 것입니다. 기억력이 좋으면 공부를 잘하게 되어있습니다. 훈련에 따라 달라지기도 합니다. 배운 것을 머리에 착착 넣어뒀다가 필요할 때 척척 꺼내쓰면 되는데 그게 쉽지 않으니 괴로워하게 됩니다. 기억력이 좋다, 머리가 좋다는 것은 기억한 것을 잊지 않고 척척 꺼내 쓸 수 있다, 생각해낼 수 있다는 뜻인데 기억력에는 한계가 있습니다. 귀신이 아닌 이상, 천재가 아닌 이상 다 기억할 수가 없습니다. 기억했더라도 시간이 지나면 일부는 잊혀집니다. 이것이 정상입니다. 100% 다 기억한다면 뇌가 터질지도 모릅니다. 그래서 조물주가 잊게 만든 것입니다. 정신건강을 위해서도 얼마간을 기억에서 사라지게 한 것입니다. 그래서 "인간은 망각의 동물"이라고 그 누가 말했습니다. 그러나 여러분은 공부하는 학생 신분이므로 잠 안 자고 힘들게 공부한 것을, 암기한 것을 잊지 않고 잘 써먹어야 공부한 보람, 암기한 보람이 있는데 기억이 안 나 써먹지 못하면 안타까울 것입니다. 문제는 잊혀진 게 재수 없이 시험에 나왔을 때입니다. 그래서 시험을 망치게 되면 울고 불고 속상해하는 것입니다. 그렇다면 어떻게 해야 암기를 잘 되게 할까요?

① 이해한 후 외울 것

시험 때 벼락치기로 공부한 것은 시험 끝난 후 대부분 사라집니다. 그것은 이해하지 않고 억지로, 기계적으로 집어넣었기 때문입니다.

② 집중해서 외울 것

딴 생각을 하면서 외우면 깊숙이 각인이 되지 않습니다. 온 정신을 쏟아서 외워야 합니다.

③ 연계, 연상해서 외울 것

무지개 일곱 가지 색깔을 빨강, 노랑, 파랑… 식으로 외우지 말고 빨, 주, 노, 초… 식으로, 조선시대 왕도 태, 정, 태, 세… 식으로, 개천 하면 용, 제주도 하면 한라산 식으로 외웁니다.

④ 감각을 활용해서 외울 것

영어단어 같으면 보고(시각) 읽고(청각) 쓰면서(촉각) 외우면 더 잘 외워집니다.

⑤ 시간을 두고 반복해서 외울 것

하루가 지나면 60~70%가 잊혀진다고 했으니 시차를 두고 주기적으로 반복해서 외웁니다.

⑥ 복잡한 것은 나누어서 외울 것

한 번에 다 외우려 말고 부분, 부분 나눠서 암기합니다.

3. 어떻게 보낼 것인가?

공부만 하고 놀지 않으면 그 아이는 바보가 된다고 했습니다. 전인교육을 위해서나 성숙한 인간이 되기 위해서는 다양한 체험이 필요합니다. 학교 우등생이 반드시 사회 우등생이 되는 것은 아닙니다. 사회나 직장생활이 반드시 시험점수로 가려지는 것은 아니기 때문입니다. 두 번 다시 오지 않을 중학 3년간의 학창생활은 인생을 가늠하는 중요한 시기이기도 합니다. 초등학생 시절은 나이도 어리고 사리분별 능력도 부족한 시기이고 고등학생은 대학입시에 목표를 두고 거기에 매달리기 때문에 자기계발이나 다양한 체험, 인생의 밑바탕을 다질 수 있고 몰두할 수 있는 시간은 아무래도 중학시절이 가장 적합할 것입니다. 어느 때보다도 감수성이 풍부하고 꿈에 부풀어있는 시기이기도 합니다. 사춘기도 겪어야 되고, 자아개념이 눈뜨기 때문에 자칫 탈선이나 방황할 수도 있습니다. 그렇다면 이 3년간을 어떻게 보내야 될까요? 그럭저럭 보낼까요? 값지게 보낼까요? 선택은 여러분의 몫입니다.

(1) 건강관리

건강은 최고의 자산입니다. 건강해야 공부할 수 있고, 좋아하는 게임도 할 수 있고, 꿈도 이룰 수가 있습니다. 건강을 잃으면 다 잃게 됩니다. 건강에 관심을 갖고 살펴보고 건강관리에 힘써야 합니다. 규칙적인 생활은 건강의 필수요소입니다. 정기 건강검진이나 예방접종도 필요합니다.

① 아침밥 먹기 ①

　아침밥을 먹지 않고 굶고 가는 학생들이 많습니다.(중고생 37%) 밤늦도록 공부하느라 휴대폰 만지작거리고 인터넷하느라 TV 보느라 늦게 자고 늦게 일어나다 보니 밥 먹을 시간이 없어서, 먹기 싫어서, 밥맛이 없어서, 습관이 돼서, 다이어트하느라 여러 이유가 있을 것입니다. 그러나 아침을 굶어도 문제가 없다면 좋은데 문제가 생기니 그것이 문제인 것입니다. 어떤 문제가 생길까요? 저녁 8시에 저녁밥을 먹고 다음날 아침에 밥을 먹어야 되는데 굶고 12시에 점심을 먹게 되면 16시간의 공복상태가 지속됩니다. 아침밥을 먹을 시간이 돼도 안 먹으니 뇌는 수시로 어서 밥 먹으라고 꼬르륵 신호를 마구 보냅니다. 그래도 무시하고 안 먹으니 뇌도 뿔다구가 나게 됩니다. 자연히 뇌 기능이 떨어집니다. 뇌는 자는 동안에도 쉼 없이 활동합니다. 활동에너지도 점점 고갈되고 부족한 에너지를 보충해주기 위해서는 반드시 아침밥을 먹어야 합니다. 뇌는 일, 공부를 관장하고 뇌의 에너지는 포도당, 아침밥입니다. 자동차도 기름이 떨어지면 움직일 수 없고, 기름을 보충해줘야만 움직일 수가 있듯이, 그럼에도 굶으니 힘이 쑥 빠지게 되고 배고픈 걸 참기가 고통스럽고 피곤하고 어지럽기도 합니다. 우울증, 짜증이 나고 두통도 생깁니다. 금강산도 식후경이라고 배고파 죽겠는데, 힘이 쑥 빠져 있는데 선생님 강의가 귀에 들어올 리 만무하고 집중도 안 되고 사고력, 이해력, 암기력도 떨어집니다. 공부가 잘 될 턱이 없고 성적도 오를 수가 없습니다. 아침밥을 안 먹는 학생보다 먹는 학생이 대입시험 성적이 월등히 높다는 연구사례도 있습니다.

　또 한 가지 문제는 이를 보충하기 위해서 점심, 저녁, 간식 등 많이 먹게 되니 살이 쩐다는 사실입니다. 살이 찌면 고혈압이나 당뇨병, 심장병에 걸리기 쉽고, 커서는 성인병으로 이어지는 지름길이기도 합니다. 또, 연동작용으로 뒷강물이 앞강물을 밀어내듯 제때 먹어야 제때 배변이 되는데 아침을 굶게 되니 변비가 생기기 쉽고, 덩달아 치질도 생기고, 이로 인해 대장암이 생길 수 있다는 사실입니다. 더욱 중요한 것은 아침 안 먹기가 습관이 되면 성장기에 성장 발육이 더뎌지고, 키도 크지 않고, 건강을 해칠 수 있다는 점입니다. 특히 여학생들은 살찌는 것을 싫어하고 다이어트 방편으로 아침을 굶게 되면 체격, 가슴, 히프가 제대로 발육이 안 되고 생리가 없거나 끊어진다는 사실입니다. 명심해야 할 사항입니다. 또 한 가지 더 있습니다. 그게 뭐냐? 면역력이 떨어져 병, 특히 결핵에 걸릴 확률이 2배 이상 높다는 사실입니다. 결핵이 후진국 병인데 실제로 중, 고생 결핵환자가 많이 발생하고 있습니다. 아침식사보다 좋은 보약은 없습니다. 아침밥은 나를 위해서도, 건강해지고 공부를 잘하기 위해서도 꼭 먹어야 합니다. "말은 물가에 끌고 갈 수 있으나 억지로 먹일 수 없듯" 아침밥 먹기 - 알아서들 하는 것입니다.

② 수면(잠자기)

잠은 우리에게 휴식을 줍니다. 밤잠은 낮 동안 쌓인 피로를 풀어주는 귀중한 시간입니다. 휴식을 취하면 에너지가 충전됩니다. 수면을 통해서 일하고 공부하는 데 필요한 에너지를 얻게 됩니다. 휴식을 취하지 않고 24시간 일만 한다면 어떻게 될까요? 며칠을 버티지 못하고 쓰러지고 말 것입니다. 그래서 우리는 하루 24시간을 일하는 데 8시간, 일상생활에 8시간, 자는 데 8시간, 3등분해서 고루 나눠쓰고 있습니다. 보도를 보면 요새 많은 학생들이 만성적인 수면 부족에 시달리고 있습니다. (39.3%) 충분히 푹 자야 되는데 제대로 자지 못하고 있습니다. 앞장에서도 살펴봤듯이 공부, TV, 휴대폰, 인터넷 하느라 늦게 자니 자연히 수면시간이 부족하게 됩니다. 잠을 제대로 못 자게 되면 부족한 잠을 보충하기 위해서 본능적으로 잠이 옵니다. 수업시간에 꾸벅꾸벅 조는 것도 다 이런 이유이고 자연히 수업에 지장을 받습니다. 그러니 성적이 좋을 리 없습니다. 잠을 제대로 못 자면 어떤 안 좋은 일이 생길까요?

- 우등생이 될 수 없습니다. 수업 중 자는데 어떻게 성적이 좋겠습니까?
- 뇌 기능이 떨어집니다. 잠은 뇌의 휴식시간인데 잠이 부족하면 뇌도 스트레스를 받게 되고 사고력, 집중력, 기억력도 떨어집니다.
- 공격적이고 폭력성을 띠게 됩니다. 늘 짜증이 나있고 신경이 곤두서 있으니 거칠어집니다.
- 늘 피곤하니 무기력, 우울증에 시달리게 됩니다.
- 성장호르몬이 적게 나오므로 키가 잘 크지 않습니다. 밤 10~2시 사이에 왕성하게 분비됩니다.
- 면역력이 떨어져 병에 걸리기 쉽습니다.
- 수면시간이 5시간 이상이 안 되면 비만 위험이 높다는 연구결과도 있습니다.

그렇다면 어떻게 해야 깊은 잠, 숙면을 취할 수가 있을까요? 겪어 봤겠지만 푹 자고 나면 몸도 가볍고 기분도 상쾌합니다. 반대로 잠을 설치게 되면 몸도 무겁고 기분도 안 좋습니다.

- 일찍 자고 일찍 일어나는 규칙적인 수면 습관을 기릅니다. 습관이 되면 제때 잠이 오고 제때 일어납니다.
- 일정한 시간 일정한 장소에서 잡니다.
- 숙면에 방해되는 요소들을 제거합니다.
- 주위의 소음, 조명을 차단합니다. 곡식도 밤에 밝은 조명을 받으면 잘 자라지 않습니다.
- 잠자기 2~3시간 전에는 많이 먹지 않습니다. 바로 누우면 소화가 잘

안 되므로 잠을 뒤척이게 됩니다.
- 카페인은 잠을 쫓기 때문에 잠자기 전에는 카페인이 들어있는 음료수 (커피, 홍차, 콜라 등)를 먹지 말아야 합니다.
- 생리적으로 잠자는 시간은 8시간이 적당합니다. 잘 것 다 자고 언제 공부하나요? 공부시간이 줄어 조바심이 나겠지만 자투리 시간을 잘 활용하면 만회할 수 있습니다.

③ 섭식장애(거식, 폭식증)

날씬한 몸매를 추종하는 풍조에 휩쓸려 많은 중, 고생들이 섭식장애, 거식, 폭식중에 시달리고 있습니다. 그에 따른 부작용도 나타나고 있습니다.

ㄱ. 정의

음식섭취에 장애가 있는 걸 말합니다. 거식증과 폭식증이 있습니다.

ㄴ. 섭식장애 증상 및 진단법

■ 신경성 식욕 부진증(거식증)
- 증상 : 현저한 저체중에도 불구하고 계속 저체중에 집착합니다. 변비와 복통, 현기증, 신체 부종이 생기고 혈액순환이 잘 안 되어 손발이 찹니다. 피부는 창백하고 건조하고 골밀도 감소 및 골다공증을 수반합니다. 여자는 생리불순 및 무월경을 겪고 남자는 성욕이 감퇴합니다.
- 진단 : 기대 체중 85% 이하의 저체중임에도 자신이 뚱뚱하다고 생각합니다. 체중이 늘어나는 것에 대한 극도의 두려움이 있고 심하면 음식물을 삼키지 못합니다. 자신이 섭식장애라는 것을 인정하지 않는

경우가 많습니다. 씹기만 하고 내뱉는 경우도 있습니다.

■ 신경성 폭식증
- 증상 : 식욕을 참을 수 없어서 급하게 많이 먹습니다. 자신이 섭식장애라는 것을 압니다. 체중은 정상이거나 약간 과체중인 경우가 많습니다. 급하게 많이 먹은 후 죄책감에 시달려 체중 증가를 막기 위한 행동을 합니다. 일부러 구토를 하거나 이뇨제를 먹거나 과도한 운동을 하는 식입니다. 이에 대해 부끄럽게 여기고 들키지 않기 위해 이해가 안 되는 행동을 종종 합니다. 체중 변화가 심하고 구토 후에는 쉰 목소리가 나는 경우가 많습니다. 침샘이 부어 턱선이 둥그레지기도 합니다. 생리불순과 만성피로에 시달립니다.
- 진단 : 주 2회 이상 폭식을 3개월간 지속하고 구토, 과다 운동, 굶기 등의 보상행동이 수반됩니다.(출처 : 인제대학교 서울백병원 섭식장애 클리닉 김율리 교수 / 홈페이지 www.paik.ac.kr/seoul)

ㄷ. 실태는 어떤가?

해마다 조사기관마다 다른데 어느 해 식약청 조사자료에 따르면 전국 16개 시도 중·고생 7,000명을 대상으로 조사한 결과 12.7%가 식사장애 고위험군(여학생 14.8%, 남학생 10.5%)이고, 전체 여학생 중 47.1%, 남학생 29.5%가 체중이 정상인데도 비만이라고 잘못 생각하고 있다는 것입니다.

ㄹ. 왜 이런 현상이 일어나는가?

옛날보다 잘 살게 되다 보니 잘 먹어 체중 증가에 적신호가 켜지자 너도나도 다이어트 열풍에 휩쓸리게 되고, 날씬한 몸매를 강조하는 사회 풍조에 어린 학생들에게까지 영향을 미치게 된 것입니다. 일종의 쏠림현상이 빚어지고 있습니다.

ㅁ. 거식, 폭식 이유

거식은 날씬해지고 싶어서나 체중 증가의 두려움 때문에 굶거나 적게 먹게 됩니다. 폭식은 스트레스를 받거나 우울, 불안, 다이어트 직후, 생리 직전, 긴장할 때 해소 차원에서 폭식을 하게 됩니다.

ㅂ. 건강에 미치는 영향

어느 때보다도 식욕이 왕성하고 고루 잘 먹어야 할 나이인데 안 먹고 덜 먹고 먹은 것도 토해버리니 건강에 치명적이지 않을 수가 없습니다. 영양부족으로 성장이 제대로 될 리 없고 면역력도 떨어져 병에 걸릴 수도 있습니다. 심해지면 정상적인 생활이 어렵고 성인이 돼서도 후유증을 앓게 됩니다. 빈혈, 결핵, 골다공증, 생리불순, 위장기능, 식도손상, 무력감, 우울증, 대인관계 공포증 등 여러 곳에서 이상이 생기게 됩니다. 지나치면 사망하기도 합니다. 특히 여학생에게는 다이어트하느라 굶으면, 살이 찐다고 먹지 않으면 생리가 멎게 되고, 골격과 히프와 유방발육이 안 된다는 사실입니다. 생리가 없거나 중지되면 결혼해도 임신이 안 되니 아이를 낳을 수가 없습니다. 생식기 계통이 제대로 성숙될 수 없습니다. 몸이 어른으로 성장할 수 없습니다. 그러니 너무 먹지 말고 굶지 말고 적당히 고루고루 잘 먹는 것입니다. 그것이 건강을 지키는 길이고, 또 그것이 효도하는 길이고, 꿈을 이루는 길입니다. 왕왕 다이어트로 향정신성 식욕억제제를 처방받아 복용할 경우 환청, 어지러움, 쓰러지거나 사망에 이르는 경우도 있다는 전문가의 지적도 있습니다.

ㅅ. 어떻게 해야 할까?

엄연한 정신질환임에도 병으로 생각하지 않는다는 데 문제가 있습니다. 사실을 부정하면 풀 수가 없습니다. 긍정하고 인정해야 풀립니다. 병으로 인식하고 적극 치료해야 벗어날 수 있습니다. 자신의 힘으로 부모님의 도움으로 빠져나와야 합니다. 그렇지 않으면 전문가의 도움이 필요합니다. 조기치료를 하면 100% 완치가 된다는 사실입니다.

ㅇ. 효과적인 다이어트 요법

하루 세 끼 고루 먹습니다. 규칙적이고 적절한 운동을 꾸준히 합니다. 굶으면 허기져서 더 먹게 됩니다. 굶으면서 하는 다이어트는 안 좋은 방법입니다. 골병의 지름길입니다. 제대로 먹으면서 하는 것이 진짜 좋은 방법입니다. 포만감이 있으면서 칼로리가 적은 식품이 좋으며(채소류), 식탐을 자제하고, 밤참을 하지 않습니다. 우선, 생각을 바꿉니다. 금식, 약물, 사우나 등은 임시방편에 불과합니다.

④ 시력(초등학생편 224쪽을 참고하십시오.)
⑤ 비만(취학 전편 103쪽을 참고하십시오.)
⑥ 소음성 난청

귀가 잘 들리지 않아 어려움을 겪고 있는 학생들이 늘어나고 있습니다. 난청이란 소리를 잘 들을 수 없는 장애를 말합니다. 노인이 아닌데도 귀가 잘 들리지 않는다면 문제가 아닐 수 없습니다. 남과의 소통에는 대화가 필수적입니다. 난청이면 대화가 제대로 이루어질 수가 없습니다. 공부 역시도 지장이 많습니다. 상대가 큰소리로 얘기해야만 들을 수 있다면 어떻게 될까요? 본인이야 말할 수 없이 답답하겠지만 상대가 기피할 수도 있을 것입니다. 놀림감이 될 수도 있습니다. 장차 살아가는 데 많은 지장을 받게 됩니다. 난청의 원인은 선천성 난청을 제외하면 첫째가 귀에 정상 이상의 소음이 오랫동안 반복적으로 가해져서 생깁니다. 학교나 학원을 오가면서 길거리나 지하철 안에서 이어폰이나 헤드폰을 끼고 음악 같은 걸 듣다 보니, 심지어 자면서까지 귀에 끼고 듣다 보니 귀에 무리가 가서 난청이 됩니다. 잠깐 잠깐 쉬었다가 들어야 되는데 장시간 무리하게 자주 듣다 보니 귀에 이상이 생겨 난청이 됩니다. 볼륨을 높일수록 난청이 가속화됩니다. 특히 시끄러운 장소로 지하철이나 전자오락실, PC방 같은 데서는 볼륨을 더 높여야 잘 들리니 귀에 무리가 더 갑니다. 한 번 망가진 청력은 원상회복이 안 된다고 전문가들은 강조합니다. 예방이 최선인 셈입니다. TV나 라디오 볼륨을 더 높이거나 큰 소리로 말하거나 시계소리가 잘 안 들리거나 귀에서 이명, 웅 하는 소리가 들리거나 옆에서 불러도 머뭇거리거나 자주 되묻거나 이럴 경우 한 번 의심하고 병원에 가봐야 할 것입니다. 예방하려면 어떻게 해야 할까요?

1. 시끄러운 곳에서는 듣지 않습니다.
2. 30~40분 들은 후 10분 휴식합니다.
3. 세계보건기구(WHO) 권고안(60-60법칙)을 지킵니다. 최대 음량의 60% 이내서(70db) 하루 60분 이내.
   - 일상대화 60db(데시벨)
   - 교통소음 85db
   - 헤어드라이어 90db
   - 콘서트 105db
   - 휴대용 음향기기 115db (최대)

4. 안 듣는 것이 제일 좋습니다. 어떻게 안 들을 수가? 그러면 맞게 적당히 듣는 것입니다.

⑦ 키

세상에는 키가 큰 사람도 있고, 작은 사람도 있습니다. 크면 큰 대로, 작으면 작은 대로 좋은 점, 안 좋은 점이 있습니다. 그러나 큰 것보다 작으면 키가 커야 할 때 안 크면 속상해할 것입니다. 소심해지고 위축되고 열등감이 생기고 자신감도 떨어질 것입니다. 친구관계도 원만치 못하거나 무시당하거나 놀림을 당할 때도 있을 것입니다. 그러다 보니 공부나 성적에도 영향을 받게 됩니다.

■ 그렇다면 어떻게 해야 키를 키울 수가 있을까요?

키를 좌우하는 요소는 유전(20~30%)과 환경(70~80%)입니다. 부모가 키가 작아서 내 키가 작은 것은 어쩔 수 없더라도 환경을 좋게 하면 어느 정도 키를 키울 수 있다고 전문가들은 말합니다. 균형 잡힌 영양섭취, 충분한 수면, 적절한 운동 이 3박자가 맞아야 합니다.

ㄱ. 영양

골고루 잘 먹되 키 성장에 도움을 주는 음식을 먹는 것이 좋습니다.

- 단백질 : 키의 성장을 돕고 성장호르몬의 원료가 됩니다. 우유, 살코기, 생선, 콩두부 등에 들어있습니다.
- 칼슘 : 뼈의 성장을 돕고 유제품(우유, 치즈, 요구르트)이나 뼈째 먹는 멸치, 뱅어포, 김, 야채에 들어있습니다.
- 우유 : 성장기엔 선택이 아닌 필수 식품입니다. 우유를 어릴 때부터 성인이 될 때까지 계속 먹으면 안 먹었을 때보다 키가 평균 5~7cm 더 큰다는 사실입니다. 낙농국가인 네덜란드는 남자 평균 키 183cm, 여자 174cm입니다. 그렇다고 만들어 파는 칼슘 제재를 너무 많이 먹으면 콩팥에 결석이 생길 수 있다는 지적도 있습니다.
- 철분 : 성장에 필요하고 간, 고기, 생선, 계란, 시금치에 들어있습니다.
- 비타민 D : 뼈의 발육을 돕는 비타민 D는 햇빛을 쬐야 합성이 되기 때문에 하루 30분 이상 밖에 나가 노는 것이 좋습니다. 견과류, 콩 등에

들어있습니다.
- 인스턴트 식품 : 커피나 탄산음료 등은 칼슘의 흡수를 방해함으로 가급적 덜 먹는 것이 좋습니다.

ㄴ. 수면(잠)

밤 10시~새벽 2시 사이가 성장호르몬이 많이 분비되는 시간이므로 푹 자는 게 좋습니다. 자는 동안에도 키는 성장합니다.

ㄷ. 운동

운동을 하면 성장호르몬 분비가 촉진되고, 또 이 호르몬이 키의 성장을 돕습니다. 성장판이 자극받아 잘 자라게 됩니다. 맨손체조, 줄넘기, 철봉 매달리기, 달리기, 배드민턴, 농구 등이 좋고 씨름, 역도 같은 힘든 운동은 가급적 삼가하는 것이 좋습니다. 1일 30분 이상 꾸준히 하는 게 좋습니다.

ㄹ. 비만(성조숙증)

비만은 성조숙증의 원인이 됩니다. 성조숙증이 오면 성장호르몬이 지방대사에 소모되므로 성장판을 빨리 닫게 해 키가 크지 않게 됩니다. 그래서 비만치료가 필요합니다. (초등학생편 224쪽을 참고하십시오.) 어쨌든 골고루 잘 먹고 충분히 잘 자고 재미있게 뛰어노는 데에 키 크게 하는 비결이 있습니다. 우리의 강감찬 장군도, 중국의 발전을 이끈 등소평(152cm)도 키가 큰 편은 아니었다는 사실입니다. 속담에 "키 크면 속이 없다."고, "작은 고추가 맵다."고 겉보다는 실력입니다. 열등감에 너무 빠질 필요는 없습니다. 나만의 실력으로 훌쩍 훌쩍 뛰어넘는 것입니다.

⑧ VDT(영상표시 단말기) 증후군

근막통증 증후군, 손목터널 증후군, 허리디스크, 거북목 증후군, 안구건조증… 컴퓨터, 노트북, 태블릿PC, 스마트폰 등 자주 장시간 사용해서 생기는 여러 안 좋은 증상을 말합니다. 덕분에 인터넷·스마트폰 중독, 비만, 불면증도 생깁니다. 2014년 건강보험 심사평가원에서 조사한 걸 보면 976만 명이 치료를 받았다는 것입니다. 빛이 있으면 그늘이 있듯 문명의 이기임엔 틀림없으나 너무 지나치게, 무리하게 장시간 자주 사용하니 이런 증후군이 생기는 것입니다. 특히 스마트폰은 허리를 굽히고 목을 숙이고 하니 목도 아프고 어깨도 결립니다. 거북목 증후군이라고 거북목처럼 앞으로 쑥 빼고 하니 목뼈가 휘게 되고 척추도 뒤틀리게 되고 통증도 나타납니다. 덕분에 목 디스크 환자가 늘어나고 있습니다. 시간이 지나면 자세도 자연히 구부정해집니다. 좁은 화면 작은 글씨를 뚫어져라 쳐다 보니 눈도 피로해지고 시력도 점점 떨어지고 눈물도 자주 말라 기름 안 친 기계처럼 눈이 뻑뻑하고 안구건조증이 생기기도 합니다. 급성 사시도 올 수 있고 고립감으로 친구관계도 원활치 못하게 됩니다. 뇌도 휴식이 필요한데 장시간 하게 되니 그만하라고 두통도 생기고 기억력, 집중력도 떨어지고 정신건강에도 좋을 턱이 없습니다.(2018년 거북목 증후군 환자 10세 미만 3만 명, 10대는 11만 명, 20대는 25만 명) 스마트폰 자판을 쉴새없이 톡톡 치니 손가락 힘줄에 무리가 가 염증이 생기고 키보드나 마우스를 마구 두들기니 손목터널 증후군이 생기기도 합니다. 길을 가면서도, 횡단보도를 건너가면서도, 심지어 달려가면시도 문자를 보거나 동영상을 보니, 이런 현상이 눈에 띄게 늘어나고 있습니다. 덕분에 교통사고로 죽거나 다리가 부러지기도 합니다. 한마디로 웃기는 일이 벌어지고 있습니다.

지난해 호주에서는 61명이 걸어가면서 만지작거리다 사망했다는 것입니다. 개죽음이나 다름없습니다. 가치 없는 죽음인 것입니다. 또 있습니다. 밤새워 하다 보니 만성피로, 수면부족으로 밥맛도 없고 다음날 수업 중에 자거나 졸기도 합니다. 일본에서는 보행 중에 스마트폰을 사용하게 되면 작동이 중단되는 것도 나왔습니다. 세계보건기구에서는 휴대폰에서 나오는 전자파를 2급 발암물질로 규정하고 있습니다. (아이들 뇌는 휴대전화 전자파 흡수율이 어른의 2배, 골수는 10배. 단, 이어폰으로 통화하면 10% 미만)

뇌에도 문제가 생길 수 있고 불임의 원인이 된다고 경고하고 있습니다. 여러 문제가 있다 보니 전화, 문자만 가능한 폴더폰으로 바꾸는 학생들이 늘어나고 있습니다. 스마트폰으로 게임하는 시간에 공부, 독서, 대화, 운동을 하게 되더라는 것입니다. 잠도 일찍 자게 되더라는 것입니다. 스마트폰에 뺏길 시간을 건설적인 곳으로 이용한 것입니다. 각설하고, 어떻게 해야 이런 문제에서 벗어날 수 있을까? 위와 같은 여러 폐해를 없애기 위해서는 과단성 있게 스마트폰을 쓰레기통에 버리거나 아까우면 싸게 팔고 폴더폰으로 바꾸는 것입니다. 그렇지 않으면 굳게 결심하고 장소, 용도, 횟수, 범위, 시간 등 사용규칙을 스스로 정하고 철석같이 실천하는 것입니다.

■ 거북목 예방법
• 시선은 아래로 15° 유지
• 귀가 어깨선 앞으로 나가지 않게 유지
• 수시로 목을 뒤로 젖혀 스트레칭하기(조선일보)

■ VDT(영상표시 단말기) 환자 수(2018년)
• 안구건조증 : 257만 4,000명
• 거북목 증후군 : 211만 2,000명

- 목디스크 : 96만 3,000명

(자료 : 건강보험 심사평가원)

- 두 번 다시 오지 않는 황금 같은 시간을 헛곳에 써야 될까를 생각해보십시오. "Time is money."

⑨ 학업 스트레스 해소하기

세상에 스트레스 없는 사회, 없는 사람은 없습니다. 어디서건, 남녀노소 누구나 다 있습니다. 학업 스트레스란 학업 때문에 생기는 스트레스를 말합니다. 공부 잘하든 못하든 나름대로 다 있습니다. 심지어 선생님에게도 학생들이 모르는 스트레스는 있습니다. 스트레스 없이는 한시도 살아갈 수 없는 것이 인간의 숙명입니다. 삶 자체가 스트레스 덩어리입니다. 또 피할 수도 없습니다. 피할 수 없으면 부딪쳐 슬기롭게 이겨내야 합니다. 깊어지면 병이 생기기 때문입니다. 우울증도 생기고 자신감도 떨어지고 긴장도 하게 되니 위산이 많이 나와 속이 쓰리기도 합니다. 설사도 두통도 생깁니다. 심해지면 극단적인 행동을 하기도 합니다. 학업에 매달리고 있는 여러분에게도 크고 작은 스트레스가 많이 있을 것입니다. 어떤 게 있을까요? 공부는 하기 싫고 안 할 수는 없고 하기는 해야겠는데 하기 싫으니 스트레스를 받게 됩니다. 열심히 한다고 했는데도 성적이 오르지 않으면 역시 스트레스를 받게 됩니다. 공부 자체가 스트레스 덩어리입니다. 공부를 해도, 안 해도 스트레스는 찾아옵니다.

자주 보는 시험 역시도 스트레스 덩어리입니다. 준비과정이나 준비부족으로 스트레스를 받습니다. 시험지를 받으면 두근두근 긴장하게 됩니다. 모르는 게 나오거나 틀리면 어쩌나 점수가 잘 안 나오면 또 어쩌나 부모님 뵐 면목이 없으니 그것 역시도 스트레스가 됩니다. 스트레스를 받을 일이 이걸로 끝나면 좋겠는데 또 있습니다. 그게 뭐이냐? 잘 아시는 학원, 과외 공부올시다. 가기 싫은 학원, 가뜩이나 하기 싫은 공부, 학교수업이 끝났겠다 친구와 좀 놀고 싶은데 또 학원, 과외라니? 이거야 원, 학원, 과외 역시도 스트레스 덩어리입니다. 설상가상이요, 산 너머 산인 형국입니다. 왜 우린 어린 학생들에게 고통을, 스트레스를 또 줘야 하는지, 그렇다고 학원, 과외를 남이 하니 안 할 수도 없고, 이게 현실이니 받아들이는 수밖에 없습니다. 어떻게 해야 이 고통, 스트레스에서 벗어날 수 있을까? 해소하려면 어떻게 해야 할까? 피할 수 없으면 즐기라고 했습니다. 적극적으로 부딪쳐 이겨내고 넘어서야 되고 벗어나야 합니다. 그렇다고 스트레스가 다 나쁜 것만은 아닙니다. 적당한 스트레스는 긴장이 되니 무기력함을 막아줍니다. 또 삶에 활력을 줍니다. 너무 많이 받는 것이 문제이지 분발 혹은 에너지원이 될 수도 있습니다. 그런즉슨 스트레스가 생기면 먼저 그 원인을 파악하는 일입니다. 왜 생겼나? 그래야 해법을 찾을 수 있기 때문입니다. 우선 마음을 느긋하게 먹는 일입니다. 만사 마음먹기에 달려있다고 했습니다.

성적이 떨어지고 올라가지 않아서라면 더 노력해서 올리면 되고, 시험을 잘 못 봤다면 그 원인을 파악해서 다시 잘 보면 되고, 학원 가기 싫으면 부모님께 이해, 설득해서 가지 말고, 대신 가지 않고도 성적을 올릴 수 있는 방법이 뭔가를 찾아, 이를테면 자기주도 학습능력을 살리면 되고, 데이트에 팔려 공부시간을 뺏겨 성적이 떨어진다면 그 역시도 잠시 중단하면 되고, 또 뭐가 있을까요? 소심하게 조마조마하지 말고 장차 큰 인물이 될 사람인데 부정적 비관적으로 보지 말고 긍정적 낙관적으로 보고 느긋하게 배포 있게 극복하는 것입니다. 스트레스 해소 차원에서 운동, 명상, 취미를 살리거나 맘 맞는 친구와 어울리는 것도 좋고, 스트레스 해소 음악도 있고, 좋아하는 음악을 들으면 풀리기도 합니다. 음악은 마음의 병이나 우울증을 치료하는 효과가 있습니다. 삶에 활력을 주고 용기를 얻게 됩니다. 여하튼 스트레스에 지지 말고 굴복하지 말고 극복하고 헤쳐나가는 용기와 지혜를 발휘하는 것입니다. 노래 2곡 소개합니다. "나타리, HEY(헤이)"(훌리오 이글레시아스)

⑩ 여학생에게는 어떤 건강관리가 필요할까요?

남학생에게는 없고 여학생만 있는 질환은 뭘까요? 자궁 관련 질환 - 무월경, 생리불순, 생리통, 자궁출혈, 질염 등입니다. 어디 가서 치료를 받아야 하나요? 산부인과올시다. 산부인과 하면 정서상 성인 여성만 가는 곳으로 알고 있는 편견 때문에 어린 여학생이 가면 쭈뼛거려지기도 할 것입니다. 그래서 부끄러워하고 쑥스러워하고 망설이고 가기 싫어하고 미루게 됩니다. 가야 함에도 안 가면 병이 커질 수도 있고 만성질환이 될 수도 있습니다. 이가 아프면 치과에 가듯이 아픈 낌새가 보이면 빨리 병원에 가야 합니다. 속담에 "소 잃고 외양간 고친다."고 병난 뒤에 치료하려면 무척 힘이 듭니다. "호미로 막을 것 가래로도 못 막는다."고 병도 치료 시기를 놓치면 완치가 무척 힘이 듭니다. 그래서 병이 안 나게 미리 예방하는 것이 좋고, 병이 나면 빨리 치료하는 것이 상책입니다. 삶의 지혜고 건전한 사고방식입니다. 그러므로 위와 같은 질환이 있으면 지체 말고 부모님께 말씀드려 빨리 치료받아 고통 속에서 빨리 벗어나야 합니다.

선진국에서는 첫 생리가 시작되면 그때부터 정기적인 산부인과 검진을 받는다는 것입니다. 자궁 건강을 지키는 지름길이기 때문입니다. 그런데 우리는 어떤가요? 애들이 무슨? 하면서 대수롭지 않게 여기고 그냥 지나치는 경우가 많습니다. 그러니 쑥스러워 산부인과 가기를 기피하고 꺼리게 됩니다. 그러나 내 몸은 내가 관리하고 내

병은 내가 치료해야 합니다. 부모라고 나 대신 아파주지 않습니다. 아프면 나만 손해고 속상하고 화만 나는 것입니다. 또 한 가지 전문가들의 조언은 '자궁경부암' 예방을 위해 자궁경부암 예방백신을 맞으라는 것입니다. 여성암 중 2위, 매년 4,000명 발생 900명 사망! 어느 해 통계 수치입니다. 자궁암을 일으키는 바이러스가 인유두종(HPV) 바이러스입니다. 자궁암 환자의 99%에서 HPV가 발견되고 또 외음부암, 질암, 항문암, 외음부 사마귀를 일으킵니다. 감염경로는 주로 성접촉입니다. 우리 여학생 초경 연령은 평균 11.7세이고 첫 성경험 나이가 평균 13.5세입니다. 자궁암 예방 백신은 성경험이 없을 때 맞는 것이 효과적입니다. 성경험이 있어도 효과를 볼 수 있습니다.

미국질병예방센터는 11~12세를 접종 적기로 봅니다. 백신을 맞으면 자궁경부암이 예방되니 안 맞는 것보다는 맞는 것이 백 번 낫습니다. 백신접종으로 예방이 되는 유일한 암이기 때문입니다. 다행스럽게 우리나라도 만 12세가 되면 무료로 접종을 받게 됐습니다. 그러니 가까운 지정의료기관이나 보건소에 가서 빠짐없이 빨리 받으십시오. 암 걸려 치료받으려면 정신적, 육체적으로 무척 고통스럽고 힘들기 때문입니다. 치료비도 많이 들게 됩니다. 돈 주고 접종해야 되는데 공짜니 어서 빨리 가서 접종하십시오. (6개월 간격 2회) 잽싸게 꼭, 꼭, 꼭, 꼭!(예방접종 도우미 - https://nip.cdca.go.kr 질병관리청 / 1339번 / 보건소)

(2) 시간관리 ①

시간은 인생의 창조자입니다. 하루가 모이고 1년이 쌓여 인생이 이루어지기 때문입니다. 시간은 생로병사의 인도자입니다. 태어나고 늙고 병들어 죽는 과정을 시간이 주도하기 때문입니다. 시간은 학생에겐 꿈의 안내자입니다. 시간을 쓸데없는 곳에 쓰지 않고 공부에 투자해야 실력을 쌓을 수 있고 꿈을 이룰 수 있기 때문입니다. 소년이노 학난성 일촌광음 불가경(少年易老 學難成 一寸光陰 不可輕)(주자 / 우성)이라고 소년은 늙기 쉽고, 학문 완성은 어렵다. 한순간도 가볍게 여기지 말라. 엊그제까지도 코흘리개 어린애 같더니 벌써 중학생이 됐구나. 야, 시간 참 빨리 간다. 그러니 정신 바짝 차리고 한시도 소홀히 하지 말고 낭비하지 말고 공부 열심히 하라는 뜻입니다. 시간은 살 수도 없고 팔 수도 없습니다. 빌려줄 수도 없고 꿀 수도 없습니다. 내가 주인이요, 나만의 몫입니다. 시간의 요리사는 오직 나인 것입니다. 끌려다니지 말고 지배자가 되는 것입니다.

　석시여금(惜時如金), 시간을 금처럼 여기고 애인처럼 사랑하고 부모님처럼 공경하라는 뜻입니다. 함부로 쓰면 할퀴고 성내고 못되게 구는 속성이 있습니다. 시간은 자꾸 흐릅니다. 아는지 모르는지 속절없이 하염없이 사정없이 흘러갑니다. 야속하게도 한 번 지나간 시간은 다시 돌아오지 않고 또 되돌릴 수도 없습니다. 그럼에도 물처럼 마구 쓰고 마구 흘려보냅니다. 아깝게 생각하지도 않습니다. 종당에는 덧없다 하고 후회하기도 합니다. 한마디로 시간낭비는 죄악과 같습니다. 시간은 돈이고 쌀인데 쌀을 마구 버리니 죄악이 되는 것입니다. 시간은 또 화살처럼 빨리 달려갑니다. 어디로 갈까? 붙잡아둘 수도 모아둘 수도 없습니다. 물길을 막아 둑을 만들듯, 예금처럼 모아뒀다 필요할 때 꺼내 쓸 수만 있다면 얼마나 좋을까요? 시간은 누구에게나 하루 24시간 똑같이 주어집니다. 어떻게 쓰느냐에 따라 인생이 달라집니다. 성패가 좌우됩니다. 우등생, 열등생이 되기도 하고 부자, 빈자가 되기도 하고 성공, 실패자가 되기도 합니다. 이처럼 귀중한 시간을 어떻게 보내야 할까요?

첫째로 오늘 이 하루가 내 인생의 마지막 날이라고 인식하는 일입니다. 하루뿐인데 어떻게 보내야 될까요? 게임만 하고 있을까요? TV만 보고 있을까요? 낮잠만 자고 있을까요? 뭘 하겠습니까? 식은땀이 안 날까요? 오늘 하루뿐인데 1분 1초 허투루 쓸 수가 없습니다. 이런 절박한 심정으로 하루하루를 보낸다면 전교 1등이요, 분명 성공적인 인생이 펼쳐질 것입니다. 아니요, 꿈을 이룰 수가 있습니다. 그렇다면 어떻게 시간관리를 해야 할까요? 한마디로 시간관리란 '시간의 활용기술'입니다. 주어진 시간을 효율적으로 어떻게 쓰느냐를 말합니다. 계획 없이 시간 가는 대로 그때그때 기분 내키는 대로 엄벙덤벙 보낸다면 어떻게 될까요? 가치 없고 보람 없는 하루가 흘러가 버리고 맙니다. 일생의 하루가 의미 없이 사라지는 것입니다. 그러므로 계획적인 삶, 전날이나 아침에 '1일 활동계획'을 치밀하게 세우고 구체적으로 시간표를 만들어 그에 따라 차질 없이 실천하는 것입니다. 잘 짜여진 계획은 시간이 절약되고 낭비를 막고 시행착오를 줄여주고 성공률도 높여줍니다. 하루가 모여 한 달이 되고 1년이 되고 10년이 되고 인생이 완성되는 것입니다. 그것의 성공은 여러분의 몫입니다.

- 보통 사람은 시간을 소비하는 데 신경 쓰고 능력 있는 사람은 활동하는 데 쓴다. - 쇼펜하우어 / 행복을 위한 금언
- 시간을 관리하지 못하는 사람은 다른 아무것도 관리하지 못한다. - 피터 드러커
- 지나간 시간은 결코 돌아오지 않는다. - 영국 격언
- 가장 비싼 낭비는 시간낭비다. - 테오프라스토스
- 매일 매일을 마지막 날이라고 생각하라. - 호라티우스 / 서간집
- 너는 인생을 사랑하는가? 그렇다면 시간을 낭비하지 마라. 인생은 시간으로 되어있다. - B. 플랭크린 / 가난한 리처드의 책력

- 모든 낭비 중에서 가장 책망받아야 할 것은 시간낭비다. - M. 레슈친스카
- 시간은 아껴도 수치스럽지 않은 유일한 부(富)이다. - S. 드보셰스 / 성찰과 고찰
- 시간은 돈이다. - 영국 격언
- 가장 큰 손실은 시간의 손실이다. - 안티폴
- 가장 현명한 자는 허송세월을 가장 슬퍼한다. - 단테
- 변명 중에서 가장 어리석은 못난 변명은 시간이 없어서라는 변명이다. - 에디슨
- 우리가 가진 시간이 적은 것이 아니라 우리가 활용하지 않은 시간이 많은 것이다. - 세네카
- 1분 늦는 것보다 3시간 빠른 것이 좋다. - 셰익스피어
- 같이 출발했는데도 시간이 지난 뒤에 보면 어떤 사람은 뛰어나고 어떤 사람은 낙오되어 있다. 이것은 하루하루 주어진 자신의 시간을 잘 이용했느냐? 이용하지 않고 허송세월을 했느냐에 달려있다. - 플랭크린
- 오늘 하루 이 시간은 당신의 것 하루를 알찬 행위로 장식하라. - 루즈벨트
- 시간은 누구에게나 24시간 공평하게 주어진 자본이다. 이 자본을 효율적으로 잘 이용한 사람만이 성공할 수 있다. - 카네기
- 우리가 걱정해야 할 일은 시간의 부족이 아니라 대부분의 시간을 잘못된 방법으로 쓰고 있다는 것이다. - 리처드 코치
- 시간을 지배할 줄 아는 사람이 인생을 지배할 수 있다. - 에쎈바흐
- 나의 성공은 시간관리를 잘했기 때문이다. - 카이젤
- 시간은 인간이 소비할 수 있는 가장 가치 있는 것이다. - 테오프라스토스
- 시간을 선택하는 것이 아니라 시간을 절약하는 것이다. - F. 베이컨

(3) 친구 사귀기
① 친구란?

서로 마음과 뜻이 맞는 벗을 말합니다. 여러분은 살아가는 동안에 수많은 친구를 만나고 사귀게 됩니다. 마을친구, 학교친구, 군대, 직장, 사회친구 등 실로 다양하게 맺어집니다. 좋은 친구도 만나고, 나쁜 친구도 만납니다. 도움을 주기도 하고, 받기도 하고, 피해를 주기도 하고, 입기도 합니다. 잠깐 사귀기도 하고, 평생을 함께하기도 합니다. 속담에 "친구와 포도주는 오랠수록 좋다."고 했습니다. "친구는 옛친구가 좋고 옷은 새 옷이 좋다."고 했습니다. 아무래도 코흘리개 시절에 사귄 친구가 성년이 돼서 사귄 친구보다 허물이 없고 정답고 그립고 오래가기 마련입니다. 그만큼 순수하고 이해관계를 초월하고 미운 정, 고운 정이 들었기 때문입니다. 보고 싶은 친구, 기다려지는 친구, 만나면 반가운 친구, 즐거운 친구, 흉금을 털어놓을 수 있는 친구, 한결같은 친구 이런 친구가 셋만 있다면 삶이 힘들더라도 외롭지는 않을 것입니다. 속담에 "친구 따라 강남 간다."고 했습니다. 많은 영향을 주고받기 때문입니다. '근묵자흑'(近墨者黑)이라고 먹을 가까이하면 손에 먹물이 묻는다고 했습니다. "검은 진흙 속에선 흰 모래도 검어진다."고 했습니다. 담배 피는 친구를 사귀게 되면 자연 담배를 피우게 됩니다.

"야, 한 번 피워봐. 기분이 좋아."
"좋긴, 너는 나쁜 친구야, 이 녀석아."

자, 어서, 친구가 자꾸 권하니 안 피울 수도 없고 자연 따라 피우게 됩니다. 광주리 속에 썩은 사과가 하나 있으면 그 안에 있는 다른 사과도 다 썩게 됩니다. 감기 옮기듯 전염됩니다. 그래서 좋은 친구를 사귀어야 되고, 가려서 사귀어야 하는 이유가 여기에 있습니다. 사노라면 어렵고 힘들 때가 있고, 역경에 처할 때도 있습니다. 진정한 친구라면 변함없이 진심으로 위로해주고 용기를 북돋아주고 격려해주고 도움을 줄 수 있는 친구가 참다운 친구입니다. 곤경에 처해 있다고 외면하거나 떠나가는 친구라면 참다운 친구는 아닙니다. 슬플 때나 괴로울 때 아플 때나 힘들 때 외로울 때나 가난할 때 함께하는 친구가 진정한 친구, 친구다운 친구입니다. 사귀다 보면 오해를 해서 친구관계가 끊어지는 경우도 있을 것입니다. 말 한마디 잘못해서 상처를 받아 토라지는 경우도 있을 것입니다. 오해는 풀어야 되고, 말은 가려서 해야 합니다. 한 번 깨진 그릇은 맞춰 복원해도 흔적이 남습니다. 병아리 기르듯 조심조심, 이해, 양보, 배려가 절대 필요합니다. 또, "친할수록 예의를 지키라."고 했습니다. 친하다고 허물이 없다고 함부로 대한다면 오래갈 수가 없습니다. 최소한의 예의가 꼭 필요합니다.

② 좋은 친구 나쁜 친구

좋은 친구란 생각과 행동이 바르고 좋은 쪽을 지향하는 친구요, 밀어주고 끌어주는 친구입니다. 꿈, 희망, 목표, 가치관, 인생관, 공부, 취미, 오락, 진로, 직업, 독서, 토론, 방향 제시 등 긍정적이고 발전적인 생각을 공유하고 추구하는 친구가 좋은 친구입니다. 반대로 나쁜 친구란 학생 신분에 어긋나는, 불량한 쪽으로 유도하고 권유하는 친구입니다. 공부 방해, 왕따, 폭력, 갈취, 음란물, 술담배, 가출, 약물 등 나쁜 쪽으로 동참, 권유하는 친구입니다. 그렇기 때문에 좋은 친구를 사귀면 좋은 일이 생기고, 나쁜 친구를 사귀면 나쁜 일이 생기므로 가려서 사귀어야 합니다.

③ 어떻게 만들까? 사귈까?

친구하자고 다가와 주기만을 기다릴 것이 아니라 내가 먼저 적극적으로 다가가야 합니다. Give and Take라고 주어야 받듯이, 다가가야 얻을 수 있는 것입니다. 먼저 인사하고 먼저 말을 걸고 관심을 보이고 친밀감을 표시하고 칭찬해주고 격려해주는 것입니다. 맞장구도 쳐주는 것입니다. 도울 일이 있으면 성심껏 발 벗고 도와주어야 합니다. 어렵지만 이런 노력 없이는 좋은 친구를 얻을 수가 없습니다. 내가 먼저 좋은 친구가 돼야 좋은 친구를 얻을 수 있습니다. 그러기 위해서는 진실해야 되고, 믿음이 있어야 되고, 약속을 잘 지켜야 합니다. 거짓말이나 찍찍하고 믿음이 안 가고 약속을 잘 지키지 않으면 친구하자고 덤벼드는 친구가 몇이나 될까요? 입장을 바꿔보면 알 수가 있습니다. 내게 좋은 친구가 없는 것을 한탄하지 말고 먼저 좋은 친구가 되려고 노력해야 합니다. 좋은 친구는 훌륭한 자산이고 윤활유이고 버팀목이 되기 때문에 한 번 맺은 우정은 평생 같이해야 합니다. 노력 없이는 오래 지속이 어렵습니다. 가급적 많은 친구를 사귀십시오. 그만큼 인생이 풍부해지고 윤택해지고 성숙해집니다. 사회성이 발달이 되고 얻는 게 많습니다. 한 가지 유념해야 할 것이 있다면, "물이 너무 맑으면 고기가 놀지 않는다"고 했습니다. 의미심장한 말입니다. 너무 살피고 너무 따지면 다 싫어하고 좋아하는 친구가 없다는 사실입니다.

■ 친구 사귀는 요령
- 친구를 도와줍니다.
- 친구 말을 잘 들어줍니다.
- 약속을 잘 지킵니다.
- 좋은 점을 칭찬해줍니다.
- 놀리거나 흉보지 않습니다.
- 비난하지 않습니다.
- 인사를 잘합니다.

- 옷차림, 손발을 깨끗이 합니다.
- 이해, 배려, 양보심을 발휘합니다.
- 잘못을 일깨워줍니다.
- 잘못했을 때는 즉시 사과합니다.

- 물은 그릇의 모양을 따르고 사람은 친구의 선악을 따른다. - 한비자
- 늑대와 함께 자라면 울음소리도 늑대를 닮는다. - J. 플로리오
- 친구를 얻는 유일한 방법은 자진해서 친구가 되어주는 것이다. - 홍재성 / 채근당
- 친구는 얻기는 어렵고 잃기는 쉽다. - 영국 격언
- 이놈이라고 생각되는 친구가 있다면 쇠사슬로 묶어서라도 놓쳐서는 안 된다. - 셰익스피어
- 똑똑한 사람에겐 친구가 없다. - 일본 격언
- 결점 없는 친구를 찾는 사람은 친구를 얻지 못한다. - 터키 속담
- 번영은 벗을 만들고 역경은 벗을 시험한다. - P. 시루스
- 쑥대가 삼대밭 속에서 자라면 부축해주지 않아도 곧으며 흰 모래가 개흙 속에 있으면 함께 검어진다. - 순자
- 슬기로운 사람과 어울리면 슬기로워지고 어리석은 자와 짝하면 해를 입는다. - 성경 잠언 13:20
- 친한 친구일수록 예의를 지켜라. - 영국 격언
- 친구를 선택할 때는 천천히, 친구를 바꿀 때는 더욱 천천히 - 영국 격언
- 자신의 명예를 존중한다면 좋은 사람과 사귀어라. 나쁜 사람과 사귀는 것보다 차라리 혼자 있는 편이 더 낫다. - 조지 워싱턴
- 그 사람을 모르겠거든 그 벗을 보라. - 메난드로스
- 참다운 친구는 불행에 부딪쳤을 때 비로소 알게 된다. - 이솝우화
- 순경일 때는 친구가 많고 역경일 때는 1/20도 안 된다. - A. R. 로웰 / 격언

기분전환 겸 노래 한 곡 감상하십시오. 조용필 선생이 부른 "친구여"를 소개합니다. 곡이 좋아 자주 듣습니다.

(4) 글쓰기

글은 자신의 생각이나 느낌을 담는 그릇입니다. 소통의 도구인 동시에 그 수단이 글쓰기입니다. 그중에는 잘 쓴 글도 있고 못 쓴 글도 있습니다. 명문도 있고 졸문도 있습니다. 글은 의미가 있어야 되고, 얻는 게 있어야 되고, 재미가 있어야 합니다. 미사여구보다 이해하기 쉽고 알기 쉽게 쓰는 글이 잘 쓴 글입니다. 어렵고 재미없으면 읽기를 중단하게 됩니다. 글은 물 흐르듯 막힘 없는 글이어야 합니다. 말 한마디로 울리고 웃기듯 밋밋한 글이 아니고 심금을 울릴 수 있는 감동적인 글이어야 합니다. 내가 감동해야 남도 감동시킬 수 있습니다. 또 글은 공감을 얻고 설득하는 힘이 있어야 합니다. 조리가 있고 타당해야 합니다.

잘 쓴 글은 두고두고 음미해보게 됩니다. 읽는 이의 삶을 풍요롭게 해줍니다. 잘 쓴 글은 많은 사람에게 영향을 줍니다. "말 한마디로 천냥 빚을 갚듯" 한 편의 짧은 글이 타인의 일생을, 진로를 바꾸기도 하고 세상을 바꿀 수 있는 힘도 있습니다. 신라시대 문장가 최치원 선생은 중국 당나라에 건너가 관리가 됐는데 황소의 난이 일어나자 글 한 편(討黃巢檄文, 토황소격문)으로 난을 잠재워 문명(文名)을 떨치기도 했습니다. 황소가 이 격문을 보고 털썩 주저앉았다는 것입니다. (안 봤으니 모르지만, 그 전문이 인터넷에 나와 있습니다.) 그만큼 글의 위력이 큰 것입니다.

글에는 일기, 논문, 수필, 소개서, 보고서, 기획서, 기행문, 서간문 등 무수히 많습니다. 글에 따라 달리 써야 합니다. 일기는 느낌, 생각, 경험 등을 사실대로 쓰고 수필은 일정한 형식 없이 펜 가는 대로 쓰고 논문은 서론, 본론, 결론에 맞추고 신문기사나 기행문은 육하원칙에 맞게 쓰는 것이 좋습니다.

■ 글쓰기의 목적은 뭘까요?

한마디로 써먹기 위해서입니다. 한평생 살아가는 동안 글 쓸 일이 참 많습니다. 학교생활, 직장생활, 사회생활을 하는 동안 필수요소가 되고 있습니다. 평가 기준이 되기도 합니다. 자기를 표현하기 때문에 잘 써야 합니다. 글짱이 되는 것입니다. 중국 당나라 때는 관리 등용시험에서 인물평가 기준을 4가지 신·언·서·판(身言書判, 풍채, 말, 글, 판단력) 중의 하나로 글쓰기를 꼽았습니다.

① 학교생활 : 일기, 독후감, 글쓰기 대회, 수행평가 자료, 입시 자기소개서, 대입 논술, 인터넷, SNS, 대학논문, 리포트, 수업자료, 취업소개서, 각종 국가시험 등
② 직장생활 : 보고서, 기안서, 제안서, 설명서 등
③ 사회생활 : 연설문, 주례사, 책 쓰기, 답변서, 시국선언문, 탄원서 등

■ 잘 쓰려면 어떻게 해야 할까요?

활도 자주 쏴봐야 명중률이 높듯 글도 자주 써봐야 늘게 되고 잘 쓸 수가 있습니다. 그러기 위해서는 많이 읽고 많이 생각해보고 다양한 분야의 글을 읽음으로써 지식, 사고력, 어휘력, 독해력이 길러집니다. 읽기는 쓰기의 중요 요소입니다. 옛글에 남아수독 오거서(男兒須讀 五車書)라고 남자는 모름지기 다섯 수레의 책을 읽어야 된다고 했습니다. 그래야 다양하고 폭넓고 수준 높은 글을 쓸 수 있기 때문입니다.

■ 글감, 쓸 거리는 어디서 찾을까요?

삶 자체가 그것입니다. 주위 전부가 글감이 될 수 있습니다. 주제를 정해 써봅니다. 나에 대해서, 공부, 우정, 독서, 사랑, 행복, 인생, 꿈, 진로 등 그때그때 사회문제에 대해서도 써봅니다. 꾸준히 쓰면 문장력이 길러집니다. 잘 쓰게 됩니다. 1주일에 1번, 한 편씩 써봅니다. 중요한 것은 쓰고 나서 여러 번 고치는 것입니다. 더하고 빼고 다듬고 갈고 닦는 것입니다. 한 번으로는 좋은 글이 완성되지 않기 때문입니다. 노벨문학상을 수상한 헤밍웨이 선생은 「노인과 바다」를 200번 고쳐 썼다는 것입니다. 글쓰기는 많은 노력이 필요합니다. (무엇이든 노력 없이 되는 일이 있나요?) 쓰고 나선 여러 차례 소리내어 읽어봅니다. 막힘이 없는지 매끄럽지 않은지 어색하지 않은지 술술 읽히는지 확인해봅니다. 거기다 명문, 격언, 속담을 인용한다면 조미료 역할, 글맛이 나고, 권위가 서고, 좋은 글이 될 것입니다.

※ 좋은 글은 노래와 같아서 많은 사람이 공감을 얻고 마음을 움직인다.
 - 이오덕
※ 펜은 칼보다 강하다. - 리턴
※ 첫인상이 중요하듯 첫머리를 매력 있게 쓰라. - 강미은
※ 글씨는 목소리의 그림이다. - 볼테르 / 철학사전
※ 문장은 사상의 옷이다. - L. A. 세네카

(5) 취미와 여행

밥만 먹고 살 수는 없습니다. 김치도 먹고 찌개도 먹고 순대도 먹고 새우젓도 먹어야 건강에 좋듯이 공부하느라 쌓인 스트레스를 해소하기 위해서나 머리도 식힐 겸 휴식을 취하기 위해서도 취미생활과 여행은 꼭 필요합니다. 그것들은 삶을 윤택하게 하고 풍요롭게 해줍니다. 분명 플러스 효과가 있습니다.

① 취미

어떤 것이 있을까요? 우선 내가 좋아하는 걸 선택해야 합니다. 음악감상, 악기연주, 그림그리기, 운동, 수집, 공작, 화초가꾸기, 영화감상, 서예, 판소리, 사진촬영 등 내 환경에 맞게 내가 좋아하고 재미있는 걸 선택합니다. 단조로운 생활에서 잠깐 벗어나지만 정신건강에도 도움이 되고, 마음도 한결 풍요로워지고, 안정도 얻을 수 있습니다. 그렇다고 너무 취미생활에 빠지면 학업이 소홀해지고 지장이 있습니다. 잠깐잠깐 틈새 시간을 이용하는 지혜가 필요합니다. 음악감상이 취미라면 좋아하는 음악을 듣다 보면 시간 가는 줄도 모르게 됩니다. 공부하기는 싫고 들으면 즐겁고 기분이 좋으니 계속 듣게 됩니다. 직업이 기타리스트라면 연습시간 하루 10시간도 부족할지 모릅니다. 그러나 여러분은 주 업무가 공부이니 방해가 안 될 수가 없습니다. 1시간 내로 줄여야 합니다. "잠깐 잠깐 즐기자!" 과단성 있게 실천하는 것이다.

② 여행

말만 들어도 들뜨고 즐겁습니다. 삶에 활력을 줍니다. 미지의 세계에 대한 동경, 호기심, 긴장이 되기도 합니다. 여행은 견문을 넓히고 사려 깊고 성숙한 인간을 만들어줍니다. 그래서 귀여운 자식에게 여행을 시키라고 했습니다. 보고, 듣고, 생각하고, 배우는 게 많으니까요. 그러나 여러분은 학생 신분이니 아무래도 시간 제약을 받습니다. 방학 중 3~4일 일정으로 가족과 같이, 아니면 맘 맞는 친구 2~3명과 같이 갔다 오는 것도 의미가 있을 것입니다. 방학 중 국내 무전여행도 고려해봅니다. 매사 계획이 필요하듯 반드시 계획을 세워야 합니다. 우선 목적지를 정해야겠지요. 여행지, 이동수단, 내용, 시간, 코스, 일정, 비용 등 꼼꼼히 따져야 됩니다. 그래야만 효율적이고 즐거운 여행이 됩니다. 그렇다고 관광지나 유적지만은 아닙니다. 시

곧 친척집에 잠깐 다녀오는 것도 훌륭한 여행이 될 수 있습니다.

- 취미는 영혼의 문학적 야심이다. - J. 주베르 / 팡세
- 취미는 섬세한 양식(良識)이다. - A. 세니에 / 이성에 대해서
- 여행은 경험과 지혜를 얻는 삶의 중요한 과정이다. - 미상
- 가장 귀여운 자식에게 여행을 시켜라. - 인도 격언
- 여행은 인내심을 기른다. - B. 디즈레일리
- 여행은 생각의 산파(産婆) - 알랭드 보통
- 참된 여행은 새로운 풍경을 찾는 게 아니라 새로운 눈을 갖는 것이다. - 마르셀 프루스트
- 우리는 목적지에 닿아야 행복해지는 것이 아니라 여행하는 과정에서 행복을 느낀다. - 앤드류 매튜스

(6) 발명하기 ①

알다시피 발명왕 에디슨 선생은 수많은 발명품을 만들어 인류 발전에 지대한 공헌을 했습니다. 덕분에 우리는 문명의 혜택을 누리며 살고 있습니다. 어둠을 밝혀주는 전등은 누가 만들었을까요? 에디슨 선생이 만들었습니다. 활동사진은 누가 만들었을까요? 그것 역시도 에디슨 선생이 만들었습니다. 평생 발명해낸 것이 무려 1,084가지였습니다. 그렇다면 그는 누구냐? 학교라고는 3개월밖에 안 다녔습니다. 멍청이, 저능아 소리를 듣자 학교를 그만두고 어머니의 가르침과 각고의 노력으로 발명왕이 된 것입니다. "천재란 99% 노력과 1%의 영감으로 만들어진다." 누구 얘기냐? 에디슨 선생이 한 말입니다. 이걸 본다면 여러분도 발명왕이 될 가능성이 충분히 있다는 얘기올시다. 어떻게? 관심을 갖고 발명 쪽으로 눈을 돌리고 노력하는 것입니다. 발명이란 세상에 없는 것을 혹 있는 것을 더 좋게 만들어 내는 것입니다. 고차원 발명은 어렵고 힘들기 때문에 그보다 한 단

계 낮은 것을 개량해서 좀 더 좋게, 편리하게, 아름답게 만들면 되는 것입니다. 응용하는 것입니다.

우리가 쓰는 휴대폰은 하늘에서 그냥 툭 떨어진 것이 아니었습니다. 유선 전화기를 자꾸 개량해서 무선 전화기, 더 발전해서 여러분이 좋아하는 스마트폰이 만들어진 것입니다. 저 유명한 애플사의 스티브 잡스씨도 기존 있는 것을 좀 더 낫게 만들어 성공한 것입니다. 어떤 초등학생은 칫솔질한 횟수를 표시해주는 '숫자 메모리 칫솔'을 개발해서 '대한민국 학생 발명전시회'에 출품하기도 했습니다. 해마다 초·중·고생들이 학생 발명 경진대회에 많이 출품을 하고 상을 받기도 합니다. 좋은 아이디어는 상품으로 만들어지기도 합니다.

2015년 학생 발명 경진대회에 890건이 출품됐고, 그중 45건이 특허출원 대상자로 선정되기도 했습니다. 어떤 고교생들은 어린이 안전 콘센트, 소음이 적은 조용한 믹서기, 엉덩이 안 아픈 안장을 발명하기도 했습니다. 한 나라의 부강은 과학 발전에 달려있습니다. 여러분들이 자꾸 눈을 발명 쪽으로 돌리는 것입니다. 소질과 취향을 살리는 것입니다. 평소 관심을 갖고 쓰고 있는 것 중에 불편한 점은 없나? 더 아름답게 더 좋게 만들면 안 될까 관찰을 하고 개선점을 발견하면 그것이 곧 발명이고, 아이디어 개발인 것입니다. 좋은 일도 하고 명예도 얻고 부자가 될 수 있습니다. 중학생 사장이 될 수도 있습니다. 대학 진학 시에 가산점을 받아 진학한 학생도 있습니다. (기타편 960쪽에 다시 나옵니다.)

- 특허청 www.kipo.go.kr / 1544-8080
- 한국발명진흥회 www.kosie.net / (02) 3459-2752

(7) 자원봉사하기

자원봉사란 지역사회나 공익을 위해 자신의 이해를 따지지 않고 대가 없이 도움을 주는 일입니다. 다양한 곳에서 봉사의 손길을 기다리고 있습니다.

① 왜 필요한가?

도움이 필요한 곳에 도움을 주는 일처럼 값진 일은 없습니다. 손발이 되어 도와주면 받는 사람으로서도 좋아하고 기뻐할 것입니다. 그걸 봄으로써 봉사자도 보람과 기쁨을 느끼게 됩니다. 해서 좋고 받아서 좋으니 서로 좋은 것입니다. 우리는 혼자 살 수 없습니다. 함께 사는 세상입니다. 서로 도움을 주고받는 사회가 이상사회입니다. 거기에 동참하기 위해서도 봉사가 필요한 것입니다.

② 어디 가서 무엇을 어떻게 해야 할까요?

우리 주위에는 도움을 필요로 하는 곳이 너무 많습니다. 손길이 부족한 것이 현실입니다. 그렇기 때문에 우선순위가 필요합니다. 급한 곳과 덜 급한 곳이 있습니다. 경중도 필요합니다. 불편한 사람을 먼저 도와주어야 합니다. 봉사활동 프로그램을 짜서 활동해야 효과적인 봉사활동이 이루어집니다.

- 영유아원
- 양로원
- 장애인 시설
- 환경정화, 환경캠페인, 거리질서, 거리청소
- 길바닥 껌 떼기
- 공부 도우미
- 공공기관, 공공장소

③ 언제 할까?

각자 할 일이 있으므로 형편에 맞게 해야 합니다. 틈나는 대로 하게 되면 중단되기 쉬우므로 정기적으로 꾸준하게 해야 오래 지속됩니다.

④ 왜 할까요?

봉사의 가치는 자발성에 있습니다. 억지로 하는 봉사는 가치가 반감됩니다. 자발적으로 열심히 하는 학생도 많겠지만 여러분에게는 교육과정에 봉사활동이 포함되어 있고, 그에 따라 점수도 따야 하니 억지로 하는 경향도 있을 것입니다. 형식적인 시간 채우기식이 될 수도 있습니다. 그러나 억지로라도 한 번, 두 번, 여러 번 자주 하다 보면 습관이 되고 생활화가 돼 성인이 돼서도 자연 봉사활동으로 이어져 복지사회 건설, 일등 국민이 되는 데 밑거름이 되기 때문에 아주 좋습니다. 청소년들의 봉사정신이 투철하다는 것은 국가의 미래가 양양하다는 증거이기도 합니다.

⑤ 현실은 어떤가?

- 점수 따려고 봉사활동 : 중·고생 44% 응답
- 편한 곳 없나요? : 점수 대가로 봉사활동
- 개학 앞두고 내신용 전략 : 양로원 썰렁, 구청 북적
- 부모들 친척에 부탁 : 1시간 일하고 10시간 확인 도장
- 학생들 궂은 일은 싫어요. : 편한 곳만 찾아(동아일보)

  - 1365 자원봉사 포럼 www.1365.go.kr : 행정안전부, 1365번
  - 청소년 자원봉사 활동시스템 www.dovol.youth.go.kr : 여성가족부
  - 사회복지 자원봉사 인증관리 www.vms.or.kr : 보건복지부

(8) 독서 ①

독서는 지식과 지혜 그리고 사고력, 상상력, 판단력을 길러줍니다. 교양을 높여주고 재미와 즐거움을 줍니다. 값진 간접 경험을 쌓을 수도 있습니다. 밥이 몸의 양식이라면 독서는 마음의 양식입니다. 밥을 제대로 먹지 않으면 몸이 허약해지듯 독서를 하지 않으면 정신이 피폐해지기 쉽습니다. 독서를 통해서 우리 인간은 한 단계 성숙해집니다. 미래를 경영하는 데 있어서도 아주 소중한 자산이 됩니다.

① 왜 독서를 해야 할까요?

책 속에 인생의 길이 있기 때문입니다. 삶의 방법을 알려주기 때문입니다. 다양한 인간이 다양한 분야에서 다양한 방법으로 다양한 삶의 모습을 다양하게 보여주기 때문입니다. 그걸 흡수해서 내 것으로 만들기 위해서인 것입니다. 봄으로써 알 수 있고 배울 수가 있습니다. 그래서 책은 인생의 스승이라고 했습니다. 책을 봄으로써 책이 사람을 만든다고 했습니다. 그만큼 독서가 우리 인생에 미치는 영향은 큰 것입니다. 한 권의 책이 인생을 바꾼 사례도 많습니다. 위인이나 훌륭한 사람, 성공한 사람들의 공통점은 독서에 많은 시간을 쏟아부었다는 사실입니다. 독서를 많이 하면 할수록 얻는 것도 많기 때문입니다. 저자가 몇 십 년 혹은 한평생에 걸쳐 쌓고 이룬 것을 독서를 통해서 큰돈 들이지 않고 손쉽게 가만히 앉아서 단 몇 시간 동안에 알 수가 있고, 배울 수가 있는 것입니다. 책 속에는 고기 잡는 방법이 많이 들어있습니다. 많은 정보와 아이디어가 들어있습니다. 정보와 아이디어는 곧 돈입니다. 많이 보면 많이 얻을 수 있고, 적게 보면 적게 얻을 수 있습니다.

한 국가의 장래는 책 읽는 청소년에게 달려있다고 해도 과언은 아닙니다. 이처럼 독서가 중요하고 좋은 것임에도 독서를 게을리하는 경향이 많습니다. 학과 공부에 많은 시간을 쏟다 보니 독서할 틈이 부족하겠지만 독서란 어느 의미에선 종합 사회과목, 인생과목이기 때문에 등한히 해서는 안 될 것입니다. 자투리 시간을 이용하거나 TV, 컴퓨터, 휴대폰 사용을 줄이고 대신 그 시간을 독서에 투자하는 것입니다. 무엇이든 투자 않고는 얻을 수가 없습니다. 실제로 중학교 때 책 많이 읽은 학생을 추적 조사해보니 수능 점수가 과목당 18~22점 높았다는 한국직업능력개발원의 조사도 있었습니다. 대입 논술, 취업 상식이나 면접 등에도 유용합니다. 1주일에 1권이면 연 50권, 3년이면 150권 읽게 되는 셈입니다. 길이 없으면 길을 만들어야 되듯 시간이 없으면 시간을 만들어야 합니다. 장차 사회에 나아가 직장생활을 하게 되고, 가정을 갖게 되면 그만큼 독서시간이 줄어들므로 학창시절에 많은 독서를 해둬야 하는 이유인 것입니다. 그런즉슨, 일과표에 독서시간을 정해두면 계속 독서가 이어지니 좋습니다. 자연 독서의 생활화가 이루어집니다.

② 어떤 책을 읽을 것인가?

여러분은 학생 신분이므로 우선 학과 공부에 연관된 책을 읽어야 합니다. 그리고 문학작품, 시, 소설, 수필, 고전, 역사문화, 위인전기라든가 고루 먹어야 몸에 좋듯 고루고루 읽으면 좋을 것입니다. 추천도서, 권장도서를 선택하면 더 좋을 것입니다.

③ 어떻게 읽을 것인가?

ㄱ. 계획을 세워서 읽는 것입니다.

인생은 너무 짧고 읽을 책은 너무 많습니다. 아무 때나 이것저것 두서없이 읽게 되면 효율적인 독서가 될 수 없습니다. 알고 싶고 관심이 있는 분야의 독서목록을 정하고 하루에 얼마, 언제까지 끝내겠다는 독서계획을 세웁니다.

ㄴ. 자기 수준에 맞아야 합니다.
이해가 잘 안 되거나 어려우면 흥미를 잃게 되고 자연 읽다 말게 됩니다.

ㄷ. 속독, 정독
독서방법에는 속독과 정독이 있습니다. 속독은 가볍게 빨리 읽는 것이고, 정독은 꼼꼼히 음미하면서 읽는 것입니다. 장단점이 있겠으나 바람직한 독서방법은 정독에 있습니다. 가볍게 빨리 읽어야 할 책이 있겠지만 머리에 남는 게 별로 없습니다. 음식을 씹지 않고 먹으면 소화가 안 되듯 정독해야 할 책은 시간이 걸리더라도 꼼꼼히 음미하고 새기면서 읽어야 얻는 게 많고, 머리에 오래 남게 됩니다. 그래야만 필요한 때 척척 꺼내 써먹을 수가 있습니다. 나아가, 글을 쓴다거나 연애편지를 쓴다거나 대화나, 좌담, 연설이라든가 유용하게 써먹을 수 있습니다.

ㄹ. 정리
깊이 음미해볼 부분, 참고사항, 써먹을 곳이 보이면 밑줄을 쳐두고 느낌을 책에 메모해두거나 읽은 뒤에는 그 부분을 노트에 정리해두는 것도 좋습니다. 읽고 밑줄치고 정리하면 두 번 보게 되니 복습효과도 있습니다. 독후감도 좋을 것입니다. 속담, 격언, 금언, 좋은 글귀는 암기해두면 더더욱 좋습니다. 때에 따라 적절히 인용해봅니다.

ㅁ. 재독
입력된 내용이 시간이 지나면 잊혀집니다. 일정 기간 뒤 정리해둔

노트를 다시 보면 기억이 새로워지고 처음부터 끝까지 다시 볼 필요 없으니 시간도 절약됩니다.

- 책은 영혼의 음식이다. - 소크라테스
- 생각하지 않고 읽는 것은 씹지 않고 먹는 것과 같다. - E. 버크
- 어떤 책은 맛보고 어떤 책은 삼키고 소수의 어떤 책은 잘 씹어서 소화해야 한다. - F. 베이컨 / 수상록
- 내가 알고 싶어 하는 것은 모두 책 속에 있다. 누구 얘기더냐? 잘 알고 있는 에이브러햄 링컨 대통령올시다.
- 책은 그에게 학교에서 배울 수 없는 것을 가르쳐준 또 하나의 스승이다. 이건 또 누구 얘기더냐? 최재천님의 얘기올시다.
- 독서는 여러 종류의 인생을 경험해볼 수 있는 소중한 자산이다. 이것 역시 누구 얘기더냐? 한비야님의 얘기올시다.
- 책은 간접 체험을 통해 우리의 지식을 넓히고 시간을 초월하여 선현들과 만나 삶의 지혜를 얻고 미래에 대한 원대한 꿈을 키우게 한다. - 민재기
- 책은 인생이라는 험한 바다를 항해하는 데 필요하도록 남들이 마련해 준 나침반이요 망원경이요 지도다. - 베네트
- 다른 사람이 쓴 글을 읽는 데 시간을 투자하라. 그러면 다른 사람들이 힘써 얻은 바를 당신도 쉽게 얻을 수 있다. - 소크라테스
- 독서란 책을 쓴 사람이 모든 것을 다 바쳐 연구한 것을 짧은 시간에 자신의 것으로 만들 수 있는 효과적인 방법이다. - 앨빈 토플러

(9) 외모 가꾸기
① 화장

화장하는 초·중·고 여학생이 눈에 띄게 많습니다. 수업 중이나 쉬는 시간에도 한다는데 자기 반 반 이상이 화장한다고 어느 중학교

1학년 여학생은 말합니다. 좀 참았다 해도 될 텐데 뭐가 그리 급할까? 여기에도 쏠림현상이 빚어지고 있습니다. 겉모습을 아름답게 꾸미는 것은 자연스럽고 바람직한 일입니다. 나와 상대의 눈을 즐겁게 하니 더없이 좋은 일이지만 자신의 위치나 신분에 맞게 꾸미는 것이어야 가치가 있습니다. 모든 것은 때가 있습니다. 공부할 때가 있고 놀 때가 있습니다. 얼굴 화장, 눈 화장, 입술 화장은 어른이나 커서 할 화장인데 어린 여학생들이 이런 화장을 한다면 우리의 정서상 맞지 않고 특히 화장하는 초등학생들도 많다니 바람직한 모습은 아닌 것입니다. 신경 쓰면 공부할 시간을 뺏기게 되고, 집중도 안 될 뿐만 아니라 피부도 어른보다 약해서 흡수가 빨라 가려움, 발진, 여드름, 알레르기, 발암, 중금속 축적, 성조숙증 등 부작용이 많다고 전문가들마다 지적합니다. 소변에도 내분비 교란 물질이 검출되기도 한다는 것입니다. 더욱이 질 나쁜 화장품을 쓰면 부작용은 피할 수가 없을 것입니다.

또 한 가지 사실은 어린 나이부터 화장을 하거나 짙게 할수록 예민하고 연약한 피부가 쉬 피로해져 피부가 쉬 늙는다는 사실입니다. 바르면 펴지고 닦으면 오므라들고 반복되면, 피부에 잔주름이 빨리 생기게 됩니다. 일찍 담배를 피우면 일찍 폐암에 걸리듯 여러모로 안 좋은 점이 많아 부모님도 싫어하고 학교에서도 화장을 금하고 있습니다. 미성년자들이 어른 흉내를 내는 것은 하나도 좋을 게 없습니다. 분명한 것은 10대 때는 피부가 피기 시작하는 나이이기 때문에 화장 안 한 그대로의 모습이 윤기가 흐르고 더 깨끗하고 더 예쁘다는 사실입니다. 안 하는 것이 백 번 낫습니다. 더 좋습니다. 세월은 유수(流水)와 같이 너무 빨라 금세 어른이 되고, 어른이 되면 화장도 내 마음대로 마음껏 원 없이 할 수가 있습니다. 그러니 어른이 될 때까지 느긋하게 참고 기다리는 것입니다. 기다림은 미덕입니다.

- "얼굴이 예쁘면 여자냐, 마음씨가 고와야 여자지~" 하는 유행가 가사가 있듯(정두수 / 마음이 고와야지) 겉보다 속 가꾸기에 애를 쓰는 것이 더 낫습니다. 외면의 아름다움은 내면의 그것을 이길 수 없습니다. 화장보다 그 시간에 시 한 수 외우는 것이 더 나은 것입니다.
- "엄마야 누나야 강변 살자. 뜰에는 반짝이는 금모래빛. 뒷문 밖에는 갈잎의 노래. 엄마야 누나야 강변 살자."(엄마야 누나야 강변 살자 / 김소월) 그 비용으로 시집 한 권 사는 것입니다.

지금은 화장에 신경 쓸 때가 아니고 실력을 기를 때입니다. 정 하고 싶으면 화장하지 않고는 못 살 것 같으면 내 피부에 맞는, 건성인지 지성인지 맞게 해야 합니다. 그보다는 로션이나 살짝 바르는 것이 더 좋습니다. 그런데 화장 않는 친구는 왜 안 할까요? 벼는 익을수록 고개를 숙인다고 속이 꽉 차있기 때문입니다. 남의 이목에 휘둘리지 않기 때문입니다. 혹시나 가게에서 손톱, 발톱 손질을 할 때 재수 없으면 간염이나 에이즈에 걸릴 수도 있으니 주의하는 것도 좋습니다.

■ 화장품 살 때 꼭 확인해야 할 사항

사기 전에 화장품 용기 뒷면에 나와 있는 위험성분 표시를 확인해 봅니다.

- 발암, 신경 독성
- 내분비계 장애(호르몬 변화, 성조숙증, 키 성장 저해)
- 알레르기 유발, 중금속 축적
- 뇌 손상(알츠하이머), 피부 호흡 방해

(자료 : 미국 비영리 환경시민단체(EWG))

- 매력은 나다움의 표현이다. 겉과 속의 조화에서 우러나온다. - 우우당
- 여성의 아름다움은 얼굴에 있지 않다. 여성의 진정한 아름다움은 영혼이 반영된 내면의 모습이다. - 오드리 헵번 / 영화배우
- 여자들은 하느님으로부터 물려받은 얼굴이 있는데도 그것에 연지분을 발라서 전혀 별다른 낯짝을 만들어 놓는다. - 셰익스피어
- 얼굴은 마음의 거울이다. - 영국 격언
- 아름다운 얼굴이란 거기에 마음의 고귀함이 그려져 있는 얼굴이다. - A. R. 알레톤
- 맑은 혼이 없는 아름다운 얼굴은 반짝이는 유리눈과 같은 것으로서 아무것도 보이지 않는다. - 브라키
- 아름다운 얼굴이 추천장이라면 아름다운 마음은 신용장이다. - B. 리턴 / 그것으로서 그는 무엇을 하는가?

② **성형수술**

성형수술도 마찬가지올시다. 태어날 때부터 기형적인 얼굴이거나 다친 경우가 아니라면 모를까 멀쩡한 얼굴, 오로지 미용 때문에 하는 수술이라면 안 좋을 수 있다는 사실입니다. 모든 것은 때가 있듯이 정 하고 싶으면 성장 발육이 다 끝난 어른이 됐을 때 하는 것이 정상입니다. 성장 발육 중에 하게 되면 얼굴이 뒤틀릴 수도 있으니 위험하다고 세계의사협회는 강조합니다. 정 수술하고 싶으면 화장처럼 좀 참았다가 어른이 된 뒤에 해도 늦지 않습니다. 세월은 또 유수와 같아 조금 기다리면 어른이 됩니다. 중요한 점은, 지나쳐선 안 될 점은 성형수술은 반드시 부작용이 생긴다는 사실이고, 또 잊어서는 안 된다는 점입니다. 부작용 반 이상이 눈, 코 성형에 있습니다. 누가 하니 질세라 덩달아 따라합니다. 누가 찢어진 청바지 입고 다니자 너도나도 덩달아 창피한 줄도 모르고 품위 없이 입고 다니듯 성형수술을 대수롭지 않게 여기거나 간단히 생각해서는 안 됩니

다. 장난이 아닙니다. 얼굴에 칼을 대는 일인데 잘못되면 큰코를 다칠 수 있고 낭패를 볼 수 있고 십중팔구 후회를 하게 됩니다. 이쁘라고 했는데 잘못해서 수술 전보다 못해 비관 자살하는 어른도 있습니다. 부작용 사례가 너무나 많습니다. 잘못된 얼굴 거울 볼 때마다 후회가 안 될까요? 평생 속상하지 않을까요? 그러다 보니 어른들의 성형 전 복원수술이 매년 10% 증가하고 있다는 것입니다. 얼굴 모습이 비슷비슷해져 개성이 없어지고 선한 인상이었는데 수술 후에 험한 인상이 되어 고민 끝에 복원수술을 한다는 것입니다.

사람에 따라 수술한 쌍꺼풀은 험한 인상으로 비쳐질 수가 있습니다. 음침하게 보여지기도 합니다. 잘못된 수술은 친구도 못 알아볼 정도가 되기도 합니다. 요사이는 셀프 성형, 간이 성형기구가 범람하고 있습니다. 쌍꺼풀 테이프니 콧속에 뭘 집어넣는 코뽕이니 과대선전에 현혹되는데 여기에도 부작용이 있습니다. 눈꺼풀이 아래로 처지기도 하고, 코뼈가 휘어질 수도 있고 자제하고 삼가는 지혜가 필요합니다. 얼마 전 어떤 사람은 턱 깎는 수술을 받다가 사망하기도 했습니다. 가치 없는 죽음이고 얼마나 원통할까요? 인공미는 시간이 지나면 싫증이 느껴지기 마련입니다. 자연스런 얼굴이 가장 자연스럽고 아름답습니다.

인간은 누구나 다 한두 가지 콤플렉스, 열등감을 가지고 살아갑니다. 완벽한 사람은 한 사람도 없습니다. 외모 콤플렉스 역시도 마찬가지입니다. 키 큰 사람도 있고, 작은 사람도 있습니다. 눈이 큰 사람도 있고, 좀 작은 사람도 있습니다. 각자 다 타고납니다. 콤플렉스는 대부분 남과 비교에서 옵니다. 그것은 우월의 차이가 아니고 다름의 차이에 불과합니다. 너무 의식할 필요가 없습니다. 자책할 필요도, 의기소침, 너무 주눅들 필요가 없습니다. 자신의 외모에 자긍심을 가지고 천상천하 유아독존인 것처럼 자신만의 개성을 살리는 것입니다. 장점을 살려 그걸로 뛰어넘는 것입니다. 누구나 콤플렉스가 있듯 장점도 한두 가지가 있기 때문입니다. 인간의 참가치는 외모에 있지 않고 내면의 아름다움에 있습니다. 불변의 진리이고 그것은 한낱 장식품에 불과합니다. 그러니 엄마한테 수술해달라고 하지 마십시오. 큰코 다칩니다. 큰코 다친 사람도 많습니다. 하지 않고는 못 살 것 같다면, 병이 날 것 같다면 좀 기다렸다 성인이 된 뒤에 하십시오.

- 너그럽고 상냥한 태도, 그리고 사랑을 지닌 마음! - B. 파스칼
- 뚝배기보다 장맛 - 한국 속담
- 담은 그릇으로 술을 판단하지 말라. - 라틴 속담
- 외모가 훌륭하다고 칭찬하지 말고 외모가 볼품없다고 경멸하지 말라. - 성경
- 얼굴은 마음의 거울이다. - 영국 격언
- 미모는 눈을 즐겁게 하고, 고운 마음씨는 혼을 매료시킨다. - 볼테르

노래 좀 소개할까요? "야생화(외국곡)"(김세화), "NONHO Léta"(질리올라 칭케티), "스잔나"

③ 여드름 손질하기

사춘기가 되면 호르몬 분비가 왕성해져 얼굴 여기저기에 여드름이 생깁니다. 미용상 보기 싫으니 제거하려는 심리도 작용하고 불가지니 짜고 싶은 마음도 생깁니다. 쏙 빠져나오니 시원해질지도 모릅니다. 그래서 여드름을 짜게 됩니다. 그런데 잘못 짜면 여드름 자국, 구멍이 생기고 보기 흉해집니다. 흉터가 생깁니다. 거울을 볼 때마다 스트레스를 받게 됩니다. 그러나 그냥 놔두면 대부분 가라앉습니

다. 속담에 "긁어 부스럼 만든다."고 짜고 싶으면 진물이 날 정도로 힘껏 짜지 말고, 곪을 때까지 기다렸다 짜면 흉터가 생기지 않습니다. 불결한 손으로 만지는 것 역시도 균이 번지는 원인이 됩니다.

상태가 안 좋으면 피부과의 도움이 필요합니다. 중증 여드름 치료약 속의 이소트레티노인 성분은 부작용 논란이 많으므로 일차 점검이 꼭 필요합니다. 여드름 관리의 기본은 손을 대지 않는 것이라는 전문가의 조언도 있습니다. 왕왕, 얼굴이 가렵다고 피부과에서 주는 연고를 바를 경우 혈관이 늘어나 얼굴이 붉어지고 모공이 넓어져 작은 분비물이 자주 나오기도 합니다. 주의가 꼭 필요합니다. 10대 때는 피지가 많이 분비돼 밖으로 배출시켜야 되는데 화장하게 되면 모공을 막으니 여드름, 모낭염에 걸릴 위험이 높고, 여드름 자국을 덮기 위해 화장품을 짙게 바르면 피부에 난 상처가 깊어져 색소 침착으로 이어진다는 전문가들의 지적에 귀를 기울일 필요가 있습니다. 화장을 안 하면 이런 문제도 생길 염려가 없으니 좋으련만.

(10) 동아리 활동

학교마다 각종 동아리 반이 구성되어 있어서 많은 학생들이 동아리 활동에 참여하고 있습니다. 동아리 활동은 전인교육의 일환이므로 학교에서도 권장하고 지원도 해주고 있습니다. 독서반, 방송반, 봉사반, 발명반, 컴퓨터, 스포츠, 음악, 미술, 문예 등 다양합니다. 참여함으로써 공부에 지친 학생들에게 스트레스도 풀 수 있고, 휴식의 장이 될 수 있으며, 어울림으로써 친구도 사귈 수 있고, 배려심, 협동심, 소통능력, 사회성을 기를 수 있습니다. 더 나아가 취미 또는 적성을 살릴 수 있고, 적극적인 성격을 기를 수 있고, 성적에도, 진학 시에도, 장차 직업을 선택하는 데 도움이 될 수도 있습니다. 적성에 맞는 동아리 활동은 재미와 보람과 성취감을 느낄 수 있는 즐거운 학창생활의 한 방편이 될 수 있습니다. 특히 진로와 연관된 동아리 활동, 예를 들어 방송활동을 살린다면 방송계로 나갈 수 있고, 컴퓨터 활동은 IT(정보기술) 쪽으로 진출하는 데 도움이 될 수 있습니다. 적극 동아리 활동에 참여하는 것이 좋습니다. 활동 내용을 그때그때 적어두면 장차 학생부 활용에 도움이 될 것입니다.

(11) 리더십 기르기
① 리더, 리더십이란?

사전을 보면 리더란 앞장서서 여러 사람을 이끌어가는 지도자를 말하고, 리더십이란 지도자로서의 능력이나 자질, 통솔력, 지도력을 말합니다. 한마디로 목표를 향해 조직원들을 일사분란하게 따라오게 하는 힘, 움직이게 하는 기술을 말합니다. 동쪽으로 가자고 하면 자발적으로 두말없이 따라오는 것! 이것이 리더십입니다. 인간은 누구나 부림을 받기보다 부리기를 좋아하는 속성이 있습니다. 음식에도 오소리 감투라는 게 있듯 감투를 좋아한다는 사실입니다. 권한과 이익과 명예가 따르기 때문입니다. 속담에 "쇠 꼬리보다 닭 머리가 되라."고 했듯이 어른들, 너도나도 어중이 떠중이 감투에 혈안이 되어있습니다. 그러다 보니 리더답지 않은 리더가 많아 왕왕 문제가 많이 발생합니다. 리드를 잘 못해서 조직을 곤경에 빠뜨립니다. 조직의 성패는 리더의 역량에 좌우됩니다. 국가의 지도자도 리더고, 한 가정의 가장도 리더요, 학급의 반장도, 동아리의 반장도 리더입니다. 리더를 잘 만나야 함은 불문가지인 것입니다. 불문가지? 뜻을 모르면 국어사전을 보면 알 수가 있습니다. 대부분 그냥 넘어가는데 찾기를 싫어합니다. 귀찮다고 그냥 넘어가면 알 수가 없습니다. "쇠뿔은 단김에 빼라."고 지금 당장 찾아보십시오. 모르면 그 즉시 찾아보는 습관을 들여야 합니다. 아주 중요한 사항입니다.

② 리더, 어떤 유형이 있을까?

ㄱ. 자유 방임형

구심점이 없으니 모래알처럼 중구난방이 되어 단합이 안 돼 통솔이 어려워 바람직하지 않습니다.

ㄴ. 권위형

목에다 힘을 주고 강압적으로 일방적으로 끌고 가는 "나를 따르라!" 하는 유형입니다. "말은 물가에 끌고 갈 수는 있으나 강제로 먹일 수 없다."는 이치를 유념해야 하는 타입입니다.

ㄷ. 민주형

의사를 존중하고 경청하고 배려하고 동기를 부여해서 자발적으로 따라오게 하는 유형입니다. 우리는 리더의 전형으로 이순신 장군의 리더십을 꼽습니다. 명량대첩에서 12척으로 133척의 왜선을 격침시킬 수 있었던 것은 장군을 믿고 따르게 하는 훌륭한 리더십이 있었기 때문입니다.

③ 리더십, 어떻게 길러야 할까?

자신에게 성실하고 상대에게 관심을 갖고 배려하고 도움을 주면 좋은 인간관계가 맺어지고 친구들도 하나둘씩 모여들고 자연 리더가 됩니다. 우선 리더로서 본을, 모범을 보여주는 것입니다. 다 하기 싫은 걸 내가 먼저 합니다. 닦기 싫은 칠판도 내가 도맡아 닦습니다. 떨어진 휴짓조각도 내가 먼저 줍습니다. 화장실 청소도 내가 도맡아 합니다. 또 한 가지는 신뢰감을 주어야 합니다. 믿음성 있는 언행을 해야 믿고 따르게 됩니다. 거짓말은 신뢰를 떨어뜨립니다. "콩으로 메주를 쑨다."고 해도 믿지 않으면 리더십이 생길 수가 없습니다. 또 소통의 리더십도 필요합니다. 혈관이 막히면 안 되듯이 내 말만 일방적으로 얘기해서는 안 되고, 상대의 말을 경청, 잘 듣고, 그리고 내 생각을 효과적으로 전달해야 소통이 되는 것입니다. 또 공과 사를 구분해야 되고, 자신에게는 엄격하고 상대에게는 관대해야 합니다. 리더십은 하루아침에 길러지는 것이 아닙니다. 꾸준히 갈고 닦아야 합니다. 리더십에 관한 책을 참고하는 것도 좋습니다.

(12) 교환학생

미국에 단기 유학을 계획하고 있는 학생들에게 '미국 국무부 교환학생 프로그램'을 소개합니다.

① 취지

글로벌 시대에 자라나는 젊은 세대간의 교류를 통해 세계 평화에 기여한다는 목적 아래 미국 국무부에서 일정한 자격을 갖춘 세계 청소년을 초청, 자원봉사 가정(홈스테이)에서 숙식을 하면서 1년간 공립학교에서 미국 학생과 똑같은 정규수업을 받는 프로그램입니다.

② 부수효과

믿을 수 있고, 일반 유학보다 비용이 저렴하고, 영어 실력을 기를 수 있고, 다양한 문화체험, 참가한 타국 친구들과 우정, 자립심, 자신감을 키울 수 있다는 점입니다.

③ 주관 - 각 유학단체
④ 자격
- 나이는 만 15~18세(중고생)
- 최근 3년간 학교성적 평균 'C' 이상
- 영어시험 : SLEP test 50점 이상(67점 만점) 또는 ELTiS Test 222점 이상(265점 만점)

- 영어 인터뷰 : 5점 이상(10점 만점)

⑤ 기간 : 1년간
⑥ 준비사항
- 최소한 6개월 전부터 준비
- 비용(기본 경비, 왕복 항공료, 유학단체 진행비용, 기타)

⑦ 유의사항
- 미국 유학이 인정되므로 귀국 후 국내 동급 학년 편입 가능
- 귀국 후 유학 기간의 공백을 어떻게 메꿀 것인가 점검
- 유학단체를 통해 여러모로 알아보고 검토해서 신중히 결정합니다.(문의 : 맛있는 유학 (02) 529-0569)

(13) 호신술 익히기

왜 호신술이 필요할까? 국가간에도 힘이 없으면 불이익을 당하듯 개인도 마찬가지로 힘이 부족하면 힘 있는 자에게 시달리거나 해를 입게 됩니다. 왕따, 폭력, 성폭력, 데이트 폭력, 강도, 납치, 살인 등 피해를 당하게 됩니다. 이처럼 험난한 세상을 살아가는 데 물리적 힘이 꼭 필요합니다. 힘은 피해를 막아주고 줄여줍니다. 힘이 없는 것보다는 있는 것이 좋고, 힘이 없으면 힘을 길러야 합니다. 이런 차원에서 호신술을 익혀두는 것입니다. 태권도, 유도, 레슬링, 권투, 킥복싱, 검도 등이 좋습니다. 속담에 "무는 개 주둥이를 쳐다보라."고 했습니다. 사나운 개가 남의 대문 앞에서 으르렁거리고 도사리고 있다면 들어가야 되는데 대부분 들어갈까 말까 망설이고 눈치를 보게 됩니다. 꽉 물면 어쩌나 겁이 나기 때문입니다. 만물의 영장인 인간이 개의 눈치를 보다니 이것이 힘의 논리입니다.

힘이 있는 자에게는 감히 덤벼들지 못합니다. 슬슬 피합니다. 집안에 강도가 들어왔을 때 제압해야 되는데도 힘이 없으면 무서워 벌벌 떨거나 대항을 못하지만 힘이 있으면 대항하기도 하고 제압해서 경찰에 넘기기도 합니다. 누가 전철 안에서 약자에게 행패를 부릴 경우 승객들이 많이 있어도 누구 한 사람 제지를 못할 때 레슬링 유급자인 우리 남학생이 의협심을 발휘해 너끈히 제압할 수도 있습니다. 밤길에 치한이 연약한 우리 여학생에게 위해를 가하려 했을 때 태권도 유단자인 우리 여학생이 2단 옆차기로 한방에 무릎 꿇릴 수도 있습니다. 힘을 길러두면 이렇게 다양하게 써먹을 수가 있습니다. 학교에서 자주 벌어지고 있는 왕따나 폭력 문제도 마찬가지입니다. 대부분 힘이 약한 친구만 골라서 왕따와 폭력을 휘두릅니다. 항우장사처럼 힘이 세다면 감히 덤비지는 못할 것입니다. 되로 주고 말로 받을 수 있기 때문입니다. 이런 차원에서도 힘은 꼭 필요합니다. 학교든 직장에서든 이웃이든 사회든 조직의 리더가 되든 어디서건 힘은 필요하고, 기회가 되면 틈틈이 힘을 길러둬야 합니다. 평생 많은 도움을 받을 수 있기 때문입니다.

세상이 갈수록 험악해지다 보니 힘이 약한 우리 여학생들이 본의 아니게 폭력, 성추행, 성폭력, 납치 등의 피해를 당하고 있습니다. 밤길을 혼자 다니거나 수업 끝나 귀가 시, 대낮에 외출 시, 인적이 드문 곳이든 번화가든 위험이 항상 도사리고 있습니다. 지금껏 납치된 여학생이 몇 명이나 있을까? 있다면 어디서 뭐할까? 경각심 차원에서 다시 언급합니다만(취학 전편 190쪽 참고) 왜 이런 일이 생길까? 힘이 약하기 때문입니다. 방심하기 때문입니다. 납치 유형은 대부분 승합차나 승용차를 이용할 것입니다. 2인이나 3인 1조가 되니 힘으로 대항하기가 어렵습니다. 차를 대놓고 오라고 손짓하면서 뭘 묻는 척하는 경우 의식하지 않고 차 가까이 가게 되면 벼락같이 차 안으로 끌고 들어가면 속수무책으로 당하게 됩니다. 또 정류장에서 혼자 버스를 기다리고 있거나 길을 가고 있는데 차로 다가와서 뭘 묻는 척하거나 같은 방향이면 태워주겠다고 유인, 멋 모르고 탈 경우 납치당하게 됩니다. 만일 호신술이라도 배웠더라면 능히 제압할 수가, 위기를 모면할 수가 있습니다. 예방책이라면 응하지 말고 무시하고 갈 길을 가는 것입니다. 가급적 길 안쪽으로 다니는 것이 좋습니다. 힘이 없어 순간 당할 경우는 기지가 필요합니다. 경황이 없겠지만 당황하지 말고 침착하게 상황 파악, 대처합니다. 잡힐 경우 힘껏 뿌리치고 고함치면서 피합니다. 1 : 1이라면 정강이를 차거나 급소인 사타구니를 차거나 머뭇거릴 때 빨리 피하거나 행인 쪽으로 달려가 구조를 요청하거나 가까운 가게 안으로 들어가 피합니다. 속담에 "호랑이에게 물려가도 정신만 차리면 산다."고 했습니다. 내 몸은 내가 보호해야 한다는 생각을 항시 갖는 게 중요합니다.

그리고 항상 호신용품(호루라기, 호신용 삼단봉, 경보기, 스프레이, 팔찌, 목걸이 등)을 휴대합니다. 빨리 사용하기 위해 꺼내기 쉬운 곳에 보관합니다. 호루라기는 밤에는 목에 겁니다. 경보기는 호주머니에 보관하고 상황 시 곧바로 누릅니다. 호주머니가 없을 땐 가방끈에 매달아둡니다. 호신용품을 지니고 있으면 조금 든든한 생각이 들기도 하기 때문에 사용법을 익히고 연습해둡니다. 야간에는 가급적 동행하는 지혜가 필요합니다. 여럿보다 혼자를 노리기 때문입니다. 2013년 1월 1일부터 미성년자와 여성을 위해 'SOS 국민 안심서비스 제도'가 시행 중이므로 이용하는 것도 좋습니다. (문의 182번) 위급 시 약정된 휴대폰, 전용 단말기 버튼을 누르면 경찰 또는 보호자에게 통보가 되고 경찰관이 즉시 출동하는 서비스입니다. (20대편 644쪽을 참고하십시오.) 또 서울시에서 운영하는 '여성 안심 귀가서비스 제도'를 이용합니다. 서울시 거주자로 밤 10~12시까지 120번 다산콜센터로 신청, 동행 서비스를 받을 수 있습니다. 위급 시 사이렌을 울려주는 앱, 휴대폰을 들기만 해도 자동신고 되는 앱도 있습니다.

(14) 방학 - 보람 있게 보내기 ②

묶어놓지 않고 풀어놓고 기르는 방목처럼 방학은 학교 가지 않고 학교 공부에서 놓여나는 것, 한마디로 노는 시간입니다. 그래서 방학하면 신나고 들뜨고 기다립니다. 그럼에도 마음껏 뛰놀 수 없는 것이 지금의 현실입니다. 즐거워야 할 방학이 경쟁에 뒤처지지 않기 위해 방학 전보다 오히려 강도 높은 사교육에 매달리기도 합니다. 그동안 학교수업 받으랴, 학원과외 전전하랴 무척 심신이 피곤하고 스트레스도 많이 쌓여있을 텐데 방학만이라도 학습을 멀리하고 좀 쉬면서 폭넓은 경험을 쌓고 친구들과 어울리는 재미있는 시간이어야 합니다. 노는 것도 엄연한 공부의 한 과목입니다. 어쨌든 주어진 방학 기간을 계획 없이 엄벙덤벙 보내는 것보다는 보람 있게 보내야 합니다. 어디까지나 방학은 휴식시간이어야 하고, 부족한 과목 보충 시간이어야 하고, 학교생활 때문에 할 수 없었던 걸 해보는 시간이어야 합니다. 먼저 무엇을 어떻게 할 것인가 실천 가능한 방학생활 계획을 세우는 일입니다. 목표나 계획 없이 하루하루 그럭저럭 보낸다면 어떻게 될까요? 보람도 없고 후회와 아쉬움만 남습니다. 이룬 것 없는 방학이 되고 맙니다.

① 실천 가능한 계획을 세웁니다. 너무 빡빡하거나 촘촘하게 세우면 지치기 쉬우므로 좀 느슨하게 여유 있게 세우는 것이 좋습니다. 그날 계획한 것은 그날 실천해야 합니다. 계획만 세워놓고 실천하지 않으면 아무 쓸모없고 헛수고만 한 것이 되고 맙니다. '실천 = 발전 = 성공'입니다. 너무 무리하게 세워 자꾸 미루게 되면 목표를 달성할 수가 없습니다. 계획 = 할 것을, 반찬도 고루 먹어야 좋듯 고루 안배하십시

오. 취미활동, 친구교제, 자기계발, 체험활동 등 다양하고 조화롭게 해봅니다. 그리고 반드시 자기 전에 실천 결과를 점검해야 합니다. 반성과 후회의 시간을 가져보십시오. 그래야 발전이 있습니다.

② 공부는 선행학습보다 복습에, 뒤처진 과목, 포기한 과목, 부족한 과목에 집중하십시오. 만회할 수 있고 성적을 올릴 수 있고 따라잡을 수 있는 절호의 기회입니다. 놓쳐서는 안 될 귀중한 시간입니다. 그렇지 않고 놓쳐버린다면 개학 후 진도를 따라잡을 수 없습니다. 두고두고 후회하게 됩니다.

③ 방학 동안만이라도 TV 시청이나 인터넷(게임)을 중단해보십시오. 안 보고 안 하겠다고 굳게 결심하고 부모님에게 선포하십시오. 계속해오던 것을 중지하는 것은 어려운 일이지만 독하게 마음먹으면 할 수가 있습니다. 그 시간을 유용하게 이용하는 것입니다. 담배를 바로 끊지 못하는 사람, 단박에 끊는 사람이 있듯이 장차 큰일을 할 여러분이 못할 이유가 하나도 없습니다. 안 해보고, 안 하려고 하니까 안 되는 것입니다. 그것들에 빠지면 방학, 그 값진 시간! 중요한 시간이 허망하게 날아가 버리고 맙니다. 한 번 지나간 시간은 다시 돌아오지 않습니다. 방학 동안 1일 1~2시간 영어 교과서를 통째로 암기하는 것에 도전해보십시오. 영어 공부에 많은 도움이 될 것입니다.

④ 평소처럼 규칙적인 생활을 하십시오. 학교 가지 않으니 자연 늦게 자고, 늦게 일어나게 되고, 식사도 제때에 하지 않은 경우도 있을 것입니다. 나태해지고 무절제한 생활이 될 수가 있습니다. 방학 전 일상의 균형이 깨질 수 있습니다.

⑤ 기타

ㄱ. 시력, 청력, 치과, 소변, 혈액검사 등 자신의 건강상태를 점검해보십시오.

ㄴ. 탈선의 기회가 될 수 있으니 주의하십시오. 못된 친구와 휩쓸리고 분위기에 취하면 나쁜 짓을 '순간' 따라하게 되고 평생 후회하게 됩니다.

ㄷ. 방학숙제는 부모님이 해주는 것이 아니고 내가 하는 것입니다.

4. 사춘기 고민은 어떻게 풀어야 할까?

(1) 사춘기란?

봄에 싹이 트고 꽃봉오리가 맺히듯 여러분의 나이 12~13세 전후의 시기를 말합니다. 이때는 신체적으로나 정신적으로 많은 변화가 일어납니다. 신체적으로는 남학생은 목소리가 굵어지고 콧수염도 음모도 나오고 몽정도 하고 체격도 커집니다. 여학생은 생리가 시작되고 음모도 나오고 가슴도 봉긋하고 서서히 여성답게 변해갑니다. 정신적으로는 자아가 싹 트고 자기 주장이 강하고 자기만의 세계를 갖고 싶어 하고 이유 없이 반항하거나 감수성도 예민해지거나 충동적이고 짜증, 화도 잘 내고 음악이나 문학작품, 취미생활에 몰입하기도 하고 성에 눈뜨고 이성에 관심을 갖고 그리워하고 사귀고 싶어 하고 선생님을 흠모하기도 합니다.

특히 2학년이 되면 감정의 기복이 심해 흔히들 '중2병'이라고 말하기도 합니다. 한편으로는 부모님의 간섭을 싫어하고 품에서 벗어나려고 부모님과 반목, 갈등을 빚기도 합니다. 또 외모나 몸매에 관심이 많고 불만이나 열등감이 생기기도 합니다. 여학생은 자기애(自己愛)에 빠지기도 하고, 돌멩이가 굴러가는 것만 봐도 깔깔대기도 하고, 금방 새침해지거나 토라지기도 잘합니다. 한마디로 이 시기는 어른이 돼가는 성장과정으로서 심리적으로 매우 불안정하기 때문에 방황, 일탈하기 쉽고, 갈등도 고민도 많은 시기입니다. 이때를 질풍노도의 시기라고 정의하기도 합니다. 심리적으로 독립하기 위한 몸부림이고, 제대로 성장하고 있다는 증거이기도 합니다.

(2) 고민은 어떤 것이 있을까?

공부, 성적, 부적응, 친구, 이성친구, 용돈, 부모나 가족간의 갈등, 학대, 정신건강(우울증, 스트레스, 게임중독), 비행(왕따, 폭력, 가출, 원조교제, 음란물, 약물 등), 외모 콤플렉스, 자살, 실연 등일 것입니다. 그러나 고민은 누구나 다 있습니다. 남녀노소를 막론하고 학력이나 지위가 높든 낮든, 돈이 많든 적든 고민은 한두 가지 다 가지고 있습니다. 예수님도 석가님도 공자님도 다 있었을 것입니다. 키가 너무 커서 고민인 학생도 있을 것이고, 작아서 고민인 학생도 있을 것입니다. 오히려 고민 없는 것이 비정상인 것입니다. 그래서 인생은 문제투성이, 고민덩어리라고 했습니다. 여러분 역시도 고민이 한두 가지가 아닐 것입니다.

(3) 그렇다면 고민을 어떻게 풀어야 할까?

매일 맛있는 음식만 먹게 되면 참맛을 모르듯 쓴 음식, 거친 음식, 맛없는 음식을 먹어봐야 맛있는 음식을 먹더라도 그 맛을 알고 먹게 되듯 고민은 인생의 참맛을 알게 해주는 보약 같은 것입니다. 고민하다 고민이 풀리면 그 기쁨은 배가됩니다. 고민이 있다고 너무 괴로워하거나 낙담하지 말고 긍정적으로 보고, 고민은 나만 있는 게 아니고 다 있으므로 너무 위축되지 말고, 회피, 좌절, 낙담, 포기하지 말고, 자부심을 가지고 부딪쳐 적극적으로 풀려고 애를 쓴다면, 궁리하고 또 궁리한다면 안 풀릴 이유가 없고 결국은 풀리고야 말 것입니다. 일차방정식도, 삼각함수도 풀려고 애를 쓰면 풀리지 않습니까? 그러나 한계가 있기 때문에 내 능력으로 풀 수 없는 것은 주위의 도움(부모님과 가족, 선생님, 친구, 선배, 정부기관, 청소년상담소)을 받으십시오. 이중 가장 좋은 해결사는 부모님이십니다. 여러분은 지금 어떤 고민을 갖고 혼자 끙끙 앓고 있습니까? 부모님은 항상 여러분의 고민을 알고 싶어 하고 듣고 싶어 하십니다. 여러분이 고민을 숨기고 얘기를 안 하니 모르고 계실 뿐입니다. 속으로 끙끙 앓지 말고 숨기지 말고 고민만 하고 있다고 풀리는 것이 아니므로 그때그때 말씀을 드리십시오. 도움을 청하십시오. 대부분 해결이 됩니다. 해결해주십니다.

결석해서 못한 노트정리는 옆 친구에게서 도움을 받듯이, 옆 친구가 안 빌려주면 앞뒤 친구에게 도움을 받듯이 부모님께 도움을 청해서 슬기롭게 헤쳐나가십시오. 세상에 풀 수 없는 고민, 문제는 없다고 했습니다. 문제가 있으면 반드시 답도 있습니다. 3 + 3의 답은 뭘까요? 6입니다. 참고로 정부에서 운영하고 있는 '청소년 전화 1388'을 소개합니다. 내가 풀 수 없는 문제나 고민이 있을 때 상담과 도움을 받을 수가 있습니다.

- 나는 고민하는 일이 없다. 너무 분주해서 고민할 틈이 없다. - 처칠
- 위대한 고민만큼 우리를 위대하게 만드는 것은 없다. - K. 부세 / 오월의 밤

(4) 열등감 극복하기

누구나 한두 가지 열등감은 다 가지고 있습니다. 열등감이란 부족한 것, 떨어지는 것, 모자라는 것에 심히 유츠러드는 감정을 말합니다. 어떤 것이 있을까요? 외모(얼굴, 키, 몸매 등)나 공부성적, 가정환경, 말을 더듬거나… 여러 가지가 있을 것입니다. 우선 열등감이 있으면 자신감이 없어지고 의욕을 잃거나 기가, 풀이 죽고 성격도 소심해집니다. 무슨 일이든 자신감을 갖고 적극적으로 매달려야 이뤄낼 수가 있는데 자신감이 부족하고 성격도 소극적이라면 어떻게 될

까요? 아무것도 크게 이뤄낼 수가 없습니다. 그렇다고 열등감에 빠져 의기소침하거나 허우적거린다면 더더욱 빠져나올 수가 없습니다. 빠져나오려고, 뛰어넘으려는 노력을 해야 극복할 수가 있습니다. 극복하려면 어떻게 해야 할까요? 우선 내가 가지고 있는 열등감이 무엇인지 알아야 합니다. 극복할 수 있나 없나 분석을 해봅니다. 몸이 뚱뚱한 것에 열등감을 가지고 있다면 섭생과 운동으로 조절이 가능합니다. 살을 뺄 수가 있으니 극복할 수 있는 열등감입니다.

키가 작아 열등감을 느낀다면 태생적으로 한계가 있습니다. 그러나 다른 방법으로 어느 정도 극복할 수 있습니다. 키 크는 운동이나 섭생(우유, 단백질)이나 전문가의 도움을 받아보는 것입니다. 그것이 여의치 않다면 인정하고 다른 방향으로 그 부족분을 메꿔보는 것입니다. 내가 가지고 있는 소질이나 장점을 살리는 것입니다. 수학에 소질이 있다면 배 이상의 노력을 해서 반 수학 1등이 되는 것입니다. 키는 작아도 수학만큼은 감히 누가 나를 넘어설 수 없을 정도의 실력을 기르는 것입니다. 그걸 바탕으로 세계적인 수학자가 되는 것입니다. 여러분은 무한한 가능성을 가지고 이 세상에 태어났습니다. 한두 가지 열등감이 있듯이 분명 한두 가지 소질과 장점, 재능을 가지고 있습니다. 곰곰이 찾아보고 그래도 모르면 부모님이나 친구에게 물어보고 그걸 살리는 것입니다. 이 세상에는 열등감을 극복해서 위대한 인물이 된 사람들이 많습니다. 나폴레옹은 그들에 비해 키 작은 것에 열등감을 가지고 있었다는 것입니다. 그것이 동인이 되어 유럽을 제패했는지도 모릅니다. 영국 수상을 지낸 처칠씨도 말 더듬이였다는 것입니다. (안 봤으니 모르겠지만) 조약돌을 입에 물고 연설 연습을 해서 말 더듬는 걸 극복하고 명연설가가 됐다는 것입니다. "열등감아, 내가 간다. 거기 섰거라! 한 판 싸우자." 좌절과 포기는 금물입니다. 지금, 님의 자녀가 무슨 말 못할 고민을 하고 있는지, 어떤 열등감에 빠져 있는지 알고 계십니까?

- 적어도 지구 인구 95%가 열등감을 느끼며 살고 있다. - 맥스웰 말츠
- 오직 신만이 완벽할 뿐이다.
- 태어날 때부터 열등한 인간도, 우등한 인간도 없다. 스스로 열등하게, 우등하게 만든다. - 석가모니
- 열등의식에 사로잡혀 자학하지 말라. 극복하려고 노력하라.

(5) 부모님께 한 말씀

흔히들 사춘기를 질풍노도와 같다고 했습니다. 세차게 부는 바람처럼, 성난 파도처럼 걷잡을 수 없는 시기가 사춘기입니다. 가치관이 서 있지 않고 심리적으로 불안정하기 때문에 갈등도 많고 자칫 방황하거나 일탈을 할 수 있는 나이이기도 합니다. 반면 꿈이 많고 가능성이 무한한 나이입니다. 이 사춘기를 어떻게 보내느냐에 따라 진로가, 인생이 180도로 바뀔 수도 있습니다. 그렇기 때문에 경험 많은 부모님의 사랑과 관심과 지도와 도움이 절실히 필요합니다. 운명이 달라질 수 있는 중요한 시기입니다. 우선 자녀에게 관심을 가지십시오. 얼굴을 자주 살펴보십시오. 팔다리도 눈여겨 보십시오. 멍든 자국은 없는지 말이 없어졌는지 우울한 표정인지 밝은 표정인지 이상한 행동은 없는지 관찰해보십시오. 아이들은 혼날까봐 숨기거나 말하지 않으려는 경향이 많습니다. 의심스러운 점이 발견되면 즉시 물어봐야 합니다. 왕따나 폭력을 당하고 있지 않은지 얘기 안 하니 물어봐야 합니다. 문제를 알아야 풀 수가, 해결할 수가 있기 때문입니다. 성난 얼굴이 아니라 웃는 낯으로 정겹게 물어봐야 합니다. 정색하지 않고 지나가는 말처럼 슬쩍 물어보는 것도 좋습니다. "누가 뭐라 해도 이 아빠는 네 편이다. 무슨 고민이 있으면 아무 때나 바로바로 얘기해다오. 해결해주마."

아이들은 밤늦게까지 학교로 학원으로 공부하느라 쉴 틈이 없으니 심신이 무척 피곤할 것입니다. 스트레스도 많이 쌓여있을 것입니다. 이때 따뜻한 위로의 말 한마디, 칭찬과 격려가 절실히 필요합니다. "공부하느라 무척 힘들지? 뭐 필요한 거, 뭐 먹고 싶은 거 없느냐? 용돈도 다 떨어졌지? 옛다, 10만 원. 어서 받아, 많으면 1만 원." 어깨를 감싸안고 등을 두드려주는 것입니다. 아이 콧등이 시큰해질 것입니다. 억눌렸던 기분을 바로바로 풀어줘야 합니다. 이것이 부모님의 역할인 것입니다. 아이들이 바라는 것은 부모님의 사랑과 관심과 용서와 이해, 그리고 배려인 것입니다. 잘나도 못나도 내 자식이요, 미워도 고와도 내 자식입니다. 부모가 자식을 사랑해주지 않으면 누가 사랑해줄까요? 아이들은 부모님의 사랑을 먹고 큽니다. 사랑은 모든 것을 녹여준다고 했습니다. 많이 사랑해주십시오. 부모인 나를 위하는 길이기도 합니다. 무관심은 심대한 죄악이고, 방임은 슬픔의 전주곡과 같습니다.

5. 부모와 자식간의 갈등(葛藤)

(1) 갈등해소

　나를 낳아 키워주신 소중한 부모님이요, 내가 낳은 사랑스러운 자식인데 칡넝쿨과 등나무 넝쿨처럼 배배 꾀고 얽히듯 부모와 자식간에 왜 갈등이 생길까? 자식은 사춘기가 되니 자아가 생겨 한 길로 컸다고 간섭받지 않고 자기 멋대로 자기 주관대로 하고 싶고, 부모가 봤을 때는 코만 흘리지 않았지 아직도 어린아이인데 노파심에 걱정이 돼서 사사건건 간섭과 참견을 하고 말을 듣지 않는다고 욕하고 때리고 꾸중부터 하니 부자간에 갈등이, 마찰이 생기는 것은 당연합니다. 그렇다고 서로 자기 주장만 내세우면 평행선을 달리게 되고, 공감과 합일점을 찾을 수가 없습니다. 갈등이 해소될 수가 없습니다. 서로의 입장을 이해하고 양보하고 바꿔서 생각한다면 실마리가 풀리게 되고, 원만한 부자관계가 유지될 것입니다. 부모가 자식이 되고, 자식이 부모가 돼보는 것입니다. 역지사지해보는 것입니다. 대부분 부사 갈등은 부보가 시키는 대로 자식이 하지 않고 따르지 않으니까 생깁니다. 지금까지 아이들은 시키는 대로 했습니다. 고분고분 말을 잘 들었습니다. 별로 갈등이 없었습니다.

　그러나 사춘기가 되니 보고 듣고 생각하는 것이 많아지고 머리도 커지고 점점 자의식이 생겨 제 목소리를 내기 시작합니다. 이의를 제기하고 말을 듣지 않고 말대꾸나 반항을 합니다. 10대의 반항이라는 외국영화 제목도 있듯이 이 점을 직시할 때 어린 애가 아닌 타인 대하듯 한 인격체로 대우해주고 무조건 반대나 일방적이고 강압적인 지시가 아닌 자녀의 의사를 존중하고 한발 물러나서 양보할 건 양보하고 수용할 건 수용하는 열린 자세가 필요합니다. 내 생각이나 내 지시가 다 옳은 건 아닙니다. 내가 자녀의 입장이 돼본다면 이해가 되고 옳게 느껴지고 갈등의 실마리가 풀릴 수 있는 것입니다. 자식이 고분고분 부모 말을 잘 안 듣고 반발하고 말대꾸나 하면 고생 고생해서 키웠는데 야속하고 얄밉고 화나고 욕질이나 손이 먼저 올라갈 것입니다. 그런다고 갈등이 해소되는 것이 아니고 오히려 갈등이 깊어지고 역효과가 나기 쉽습니다. 절대로 손찌검해서는 안 되고 참고 또 참아야 합니다. 갈등의 원인은 이해 부족, 소통 부족, 대화 부족이기 때문에 아이들의 입장을 이해하고 눈높이에 맞춰 대화로서 풀어야 합니다. 자녀가 사춘기가 됐다는 것은 일방적인 지시나 우격다짐이 아닌, 타인에게 대하듯 인격체로 대우해주고, 대화로서 풀어가야 한다는 뜻입니다. 그러면 다툼이나 갈등이 있을 수 없습니다. 또 해소가 되기 마련인 것입니다.

(2) 바람직한 대화요령

부자간에 소통이 되지 않으면, 갈등을 풀지 않고 놔두면 응어리가 져 부자간의 관계가 개선되지 않습니다. 원만한 관계가 지속되지 않을 뿐더러 적대 감정이 쌓이게 됩니다. 혈관에 뭐가 쌓이면 막히듯이 갈등은 바로바로 풀되 대화로써 푸는 것이 가장 좋은 방법입니다. 대화로써 소통이 된다면 갈등이 생길 이유가 없습니다.

■ 어떻게 해야 바람직한 대화가 될까요?
1. 자녀의 말을 건성으로 듣지 말고 하나라도 놓치지 말고 끝까지 진지하게 경청해야 합니다.
2. 제대로 들어보지도 않고 꾸중부터 하면, 윽박지르기부터 하면 말문

을 닫게 됩니다. 대화가 이루어질 수 없습니다.

3. 화가 나더라도 참고 참고 또 참고 웃는 낯으로 말해야 합니다. 처음에는 어렵겠으나 습관이 되면 가능해집니다.

4. 신바람이 나서 자발적으로 말할 수 있는 분위기를 만들어줘야 합니다. 맞장구도 쳐줍니다. "그래, 맞아! 좋았어."

5. 한마디 한마디 신중하게 말해야 합니다. 무심코 던진 말이 가슴에 박혀 평생 깊은 상처를 줄 수가 있기 때문입니다.

6. 분위기를 살펴서 말하는 지혜가 필요합니다. 외출하려는데 붙잡고 대화하자면 제대로 될 수가 없습니다.

7. 내 어린 자식이 아닌 동등한 인격체로서 존중해줘야 합니다. 어리다고 낮춰보면 제대로 대화가 될 수 없습니다.

8. 대화 중 질책은 삼가야 합니다. 이유를 묻고 대답 안 하면 언성을 높이고, 입을 열면 화를 내거나 꾸짖으면 대화가 되지 않습니다.

9. 일방적인 명령, 지시보다 자녀의 의견을 먼저 물어봐야 합니다. 의사 존중은 소통의 기본입니다.

10. 무조건 "안 된다. 못 쓴다. 하지 마라."가 아니라 하되 잘하라 격려의 말을 해줘야 합니다.

11. 자녀는 부모님의 말씀이나 지시가 부당하거나 맘에 들지 않더라도 무조건 거부, 반발하지 말고 수용할 건 수용하고, 필요하면 설득해서라도 부모님을 이해시켜 드려야 합니다.

가급적이면 가슴 아픈 말, 싫어할 말, 슬퍼할 말, 비교하는 말, 무시하거나 기 죽이는 말, 자존심 상하는 말, 부정적인 말, 꾸중투의 말, 좌절할 수 있는 말, 분노나 적개심이 생길 수 있는 말을 삼가하고 가려 한다면 부자간의 갈등이 해소되고 바람직한 대화가 이루어질 것입니다.

자녀 : "엄마!"

엄마 : "왜 그래?"

자녀 : "운동화 하나 더 사줘."

엄마 : "뭐? 새 거 사준 지가 며칠이나 됐다고 운동화 타령이냐? 이 놈의 자식! 하라는 공부는 안 하고 너 속 있냐, 엉?" - 가 아니라, 왜 그리 급할까. 일단 그 이유를 인상 쓰지 마시고 웃는 낯으로 물어보는 것입니다.

엄마 : "왜?"

자녀 : "좀 작아서 그래."

엄마 : "뭐야! 그때 얘기하지 않고 왜 이제 와서 얘기하냐? 이 바보 멍청아!" - 가 아니라 (속상하겠지만 안 사줄 수도 없고 기왕 사줄 거라면)

엄마 : "그래? 얼마나 아팠겠냐? 진즉 얘기하지 않고. 그래 지금 가서 하나 더 사자."

자녀 : ^^

자녀 : "엄마!"

엄마 : "왜 불러 또 돈 달라고?"

자녀 : "만 원만."

엄마 : "무슨 소리야? 어제 만 원 줬지 않냐?"

자녀 : "잃어버렸어."

엄마 : "뭐야! 이 바보 같은 놈. 못 줘! 너는 왜 그 모양이냐? 이 병신!" - 이 아니라 (역지사지, 입장을 바꿔 생각해봅니다. 아들녀석 얼마나 속이 쓰리고 아팠을까? 써보지도 못하고 잃어버렸으니, 좋은 경험했지만)

엄마 : "그래? 옛다. 2만 원!"

아이 입이 째지지 않을까? 그 모습을 보니 덩달아 기분이 좋지 않을까? 너그러움, 용서, 관대함, 이해심, 따뜻한 말 한마디 그 배려에 지금껏 쌓였던 응어리가 눈 녹듯 풀릴 것입니다. 자녀를 이해하고 포용하고 용서한다면 다툴 리도 싸울 리도 갈등도 없을 것입니다. 성인(聖人)이 돼보는 것입니다.

6. 이성교제 ①

(1) 10대 미혼모, 미혼부
2019년 10대 미혼모 1,106명 출산

■ 출산
- 2015년 : 미혼모 24,487명
- 10대 미혼모 : 350명
- 10대 아빠 : 94명

- 2018년 : 10대 출산 건수 1,300건(전체 출산의 0.4%)
- 17세 이하(중, 고 학령기) 273건(21%)(통계청)

■ 낙태
- 2010년 : 낙태수술 16만 8천여 건
- 미혼 42%, 그중 10대가 10%

■ 원인
- 성의 범람
- 성 경시 풍조
- 가정 내 성교육 부재
- 10대 : 올바른 성의식 부재
- 성행위를 너무 안이하게 생각

■ 학업 중단
- 임신 출산을 위해 : 30.1%
- 임신 사실이 알려지는 게 두려워 : 50%

10대 중학생, 고교생 엄마 아빠라니? 어른이 되어 결혼식을 올리고 부부가 돼 아이를 낳는 게 아니라, 몇 번 만나 성관계를 갖고 임신이 되니 어쩌지 못하고 아이를 낳아 엄마 아빠가 된 것입니다. 자식을 낳았으니 부모 노릇은 해야겠지요. 부모가 반대하니 집을 나올 수밖에 없겠지요. 어떻게 해서 방도 하나 얻고 젖도 먹이고 기저귀도 갈아주고 걸레도 빨고 밖에 데리고 다니고 아프면 병원에도 갔다 와야 하지 않겠어요? 안 해주면 서운해할 테니 중학생 친구들을 불러 모아 돌잔치도 해야겠지요. 애 키우려면 먹이고 입히고 돈도 벌어야 되고, 학교에도 다녀야 되고, 학생 엄마 아빠가 됐으니 공부하랴 돈 벌랴 애 키우랴 무척 바쁘겠지요. 감당할 수 있을까? 헤쳐나갈 수 있을까? 행복의 시작이 아니고 불행이 시작됩니다.

중학생 엄마 아빠라니 여러분 생각은 어떻습니까? 웃기지 않습니까? 신분과 때가 있듯이 어른이 결혼하면 의당 자식을 낳아야 되지만 학업에 열중할 나이에, 장차 장밋빛 꿈에 부풀어있을 나이에 10대 엄마, 아빠라니 용납받을 수가 없는 것입니다. 특히 어린 나이에 출산하게 되면 발육이 덜 된 상태라서 모자(母子) 건강에 아주 안 좋습니다. 여러모로 안 좋은 일이 너무 많이 생기기 때문에 인정을 하지 않고 부득불 말리는 것입니다. 성관계를 반대하고 이성교제를 달갑게 여기지 않게 되는 것입니다. 어찌 됐든 낳아서는 안 될 자식이 태어난 것입니다. 축복이 아니고 저주의 대상이 된 것입니다. 슬픈 일이요, 비극이 아닐 수 없습니다.

사회통념상 미성년자의 출산은 지탄의 대상이 되고, 떳떳하지 못하기 때문에 부모의 도움을 받기 어렵고 키울 능력이 못 되니 살해하거나 남의 집 대문 앞이나 해외 입양을 시키고 있습니다. 현재도 많은 수가 해외로 입양되고 있습니다. 2018년에는 1,250명이 해외 입양됐고, 이들 중 90%(1,114명)가 미혼모 아이라는 것입니다. 지금까지 해외로 17만 명이 나갔습니다. 본의 아니게 버렸지만 명색이 엄마 아빠인데 왜 자식 생각이 안 나겠습니까? 아이가 어느 나라로 갔는지 양부모는 어떤 사람인지 잘 먹는지 얻어맞지는 않는지 아프지는 않는지 잘 크는지 하루에도 수차례 문득문득 생각이 날 것입니다. 심히 가슴 아픈 일이요, 평생 눈을 감기 전까지는 한 시도 잊히지 않을 것입니다. 이것은 엄마 생각이지 아빠도 이런 생각이 엄마처럼 자주 날까요? 반의 반도 안 될 것입니다. 미혼모로서 땅을 치고 후회한들 아무 소용 없고 우울증, 자기 학대, 자존심 상실, 후회막급, 죄책감에 평생 시달릴 것입니다.

- ■ 국내외 입양 상담
  - 홀트아동복지회 (02) 331-7000
  - 동방사회복지회 (02) 332-3941~5

(2) 바람직한 이성교제는 뭘까?

사춘기, 여러분의 나이가 되면 성호르몬의 영향을 받아 본능적으로 자연스럽게 이성에 대한 관심과 호기심이 생깁니다. 어떤 계기, 오다 가다 눈에 띄어 알게 돼 자연스럽게 이성교제가 시작됩니다. 항상 그리워하고, 만나고 싶어 하고, 비로소 이성에 눈을 뜨게 됩니다. 꿈을 이야기하고 공부에 대해서, 진로에 대해서, 취미에 대해서, 독서, 고민, 인생에 대해서 생각을 나누다 보면 보탬이 되고 득이 되는 건전한 교제가 될 수 있습니다. 그런데 이런 바람직한 관계가 성인이 될 때까지 건전한 교제로 이어진다면 좋겠지만 남녀관계란 묘해서 건전한 관계로 발전하기가 무척 어렵습니다. 거기엔 성(性)이 관련되어 있기 때문입니다. 자주 만나다 보면 친밀감이 생기게 되고 자연스럽게 스스럼 없이 스킨십(신체접촉)이 이루어집니다. 특히 남자란 접촉욕이 강해서 처음에는 손을 잡다가 차츰 껴안기도 하고, 입도 맞추게 되고, 어떻게 해보려고 못된 송아지 엉덩이에 뿔이 난다는 속담이 있듯이, 수작을 부리고 추근댑니다. 더 발전해서 성적 욕구가 발동하면 자제를 못하고 성욕을 채우려고 뒷일은 생각 않고 성관계를 요구합니다. 순진무구한 우리 여학생들은 뭐가 뭔지도 모르고 또 소극적, 수동적이라서 분위기에 취해서 사랑하는데 뭐가 문제냐고 하는 남자친구의 꾐에, 감언이설에 속아, 아니면 거절하면 헤어질지 모른다는 불안감이라든가… 거부를 못하고 마지못해 억지로 혹은 강압에 못 이겨 성관계에 응하게 됩니다. "사랑한다면 성관계를 가져야 한다는 생각은 수준 낮은 저급의 사랑입니다. 진정한 사랑은 키우고 감싸고 지키는 것입니다. 그것의 요구는 사랑도 아니고 한낱 성 욕심을 채우기 위한 남자친구의 이기심뿐인 것입니다."(문화미래라이프 엄을순 대표님)

필경 넘지 말아야 할 선을 넘게 됩니다. 문제는, 비극은 여기서부터 시작됩니다. 음식맛이 좋으면 자꾸 찾듯, 남자친구가 자꾸 요구하니 거절해야 되는데도 마지못해 응하게 돼 원치 않는 임신이 되고 맙니다. 그것은 두 사람의 인생에 영향을 미치는 중대한 사건이 되고 맙니다. 피임을 철저히 해도 재수 없으면 한 번으로 덜커덕 임신이 될 수 있다는 사실입니다. 100% 피임이란 있을 수 없습니다. 잊지 말아야 함에도 잊으니 문제가 됩니다. 알다시피 임신이란 뱃속에 아기가 생겨 점점 자라 10개월 후면 아기가 태어나 엄마가 되는 일입니다. 덩달아 아빠가 됩니다. 10대의 임신 출산은 정서적으로나 정신적으로나 가정적, 사회적, 교육적으로나 몸 건강적으로 손상을 주고 충격을 주는 일대 재앙인 것입니다. 여학생, 남학생 여러분! 중학생 엄마, 아빠라니 황당하지 않나요? 10대 어린 나이에 애를 낳아 키울 자신 있습니까? 감당할 수 있습니까? 결혼할 수 있습니까? 방을 얻어 살림할 수 있습니까? 배는 점점 불러오니 큰 문제가 아닐 수 없습니다. (이때는, 임신이 된 걸 알면 고민 말고 머뭇거리지 말고 즉시 부모님께 알리는 것이 가장 좋은 해결책입니다.) 임신된 줄 잘 몰랐거나 머뭇거리거나 수술비가 없거나 때를 놓쳐 애를 낳게 됩니다.

여학생 여러분! 한창 꿈에 부풀어있어야 할 나이에 애엄마라니 이 얼마나 슬프고 황당하고 기막힌 일입니까? 그 후유증과 상처는 평생 갑니다. 한마디로 비극인 것입니다. 있어서는 안 될 일인데 자꾸 일어나고 있으니 문제인 것입니다. 그러므로 우리의 현명한 여학생 여러분은 이런 일을 하지도 가담해서도 절대 안 됩니다. 남자친구의 성 요구를 단칼에 즉각 거부하고 막아야 되고 피해야 합니다. 남학생 여러분 역시도 절대로 이런 일을 저질러서는 안 됩니다. 성 요구를 하지 말아야 합니다. 책임은 전적으로 남자친구에게 있습니다. 가해자가 되지 말아야 합니다. 장차 큰일을 할 사람인데 두고두고 걸림돌이 됩니다. 참고 자제해서 이런 비극을 막아야 합니다. 처음부터 건전하게 교제하겠다고 작정하고 여자친구나 자신에게 약속하는 것입니다. 약속 가지고는 안 되고 그것보다는 데이트 행동규칙 '순결 서약서'를 만들어 하나씩 소지하는 것입니다.

■ 순결 서약서
- 신체 접촉(스킨십)은 손잡는 것 이상은 안 된다.
- 결혼 전까지는 성관계를 갖지 않겠다고 철석같이 약속한다.
- 으슥한 곳은 안 되고 밝은 곳에서만 만난다. 특히 모텔이나 비디오방

은 절대 가지 않는다.
- 공부에 지장이 많으므로 만남은 연 1회로 한다. 적으면 2회, 아니면 3회로 한다.(적당히 알아서)
- 자신이 없으면, 약속을 지키기가 어려우면 서로를 위해 교제를 즉시 중단한다.
- 참지 못하고 껄떡거릴 경우도 즉시 중단한다.

　　　　　　　　　　　　　　　　　　년　월　일
　　　　　　　　　　　　　　　　　　남 〇〇〇
　　　　　　　　　　　　　　　　　　여 〇〇〇

　　남친이 만들어 건네거나 아니면 여친이 슬며시 내밀고 약속을 받아둡니다. 서로를 위해 올바른 길인데도 거부하면 데이트를 중단하는 것입니다. 언제부턴가 너도나도 찢어진 청바지를 입고 다니는 것처럼 이건 안 좋은 쏠림현상이지만 그것처럼 이제부터 중, 고생은 누구나 다 교제 전 반드시 불문율처럼 '순결 서약서'를 주고받는 것입니다. 그리고 꼭 실천하는 것입니다. 이런 쏠림현상은 권장해야 될 바람직한 현상이고, 서로를 위해서 꼭 지켜야 할 사항입니다. 낙태나 입양 혹은 미혼모, 미혼부, 성병을 막는 길입니다. 비극을 막는 길이기도 합니다.

(3) 임신 - 어떻게 막을까?

　　남학생들은 사춘기가 되면 남성 호르몬 분비로 성욕이 왕성해지므로 열이면 열 전부 다 배꼽 밑에 달랑달랑 붙어있는 거시기가 거들먹거리고 함부로 써먹으려는 속성이 항상 도사리고 있으므로 여학생들은 항상 방심해서는 안 됩니다. 조물주께서 그렇게 만들어놓은 섯이지만, 남친이 자꾸 성관계를 요구하면 1차로 안 좋은 점을 얘기하고 점잖게 거절합니다. 사랑은 상대 의사를 존중하고 배려하는 것이라고 꼭 말해주는 것입니다. 남친은 여친이 거절하면 의젓하고 신사답게 수용하는 것입니다. 여친이 어물어물 분명히 거부 의사를 표시하지 않으면 승낙한 것으로 오해할 수 있기 때문에 싫으면 싫다고 분명히 거부 의사를 표시해야 합니다. 그래도 주책없이 자꾸 칭얼댄다면 단호히 교제 중단을 선언하는 것입니다. 남친이 어디 하나 뿐인가요? 세상에 널려있습니다. 그거 하나 참지 못하고 자제할 줄 모르는 친구라면 진정한 이성친구가 아닙니다. 시시한 친구임에 틀림없습니다. 그런 자를 친구로 사귈 수는 없습니다. 책임감 없는 형편없는 친구입니다. 내가 원치 않는데, 거부하는데도 불구하고 완력으로 하는 성관계는 성폭력입니다. 성폭력은 죄가 되고 처벌받습니다. 임신 후 남친에게 어떻게 했으면 좋겠느냐고 물어본다면 거의 다 수술을 권할 것입니다.(수술비 부담 능력도 없으면서) 무책임하게 자기 자식인데 죽이라고 강요하는 자가 진실한 이성친구일까요? 그렇다고 10대 학생 며느리를 남친 부모가 맞으려고 하겠어요? 집안 망신시킨다고, 구만리 같은 자기 아들 장래를 망치게 했다고 적반하장 오히려 화 안 내겠어요? 그러니 방도가 없는 것입니다.

결과적으로 남친은 성욕 충족, 재미만 보고 책임회피에 급급할 것입니다. 남친이 대신 낳아줄 수 없고 정신적, 육체적, 정서적, 금전적 피해와 후유증은 오로지 여친 몫으로만 남게 됩니다. 여친만 피해를 보고 책임을 지고 마는 것입니다. 남친은 자꾸 피하고 헤어질 구실을 만들고 도망가려 하기 때문에 자연 교제도 끊어지게 됩니다. 여친은 학업을 중단하기도 하겠지만 남친은 버젓이 학교에 다니고 장차 성인이 돼서 다른 여성과 결혼도 하고 자식도 낳아 잘 살게 됩니다. 언제 그랬냐는 듯 잊어버릴 것입니다. 반면 여친의 그 깊은 상처, 그 좌절, 그 불행은 금은보화로도 그 무엇으로도 메꿀 수 없습니다. 결국 후유증만 남기고 불장난으로 그치고 맙니다. 사랑은 무슨,

거짓 놀음에 속게 되고 비극으로 끝나고 맙니다. 그러므로 남친은 처음부터 건전한 생각을 갖고 순결한 교제를 하겠다고 결심하고, 그리고 여친에게 선포합니다.

여학생은 너무 이성친구에 연연하지 말고 동성친구와 우정을 깊게 하십시오. 성인이 되면 이성교제 기회가 많으니 꾹꾹 참고 그때를 대비해서 실력을 기르십시오. 관심과 시야를 더 높은 곳으로 돌리십시오. 만약 여친은 대학을 나와 판검사가 돼 있는데, 남친은 대학도 떨어지고 빌빌거린다면 격이 맞을까요? 또 한 가지 중요한 사실은 남친이 피임하면 괜찮다고, 걱정할 게 없다고 얘기하겠지만 100% 완전 피임은 없습니다. 재수 없으면 단 한 번으로도 덜커덕 임신이 된다는 사실을 꼭 명심해야 합니다. 감언이설, 거짓에 속지 말아야 합니다. 거부하는 것이 임신을 막고 또 불행을 막는 것임을 잊지 말아야 합니다. 불행한 게 좋을까요? 안 불행한 게 좋을까요? 잊지 말아야 됨에도 깜빡 잊으니까 불행이 찾아오는 것입니다.

■ 이성교제 후유증
ㄱ. 임신, 낙태
• 10대 청소년 2012년 임신 24.1%, 그중 낙태 81.6%

ㄴ. 성병 위험
• 2015년 12월 연세의대 예방의학교실 조사 : 10대 청소년 52만 6,857명 중 4.2%가 성병 감염(남 : 7.4%, 여 : 7.5%)
• 2011년 10대 청소년 에이즈 감염 3.6%(질병관리본부)

ㄷ. 성폭력
ㄹ. 슬픔, 고통, 후회, 불행

■ 성폭력

• 성폭력 피해 : 54%가 18세 이전 발생(75%가 아는 사람)

• 거부하는데도 강제로 하는 성관계는 성폭력

• 데이트 중 자주 발생, 조심 또 조심.(한국 성폭력 상담소)

■ 19세 이하 미혼모 출산 현황(2003~2007년, 복지부)

구분	2003	2004	2005	2006	2007	합계(명)
출산	3,863	3,439	3,132	3,269	3,479	17,172
낙태	1,040	956	921	897	846	4,660

■ 10대 청소년 산모 출산 현황(2015~2019년, 통계청)

나이/연도	2015	2016	2017	2018	2019
15세 미만	16	15	6	8	10
15세	50	53	35	32	22
16세	142	116	124	77	53
17세	288	253	214	159	115
18세	460	462	327	269	251
19세	1,271	1,023	820	755	655
합계(명)	2,227	1,922	1,526	1,300	1,106

(4) 피임(20대편 711쪽을 참고하십시오.)

(5) 순결

어떻게 지켜야 할까? 순결이란, 특히 육체적인 순결이란 결혼 전까지 일체의 성관계가 없는 상태를 말합니다. 다이아몬드가 시궁창에 있어도 그 가치는 변하지 않듯 순결은 시대가 변해도 그 가치 역시 변하지 않고 빛이 납니다. 순결은 저 뜰에 핀 한 송이 흰 백합화처럼 고귀하고 영롱한 향훈(香薰)입니다. 고이 간직했다가, 꿀단지처럼 아껴뒀다가 결혼 첫날밤 서로에게 주고받는 거룩한 마음의 정표고, 무엇하고도 바꿀 수 없는 값진 사랑의 선물입니다. 사랑은 날로 깊어지고 기쁨은 배가(倍加)됩니다. 이처럼 순결이 고귀한 덕목임에도 이 혼탁한 세상에 순결을 추구하고 지킨다는 것은 연목구어(緣木求魚)처럼 어려운 일인지도 모릅니다. 날이 갈수록 성의 유혹과 음란물의 범람으로 순결 상실이 가속화되고 순결의 가치가 점점 훼손되고 떨어지고 사라져 가고 있습니다. 나무가 가만히 있고 싶어도 바람이 마구 불어대니 가만히 있을 수 없듯 순결을 지키고 싶어도 사회가 가만히 놔두질 않습니다. 성을 너무 가볍게 취급하고 순결을 너무 쉽게 포기합니다. 무분별한 성(性)의 놀림은 반드시 후유증이 따릅니다. 임신과 낙태와 성병, 후회와 불행입니다. 순결을 지키려고 애를 써야 함에도 버릴려고 애쓰니 지켜질 수가 없습니다.

남(男)은 안 지켜도 되지만 여(女)만 지켜야 한다는 편견은 비겁하고 잘못된 생각이고, 공유해야 가치가 있는 것입니다. 순결 지킴은 일방이 아닌 쌍방이어야 합니다. 더워 훌훌 벗는 것은 본능이요, 자제하는 것은 이성의 힘입니다. 본능적으로 움직이는 것은 짐승의 할 짓이요, 이성이 있기 때문에 인간은 동물과 다른 것입니다. 여러분은 만물의 영장올시다. 본능을 뛰어넘어 순결을 고이고이 지켜야 합니다. 다시 언급해 순결 지킴은 성병이나 임신, 낙태 예방법이 될 수 있습니다. 불행 방지법이 될 수 있습니다.

■ 그렇다면 어떻게 지켜야 할까?

성 에너지 전환이 필수요소고, 공부나 자기계발, 취미 쪽으로 건설적인 곳으로 성 욕구를 돌려야 합니다. 무엇보다 스스로 지키려는 의지가 가장 중요합니다. 자신에게 순결을 서약하고 또 부모님 앞에서 순결을 서약하는 것입니다. "저는 결혼 전까지 순결을 지키겠습니다." 그리고 실천에 옮기는 것입니다. 언젠가 미국에서는 10대 청소년 순결지킴운동이 있었습니다. 우리에게도 지속적인 운동이 필요합니다. 종교인들이 먼저 앞장서야 합니다.

- "순결, 어머니께서 낳아주신 대로 고대로…" 하늘의 불로 닦인 마음, 땅의 맑은 물로 씻긴 몸, 봄날 아침 볕에 방실 열리는 꽃봉오리와 같이 깨끗하고 아름다운 몸과 마음. - 춘원 이광수 / 그 여자의 일생
- 모든 것(순결)을 바쳤을 때 여성은 세계를 준 것처럼 생각한다. 그러나 남성은 단지 장난감이나 받은 듯이 생각한다. - 카르멘 실바

"미국과 유럽 등의 OECD 국가 상당수는 이미 1970~1980년대부터 미혼부의 양육비 책임을 법으로 강제해왔다. 전담기관이 아빠를 찾고 재산을 추적해서 양육비를 강제 집행할 뿐 아니라 연체하면 공개수배하고 체포와 구속까지 한다. 경제능력이 없는 미성년 남성의 경우에는 국가가 그 돈을 지급하고 남성이 경제력을 가지면 월급에서 공제한다."(출처 : 경향잡지 2014년 5월호 / 사랑과 책임연구소장 이광호)

양육 책임을 지우니 성관계를 신중히, 다시 한 번 생각하게 되고 미혼부, 미혼모가 줄게 되고 자연 임신, 낙태, 영아 유기, 살해, 입양이 줄어들더라는 것입니다. 첫 성경험 연령도 네덜란드는 1970년대 12.4세에서 2000년대는 18세로 상승하더라는 것입니다. 그동안 순결 지키느라 애썼으니 노래 1곡 선사합니다. "한 송이 흰 백합화"

7. 비행
- 나쁜 짓, 못된 짓, 해서는 안 될 짓

"잘못이 있거든 고치기에 서슴지 말라." 논어에 나오는 말입니다. 청소년은 나라의 보배요 희망입니다. 미래를 이끌어갈 주역이고 기둥입니다. 기둥이 무너지면 어떻게 될까요? 한 나라의 미래는 자라나는 청소년들의 양 어깨에 달려있습니다. 그만큼 책임이 무겁고 큰 것입니다. 청소년들이 선(善)을 추구하면 그 나라는 발전할 것이고, 반대로 악을 추구하면 퇴보할 것입니다. 인과응보라고 좋은 일을 하면 좋은 일이 벌어지게 되고 상을 받게 됩니다. 나쁜 일을 하면 나쁜 일이 생기게 되고 벌을 받게 됩니다. 우리 인생은 오직 단 한 번뿐인 삶입니다. 일회적인 삶을 살게 됩니다. 좋은 일을 하면서 사는 것이 좋을까요? 나쁜 일을 하면서 사는 것이 좋을까요? 사람은 누구나 다 좋은 일을 추구합니다. 답은 이미 나와 있습니다. 그러함에도 나쁜 짓에 물든 비행 청소년들이 늘어나고 있습니다. 제 갈 길을 못 찾고 방황하고 있습니다. 참으로 안타까운 일이 아닐 수 없습니다. 이는 우리 청소년들을 잘못 가르친 우리 어른들에게 책임이 큰 것입니다. 반성과 각성이 필요합니다. 개선의 노력이 더욱더 필요합니다. 사랑하는 청소년 여러분! 길이 아니면 가지를 말라고 했습니다. 나쁜 짓은 길이 아닙니다. 길을 잘못 든 것입니다. 본의 아니게 그쪽으로 나갔다 하더라도 자신을 추스르고 반성해서 바른 쪽으로 지향하는 것입니다. "늦었다고 생각할 때가 가장 빠른 때"라고 했습니다. 아직 늦지 않았습니다. 여러분은 지금 인생의 출발선상에 서있습니다. 점심 때도 아니고 해 질 녘도 아니고 아침나절입니다. 생각을 바꾸면 행동도 바뀌고 운명도 바뀌게 됩니다. 나쁜 쪽에서 바른 쪽으로 방향을 바꾸는 것입니다. 100세 인생에 여러분의 나이는 이제 시작에 불과합니다. 좋은 쪽으로 인생을 걸고 전력투구하십시오. 그러면 여러분의 앞날에 반드시 서광이 비칠 것입니다. 고민이나 어려운 일이 있을 경우 혼자 끙끙 앓지 말고 즉시, 지체 말고 꼭 부모님께 말씀드리십시오. 해결해주십니다. - 고민이 있을 때 언제든지 청소년 전화 1388번을 누르십시오. - 청소년상담센터 365일 24시간 운영되며, 고민을 해결할 수가 있고 도움을 받을 수가 있을 것입니다.

(1) 학교폭력
① 실상은 어떤가?

통계를 보면 어느 해 초, 중, 고생 학교폭력이 7,823건, 이중 중학생 폭력이 5,376건(68.7%)이 발생했습니다. 동급생 72%, 학교 밖 25%, 학교 안 75%, 그중 교실 내 70%로 제일 많습니다. 학교 안팎에서, 주로 교실, 복도 화장실, 운동장, 등하굣길, 공원 놀이터나 은밀한 곳에서 개인별 혹은 여럿이 작당해서 폭력을 행사합니다. 교실 안에서는 주로 쉬는 시간에 일어나고 있습니다. 가벼운 손찌검부터 무차별 닥치는 대로 장기간 폭력을 휘두릅니다. 맞아 사망한 경우도 있고, 견디지 못해 자살하거나 정신 이상으로 치료를 받기도 합니다. 학교를 포기하기도 하고 다른 학교로 전학 가기도 합니다.

특히나 우리 귀엽고 연약한, 장차 인자한 어머니가 될 여학생도 남학생 못지않게 폭력을 휘두르고 있습니다. - 섬섬옥수 가냘픈 그 곱고 아리따운 손길로 어찌 친구 마음을 아프게 할까요? 슬프게 할까요? 진실로 우정은 감싸는 것이며, 정녕 그것은 요조숙녀의 참모습이 아닙니다. 어머니의 마음처럼 자비의 마음을 갖는 것입니다.

사랑의 감정을 불러일으켜 세우는 것입니다. 남을 아프게 하면 내 마음도 아픈 법이며, 그것은 고상한 취미가 아니고, 악행일 뿐 언젠가는 후회가 되고 상처가 되어 고통이 따르게 됩니다. 부디 생각을 바꾸는 것입니다. 거친 손길을 거두는 것입니다. 가해 학생은 주로 같은 반 친구이고, 옆 반 친구나 선배, 타학교 학생 순입니다. 학생이니 학업에 전념하면 좋으련만, 학교가 즐거운 곳이 아니고 공포의 대상이 되고 있습니다. 배움의 전당이 아니고 폭력의 장이 되고 있습니다. 폭력을 당하면 아프기도 하고 기분 나쁘고 화도 날 것입니다. 못 견뎌 할 것입니다. 신체적, 정신적 고통은 이루 말할 수 없을 것입니다. 공부하러 가는 것이 아니고 맞기 위해서 가다니 우울증, 공황장애라든가 등교 거부라든가 두려움 때문에 일상적인 학교생활이 무척 어려울 것입니다. 참다못해 가해 학생을 흉기로 살해한 경우도 있습니다. 그 외에도 왕따, 금품갈취, 빵셔틀 같은 일들이 수시로 발생하고 있습니다.

"학교폭력이란 학교 내외에서 학생간에 발생하는 상해, 폭행, 언어폭력, 감금, 협박, 약취, 유인, 추행, 명예훼손, 모욕, 공갈, 재물손괴, 집단 따돌림, 그 밖에 피해자의 의사에 반하는 행위를 가하거나 하게 한 행위를 말합니다."(학교폭력예방 및 대책에 관한 법률 시행령 제2조)

"툭하면 때리고 욕하고… 죽으면 이런 고통이 없겠지. 오늘만이라도 학교 가기 싫다. 내가 귀신이 되어 복수하겠다." 어느 해 아파트에서 투신자살한 어느 중학생이 남긴 글입니다. 2015년 한 해 자살한 10대 학생이 426명입니다. 그중엔 학교폭력으로 자살한 학생노 있을 것입니다. 얼마나 못 견뎠으면 자살했을까? 입장을 바꿔 생각해본다면 때리는 입장이 아니고 맞는 입장이라면, 내가, 내 형이,

내 동생이 수시로 폭력을 당한다면 그 심정을 미뤄 알 것입니다. 아프진 않을까? 불쌍한 생각은 안 들까? 폭력은 용서할 수 없는 엄연한 죄악이고 범죄행위입니다. 그래서 처벌을 받게 되고, 집단폭행은 죄가 더 무겁고 응당의 처벌을 받아 소년원에 가기도 합니다. 금전적으로 피해 보상을 해주기도 합니다. 또 소년원에 들락거리게 되면 그 기록이 남습니다. 장차 사회에 나가 활동하는 데 많은 지장을 받게 됩니다. 그러니 여러분, 혹 폭력을 쓰고 있다면 폭력은 좋은 일이 아니고, 나쁜 일이므로 해서는 안 되고 당장 중지해야 합니다. 친구에게 폭력을 휘두르기 위해 책가방 메고 아침부터 학교에 가는 것은 아닐 것입니다. 왜 친구에게 폭력을 휘두르고 괴롭히고 못 살게 굴까요? 힘 약한 친구는 어디 살 수 있습니까? 생각을, 시야를 악한 쪽, 폭력 쪽에서 선한 쪽, 공부 쪽으로 바꾸는 것입니다. 양심의 가책에서 벗어나는 것입니다.

② 왜 때릴까? 왜 폭력이 끊이지 않을까?

대부분 죄의식 없이 덩달아 장난삼아서 말 안 듣는다고 재수 없다고 화가 나서 짜증이 나서 기분 나쁘다고 분풀이 삼아 누가 시켜서 폭력을 휘두를 것입니다. 그 근저에는 학업 스트레스에 짓눌려 심신이 날카롭다 보니 그 해소 방편으로 나타나기도 할 것입니다. 또 한편으로는 부모가 자꾸 싸워서 아버지가 어머니를 때리거나 부모에게 맞고 자라게 되면 폭력성이 가슴 한 켠에 잠재해 있다가 폭력으로 나타나기도 할 것입니다. 또 한편으로는 심성이 곱지 못하고 인간성이 아주 낮기 때문일 것입니다. 입장을 바꿔 생각해본다면 그 심정을 알 텐데 자제할 텐데 그걸 생각 않고 폭력을 휘두릅니다. 반대로 피해 학생이 가해 학생이 되기도 합니다. 맞다 보면 앙갚음 차원에서 자기보다 약한 친구를 때리기도 할 것입니다. 보상 차원에서 나도 맞았으니 맞은 만큼 때리려 할 것입니다. 표적을 피하기 위해

작당해서 친한 친구를 때리고 수업이 끝나 집에 갈 때는 손 잡고 가는 친구도 있다는 것입니다. 이렇듯 폭력이 확대 재생산되고 있습니다.

③ 어떻게 해야 폭력이 사라질까?

지금부터 당장 폭력을 쓰지 않겠다고 각성하고, 그리고 결심하고, 폭력을 쓰지 않으면, 가담하지 않으면 폭력이 사라질 것입니다. 그러나 생각을 고쳐먹기 전에는 그것이 말처럼 쉽지 않을 것입니다.

ㄱ. 가해 학생

폭력이란 비열하고 나쁜 짓이므로 당장 그만둬야 합니다. 상대에게 씻을 수 없는 깊은 상처를 주는 범죄행위입니다. 큰 꿈을 품은 사람이, 장차 위대한 인물이 될 사람인데 시시하게 뭐할 짓이 없어서 친구에게 폭력을 휘두를까요? 그 시간에 공부하는 쪽으로 머리를 쓰면 앞날에 꽃가마가 기다릴 텐데 하나만 알고 왜 둘은 모를까요? 약자를 도와주지는 못할망정 못살게 굴고 괴롭힐까요? 나의 폭력으로 친구가 학교를 그만둔다면, 정신과 치료를 받는다면, 자살이라도 한다면 죄책감이 평생 내 마음을 짓누를 것입니다. 장차 하는 일마다 잘 될 리 없습니다. 특히 자살은 내가 친구를 죽인 거나 다름없습니다. 살인자가 된 것입니다. 거꾸로 나도 언젠가는 폭력을 당할 수도 있습니다. 당한 경우도 있습니다. 씨를 뿌려야 할 시기를 놓쳐서는 안 됩니다. 개미와 베짱이의 우화를 생각해야 합니다. 특히 학생 생활기록부에 폭력 징계 사실을 의무적으로 기록하기 때문에 고입, 대입 시험에 지장을 받게 됩니다.

요사이, 미투(Me Too, 나도 당했다. 성추행, 성폭력) 운동처럼 학교 폭력, 학폭 미투가 일어나고 있습니다. 10년 전, 20년 전까지 거슬러 올라가 과거 폭력 피해를 당한 사람들의 폭로가 여기저기에서 이어지고 있습니다. 얼마나 상처가 컸으면, 치유가 되지 않고 잠복해 있다가 계기가 돼 폭로할까? 학교폭력은 쉬 치유가 되지 않는다는 사실입니다. 가해자가 유명 연예인이나 운동선수나 일반인까지 다양합니다. 학폭 가해자로 물의를 빚게 돼 출연 정지나 은퇴나 고소 사태로까지 번지고 있습니다. 이걸 볼 때 철없는 중고시절에 벌어진 일이지만 폭력을 저질러서는 안 되는 것입니다. 누가 압니까? 유명 연예인인 내가, 유명 운동선수인 내가, 유명 법관인 내가 중, 고 시절 저지른 폭력 행위가 폭로돼 물의를 빚고 지탄을 받아 자리에서 물러날지 누가 압니까? 학교폭력 이력이 있으면 대입 특기자 입학도, 국가대표 선수도, 프로선수도 못하게 된다는 점을 명심해야 합니다. 혹, 연예인 지망생이라면 뽑는 곳, 기획사에서 여러모로 폭력 이력을 확인하고 있으니 밝혀지면 탈락시킨다는 것입니다. 인과응보라고 남을 아프게 하면 나도 아픔을 당하게 된다는 사실을 잊어서는 안 될 것입니다.

ㄴ. 피해 학생

맞는 게 좋을까요? 안 맞는 게 좋을까요? 병난 뒤에 치료보단 병이 나지 않게 예방하는 것이 중요하듯 아예 폭행당할 소지를 없애는 것입니다. 눈에 띄게 아는 체, 잘난 체, 이쁜 체, 있는 체 거부감을 주거나 튀는 행동을 삼가야 합니다. 질투심, 시기심을 유발할 수 있는 행동을 삼가야 합니다. 이기적이고 양보, 배려할 줄 모르고 어울리지 못하는 것도 표적이 될 수 있습니다. 또 내게 문제점은 없는지 잘못은 없는지 왜 폭력을 당하고 있는지 반드시 그 이유를 찾아보고 개선, 고치는 것입니다. 모르면 나보다 옆 친구가 잘 알 수도 있으므로 물어보는 것도 좋습니다. 그리고 때리는 대로 맞지만 말고 때리지 말라고 분명하게 말해야 합니다. 공격이 최선의 방어라고 했듯이 반항도 해보고 같이 주먹도 날려보십시오. 태권도, 유도 등 호신술을 배워두는 것도 좋습니다. 힘이 있으면 위축되지 않습니다. 가해자가 두 번 때릴 것 한 번만 때리게 됩니다. 반격 당할까봐 망설이거나 포기하게 됩니다. 항우장사처럼 힘이 세다면 감히 되로 주고 말로 받으려고 때리겠습니까? 특히 친구가 없는 외톨이가 표적이 될 수 있으므로 방패막이처럼 친구 3~4명을 내 편으로 만드는 것입니다. 작은 나라끼리 서로 동맹을 맺으면 큰 나라가 함부로 침략을 못하듯이 그런 이치와 같습니다. 그리고 중요한 것은 친구들에게 덕을 베푸는 것입니다. 내가 먼저 인사하고 내가 먼저 다가가고 내가 먼저 솔선수범하고 내가 먼저 양보하고 내가 먼저 궂은 일을 자청하고 어려운 친구가 있으면 내가 먼저 발 벗고 도와주는 것입니다. 이럴진대 누가 폭력을 쓰려고 하겠습니까? 설령 폭력을 당한다 하더라도 친구다운 친구가 맞고 있는데 옆 친구들이 보고만 있겠습니까?

어쨌거나 폭력을 당하면, 금품을 요구당하면 머뭇거리지 말고 즉시 부모님께 말씀드려야 합니다. 해결할 수 있고 도움을 받을 수 있는 1순위가 부모님이십니다. 제일 아파할 사람도 부모님이기 때문입니다. 선생님, 친구, 경찰서, 상담기관의 도움을 받는 것도 좋습니다. 이렇게 든든한 후원자가 있는데도 자존심이 상해서, 부끄럽고 창피해서, 해결해줄 것 같지 않아서, 일이 커질까봐, 보복이 두려워서… 대부분 얘기를 않거나 숨긴다는 사실입니다. 문제는 이런 생각을 갖고 있기 때문에 쉽게 해결이 될 것도 해결이 되지 않고 계속 폭력을 당하게 되는 것입니다. 그러니 혼자 속으로 끙끙 앓지 말고 부모님께 즉시 말씀드리십시오. 부모님께 말씀드리는 것은 고자질도 아니고 파렴치한 짓도 아니고 당연하고 정당방위, 나를 지키는 일입니다. 가해자를 위하는 길이기도 합니다. 발설하면 본인은 물론 가족까지 해치겠다고 협박을 하는 경우도 있을 것입니다. 만일 가족에게 위해를 가하게 되면 그 역시도 처벌을 받게 되니 선뜻 가해하지 못합니다. 엄포에 불과함으로 믿지 말고 절대 굴복해서는 안 됩니다. 부모님이나 주위에 도움을 청하는 것은 이미 해결된 것이나 마찬가지라는 전문가의 의견도 있습니다. 맞는 말입니다. 그러니 머뭇거리지 말고 망설이지 말고 그 즉시 말씀드리고 그 악몽에서 빨리 벗어나십시오. 용기를 잃지 마십시오. 빨리 알리는 것만이 빨리 해결하는 길입니다.

ㄷ. 가해 학생 부모님

　용돈을 많이 주지 않았는데 이것저것 사온다거나 고가 옷이나 물건을 빌려 왔다거나 언행이 거칠거나 그런 낌새를 보이면 유심히 관찰해봐야 합니다. 실토를 잘 안 하려 하겠지만 물어보고 그것이 사실이라면 좋은 말로 타이르는 것입니다. 욕하고 꾸중하면 반발하게 됩니다. 내 아이는 절대로 그런 아이가 아니라고 감쌀 게 아니라, 비겁한 짓이고 나쁜 짓이고 해서는 안 될 범죄행위라고 자주 일깨워주는 것입니다. 우리 착한 아이들 자꾸 듣다 보면 깨닫게 되고 잘못을 알게 되고 뉘우치고 생각도, 행동도 바뀌게 돼 자연 중단하게 될 것입니다. "너는 장차 큰일 할 사람이다." 자긍심을 높여주고 자꾸 일깨워주고 적절한 지도가 필요합니다. 부모로서 책임도 느껴야 할 것입니다. 놔두면 자칫 범죄의 길로 빠질 수 있기 때문에 사전에 그걸 막기 위해서라도 꼭 필요합니다. 미리 싹을 잘라버려야 합니다. 입장을 바꿔 내 아이가 폭력을 당해 자살이라도 한다면, 수시로 맞고 온다면 어떻게 해야 할까요? 재수 없으면 내 자식도 피해자가 될 수 있습니다. 내 자식이 귀하면 남의 자식도 귀한 법입니다. 어떤 전문가는 부모가 피해 학생이나 부모에게 진심으로 사과하는 모습을 보이면 아이도 때린 행동을 진심으로 뉘우친다고 말하기도 합니다. 설득력이 있습니다. 때에 따라서는 적절한 피해 보상도 해줘야 할 것입니다. 회피하려는 경향이 많은데 남의 자식이 내 자식 이를 부러 뜨렸다면 가만히 있지는 않을 것입니다. 모른 체할 수는 없습니다. 또 내 아이에게 무관심한 것은 아니었는지, 가정교육에 문제는 없었는지, 제대로 정을 쏟지 않았는지 수시로 점검이 필요합니다.

ㄹ. 피해 학생 부모님

아이들은 폭행당했다고 자발적으로 얘기 안 하려는 속성이 있습니다. 자존심, 부끄러움, 창피하게 생각하기 때문에 선뜻 얘기하지 않을 것입니다. 얘기했다 하더라도 해결해주지 못할 거라고 생각되면 얘기를 않고 혼자 끙끙 앓을 것입니다. 얘기했다고 보복당하지는 않을까, 일이 커지지는 않을까 걱정할 수도 있습니다. 그러니 나만 맞고 말지 할 수도 있는 것입니다. 그러므로 항상 표정을 살펴보는 것입니다. 상처나 멍자국은 없는지, 우울한지, 말이 없는지, 친구관계나 학교생활도 점검해보는 것입니다. 담임선생님과의 상담도 필요합니다. 평상시보다 다른 행동을 보일 때도 있을 것입니다. 느낌이 오기 마련입니다. 가뜩이나 움츠려 있는데 심각한 표정으로 윽박지르면서 묻는다면 욕이라도 한다면 아무것도 아니라고 얘기 안 할지도 모릅니다. 그러면 해결이 어려워집니다. 어렵겠지만 웃는 낯으로 물어보는 것입니다. 지나가는 말처럼 슬쩍 물어보는 것도 좋습니다. 실토한다면 금쪽같은 내 자식이 폭행에 시달려왔다면 마음이 무척 아플 것입니다. 당장 쫓아가서 요절을 내고 싶은 생각이 들겠으나 감정을 앞세운다고 해결되는 것은 아닙니다. 잘못하면 역효과가, 그르칠 수가 있기 때문입니다.

감정, 흥분을 누르고 이성적으로 심사숙고해서 슬기롭게 처리해야 합니다. 일에는 순서가 있기 때문입니다. 우선 객관적으로 사실 확인이 필요합니다. 육하원칙에 따라서 정확하고 구체적으로 현상을 파악해야 합니다. 증거물, 진단서, 증인들을 확보해둬야 합니다. 녹음도 필요합니다. 청소년 폭력상담센터 같은 곳의 조언을 먼저 듣고 대처하는 것도 좋을 것입니다. 그런 후에 학교나 경찰서의 도움을 받아 해결하는 것입니다. 어떤 사람은 곧바로 가해 학생이나 부모를 만나지 말고 싸우게 되니 선생님 입회하에 삼자가 만나서 확인, 인지, 사과를 받고, 재발 방지를 위해 각서를 받아두라는 것입니다. 슬기로운 대처가 필요합니다.

지금은 학교폭력이 많이 줄어들었을 것입니다. 학교폭력이 한 건도 발생하지 않은 학교도 나오고 있습니다. 반가운 현상입니다. 전 학교에서 이처럼 학교폭력이 발생하지 않고 사라진다면 얼마나 좋을까요? 노력들을 하고 있으니 차차 사라지고 말 것입니다.

다음의 내용은 학교폭력 전담기관인 (재)푸른나무청예단(청소년폭력예방재단)이 제공한 학교폭력 대처요령입니다. 참고할 가치가 있고, 많은 관심과 후원이 필요하겠습니다.

■ 학교폭력 피해 징후
1. 늦잠을 자고, 몸이 아프다고 자주 호소하며, 학교 가기를 꺼린다.
2. 성적이 갑자기 혹은 서서히 떨어진다.
3. 안색이 안 좋고 평소보다 기운이 없다.
4. 옷이 지저분하거나 단추가 떨어지고 구겨져 있다.
5. 멍하게 있고, 무엇인가에 집중하지 못한다.
6. 물건을 자주 잃어버리거나, 새로 사달라고 한다.
7. 용돈을 평소보다 많이 달라고 하거나 스마트폰 요금이 많이 부과된다.
8. 갑자기 급식을 먹지 않으려고 한다.
9. 밖에 나가는 것을 꺼려 하고 집에만 있으려고 한다.
10. 학교나 학원을 옮기는 것에 대해서 이야기를 꺼낸다.

11. 스마트폰을 보는 자녀의 표정이 당황스러워 보이거나 정서적으로 괴로워한다.
12. 쉽게 잠에 들지 못하거나 화장실에 자주 간다.
13. 학교생활 및 친구관계에 대한 대화를 시도할 때 예민한 반응을 보인다.
14. 수련회, 봉사활동 등 단체활동에 참여하지 않으려고 한다.
15. 작은 자극에 쉽게 놀란다.

(출처 : 푸른나무청예단)

■ 학교폭력 예방수칙
• 학생
- 누구라도 학교폭력에 노출될 수 있다는 점을 인지한다.
- 학교폭력 정보제공 및 신고를 할 수 있는 앱(App)을 설치해놓고, 자신 또는 친구가 학교폭력 상황에 부닥칠 때 활용한다.
- 내 말과 행동 때문에 상대방이 기분 상했다고 하면 바로 사과한다.
- 친구 사이에서 재미와 장난을 위해서 하는 행동들에 대해서 신중하게 생각해보고 입장을 바꿔서 기분을 헤아려본다.
- 무리한 요구를 받을 때에는 "미안하지만 나는 네가 말하는 대로 할 수가 없다."는 식으로 단호하게 거절하도록 노력한다.

• 가정
- 자녀의 사이버상 프로필과 심경변화 메시지를 주의 깊게 보고 대화를 나눈다.
- 등·하교길에 일주일에 한 번 정도는 동행하며 자녀와 이야기 나눌 수 있는 시간을 가진다.
- 자녀에게 양육 태도와 부모의 역할에 대해 주기적으로 자가 진단을 해본다.

- 아동기, 청소년기에는 친구와의 관계가 중요하다는 점을 상기하며 원만한 관계를 가지도록 북돋워준다.

• 학교
- 교사는 학교폭력 발생 시의 사안 처리방법을 사전에 숙지해놓고 연계기관의 정보를 알아둔다.
- 학생들 대상으로 올바른 SNS 사용법에 대한 예방교육을 시행한다.
- 학생들의 동선을 고려하여 각 반 게시판과 화장실에 학교폭력 예방수칙과 신고방법을 게시해두어 자주 보고 익숙해지도록 한다.
- 교사는 생활기록부에 학교폭력 관련 기록이 있는 학생들에게 관심을 기울이다.

(출처 : 푸른나무청예단)

■ 학교폭력 대응 수칙
• 학생
- 피해 학생이라면 이 피해가 자신의 잘못이 아님을 기억한다.
- 학교폭력 피해를 당했을 때 혼자 해결하려 하지 말고 부모님, 선생님, 전문가 등 주변의 도움을 요청한다.
- 학교폭력으로 인해 소외되거나 피해당하는 학생의 심정을 헤아려보고 폭력을 목격한 경우에는 반드시 신고한다.

• 가정
- 사안이 발생하면 감정적으로 대응하지 말고 자녀의 심리적 상태를 먼저 확인하고 공감한다.
- 발생한 학교폭력의 문제 해결방법에 대하여 자녀의 의견을 존중하되 함께 방법을 논의하고 찾아나간다.
- 학교폭력 해결의 최우선 목적은 자녀의 안전한 학교로의 복귀임을 잊

지 않는다.

• 학교
- 사안 발생 후 최대한 절차대로 진행하여 불필요한 갈등의 확대를 막는다.
- 사안 발생 후 학교폭력에 대한 절차를 진행할 때 담임교사 및 책임교사의 협력을 구하고 관련 전문가의 의견을 참고한다.
- 사안의 관련 대상 학생 및 주변 목격 학생들의 증언을 객관적으로 확보하는 한편 학생들에 대한 공감과 이해를 잊지 않는다.

(출처 : 푸른나무청예단, (02) 598-1610, 1588-9128, 팩스 (02) 598-1641, http://www.jikim.net/clinic)

■ 학교폭력 상담기관
• 학교폭력 상담센터 : 전국 어디서나 117번(경찰)
• 전국 학교폭력 상담전화 : 1588-9128(푸른나무청예단)
• 학교폭력 피해자 가족협의회 : www.uri-i.or.kr, (02) 582-8118
• 학교폭력 대책 국민협의회 : http://www.ttastop.org, (02) 325-2542
• 왕따 닷컴 http://www.wangtta.com
• 왕따를 위한 모임 http://myhome.naver.com/dhkddnlah
• 자녀 안심하고 학교보내기 운동 국민재단 : http://www.1318love.net, (02) 3453-5226
• 청소년 사이버 상담센터 : 1388번

ㅁ. 학교에 한 말씀

대부분 폭력이나 왕따도 여럿이 합세하기 때문에 혼자의 힘으로는 대항할 수가 없어 당하게 되는 경우가 많을 것입니다. 국가간에도 작은 나라끼리 동맹을 맺으면 큰 나라가 함부로 덤벼들지 못할 것입니다. 보복을 당할 수 있기 때문입니다. 학교폭력도 가해자 72%가 동급생이고, 70%가 교실 내에서 벌어지고 있다 함으로 국가 동맹처럼 분단별로 분단장, 부분단장, 총무 등 친목계처럼 조직을 만드는 것입니다. 의리반, 용기반, 협동방, 사랑방 등 별도의 명칭을 부여합니다. 내 분단 중의 누가 옆 분단의 친구들로부터 왕따나 폭력을 당할 경우 말리거나 못하게 합니다.(옆 친구가 폭력이나 왕따를 당해도 모른 체한다는데, 괜히 참견했다가 잘못되면 내게 불똥이 튈지 몰라 말리지 않는다는데) 분단 친구들이 말려서, 못하게 해서 내 분단 누가 폭력이나 왕따를 당하지 않게 된다면 학교 측에서 팁으로 분단에게 가산점이나 선물이나 현금 등을 주는 것입니다. 표창장(선행상)도 줍니다. 상대 분단에게는 벌로 얼마 동안 청소를, 화장실 청소를 시키거나 궂은 일을 시킨다면 어떤 변화가 있을지 시험해볼 수도 있을 것입니다. 같은 방향, 같은 동네 친구끼리 분단을 편성해서 등하교시 동반케 합니다. 군대의 소원수리처럼 왕따, 폭력사례가 있는지 제도적으로 1~2개월 내 한 번씩 설문, 면담 조사해봅니다. 누가 언제 어디서 누구한테 어떻게 당했는지 조사하는 것입니다. 번거롭겠지만 하지 않은 것보다는 하는 것이 득이 될 수도 있을 것입니다. 또 한편으로는 편 가르기나 혹은 학급의 분위기를 해치지 않을지 걱정이 되겠지만 이보다 그것이, 분단조직이 더 득이 될 수도 있지 않을까 생각되어집니다.

(2) 왕따(집단 따돌림)

여럿이 한 명을 점찍어 수시로 계속해서 놀리고 괴롭히고 따돌리면서 못살게 구는 것을 말합니다. 이지메라고 일본에서 사회문제가 됐던 못된 것이 수입되어 우리 학생들 사이에서도 벌어지고 있습니다. 정신적으로 육체적으로 괴롭히니 이것 역시도 일종의 폭력입니다. 이로 인해 정신질환에 시달리거나 자살하기도 할 것입니다. 이런 왕따 행위가 자연스럽게 신체 폭력으로 이어진다는 사실입니다. 학업에 열중하고 꿈을 키우고 아름다운 추억을 남겨야 할 학창시절을 폭력과 왕따에 가담해서 약자를 괴롭히니 안타까운 일이 아닐 수 없습니다. 더욱이 폭력행위처럼 왕따당하지 않기 위해 먼저 왕따를 시키기도 한다는 것입니다. 요사이는 사이버 불링(cyber bullying)이라고 SNS를 통해 온라인상에서 특정인을 집단적으로 따돌리거나 지속적으로 괴롭히는 사이버 폭력도 늘어나고 있습니다. 욕설이나 협박, 거짓 소문 퍼뜨리기 등이 늘어나고 있습니다. 폭력이나 왕따를 피해 타학교로 전학을 가도 인터넷을 통해 왕따시키라고 부추기기도 합니다. 폭력, 왕따 현장을 찍어 인터넷에 올리기도 합니다. 몹쓸 친구들…

① 왜 이런 일들이 자꾸 벌어질까요?

여러 원인이 있겠으나 폭력처럼 공부에 시달리고 경쟁에 내몰리고 스트레스가 쌓이고 심신이 날카로워지니 그 분출의 한 방편으로 나타나는 현상일 수도 있습니다. 심성이 곱지 못하고 인간성이 아주 낮기 때문일 것입니다.

■ 가해 학생 여러분

왕따도 폭력처럼 비겁한 짓이고 나쁜 짓이고 범죄행위입니다. 왕따를 해서도 가담해서도 안 됩니다. 못 본 체하지 말고 서로 말려야 합니다. 친구 좋은 게 뭔가요? 의리를 지키는 게 친구의 도리입니다. 장차 큰일을 할 사람이 시시하게 그게 뭔가요? 자존심이 없나요? 친구를 왕따시키기 위해서 매일 아침 책가방 메고 학교에 가는 것은 아니지 않습니까? 왜 헛곳에, 안 좋은 일에 신경을 쓰고 시간낭비를 할까요? 통계를 보면 청소년이 하루 한 명씩 자살하고 있습니다. 실제 왕따, 폭력에 시달려 자살하려고 맘먹기도 하고 미수에 그치기도 하고 실행에 옮겨 자살하기도 할 것입니다. 나로 인해 친구가 자살했다면 간접살인 행위나 다름없습니다. 내가 친구를 죽게 만든 것입니다. 평생 죄책감에 시달릴 것입니다. 친구를 죽게 했으니 하는 일이 잘 될 리가 없습니다. 이 점을 명심해야 합니다. 당장 중단하는 것입니다.

② 어떻게 해야 할까?
왕따도 엄연한 폭력행위입니다. (학교폭력편 422쪽을 참고하십시오.)

■ 사이버 폭력 피해 징후
- 불안한 기색으로 정보통신기기를 자주 확인하고 민감하게 반응한다.
- 단체 채팅방에서 집단에게 혼자만 반복적으로 심리적 공격을 당한다.
- 용돈을 많이 요구하거나 온라인 기기의 사용요금이 지나치게 많이 나온다.
- 부모가 자신의 정보통신기기를 만지거나 보는 것을 극도로 싫어하고 민감하게 반응한다.
- 온라인에 접속한 후, 문자메시지나 메신저를 본 후에 당황하거나 정서적으로 괴로워 보인다.
- 사이버상에서 이름보다는 비하성 별명이나 욕으로 호칭되거나 야유나 험담이 많이 올라온다.
- SNS의 상태 글귀나 사진 분위기가 갑자기 우울하거나 부정적으로 바뀐다.
- 컴퓨터 혹은 정보통신기기를 사용하는 시간이 지나치게 많다.
- 잘 모르는 사람들이 자녀의 이야기나 소문을 알고 있다.
- 자녀가 SNS 계정을 탈퇴하거나 아이디가 없다.

(출처 : 푸른나무청예단)

■ 청소년 사이버 상담센터(www.cyber1388.kr:447)
1388, 110번 365일 24시간 무료상담(친구문제, 진로, 학교폭력, 우울, 가출 등)

■ 방송통신위원회 2020년 사이버 폭력실태조사 결과보고서(피해 경험자)
- 초등학생 : 2019년 18.8% / 2020년 25.8%
- 중학생 : 2020년 18.1%
- 고등학생 : 2020년 14.7%

봄의 교향악이 울려 퍼지는
청라 언덕 위에 백합 필 적에
나는 흰 나리꽃 향기 맡으며
너를 위해 노래 부른다.

청라 언덕과 같은 내 맘에
백합 같은 내 동무야
네가 내게서 피어날 적에
모든 슬픔이 사라진다.
(동무 생각 - 이은상 시 / 박태준 곡)

- 우정은 인생의 술이다. - V. 영 / 밤의 명상
- 무지개처럼 영롱한 소녀 시절의 우정, 그것은 여성들의 보석이 아닐 수 없다. - 신지식 / 여자의 우정
- 참다운 우정은 엄동에도 얼지 않는다. - 독일 격언
- 금은 불로 시험되고 우정은 곤경에서 시험된다. - 영국 격언
- 두 사람간의 우정에는 한 사람의 인내가 필요하다. - 영국 격언

(3) 가출

왜 이리 슬픈 일들이 줄을 잇는가? 청소년 가출이 늘어나고 있고, 연령층도 낮아지고 있습니다. 가출만 2015년에 21,762명(9~19세, 여성가족부)이었습니다.

① 왜 가출할까요?

ㄱ. 부모의 학대 : 폭력, 폭언, 잔소리, 간섭, 억압, 무시, 과잉 기대, 무관심, 편애, 방임(2018년 아동학대 건수 3만 4,169건, 학대 사망 38명)

ㄴ. 부모의 불화 : 부부싸움, 폭력, 가출, 별거, 이혼

ㄷ. 생활의 어려움 : 부모의 실직, 사업 실패, 빚

ㄹ. 학교 부적응 : 성적 부진, 공부하기 싫고, 다니기 싫고, 선생님, 친구와의 갈등

ㅁ. 친구의 꾐 : 호기심

이외에도 여러 이유가 있을 것입니다. 가정은 부모와 형제자매가 편안히 쉬고 행복을 누리며 내일을 준비하는 소중한 보금자리입니다. 귀가 본능이 있어서 밖에 나가 일을 마치면 돌아옵니다. 그럼에도 우리 일부 청소년들은 가정을 마다하고 무작정 집을 뛰쳐나와 거리를 정처 없이 배회합니다. 왜 가출할까요? 왜 집을 싫어할까요? 대부분 부모의 학대에 못 이겨 가출하게 됩니다. 아이들 입장에서 이해하고 용서하고 포용해야 되는데 아이들 의견을 무시하고 부모님 잣대로만 보고 일일이 간섭, 통제, 꾸중하고 눈에 들지 않으면 때리고 욕하고 못살게 구니 견디지 못해, 어린 나무가 비바람에 못 견디듯 돌파구로 회피 수단으로 집을 나가게 됩니다. 가출했다 돌아오기도 하지만 상황이 달라지지 않고 전과 같으면 다시 가출하게 되고, 작정하고 가출하면 영영 돌아오지 않는다는 사실입니다. (2016년 재

학대 건수 1,591건 - 8.5%)

② 왜 안 돌아올까요?

고생이 많아도 집에 있는 것보다 밖에 있는 게 얻어맞지 않고 욕 먹지 않고 간섭 안 받고 자유스럽고 마음이 더 편하기 때문일 것입니다. 얼마나 힘들었으면 마음고생이 심했으면 나왔을까요? 입고, 먹고, 자는 것, 걱정이 될 텐데 고생스러운 것을 뻔히 알면서도 집에 돌아가지 않으려 할까요?

③ 그렇다면 어떻게 해야 할까?(부모님 몫)

ㄱ. 가정은 즐거운 곳, 마음 편하게 보낼 수 있는 곳으로 만들어줘야 합니다.

ㄴ. 근본적인 원인은 대화다운 대화, 대화 부족에 있습니다. 무조건 무시하거나 윽박지르지 말고 아이들 말에 귀를 기울이고 대화로 풀어야 합니다. 들어줄 것은 흔쾌히 들어주어 기분, 사기를 돋구어 주는 것입니다.

ㄷ. 술만 먹으면 상습적으로 때리는 것도 한 원인일 수 있습니다. 힘도 없고 부모니 대항할 수도 없고 때리는 대로 맞게 됩니다. 주먹이면 주먹, 빗자루면 빗자루, 분하고 화나고 못 견뎌 할 것입니다. 자연 부모에 대한 증오심, 적개심이 쌓이게 됩니다. 말을 듣지 않더라도 마음에 들지 않더라도 내 사랑하는 자식이니 참고 또 참고 좋은 말로 타이르고 용서해주고 너그럽게 대해주고 절대로 폭력을 쓰지 말아야 합니다.

ㄹ. 부부싸움은 아이들이 안 보는 데서 해야 합니다. 싸우는 것을 자주 보면 아주 못 견뎌 합니다. 공부할 마음도 안 나고 가정에 대한 애착도 없어지고 부모가 밉고 싫어 속앓이를 하게 되고 반복되면 가출하게 됩니다.

ㅁ. 어디에서 뺨 맞고 와서 어디에서 눈 흘긴다고 일이 안 풀리거나 밖에서 안 좋은 일을 당하고 집에 와서 화풀이로 아이들을 닦달하는 경우도 있을 것입니다. 아이들 잘못이 아닌데, 노엽게 하지 말고 즐겁게 해주는 것입니다. 즐겁게 해주면 나가라 해도 안 나갈 것입니다.

ㅂ. 가출하면 바로 신고하고, 찾아보고, 귀가하면 화를 내거나 야단치지 말고 감싸안아야 합니다. 돌아오기 참 잘했다고 느낄 정도로, 괜히 돌아왔다고 후회가 안 되도록 해줘야 합니다. 진심으로 고맙게 생각하고 축하파티라도 열어줘야 하고, 전보다 더 잘해줘야 합니다. "와서 참 고맙구나. 정말 잘했다. 내가 잘못했다. 용서해다오. 우리 잘해보자. 노력할게." 진심으로 사과하고 실천하는 것입니다. 그러면 아이도 켕긴 마음이 풀어지고 재가출을 생각하지 않을 것입니다. 그러니 서로 좋을 것입니다.

■ 학생 여러분!

집을 나오고 싶어서 나왔겠습니까? 도저히 견디지 못하고 이겨내지 못해 나왔겠지요. 사정이 다 다르니 겪어보지 않은 사람은 알 수가 없을 것입니다. 문제는 의식주 해결입니다. 먹고 입고 잘 곳이 없다는 점입니다. 돈이 없으니 굶어야 되고 잘 곳이 없으니 여관에 가서 잘 수도 없고 공원이나 빈집이나 PC방이나 노숙자 생활을 하게 됩니다. 끼리끼리 혼숙도 하게 됩니다. 생계유지 수단으로 도둑질을 하거나 금품을 뺏거나 여학생은 원조교제, 성매매에 가담하는 경우도 생길 것입니다. 유흥업소에 발을 들여놓기도 하고 범죄 소굴에 빠질 수도 있는 것입니다. 자칫 인생을 그르칠 수도 있습니다. 해결의 길은 집을 나간다고 해결되는 것은 아닙니다. 나왔으면 무조건 들어가는 방법뿐입니다. 싫어서 나왔는데 다시 들어가기도 자존심이 허락지 않을 것입니다. 쑥스럽기도 하겠지만 어찌 됐든 내 집이니 용기를 내어 귀가해서 해결책을 찾아야 합니다. 찾으려고 애를 쓰면 길이 보입니다.

ㄱ. 부모님의 폭력이라면 부모님 뜻을 거스르지 말고 순종하는 것입니다. 비위도 맞추고 아양도 떨고 때리지 말고 좋은 말로 하십사 하고 눈물로 간절히 호소하는 것입니다. 미움받는 것도 이쁨받는 것도 자기 하기에 달려있습니다.

ㄴ. 부모님끼리의 불화라면 감당하기가 어렵겠지만 중간에서 중재의 방법을 찾아보는 것입니다.

ㄷ. 생활고라면 부모님 몫이지만 백지장도 맞들면 낫다고 가능하면 틈틈이 아르바이트라도 해서 수입을 올려 생활비에 보태는 것입니다. 부모님에게 용기를 심어주는 일도 될 것입니다. 좌절하지 말고 포기하지 말고 굳건히 헤쳐나가는 것입니다. 우리 주위에는 소년 소녀 가장이 많이 있습니다. 나에게 이런 시련을 주는 것은 나를 단련시켜 큰 인간을 만들기 위해 하느님이 일부러 시험하는 거라고 자위하고 희망과 용기를 잃지 마십시오. "하늘이 무너져도 솟아날 구멍이 있다."고 했습니다. 크게 성공한 사람들은 거의가 어려운 환경을 이겨내고 극복해서 성공한 사람들입니다.

ㄹ. 학교와의 부적응이라면 공부를 더 열심히 해서 성적을 올리는 것입니다. 선생님도 이뻐하고 인정을 받게 됩니다. 친구들도 내가 먼저 다가간다면 친구를 얻을 수 있고 호응도 받게 됩니다.

ㅁ. 친구 권유라면 응하지 마십시오. 친구 따라 강남 간다고, 가출을 부추기는 친구는 나쁜 친구입니다. 혼자 가출하기가 적적하니 끌고 가려고 하는데 그런 친구는 진정한 친구가 아니니 멀리하고 상대하지 마십시오. 절교하십시오. 나의 장래를 망치게 하는 나쁜 친구입니다.

어쨌든 가출은 각종 범죄에 자칫 빠지게 된다는 점을 명심하십시오. 죽고 다시 태어나 사는 삶이 아닌 한번뿐인 삶이라는 것을 잊지 마십시오. 그리고 생각을 바꾸면 삶이 달라진다는 사실을 잊지 말아 주십시오. 다음은 혹시 가출을 생각하고 있다면 생각해보아야 할 10가지입니다.

1. 가출하는 이유는 무엇인가?
2. 집을 나오기 전 개선할 방법은 없는가?
3. 믿고 도움을 청할 수 있는 사람은 있는가?
4. 가출이 현실적인 대안인가?
5. 가출 후 어떻게 살아갈 것인가?
6. 가출하는 것이 안전한가?
7. 가출에 대해 충분히 생각해보았는가?
8. 가출 이외의 다른 방법은 없는가?
9. 가출 후 나에게 문제가 발생하면 누구에게 연락할 것인가?
10. 가출 후 집으로 들어가면 어떻게 될 것인가?

(출처 : 여성가족부)

■ 상담기관
  • 한국 청소년 상담원 1388번 / www.kyci.or.kr
  • 한국 청소년 쉼터협의회(가출쉼터) (02) 403-9171 / www.jikimi.or.kr

■ 정부에 한 말씀

10대 청소년들이 가출하면 먹고 자는 문제가 제일 큰일이 될 것입니다. 생활비를 벌려면 아르바이트라도 해야 하는데 근로기준법에 만 18세 미만일 경우는 부모 동의서가 필요합니다. 집이 싫어 가출했는데 동의서 받으러 귀가할 수도 없으니 난감해할 것이고 대부분 포기할 것입니다. 동의서 없이도 일할 수 있는 뭐가 마련된다면 다소나마 범죄의 길로 빠지는 것을 막을 수 있고, 자립의 기회를 줄 수도 있는데 운용의 묘를 살릴 수 있는 방법은 없을지? 나라의 법에도 예외가 있다고 했습니다.

(4) 채팅과 원조교제

인터넷상에서의 건전한 대화방이 음란의 매개체가 되고 있습니다. 채팅을 통해서 어린 여학생들이 아주 극소수겠지만 성인 남성과 원조교제니, 뭐니 해서 돈을 받고 성을 팔고 있다는 보도를 보게 됩니다. 호기심에 뭣도 모르고, 순간 유혹에 넘어가서, 협박당해서 혹은 친구 권유로 응하다 성폭력을 당하거나 돈을 받고 성관계를 갖게 되는 경우도 있을 것입니다. (얼마 전 보도에 의하면 초등학생 딸이 못된 성인 남자의 꾐에 빠져 특정 부위, 자신의 성기 사진과 동영상을 찍어 보낸 걸 알고 충격을 받았다는 어머니도 있습니다.) 순결 무구해야 할 어린 여학생들이 몸을 팔다니 도저히 있을 수 없는 일들이 벌어지고 있습니다. 원조교제 제의를 받게 되면 응하는 경우도 있고, 거부하는 경우도 있을 것입니다. 원조교제는 100% 불순 목적을 가지고 접근해 오기 때문에 백 번 거부해야 되는데도 응하고 있으니 문제가 되고 있습니다. 응하지 않으면 아무 문제가 없는데, 주로 용돈을 벌기 위해서 응한다지만 성은, 순결은 고귀합니다. 쓰레기 버리듯 함부로 버리는 물건이 아닙니다. 지키고 고이고이 간직해야 할 소중한 보물과 같습니다. 용돈이 필요해서라면 부모님께 떳떳이 말씀드리십시오. 부족하면 부족한 대로 써야 합니다. 아니면 잠깐 아르바이트라도 해서 용돈에 충당하십시오. 그것이 떳떳한 길이고 바른 길입니다. 돈은 떳떳하게 벌어야 가치가 있습니다. 원조교제에 한 번 두 번 응하게 되면 빠지게 되고 헤어나오기가 어려워 자칫 성매매의 길로 들어설 수가 있습니다. 인생을 망가뜨리는 길입니다. 잘못되면 어디로 팔려갈 수도 있습니다.

장차 우리 여학생들에게는 많은 유혹이 기다리고 있을지도 모릅니다. 자칫 함정에 빠져 일생을 그르칠 수가 있습니다. 오직 한 번뿐인 인생입니다. 절대로 채팅을 해서도, 전화도, 만나서도, 성매매도 해서는 안 됩니다. 용돈 몇 푼 벌려고 덜컥 임신이라도 되면 어쩌렵니까? 성병이라도 특히 에이즈라도 걸리면 어쩌렵니까? 절대 해서는 안 됩니다. 그리고 꾀는 친구가 있다면 그는 친구가 아니고 장래를 망가뜨리는 원수나 마찬가지이므로 즉시 절교해야 합니다. 결론은 낯모르는 사람(남, 여)과는 절대로 만나거나 전화로나 채팅하지 마십시오. 교제란 동급의 만남이어야 합니다. 어른과 만나서 뭘 어쩌자는 걸까요? 만나서 인생을 논하자는 말인가요? 아닙니다. 남자의 성욕을 채우기 위한 꾐에 지나지 않습니다. 순간 유혹에 넘어가게 되므로 채팅을 절대로 해서는 안 됩니다. 길이 아니면 가지를 말라고 했습니다. 원조교제, 성매매가 여러분이 가야 할 길이 아닙니다. 장차 결혼할 몸이고 지금껏 나를 낳아주시고 길러주시고 가르쳐 주신 부모님에 대한 보답이 아닙니다. 커다란 불효인 것입니다. 불행을 자초하는 길입니다. 잘못하면 납치를 당할 수도 있습니다. 유인책에 걸리면 꼼짝없이 만나서 돈도 못 받고 성폭행만 당하고 주변 사람들에게 알리겠다고 협박도 당하고 그 충격에 자살을 시도한 학생도 있습니다. 그러니 절대로 해서는 안 됩니다. 성매매는 엄연한 범죄행위입니다. 아동, 청소년 보호법에 따라 1년 이하 징역이나 1,000만 원 이하의 벌금을 물게 됩니다.

■ 디지털 성범죄 예방 안전수칙
• 아동, 청소년이 알아야 할 7가지
1. 나와 타인에 관한 개인정보를 올리거나 전송하지 마세요.

2. 잘 모르는 사람이 보낸 인터넷 링크나 파일을 클릭하면 안 됩니다.
3. 타인의 동의 없이 사진, 영상을 찍지도, 보내지도, 보지도 마세요.
4. 타인의 사진, 영상에 성적 이미지를 합성하지 마세요.
5. 타인의 사진, 영상을 퍼뜨리겠다고 위협하면 안 됩니다.
6. 잘 모르는 사람이 개인정보를 묻거나 만남을 요구하면 어른에게 알리세요.
7. 촬영, 유포, 협박 등으로 두려움을 느낄 때 전문기관에 도움을 요청하세요.

- 부모가 알아야 할 7가지

1. 아동, 청소년의 온라인 활동에 관심을 갖고 충분한 대화를 나눕니다.
2. 개인정보를 온라인에 올리거나, 타인에게 전송하지 않도록 알려줍니다.
3. 불법 촬영, 비동의 유포, 성적 이미지 합성 등 디지털 성범죄 위험성에 대해 알려줍니다.
4. 잘 모르는 사람이 개인정보를 묻거나 만남을 요구하면 반드시 알릴 것을 당부합니다.
5. 피해 사실을 알았을 때 아동, 청소년의 잘못이 아님을 알려주고 진심으로 지지해줍니다.
6. 아동, 청소년의 피해 사실 관련 증거자료를 수집합니다.
7. 피해 사실을 알았을 때 전문기관에 도움을 요청합니다.

자료 : 여성가족부
(사이버 범죄 신고 112 / 182 / (02) 3939-112)

(5) 성폭력(가해자)

조불수께서는 우리 인간에게 이성의 힘, 자제능력을 주셨습니다. 그래서 우리는 선과 악을 구분할 수 있고, 악을 거부하고 선을 추구합니다. 참고 이겨냅니다. 그러나 애석하게도 우리 청소년들에게는 분별, 자제력이 어른보다 부족해 예상치 못한 일들이 벌어집니다. 그 한 예가 성폭력입니다. 보도를 보면 성폭력 가해자의 연령이 점점 낮아지고 있습니다. 초등학교 고학년짜리도 성폭력을 저지르고 있습니다. 가해자와 피해자가 선후배 사이, 동급생(10명 중 7명 : 교육부 2016년 초, 중, 고생 4만여 명 조사) 사이에서 벌어지기도 합니다. 혼자 아니면 여럿이 저지르기도 합니다. 죄책감이 없이 행해지고 있습니다. 분별, 자제 능력이 부족하기 때문에 빚어집니다. 2016년 성폭력 범죄(성폭행, 성추행)를 저지른 19세 미만의 소년범이 3,195명이나 됩니다. (법무부 집계)

■ 그 원인이 뭘까요?

우리 청소년들은 인터넷, 스마트폰, 영화, TV 등을 통해서 쏟아지는 음란물 홍수 속에 살고 있습니다. 음란물이 성폭력을 부추기는 주범이 되고 있습니다. 음란물을 보게 되면 성충동을 받게 되고, 본 대로 그대로 따라하고 싶어 하는 모방심리가 발동합니다. 그래서 기회가 되면 일을 저지르기도 합니다. 좋은 걸 저지르면 좋으련만 안 좋은 걸 저지르니 문제가 생깁니다. 맞벌이 가정에서는 부모가 일터에 나가면 통제할 사람이 없으니 혼자 아니면 친구들을 불러 모아 음란물을 보게 되고, 여자친구와 같이 볼 경우 충동에 못 이겨 성폭력을 저지르는 경우도 있을 수 있습니다. 청소년 여러분, 무엇이든 때가 있듯이 성행위는 결혼 첫날밤에 부부가 갖는 사랑의 의식입니다. 함부로 휘둘러서는 안 되는 것입니다.

호기심이나 충동을 참지 못해서, 휩쓸려서 저지르겠지만 당하는 사람의 심정은 어떨까요? 좋을까요? 나쁠까요? 평생 깊은 상처를 주고, 안고 살아갑니다. 그러므로 성폭력의 주범인 음란물을 멀리하십시오. 보지 마십시오. 내용이 사실이 아니고 장사꾼들이 상업적으로 거짓 꾸민 것에 지나지 않습니다. 자주 보게 되면 정신이 황폐해집니다. 아무것도 배울 게 없습니다. 차라리 그 시간에 농구나 축구나 운동을 하십시오. 화구를 들고 밖에 나가 그림을 그리십시오. 호기심에 보게 되는데 자주 보면 중독이 됩니다. 중독되면 끊기가 어렵습니다. 계속 보게 되면 공부에도 지장이 많습니다. 나오면 바로 돌리거나 끄십시오. 보지 마십시오. 장차 큰일을 할 사람이 시시하게 성폭력을 저질러서야 되겠습니까? 저지른다면 체면이 말이 아닙니다. 어찌 남의 마음을 아프게 해서야 되겠습니까? 한순간 잘못으로 자칫 일생을 그르칠 수가 있습니다. 명심해야 합니다. 성폭력은 범죄행위입니다. 처벌을 받게 됩니다. 그 굴레는 평생 따라다닙니다. 성폭력 범죄 전과자로 낙인찍히므로 살아가는 데도 취업이라든가 불리한 점이 많습니다. 전자팔찌도 다리에 차고 다녀야 합니다. 먼 훗날 내 아이들이 알게 된다면 아빠 체면이 말이 아닙니다. 그러니 성폭력을 절대로 저질러서는 안 됩니다. 여학생 역시도 방심해서는 안 됩니다. 빌미를, 구실을 주지 말아야 합니다. 남녀칠세부동석이라고 항상 주의해야 합니다. 내 몸은 내가 지켜야 합니다.

- 여성 긴급전화(가정폭력, 성폭력, 성매매 등) 1366번 / 휴대폰 (지역번호) + 1366번(상담, 수사, 시설입소, 주거 등 24시간 운영)
- 해바라기 아동센터 1899-3075 / 전국 34개소 24시간 One-Stop 운영 (성폭력, 상담, 의료, 수사, 법률지원 등)
- 한국 청소년 상담원 긴급전화 1388번 / 24시간 운영
- 서울시립청소년 성 문화센터(www.ahacenter.kr) (02) 2677-9220 (초등학생편 222쪽에 또 있습니다.)

■ 법률지원

• 한국 성폭력 위기센터 (02) 883-9284

• 대한법률구조공단 132번

• 대한변협법률구조재단 (02) 3476-6515

(6) 음란물(초등학생편 292쪽을 참고하십시오.)

(7) 술과 담배

　내 돈 주고 사서 먹고 피우는데 무슨 상관이냐고 할 사람이 있겠지만 여러모로 안 좋으니까 극력 말리는 것입니다. 여러분이 어른이 돼서 결혼하고 자식을 낳아 키우는데 중3짜리 아들 녀석이 술을 먹고 주정 부리고 비틀거리고 길에서 담배를 꼬나물고 푹푹 연기를 내뿜기라도 한다면 기분이 썩 좋지는 않을 것입니다. 미관상, 정서상 안 좋을 뿐더러 건강에도 아주 안 좋기 때문에 말리는 것입니다. 술은 적당히만 먹으면 좋으나 그것이 그렇게 간단치가 않습니다. 중독이라도 되면 끊기도 어렵고 폐인이 되기도 하고 생업에 제대로 종사할 수가 없습니다. 한 잔 두 잔 하루 이틀 먹다 보면 그래서 알코올 중독자가 됩니다. 재수 없게 간암도 걸립니다. 특히 어린 나이의 음주는 조직이 미성숙된 상태라서 몸에 더 치명적입니다. 제대로 발육이 되지 않습니다. 뇌세포가 파괴되어 뇌 기능이나 기억력이 떨어져 학습에 지장을 가져옵니다. 키도 영향을 받습니다. 어른이 되면 알코올성 치매가 올 수도 있고, 판단력도 흐려지고, 자제력도 잃게 돼 술김에 충동적으로 범죄를 저지르는 경우도 많습니다. 비행 청소년의 62%가 상습음주자이고, 그중 24%가 술 먹고 범죄를 저질렀다는 연구사례도 있습니다. 그러므로 지금은 때가 아니니 먹지 말고 꾹 참았다가 긍정적인 면이 있으므로 성인이 되어 시작해도 늦지 않습니다. (치료받은 10대 알코올 중독환자는 최근 5년간 7,800명, 2012년

1,415명 - 여성 590명 / 2016년 1,767명 - 여성 761명 / 국회보건복지위원회)

담배는 한마디로 백해무익, 해만 있고 득이 되는 게 없습니다. 전자담배도 마찬가지입니다. 건강을 해치는 주범입니다. 담배에는 69가지의 A급 발암물질과 4,800여 가지의 믿기지 않는 독성 화학성분이 들어있습니다. 흡연하면 그것들이 우리 몸속에 들어옵니다. 그래서 폐암을 비롯해 각종 암(구강, 후두, 식도, 유방, 방광, 신장, 췌장)에 걸리게 됩니다. 예방 차원에서 금연하라고 교육도 하고 캠페인도 벌립니다. 2016년 한 해 폐암 사망자가 17,399명이나 됩니다. 흡연은 마약처럼 중독성이 강합니다. 끊기가 무척 어렵습니다. 미국에서는 흡연을 마약으로 규정하고 있습니다. 칼로 무 자르듯 끊기가 쉽다면 누가 못 끊겠습니까? 금연은 굳은 의지와 강한 실천력이 있어야 됩니다. 끊으려고 시도하지만 대부분 작심삼일, 며칠 못 가 흐지부지 다시 피웁니다. 실패율이 높습니다. 이렇듯 성인도 끊기가 어려운데 의지력이 약한 여러분은 말할 것도 없습니다. 만일 여러분이 맘먹고 끊었다면 대단한 실천력의 소유자입니다. 가히 어떤 일을 해도 성공하고도 남습니다. 성공은 실천력에 달려있기 때문입니다. 그러니 흡연하고 있다면 오늘부터 금연에 도전하십시오. 네가 이기나 내가 이기나 시합해보십시오. 성공한다면 그 각오로 '학년 공부 1등'에 도전해보십시오. 1등하고도 남습니다.

어쨌든 안 피우는 것이 최고이고 피우고 있으면 당장 끊어야 합니다. 그리고 담배 피우는 친구가 있으면 멀리하십시오. 가까이하면 자연 담배를 배우게 되고 더 피우게 됩니다. 이미 골초가 된 학생은 어떻게 끊어야 할까? 끊고 싶어도 그 방법을 몰라 망설일 수도 있을 것입니다. 금연에 관한 책을 도서관에 가서 빌려보십시오. 또 보건소에 금연 클리닉이 있으니 적극 이용하십시오. 여러분을 손꼽아 기다리고 있습니다. 무료고 성공하면 선물도 줍니다. 보건소에 등록하고 치료받으면 성공률이 60%가 넘습니다. 지금 달려가서 도움을 받으시오. 참고로 액상형 전자담배가 일반 담배보다 간접흡연 피해가 더 심각하다는 것입니다. 그러니 이참에 확 끊어 버리는 것입니다. 이거 하나 못 끊어서야 어찌 큰 일을 할 수가.

■ 담배 피우면 안 좋은 일이 뭘까요?
- 이가 노래지고 입에서 썩은 냄새, 몸에서는 노린내가 납니다.
- 16세 전에 피우면 어른이 돼서 피우는 것보다 해가 3배, 폐암 사망률도 20배 더 많고, 키도 2.5cm나 작다는 연구 결과도 있습니다.
- 지저분한 사람이 되고, 의지 박약자라고 광고하고 다니는 것과 같습니다.
- 생존 수명보다 10년 먼저 갑니다. 저세상으로.
- 강아지도 싫어합니다.
- 주위에 간접흡연의 피해를 줍니다.
- 직장에 들어가서도 끊지 않으면 불이익을 주는 곳도 많습니다.

흡연을 권하는 친구가 있다면 분명하게 싫다고 거절해야 합니다. 모여서 머리 맞대고 피우려 말고 머리 맞대고 금연 궁리를 하십시오. 이러함에도 뭐가 그리 좋다고 숨어서까지 기를 쓰고 피우려 할까요? 건강이 망가지는데.

■ 여학생에게는 어떨까요?
- 해독이 더 큽니다.
- 폐가 제대로 크지 않습니다.
- 자궁경부암, 유방암에 걸리기 쉽습니다.
- 결혼하면 임신이 잘 안 될 수도 있습니다.

- 저능아, 기형아를 낳을 수 있습니다.
- 흡연율 : 여고 3학년 12%, 성인 여성 6%

여학생 여러분! 지금 당장 보건소에 등록하고 담배를 끊으십시오. 어떻게 끊을까요? 30대편 820쪽을 참고하십시오. 담뱃갑에 들어있는 폐암, 후두암 사진을 오려 책상 앞에 꼭 붙여둡니다. 금연효과가 클 것입니다. 간암 사진도 같이 붙여두십시오. (건강보험공단 1577-1000 / 병의원 금연 클리닉)

■ 금연 관련 사이트
- 보건소 금연 클리닉
- 국립 암센터 1544-9030
- 금연 캠프(전문치료형) : 전국 17개 지역 금연지원센터
- 금연 길라잡이 (www.nosmokeguide.go.kr) : 1544-9030
- 청소년 금연짱 (www.nosmoke.or.kr) : 한국건강관리협회

(8) 도박

인터넷 불법 도박으로 형사 입건된 10대 청소년이 2014년 110명에서 2016년 347명으로 늘어났다는 보도가 있었습니다. 한국 도박문제 관리센터 자료에 의하면 10대 도박중독 치료 서비스 이용자는 2015년 168명, 2018년 1,027명으로 나타났습니다. 호기심에, 친구 꾐에 인터넷 도박에 손을 대게 되는데 도박 자금을 마련하기 위해 부모님에게 거짓말을 해서 타내거나 아르바이트를 하거나 친구한테 꾸기도 할 것입니다. 도박을 하게 되면 딸 때보다 잃을 때가 훨씬 더 많습니다. 잃게 만듭니다. 따게 놔두지 않는 구조라서 딸 수가 없고 결국 다 잃게 됩니다. 꿔준 친구는 갚으라고 자꾸 독촉을 하게 되고 나올 구멍은 없으니 몰래 부모님 돈에 손을 대게 되고, 절도 등 범죄

를 저지를 수도 있습니다. 도박빚이 1,500만 원이나 된 중학생도 있습니다. 150만 원도 큰돈인데 중학생 채무자라니 여러분 웃기지 않습니까? 한마디로 놀랠 노자인 것입니다. 어떻게 갚아야 할꼬. 도둑질을 할 수는 없고, 길이 아니면 가지를 말라고 했습니다. 도박은 길이 아닙니다.

장차 큰일을 할 사람인데 이게 뭡니까? 중독이 되면 끊기가 어렵고 치료를 받아야 합니다. 불안, 우울, 고립, 관계 단절, 범죄, 자살 등의 문제가 생깁니다. 공부는 물론 자퇴하는 경우도 생길 수 있습니다. 한마디로 전도가 양양한 여러분의 장래를 망치는 지름길입니다. 두 번 다시 오지 않을 황금 같은 시간을 헛곳에, 도박에 뺏겨서야 되겠습니까? 그런즉슨, 도박은 아예 쳐다보지 마십시오. 일체 손대지 마십시오. 손대고 있다면 당장 끊으십시오. 그러면 만사가 태평해집니다. 공부 시간을 뺏길 필요도 없고, 자퇴할 필요도 없고, 지탄받을 필요도 없고, 도박꾼 소리 들을 필요도 없고, 괴로워할 필요도, 채무자가 될 필요도 없고, 마음이 무척 편안해지고, 또 뭐가 있을까요? 죄지을 일도 없게 되니 일거 몇 득이 되고도 남습니다. 도박문제로 고민을 하고 있다면 '한국도박 문제관리센터'의 문을 두드려보십시오. 2016년에 180명이 다녀갔다는 것입니다. 도박의 수렁에서 빨리 벗어나십시오. 30대편 828쪽에 다시 나옵니다.

- 한국 도박문제 관리센터 : 1336번 / (02) 740-9000
  - 문화체육관광부 산하기관
  - 365일 24시간, 전국 14개 지역 운영

  - 도박으로 시간과 돈을 잃는다. - O. 펠섬
  - 도박, 그것은 탐욕의 자식, 죄악의 형제, 해독의 아버지이다. - G. 워

싱턴

- 젊은 노름꾼은 늙어서 거지가 된다. - 독일 속담

도박으로 부자가 된 사람은 없습니다. 패가망신하기 딱 좋습니다.

(9) 약물중독

여기서의 약물이란 본드, 부탄까스 등을 말합니다. 이것 역시 가까이해서도, 절대 손대서도 안 될 것들입니다. 몸과 정신건강에 아주 안 좋기 때문입니다. 자칫 정신 이상을 가져옵니다. 자주 접하게 되면 중독이 되고, 한 번 중독이 되면 끊기 어렵고, 특히 뇌에 이상이, 뇌세포가 망가질 수 있으므로 절대로 손대서는 안 되는 것들입니다. IQ도 뚝 떨어지고 눈이 휑해지고 시신경이 망가져 밤눈이 잘 보이지 않습니다. 환각, 혼수, 발작을 일으키기도 합니다. 일상생활이나 학교생활, 공부에 많은 지장을 가져옵니다. 어떤 아버지는 아들이 오랫동안 상습적으로 본드 흡입을 해 정신질환 증세를 보여 몇 차례 입원치료를 받았으나 끊지 못하자 경찰에 신고, 구속된 경우도 있습니다. 몸에 좋으면 왜 말리겠습니까? 몸에 아주 해로우니까 말리는 것입니다. 호기심, 불안, 우울, 친구 꾐에 하기도 할 것입니다. 중독되면 감정 기복이 심해 쉽게 흥분하고 충동적인 행동을 하게 되고 정신이 황폐해지고 비행이나 범죄에 빠질 위험이 크다고 전문가들은 지적합니다. 손대면 문제가 생깁니다. 손 안 대면 문제가 생기지 않습니다. 절대로 손대지 마십시오. 손대고 있다면 즉시 끊으십시오. 부모님께 말씀드려 빨리 치료받아야 합니다.

- 일반 마약사범도 늘어나고 있습니다. 적발된 10대 미성년자 마약사범은 2017년 69명, 2021년 309명입니다. (경찰청)
- "멋모르고 손댔다가 인생을 망쳐버렸어요. 절 이렇게 만든 어른들이

죽도록 미워요." 중퇴 여학생의 한이 서린 말입니다.

- 30대편 825쪽에 또 있습니다.

(10) 자살 ①

자살은 지극히 슬프디 슬픈 일이고 참으로 안타까운 일이 아닐 수 없습니다. 이유야 어떻든 초, 중, 고생의 자살이 줄지 않고 있습니다. 청소년 사망 1위가 자살입니다. 2016년 한 해 초, 중, 고생 자살이 108명이고, 자살을 시도한 학생이 1,500명이나 됩니다. (교육부) 이 세상에서 생명처럼 소중한 것은 없습니다. 무엇과도 바꿀 수 없는 것이 생명입니다. 오직 한 번뿐인 삶, 제대로 꽃 피워보지도 못하고 어린 나이에 생명을 끊다니.

- 2019년 10대 자살자 수 300명
- 2020년 10대 자살자 수 320명 (중앙 자살예방센터)

① 자살 이유

도대체 왜 자살을 하려고 할까요? 성적, 진학 때문에 폭력, 왕따를 당해서, 가정불화, 경제적 어려움, 부모의 이혼, 부모의 폭력, 학대에 못 이겨, 실연해서, 세상을 비관해서… 여러 이유가 있을 것입니다. 그 고통, 그 괴로움을 이기지 못하고, 견디지 못하고 회피하기 위해 최후의 수단으로 목숨을 끊는데 나만의 문제로 끝나는 것이 아니고 자살은, 사랑하는 부모 형제나 가족에게 커다란 슬픔과 평생 아물지 않는 깊은 상처를 주게 됩니다. 가슴에 쾅쾅 못 박는 것과 같습니다. 정녕 피할 수는 없을까? 그것이 최선의 방법일까? 하수(下手) 중의 하수는 아닐까? 꼭 죽어야만 할까? 다른 방법은 없을까? 죽을 생각만 할 게 아니라 살 생각을 하면 길이 보이지 않을까? "개똥밭에 굴러도 이승(이 세상)이 좋다."고 했습니다.

살기 위해 별짓을 다 하는데 장기이식을 해서라도 살려고 하는데, 한 번뿐인 이 귀한 목숨을 헌신짝 버리듯 끊어야 될까? 죽으면 짜장면도 못 먹고 게임도 못하고 꿈도 이룰 수가 없는데 꼭 죽어야만 할까? 나만 죽으니 억울한 생각은 안 들까? 청춘이, 앞길이 구만리 같은데 죽기는 왜 죽어? 왜 나만 죽어, 바보나 어리석은 애들만이 죽으려 하지 영리하거나 똑똑한 애들은 죽으려 하지 않는데, 그렇다고 누가 알아주는 것도 아니고 국가에서 상을 주는 것도 아닌데 두 마디도 아니고 한 마디로 개죽음이고, 가치 없는 죽음인 것입니다. 자살은 용기 없으면 못하는데 그 용기를 사는 쪽으로 방향을 틀면 안 될까? 죽을 생각만 하면 죽게 될 것이고, 살 생각을 하면 살게 되는 것입니다. 여러분은 이제껏 온실 속 화초처럼 어려움을 모르고 살아 왔습니다. 부모님이 다 해줬습니다. 숟가락으로 밥만 떠먹으면 됐습니다. 어렵고 힘든 일을 겪어보지 못했으니 어려운 일이 닥치면 적극적으로 부딪혀 해결하려 하지 않고 좌절하고 쉽게 포기했습니다. 지금 여러분에게는 잡초처럼 끈질긴 생명력이 부족합니다. 삶에 대한 의지가 약합니다. 고생하지 않고 살아왔기 때문입니다. 여러분 주위에는 어려움을 헤치고 꿋꿋하게 살고 있는 소년소녀 가장이 많이 있습니다. 자살할 생각 말고 이제 살 생각을 하는 것입니다.

ㄱ. 성적 때문에

성적이 떨어져서, 시험을 잘 못 봐서, 자존심이 상해서, 창피해서, 부모님 뵐 면목이 없어서 자살하려고 한다면 답은 간단합니다. 더 노력해서 성적을 올리면 되고, 상급학교 떨어지면 다시 도전하면 되고, 그래도 여의치 않으면 안 가고 다른 길을 찾아 성공하면 되는 것입니다. 성적이 목숨과 바꿀 만큼 중요하지도 않고, 인생의 전부도 아닙니다. 전부라면 모르겠으나 일부분에 지나지 않습니다. 그럼에도 끊으려 한다면 아깝지 않을까? 원통하지 않을까? 외골수 성격, 소심한 성격이 많은데 자살한다고 누가 알아주는 것도 아니고 나만 손해고 앞으로 쇠털같이 많은 날 먹고 싶은 것, 맛있는 것 못 먹고 죽으니 나만 원통한 것입니다. "죽기는 왜 죽어? 멍텅구리같이. 바보 천치나 죽으려 하지." 장차 큰 꿈, 큰일을 하려는 학생은 죽으려 하지 않습니다. 벌써 그 큰 꿈을 잊었습니까?

ㄴ. 학교폭력이나 왕따에 시달려서
 정신적으로나 육체적으로 그 고통을 이겨내지 못하고 벗어나지 못하기 때문에 목숨을 끊는데 벗어나기 위해서 내가 얼마나 노력했는지 자문자답해봅니다. 대부분 혼자 끙끙 앓고 고민만 하다가 자살을 택하는데 해결될 수가 없습니다. 적극적으로 부모님이나 경찰에 요청했는지(대부분 해결되지만), 요청해도 해결될 것 같지 않아 미리 짐작하고 최후 수단으로 자살을 택하려 한다면 우선 멈추고 이걸 생각해봅니다. 이사나 전학이 해결책이 안 되거나 여의치 않다면 당장 학교에 가지 않으면 해결이 됩니다. 공부는 어떻게 하라고? 집에서 하면 됩니다. 가해자들은 안 보게 되니 당하지도 않고 자살할 이유가 없어집니다. 그래도 계속해서 끈질기게 휴대폰으로, 집으로 찾아오면 받지 않거나 꺼두거나 변경하거나 만나주지 않는 것입니다. 부모님에게 말씀드리고 경찰에 신고해서 도움을 받으면 해결이 됩니다. 아니면 기회를 봐서 황야의 결투라는 외국영화 제목처럼 대결해서 혼을 내주는 것입니다. 당한 만큼 앙갚음 차원에서 통쾌하게 주먹을 날려보는 것입니다. 정신건강을 위해서도, 그동안 정신적으로 육체적으로 당한 그 고통을, 스트레스를 해소하기 위해서라도 한 판 붙어보는 것입니다. 잘못한 걸 뉘우치게 해주는 것입니다. 죽으려고까지 했는데 이판사판 박치기로 혼을 내주는 것입니다. 못할 이유가 하나도 없습니다. 그런 후 차분히 앉아 검정고시 공부를 시작하는 것입니다. 학교 오가는 시간을 더 벌게 됩니다. 돈도 법니다. 그동안 못다 한 공부 코피 나게 열심히 몰입해서 파고들면 고입, 대입 검정고시를 통해 원하는 대학에 너끈히 진학할 수 있습니다. 그들보다 먼저 대학에 갈 수 있습니다. 검정고시를 통해 대학에 진학하는 학생들도 수없이 많습니다. 성공한 사람도 많습니다. 서울에서 부산 가는 방법은 많습니다. 성공의 길도 여러 가지 길이 있습니다. 이 방법을 택하면 자살할 필요도 없고, 진학할 수가 있습니다. 이제 자살할 생각을 과감히 접는 것입니다. 다시 언급합니다만, 학교폭력을 막고 폭력에서 벗어나는 길은 첫째도, 둘째도, 셋째도 부모님께 즉시 말씀드리는 것입니다. 협박이 두려워서, 해결될 것 같지 않아서, 이런 생각으로는 해결이 되지 않습니다. 걱정 말고 무조건 바로 알리는 길만이 빨리 해결할 수 있고, 지옥으로부터 빨리 벗어날 수 있는 유일한 길입니다.

ㄷ. 실연 때문에

사랑하다가 어떤 이유로 헤어지게 되면 마음의 상처는 심히 클 것입니다. 실연의 그 괴로움, 고통 때문에 이겨내지 못하고 생을 끊는 경우도 없지 않아 있을 것입니다. 그렇다고 역시 누가 알아주는 것도 아니고 가치 없는 죽음일 뿐, 세월이 약이란 노랫말이 있듯이 시간이 가면 안정이 되고 차차 잊혀집니다. 마음을 잡고 다시 그 이상의 상대자를 찾아 다시 사랑을 속삭이면 되는 것입니다. 실연이 오히려 더 좋은 상대를 만나기 위한 하느님의 역사라고 자위해보는 것입니다. 그것이 목숨과 바꿀 정도로 중요하지 않습니다. 너무 여리고 속이 좁기 때문입니다. 그러니 자살할 생각을 당장 접는 것입니다. 대한민국에 이성친구가 한 사람뿐이 아니기 때문입니다. 죽기는 왜 죽어? 순대도 못 먹고 오징어도 못 먹고 억울하지 않습니까?

• 실연한 것은 연애 못해본 것보다 낫다. - A. 테니슨

- 인간은 신이 소환할 때까지 기다려야 하며, 스스로 생명을 빼앗아서는 안 된다. - 소크라테스
- 생명은 부모가 준 고귀한 선물이다. 자살은 곧 불효를 의미한다. - 미상 (757, 994쪽에 또 나옵니다.)

■ 청소년 상담 사이트

- 청소년 종합지원센터(www.1388.or.kr) 1388번 / 휴대폰 지역번호 + 1388
- 한국 청소년 상담원(www.kyci.or.kr) / (02) 2253-5056
- 청소년을 위한 내일여성센터(www..tacteen.net)
- 삶의 희망이 보이지 않을 때 혼자 고민하지 말고 연락주세요. 더 이상 혼자가 아닙니다. 당신 곁엔 1393(보건복지부, 중앙자살예방센터 24시간 상담)
- 생명의 전화 / 1588-9191
- YMCA 일하는 청소년 지원센터(job1318ymca.or.kr)
- 노동부 종합상담센터(www.molab.go.kr) / 1350, 1544-1350
- 서울시 자살예방센터 / 1577-0199(24시간)

(11) 학교 체벌에 대해 한 말씀

학생 체벌에 문제가 많다 보니 2012년부터는 학생인권 조례에 의해서 학교 체벌이 전면금지가 됐습니다. 체벌이 허용 안 되다 보니 학생 선도가 어렵다고 논란이 많았습니다. 그런데 대구 어느 고교에서 선생님이 숙제 안 해온 학생 15명에게 80대씩 때려 교육청이 감사에 나섰다는 보도가 있었습니다. (2015. 9. 7. 중앙일보) 또 2015년에 서울시 교육청이 초, 중, 고생 2만 6,306명을 대상으로 설문조사한 결과 초등생 14.9%, 중학생 30.8%, 고등학생 22.3%, 평균 18.9%가 선생님으로부터 체벌을 당했다는 것입니다. 금지됐으면 체벌이

일어나지 말아야 되는데 체벌이 일어나고 있습니다. 만일 어떤 계기에 의해 앞으로 체벌이 허용된다는 전제하에 소회를 적어봅니다.

언젠가 오래 전(인권 조례 전) 어느 고등학교에서 남자 선생님이 남학생을 복도에서 엎드리게 해 막대기로 여러 차례 그것도 세차게 때리는 걸 본 일이 있습니다. 어느 중학교에서 여선생님도 지휘봉 같은 막대기를 들고 다니면서 쉬는 시간에 학생 머리통을 탁탁 때리는 걸 본 일이 있습니다. 또 수업 종친 뒤에 교실에 들어왔다고 여선생님이 여러 명의 학생 손바닥을 막대기로 때리는 걸 본 일도 있습니다. 그걸 볼 때마다 왜 때릴까? 때리지 않으면 안 될까? 하는 아쉬운 생각이 들곤 했습니다. 교칙 위반이나 말을 듣지 않으니, 떠들거나 말썽을 피우니 훈육 차원에서 때리겠지만 맞는 학생은 잘못해서 맞더라도 화나고 기분 나쁜 것은 당연할 것입니다. 입장을 바꿔 때린 선생님이 사소한 일로 교장선생님한테 뺨을 한 대 맞았다면 기분이 어떨까를 생각해봅니다. 아마 똑같은 심정일 것입니다. 훈육 차원에서 체벌을 가한다고 하지만 인간은 감정적이라서 어떤 때는 흥분하거나 이성을 잃고 감정을 실어 체벌을 가하기도 할 것입니다. 그로 인해 법적으로 문제가 된 일도 있었습니다(과거). 체벌이 필요한가? 그렇지 않은가? 좋은가? 나쁜가는 선생님마다 의견이 다를 것입니다. 잘못했을 때는 꾸짖고 벌을 주고, 잘했을 때는 칭찬과 상을 주는 것이 순리이고 정도입니다. 그러나 잘못을 체벌로 훈육한다면 바람직한 방법은 아니라고 여겨집니다. 폭력은 폭력을 부르고 폭력은 대물림된다고 했습니다. 얻어맞을수록 성격은 거칠어지고 반항적이고 포악해집니다. 사회도 폭력성을 띠게 됩니다. 학교폭력은 이것과 무관치 않을 것입니다. 그러기 때문에 체벌은 썩 좋은 방법은 아니라고 생각되어지기도 합니다. 뭣도 모르는 놈이 한다면 할 말이 없으나 그렇다는 얘기입니다.

■ 그러면 체벌 이외의 방법은 없는가?

그것은 아이를 감화시키는 것, 감동을 주는 것입니다. 겉으로의 승복이 아니라 진심으로 마음속에서 우러나오는 "아, 잘못했구나. 다시는 안 해야지, 잘해야지." 하는 진짜 승복케 하는 것입니다.

선생님 : "몇 대 때릴까?"
학생 : "(속으로는 안 때렸으면 하겠지만) 세 대만 때리세요."

회초리로 실제 힘을 실어 손바닥을 때리는 것이 아니라, 하나 둘 세게 하면서 손바닥에 살짝 갖다대기만 하는 것입니다. 때리는 시늉만 하는 것입니다. 맞을 줄 알았는데, 때릴 줄 알았는데 때리지 않고 대기만 하니, 때리는 시늉만 하니 기분이 좋지 않을까? 감동을 받지 않을까? 코끝이 시큰하지 않을까? 잘못해서 맞더라도 맞으면 기분 나쁘고 반항심이 생기는 게 인지상정인데 안 때리니 고맙게 생각하고 진심으로 반성하고 잘하겠다고 더 다짐하지 않을까? 그렇다면 어느 쪽이 더 효과적일까? 소생 역시도 초등학교 3~4학년인가 다른 학급 선생님한테 잣대로 손바닥을 가만히 때린 게 아니라 세차게 몇 대 맞은 기억이 수십 년이 지난 지금까지도 기억이 새롭습니다. 잘못한 건 기억 안 나고 맞은 기억만 나고 잊혀지지 않는 것은 왜일까? 사람은 누구나 제 잘못을 먼저 생각지 않고 남이 자기한테 안 좋게 하는 것만, 불이익을 주는 것만 나쁘다고 야속하다고 치부하는 경향이 많습니다. 예수나 공자 같은 성인이 아니기 때문이기도 하겠지만 어쨌든 훈육은 감동과 감화적이어야 합니다. 때리지 않고도 그 이상의 효과를 얻을 수 있다면 굳이 때릴 필요가 없는 것입니다. 병법에도 싸우지 않고 이기는 것이 최고라고 했듯이, 체벌을 가하는 방법보다 체벌을 가하지 않는 방법이 훈육 효과가 더 있지 않을까 생각되어집니다. 시험해볼 수도 있을 것입니다. 참기 어렵더라도 시간이 걸리더라도 예외가 있겠으나 좋은 말로, 덕으로 훈육하는 것입니다. 지장보다 덕장이 되라고 했듯이, 정치에도 덕치가 있듯이 그러면 사회도 점점 폭력 없는 사회가 될 것입니다.

8. 진로와 진학 ①

　진로란 자신의 나아갈 길, 학업을 마치고 장차 사회에 나아가 뭘 할 것인가? 어떤 직업을 가질 것인가를 찾고 준비하는 일입니다. 진학은 거기에 맞춰 뒷받침, 학습 방향(전공, 학교 선택)을 정하는 일입니다. 나의 미래를 좌우할 꿈과 목표를 이룰 수 있는 중요한 선택의 기회인 것입니다. 그러면 어느 고등학교를 선택해야 할까 입학원서를 쓸 때까지도 결정을 못하고 머뭇거릴 경우도 있을 것입니다. 그러나 결정은 빠를수록 좋습니다. 적어도 3학년 1학기까지는 결정해 둬야 할 것입니다. 촉박해서 결정을 하게 되면 잘못된 결정을 내릴 수 있으므로 시간을 두고 잘 알아보고 심사숙고해서 결정하되 후회 없는 선택이어야 합니다. 나의 꿈, 목표가 뭔가? 장차 어느 쪽으로 진출할까? 화가가 될까? 변호사가 될까? 수의사가 될까? 우선 소질과 적성에 맞아야 합니다. 그림 그리기에 소질이 없는데 화가가 적성일 수는 없습니다. 한 번 쓱 보고 그럴 듯하게 그린다면 일단 소질이 있다고 볼 수 있습니다. 변호사라면 논리적이고 정의감이 있어야 합니다. 수의사라면 어느 정도 동물 사랑의 감정을 갖고 있어야 합니다. 추구하는 방향과 일과 직업이 소질과 적성에 맞아야 바른 선택이라고 볼 수 있습니다. 그렇다면 소질과 적성은 뭘까? 태어날 때부터 가지고 있는, 성격에도 맞고 흥미를 느끼고 좋아하고 잘할 수 있는 능력을 말합니다. 좋아하지만 잘할 수 있는 능력이 부족하면 어찌해야 할까? 두 배 이상의 노력으로 간격을 메우는 것입니다. 진정 나의 소질과 재능과 적성은 뭘까? 스스로 물어보고 냉정하게 평가하고 빨리 찾아내야 합니다. 한 번 쭉 나열해봅니다. 어떤 게 맞을까 분석해봅니다.

사람은 누구나 자기만의 소질과 재능을 가지고 태어난다고 했습니다. 단지 그것을 발견 못했을 뿐 어딘가에 숨어있습니다. 속담에 "굼벵이도 구르는 재주가 있다."고 했습니다. 한 번 보고 척척 만든다면 손재주가 있다고 볼 수 있습니다. 기계공작 쪽이 맞지 않을까? 목공, 가구 쪽은 어떨까? 잘 모르겠다면 늘 옆에서 지켜보는 부모님이나 가족, 선생님, 선배, 친구의 조언을 참고하는 것도 더 나은 선택이 될 수 있습니다. 머리가 아프면 나는 알 수 있지만 남은 모르고 내 등 뒤에 뭐가 붙어있으면 나보다 남이 더 잘 알 수 있듯이 타인의 객관적인 평가가 더 정확할 수가 있는 것입니다. 그 밖에 진로, 진학자료, 직업 분류자료, 적성검사, 상담기관의 조언을 참고하는 것도 좋을 것입니다. 직업은 실로 많고 다양합니다. 미국은 35,000개, 우리나라는 11,440개 정도가 있습니다.(2014년) 사회가 다양화 · 전문화되고 기술진보 속도가 빨라져 새로운 직업이 생기고 사라지는 주기도 짧아지고 있습니다. 예측할 수가 없습니다. 오늘의 인기 있는 직업이 내일에는 인기 없는 직업으로 바뀌기도 합니다. 그러므로 인기에 너무 휩쓸리지 말고 현재보다도 먼 장래를 내다보고 선택해야 할 것입니다. 남학생은 고등학교, 대학교, 군대를 갔다 오면 얼추 10년이 지나게 됩니다. 지금의 인기 있는 직업이 10년 후에는 인기 없는 직업이 될 수도 있습니다.

지금 초등학교에 입학하는 아이의 65%가 취업 무렵이 되면 지금까지 전혀 본 적이 없는 직업을 갖게 된다는 세계경제포럼의 전망도 있습니다. 알다시피 인공지능(AI) 시대가 성큼 다가왔습니다. 로봇이 인간의 일자리를 대체하고 있습니다. 앞으로는 10~15년 내에 직업을 한 번씩 바꾸게 된다는 전망도 나오고 있습니다. 이같이 미래를 예측할 수 없으니 고민이 되겠지만 고등학교는 진학해야 되고, 그러면 어느 학교를 선택해야 나의 꿈, 바라는 직업과 연계시킬 수 있을까? 일반고, 특성화고(마이스터고), 특수목적고(외고, 과학고, 국제고, 예술고, 체육고), 자립형 사립고가 있습니다. 일반고냐 특성화고냐 특목고냐 자사고냐 난감한 선택이 아닐 수 없습니다. 소질과 적성과 취향에 따라 장래의 직업이나 전공과 연계해서 학교를 정해야 할 것입니다.

■ 내 꿈은 뭔가?

내 꿈, 목표가 소설가였다면 글을 잘 쓰고 백일장 등 여러 곳의 수상경력이 있다면 문과 쪽을 선택하는 것도 좋을 것입니다. 위대한 수학자가 꿈이었다면 수학도 잘하고 성적도 우수하고 재미있어 하고 적성이 맞는다면 이과 쪽을 선택하는 것이 좋을 것입니다. 대학 진학보다도 기술을 배워 빠른 사회 진출을 원한다면 특성화고(마이스터고)를 생각할 수 있을 것입니다. 그러면 특성화고는 어떤 학교인가? 옛날의 실업고(상업, 농협, 공업 등)를 말합니다. 대학 진학보다 간판보다 3년 동안 원하는 기술을 배워 빨리 취업, 사회 진출을 할 수 있는 장점이 있습니다. 교육비(입학금, 수업료)는 100% 정부 지원입니다. 대학을 나오고도 취업을 못해 마음고생하는 것보다는 현실적인 대안이 될 수 있습니다. 졸업하고 취업 3년 후에는 대학 진학의 문이 열려있으니 원하면 대학에 진학할 수도 있습니다. 한 번 습득한 기술은 어디 가지 않습니다. 훌륭한 재산입니다. 3년간 특화된 기능과 기술을 배우고 익혀 취업을 할 수 있고, 기회를 만들어 창업의 길로 나갈 수 있습니다. 사장이 되는 것입니다. 일류대를 나와 대기업 과장으로 남의 밑에서 눈치 보며 목매는 것보다 나을지도 모릅니다.

■ 미리 선택한 전공으로 남보다 먼저 프로가 될래요.

어느 중3 학생의 말입니다. 그런데 문제는 진로, 진학 결정은 나의 의사(취향, 소질, 적성)는 무시되고 대부분 부모님의 눈높이, 가치기준, 욕심, 허영심에 좌우되는 경우가 많다는 사실입니다. 부모님의 못 이룬 꿈을 자식을 통해서 이루고자 하는 대리만족 같은 게 작용한다고 볼 수 있습니다. ○○○가 되고 싶은데 의사들은 돈을 잘 버니 그쪽으로 가라고 하는 경우도 있을 것입니다. 한 해 5천여 명의 의사, 한의사가 배출되고 있습니다. 경쟁이 되다 보니 병원문 닫는 곳도 많습니다. 변호사도 1년에 2천여 명이 넘게 배출돼 경쟁이 치열하다 보니 취업도 어렵고, 사무실 운영비도 부족해 어려움을 겪고 있는 곳도 많은데 현실을 모르고 그쪽으로 내몰고 있습니다. (변호사 2만 명 중 휴업계를 낸 변호사가 3,400여 명, 매년 신참 변호사가 2천여 명 배출 / 2015. 10. 6. 중앙일보)

너도나도 의사나 법조인을 지망하다 보니 포화상태가 되고, 경쟁이 심해 이런 현상이 나타납니다. 문제는 그 직업이 내게 맞아야 합니다. 좋다고 주는 옷이 내 몸에 맞아야지 크거나 작거나 맞지 않다면 좋은 옷이 될 수가 없습니다. 만족을 느낄 수가 없습니다. 결혼은 내가 하는 것이고, 배우자 선택도 내가 하는 것입니다. 세계 부자 마이크로소프트사를 창업한 빌게이츠씨 부모는 변호사, 델컴퓨터사를 창업한 마이클 델씨 부모는 의사를 바랐으나 거부하고 자기가 원하는 길을 찾아 성공한 것입니다. 마찬가지로 진로, 진학 결정은 여러분이 선택하는 것입니다. 그러나 여러분은 가치관, 현실 판단력이 부족하고 사회 물정을 잘 모르기 때문에 부모님 조언을 충분히 귀담아들어야 합니다. 부모님의 권유가 내 의사, 나의 소질과 적성에 맞으면 좋겠으나 안 맞으면 어떻게 해야 할까요? 난감하지만 서로 상의, 절충이 필요합니다. 나의 판단보다 부모님의 선택이 나을 수도 있습니다. 자세히 알아보고 충분한 의견교환으로 후회 없는 선택이어야 합니다.

우리는 길을 모르면 헤매게 되고, 잘못 가면 다시 되돌아오는 경우가 많이 있습니다. 그래서 시간과 정력과 비용을 낭비하게 됩니다. 중3이 1차 진로, 진학을 결정해야 하는 시기라면 고3은 2차 진로, 진학을 결정해야 하는 시기가 될 것입니다. 성장해가면서 많은 정보를 접하다 보면, 보고 듣고 배우고 생각하다 보면 시야가 넓어지고 판단력이 길러지고 현실을 직시하다 보면 꿈, 진로가 자꾸 바뀌기도 할 것입니다. 어릴 적에는 ○○○를 꿈꿨다가도 종당에는 현실에 안주하는 □□□가 되기도 할 것입니다. 일단 고등학교가 결정되면 백문이 불여일견이라고 지망 학교나 해당 업체를 방문해서 이상과 현실, 공부 내용, 진출 분야, 소질과 적성, 진로, 직업과 합치되는지 확인 점검이 꼭 필요합니다. 진로, 직업 현장체험을 해보는 것입니다. 생각과 다르면, 적성에 맞지 않으면, 아니다 싶으면 원점에서 다시 생각해보는 것이 시행착오를 줄일 수 있기 때문입니다. "네가 좋아하는 일, 그걸 최선을 다해 파고드는 것이 인생에서 가장 중요하단다."(히딩크 감독)

■ 진로, 진학 정보제공 사이트
- 진로 진학 정보센터 www.jinhak.or.kr / 진로적성검사, 진로진학, 고교대학정보 / (02) 3111-362~3
- 한국직업능력개발원, 커리어넷 www.career.go.kr / 직업학과정보, 진로심리검사)
- 하이인포 hinfo.sen.go.kr / 일반고, 특목고, 자사고 정보
- 하이파이브 hifive.go.kr / 특성화고, 마이스터고 학교현황, 입학진로 정보

- 노동부 청소년 워크넷 www.work.go.kr
- 한국 직업정보 시스템 know.work.go.kr
- 서울시 청소년 상담복지센터 www.teen1318.or.kr / (02) 2285-1318
- 학교 알리미 www.schoolinfo.go.kr
- 한국 가이던스 www.guidance.co.kr
- 와이즈 멘토 www.wisementor.net

9. 고등학교 입학 전 준비해둘 일

입학시험도 끝나고 방학을 하게 되면 시간에 여유가 좀 있습니다. 엄벙덤벙 보내지 말고 계획을 세워서 유익하게 보내는 것입니다.

- 건강체크를 해보고 이상이 있으면 치료를 받습니다.
- 뒤쳐진 과목, 취약한 과목은 철저히 복습해둡니다.
- 진학해서 배울 곳 간단히 예습해둡니다.
- 못다 한 취미활동을 해봅니다.

■ 그동안 뒷바라지해주신 어머니, 아버지
- 어깨 주물러 드리기
- 저녁 설거지 해드리기
- 장차 성공해서 호강시켜 드리겠다고 약속드리기

졸업도 했겠다 부모님 모시고 노래, 감상해보십시오.

- 심청가 중 인당수에 빠지는 대목
- 검은 상처의 블루스 (김치캣)

제4장
고등학생

1. 어떻게 보낼 것인가?

이제 여러분은 '대학 입학'이라는 대망의 문턱에 와 있습니다. 그동안 불철주야 학업에 매달려 왔습니다. 어렵고 힘든 나날이었습니다. 이제 조금만 더 노력하면 대학 합격이라는 보상의 기회가 기다리고 있습니다. 어쩌면 이 3년간의 과정이 여러분의 인생을 좌우할 수 있는 중요한 분수령이 될 것입니다. 꿈을 실현할 수 있는 기회가 성큼 다가온 것입니다. 어떻게 보내느냐에 따라 인생이 바뀔 수 있습니다. 이 인생의 고빗길을 어떻게 보내야 할까요? 먼저 3년간의 마스터 플랜(기본 계획)을 세우는 일입니다. 보람 있고 효율적인 시간이 되려면 목표를 정하고, 단계적으로 치밀하게 계획을 세우고, 그 계획에 따라 차질 없이 밀고 나가야 합니다. 학년별, 학기별, 분기별, 월별, 주간, 일일 계획을 세우십시오. 중요한 것은 실천입니다. 하루하루의 계획이 실천에 옮겨져 소기의 성과를 얻게 된다면 3년간의 그 목표, 그 계획은 성공한 것입니다. 이 과정에서 중요한 것은 그 결과를 검토해보는 것입니다. PLAN(계획) - DO(실천) - CHECK(검토)! 목표를 너무 무리하게 잡은 건 아닌지, 계획은 적절했는지, 틈은 없었는지, 자주 미뤘는지, 게으름 피운 것은 아닌지 점검을 통해 수정, 보완, 개선해 나가는 것입니다. 한편으로는 빠른 사회 진출을 위해 진학하지 않는 학생 역시도 값진 3년, 유의미한 학창 생활이 될 수 있도록 배전의 노력이 필요합니다. 인생에 있어서 성공의 길은 여러 갈래이고, 누구에게나 열려있습니다. 주어진 환경을 수용하고, 그 안에서 발판을 마련해 도약의 기회로 삼아야 합니다.

(1) 학교와 가정생활 - 어떻게 할 것인가?

① 학교생활

충실한 학교생활은 학습에 좋은 영향을 미칩니다. 가장이 가정에 충실하지 않고 도박이나 춤에 빠진다면 그 가정은 어떻게 될까요? 직장인이 업무에 충실하지 않고 자주 결근이나 조퇴를 밥 먹듯이 하거나 퇴근 후 술 먹을 궁리나 한다면 어떻게 될까요? 여러분도 다를 바 없습니다. 자주 결석하거나 조퇴한다면 예습, 복습, 숙제도 않고 수업 중에 졸거나 잔다면, 학원 숙제나 하고 휴대폰 가지고 게임이나 한다면 친구를 괴롭히거나 폭력, 왕따시킬 궁리를 한다면 어떻게 될까요? 정상적인 학교생활을 충실히 하고 있다고는 볼 수 없습니다. 그 결과는 대학입시에 나타납니다.

ㄱ. 모범생

"타의 모범이 되므로 이 상장을 수여함" 우등 상장의 구절이 대부분 이렇습니다. 모범을 보인다는 것은 남과 나를 이롭게 합니다. 칭찬과 존경을 받습니다. 모범생에게는 친구가 모여들고 좋은 친구는 미래의 훌륭한 자산이 됩니다. 불량생에게는 친구들이 슬슬 피하고 멀리합니다. 손가락질과 지탄의 대상이 됩니다. 모범생이란 뭘 말할까요? 본보기입니다. 말과 행동이 바르고 반듯하고 한결같습니다. 솔선수범은 모범의 첫 번째 덕목입니다. 내가 먼저 인사하고 내가 먼저 다가갑니다. 약자를 괴롭히지 않고 도와줍니다. 불의를 보면 못 참습니다. 칠판을 먼저 닦고 휴지도 내가 먼저 줍습니다. 약속을 잘 지키고 공부도 열심히 합니다. 우량품을 만들 것인가? 불량품을 만들 것인가? 모범생이 될 것인가? 불량생이 될 것인가? 전적으로 자신에게 달려있습니다. "같은 값이면 다홍치마"라고 기왕지사 불량생보다는 모범생이 되는 것입니다.

ㄴ. 수업태도
- 수업 전에 예습한다.
- 딴 짓 하지 않는다. 자거나 딴 공부, 학원숙제, 휴대폰, 장난 등
- 오로지 수업에 집중한다. 그 시간에 배운 건 100% 소화하려고 노력한다.
- 모르는 것은 곧바로 질문한다. 반드시 알고 넘어간다.
  - 이렇게 실천하면 우등생이 될 것입니다.

ㄷ. 동아리 활동
가급적 진로와 연관된 동아리가 좋습니다. (중학생편 389쪽을 참고하십시오.)

ㄹ. 친구 사귀기 (중학생편 368쪽을 참고하십시오.)

② 가정생활
ㄱ. 건강관리
- 아침 먹기 (중학생편 349쪽을 참고하십시오.)
- 수면 (중학생편 350쪽을 참고하십시오.)
- 체력단련

공부에 치중하다 보니 운동할 시간이 부족해 체력이 떨어질 수 있습니다. 체격은 커지고 체중은 늘어나지만 운동 부족으로 우리 청소년들의 체력이 점점 떨어지고 있습니다. 공부도 체력, 지구력 싸움인데 집에서 공부하다 가도 쉬 피곤을 느껴 10분을 버티지 못하고 침대에 누워 버린다거나 수업 중에 졸거나 책상에서 엎드려 잔다면 공부가 제대로 될 리가 없습니다. 그렇기 때문에 점심시간이라도 운동장에 나가 축구나 농구를 하거나 철봉에 매달리거나 운동장 한 바

퀴 휙 달려보는 것입니다. 집에서는 줄넘기를 한다거나 역기나 아령이라도 준비해놓고 틈틈이 운동을 해서 체력을 보강해둬야 합니다. 꾸준히 계속해야 효과가 있고 스트레스, 비만도 해소가 됩니다. 체력은 국력이라고 했습니다. 올림픽 성적 순위를 보면 알 수가 있습니다. 대한민국을 짊어지고 갈 여러분들이 체력 부족으로 비실댄다면 어떻게 될까요? OECD 국가 중 결핵 발병률이 1위입니다. 영양 불균형, 학업 스트레스, 수면, 운동 부족으로 면역력이 떨어져 결핵이 늘어나고 있습니다. 예방치료에 신경 써야 할 것입니다.

ㄴ. 슬럼프 극복하기

공부를 열심히 한다고 했는데 성적이 오르지 않거나 제자리에 있거나 오히려 떨어지는 경우도 있을 것입니다. 심적 고통이 따르게 되고, 의기소침해지고, 무력감도 생기고, 공부 의욕도 떨어져 자연히 슬럼프에 빠지게 됩니다. 병도 원인을 알면 치료가 쉽듯이 우선 슬럼프의 원인을 찾아내야 합니다. 공부방법에 문제가 있는 건 아닌지, 목표를 무리하게 잡은 것은 아닌지, 기초가 부족한 건 아닌지, 피로가 누적된 건 아닌지 나만 겪는 현상은 아니므로 좌절하지 말고 극복해야 합니다. 잠시 공부를 접고 휴식을 취하거나 산책이나 가벼운 운동을 하거나 영화를 보거나 좋아하는 음악을 듣거나 마음 맞는 친구와 어울리거나 잠을 푹 자거나 공부환경을 바꿔보거나 마음을 가다듬고 심기일전 극복해내야 합니다. 그런 의미에서 음악감상, 음악은 활력을 주고 무력감 해소 효과도 있습니다. 영화 '무정(慕情)'의 주제가를 소개합니다. "Love is a many splendored thing"(가수 Four Aces), "날이 갈수록"(송창식)

ㄷ. 신문보기 ①

세상을 알려면 신문부터 읽어라. - 워런 버핏(세계 부자, 증권의 달인) 신문은 지식과 정보의 보고이고 사회의 거울입니다. 신문 속에는 실로 다양한 분야의 기사가 실려있습니다. 다채로운 정보와 알거리를 제공하고 있습니다. 자세하고 넓고 깊이 있는 내용이 들어있습니다. 한마디로 우리 사회나 지구촌의 돌아가는 모습을 시시각각, 구석구석 일목요연하게 알려줍니다. 신문은 살아있는 교과서이고, 학교라고 말하는 사람도 있습니다. 그렇기 때문에 신문을 보지 않으면 사회 까막눈이 되고 맙니다. 사회 물정을 제대로 알 수가 없습니다. 앞날을 예측할 수도 없습니다. 특히 학생 여러분에게는 공부에 도움이 되는 기사, 꼭 필요한 알거리 정보가 많이 실려있습니다. 공부방법, 진로, 진학, 대학입시, 역사, 시사, 독서, 한자, 취업, 자료, 유학, NIE(신문활용교육) 등 많습니다. 또 사고력, 판단력, 이해력, 표현력, 통찰력을 길러줍니다. 시야를 넓혀주고 세상을 보는 안목도 길러줍니다. 살아가는 데 필요한 각종 지식과 자료가 들어있습니다. 한마디로 판단력을 갖춘 성숙된 인간이 될 수 있는 소양을 길러줍니다.

특히 대학시험에 대비 모집요강, 수시, 정시, 논술, 자기소개서, 면접요령이라든가 많은 입시자료가 들어있습니다. 신문 사설이나 칼럼은 논술의 좋은 본보기입니다. 이처럼 신문은 효과적인 입시 참고자료가 될 수 있습니다. 그렇다고 첫 면부터 끝까지 다 볼 필요는 없습니다. 필요한 기사, 도움이 될 수 있는 내용은 꼼꼼히 봐야 합니다. 내 것으로 소화해야 합니다. 그렇지 않은 기사는 대충 제목만 훑어보는 것만으로도 도움이 됩니다. 컴퓨터나 스마트폰, 태블릿PC를 이용해 신문을 보기도 하지만 내용도 지면도 적고 아무래도 보고 싶은 것만 보기 때문에 종이신문이 좋습니다. 지나쳐서는 안 될 것이 있다면 스크랩(오려두기)입니다. 신문은 보고 나면 대부분 버립니다. 그러나 그것이 도움이 될 수 있는 기사라면 여간 아깝지 않을 수가 없습니다. 장차 써먹기 위해서라도 꼭 필요한 기사라면 귀찮더라도 스크랩해둬야 합니다. 입시에 관한 기사라면 그것이 쌓이면 한 권의 훌륭한 입시공부 참고서가 됩니다. 비만에 관한 기사라면 훌륭한 비만퇴치 최신 의학서가 될 것이고, 가정주치의를 옆에 두는 것이나 마찬가지일 것입니다. 날짜, 신문명을 적어두십시오. 실천은 성공의 열쇠입니다.

한국직업능력개발원이 어느 해 고교 3학년생 400명을 11년간 추적조사한 바에 의하면 신문을 본 학생이 보지 않은 학생보다 과목별 수능 점수가 6~8점 높았고, 300인 이상 대기업 1,700명에게 설문조사한 결과 신문 본 사람이 안 본 사람보다 취업률이 32.2% 높았다는 것입니다.(2015. 10. 27. 조선일보)

ㄹ. 방학의 효율적 이용

방학이 중요한 것은 내게 주어진 시간이 많다는 점입니다. 학교에 가지 않으므로 그 시간을 내 맘대로 유익하게 이용할 수 있습니다. 짧지 않은 방학! 계획을 세워 건설적이고 생산적인 곳에 투자할까? 아니면 TV나 보고 게임이나 하고 무의미하게 그럭저럭 보낼까? 전적으로 자신에게 달려있습니다. 방학만이라도 학원이나 과외 수강 대신 취약과목이나 뒤쳐진 과목에 할애할까? 호신술을 배워볼까? 체계적인 독서를 할까? 취미생활을 살려볼까? 봉사나 해볼까? 무전여행이나 해볼까? 아르바이트나 해볼까? 방학은 도약과 성적 향상의 기회이므로 놓쳐서는 안 될 귀한 시간입니다. 지나간 시간은 다시 돌아오지 않습니다. 학습에 있어서는 선행학습보다 복습에 치중합니다. 그래야 다음 진도를 따라갈 수 있습니다.

ㅁ. 기타 생활

모든 생활의 초점이 대학진학에 맞춰지다 보니 공부 이외의 다른 분야에는 등한시하는 경향이 많습니다. 하지만 전인교육 차원에서나 폭넓은 인간이 되기 위해서나 3년간을 의미 있고 보람차게 보내기 위해서라도 공부 이외의 다양한 활동이 필요합니다. 장차 성인이 되어 성공적인 삶을 살아가는 데 밑거름이 되기 때문입니다. 밥만 먹어서는 식사의 즐거움을 모르듯 이것저것 먹어야 식사의 참맛을 알고 몸에 좋듯이 다양한 활동에 적절한 시간을 할애하는 것입니다. 주위를 보십시오. 학교 우등생이 꼭 사회 우등생, 성공자가 되는 것은 아닙니다. 오히려 폭넓은 활동이나 경험이 직장생활이나 세상살이에 많은 도움이 됩니다. 틈틈이 나만의 시간을 가지십시오. 투자하십시오. 취미, 특기, 스포츠, 음악, 미술, 사진, 독서, 여행, 발명, 봉사 등

③ 시간계획표 작성

한정된 시간을 효율적으로 이용하기 위해선 잘 짜여진 시간계획표를 작성해서 그대로 실천해야 시간낭비를 막고 성과 높은 보람찬 생활이 될 것입니다. 시간계획표는 주간 단위로 짜는 것이 기본입니다. 학교 시간표가 주간 단위로 돼 있기 때문입니다. 그리고 거기에 맞춰 일일 활동 시간계획표를 작성합니다. 시간계획표는 평소계획표, 시험계획표, 방학계획표가 필요합니다. 이 3년간을 시간계획표대로 보낸다면 괄목할 만한 값진 학창생활이 될 것입니다. 시간표를 작성해서 시간표대로 활동하는 학생들이 몇 명이나 될까?

(2) 공부 역시 어떻게 해야 할까?

"정말 하기 싫은데 안 하면 안 될까?"
"어허, 또 무슨 소리! 꿈을 이룰 수가 없습니다."

① 대학입시에 초점을 맞춘다.

3학년 1학기를 마치고 2학기 9월부터는 수시와 정시에 응시해야 되기 때문에 공부할 시간이 그리 많지 않습니다. 시간은 흐르는 물처럼 쏜살같이 지나갑니다. 째각째각, 애타 죽겠는데 남의 속도 모르고 야속하게 속절없이 흘러갑니다. 1학년, 2학년을 엄벙덤벙 제대로 공부하지 않고 있다가 3학년 올라가서야 부랴부랴 머리 싸매고 허겁지겁 준비에 들어간다면 이미 때는 늦습니다. 뒤쳐진 거북이가 앞서간 토끼를 따라잡을 수가 없습니다. 후회해봤자 아무 소용 없습니다. 속담에 "죽은 자식 불X 만지기"인 것입니다. 그래서 선현(先賢)들은 때를 놓치지 말라고 누누이 당부했습니다. 적어도 3학년 1학기까지는 입시공부를 다 마쳐야 할 것입니다. 이에 치밀한 공부계획을 세워둬야 합니다. 여러분은 대입 목표를 위해 10년 이상 공부를 해왔다고 해도 과언이 아닙니다. 이제 그 결실의 순간이 다가오고 있습니다. 딴 곳에 시간을 허비하지 말고 볼록렌즈를 한 곳에 집중해야 발화(發火)하듯 오로지 대학입시에 매진해야 할 것입니다.

② 학습방법

ㄱ. 학년별

1, 2학년의 방학과 3학년의 방학이 달라야 하듯이 각 학년과정에 맞게 목표를 정하고 계획을 짜서 공부에 임해야 가시적인 성적을 올릴 수가 있습니다. 구체적인 계획은 시간낭비를 막고 학습효과를 높입니다. 연초에 나름대로의 학습계획을 세웁니다.

ㄴ. EBS 교육방송, EBS 교재활용

학교수업에 올인하되 취약한 과목, 부족한 부분을 선별해서 적절히 수강한다면 학습효과를 올릴 수 있습니다. 자기주도 학습도구로 활용하는 것도 좋습니다. 고1부터 계획을 세워 꾸준히 활용한다면 사교육 비용과 시간을 줄일 수 있고, 성적을 올릴 수 있습니다. 수능 시험 문제가 EBS 교재에서 많이 출제되고 있으므로 철저히 공부해 둬야 할 것입니다.

2. 1학년

(1) 1년간의 생활, 학습계획 세우기

연초에 학기별 목표를 정하고 월간, 주간, 일간 계획을 세웁니다. 어떻게 생활하고 어떻게 공부할 것인가? 꼭 해야 할 것, 하고 싶은 것, 중요하고 덜 중요한 것, 당장 해야 할 것, 천천히 해도 될 것들을 쭉 적어봅니다. 우선순위, 완급, 경중을 정합니다. 잘못됐거나 무리한 목표, 계획은 수정합니다. ① 1일 목표를 정하고 구체적인 실천계획을 세우고 시간표를 작성합니다. 몇 시부터 몇 시까지 수학, 영어를 공부하겠다가 아니고 어디서 어디까지 몇 문제 풀겠다, 영어단어, 몇 문장 외우겠다는 식으로 짭니다. ② 실천 가능한 목표여야 합니다. 너무 높거나 많으면 실천하기가 어렵습니다. 작심삼일이 되기 쉽습니다. ③ 목표는 그날 꼭 완수합니다. 소화하지 못하고 밀리면 계획에 차질이 생깁니다. ④ 잠자기 전 결과를 점검하고 반성의 시간을 갖습니다. 목표를 완수했다면 그날 하루는 성공적인 하루가 됩니다. 하루가 모여 이틀이 되고 사흘이 되고 학년 말에는 몰라보게 성장한 모습을 발견할 수가 있을 것입니다.

(2) 폭넓은 활동

기타 생활편(476쪽)에서도 살펴봤지만 아무래도 1학년은 2, 3학년보다 심적으로나 시간적인 여유가 많으므로 다양한 활동을 해볼 수 있습니다. 심화학습에도 적합합니다. 깊고 넓게 파는 것입니다. 폭넓은 활동목표와 계획을 세우고 도전해봅니다. 방학 중에 무전여행도 생각해볼 수 있고, 현지인에게 영어회화를 배워볼 수도 있습니다. 취미를 살려 그림이나 악기에 몰두해볼 수 있고, 동아리 활동이나 1주 1권 고전에 도전해볼 수도 있고, 시도 써보는 것입니다. 하고 싶거나 좋아하는 것에 몰두해보면 뭔가 얻게 될 것이고 소중한 자산이 됩니다. 다양한 경험과 능력배양은 장차 직장이나 사회에 나가 활동하는 데 좋은 밑거름이 될 수 있습니다. 도전은 여러분의 특권입니다. 도전 없이는 성공도 없습니다.

(3) 아르바이트

왜 하려는가? 무엇을 할 것인가? 어디 가서 어떻게 할 것인가? 하루 몇 시간씩 며칠간 할 것인가? 무엇을 얻을 수 있을 것인가? 방학 중 아르바이트를 생각해볼 수 있습니다. 짧은 기간이지만 일을 해봄으로써 자립심, 노동의 신성함, 돈의 가치, 사회를 경험해볼 수 있는 소중한 기회가 될 것입니다. 치밀한 계획을 세워서 해야 소기의 성과를 얻을 수 있습니다.

■ 점검사항

1. 반드시 부모님과 상의합니다.
2. 18세 미만은 부모님의 동의서가 필요합니다.
3. 연소자 출입금지 직종이 있으므로 일할 수 있는지 먼저 알아봅니다.(청소년 출입금지 업소, 고용금지 업소, 기타)
4. 알고 싶은 것을 메모해서 업소에 물어봅니다.
5. "월수 ○백만 원 보장" 이런 광고는 가서는 안 될, 적합한 업소가 아닙니다.
6. 아르바이트 성희롱, 성폭력(20대편 615쪽을 참고하십시오.)
7. 법적인 문제는 고용노동부에 문의해봅니다.(전화 1350번)

■ 청년 아르바이트 10계명

1. 만 13~14세 연소자가 일할 때는 취직인허증이 필요해요.
2. 부모님(후견인) 동의서와 나이를 증명하는 가족관계 기록사항을 사장님께 꼭 제출하세요.
3. 근로 조건을 명시한 근로계약서를 꼭 작성하세요.
4. 청소년도 어른과 동일하게 최저임금을 적용받아요.
5. 청소년 근로자는 연소 근로자로서 특별한 보호를 받아야 해요.
6. 하루 7시간, 주 40시간 이상은 일할 수 없어요.
7. 휴일에 일하거나 초과근무를 했을 때는 50%의 가산임금을 받을 수 있어요.
8. 위험한 일이나 유해한 업종의 일은 할 수 없어요.
9. 일하다 다쳤다면 산재보호법이나 근로기준법에 따라 치료와 보상을 받을 수 있어요.
10. 임금체불 등 부당한 처우를 당할 때는 국번없이 1350번으로 전화하세요. (출처 : 고용노동부)

■ 관련 사이트

- 알바누리 (www.albanuri.co.kr)
- 일하는 1318, 알자알자 캠페인 (http://cyworld.com/rjarja)
- 워크넷 (진로직업 상담 : 고용노동부) 1577-7114
- 커리어넷 (www.careernet.re.kr) - 진로직업상담, 한국직업능력연구원 (044) 415-5325
- 청소년 근로권익센터 (www.youthlabor.co.kr) : 1644-3119

(4) 학교생활기록부 관리

학생부란? 내가 어떻게 학교생활을 했고, 어떻게 공부했는지를 평가하는 학교생활기록부입니다. 한마디로 나를 나타낼 수 있는 기본

자료입니다. 학교생활과 학업성적이 좋은지 나쁜지를 알려줄 수 있는 성적표이기 때문에 중요한 평가자료가 됩니다. 중요한 것은 입시정책이, 대학별 전형방법이 자주 바뀌지만 어떻게 바뀌던 믿을 수 있는 것은 '나의 실력'이므로 실력을 게으름 피우지 말고 평소 꾸준히, 제대로 쌓아둔다면 걱정될 게 없습니다. 모든 전형에는 학생부 성적이 가장 중요하고, 기본이 된다는 사실을 잊어서는 안 될 것입니다. 무엇보다 학교생활을 충실히 하는 것뿐입니다. 학생부 성적이 수시모집에 평가자료가 됩니다. 요사이 대학입학 시험의 핵심은 뭘까요? 진학담당 선생님들의 이구동성이 학교생활을 충실히 하는 길이 대학진학의 지름길이라는 것입니다. 이에 철저한 관리가 필요합니다. 학생부는 10가지 항목으로 구성돼 있습니다.

1. 인적사항
2. 학적사항
3. 출결상황
4. 수상경력
5. 자격증 및 인증취득 상황
6. 진로 희망사항
7. 창의적 체험 활동상황
8. 교과학습 발달상황
9. 독서활동 상황
10. 행동특성 및 종합의견

학생부 교과성적이란 가르친 선생님이 출제하기 때문에 학교공부를 등한시하고 학원과외 공부를 열심히 했더라도 학교점수가 낮으면 대입이 불리해지는 것은 당연합니다. 학교시험 문제는 누가 출제할까요? 학교 선생님이 출제하기 때문에 학원공부보다도 학교생활에 치중해서 충실히 해야 하는 이유가 여기에 있습니다.

(5) 논술 준비
수시모집에 논술과목만으로 뽑는 대학이 있기 때문입니다. 논술이란 어떤 사안에 대해 자기의 생각을 논리적으로 표현하는 기술을 말합니다. 3학년 올라가서 벼락치기 공부하듯 부랴부랴 준비한다면 늦습니다. 논술학원에 간다고 실력이 금세 붙지 않습니다. 평소에 꾸준히 준비하는 것이 정답입니다. 폭넓은 독서나 신문보기도 도움이 됩니다. 시사문제에 대비, 그때 그때 이슈를 정해 써봅니다. 1주일에 한 번 주제를 정해 써보는 것입니다. 자주 써봐야 잘 쓸 수가 있습니다. 요령도 생깁니다. 서론, 본론, 결론에 맞춰 써본 뒤 평가해 봅니다. 부모님, 선생님, 친구의 평가를 받아보는 것도 좋습니다. 신문의 사설이나 칼럼은 좋은 본보기입니다. 논술 작성요령에 관한 책도 참고해봅니다. 백견이 불여일행(百見 不如一行)이라고 백 번 보는 것보다 한 번 써보는 것이 낫습니다.

(6) 문과·이과

과거에는 1학년을 마치고 2학년이 되면 문과·이과로 나눠 반편성을 해서 문과 지망생은 문과반, 이과 지망생은 이과반에서 수업을 받았습니다. 그런데 2018년부터는 융합형 창의인재육성 시책에 따라 문과·이과 구분이 없어졌습니다. 대신 선택 과목에 따라 반편성을 해서 수업을 받게 됐습니다. 그러므로 나의 꿈, 목표, 소질, 적성, 취향에 따라 내게 맞는 신중한 선택을 해야 합니다. 대학 졸업 후 사회진출, 취업을 염두에 두고 선택해야 할 것입니다.

(7) 지망대학 입시요강 확보

우선 지망대학 2~3군데 모집요강을 확보합니다. 적을 알고 나를 알면 전쟁에서 승리할 확률이 높다고 했습니다. 가고자 하는 대학에 내가 바라는 학과가 없다면 어떻게 될까요? 입시요강이란 이런 학생을 뽑겠다는 학교의 방침입니다. 선발방법, 학과, 인원, 시험과목, 특전, 장학제도 등을 잘 알아보고 거기에 맞게 미리 대비하는 것입니다. 2년 후에 치르지만 유비무환이라고 미리 준비하는 혜안이 필요합니다. 전년도에 출제됐던 문제를 확보해서 참고하는 것도 감을 잡는 데 도움이 될 것입니다.

3. 2학년

(1) 평소대로

1학년 과정이 계획한 대로 목표를 달성했는지 점검해봅니다. 미진하고 부족한 부분에 대해서는 수정, 보완합니다. 노력을 배가해서 결실 있고 알찬 2학년이 되도록 힘써야 할 것입니다. 2학년은 1학년의 연장선상에 있기 때문에 1학년의 학교생활, 가정생활처럼 충실히 하면 될 것입니다. 계획한 대로 내 페이스대로 밀고 나가는 것입니다.

(2) 예비 고3학년

2학기 말 시험을 치르고 나면 방학이 있고, 고3 새 학년까지는 2개월 이상의 시간이 남게 됩니다. 짧지 않은 시간이므로 놓쳐서는 안 되고 효율적으로 이용해야 합니다. 시간낭비를 줄이십시오. 헛되이 보내서는 안 되는 중요한 시간임을 잊어서는 안 될 것입니다. 우선 1, 2학년의 부족한 과목, 미진한 부분을 보충, 보완하는 기회로 삼아야 합니다. 총정리, 총복습의 시간이 돼야 합니다. 지망학과, 대학을 정해야 되고, 입시요강을 파악해 준비에 들어가야 합니다. 학생부 관리, 수능준비 어떻게 할까? 수시로 갈까? 정시로 갈까? 어느 쪽이 내게 유리할까? 철저하게 따져보는 것입니다. 고3 새 학년의 연간 학습계획표가 미리 작성되어야 합니다. 계획표에는 일간, 주간, 월간 학습목표, 학습방법, 학습량, 과목, 시간, 활용교재 등이 포함되어야 합니다.

4. 대망의 3학년

　공부에 불철주야, 성적에 노심초사 힘겹게 달려왔습니다. 그동안 갈고 닦은 실력을 발휘할 기회가 점점 다가오고 있습니다. 2학기가 시작되면 수시든, 정시든 응시하게 됩니다. 꾸준히 실력을 쌓은 학생은 좋은 성적으로 지망대학, 지망학과에 들어갈 것이고, 그렇지 않은 학생은 낙방의 고배를 마시게 될 것입니다. 그러나 아직은 만회할 시간이 있습니다. 포기하지 말고 낙심하지 말고 최선을 다하면 좋은 결과를 얻을 수 있을 것입니다.

(1) 본격적 입시준비 돌입
　공부할 시간이 많이 남아있지 않습니다. 적어도 여름방학까지는 끝내둬야 할 것입니다. 금쪽같은 시간이므로 한눈 팔지 말고, 허비하지 말고 입시준비에 최선을 다해야 합니다. TV도, 게임도, 취미생활, 이성교제도 중단하거나 뒤로 미뤄둬야 할 것입니다. 계획대로 전심전력을 다 쏟아부어야 합니다.

(2) 진로와 진학 ②
　여러분은 어떤 꿈을 꿔왔습니까? 어떤 인물이 되겠다고, 어떤 일을 하겠다고 맘속에 품어왔습니까? 그동안 많이 생각했고 알아봤고 결정을 해뒀겠지요. 대학에 진학해서 졸업을 하게 되면 사회 진출을 하게 되는데 어떤 직업이 나에게 맞을까? 좋을까? 유망할까? 장래성이 있을까? 진로를 결정하는 데는 대체로 3가지 요소를 고려해봐야 할 것입니다.

① 장차 무슨 일을 할 것인가?

직업의 종류는 수없이 많습니다. 그중 하나를 선택해야 하는데 어떤 직업을 택해야 할까? 해방 전에는 인력거꾼이, 해방 후에는 굴뚝청소부가 인기가 있었다는 것입니다. 지금은 무슨 직업이 인기가 있을까? 인기는 자꾸 변합니다. 인기 있는 직업이 생겼다가 사라지고 다시 인기 있는 직업이 나타납니다. 2~3년 하고 말 직업이 아니라 오래할 수 있는 걸 택해야 되는데 주기가 점점 짧아지고 있습니다. 그러면 무슨 일을 해야 할까? 꿈꿔왔던 걸, 하고 싶은 걸 하는 것입니다. 인간생활에 유익하고 보탬이 될 수 있는 일이어야 합니다. 같은 값이면 다홍치마를 고르는 것입니다.

② 그 일이, 그 직업이 소질이 있고 적성에 맞는가?

첫째가 소질이나 적성에 맞아야 합니다. 소질이란 태어날 때부터 지니고 있는 재능이나 바탕을 말합니다. 성악가로서의 소질이 풍부하다, 화가로서의 소질이 다분하다, 적성이란 일에 적당한 성격, 적응능력을 말합니다. 그 일이 내 적성에 맞는지 자신에게 물어보고 분석해보고 또 주위 사람들에게 물어보고 조언, 평판을 들어보는 것도 좋습니다. 긍정적인 별명, 꾀돌이니 컴퓨터 도사니, 책벌레니, ○○천재니, 참고해보는 것도 좋습니다. 별명이 객관적인 나의 소질, 능력, 적성이 될 수 있기 때문입니다. 정말로 좋아하고 잘할 수 있는 것! 그것이 내 적성에 맞는 직업인 것입니다. 그렇게 되면 하는 일이 매우 즐겁고 보람이 있고 행복할 것입니다. 능률이 더 오르고 승진도 더 잘 되고 수입도 자연히 더 많아지게 됩니다. 가수가 되고 싶은데 목소리가 아주 안 좋거나 실제로 노래를 잘 못한다면 적성에 맞지 않는다고 볼 수 있습니다. 키가 아주 작으면 농구선수로서는 적합하지 않을 것입니다. 한 번 보고 척척 잘 그리고 좋아한다면 화가로서 소질이 있고, 적성에 맞는다고 볼 수 있습니다.

③ 그에 맞는 전공, 학과는 뭘까?

약사는 약대에, 의사가 꿈이라면 의대에 가야 합니다. 의사가 되고 싶은데 음대에 간다면 의사가 될 수 없습니다. 공부도 제대로 될 수가 없습니다. 어디서 조사한 걸 보면 적성을 생각 않고 전공을 잘못 선택해서 도중 자퇴하거나(한 해 자퇴자 7만 명) 재학 중에 다시 대학입학 시험을 보기 위해 수험준비를 하는 반수생이 늘어나고 있습니다. 또 어느 대학 설문조사에서는 대학 1학년의 40%가 적성에 맞지 않는다는 것입니다. 그래서 66%는 전공을 바꾸고 싶어 한다는 것입니다. 그로 인해 시간, 비용, 정력 낭비를 가져오고 후회, 심적 고통이 클 것입니다. 왜 이런 현상이 빚어질까? 우선 2가지를 생각해볼 수 있습니다. 미리 학과와 전공을 정하지 않고 막연히 있다가 원서 쓸 때쯤 성적에 맞춰 선택하는 경우이고, 또 하나는 학과, 전공이 뭐냐가 아니라 대학을 먼저 묻는 세태라서 너도나도 일류대학, 인기학과를 선택하기 때문일 것입니다. 전공이 학교보다 더 중요하고 일생을 좌우하게 되는데 간판을 먼저 생각하다 보니 이런 문제가 생기는 것입니다. 그러므로 장차 무슨 일을 할지 정하고, 거기에 맞춰 학과를 선택하고, 자기 실력이나 점수에 맞춰 소신껏 대학을 정하는 것입니다.

④ 부모님께 한 말씀

부모는 자녀의 진로, 진학 결정에 중요한 역할을 합니다. 좌우한다고 해도 과언이 아닐 것입니다. 그러나 결혼은 부모가 하는 것이 아니고 자식이 합니다. 그럼에도 이 점을 간과하는 부모가 많습니다. 부모 역할은 결혼을 차질 없이 잘할 수 있도록 도와주는 도우미 역할입니다. 옛날에는 서로 얼굴도 안 보고 부모가 정해준 대로 결혼하는 경우가 많았습니다. 그러다 보니 안 좋은 일, 불화, 갈등, 이혼 등의 부작용이 많았습니다. 이처럼 진로나 진학의 결정도 부작용을 막기 위해서는 전적으로 자녀의 선택에 맡겨야 합니다. 보신탕 먹기 싫어하는데 억지로 먹게 한다면 구토를 일으킬 수 있는 이치와 같은 것입니다. 어느 조사에 의하면 대학과 학과 선택에 영향을 미치는 1순위가 부모님, 2순위가 학교 선생님입니다. 그런즉슨 다음에 주안점을 두고 살펴봐야 할 것입니다.

ㄱ. 관찰
무엇을 좋아하고 관심, 흥미, 소질이 보이는지 평소 주의 깊게 관찰하고 조언해줍니다.

ㄴ. 정보제공
결정이 되면 지망대학 지망학과를 방문, 또 지망학과와 연계된 직업, 현장을 방문, 하나에서 열까지 자세히 알아보는 것입니다. 경제학과를 공부하는 데 수학이 필요 없는 것처럼 보이는데 실제로는 수학실력이 부족하면 공부하는 데 어려움을 겪을 수 있다는 것입니다. 생각한 것과 실제가 다를 수 있기 때문입니다.

ㄷ. 강요금지
부모의 욕심, 눈높이로 강요해서는 득보다 실이 많다는 점입니다. 입시에도 쏠림현상이 나타나는데 인기학과에 휩쓸리지 말고 중심을 잡고 뚜렷한 주관을 가지고 자녀의 소신에 맡겨야 합니다. 내 못다 한 꿈, 욕심을 자식에게 걸어보려는 생각을 자제해야 합니다. 부모의 역할이란 자녀가 현명한 판단, 후회 없는 결정이 될 수 있도록 충분한 조언과 정보를 제공하는 일입니다. "부모님이나 선생님이 적성은 생각 않고 찍어줘서 들어온 학생들은 벌써 후회하고 있다." 어느 대학생의 말입니다. 공부할 전공학과 내용, 연계된 일, 직업 등을 자세히 알아보고 결정해야 되는데 그럴 시간은 없고 급하게 선택하다 보니 이런 현상이 나타나는 것입니다. 학생으로서는 적성에 안 맞으니, 생각과 현실이 다르니, 겉만 보고 선택했다가 실제 공부해보니 재미 없고, 답답, 지루하고, 하기 싫고, 실망, 낙담, 후회가 되니 자퇴해서 재수하거나 대학에 다니면서 다시 대입공부를 하는 반수생이 많이 생기는 원인인 것입니다.

⑤ 의견이 맞지 않을 경우는 어떻게

확인, 조사, 연구, 방문 등 서로 충분히 의견교환이나 상의해서 합의점을 찾아 결정하면 후회를 막을 수가 있을 것입니다. 자녀의 의사를 십분 존중해줘야 합니다. 아들이 요리에 취미가 있어 요리학과를 지망하겠다면, 의사·판검사라면 좋아하겠지만 인습, 체면상 반대하는 부모가 대다수일 것입니다. 음식점을 해서 돈을 많이 벌어 좋은 일 하는 사람들도 많은 것 같은데 대부분 부모의 잣대, 자존심, 주위 시선, 욕심, 허울 때문에 찬성하지 않게 됩니다. 자연히 부자간에 갈등과 다툼이 생기기 마련입니다. 그러므로 성급하게 결정할 것이 아니라 시간을 두고 상의도 하고 고민도 해보고 알아보고 물어보고 확인해보고 심사숙고해서 후회 없는 결정이 되어야 합니다. 내 일생의 중요한 진로 결정이므로 남에게 맡기지 말고 내가 결정하는 것입니다.

(3) 지망학과, 지망대학 선택

중요한 문제라서 다시 언급합니다다만, 자신의 꿈, 소질과 적성, 취향을 고려해서 먼저 학과를 정하고 나중에 대학을 선택하는 것이 올바른 순서입니다. 장차 대학을 졸업하고 무엇을 할 것인가? 어떤 직업, 어떤 분야로 진출할 것인가를 생각한다면 대학보다 전공학과가 더 중요합니다. 선, 학과 후, 대학인 것입니다. 한마디로 학과 선택은 진로 선택의 첫걸음과 같습니다. 선택은 빠를수록 좋습니다. 미리 정해두지 않고 있다가 임박해서, 아니면 원서접수 당일 우왕좌왕하다가 적성과 소신 지원이 아닌 우선 붙고 보자는 심정으로 성적에 맞춰 적당히 선택해서는 안 될 것입니다. 건축과를 지망한다면 대학 건축과에 가서 하나에서 열까지 공부 내용, 진출 방향 등을 자세히 알아보는 것입니다. 또 건설업계, 건축회사에 가서 업무 내용, 전망 등을 자세히 알아보는 것입니다. 이렇게 확인해보고 원서를 제출하는 학생이 몇이나 될까? 그러니 실패하고 후회하는 것입니다. 직접 확인해봄으로써 나의 소질, 적성과 진로 적합 여부를 알 수 있고, 아니다 싶으면 선택을 달리해야 되고 시행착오, 실패를 막을 수가 있습니다. 이것이 올바른 선택의 수순입니다.

(4) 1학기 모의고사

모의고사는, 대학수학능력(수능) 시험을 출제하는 '한국교육과정평가원'에서 시행하는, 1학기 6월 중 한 번, 2학기 9월 수능시험 전 한 번씩 두 번 치릅니다. 시험 결과를 보고 수능 출제경향과 문제유형, 난이도 등을 예측할 수 있고, 나의 학력 수준이 어느 정도인지 가늠할 수 있고, 취약점, 부족한 부분을 보완할 수 있는 기회이기도 합니다. 1학기 모의고사 성적을 참작하여 학습계획, 학습방법을 수정할 수 있는 기회로 삼는 것입니다. 성적이 좋게 나오면 좋겠으나 저조하다고 해서 너무 실망하거나 좌절해서는 안 될 것입니다. 11월에 있을 수능에 대한 객관적 자료일 뿐 합격, 불합격을 결정하는 시험이 아니기 때문입니다. 아쉬움이 많겠지만 빨리 잊고 대책을 세워야 합니다. 성적이 부진한 이유가 뭔가를 빨리 찾아내야 합니다. 남은 기간 어떻게 하면 효과적으로 성적을 올릴 수 있는가 그 방법을 찾아보고 다시 학습계획을 짜는 것입니다.

(5) 고3 여름방학

　방학이 끝나 2학기가 시작되면 이어 모의고사, 수시원서 접수, 수능시험이 기다리고 있습니다. 분위기도 어수선하고 불안, 초조, 조급한 생각도 들어 차분하게 앉아 공부에 집중할 수 있는 시간이 그리 많지 않을 것입니다. 여름방학을 공부할 수 있는 마지막 기회로 여기고 다시 한 번 취약과목, 부진한 부분을 보완, 보충하고 총정리, 마무리해야 할 것입니다. 또 수능에 대비 그간 평가원에서 출제했던 수능시험 기출문제를 풀어보고 실전감각을 익히기 위해 실제 수능시험을 보듯 시간을 재보고 풀어보는 것도 좋을 것입니다.

(6) 응시

　그동안 갈고 닦은 실력을 펴보일 기회가 드디어 왔습니다. 감회가 깊을 것입니다. 수시응시자든 정시응시자든 희망대학 희망학과에 내 능력과 적성과 성적에 따라 소신껏 지원하는 것입니다. 대학은 유능한 인재를 뽑기 위해 선발방법도 다양해지고 있습니다.

① 수시와 정시

　대학 입학전형은 수시와 정시로 나뉩니다. 수시는 대체로 학교생활기록부(교과, 종합), 논술, 특기자 전형으로 뽑고 정시는 대학수학능력(수능) 시험 성적으로 뽑습니다. 수시에 응시할까? 정시에 응시할까? 입시정책이 해마다 바뀌고 대학마다 선발방법이 다 다르고 실로 다양해서 선택의 어려움이 클 것입니다. 이에 전략이 필요하고 내게 유리한 선택이 요구됩니다. 그러면 어떤 선택이 내게 맞고 합격에 유리할까? 학생부 성적이 좋으면 정시에 응시하는 것이 유리할 것입니다. 재학생은 정시가 불리할 수도 있습니다. 재수생이 추가되기 때문입니다. 수시는 3학년 1학기까지의 학생부 성적이 반영됩니다. 정시는 수능성적이 반영됩니다. 수능성적은 11월에 치르는 수능점수를 말합니다. 수시모집에 있어서는 대학에 따라 수능 최저기준을 반영하는 곳도 있으므로 수능에도 신경 써야 할 것입니다.

우선 지망대학의 입시요강을 잘 살펴보고 거기에 맞게 응시해야 합니다. 전형유형, 전형방법, 반영비율 등 꼼꼼히 따져보고 자신에게 유리한 전형을 선택해야 할 것입니다. 지망대학 홈페이지에 자주 들어가 변동사항이 있는지 확인도 필요합니다. 수시냐 정시냐? 자칫 판단을 잘못해 그르칠 수 있기 때문에 심사숙고해서 결정해야 할 것입니다. 그러기 위해서는 담임, 진학담당 선생님, 부모님, 선배, 친구나 입시전문가의 조언을 구하거나 입시 관련 자료나 신문기사 등을 참고해서 결정하는 것이 단독으로 결정하는 것보다 나을 것입니다. 만약을 위해 한 가지보다 수시와 정시 동시에 대비하는 전략도 필요합니다. 참고로 정시모집에 응시할 계획이라면 수능에 대해서 철저히 알고 대비하는 것이 실수를 줄일 수 있고, 좋은 점수를 얻을 수 있습니다. 출제기준, 수준, 범위, 내용, 학습방법이라든가 난이도, 과목별 특징, 문제 수, 시간 등 수능 홍보자료를 갖고 있는 수능출제 기관인 '한국교육과정평가원'의 홈페이지(www.kice.re.kr)에 들어가 확인해보고 대비하는 것도 좋을 것입니다.

■ 수능 홍보자료
- 대학수학능력시험 대비 학습방법 안내
- 수능 이렇게 준비하세요.
- 수능 Q&A 자료집

② 논술(482쪽을 참고하십시오.)
③ 자기소개서

자기소개서는 학생부나 인증자료 이외의 자신을 나타낼 수 있는 자료입니다. 내가 이런 사람이라는 것을 알리는 소개서입니다. 대학 측에서는 학생부나 인증자료 외에는 알 수 없기 때문에 제대로 평가할 수 없어 자기소개서를 요구합니다. 소개서는 서류평가에 있어 중요 요소이기 때문에 잘 써야 합니다. 어떤 내용을 담아야 할까? 대학마다 지원서류가 달라 준비하는 데 시간과 노력이 들어가고, 이런 불편을 덜어주기 위해 교육부와 한국대학교육협의회(univ.kcue.or.kr)에서는 대학 등의 의견수렴을 거쳐 공통양식을 만들어 발표했습니다. 자소서는 대교협에서 제시하는 2개 문항과 대학에서 요구하는 1개 문항으로 되어있습니다.

■ 공통문항

1. 고등학교 재학기간 중 자신의 진로와 관련하여 어떤 노력을 해 왔는지 본인에게 의미가 있는 학습경험과 교내활동을 중심으로 기술해주시기 바랍니다. (띄어쓰기 포함 1,500자 이내)
2. 고등학교 재학기간 중 타인과 공동체를 위해 노력한 경험과 이를 통해 배운 점을 기술해주시기 바랍니다. (띄어쓰기 포함 800자 이내)

■ 자율문항(대학별)

필요 시 대학별로 지원동기, 진로계획 등의 자율문항 1개를 추가하여 활용하시기 바랍니다. (띄어쓰기 포함 800자 이내) 지망대학의 기출 자소서를 확보, 참고하는 것도 좋을 것입니다. 그렇다면 어떻게 써야 담당자의 마음을 사로잡을 수 있을까?

1. 있는 내용을 사실대로 써야 합니다. 없는 것을 있는 것처럼 써서는 안 됩니다. 거짓이나 부풀려 쓰면 자연히 드러나기 마련입니다.
2. 평가자 입장에서 써야 합니다. 내가 평가자라면 뭘 알고 싶을까?
3. 추상적으로 쓰지 말고 구체적으로 써야 합니다.
4. 간결 명료하게 써야 합니다.
5. 남의 것을 베끼거나(표절) 남에게 맡겨서는 안 됩니다.(대필) 대학마다 표절평가 시스템(자소서 유사도 검색시스템) 가동, 적발 시 불이익, 불합격 처분을 당할 수도 있습니다. 매년 1,300여 명(0.3%)이 불합격 처리되고 있습니다.
6. 차별화된 나만의 스토리(특장점, 경험, 성공담 등)를 담는 것이 잘 쓴 소개서입니다.
7. 학생부 내용과 연계해서 써야 합니다.
8. 닥쳐서 쓰지 말고 미리 써둡니다.
9. 오자, 탈자, 띄어쓰기, 맞춤법을 잘 살펴야 합니다.
10. 작성 후에는 부모님, 선생님, 친구에게 보여주고 의견을 듣고 수정, 보완해야 합니다.

④ 면접요령

면접은 얼굴을 맞대고 평가하는 구술시험입니다. 나의 장점과 진면목을 알리는 자리입니다. 합격의 중요 요소 중의 하나가 면접입니다. 주로 뭘 물어볼까요? 어떻게 답변할까요? 막연하고 애매모호한 답변보다는 논리에 맞게 구체적이어야 좋은 평가를 받습니다. 대학마다 다르겠지만 면접형식은 개인면접과 집단면접으로 진행됩니다. 여러 면접관 앞에서 수험생 한 명이 혹은 2명 이상이 치르는 형식입니다. 면접내용은 일반면접(기본소양평가)과 심층면접(전공, 적성평가)을 들 수 있습니다. 일반면접은 제출서류(자소서, 학생부) 사실 여부를 검증합니다. 인성이나 삶의 태도 등 어떻게 살아왔는지, 어떻게 공부했는지를 묻습니다. 우선 제출서류 내용을 완전히 숙지해둬야 합니다. 제출서류를 보고 질문하는데 답변을 제대로 못하거나 머뭇거리거나 틀리면 신뢰감을 잃게 되고, 좋은 점수를 받을 수가 없습니다. 꾸미거나 과장된 거라면 답변과정에서 자연히 드러나기 마련입니다. 심층면접은 왜 지원했는지(학교, 학과), 어떻게 준비했는지, 구체적 학업계획이라든가, 졸업 후의 진로, 비전 등을 묻습니다.

또 전공을 이수하는 데 기초학력은 제대로 돼 있는지, 전공은 적합한지 등을 묻습니다. 그 밖에 사회 이슈가 된 것을 묻기도 합니다. 사전에 지원대학의 건학이념, 인재상, 학과 등의 특성을 알아둬야 합니다. 전에 출제됐던 면접유형을 참고하는 것도 좋을 것입니다. 면접은 답변 내용도 중요하지만 자세도 중요합니다. 우선 면접관에게 호감을 줄 수 있어야 합니다. 눈에 띄는 것이 겉모습입니다. 두발, 복장은 단정해야 합니다. 지저분하면 좋게 안 보입니다. 얼굴 모습은 온화하고 미소 띤 밝은 모습, 공손한 태도가 좋습니다. 자연스럽고 침착하고 자신감 있는 태도를 보여줘야 합니다. 들어갈 때나 나올 때의 자세도 중요하고 면접관을 바로 쳐다보고 발음도 정확하게 구사해야 합니다. 모르면 모른다고 솔직히 답변하는 것이 좋습니다. 당황하거나 우물쭈물하는 모습을 보여줘서는 안 됩니다. 모르면 힌트를 달라고 요구하는 적극성도 필요합니다. 질문 내용이 이해가 안 되면 재차 질문해서라도 정확히 알고 답변해야 합니다. 모른다고 포기하거나 답변을 안 하면 안 됩니다. 답을 맞추는 것도 중요하지만 아는 데까지 답변하는 의지를, 최선을 다하는 모습을 보여주는 것도 긍정적인 평가를 받을 수 있기 때문입니다. 뭘 물어볼까? 어떻게 답변할까? 미리 예상질문을 뽑아서 실제처럼 답변연습을 가족이나 친구가 면접관이 되어 여러 차례 해보는 것입니다. 동영상을 찍어 점검해보는 것도 좋습니다. 실제 예상문제를 뽑아 아버지와 같이 모의면접 연습을 한 학생도 있습니다. 내가 면접관이라면 어떤 지원자를 뽑을까? 역지사지 해보는 것입니다.

⑤ 주사위는 던져졌다.

이제 주사위는 던져졌습니다. 화살은 시위를 떠났습니다. 여러분은 최선을 다했습니다. 참으로 오랫동안 수고가 많았습니다. 불철주야 노력한 덕분으로 좋은 결과가 있을 것입니다. 그러나 인과응보의 이치에 따라 열심히 노력한 수험생은 합격의 영광을 누릴 것이고, 그렇지 않은 수험생은 낙방의 고배를 마실 것입니다.

(7) 낙방

실력이 부족하거나 운이 나쁘면 낙방할 수도 있습니다. 학교로 학원으로 밤잠 안 자고 놀 새도 없이 전력을 다했는데 실패했으니 그 충격과 좌절은 아주 클 것입니다. 허탈, 후회, 수치심, 고통이 따를 것입니다. 어찌해야 할까요? 낙방했다고 좌절, 낙심은 금물입니다. 낙심한다고 누가 알아주는 것도 아니고, 포기하지 말고 재도전하는 것입니다. 도전은 성공의 발판입니다. 도전 없이는 에베레스트산 정상을 정복할 수가 없습니다. 100세 인생에서 1~2년은 그렇게 늦는 것은 아닙니다. 후퇴도 아닙니다. 오히려 전화위복이 될 수 있습니다. "인간만사 새옹지마"라고 했습니다. 알디시피 저 유명한 물리학자 아이슈타인 박사도 대학시험에 떨어지기도 했습니다. 위대한 인물 가운데 입시에 실패한 사례가 많습니다. 영국 수상 윈스턴 처칠씨도 사관학교 시험에 두 번 떨어졌다는 것입니다. 실력과 운이 부족하면 낙방할 수도 있습니다.

원숭이가 나무에서 떨어지기도 하고, 유명 스키선수도 눈길에 미끄러지기도 합니다. 인생을 사노라면 굴곡이 있기 마련입니다. 순경과 역경이 교차하기도 합니다. 언제나 날씨가 흐리거나 비바람이 몰아치는 것은 아닙니다. 비가 오면 반드시 갠 날이 옵니다. 나의 이 불합격의 시련은 나를 위대한 인간으로 만들기 위한 시험이고 담금질이라고 자위하십시오. 삼보 전진을 위한 일보 후퇴라고 치부하십시오. 인간은 실패를 통해서 값진 것을 배우게 되고, 얻게 되고, 한결 성숙한 인간이 되는 것입니다. 아픈 만큼 큰다고 하지 않습니까? 우리의 권투영웅 홍수환님은 4전 5기로 4번 다운됐다가 다시 일어나 한방 KO로 두 체급 세계 챔피언이 된 것입니다. 사랑하는 수험생 여러분! 실패와 좌절을 딛고 다시 일어서는 것입니다. 재도전하는 것입니다. 중요한 것은 왜 낙방했는지, 그 원인이 어디에 있는지 찾아보고 분석해보고 아는 일입니다. 검토, 반성이 꼭 필요합니다. 지금 그 원인을 적어보십시오. 그리고 보완하십시오. 실패는 인생의 값진 자산이고, 또 실패는 성공의 열쇠가 되기도 합니다. 힘을 내십시오. 분발하십시오. 혹 나약한 생각으로 좌절을 이기지 못해 딴 생각(자살, 가출)일랑 하지 마십시오. 그것처럼 바보짓, 어리석은 일은 없습니다. 도전은 여러분의 특권입니다. 다시 도전해서 합격의 큰 영광을 누리십시오. 인생의 고마운 스승은 뭘까요? 그것은 시련입니다.

- 실패는 성공의 어머니
- 고난을 당했을 때가 사람의 진가를 증명하는 기회다. - 에픽테토스
- 실패는 우리들의 전진하기 위한 훈련이다. - 차닝
- 고난이 크면 클수록 영광도 크다. - M. T. 키케로
- 불은 쇠를 단련시키고 역경은 사람을 단련시킨다. - L. A. 세네카

위로 차원에서 노래, 소개합니다. "어떻게 해야 하나요"(앤마그렛),

"꿈이여 다시 한 번"(안다성)

(8) 재수

친구들은 대학에 입학해서 MT니 뭐니 몰려다니고 데이트를 하네 마네 하는데 다시 머리 싸매고 입시공부에 매달려야 하니 이거야 원 자존심이 말씀이 아니고 창피스럽고 속이 무척 상할 것입니다. 그러나 어쩝니까? 현실이 그런걸. 이겨내고 뚫고 나가는 수밖에 없습니다. 그러면 어떻게 재수를 해야 할까? 연초가 엊그제 같은데 벌써 2개월이 지나갔구랴. 이거 큰일인데 어찌할꼬. 시간은 야속하게 휙휙 지나가는데 결정은 빠를수록 좋습니다. 답은 이미 나와 있습니다. 치밀하게 재수계획을 세우고 그에 따라 철저하게 실천에 옮기는 것입니다. 매사 계획만 세워놓고 제대로 실천하지 않으면 목표를 달성할 수가 없습니다. 목표를 정하고(학과, 희망대학) 공부방법도 정하십시오. (독학, 학원) 그에 따라 시간계획을 세우십시오. (분기, 월간, 주간, 일간) 그리고 그날그날의 일과시간표를 만들어 항상 휴대하고 실천한 후 점검하십시오. 그날 세운 계획은 어떤 일이 있더라도 반드시 그날 안으로 해내야 합니다. 미루거나 누적되면 감당할 수가 없어 흐지부지 용두사미가 되고 맙니다. 차질이 생기니 성적이 오를 수 없습니다. 내게 맞는, 소화할 수 있는 양만큼 해둬야 합니다. 욕심내거나 무리한 계획은 실천하기가 어렵기 때문입니다. 성공적인 재수가 되려면 어떤 요소가 필요할까요?

① **첫째는 실패 원인을 찾아보고 보완, 보충하는 일입니다.**
왜 실패했나? 뭐가 부족했나? 쭉 적어보십시오. 영어 과목에서 어휘력 부족으로 실점했으면 어떻게 해야 할까요? 어휘를 늘리는 수밖에 없습니다. 하루 30단어가 암기 목표라면 길을 가면서도 밥을 먹으면서도 화장실에 가서도 해내야 합니다. 이런 노력이 절대 필요하

고, 이렇게 해야만 목표를 달성할 수가 있습니다.

② 둘째는 공부방법의 선택입니다.
ㄱ. 독학

집에서, 도서관, 독서실, 인터넷 강의 등 자신이 주도적으로 계획을 세우고 알아서 공부하는 것입니다. 이에는 대단한 각오, 강한 의지, 절제, 집중력, 인내력이 필요합니다. 주변의 유혹에 쉽게 무너지면, 이겨내지 못하면 제대로 공부가 될 수 없습니다. 독학은 통제자가 없으니 철저한 자기관리만이 성공할 수가 있습니다. 성적이 우수하고, 자기주도 학습능력이 있고, 주변 유혹을 물리칠 수 있다면 시도해볼 만한 방법입니다. 과목, 범위, 양, 시간 배분, 교재선택 등의 계획이 필요합니다.

ㄴ. 재수 전문학원(종합반)

학교생활처럼 규칙적이고 체계적인 학습관리(학습 진학상담 등)가 이루어지기 때문에 아무래도 독학보단 학습능률이 오를 수 있습니다.

ㄷ. 기숙학원

학원 기숙사에서 숙식을 하기 때문에 24시간 생활 및 학습 관리를 받게 됩니다. 독학이나 종합반보다 시간 절약, 유해환경 차단(TV, 휴대폰, 외출) 등 학습에 집중할 수 있으므로 학습능률이 오를 수 있습니다. 대신 비용이 많이 듭니다.

어느 방법이 내게 적합한지 심사숙고해서 결정해야 합니다. 기수가 말 타고 달리다 말이 맘에 안 들어 내려서 다시 다른 말로 바꿔 탄다면 어떻게 될까요? 신중히 선택합니다.

③ 셋째는 마음가짐, 자세입니다.

우선 대단한 각오가 필요합니다. 한눈 팔지 말고 딴 생각하지 말고 오로지 수험공부에만 전심전력을 다 쏟는 것입니다. 미쳐야만 미친다고 했습니다. 수험생에게 공부 말고 딴 게 뭐가 있을까요? 그래야만 소기의 목표, 대학합격의 기쁨을 누릴 수가 있습니다. 수험생들이 이구동성으로 지적하는 것이 공부보다 주변의 유혹을 이겨내는 것이 가장 힘들다고 말합니다. 그렇다면 유혹에는 무엇이 있을까요? 학습 방해요소로는 친구, 이성친구, 학습환경, 음주, 오락, 휴대폰, 인터넷, TV 등이 있습니다. 특히 이성교제는 서로를 위해서 대입합격 이후로 잠시 미뤄둬야 합니다. 수시로 만나야 되고 공부하다가도 생각이 나니 집중이 되지 않습니다. 공부 외의 것들에 단절선언을 하십시오. 포기 목록을 만들어 휴대하십시오. 아침 기상 시 한 번 읽어보고 마음을 다지십시오. 흔들릴 때마다 꺼내봅니다. 재수는 자신과의 싸움이므로 남다른 각오가 필요합니다. 지치고 힘들기 때문에 이를 극복해야 합니다. 계획표에 따라 철저히 실천에 옮기십시오. 매일매일 수능시험 보듯 공부에 임한다면 반드시 소기의 성과를 얻을 수 있을 것입니다. 거듭 강조합니다만 스스로 알아서 해야 되기 때문에 자기관리, 즉 생활관리, 학습관리, 시간관리를 철저히 해야 합니다. 그럼으로써만이 대입합격의 영광을 누릴 수가 있습니다. 누가 말하기를, 재수 경험자가 인생 성공확률이 더 높다는 것입니다. 왜냐면 아픔을 겪어봤기 때문입니다.

■ 입시정보 사이트
- 한국 교육과정평가원(http://www.kice.re.kr) / (043) 931-0114
- 한국 대학교육협의회(www.kcue.or.kr) / (02) 6919-1615
- 대입정보 포털, 어디가(http://adiga.kr)
- 서울 진로진학 정보센터(www.jinhak.or.kr) / (02) 311-1362~3
- EBSi(www.ebsi.co.kr)

(9) 진학하지 않은 학생은 어떻게 해야 할까?

성적이 안 좋아서, 경제 형편이 어려워서, 공부하기 싫어서… 여러 이유로 진학을 포기한 학생은 어떻게 해야 할까? 놀 수는 없고, 소질과 적성과 능력에 따라 기술을 배우는 길, 취업하는 길, 아니면 자영업을 하는 길, 찾아보면 길이 보일 것입니다. 내게 맞는 길을 선택하고 일로 매진하는 것입니다. 젊음을 바치는 것입니다. 그러면 자연히 성공의 문이 열립니다. 인생에는 여러 갈래의 길이 있습니다. 대학이 인생의 전부는 아닙니다. 한쪽 길일 뿐입니다. 그런데도 전부라고 생각하는 것이 문제인 것입니다. 중요한 길임엔 틀림이 없으나 대학 다니지 않고도 성공해서 좋은 사업, 훌륭한 일을 한 사람들도 많이 있습니다. 알다시피 세계 부자 빌 게이츠씨도, 애플의 스티브 잡스씨도 대학 다니다 말았습니다. 우리의 어떤 대통령도 대학을 안 다녔습니다.

반면 대학을 나오고도 취직 못해 기술을 배우려고 다시 전문대학이나 학원을 다니는 경우도 있습니다. 대졸학력을 속이고 고졸학력으로 취업한 경우도 있습니다. 대졸자가 환경미화원에 경쟁을 뚫고 취업한 경우도 있습니다. 사람에게는 귀천, 인격이 고귀한 사람, 천박한 사람이 있지만 직업에는 귀천이 없는 시대가 오고 있습니다. 오히려 여러분은 대졸자보다 사회에 먼저 진출하니 그만큼 시간을 번다고 할 수 있습니다. 미국 부자 4명 중 1명이 대학 안 나오고 스위스는 1/3만 대학에 진학하고 있다는 것입니다. 우리도 대우가, 연봉과 승진이 같거나 비슷해지면 대학 갈 사람도 적을 것이고, 학벌이나 과외 열풍도 점점 사라질 것입니다. 여기저기서 그런 조짐이 보이고 머지않아 우리도 그런 사회가 될 것입니다.

사랑하는 학생 여러분! 세상은 공평합니다. 원망하거나 낙심하지 마십시오. "Time is money." 시간은 돈입니다. 여러분은 대학 대신 4년의 '시간'이라는 귀한 재산을 얻은 것입니다. 그만큼 시간을 번 것입니다. 내가 좋아하고 잘할 수 있는 것이 뭘까? 그걸 찾아보고 발견해서 그곳에 한 10년 전력을 다해 파고드십시오. 자연히 성공의 길이 보이고 문이 열립니다. 사장도 되고 돈 벌어 좋은 일을 하는 사람도 많습니다. 절대 자포자기하지 마십시오. 당장 목표를 정하고 그리고 도전하십시오. 여건이 되면 일을 하면서 야간대학에 다닐 수도 있습니다. 방송통신대학에서도 공부할 수 있습니다.

■ 취업 사이트
- 커리어넷(한국직업능력연구원) : 진로, 직업 상담
- 워크넷(www.work.go.kr, 고용노동부) : 진로, 직업 상담

5. 실업계
- 특성화고, 마이스터고

- 특성화고 : 상업, 공업, 농업, 컴퓨터, 미용, 요리, 관광 등 다양한 분야의 직업전문고(전국 464개교)
- 마이스터고 : 기계, 로봇, 에너지, 바이오, 자동차, 반도체, 조선 등 전문기술인 양성을 목표로 하는 특수목적고(53개)

인문계는 대학진학을 목표로 하지만 특성화고나 마이스터고는 취업을 목표로 해당 분야의 전문교육, 기술을 배워 빨리 사회 진출을 위해 선택하게 됩니다. 일단 선택했으면 후회 없고 가치 있고 보람찬 학창생활이 되어야 합니다. 인생의 길은 여러 갈래고, 항상 열려있습니다. 그 문을 누가 먼저 들어가느냐가 중요합니다. 이 3년의 학창생활을 어떻게 보내야 할까요?

(1) 실력 배양

3년간 무엇을 할 것인가? 무엇을 배울 것인가? 목표를 정하고 계획을 세워 실천에 옮겨야 합니다. 그렇지 않으면 이룬 것 없이 시간만 훌쩍 지나가 버리고, 졸업하게 되면 후회만 남습니다. 인생을 가늠하는 중요한 시기임을 한시도 잊지 말고 학업에 열중해야 합니다. 졸업 후에는 취업이 우선임으로 이론 공부도 중요하지만 현장학습, 기술습득에 더 매달려야 합니다. 한시도 게으름 피우지 말고 노력해야 목표를 달성할 수 있습니다. 믿을 건 내 주먹이 아니고 실력, 완벽한 기술습득입니다. 그것만이 쉽게 취업할 수 있고, 대접받을 수 있습니다. 정부에서도 고졸 취업에 많은 지원책을 내놓고 있습니다. 특성화고나 마이스터고 졸업생이 산업체 3년 이상 근무 시 수능시험 없이 서류면접으로 대학에 재직자 특별전형으로 진학할 수도 있습니다. 주경야독으로 야간대학에 다닐 수도 있습니다. 대기업, 은행, 공기업, 사기업 등 고졸사원을 늘려 뽑고 있습니다. 알다시피 비싼 등록금을 주고 대학을 졸업했으나 취업이 안 돼 놀고 있는 대졸자가 너무 많습니다. 그러니 결혼도 어렵고 자식 도리도 못하고 학비 대출로 상환독촉에 시달리기도 합니다. 앞에서도 언급했지만 대졸자로는 취업이 어려워 다시 전문대에 들어간 경우도 있고, 대졸자가 고졸자로 속이고 들어간 경우도 있습니다. 그러나 실업계 고졸자들은 '제대로' 실력만 갖추고 있다면 대기업에 취업도 잘 돼 돈을 벌면서 기술습득도 하고 자식 구실도 하면서 원하면 대학도 다닐 수 있으니 일거 몇 득이 되는 셈입니다. 취업률도 높아지고 있습니다. (2017년 50.6%)

재직 중에 뛰쳐나와 배운 기술로 창업을 해 성공한 사장도 많습니다. 공고 졸업 후 직장을 다니다 사직하고 창업해서 연매출 120억 원에 70여 명의 직원을 먹여 살리고 있는 사장도 있습니다. 장하지 않습니까? 또 있습니다. 고1짜리 4명이 재학 중 매장관리 프로그램을 개발해 회사를 세우고 사장이 된 경우도 있습니다. 여러분 역시도 위와 같은 전철을 밟아 충분히 성공한 수가 있습니다. 학력 콤플렉스는 누구나 다 있습니다. 그렇다고 너무 위축되지 말고 비관하지 말고 기죽지 마십시오. 기술, 실력으로 날려버리는 것입니다. 그러면 실력이란 무엇이냐? 대졸자가 외국인과 만났을 때 영어 한마디 못하고 쩔쩔매는데 고졸자는 술술 얘기하는 걸 말합니다. 설계 공모전에 대졸자는 떨어졌는데, 고졸자는 입상했다면 신입사원 채용자는 누굴 뽑을까요? 이제 학벌의 시대는 가고 실력이 우대받는 사회가 오고 있습니다. 학력보다는 능력으로 평가받는 시대인 것입니다. 대학 졸업장이 밥 먹여주는 시대는 가고 있습니다. 취업도 못하고 있는데 대학 졸업장이 뭐 필요할까요? 실력을 입증할 방법은 자격증입니다. 재학 중 최소한 2~3개 이상 자격증을 따고 졸업해야 합니다. 지방의 어느 실업고생은 3년 동안 무려 50개의 자격증을 딴 경우도 있습니다. 자격증은 취업 1순위고 돈이고 재산목록입니다.

어느 일류 대기업에서 오랫동안 인사 실무를 맡고 있는 담당자의 말을 빌리면 자기 회사 지원자를 살펴보건대 적어도 5년 안에 학력에 대한 인식이 바뀔 거라는 것입니다. 머지않아 학력 인플레(거품)는 걷힐 것입니다. 독일은 무상인데도 대학 진학률이 40%가 안 되고 60%가 직업학교에서 이론과 실기를 배우고 마이스터(기능장)가 되면 그에 합당한 존경과 대우를 받는다는 것입니다. 물론 우리와 차이가 있고 비교할 수는 없지만 그러함에도 우리는 대학 진학률이 70%가 넘습니다. 진학률이 높아 좋은 점도 있지만 안 좋은 점도 있습니다. 꼭 갈 사람은 가야 되는데 안 갈 사람까지 가니 일자리는 적고 원하는 자는 많아 경쟁이 치열하니 백수가 늘어나고 있는 실정입니다. 취업 재수도 하게 되고 또 뽑아서 시간과 비용을 들여 가르쳐 놓으면 마음에 안 든다고 나가버리니, 이직률이 높게 나타나고 있습니다. 그러나 실업계 고졸생은 학교에서 실무를 배우고 들어가니 현업에 바로 써먹을 수가 있어서 좋고 이직률도 낮고 애사심, 충성도가 높아 기업에서도 선호하고 있습니다. 무엇이든, 어디서든 '열정'을 다하면 성공의 길이 열린다는 사실을 잊지 마십시오.

■ 취업정보 사이트
  • 서울시 교육청 직업교육정보센터(www.happy-4u.net)

- 서울 진로진학 정보센터(서울시 교육연구정보원) (02) 311-1362~3
- 특성화고, 마이스터고 포털(www.hifive.go.kr) / 1544-1253
- 워크넷(know.work.go.kr) 진로 직업상담 : 고용노동부
- 커리어넷(한국직업능력연구원) 진로 직업상담

(2) 시간 활용

인문계 학생은 아침부터 저녁 늦게까지 학교로 학원으로 종일 대입을 위한 공부에 매달리지만 그들보다 여러분은 시간적, 심적으로 여유가 많습니다. 공부 이외의 여러 분야에 걸쳐 관심을 갖고 탐구하고 배우고 경험을 쌓을 수 있습니다. 인생을 폭넓게 살 수 있는 밑바탕을 갖출 수 있고, 장차 직장이나 사회생활을 하는 데 많은 도움이 될 수가 있습니다. 특기계발, 취미생활, 여행, 봉사, 운동, 공예, 컴퓨터, 발명, 성악, 음악, 미술, 영화, 운전, 연극, 독서 등 재미있고 좋아하는 분야에 도전해보는 것입니다. 공예에 심취하면 공예전문가가 될 수 있고, 영화에 미치면 영화감독이 될 수도 있습니다.

특히 발명 쪽에 눈을 돌리십시오. 배우는 과정에 아이디어를 개발할 게 많이 있을 것입니다. 여러분은 누구보다도 발명 쪽에 가까이 있습니다. 유리합니다. 그 기회를 살리는 것입니다. 우리가 쓰는 물건 중에나 배우는 과정에 좀 더 편리하고, 좀 더 아름답고, 좀 더 유익하고, 좀 더 비용이 절감될 수 있으면 다 아이디어 개발 대상이 됩니다. 뭐 없나 살펴보십시오. 많이 있습니다. 건성으로 보면 보이지 않지만 관심을 갖고 관찰해보면, 유심히 보고 뜯어보면 많이 있습니다. 특허를 얻어 아이디어 기술을 팔거나 직접 생산해서 돈을 벌 수 있습니다. 1년에 1가지씩 3년 공부하는 동안 3가지 이상 아이디어를 개발해서 특허를 따십시오. 그것이 히트지면 여러분은 하루아침에 돈방석에 앉게 됩니다. 발명에 관한 책을 탐독하십시오. 기타편

960쪽에 다시 나옵니다.

(3) 전문가 시대

산업이 다양해지고 고도로 발달할수록 많은 전문가, 기술가가 필요합니다. 크게는 농업기술, 상업기술, 공업기술, 작게는 용접기술, 미용기술, 디자인 기술 등 실로 다양하고 많습니다. 국가가 관리하는 기술자격이 600개가 넘는 것만 봐도 알 수가 있습니다. 전문가란 무엇이냐? 그 분야에 전문적인 실력, 기술을 갖추고 난제를 해결할 수 있는 사람을 말합니다. 여러분도 전문가 그룹에 속합니다. 하지만 전문가, 기술가는 그냥 되는 게 아니고 불철주야 끊임없이 배우고 갈고 닦아야 만들어지는 것입니다. 한마디로 미쳐야 될 수가 있습니다. 기왕지사 몸을 담았으므로 책가방만 메고 시계불X처럼 왔다 갔다만 할 게 아니라 '무엇을, 언제까지, 어떻게' 목표를 정하고 갈고 닦아 일류 전문가가 되는 것입니다. 그 분야의 1인자가 되겠다는 각오로 매진하십시오. 전문가가 되면 여러분의 장래는 평생 보장되는 것입니다. 그리고 각종 대회에 출전해서 실전능력을 기르십시오. 자격증을 따두십시오.

(4) 사회 진출

입학한 지가 엊그제 같은데 벌써 졸업이라니 시간이 참 빠르지요? 여러분은 3년간 전문 분야에서 많은 공부와 기술을 익히고 닦았습니다. 참으로 수고가 많았습니다. 자격증은 서너 개 따뒀겠지요? 이제 갈고 닦은 실력을 써먹을 시간이 왔습니다. 개미와 베짱이의 우화에서 보듯이 충실히 보낸 학생은 실력을 인정받아 대우를 받을 것이고, 그럭저럭 보낸 학생은 대우를 못 받고 후회할 것입니다. 이제 자기 분야를 찾아 실력껏 진출하는 것입니다. 사회는 지금도, 앞으로도 여러분의 실력과 능력을 사고 싶어 합니다. 어서 빨리 달려가

움켜잡으십시오. "선수필승(先手必勝)"이라고 했습니다. 한 가지 아쉬운 점은 졸업생 전부가 원하는 직장에 취업이 된다면 금상첨화겠으나 그렇지 않으니 아쉬움이 남습니다. 정책과 시장, 경기에 따라 취업률이 달라집니다. 어느 해는 취업률이 높고, 어느 해는 취업률이 낮기도 합니다. 졸업 선물로 노래를 선사합니다.

- 남남 - 최성수
- Too young - Nat King Cole

제5장

대학생

1. 대학, 대학생

　대학은 꿈과 미래가 양양한 젊은이의 광장입니다. 학문을 연구하고 진리를 탐구하는 배움의 전당입니다. 성숙한 사회인을 기르기 위한 훈련장이요, 인생을 설계하고 준비하는 곳입니다. 사회 진출을 위한 일종의 교두보인 셈입니다. 교수는 심혈을 기울여 가르치고 학생은 열심히 배우고 익혀, 그리고 배움의 그 결실은 자신과 국가와 국민을 위한 발전의 동력이 되는 것입니다. 이제 여러분은 불철주야 노력한 덕분으로 힘겹게 고지에 당도한 것입니다. 고대하고 그렸든 대학생이 된 것입니다. 그에는 꿈과 낭만 젊음과 패기, 우정, 사랑, 자유, 자율과 방종, 시행착오, 방황, 좌절, 도전, 그리고 성취의 기쁨이 담겨 있습니다. 인생의 청춘기라 할 수 있는 대학생활을 맘껏 만끽하고 가치 있고 보람 있는 즐거운 대학생활이 되어야 할 것입니다.

2. 대학생활
- 어떻게 할까?

초·중·고 시절은 미성년자로 일정한 통제와 규율 속에서 제한된 생활을 했지만, 대학생은 속박당하지 않고 스스로의 의지에 따라 판단하고 선택하고 행동하고 그 결과에 책임지는 성년의 위치에 선 것입니다. 자유는 책임을 동반합니다. 술 먹고 담배 피워도 누가 간섭하지 않습니다. 공부 역시도 마찬가지입니다. 어쩌면 이 짧은 4년간의 대학생활이 인생을 설계하고 준비하는, 역량을 기를 수 있는 마지막 기회가 될 수도 있는 것입니다. 멋지고 성공적인 후회 없는 대학생활이 되기 위해서는 확고한 목표와 치밀한 계획과 그에 따른 차질 없는 실천과 더 나아가 공부 이외의 다양한 활동과 경험을 쌓을 수 있는 기회로 삼아야 할 것입니다.

(1) 꿈과 낭만 그리고 고민

힘겹고 지긋지긋한 수험생활을 마치고 바람대로 대학생이 되었으니 꿈에 부풀고 설레고 세상에 거칠 것이 없고 기개가 넘쳐 있을 것입니다. 넓은 캠퍼스, 수많은 건물과 도서관, 교수님, 선배, 동급생들 모두 다 새롭고 또 새로울 것입니다. 동아리 활동, 오락, 미팅, 취미생활, 미뤄놨던 것, 하고 싶은 것들이 많을 것입니다. 하루하루가 바쁘게 지나가고 즐거운 나날이 계속될 것입니다. 그러나 시간은 흐르는 물과 같아서 입학이 엊그제 같은데 벌써 1년이 훌쩍 지나가 버립니다. 보람 있게 보낸 학생이야 값진 1년이 되겠지만 여기저기 휩쓸리거나 엄벙덤벙 보낸 학생은 후회스러운 1년이 될 것입니다. 1년간의 대학생활을 어떻게 보내느냐에 따라 4년간의 대학생활의 향방이 정해진다고 선배들은 말합니다. 첫 단추를 잘 꿰야 하듯이 그만큼 중요하다는 뜻입니다. 그러니 1학년부터 바짝 긴장을 하고 뚜렷한 목표를 정하고 치밀한 계획을 세워 그 달성에 전력투구, 온 힘을 쏟아야 할 것입니다. 반면 고민도 많을 것입니다. 공부, 학비, 동아리, 데이트, 교우, 스펙 관리, 군대, 진로, 취업 등 많이 있을 것입니다. 대학생활의 주 과제인 인생설계, 학업, 자기계발, 인간관계 등에 포커스를 맞춰야 할 것입니다.

(2) 인생설계

인생설계란 일생 전반에 걸친 '생애 활동계획 수립'을 말합니다. 일테면 큰 그림을 그리는 일입니다. 시간을 갖고 거시적으로 절실하게 생각해봅니다. 인생이란 무엇인가? 나는 누구인가? 가치 있는 삶은 무엇인가? 어떻게 살아야 하나? 장차 어떤 일을 해야 할까? 어느 쪽으로 나가야 되나? 많은 고민과 성찰이 필요합니다. 삶은 유한하고 1회적인 삶이기 때문에 집 지을 때도 설계도가 필요하듯 후회 없는 성공적인 삶이 되기 위해서는 나름대로의 구체적인 인생설계가 필요한 것입니다. 20대, 30대, 40대, 50대, 60대에는 무엇을 어떻게 할 것인가? 저 유명한 일본의 최고 부자 소프트 뱅크의 손정의 회장처럼… 어떻게 보낼까? 졸업하면 무엇을 할까? 취업은 어느 곳으로 어떻게 할까? 결혼은, 자녀교육은, 직장에 그대로 아주할까? 아니면 뛰쳐 나와 창업을 해서 빌 게이츠씨처럼 돈을 벌어 사회를 위해 뭐 좋은 일 좀 해볼까? 봉사의 삶은, 은퇴준비는 언제부터 할까? 노후는 뭘 할까? 세상을 위해 뭘 남길까… 시간을 두고 차근차근 미래를 설계합니다. 내 인생은 남의 것이 아니고 나의 것, 심고 잘 가꿔야 꽃 피울 수 있는 것처럼 오직 한 번뿐인, 두 번 다시 오지 않는 값진 인생을 창대하게 설계하고 달성해서 멋있게 생을 마치는 것입니다. - 인생은 황홀한 축복!

① 대학생활 목표

　대학생활, 이 4년간을 그럭저럭 보낼까? 아니면 한 가지라도 목표를 세워 뭔가를 이루고 마칠까? 목표 없는 삶은 바람에 흔들리는 부평초와 같다고 했습니다. 목적지 없는 돛단배는 바람 부는 대로 정처 없이 떠돌다 거친 파도를 만나게 되면 전복되고 만다고 했습니다. 활은 과녁이 있어야 되고, 여러분은 목표가 있어야 합니다. 성공의 지름길은 목표의 명확화에 있습니다. 그것은 의욕적이고 열정적인 인간으로 변모시켜 줍니다. 또 그것은 낭중지추, 주머니 속의 송곳처럼 온 정력을 한 곳으로 집중케 하는 위력이 있습니다. 1학년, 2학년, 3학년, 4학년의 목표는 뭘로 정할까? 어떻게 이룰까? 생각도 다르고, 처한 상황도 다르기 때문에 목표도 다 다를 것입니다. 그렇다면 꼭 해야 되고, 꼭 이루고 싶은 목표는 뭘까 곰곰이 생각해봅니다. 그리고 모두 적어봅니다. 그중 몇 가지를 선택해 목표를 정하는 것입니다. 1년에 1가지 목표, 4년간 4가지 목표. 너무 많은가? 그러면 1가지 목표 - 일단 목표가 정해지면 구체적인 실행계획을 세우고 뒤돌아보지 않고 강력하고 끈질기게 탱크처럼 밀고 나가야 합니다. 온 정력을 쏟아부어야 합니다. 그리고 미쳐야 합니다. 그래야 비로소 목표가 달성되는 것입니다. 목표는 다음 사항이 포함되어야 합니다.

- 가치 있는 목표인가?
- 설레는 목표인가?
- 실현 가능해야 되고
- 구체적이어야 하고

- 시한을 정해둬야 합니다

■ 목표 달성을 위한 자세
- 물고 늘어지는 끈기가 있어야 되고
- 강력한 추진력이 있어야 됩니다.

■ 목표, 무엇을 이룰까?
- 외국어 1가지를 본토박이처럼 잘할 수 있게 마스터한다.
- 컴퓨터 도사가 된다.
- 자격증을 2~3개 따둔다.
- 창업을 한다.
- 전교 수석으로 졸업한다.

또 뭐가 있을까?

- 화살을 쏘듯 인생의 목표를 정하라. - 김재순 전 국회의장
- 목표 설정 없인 성공도 없다.
- 성공하려고 우리는 목표를 한층 더 높이 잡는다. - R. W. 에머슨 / 수필집

지금 귀하의 목표는 무엇입니까? 없다고요? 그러면 지금 목표를 설정하십시오.

② 시간관리 ②

한 번 지나간 시간은 되돌아오지 않습니다. 되돌릴 수도 없습니다. 그래서 많은 선현들은 시간을 소중히 여기고 낭비하지 말라고 누누이 당부합니다. 시간낭비는 인생낭비이기 때문입니다. 그럼에

도 시간을 물 쓰듯 낭비합니다. 지나고 나면 아쉬워하고 후회하고 회한에 젖습니다. 대학생활 4년 - 바람처럼 휙휙 지나갑니다. 입학이 엊그제 같은데 벌써 졸업이라니! 그러기 때문에 시간을 아끼고 낭비하지 말고 금쪽같이 유용하게 써야 합니다. 시간에 끌려다니지 말고 시간을 지배하는 것입니다. 내가 시간의 주인이 되어야 합니다. 그러기 위해서는 물 샐 틈 없이 시간관리를 철저히 해서 내 것으로 만들어야 합니다. 인생 성공은 시간관리에 달려있습니다. 성공한 사람들의 특징은 거의가 시간관리의 달인이라는 점입니다. 누구에게나 똑같이 주어진 하루 24시간을 어떻게 사용했느냐에 따라 인생이 달라집니다. 대학생활 역시도 마찬가지입니다. 어떻게 관리해야 할까? 강의시간 이외에도 할 일이 많습니다. 친구모임, 술자리, 데이트, 취미, 오락, 운동, 독서, 예복습, 외국어 학습, 시험준비, 리포트 작성, 동아리 활동, 아르바이트… 눈코 뜰 사이 없이 바쁘게 지나갑니다. 그런 가운데에도 낭비 없이 효율적인 시간을 보내기 위해서는 계획에 의한 체계적인 시간관리가 필요합니다. '시간 사용계획'을 세워 그대로 실천하면 낭비를 막을 수 있습니다. 1일, 주간, 월간, 학기, 연간 - 시간 사용계획을 세웁니다. 4년간을 무데뽀로 엄덩덤벙 그럭저럭 보낸 사람과 물 샐 틈 없는 시간계획을 세워 철저히 실천한 사람과는 결과가 다를 것입니다. 결과가 달라야 마땅합니다.

■ 체크할 사항
- 매일 시간표를 만들어 스케줄대로 실천합니다.
- 하루는 일생의 축소판입니다.
- 오늘이 마지막 날이라고 새기고 임해야 합니다.
- 매일 시간 사용 결과를 점검합니다.
- 못한 일은 무엇인가? 왜 못했나?
- 시간 배정은 적절했나? 왜 부족했나? 남았나?

- 왜 미뤘나? 미룸은 실패의 원인
- 시간낭비는 없었나?
- 동아리 활동에 너무 시간을 뺏긴 건 아닌가?
- TV, 인터넷, 게임은 과한 건 아닌가?
- 데이트에 너무 시간은 뺏기지 않았나?
- 술자리가 빈번하진 않았나?
- 성, 음란물에 빠진 건 아닌가?
- 자투리 시간은 제대로 이용했나? 티끌 모아 태산입니다.
- 스케줄이 너무 빡빡하진 않았나?
- 왜 학점이 시원찮은가? 이유가 뭔가?
- 수정 보완할 것은 없나?

아는 것도 중요하지만 더 중요한 것은 실천입니다.

- 가장 위대한 일은 남들이 자고 있을 때 이루어진다. - 하버드대
- 당구를 잘 친다는 것은 청춘을 낭비한 증거이다. - H. 스펜스
- 가장 현명한 자는 허송세월을 슬퍼한다. - 단테
- 젊은이여, 시간을 낭비하지 말라. 위대한 일은 청년시절에 이룩된다.
  - 디즈렐리
- 보통 사람은 시간을 소비하는 것에 마음 쓰고 재능 있는 인간은 시간을 이용하는 데 마음을 쓴다. - A. 쇼펜하우어 / 행복을 위한 금언
- 쓸데없는 곳에 시간을 쏟는 것은 죄악이다. - 중암
- 인생을 허비하지 말라. 인생은 한 번밖에 없다. - 존 파이버
  - 366쪽에도 있습니다.

(3) 학업
학생의 본분은 공부에 있습니다. 그 결과는 학점으로 나타납니다.

성적이 좋으면 대접을 받고 성적이 안 좋으면 그 반대 대접을 받습니다. 무엇이든 공부보다 우선일 수는 없습니다. 어떻게 해야 좋은 성적을 올릴 수 있을까?

① 공부 All-in 전략

초, 중, 고 12년간 오로지 대학입시에 매달렸는데 또다시 4년간 공부에 매달려야 되니 지겨운 생각이 들 것입니다. 지칠 만큼 됐고 하기도 싫고 그래서 해방감에 노는데, 다른 곳에 신경을 쓰게 됩니다. 자연 성적이 떨어질 수밖에 없습니다. 미국은 대학에 들어가기가 쉬워도 졸업은 어렵지만 우리 대학은 들어가기는 어려워도 졸업하기는 쉽다는 평판이 있습니다. 하지만 논다고 누가 알아주는 것은 아닙니다. 나만 손해일 뿐, 세상에 놀기 싫은 사람은 아무도 없을 것입니다. 역시 공부 좋아하는 사람은 더러는 있을지 모릅니다. 분명한 것은 사회 진출, 취업, 대학원 진학, 유학 등에서 평가, 요구하는 것이 성적입니다. 성적이 좋다는 것은 대학생활을 충실히 했다는 증거이고, 성적이 안 좋다는 것은 대학생활을 충실히 하지 않았다는 증거입니다. 좋은 성적은 좋은 대우를 받게 되고, 나쁜 성적은 나쁜 대우를 받게 됩니다. 성적 나쁜 사람이 좋은 사람보다 더 나은 대우를 받는다면 누가 머리 싸매고 공부하려고 할까요? 공평 사회의 룰이 아닌 것입니다. 좋은 성적은 거저 얻어지는 것이 아닙니다. 불철주야 노력을 해야 합니다. 여러분은 현명합니다. 베짱이가 돼서는 안 됩니다. 그럼에도 베짱이는 계속 나옵니다. 안타까운 일이 아닐 수 없습니다. 똑같은 등록금을 내고 누구는 성적이 좋고, 누구는 성적이 나쁠까? 누구는 장학금을 타고, 누구는 못 타는가? 누구는 좋은 직장에 취업이 되고, 누구는 취업이 안 되는가? 모두 자기 탓이고, 노력 부족입니다. 흔히들 "노력은 성공의 열쇠"라고 말합니다. 그러나 노력하길 싫어하는 것이 인간의 속성입니다. 그걸 뛰어넘을 때

비로소 성공이 찾아옵니다.

■ **어떻게 공부를 해야 할까?**

자주 언급했지만 공부도 계획이 필요합니다. 4년간의 학습 계획을 세우는 것입니다. 일반적인 공부방법이라면 예습, 복습 철저히 하고 결석, 지각 않고 강의는 빼먹지 말고 한눈 팔지 말고 열심히 듣고 노트정리 잘하고 모르는 것이 있으면 질문하고 리포트는 심혈을 기울여 잘 만들고… 이런 정도일 것입니다. 단, 폭넓고 다양하고 깊이 있는 공부여야 할 것입니다. 자기가 알아서, 찾아서 하는 자기주도 학습이 필요합니다. 목수도 연장이 제 손에 맞아야 되듯 우선 나만의 효과적이고 능률적인 공부방법을 찾는 것입니다. 10분 하고도 20분 효과를 얻을 수 있는 방법은 없을까? 얼마나 집중했느냐도 한 방법이 될 수가 있을 것입니다. 알다시피 대학은 일정한 등교 시간이 없습니다. 자기가 선택한 강의 과목을 시간표대로 강의실을 찾아다니면서 받습니다. 그 외 시간은 자유이므로 많은 시간이 남습니다. 여름, 겨울 두 번씩이나 긴 방학 시간이 주어집니다. 이처럼 많은 시간을 치밀한 계획 없이 흘려보낸다면 여간 낭비가 아닐 수 없습니다. 아깝지 않을 수가 없습니다. 대학생활의 성패는 자유시간을, 남는 시간, 자투리 시간을 어떻게 이용했느냐에 따라 결과가 달라집니다. 높은 학점은 공부를 열심히 했다는 증거이고 평가의 잣대이고 덤으로 장학금 혜택도 있습니다. 성적이 안 좋으면 학사경고를 받게 되고 제적당하기도 합니다. 남는 것은 후회와 자책뿐, 그러므로 기왕에 하는 것 코피 나게 열심히 하는 것입니다. 나를 위해, 부모님을 위해, 국가 사회를 위해 열심히 하는 것입니다.

② **수강과목 선택과 학점관리**

중고시절엔 한 교실에서 시간표대로 수업을 받지만, 대학에서는 학생 스스로가 수강과목을 선택해서 강의실을 찾아다니면서 수업을 받게 됩니다. 학기 들어가기 전에 수강 안내를 통해 선택합니다. 교양과목은 다양함으로 지식 편식을 막기 위해서라도 관심 있고 흥미 있는 분야, 인문ㆍ사회ㆍ자연ㆍ예술 등 고루 수강합니다. 선택 시는 미리 잘 알아보고 선택합니다. 고가의 오디오 기기를 잘못 사면 버리고 다시 사기 어렵듯이 왜 이 과목을 선택해야 하는지 과목마다 한 번쯤 따져보고 자신에게 물어봐야 할 것입니다. 교수, 선배, 동기의 조언도 필요합니다. 그래야만 바른, 후회 없는 선택이 될 수 있습니다. 졸업은 학점을 취득해야 졸업을 할 수가 있습니다. 왕왕 학점 미달로 졸업이 늦어지는 경우가 있으므로 먼저 학점 규정을 알아보고 나에 맞는 학점 취득 계획이 필요할 것입니다. 꼬리표처럼 평생 따라 다니므로 학점관리를 소홀히 해서는 안 될 것입니다.

③ 전공이 맞지 않을 때

선택한 전공이 적성과 능력과 취향에 맞으면 공부가 재미있고 보람을 느낄 수 있지만 맞지 않으면 맛없는 음식을 먹는 것처럼 무척 곤혹스러울 것입니다. 공부하고 싶은 의욕도 없어지고 좌절, 방황, 후회가 따를 것입니다. 왜 이런 현상이 빚어질까? 전공이 무슨 공부를 하게 되는지, 적성에 맞는지, 따라갈 수 있는지, 미리 잘 알아보지 않고 선택했기 때문일 것입니다. 앞에서도 언급했듯이 자기의 적성과 능력을 무시하고 부모님이나 선생님이 권유한 경우 또는 시험점수에 맞춰 선택하거나 전공보다 학교를 보고 선택했기 때문일 것입니다. 그래서 대학 재학 중에 다시 대학입시 공부를 하는 이른바 반수(半修) 현상이 나타나는 것입니다.

속담에 "제 입맛에 맞는 떡이 없다."고 했습니다. 전공이 맞지 않는다 하더라도 일단 선택한 이상 무조건 포기하지 말고 적응하고 극복할 수 있는 방법을 찾아보는 것도 현명한 방법 중의 하나일 것입니다. 100% 알아보고 전공을 선택한 학생이 몇이나 될까요? 왜 안 맞나? 어느 부분이 싫은가? 그걸 파악해서 나를 거기에 맞춰보는 것입니다. 뛰어넘는 것입니다. 그래도 싫거나 맞지 않으면 다른 방법을 선택해야 할 것입니다. 전과, 편입 등을 생각할 수 있습니다. 전공이 맞지 않거나 취업이 어렵다 보니 다시 2년제 전문대학에 입학하는 경우도 생기고 있습니다.

(4) 자기계발

수업 이외의 자유시간이 많으므로 그 시간을 낭비하지 말고 자기계발에 투자한다면 한층 더 업그레이드된 능력을 갖출 수가 있을 것입니다. 자기계발은 자신의 잠재능력을 꺼내 갈고 닦는 걸 말합니다. 취업이나 직장생활이나 인생을 살아가는 데 많은 도움이 될 것입니다. 독서, 동아리, 외국어, 컴퓨터, 운전, 기술, 공모전, 자격증, 스피치 훈련 등 다양합니다. 대학 내에서도 다양한 자기계발 프로그램을 제공하고 있으므로 적극 참여하는 것도 좋을 것입니다.

① 독서와 신문보기

ㄱ. 독서

책은 지식과 정보의 보고이고 인생의 길잡이, 나침반 역할을 합니다. 지적 성장을 위해 독서는 꼭 필요합니다. 졸업을 하고 사회진출, 직장생활을 하게 되면 여러 가지 제약으로 독서할 시간이 많지 않습니다. 4년간의 독서 계획을 세우십시오. 전공과 관련된 독서는 물론 동서양 고전을 비롯하여 다양한 분야에 걸쳐 폭넓은 독서를 하십시오. 넓게 읽되 필요한 것은 깊게 읽습니다. 얼마 전 대학생들이 책을 읽지 않아 책 좀 읽으라고 신입생들에게 책을 무료로 나눠준 대학도 있습니다. (1달 × 4권 × 12개월 → 48권 × 4년 → 192권)

ㄴ. 신문 ②

　신문은 사회의 창이고 거울입니다. 지식과 정보의 보고입니다. 다양한 인간이 엮어내는 인간 소설책입니다. 특히 젊은이들이 인터넷 신문을 많이 보는데 그것은 보고 싶은 것만 보기 때문에 꼭 봐야 할 내용을 놓치게 되는 단점이 있습니다. 더구나 지면이 적고 좁고 단편적이라서 일부분만 보기 때문에 빠뜨리는 내용이 많습니다. 다양한 광고도 놓치게 됩니다. 편식의 우려가 있습니다. 또 필요한 기사를 스크랩할 수도 없습니다. 그러나 종이신문은 이런 단점을 불식시키기 때문에 더더욱 좋습니다. 어쨌거나 신문을 통해서 사회의 흐름을 알 수 있고, 미래를 예측할 수가 있고, 통찰력, 판단력을 기를 수 있고, 진로를 탐색할 수가 있습니다. 또 좋은 멘토, 좋은 컨설턴트 역할을 하기 때문에 종이신문 1가지 이상 꼭, 꾸준히 보기를 권합니다. 특히 취업하는 데 도움이 될 수 있는 취업자료를 많이 제공하고 있습니다. 지성인이 신문을 보지 않고 세상을 제대로 얘기할 수는 없을 것입니다. 473, 702쪽에 또 있습니다.

- 신문은 세계의 거울이다. - H. H. 엘리스
- 신문은 일반 서민의 교수다. - W. 비처 / 플리머스 논설집
- 신문은 생활 필수품이고 필독서이다. - 중암
- 신문 없는 정부든가? 혹은 정부 없는 신문이든가? 그 둘 중 어느 것을 취하겠는가 하고 결단을 촉구 당한다면 나는 일순의 지체 없이 후자를 선택할 것이다. - T. 제퍼슨 / 논설집
- 신문 읽는 것은 수백만 톤의 금을 캐는 것보다 귀하다. - W. 비처
- 단행본 책 한 권 값도 안 되는 가격으로 장르별 다양한 정보와 볼거리, 읽을거리를 얻을 수 있는 신문이야말로 일일이 정보를 검색해 찾을 수 없는 바쁜 현대인들에게 꼭 필요한 스마트 비서다. - 오경수 / 메모로 나를 경영하라

- 책 속에 길이 있다고 했듯이 역시 신문에도 인간 만사의 길이 들어있습니다.

② **동아리 활동**

동아리란 목적과 뜻을 같이하는 무리라는 뜻입니다. 대학에는 수많은 동아리가 있습니다. 취업, 학술, 예술, 종교, 스포츠, 어학, 창업 등 다양합니다. 대학은 꼭 지식과 기술만을 배우는 곳은 아닙니다. 그 외적인 것을 통해서 배우고 익혀서 전인적 인격 완성에 보탬이 될 수 있는, 그중 하나가 동아리 활동인 것입니다. 각처에서 모인 개성도 전공도 다른 선배, 동기, 후배와의 만남을 통해서 남을 이해하고 배려하고 협동하는 가운데 인간관계 기술을 배우고 정보, 처세, 삶의 지혜를 얻게 됩니다. 한결 대학생활이 즐겁고 풍요로워질 것입니다. 동아리 활동을 대학생활의 꽃이라고 말하는 사람도 있습니다. 졸업 후 사회에 나가 활동하는 데 도움을 주고받을 수 있는 훌륭한 인적 자산이 될 수도 있습니다. 인맥관리 차원에서도 적극 참여하는 것이 좋을 것입니다. 관심이 있고 흥미나 취향에 맞는 곳을 두어 곳 선택해서 참여하되 너무 시간을 뺏겨서는 안 될 것입니다. 주(主)가 아닌 부(副)가 돼야 합니다. 가입 전에 충분히 알아보고 가입하는 것이 좋을 것입니다. "같은 값이면 다홍치마"라고 진로와 관련된 동아리를 선택하는 것도 좋을 것입니다.

③ **외국어 공부**

지금 우리는 지구촌 시대에 살고 있습니다. 항공 기술의 발달로 세계가 1일 생활권에 접어들고 있습니다. 아침에 중국에 가서 일을 보고 점심을 먹고 차 한 잔 하고 돌아오는 시대에 살고 있습니다. 외국인과의 빈번한 접촉으로 소통에 외국어가 필수가 되고 있습니다. 그래서 만국 공통어인 영어 구사능력이 필요합니다. 외국인과의 만

남에서 의사소통이 이루어지지 않는다면 제대로 교제나 비즈니스를 하기가 어렵습니다. 취업에 있어서도, 외국 진출을 위해서도 영어(회화)는 마스터해둬야 할 과목입니다. 욕심을 부린다면 제2 외국어 하나 정도는 더 습득해두는 것도 좋을 것입니다. 일본에 진출 계획이 있다면 일본어를, 독일에 유학 갈 계획이라면 독일어 실력을 갖춰둬야 할 것입니다. 4년간 몰두한다면 충분히 마스터할 수 있을 것입니다. 그러나 빚을 내서까지 졸업을 미루면서까지 꼭 해외 단기 어학연수만을 고집할 필요는 없을 것입니다. 국내에서도 찾아보면 습득할 기회가 많이 있을 것입니다. "뜻이 있는 곳에 길이 있다."고 했습니다. 노력 여하에 달려있습니다.

④ 방학 이용

대학생활 4년 동안 방학이 차지하는 기간이 1년여, 많다면 많은 시간입니다. 허송해서는 안 되는 참으로 귀중한 시간입니다. 학업 연장선상에서 자기계발의 기회로 활용하는 것입니다. 무엇을 어떻게 활용할까? 교수님, 선배, 동기에게 조언을 구하는 것도 좋을 것입니다. 우선 4년간의 방학활용 계획을 세웁니다. 해야 할 것 쭉 적어 봅니다. 경중, 우선순위를 정하고 그중 절실한 것, 꼭 해야 할 것을 선택합니다. 할 것은 너무 많고 시간은 부족함으로 치밀한 계획이 필요합니다. 전공 심화학습, 독서, 여행, 봉사활동, 외국어 회화, 운전, 컴퓨터, 자격증, 아르바이트, 인턴, 스포츠, 취미 등 자기계발의 기회로 활용한다면 값진 방학이 될 것입니다. 은퇴 후가 아니고는 갖기 어려운 귀중한 시간이므로 계획을 세워 유익하게 이용합니다. 계획은 쉽지만 실천은 어렵습니다. 그래서 성공한 사람이 적습니다. 내 것으로 만들려고 노력해야 내 것이 됩니다. 방학 계획은 2~3개월 전에 세우는 것이 좋습니다. 참가하고자 하는 곳이 빨리 마감될 수 있기 때문입니다.

(5) 인간관계

인간은 관계 속에서 살아갑니다. 부모, 형제, 가족과의 관계, 이웃, 친구나 선후배, 교수 등 관계 없이는 한시도 살아갈 수 없는 존재입니다. 인간관계를 통해서 많은 것을 배우게 되고 도움이나 영향을 주고받습니다. 그만큼 인간관계가 중요합니다. 모든 사회생활의 기본인 원만하고 좋은 인간관계를 유지하기 위해 항상 노력을 기울여야 합니다. 이에는 인간적인 매력, 진실함, 성실함, 신뢰가 밑바탕이 전제되어야 합니다.

- 물은 건너보아야 알고 사람은 지내보아야 안다. - 속담
- 술은 초물에 취하고 사람은 훗물에 취한다. - 속담
- 친구를 사귀기는 쉽지만 그것을 지키기는 힘들다. - 속담

① 교우관계

대학생활 중에 많은 비중을 차지하고 있는 관계가 교우관계입니다. 자주 만나 대화를 나누고 강의도 함께 듣고 공강시간도 같이하고 식사도, 공부도, 오락이나 취미활동도 미팅, 동아리 활동 등 함께 하는 시간이 제일 많고, 많은 영향을 주고받습니다. 기쁨도 슬픔도 함께하기도 합니다. 동행자로서 마음 맞는 친구가 있으므로 대학생활이 풍요롭고 지루하지 않고 활기차고 재미있게 보낼 수가 있을 것입니다. 졸업 후 사회생활을 통해서도 자주 만나 우정을 나누고 어려움이라든가 도움을 주고받는 관계로 발전이 돼야 합니다. 훌륭한 자산이 아닐 수 없습니다. 대학생활을 통해 인맥관리 차원에서라도 많은 친구(동기, 선후배)를 얻기 위해 노력해야 합니다. 각종 동아리 활동이나 학회, 모임, 교내외 행사에 빠지지 말고 적극 참여해야 합니다. 어디까지나 학업이 주가 되고 교제는 부가 되어야 합니다. 주어야 받듯이, 먼저 대접해야 되듯이 마음의 문을 열고 내가 먼저 다

가가야 친구를 얻을 수가 있습니다. 도움받을까를 생각하기 전에 먼저 도움을 주려고 한다면 많은 친구를 얻을 수가 있습니다. 인간관계의 비결이기도 합니다. 달라고 하면 싫어해도 주면 다 좋아하는 것이 인간의 속성입니다.

② 이성교제
  봄이 되면 나뭇가지에 움이 트듯 청춘기인 여러분에게 이성교제 욕구가 일어나는 것은 자연스러운 현상입니다. 그동안 입시로 억눌렸던 이성에 대한 호기심, 그리움이 분출하여 이성을 찾게 됩니다. 낭만적인 사랑을 꿈꾸게 됩니다. 미팅이나 소개팅 혹은 오가면서 각종 모임을 통해 탐색하거나 호감을 느끼는 상대에게 접근, 교제를 시작합니다. 날이 갈수록, 만남이 잦을수록 연정을 느끼고 사랑이 싹트게 됩니다. 바야흐로 연애가 시작됩니다. 교제하는 동안 몰랐던 서로를 알게 되고, 이해하게 되고, 갈등을 겪으면서 사랑은 심화됩니다. 대학생활이 한결 즐거워집니다. '사랑의 기쁨'이 충만해집니다. 연인관계로 발전이 되면 자연 팔짱을 끼고, 접문(키스)을 하게 되고, 성적인 욕망을 느끼게 되고, 갈구합니다. 만남이 잦을수록 남(男)의 접촉 욕구가 강렬해집니다. 껄떡거리게 됩니다. 어떻게 해보려고 구실을 찾고 기회를 엿봅니다. 남자란 대부분 무책임하고 성욕이 발동이 되면 참지 못하고 이성을 잃고 끈질기게 성관계를 요구합니다. 반면 여자는 분위기에 약하고 감언이설에, 남과의 결별을 의식해, 과단성 있게 거절해야 됨에도 쉽게 수용하는 경우가 많습니다. 감성이 이성을 지배하게 돼 건전한 이성교제가 쉽게 무너집니다.

  건전한 교제, 순수한 사랑이라면 얼마나 좋을까? 해피엔딩으로 끝나면 좋으련만 현실은 소망과 달라 왕왕 다른 방향으로 흘러가기도 합니다. 이에 사랑의 슬픔이 있고, 괴로움이 있고, 비극이 있는 것입니다. 덕분에 임신과 낙태의 위험이 따르고 원치 않는 입양과 성병에 감염되기도 합니다. 평생 씻지 못할 깊은 상처는 여자 쪽만 안게 됩니다. 후유증도 항상 여자 쪽 몫이 되고 맙니다. 그러기 때문에 신중한 이성교제가 절실히 요구됩니다. 건전한 이성교제를 유지하려는 자만이 진정한 사랑을 나눌 자격이 있는 것입니다. 다시 언급합니다만 남자친구가 성관계를 요구하면 대부분 요구하겠지만 단호히 거절하는 것이 사랑을 유지하고 서로를 위하는 길임을 항상 잊어서는 안 될 것입니다. 그럼에도 잊으니까 문제가 됩니다. 진정으로 사랑하면 순결을 지켜줘야 합니다. 남친의 성욕 배출구일 수는 없습니다. 성욕을 주체하지 못하고 자제할 줄 모른다면 시시한 연인임에 틀림없습니다. 서로를 위해 단교를 고려해야 할 것입니다.

2015년 미혼모가 24,487명이고, 2010년 중절 건수가 16만 8,000건 중 42%가 미혼 여성입니다. 원치 않게 임신이 되면 그것은 낭패이고 비극이 아닐 수 없습니다. 낳아 키우면 문제가 없겠으나 학생의 몸으로 키운다는 것은 어렵기 때문에 중절수술이나 입양을 보내게 됩니다. 중절수술, 낙태란 살인행위와 같습니다. 이런 비극을 막기 위해서 성관계는 피해야 합니다. 피임을 해도 믿을 수가 없습니다. 피임이란 임신을 피하는 것입니다. 피임을 해도 단 한 번의 성관계로 재수 없으면 덜커덕 임신이 된다는 사실입니다. 피임방법에는 여러 가지 방법이 있으나 콘돔을 쓰든 피임약을 먹든 완전 피임은 없습니다. 심지어 불임수술을 해도 임신이 될 수 있다는 사실입니다. 특히 사후피임약(응급 피임약)은 부작용이 많습니다. 남용하면 난임의 위험이 있다는 전문가들의 지적입니다. "참는 자에게 복이 있다."고 했으니, "인내는 쓰나 그 결과는 달다."고 했으니 참고 이겨내는 것이 최선의 길입니다. 또 그것이 해피엔딩의 길이기도 합니다. 순결한 교제여야만이 오래 지속될 수가 있고, 해피엔딩으로 끝맺을 수가 있습니다.

설령 이별의 슬픔을 겪는다 하더라도 부담 없이 헤어질 수가 있고, 육체적 상처를 주지 않으니 더더욱 좋고 저 '희미한 옛사랑의 그림자'로 남을 수가 있는 것입니다. 여러분은 지성인이므로 이성적인 순결한 교제를 전제로 청춘사업을 시작해야 할 것입니다. 꼭 지켜야 할 사항이라면 교제가 시작되면 의무적으로 순결서약을 하고 '순결서약서'를 작성해 서로 하나씩 나눠 갖는 것입니다. 그리고 신사·숙녀답게 철저히 지키는 것입니다. 한 가지 간과해서는 안 될 점은 상대가 생겨 연애가 시작되면 매일 아니면 자주 만나기 때문에 생활중심이 그쪽으로 쏠리게 됨으로 학업이나 동성 친구와의 관계가 소홀해질 수 있다는 점입니다. 나아가 인간관계, 활동범위가 좁아지게 마련입니다. 그렇다면 어떻게 하라는 얘기요? 하지 말라는 얘기요? 아닙니다. 청춘사업, 천천히 해도 늦지 않으니 후순위로 돌리고 학업, 자기계발, 진로, 취업 등에 초점을 맞추고 그쪽에 시간을 더 많이 할애하라는 얘기입니다. 20대편 628쪽을 참고하십시오.

③ 교수와의 관계

스승과 제자, 사제지간은 소중한 인간관계의 하나입니다. 그래서 옛날에는 군사부일체(君師父一體)라고 스승을 임금, 아버지와 같은 동렬의 위치에 놨던 것입니다. 학문의 전달자로서, 인생의 선배로서 교수와의 돈독한 인간관계를 유지하는 것은 바람직한 자세입니다. 대학생활을 하는 동안 어려운 일이 많이 생길 것입니다. 학업문제, 수강신청, 장학금, 진로, 취업, 추천서, 이성문제, 개인문제 등 혼자 고민하지 말고 조언을 구하고 도움을 청한다면 해결의 실마리를 찾을 수도 있을 것입니다. 교수는 학생의 훌륭한 스승인 동시에 멘토입니다. 역시 학생 없는 교수는 생각할 수가 없습니다. 실과 바늘의 관계입니다. 어려워 말고 권위와 위엄의 선입견을 버리고 수시로 찾아뵙고 사제지간의 정을 나눠야 합니다. 졸업 후에도 끈끈한 사제관계를 유지하도록 힘써야 할 것입니다.

(6) 스펙관리(Spec) ①

대학은 엄연한 학문의 전당이지 취업준비 업소는 아닙니다. 그러나 졸업을 하면 놀 수는 없고 마음에 드는 직장에 취업이 잘 돼야 하는데 어렵고 경쟁이 심하다 보니 너도나도 스펙준비에 지나치게 매달리게 됩니다. 취업하려면 여러 가지 준비가 필요합니다. 스펙이란 취업에 필요한 자격 또는 능력 명세서입니다. 학력, 학점, 토익, 공모전, 인턴 등 3종 세트니 5종 세트니 스펙이 유행어가 되고 있습니다. 너도나도 스펙 경쟁에 매달리다 보니 스펙이 화려해지고 천편일률적으로 비슷비슷해지고 있습니다. 그러다 보니 기업의 인재 선발 방법도 스펙에서 실무능력으로 바뀌고 있습니다. 명문대에다 스펙이 화려해도 탈락이 되기도 합니다. 스펙은 참고사항이지 채용 당락을 좌우하는 것이 아닙니다. 채용자는 스펙(겉)보다 실무능력(속)을 보고 있습니다. 그럼에도 실무능력 배양보다 스펙 쌓기에 치중하고 있습니다. 취업에 따라 스펙이 꼭 필요치 않다고 생각하면서도 너도나도 하게 되니 불안하고 안 할 수 없어 하게 됩니다. 초, 중, 고생 학원, 과외처럼 일종의 쏠림현상이 벌어지고 있습니다. 채용자, 인사담당자들은 스펙이 화려하다고 해서 꼭 일을 잘한다는 보장이 없다고 이구동성으로 말합니다. 오히려 화려한 스펙이 걸림돌이 되기도 한다는 것입니다. 아무래도 전공 공부가 소홀해질 수 있기 때문입니다.

특히 직장과 업무에 따라 당장 써먹지도 못할 영어회화 공부 때문에 학업을 중단하고 어학연수를 위해 외국에 나가고 있습니다. 업무에 보탬이 되지 않는, 당장 써먹을 수 없는 스펙은 낭비고 거품에 불과합니다. 그러면 어떻게 하라는 얘기요? 준비하지 말라는 얘기요? 아닙니다. 낭비가 될 수 있으니 이것저것 하지 말고 꼭 필요한 것만 준비하라는 것입니다. 그걸 알 수 없지 않소? 아닙니다. 지원업체 서너 곳을 선정하는 것입니다. 지원기업의 인재상이, 스펙이 뭘까를 파악하는 것입니다. 거기에 맞게 뽑고 싶은 사람, 맡겨도 척척 잘해낼 수 있는 능력을 갖추는 일입니다. 진출 분야와 관련된 업무 전문성의 스펙을 쌓는 것입니다. 언제부터 이런 준비를 했고, 이런 능력을 갖췄다고 보여주는 것입니다. 이것이 기업이 요구하는 인재상이고, 나만의 스토리텔링인 것입니다. 디자이너를 뽑는데 디자인 실력이 우선이지 높은 토익점수, 일류학벌, 해외 어학연수, 고학점이 필요한 것은 아닐 것입니다. 외국어 능력도 혹 해외로 진출할 계획을 갖고 있다면 그때 가서 조금씩 준비해도 늦지는 않을 것입니다. 유명한 디자이너 모씨는 본토박이처럼 영어를 유창하게 잘한다는 얘기를 못 들었습니다. 폐해가 많다 보니 다행스럽게도 '스펙 초월 채용문화'가 곳곳에서 논의되고 있습니다. 또 그것을 넘어서는 기업도 많이 나타나고 있습니다. 다시 언급합니다만 채용 실무자가 가장 중요하게 보는 것은 업무수행 능력이지 스펙 자체가 아니라는 것입니다. 그러나 최소한의 기본적인 스펙관리는 필요할 것입니다. 스펙이 좀 떨어진다고 해서 취업이 되지 말란 법은 없습니다. 용기를 잃지 마십시오.

보도를 보면 너도나도 스펙 쌓느라 휴학하게 되고 졸업이 1년, 2년 늦어지고 있습니다. 국력의 낭비고 바람직한 모습은 아닙니다. 다행스럽게도 공기업 여러 곳이 스펙을 안 보고 뽑고 있습니다. 일반 기업에서도 채용 공고 시 꼭 필요한 스펙만 요구하고 명시한다면 준비하는 데 도움이 되고, 폐해가 어느 정도 줄어들 것입니다. 우리 젊은이들이 꼭 필요 없는 스펙을 쌓느라 빚을 지고 사회에 나가는 비극은 막아야 합니다. 2017년부터는 공공기관, 공기업 전체가 국가직무능력표준(NCS) 제도를 도입해서 학벌이나 어학점수, 출신지역, 나이 등 직무에 필요 없는 스펙을 요구하지 않고 직무에 필요한 업무능력을 보고 채용하고 있습니다.(블라인드 채용) 그렇게 되면 해외 어학연수 등 스펙 부담에서 벗어날 수 있을 것입니다.

- 사채 써가며 스펙, 스펙… 취업 준비생 10명 중 1명이 스튜던트 푸어 (학생 빈곤층 : 34만 명)
- 쪽방서 자고 삼각김밥 먹어도 토플 학원비로 월 100만 원 지출(2014. 8. 27. 조선일보)
- 스펙업(http://cafe.naver.com/specup)

① 학점

학업성적, 시험점수가 높다고 꼭 일을 잘한다는 보장은 어디에도 없습니다. 잘할 수도 못할 수도 있습니다. 단, 취업 때까지만 참작될 뿐 뒤처지지 않을 정도, 업무수행에 지장을 주지 않을 정도의 중간 점수(4.5점 만점에 3.0 / 어느 기업은 2.5 이상)면 족하다고 기업의 인사담당자들은 말합니다. 고학점자가 필요한 것이 아니고 일을 잘할 수 있는 일꾼이 필요하기 때문입니다. 영업직이라면 물건 파는 능력이 중요하지 고학점이 중요하지 않기 때문입니다. 그러나 "같은 값이면 다홍치마"라고 열심히 해서 높은 점수를 따는 것이 백 번 낫습니다.

② 자격증

자격증은 선분 분야의 능력을 나타내는 증명서입니다. 그러나 자격증이 많다고 장점이 될 수는 없습니다. 시간, 비용, 정력의 낭비가 될 수 있습니다. 진출하고자 하는 관련 업종의 자격증을 따둬야 유리합니다. 기왕이면 초, 중급보다 고급 자격증이 더 나을 것입니다. 취업 시 가산점을 받을 수 있고, 군 기술병으로 입대 시 또는 창업할 시도 유용합니다. 가급적 국가 자격증을 따야 공신력을 인정을 받게 됩니다. 컴퓨터 활용능력은 필수사항이므로 제대로 갖춰둬야 합니다. 전공, 직무 관련 자격증, IT 관련, OA 관련 자격증 등

③ 외국어

글로벌 인재가 되기 위해서는 영어능력을 갖춰야 되고, 장차 진출하고자 하는 국가의 언어능력을 갖춰두는 것도 좋을 것입니다. 베트남에 진출하고자 한다면 베트남어를 배워두는 것입니다. 그러나 꼭 필요한 것은 아닐 것입니다. 해외 업무 직종이 아니면 꼭 높은 점수는 필요 없다고, 기업에서 요구하는 하한선만 맞추면 된다는 기업 인사 담당자들의 말도 참고할 필요가 있습니다. 요새는 국내에도 원어민들이 많이 들어와 여러 곳에서 가르치고 있습니다. 적당한 곳을 골라 노력을 더 한다면 해외연수 이상의 효과를 기할 수 있을 것입니다. 휴학할 필요도 없고, 비용도 덜 들고, 스트레스도 안 받고, 정력낭비를 막을 수 있습니다. 운용의 묘를 살리는 것입니다. 일대 소신이 필요합니다.

④ 공모전

자격증처럼 진출하고자 하는 분야(업체)의 공모전에 참가해서 입상을 하게 되면 입사 시 가산점을 받거나 역량을 인정받아 채용될 수가 있습니다. 창의성, 참신성에다 논리적 타당성을 갖춰야 통과할 수가 있습니다. 공모전 수상경력은 기업이 선호하는 스펙의 하나가 되고 있습니다. 공모전이란 공개 모집한 작품의 전시회, 작품이나 아이디어를 공개 모집하는 곳에 출품하는 일입니다.

■ 공모전 성공 7단계

- 1단계 : 도전 분야 결정하기
- 2단계 : 공모전 선택하기
- 3단계 : 완벽한 팀 구성하기
- 4단계 : 공모전 분석하기
- 5단계 : 자료 수집 및 참신 아이디어 찾기
- 6단계 : 실수 없이 완성하기
- 7단계 : 객관적인 피드백 받기

(출처 : 스마트 코리아)

■ 공모전 사이트

- 공모전 정보 데티즌(http://www.detizen.com) / (02) 529-2515
- 미생탈출(misaeng.chosun.com)
- 씽굿(thinkcontest.com) / (02) 334-7540

⑤ 인턴십

 기업은 신입사원 채용 후 아무래도 업무수행 능력이 부족하므로 많은 시간과 비용을 들여 다시 실무교육을 시키기 때문에 바로 현업에 투입해서 써먹을 수 있는 실무 능력자를 선호합니다. 또 서류나 면접으로는 역량을 충분히 파악할 수 없기 때문에 인턴십을 선호하기도 할 것입니다. 인턴십이란 지원업체에 들어가 얼마 동안 실무경험을 쌓은 뒤 능력을 인정받으면 공개채용 시 서류 전형을 면제받거나 가산점의 혜택을 받거나 곧바로 채용되는 구직 방식을 말합니다. 기업체에서는 인성이라든가 일정 기간 자질과 능력을 확인해볼 수 있고, 지원자는 실무를 경험해봄으로써 적성에 맞는지 알 수 있고, 딜락 후 다른 업체 지원 시에도 유리합니다. 대기업에서도 점점 '채용 연계형 인턴' 선발방법으로 바뀌고 있습니다. 평가요소는 근무,

생활태도, 책임감, 성실성, 팀워크, 대인관계 등을 평가합니다. 이때 유념해야 할 것은 인턴으로서는 절호의 기회가 될 수 있습니다. 적당한 일처리가 아니고 나의 능력을 최대한 발휘하는 것입니다. 맡은 일에 지극 정성을 다하는 것입니다. 감동을 주는 것입니다. 시키는 일만 하는 것이 아니라 적극 찾아서 하는 것입니다. 하나에서 열까지 만족을 시켜버리는 것입니다. 함께 일하고 싶게 만드는 것입니다. 채용하지 않고는 못 배기게 만드는 것입니다. 아이디어가 필요합니다.

⑥ 아르바이트

아르바이트는 소득이나 용돈을 벌기 위한 것도 중요하지만 같은 값이면 경력쌓기 차원에서 취업에 도움이 되는 곳이 좋을 것입니다. IT 업체에 취업하고 싶다면 IT 업체에 가서, 광고나 홍보 쪽에 취업하고 싶다면 광고 대행사, 재무 계통이라면 회계, 세무 쪽이 좋을 것입니다. 서류전형이나 면접 등의 가산점을 받을 수도 있을 것입니다. "서당개 3년이면 풍월을 읊는다."는 속담을 음미해보는 것입니다. 일하기 전 업무내용, 장소, 시간, 임금 등 근로조건을 확인해보고 결정합니다. 차후 분쟁 시를 대비해서 근로계약서를 받아둡니다. 아르바이트 포털에 들어가 자세히 알아봅니다. 고등학생편 480쪽을 참고하십시오.

⑦ 봉사활동

순수한 마음으로 사회를 위해 남을 위해 봉사하는 것은 거룩하고 숭고한 일입니다. 취업 시에도 플러스가 될 수 있기 때문에 틈을 내 참여하는 것도 좋을 것입니다. 여건이 맞아 해외파견 봉사활동에 참여한다면 해외 견문이나 외국어 습득에 도움이 될 것입니다. 여러 단체에서 운영하고 있고, 사전에 정보를 입수해서 내게 맞는 봉사활동에 참여한다면 그것 역시도 좋을 것입니다.

■ 해외 봉사활동 단체
- 지구촌 나눔운동 / (02) 744-7044
- 한국 대학 사회봉사협의회 (http://kucss.or.kr) / (02) 2252-1996
- 국제워크 캠프기구 / (02) 330-2400
- 코이카 해외봉사단 / 1588-0434
- 국제청소년연합 / 1588-2346

⑧ 해외 어학연수, 여행

적은 비용으로 효율적인 성과를 얻기 위해선 철저한 계획에 의해서 이루어져야 합니다. 매사 성공은 준비에 달려있습니다. 그렇지 않으면 시간과 비용, 정력낭비를 가져올 수가 있기 때문입니다. 어느 정도의 기초 회화능력을 갖고 떠나는 게 좋을 것입니다. 남이 가니 불안해서, 자존심이 상해서 덩달아 따라가는 연수는 재고해야 합니다. 이것도 일종의 쏠림현상인데 해외연수가 내게 꼭 필요한가? 꼭 가야 하나? 다른 방법은 없는가? 곰곰이 따져보고 심사숙고해봅니다. 어학연수를 위해 꼭 해외만을 고집할 필요는 없을 것입니다. 외국에 가지 않고도 국내에서 습득할 수 있는 방법은 찾아보면 많이 있을 것입니다. "뜻이 있는 곳에 길이 있다."고 했습니다. 국내 외국인 학원, 외국어 캠프, 외국어 스터디 등 전문기관의 상담을 받아보는 것도 좋을 것입니다. 여행 역시도 치밀한 계획과 준비가 필요합니다. 자기 취향과 형편에 맞게 선택하는 것입니다. 놀러간다는 개념을 떠나 테마학습 차원에서 시도해보는 것도 의미가 있을 것입니다. 여행은 애나 어른이나 역시 설레고 즐겁습니다. 견문을 넓혀줍니다.

3. 군입대

병역 의무는 국민의 4대 의무의 하나이므로 대상자는 필히 군 복무를 마쳐야 합니다.

(1) 장교로 갈까? 사병으로 갈까?
복무 기간은 사병이 짧고 월급은 장교가 많습니다. 주거는 장교는 영외, 사병은 영내생활을 합니다. 예비군 훈련도 장교는 길고 사병은 짧습니다. 장단점이 있으므로 잘 알아보고 취향에 맞게 선택해야 합니다.

(2) 언제 갈까?
사병은 1학년을 마치고 가는 경우가 많고, 그다음은 2학년을 마치고 가는 경우입니다. 다녀와서도 공부를 하게 되니 공부 연속성이 있어 취업시험에도 유리하고, 반면 졸업 후에 갔다 오면 배운 게 잊혀져 취업에 불리하지 않을까 하는 이유 등으로 재학 중 입대를 선호합니다.

(3) 왜 안 가려 할까?
학업이나 하는 일이 중단되고 고생도 하게 되고 기타 이유로 안 가려고 하는 것은 인지상정일 것입니다. 그래서 부정한 방법, 뇌물을 주거나 부모 지위나 배경을 이용해 혹은 국적 포기, 종교적 이유 등으로 여러 방법을 동원해서 안 가려고 머리를 쓰는 것입니다. 그래서 자주 비리가 불거집니다. 양쪽 허벅지에 지점토를 붙여 체중을 늘리려다 적발되기도 하고, 정신병자 행세, 난청을 핑계 대거나 신체 훼손 등 별의별 수를 쓰기도 합니다. 최근 5년간 면탈범죄 건수가 227건이나 됩니다. 떳떳하게 눈 딱 감고 얼른 갔다 오면 될 텐데 왜 그렇게 안 가려고 뭉그적거릴까? 다 갔다 오는데 잔머리 굴릴까? 복무 기간이 옛날에는 3년이었는데 자꾸 줄어들고 있습니다. 세월은 유수와 같아서 금방 지나가 버립니다. 입대한 지가 엊그제 같은데 휴가 몇 번 다녀오니 벌써 제대 날짜가 다가옵니다. 그러니 바로 갔다 오는 것이, 병역 의무를 마치는 것이 떳떳하고 대장부답고, 그리고 자신의 장래를 위하는 길인 것입니다.

(4) 그럼에도 불구하고

안 가도 되는데도 병역면제 판정자, 공익요원 대상자, 병으로 신검 탈락자가 완치한 뒤 자원입대하거나 심지어 외국 시민권자로서 가지 않아도 되는데도 불구하고 입국, 자원입대한 젊은이가 속속 늘어나고 있습니다. 기왕이면 귀신 잡는 해병대에 지원하기도 합니다. 기특하고 장하지 않을 수 없습니다. 몇 년 전 북한 소행 비무장 지대 지뢰 폭발과 최전방 포격 도발 이후 북한군과 싸우겠다고 전역을 연기한 병사가 88명이나 됐습니다. 자랑스럽지 않을 수가 없습니다.

(5) 가게 되면 어떤 좋은 점이 있을까?

① **조직생활을 통해서 인간관계 기술을 배웁니다.**

여러 곳에서 온 여러 성향의 전우들과 공동생활을 하게 되니 자연스럽게 부대끼고 인내심, 극기, 어려움, 적응력, 자신감, 갈등, 협력, 화해, 리더십, 애국심, 동료애, 사회성 등 처세술을 배우게 됩니다.

② 각종 기술을 배웁니다.

운전병은 운전 기술을, 취사병은 취사 기술을 배웁니다. 자격증을 11개나 딴 병사도 있습니다. 군에서 자격증을 딸 수 있는 종류가 83개나 있습니다.

③ 금연 기회로 삼습니다.

입소 후 신병훈련 기간에는 담배를 피울 수 없고, 고된 훈련에 금단증상도 사라지니 금연의 계기로 여겨 아예 금연해버리는 것입니다.

④ 체중관리 기회로 삼습니다.

입대 전 체중 100kg짜리가 각종 훈련 등으로 입대 1년 후에는 73kg까지 줄인 병사도 있습니다.

위와 같은 장점이 많으므로 남자는 군대에 갔다 와야 인간이 된다, 돈 주고라도 갔다 와야 한다, 장학금 받고 인생대학 다닌 것과 같다, 국민 자격증 따는 곳이다 - 같은 말이 나오게 됩니다. 그러니 안 가려 꼼수 부리지 말고 영장 나오면 바로 갔다 오는 것이 정도이고 장부의 길입니다. 병역의무를 인생단련, 수련기회로 삼는 것입니다. 그리고 소아보다 대아(大我)를 생각하는 것입니다. "男兒要在能死國"(남아요재능사국, 이몽양) - 사내 대장부라면 능히 안중근 의사처럼, 윤봉길 의사처럼 국가를 위해 목숨을 바칠 수 있어야 된다는 뜻입니다. 그러므로 누구는 빠졌으니 가기 싫으니 혹 부모님께 빼달라고 해서는 안 되는 것입니다. 장차 국가 고위직에 등용이 돼서 인사청문회라도 나가게 될지 누가 압니까?

(6) 안 보내려고 머리 쓰는 부모님께 한 말씀

가뭄에 콩 나듯 아주 극소수겠지만 고생되고 시간 뺏기니 안 갔으면 안 보냈으면 하는 것이 모든 부모의 심정일 것입니다. 그러나 잃는 것보다는 얻는 것이, 안 보내는 것보다는 보내는 것이 득이 되기 때문에 기꺼이 보내는 것입니다. 또 국민의 의무이고 내 아들만 가면 억울하겠지만 다 갔다 오지 않습니까? 면회 가서 보거나 휴가 와서 하는 언행이 절도 있고 다르므로 모두 달라졌다고 말합니다. 늠름한 모습, 늦잠이나 편식이나 게으름이 없어지고 한결 성숙하고 어른스러워졌다. 마루 한 번 쓸지 않던 아들이 척척 쓸고 닦으니 이게 웬일인가? 속담에 "귀여운 자식 고생시키라."고 했듯이 "젊어서 고생은 돈 주고 사서라도 해야 한다."고 했습니다. 고생해봐야 얻는 것, 배우는 것이 많기 때문입니다.

야생에 핀 들꽃은 비바람에 잘 견뎌내지만 온실 속의 꽃은 밖에 내놓으면 비실비실 못 견뎌 합니다. 자생력이 약하기 때문입니다. 모름지기 부모는 자식에게 어려움을 헤쳐나갈 수 있는 능력을 길러줘야 합니다. 그걸 국가가 대신해주고 있습니다. 그걸 빼앗으면 안 되겠지요. 사노라면 많은 어려움에 부딪칩니다. 그 어려움을 극복할 수 있는 방법을 짧은 시간에 배우는 곳이 군대입니다. 부정한 방법으로 병역을 면제시키려고 하는 것은 빗나간 자식 사랑, 눈먼 사랑인 것입니다. 이기심은 강한 인간을 만들 기회를 뺏는 것과 같습니다. 돈 주고 공부시키면서 돈 주고 살 수 없는, 돈 들이지 않고 강한 인간을 만들 수 있는 교육을 외면해서는 안 될 것입니다.

4. 졸업 후의 진로
- 선택과 준비

 앞으로 살아가야 할 나의 길, 졸업을 하면 무엇을 할 것인가? 어느 쪽으로 진출할 것인가? 어느 방향으로 나아갈 것인가를 고민하지 않을 수가 없을 것입니다. 진로를 찾고 결정하는 일은 일생일대의 중대한 일이 아닐 수 없습니다. 꿈과 목표를 이룰 수단이기 때문입니다. 꼭 하고 싶고 이루고 싶고 좋아하고 잘할 수 있고 보람을 얻을 수 있는 일이 뭐가 있을까? 아직도 찾지 못하고 결정하지 못한 경우도 있을 것입니다. 부모님, 교수님, 선배, 친구, 대학진로 상담센터나 전문가의 조언이나 진로에 관한 책 등을 참고해서 나의 전공과 능력과 적성에 맞춰 심사숙고해서 소신껏 결정해야 할 것입니다. 적어도 2학년 말이나 3학년 초까지는 결정을 해야 된다고 말하는 전문가도 있습니다. 어쨌든 빠를수록 좋습니다. 준비기간이 길기 때문입니다.

- 꿈이, 목표가 5대양 6대주를 누비고 다니면서 무역을 하고 싶다. 무역인으로서 전공도 무역학과고, 장사 수완도 있고, 친화적이고, 적성에 맞고, 잘할 것 같다면 무역회사를 선택하고 영어와 무역 실무를 갖춰 두는 것입니다.
- 꿈이, 목표가 천체 물리학자가 되고 싶다면 관심이 많고 흥미도, 상상력도 있고, 전공도 물리학이고, 잘할 것 같다면 대학원 진학이나 관련 연구기관이나 외국 유학을 생각할 수 있습니다. 높은 학점이 요구되므로 한눈 팔지 말고 공부를 열심히 하는 것입니다.

- 꿈이, 목표가 빌 게이츠씨처럼 창업을 해서 돈을 많이 벌어 국가 사회를 위해 좋은 일을 하고 싶다면 배운 지식이나 기술, 유망 업종이나 눈 여겨둔 아이디어가 있으면 개발하고 창업 실무를 갖춰두는 것입니다.

1. 무엇을 하고 싶은가 목표를 정하고 : 회계사인가? 일반 공무원인가? 국어교사인가?
2. 그 직업이, 하고 싶은 일이 적성에 맞는가? : 좋아하고 잘할 수 있는가?
3. 어떻게 할 것인가? : 철저히 준비하고 과감히 도전하는 것입니다.

진로에는 대체로 2가지의 길이 있습니다.
사회 진출과 학업입니다.

(1) 사회 진출
기업체나 공직 진출과 창업입니다.

① 기업체
대기업과 중소기업으로 나눌 수가 있습니다. 대부분 대기업을 선호합니다. 대기업은 안정적이고 급여가 높고 잘 짜여진 조직과 교육을 통해서 능력계발의 기회가 많고 경쟁이 치열합니다. 반면 연공 서열의 정체 속에서 승진이 늦고, 능력을 발휘할 기회가 적고, 업무 분야도 좁고, 최고 경영자 되기는 무척 어렵습니다. 능력을 인정받지 못하면 탈락이 빠릅니다. 반면 중소기업은 대우가 대기업만 못하지만 일을 다양하게 빨리 배울 수 있고, 자기 의사를 반영하여 능력을 발휘할 수 있는 기회가 많아 승진이 빠르고 최고 경영자가 될 확률이 높습니다. 중소기업의 매력이고 장점입니다. "쇠꼬리보다 닭머리가 낫다."고 했습니다. 대기업보다 유능한 인재가 적기 때문에

조금만 두각을 나타내면 인정을 받는 것이 중소기업입니다. 경력을 쌓아 대기업으로 옮기거나 후일 창업을 하는 데 발판이 되고 더 유리합니다.

② 공직

공직은 공복이 되는 것입니다. 사(私)보다 공(公)을 먼저 생각하는 자세와 마음가짐이 필요합니다. 투철한 사명감이 요구되는 직업이 공직, 공무원입니다. 보람과 긍지와 책임감이 뒤따릅니다. 임기가 보장되고 안정적이고 연금 등의 혜택이 있어 선호도가 높습니다. 분류는 일반, 교육, 소방, 입법, 사법, 외무, 기술 등 많습니다.

③ 창업 ①

원하는 곳에 취업이 어렵기도 하고, 취업 대신 창업을 생각할 수 있습니다. 한 조사에 따르면 졸업 후 창업을 꿈꾸는 대학(원)생이 중국은 41%, 한국 6%, 일본은 2.8%라는 것입니다. 2015년 한 해 우리 대학 재학생이 실제 창업한 기업 수가 800개가 넘습니다. 배운 기술과 지식을 응용하거나 아이디어 개발이나 유망 업종을 찾아서 도전해봅니다. 시작 전에 창업교육을 받으면 많은 도움을 받을 수 있습니다.

"미국의 스탠퍼드나 MIT 출신 상위권 학생들은 모두 창업을 하고 그다음부터 대기업에 간다. 반면 한국은 1등부터 10등까지 대기업 입사를 하고 아무 곳에도 취직 못한 학생들이 창업하는 식이다."
- 서울대 화학생물 공학부 차국헌 교수(2016. 10. 6. 조선일보)

혹, 좋은 아이디어가 있을 경우 '창조경제 혁신센터'의 도움을 받는 것도 좋을 것입니다. (창업기업 지원서비스 제공 / 온오프라인 상담,

멘토링, 컨설팅, 사업화 지원, 판로지원, 투자유치, 글로벌 진출 등) - 주관 : 중소벤처 기업부, 운영 : 창업진흥원

여러분은 배움이 있고 젊음이 있고 패기가 있습니다. 도전은 젊은 이의 전유물입니다. 도전 없이는 아무것도 이룰 수 없습니다. 실패 없이는 성공할 수 없습니다. 실패를 두려워해서는 창업을 할 수가 없습니다. 첫째도 잘하라, 둘째도 잘하라, 셋째도 잘하라 그러면 성공할 수 있습니다. 어떻게 하면 창업에 성공할 수 있을까? 574, 749쪽을 참고하십시오.

■ 공공기관 학생 창업지원 사업

ㄱ. 창업교육
- G창업스쿨(www.gabc.or.kr)
- 예스리더특강(www.yesleaders.com)
- 대학기업가센터(www.kised.or.kr)
- 산학협력선도대학 창업교육센터(www.nrf.re.kr)
- 서울시 창업스쿨(isba.seoul.kr)

ㄴ. 공모전
- 아이디어 오디션(www.startup.go.kr)
- 스마트미디어 X캠프(www.smcenter.or.kr)
- 소셜벤처 경연대회(www.socialenterprise.or.kr)
- 대한민국 창업리그(www.kised.or.kr)
- 글로벌 K스타트업(www.kisa.or.kr)

ㄷ. 멘토링
- 한이음 IT멘토링(www.hanium.or.kr)

- 창조경제드림엔터(www.dreamenter.or.kr)
- 아이디어 벤쳐카운슬링 마켓(www.kovwa.or.kr)
- 선도벤처연계 기술창업(www.kised.or.kr)
- 미래글로벌 창업지원센터(www.born2global.com)

ㄹ. 종합지원
- 청년창업사관학교(www.kised.or.kr)
- 창조경제타운(www.creativekorea.or.kr)
- 은행권 청년창업재단(www.2030dreambank.or.kr)
- 아산나눔재단(www.asan-nanum.org)

ㅁ. 창업공간
- 전국 창업보육센터(www.kised.or.kr)
- 창업발전소(www.kocca.kr)
- 혁신벤처센터(www.nipa.kr)

ㅂ. 개발자금
- 1인창조기업 마케팅지원, 글로벌 시장개척단 파견, 스마트 세계로누림터, 온라인쇼핑몰 입점지원 사업(www.kised.or.kr)

ㅅ. 융자(보증)
- 청년창업특례보증 · 예비창업자 사전보증(www.kibo.ork.kr)
- 청년창업전용자금(www.sbc.or.kr)

(출처 : 한국청년 기업가정신재단, 2016. 6. 16. 중앙일보)

아이디어는 있으나 창업자금이 없다면 청년창업 자금지원 프로그램을 이용하는 것도 좋습니다.(중소기업진흥공단, 기술보증기금, 신용

보증기금)

■ 청년 창업 판로지원(청년 창업자 돕는 유통업체)
- 롯데마트
- 롯데 엑셀러레이터
- 이마트
- GS샵
- CJ 홈쇼핑
- 공영 홈쇼핑
- NS 홈쇼핑
- 현대 홈쇼핑

(출처 : 2016. 9. 7. 중앙일보)

(2) 학업

학업은 대학원 진학이나 유학을 들 수 있습니다.

① 대학원 진학

학문 연구를 더 하고 싶거나 학자의 길을 가고 싶을 때 고려해 볼 수 있습니다. 취업이 안 돼 이목도 있고 놀 수도 없어 도피성 진학을 하는 경우도 있을 수 있으나 바람직한 자세는 아닙니다. 목적이 뚜렷해야 성취나 보람을 얻을 수 있기 때문입니다. 진학을 결심했다면 어느 분야를 전공할 것인가 - 결정이 빠를수록 좋고, 늦어도 3학년 초까지는 결정하는 것이 좋다는 전문가의 조언도 있습니다. 정했으면 지원 대학원의 자격조건, 전형방법 등을 사전 파악해서 맞게 준비합니다.

② 외국 유학

어느 나라 어느 대학으로 갈 것인가? 새로운 학문을 위해서든 선진국 문물의 섭렵을 위해서든 남이 가니 따라가든 성공적인 유학생활을 위해서는 3가지 요소가 준비돼야 합니다. 언어능력, 학업능력, 학비와 생활비 조달능력입니다. 말이 제대로 소통이 안 되면 학업과 생활이 어렵고 학업능력이 부족하면 따라가기가 힘들고 학비와 생활비가 부족하면 소기의 목적을 달성하기가 어려우므로 이 3가지 문제가 어느 정도 준비된 뒤에 실천에 옮겨야 할 것입니다. 옛날에는 준비 없이도 용감하게 몸으로 때우고 갔다 온 경우도 많았습니다. 국비 유학을 생각해볼 수 있습니다.

■ 언제 가는 게 좋은가?

요사이는 고등학교 재학 중이나 졸업하고 가는 경우도 있지만 대학 재학 중이나 졸업하고, 또 석사과정을 마치고 가는 경우가 있는데 제일 선호하는 것이 대학 졸업하고 가는 경우입니다. 그것이 적절하다고 전문가들은 말합니다. 각자 사정이 있으므로 자기에 맞게 택해야 할 것입니다.

■ 어느 나라, 어느 학교로 가야 하는가?

먼저 언어를 생각해야 할 것입니다. 스페인으로 가고 싶은데 말이 시원찮으면 제대로 유학생활이 될 수가 없을 것입니다. 국가가 정해지면 어느 학교로 갈 것인가? 가고자 하는 대학의 전공학과 유무, 전형방법, 위치, 전통, 시설, 환경, 공사립, 교수진은 어떤가를 사전에 정확하고 자세하게 파악해야 할 것입니다. 유학은 물설고 낯설은 미지의 땅에 가서 공부해야 되기 때문에 철저한 계획과 준비와 각오가 요구됩니다. 중도에서 포기하고 돌아오는 사람도 있기 때문입니다. 시간과 정력, 비용, 심적 고통을 겪게 되므로 현지답사, 유학 전문기관, 전문가, 갔다 온 사람, 유학기나 책자 등 충분히 보고 듣고 알아보고 결정해야 후회 없는 유학이 될 것입니다.

■ 진로 탐색 사이트
- 한국 직업능력연구원(커리어넷)(www.career.go.kr)

5. 기타

(1) 절제

　욕망은 인간의 본능입니다. 남녀노소, 빈부, 지위 고하를 막론하고 누구에게나 다 있습니다. 발전의 원동력이지만 욕망을 승화하면 인격자가 되고 그렇지 않으면 비인격자가 되고 지탄을 받기도 합니다. 욕망을 다스린다는 것은 말처럼 쉽지 않습니다. 본능이기 때문입니다. 갖고 싶은 것, 먹고 싶은 것, 하고 싶은 것 - 욕망을 이기지 못해, 참지 못해 불행해지기도 하고 정상생활을 못하는 경우도 있습니다. 한 번 빠지게 되면 헤어나오기가 힘들기 때문입니다. 그래서 "길이 아니면 가지를 말라."고 했듯이 아래 사항들은 길이 아니므로 기웃거리지 말고 참고 이겨내고 이성의 힘으로 물리치는 것입니다. 배척해야 되고 절제가 꼭 필요한 항목입니다.

(2) 절제 항목
① 술독에 빠지지 말 것

② 오락에 빠지지 말 것

③ 도박에 빠지지 말 것

④ 마약에 빠지지 말 것

⑤ 사이비 종교에 빠지지 말 것

⑥ 성과 음란물에 빠지지 말 것

⑦ 다단계에 빠지지 말 것

⑧ 담배를 피우지 말 것

⑨ 신용불량자가 되지 말 것
⑩ 시간을 낭비하지 말 것

(3) 권고사항
① 위 사항을 꼭 지킬 것
② 공부를 열심히 할 것

- 참는 자에게 복이 온다. - 성경
- 인내는 쓰나 그 결과는 달다. - 격언
- 다른 사람이 참을 수 없는 것을 참아내야만 비로소 다른 사람이 할 수 없는 것을 할 수 있다. - 법구경
- "한국에선 대학을 입학하면서부터 학생들이 술독에 빠진다면서요? 특히 술은 뇌 발달을 저해합니다. 뇌는 25세까지 자라는데 그전에 술을 많이 마시면 어찌 되겠습니까? 술은 특히 자제력과 사고력 등을 주관하는 전두엽에 악영향을 끼칩니다. 젊은 시절의 음주는 비단 기억력뿐만 아니라 억제력이나 행동조절 기능에도 장애를 일으킬 수 있습니다." 케네스 워런 미국 알콜중독 전문가의 말입니다. - 2016. 11. 24. 조선일보
- 절제는 최선의 양약이다. - 영국 격언
- 절제를 당신의 벗으로 하라. 그러면 당신의 얼굴에 건강은 빛날 것이다. - 도스리
- 스스로 다스릴 수 없는 자는 자유로울 수 없다. - 피타고라스
- 절제는 만족의 어머니이다. - W. 고텔
- 진정한 행복은 절제에서 솟아난다. - 괴테
- 참을성이 적은 사람은 그만큼 인생에 있어서 약한 사람이다. - 러셀
- 적게 먹으면 약주요, 많이 먹으면 망주다. - 한국 속담
- 절제는 모든 덕성의 진주 목걸이를 꿰는 비단끈이다. - J. 홀
- 절제는 순결의 보모다. - W. 위철리

6. 졸업
- 학창(學窓)을 떠나며

    세월은 유수와 같이 흘러 초·중·고·대학생활까지 어언 16여 성상(星霜)에 걸친 학창을 떠나게 되니 감회가 새로울 것입니다. 그동안 힘겹게 학업에 매달려왔습니다. 많은 시간 학습에 전념했습니다. 배움에 한 길로 달려왔습니다. 희로애락 속에서 보낸 지난날들이 주마등처럼 스쳐 지나갈 것입니다. 괴로움도 있었고 즐거움도 있었습니다. 슬픔도 있었고 기쁨도 있었습니다. 아쉬움도 있었고 보람도 있었습니다. 날로 달로 성장했습니다. 이제 졸업을 하고 학창을 떠나게 되니 시원섭섭하고 후회도 미련도 남아있을 것입니다. 연줄을 놔보내듯이 모두 다 떠나보내는 것입니다.

    졸업은 무엇을 의미할까? 졸업은 끝이 아니고 시작입니다. 새 세상으로의 새 출발을 의미합니다. 더 넓은 세상을 향해 대항해가 시작된 것입니다. 바야흐로 인생 2막이 펼쳐지는 것입니다. 그동안 학창생활을 통해 얻은 지식과 경험과 갈고 닦은 기술을 국가 사회에 봉사하는 것입니다. 우일신(又日新), 날로 달로 새롭게 전진하는 것입니다. 빗발쳐도 세상은 살만한 곳입니다. 성취의 기쁨을 드높이는 것입니다. 그동안 수고가 많았습니다. 작별을 고하게 되니 졸업이여, 잘 가시오. 그러면 안녕, 또 안녕. 앞길에 무궁한 축복이 있기를… 졸업 축하 노래, 한 곡 선사합니다. "Graduation Tears" (진추하)

제6장
20대 청년

일생을 통해서 가장 혈기 왕성한 시기는 20대입니다. 나무에 물이 오르듯 꽃이 봉오리 지듯 재기발랄한 시절, 인생의 봄, 그래서 20대를 청춘년, 청년이라 했습니다. 청춘은 아름답습니다. 듣기만 해도 설레이고 피가 끓고 패기가 넘칩니다. 오로지 한 번밖에 오지 않습니다. 20대는 성년으로서 어른이 되는 시기이고 또 그것은 독립을 뜻합니다. 의존적인 관계에서 벗어나 자율적인 삶을 의미합니다. 학업을 마치고 첫발을 내딛는 사회초년생, 계절의 첫 절기가 봄이듯이 20대는 사회 진출의 출발점이고, 기초를 닦아야 할 귀중한 시기이기도 합니다. 하고 싶고 갖고 싶고 이루고 싶은 욕구가 가장 왕성한 때가 20대입니다. 의욕보다 경험 부족으로 이성보다는 감성을 앞세우기에 때로는 시행착오를 겪기도 하고 실패하기도 합니다. 좌절하기도 하고 방황하기도 합니다. 그러나 도전은 20대의 전유물이고 축복이기도 합니다. 무엇을 해야 할까? 첫 번째가 취업하는 일이요, 두 번째가 직장에 매진하는 일이요, 그 세 번째가 결혼해서 가정을 꾸리는 일입니다. 어떻게 해야 할까?

1. 취업

　꿈과 자아실현을 위해서나 삶을 영위하기 위해서는 취업을 해야 되는데 현실은 뜻과 같지 않습니다. 취업할 곳, 일자리는 적고 취업하려는 사람은 많으니 자연 경쟁이 되고 취업하기가 무척 어렵습니다. 그 여파로 이태백이니(20대 태반이 백수) 3포니(연애, 결혼, 출산 포기) 7포니(인간관계, 주택구입, 꿈, 희망) 하는 말들이 회자되고 있습니다. 한창 일에 매진해야 할 젊은이들이 취업을 못하고 있으니 참으로 안타까운 일이 아닐 수 없습니다. 원하는 곳에 모두 다 취업이 되면 얼마나 좋을까만 그렇지 않으니 문제가 되고 있습니다. 취업 경쟁을 뚫기 위해 불철주야 피나는 노력을 하게 됩니다. 대기업은 지원자가 넘쳐나는데도 중소기업은 인재난을 겪고 있습니다. 어떻게 해야 원하는 직장에 취업, 들어갈 수 있을까?

(1) 어떻게 취업할까?
　전쟁에도 작전이 필요하듯 취업 전략이 필요합니다. 전략에 따라 취업이 잘 되기도 하고 안 되기도 합니다. 쉽게 되기도 하고 어렵게 되기도 합니다

① 취업인의 자세
　ㄱ. 자신감을 가지십시오.
　자신감이란 자기의 능력을 믿는 마음가짐입니다. 나도 할 수 있다는 신념입니다. 경쟁이 치열하다 보니 심적으로 위축되기도 하고 불

안해지기도 할 것입니다. 그럴수록 자신감, 긍정적인 생각을 가져야 합니다. 원하는 직장에 나도 들어갈 수 있다, 아무리 어렵다 해도 들어갈 사람은 다 들어간다, 내가 못 들어갈 이유가 하나도 없다는 자신감을 가지고 위축되지 말고 취업에 임해야 합니다. 자연 힘이 생깁니다. 무슨 일이든지 맘먹기에 달려있다고 했습니다. 자신감을 잃으면 위축되고 어려워집니다. 될 것도 안 됩니다. 자신감, 신념을 가지십시오. 신념에는 마술과 같은 힘이 숨어있습니다. 호랑이인 줄 알고 죽을 힘을 다해 쏜 화살이 가서 보니 바윗돌에 박힌 것입니다. 요새 젊은이들은 집념이 부족합니다. 쉽게 포기하는 경향이 많습니다. 취업에는 칠전팔기의 자세가 꼭 필요합니다. 포기는 절대 금물입니다. 떨어지면 다시 도전하고 떨어지면 다시 도전하는 것입니다. 이력서를 100번도 더 썼다는 어떤 유명인사도 있습니다. "네가 이기나 내가 이기나 어디 한 번 해보자." 이런 끈질긴 집념, 꼭 필요합니다.

- 자신감은 성공의 제1의 비결이다. - R. W. 에머슨
- 자신(自身)이 유용한 인재라는 자신(自信)만큼 사람에게 유익한 것은 없다. - A. 카네기
- 신념은 산도 움직이게 된다. - 영국 격언

ㄴ. 눈높이에 맞게

누구든 대기업을 선호합니다. 대우도, 근무환경도 하다못해 명함을 내밀어도 배우자의 조건으로도 유리하기 때문일 것입니다. 내 능력이 합당하면 취업이 되겠지만 그렇지 않으면 어렵습니다. 그럼에도 너도나도 몰리니 더욱더 어렵습니다. 그렇다고 대기업에만 무작정 목멜 수는 없습니다. 나이는 점점 많아지고 취업 기회는 줄어들 것입니다. 한 해 대졸자가 50여만 명, 대기업 채용 인원은 10여만 명

이니 다 들어갈 수 없는 현실인데도 선택은 자명한데도 대기업만 고집하니 사회문제가 되고 있습니다. 자연 취업 재수생도 늘어나고 있습니다. 어쨌든 취업하려면 내 능력에 맞는, 눈높이를 맞추는 것이 지름길입니다. 내 분수를 아는 것입니다. 키가 작아 농구선수로 뽑힐 수 없는 이치와 같습니다. 반면 중소기업은 지원자가 적어 고민을 호소합니다. 경쟁이 심하지 않으니 조금만 노력하면 쉽게 취업이 될 수 있는데, 속담에 "꿩 대신 닭"이라고 없는 꿩, 잡을 수 없는 꿩 대신 옆에 있는 닭이라도 잡아 몸보신도 하고 부모님께도 효도하고 그것이 최선책이고 현실적이고 현명한 판단임에도 불구하고 대기업만 추구하니 이상도 욕심도 좋지만 나의 한계, 현실을 무시할 수는 없는 것입니다. 인식 전환이 절대 필요합니다. 생각을 바꾸면 여러 부수효과가 이어지게 됩니다.

ㄷ. 체면 문화

우리는 체면 문화에 익숙해져 있습니다. 너무 지나치게 남을 의식합니다. 남의 평가에 너무 민감합니다. 체면, 자존심 때문에 주위의 시선, 기대 때문에 대기업에만 매달리고 있으니, 취업을 못해 고통을 겪고 있는 젊은이들이 늘어만 가고 있으니 걱정이 아닐 수 없습니다. 그 근저에는 양반 의식, 체면 문화가 남아있기 때문입니다. 너무 타인의 눈을 의식하고 실용보다는 명분을 더 중요시합니다. 속담에, "양반은 얼어 죽을망정 겻불을 쬐지 말라."고 했습니다.(겻불 : 벼를 수확해서 방아를 찧고 나온 벼껍질을 태우면 불꽃은 없고 연기만 나니 자연 눈물, 콧물이 나와 견디기 힘듭니다.) "양반은 물에 빠져 죽을망정 개헤엄을 치지 말라."고 했습니다.(개헤엄 : 개가 물속에서 헤엄칠 때는 혀를 쭉 내밀고 헉헉거리면서 치다 보니 보기가 안 좋습니다.)

이제 취업에 대한 인식 전환이 필요합니다. 조금만 생각을 바꾸면 결코 어려운 것은 아닙니다. 언젠가 서울, 지방 어느 지자체 두 곳에서 대졸자가 환경미화원 모집에 응시해서 경쟁을 뚫고 취업을 한 사례도 있습니다. 꼭 대기업에 들어가야만 체면이 서는 것은 아닙니다. 어서 빨리 취업해서 한푼이라도 벌어 저축도 하고 결혼도 하고 애도 키우고 집도 사고 세금도 내고 효도도 하고 좋은 일도 하는 것입니다. 현실을 직시해야 합니다. 이때 필요한 것은 용기입니다. "용기는 역경에 있어서의 빛"이라고 했습니다.(L. C. 보브나르그) 능력이 부족하면 부족한 대로 눈높이에 맞게 욕심을 조금 낮춰 용기 있게 중소기업에 지원하는 것입니다. 취업 못해 노심초사하는 것보다는 백 번 낫습니다. 세상은 공평합니다. "하늘은 자신을 위해 애쓰는 사람을 도와준다."고 했습니다. 들어가 능력을 인정받으면 빨리 과장, 부장, 상무, 전무, 사장이 되는 것입니다. 자연 길이 열리게 됩니다. 그러니 우선 하향 지원해서라도 취업을 한 뒤 실력을 쌓고, 쌓은 경력으로 원하면 소원이라면 대기업으로 옮길 수도 있습니다. 실력이 알려지면 대우를 받고 여기저기 스카웃되는 경우도 비일비재합니다.

　아니면 쌓은 기술과 경험을 살려 창업해서 창업주가 되는 것입니다. 내노라 하는 대기업도 다 소기업으로부터 출발한 것입니다. 취업 못해 고민하는 것보다는 중소기업이라도 취업하는 것이 금전적, 정신적, 육체적으로 건강해서 좋습니다. 취업은 자아실현의 첫걸음이고 발전과 성공의 원동력입니다. 성경은 "일하지 않으면 먹지 말라."고 했습니다. 빨리 부모님 그늘에서 벗어나는 것입니다. 캥거루족으로부터 탈출하는 것입니다. 실업의 고통에서 해방되는 것입니다. 그리고 자립하는 것입니다. 지금은 쌀밥, 보리밥 가릴 때가 아닙니다. 취업만 되면 중소기업이 무슨 문제냐는 어느 취업 준비생의 독백도 있습니다. 찾아보면 유망한 중소기업이 많이 있습니다. 널려있다고 말하는 사람도 있습니다. 가서 각고의 노력으로 내가 대기업을 만드는 것입니다. 그러니 망설이지 말고 머뭇거리지 말고 빨리 도전하십시오. "不患無位 患所以立"(불환무위 환소이립, 논어) 자리 없음을 걱정하지 말고 그 자리에 설 수 있는지를 걱정하라는 옛말을 상기해보십시오.

② 어떤 직업을 선택해야 할까?

"남들이 선호하는 일보다 기피하거나 하기 싫어 하는 일을 하라. 거기에 답이 있다."고 했습니다. 인생 3대 선택 가운데 하나가 직업 선택이요, 중요한 선택이 아닐 수 없습니다. 직업은 생계유지 수단이고, 자아실현 수단이고, 봉사의 수단입니다. 이 지구상에는 실로 수많은 직업이 존재하고 시대에 따라 자꾸 변합니다. 새로 생기기도 하고 사라지기도 합니다. 유행을 타기 때문에 인기 직업이 비인기 직업이 되기도 합니다. 또 기술의 발전으로 전문화, 세분화되고 있습니다. 바야흐로 인공지능(AI) 시대가 열리고 있습니다. 어떤 외국인은 현재의 직업 47%가 자동화, 기술 발전으로 20년 내에 사라질 가능성이 크다고 전망하고 있습니다. 이런 흐름 속에서 어떤 직업을 선택해야 후회 없는 선택이 될까? 전공을 살릴 수가 있을까? 우선 좋아하고 잘할 수 있고 적성에 맞는 직업일 것입니다. 적성에 맞으면 하는 일이 즐겁고, 성취감도 있고, 보람도 느끼고, 능률도 오르지만 반대로 적성에 맞지 않으면 재미 없고, 지루하고, 고통스럽고, 능률도 오르지 않고, 못 견뎌 할 것입니다. 적성이란 그것이 내 성격에 맞는 걸 말합니다. 나의 성격은 어떤 타입인가? 활달하고 적극적인가? 꼼꼼한가? 외향적인가? 내성적인가? 사교적이고 적극적이면 영업쪽에 맞을 수도 있습니다. 꼼꼼하고 내성적이면 경리직에 맞을지도 모릅니다. 적성을 잘 모르면 주위에 물어보거나 적성검사 기관의 도움을 받는 것도 좋을 것입니다.

ㄱ. 직업이란?

생계를 위해서 자아실현을 위해서 일상적으로 하는 일, 직종과 업종을 말합니다. 직종은 경리직, 영업직, 홍보직 등을 말하고 업종은 유통업, 보험업, 무역업 등을 말합니다. 내게 맞는 직업은 뭘까? 보험업에 인생을 걸고 싶고 영업이 적성에 맞으면 보험업체 영업직이 되는 것입니다.

ㄴ. 좋은 직업은 어떤 걸까?

일이 전공과 적성에 맞고 매우 즐겁고 보람도 많고 긍지를 느낄 수 있고 신체적 위험도 없고 인격적으로 대우를 받고 보수도 많고 스트레스도 없고 오랫동안 종사할 수 있는 직업일 것입니다. 하지만 이런 직업은 없다 해도 과언은 아닐 것입니다. 전공과 적성에, 내 마음에 쏙 드는 직업이면 좋겠으나 대부분 사세부득으로 전공과 적성을 살리지 못하고 종사하는 경우가 대부분일 것입니다. 정치학과를 나와 부득불 영업파트에서 일할 경우도 있을 것입니다. 영문과 나와 경리파트에서 일할 경우도 있을 것입니다. 어디서 조사한 걸 보면 전공과 일자리가 일치하지 않은 경우가 반 가까이 되고(52%), 이과보다 문과 출신이 더 많다는 것입니다. 왜 이런 현상이 생길까요? 내 전공, 내게 맞는 일자리가 많지 않을 뿐더러 취업이 급박하다 보니 우선 취업부터 하고 보자는 심산에서 선택했기 때문일 수도 있습니다. 내 마음에 쏙 드는 곳에 취업이 되면 좋겠지만 그렇지 않으니 마음고생을 하게 되고, 자연 이직을 생각하게 됩니다. 어떻게 취업했는데 이직이라니 실제 13%가 이직을 한다는 것입니다.

ㄷ. 전공, 적성 - 불일치

이처럼 맞지 않은 경우는 어떻게 해야 할까요? 직업에 나를 맞추는 것입니다. 인간에게는 적응력이 있습니다. 업무에 열정적으로 적극적으로 파고들다 보면 나도 모르게 적응이 되고, 만족하게 되고, 자연 내 것으로 만들어지는 것입니다. 그것이 내게 맞는 현실적인 직업이 되는 것입니다. 열정적으로 적극적으로 노력하다 보면 전문가가 되고, 승진이 되고, 최고 경영자가 되는 것입니다. 대부분 성공한 직장인은 이런 과정을 거친 것입니다. 매사 마음먹기에 달려있다고 했습니다. 부부가 마음에 들지 않더라도 맞춰 살 듯이 - 실제 마음에 맞는 부부가 몇 %나 될까요? 자기 직업에 만족을 느끼는 사람이 몇 %나 될까요? 자기 사업하지 않고는 50%도 안 될 것입니다. 적응하고 맞춰나가야, 슬기롭게 헤쳐나가는 수밖에 없습니다. 그것이 정답이기도 합니다.

ㄹ. 선택권

중요한 것은 직업 선택 결정권은 자신에게 있고, 자신이 결정해야 합니다. 그러함에도 부모님의 시각과 판단에 따라 선택되어지고 있다는 점입니다(70%). 일할 사람은 자신인데 부모의 입김이나 주장에 좌우되니 바른 선택일 수가 없습니다. 다행스럽게도 의견이 맞으면 좋지만 맞지 않으면 자연 의욕을 잃게 되고 후회가 따르고 방황하게 됩니다. 이직을 생각하기도 할 것입니다. 그러므로 전공과 적성, 하고 싶은 일, 비전, 장래성 등 정확한 정보를 입수해서 주위 또는 전문가의 조언 등을 참작하여 심사숙고해서 자신이 결정해야 후회 없는 바람직한 선택이 되는 것입니다.

③ 직장 선택 기준은 어디에 둬야 할까?
- 비전 : 발전, 성장 동력은 있는지
- 안전성 : 잘 돌아가고 있는지 어떤지
- 대우 : 보수, 복지, 근무환경은 어떤지

직업처럼 내 마음에 쏙 드는 직장은 없을 것입니다. 적응하고 맞춰나가는 것입니다.

■ 대기업이냐? 중소기업이냐?

대기업이든 중소기업이든 장단점은 있기 마련입니다. 대부분 대기업을 희망합니다.(지원자 66%, 실제 취업 10%) 문제는 대기업 취업이 전원을 수용하기가 불가능하다는 점입니다. 지원자는 많고 자리는 얼마 되지 않으니 대기업 들어가기가 하늘의 별따기처럼 어렵다는 점입니다. 대학 입시처럼 재수, 삼수하게 되니 갈수록 경쟁이 치열해지고 있습니다. 반면 중소기업은 구인난에 허덕이고 있습니다. 문제는 내가 대기업에 들어갈 수 있는 능력이 있느냐 없느냐 하는 것입니다. 여건이 안 됨에도 대기업만 고집한다고 들어갈 수가 없습니다. 해법이라면 대기업을 과감하게 포기하고 용기 있게 중소기업으로 눈을 돌리는 것입니다. 그러면 취업의 길이 열리고 실업자를 면할 수 있습니다. 그것이 현실에 맞고 현명한 판단이고 위대한 결정인 것입니다. 자신에게 좋고, 부모님에게 효도하는 길이고, 애국하는 길이기도 합니다. 스펙 쌓느라 진 빚이 있다면 그걸 갚기 위해서라도 빨리 취업해야 합니다. 그러면 중소기업은 어떤 곳인가? 다시 언급합니다만 대기업이 다 좋은 것은 아닙니다. 중소기업이 다 나쁜 것은 아닙니다.

대기업은 좋은 점이 많은 반면 업무 강도가 세다는 점, 경쟁이 치열한 점, 탈락이 많고, 승진이 느리고, 두각을 나타낼 수 있는 기회가 적고, 분야가 넓어 두루 업무를 배울 기회가 적다는 점 등일 것입니다. 반면 중소기업은 보수가 적고, 고용이 불안하고, 근무환경 등이 낮겠지만 여러 가지 일을 빨리 두루 배울 수 있다는 점입니다. 일손이 부족하고 바쁠 때면 경리일을 보면서 영업일을 맡을 수도 있고, 어깨 너머로 타부서 일을 보고 배울 수도 있습니다. 순환보직으로 경험과 경력을 빨리 쌓을 수 있어 경력관리 차원에서도 좋습니다. 한마디로 직장 돌아가는 모습을 훤히 볼 수가 있고, 알 수가 있습니다. 의견이 적극 반영되고, 함께 성장하는 기쁨을 맛볼 수도 있습니다. 나무도 보고 숲도 볼 수 있는 기회도 많고, 자연 식견과 안목이 길러집니다. 한마디로 경영능력(CEO)을 빨리 배울 수가 있습니다. 제대로 경력을 쌓고 능력을 기르게 되면 그렇게 원했던 대기업으로의 전직, 스카웃이 될 수 있는 기회도 많습니다. 장차 창업하는 데 많은 도움, 산 경험, 밑거름이 될 수 있습니다.

중요한 점은 조금만 두각을 나타내면 능력을 인정받아 빠른 승진을 할 수 있다는 점입니다. 동기생은 대기업 말단 과장인데 나는 벌써 중소기업 CEO가 돼 있을 수도 있는 것입니다. 무슨 꼬리보다 무슨 머리가 낫다고 했습니다. 들어가기가 힘든 대기업에만 목매고 고집할 것이 아니라 눈이 빠지게 기다리고 있는 중소기업으로 눈을 돌리는 것이 백 번 나을 것입니다. 현실적이고 현명한 선택이 되는 것입니다. 오히려 대기업보다 보수도 많고 정착금, 사택 제공, 어린이집 등 복지혜택이 많은 곳도 있을 것입니다. 찾아보면 많이 있을 것입니다. 지방근무일 경우 꺼릴 수도 있겠지만 찾아보면 나름대로의 장점, 좋은 점도 있을 것입니다. 교통도 편리해서 일일생활권의 혜택도 누릴 수도 있습니다. 그러면 차선책으로 어느 정도 내 마음에 드는 직장은 어떻게 찾을까? 고용노동부, 중소기업청, 산업인력공단, 한국고용정보원, 대학취업센터, 한국직업능력개발원, 기업체 정보, 구인업체, 한국중견기업연합회, 신문기사 등을 통해 찾아봅니다. 유망하고 젊음을 걸만한 곳, 취향과 적성에 맞는 중견 우량기업이나 강소기업 5~6곳을 선정하고, 그리고 올인해서 취업문을 통과하는 것입니다. 들어가서 내가 적극 주도해서 멋지게 대기업으로 키우는 것입니다. 지금의 대기업들도 처음부터 대기업은 아니었습니다. 어떤 취업준비생은 대기업 50여 군데에 지원했으나 탈락했지만 재수, 삼수해서라도 대기업이 목표라는 것입니다. 그러나 들어간다는 보장도 없고, 고시낭인처럼 재수낭인이 될 수 있고, 연령초과로 자칫 취업 기회를 놓칠 수가 있는 것입니다.

"미국은 똑똑한 젊은이일수록 작은 회사에 가거나 창업한다. 한국이나 일본은 똑똑한 젊은이들이 삼성이나 소니에 간다. 미국의 똑똑한 젊은이일수록 자신만의 꿈을 이루고 싶고 성공 스토리를 만들고 싶어 하기 때문에 대기업이 아닌 작은 기업을 선택하거나 창업한다." 2014년 노벨물리학상을 탄 일본의 나카무라 슈지 교수의 말입니다. 그도 지방의 중소기업체에 근무하면서 연구실적으로 노벨상을 탄 것입니다. 그 덕분으로 스카웃돼 미국 어느 대학교수가 된 것입니다.

"가급적이면 중소기업으로 가고, 가급적이면 남들이 안 하는 일을 하라는 것입니다. 그게 창업하기 좋습니다. 큰 회사 가면 작은 부분밖에 못 배웁니다. 작은 회사 가면 그 업(業) 전체를 이해하게 되니 창업할 수 있습니다. 다들 조금이라도 더 좋은 회사 가려고 하는데 저는 조금이라도 더 낮춘 뒤 골라서 가라고 하고 싶습니다. 작은 회사를 키워서 임원이 되고 사장도 되면 좋지 봉급 조금 더 준다고 왜 그렇게 큰 회사만 가려는지 모르겠어요." 퍼시스 손동창 회장님의 인터뷰 기사 내용입니다. (2016. 4. 23. 조선일보) 백 번 지당한 말씀입니다

■ 기업 평판 조회 사이트
- 잡플래닛(jobplanet.co.kr)

- 크레딧잡(kreditjob.com)
- 커리어캐치(careercatch.co.kr)
- 블라인드(www.facebook.com/TEAMBLIND)

④ 뭘 준비해야 할까?

이력서만 넣는다고 채용되는 것은 아닙니다. 우선 지원기업의 모집요강, 채용방법 등을 자세히 알아보고 거기에 맞게 준비합니다. 적을 잘 알아야 이길 수 있듯이, 어떤 곳인가? 인재상은 뭔가? 뽑고 싶어 하는 사람은 어떤 사람인가? 잘 알아보고 대비합니다. 대부분 현업에 바로 투입할 수 있는 인재를 원하기 때문에 거기에 맞는 준비가 필요합니다. 나는 거기에 맞는 인재상인가 자문해봅니다. 뭐가 부족한가 그걸 알아서 보완해두는 것입니다. 지원자의 능력이란 대동소이하기 때문에 차이는 별로 드러나지 않습니다. 남과 다른, 경쟁력이 있는, 눈에 띄는 능력을 갖고 있어야만 경쟁에서 쉽게 이길 수 있습니다. 남과 다른 비장의 무기는 뭘까? 특기, 장점은 뭘까? 그걸 찾아 갈고 닦아 준비해두는 일입니다. 예를 들면 경리직에 지원한다면 운전하려면 자격증이나 운전능력이 있어야 되듯 그에 따른 지식, 능력, 경험, 자격증 같은 것을 준비해두는 일입니다.

■ 스펙(spec) ②

스펙은 취업에 필요한 평가요소를 말합니다. 학점, 어학성적, 자격증, 공모전, 수상경력, 어학연수, 인턴, 봉사활동 등 스펙을 쌓기 위해 졸업을 미루면서까지 너도나도 매달리게 되고 많은 시간과 정력과 비용을 쏟고 있습니다. 그러다 보니 스펙이 비슷비슷해지고 변별력이 떨어져 채용방법이 스펙에서 직무수행 능력으로 바뀌고 있습니다. 스펙 비중은 낮추고 직무능력을 중시하고 있습니다. 불필요한 스펙보다는 전공, 직무지식, 경험, 인턴십, 특히 나만의 스토리를 평가 기준으로 삼고 있다는 뜻입니다. 어떤 그룹은 아예 입사 지원서에 스펙 기재란을 없애기도 했습니다. 스펙은 겉이요, 속은 실무 능력이라는 것입니다. 일류 대학에다 스펙이 화려해도 탈락하는 경우가 많은데 그것은 직무능력에 스펙이 맞지 않기 때문입니다. 과녁을 조준해서 쏴야 하는데 허공에 쏜 격이기 때문입니다. 고기 있는 곳에 투망을 던져야 고기가 잡히는데 엉뚱한 곳에 던지면 잡힐 수가 없는 이치와 같은 것입니다. 화려한 스펙을 보고 뽑았는데 제대로 업무를 수행하지 못한다면 어떻게 될까요?

실제로 채용 후 겪어보니 화려한 스펙이 별무(別無)라는 것입니다. 문제는 일류 대학 화려한 스펙이 아니고 업무역량인 것입니다. 일을 맡기면 알아서 잘 처리할 수 있는 능력을 보는 것입니다. 그런즉슨 화려한 스펙이 필요 없는 직장이나 직책이라면 그 스펙은 투자에 비해 별 효과가 없다고, 헛수고라고 봐야 할 것입니다. 그렇다면 기업이 요구하는 인재상은 뭘까? 화려한 스펙을 요구하는 것이 아니고 가지고 있는 능력(전공, 업무지식, 경험, 인턴십)이 해당 직무, 맡게 될 직책에 맞는지를 보는 것이므로 최소한의 기본적인 스펙을 갖추되 차별화된 나만의 스토리를 만드는 것이 중요합니다. 스펙은 취업 시 참고사항이지 취업한 뒤에는 오로지 업무역량, 업무성과입니다. 천편일률적인 스펙을 쌓느라 전전긍긍하지 말고, 비용과 시간을 허비하지 말고 적성에 맞는 희망 직무를 찾아 그에 걸맞는 능력, 전문성을 갖추는 게 백 번 낫다는 어느 인사 담당자의 말에 귀를 기울일 필요가 있습니다. 한 가지 안타까운 점은 꼭 필요하지 않는 스펙을 쌓느라 많은 부채를 지고 있다는 점입니다. 취업에 꼭 필요치 않는 묻지마 스펙은 자제해야 할 것입니다. 소신이 필요합니다. 앞에서 언급했듯, 2017년부터는 332개 공공기관, 149개 지방 공기업이 블라인드(blind) 채용방식으로 뽑고 있습니다. 입사 지원서에 출신

학교, 출신지역, 학점, 어학점수, 가족관계, 신체조건, 나이 등 기재란이 없어지고 대신 국가직무능력표준(NCS) 성적 등으로 뽑습니다. 민간기업으로 점차 확대되고 있습니다. 대학생편 529쪽을 참고하십시오. (국가직무능력표준원 (052) 714-8763)

⑤ 어떻게 들어갈까?

ㄱ. 직장마다 문제없는 곳은 없을 것입니다.

그게 뭘까? 취약점, 고민은 없는가? 틈새가 있다면 뭘까? 그 대안, 해결책을 제시한다면 눈에 띄지 않을까? 신발을 잔뜩 만들어놓고 안 팔려 고심하고 있는데 많이 팔 수 있는 방법을 제시한다면, 99% 가능성이 있다면 외면할 수는 없을 것입니다. 여러분이 채용자라면 안 팔리면 망하는데 안 뽑을 수는 없을 것입니다. 남처럼 해서는 남 이상 될 수 없다고 했습니다. 뭔가 달라야 합니다. 차별화된 뭔가가 있어야 합니다. 다른 지원자들이 갖고 있지 않은 나만의 무기, 나만의 스토리! 그걸 찾아보십시오. 만들어보십시오.

ㄴ. 장차 맡을 업무와 연관된 스토리를 개발하는 것입니다.

지원업체 지원업무, 직책수행을 위해 언제부터 어떻게 준비해서 현재 이런 실적, 이런 능력(혹은 자격증)을 갖췄다는 걸 증명해 보인다면 쉽게 통과가 될 것입니다. 아이디어가 꼭 필요합니다.

⑥ 이력서, 자기소개서 작성요령

나를 파는, 나의 능력을 드러내고 소개하는 것인 만큼 천편일률적이 아닌 남다른 차별화가 필요합니다. 채용자의 눈과 마음을 사로잡아야 되고 감동을 줘야 합니다. 채용자의 입장에서 채용하고 싶은 생각이 들도록 써야 합니다. 응시자가 많을 경우 실무자가 훑어보는 시간은 단 몇 초 몇 분, 짧은 시간일 것입니다. 눈에 띄어야만 10

여 분 할애할 것입니다. 1차 서류가 통과되어야만 면접의 기회가 주어집니다. 통과를 못하면 그동안 갈고 닦은 노력들이 헛수고가 되고 말기 때문에 잘 써야 되고 아이디어가 필요합니다. 면접 시에 중요한 질문 자료가 됩니다.

ㄱ. 이력서

지금까지 살아온 내력이 들어있는 게 이력서입니다. 기본적으로 포함될 내용은 학력, 학점, 경력, 자격증, 군경력, 수상 여부, 가족관계, 특장점 등입니다. 지원분야 외의 불필요한 이력까지 다 포함시킬 필요는 없습니다. 이력서는 나의 얼굴이므로 가급적 화장하듯 돋보이게, 인상 깊게 써야 합니다. 지원기업의 지인이나 담당직원에게 어떻게 쓰는 게 좋은지 물어보는 것도 좋습니다. 어떻게 써야 돋보일 수가, 눈길을 끌 수 있을까? 무성의하고 단조로운 이력서는 눈길을 끌 수 없습니다. 간절함이 묻어있어야 합니다. 정성스럽게 쓰는 것도 한 방법입니다. 필적이 좋으면 타자보다 손수 쓰는 것이 돋보일 것입니다. (차별화) 양식도 기업에서 제시하는 것이 아니라면 내게 맞게 나를 잘 표현할 수 있고, 나의 경력과 능력을 한눈에 알아볼 수 있게 쓰는 것이 좋습니다.

- ■ 유의사항
- 정직하게 씁니다. 과장하거나 부풀리면 면접 시나 입사 후 들통나게 됩니다.
- 복사해서 숙지합니다. 질문 내용과 답변이 틀리면 신뢰감을 줄 수 없습니다.
- 정확하고 구체적으로 씁니다.
- 사진은 미소 띤 정장 차림의 부드러운 인상. 너무 수정하면 면접 시 못 알아볼 수 있습니다.

- 오탈자, 맞춤법, 띄어쓰기 등이 맞지 않으면 신뢰감을 줄 수 없습니다.
- 학력은 고졸부터, 경력은 연대순으로 기재합니다.
- 호주와의 관계는 호주 쪽 관점에서 장남, 차녀로 기재합니다.
- 지원분야 표시, 연락번호를 기재합니다. 빠뜨리는 경우가 있다는 것입니다.
- 자격증, 수상경력, 활동사항을 기재합니다.
- 여러 곳에 제출 시 헷갈릴 수 있으므로 반드시 확인 수정합니다.
- 제삼, 재사 확인합니다.

■ 서류 당락을 좌우하는 가장 치명적인 실수
- 1위 기업명 잘못 기재(26%) - 무조건 탈락
- 2위 지원분야 잘못 기재(23%)
- 3위 사진 미부착(12%)
- 4위 기업 관련 내용 틀림(11.8%)
- 5위 제출서류 미첨부(4.9%)
- 6위 지정된 제출양식 위반(4.7%)
- 기타 : 맞춤법 오류, 이력서 중 일부 항목 누락, 오타

(자료 : 취업포털 '사람인')

ㄴ. 자기소개서

겉(이력서)만 가지고는 기업이 요구하는 인재인지 정확히 알 수 없기 때문에 내면을 들여다보기 위해 자기소개서를 요구합니다. 어떤 사람인지, 학교생활, 활동경력, 업무능력, 지원동기, 입사 후 포부 등 알고 싶고 궁금한 점이 많을 것입니다. 기업은 인재가 만들어내고 발전시킵니다. 그래서 유능한 인재를 뽑기 위해 다양한 방법을 동원합니다. 반대로 지원자는 내가 적합한 인재임을 증명해야 합니다. 언제 어디서 태어나 엄격하고 인자한 부모님 밑에서 온순, 착실하게

성장했고, 공부 열심히 했으며, 얌전하게… 어쩌고 하는 천편일률적인, 개성 없고 밋밋하고 식상한 소개서가 아니라 뭔가 톡톡 튀는 눈길을 끌 수 있고, 감동을 줄 수 있는 나만의 스토리, 나만의 소개서야 합니다. 그것이 최고의 강점이고, 한마디로 채용자의 마음을 사로잡는 길입니다.

채용자는 지원자의 성장사, 외형적인 걸 알고 싶은 것보다도 장차 맡길 업무지식, 업무수행 능력을 더 알고 싶은 것입니다. 지원자로서는 뽑고 싶은 사람은 이런 사람인데 거기에 적합한 능력을 갖춘 사람은 나라는 것을 확 눈에 들어올 수 있게 써야 합니다. 그것을 위해 언제부터 이런 준비와 이런 노력을 했다, 그 결과 이런 실적, 이런 능력을 갖추고 있다는 점을 보여주는 것입니다. 무역 파트에 지원했고 필수사항이 외국어 능력이라면 채용자가 요구하는 능력이 100인데 이를 위해 언제부터 어떤 방법으로 준비해서 120의 능력을 갖췄다는 것을 실적, 근거로 보여주는 것입니다. 요구하는 능력보다 갖춘 능력이 더 높으니 쉽게 통과가 될 것입니다. 결론적으로 채용자가 지원자를 어서 빨리 만나보고 싶은 생각이 들 수 있게, 뽑고 싶어 안달이 나게 하는 매력적인 소개서야 합니다. 실제로 그런 능력을 갖추고 있어야 합니다. 스펙이 엇비슷하기 때문에 나만의 스토리가 있어야 합니다. 스펙이 화려한 명문대 출신자가 떨어지는 이유는 기업이 요구하는 인재상에 맞지 않기 때문입니다. 좋은 스펙이 바로 합격은 아닙니다. 이발사를 뽑는데 면도사가 지원한다면 뽑힐 수가 없습니다. 주의할 점은 자신을 지나치게 미화하거나 잡화상처럼 불필요한 경험을 나열하지 말고 직무에 적합한 인재임을 부각시키는 것입니다.

요즘 대기업에서는 일반 대졸 신입사원 채용과는 별도로 스펙을 보지 않고 채용하는 전형이 도입되고 있습니다. 날로 달로 채용방법이 진화하고 있습니다. 특별한 경험, 역량을 보고 채용하고 있습니다. 스펙은 취업 때까지만 소용되기 때문입니다. 나에게 남과 다른 특별한 것이 있다면 그 점을 부각시키는 것입니다. 스펙이 시원찮았는데도 어릴 때의 곤충채집 경험, 고물상 운영경험 등으로 합격한 경우도 있습니다. 방학 중에 판매 부진으로 고전하고 있는 업체와 계약, 외상으로 물건을 인수, 판매계획을 세우고 아르바이트생을 동원, 며칠 동안에 다 팔아 물건값을 정산하고 비용을 제하고 남은 이익금을 보육원에 기부, 이런 상을 탔다든가 하는 실감나고 심금을 울릴 수 있는 스토리가 담긴 소개서라면 더할 나위 없이 좋을 것입니다. 그러나 그 경험이 직무수행에 보탬이 될 수 있는 내용이어야 합니다. 그러면 남처럼 산전수전 겪은 화려한 성공담이나 나만의 매력적인 스토리가 없는 경우는 어떻게 해야 할까? 그래서 소개서를 미화하거나 과장하거나 대필하려고 할 것입니다. 그러나 그것보다는 취업 후의 나름대로의 잠재능력이나 강점, 기여도, 성장 가능성을 보여주는 것이 더 나을 것입니다. 그것이 뭘까? 곰곰이 생각해보고 찾아봅니다. 담당자들이 중요하게 보는 항목은 지원동기, 직무능력, 도전 성공사례, 실패극복 경험, 입사 후 포부 등입니다.

■ 지원동기

귀사에 이런 문제가 있는 것 같은데 이런 해답, 이런 제안(idea)을 공유하기 위해 지원했다.

■ 직무능력

언제부터 이렇게 준비해서 이런 업무능력을 갖췄다. 실적을 제시합니다.

■ 도전 성공실패 사례

성공, 좌절, 실패 극복 경험이 직무에 도움될 것 같다.

■ 입사 후 포부

배 이상의 노력으로 가시적인 실적을 올려 CEO(최고경영자)로 마치고 싶다.

그런즉슨, 직무에 관련된, 궁금하고 알고 싶어 질문하고 싶은 내용을 소개서에 담아 질문하게끔 유도해서 그에 대한 감동적인 답변을 준비해둔다면 가능성이 한결 높을 것입니다.

⑦ **면접**

ㄱ. 중요성

면접은 얼굴을 맞대고 하는 시험입니다. 일종의 맞선자리입니다. 지원서류나 기타 시험성적으로 지원자의 자질을 어느 정도 파악할 수 있지만 직접 만나보지 않고는 지원자의 인재상, 인품, 언행, 외모, 성격, 사고력, 판단력, 창의력, 임기응변, 업무 수행능력 등 됨됨이를 제대로 알 수 없기 때문에 면접이 중요 평가수단이 되고 있습니다. 짧은 시간이지만 지원자는 가지고 있는 능력을 최대한 보여줘야 되고 인정을 받아야 합니다. 아무리 서류와 성적이 좋아 1차 통과됐어도 면접에서 좋은 점수를 받지 못하면 합격할 수 없기 때문에 치밀한 준비가 필요합니다.

ㄴ. 종류

면접의 종류는 다양하고 기업마다 다르고 자꾸 진화하고 있습니다. 대체로 개별면접, 집단면접, 집단토론 면접, 프레젠테이션 면접(발표), 그 외에 술자리 면접, 목욕탕 면접, 합숙 면접, 등산 면접 등도 있습니다.

ㄷ. 뭘 평가할까?

　기업은 유능한 인재를 뽑기 위해 여러 가지 방법으로 다면평가를 합니다. 기준은 없지만 대체로 3가지에 중점을 두고 평가합니다. 첫째는 제출서류에 대한 평가입니다. 이력서나 자기소개서 등입니다. 둘째는 겉모습에 대한 평가입니다. 용모는 호감을 주는 인상인가? 목소리는 거부감이 없는가? 복장은 단정한가? 태도는 바른가? 패기는 있는가? 적극적인가?… 평소 얼굴이 어두우면 연습을 해서라도 밝게 해야 합니다. 매일 거울을 보고 미소 짓는 연습도 필요합니다. 자주 연습하면 바뀝니다. 매력적인 미소로, 성격이 소극적이라면 적극적인 성격으로 바꿔야 합니다. 부족하면 넘치도록, 부정적이면 긍정적으로 개선하는 노력이 필요합니다. 셋째는 질의응답에 대한 평가입니다. 질문에 대한 답변능력을 보는 것입니다. 전문지식, 업무수행 능력, 판단력, 친화력, 말솜씨, 임기응변 능력 등을 봅니다. 제출서류를 보고 질문하기 때문에 서류상 내용과 답변 내용이 다르면 신뢰를 받을 수가 없습니다. 복사해서 내용을 숙지해둬야 합니다. 엉뚱한 질문, 황당한 질문, 압박 질문을 의도적으로 하기도 합니다. 그럴수록 그 의도를 파악, 당황하지 말고 주눅 들지 말고 침착하고 조리 있게 답변해야 좋은 평가를 받을 수가 있습니다. 질문 내용을 잘 모르거나 이해가 안 될 경우 질문해서라도 정확히 알고 정확한 답변을 해야 합니다.

ㄹ. 뭘 준비할까?

　럭비공 튀듯 어떤 질문이 쏟아질지 모르므로 조마조마하고 긴장이 될 것입니다. 그러나 라켓을 움켜쥐고 수비자세를 취하고 있다면 웬만한 공은 받아낼 수 있듯, 예상질문을 뽑아 답변을 준비해둔다면 무난하게 답변할 수가 있을 것입니다. 지원동기, 자기소개, 채용이유, 경력사항, 강점과 약점, 입사 후 포부, 직장인상, 직업관, 지원업체, 경쟁업체, 업무자세, 전공지식, 생활신조, 학교생활, 교우관계, 자기계발, 봉사활동, 일반상식, 사회이슈, 전 직장 퇴직이유 등 분야별로 준비해둡니다. 그리고 거울을 보고 혼자 연습하거나 스터디 모임이나 가족, 친구와 같이 역할을 나누어 모의면접, 예행연습을 해보는 것입니다. 녹음, 녹화를 해서 연습해보는 것도 좋습니다. 사전에 연습한 사람과 안 한 사람과는 차이가 있기 마련입니다. 하기 싫지만 안 할 수는 없고, 노력은 성공의 열쇠임으로 준비해둬야 합니다. 아울러 제스처, 목소리 강약, 고저, 속도, 발음 정확도 등을 확인해보고 교정해두는 것입니다.

ㅁ. 뭘 물어볼까?

대체로 빠지지 않고 하는 질문이 지원동기, 업무 감당능력, 포부, 자기소개 등입니다. 왜 하필 우리 기업이냐? 맡기면 어떻게 할 것이냐? 이에 대한 답은 그 기업에 대해 사전에 훤히 알고 있어야 막히지 않고 술술 답변할 수가 있을 것입니다. 지원기업의 정보, 현황 등을 파악해두는 것은 필수사항입니다. 적을 알아야 이길 수 있듯이 이것저것 물었을 때 막히지 않고 제대로 척척 답변한다면 만족해할 것입니다. 들어오고 싶어 하는 간절함이 보여지기 때문에 좋은 평가를 받을 수가 있습니다. 경쟁업체 정보도 공부해둬야 합니다. 불타는 열정과 넘치는 자신감을 보여주는 것입니다.

- 우리 기업 지원동기는 뭡니까? 그냥 한 번 지원해본 것입니다.
- 우리 제품은 뭔지 아십니까? 잘 모르겠는데요.
- 채용된다면 어떻게 하겠습니까? 차차 생각해보겠습니다.
- 자기소개 간단히 해보세요. : 뚜렷하게 내놓을 게 없는데요.

이렇게 답변하는 지원자는 없겠지만 잘 알아야만 제대로 답변할 수가 있습니다. 직무 부서도 마찬가지입니다. 다시 언급합니다만 그 직무를 위해서 언제부터 어떻게 준비했으며, 그 실적은 이렇고, 무엇을 할 수 있으며, 왜 자신이 뽑혀야 하는지, 자신이 최적의 적임자인지를 구체적으로 설득력 있게 답변해야 합니다. 나만의 스토리를 제시해야 합니다. 뽑아만 준다면 열심히 하겠다는 것이 아니라 뽑고 싶은 충동이 들게 해야 합니다. 두루뭉술한 답변이 아니라 채용자의 심금을 울릴 수 있는, 무릎을 탁 칠 수 있는 답변이어야 합니다. 그러기 위해서는 나만의 답변 아이디어를 짜내 준비해둬야 합니다. 참고로, 미국의 세계 부자, 전기차 테슬라의 창업자 일론 머스크가 신입사원 면접 시 꼭 한다는 질문 내용 - "당신이 감당했던 가장 어려운 문제와 그 문제를 어떻게 해결했는지 말해보시오."(조선일보)

ㅂ. 떨어졌을 때

밤잠 안 자고 오랫동안 준비했는데 떨어지면 충격이 클 것입니다. 화도 날 것입니다. 좌절하게 되고 허탈한 심정을 누를 길이 없을 것입니다. 속상하다고 술을 찾을 게 아니라, 취업을 포기하지 않는 이상 재도전해야 하므로 왜 떨어졌는지 점검해보고 그 이유를 반드시 알아봐야 합니다. 떨어진 이유를 외국어 점수나 스펙에 있지 않은가 보다는 서류나 면접에 있지 않나 생각해보는 것이 좋습니다. 그리고 지원기업에 전화하거나 직접 가서 실무담당자를 만나 탈락이유를 자세히 묻고 확인해보는 것입니다. 미안해서라도 알려줄 것입니다. 거절하면 2번, 3번 쫓아가는 것입니다. 알려주지 않을 이유가 없을 것입니다. 그 이유를 알아야 그 부족한 부분을 보완할 수가 있기 때문입니다. 그러나 대부분 지원자들은 떨어졌다는 걸로만 만족하고 말 것입니다. 창피하게 생각하고 이유 알기를 포기합니다. 그러니 취업이 어렵습니다. 용기를 내십시오.

ㅅ. 유의사항
- 부드럽고 잔잔한 미소 띤 첫인상, 상냥한 목소리, 활기찬 모습, 침착한 태도, 깔끔하고 단정한 옷차림(정장), 예의 바름, 정돈된 머리, 깨끗한 구두, 눈에 띄는 게 머리올시다.
- 자세는 겸손하고 애매모호한 답변보다 분명하고 자신에 찬 답변을 합니다.
- 모르면 모른다고 솔직히 답변하는 모습. 거짓말하거나 머뭇거리거나 변명하는 것보다는 신뢰감을 심어줍니다. 거짓말은 금물입니다. 정직이 최선입니다.
- 늦게 도착한 사람도 많고 심지어 조는 사람까지 있다는 것입니다. 지각하면 거의 탈락시킨다는 것입니다.
- 다리지 않고 구겨진 옷을 입은 사람, 양말도 안 신고 청바지 차림도 있다는 것입니다.(남성)
- 짙은 화장, 자극적인 향수 냄새는 거부감을 줄 수 있습니다.(여성)
- 일단 문 열고 들어가서 나올 때까지 일거수일투족이 심사대상임을 잊어서는 안 될 것입니다.

■ 취업정보 사이트

ㄱ. 워크넷(work.go.kr) : 고용노동부, 한국고용정보원 고객센터 (1577-7114)
- 진로상담
- 직업심리 검사
- 스펙초월 멘토스쿨
- 직업정보
- 취업지원 프로그램
- 중소기업 취업인턴
- 강소기업 정보

• 강소기업 체험, 탐방

ㄴ. 취업성공패키지(www.work.go.kr/pkg) : 1350번(고용노동부)
취업에 어려움을 겪고 있는 구직자에게 단계별로
- 취업상담
- 직업훈련
- 취업알선
- 사후관리를 제공하는 맞춤형 취업지원 서비스

ㄷ. 커리어넷(www.khri.kr) : 한국직업능력연구원(국무총리 산하 기관) (044) 415-5381, 3880
- 진로심리 검사
- 진로상담
- 직업 학과정보 등 취업 가이드, 취업 팁 제공

■ 해외 취업 사이트
- 월드잡 플러스(worldjob.or.kr) : 한국산업인력공단, 1577-9997, 2016년 해외 취업자 수 3,295명, 해외 취업에 관심이 있다면 이곳을 두드려보십시오. 해외 일자리 검색 및 취업, 봉사, 창업 등 모든 정보를 한자리에서 얻을 수 있는 해외 진출 통합 정보방입니다.
- 코트라(KOTRA) : 글로벌 일자리 사업단 (02) 3460-7382~3

(2) 이참에 창업이나 할까? ②

내 마음에 쏙 드는 곳에 취업은 어렵고 그렇다고 놀 수도 없고 뭔가 하기는 해야겠는데 좋은 뭐가 없을까? 그래서 창업을 생각하고 창업에 뛰어들어 창업가의 길로 들어서는 젊은이가 늘어나고 있습니다. 도전은 꿈을 실현하는 수단입니다. 도전 없이는 성공도 없습니다. 창업에 도전하는 젊은이가 많을수록 그 국가는 융성 발전합니다. 그럼에도 우리 대학가는 온통 술집과 먹자골목뿐인데 중국의 대학가는 온통 창업 열풍에 휩싸이고 있다는 것입니다. 그러나 창업은 많은 위험이 따릅니다. 성공보다 실패가 훨씬 더 많습니다. 성공률이 10% 미만이라는 통계도 있습니다. 그만큼 어렵기 때문에 실패는 성공의 열쇠임에도 주저하고 선뜻 뛰어들지 못하고 망설이기도 합니다. 반면 그 어려움을 뚫고 성공한 창업자들도 속속 늘어나고 있습니다. 한 번뿐인 삶! 구애받지 않고 간섭받지 않고 내가 좋아하는 것 이루고 싶은 것을 찾아 한 판 벌여 성공한다면 그 역시 가치 있는 삶이 아닐 수 없습니다. 꿈을 품고 실현, 성공하여 인류 사회에 봉사하는 것, 멋진 삶이 아닐 수 없습니다. 그러함에도 젊은이들이 안정적인 대기업이나 공무원 취업에만 몰리고 있는 현상을 나무랄 수는 없지만 조금 아쉬운 감이 없지 않아 있는 것도 사실입니다. "미국의 MIT 졸업생은 대기업에 가지 않습니다. 중소기업에 가거나 벤처기업을 창업합니다. 그래서 미국의 희망이 여기에 있다고 봅니다." 전 KAIST 총장 서남표님의 조언입니다. 그러므로 젊은이 여러분들은 패기와 불굴의 의지로 '철저히' 준비해서 창업에 도전하는 것입니다. 좋아하고 잘할 수 있는 걸 찾아 한 판 멋지게 벌리는 것입니다. 실패를 두려워 마십시오. "성공의 반대는 실패가 아니고 도전하지 않는 것"이라고 일찍이 에디슨 선생은 말했습니다. 도전은 젊은이의 무기인 것입니다.

① 어떤 사업을 벌릴 것인가?

여러분은 제2의 빌 게이츠씨 같은 큰 꿈을 갖고 있기 때문에 치킨집이나 호프집이나 음식점 같은 소위 말하는 골목형, 생계형 창업은 지양해야 할 것입니다. 한 차원 높은 업(業)에 눈을 돌려야 합니다. 왜냐하면 큰 꿈을 꾸고 있기 때문입니다. 유튜브 공동창업자 스티브

첸의 말을 소개합니다. "창업이란 건 어려운 데 있는 게 아닙니다. 사람들이 무얼 원하는지 찾아보세요. 거기에 길이 있습니다." 어렵지만 답이 여기에 있습니다. 생각해보고 발품을 팔고 물어보고 알아보고 찾아보는 것입니다. 많은 공부, 연구조사가 필요합니다. 여러분은 IT 세대이기 때문에 한결 유리합니다. 이 분야에서 많은 창업이 이루어지고 있고 업적도 눈부시고 큰 성공자가 많이 나오고 있습니다. 어떤 창업자는 지금이 창업의 황금시대라고 말하기도 합니다. 지금 좋은 아이디어를 갖고 있거나 개발해둔 게 있거나 유망 사업이 눈에 띄는 게 있다면 그쪽으로 나가는 것입니다. 창업은 모르는 분야보다 생소한 것보다 잘 아는 분야, 자신 있고 잘할 수 있는 걸 하라고 했습니다. 그만큼 성공률도 높고 힘이, 비용이 덜 들기 때문입니다.

② 어떤 준비가 필요할까?

업종이 결정되면 집 짓는 데 설계도가 필요하듯 정밀한 사업계획서가 필요합니다. 자금, 기술, 생산, 영업, 관리 등 철저한 준비가 필요하고 더불어 투철한 기업가 정신으로 무장해야 합니다. 전심전력을 다 쏟아부어야 합니다. 대부분 실패하는 이유는 충분한 준비나 계획 없이 시작하기 때문입니다. 누누이 강조합니다만 매사 성공은 준비에 달려있습니다. 창업 전에 반드시 창업교육을 받거나 창업에 관한, 하고자 하는 업에 관련된 책을 여러 권 참고해야 합니다. 책 속에 방법이 있고, 간접 경험을 얻을 수 있고, 자세히 알려주기 때문입니다. 또 시행착오를 줄일 수 있기 때문입니다. 참고로, 정부에서도 1인 창조기업, 1인 창업을 권고하고 있고, 육성 차원에서 관심을 갖고 다양한 방법으로 지원하고 있습니다. 1인 창조기업이란 1인 창조기업 육성에 관한 법률에 따라 창의성과 전문성을 갖춘 1인(4인 미만)이 상시 근로자 없이 대통령령으로 정하는 지식산업, 제조업 등을 영위하는 자를 말합니다. 이에 고용노동부, 중소기업청, 서울시 또는 민간단체 등에서 다양한 방법으로 지원하고 있으므로 도움을 받는 것도 좋을 것입니다. (창업자금 지원 기관 : 중소기업진흥공단, 기술보증기금, 신용보증기금 등)

③ 혼자서 할까? 동업을 할까?

혼자서 하는 것이 정도이나 혼자서 이것저것 다 해내기란 벅차고 무리일 수 있습니다. 동업을 하지 말라고 했습니다만 초창기이므로 힘이 들 경우, 뜻 맞는 친구와 힘을 합한다면 "백짓장도 맞들면 낫다."고 했듯이 한결 가볍고 부담이 줄어들 것입니다. 업무 분담을 함으로써 능률도 오르고 잘못된 판단과 결정을 막을 수도 있으니깐요. 마이크로 소프트사의 빌 게이츠씨나 애플의 스티브 잡스씨도 동업으로 출발했습니다. 창업은 무척 어렵습니다. 어렵기 때문에 창업입니다. 쉽다면 그건 창업이 아닙니다. 경험 없이 시작하면 더더욱 어렵습니다. 자칫 잘못하면 실패하기 쉽기 때문에, 젊은이들은 젊은 기분에 판단 미스를 할 수 있기 때문에 돌다리도 두들겨보고 건너듯 신중에 신중을 기해야 합니다. "사랑은 아무나 하나" 같은 노랫말처럼 창업은 아무나 하는 게 아닙니다. 적성에 맞아야 합니다. 나는 어떤 타입인가? 사업가 기질이 있는가? 서비스업에 맞을까? 생산자 타입인가? 어떤 업종에 맞을까? 참고삼아 적성검사를 받아보는 것도 좋을 것입니다. 그러나 "너무 숙고하는 자는 그다지 큰일을 이루지 못한다."고 했습니다. 우유부단함을 경계한 말이기도 하지만 적성이 안 맞으면 어떻게? 맞추는 수밖에 없습니다. 맞추다 보면 맞춰집니다. 적성에 맞는 사람이 몇 %나 될까요?

④ 어떻게 해야 성공할 수 있을까?

30대편 749쪽을 참고하십시오.

■ 참고 사이트

- 창조경제 혁신센터 (042) 480-4412(창업진흥원)
- 신사업창업사관학교(중소벤처기업부, 소상공인시장진흥공단) (newbiz.sbiz.or.kr)
- 청년창업사관학교(중소기업진흥공단) (031) 490-1276, 1310, 청년 예비창업자를 선발하여 창업 단계 전문분야에 걸쳐 사관학교와 같은 체계적인 지원프로그램으로 기술 창업을 지원하고 있습니다.(경기 안산, 충남 천안, 광주광역시, 경북 경산, 경남 창원 등 18곳 운영)
- 무료직업 적성테스트(www.arealme.com/16types/ko)
- 한국 MBTI연구소(www.mbti.co.kr) 1577-0258

(3) 아니면 세일즈는 어떨까?

여기에서의 세일즈란 순전히 판매실적으로 보수를 받는 영업직을 말합니다. 실적이 없으면 소득도 없습니다. 고정된 월급이 없으니 생활에 위험을 받습니다. 안정적이지 못합니다. 보험, 자동차, 책, 식품, 화장품 등 종류도, 종사자도 많습니다. 대부분 받아주고 아무 때나 그만둘 수 있습니다. 간섭받지 않고 내 마음대로 할 수 있는 일종의 1인 기업, 내 사업이나 마찬가지입니다. 사업자금 한푼 없이도 할 수 있습니다. 실적이 많으면 수입이 많고 실적이 없으면 수입도 없습니다. 실적을 올리려면 굽신대거나 아쉬운 소리도 해야 하고, 자존심이 상할 때도 있고, 외부에서 활동해야 하니 그만큼 힘들고 어렵습니다. 그러다 보니 탈락이 많고 대부분 기피합니다. 반면 많은 실적을 올리면, 많이 팔면 많은 수입이 생기고 대우도 받고 지위도 올라갑니다. 월급쟁이 1년 벌 것을 1달에도 벌 수 있는 것이 세일즈입니다. 직장인은 월급을 받아야 하니 정시에 출근해야 되고, 맘대로 쉴 수도 없고, 이 사람 저 사람 눈치도 봐야 되고, 사오정이니 오륙도니 부도위협, 구조조정, 사퇴압력을 받게 되지만 세일즈란 구속받을 필요도 없고, 내 사업처럼 내 마음대로 내 계획대로 활동할 수 있는 자유직인 것입니다. 장차 취업할 생각이 전혀 없고, 취업을 완전히 포기하고 놀고 있다면 한 번 생각해볼 수도 있을 것입니다. 노는 것보다 나을지도 모릅니다. 바람도 쐴 겸 확인해보고 아니다 싶으면, 적성에 맞지 않을 것 같으면 단념하는 것입니다. 책 세일즈로 큰 부자가 된 사람도 있고 요소요소에 성공한 사람도 많습니다. 부단한 노력과 대단한 각오가 필요합니다. 배수의 진을 치고 일반 직장인의 3배 이상의 노력을 쏟아부어야만 정착할 수가 있습니다. 그런 각오 없이 도전한다면 소득도 어렵고, 금쪽같은 시간만 낭비하게 되고, 후회가 따르게 됩니다. 하지만 취향과 적성에 맞을 것 같고, 잘할 수 있을 것 같으면 돈도 벌 수 있을 것 같은 직종을 택해 도전해보는 것입니다.

2. 직장생활
- 어떻게 해야 할까?

직장은 생계의 수단이요, 자아실현의 장(場)입니다. 속담에 "소도 언덕이 있어야 비빌 수 있다."고 직장은 꿈을 이루기 위한 발판입니다. 이제 취업도 했으니 몸담은 이상 일하게 해준 직장에 대한 보답으로 투철한 직업의식과 사명감을 가지고 맡은 업무에 최선을 다하는 것입니다. 있어도 그만 없어도 그만인 존재가 아니라 없어서는 안 될 꼭 있어야만 되는 꼭 필요한 일꾼이 되어야 합니다. 직장인의 최종 목표는 그 직장의 장(長)이 되는 것입니다. 그 목표를 이루기 위해 불철주야 노력을 아끼지 말아야 합니다. 어떤 자세로 근무에 임해야 할까?

(1) 기본자세
태권도에도 기본자세가 있듯 직장생활도 기본을 지켜야 합니다. 그것이 정도(正道)이고 인정받을 수 있는 길입니다.

① 주인의식
주인처럼 일하면 언젠가 주인이 된다고, 반드시 성공한다고 했습니다. 주인과 손님과의 차이는 같을 수가 없습니다. 사고방식과 행동이 다릅니다. 마당이 더러우면 주인은 쓸려고 하지만 손님은 쓸려고 하지 않습니다. 필요성을 못 느낄 뿐더러 내 집이 아니기 때문에 모른 체합니다. 이 점이 주인과 손님의 차이입니다. 그러나 깨끗이

쓸어주면 주인은 손님을 고맙게 생각하고 좋아합니다. 직장도 마찬가지입니다. 월급쟁이라고 생각하면 자발적으로 하려고 하지 않고 시키는 일만 하려고 합니다. 월급 타는 걸로만 만족합니다. 인간의 속성이기 때문입니다. 그러나 사장이라면 다 쓴 종이도 버리지 않고 이면지로 다시 쓰려고 합니다. 빈 사무실에 불이 켜져 있으면 불을 끕니다. 속담에 "될성부른 나무는 떡잎부터 다르다."고 했습니다. 입사하는 순간부터 뭔가 달라야 합니다. 대신 눈에 띄지 않게 조용히 해야 합니다. 너무 튀는 행동을 하면 질시를 받게 되고, 적을 만들 수 있기 때문입니다. 일단 몸을 담은 이상 주인의식을 가지고 내가 돈을 투자해서 운영한다. 내가 주인이다, 사장이다 - 는 자세로 근무해야 합니다. 무슨 일이든지 자발적으로 찾아서 하는 사람과 마지못해 시키는 대로 하는 사람과는 차이가 날 수밖에 없습니다. 자발적으로 하면 재미있고 능률이 오른다는 사실입니다.

반대인 경우는 재미도 없고, 지루하고, 하루가 여삼추 같고, 능률이 오를 턱이 없습니다. 시키지 않았음에도 알아서, 찾아서 척척 하는 직원이라면 이것이 사장이 바라는 인재상이고 남보다 빠른 승진의 길이기도 합니다. 시키는 일만 하면 중도 탈락되는 것은 시간문제인 것입니다. 구조 조정 1순위자와 같습니다. 모름지기 직장인이라면 사장의 눈으로 보고 사장의 마음으로 근무에 임해야 합니다. 사장 행세를 하는 것입니다. 직장을 위하고 나와 내 가족을 위하는 길이기 때문입니다. Do you Best?(귀하는 최선을 다했습니까?) A급 인재입니까? B급 인재입니까? C급 인재입니까? 어디에 동그라미를 치시겠습니까? 항상 자문자답해보는 것입니다. 인간에게는 없었으면 하는 사람, 있어도 그만 없어도 그만인 사람, 꼭 있어야 될 사람 - 세 부류로 나뉩니다. 또 시키는 일만 하는 사람이 있고 찾아서, 알아서 하는 사람이 있습니다. 귀하는 어느 쪽에 해당이 되십니까?

- 나는 내 운명의 주인이며, 내 영혼의 선장이다. - 윌리엄 E. 헨리
- 직장의 발전은 직장인의 주인의식 유무, 강약에 있다. - 중암
- 회사에는 두 부류의 사람밖에 없다. 주인이냐? 머슴이냐? 주인으로 일하면 주인이 된다. 주인은 스스로 일하고 머슴은 누가 봐야 일한다. 주인은 힘든 일을 즐겁게 하고 머슴은 즐거운 일도 힘들게 한다. 주인은 일할 시간을 따지고 머슴은 쉬는 시간을 따진다. - 한샘 최양하 회장님 인터뷰 기사 중, 2018. 6. 9. 조선일보

② 30분 전에, 30분 후에

먼저 일어나는 새가 모이를 더 많이 줍듯이, 직원들은 출근 시간에 딱 맞춰 출근하지만, 미래의 사장인 나는 직원처럼 한가하게 출근 시간에 맞춰 출근할 수는 없습니다. 적어도 30분 전에, 1시간 전에 출근해서 그날 업무를 점검하고 준비해야 합니다. 1시간 전이라니? 아니 당신 미쳤소? 한다면 할 말이 없으나 미래의 사장이기 때문입니다. 직원들은 퇴근 시간만 되면 칼처럼 퇴근해서 어디 가서 술이나 한 잔 할까 하고 궁리하지만, 미래의 사장인 나는 그렇게 시간 맞춰 퇴근할 수가 없습니다. 그날의 업무를 결산하고 내일의 계획을 세워야 하기 때문입니다. 그러다 보면 퇴근 시간이 30분, 1시간, 2시간 늦어지기도 하고, 밤새우기도 할 것입니다. 진짜 사장처럼 30분 전에 출근하고, 30분 후에 퇴근하려는 마음가짐, 밤새려는 자세를 갖고 근무에 임해야 합니다. 이것이 직장인의 주인정신이고 근무자세입니다. 훌륭한 덕목입니다. 옛말에 "남처럼 해서는 남 이상 될 수 없다."고 했습니다.

③ 근무시간 올인(ALL IN)

주어진 시간 하루일과를 최선을 다해 임하는 것이 직장인의 기본자세입니다. 그럼에도 근무 중에 주식거래나 인터넷 쇼핑, 게임, 흡

연, 동료와의 잡담 등으로 10명 중 7명이 하루 1시간 이상 허비하고 있다는 설문조사도 있습니다. 다람쥐 쳇바퀴 돌듯 같은 일을 반복하다 보면 일도 하기 싫고 지루하고 답답하고 능률도 오르지 않고 무료하게 멍하니 자리만 지킬 수 없고 하는 체하기는 해야겠는데 그래서 PC 마우스를 만지작거리기도 할 것입니다. 근무태만 행위가 자주 눈에 띄게 되면 신뢰를 잃게 됩니다. 덕분에 생산성도 떨어집니다. 그러나 미래의 사장인 나는 근무 중에는 딴짓을 해서는 안 될 것입니다. 딴짓하는 그 시간에 일거리를 찾아 어떻게 하면 같은 시간에 능률적으로 해낼까를 궁리한다면, 직원 한 사람 한 사람 모두가 머리를 그쪽으로 쏟는다면 업무 발전이 이루어지고, 생산성도 향상이 되고, 자연 직장이 성장하게 될 것입니다. 덩달아 직급도, 보수도 오르기 마련입니다. 직장 발전은 나의 발전이며 모두 맘먹기에, 하기에 달려있습니다.

- 내가 알고 있는 최대의 비극은 많은 젊은 사람들이 자기가 진정으로 하고 싶은 일이 무엇인가를 알지 못하고 있다는 것이다. 단지 급료에 얽매여 일하고 있는 사람처럼 불쌍한 인간은 없다. - D. 카네기
- 내가 청년들에게 충고하고 싶은 것은 다음의 세 마디 말이다. 일하라, 더욱 일하라, 끝까지 일하라. - 비스마르크
- 인간은 무한한 열정을 품고 있는 일에는 거의 성공한다. - C. M. 슈와브
- 우리에게 가장 결핍된 것은 자기 직업에 대한 애정이다. - 로댕
- 남보다 두 배 일하면 뒤지는 법이 없다. 노력 앞에는 적이 없다. - 중암
- 하루 8시간은 똑같다.
- 청년이여 시간을 낭비하지 말라. 위대한 일은 청년 시절에 이루어진다. - 디즈렐리
- 일이 즐거우면 인생은 낙원이다. 일이 의무일 땐 인생은 지옥이다.

- M. 고리키 / 밑바닥
- 세상이 찾는 사람이 돼라. 그러면 세상이 그대에게 선물을 줄 것이다.
  - R. W. 에머슨
- 器量(기량) : 사람은 그릇이 다 다르다. 사장이 될 그릇인가? 부장이 될 그릇인가? 그 그릇에 달려있다. - 중암
- 성공의 지름길은 첫째 일을 사랑하는 것이다. - 슈크

④ 예절 한 가지

예절 가운데 중요한 것 중의 하나가 인사 예절입니다. 인간관계의 첫걸음이 인사이기 때문입니다. 상사든 동료, 부하든 공손하고 정중하게 하는 것입니다. 인사란 꼭 나이 적은 사람이 나이 많은 사람에게, 하급자가 상급자에게만 하는 것은 아닙니다. 먼저 본 사람이 하는 것입니다. 아는 사이임에도 멀뚱멀뚱 쳐다보기만 한다거나 못 본 체한다면 어떻게 될까요? 인사 안 해서 찍힐 수는 있어도 인사 잘해서 뺨 맞는 법은 없습니다. 인사 잘해서 성공한 사람도 있습니다. 인사는 돈이 들지 않습니다. 기왕이면 진심 어린 정겨운 인사가 돼야 합니다. 인사는 상대방을 위해 하는 것이 아니고 결국 나를 위한 것입니다. 인사성 밝다는 소리를 듣도록 해야 합니다. 처세의 지름길이기 때문입니다. 그리고 자리를 비울 때는 반드시 행선지를 알려둬야 합니다. 급히 상사가 찾는데 아무도 모른다면 어떻게 될까요? 잦아지면 인사상 불이익을 당할 수도 있기 때문입니다.

- 소 닭 보듯 닭 소 보듯 - 속담
- 어떠한 때고 인사는 부족한 것보다 지나친 편이 낫다. - L. N. 톨스토이 / 전쟁과 평화

(2) 업무 처리는 이렇게
① 빨리 습득

"알아야 면장한다."고 학교에서 배운 걸로는 부족하기 마련입니다. 수습 기간을 거치고 수시로 실무교육을 받습니다. 중요한 것은 스스로 적극적으로 알려고 배우려고 해야 업무를 빨리 습득할 수가 있습니다. 그러기 위해서는 상사나 동료에게 수시로 물어서라도 배워야 합니다. 묻는 것을 자존심에 관한 문제로 대부분 묻기를 싫어합니다. 그러나 모른다고 가만히 있으면 알 수가 없으므로 아는 사람에게 반드시 물어야 합니다. 창피를 무릅쓰고 물어봐야 합니다. 적극적으로 두 번이고 세 번이고 물어 내 것으로 만들어야 합니다. 속담에 "모르면 세 살 먹은 아이에게 물어서라도 배워야 한다."고 했습니다. 집에 싸들고 와서라도, 밤을 새워서라도 맡은 업무를 빨리 내 것으로 만들어야 합니다. 모른다고 해서 알아주고 인정해주는 것은 아닙니다. 무능력자로 찍히게 됩니다. 자기 업무에 척척박사가 돼야 합니다. 동기생이 나보다 먼저 승진하는 것은 다 이유가 있는 것입니다.

② 목표설정, 계획수립, 강력추진

맡은 일, 목표를 정하고 계획을 치밀하게 세워 강력하게 추진합니다. 지시만 받아서 하는 일이 아닌 나 스스로 해야 할 일(목표)은 뭘까 찾아냅니다. 그걸 달성하기 위해 어떻게 해야 할까? 효과적이고 능률적인 성과를 얻기 위해서는 나름대로의 계획과 추진방법이 필요합니다. 무계획은 있을 수가 없습니다. 1일, 주간, 월간, 연간, 중장기로 목표와 계획을 세우고 강력하게 밀고 나가야 목표를 달성할 수가 있습니다. 일에는 우선순위가 있습니다. 먼저 할 것이 있고, 나중에 할 것이 있습니다. 먼저 할 것을 나중에 한다면 어떻게 될까요? 또 일에는 경중이 있습니다. 중요한 것을 덜 중요한 것보다 나중에 한다면 어떻게 될까요? 일에는 타이밍이 중요합니다. 그리고 할 일을, 목록을 만들어 휴대하고 수시로 진행상황을 체크해야 합니다. 업무 누락을 막을 수 있기 때문입니다. 깜빡 잊고 넘어갔다면, 처리하지 않았다면 어떻게 될까요? 그것이 중요한 사항이라면 자리를 내놔야 할 때도 있습니다. 실수는 있을 수 없습니다.

③ 문서작성

문서는 여러 가지 형태가 있습니다. 기획문서, 지시문서, 보고서, 제안서, 회신, 의뢰서 등 수없이 많습니다. 내용에 따라 형식도 다릅니다. 어떻게 작성해야 효과적인 문서가 될까? 내용이 산만해서도, 초점이 흐려져서도 안 되고, 눈에 쏙 들어와야 합니다. 알기 쉽고, 이해하기 쉽게 작성되어야 합니다. 깔끔하고 명확하고 조리 있게 쓰는 능력이 요구됩니다. 그러기 위해서는 육하원칙에 의해서 작성되어야 합니다. 5W 1H - Who, When, Where, What, Why, How(누가, 언제, 어디서, 무엇을, 왜, 어떻게) 했는지 분명해야 소구 효과를 얻을 수가 있습니다. 그리고 3단 논법(서론, 본론, 결론)을 적용한다면 훌륭한 문서작성이 될 것입니다.

글은 곧 그 사람이라고 했습니다. 자신을 나타냅니다. 생각과 능력과 인품이 그대로 드러나기 때문입니다. 한 편의 문서지만 어떻게 써야 잘 쓸 수 있을까? 멋진 글이 될까? 많이 읽고 생각해보고 많이 써봐야 합니다. 같은 값이면 다홍치마라고 기왕에 쓸 거 웃고 울릴 수 있는 문서, 감동을 주는 문서, 공감, 소구 효과를 얻을 수 있는 문서, 재미있는 문서를 작성하는 것입니다. 작품이 되게 쓰는 것입니다. 연구가 필요합니다.

• 글씨는 목소리의 그림이다. - 볼테르 / 철학사전

- 펜은 칼보다 강하다. - 리턴
- 사람과 그 사람이 쓴 글은 똑같은 것이다. - L. 린저 / 생의 한가운데
- 문체는 사상의 스타일이다. - 체스터 필드 / 자식에게 보낸 편지에서
- 신언서판(身言書判) : 옛 중국의 관리선발 기준으로 인물, 말, 글, 판단력을 꼽습니다.
- 문장은 사상의 옷이다. - L. A. 세네카

④ 회의

업무 현안에 대해 실무 담당자들이 모여 머리를 맞대고 아이디어나 해결책, 개선책을 찾는 모임입니다. 의견제시, 토론과 반론, 비판, 설득을 통해 모범답안을 찾는 장(場)입니다. 사전에 회의 안건을 파악해 철저히 준비하고 임해야 합니다. 잘 모르고 아니면 준비 없이 참석한다면 들러리나 꿔다놓은 보릿자루가 되고 맙니다. 참석하는데 의의가 있는 것이 아니고 수첩에 적기만 해서도 안 될 것입니다. 결론 없는 회의, 하나마나 한 회의는 시간낭비일 뿐 회의 무용론이 나올 수도 있는 것입니다. 회의답지 않다, 바쁜데 왜 소집했는지 모르겠다는 반응이 나올 수 있습니다. 그러므로 회의 주도자는 시간을 두고 고지해서 충분히 준비하고 나올 수 있도록 해야 성과 있는 회의가 됩니다. 불쑥불쑥 기분 내키는 대로 소집해서 하는 회의는 소기의 목적을 기할 수 없습니다. 회의는 효과적이고, 생산적이고, 보람이 있어야 합니다. 가령 야유회를 가는 회의라면 일정, 장소, 이용수단, 비용, 인원, 효과 등 면밀이 준비, 내안·복안을 제시해서 채택될 수 있도록 준비하는 것이 조직원의 임무이므로 아이디어맨, 해결맨, 대안제시맨이 되어야 합니다. 항상 내가 사장이라고 생각하고 회의에 참석해야 합니다. "회의는 발명의 아버지다."(G. 갈릴레이)

⑤ 지시받을 때는 이렇게

지시받기 전에 알아서 처리하고 보고를 한다면 어떨까? 유능함을 인정받는 길인데 그것이 그렇게 쉽지 않습니다. 일단 지시를 받으면 그 즉시, 언제까지 처리하겠다고 스스로 시간, 일정과 방법을 정해 신속·정확하게 처리해야 합니다. 가볍게 여기거나 늦장을 부리거나 어물어물 시간을 끌어서는 안 됩니다. 지시한 사람은 이제나 저제나 기다리고 있습니다. 결과를 알고 싶어 합니다. 물어왔을 때 아직 처리하지 못했다고 한다면 신임하고 맡기고 싶은 생각이 들지 않을 것입니다. 번개처럼 처리해서 묻기 전에 보고해야 합니다. 이것이 원칙이고 인정받는 길입니다. 유능, 무능 차이는 이런 데 있습니다. 상사들은 묻기 전에 중간보고, 결과보고를 잘하는 부하직원을 좋아합니다. 싫어하면 모르겠으나 좋아하니까 중간중간 보고하는 것입니다. 상사도 윗상사가 물어볼 수도 있으니 더욱더 기다려질 것입니다. 기다리다 못해 "이봐, 김 대리! 그거 어떻게 됐어? 아직 안 됐는데요. 언제까지 보고할 거야? 해봐야겠는데요. 그래? 놔두고 집에 가서 애나 봐. 알았지? 애가 없는데요. 그녀석 참"인 것입니다. 지시 가운데는 막연한 지시도 있을 것입니다. 이때는 분명하게 지시 내용을 물어보고 처리해야 합니다. "다음주까지 처리해서 보고해!" 화요일인지 금요일 오전인지 오후인지 애매할 때도 있을 것입니다. 그리고 상사의 의중을 빨리 파악하는 일입니다. 더운 여름에 시원한 냉커피를 바라고 커피 한 잔 가져오라고 했는데 더운 걸 갖다준다면 성질 고약한 상사는 엎어버릴지도 모릅니다. 상사 가운데는 성질이 더럽고 고약한 상사도 많이 있을 것입니다. 그렇다고 때려치울 수도 없고 처자식을 생각해서라도 참을 수밖에요. 직장인의 비애인 것입니다. 정, 꼴 보기 싫으면 어서 빨리 내 사업을 시작하는 것입니다.

⑥ 보고할 때도 이렇게

　보고는 구두 또는 서면으로 하게 됩니다. 지시나 사안에 따라 다르지만 서면보고일 경우 급할 때는 우선 구두보고를 한 후 사후에 서면보고를 하게 됩니다. 중언부언 두서없이 하는 것보다는 육하원칙에 따라 조리 있고 신속·정확한 사실보고여야 합니다. 명답을 제시하는 것입니다. 알맹이 없는 보고는 하나마나 한 것입니다. 능력의 잣대가 됩니다. 기왕 하는 것 참 잘했어, 잘 됐어 칭찬받을 수 있도록, 상사가 감탄할 수 있도록 해야 합니다. 밋밋한 보고와 감동적인 보고 중 귀하는 어느 타입입니까? 보고의 생명과 가치는 신속 정확함에 있습니다. 늦장 보고는 때를 놓치게 되고 부정확하고 과장, 허위 보고는 일을 그르치게 합니다. 사실을 사실대로 보고해야 되고, 왜곡이 있어서는 안 됩니다. 왕왕 잘못이나 실수를 감추기 위해서 또는 책임 추궁, 꾸중이 두려워 숨기거나 보고를 않거나 허위보고, 늦장보고나 어물쩍 넘어가는 경우도 있을 것입니다. 이럴 경우 "호미로 막을 걸 가래로 막는다."고 조기수습할 수 있음에도 일이 확대되어 더 꼬이거나 어렵게 됩니다. 사안에 따라 조직이 무너질 수도 있습니다. 조직원은 조직이 있으므로 내가 있게 되고 조직과 함께 가겠다는 마음가짐이 중요합니다. 안 좋은 일은 빨리 보고하라고 했습니다. 그래야 빨리 수습할 수 있기 때문입니다. 나의 그릇된 보고에 상사가 잘못된 결정을 내릴 수도 있습니다. 신속 정확한 사실보고는 상사나 최고 책임자가 정확하게 판단해서 현명한 결정을 내리는 데 중요한 요소입니다. 조직의 성패, 흥망이 걸린 문제라면 더더욱 중대한 문제가 아닐 수 없습니다. 항상 염두에 둬야 합니다. 알다시피 임진왜란 전에 일본의 조선 정벌론이 끊이지 않자 조정에서는 정사 황윤길, 부사 김성일로 하여금 일본 분위기가 어떤지 일본에 보냈습니다. 갔다 와서 보고하기를 정사는 분위기가 심상치 않으니 대비해야 된다고, 부사는 풍신수길은 그럴 위인이 못 된다고 보고했습니다. 잘못 본 건지 아니면 사실대로 보고한다면 대비한다고 우왕좌왕 하다 보면 인심이 흉흉해질 터이고 좋은 게 좋다고 사실대로 보고하지 않았는지, 당(黨)이 달라서였는지 모른 척 어물쩍 넘어갔던 것입니다. 그 결과는 어떻게 됐을까요? 7년간의 임진·정유왜란을 겪게 된 것입니다. 보고는 상사에게 어필할 수 있는, 능력을 인정받을 수 있는 좋은 기회입니다. 연구, 아이디어가 필요합니다.

⑦ 결제받을 때도 이렇게

부하란 조언자이고 참모입니다. 훌륭한 부하란 상사가 신속, 정확하게 판단하고 결심해서 업무처리를 잘할 수 있도록 훌륭한 안을 제시하고 도와주는 도우미 역할입니다. 옆에서가 아니라 책상 전면에서 읽기 쉽도록 결제서류를 펴서 제시해야 합니다. 부스스한 머리, 후줄근한 옷차림, 입냄새, 담배냄새, 땀냄새 좋아할 상사는 없습니다. "같은 값이면 다홍치마"라고, 일거수일투족이 평가 대상임을 잊어서는 안 됩니다. 일은 잘하는데 냄새가 역겨워서 - 싫어하기 마련입니다. 이발사 몸에서 노린내가 나면 못 견디 하듯. 언제나, 물었을 때 막히지 않고 즉시 답변할수록 훤히 알고 결제에 임해야 할 것입니다. 잘 몰라 더듬거린다면 어떻게 될까요? 이건 뭔가? 잘 모르겠는데요. 자세히 알아서 다시 결제 올리겠습니다. 이 대리? 예. 그렇게 한가해? 예, 좀 한가합니다. 그래? 결제란 상사의 결심을 받는 자리입니다. 어떻게 해야 할까요가 아니라 상사에게 답을, 해결책을 제시하는 자리입니다. 상사가 어떻게 했으면 좋을까 하고 물었을 때 잘 모르겠는데요가 아니라 이렇게 하는 게 좋겠습니다. 해결책을 제시하는 것입니다. 가려운데 시원하게 긁어주는 게 참모 역할입니다.

⑧ 발표 - 프레젠테이션(P.T)

직장인이라면 업무상 발표할 기회가 잦습니다. 동료 직원 앞에서나 아니면 임원이나 CEO 앞에서 전 직원을 상대로 P.T를 하게 됩니다. 경우에 따라서는 외부인을 상대로 P.T를 하게 됩니다. 무슨 일이든 남 앞에 선다는 자체가 불편한 것도 사실입니다. 일거수일투족 여러 사람들이 쳐다보기 때문에 감시당한다는 느낌이 들기도 하고 쑥스럽기도 하고 자연 주눅이 들게 됩니다. 처음에는 경험이 없기 때문에 긴장이 되고 불안하고 제대로 할 수 있을지 실수하면 어쩌나 고민이 안 될 수가 없습니다. 얼굴이 붉어지고 가슴이 쿵쾅거리고 목소리도 제대로 나오지 않는 것 같고 헛기침도 나오고 어떤 사람은 P.T 전에 진정제를 먹기도 합니다. 일류 강사도 처음에는 실수하기도 하고 말을 더듬기도 하고 자꾸하다 보니 요령도 생기고 숙달이 돼 잘한다는 소리를 듣게 됩니다. P.T는 하나의 기술입니다. 얽힌 것은 풀고 막힌 것은 뚫는 재주인 것입니다. 사안을 효과적으로 전달해서 공감을 얻는 설득의 자리인 것입니다. 명쾌하고 이해하기 쉽게 머리에 쏙 들어오게 전달해서 공감을 얻게 된다면 소기의 목적을 달성했다고 볼 수 있습니다. 옛날 정부 어떤 인사는 P.T, 브리핑을 잘해서 인정을 받아 승승장구한 경우도 있습니다. P.T 자리는 인정을 받을 수 있는 기회이기도 합니다.

어떻게 하면 P.T를 잘할 수 있을까? P.T에 관한 책을 100권 이상 읽었다는 전문가도 있습니다. 잘하려면 이런 노력이 필요합니다. 우선, 기획이 필요합니다. 무엇을 어떻게 준비할 것인가? 언제, 어디서, 누구에게, 어떻게 발표할 것인가를 준비하는 일입니다. 대상은 누군가, 목적은 무엇인가? 내용은, 주안점은, 소도구는, 예상질문과 답변은, 제스처는, 유머는… 메시지를 효과적으로 전달하기 위해서는 정밀한 시나리오가 필요합니다. 슬라이드 분량은, 시간은, 글자 크기는, 자세는, 복장은… 어떻게 해야 할지 준비합니다. 일단 준비가 끝나면 예행연습, 리허설을 여러 차례 갖고 부족한 점은 보완해서 P.T에 임한다면 성과 있는 P.T가 될 것입니다. 스마트폰으로 녹화, 점검하는 것도 좋습니다. "프레젠테이션의 목적은 전하고자 하는 내용을 텍스트, 그래프, 다이어그램, 사진, 동영상 등의 콘텐츠 재료 등을 사용해 전달하는 것이 목적이 아니라 청중과 공감대를 형성하고 이해시키는 것이다." 조맹섭 카이로스 P.T 연구 소장님의 고견입니다.

⑨ 실패를 두려워하지 마십시오.

하는 일마다 실패를 하지 않고 이뤄낸다면 얼마나 좋을까요? 그런데 그것이 그렇게 간단치가 않으니 문제가 됩니다. 사람은 누구나 불완전하기 때문에 실수 혹은 실패를 하게 됩니다. 그리고 실패 없이 성공하기란 무척 어렵습니다. 대부분 실패가 쌓여 성공이 이루어집니다. 한마디로 실패는 성공의 어머니라고 해도 과언은 아닙니다. 젖 먹이도 수없이 넘어지면서 일어서듯이 실패는 소중한 자산입니다. 값진 교훈을 얻을 수 있고, 두 번 다시 같은 실패를 막을 수가 있기 때문입니다. 그러니 실패를 너무 두려워 마십시오. 두려워하면 크게 이뤄낼 수가 없습니다. 일을 하다 보면 본의 아니게 자신의 잘못으로, 실패로 조직에 손해를 끼칠 때도 있을 것입니다. 이때 가혹한 추궁을 당하면 의욕을 잃게 되고 자책과 후회를 하게 됩니다. 사표를 생각할 수도 있습니다. 가만히 있으면 중간이라도 갈 텐데 괜히 주제넘게 덤볐구나 하는 생각을 갖게 될 것입니다. 자연 몸을 사리게 되고 기피하게 되고 무사안일에 젖고 적당하게 넘어가려 할 것입니다. 시키는 일만 하려고 하거나 소극적으로 임하게 됩니다. 전처럼 적극적으로 덤벼들려 하지 않을 것입니다. 실패가 용인되지 않는다면 자연 직장의 분위기가 활력을 잃고 침체되기 마련이고 발전이 더뎌질 것입니다. 적당주의가 만연할 것입니다. 조직의 기풍은 활력에 있습니다. 사기진작이 필요합니다. 속담에 "구더기 무서워장을 담그지 않으면 장맛을 볼 수 없듯" 조직원 각자가 실패가 두려워 몸을 사리거나 도전하지 않는다면 그 조직은 성장과 발전이 이루어질 수 없고, 침체되거나 도태되고 맙니다. 실패를 무릅쓰고 도전했기 때문에 에베레스트산 정상에 오른 것입니다. 업무에 적극적으로 도전했고, 최선을 다한 결과라면 그 실패는 응분의 배려가 있어야 합니다. 기를 살려줘야 하고, 실패의 상이라도 줘야 되고, 그리고 조직의 사기도 올려줘야 합니다. 프로선수가 에러를 겁내 시종일관 소극적으로 경기를 한다면 좋은 경기가 될 수 없습니다. 어느 유명한 축구선수는 자주 좋은 모습을 보여주겠다고 말합니다. 몸을 사리지 않고 적극적으로 플레이를 했기 때문에 유능한 선수가 됐고, 성공한 것입니다. 인간은 누구나 다 실패를 두려워합니다. 특히 조직원은 질책, 책임추궁, 불이익, 처벌을 받기 때문에 회피하려는 속성이 있습니다. 그러니 자발적으로, 적극적으로 아이디어를 내거나 업무를 수행하지 않고 소극적으로 현상 유지에 만족하고 맙니다. 그래서 외국에서는 실패한 조직이나 조직원에게 실패 책임을 묻지 않고 오히려 '실패상'을 주는 기업도 생겨나고 있습니다. 핀란드는 10월 13일을 '세계 실패의 날'로 정해 기리고 있습니다. 조직원들이 실패를 두려워하지 않고 도전의지를 심어주고자 배려 차원에서 도입되고 있습니다. 일테면 '선진경영기법'이라고 볼 수 있습니다. 우리나라에서도 일부 기업에서 시도하고 있습니다.

■ 실패 박람회 개최

2018년부터 매년 실패에 대한 인식 개선, 재도전 활성화를 위해 진행되고 있는 국민 참여 프로그램입니다. (행정안전부, 중소벤처기업부 주최)

- 한국재도전중소기업협회(전화 2068-6770) - 중소벤처기업부 산하

- 우리들은 성공보다 오히려 실패에서 많은 지혜를 배운다. - S. 스마일스
- 실패를 두려워하지 마라. 시도해보지도 않고 기회를 놓쳐버리는 걸 두려워하라. - 유나이트 테크놀리지사

- 실패는 성공의 어머니다. - 영국 격언
- 잘못과 실패는 우리들이 전진하기 위한 훈련이다. - 차닝
- 넘어짐으로써 안전하게 걷는 법을 배운다. - 영국 격언
- 나에게 성공이란 99%의 실패에서 나온 1%의 성취다. - 혼다 소이치로
- 실패하지 않은 인간은 대개 아무것도 하지 않은 인간이다. - E. J. 펠프스
- 성공의 반대는 실패가 아니라 도전하지 않는 것이다. - 에디슨
- 실패의 가치는 몰랐던 약점을 알게 하고, 그것을 극복하는 구조를 만들어주는 것이다. - 아이노 겐지

⑩ 업무에 미치십시오.

不狂不及(불광불급)! 미치지 않으면 미침이 없고 일이 되지 않고, 미쳐야 일이 됩니다. 불변의 진리이기도 합니다. 수많은 성공인들의 공통점은 자기 일에 미친 사람들입니다. 신념과 열정을 가지고 미쳤기에 성공한 것입니다. 자주 예를 듭니다만 발명왕 에디슨 선생은 결혼식날 자기 결혼식이 몇 시에 있는 줄도 모르고 연구실에서 연구하다 누가 와서 시간이 됐다고 알려주자 그때서야 부랴부랴 예식장에 갔다는 것입니다. (안 봐서 모르지만) 이처럼 일에 미치고 몰입하면 능률이 2~3배 오르기 마련이고, 못 이룰 게 없습니다. 볼록렌즈를 햇빛에 모아 쪼이면 불이 붙듯 일점, 한 곳에 집중하면 가히 쇠도 뚫을 수가 있습니다. 이것이 몰입의 법칙입니다. 직장인이라면 모름

지기 자기 일에 미쳐야 됩니다. 몰입해야 됩니다. 전력투구해야 합니다. 자연 성과도 쑥쑥 오릅니다. 실력이 붙고 차차 전문가가 됩니다. 이를 위해선 뭔가 남다른 노력이 필요합니다. 근무시간은 물론이고, 그 외 시간도 어떻게 하면 더 잘할 수 있을까? 실적을 높일 수 있을까? 업무 능률을 올릴 수 있을까를 생각하고 궁리하고 시도해보는 것입니다. 밥 먹으면서 잠자리에 누워서도 화장실에서도 출퇴근하면서도 궁리해보고 연구하는 것입니다. 기왕 하는 것, "같은 값이면 다홍치마"라고 업무에 미치는 것입니다. 혼자일 때 일 말고 뭐가 있을까요? 적당히가 아니고, 시간만 때우는 것이 아니고 어디 가서 술 먹을 궁리, 잡기에 빠질 생각 말고 맡은 일에 미치는 것입니다. "우물을 파도 한 우물을 파라."고 했습니다. 두 토끼를 다 잡을 수는 없습니다. 그럼으로써만이 실적이 오르고 인정을 받게 되고 남보다 빠른 승진이 보장되는 것입니다. 덩달아 급여도 오릅니다. 동기생보다 빠른 승진은 다 이유가 있는 것입니다. 적당히가 아니고 철저히 미치는 것입니다.

■ 업무 10계명
1. 연간, 월간, 주간, 일간 계획을 세운다.
2. 일과표를 작성한다.
3. 그날 계획은 그날 중 처리한다. 미루지 않는다.
4. 보다 나은 방법을 생각한다.
5. 자투리 시간을 활용한다.
6. 항상 메모한다.
7. 공사를 구분한다.
8. 필요 시 동료의 협력을 구한다.
9. 퇴근 후 2~3시간 자기계발에 투자한다.
10. 매일 결과를 확인, 점검, 반성한다. (1일 결산)

(3) 바람직한 직장생활

여러 인간군(群)의 집합소가 직장입니다. 장발 취향도 있고 단발도 있습니다. 코가 큰 사람도 있고 작은 사람도 있습니다. 적극적인 사람도 있고 소극적인 사람도 있습니다. 협조적인 사람도 있고 삐딱한 사람도 있습니다. 모가 난 사람도 있고 부드러운 사람도 있습니다. 별별 사람이 다 모여있습니다. 같을 수가 없다 보니 갈등도 있고 충돌도 있습니다. 어려움도 있고 경쟁도 있습니다. 이런 속에서 여러 조직원 가운데 나를 돋보이게 하는 것은 업무능력입니다. 능력신장을 위해 갈고 닦아야 합니다. 발군의 직장생활을 위해 꾸준한 노력이 필요합니다. 노력 앞에는 경쟁자가 없습니다.

① 자기계발

자기계발이란 자기 스스로를 갈고 닦아 연마해서 한 단계 발전되고 업그레이드된 인재가 되는 수단을 말합니다. 직장에 근무하는 틈틈이 남는 시간을 자기계발에 투자하는 것입니다. 평생직장 개념이 사라진 지금 살아남기 위해서는 내 주먹보다 믿을 건 자기 실력뿐입니다. 실력을 기르는 것이 자기계발인 것입니다. 전문가가 되기 위한 시도인 것입니다. 전문가가 되기 위해선 많은 시간과 노력을 투자해야 합니다. 세상에 공짜는 없습니다. 기상 후 아침시간, 출퇴근 시간, 점심시간, 퇴근 후의 저녁시간 등 자투리 시간을 어떻게 효과적으로 활용하느냐에 따라 직장 성패가 좌우됩니다. 어떤 직장인은 점심시간에 식사하러 나가지 않고 빵이나 김밥으로 때우면서 그 시간에 업무에 필요한 동영상 강의를 들었다는 것입니다. 다들 편하게 살려 하고 노력하기를 싫어합니다. 그것이 인지상정입니다. 그러니 성공한 사람이 적습니다. 성공의 차이는 종이 한 장 차이입니다. 자다 말고 새벽에 일어나 영어회화를 배우러 학원에 간다는 것은 고역이지만 그걸 참고 이겨내고 가서 배운 사람과 안 배운 사람과의 실력은 같을 수가 없습니다.

이제 여러분은 실력이 없으면 도태되는 시대에 살고 있습니다. 그래서 자기계발이 직장인의 필수요소가 되고 있는 것입니다. 그렇다면 뭘 계발해야 할까요? 현재의 업무 전문성을 살리는 것입니다. 경리직이라면 세무·회계사가 되는 것도 한 방편입니다. 나아가 외국어, 컴퓨터, 자격증, 기타 하고 싶은 것, 필요한 분야를 선택하는 것입니다. 목표를 정하고 언제까지 이뤄내겠다는 시한을 정해 계획을 세우고 실천에 옮깁니다. 앞장에서도 미쳐야 전문가가 될 수 있다고 했습니다. "로마는 하루아침에 이루어지지 않았다."고 했습니다. 전문가 역시도 하루아침에 되는 것은 아닙니다. 꾸준히 갈고 닦아야 합니다. "낙숫물이 바위(댓돌)를 뚫듯이" 꾸준히, 그래서 어떤 이는(말콤 글래트 웰) 1만 시간의 법칙을 강조합니다. 하루 3시간, 1주일 20시간, 10년이면 1만 시간, 이 정도 꾸준히 투자해야 비로소 전문가가 된다는 것입니다. 그의 말을 빌리지 않더라도 최소한 10년 정도 한 곳에 몰두하고 전념해야, 한 우물을 파야 전문가가 될 수 있는 것입니다. 자기계발을 해서 전문가가 되면 승진, 전직, 창업의 기회가 현실로 다가옵니다. 여기저기서 스카웃 대상이 됩니다. 몸값이 올라갑니다. 전문가 대우를 받게 됩니다. 갑작스런 이직을 대비해서라도, 반퇴 후 재취업을 위해서라도 꼭 필요합니다. 그러므로 이곳저곳 기웃거리지 말고 한눈 팔지 말고 10년 정도 한 곳에 젊음을 바치십시오. 미치십시오. "쇠뿔은 단김에 빼라."고 했듯이 오늘부터 작정하고 하루 3시간 이상 투자하는 것입니다. 그러면 모두 전문가가 될 수 있습니다. 앞날이 보장됩니다. 1년 후, 2년 후, 10년 후 나름대로의 전문가가 돼 있을 것입니다. 몰라보게 성장한 자신의 모습을 발견할 수가 있을 것입니다. 이에는 대단한 각오와 끈기와 노력이 필요합니다.

- 전문가란 자꾸 범위를 좁혀가며 깊게 지식을 얻는 사람이다. - 버틀러
- 전문가란 아주 조금밖에 알려지지 않은 것을 보다 많이 알고 있는 자다.
  - 버틀러

② **직무 제안, 발명**

　직장은 나와 내 가족을 먹여 살려주는 소중한 일터입니다. 일을 제공하지만 고마운 곳이 아닐 수 없습니다. 진심으로 고마운 마음을 갖는 것입니다. 반면 직장을 발전시켜야 할 의무도 있습니다. 직장이 발전, 성장해야 나도 발전이 되고 성장할 수 있습니다. 직장이 어렵거나 문을 닫게 되면 나의 존재 가치는 사라집니다. 실직의 고통을 겪게 됩니다. 직장과 나, 나와 직장은 떨어질 수 없는 동반자 관계입니다. 실과 바늘 관계입니다. 나의 존재 가치를 높이려면 어떻게 해야 할까요? 누누이 언급했지만 우선 내가 사장이라고 생각하고 업무에 임하는 것입니다. 업무에 한 치도 소홀함이 없어야 합니다. 사소한 것이라도 꾸준히 관심을 갖고 보탬이 될 수 없는가 살펴보는 것입니다. 일에 열중하다 보면 문제점이 눈에 띕니다. 그냥 지나친다면 개선이 되지 않고 발전할 수도 없습니다. 내가 사장이라면 모른 체하고 그냥 지나칠 수는 없습니다. 해결하고 넘어가려는 자세가 필요하고 중요합니다.

　더 편리한 방법은 없는가? 더 빨리하는 방법은 없는가? 이렇게 하면 경비 절감이 더 될 텐데, 이렇게 하면 업무 능률이 더 오를 텐데 더 좋은 방법은 없을까? 불편한 점, 비용절감, 개량, 개선, 보완할 점 등 직장에 이익이 된다면 즉시 안을 제시해봅니다. 아이디어를 개발, 특허 출원도 해보는 것입니다. 내가 제안한 것이 현재보다도 더 좋고 더 나은 방법이라면 채택이 되고, 직장에 이익을 가져다주기 때문에 직장은 보답으로 보상금이나 승진의 혜택을 주게 됩니다. 직

무 수행과정에서 창출한 아이디어, 제안, 발명, 즉 '직무발명 보상제도'입니다. 이걸 윈윈전략이라고 할까요? 서로 좋은 것입니다. 속담의 "꿩도 먹고, 알도 먹고, 누이 좋고, 매부 좋은 격"입니다. 앞장에서 소개한 일본 어떤 직장인(나카무라 슈지)은 청색 발광 다이오드(LED)를 발명, 직장으로부터 85억 원을 받았습니다. 그걸로 2014년 노벨물리학상을 탔습니다. 국내의 자동차 회사 어떤 직장인은 한 해 동안 22건의 특허를 받은 경우도 있습니다.

또 어떤 직장인은 10년 동안 29건을 제안했고, 특허도 받아 99억을 아끼게 해서 상을 받기도 했습니다. 이처럼 제안, 아이디어 개발은 직장과 자신을 살찌게 해줍니다. 그럼에도 대부분의 직장인은 무관심하거나 내 회사도 아닌데 뭘 하고 못 본 체하거나 적당히 넘어갑니다. 사장과 종업원의 속성이 다르기 때문입니다. "귀찮고 골치 아프게 신경 쓸 게 뭐 있나? 월급이나 타먹으면 됐지. 중뿔나게 뭐 잘못되면 어쩌려고." 하지만 기왕 몸담았으니 시계불X처럼 왔다 갔다만 할 것이 아니라 주인의식을 가지고 수시로 제안도 하고, 아이디어도 개발하고, 특허도 따는 것입니다. 상도 타고 보상금도 받고 승진도 하는 것입니다. 직원 한 사람이 1달에 1가지씩 제안이나 아이디어를 개발한다면 그 직장은 일취월장하고도 남을 것입니다. 직장 성장이 곧 나의 성장이 되는 것입니다. 애사심을 가지십시오. 충성심을 발휘하십시오. 나를 위해서 내 가족을 위해서인 것입니다.

③ 승진

누구나 승진을 바랍니다. 승진을 하게 되면 다 좋아합니다. 가족이 더 좋아합니다. 그래서 노력을 합니다. 그러나 다 승진이 되는 것은 아닙니다. 자격자만 승진이 됩니다. 승진을 하게 되면 책임과 권한이 달라집니다. 승진은 직장인의 목표입니다. 승진이란 제도가 없다면, 10년이고 20년이고 말단직원이라면 누가 업무에 애를 쓰려고 할까요? 목표가 없기 때문에 일할 의욕도, 재미도, 보람도 별로 없을 것입니다. 개인의 발전이나 조직의 성장도 바랄 수 없습니다. 한마디로 승진은 성장의 원동력입니다. 그래서 자기계발도 하고 노력도 하고 남보다 승진을 꾀합니다. 그러나 바란다고 다 승진이 되는 것은 아닙니다. 피라미드 구조처럼 올라가는 과정에서 경쟁이 되고 능력이 미치지 못하면 자연 탈락이 됩니다. 실력을 갖추면서, 실적을 쌓으면서 한 계단, 한 계단 올라가야만 정상까지 올라갈 수가 있습니다. 어떻게 하면 빨리 승진할 수가 있을까? "급할수록 천천히 하라."고 했습니다.

ㄱ. 목표를 정해 벽에 붙여놓습니다.

직원 2년 → 계장 2년 → 과장 3년 → 부장 3년 → 상무 2년 → 전무 1년 → 부사장 2년 → 사장! 언제까지 승진하겠다는 목표, 승진 계획을 세웁니다. 자연 의욕도 생기고 적극적으로 업무 수행이 이루어집니다. 눈빛과 행동거지가 달라집니다.

ㄴ. 실력을 기르고 실적을 쌓아야 합니다.

과장이라면 과장의 직책으로만 만족해서는 안 됩니다. 한 직급 높은 직무를 수행할 수 있는 안목과 실력을 갖춰둬야 합니다. 자기가 맡은 분야는 최고가 되어야 합니다. 그 일은 누구한테 맡겨야 한다는 말을 들을 정도가 돼야 합니다. 영업은 누구다, 품질관리는 나다 하는 평판을 들을 수 있도록 그 분야의 1인자가 되는 것입니다. 한눈 팔 수가 없습니다. 그리고 남과 다른 괄목할 만한 실적을 쌓아야 합니다.

ㄷ. 경력관리가 필요합니다.

직급이 올라갈수록 한 부서보다는 여러 부서의 경력이 승진에 유리합니다. 직장 전반의 업무를 두루두루 알고 있어야 신속 정확한 판단을 내릴 수 있고, 능률적으로 업무를 처리할 수 있기 때문입니다. 순환 보직이 필요합니다.

ㄹ. 덕을 쌓아야 합니다.

직장은 조직원의 집단입니다. 독불장군일 수는 없습니다. 상사가 이끌어주고, 동료가 도와주고, 부하가 밀어줘야 앞으로 나갈 수가 있습니다. 위아래의 도움을 받아야 되고, 그러려면 덕망을 얻어야 합니다. 덕을 쌓아야 합니다. 옛말에 "덕불고필유린"(德不孤必有隣)이라고 했습니다. 덕 있는 사람은 외롭지 않다. 반드시 이웃이, 도와주는 사람이 있다고 했습니다. 주위로 몰려들기 마련입니다. 위의 4가지를 유념해서 근무에 임한다면 좋은 일이 벌어질 것입니다. 남보다 빠른 승진이 이루어질 것입니다.

ㅁ. CEO(최고경영자)가 되려면

임원은 직장인의 꽃이라고 했습니다. 통상 20년 정도가 되면 임원이 됩니다. 요사이는 임원 승진 기간이 짧아지고 있습니다. 입사하면 누구나 한 번쯤은 CEO가 되겠다는 꿈을 품고 출발합니다. 그러나 꿈꾼다고 누구나 다 CEO가 되는 것은 아닙니다. 합당해야, 실적을 쌓고 능력을 인정받아야 CEO가 되는 것입니다. 어렵지만 불가능한 것은 아닙니다. 어떻게 하면 CEO가 될까? 많은 노력과 연구가 필요합니다. 벤치마킹도 필요합니다. 속담에 "될성부른 나무는 떡잎부터 다르다."고 했습니다. CEO처럼 사고하고 CEO처럼 행동해야 CEO가 될 수 있습니다. 말단일 때 과장의 눈으로 보고 과장일 때 CEO 눈으로 보는 것입니다.

■ 최고 경영자가 바라는 직원은 누구일까?

첫째가 주인의식을 갖고 일하는 직원입니다. 애사심, 충성심, 책임감이 투철하기 때문입니다.

■ 바람직한 직원상은 뭘까?

타부서에서 서로 데려가려고 하는 사람일 것입니다. 우선 일을 척척 잘하고 책임감이 강하고 협조적이고 배려심이 많고 인간적인 매력이 있는 사람일 것입니다.

④ 상사, 동(급)료, 부하와 잘 지내려면

어떻게 해야 할까? 어떤 조직이든 그 속에는 여러 종류의 인간군상이 존재합니다. 성장과 교육환경이 다르고 생활과 사고방식이 다 다릅니다. 조직원 가운데는 좋아하는 사람도 있고, 왠지 싫은 사람도 있을 것입니다. 모든 갈등은 인간관계로부터 시작됩니다. 성공적인 직장생활의 관건은 인간관계에 달려있다고 해도 과언은 아닐 것입니다. 비결이라면 입장을 바꿔 생각하고 이해하고 양보하고 배려하고 참고 도와주는 데 있습니다.

ㄱ. 부하

상사라고 다 훌륭한 인품의 소유자는 아닙니다. 권위적인 상사, 안하무인 독불장군식인 상사, 변덕쟁이 상사, 부하 공을 가로채는 상사, 책임을 부하에게 돌리는 상사, 괜히 트집을 잘 잡는 상사, 소가지가 사납고 화를 잘 내고 신경질을 잘 부리는 상사, 손찌검, 욕 잘하는 상사… 못된 상사나 고약한 상사를 만나면 하루하루 같이 근무하기가 무척 힘들 것입니다. 하루에도 몇 번이고 사표를 쓰고 싶은 생각이 들 때도 있고, 용감하게 사표를 쓰고 나간 직원도 있을 것입니다. 어떤 설문조사를 보면 상사와의 갈등으로 70%가 사표를 쓸까 고민을 해봤다는 것입니다. "저걸 그냥 확!" 멱살을 잡고 내동댕이치고 싶은 생각이 굴뚝같겠지만 밥줄이 걸렸는데 어쩝니까? 직장인의 비애인 것을 - 허나 사표를 쓰고 나가지 않을 바엔 참고 견디고 이겨내야 합니다. 내가 약자고 을(乙)이므로 다투거나 충돌을 피해 잘 지내는 것이 상책입니다. 그렇다고 뒷담화, 불평불만을 해서도 안 됩니다. 바로 귀에 들어감으로 입조심해야 합니다. 흉볼 때는 시원하겠지만 참아내야 합니다. 직장인의 처세훈입니다.

　반면 상사만 원망할 게 아니라 내게도 원인이, 잘못은 없는지 점검해봐야 합니다. 태도가 불순한 경우는 없었는지, 보고요령이 맘에 안 들었는지, 지시에 바로바로 응하지 않았는지, 근무태도가 불량했는지, 농땡이를 잘 쳤는지 원인을 찾아보는 것이 갈등 해소의 한 방법이 될 것입니다. 태도는 공손하게, 지시는 즉각 처리하고, 보고는 묻기 전에 흡족하게 해서 상사의 마음을 사로잡아야 합니다. 그러면 이쁨도, 사랑도 받게 되고 또 인정도 받게 되니 자연 갈등이 생기지도 않고 맺힌 것도 풀릴 것입니다. 외적인 것이 있다면 속담에 "음식 끝에 정 붙는다."고 음식이나 차나 술을 접대하거나 명절 때 간단한 선물을 한다거나 아부도 필요합니다. 치사할 수도 있겠으나 때에 따라서는 윤활유 역할을 할 수가 있기 때문입니다. 한층 친밀감이 생기고 거리감이 좁혀질 수도 있습니다. 팔이 안으로 굽는다고, 일만 잘한다고 좋은 점수를 받는 것은 아닙니다. 줘야 받는다고 했습니다. 달라면 싫어해도 주면 다 좋아하는 것이 인간의 속성이기 때문입니다.

　ㄴ. 동(급)료
　경쟁심이 있겠으나 표나게 질투하거나 비난해서는 안 되고, 적을 만들어서도 안 됩니다. 내 사람으로 만들어야 합니다. 먼저 다가가고 아낌없이 도와주면 내 편이 되기 마련입니다. 자연 후원자가 됩니다.

ㄷ. 상사

못된 시어머니 밑에서 시집살이한 며느리가 시어머니가 되니 당한 걸 앙갚음한다고 내리 호되게 시집살이시키는 못된 시어머니들이 많듯이 그래서는 안 되는데 개구리 올챙이적 생각 않는다고 - 그러나 나는 못된 상사로부터 호되게 당했다 하더라도 내 부하에겐 너그럽게 덕으로 대해야 합니다. 존경받는 상사가 돼야 합니다. 부하 없는 상사는 있을 수 없습니다. 모르면 자세히 가르쳐주고, 잘못했더라도 너그럽게 용서해주고, 꾸중보다는 격려와 칭찬을 아끼지 말아야 합니다. 인간은 칭찬을 받으면 더 잘하려는 속성이 있습니다. 칭찬받을수록 더 잘하게 됩니다. 칭찬한 사람에게 고맙게 생각하고 좋아하고 따르게 됩니다. 칭찬은 여러 사람이 있는 데서 하고, 질책은 남모르게 해야 효과가 있습니다. 부족한 점, 잘못한 점만 부각시킬 것이 아니라 장점을 찾아 살려줘야 합니다. 애로사항은 없는지 수시로 물어보고 가정사에도 문제는 없는지 신경을 써야 합니다. 호통만 칠 게 아니라 잘 챙겨줘야 합니다.

옛말에 "선비는 자기를 알아주는 자를 위해 목숨을 바친다."고 했습니다. 용장 밑에 약졸 없고 유능한 상사 밑에 유능한 부하가 있습니다. 형편없는 상사 밑에 형편없는 부하가 생기는 것입니다. 보고 배우니깐요. 유능한 상사란 무능한 부하를 유능하게 만드는 기술자입니다. 적재적소에 배치하고 중요한 역할을 주고 성장할 수 있도록 도와주는 일입니다. 목에 힘을 주고 호통만 치는 상사여서는 안 됩니다. 나는 유능한 상사인가? 수시로 자문자답해봅니다. 기왕지사, 멋지고 유능한 상사가 돼야 합니다. 지장보다 덕장(德璋)이 되라고 했습니다. 부하직원이 상사로부터 가장 듣고 싶은 말 1위가 "정말 잘했어", 2위가 "수고했어." 이런 말을 들으면 기분이 좋고, 힘이 나고, 더 잘하려 하고 고맙게 생각할 것입니다.

■ 최악의 직장인
1위 말이 많고(50%), 2위 뺀질이(45%), 3위 직장 예절 없고(44%), 4위 남을 의식하지 않고(40%), 5위 짠돌이(19%)(2014. 잡코리아 조사)

■ "리더의 비인격적인 행동이 직원들의 스트레스를 유발하고 신체적, 정신적 건강에 부정적인 영향을 미친다."(문광수 중앙대 심리학과 교수)

ㄹ. 아부하기
아부는 상대의 환심을 사기 위해 비위를 맞추는 짓입니다. 부정적인 면이 없지 않아 있지만 인간사회에서, 특히 직장에서의 아부는 때로는 윤활유 구실을 하기도 합니다. 긍정적인 효과를 얻을 수 있습니다. 특히 갑을(甲乙) 관계에서 상사에게 같은 말이라도 칭찬 섞인 말은 상사를 즐겁게 하고, 기분 좋게 하기 때문에 필요한 것입니다. 상사의 화난 얼굴을 펴게 하는 방법도 되고, 자연 직장 분위기도 좋아지게 됩니다. 늘상 찌푸리고 있거나 화난 표정을 하고 있으면 사무실 분위기가 어떨까요? 으흠, 저놈이 나한테 아부하는구나 뻔히 알고 있으면서도 싫어하는 사람이 없다는 사실입니다. 모름지기 직장인은 첫째가 일로써 승부를 걸어야 하지만 아무리 일만 잘한다고 인정을 받고 승진하는 것은 아닙니다. 플러스 알파가 있어야 합니다. 동료 경쟁자와 다른 뭔가가 있어야 합니다. 그것의 하나가 아부의 기술입니다. 무턱대고 아부하는 것이 아니라 센스 있는 아부여야 합니다. 어떻게 할까?

A. 상사의 말에 무조건 동조해주는 것입니다.

"맞습니다. 훌륭하십니다. 지당한 말씀입니다. 최고이십니다. 탁견이십니다." 듣는 순간 우쭐해지고 기분이 좋아지고 고맙게 생각할 것입니다.

"아닙니다. 틀렸습니다. 잘못했습니다. 그렇게 해서는 안 됩니다. 지장이 많습니다." 백 번 옳다 하더라도 거부 또는 부정적인 말로 말문을 막는다면 좋아할 상사가 몇이나 될까요? 네가 뭔데 건방지게, 붉으락푸르락 가만히 있지 않을 것입니다. 불이익을 당할 수가 있습니다.

B. 맞장구를 쳐주는 것입니다.

"달이 참 밝군. 보름달이니 밝겠지요."가 아니라 "예, 참 밝네요. 저기, 저 계수나무 밑에 가서 부장님과 같이 집을 짓고 천년만년 살고 싶네요." 무조건 기분 좋게 해주는 것입니다. 내가 약자고 을(乙)이니깐요. 한결 상사와 부하간의 인간관계가 가까워지고 더욱더 돈독해질 것입니다. 그렇지 않고 상사와 부하간에 못 잡아먹어 으르렁거린다면 사무실 분위기도 안 좋고, 업무에 지장이 있을 것이고, 직장의 발전에 도움이 되지 않을 것입니다. 긍정적인 차원에서 아부는 필요합니다.

방랑시인 김삿갓이 환갑잔치 마당에 가서 시 한 수를 읊었습니다. (김립시집 / 수연시) "彼坐老人不似人"(피좌노인불사인). "저기 앉아있는 노인이 사람 같지 않구나." 그러자 자식들이 가만히 앉아있지 않고 덤벼들자 "疑是天上降眞仙"(의시천상강진선). "마치 하늘에서 내려온 신선 같구랴." 어쩌고 하니 본인이나 자식들이 안 좋아할까요?

■ 아부 사례
- 애경사 참석
- 개인사 도와주기
- 생일, 명절 선물하기
- 음식, 술, 차 대접하기
- 겉모습(외모, 복장) 칭찬하기
  - 한국의 그레고리 펙이십니다.(미국의 미남 배우)
  - 어떤 옷을 걸치셔도 멋져 보이십니다.
  - 참 센스 있으세요.
  - 웃는 모습이 참 매력적이십니다. 일품이십니다.

그러면 더 웃게 됩니다. 부하직원으로부터 이런 칭찬을 듣는다면 입이 벌어지겠지요. 기분이 째지게 좋겠지요. 고맙게 생각하겠지요. 사무실 분위기도 좋아지겠지요. 밥만 먹고 살 수 없듯이 김치도 콩나물도 새우젓도 고루고루 먹어야 좋듯이 돈도 들지 않습니다. 일종의 화합 처세술인 것입니다.

- 한두 번 하면 아부지만 꾸준히 하면 충성이 된다. - 윤서인
- 아첨의 특징은 무엇보다도 상대를 기쁘고 즐겁게 해주는 기술이다. 부도덕한 행위라고 비난하면서도 아첨을 결코 싫어하지 않는 이유가 바로 여기에 있다. - 송건호 / 아첨의 철학

⑤ 인맥 만들고 관리하기

인간은 혼자 살아갈 수 없습니다. 함께 살아가는 존재입니다. 인간관계는 삶의 중요한 덕목입니다. 만남에서 이루어지고 주고받으면서 살아갑니다. 받는 것보다는 주는 것이 더 가치가 있습니다. 수되 대가를 바라지 않고 주는 것입니다. 살다 보면 어려운 일이 생길

경우 남의 도움이 절실히 필요할 때가 많습니다. 이때 필요한 것이 인맥입니다. 인맥은 타인과의 관계 맺기입니다. 관계 속에서 살아가는 것이 인간입니다. 일종의 처세술 쌓기입니다. 인맥이 두텁다는 것은 알고 있는 사람의 층과 폭이 높고 넓다는 뜻입니다. 그냥 알고 있는 정도가 아니라 앎 이상의 돈독한 관계를 맺어야 합니다. 인맥은 훌륭한 자산입니다. 윤활유 구실을 함으로 잘 가꾸어야 합니다. 직무상 보탬이 되거나 승진, 전직, 창업하는 데도 도움이 됩니다. 애경사에도 하다못해 병원 입원 시에도 도움이 됩니다. 그러므로 다양한 계층의 인맥을 쌓아야 합니다. 우선 직장에서의 인간관계가 좋은 인맥이 될 수 있습니다. 그중 입사 동기는 여러 부서에 포진해 있으므로 직장 돌아가는 상황 등 정보를 빨리 얻을 수가 있습니다. 끈끈한 유대관계를 지속시켜야 합니다. 아는 것만으로는 진정한 인맥이 될 수 없습니다. 내 사람으로 만들어야 합니다. 그 비결은 베풂에 있습니다.

ㄱ. 만들기

우선 많은 사람과 만나야 됩니다. 교제의 폭을 넓혀야 합니다. 직장, 이웃, 동창회, 향우회, 군대, 전 직장, 동호회 등 각종 모임에 적극적으로 참여해서 인맥을 쌓아야 합니다. 내가 먼저 손길을 내밀고 다가가야 합니다. Give and Take란 말이 있듯이 받아야만 주는 것이 아니고 먼저 주는 것입니다. 주면 언젠가 받게 되어있습니다. 그러나 주는 것은 잊되 받은 것은 잊지 말아야 합니다. 먼저 대접하고, 먼저 도와주고, 먼저 베풀어야 합니다. 그래야만 내 인맥이 형성되는 것입니다. 만나고 싶어 하는 사람, 기다려지는 사람, 만날 때마다 뭔가 도움을 주는, 정보와 아이디어를 제공하는 사람이 되어야 합니다. 직장인에게는 승진 아이디어, 사업하는 사람에게는 사업에 도움을 줄 수 있는 사업 아이디어, 아픈 사람에게는 플러스가 되는 건강정보를 제공하는 것입니다. 항상 만나기 전에 도움을 줄 수 있는 뭔가를 생각해두는 것입니다. 그리고 만나 생각해뒀던 정보와 아이디어를 제공하는 것입니다. 이럴진대 싫어하는 사람은 없을 것입니다. 고마워할 것입니다. "견아중생 환희발심"(見我衆生 歡喜發心)이라는 말이 있듯이 나를 만나는 모든 사람에게 기쁘고 즐거운 마음이 들게 하라는 것입니다.(팔만대장경) 그러면 인맥이 구름처럼 구축될 것입니다.

ㄴ. 관리하기

애써 만든 인맥은 계속 관리해야 유지가 됩니다. 그렇지 않으면 끊어지고 맙니다. 나무를 가꾸듯 공들여 잘 가꾸어야만 열매를 맺는 이치와 같습니다. 안부 전화도 자주, 만남도 자주 갖는 것입니다. 애경사 참석도, 술도, 음식 접대도 필요합니다. 생일카드를 보내고 개업축하, 승진인사 난(蘭)도 보냅니다. "그러므로 무엇이든지 남에게 대접받고자 하는 대로 너희도 남을 먼저 대접하라."(마태복음 7:12) 만고의 진리인 것입니다.

- 문자 메시지를 자주 보냅니다.(정보 제공, 굿 아이디어)
- 명함관리 꼼꼼히 : 날짜, 장소, 인상, 내용, 특징, 소감을 적어둡니다.
  - 그렇다고 인맥관리에 너무 집착하면 직무수행이나 자기계발에 지장이 많으므로 한도 내에서 적절히 할애하는 지혜가 필요합니다.

⑥ 비난과 칭찬

칭찬하기는 어려워도 비난하기는 쉽습니다. 어느 조직이나 미운 사람, 싫은 사람은 있기 마련입니다. 안 볼 수도 없고, 그렇다고 미운 사람 미워하거나 비난하면 속이 시원할 수 있어도 비난의 화살이 부메랑이 되고, 적이 생기게 되니 업무 수행하기가 어려울 수도 있고,

좋을 것이 하나도 없습니다. 조직원이란 서로 협력하는 관계입니다. 독불장군이란 있을 수 없습니다. 나를 위해서라도 대범하게 비난보다는 칭찬을 하는 것이 백 번 낫습니다. 무척 어려운 일이지만 어떻게 칭찬해줄까를 생각해보는 것입니다. 칭찬에 인색한 게 우리 모습이지만 칭찬을 자주 해주다 보면 그 미운 사람도 나를 좋아하게 되고, 나도 따라 좋아지게 됩니다. 나의 훌륭한 협력자가 되고, 이것이 칭찬의 마력이고, 그걸 살리는 것입니다.

⑦ 불평, 불만

만족스럽지 못하니 불만을 품고 불평을 하게 되지만 어느 직장이든 불만은 다 있습니다. 내 마음에 쏙 드는 직장은 없기 때문입니다. 하물며 내 사랑하는 가족도, 자식도 때에 따라 마음에 안 들 듯 불만은 다 있는 것입니다. 그렇다고 불만을 품고 불평을 하면 불평분자로 찍히게 되고, 평판이 나면 퇴출 1순위자가 될 수 있습니다. 조직에서 눈엣가시 같은 존재가 돼서는 안 됩니다. 불만이 있더라도 참고 이겨내고 뛰어넘는 자제심, 지혜가 필요합니다. 그것은 역지사지, 입장을 바꿔 생각해보는 것입니다. 오죽했으면… 꾹 참고 견뎌내야 합니다. 이해하고 너그럽게 포용력을 발휘해야 합니다. 그렇지 않으면 누가 절을 떠나듯 내가 떠나야 합니다. 미래의 사장인 내가 해소하려고 노력하지 않고 자주 불만이나 표시하고 작당해서 불평이나 쏟아낸다면 그 직장은 성장할 수 없습니다. 직장이란 같은 배를 탄 공동 운명체인 것입니다. 서로 풀려고 노력해야 풀리게 됩니다. 나라가 망한 건 외침보다도 안에 문제가, 내부 분란이 있을 때 찾아옵니다. 대부분 능력이 부족하거나 일을 잘 못하는 사람이 불만을 품고 불평한다는 사실입니다. 차라리 그 시간에 일에 더 몰두한다면 능률이 오를 텐데 - "Do you Best?"(귀하는 최선을 다했습니까?) 성장이 멈추거나 어려울 때 감원을 생각합니다.

■ 퇴출 1순위

- 불평불만이 많은 사람
- 게으름을 피우거나 자주 미루는 사람
- 무사안일, 적당주의자
- 근무 중에 딴짓을 하는 사람
- 요령 피우는 사람
- 뺀질뺀질한 사람
- 시키는 일만 하는 소극적인 사람

나는 어디에 해당될까?

- 늘 불평을 말하고 남의 욕을 입에 올리는 사람이 성공한 예는 없다. - 탈레랑 페리고르
- 어느 한 가지 일에 성공한 사람을 보면 그들은 자기의 혓바닥을 조절할 줄 알았던 것이다. - 탈레랑 페리고르
- 자신의 불만을 감추어두지 못하는 사람은 어떤 일이나 대성할 수 없다. - 카알라일
- 불만은 결핍에서 오는 것보다 욕망에서 생기는 일이 많다. - 영국 격언

⑧ 슬럼프에 빠질 때

다람쥐 쳇바퀴 돌리듯 같은 일을 반복하다 보면 나도 모르게 매너리즘, 슬럼프에 빠질 때가 있습니다. 일이 손에 잡히지 않고 의욕도 없고 짜증도 나고 심신이 피곤하고 만사가 귀찮습니다. 상사의 지시도 귀에 잘 들어오지 않고 어디 먼 곳으로 도피하고 싶은 생각도 들 것입니다. 직장인이라면 누구나 한두 번 겪게 되는 현상입니다. 일종의 직장 권태기입니다. 현명한 직장인이라면 슬기롭게 빠져나와야 되는데 그 속에서 계속 허우적거리면 더욱더 업무 의욕도 떨어지

고 능률도 오르지 않고 삶의 보람도 줄어들게 됩니다. 이때 자칫 안 좋은 유혹에 빠질 수 있고 일탈을 하기도 합니다. 이로 인해 지금까지 쌓아올린 것들, 인격, 지위, 업적이 한순간 물거품이 되기도 합니다. 인간은 갈대처럼 나약하고 순간순간 흔들리는 존재입니다. 환절기를 조심해야 되듯 일탈의 순간을 조심해야 되고 슬기롭게 극복하는 것입니다. 어떻게 슬럼프를 극복해야 할까? 그 원인을 파악하고 대처하는 일입니다. 업무적이라면 파트를 옮겨봅니다. 업무 분위기를 바꿔보는 것입니다. 새 업무를 맡아 새 일에 몰두하다 보면 잡념도 사라지고 의욕도 생길 수가 있기 때문입니다. 아니면 삶의 분위기를 바꿔보는 것입니다. 휴가를 얻어 가보고 싶은 곳으로 잠시 여행을 떠나는 것도 좋을 것입니다. 낚시를 좋아하면 강이나 바다로, 등산을 좋아하면 산으로 잠깐 다녀오는 것도 기분전환이 될 수도 있을 것입니다. 잠깐 일상의 업무를 떠나 혼자만의 휴식을 취해보는 것도 활력을 얻을 수 있는 방법이 될 것입니다. 선배나 친구, 주위의 조언을 구해보는 것도 좋을 것입니다. 슬럼프 해소에 도움이 될 수 있는 음악을 소개합니다. "밤하늘의 트럼펫", "밤하늘의 블루스"

⑨ 기술 유출

"국산 최신 잠수함 기술, 대만에 유출(2022. 6. 7. 조선일보)" 우리 첨단기술이 다양한 방법으로 동종업체나 해외로 무차별 유출되고 있고 점점 늘어나고 있습니다. "30조 기술을 지갑, 벨트, 신발에 숨겨 1만 원짜리 USB로 빼돌려!" - 2012년 국내 어느 대기업이 천문학적인 돈을 들여 개발한 기술을 협력업체인 외국 국내 법인 한국 직원이 외국 여러 기업에 빼돌렸다는 보도가 있었습니다. 기술이 넘어가기 전에 적발했어야 했는데 넘어가 버렸으니 어떻게 해야 될까요? 연구원들이 오랫동안 밤잠 안 자고 수많은 실패 끝에 개발한 기술인데, 많은 개발비용을 들였는데 가만히 앉아 뺏긴 것입니다. 또 국책업체 어떤 연구원은 외국에 기술을 빼돌리다 적발되기도 했습니다. 또 얼마 전 인도인 기술자가 국내 조선 3사에 옮겨 다니며 근무 중에 시추선 설계도면 등 파일 320개를 몰래 빼낸 혐의로 구속된 일도 있었습니다. (2015. 10. 29. 문화일보) 세계 1위 세탁기 기술을 중국에 넘긴 연구원들이 적발되기도 했습니다. (2018. 3. 7. 조선일보) 심지어 기술과 팀원들을 빼돌려 외국에 나가 회사를 차린 경우도 있습니다. 한마디로 웃기고 있는 일들이 계속 벌어지고 있습니다. 그 피해는 이루 말할 수 없이 막대할 것입니다. 지금 현재도 적발되기도 하고 유출되기도 하고 계속 시도하고 있을 것입니다. 유출되기 전에 적발을 했다면 다행이겠으나 한 번 유출되면 그 기술은 다시 회수할 수가 없습니다. 한마디로 국부(國富)의 해외 유출인 셈입니다.

- 누가 빼낼까? : 전 직원, 현 직원, 협력업체 직원, 외국인, 기타
- 왜 그럴까? : 불만, 부당한 대우, 모욕, 해고, 앙갚음, 돈, 지위, 취업 미끼 등 여러 이유가 있을 것입니다.
- 막으려면 : 대부분 전, 현직 직원이 저지르기 때문에 세심한 배려가 첫째이고, 두 번째는 유출되지 않게 2중, 3중으로 막을 방법을 강구해 두는 일입니다. 기술적으로 못 빼가게 단도리를 잘해두는 것입니다.

빼낸 기술로 똑같게, 비슷하게 만드니 당한 기업은 판매 부진, 이익 감소로 이어지고, 결국에는 도산될 수도 있는 것입니다. 열 사람이 감시해도 한 도둑 못 잡는다고 손 놓고 볼 게 아니라 꺼진 불도 다시 보듯 정밀하고 세심하게 신경을 써서 유출을 막아야 합니다. 사활이 걸린 문제이기 때문입니다. 한 번 넘어간 기술은 다시 찾아올 수 없습니다. "닭 쫓던 개 지붕 쳐다보듯", "소 잃고 외양간 고치는 우(愚)"를 범해서는 안 될 것입니다. 그럼에도 우리는 자주 이런 우를

반복하고 있습니다. 현명하면서도 어리석은 게 우리 인간입니다. 기술 개발에는 많은 투자와 신경을 쓰면서도 지키는 일에는 생사가 걸렸음에도 소홀히 하고 덜 쓰는 것 같기도 합니다. 창이 있으면 방패가 있듯 보안전담팀을 만들어 철저히 지키는 것입니다. 최근 6년간 핵심기술이 경쟁국가에서 관련 산업 종사자를 매수, 157건이 해외로 유출됐다는 보도가 있었습니다. 국가 핵심기술도 21건이나 되고, 그중 중국(12건), 미국, 캐나다, 이스라엘, 독일, 인도, 말레이시아 등입니다. 빼내간 인력도 핵심기술을 전수받고 나면 팽시킨다는 것입니다.(토사구팽) 계속 월급 주고 붙잡아둘 이유가 없기 때문입니다.

"중국, 연봉 2배 주고 한국 IT 인재 사냥"
"중국, 유령회사 만들어 한국 인재들 기술 빼먹고 1년 뒤 팽(烹)"
"국정원, 첨단기술 유출 40건 적발 … 70%가 중국으로"
신문기사 제목입니다.

- 해외기술 유출, 적발 시 15년 이하 징역, 15억 이하 벌금 부과
- 유출 신고자, 포상금 1~20억 지급

■ 기술을 빼돌리려는 이에게

기술 유출은 이유를 막론하고 범죄행위입니다. 부족한 나를 채용해주고 일을 시켜 보수를 주고 지위를 줘 먹고 살고 집도 사고 술도 먹고 자식도 가르치고 많은 도움을 받았는데 감정이나 사익 때문에 배신해서야 될지, 몸담고 있고 몸담았던 직장인데 내가 빼낸 기술로 직장이 어려워지거나 문을 닫게 되면 동고동락했던 동료직원들이 일자리를 잃게 된다면 마음이 아프지 않을까? 해서는 안 될 짓, 못된 짓, 나쁜 짓입니다. 매국행위나 다름없습니다. 의리는 우리 인간의 소중한 가치이고 훌륭한 덕목입니다. 지켜야 할 의무입니다. 앙갚음

도, 돈도, 지위도 중요하지만 길이 아니므로, 인간의 도리가 아니므로 유혹을 떨쳐버리고 그리고 생각을 접는 것입니다. 좀 더 크게 생각하고 사익보다 국익을 먼저 생각해봅니다. 애국자가 돼보는 것입니다. "도둑에게도 의리가 있다."(한국 속담)

⑩ 직장 내 성희롱, 성추행

직장 내에서 상사나 동료에 의한 여직원 성희롱이 빈번히 일어나고 있습니다. 보도를 보면 해마다 늘어나고 있습니다. 2017년 644건, 2018년 1,005건, 2019년 1,359건, 2020년 1,624건(성희롱·성추행·성폭력 : 고용노동부)이 일어났습니다. 직장 내 성희롱이란 고용이나 업무와 관련하여 사업장 내외에서 사용자나 근로자가 다른 근로자에게 상대방이 원하지 않는 성적인 언동을 함으로써 상대방에게 성적 굴욕감이나 혐오감을 느끼게 하거나 성적 언동, 기타 요구 등에 대한 불응을 이유로 고용상의 불이익을 주는 것을 말합니다.(남녀 고용평등과 일·가정 양립지원에 관한 법률 제12조 제2호) 한마디로 우월적 지위를 이용해 약자인 여성에게 가해지는 권력 횡포인 것입니다. 국회의원도 도지사도 사장도 시장도 교수도 교장도 국회의장도 목사도 예외일 수는 없습니다. 지위고하를 막론하고 때와 장소를 가리지 않고 성희롱이 일어나고 있습니다. 사장과 직원 사이, 교수와 제자, 목사와 신도, 교장과 교직원과 학생 사이 대부분 힘센 남성이 약한 여성을 희롱합니다. 성희롱인지 몰랐다, 장난삼아 했다고 말하지만 상대가 성적으로 불쾌하게 느꼈다면, 수치심, 모욕, 혐오감을 느꼈다면 그것이 다 성희롱인 것입니다. 옆에 앉혀놓고 술을 따르게 하거나 강제로 춤을 추거나 외설적인 사진을 보여주거나 붙여두는 행위, 성적 농담, 음담패설, 뒤에서 어깨를 주무르는 것도, 껴안는 것도, 가슴팍을 살짝 대는 것도, "잘해봐." 하고 엉덩이를 툭 치는 것도 엄연한 성희롱, 성추행인 것입니다. 또 있습니다. 기습키스,

성적인 희유, 외모에 대한 성적인 비유 등 왕왕 물의를 빚게 되고 처벌 또는 망신을 당하기도 합니다.

ㄱ. 왜 이런 일들이 시도 때도 없이 일어날까?

강한 자에게 약하고 약한 자에게 강한 것이 인간의 속성입니다. 물리적으로 힘센 남성이 힘 약한 여성을, 힘이 세다고 깔보기 때문이기도 합니다. 또 한편으로는 조물주께서 남성에게 성적으로 껄떡거리도록, 좋아하도록 만들었기 때문입니다. 그래서 남성은 여성에게 집적대기를 좋아합니다. 도를 넘으면 지탄, 처벌을 받게 되고 자제하거나 이성을 잃지 않으면 아무 문제가 없고 인격자가 됩니다.

ㄴ. 어떻게 막아야 할까?

업무상, 인사상 불이익을 당할까봐 참고 숨기고 속으로 끙끙대지만 두 번 세 번 계속되면 분명한 의사표시로 제지해야 합니다. 모른 체하고 놔두면, 받아주면 계속되므로 더 나아가면 불상사가 생기기 때문에 서로를 위해서 단호한 조치가 필요합니다. 대처방법이라면 분명히 하지 말라고 거부의사를 밝히고 그래도 그치지 않으면 차상급자나 상급기관이나 관련기관에 알려서라도 막아야 합니다. 육하원칙에 따라 증거자료를 확보해둬야 합니다. 내용증명을 보냅니다. 역지사지! 내 딸 내 동생이 성희롱을 당했다면 어떻게 해야 할까? 건전하고 깨끗한 직장문화를 만들어야 하고 힘 있는 자, 상급자가 자각하고 자제하고 솔선수범해야 이 문제가 풀릴 것입니다.

■ 직장 내 성희롱 예방을 위한 10가지 생활수칙

1. 성희롱과 친밀감을 구분한다.
2. 평소 동료들 사이에 존칭을 사용한다.
3. 성차별적 농담, 음담패설에 웃지 않는다.

4. 성희롱으로 인한 불쾌한 감정은 분명히 표현한다.
5. 상대방의 싫다는 표현에 대해 진지하게 받아들인다.
6. 직장 동료의 사생활에 대한 소문을 퍼뜨리지 않는다.
7. 직장 동료의 신체에 대해 성적인 평가를 하지 않는다.
8. 성희롱 이슈를 희화화하지 않는다.
9. 고정된 성 역할을 강조하는 말을 하지 않는다.
10. 주위에 피해자가 있을 때는 적극적으로 도와준다.

(출처 : 직장 내 성희롱, 모두를 위한 안내서「평범한 용기」, 2015년 한국여성민우회 발행)

■ 상담기관
· 고용노동부 종합상담실 / 국번없이 1350
· 고용평등상담실 / 1544-5050(임금체불, 성희롱, 출산휴가 등)
· 국가인권위원회 (02) 2125-9700
· 직장 내 성희롱 · 성폭력 근절 종합지원센터 (02) 735-7544

⑪ 빗나간 사랑 - 불륜

　여기서의 불륜은 직장 내의 유부남 상사, 유부남 직원과 미혼 여성 직원과의 불장난을 말합니다. 상사라는 지위를 이용해서 순진하고 힘없는 여성직원에게 음양으로, 물심양면으로 편의제공, 친절, 호의, 도움, 감언이설, 위압적으로 유혹해서 행해지는 불륜입니다. 처녀총각이라면 모르겠으되 자기 집에는 엄연히 처자식이 도사리고 있는 몸인데 성적 해소 차원에서 어떻게 해보려고 껄떡거리는 못된 상사나 직원이 더러 있을 것입니다. 처녀 몸인데 장차 총각을 만나 결혼할 몸인데 결코 농락해서도, 농락당해서도 안 되는데도 계속 불상사가 일어납니다. 밖에서 차 한 잔 하자고, 맛있는 것 사준다고, 등산이나 어디 놀러 가자고, 마누라는 아파 늘 자리에 누워있고(아프긴 잘만 돌아다니는데), 애정도 없고, 이혼을 생각 중이라고, 영화 티켓 2장 얻은 게 있다고 별 구실을 대면서 접촉을 시도합니다. 응하지 말아야 되는데도 우리의 순진한 미혼여성 직원은 뭣도 모르고, 마지못해, 거절을 못해, 호기심에 응하게 됩니다. 이윽고 발단이 시작됩니다.

흑심을 품고, 처음에는 모르지만, 상사가 접근할 때야 사랑이 어쩌고 하지만 그것은 한낱 개수작에 불과합니다. 상처를 입는 것은 언제나 여성 쪽입니다. 거짓 사랑에 속지 말아야 되는데 참사랑인 줄 알고 몸과 마음을 맡기게 되고, 그리고 깨지면 울고불고 원망, 후회하고 비탄에 빠지게 됩니다. 그 후유증은 오래 남게 됩니다. 관계가 깊어져 성관계가 지속되면 임신을 하게 되고 임신이 됐다고 하면, 애를 낳겠다고 하면 문제가 되니 거의가 돈을 주거나 안 주면서 중절수술을 하라고 종용할 것입니다. 중절수술한 여성이 오래전 2010년에 16만 8,738명(15~44세), 미혼여성이 42%에 달하고 있습니다. 그러므로 상사가 접근해오면 친절, 도움, 호의를 베풀면 느낌으로 알 수 있고, 계산된 행위일 수 있으므로 경계하거나 차단하는 것입니다. 어정쩡한 태도를 보이면 호감으로 여길 수 있으니 과단성 있게 단칼로 무 자르듯 거부해야 합니다. 분명하게 의사를 밝혀야 합니다. 서로를 위해서인 것입니다. 그것이 정도(正道)이고 불행을 막는 길입니다. 행여 인사상의 불이익을 당하지 않을까 해서 거부하지 못하고 끌려다니게 된다면 그래서 관계가 깊어지게 되면 서로 불행해지기 때문입니다. 애초에 싹을 잘라버려야 합니다. 거부했는데도 계속 집적댄다면 가족에게, 차상급자에게, 인사 담당자에게 알리고 조치를 받아둬야 합니다.

주위 동료나 상담기관의 조언도 필요합니다. 혼자 해결하려고 끙끙대면 어렵습니다. 경우에 따라서는 타부서로 옮기거나 사표를 내야 합니다. 직장 잡기가 어렵겠지만 불행을 막는 길이기 때문입니다. 남자란 대체로 이성관계에서 무책임한 면이 있습니다. 속담에 "열 여자 싫어할 남자가 없다."고 조물주의 조화고 생리현상이지만 기혼 남자, 처자식이 딸린 늙은 유부남과 무슨 사랑인가요? 첩으로라도 괜찮다면 모르겠으되 X물이 튀면 피해야 되듯이 유부남 = X차라고 치부해야 합니다. 그런즉슨, 감언이설에 속지 말아야 합니다. 그것은 불륜일 뿐 사랑이 아닙니다. 궁극적으로 남녀간의 사랑의 종착점은 결혼인데 부인과 이혼하고 결혼하자고 하면 당장 이혼하고 결혼할 남자가 몇이나 될까요? 거의 다 핑계를 대고 꽁무니를 뺄 것입니다. 지금은 때가 아니니 조금만 기다려달라고 회피하기도 하고, 질질 끌다 보면 유야무야 되고 상처만 여성측이 떠안게 됩니다. 어디서 조사한 걸 보면 불륜 이유가 남자는 성적으로 이끌려서, 여자는 남자가 자기를 사랑하기 때문이라는 것입니다. 자기가 요구하면 상대 유부남이 이혼할 것이라고 믿고 있으며(17%), 남자는 상대 여자가 이혼요구를 하면 50%가 교제를 중단하겠다고, 그리고 4%만이 이혼을 하겠다는 것이 아니고 "생각해보겠다."는 것입니다. 성적 이끌림이란 고상한 언사이고 오로지 성욕 배출 수단일 뿐, 두 마디도 아니고 한 마디로 말한다면 동상이몽이고, 순진한 여성 쪽의 착각에 불과합니다. 그건 남성의 성 심리를 잘 모르기 때문입니다. 성(性)이 다르니 알 턱이 없을 것입니다. "떡 줄 생각을 않는데 김칫국부터 마신 격"이라고나 할까요? 사랑은 무슨, 한마디로 불장난에 불과한 것입니다.

현명한 여성은 속지 않습니다. 그러나 이성관계는 요상해서 그래도 속습니다. 모름지기 남녀간의 사랑은 순수해야 합니다. 처녀, 총각 1 : 1의 만남이어야 합니다. 사랑이란 순수함 속에서만 아름다운 결실이 맺어지기 때문입니다. 어쨌든 유부남이라면 같은 직장이 아니어도 마찬가지입니다. 맘에 드는 총각이 접근해오면 얼마나 좋을까만 유부남인지 어떤지 깊어지기 전에 비극을 막기 위해서 사전에 뒷조사가 필수사항인 것입니다. 유부남의 접근은 거의 계산된 행위임으로 조심하고 경계해야 합니다. 업무 이외의 접근은 거부해야 되고, 속아서는 안 될 것입니다. "모든 것(순결)을 바쳤을 때 여성은 세계를 준 것처럼 생각한다. 그러나 남성은 단지 장난감이나 받은 듯이 생각한다."(카르멘 실바)

⑫ 직업병

스트레스란 몸에 해로운 정신적, 육체적 자극이 가해졌을 때 그 생체(生體)가 나타내는 반응을 말합니다.(국어사전) 직장근무를 하다 보면 여러 가지 원치 않는 병을 얻게 됩니다. 직장과 업무 부서에 따라 직업병이 다르겠지만 보편, 공통적인 것이 스트레스입니다. 앞에서도 살펴봤지만 스트레스는 누구에게나 다 있습니다. 대부분 병이라고 여기지 않습니다. 우리 직장인이 OECD 국가 중 스트레스를 제일 많이 받고 있다는 보도도 있었습니다. 언젠가 질병관리청에서도 발표했습니다.(20대 37.9% / 30대 36%) 직장인의 어려움 중의 하나가 인간관계입니다. 갈등을 겪다 보면 스트레스가 생깁니다. 스트레스를 받게 되면 정신적으로 긴장이 되고 압박을 받게 되어 심신이 불안하고 피곤해집니다. 고통스럽고 면역력도 떨어집니다. 자연 일의 능률도 떨어집니다. 풀지 못하고 쌓이게 되면 우울증, 불안, 심혈관질환, 암, 고혈압, 두통, 탈모, 공황장애, 적응장애, 위산과다로 인한 위장장애, 과민성 대장증후군(설사) 등이 생길 수 있다고 전문가들은 말합니다. 스트레스는 만병의 근원이 되고 있습니다. 그럼에도 대수롭지 않게 생각하는 게 문제인 것입니다. 과중한 업무, 상사나 동료직원간의 갈등, 실적 부진, 승진탈락, 근무환경, 급여, 고용불안

등 스트레스가 갈수록 늘고 있습니다. 스트레스는 안 받는 게 상책이지만 스트레스 없는 직장은 없습니다. 스트레스는 인간관계에서 빚어지지만 혼자 무인도에 가서 산다 해도 스트레스는 생깁니다.

■ 어떻게 해야 할까?

원인을 파악해서 해소하는 것입니다. 어디에서, 누구한테서, 무엇 때문에 받는가에 따라 원인별 대처, 해소방법이 달라야 할 것입니다. 상사와의 불화 때문이라면 그걸 극복할 수 있는 방법을 찾아내는 것입니다. 나의 잘못에서 온 것이라면 즉시 시정해야 되고 내가 약자이니 잘 보이기 위해서라도 내가 먼저 인사를 극진히 하고 공손하고 살갑게 대하고 내가 먼저 한 발짝 다가가는 것입니다. 마음에 쏙 들게 하는 것입니다. 실적 부진에서 오는 스트레스라면 실적을 올릴 수 있는 여러 가지 방법을 찾아보고 고실적자의 조언도 구해보는 것입니다. 성격이 소심해서 오는 것이라면 적극적인 성격으로 바꾸려는 노력이 필요합니다. 적극적으로 발표도 하고 내가 먼저 앞장서 보는 것입니다. 솔선해보는 것입니다. 전문가나 친구에게 속 시원히 털어놓는 것 자체가 해소법이 될 수도 있습니다. 스트레스를 푼다고 대부분 술담배를 찾게 되는데, 소극적인 방법이고 바람직한 방법은 아닙니다.

과음하면 오히려 심신을 망가뜨릴 수도 있습니다. 간이나 위를 해치게 되고, 복부비만을 가져오고, 콜레스테롤 수치가 올라갈 수 있습니다. 사고를 치고 사고를 당할 수도 있습니다. 건전한 방법이 아닌 것입니다. 현명한 대처방법이라면 균형 잡힌 고른 식사, 충분한 수면, 적절한 휴식, 적당한 운동, 긍정적인 마음가짐, 돈독한 대화, 취미활동 등이 스트레스 해소에 도움이 될 것입니다. 그러나 스트레스라고 다 나쁜 것은 아닙니다. 피할 수 없으면 즐기라고 했듯이 긍정적인 스트레스는 받아들이는 것입니다. 긴장감을 주기 때문입니다. 몸과 마음을 느슨하지 않게 함으로 삶에 활력을 주게 되고, 일에 집중할 수 있고, 생산성, 능률 제고의 효과가 있기 때문입니다. 그러나 지나친 스트레스는 전문가의 도움이 필요합니다. "건강 문제의 90%가 스트레스와 관련이 있다."(미국 스트레스학회) 스트레스 해소에 도움이 될 수 있는 음악을 소개합니다. "키사스 키사스 키사스", "눈물의 멜로디"(유연실)

⑬ 파업 - 할까 말까?

내 마음에 쏙 드는 직장은 없을 것입니다. 어느 직장이든 불만족스러운 점이 한두 가지가 아닐 것입니다. 노(勞) 측의 요구사항이 받아들여지지 않거나 해결의 실마리가 안 보이거나 혹은 쉽게 해결하기 위해서 파업을 하게 됩니다. 파업은 대부분 업무를 중단하고 합니다. 하는 만큼 직장에 손실을 가져오게 됩니다. 파업을 꼭 해야 할 때는 해서라도 뜻을, 요구사항을 관철시켜 권익을 찾아야 합니다. 문제는 파업방법에 있습니다. 어떤 방법이 바람직할까? 안 해도 될 때는 안 해야 되는데 하니까 문제가 되기도 합니다. 오래 끌수록 막대한 손실이 생기게 되고, 그 속에는 나의 손실도 일부 포함됩니다. 왕왕 파업을 위한 파업, 체면이나 명분 때문에, 다른 직장도 하니, 윗조직에서 시키니 안 할 수 없어 하는 경우도 있을 것입니다. 이제는 지양해야 합니다. 현명하게 판단하고 부당하면 거부, 동참하지 않는 용기도 필요합니다. 나라가 망하면 모든 것을 잃습니다. 우리는 망국의 슬픔을 경험했습니다. 국익을 먼저 생각해야 되듯이 우선 직장의 이익을 먼저 생각해야 합니다. 파업을 하면 할수록, 오래 끌면 끌수록 직장은 그만큼 어려워지고 기울게 됩니다.

직장은 내 가족을 먹여 살려주는 곳이고, 가정을 지켜주는 소중한 일터입니다. 직장이 문을 닫으면 하루아침에 실업자가 됩니다. 평생 먹을 것을 준비해둔 파업자라면 별 타격이 없겠으나 월급에 목매여 있다면 여간 문제가 아닐 수 없습니다. 한 달 두 달 석 달… 생활도 해야 되고, 학비도 대야 되고, 빚도 갚아야 되고, 술은 참을 수 있지만 수입이 끊기게 되니 가장으로서 고민이 이만 저만 아닐 것입니다. 이겨내지 못하고 목숨을 끊는 경우도 생길 수 있을 것입니다. 파업에 시달려 문 닫는 곳도 있고 철수한 외국기업체도 있습니다. 사(使)가 있으므로 노(勞)가 있고 노가 있으므로 사가 존재하는 것입니다. 대결관계가 아니고 공생관계입니다. 혹자상태라면 모를까 적자가 눈덩이처럼 늘어나는 직장도 있을 것입니다. 뻔히 알면서도 오로지 제 몫만 챙기기 위해 무리한 요구를 하게 되고, 관철되지 않으면 파업하게 되고, 서로 양보하지 않으면 결국에는 공멸하게 됩니다. 직장이 망하면 노(勞)가 무슨 필요 있을까? 정녕 파업을 하고 싶다면, 안 하면 못 베길 것 같다면, 도저히 안 되겠다 싶은 경우라면 하되 건설적으로 실리적으로 생산적으로 하는 것입니다. 진지하게 하는 것입니다.

문제는 파업방법의 문제이지 파업 자체는 문제가 될 게 없습니다. 오히려 발전의 동력이 될 수도 있습니다. 그러나 직장인은 경제인이고, 경제적으로 살아야 되고, 경제적으로 파업해야 합니다. 직장 손실 없이 효과를 얻을 수 있는 파업이어야 합니다. 일과 전이나 점심시간이나 일과 후나 토요일, 일요일, 휴무에 하는 것입니다. 직장이 문 닫고 망하는 걸 원한다면 모를까 직장의 존속과 발전을 원한다면, 계속 근무할 생각이라면, 일과 중에 하지 말고 일과 외 시간을 택해서 하는 것입니다. 한발 양보하는 것입니다. 양보는 미덕입니다. 그러면 일이 중단되지 않고 계속되고 월급도 보너스도 제때에 받게 되니 서로 좋습니다. 자연 칭송이 자자할 것이고, 부러워할 것이고,

타직장의 모범이 될 것이고, 곳곳으로 전염이 되면 파업문화가 바뀔 것입니다. 생각을 바꾸면 행동도 바뀐다고 했습니다. 하면 하는 것입니다. 안 하려 하니 안 되는 것입니다. 뭣도 모르는 놈이 무슨 헛소리냐고 한다면 할 말이 없으나 국외자로서 안타까워서 하는 말입니다.

일도 하기 싫은 차에 잘 됐다 싶기도 하고, 휴무시간에는 더더욱 하기 싫고 안 하려 하니 안 하게 됩니다. 일손 놓고 파업에 매달리다 보면 일이 파업이 되고 한 달이고 두 달이고 석 달이고 파업에 전념하다 보면 생산·영업 차질을 빚게 되고, 많은 손실을 가져오게 됩니다. 1년 이상 파업하다 망한 기업도 있습니다. 그 조직원들은 어떻게 됐을까? 놀게 되고 바보가 된 것입니다. 그러므로 조율과 타협 정신을 발휘해서 요구하는 것도 타당성 있게 현실에 맞게 하는 것입니다. 과도한 요구는 지양해야 합니다. 내 소중한 직장이기 때문입니다. 때에 따라서는 양보도 필요합니다. 적자가 누적되고 있다면 어떻게 해야 될까요? 파업부터 먼저 생각할 것이 아니라 인내하고 자제하고 양보하고 협조하는 것입니다. 노사가 머리를 맞대고 돌파구를 찾는 것입니다. 파업보다 먼저 적자탈출의 방책을 세워놓고 하는 것입니다. 서로 힘을 합쳐 이익을 내 나누는 상생의 길로 나가는 것입니다.

사측은 평소 조직원들의 불평불만을 미리 미리 간파해서 해소시켜 줘야 합니다. 어루만져 주는 것입니다. 만족시켜 주는 것입니다. 골프만 치러 다닐 게 아니라 파업이 일어나지 않도록 경영능력을 발휘해 소득을 크게 늘려줘야 합니다. 그러면 자연 파업이 생기지 않습니다. 서로 좋습니다. 노사가 상생할 수 있는 길은 찾아보면 분명 있을 것입니다. 찾아보지도 않고 노력하지도 않고 과격하게 밀어부

치니 문제가 되는 것입니다. 파업할 경우에는 평화적으로 폭력을 쓰지 않고 쇠파이프를 들지 않고 맨손으로 하는 파업이어야 합니다. 직장 기물을 파손하지 않고 하는 파업이어야 합니다. 내 돈으로 산 거라면 마구 부술까? 부부싸움 끝에 집안 살림을 마구 부수면서 멍청하게 싸우는 사람도 있고, 심지어 집에 불을 지르고 싸우는 사람도 있지만 이제 파업은 건설적으로, 생산적으로 하는 풍토로 바꾸는 것입니다. 직장에 피해를 주지 않고 실리를 취하는 파업, 효율적인 파업, 경제적인 파업, 머리를 쓰는 파업이어야 합니다. "빈대 잡기 위해 초가삼간을 태우는" 우(愚)를 범해서는 안 될 것입니다. 그 대신 직장은 파업을 일과시간 내에 하는 대신 일과 후에 함으로써 생기는 이익과 기물을 부수지 않고 해서 생기는 이익을 직원들에게 보너스로 돌려주는 것입니다. 누이 좋고 매부 좋은 격입니다. 서로 좋으므로 이제는 파업문화를 생산적으로, 건설적으로 사정없이 확 바꾸는 것입니다. 그러면 사측도 감동할 것이고, 잃는 것보다 얻는 것이 더 많을 것입니다.

"어떤 기업도 쌍용자동차만큼 직장이 없는 아픔을 겪어보지 못했을 것입니다. 회사가 있어야 노동자가 일할 자리가 있습니다. 경영진과 회사를 적으로 두고 노조가 투쟁만 외치는 시대는 끝났습니다." 정일권 쌍용차 노조위원장(2019. 10. 8. 조선일보)

3. 슬슬 결혼이나 해볼까?

취업도 했고 나이도 됐으니 이제 슬슬 결혼이나 해볼까? 도대체 내 짝은 어디서 무얼 하고 있는고.

(1) 사랑, 사랑, 내 사랑아

"사랑이 무엇이냐고 누가 물으신다면" 노랫말처럼 그것은 "눈물의 씨앗"이 아니라고 말하겠습니다. 슬픔의 눈물이 아니고 기쁜 눈물의 씨앗이라고 말하겠습니다. 사랑은 관심을 갖는 것입니다. 좋아하고 그리워하는 것입니다. 길을 가면서도 밥을 먹으면서도 세수를 하면서도 자나 깨나 앉으나 서나 그리움이 절로 나는 애틋한 감정입니다. 감정 중의 최고의 지순한 감정이며, 언어 중의 가장 감미로운 언어입니다. 사랑, 사랑 안 보면 보고 싶고 보면 설레이고 두근거리고 황홀해지는 감정이 사랑인 것입니다. 사랑하면은 예뻐진다고 그 누가 말했습니다. 기쁘게 해주려고 잘 보이려고 애씀으로 표정과 몸짓에 나타나기 때문입니다. 영국의 어떤 사람은 사랑하기 때문에 사랑을 위해 왕관을 버리기도 했습니다. 이렇듯 사랑의 힘은 위대한 것입니다. 죽음보다 강한 것이 사랑의 힘인 것입니다. 어서들 짝을 찾아 사랑을 나누십시오.

어느 날 당신과 내가
날과 씨로 만나서
하나의 꿈을 엮을 수만 있다면

우리들의 꿈이 만나
한 폭의 비단이 된다면
나는 기다리리, 추운 길목에서
오랜 침묵과 외로움 끝에

한 슬픔이 다른 슬픔에게 손을 주고
한 그리움이 다른 그리움의
그윽한 눈을 들여다볼 때
어느 겨울인들
우리들의 사랑을 춥게 하리
외롭고 긴 기다림 끝에
어느 날 당신과 내가 만나
하나의 꿈을 엮을 수만 있다면
(한 그리움이 다른 그리움에게 / 정희성)

사랑은 삶의 기쁨이고 행복입니다. 사랑함으로써 얻어지는 기쁨, 기쁨 중의 기쁨, 사랑만이 주는 삶의 기쁨, 사랑의 행복, 그것의 완성, 그것의 종착점은 동반자가 되는 것 - 결혼인 것입니다.

- 사랑은 생명의 꽃 - 보덴슈테드
- 사랑은 가시덤불 속에 갇힌 인간을 저 높은 승리의 길로 이끈다. - 밀란 쿤데라
- 사랑은 가장 신비로운 향기요, 가장 찬란한 빛이요, 가장 창조적인 힘이다. - 안병욱
- 이 세상에서 사랑만큼 에너지를 가진 감정은 없다. - 윤형주
- 사랑이란 우리들의 혼의 가장 순수한 부분이 미지의 것에 향하여 갖는 성스러운 그리움이다. - G. 상드

- 사랑은 죽음처럼 강한 것, 시샘은 저승처럼 극성스러운 것, 어떤 불길이 그보다 거세리오? - 성경 / 아가 8:6
- 사랑은 온갖 허물을 덮어준다. - 성경
- 사랑이 식으면 결점이 보여온다. - 비쳐
- 사랑은 기술인가? 기술이라면 사랑에는 지식과 노력이 요구된다. - 에리히 프롬
- 사랑은 위대한 힘, 생명의 불꽃 - 로댕
- 사랑은 가장 달고 가장 쓴 것 - 에우리 피데스 / 히폴리 투스
- 사랑은 발끝으로 살금살금 걸어오지만 떠날 때는 문을 꽝 닫고 떠나간다. - R. 렘브케 / 독일
- 하늘엔 별이 있고 땅 위엔 꽃이 있고 우리의 가슴속에 사랑이 있는 한 인간은 행복할 수 있다. - 괴테

사랑 노래 1곡 소개합니다. "사랑의 세레나데"(패티김)

(2) 순결을 지켜야 하나 말아야 하나?
① 암, 지켜야지

스피드 시대라서인지 젊은 연인끼리 만나면 곧바로 스킨십, 신체 접촉이 시작됩니다. 손을 잡고 팔짱을 끼고 뭐가 그리 급한지 입도 맞추고 껴안기도 합니다. 접촉욕이 강하기 때문입니다. 더 나가면, 참지 못해 남(男)이 육체관계를 요구하기도 합니다. 응해야 하나? 거부해야 되나? 여(女)의 고민이 아닐 수가 없습니다. 거부하면 사랑하는 사이인데, 결혼할 사이인데 뭐가 문제가 되느냐고 남이 구실을 댑니다만 응했을 때 어떤 결과가 생길까? 속지 말고 거부해야 됨에도 그것이 상책인데도 부득불 응하게 됩니다. 그것이 해피엔딩으로 끝나면 얼마나 좋을까만 불행하게도 헤어지는 경우도 있을 것입니다. 상처를 입는 것은 언제나 여자 쪽입니다. 응했을 때 남자의 변심

소지도 있고, 죄책감도 생기고, 이별의 슬픔, 임신, 낙태 위험도 따르고 성병에 걸릴 위험도 있습니다. 100% 피임이란 있을 수 없습니다. 한 번으로도 재수 없으면 덜커덕 임신이 된다는 사실입니다. 어느 해(2010년) 낙태가 16만 8,000여 건이고, 그중 42%가 미혼여성이고, 미혼모가 2015년에 24,487명이라는 것을 감안한다면 성행위가 무분별하게 행해진다는 것을 알 수가 있습니다.

- 임신 원인 제공자는 누구일까요? 남자입니다.
- 책임은 누가 질까요? 남자가 제공했으므로 남자가 져야 되는데 실제로는 여자가 지게 됩니다.
- 어떻게 해야 할까요? 낳거나
- 막는 방법은 뭐가 있을까요? 여자가 스스로 순결을 지켜내야 한다는 사실입니다. 교제가 시작되면 '순결서약서'를 작성해서 서로 소지하고 약속을 철석같이 지키는 것입니다. 그것이 최소한의 비극을 막는 길이기 때문입니다. 해피엔딩의 길이기 때문입니다.

■ 순결서약서
- 결혼 전까지는 성관계를 갖지 않겠다.
- 모텔이나 비디오방은 절대 가지 않는다.
- 자신 없으면, 약속을 지키기가 어려우면 데이트를 중단한다.
- 참지 못하고 껄떡거릴 경우도 즉시 중단한다.
  - 526쪽을 참고하십시오.

사랑은 참는 것입니다. 참는 건 미덕입니다. 정말로 사랑한다면 육체관계를 요구하지 말아야 합니다. 신사답게 순결을 지켜주는 것입니다. 그리고 여(女) 스스로도 지켜내는 것입니다. 순결 지킴은 여뿐만 아니라 남(男)도 같습니다. 식욕처럼 성욕은 인간의 본능이라

참아내기가 어렵지만 그렇다고 그걸 못 참고 배려하지 못하고 사랑을 핑계 삼아 협박하는 위인이라면 시시한 남친임에 틀림없습니다. 응하지 않는 것은 나를 사랑하지 않는 증거라고 헤어지겠다고 거듭 윽박지르면 알아서 하라고 격려해주는 것입니다. 진실로 사랑한다면 상대의 순결을 지켜주는 것입니다. 그것의 박탈은 진실로 사랑하지 않는다는 증거이기도 합니다. 이럴진대 여친이 거부하면 수용하는 것입니다. 황홀한 첫날 밤을 위해서 참고 또 참고 아끼고 또 아껴두는 것입니다. 예나 지금이나 동이나 서나 순결은 고귀한 정신가치의 으뜸이고, 마음의 정화와 같습니다. 순결 지킴은 일종의 임신이나 낙태나 성병 예방법이 될 수 있는 것입니다.

■ 자궁경부암

20대 환자가 급증하고 있습니다. 2014년 2,041명, 2018년 3,370명이 발생하였습니다. (건강보험 심사평가원)

- 감염경로 : 성관계, 생식기-손, 생식기-입, 입-입
- 증상 : 대부분 무증상
- 원인균 : 인유두종 바이러스(HPV). 70%를 차지하는 16형, 18형 인유두종 바이러스는 백신접종으로 예방 가능하며, 남성도 접종하는 게 좋습니다.
- 무료접종 : 만 12~17세, 18~26세(저소득층), 모르고 있는 사람이 64%

• 사랑은 실로 순결하지 않으면 깊을 수 없다. - 프랑스 격언
• 어머니께서 낳아주신 대로 고대로 꽁꽁 싸가지고 온 내 몸, 하늘의 불로 닦인 마음, 땅의 맑은 물로 씻긴 몸, 봄날 아침 볕에 방싯 열리는 꽃봉오리와 같이 깨끗하고 아름다운 몸과 마음 - 여자의 일생 / 춘원 이광수

② 성관계 후의 남녀 이해득실 비교

ㄱ. 미혼남녀의 성 반응은 어떨까?

남자는 능동적이고 여자는 수동적입니다. 남자는 성욕이 수시로 발동이 되고 해소하려는 속성이 다분합니다. 여자는 분위기에도, 거절에도 약합니다. 어느 설문조사에 남자는 첫째가 성욕 때문에, 둘째가 호기심 때문에 요구하고, 여자는 첫째가 사랑하기 때문에 성관계를 갖게 된다는 것입니다. 이처럼 여자는 사랑하기 때문이지만 남자는 여자처럼 사랑하기 때문이 아니고 오로지 성욕을 발산하기 위해서인 것입니다. 나(女)를 사랑하기 때문에 성관계를 요구하는 것이 아니라는 것입니다. 착각은 금물입니다. 그래서 불행이 싹트게 되는지도 모릅니다. "모든 것(순결)을 바쳤을 때 여성은 세계를 준 것처럼 생각한다. 그러나 남성은 단지 장난감이나 받은 듯이 생각한다."(카르멘 실바)

ㄴ. 서로 사랑하면 성관계를 가져도 괜찮나요?

No, 괜찮지가 않습니다. 남자의 일방적인 생각에 지나지 않습니다. 이기적이고 편리한 주장일 뿐입니다. 얼마 전까지도 결혼빙자간음죄가 있었듯이 대부분 사랑을 빙자해서 남자의 요구로 성관계를 갖게 되지만 여자는 심적으로 임신, 죄책감, 아쉬움, 부담, 불쾌감, 고통을 느끼게 됩니다. 내키지 않아 거절하고 싶어도 남자가 싫어할까봐, 헤어지자고 할까봐 두려움에 마지못해 응하게 되는 경우가 많을 것입니다. 사랑하는데 무슨 문제가 되느냐고 거부하는 것은 나를 진정으로 사랑하지 않는 증거라고 궤변을 늘어놓고 윽박지르게 되니 우리 착한 여자는 응하지 않을 수가 없습니다. 값싸게 속아 넘어가게 됩니다.

사랑은 상대에게 기쁨과 즐거움, 행복을 주는 행위입니다. 죄책감, 불안, 불쾌감, 상처나 고통을 준다면 진정한 사랑은 아닙니다. 진정한 사랑은 상대의 순결을 훼손하는 것이 아니고 소중히 여기고, 아껴주고, 고이고이 지켜주는 일입니다. 그럼으로서만이 사랑은 진실해지고 두터워지고 깊어지는 것입니다. 사랑이 연결되지 않고 끊어지고 그 연(緣)으로 임신이나 낙태라도 하게 된다면 상처를 입는 것은 여자 쪽이기에 괜찮지가 않습니다. 사랑을 위해 그 결실을 위해 남자의 요구에 거부하는 것이 바른 길이며, 해피엔딩의 길이며, 오래 지속하는 길이며, 서로를 위하는 길인 것입니다. "사랑한다면 성관계를 가져야 한다는 생각은 수준 낮은 저급의 사랑입니다. 진정한 사랑은 키우고 감싸고 지키는 것입니다. 그것의 요구는 사랑도 아니고 한낱 성욕심을 채우기 위한 남자친구의 이기심뿐인 것입니다." 문화미래라이프 엄을순 대표님의 고견입니다.

ㄷ. 피임을 하면 성관계를 가져도 괜찮나요?

No, 괜찮치가 않습니다. 임신을 막기 위해 피임을 하는데 피임을 해도 100% 임신이 안 된다는 보장이 없습니다. 콘돔이나 피임약 등으로 철저히 피임을 해도 임신이 될 수 있다는 사실입니다. 재수 없으면 단 한 번으로도 덜컥 임신이 되고 맙니다. 한마디로 믿을 수 없고 항상 임신 위험이 따른다는 사실을 항시 잊어서는 안 될 것입니다. 그럼에도 잊으니 문제인 것입니다. 특히 불법 피임약은 가짜가 많고, 몸에 안 좋은 성분이 들어있고, 심지어 마약 성분까지 들어있는 걸 판 사람들을 적발한 경우도 있습니다. 유산, 불임의 원인이 될 수 있습니다. 적법하게 구입한 약도 몸에 부작용이 많습니다.

불행하게도 임신이 되면 애를 낳든가, 임신중절 수술(낙태)을 하거나 둘 중의 하나를 택하게 됩니다. 대부분 수술을 하게 됩니다.(수술 후유증은 나중에 나옵니다.) 당장 결혼해서 애를 낳고 키울 여건이 안 되기 때문에 수술을 택하게 됩니다. 남자도 십중팔구 수술을 권할 것입니다. 부득불 낳게 되면 키울 능력이 없을 경우 대부분 해외 입양을 시킵니다. 낳은 자식 부모가 키워야 하는데 키울 수가 없으니 비극이 시작됩니다. 그렇기 때문에 임신은 피해야 되고 막아야 합니다. 그렇다면 완전한 피임은 없는가? 있습니다. 그게 뭐요? 그것은 성관계를 갖지 않고 서로 순결을 지키는 일입니다. 그런즉슨 피임을 해도 임신이 될 수 있으니 안심할 수가 없고 좌불안석일 수밖에 없습니다. 생리일이 다가올수록 임신이 되면 어쩌나 노심초사, 전전긍긍하게 됩니다. 잠도 오지 않습니다. 밥맛도 없습니다. 후회가 되고 걱정이 태산 같습니다. 성요구를 분명하게 거부했더라면 걱정할 필요가 없었을 텐데 이거 말씀이 아닙니다. 그러니 성관계를 갖지 않는 것이, 거부하는 것이 상책이고 불행을 막는 길인 것입니다. 고민할 필요가 없으니 좋고 그래서 "인내는 쓰나 그 결과는 달다."고 그 누가 말했던 것입니다.

ㄹ. 책임질게 걱정 마.

남자의 요구에 여자가 싫어하거나 거부하면 남자는 성욕을 채울 욕심에 책임진다고 말합니다. 임신이 되면 임신 전으로 되돌릴 수 없는데 어떻게 책임진다는 말일까? 거짓말이고 감언이설에 불과합니다. 책임진다는 것은 정식으로 결혼해서 성관계를 갖고 임신이 되면 애를 낳고 키우겠다는 약속입니다. 결혼도 안 했는데 책임은 무슨? 애를 낳자 방을 얻고 살림을 한다면 모르겠으되 그렇지 않은 경우라면 그것은 속임수에 불과한 것입니다. 기껏 수술비용이나 부담하겠다는 것입니다. 수술비용을 부담하지 않는 경우도 있을 것입니다. 수술은 통증, 후유증이 생기고 그 고통, 그 상처는 여자 쪽 몫이 되고 맙니다. 진실로 책임진다는 말은 거짓말임으로 여자가 거부하면 신사답게 남자가 수용하는 것입니다. 그럼에도 여자가 속으니 문제가 생집니다.

ㅁ. 성관계 이후의 문제

어느 설문조사를 보면 성관계 이후의 남자의 반 이상이 여자에 대한 흥미가 반감되고 신비감이 사라지니 다른 여자를 찾는다는 것입니다. 마치 사자가 잡은 먹이를 먹고 나면 다른 먹이를 찾듯이 재미만 보고 떠나가니 배신감에 속이 부글부글 끓게 되고 자존심도 상하고 몸과 마음의 상처만 남게 됩니다. 실연의 상심에 불행한 일이 벌어지기도 합니다. 오히려 결속되어야 함에도 왜 이런 현상이 생길까? 관계 후의 남녀관계는 자연 달라지기 때문입니다. 남자는 을(乙)로서 성관계 전에는 목적을 이루기 위해 별 노력을 다 하지만 목적 달성 후에는 태도가 변합니다. 노력을 하지 않게 됩니다. 저자세에서 고자세로 바뀝니다. "낚은 고기는 미끼를 주지 않는다."는 속담이 있듯이, 화장실 갔다 왔으니 느긋해집니다. 굶다가 배를 채우면 포만감이 생기듯 을(乙) 위치에서 갑(甲)으로 바뀝니다. 만나면 젊은 기분에 성욕이 발동되고 발산하고 싶고 자꾸 성관계를 요구하고 한 번 요구에 응하면 계속 응해야 되고, 자연 임신이 됩니다. 거부하면 남자가 떠나갈까봐 점점 남자에게 일방적으로 끌려다니게 되고, 전전긍긍하게 됩니다. 반대로 여자는 갑에서 을로 바뀝니다. 순결 지킴이 무기인데 무기가 사라졌으니 고자세에서 저자세로 바뀝니다. 조바심이 생기고 불안해집니다. 남자에게 더 매달리게 됩니다. 남자의 여자에 대한 호기심, 설레임, 신비감이 사라지니 심드렁해집니다. 포만감도 작용합니다.

신사는 새것을 좋아한다는 옛날 외국영화 제목처럼 그래서 못된 남자는 한눈을 팔게 되기도 하고, 헤어질 구실을 찾게 됩니다. 임신이 되면 더욱더 부담을 느끼고 도망갈 궁리를 하게 됩니다. 성관계는 남자의 이별의 구실, 조건이 될 수가 있습니다. 여름이 오면 봄이 가듯이, 목적을 달성했으니 다음 목적지를 향해, 마음도 변해 사랑도 떠나갑니다. 성관계 없는 만남이 사랑의 최고의 선(善)이며, 제일 좋은 방책입니다. 그런즉슨 지극히 어렵겠지만 혼전까지는 남자도 성관계를 요구해서도 안 되고, 여자도 절대로 응하지 말아야 합니다. 이것이 사랑을 지속하는 길이고 해피엔딩, 유종의 미를 거둘 수 있는 길입니다. 성행위는 결혼 초야에 갖는 장엄한 행복의식입니다.

③ 데이트 폭력 ① 성폭력

2017년 데이트 폭력 사범 8,367명 중
- 살인 18명, 살인미수 34명, 성폭력 224명, 경범 등 기타 841명
- 체포, 감금, 협박 1,017명
- 폭행 및 상해 6,233명(경찰청 자료)

최근 5년간(2012~2016년) 현재, 과거 애인으로부터 467명이 죽임을 당하고 대부분 남자가 여자에게 가하고 20대가 제일 많습니다.

ㄱ. 왜 때릴까?

말을 듣지 않는다고, 순간 화가 나서, 인간성이 더러워서, 성격이 과격하고 거칠어서, 욱하는 성질을 못 참아서, 어릴 적 부모에게 맞고 커서, 힘이 없으니 얕잡아 보고 때립니다.(여자가 레슬링 선수라면 때릴 수가 있을까?) 처음에는 장난으로 시작되지만 놔두면 계속됩니다. 손찌검으로 시작해서 주먹질로 넘어갑니다. 더 나아가 흉기를 휘두르기도 합니다. 사랑하는 사람을 왜 때릴까? 그거 하나 못 참고 알다가도 모를 일, 사랑하지 않는다는 증거라고 볼 수 있습니다. 인격 미달자, 수양이 덜 됐기 때문입니다.

ㄴ. 전조증상이 뭘까?

결혼 전까지는 엄연히 남인데 자기 아내가 다 된 것처럼 소유물로 착각하고 집착, 질투, 간섭, 통제하려는 경향이 강하게 나타납니다. 자기 생각대로 따르지 않거나 고분고분 말을 듣지 않으면 성질을 부리고 욕이 튀어나오고 손찌검을 하고 마각이 드러납니다.

ㄷ. 고쳐질까?

가뭄에 콩 나듯 몇 사람 있을까 모르겠으되 어렵다는 사실입니다. 일방적으로 때리기만 하는 경우도 있고, 때리고 후회하고 반성하고 울면서 빌고 용서해주면 도져서 또 때리고 악순환이 계속됩니다. 제 버릇 남 못 준다고 폭력은 하나의 습관입니다. 한 번 몸에 밴 습관은 고쳐지지가 않습니다. "세 살 적 버릇이 여든까지 간다."는 속담이 이를 말해줍니다.

ㄹ. 어떻게 해야 할까?

그냥 넘기지 말고 제지해야 합니다. 폭력이 잘못이라는 것을 알게 해서 다시는 못하게 막아야 합니다. 강력하고 냉정한 초기 대응이 아주 중요합니다. 폭력을 휘두르는 사랑은 참사랑이 아니고 거짓 사랑에 불과합니다. 진정으로 사랑한다면 어떻게 폭력을 쓸 수가 있을까? 진실로 사랑한다면 상대를 아프게 해서는 안 됩니다. 때리면서 하는 사랑, 맞으면서 하는 사랑은 참사랑이 아니고 폭력행위에 불과합니다. 폭력은 엄연한 범죄행위이고 처벌을 받습니다. 그걸 하나 못 참고 이겨내지 못한다면 진정한 연인은 아닌 것입니다. 데이트가 결혼으로 이어진다면 결혼 후에도 계속 폭력을 휘두른다는 사실입니다. 그러므로 이 못된 버릇을 초장에 고쳐놔야 합니다. 1차, 2차 경고해도 고쳐지지 않고 계속 행사한다면 분명하게 교제 단절을 선언하는 것입니다. 헤어지는 것이 상책입니다. 어떻게 헤어질 수가,

미운 정 고운 정 다 들었는데 어찌 인연을 끊을 수가? 하지만 평생 불행을 막기 위해서는 그것이 현명한 방법인 것입니다. 슬픈 일이지만 서로를 위하는 길이기 때문입니다. 한두 번도 아니고 결혼 후에도 계속, 아니면 평생 폭력을 휘두른다면 어떻게 맞고 살 수 있을까? 맞고는 못 견디고 맞고는 못 삽니다. 그래서 가출도 하고 이혼도 하게 됩니다. 시간이 지나면 변하겠지, 괜찮아지겠지 하는 믿음 때문에 헤어지지 못하는 경우도 많을 것입니다. 혹 미련이 남아있다면 한 번쯤 용서해주고 그래도 고쳐지지 않고 폭력을 쓴다면 인정사정 볼 것 없다는 영화 제목처럼 인정사정 볼 것 없이 맞대응하지 말고 사과에도 응하지 말고 과감하게 단교하는 것입니다. 유야무야해서는 근본적으로 해결이 되지 않습니다. 위급 시엔 곧바로 경찰에 신고해서 더 큰 폭력을 막아야 합니다. 반면 폭력의 원인이 내게도 있지 않았나, 문제는 없었나, 잘못이 없었나 살펴보는 것입니다. 고칠 건 고치고 개선하는 것입니다. 그 원인을 모르면 남친에게 물어보는 것입니다.

ㅁ. 데이트를 앞둔 여성에게

그러면 어떻게 하라는 얘기요? 데이트하지 말라는 얘기요? 아닙니다. 심사숙고해서 가려서 하라는 얘기입니다. 처음부터 알 수 있으면 좋으련만, 폭력성향이 있는지 어쩐지 알 수 없는 것이 문제인 것입니다. 그러니 너무 조급하게 서둘지 말고 천천히 거리를 두고 관찰해보는 것입니다. 급할수록 천천히 하라고 했습니다. 서둘다 보면 잘못 볼 수가, 잘못된 선택일 수가 있기 때문입니다. 차차 만나 겪어보면 성향을 알 수 있고, 낌새가 보이면 깊이 빠지기 전에 중단하는 것입니다. 배가 아프면 얼굴에 나타나듯이 은연 중 말과 행동에 나타납니다. 데이트가 시작되면 순결서약서를 주고받듯 '폭력금지 서약서'를 만들어 서로 소지하는 것입니다. 구두와 차용증이 다르듯 말보다는 서약서가 책임감, 구속력이 있기 때문입니다. 약자인 여자 쪽에서 말을 꺼내기가 뭐하겠지만 건전한 데이트를 위해선 꼭 필요합니다. 분위기를 봐가면서 데이트 폭력을 어떻게 생각하느냐고 슬쩍 물어봅니다. 어떻게 보장할 수 있느냐고 물어본다면 나는 다르다고 얘기할 것입니다. 그러면 이건 어떠냐고 서약서를 앞에 내밉니다. 서명하라고 펜을 건넵니다. 폭력성향이 보일 때가 더 효과적입니다. 거부한다면 폭력을 행사하겠다는 뜻일 수도 있습니다. 건전한 데이트를 하자는데 왜 거부할까? 자존심이 상하겠지요.

■ 데이트 폭력금지 서약서
- 어떤 경우든 폭력을 쓰지 않는다. 대신 말로 한다.
- 신사도를 지키고 실천한다.
- 폭력을 쓰면 즉시 절교한다.

년　월　일

남 ○○○

여 ○○○

■ 데이트 폭력 체크리스트
다음 사항을 보고 일회성이 아닌 반복적으로 이루어진다면 데이트 폭력에 해당합니다.

- 나를 믿을 수 없다고 부당하게 비판한다.
- 내가 누구와 있는지 감시하고 확인한다.
- 통화내역이나 문자 등 휴대폰을 수시로 체크한다.
- 자신의 폭력성향 분출이 나 때문이라고 비난한다.
- 옷이나 헤어스타일 등 자기 취향을 강요한다.
- 만날 때마다 원하지 않는데도 스킨십을 요구한다.

• 헤어지자고 하면 자살하겠다고 위협한다.

(출처 : 대전서부 경찰서)

■ 데이트 폭력이란

남녀 교제과정에서 남자친구가 여자친구에게 자행하는 신체, 정신, 언어 폭력을 말합니다. 데이트 폭력이 꼭 신체 폭력만을 의미하는 것은 아닙니다. 계속되면 관계를 다시 한 번 점검해봐야 합니다. 데이트 폭력은 사랑행위가 아닌 범죄행위나 다름없습니다.

■ 성폭력이란

역시도 마찬가지입니다. 성인(聖人)이든 범인이든 맛있는 음식을 보면 먹고 싶은 욕망이 생기듯 젊은 남(男)으로서는 이성이 옆에 있으니 성욕이 발동하기도 하고 해소 차원에서, 자제해야 함에도 불구하고 수작을 걸고 기회를 만들어 강제로 그걸 행동으로 옮기면 그것이 바로 성폭력이 되는 것입니다. 어쨌거나 데이트 폭력이든 성폭력이든 휘두를 구실과 빌미를 주지 말아야 합니다. 일이 터진 뒤 울고불고 하는 것보다는 사전에 그걸 막는 지혜로운 교제여야 합니다.

• 데이트 폭력 신고건수 : 2016년 9,364건, 2020년 18,945건
• 스토킹 범죄 신고건수 : 2020년 4,515건, 2021년 14,509건(경찰청)

■ 주의사항

ㄱ. 빌미

남자는 본능적으로 어떻게 해보려고 수탉이 암탉한테 날개짓하듯 그럴듯한 구실을 만들고 머리를 씁니다. 넘어가지 말아야 하는데 완력에 못 당해, 분위기에 취해 끈질긴 남자의 성 요구를 받아줍니다. 감언이설에 속아 거부하지 못하고 응합니다. 불행의 시작이 될 수

있으니 빌미를 주지 말아야 합니다. 기분 상하지 않게 거절의 지혜를 발휘하는 것입니다. "왜 이래, 신사답지 못하게?"

ㄴ. 동영상, 사진

남자가 성관계 동영상이나 나체사진을 몰래 찍어두기도 합니다. 보관만 하겠다, 추억을 남기자 같은 감언에 응하기도 할 것입니다. 헤어질 경우, 헤어진 경우 인터넷에 올리겠다고 협박을 하고 뭘 요구하기도 합니다. 망신을 당하게 되므로 코 꿰이듯 응하게 됩니다. 전전긍긍하게 되고 속을 끓이게 됩니다. 여간 고민이 아닐 수 없습니다. 혼자 고민만 한다고 해결될 수 없으므로 부모님이나 경찰의 도움을 받는 것이 제일 좋은 해결책입니다. 예방이라면 감언이설에 속지 말고 단호히 거부해야 합니다. 절대로 못 찍게 해야 합니다. 낌새가 이상하면 스마트폰이나 주위에 몰래카메라가 있는지 살펴봐야 합니다. 선의로 시작한 일이 종종 악의로 바뀔 수 있습니다. 실제로 몰래카메라 피해 여성이 날로 늘어나고 있습니다. 동영상이 인터넷 상에 퍼지고 있습니다. 2018년 디지털 성범죄(나체, 성관계 동영상 촬영 유포행위) 5,687건 접수(디지털 성범죄 피해자 지원센터) 그중에 헤어진 남자친구의 성관계 동영상 유포사례가 2,267건(40%)이라는 것입니다.

- 디지털 성범죄 피해자 지원센터 : (02) 735-8994 / 한국여성인권진흥원 - 여성가족부 산하기관
- 성행위 촬영물 협박유통상담센터 : (02) 335-1858 / 한국여성민우회 성폭력상담소
- 디지털 성범죄 피해자 모임 (topconsumer.co.kr)

ㄷ. 모텔, 비디오방

앞장에서도 언급했지만 모텔이나 비디오방에 절대 가지 말아야 합니다. 결혼 후에 가면 모를까 혼전에 가면 안 되는 곳입니다. 일이 벌어질 수 있으므로 성폭력의 기회를 줘서는 안 됩니다. 으슥한 곳보다는 밝은 곳을 택하는 것입니다. 폐쇄된 밀실은 인간 심성을 음흉하게 만드는 속성이 있습니다. 마음이 음침하니 어떻게 해보려고 음침한 곳을 찾습니다. 인간은 저질도 있고 고질도 있습니다. 애인관계든 전날에 성관계가 있다 하더라도 지금 상대가 거부하면 받아들여야 하고, 그럼에도 강제로 하는 성행위는 성폭력입니다. 범죄행위고 처벌을 받습니다.

ㄹ. 피임

"사회초년생이 가장 경계해야 할 것은 바로 콘돔 없이 덤비는 남자친구이다. 그 하룻밤이 그동안 밤새가며 수능공부를 하고 코피 쏟아가며 A+ 받고 대출을 받아가며 스펙을 다져놓은 당신의 모든 것을 한방에 날려버릴 수 있다."(『낼 모레 서른, 드라마는 없다』 소담출판사, 이혜린 저, 2013. 1. 22.) 콘돔을 쓴다고 해도 임신이 될 수 있으니 성관계를 갖지 않는 것이, 피하는 것이 제일 좋은 방법이고 정답입니다.

ㅁ. 이별

여자가 남자에게 이별을 통보하는 경우 남자가 너그럽게 신사답게 수용하면 모르겠으되 그렇지 않으니 왕왕 안 좋은 일이 벌어지고 있습니다. 헤어진 뒤에도 남자가 끈질기게 만남을 요구하거나 따라다니거나 협박을 하는 경우도 있을 것입니다. 폭행, 살인, 살인미수, 강간, 납치, 감금 행위가 벌어지기도 합니다. 3일에 1명꼴로 한때 사랑했든 전 남자친구로부터 죽임을 당하고 있습니다. (2015년 102건 발생) 그러므로 남자가 감정을 상하지 않고 지혜롭게 헤어지는 방법을 생각해둬야 할 것입니다. 자연스럽게 단념케 하는 방법을 준비해둬야 할 것입니다. 만남보다 헤어질 때가 더 어려운 법입니다. 뭐가 좋을까요? 몹쓸 병에 걸렸다거나 유전병이 있다든가 수긍, 이해할 수 있고 순순히 단념할 수 있는 이유를 준비해둡니다. 정떨어지게 행동하거나 차갑게 대하거나 약속을 자꾸 어기거나 어려운 부담을 지우거나 많은 빚이 있다거나 합당할지 모르겠으나 어쨌던 치밀하게 연구해둡니다.

통보도 밤보다는 낮에, 단둘이 있는 곳보다는 여러 사람이 있는 곳에서 친구나 지인을 동반하거나 주변에 대기시키는 것도 좋을 것입니다. 반면 남자 역시도 실연에 무척 마음이 아플 것입니다. 못 견디 할 것입니다. 슬픔을 금할 길이 없을 것입니다. 그동안의 만남이, 추억들이 허사가 되니 아깝기도 할 것입니다. 억울하고 화도 날 것입니다. 미련이 남아 포기하기도 손쉽지 않을 것입니다. 되돌리려고 애를 쓰지만 안 되니 안 좋은 일을 가하기도 할 것입니다. 그래서 범법자가 되기도 합니다. 애정관계란 서로 마음이 맞아야 지속이 가능합니다. 그것이 맞지 않으면 유지되지 않고 자연 끊어집니다. 이미 떠난 마음 되돌릴 수 없음으로 흔쾌히 놔주는 것입니다. 너그럽게 보내주는 것입니다. 희미한 옛사랑의 그림자로 남겨두는 것입니다. 한때의 연인에게 주는 마지막 선물이라고 치부하는 것입니다. 나에게 실연의 고통을 주는 것은 더 나은 상대를 만나기 위한 배려라고 자위하고, 그리고 남자답게 사나이 대장부답게 신사답게 끝맺는 것입니다. "잘 가라. 옛사랑이여."

나 보기가 역겨워
가실 때에는
말없이 고이 보내드리오리다.

영변에 약산
진달래꽃
아름 따다 가실 길에 뿌리오리다.
가시는 걸음걸음
놓인 그 꽃을
사뿐히 즈려밟고 가시옵소서.

나보기가 역겨워
가실 때에는
죽어도 아니 눈물 흘리오리다.
(진달래꽃 / 김소월)

못 잊어 생각이 나겠지요.
그런대로 한 세상 지내시구려.
사노라면 잊힐 날 있으리라.

못 잊어 생각이 나겠지요.
그런대로 세월만 가라시구려.
못 잊어도 더러는 잊히오리다.

그러나 또한긋 이렇지요.
그리워 살뜰히 못 잊는데
어쩌면 생각이 떠지나요?
(못 잊어 / 김소월)

노래도 한 곡 소개합니다. "희미한 옛사랑의 그림자"(정시스터즈)

■ SOS 국민 안심 서비스

　납치, 성범죄 등의 위기상황에서 휴대전화 버튼을 한 번 누르면 자동적으로 신고되어 경찰이 즉시 출동하여 구조해주는 범죄예방 시스템입니다. (이용문의 : 경찰청 182번)

<서비스 종류>

구분	가입절차	이용방법
<112 긴급신고 앱> 스마트폰을 가지고 있는 미성년자 및 여성	112 긴급신고 앱을 다운로드하여 본인 인증 후 가입	위급상황 시 앱에서 '신고하기'를 눌러 신고
<원터치 SOS> 휴대폰 또는 스마트폰을 가지고 있는 미성년자 및 여성	가까운 지구대. 파출소 방문하여 가입신청서 작성 및 제출	가입 후 112를 단축번호로 저장하여 위급상황 시 단축번호를 눌러 신고
<U-안심> 전용 단말기 소지자	온라인에서 전용 단말기를 구매 후 이동통신사(u-안심 서비스) 가입(SKT, KT)	위급상황 시 보호자에게 위기알림 및 위치정보 제공

(행정안전부, 경찰청)

■ 데이트 폭력 근절 태스크포스(TF) 운영
- 경찰청은 연인간 데이트 폭력 근절 태스크포스를 전국 경찰서에 설치 운영 – 가해자 처벌, 2차 피해 방지, 사후관리 등
- 경찰에 신분 보호요청 시 특정 장소, 임시 보호 조치, 담당 경찰관과 핫라인 구축 – 스마트워치(위치추적기) 제공 – 위급 시 SOS 긴급버튼 누르면 112 종합상황실과 담당 경찰관에게 자동 연결 – 신속 출동하는 제도를 운영 중
- 호신용품 : 경보기, 호루라기, 스프레이, 삼단봉, 가스총 등을 휴대하는 것도 좋습니다. 다양한 용품이 판매되고 있고 IT와 결합된 호신용품도 있습니다.(SK텔레콤, 마이히어로)

■ 관련 기관

- 경찰서 112번
- 여성 긴급전화 1366번 : 가정폭력, 성폭력, 성매매 등으로 긴급구조 요청 시 도움을 받을 수 있습니다.
- 한국 여성의 전화 : 가정폭력상담소 (02) 2263-6464 / 성폭력상담소 (02) 2263-6465
- 한국여성민우회 성폭력상담소 (02) 739-8858
- 이주여성 긴급지원센터 1577-1366
- 대한법률구조공단 132번
- 한국 데이트폭력연구소(www.STOPtrauma.co.kr) / (02) 324-8255 (데이트 폭력 피해예방 전문기관)

(3) 결혼, 결혼이란 무엇이더냐?

그것은 성인 남녀가 어떤 인연으로 만나 의기투합해서 부부가 되는 행위를 말합니다. 또 그것은 짧지 않은 인생행로의 반려자를 맞는 일입니다. 흔히들 인륜지대사라고 말합니다. 만남 중의 아름다운 만남이며, 중요한 만남 중의 으뜸이 결혼입니다. 또 그것은 기쁨과 행복의 출발점이기도 합니다. 성장환경이 다르고 교육, 성격, 취미, 습관이 다르고 가치관이 다르고 성(性)이 다른 두 남녀가 만나 한평생을 동고동락하면서 행복한 삶을 꾸려간다는 것은 그렇게 쉬운 일이 아닙니다. 모두 다 행복한 결혼생활을 꿈꾸지만 그것은 결코 거저 얻어지는 것은 아닙니다. 많은 노력, 이해, 양보와 배려, 인내가 필요합니다. 꽃 가꾸듯이 잘 가꿔야 좋은 결실을 맺는 이치와 같습니다. 한몸 한뜻이 돼서 서로 믿고 의지하고 사랑하고 존경하면서 일생을 같이한다면 결혼처럼 좋은 일은 없을 것입니다.

- 결혼은 개인을 고독으로부터 구하며, 그들에게 가정과 자식들을 주어

서 공간 속에 안정시킨다. 생존의 결정적인 목적수행이다. - S. 보부아르 / 제2의 성

- 등이 가려우면 옆에서 긁어줄 수 있으니 좋고 아파 누워있으면 간호해주니 좋은 것이다. - 중암
- 결혼은 창업과 같아 무에서 유를 창조하듯이 두 사람이 사랑이라는 자본금으로 행복한 가정을 만드는 것이다. - 우우당
- 사람들은 대개 서둘러 결혼하기 때문에 그 결과 일평생을 두고 후회한다. - 몰리에르
- 결혼 전에는 두 눈을 크게 뜨고 보라. 결혼 후에는 한쪽 눈을 감으라. - T. 풀러
- 양처를 얻으면 행복하고 악처를 얻으면 철학자가 된다. - 소크라테스
- 아내는 눈으로 고르지 말고 귀로 고르라. - 터키 격언
- 세상에서 가장 행복한 남자는 좋은 아내를 얻은 남자이다. - 탈무드
- 말은 좋은 마구간에서 구하고 아내는 가난한 집에서 구하라. - 영국 격언
- 싸움터에 나갈 때는 한 번 기도하라. 바다에 나갈 때는 두 번 기도하라. 그리고 결혼할 때에는 세 번 기도하라. - 러시아 격언
- 남자를 매혹시키는 것은 미모가 아니라 기품이다. - 에우리피데스 / 안드로 마케
- 남편 잘못 만나면 당대 원수, 아내를 잘못 만나도 당대 원수 - 한국 속담
- 결혼은 어떤 나침반도 일찍이 항로를 발견한 적이 없는 거친 바다이다. - 하이네

그러므로 성공적인 결혼을 위해서는 어느 정도 배우자의 격과 조건이, 밸런스가 맞아야 합니다. 뭘 볼 것인가? 뭘 체크할 것인가?

① 자격(조건)

너무 따지지 말고 됨됨이를 봐야 합니다. 성격, 학력, 외모, 직업, 직장, 건강, 가족관계, 재산 등 인물이 훤칠하고 똑똑하고 성격 좋고 일류학벌, 일류직장에 다니고 집안이 벌쭉하고 재산 많고 건강하면 좋은 배우자 자격을 갖췄다고 볼 수 있습니다. 하지만 이런 배우자감이 몇이나 될까요? 희망사항이고 욕심에 지나지 않을 것입니다. 설령 갖췄다 하더라도 행복한 결혼생활이 보장되는 것은 아닐 것입니다. 최소한의 배우자(남편) 자격이라면 최소한의 안정적인 생활을 할 수 있는 직장이 있고, 정신적으로 건전하고, 육체적으로 건강한 사람이어야 할 것입니다. 또 자신에게 성실한 사람이어야 합니다. 외형적인 조건도 중요하지만 못지않게 속모습, 성격도 중요한 자격 요소입니다. 이혼사유 수위가 성격 불일치이기 때문입니다. 조건이, 겉이 화려해도 성격이 맞지 않아 늘 다투거나 싸운다면 어떻게 될까요? 행복한 결혼생활이 될 수 없습니다. 원만하고 부드럽고 따뜻한 성격인가? 거칠고 급하고 참을 줄 모르는 성격인가 - 눈여겨봐야 할 대목입니다. 남편감으로는 술꾼이나 도박꾼, 오입쟁이, 폭력적이거나 거칠거나 욕 잘하고 외고집인 사람은 가려야 합니다. 아내감으로는 성격이 억세거나 참을 줄 모르거나 변덕쟁이, 게으르거나 말이 많거나 낭비벽이 있다면 역시 가려야 할 것입니다. 조건이 좋다고 행복한 것이 아니고 조건보다 됨됨이를 보라고, 조건을 보고 한 결혼은 이혼 가능성이 높다고 어느 중매전문가는 말합니다. 음미해볼 대목입니다.

② 선택

결혼은 일생을 가를 중요한 선택입니다. 행복과 불행이 좌우되기 때문입니다. 잘못된 선택은 대부분 서로를 잘 알지 못하고 잘 알아보지 않고 한 선택입니다. 무엇보다도 중요한 것은 상대의 신상을 상세히 파악하는 것입니다. 그래서 "결혼 전에는 두 눈을 크게 뜨고 결혼 후에는 한쪽 눈을 감으라."고 했습니다. 잘 알아보고 선택하라는 뜻입니다. 그러나 사랑은 눈을 멀게 하고 판단을 흐리게 하는 속성이 있습니다. 그래서 맹목적, 감정적, 비이성적, 외피적인 선택을 해서 그릇치는 경우가 많습니다. 모르고 아이 딸린 상대를 선택한 경우도 생길 수 있습니다. 사랑의 결실은 결혼이나, 결혼은 현실입니다. 사랑은 현실을 능가하지 못합니다. 이에 괴로움이 있고 슬픔이 있고 후회가 따릅니다. 과속은 금물입니다. 급할수록 천천히 하라고 했습니다. 급히 한 선택은 후회를 낳기 때문입니다. 결혼할 때는 세 번 기도하라고 했습니다. 그만큼 결혼이 중하고 어렵기 때문에 심사숙고해서 결정하라는 뜻입니다. 작금의 현실은 불행한 결혼이 줄지 않는다는 데 있습니다. 노소를 불문하고 이혼율이 이를 증명합니다. 잘못된 선택이 많기 때문에 선택의 안목이 절실히 요구됩니다. 현명하고 신중한 선택이어야 합니다.

한마디로 결혼은 어려운 선택입니다. 이에 나름대로의 체크리스트가 필요합니다. 성격이 괴팍한가? 부드러운가? 자신에게 성실한가? 불성실한가? 여러 항목에 걸쳐 확인한 후 나름의 점수에 맞춰 선택하는 것입니다. 내 마음에 든다면, 하나에서 열까지 쏙 든다면 얼마나 좋을까만 그런 배우자는 드물다고 봐야 할 것입니다. 살아보지 않고는 잘 알 수가 없으므로 교제 기간이 필요하고, 어느 정도 갖춘 상대가 이상적인 배우자일 것입니다. 부족한 점은 결혼해서 사랑의 힘으로 채우는 것입니다. 어느 정도 마음에 드는데 가난한 것이 흠이라면 결혼 후 둘이 머리를 맞대고 팔을 걷어붙이고 노력을 해서 부를 쌓으면 될 것입니다. 말처럼 쉽지가 않겠지만 그러나 너무 숙고하면 망설이게 되고 결심을 내리지 못합니다. 결단해야 일이 이루어지고 비로소 결혼이 성사됩니다.

■ 부모 반대

왕왕 부모가 반대하는 경우도 있을 것입니다. 흡족하면 서로 좋을 텐데 대부분 부모의 객관적인 판단이나 이기심, 체면, 욕심 때문에 반대합니다. 이런 경우 두 가지 현상이 나타납니다. 줏대 없이 부모의 뜻에 따라 포기하거나 아니면 용감하게 뜻을 굽히지 않고 결정하는 것입니다. 부모의 뜻을 따르자니 상대가 울고, 상대를 따르자니 부모가 노여워할 것입니다. 그래서 괴로워하고 고민하게 됩니다. 진퇴양난이요, 어떻게 해야 할까? 결혼 당사자는 자신입니다. 부모는 어디까지나 결혼을 도와주는 도우미 위치입니다. 반대 이유가 뚜렷하지 않고 비합리적이고 타당하지 않다면 결정권은 자신에게 있으므로 반대를 물리치고 당자를 선택하는 것이 현명한 방법입니다. 어폐가 있지만 한평생 누가 데리고 삽니까? 자신과 같이 살 사람인 것입니다.

③ 만남

어떤 만남으로 맺어지는 게 좋을까? 연애결혼이냐? 중매결혼이냐? 길을 가다가도, 열차 안에서도 눈이 맞아 맺어지는 결혼이 전자요, 소개로 맺어지는 것이 후자입니다. 인연이란 참으로 묘해서 의도적으로 이루어지지 않는 것이 결혼인가 합니다. 장단점을 뭘까?

ㄱ. 연애결혼
- 장점 : 사랑으로 맺어지고, 서로의 장단점, 성격, 취미 등을 잘 알고, 서로 책임을 지게 됩니다.
- 단점 : 선택의 폭이 좁고, 눈이 머니 냉정한 판단이 어렵고, 사랑의 감정이 식으면 결점이 보이고 후회가 따를 수 있습니다.

ㄴ. 중매결혼
- 장점 : 선택 폭이 넓고, 격에 맞는 소개를 받을 수 있고, 책임 전가를 시킬 수 있습니다.
- 단점 : 사랑이 불안하고, 잘 모르므로 의견충돌이 잦을 수 있고, 중매쟁이 의견이나 불순한 동기가 개입될 수 있습니다.

ㄷ. 보완책

연애는 더 냉정하게 판단해보고 중매는 교제기간을 충분히 가짐으로써 어느 정도 간격을 메울 수 있습니다.

④ 프러포즈는 어떻게 할까?

청춘사업이 무르익어 상대가 맘에 들고 결혼하겠다고 작정했으면 속으로만 끙끙 앓지 말고 쇠뿔은 단김에 빼라고 했듯이 적극적으로 의사표시를 해야 합니다. 사랑의 고백, 청혼을 하는 것입니다. 꼭 남자가 먼저 해야 한다는 법은 없습니다. 또 여자가 먼저 해서는 안 된다는 법도 없습니다. 기왕이면 멋지게 감동적으로 하는 것입니다. 무미건조한 프러포즈는 효과를 반감시킵니다. 같은 값이면 다홍치마라고 감동을 주는 프러포즈가 돼야 합니다. 편지로, 말로, 문자로, 이벤트도 좋습니다. TV 공개방송에 나와서, 전광판을 이용해 하는 경우도 있습니다. 언제 어디서 어떻게 할까? 인생의 단 한 번뿐인 프러포즈는 감동해서 눈물을 줄줄 흘릴 정도의 고백이어야 하므로 아이디어가 필요합니다.

"내 사랑하는 ○○씨에게"

처음 만나 지금껏 우리는 진실하게 사랑을 키워왔습니다. 설레고 즐겁고 행복했습니다. 사랑이 한껏 깊어졌습니다. 길게 이어지는 길은 한 몸이 되어 가정을 꾸리는 것입니다. 또 그것은 인생의 새 출발을 의미합니다. 당신의 진실한 사랑과 나의 큰 꿈이 합쳐졌을 때 우리는 틀림없이 행복한 삶을 누릴 것입니다. 부디 나와 뜻을 같이 해 주시기를……. ○○로부터.

[답신] "그래요. 우리 생을 같이하는 것입니다. ○○가."

- 사랑이 시작된 후의 최대의 행복은 자신의 사랑을 고백하는 것이다. (앙드레 지드)
• 노래 1곡 선사 - 맨 처음 고백(송창식)

(4) 준비

매사 성공은 준비에 달려있습니다. 결혼 날짜가 정해지면 차질없이 치르기 위해서는 철저한 준비가 필요합니다. 6개월 전, 3개월 전, 1주일 전, 하루 전! 준비기간을 충분히 두고 한 가지씩 차근차근 준비하는 것입니다. 머리를 맞대고 서로 상의합니다. 의견충돌로 헤어지는 경우도 있습니다. 상대를 배려하지 않고 내 입장, 내 주장만 하기 때문이다. 이해, 배려, 양보가 필요합니다.

① **뭘 준비할까?**

ㄱ. 자금

그동안 착실히 저축해 뒀겠지요? 없으면 없는 대로, 부족하면 부족한 대로 내 형편에 맞게, 능력에 맞게 준비하는 것입니다. 그것이 정답입니다. 너무 무리하게 빚져 가면서 치른다면 장차 불화의 원인이 될 수 있습니다. 옛날에는 정화수 한 그릇 떠놓고 하기도 했습니다. 681쪽을 참고하십시요.

ㄴ. 기타

살 집, 살림도구, 혼수예물, 예단, 예식장, 주례, 신혼여행 등 살림도구는 간단하고 꼭 필요한 것만 준비합니다. 장농, 이불, 밥상, 식기, 냉장고, TV 등. 문이 작아 장롱이 안 들어가는 경우도 있고, 짐이 많으면 이사 갈 때 버리는 경우도 있습니다. 남의 집에 살 거라면 간소한 것이 좋습니다. 사놓고 후회하는 물건은 뭘까? 좁은 거실에 큰 소파를 놓거나 좁은 방에 큰 침대를 놓는 것, 재고할 필요는 없을까? 속담에도 "누울 자리를 보고 다리를 뻗으라고 했듯이" 살 집이 준비되면 가구 배치 계획을 세워 거기에 맞게 준비하는 것이 좋습니다. 이외의 다른 것은 살면서 머리 맞대고 의논해서 1가지씩 장만하는 것이 의미 있고 보람 있고 큰 즐거움이 됩니다. 가급적 비용을 절약하고 저축해서 집장만, 사업자금에 보태는 것입니다.

② 말도 많고 탈도 많은 혼수예물, 예단

ㄱ. 신랑, 신부 예물
- 금반지 : 1돈
- 시계 : 차던 걸로
- 양복, 드레스 : 빌려서 아니면 평상복으로

ㄴ. 가족예단
- 남자 : 양말 1켤레, 서운하면 2켤레
- 여자 : 스타킹 1켤레, 이하 동문

ㄷ. 지참금, 이바지, 함 : 생략

- 혼인의 일에 재물을 논함은 오랑캐나 하는 짓이다. - 안정복 / 순암집
- 아내의 지참금을 받는 자는 그 값에 자기 스스로(영혼)를 파는 셈이다. - 미상
- 지참금은 가시침대 - 영국 격언

- 아내가 가져오는 것이 많으면 흔히 싸움거리가 된다. - 독일 격언
- 딸 셋을 결혼시키면 기둥뿌리가 안 남는다. - 한국 속담
  - 5년 안에 갈라서는 신혼부부 절반 이상이 예단 때문(2012. 7. 2. 조선일보) 예단이 그렇게 중요할까?

③ 혼수갈등

결혼을 앞두고 혼수문제로 갈등을 겪는 커플도 많을 것입니다. 보도를 보면 혼수문제로 다투다 결혼식을 며칠 앞두고 헤어진 경우도 많고, 살다가 이혼한 경우도 많고, 신부 아버지가 혼수문제로 고민 끝에 자살한 경우도 있고, 혼수가 적다고 시부모한테 시달리다가 자살한 며느리도 있고, 심지어 혼수가 적다고 장인을 때린 사위도 있고, 신랑 측에서 신부 측에 뭘 가져오라고 지정하기도 합니다. 적게 해가면 딸이 구박받을까봐 전전긍긍하기도 할 것입니다. 자연 없는 살림, 빚을 내서 해주게 됩니다. 자식 결혼비용으로 살고 있는 집을 팔고 변두리 셋집으로 옮긴 사람도 있고, 신랑 측 부모가 호텔식장에서 하자는 바람에 울며 겨자 먹기로 어쩔 수 없이 꽃장식만 1,500만 원, 예식비만 6,000만 원 들었다는 신부 측도 있고, 도대체 혼수가 뭐길래 야단법석일까? 왜 이런 비극이 생길까?

■ 혼수병에 걸린 대한민국 사회

결혼은 사람과 사람의 만남이므로 건강하고 생각이 바른 사람이면 됐지, 분에 넘치는 혼수가 꼭 필요할까? 모두 대오각성이 필요치 않을까? 결혼의 행복은 혼수와는 아무 관계도 없는데 오히려 불행의 단초가 될 수 있는데 왜 그렇게 혼수에 매달릴까? 혼수 타령인가? 시아버지, 시어머니가 새며느리로부터 받은 보료 깔고 있으면 기분이 째지게 좋을까? 바늘방석은 아닐까? 밍크코트 걸치고 다니면 요새 누가 쳐다보기라도 하나? 뭐가 걸어 다니는 것 같기도 하고, 촌스런

생각은 안 들까? 뭘 받았다, 얼마짜리다 자랑하는 것도 천박하단 징표인데 그걸 왜 모를까? 늙어 아파서 자리에 누우면 며느리한테 구박당하고 꼬집히면 어쩌려고 간도 크게 혼수 타령일까? 한마디로 인격 미달, 수준 차이인 것입니다. 문제는 해결의 열쇠는 신랑의 장중(掌中)에 달려있습니다. 쪼잔하게 굴지 말고, 졸장부가 되지 말고 대장부가 되는 것입니다. 부모님에게, 가족에게 한마디해야 합니다. 뭘 바라지 말자고. 그리고 설득하는 것입니다. 신부 측에게는 아무것도 가져오지 말라고, 그냥 몸만 오라고 선언해야 합니다. 신부 말고 뭐가 더 필요할까? 왜 신부 측이 을(乙)이어야만 하나? 신랑 측이 잘 살면 신부 측의 비용 전부를 지원하는 것입니다. 뭐가 아까울까? 역지사지란 말이 있듯이, 신랑 측 부모가 입장을 바꿔 생각해봅니다. 내 딸이 결혼하는 데 어려운 형편인데도 빚을 내 과분하게 혼수를 보내야 된다면 그 심정은 어떨까? 한 번 생각해본다면, 똑같은 심정일 것입니다.

그러나 불행하게도 대부분 남의 입장과 처지를 생각하지 않고 내 입장만 생각한다는 사실입니다. 그리고 또 비싼 반지, 비싼 시계 꼭 필요할까? 금반지 한 돈이면 어떤가? 차고 있는 시계 차면 안 될까? 과분하게 주고받는다고 해서 행복한 결혼이 보장되는 것은 아닙니다. 기분만 어떨 뿐, 오히려 갈등의 원인이 되고 있습니다. 이로 인해 이혼도 하게 되고, 심지어 준 것 달라고 재판도 하고, 치사한 일이 너무 많이 벌어지고 있습니다. 자녀가 혼수와 결혼하는 것이 아닐진대 이제 건전한 혼수문화 정착에 너도나도 적극적으로 동참해야 합니다. 신랑과 신랑 부모의 자각과 자성이 절대 필요합니다. 절대 실천이 필요합니다. 이제 결혼이 저주, 고통의 장이 아니고 축복의 문, 행복의 장이 되어야 합니다. 오래전 어떤 커플은 부모 도움 없이 예단, 예물을 생략하고 13평짜리 빌라(7,500만 원짜리)를 장만한 사례도 있습니다.

④ 결혼문화 - 고치고 바꾸고 없애야 할 것

가진 게 많은 사람들이야 있으니 소비촉진 차원에서 어떨지 모르겠으나 없는 살림에 격식을 차리자니 빚을 내야 되고 등골이 휘게 되고 "딸 셋 출가시키면 기둥뿌리 안 남는다."고 경사가 애사, 망사가 되니 문제가 아닐 수 없습니다. 그 많은 종교인들이 들고 일어나야 합니다. 솔선수범하고 범국민 운동이라도 벌려야 합니다. 5년이고 10년이고 장기적으로 해야 효과가 납니다. 반짝 흐지부지해서는 안 되고, 지도층이 먼저 솔선수범해야 합니다. 안 하니 문제가 되고 있습니다.

- 예물, 예단 : 위에서 언급한 것처럼 간소하게
- 하객 : 가족, 친척, 친지, 친구, 직장동료 50인 이내
- 축의금 : 부자는 거절
- 식이 끝날 때까지 지켜보기, 끝나고 식사하기
- 폐백 : 양가 인사모임 자리로 대체, 커피 1잔 접대
- 화환 : 안 보내고 안 받기
- 식장 : 집마당, 관공서, 예식장, 교회, 야외, 무료장소
- 식사 : 김밥 한 줄, 우유 1팩 - 먹기 위해 가는 곳이 아니므로(예식장 제외)
- 청첩장 : 남발 자제, 안 보내면 화낼 정도의 사이만 보내기

⑤ 꼭 빠져서는 안 될 것

ㄱ. 혼수품 1위 : 건강진단서 교환

"건강은 최고의 혼수품, 행복한 가정의 출발점" 신랑이 성병 보균자면 신부도 감염되기 마련이고, 신부가 간염 보균자면 신랑도 감염

되기 쉽습니다. (국내 에이즈 감염자 1만 3,857명 / 20대 438명 / 30대 341명 - 2019년)

ㄴ. 부부 되기 사전 공부하기

아주 중요한 사항인데 몰라서거나 대부분 지나칩니다. 대부분 준비 없이 결혼합니다. 창업을 하려면 알아야 하고 준비해야 할 것들이 많은데 결혼 역시 창업과 같이 잘 알아야 실패하지 않고, 성공적인 행복한 결혼생활을 할 수가 있습니다. 부부 되기 공부란 원만한 부부생활을 하는 데 필요한 지식과 노하우를 배우고 익히는 것을 말합니다. 혼수준비는 열심히 하면서도 부부 되기 준비는 부실한 실정입니다. 그러니 불행한 일이 불거집니다. 보도를 보면 신혼 여행지에서 헤어진 경우도 있는데, 왜 이런 비극이 생길까? 제대로 준비 없이 결혼 공부를 하지 않고 임했기 때문입니다. 결혼 3년 내에 이혼이 수위인 것은 여기에 이유가 있다고 볼 수 있습니다. 잘 아시는 미국의 어떤 골프황제는 연습벌레라는 것입니다. 그러니 정상에 오른 것입니다. 그러나 그가 자식을 낳고도 이혼한 것은, 결혼에 실패한 것은 추측컨대 부부 되기 공부, 연습을 안 했거나 등한히 한 결과일 것입니다. 결혼 예비 교실도 많고 참고할 책도 많이 있습니다. 자동차 면허처럼 결혼 면허제를 주장하는 사람도 있습니다. 반드시 결혼 전에 결혼, 부부 되기 공부가 꼭 필요합니다. 귀하는 부부 되기 공부를 얼마나 했습니까? 역시 부모 되기 공부도 필요합니다.

(5) 드디어 기다리고 기다렸던 결혼식이 시작되는구나

① 개식사

지금부터 신랑 ○○○군과 신부 ○○○양의 결혼식을 시작하겠습니다.

② 신랑, 신부 입장

딴딴따단~ 딴딴따단~

③ 하객에게 인사

④ 결혼서약
- 신랑은 신부를, 신부는 신랑을 평생 반려자로 검은 머리가 파뿌리 되도록 사랑하고 존경하며 살겠습니까? 예예.
- 살다가 맘에 안 맞으면 이혼하겠습니까? 안 하겠습니다. 이하동문입니다.
- 믿어도 됩니까? 예, 예. 믿어도 됩니다.
- 하객들 앞에서 분명히 약속했습니다. 예, 예. 약속했습니다.

⑤ 주례사

지면 관계상 증언부언 안 하고 간단히 몇 마디만 하겠습니다. 에 뭣인가 결혼은 제2 인생의 새 출발이라고 그 누가 말했습니다. 소크라테스 선생이 말했던가요? 누구나 행복한 결혼생활을 원하지만 서로 노력 없이는 매우 어렵습니다. 사노라면 순경도 있고 역경도 있습니다. 잔잔한 파도도 있고 험난한 폭풍우도 만나게 됩니다. 슬플 때도 있고 기쁠 때도 있습니다. 괴롭고 어렵고 힘들 때도 있습니다. 좋은 일도 궂은 일도 있습니다. 위기의 순간이 찾아오기도 합니다. 이런 만난을 극복하고 행복한 결혼생활을 영위하기 위해서 몇 가지 조언하고자 합니다. 에, 또 그게 뭣이냐. 첫째가 대화를 해야 합니다. 부부는 긴 대화의 연속이라고 했습니다. 다툼도 갈등도 오해도 대부분 대화 부족에 있습니다. 둘째는 서로 양보해야 합니다. 이기려 말고 져줘야 합니다. 지는 것이 이기는 것입니다. 셋째는 참고 또 참는 것입니다. 참는 자에게 복이 온다고 했습니다. 참으면 되는데 순간 참지 못해서 그르치는 경우가 너무너무 많습니다. 이런 점들을 마음에 새겨 슬기롭게 헤쳐나간다면 반드시 행복한 결혼생활이 되고도 남을 것입니다. 에헴, 할 말은 태산 같으나 이만 마치겠습니다. 감사합니다.

⑥ 축시
〈결혼을 위하여〉

하나님이 주신 뭇 행복 중에
가장 큰 행복을 차지한 그대들
사람이 얻을 수 있는 기쁨 중에
가장 큰 기쁨을 얻은 그대들
인내와 성실과 사랑으로
행복의 꽃 피우라.

썩은 자에게 생명을 주시는
하나님의 깊은 뜻 깨닫고
썩는 밀알이 되라.

그대들 앞에 풍랑이 일더라도
굳세게 싸워 이겨
그대들 삶을 통해
진정한 사랑과 축복을
만민에게 보여주라.

은사시 나무 속잎 눈뜨는 사월에
그대들 근심 없는 한 쌍의 새가 되어

푸른 들판을 가로질러 훈풍에 날으라.
우리들의 축복 모두 받으라.
(도한호)

⑦ 신랑 신부 퇴장
딴따다단~ 딴따다단~
"휴~ 드디어 끝났군. 소변 마려워 혼났어. 당신은? 나도 혼났어. 뽀뽀 한 번 해볼까? 그럴까? 쪽."

(6) 꿈같은 신혼여행
앞으로 살아가는 동안 이런 날은 결코 오지 않을 것입니다. 가슴 벅차오르고 아름답고 즐겁고 행복한 나날이 아닐 수 없습니다. 영원히 간직해야 할 소중한 시간인 것입니다.

① 첫날밤
황홀한 밤, 거룩한 밤, 축복스런 밤! 그냥 의미 없이 보낼 순 없습니다. 전기불을 끄고 촛불이라도 켜놓고 경건해지니 포도주라도 한 잔 나누면서 음악도 같이(사랑의 맹세 / Patti Kim) 감상하면서 앞날을 설계하고 다짐하는 시간이 돼야 합니다. 장차 쇠털같이 많은 날 어떻게 살 것인가?

② 사랑의 맹세
"당신에게 이것만은 지키겠습니다." 하고 서로 맹세하는 것입니다. 당신만을 사랑하고 당신만을 생각하고 언제나 웃은 낯으로 소곤소곤 얘기하겠습니다. 종이에 써서 1장씩 나눠 갖습니다. 집에 가자마자 냉장고나 안방 장롱에 붙여놓고 매일 한 번씩 읽어보고 다지는 것입니다.

■ 부부서약 - 17계명

1. 간섭 : 가급적 간섭하지 않겠습니다. 보아도 못 본 체 들어도 못 들은 체하겠습니다.
2. 비교 : 남과 비교하지 않겠습니다.
3. 용서 : 잘못이 있더라도 너그럽게 용서하겠습니다.
4. 이해, 양보 : 될 수 있으면 이해하고 양보하겠습니다. 지는 것이 이기는 것이니깐요.
5. 배려 : 늘 입장을 바꿔 생각하겠습니다.
6. 존경 : 존경받을 짓을 하겠습니다.
7. 칭찬 : 하루 1가지씩 칭찬하겠습니다.
8. 자존심 : 자존심을 건드리는 말을 안 하겠습니다.
9. 순결 : 정절을 지키겠습니다. 외도를 하지 않겠습니다.
10. 진실 : 거짓말하지 않고 진실하게 대하겠습니다.
11. 폭력, 욕설 : 절대로 폭력을 쓰지 않겠습니다. 상스런 욕도 하지 않겠습니다. 말로 하겠습니다.
12. 상의 : 서로 상의해서 결정하겠습니다.
13. 호칭 : 야, 너, 오빠 같은 호칭은 쓰지 않고 여보, 당신으로 부르겠습니다.
14. 인내 : 참고 또 참겠습니다. 참는 자에게 복이 오니깐요.
15. 언성 : 높이지 않고 소곤소곤 말하겠습니다.
16. 성(性) : 성적 만족을 높이겠습니다.
17. 대화 : 모든 걸 대화로 풀어나가겠습니다.

년 월 일
신부 : ○○○
신랑 : ○○○

③ **합궁**
밤은 점점 깊어갑니다.
"이제 그만 잡시다."
"그럽시다."
뭐가 그리 급할까? 할 얘기도 아직 남았는데, 물론 급하겠지.

어어, 밤은 깊어
華燭洞房(화촉동방)의 촛불을 꺼졌다.
虛榮(허영)의 衣裳(의상)은 그림자마저 사라지고…
그 靑春(청춘)의 알몸이
깊은 어둠 바다 속에서
魚族(어족)인양 노니는데
忽然(홀연) 그윽히 들리는 소리 있어
아야… 야!

太初(태초) 생명의 비밀 터지는 소리
한 생명 無窮(무궁)한 생명으로 통하는 소리
涅槃(열반)의 문 열리는 소리
오오, 구원의 聖母(성모) 玄牝(현빈)이여!
머언 하늘의 뭇 星座(성좌)는
이 밤을 위하여 새로 빛날진저!
밤은 새벽을 배(孕胎)고
침침히 깊어간다.
(첫날밤 / 오상순)

(7) 새아침, 새출발
날이 샌다. 목장에 아침이 온다. 사랑하는 그대여.

661

어서 일어나 아름다운 하루를 노래 부르자.
레이호 레이레이호 레이호 레이레이호~
파랑새 소리소리 노래 부르고 안개가 소리 없이 흘러가면은
송아지 망아지가 맴맴 날 부른다 배고파 운다.
(청춘목장 / 노래 송민도 / 작사 손석우 / 작곡 송민영)

어떻습니까? 결혼하니 참 좋지요? 이제 하나가 됐으니 몸과 마음을 합쳐 힘차게 행복을 향해 전진하는 것입니다. 바야흐로 새아침, 희망의 새출발이 시작된 것입니다. 오늘이 있기까지 낳아서 길러주시고 가르쳐주시고 구실을 할 수 있게 해주신 양가 부모님께 진심으로 감사해야 합니다. 늘상 효도의 염(念)을 잊어서는 안 될 것입니다. 자주 행동으로 보여드리는 것입니다. - "네 시작은 미약하였으나 네 나중은 심히 창대하리라."(성경 말씀)

(8) 행복한 결혼생활을 위한 설계

처음 만나 사랑을 나누고 결혼식을 올리고 신혼여행을 다녀왔습니다. 어제까지는 즐겁고 아름답고 꿈같은 나날이었습니다. 그러나 오늘부터는 결혼생활이라는 엄연한 현실이 시작된 것입니다. 꿈은 아름답지만 현실은 어렵고 벅차고 힘이 듭니다. 이제 결혼생활이라는 장거리 마라톤 경주가 시작된 것입니다. 탈락하지 않고 완주를 해야 합니다. 그러기 위해선 슬기롭게 부단한 노력이 필요합니다. 어떻게 살 것인가? 어떤 삶을 살아야 할 것인가? 집 지을 때도 반드시 설계도가 필요하듯 결혼생활도 설계도가 필요합니다. 그것은 무엇인가? 그것을 알아야 되고, 그대로 실천해야 이룰 수 있고, 비로소 성공적인 행복한 결혼생활이 보장되는 것입니다. 남편은 어떻게 하면 아내를 기쁘게 해줄까? 행복한 삶을 누릴 수 있게 해줄까를, 아내도 어떻게 하면 훌륭한 남편, 성공적인 남편을 만들까를 항상 염두

에 두고 노력해야 합니다. 이것은 피하고 외면할 수 없는 의무사항입니다. 남편은 아내를 아껴주고, 아내는 남편을 극진히 받드는 것입니다. 말, 행동을 조심하고 공경심을 갖는 것입니다. "남편을 황제처럼 받들면 아내 역시도 황후가 된다."고 했습니다. 남편 역시도 남편으로서의 구실을 다해야 합니다. 항상 존경을 받을 수 있는 처신을 다해야 합니다. 그럼으로서만이 행복한 결혼생활이 깃드는 것입니다. 가정은 삶의 안식처, 행복의 보금자리 -.

① 평생을 신혼처럼

평생을 신혼처럼 보낸다면 얼마나 좋을까? 흔히들 신혼 초를 깨가 쏟아진다고 말합니다. 우수수 깨가 쏟아지는 걸 보면 즐겁습니다. 그처럼 즐겁다는 뜻입니다. 새옷을 입었을 때처럼, 그 신선한 젊음에 사랑하는 사람과 한 지붕 아래 살을 맞대고 살게 되니 나날이 즐겁고 행복하지 않을 수가 없을 것입니다. 그러나 시간이 흐르고 세파에 시달리다 보면 사랑의 강도가, 사랑의 감정이 차차 엷어지고 무뎌지고 퇴색되기 마련입니다. 하지만 평생 신혼처럼 보낼 수는 없을까? 있습니다. 그 방법을 꾸준히 연구하고 노력하는 것뿐입니다. 혼전 사랑할 때처럼 신선함, 신비감, 호기심을 잃지 않는 것입니다. 잘 보이기 위해 노력했던 것처럼 끊임없이 애를 쓰는 것입니다. 그러나 거의 노력을 하지 않습니다. 귀찮고 하기 싫어합니다. 결혼했으니 내 사람이 됐는데 어쩌랴 하는 안도감, 안이함, 자식도 있는데 포만감이 생겨 게으름을 피우게 되고 방심을 하게 되는 것입니다. 그러므로 신선함을 잃게 하는 짓, 특히 거친 언행 등 정떨어지는 짓을 자제하는 것입니다. 첫날밤의 맹세를 잊지 않고 철저히 지키는 것입니다.

• 항상 신선미 넘치는 여자가 되라. - 헬렌 G. 브라운

• 부부는 서로 매력을 잃어서는 안 된다. - 피천득 / 시집가는 친구의 딸에게

② 혼인신고 즉시 하기

　공개된 장소에서 결혼식을 올렸다고 해서 법적인 부부는 아닙니다. 법적 절차를 밟아야 정식 부부가 됩니다. 혼인신고를 마쳐야 법적인 효력이 발생합니다. 그렇지 않고 늑장을 부리거나 미룰 경우 아무리 신혼이라 해도 다툼이 생길 수 있습니다. 횟수가 늘어나면 결혼을 잘못한 게 아닌가 하는 회의, 후회가 따를 수 있습니다. "인간은 흔들리는 갈대와 같다."고 누가 말했듯이 마음이 수시로 변하기 때문에 흔들릴 수가 있습니다. 혼전에 마음이 들던 사람이 그래서 결혼했지만 살아보니 성격이 안 맞거나 나쁜 버릇이나 잦은 의견 충돌이라든가 약점들이 노출되니 왜 결혼했나 실망, 후회가 따르고 이혼을 떠올릴 수도 있는 것입니다. 그런데 문제는 법적인 부부는 여러 가지 문제가 따르기 때문에 머뭇거리게 되고 선뜻 이혼할 수가 없습니다. 하지만 혼인신고가 안 된 경우는 법적인 부부가 아니므로 맘만 먹으면 쉽게 헤어질 수 있다는 점입니다. 홧김에, 젊은 기분에 욱하고 참지 못해 "에이, 헤어지자!" 하고 일을 저지를 수가 있는 것입니다. 그러므로 빠른 혼인신고가 이혼방지책이 될 수도 있습니다. 이혼이 결혼 3년 내에 제일 많다는 것과도 무관치 않습니다. 인간은 원래 완벽하지 못하기 때문에 서로가 꼭 마음에 들 수가 없습니다. 그것이 정상입니다. 결혼 자체가 불완전한 사람끼리의 만남임으로 모난 돌을 갈아 부드럽게 만들 듯 부족한 점, 결점을 포용하고 개선하는 것이 부부의 도리입니다.

　이제 결혼했으니 열일을 제쳐놓고 손잡고 가서 혼인신고를 하십시오. 그것이 행복의 길이고 정도인 것입니다. 혹, 서구사회의 못된

영향으로 계약결혼이니 살아보고 하겠다느니 하는 풍조에 편승해서 결혼신고를 미루거나 머뭇거리는 신혼부부가 몇 사람 있을지 모르겠습니다. 일견 합리적인 생각일 수 있으나 그렇다고 마음에 안 든다고 헤어지고 다시 다른 사람과 살아보고 마음에 안 든다고 또 헤어지고 한다면 어떻게 될까요? 백 번 다시 해도 맞을 수가 없습니다. 노력도 하고 지혜롭게 맞춰 사는 것입니다. 살아보고 살 거라면 처음부터 그렇게 할 것이지 왜 거창하게 식을 올렸을까? 무릇, 결혼이란 생각이 건강한 사람끼리의 만남이어야 가치가 크고, 그리고 사랑이 깊어지는데 그것은 넝마와 같고 또 그것은 건전한 상식이 아닙니다. 못된 풍조에 불과합니다. 바람직한 자세가 아니므로 생각을 바꿔야 합니다. 결혼은 신성한 의식입니다. 헌신짝 버리듯 그렇게 얄팍한 상행위가 아님을 인식해야 합니다. 그러니 건전치 못한, 삐뚤어진 생각을 버리고, 양다리 걸칠 생각 말고, 좌고우면하지 말고, 고민하지 말고, 못을 쾅 박듯 얼른 혼인신고를 하는 것입니다. 혼전동거도 역시 재빠르게 신고하는 것입니다.

③ 가훈(家訓)

가훈은 가정에서 교훈으로 삼기 위해 정해둔 말과 글입니다. 교훈이나 사훈처럼 가훈도 꼭 필요합니다. 정해둠으로써 삶의 지표, 구심점이 됩니다. 눈에 띄는 곳에 써서 붙여두거나 액자에 넣어 걸어둡니다. "정직하자!"로 정했으면 쳐다볼수록 뇌리에 박혀 거짓말을 하려고 했다가도, 속이려 했다가도 삼가게 되고 "부자가 되자!"로 정했으면 늘 부자가 되겠다고 다지고 작심하고 노력을 하니 부자가 될 가능성이 높아지게 됩니다. "건강하게 살자!"로 정했으면 건강에 신경을 쓰게 되니 자연 삶이 건강해질 수가 있는 것입니다. 오매불망, 그쪽으로 노력을 하게 되니 없는 것보다는 있는 것이 백 번 낫습니다. 가족들의 삶의 중심, 바라고 지향하는 것으로 정하는 것입니다.

"가화만사성(家和萬事成)"을 많이 꼽습니다. 가정이 화목해야 모든 일이 뜻대로 이루어진다는 뜻입니다. 어디서 청소년에게 가장 행복한 순간이 어느 때냐고 물었더니 50%가 가정이 화목한 때라는 대답입니다.

■ 가정헌법

가정헌법이란 가족 모두가 꼭 지켜야 할 원칙과 가치를 담은 소중한 약속입니다. 국가의 헌법이 국민의 든든한 울타리 역할을 하는 것처럼 가정헌법 또한 온 가족의 행복을 지키는 지혜로운 원칙이 되어줍니다. - 오래전 법무부에서 '2009 가정헌법 만들기 공모전'을 벌인 일이 있었습니다. 국가 헌법처럼 가족들이 의견을 모아 가정헌법을 만들어 응모하면 선정해서 액자로 만들어 보내준다는 취지의 캠페인입니다. 진일보한 일종의 가훈입니다. 가족들의 생활자세, 각오, 원칙, 바람이 들어있는 내용이면 좋을 것입니다. 취향에 맞게 도입해보는 것도 좋을 것입니다.

〈1안〉 예시

제1장. 사랑

1조 - 1일 1회 사랑의 메시지를 보낸다.

2조 - ……

제2장. 건강

1조 - 1주 3회 30분 이상 운동을 한다.

2조 - ……

〈2안〉

제1장. 부모

1조 - 아빠는 맡은 일에 최선을 다한다.
2조 - 엄마는 될 수 있으면 잔소리를 않는다.

제2장. 자녀
1조 - ○○는 담배를 피우지 않겠습니다.
2조 - ○○는 남을 괴롭히지 않겠습니다.

〈3안〉
1조 - 주 1회 가족회의를 갖는다.
2조 - 월 1회 가정의 날을 갖는다.
3조 - 연 1회 가족여행을 간다.
4조 - ……

④ **부부 호칭**

결혼 전에는 남편보고 "오빠, 오빠, 자기야", 아내보고 나이가 어리다고 "야, 너" 했습니다. 오누이 관계가 아니고 이제는 어엿한 부부가 되었으니 호칭도 달라져야 합니다. 삼강오륜에도 나와 있듯이 엄연한 부부관계이므로 분별해야 합니다. 이목도 있으니 점잖게 부르는 것입니다. "여보, 당신" 그럼에도 아이들 앞에서 남편보고 "오빠 오빠", 아내보고 "야, 너" 어쩌고 하는 사람도 참 많습니다. 아내를 하대하는 것이 일제의 잔재라고 말하는 사람도 있지만 조선시대의 종도 아니요, 자녀 교육상 주위 이목도 있고 하니 이제는 바꿔써야 합니다. 체통이 있지 그래야 아이들이 따라 배우게 됩니다. 가정교육이 거창한 데 있는 게 아닙니다. 남편이 오빠면 아이들에게 촌수로 외삼촌이 되나요? 결혼 첫날부터 제대로 된 호칭을 쓰지 않으면 습관이 되어 고치기가 어렵고 평생 "야, 너, 오빠, 오빠" 하게 됩니다. 하대의 말은 상대를 비하하는 것이요, 존칭은 존경의 표시입니다. 부부는 수평관계이지 수직관계는 아닙니다. 존칭을 쓰면 서로를 더 존중하게 되고, 가정 분위기도 바뀝니다. 은근슬쩍 다정한 말, 자연스럽고 사랑스런 말 "여보, 당신", "여보, 보아하니 선녀 같구료." 여보, 부르기가 쑥스러우면 "여보~세요. 저~보세요. 여보, 이리와 이것 좀 보셔요. 감나무 싹이 새파랗게 돋았네요.", "야, 너" 하다가 "여보, 당신" 하려니 쑥스럽기도 하고 자존심이 상할지 모르겠으나, 안하다 하려니 어색하고 쑥스러워 "여보, 당신" 소리가 안 나오겠지만 친할수록 예의를 지키라고 했습니다. 용기를 내서 서너 번 불러보면 자연스럽게 나오고 계속하게 됩니다. 그러니 지금 당장 일어나서 꼬옥 껴안고 지금부터 호칭은 "여보, 당신"으로 합시다. - 하고 한 번씩 불러봅니다. 하면 하는 것입니다. 안 하려 하니 안 되는 것입니다. 어서 한 번 불러보세요. 지금 당장! "여보, 당신"(부부간에 서로 부르는 말 / 국어사전) 안 나온다고요? 다시 한 번 불러보세요. 나오게 됩니다. 언제까지 "야, 너" 할 겁니까? 첫날밤에 약속했잖아요.

■ 어느 설문조사

아내가 가장 듣기 싫어하는 말 1위 "야, 너" 이것은 양반 말투가 아니고 무지막지한 쌍X 말투와 같습니다. 좋은 일이므로 즉각 고쳐야 합니다.

■ 말투

[옛날]
남편 : "부~인, 아랫마을 박초시 집에 다녀오리다."
아내 : "그리 하셔요."

[지금]
남편 : "야, 화장 빨리해. 시간 없어."

아내 : "뭐가 그리 급해. 썅."

가는 말이 고와야 오는 말이 곱습니다.

⑤ **신혼폭력 ②**

　남편의 폭력시기는 신혼 초에 63%, 결혼 후 1~2년 내에 25%가 행해진다는 설문조사도 있습니다. 깨가 쏟아지는 신혼 초에 왜 이렇게 폭력이 많을까? 데이트 시절부터 쭉 이어지기도 하고, 놔두면 결혼 생활 내내 지속된다는 점입니다. 사랑하는 아내를 왜 때릴까? 여러 이유를 대겠지만 어떤 경우든 폭력은 있어서는 안 되고 말로 풀어야 합니다. 첫날 밤에 약속했겠지요? 장부일언 중천금이라고 약속했으면 철석같이 지키는 것입니다. 힘이 있다고 연약한 아내를 때려서야 될까? 힘 약한 사람은 어디 살 수 있을까? 맞고 살 수는 없습니다. 한 번도 아니고 계속된다면 그리고 내버려둔다면 버릇이 들게 되고 평생 계속된다는 점입니다. 폭력행위는 인간성 문제이지 나이나 지위나 재산, 직업, 학력과는 무관합니다. 박사 학위자도 폭력을 휘두릅니다. 어떻게 해야 할까? 이 못된 손버릇을 고칠 방법은 없는가? 잡초도 놔두면 계속 자라기 때문에 뿌리째 뽑아야 하듯 못된 버릇을 신혼 초에 고쳐놔야 합니다. 데이트 폭력처럼 대처해야 합니다. 폭력은 반복되는 속성이 있기 때문에 절대 용납해서는 안 됩니다. 시간이 지나면 안 쓰겠지, 괜찮아지겠지. 자식을 낳게 되면, 자식들이 크면 그치겠지 하는 바람은 오산인 것입니다. 1차는 말로 제지하고 2차는 단호하게 이혼도 불사하겠다는 각오로 맞서야 합니다. 유야무야해서는 폭력이 근절되지 않습니다. 각서를 받아두고 재발 시는 행동으로 옮기는 것입니다. 강력하게 제지하는 것입니다. (635, 777쪽을 참고하십시오)

⑥ 가정경영 관리

국가경영이나 기업경영처럼 가정도 경영 차원의 마인드가 필요합니다. 가정경영이란 가정을 효율적으로 꾸려가는 것을 말합니다. 의·식·주, 건강, 교육, 소비, 저축, 경제 등 가정 전반에 필요한 사항들을 시의적절하게 제공하고 관리, 조정하는 기술입니다. 가정경영의 목표는 첫째가 행복한 삶에 있습니다. 가족 모두의 행복 추구에 있습니다. 가정경영의 책임은 남편의 조언과 협력 아래 아무래도 아내 몫이 되겠습니다. 끊임없이 방법과 문제점을 점검하고 개선해서 행복한 가정을 만드는 것입니다. 목표를 정하고 달성하기 위해서 계획을 세우고 실천하고 결과에 대한 평가를 통해서 개선, 발전시켜 나가는 것입니다. 행복은 거저 찾아오는 것이 아닙니다. 꽃 가꾸듯 잘 가꾸고 물건 만들 듯 잘 만들어야 됩니다. 우선 규모 있고 짜임새 있는 살림을 꾸려가야 합니다. 특히 중요한 것은 수입과 지출을 어떻게 해야 하느냐 하는 것입니다. 버는 것에 대한 씀씀이가 되겠습니다. 많이 벌어도 쓰는 게 많으면 남는 게 없으니 적자 가계가 되고, 반대로 버는 것은 적어도 씀씀이가 규모 있으면 남게 되니 흑자 가계가 되는 것입니다. 그러기 위해서는 주먹구구식 돈 관리가 아니라 계획된 관리여야 합니다. 들어오고 나감을 한눈에 알아볼 수 있는 방법은 가계부 작성뿐입니다.

ㄱ. 가계부 쓰기

가계부를 쓰면 수입과 지출을 한눈에 알아볼 수 있습니다. 예산을 세우게 되고, 규모 있게 쓰게 되고, 낭비를 줄일 수 있고, 적자를 피할 수 있고 여러 이점이 있습니다. 그러함에도 귀찮아서 쓰지 않거나 빼먹거나 쓰다 중지하는 경우가 많습니다. 대부분 작심삼일, 용두사미가 되고 맙니다. 끈기와 인내심이 필요합니다. 가계부를 남편이 사서 아내에게 선물합니다. 결혼 첫 달부터 쓰는 것입니다. 버릇 들면 계속 쓰게 되고 가정경영, 가정경제의 필수항목입니다.

■ 통장관리

맞벌이 부부일 경우 통장을 따로따로 관리하는 경우도 있을 것입니다. 일심동체라고 하나로 합쳐야 효율적인 관리가 유지됩니다. 각자 주머니를 차는 건 내 멋대로 쓰겠다는 의미이고 목표, 구심점을 잃게 됩니다. 자칫 신뢰감이 떨어지고 불화의 원인이 될 수 있습니다. 저축통장, 소비통장 등 용도별로 따로 만들어 관리합니다. 중요한 지출은 서로 상의해야 합니다. 성공적인 자금관리를 위해선 저축은 얼마를 할 것인가? 생활비는 얼마를 쓸 것인가? 저축, 생활비, 용돈, 품위유지비, 주택구입, 교육비, 연금, 보험, 노후자금 등 합의가 필요합니다.

ㄴ. 신혼저축

앞에서도 살펴봤듯이 쓰고 남는 걸로는 저축이 되지 않습니다. 일단 수입을, 월급을 받으면 일정액을 눈 딱 감고 저축하고 남는 걸로 써야 저축이 됩니다. 습관이 중요함으로 결혼 첫 달부터 실천하는 것입니다. 저축과 소비 7 : 3의 비율로 정하는 것입니다. 적게 쓰면 저축이 많아지기 마련이고, 저축이 많아지면 삶이 즐겁습니다. 눈덩이처럼 불어나는 것을 보면 기분이 좋아집니다. 마음의 여유가 생깁니다. 한두 끼 굶어도 배고픈 줄을 모르는 것이 돈의 여력, 저축의 힘인 것입니다. 할 것 다 하고 먹을 것 다 먹고 쓸 것 다 쓰고는 돈을 모을 수가 없습니다. 단단한 땅에 물이 고이듯 약·독·짜 정신 - 약다든가, 독하다든가, 짜다든가 하는 소리를 들어야 돈을 모을 수가 있습니다. 구두쇠 정신, 헝그리 정신이 투철해야 합니다. 저축은 미덕입니다. 저축은 성공의 찬스를 만납니다. 장차 목돈 쓸 곳에 대비해서 저축을 게을리해서는 안 됩니다. 목돈이 있어야 집도 살 수 있고 사업도, 투자도 할 수가 있습니다.

　소비 역시 미덕입니다. 우리 모두가 안 쓰고 저축만 한다면 국가 경제가 침체됩니다. 소비가 줄면 생산이 줄고, 실업자가 증가하고, 다시 소비가 줍니다. 물건이 안 팔리면 공장이 문을 닫게 되고, 실업자가 늘어나고, 세금수입도 줄어드는 악순환이 계속됩니다. 맹목적인 소비 절약보다는 쓸 것은 쓰되 합리적이고 계획적이고 분수에 맞는 소비여야 합니다. 많이 버는 사람은 많이 씀으로 소비촉진, 애국자가 되고 적게 버는 사람은 저축함으로써 생산자금에 투입되니 역시 애국자가 되는 것입니다. 오래전 어떤 부부는 손님이 와서 한 끼 먹고 가면 부부가 한 끼를 굶었다는 것입니다. 그렇게 악착같이 살다 보니 목돈이 생기고 그걸 사업밑천으로 사업을 시작해 크게 성공한 예도 있습니다. 목표가 있다면 지금 목돈(종잣돈) 마련 계획을 세우십시오.

ㄷ. 소비요령
계획된 소비여야 의미가 있고 가치가 있습니다.

(A) 필요성 판단
　길바닥에 나뒹구는 돌멩이도 언젠가 집을 지을 땐 필요하듯 세상에 필요 없는 물건은 별로 없습니다. 그러나 물건을 사기 전에 한 번쯤 필요성, 필요하나? 필요치 않나? 우선순위, 지금 사야 하나? 나중에 사야 하나 살펴서 산다면 합리적인 소비가 될 것입니다. 당장 필요 없는 것을 사는 것은 낭비에 불과합니다. 1년 후 2년 후에 필요한 것이라면 참고 기다렸다가 그때 가서 구입하는 자세가 필요합니다. 싸면 당장 필요 없어도 혹은 사은품 때문에 구입하는 경우가 많은데 버려야 할 소비습관입니다. 수퍼에 가서 뭘 사드래도 우선 살 물건, 목록을 작성해야 충동구매를 막고 시간도 절약됩니다. 어떤 이는 "메모하지 않고 가는 마트는 소비행(行) 급행열차"라고 말합니다. 버는 것도 중요하지만 안 쓰는 것이 더 중요합니다. 100을 벌어 50을 쓰면 흑자 가계가 되지만 150을 쓰면 적자 가계가 됩니다. 사기 전에 쓰기 전에 한 번쯤 생각해봅니다. 지금 당장 필요한가? 꼭 사야 되는가? 내 형편에 맞는가? 이보다 더 급한 건 없는가? 후회는 안 될까? 그럼으로써만이 합리적인 소비, 절약을 기할 수 있습니다.

(B) 갚을 능력

속담에 "누울 자리를 보고 다리를 뻗으라."고 했듯이 갚을 능력 한도 내에서 써야 합니다. 한도를 넘으면 과소비가 되고 빚을 지게 됩니다. 참을 줄 알아야 되고, 기다릴 줄 알아야 되고, 욕구를 누를 줄 알아야 합니다. "인내는 쓰나 그 결과는 달다."고 했습니다. 쓰고 싶어도 참고 견디니 빚도 안 지고, 결국 저축이 되니 좋습니다. 자제심이 필요합니다.

(C) 신용카드

한때 무절제한 신용카드 사용으로 신용불량자가 양산된 때도 있었습니다. "외상이면 소도 잡아먹는다."는 속담이 있듯이 현금 없으면 살 수도 쓸 수도 없지만 신용카드는 후불제이므로 한도 내에서 마음대로 쓸 수가 있습니다. 그러다 보니 앞뒤를 생각 않고 욕구를 참지 못하고 무분별하게 마구 쓰다 보니 과소비가 되고 신용불량자가 증가해서 신용카드 대란으로 사회문제가 된 것입니다. 신용카드는 잘만 사용하면 참 좋은 제도입니다. 현금 없이도 물건을 살 수도 있고 부가서비스도 많습니다. 소비 촉진에도 도움이 됩니다. 버스나 지하철을 이용할 때도 현금을 주고받는 불편이 없습니다. 음식점 이용도, 차 기름 넣을 때도, 급전이 필요할 때도 남에게 아쉬운 소리할 필요가 없습니다. 편리한 점이 한두 가지가 아닙니다. 그러나 빚이 있으면 그늘이 있듯이 분수를 모르고 과하게 썼을 때, 수입 이상 썼을 때 문제가 되므로 쓰기 전 한 번쯤 숙고해서 쓴다면, 왜 지금 꼭 써야 되는지, 안 쓰면 안 되나, 갚을 수 있나 한 번 더 생각해보고 쓴다면 빚질 필요도 없고, 가정경제도 도움이 될 것입니다. 대신 직불카드를 사용하는 것도 좋을 것입니다. 잔액 한도 내에서 쓸 수 있기 때문에 그만큼 과소비를 막을 수가 있습니다.

(D) 구두쇠 열전

절약 정신을 본받자는 뜻으로 소개합니다. 스웨덴 어떤 부자는 (280억 달러 소유) 1회용 종이컵을 씻어 다시 사용하거나 비행기는 제일 싼 좌석을 타고 다니거나 15년 된 차를 혼자 몰고 다니거나 쇼핑은 주말 할인행사 때까지 기다렸다가 산다는 것입니다. 영국의 어떤 억만장자는 이발비가 아까워 집에서 깎고, 우리 옛날 어떤 부자는 제사 때 사용한 지방을 태우지 않고 보관했다 두고두고 다시 쓰고, 어떤 구두쇠 영감은 자반고등어를 천장에 매달아 놓고 밥 한 숟가락 떠먹고는 반찬 대신 고등어 한 번 쳐다보면서 먹고, 옛날 어느 누가 창호지 한 장을 빌려줬다 돌려받았는데 빌린 사람이 창호지 끝에 붙은 밥알을 돌려달라고 했다는 얘기

ㄹ. 절약 - 할까? 말까?

절약은 돈이든 물자든 덜 쓰고 아끼는 것을 말합니다. 검소하게 생활하고 분수에 맞게 써야 절약이 됩니다. 절약이란 안 쓰는 것이 아니라 쓸 곳에는 꼭 쓰는 것입니다. 아, 나, 바, 다, 빌, 고 정신을 살리는 것입니다. 아껴 쓰고, 나눠 쓰고, 바꿔 쓰고, 다시 쓰고, 빌려 쓰고, 고쳐 쓰는 것입니다. 있을 때 아껴야지 없을 때는 아낄 수가 없습니다. 생활하는 가운데 절약할 곳이 너무 많은데 무엇을, 어떻게 절

약해야 할까? 대국적으로 살펴보겠습니다.

(A) 물

1인 1일 물 사용량은 영국(279L), 프랑스(214L), 독일(138L), 한국(409L)과 같습니다. 물 없이는 한시도 살아갈 수가 없습니다. 물이 자꾸 줄어들고 있으므로 아껴 쓰고 다시 쓰는 자세가 필요합니다. 무엇이든 있을 때 아껴야 하는데 물 쓰듯 펑펑 마구, 함부로 쓰면 남아나질 않습니다. 유엔은 한국, 리비아, 이집트를 물 부족 국가로 분류하고 있습니다. 우리나라는 강수량은 많으나 여름에 집중적으로 오고 봄이나 가을, 겨울에는 적게 오기 때문입니다. 잦은 가뭄으로 생활용수, 농업용수 부족으로 곤란을 겪기도 합니다. 2015년, 일부 충청지방에서는 오랫동안 비가 안 와 식수 때문에 곤란을 겪기도 했습니다.

■ 화장실
- 하루 물 사용량 1/4이 수세식 변기 사용
- 1.5L짜리 페트병에 물 넣어 탱크에 넣어두기 (1일 4.8L / 연 536억 절약)
- 절수기 설치하기

■ 욕실
- 양치질 후 컵에 따라 헹구기
- 목욕물 재사용하기
- 샤워시간 줄이기
- 비누칠할 때 물 잠그기
- 머리 감을 때 대야에 받아서 하기
- 대중목욕탕에서도 물 절약하기

■ 주방
- 설거지할 때 설거지통에 물 받아서 하기(74L 절약)
- 수도꼭지에 물 조리개 달기

■ 세탁
- 빨래 모아서 하기
- 물 틀어놓고 세탁 안 하기
- 세탁기 사용 시간 줄이기

남은 물을 펑펑 쓰더라도 나만이라도 아껴 쓰면, 한 사람 두 사람 전염되고 확산되어 언젠가는 모두 생활화가 이루어질 것입니다. 그 절약된 비용으로 불우이웃을 도울 수 있습니다. 그런데 왜 실천이 어려울까? 귀찮고 번거롭고 하기 싫고 편히 살려 하기 때문입니다.

(B) 에너지
- 에너지 97% 수입 : 비용 350억 달러(연 64조). 에너지 소비 세계 10위
- 하루 사용량 : 장충체육관의 5배
- 석유 소비 : 세계 7위
- 일산화탄소 배출량 : 세계 9위(지구온난화 주범)
- 10% 절약하면 연 39억 달러 절약, 자동차 35만대 수출효과, 발전소 2기 건설(100만kw)
- 국제 유가 1달러 상승하면 약 8억 달러 무역적자, 0.1% 소비자 물가 상승
- 실내 온도 : 여름철(25~28℃), 겨울철(18~20℃) 유지
- 내복 입고 창문틀 막기(겨울철) : 1도 낮추면 7% 절감(연 3,900억 절약)
- 가스불 : 요리에 맞게 쓰기

(C) 전기

- 에어컨 1대가 선풍기 10대분 소비
- 안 쓰는 코드는 반드시 빼놓기(연간 5,000억 절약)
- 냉장고는 60%만 채우기
- TV, 컴퓨터 코드 뽑아두면 5KW 절약
- 다림질을 모아서 하기
- TV 시청 1시간 줄이면 1년 1,047억 절약
- 컴퓨터 1시간 줄이면 1년 24억 절약
- 3층 이하는 걸어서 오르내리기
- 세탁 10분 이내 51억 6천만 원 절약(연간)
- 엘리베이터 한 번 누르면 8원 소비, 연 328억 절약
- 멀쩡한 TV, 냉장고, 세탁기 : 수명 다할 때까지 쓰기

(D) 자동차

- 에너지의 20% 사용
- 작은 차 타기
- 부제 지키면 연간 1조 7천억 절약
- 경제속도 지키면(70~80K) 개인 연간 100만 원 절약
- 타이어 공기압 20% 부족하면 연 1,300억 낭비
- 교통 혼잡비용(지·정체) 연 14조 원 낭비
- 매일 10분간 공회전 연간 7,315억 낭비
- 주유 중 엔진 끄기(63% 켜고 주유 : 1,800만L 낭비, 연 150억 절약)
- 1주일 1번 운행중지 시 연 4조 8천억 절약
- 대중교통 이용하기, 차 같이 타기

물, 에너지, 전기, 자동차 - 위에서처럼 절약하고 실천한다면 가정적으로나 국가적으로 많은 비용이 절약될 것입니다. 그 절감된 비용

을 건설적인 곳에 쓴다면 나라가 한층 더 발전이 될 것입니다. 애국이 따로 없습니다. 위에 열거한 여러 통계 수치는 해마다 다르기 때문에 대략적인 수치로 이해해주시면 될 것입니다. 실천은 물론 경각심 차원에서 소개한 것입니다. 너도나도 절약하고 실천해서 애국자가 돼보는 것입니다.

- 절약 없이는 누구도 부자가 될 수 없으며 절약자 치고 가난한 자는 없다. - S. 존슨
- 근면은 부의 오른손이요, 절약은 그 왼손이다. - 존 레이
- 절약하는 것이 갖고 있는 것을 소비하고 구걸하는 것보다 낫다. - B. 프랭클린 / 가난한 리처드의 책력
- 늙었을 때와 궁한 때를 대비해서 할 수 있을 때에 절약하라. 아침 해는 온종일 비치는 것이 아니다. - B. 프랭클린 / 부자가 되는 길
- 한푼을 절약하지 않는 자는 결코 부자가 될 수 없다. - 영국 격언
- 낭비는 비애(悲哀)를 가져온다. - R. 그린
- 절약은 불필요한 비용을 피하는 과학이며 또 신중하게 우리의 재산을 관리하는 기술이다. - L. A. 세네카

⑦ **생애 재무 설계**

　한평생 살아가노라면 돈 쓸 곳이 참 많이 생깁니다. 일생의 여러 목표들 - 결혼자금, 출산육아 자금, 차 구입자금, 자녀교육 자금, 주택구입 자금, 자녀 결혼, 노부모 봉양자금, 병 치료자금, 자신의 노후자금 등 이외에 예기치 못한 목돈 쓸 일이 많이 생깁니다. 위와 같은 곳에 쓸 돈을 장기적으로 단계별로 미리 예측하고 준비 운용하는 일이 생애 재무설계입니다. 이중 비중이 큰 것이 결혼, 주택구입, 자녀교육, 노후자금입니다. 20대는 결혼자금, 30대는 주택구입 자금, 40대는 자녀교육 자금, 50대는 노후자금이 필요합니다.

ㄱ. 저축

"저축은 성공의 찬스를 만든다."고 했습니다. 직장인의 주 수입원은 월급입니다. 쓰기 위해서 벌지만 다 써버리면 남는 게 없습니다. 월급이 들어오자마자 다 나가는 경우도 있을 것입니다. 쓰되 알맞게 요령 있게 써야 합니다. 우선 수입의 70% 이상을 저축해야 합니다. 그래야 목돈을 빨리 더 많이 만들 수가 있습니다. 쓰고 나서 남는 걸로 저축하는 것이 아니라 쓰기 전 저축부터 하고 쓰는 것입니다. 한 번 든 습관은 고치기가 어렵습니다. 선(先) 저축, 후(後) 소비! 처음부터 이런 습관이 들도록 바꿔야 합니다. 전문가들이 말하는 재무설계의 제1원칙은 빠를수록 좋다는 것입니다. 사실 쓰기는 쉬워도 저축하기는 어렵습니다. 눈만 뜨면 여기저기서 끊임없이 소비를 부추깁니다. 젊은 기분에 앞뒤를 생각하지 않고 쓰기도 합니다. 그래서 빚져 고통을 겪기도 합니다. 쓸 때는 좋은데 갚을 때는 속이 쓰립니다. 빈 통장을 보면 허망한 기분이 들기도 할 것입니다. 마구 쓰면 저축할 수 없고 절약해야 저축이 됩니다. 그러므로 쓰기 전에 한 번 정도 생각해봅니다. 지금 꼭 써야 되나? 지금 당장 필요하나? 지금 사야 되나? 내 형편에 이래도 되나? 지금 안 써도 되면 즉시 생각을 접어야 합니다. 먹을 것 안 먹고, 입을 것 안 입고, 쓸 것 안 써야 저축이 됩니다. 그렇다고 안 쓸 수는 없고 쓰되 기본적인 것만 쓰고 우선순위 완급을 가려 써야 합니다.

덜 써야 저축이 되고 그래야 목돈을 만들 수가 있습니다. 목돈이 있어야 결혼도 하고 집도 살 수 있고, 더 나아가 투자도, 사업도 할 수가 있습니다. 속담에 "단단한 땅에 물이 고인다."고 했습니다. 뭔가 모진 데가 있어야, 구두쇠 정신이 있어야 목돈을 모을 수가 있습니다. 첫 달 월급을 부모님이나 가족 등 지금까지 도움받은 분들께 보은 차원에서 쓰고 두 번째 월급부터는 70% 이상 저축하는 것입니다. 10%만 저축해도 상관없으나 그만큼 목돈 마련이 늦어진다는 사실입니다. 스스로 약속하고 못을 쾅쾅 박듯 결단하는 것입니다. 예적금은 목돈 마련의 기본입니다. 아무 때나 꺼내쓸 수 있는 통장, 결혼자금 통장, 주택마련 통장 등 용도에 맞게 따로따로 만들어 사용하는 것이 효율적입니다. 목돈은 돈 벌 기회를 줍니다. 사업 기회를 줍니다. 5억짜리 집이 4억에 나왔는데 목돈이 없으면 못 사니 돈 벌 기회를 놓치게 됩니다. 안 쓰는 것이 돈을 버는 것, 한푼 들어오면 움켜쥐고 안 내놓는 것이 부자 되는 비결입니다. 어떻게 안 쓰고? 쓰면 안 남고 안 쓰면 모아집니다. 소득은 늘리고 소비는 줄이고 예산을 세워 범위 내에서 쓰는 습관을 기르는 것입니다. 목돈, 종잣돈 마련 계획을 세우십시오. 얼마를 언제까지, 어떻게 모으겠다고 대각오, 대결심 그리고 실천에 옮기는 것입니다.

- 모자에는 재빨리 손을 올리고 지갑에는 천천히 손을 대라. - 덴마크 격언
- 큰 바다의 물도 한 방울씩 모여서 이루어진다. - 영국 격언
- 어려운 날을 위해 저축하라. - 미국 격언
- 티끌 모아 태산 - 한국 속담
- 단단한 땅에 물이 고인다. - 한국 속담
- 털도 쌓이면 배를 가라앉힌다. - 사마천 / 사기
- 돈을 모으기 전까지는 돈을 쓰지 마라. - T. 제퍼슨
- 조금씩 더해지는 것을 되풀이하면 얼마 안 있어 큰 것이 된다. - 헤시오도스 / 일과 나날
- 세 가지의 가장 믿음직한 것이 있다. 늙은 아내, 늙은 개, 그리고 저금이다. - 미상

ㄴ. 결혼자금

　5년 내에 결혼할 계획이라면 자금은 어디에 얼마 필요하고, 언제까지, 어떻게 마련해야 할 것인가를 구체적으로 계획을 세워 실천에 옮겨야 자금을 모을 수가 있습니다. 살 집은 전세냐, 월세냐, 예식장인가, 공공장소를 이용할 것인가, 집 마당인가, 신혼여행은 국내로 갈까, 해외로 갈까, 반지는 금반지로 할까, 구리반지로 할까? 결혼 상대가 있어 결혼하고 싶어도 자금 부족으로 고민하고 미루기도 할 것입니다. 없으면 없는 대로, 부족하면 부족한 대로 형편에 맞게 하면 되는 것입니다. 우선 불필요한 지출을 줄여야 합니다. 자동차는 구입자금, 보험, 유지비용이 만만치 않으므로 결혼 후로 미룬다거나 점심 후의 커피, 술, 담배, 품위 유지비를 줄이는 등 생활습관을 내핍 생활로 바꿔야 합니다. 그래야 빨리, 더 많이 모을 수가 있습니다.

■ 5년 내 결혼 목표
- 소요자금 : 9,000만 원
- 월 저축액 : 9,000만 원 ÷ 60개월 = 150만 원
- 부족 시는 저리의 결혼자금 대출을 이용합니다.

ㄷ. 주택자금

　내 집을 갖는다는 것은 직장인의 큰 목표 중의 하나입니다. 남의 집에 살게 되면 눈치를 봐야 되고, 행동거지가 불편하고, 세를 올려 달라 하면 올려줘야 되고, 계약 기간이 안 되어도 비워달라고 하면 나가야 되는 것이 집 없는 사람의 슬픔인데 그래서 기를 쓰고 집 장만을 하려고 노력을 합니다. 나의 집을 갖는다는 것은 행복한 보금자리를 장만하는 일이고, 정신적으로 많은 위안을 얻을 수 있고, 안정을 누릴 수 있고, 그리고 무척 즐거운 일임엔 틀림없습니다. - 즐거운 나의 집, 스위트홈. 꽃밭에 봉숭아도 심고 나팔꽃도 심고 바둑

이도 키우고 대추나무도 심고 감도 따먹고 정원도 아기자기하게 꾸며봅니다.

■ 어떻게 해야 할까? 뭘 말이요?

마이홈 작전을 짜는 일 말입니다. 우선 주택청약 통장에 가입해야 합니다. 기간이 되면 자격이 주어지므로 빨리 가입할수록 유리합니다. 그리고 어서 빨리 목돈을 마련하는 일입니다. 월급만 모아서는 집 장만이 어려우므로 고도의 주(住)테크 전략이 꼭 필요합니다. 빠를수록 좋습니다. 30대는 늦습니다. 병법을 알려면 병서(兵書)를 읽어야 되듯이 집 장만에 관한 여러 책자를 숙독합니다. 방법을, 지름길을 알려주기 때문입니다.

- 개인주택을 살까? APT를 살까?
- 방은 몇 개짜리 살까?
- 어디다 살까?
- 얼마짜리 살까?
- 언제까지 살까?

집값 ÷ 기간 = 월 저축액

부족 시는 저리의 주택자금대출을 이용합니다.

ㄹ. 교육자금

결혼해서 자녀가 출생하면 교육비를 생각 안 할 수가 없습니다. 10년 후가 되겠지만 미리 점검해두는 것도 해될 게 없습니다. 모든 부모의 목표라면 자녀를 훌륭히 교육시키는 일입니다. 잘 가르치기 위해서 심혈을 기울입니다. 유치원, 초등학교를 거쳐 중학생이 되면 사교육비가 많이 들어갑니다. 고등학교, 대학교에 들어가면 더욱

더 많이 소요됩니다. 대학원, 유학까지 고려하면 교육자금은 눈덩이처럼 불어납니다. 가계 수입의 30~40%까지 충당하게 됩니다. 합리적인 교육자금을 마련하기 위해서는 각 단계별 초, 중, 고, 대에 맞는 자금을 산출, 계획적인 준비가 필요합니다. 교육비 상승률도 고려해야 되고, 교육보험 가입도 좋습니다. 그러나 교육비에 너무 무리하게 올인하면 노후자금 준비가 부실해질 수 있습니다. 전문가마다 교육비에 너무 무리하게 투자하지 말라고 누누이 강조합니다. 그 대신 그 자금을 노후자금에 보태라는 것입니다. 교육비 - 내 분수에 맞는, 내 형편에 맞는 현명한 투자여야 합니다.

ㅁ. 노후자금

20대에 무슨 노후준비입니까? 포부도 크고 할 일도 많은데 이 나이에 노후준비라니? 흥분할 건 없고, 한 번 읽어보세요. 언젠가는 은퇴할 거 아닙니까? 인생 100세 시대! 55세 전후로 퇴직하게 되면 장차 40~50년을 살아가야 하는데 노후자금이 준비가 안 돼 있으면 노후의 삶이 무척 힘들기 때문에 취업하면 바로 준비에 들어가야 한다고 전문가들마다 강조합니다. 사실 빠른 감이 없지 않아 있는 것도 사실입니다. 그러나 한 번 검토해보는 것도 손해볼 건 없습니다. 그럴 것이 없이 아예 준비에 들어가는 것입니다. 은퇴 후 첫 번째 필요한 것이 뭘까요? 돈, 노후자금입니다. 생활비에다 애경사 참석도 해야 되고, 아프면 치료비용도 필요하고, 손주 녀석 용돈도 줘야 되고, 홀로 돼 동년배와 데이트라도 한다면 데이트 자금도 필요할 것이고 노후자금은 30년 후에나 필요하지만 딱 닥쳐서 준비하는 것보다도 젊었을 때 미리 조금씩 준비하는 것이 선견지명이고, 현명한 생각이고, 유비무환의 자세이고, 아주 유리하기 때문입니다. 사업이라도 해서 크게 성공한다면 노후자금 문제는 해결되겠지만 일반 봉급 생활자로는 여간 신경이 쓰이는 게 아닐 것입니다. 세월은 흐르는 물처럼 쏜살같이 지나갑니다. 금방 30대요, 40대 훌쩍 훌쩍 지나가 버립니다. 은퇴 나이 50이 돼서 준비한다면 너무 늦습니다. 그래서 전문가마다 빠르면 빠를수록 좋으니, 늦으면 늦을수록 안 좋으니 하루라도 빨리 준비하라고 강조하는 것입니다. 그것이 정답이고 원칙이기 때문입니다. 아직 젊으니 실감이 나지 않을 것입니다.

그러나 늙어 돈이 없으면 비참해지고 생활고를 견디지 못해 목숨을 끊는 노인들도 많습니다. 노인 자살율이 OECD 국가 중 수위를 차지하고 있습니다. 이제 노후는 자식들의 도움을 받을 수 없는 시대가 됐고, 내 노후는 내가 준비하는 것이 정답이 돼버렸습니다. 그렇다면 노후자금이 얼마가 필요하고 어떻게 준비해야 될까요? 사람마다 입장이 다 다르고 자금 소요도 다 다를 것입니다. 여러 방법 중 (근로, 사업, 재산소득, 퇴직금, 예금, 연금 등) 부부가 종신토록 매달 보장받을 수 있는 금융상품은 연금입니다. 국민연금(국가 보장 : 기초생활보장), 퇴직연금(기업 보장 : 안정적 생활보장), 개인연금(개인 보장 : 여유 생활보장) 등입니다. 국민연금은 물가에 따라 해마다 오릅니다. 그러나 국민연금이나 퇴직연금으로는 좀 부족한 감이 있으므로 개인연금을 추가한다면 어느 정도 노후생활이 보장될 수 있으니 좋을 것입니다. 국민연금은 직장인은 자동으로 가입이 되고, 퇴직연금은 직장이나 각자가, 개인연금은 각자가 금융회사를 선택해 가입하면 될 것입니다. 노후자금은 얼마나 필요할까? 다다익선이라고 많을수록 좋으나 여명이 은퇴 후 10년인 사람도 있고, 20년, 30년일 수도 있으므로 사람마다 다 다를 것입니다. 예측이 어렵습니다. 부부 기준 현 생활비의 60~70%선이 필요하다는 조사도 있습니다. 어쨌거나 준비를 않는 것보다는 하는 것이, 그리고 빨리 하는 것이 백 번 낫다는 사실을 명심해둘 필요가 있다 할 것입니다.

■ 노후설계 전문 사이트(http://csa.nps.or.kr)

국민연금공단에서 운영하는 '내 연금'을 통해 은퇴설계를 할 수 있습니다. 젊어서 준비해두지 않으면 늙어서 반드시 후회합니다. 왜 미리 안 했든고.

ㅂ. 투자(재테크)

투자하려면 목돈(종잣돈)이 있어야 되고, 목돈은 가만히 가지고 있으면 불어나지 않습니다. 재테크란 재산을 불리는 기술을 말합니다. 목돈은 자주 굴려야 눈덩이처럼 더욱더 불어납니다. 목돈은 투자하라고 있는 것입니다. 절약해서 저축하고 목돈이 마련이 되면 투자하고 다시 반복, 절약 → 저축 → 목돈 → 투자의 과정을 통해서 점점 부를 늘리는 것입니다. 투자의 기본 공식입니다. 그러나 투자에는 항상 위험이 따릅니다. 잘못 투자해서 손해본 경우도 많이 있습니다. 그래서 위험분산을 막기 위해 달걀을 한 바구니에 가득 담지 않듯이 투자 3원칙! 안전성·수익성·환금성, 안전하고 수익이 많고 환금하기 좋은 곳에 투자하는 것입니다. 한때 묻지마 투자란 말이 유행한 때도 있었습니다. 친구 따라 강남 간다고 누가 부동산에 투자해 돈을 벌었다 하면 너도나도 따라하다가 실패한 경우입니다. 잘 알아보고 물어보고 심사숙고해서 투자해야 실패를 막을 수가 있습니다. 나의 현 위치, 재정상태, 능력에 따라 잘 투자해야 성공할 수가 있습니다.

■ 어디에 투자할까?

부동산, 주식, 채권, 원자재, 금 등 많이 있습니다. 대신 발품을 많이 팔아야 합니다.

■ 어떻게 투자할까?

잘못 투자하면 실패를 할 수 있기 때문에 실패하지 않기 위해서나 성공하기 위해선 '심오한 투자기술'을 갖춘 뒤에 투자하는 것이 백 번 낫다는 사실입니다. 선불리 투자에 나섰다가 실패한 경우도 많기 때문입니다. 실전은 물론 부단한 공부가 필요합니다. 그리고 타이밍이 중요하기 때문에 두둑한 뱃장, 결단력도 갖춰둬야 합니다. 전문가의 도움, 공개강의, 인터넷 신문기사, 투자전문 TV, 재테크 관련 서적 등 참고하는 것이 필수요소입니다. 잘 아시는 미국의 부자, 기부왕, 투자의 귀재 워런 버핏씨도 어렸을 때부터(11세) 증권 투자를 해서 거부가 됐다는 것입니다. "번 것보다 적게 쓰고 남는 것은 투자하라. 그리고 빚지지 말라."(J. L. 콜린스)

ㅅ. 빚

빚은 지지 말아야 하는데 살다 보면 빚을 지게 됩니다. 한 번 빚을 지게 되면 헤어나오기가 어려운 것이 빚의 속성입니다. 어느 선을 넘으면 신용불량자가 되기도 합니다. 왜 빚질까요? 대체로 수입보다 지출이 많아서입니다. "수입 100만 원 - 지출 110만 원 = -10만 원" 수입보다 적게 써야 남게 되고, 빚지지 않는데 많이 쓰니 남는 게 없고 빚만 집니다. 쓰기는 쉬워도 벌기는 어렵습니다. 형편도 안 되는데 과분하게 승용차를 사거나 과도한 결혼비용, 빚내 증권에 투자하거나 도박이나 경마라든가 명품, 사치품을 좋아하거나 과도한 물품 구입은 빚의 지름길입니다. 속담에 "누울 자리를 보고 다리를 뻗으라."고 했듯이 갚을 능력을 생각해보고 써야 하는데 참지 못하고, 충동을 이기지 못하고 쓰고 싶은 욕심에 마구 쓰니 빚지지 않을 수가 없습니다. 쓸 때는 좋으나 갚을 땐 속이 쓰린 것이 빚의 생리입니다. 욕망을 억누를 줄 알고 참아낼 줄도 알아야 합니다. 갚지 못하고 걷잡을 수 없이 불어나면 파산에 이르게 됩니다. 빚은 대체로 대출, 사채, 외상구매 등입니다.

　요즘 젊은이들의 소비 습관이 쓰는 걸 무서워하지 않고 대수롭지 않게 생각하는 경향이 많습니다. 셋방살이에 무슨 차가 꼭 필요할까요? 형편이 안 됨에도 누가 굴리니 체면, 자존심이 있지 무리하게 덩달아 삽니다. 빚지고는 발 뻗고 잠 못 잔다고 했습니다. 숨 쉴 때도 잠을 자는 시간에도 빚은 늘어납니다. 빚진 죄인이라고 했습니다. 빌려준 사람 앞에서는 죄인처럼 할 말을 못합니다. 젊은 기분에 충동구매를 많이 하게 되면 그 결과 빚이 눈덩이처럼 늘어납니다. 카드 대신 비상금만 가지고 다니는 것이 좋습니다. 수중에 현금이 없으면 쓰고 싶어도 못 쓰는데 카드는 현금과 같아 가지고 있으니 마구 쓰게 됩니다. 빚내서 하는 주식투자도 신중을 기해야 합니다. 빚이 될 거리를 제거하는 것입니다. 신용카드보다는 직불카드를 사용하는 것이 충동구매, 과소비를 막을 수 있습니다. 급전이 필요할 때 돈을 빌려야 한다면 가급적 은행권을 이용해야 합니다. 고금리 대부업체나 사채업체는 꼭 피해야 합니다. 너무 이자가 많고 또 불법추심 행위, 협박, 감금, 폭력 등을 피할 수 있기 때문입니다. 그러므로 쓸 때나 빌릴 때는 상환능력을 꼭 챙겨봐야 합니다. 능력이 안 되면 참고 이겨내고 쓰지도 빌리지도 말아야 합니다. 빚지기 때문입니다. 그럼으로써만이 건전한 흑자 가계를 유지할 수 있고, 안락한 생활을 누릴 수가 있습니다.

■ 과도한 빚 때문에 재정적으로 어려움을 겪을 경우 개인워크아웃, 개인회생, 개인파산면책이란 제도를 이용하십시오.
- 신용회복위원회 : 1600-5500
- 대한법률구조공단 : 국번없이 132

- 대추나무에 연 걸리듯 - 한국 속담
- 빚진 죄인이라. - 한국 속담
- 가난하면 부자의 지배를 받고 빚지면 빚쟁이의 종이 된다. - 성경
- 채무는 자유로운 인간을 노예로 만든다. - 메난드로스
- 빚은 최악의 빈곤이다. - T. 폴러
- 빚을 얻으러 가는 자는 슬픔을 얻으러 가는 것이다. - T. 터서
- 사람은 보통 돈을 빌려주기를 거절함으로써 친구를 잃기보다 돈을 빌려줌으로써 쉽게 친구를 잃는다. - 쇼펜하우어 / 행복을 위한 금언
- 갚을 방법이 없으면 돈을 빌리지 마라. - 레싱
- 빚을 갚는 방법은 두 가지뿐이다. 하나는 보다 부지런해서 수입을 늘리는 것이고, 또 하나는 보다 검소해서 지출을 줄이는 것이다. - 카알라일

o. 신용관리

우리는 신용사회에서 살고 있습니다. 신용사회에서 신용은 생명이나 다름이 없습니다. 말과 행동에 거짓이 없어야 되고, 약속을 잘 지켜야 믿을 수 있고, 신용 있는 사람이 됩니다. 신용을 잃게 되면 살아가기가 무척 힘이 듭니다. 믿을 수 없다 보니 인간관계에서 소외되고 맙니다. 信(신)이란 人 + 言이 합쳐진 글자입니다. 자기가 한 말, 입으로 한 약속을 잘 지키면 믿을 수 있고 신용이 있는 사람이 되고, 약속을 잘 지키지 않으면 믿지 않고 신용 없는 사람이 됩니다. 신용이 없는 사람은 콩으로 메주를 쑨다고 해도 믿지 않게 됩니다. 그래서 신용을 잃지 않고 지키려고 노력을 합니다. 신용은 인간관계의 기본입니다. 또 무형의 재산입니다. 신용이 있으면 일도 믿고 맡기고, 믿고 돈도 빌려줍니다. 약속해놓고 지키지 않으면 불신을 받게 되고 신용을 잃게 됩니다. 한 번 잃은 신용은 회복이 어렵고 회복하려면 많은 시간이 필요합니다. 신용은 잃기 쉽고 얻기는 어렵습니

다. 그래서 신용관리가 꼭 필요합니다. 특히 금전거래에서 더더욱 중요합니다. 꿔줬는데 약속을 어기고 갚지 않는다면 신용을 잃게 되고 두 번 다시 꿔주려 하지 않습니다. 급할 때나 꼭 필요할 때 꾸지 못하면 여간 낭패가 아닐 수 없습니다.

요사이는 신용카드 한두 장 가지고 있지 않은 사람이 없습니다. 그러다 보니 많은 문제가 생기기도 합니다. 한때 신용카드 대란이 일어나기도 했습니다. 말도 많고 탈도 많은 신용카드는 잘 쓰면 참 좋고 잘못 쓰면 안 좋습니다. 쓰되 잘 갚으면 문제가 생기지 않는데 제때 못 갚으니 문제가 되고 신용불량자가 되기도 합니다. 신용불량자가 되면 은행거래가 정지되고 카드 발급도 안 되고 할부거래를 할 때, 휴대전화 개통 시나 취업 시나 여러 불리한 점이 많습니다. 그러기 때문에 각별한 관리가 필요합니다. 특히 주거래 은행을 만들어 집중적으로 이용하면 신용등급이 올라가고 금리 인하 혜택도 있고, 깜빡 연체를 막기 위해 각종 결제대금, 공과금 등 자동이체를 해두고 결제일 전에 통장잔고를 확인해두는 습관이 필요합니다. 좌우지간 단 1원이라도 단 하루라도 연체하지 않겠다는 마음가짐이 중요합니다. 그보다 실천이 더 중요합니다.

■ 개인신용 등급관리 10계명

1. 인터넷, 전화 등을 통한 대출은 신중하게 결정하자!
2. 건전한 신용거래 이력을 꾸준히 쌓아가자!
3. 갚을 능력을 고려하여 적정한 채무 규모를 설정하자!
4. 주거래 금융회사를 정하여 이용하자!
5. 타인을 위한 대출보증은 가급적 피하자!
6. 주기적인 결제대금은 자동이체를 이용하자!
7. 연락처가 변경되면 반드시 금융회사에 통보하자!
8. 연체는 소액이라도 절대로 하지 말자!

9. 연체상환 시에는 오래된 것부터 상환하자!
10. 본인의 신용정보 현황을 자주 확인하자!

(자료 : 금융감독원)

■ 신용정보 조회가 가능한 사이트
- NICE 신용평가정보(www.creditbank.co.kr/www.mycredit.co.kr) / (02) 2122-4000
- 코리아크레딧뷰로(www.allcredit.co.kr) / (02) 708-1000
- 한국기업데이터(www.cretop.co.kr)
- SCI 평가정보원 1588-4753

ㅈ. 보험

앞일을 예측할 수 있다면 재난을 피할 수 있습니다. 사고를 막을 수 있습니다. 그러나 불행히도 인간의 힘으로는 앞일을 예측할 수가 없습니다. 그래서 불행한 일이 생깁니다. 가장인 내가 사고를 당해 가족들이 생계위험을 받는다면 어떻게 될까요? 나와 내 가족을 지켜주는 최소한의 대책이 보험입니다. 아프거나 다칠 때 보장을 받을 수 있고, 사망 시에는 유족에게 금전적인 보장을 해줍니다. 보험은 생명과 재산을 지켜줍니다. 보험은 장래의 위험을 보장받는 것입니다. 보험은 또 저축 수단이기도 합니다. 자동차 보험에 가입해두면 든든한 것처럼 역시 생명보험이나 손해보험에 가입해두면 불안이 가시기도 하고 든든한 생각이 듭니다. 보장을 받을 수 있기 때문입니다. 유비무환이라고 내 형편에 맞게 가입해두십시오. 빨리 가입할수록 보험료가 적습니다. 나이가 많아질수록 보험료가 많아집니다. 보험은 불안을 없애주고 위안을 얻게 해줍니다. 보험은 최소한의 불행을 막는 안전장치입니다.

⑧ 보증 - 설까 말까?

형이, 동생이, 동서가, 큰아버지가, 친구가 보증을 좀 서달라는데 안 서줄 수도 없고, 서줄 수도 없는 참 난처한 상황이 생깁니다. 사랑을 따르자니 돈이 울고, 돈을 따르자니 사랑이 우는 신파조의 연극 대사처럼 무척 난감합니다. 보증문제는 부자지간에도 쭈뼛거려집니다. 사노라면 한두 번 이런 경우가 생기게 됩니다. 안 서주면 의리 없다고 형제간에 동서간에 그럴 수 있느냐고 서운해합니다. 토라지거나 악감정을 품기도 할 것입니다. 남이라면 거절하고 안 보면 되지만 형제간이나 인척간이라면 자주 만나게 되고, 그럴 때마다 어색하고 불편할 수도 있습니다.

■ 어떻게 해야 할까?

어떻게 했으면 참 좋을까? 고민이 안 될 수가 없습니다. 그러나 둘도 없는 형제간이나 인척간이므로 무조건 거절하는 것보다는 담보액이나 사안을 살펴보고 감당할 수 있는 능력 범위에서 서주는 것입니다. 아니면 위험을 무릅쓰고 대신 갚겠다는 각오가 섰을 때 서주는 것입니다. 그것이 큰 액수라면, 감당할 수 없을 정도가 된다면 거절하는 것이 서로를 위해서 좋습니다. 보통 보증이란 내가 대신 보증상의 책임을 지겠다는 뜻입니다. 보증은 채무와 같습니다. 빌린 사람이 못 갚으면 내가 대신 갚겠다는 약속입니다. 빌려줄 사람이 떼이지 않기 위해 제삼자의 보증을 요구하거나 담보를 잡고 빌려주게 됩니다. 대부분 살고 있는 집을 담보로 제공합니다. 보증을 서줬으면 빌린 사람이 잘 갚으면 문제가 없는데 못 갚으면 월급을 차압당하거나 담보 잡힌 집을 날리게 됩니다. 여러 채 가지고 있다면 한두 채 포기하면 되지만 재산이라곤 살고 있는 집 한 채 달랑 가지고 있는데 그것도 어렵게 장만했는데 하루아침에 길거리에 나앉게 됩니다. 여간 억울한 일이 아닐 수 없습니다. 보증 서준 게 무슨 잘못

691

인가? 단지 형제, 인척간이라는 인간관계 때문에 이런 일을 당하게 되는 것입니다.

그러나 피할 수 없다면 적극적으로 개입해야 합니다. 무조건 서줄 게 아니라 우선 사안을 파악해야 합니다. 왜 보증을 서달라는지 그 이유를 알아보는 것입니다. 집 사는 데 필요한 자금이라면 못 갚으면 집을 처분하면 되겠지만 창업자금이나 사업 중 자금 부족이라면, 사업이 잘 된다면 문제가 없겠지만 안 될 때가 문제가 되므로 사업성이 있는지 잘 될 것 같은지 알아보고 확인해보고 안전하고 가능성이 있다면 서주는 것입니다. 이것도 100% 믿을 수 없지만 그러나 시원찮고 믿음이 가지 않고 가능성이 없겠다고 판단되면 거절하는 것이 상책입니다. 서로를 위해서인 것입니다. 망하면 한 사람만 망하면 되지 두 사람 다 망하는 것이 현명치 못하기 때문입니다. 특히 형이 부모님 모시고 있는 경우라면 형제가 다 망하면 부모봉양이 어려울 수 있기 때문입니다. 무엇이든 부탁받으면 힘에 겨울 경우 거절하기가 곤혹스러울 때가 있습니다. 자칫 인간관계가 끊어질 수 있기 때문입니다.

보증문제도 마찬가지로 기분 나쁘지 않게, 의 상하지 않게 거절하는 지혜가 필요합니다. 일언지하에 거절하는 것이 아니라 내가 검토해보니 사업이 부당하다, 성공률이 낮겠다, 준비가 제대로 안 된 것 같다, 이런 점이 부족하다, 이대로는 망한다, 더 준비해라, 그런 연후 보증을 서주겠다. 감정을 상하지 않게 설득력 있게 거절하는 것입니다. 부당함, 부족함, 잘못을 지적해줌으로써 거절을 고맙게 생각하는 거절이어야 합니다. 그럼으로써 한 번 더 사업성을 살펴볼 수 있고, 보완할 수 있는 계기도 되니 의 상하지 않고 서로 좋은 것입니다. 참고로 보증 서기 전 무슨 보증인지 보통 보증인지 연대 보증인지 대출금액, 대출기간, 변제범위는 어떤지 확인해보고 전문가의 조언을 듣는 것도 좋을 것입니다. 그리고 계약서 사본은 반드시 받아두는 것이 장차 분쟁 시 대처하는 데 도움이 된다는 전문가의 조언도 있습니다. 그런즉슨, 무분별한 보증은 거절해야 합니다. 인간관계가 깨질 수 있으나 가정 화평을 지키기 위해 그것이 우선이므로 아픔을 감내하는 지혜가 필요합니다.

⑨ 취미생활

취미생활은 뭐가 좋을까? 영화감상, 음악감상, 그림, 붓글씨, 악기, 사진, 요리, 공작, 발명, 국악, 등산, 낚시, 여행 등 실로 다양하게 취미생활을 즐길 수 있습니다. 심적으로나 시간적, 경제적으로나 어느 정도 여유가 있어야겠으나 취미생활은 삶에 활력을 주고 즐거움을 주니 취향에 맞게 한 가지씩 각자 또는 가족 공통의 취미생활을 갖는 것도 윤택한 삶의 한 방편이 될 수 있습니다. 무미건조한 일상생활에서 벗어날 수 있는 좋은 기회가 될 수도 있습니다. 한 가지 권한다면 '음악감상'을 들고 싶습니다. 시간과 공간의 제약을 받지 않고 많은 돈도 들지 않고 즐길 수 있기 때문입니다. 한 주에 한두 차례, 한두 시간 가족 음악감상의 시간을 갖는 것도 좋습니다. 1가지씩 악기를 익혀 가족밴드를 만드는 것도 의미가 클 것입니다. 이웃을 초청해서 가정음악회를 여는 것입니다. 더 나아가 재능기부의 한 방편이 될 수도 있습니다.

■ 늘 음악이 흐르는 행복한 가정

그림은 눈을 즐겁게 하고 음악은 귀를 즐겁게 합니다. "음악은 귀로 마시는 황홀한 술"이라고 이순열 님은 말했습니다. 감미로운 음악, 좋아하는 노래를 들으면 즐겁고 기쁘고 흥겹고 감흥에 젖게 됩니다. 행복해집니다. 존재의 보람을 줍니다. 열중하면 밥 먹는 것도 잊게 합니다. 음악이 없다면 이 세상이 얼마나 허전하고 쓸쓸할까요? 좋아하는 음악은 지친 삶에 위안을 줍니다. 활력을 불어 넣어줍니다. 거친 삶에 순화작용도 합니다. 메마른 가슴속을 촉촉이 적셔주는 강한 힘이 있습니다. 우울증, 스트레스 해소에도 도움이 됩니다. 기분이 상쾌해지는 걸 보면 분명 음악은 심리적 위안과 마음의 상처를 치료해주는 힘이 있습니다. 통증완화에도, 면역력 증진에도, 산후우울증에도 도움을 줍니다. 식물도 더 잘 자라고 젖소도 젖을 더 생산합니다. 음악의 힘은 이렇게 위대합니다.

- 음악처럼 순간을 충만하게 채워주는 것은 없다. - 괴테
- 음악소리는 마음속 깊이 파고들어 마음을 밝게 하는 효과가 있다. - 순자
- 음악은 사나운 맹수라도 달랠 수 있는 힘이 있다. - 슈바이쳐
- 좋은 음악을 듣고 자란 아이들은 감성지수도 높아지고 심성이 건강하고 부드러운 성격으로 만들어진다. - 중암
- 선율의 조화는 영혼의 깊숙한 데까지 파고들어 영혼을 우아하고 세련되게 만들어줄 뿐만 아니라 건강의 유지와 회복에도 도움을 준다. - 소크라테스
- 음악은 병든 마음을 치유케 한다. - 셰익스피어

사는 동안 우리는 '귀님'을 너무 고생시켰습니다. 우르르 꽝, 벼락치는 소리도 들었습니다. 급정차 소리도 들었고 컹컹, 개 짖는 소리도 들었습니다. 싸우는 소리, 꾸짖는 소리도 궤변도 헛소리도 들었습니다. 귀를 막고 싶은 소리도, 듣고 싶지 않은 소리도 들었습니다. 들을 때마다 스트레스는 눈덩이처럼 쌓이고 자연히 뇌도 못 견뎌 했습니다. 이제는 귀님을 보상해줘야, 호강시켜줘야 합니다. 즐겁게 해줘야 합니다. 즐거운 노래소리를 들려주는 것입니다. 사람마다 입

맛이 다 다르듯 취향도 다 다를 것입니다. 맞게 선곡하십시오. 세상을 뜬 뒤에는 그 즐거움을 만끽할 수가 없습니다. 마음껏 즐기십시오. 유튜브상에서 감상하실 수 있습니다.

■ 국내 음악

① 가요

- 안개 낀 밤의 데이트(외국곡) / 조애희
- 눈물의 멜로디 / 유연실
- 보라빛 엽서 / 설운도
- 호반에서 만난 사람 / 박기영
- 나 가거든 / 조수미
- 아름다운 강산 / 신중현과 뮤직파워
- 손에 손잡고 / 코리아나(88서울올림픽 공식 주제가)
- 지난 여름날의 이야기 / 딱다구리
- 꽃반지 끼고 / 은희
- 여고시절 / 이수미
- 해변으로 가요 / 키보이스
- 꿈이여 다시 한 번, 바닷가에서, 체리핑크 맘보(외국곡) / 안다성
- 이별의 종착역 / 블루벨즈
- 그리운 얼굴 / 한명숙
- 나는 가야지 / 문정숙
- 공주의 비련 / 은방울 자매
- 하숙생 / 최희준
- 사의 찬미(외국곡) / 윤심덕
- 검은 상처의 블루스(외국곡) / 김치캣
- 이수의 왈츠, 초우, 빛과 그림자, 사랑의 세레나데 / 패티김
- 희미한 옛사랑의 그림자(외국곡) / 정시스터즈
- 사랑했는데, 황혼의 엘레지, 동백아가씨, 노래는 나의 인생 / 이미자
- 커피 한 잔 / 펄시스터즈
- 꽃밭에서, 스잔나(외국곡) / 정훈희
- 미워도 다시 한 번 / 남진
- 보고 싶은 얼굴 / 현미
- 봄날은 간다 / 장사익
- 사랑, 해변의 여인 / 나훈아
- 딜라일라(외국곡) / 조영남
- 맨 처음 고백, 날이 갈수록 / 송창식

- 길 잃은 철새, 친구여 / 조용필
- 만남, 님 그림자(외국곡) / 노사연
- 사랑의 미로 / 최진희
- 야생화(외국곡) / 김세화
- 남남 / 최성수
- 립스틱 짙게 바르고 / 임주리

② 가곡
- 동심초
- 그리운 금강산
- 봉선화
- 향수
- 가고파
- 옛 동산에 올라
- 산들바람
- 봄처녀
- 어머니의 마음
- 자장가(김대현 곡)
- 이별의 노래
- 고향의 노래
- 성불사의 밤
- 한 송이 흰 백합화
- 저 구름 흘러가는 곳
- 꽃구름 속에

③ 판소리
- 심청가 중 - 심봉사 눈 뜨는 대목
- 춘향가 중 - 사랑가
- 수궁가 중 - 녹수청산 / 임방울
- 흥부가 중 - 놀부 심술 대목
- 춘향가 중 - 쑥대머리

④ 민요
- 밀양아리랑
- 한오백년
- 양산도
- 육자배기
- 농부가
- 경복궁타령
- 진도아리랑
- 몽금포타령
- 노들강변
- 새타령

■ 외국 음악

① 영화음악

- 물망초 - 나를 잊지 말아요
- 모정 / The fouraces
- 피서지에서 생긴 일
- 금지된 장난
- 밤 안개 속의 데이트
- 화이트 크리스마스
- 해바라기
- 태양은 가득히
- 대부
- 영광의 탈출
- 죽도록 사랑해서
- 닥터 지바고
- 지붕 위의 바이올린
- 일요일은 참으세요
- 나는 비밀을 알고 있다
  (Never on Sunday)
- Can't help falling in love / 엘비스 프레슬리
- 러브스토리
- 부베의 연인
- 샤레이드
- 에델바이스
- 나자리노
- 문리버

② 클래식

- 멘델스존 - 노래의 날개 위에
- 쇼팽 - 즉흥 환상곡, 이별의 곡
- 헨델 - 라르고
- 차이콥스키 - 꽃의 왈츠
- 드보르작 - 유모레스크
- 요한스트라우스 2세 - 아름답고 푸른 도나우강, 봄의 소리 왈츠
- 와이만 - 은파
- 바하 - G선상의 아리아
- 비발디 - 사계 가을 중 3악장
- 브람스 - 헝가리 무곡
- 베토벤 - 교향곡 9번 4악장 환희의 송가, 월광소나타 3악장, 엘리제를 위하여

- 알비노니 - 아다지오
- 사라사테 - 지고 이네르 바이젠
- 바다르체프스카 - 소녀의 기도
- 로드리고 - 아랑훼즈 협주곡 2악장
- 발트토이펠 - 스케이터 왈츠, 여학생 왈츠
- 슈만 - 헌정, 트로이 메라이
- 마스데 - 타이스의 명상곡
- 슈베르트 - 아베마리아, 송어
- 생상스 - 백조
- 모차르트 - 피아노 협주곡 21번, 터키행진곡
- 그리그 - 페르귄트 모음곡 중 오제의 죽음
- 보케리니 - 미뉴에트
- 이오시프 이바노 비치 - 다뉴브 강의 잔물결

③ 오페라
- 오 사랑하는 나의 아버지 - 조수미
- 별은 빛나건만 - 플레시도 도밍고
- 귀에 익은 그대 음성
- 여자의 마음
- 어떤 개인 날
- 히브리 노예들의 합창

④ 뮤지컬
- 메모리
- 아름답다(Belle)
- 모차르트! 모차르트
- 오페라의 유령
- 어젯밤 꿈속 맨덜리(에필로그)

⑤ 샹송
- 고엽
- 눈이 내리네
- 지난 여름의 왈츠
- 장밋빛 인생 - 루이 암스트롱
- 파리의 다리 밑

⑥ 라틴음악
- 베사메 무쵸
- 라팔로마
- 카프리섬
- 키사스 키사스 키사스
- 체리핑크 맘보
- 라쿰파르시타
- 퀜세라

⑦ 독일 가곡
- 슈베르트 세레나데
- 트로이 메라이
- 여학생 왈츠
- 들장미
- 보리수

⑧ 이태리 가곡
- 그녀에게 내 말 전해주오
- 무정한 마음
- 그대의 창에 등불 꺼지고
- 마리아 마리
- 토셀리의 세레나데
- 라스파뇨라

⑨ 미국 민요
- 아마폴라
- 콜로라도의 달
- 메기의 추억
- 알로하오에
- 산골짝의 등불
- 여수

⑩ 러시아 민요
- 검은 눈동자
- 나 홀로 길을 가네
- 머나먼 길
- 초원에서
- 스텐카라진

⑪ 중국 음악
- 야래향
- 심리일기
- 최천사
- 첨밀밀
- 치심적아

⑫ 일본 음악
- 흐르는 강물처럼
- 참새의 눈물
- 고이비토요
- 황성의 달
- 사라이

⑬ 팝송, 기타
- 테네시 왈츠, 체인징 파트너 - 패티 페이지
- Tell laura I love her - Ray peterson
- Those were the days - MARY Hopkin
- The end of the world - Skeeter Davis
- Sad movies - Sue Thompson · 오현지
- Green fields - the Brothers Four
- Non Hole'ta - 질리올라 칭케티
- 하얀집 (Casabianca)
- 가을의 속삭임
- Too young - Nat King Cole
- 오 셀레미오

- I have a dream, Fernando – Abba
- 빌리진 – 마이클 잭슨
- Hey, 나탈리 – 훌리오 이글레시아스
- Yesterday – 비틀즈
- 진주 조개잡이 (Pearly Shells)
- morther of mine – Jimmy osmond
- 어떻게 해야 하나요 – 앤 마그렛
- anniversary song, my yiddishe momme, my special angel – Connie Francis
- 고요한 밤 거룩한 밤
- 백학
- 백만송이 장미
- 바빌론 강가에서 – 보니엠
- 친구의 이별
- Till
- I dreamt I dwelltin marble halls – 조수미
- Caminemos, Basura – Trio Lospanchos
- 봄날, Dynamite, Butter – 방탄소년단
- Can't help Falling in Love – André Riew
- 사랑의 기쁨, 놀라운 은총 – 나나 무스쿠리
- 등대지기
- Ave maria – Perry Como
- 작은 소야곡
- 고향생각(스페인 민요)
- 알함브라 궁전의 추억
- 희미한 옛사랑의 그림자
- 필링스
- 밤하늘의 트럼펫
- 밤하늘의 블루스
- 워싱턴 광장
- I left my heart in Sanfrancisco – Tony Bennett

같은 노래라도 가수에 따라 감흥이 달라지기도 합니다. 분명 음악은 세파에 찌든 우리 마음을 어루만져 주고 치유해줍니다. 정신건강에도 좋고 내면세계를 한결 풍요롭게 해줄 것입니다. "음악은 잠시 동안 당신의 모든 걱정을 잊게 해준다."(헨리 퍼셀)

⑩ 주부 - 신문보기 ③

세상을 제대로 알려면 신문처럼 좋은 매체는 없습니다. 모든 세상살이의 문제와 답이 다 나와 있습니다. 정치, 경제, 사회, 문화, 체육, 국제, 부부, 고부, 교육, 입시, 건강, 결혼, 임신, 출산, 육아, 이혼, 청소년, 부동산, 취미, 여행, 돈벌이, 노후, 학교폭력, 광고 등 다양한 정보를 쉽고 자세하게, 깊고, 넓고, 정확하게 시시때때로 안방에서 가만히 앉아서 얻을 수가 있습니다. 얼마나 좋습니까? 우리에게 늘 필요한 건강정보만 하더라도 의술의 눈부신 발전으로 하루가 다르게 업그레이드된 새 정보가 매일 쏟아져 나오고 있습니다. 돈 들이지 않고 가만히 앉아서 의학 상식과 질병 관련 정보를 쉽게 얻을 수 있습니다. 30분 대기, 3분 진료에는 알고자 하는 내용을 자세히 알 수가 없습니다. 그러나 신문에는 다 나와 있습니다. 사진이나 그림으로 상세하게 알려줍니다. 병은 알고 치료하는 것과 모르고 치료하는 것과는 치료 효과가 같을 수가 없습니다. 정보화 시대에 정보는 곧 돈입니다. 그중 신문은 정보의 보고입니다. 그러함에도 신문 구독률이 떨어지고 있습니다. 다른 매체의 영향도 있겠지만 독서를 하지 않는 국민인데 신문을 보려고 할까요?

특히 가정의 경영자로서 혹은 주치의로서 가까이해야 할 주부들이 신문을 안 봅니다. 꼭 필요하고 중요한데도, 꼭 봐야 하는데도 옆에 있어도 안 봅니다. 연속극에는 사족을 못 쓰면서도 신문 보는 주부가 드뭅니다. 세상 물정을 잘 알려면, 교양을 높이고 문화인이 되려면, 민도(民度) 수준을 높이려면, 그리고 애국자가 되려면 종이신문을 봐야 합니다. 시간이 없다면 제목만 대충 훑어만 봐도 플러스가 됩니다. 이제 신문을 국민의 필독서로 정해야 합니다. 깨어있는 국민, 생각하는 국민이 되기 위해서라도 신문 구독은 필수요소인 것입니다. 깨어있지 않은 국민이 많은 국가는 발전할 수가 없습니다. 여론에 잘 휘둘리고 시시비비에 좌우되고 쉽게 부화뇌동하게 됩니다. 세상 물정을 잘 모르니, 현실을 직시할 줄 모르니 판단력이 부족해 잘잘못을 가릴 수가 없습니다. 누가 동쪽으로 가자면 영문도 모르고 따라갑니다. 그리고 후회합니다. 쏠림현상을 막을 수 있는 방법은 신문 구독에 있다고 해도 과언이 아닐 것입니다. 국가 운명을 가를 중대사를 결정해야 할 경우, 깨어있는 국민만이 바르고 정확하게 판단하고 선택할 수가 있습니다. 대통령 후보자는 어떤 사람인가? 어떤 경력, 어떤 능력의 소유자인가? 어떤 정책을 갖고 있는가? 국익을 먼저 생각하는가? 인기 추종자인가? 국회의원은 또 어떤가? 지자체장이나 교육감은 어떤 인물인가? 과거 어떤 범법행위를 저질렀는가? 전문성은 어떤가? 사익 추구자인가? 국익 우선인가? 누가 옳고 그른가? 누가 애국자이고 비애국자인가? 정확히 알려면 정확히 가릴려면 신문만 한 매체가 없습니다. 일본인 신문 구독률 83.6%, 한국 23%

■ 스크랩

신문을 보고 나면 거의 다 버립니다. 필요한 기사가 될 것 같으면 버리지 말고 오려서 보관해두면 반드시 도움받을 때가 옵니다. 위장병에 관한 기사라면 오려 스크랩해두고 그것이 쌓이면 훌륭한 '최신 위장병' 책이 됩니다. 반 의사가 되는 셈입니다. 자녀 교육기사도, 돈벌이, 노후문제 기사도 모아두면 값신 자료가 됩니다. 모년 모월 모일 모시에 어느 병원에서 건강 강좌가 있다고 자주 안내 기사가 나옵니다. 덕분에 무료로 가서 값진 정보를 얻을 수 있습니다.

- 신문은 일반 서민의 교수다. - W 비처 / 플리머스 설교집
- 신문은 세계의 거울이다. - H. H. 엘리스
- 매일 거울 보듯 신문을 보십시오.
- 시간은 아껴도 하루 15분 신문 보는 시간은 아끼지 마십시오. - 중도일보
- 나는 아침마다 신문을 읽느라 손끝이 까맣게 된다. - 앨빈 토플러
- 요즘 눈길 가는 곳마다, 발길 닿는 곳마다 사는 게 힘들다, 어렵다고들 합니다. 필요한 모든 것이, 알아야 할 모든 것이 신문에 있습니다. 답답할 때 신문을 보세요! 신문이 답입니다. - 한국신문협회

⑪ **신혼의 성생활 - 코피 안 나게**

"성(性)은 신이 인간에게 준 최고의 선물"이라고 일찍이 교황 요한 바오르 2세는 말했습니다. 성은 즐거움을 줍니다. 또 긴장을 풀어줍니다. 마음껏 즐기십시오. 혼전순결을 지키느라 애썼으니 '뽀나스'로 재미 많이 보세요. 그러나 신혼시절의 과도한 사용은 몸을 해칠 수 있으니 적당히 사용하십시오. 잘 알아서들 하시겠지요. 30대편 791쪽에 또 있습니다.

⑫ **서로 바라는 것은 뭘까?**

ㄱ. 아내가 남편에게 바라는 것

맡은 일 열심히 하고, 돈 많이 벌어오고, 헛곳에 쓰지 않고, 담배 끊고, 술은 적당히 마시고, 바람 피지 말고, 도박이나 마약에 절대 기웃거리지 말고, 일요과부 만들지 말고, 집안일 잘 거들어주고, 아이 교육 잘 돌봐주고, 가정적이고 자상한 남편, 절대 폭력 쓰지 않는 남편, 또 친정 잘 챙겨주는 남편 - 이하 생략

ㄴ. 남편이 아내에게 바라는 것

　가정을 안락한 휴식처로 만들고, 가족 건강관리 신경 쓰고, 살림은 규모 있게 하고, 아이들 때리지 않고, 욕도 하지 않고, 잔소리 적게 하고, 자녀교육을 잘 시키고, 교양을 높이고, 남편이 어려움에 처했을 때 용기와 격려를 해주고, 안 갈 곳을 가지 않고, 남과 비교하지 않고, 성적(性的) 배려를 잘하고, 정숙한 아내, 그리고 시부모, 형제 잘 챙겨주는 아내 - 이하 동문

ㄷ. 옷에 대해 한 말씀

　옷이 날개라고 고운 옷이나 몸에 맞는 옷을 입으면 기분이 상쾌해지고 분위기도 달라집니다. 한껏 품위를 높여줍니다. 대부분 아내는 외출 시엔 좋은 옷, 고운 옷을 골라 입습니다. 남에게 잘 보이려고 혹은 자존감을 높이기 위해 잘 차려입고 나들이를 갑니다. 예의일 수 있겠으나 정작 집에서는 대부분 허드레 옷을 입습니다. 남에게는 좋은 옷, 좋은 모습을 보여주고 정작 가장 가까운 사랑하는 가족에게는 안 좋은 모습, 볼품없는 옷차림을 보여줍니다. 아름답고 우아한 옷차림은 눈을 즐겁게 해줍니다. 기분도 좋아집니다. 가족들의 눈을 즐겁게 해줘야 함에도 허드레 옷, '빤쓴지 잠뱅이'인지 모를 옷을 걸치고 안팎으로 돌아다닙니다. 배운 게, 보는 눈이, 수준이, 교양미가 없기 때문입니다. 늘상 사랑하는 가족에게 우아하고 품위 있는 옷차림을 보여주는 것입니다. 외출복으로 장롱 속에만 놔둘 것이 아니라 더러워지면 세탁을 하면 됨으로 꺼내 집에서도 늘상 입어야 합니다. 남편과 아이들의 눈을 즐겁게 해주는 것입니다. 산뜻하고 우아하게 차려입은 아내나 어머니 모습이라면 집안 분위기가 한결 달라질 것입니다. 싸고도 우아하고 멋있는 옷이 시중에 많습니다. 품위 있고 교양 있는 언행, 말과 행동, 눈빛과 표정도 마찬가지입니다. 그것은 눈을 즐겁게 해주고 귀를 즐겁게 해줍니다. 앎보다 더 중요한 것은

실천입니다.

- 옷이 사람을 만든다. - 영국 격언
- 옷이 날개다. - 한국 속담
- 청초한 옷은 소개장과 같다. - 서양 격언

⑬ 결혼생활에 도움이 될 수 있는 말

- 여성이 없었다면 남자들은 거칠고 고독했으리라. 그리고 우아한 것을 몰랐으리라. - F. 새토브리앙
- 훌륭한 남편은 훌륭한 아내를 만든다. - R. 버튼
- 아내는 훌륭한 남편을 만드는 천재가 돼야 한다. - M. 발자크 / 잠언과 사상
- 미인은 눈을 즐겁게 하고 어진 아내는 마음을 즐겁게 한다. - 나폴레옹
- 여자를 아름답게 하는 것은 방정한 품행이지 값비싼 장신구가 아니다. - 메난드로스 / 단편
- 좋은 말은 발길하지 않고 어진 아내는 불평하지 않는다. - 영국 격언
- 남편의 눈보다 귀를 즐겁게 하라. 남편은 좋은 의복이나 좋은 장식에 끌리기보다는 아내의 상냥한 말에 행복을 더 느낀다. - 영국 격언
- 나도 남자지만 대부분의 남자는 아내에게 두 가지를 함께 요구한다. 창부 기질과 순결성이다. - 강원룡 / 여대생의 가치관
- 사랑하는 사이라면 오두막 살이도 기쁜 것이다. - 쉴러
- 배필에게 욕하는 동물은 인간뿐이다. - L. 아리오스토 / 광란의 오를란도
- 처가 귀여우면 처갓집 말뚝 보고도 절한다. - 한국 속담
- 암탉이 수탉보다 소리 높이 우는 집은 불길하다. - 영국 속담
- 착한 아내는 남편에게 제2의 어머니다. - 사기

- 집에 화염이 쌓여있지 않는 한 서로가 큰소리로 얘기하지 마라. - H. 톰프슨
- 가정에서 아내에게 기를 펴지 못하는 남편은 밖에서도 굽실거리며 쩔쩔매게 된다. - 워싱턴 어빙
- 뜻이 맞지 않은 결혼은 지옥이다. 싸움의 시작이다. - 셰익스피어
- 각자 자기 아내 사랑하기를 자신같이 하고 아내도 자기 남편을 존경하라. - 성경
- 아내 없는 남편은 고삐 없는 말이요, 남편 없는 여자는 키 없는 배다. - 이탈리아 격언
- 잔소리가 적은 남자가 가장 좋은 남자다. - W. 셰익스피어 / 헨리 5세
- 행복한 결혼이 되려면 남편은 귀머거리, 아내는 장님이어야 한다. - R. 태버너 / 지혜의 정원
- 남편이 너무 조용하면 아내는 사나워진다. - 디즈레일리
- 민첩한 아내는 남편을 느림보로 만든다. - W. 셰익스피어
- 결혼생활에 있어서 가장 중요한 요소는 인내다. - A. P. 체호프 / 결투
- 행복이란 그 자체가 긴 인내다. - A. 카뮈 / 수첩

(9) 맞벌이

남편은 밖에 나가 일을 하고 아내는 집에서 가사와 자녀 양육을 담당하는 것이 종전의 역할이었습니다. 그런데 지금은 여성의 사회 진출로 맞벌이하는 부부가 늘어나고 있습니다. 통계를 보면 반 이상이 맞벌이를 하고 있습니다. 여기서 문제되는 것이 아내의 과중한 역할입니다. 1인 다역으로 살림하랴, 아이 키우랴, 남편 뒷바라지하랴, 시부모 봉양하랴, 직장 나가랴 눈코뜰새 없이 바쁩니다. 혼자 몸으로 여러 가지 일을 하게 되니 정신적으로나 육체적으로 피곤하고 무척 힘이 들 것입니다. 식상일도 가사도 제대로 해내기가 양립하기가 어려울 것입니다. 임신 출산이 겹치면 더더욱 힘들 것입니다. 그

래서 중도퇴직하기도 합니다. 직장과 가정, 양립할 수는 없을까? 속담에 "백짓장도 맞들면 낫다."고 해법이라면 남편의 적극적인 가사 참여입니다. 하지만 남편의 가사 참여율이 낮은 것도 사실입니다. 모름지기 사내라면 부엌 근처에는 얼씬을 해서는 안 된다는 가부장적인 관념이 오랫동안 생활을 지배해왔기 때문에 꺼리기도 하고, 직장에서 온종일 시달렸는데 퇴근해서도 집안일을 해야 되나 하는 이기심 등으로 가사 동참이 제대로 이뤄지지 않았습니다. 그러나 지금은 인식도, 참여율도 점점 높아지고 있습니다. 21세기 남녀평등 사회에서 아내만이 아닌 남편도 적극 가사, 육아에 참여해야 합니다. 남의 일도 아니고, 그것이 형평에도 맞습니다. "뭐, 자기만 직장에 가서 일하나? 나도 돈을 벌고 있는데, 피장파장인데 왜 나만 다 해야 하나?" 하는 아내가 불평, 불쾌감을 갖는 것도 당연합니다. 이로 인해 가정불화, 부부싸움도 생길 것입니다.

그러나 이제는 남편도 가사에 적극 동참해서 한몫을 해야 합니다. 설거지도 밥도 국도 끓일 줄 알아야 합니다. 세탁기도 돌릴 줄 알아야 합니다. 모르면 배우는 것입니다. 하려고 하면 하는 것입니다. 하기 싫어 안 하려 하고 꾀를 부리니 안 배우게 되고 모르게 되고 안 하게 되는 것입니다. 장보기, 요리, 설거지, 청소, 세탁, 육아 중에서 여건에 맞게 역할을 반씩 분담하는 것입니다. 기왕 할 걸 억지로 마지못해 하는 것이 아니라 적극적으로 즐겁게 하는 것입니다. 그래야 보람도 생기고 아내가 좋아하는 '동백아가씨'라도 불러가면서 즐겁게 하는 것입니다. 그러면 아내의 짐이 반으로 줄어들 것이고, 입이 쫙 벌어질 것이고, 눈물이 핑 돌 것이고, 불평이 사그러들 것이고, 고맙게 생각할 것입니다. 특별 보너스도 있을 것입니다. 더불어 가정의 평화, 화평이 올 것이고, 행복한 가정이 되고도 남을 것이고, 웃음꽃이 그칠 날이 없을 것입니다. 그런즉슨 가사분담 안 할 이유가 없는 것입니다. "쇠뿔은 단김에 빼라."고 지금부터 즉시 시작하는 것입니다. 뭘 망설이십니까?

■ 남편의 가사노동 참여율이 점점 높아지고 있습니다.

구분	2010년	2015년
식사준비	22.2%	38.5%
집안청소	40.8%	50.8%
설거지	29%	45%
쓰레기 분리수거	41.5%	47.4%
세탁	20.4%	27.8%
아이 병원 데려가기	18.3%	31.2%
다림질	12.9%	18.4%
함께 놀아주기	36.7%	52.5%

(자료 : 여성가족부)

■ 맞벌이 부부 재테크 수칙

1. 가계부를 쓸 것
2. 선 저축, 후 소비습관을 들일 것
3. 수입의 70%를 저축할 것
4. 통장을 하나로 합칠 것
5. 공동의 경제 목표를 가질 것
6. 주거래 은행을 정할 것
7. 주택청약 통장에 가입할 것
8. 큰 지출은 서로 상의할 것
9. 주식투자는 여유자금으로 할 것
10. 보장성 보험에 가입해둘 것

(10) 가족계획

가족계획이란 부부의 나이, 건강, 직장, 경제능력 등을 감안 자녀수와 터울 등 계획적으로 조절해서 출산하는 걸 말합니다. 이에 출산 계획이 필요합니다.

① 언제 낳을까?

젊고 건강한 20대가 이상적입니다. 늦어도 35세까지는 낳아야 합니다. 35세 이상, 고령 임신은 난산과 여러 가지 위험이 따르기 때문입니다. 빨리 낳아 빨리 단산할수록 산모와 태아 건강에 좋습니다.

② 몇 명이나 낳을까?

자기 위치와 건강상태, 경제능력 등을 감안하여 맞게 낳아야 할 것입니다. 최소한 2명 이상은 낳아야 합니다. 한 명만 낳게 되면 아이가 성장과정에서나 성인이 된 뒤에도 너무 외로움을 타게 됩니다. 애경사에도 애로를 겪게 됩니다. 국가 발전에도 안 좋습니다.

③ 터울은?

짧아도 길어도 안 좋습니다. 산모의 회복기간이나 아이가 어느 정도 보살핌 없이 성장할 수 있는 기간이 2년 정도 필요하므로 거기에 임신기간을 더해 3년 터울이 적당할 것입니다. 요사이는 연년생으로 많이 낳습니다. 하나 키우기도 힘든데 쌍둥이처럼 연년생으로 키우기가 무척 힘들고 나이 차이가 적으면 저희끼리 자주 싸우기도 합니다. 연년생 출산 원인은 주로 모유보다 분유를 먹이기 때문입니다. 분유를 먹이면 곧바로 배란이 되어 임신이 되기 때문입니다. 반면 모유 수유는 배란을 늦추기 때문에 3년 터울이 가능합니다. 옛날에는 모유 수유를 했기 때문에 대부분 3년 터울이었습니다. 산모나 아이 건강, 터울 조절을 위해 모유 수유가 꼭 필요합니다. 피임을 철저히 조절해서 원하는 임신이 되게 해야 합니다.

④ 피임

　피임을 안 하거나 잘못해서, 실수해서 임신이 되면 낳아야 합니다. 낳을 각오를 해야 합니다. 생명은 고귀하고 소중합니다. 원치 않는 귀찮은 존재라고 대부분 중절수술을 하는데 그것은 엄연한 살인 행위인 것입니다. 죄를 짓는 일입니다. 피임을 철저히 해서 비극을 막아야 합니다. 처음 중절수술을 할 경우 수술이 잘못되면 자칫 다음 임신이 안 될 수도, 영구불임이 될 수 있다고 전문가들은 강조합니다. 피임방법은 여러 가지가 있습니다. 남성에게는 콘돔 사용, 여성에게는 기초 체온법, 자궁 내 기구를 장치하는 방법, 피임약 복용, 응급 피임법 등이 있습니다. 약 복용은 부작용이 있으므로 주의가 필요합니다. 철저히 피임을 해도 100% 피임이 되지 않으므로 항상 주의해야 합니다. 남성 정관수술, 여성 난관수술 같은 영구 피임법도 있습니다. 자세한 피임법은 책이나 인터넷 등을 참고하십시오.

⑤ 저출산

　예전에는 되는 대로 낳았습니다. 보통 5~6명, 많게는 10여 명 낳아 키웠습니다. 어른들 말씀이 각자 먹을 것을 가지고 태어난다고 했습니다. 낳아만 놓으면 자연 살아가게 된다고 했습니다. 말처럼 그런대로 살아왔습니다. 그러나 지금은 인식과 환경이 바뀌고, 핵가족 사회가 되다 보니 1~2명으로 만족하고 있습니다. 낳지 않거나 적게 낳으려고 합니다. 많이 낳아 고생하고 뒷바라지해주지 못하는 것보다 한둘 낳아 잘 키우려고 합니다. 그 결과 OECD 국가 중 출산율이 제일 낮습니다. 최소한 2명 이상은 낳아야 성비에도 맞는데 그렇지 않으니 여러 문제가 생기고 있습니다. 저출산 원인으로는 육아, 직장양립의 어려움, 주택난, 과다한 사교육비, 소득불안, 노후준비, 만혼 등입니다. 통계자료를 보면 2020년 출생자 수 27만 2,400명, 출산율 0.84명이고, 2030년에는 출생자 수가 29만 5,000명선이고,

2056년에는 출생자 수가 20만 명대로 줄어든다는 것입니다. 평균 출산율 0.84명은 15~49세 가임여성이 평생 낳는 자녀 수를 말합니다. 한 명도 안 되고 있습니다. 큰 문제가 아닐 수 없습니다. 반면 의술의 발전으로 노인 인구는 계속 늘어나고 있습니다. 2030년경에는 노인인구가 지금의 3배쯤 늘어난다고 예측하고 있습니다. 이미 저출산 고령 사회에 접어들었습니다. 인구 수도 2031년 5,296만 명에서 정점을 찍고, 2065년부터는 4,302만 명으로 줄어들게 된다는 것입니다. 생산가능 인구(15~64세)도 매년 300만 명씩 줄어들게 되고, 2015년에는 5.7명이 노인 1명을 부양했으나 2036년에는 2명이 노인 1명을 부양하게 되고, 부담이 점점 늘어난다는 것입니다. 국가 경제 발전을 뒷받침해야 할 생산인력이 부족하면 자연 국가 동력과 경쟁력이 떨어지고, 정체상태에 머물게 됨으로 국가 발전을 기대할 수가 없습니다. 인구 수는 국력에 비례한다고 했습니다. 나만의 문제가 아니고 우리 대한민국 미래에 대한 중대한 문제인 것입니다.

인구가 늘지 않고 줄게 되면 어떤 문제가 생길까? 소비도 줄고, 일자리도 줄게 되고, 세금도 덜 걷히게 되고, 폐교되는 학교도 늘고, 유아용품도 안 팔리게 됩니다. 군대 병력도 부족하고, 고모나 삼촌이라는 단어도 사라질지 모릅니다. 그래서 어떤 이는 저출산은 국가의 재앙이라고 말하기도 합니다. 어떤 연구소는 2100년이면 인구가 지금의 반으로 줄어든다고 예측하고 있습니다. 속담에 "무자식이 상팔자"라고 했습니다. 자식이 없으니 자식에 대해 신경 쓸 일이 없으니 참 좋겠지만 한편으로는 집안에 경사나 즐거운 일이 생길 수가 없습니다. 늙으면 심적으로나 경제적으로나 의탁할 곳이 없습니다. 쓸쓸함이란 이루 말할 수가 없을 것입니다. 또 삶의 보람을 느낄 수가 없습니다. 반면 가지 많은 나무에 바람 잘날 없다고 자식 많이 낳으면 낳을 때도 키울 때도 힘들고 어렵고, 때로는 못 볼 꼴을 보기도 하지만 그런 속에서도 어려움을 극복하고 잘 키워낸다면 그것 이상 기쁘고 흐뭇하고 보람된 일은 없을 것입니다. 경사고 복된 일이 아닐 수 없습니다. 수부귀다남(壽富貴多男)이라고 옛날에는 자식 많이 낳는 걸 큰 홍복으로 여겼습니다. 능력이 되면 많이 낳아 잘 키우면 되고, 능력이 좀 부족하면 적당히 낳아 잘 키우면 될 것입니다. 외독자는 사회성이나 발달이 늦고, 성장과정에서 너무 외로움을 타고, 성장 후에도 어려운 일이 닥쳤을 때나 애경사에 어려움이 따르게 됩니다. 우울증도 높게 나타납니다. 여러 형제자매 속에서 커야 사회성이라든가 인성교육에도 도움이 더 될 것입니다. 서로 의지가 되고 도움을 주고받기도 합니다. 든든한 울타리 역할이 되기도 합니다. 다출산은 어느 의미에서는 애국자이기도 합니다. '최소한' 2명 이상은 낳아야 성비에도 맞고, 사회가 지속적으로 발전, 지탱해 나갈 수 있습니다. 아이들에게도 더더욱 좋습니다. "돈이 많아도 자녀가 없으면 부자라고 할 수 없고, 돈이 없어도 자녀가 많으면 가난하지 않다."(중국 속담)

(11) 임신과 출산

임신과 출산은 여성에게는 환희의 순간이고, 축복의 시간입니다. 한 인간을 잉태하고 탄생시킨다는 것은 그 무엇과도 바꿀 수 없는 위대한 창조행위인 것입니다. 경사가 아닐 수 없습니다.

① 계획 임신

임신을 하게 되면 아기가 건강하고 아무 이상 없이 태어나길 바랍니다. 모든 부부의 한결같은 염원입니다. 예전에는 출산 순간 아들이냐 딸이냐를 따졌습니다. 그러나 지금은 건강 여부부터 확인합니다. 그만큼 출산 환경이 안 좋고 건강치 못한 아이가 많이 태어난다는 승거이기도 합니다. 그래서 더더욱 계획적인 임신이 필요합니다. 왕대밭에서 왕대가 나듯 씨(남편)와 밭(아내)이 한쪽만이 아니고 서로 좋아야 합니다. 씨가 시원찮아도 안 좋고 밭이 질컥거려도 안 좋습니다. 분명 건강한 아이는 건강한 부모 밑에서 태어난다는 사실입니다. 자료를 보면 해마다 안 좋은 아이가(기형아, 저능아, 미숙아) 너무 많이 태어나고 있습니다. 부모로서 후회한들 아무 소용없고 엎질러진 물과 같습니다. 축복 속에 경사가 되어야 하는데도 비극이 계속 일어나고 있습니다. 실로 안타까운 일이 아닐 수 없습니다.

■ 어떻게 해야 할까?

임신을 계획하고 있다면, 건강하고 영특한 아이 갖기를 원한다면 임신되기 최소한 6개월 전부터 준비에 들어가야 합니다. 임신에 영향을 미치기 때문에, 건강한 상태에서 컨디션이 좋을 때 임신이 되도록 하기 위한 것입니다. 건강한 난자와 건강한 정자가 만날 수 있게 하기 위한 것입니다. 안 좋은 상태에서 덜컥 임신이라도 된다면 안 좋은 아이가 태어날 수 있기 때문입니다. 분명한 것은 계획 임신을 안 하는 것보다는 하는 것이 백 번 낫다는 사실입니다. 건강한 아이 출산을 위해 꼭 필요한 사항입니다.

첫째는 건강한 몸과 마음을 유지하는 일입니다. 건전한 생활은 기본이고 금주, 금연, 과도한 카페인 섭취도, 스트레스도, 과로도, 부부싸움도 삼가고 해로운 음식이나 약물을 피하고 전자파도 멀리합니다. 음식은 골고루 섭취하고 적절한 운동, 감미로운 음악도 휴식도 필요합니다. 특히 식단 관리는 임신 전 3개월 전부터 시작해야 합니다. 꼭 필요한 영양소를 간단히 소개합니다.

ㄱ. 엽산
- 필수 섭취 첫 번째 영양소, 태반 형성, 신경 발달에 도움
- 부족 시 : 신경관 결손(기형아) - 70% 예방

- 식품 : 시금치, 깻잎, 키위, 토마토 - 녹황색 야채 + 과일
- 3개월 전부터 복용, 남편도 같이 복용

ㄴ. 철분
- 부족 시 : 뇌 발달에 악영향
- 식품 : 계란 노른자, 간, 붉은 살코기

ㄷ. 비타민 D
- 태반, 난포 성장, 뼈 · 치아 근육 형성에 좋음
- 부족 시 : 임신률 떨어지고 조산, 임신 중독증 영향
- 햇빛 쬐면 체내 합성
- 식품 : 계란 노른자, 연어, 고등어

ㄹ. 카페인(커피, 홍차, 녹차)
- 저체중아 낳을 확률 높으므로 자제

둘째는 사전 건강검진을 받는 일입니다. 병이나 유전질환을 찾고 치료하기 위해서입니다. 아내는 빈혈, 풍진, 성병, B형 간염, 혈액암, 소변, 고혈압, 자궁경부암, 당뇨, 치과질환, 유전질환 등, 남편은 성병, B형 간염, 유전질환 등을 발견할 수 있습니다. 어쨌거나 우량아 출산은 건강한 정자와 난자의 만남에 있기 때문에 임신 전 관리가 아주 중요합니다. 남편으로서는 술담배에 찌든 정자는 건강한 정자가 될 수 없으므로 6개월 전부터는 금주, 금연해야 합니다. 매일 소주 3잔 마시면 남성 호르몬이 12% 저하된다는 연구 결과도 있습니다. 정자 운동성이 떨어져 불임의 원인이 될 수가 있습니다. 건강한 정자 생산을 위해, 배란 전 D-day를 위해 일정한 기간(3~5일) 금욕해야 합니다. 고환이 뜨거워지면 비정상 정자가 많아지므로 차갑게

하는 것이, 체온보다 1도 낮게 유지하는 것이 좋습니다. 자전거나 사우나도 비만도 안 좋습니다. 특히 엽산은 정자의 질을 좌우하기 때문에 남편도 3개월 전부터 복용하는 것이 좋습니다. 아내 역시 출산 후까지도 아이에게 영향을 미치는 일은 삼가해야 합니다. 임신된 줄 모르고 술담배를 하거나 약물복용이나 X선 촬영을 할 수 있으므로 사전에 임신 여부를 확인해둬야 합니다. 생리 예정일이 1주일 이상 늦어지면 병원에 가서 확인해봅니다. 깡마른 저체중도 안 좋고, 태아에게 영향을 줄 인자가 있으면 임신은 피해야 되고, 조치를 취하거나 치료한 뒤 임신을 가져야 합니다. 이처럼 정성을 쏟고 노력해야, 노력은 성공의 열쇠임으로 산모는 물론 건강한 아이가 태어나는 것입니다.

■ 고령 임신

고령 임신은 더욱더 계획 임신이 필요합니다. 722쪽을 참고하십시오. 결론적으로 건강한 임신의 최선책은 계획 임신입니다. 그럼에도 10명 중 7명이 계획 임신을 하지 않는다는 점입니다. 대부분 어떻게 해야 할지 몰라서, 또 실천하기가 번거롭고 귀찮아서, 게을러서이기도 할 것입니다. 문제는 계획 임신을 하지 않기 때문에 여러 문제, 안 좋은 일이 생기는 것입니다.

- 돛대에 바람을 안고 항해하는 배와 임산부의 부른 배는 우리가 흔히 볼 수 있는 두 가지의 가장 아름다운 모습이다. - B. 프랭클린 / 가난한 리처드의 책력
- 여성은 잉태함으로 또 다른 여성이 된다. - 팔만대장경

② 임신 중에 알아야 할 사항(20가지)

임신을 하게 되면 정신적, 육체적으로 많은 변화가 찾아옵니다.

홀몸이 아니므로 일상생활 특히 가사, 건강, 영양 등 사소한 것까지 관심을 갖고 잘 관리해야 산모는 물론 건강한 아이를 낳게 됩니다. 임신 중에는 여러 가지 주기별 정기검사를 꼭 받아야 합니다. 짧은 진료시간에 자세한 답변을 들을 수 없으므로 임신, 출산에 관한 책을 참고해야 합니다. 잘 알아야 제대로 관리할 수 있기 때문입니다. 공부가 필요합니다.

■ 임신 초기 3개월(1~12주)

태아의 여러 가지 기관들이 만들어지는 중요한 시기이므로 어느 때보다도 신경을 많이 써야 되고 주의해야 합니다. 가사, 건강, 영양, 휴식, 식생활, 약물, X선 촬영, 치과치료, 운동, 성생활 등

■ 유산

태어나면 귀한 자식일 텐데 유산이 되면 마음이 무척 아플 것입니다. 어렵게 임신한 경우라면 더더욱 아쉽고 후회가 따를 것입니다. 대부분 임신 2~4개월(8~16주) 사이에 발생합니다.(70~80%) 10명 중 1명꼴로 발생합니다. 유산의 원인은 과로, 충격, 고령임신, 음주, 흡연, 당뇨병, 갑상선 질환, 영양부족 등입니다. 힘든 일이나 운동은 삼가해야 합니다. 무거운 걸 들거나 쪼그리고 앉아 일하거나 계단을 오르내리거나 배에 충격을 줘서도 안 됩니다. 또 무리한 성관계도 삼가해야 합니다. 출혈이 보이면 곧바로 의사의 진찰을 받아야 합니다. 정신적으로 육체적으로 절대 안정을 취해야 할 시기입니다.

■ 기형아 예방

100명 중 4~5명이 기형아로 태어나고 있습니다. 원인은 유전질환이나 생활습관, 약물, X선, 환경오염 등의 영향으로 원치 않는 기형아가 많이 태어나고 있습니다. 유전질환은 철저한 사전검사와 조치

가 필요하고, 다른 요인은 피하거나 세심한 주의가 필요합니다. 보조식품이나 약물 등은 무심코 아니면 함부로 먹지 말고 의사와 상담이 필요합니다. 특히 엽산은 비타민 B군의 하나로 신경관 결손으로 인한 기형아를 예방(70%)하므로 임신 3개월 전부터는 복용을 권고하고 있습니다. 녹황색 야채, 시금치, 계란, 깻잎, 녹두, 아몬드에 많이 들어있습니다.

■ 태교

태아는 자동차 클랙션 소리에 엄마 배를 마구 차기도 하고 엄마, 아빠 싸우는 소리도 다 듣고 있다는 것입니다. 가장 영향을 주는 것이 소음 자극입니다. 태교란 무엇인가? 임산부가 태아에게 좋은 영향을 미칠 수 있도록 몸과 마음을 잘 다스리고 말과 행동을 조심스럽게 하는 것입니다. 임신 6주가 되면 귀가 만들어지고 12주가 되면 소리를 듣게 됩니다. 오감 중 청각이 제일 먼저 발달합니다. 태아는 덜 성숙된 생명체입니다. 엄마가 듣기 좋은 소리를 듣게 되면 태아도 기분이 좋을 것이고, 듣기 싫은 소리를 듣게 되면 기분이 안 좋을 것입니다. 엄마가 스트레스를 받게 되면 태아도 스트레스를 받게 되고, 불안해하면 태아도 불안해할 것입니다. 우울해하면 태아도 덩달아 우울해질 것입니다. 엄마가 짜증을 내면 짜증나고, 남에게 욕하면 태아도 얼굴을 찡그리고, 속을 부글부글 끓으면 태아도 덩달아 속이 부글부글 끓을 것입니다. 반면 듣기 좋은 소리, 즐거운 소리를 들으면 태아도 덩달아 기분이 좋아지고 평화로움을 느낄 것입니다. 듣기 좋은 소리는 뭘까? 첫 번째가 엄마의 다정한 목소리, 정겨운 목소리, 상냥한 목소리일 것입니다. 그리고 웃음소리! 깔깔 웃으면 덩달아 깔깔 웃지 않을까? 자연의 소리는 새소리, 물소리, 바람소리이고, 천둥이나 벼락치는 소리는 안 좋을 것이고, 클래식 음악만 좋은 것이 아니고 듣기 좋은 음악, 아름다운 멜로디는 다 좋아할 것입니다. 좋은 소리는 뇌 발달에도 도움이 되고, 뇌 발달의 90% 이상이 청각에 좌우된다고 전문가들은 말합니다. 그러니 좋은 소리를 자주 들려주는 것입니다. 조영남 선생이 부른 '등대지기'도 좋을 것입니다. 옛 어른들은 태교의 중요성을 깨닫고 못 볼 것을 보지 말며, 못 먹을 것을 먹지 말고, 모진 말을 하지 말고, 시샘을 하지 말며, 다툼에 끼어들지 말며, 분을 품지 말며 갖가지 금할 것을 강조했습니다. 최고의 태교란 무엇일까요? 산모가 마음이 편하고 즐겁게 행복한 나날을 보내는 일입니다. 남편이 속을 썩이면 태아도 속이 썩을 것입니다.

• 태교음악

태교음악 하면 대개 클래식, 고전음악을 떠올리게 되는데 정해진 것은 없습니다. 엄마나 태아가 들으면 우선 즐겁고, 기분이 좋고, 정화된 느낌을 받게 된다면 다 좋습니다. 정서 안정에도 도움이 되고, 지능 발달에도 영향을 미치기 때문에 취향에 따라 골라 들으면 안 듣는 것보다 백 번 낫습니다. 695쪽 음악감상편에서 골라보십시오.

■ 유두 손질

아이가 젖을 빨면 잘 나와야 하는데 제대로 나오지 않으면 속상하고 짜증이 날 것입니다. 모유 수유 실패의 원인이 되기도 할 것입니다. 특히 함몰유두, 빨고 싶어도 젖꼭지가 들어가 있으니 빨 수 없으므로 출산 전에 제대로 관리해둬야 할 것입니다.

■ 스트레스

임신하게 되면 여러 가지 걱정이 앞설 것입니다. 겁이 나고 두렵기도 할 것입니다. 출산걱정, 순산걱정, 출산비, 육아, 직장 등 스트레스가 많이 쌓일 것입니다. 지나치면 우울증이 생길 수 있고, 태아의 정상적인 발달, 특히 뇌에 영향을 줄 수도 있을 것입니다. 그러나 임산부는 누구나 다 겪는 과정이므로 이겨내고 수용해야 합니다. 가벼운 운동이나 산책이나 명상이나 요가나 음악을 듣는 것도 좋을 것입니다. 남편 역시 스트레스 해소에 동조해야 합니다. 우선 아내에게 스트레스 주는 일을 삼가야 하고, 아내를 편안하게 기쁘고 즐겁게 해주는 것입니다. 임산부가 스트레스를 받게 되면 태아도 받게 되기 때문입니다. 일찍 퇴근해서 집안일도 거들어주고 아내 어깨라도 주물러주는 것입니다.

■ 입덧

임신하면 입덧을 하게 됩니다. 4~12주 사이에 가장 심하게 일어납니다. 식욕이 없거나 매스껍거나 구역질, 토하기도 합니다. 태아를 위한 생리작용이기도 합니다. 굶으면 안 되므로 먹고 싶은 것이 있으면 남편은 즉시 대령해야 합니다. 오징어가 먹고 싶다면 오징어를, 찰떡이 먹고 싶다면 즉시 찰떡을 대령하는 것입니다. 입덧이 너무 심하면 병원에 가봅니다. 중기 지나면 대부분 가라앉게 됩니다.

■ 먹는 것

엄마 건강이 태아 건강에 직결되기 때문에 고루고루 잘 먹어야 합니다. 지나친 보양식은 비만을 가져올 수 있고, 출산 시 어려움이 따를 수 있으니 제한하는 것이 좋습니다. 엄마가 공복을 느끼면 태아도 공복을 느끼므로 입맛이 없어도, 먹기 싫어도 태아를 위해 굶지 말고 억지로라도 꼭 먹어야 합니다. 에너지도 두 배 몫이 필요하니깐요. 혹시 먹는 물속에는 태아에게 해로운 물질이 들어있을 수 있습니다. 끓이면 유해성분이 제거될 수 있으므로 가급적 물을 끓여 먹는 것이 좋습니다. 카페인이 많이 들어있는 커피나 녹차는 하루 2~3잔 계속 먹으면 유산이나 조산 위험이 있다는 지적도 있습니다. 또 참치나 상어 같은 심해성 생선은 수은 함량이 높으므로 가급적 많이 먹지 말라는 전문가의 조언도 있습니다.

■ 비만

임신하면 체중이 늘어납니다. 임신성 당뇨, 고혈압, 임신중독증이 생길 수 있고, 난산이나 제왕절개 수술을 받을 수도 있으므로 적절한 비만, 체중 관리가 필요합니다.

■ 운동

안정을 취한다고 전혀 운동을 하지 않으면 분만 시 어려움이 따를 수 있다고 전문가들은 말합니다. 임신 주기에 따라 다르겠지만 1주일에 3~4회, 산책이나 맨손체조나 수영 같은 가벼운 운동이 필요합니다. 고혈압이나 심장질환이나 유산 경험이 있을 때는 가급적 운동을 삼가는 것이 좋다는 것입니다. 몸매 관리를 위해 다이어트를 하게 되면 영양부족으로 저체중아 출산 위험이 있고, 아기가 성장하면 성인병에 걸릴 위험이 있으므로 삼가하라는 것입니다. 홀몸이 아니므로 출산 후에도 늦지 않습니다. 적당한 운동을 하면 밥맛도 좋고 변비에도, 혈액순환에도 좋고 잠도 잘 오고 분만 시 힘쓸 때도 좋으니 두루두루 좋은 것입니다.

■ 임신중독증

대부분 임신 20주에 발생하고 원인으로는 고혈압, 당뇨, 신장병, 고령임신, 비만, 빈혈 등입니다. 증상으로는 고혈압, 단백뇨, 부종이 대표적입니다. 사망위험이 있으므로 정기검진과 관찰이 필요합니다.

■ 술과 담배

태아에게 안 좋은 것은 다 알고 있을 것입니다. 술은 유산, 조산,

저능아, 기형아 출산 위험이 있으므로 삼가해야 되고, 포도주 1잔으로도 태아가 놀란다는 것입니다. 담배 역시 기형아 출산, 유산, 자궁외 임신, 저체중아 출산 위험이 있으므로 삼가해야 합니다. 참지 못해 피운 결과 기형아라도 출산한다면 누구 원망할 수도 없고 두고두고 후회가 따를 것입니다.

■ 고령임신

결혼이 늦어지다 보니 35세 이상의 고령임신이 증가하고 있습니다. 아무래도 20대의 젊은 임산부보다 유산이나 조산, 기형아 출산 합병증의 위험이 더 많을 것입니다. 그러나 대비만 잘하면 걱정 없다고 전문가들은 말합니다. 임신 전, 임신 중 철저하고 꾸준한 검진과 대비가 필요합니다.

〈고령 임산부가 지켜야 할 사항〉
1. 임신 전 전문의와 상담
2. 철저한 산전 관리(건강, 영양, 약물, 운동)
3. 기형아 예방을 위한 사전검사, 풍진 등 예방접종(풍진은 반드시 4주간 피임)
4. 술, 담배 금지, 인스턴트 식품 가급적 삼가, 짠 음식, 과식 삼가
5. 3개월 전부터 엽산 복용
6. 자연분만에 자신감을 가질 것

■ 변비

임신을 하게 되면 황체 호르몬이 분비가 되고, 이것이 대장 운동을 약하게 해서 변비가 생깁니다. 입덧으로 굶거나 식욕 저하로 적게 먹으면 배변량이 적어 더욱 변비가 심해지고, 그렇다고 변비약을 마구 먹을 수는 없고 과일, 야채, 잡곡, 해조류 같은 식이섬유가 풍부

한 음식을 먹게 되면 대장활동이 좋아지고, 배변량이 많아 변비 완화에 도움이 됩니다. 규칙적인 식사, 배변습관, 충분한 수분 섭취가 도움이 될 것입니다. 하루 2~3번 좌욕도 좋을 것입니다.

■ 치아관리

임신하면 생리적 변화로 구강 환경이 안 좋을 것입니다. 자주 먹게 되므로 이를 제때 닦아 충치를 방지해야 합니다. 태아의 치아나 골격은 엄마로부터 칼슘을 공급받아 만들어지므로 적절한 섭취가 필요합니다. 제대로 공급되지 않으면 엄마 치아가 흔들리거나 빠지거나 부실해질 수 있습니다. 우유나 유제품, 멸치, 뱅어포에 들어있습니다. 칼슘제도 좋습니다. 임신 중에 치과 치료를 받게 되면 X선이나 약물 등에 노출될 수 있으므로 임신 전에 치료해둬야 합니다. 치료 전 의사에게 임신 중임을 알려야 합니다.

■ 성생활

임신 초기(1~12주)는 수정된 난자가 자궁에 자리 잡을 시기임으로 피해야 한다는 전문가들의 지적입니다. 유산의 위험이 있기 때문입니다. 출산 전까지는 금욕을 해야지만 젊은 남편으로서는 그것 역시도 참기 어려울지도 모릅니다. 모르긴, 참으려면 참을 수 있는데 안 참으려 하니까 문제가 됩니다. 그래서 외도를 하는 위인도 몇 사람 있을지도 모릅니다. 그러나 사랑하는 아내는 자기 성(姓)을 따를 자식을 낳기 위해 고통 속에서 하루하루 보내고 있는데 남편이라는 속알머리 없는 작자는 껄떡거리고 있으니, 한눈 팔려고 하니 속상하고 분하지 않을 수가 없을 것입니다. 어떻게 해야 하나? 따라다닐 수 없으니 남편 스스로 자각하고 인내하고 눈을 다른 곳으로, 저 높은 곳으로, 건설적인 곳으로 돌려야 합니다. 참는 자에게 좋은 일이 생긴다고 했습니다. 10개월 동안 합궁할 생각 말고 외도할 생각 말고 그 생각, 에너지를 일반 직장인 남편이라면 맡은 일을 어떻게 하면 능률을 더 올릴 수 있을까에만 머리를 쓰는 것입니다. 생산자 남편이라면 어떻게 하면 싸고 좋게 만들까에만 에너지를 쏟는 것입니다. 사업자 남편이라면 어떻게 하면 제값 받고 많이 팔 수 있을까에만 온 정력을 쏟는 것입니다. 그러면 아내의 임신기간 10개월은 남편에게는 값진 시간이 되고도 남을 것입니다.

■ 일상생활

무거운 몸으로 출산 시까지 하루하루가 고통일 수 있으나 한 인간을 창조한다는 것은 위대한 일이고, 축복받는 일입니다. 아름답고 거룩한 일입니다. 여성은 약하지만 모성은 강하다고 했습니다. 몸과 마음을 편하게 다스리고 이겨내야 합니다. 고른 영양섭취, 적절한 운동, 충분한 휴식이 필요합니다. 힘든 일은 피하고 쪼그려 앉지 말고 물건을 들 때, 옮길 때, 빗길, 눈길 다닐 때 조심조심해야 할 것입니다. 적당한 가사일은 운동이 될 수 있습니다. 하루하루 즐겁게 보내고, 기쁜 마음으로 출산을 맞이하는 것입니다.

■ 금기사항

왜 이렇게 많을까? 안 지키는 것보다 지키는 것이, 대비하는 것이 백 번 좋기 때문에 철저히 지키는 것입니다. 지킬수록 좋고 안 지킬수록 안 좋습니다. 여러 전문가들의 의견을 참고했습니다.

■ 남편의 역할

내가 임신했다고 입장을 바꿔 생각해본다면 어떨까? 더 많은 배려, 위로, 격려, 협조가 절실히 필요할 것입니다. 일찍 귀가하고 장미꽃이라도 한 송이 사다가 아내 코에 대주고 수고가 많았다고, 고맙다는 말을 빼놓지 말아야 합니다. "말 한마디로 천냥 빚을 갚는다."

고 했습니다. 불안한 마음을 다독거려 줘야 합니다. 남편 말고 누가 있습니까? 임신한 아내가 남편에게 바라는 게 뭘까요? 시장 보기도, 음식 장만도, 설거지도, 집 안 청소도, 세탁도 척척 하는 일일 것입니다. 남의 집 일이 아니고 내 집 일이므로 적극적으로 해내는 것입니다. 사랑하는 아내를 기쁘고 즐겁게 해주는 것입니다. 무거운 몸이므로 일을 덜어주는 것입니다. 가정의 행복과 평화를 위해서 적극 도와주는 것입니다. 아내 배에 자주 귀를 대보고 내 아기가 엄마 뱃속에서 꼼지락거리는 것도 느껴보는 것입니다. 사랑의 결실이, 내 분신이 자라고 있는데 행복하지, 기쁘지 않습니까? 권혜경 선생이 부른 "동심초" 같은 아름다운 노래들을 자주 불러주십시오. 애가 다 듣고 있다지 않습니까? 이런 노력들만이 건강한 아이, 영특한 아이, 좋은 결실을 맺게 될 것입니다. 아멘.

③ 임신 중절수술(낙태) - 할까? 말까?

통계를 보면 출산율은 세계 최저이고, 낙태율은 세계 최고입니다. 어느 해(2010년)에는 16만 8천여 명의 태아가 태어날 생명인데 수술로 생명을 잃었다는 것입니다. 기혼여성은 58%, 미혼여성은 42%, 15~44세 여성 중 34%가 수술한 경험이 있고, 1회가 24%, 2회 이상이 10%이고, 10명 중 4명이 미혼이고, 그중 10대가 10%로 나와 있습니다. 덕분에 낙태 공화국, 낙태 후진국 소리를 듣고 있습니다. 태아도 이미 숨 쉬고 있는 엄연한 생명인데, 태어날 준비를 하고 있는 귀한 생명인데 살 권리가 있는데도 죽임을 당한 것입니다. 실컷 재미만 보고 필요 없으니 낙태한 것입니다. 사람을 죽이다니 도대체 이게 뭡니까인 것입니다. 사람의 목숨을 우습게 여기는 인명 경시 풍조가 만연돼 있기 때문입니다. 다 낳으면 저출산 회복에 도움이 될 텐데 나름대로의 피치 못할 이유가 나 있을 것입니다. 그러나 임신이 되면 낳을 각오를 하고 임해야 합니다.

ㄱ. 낙태란 무엇인고?

뱃속에 있는 태아, 귀여운 내 아이를 인공적으로 세상 구경을 시켜주지 않는 걸 말합니다. 뭘 집어넣으면 태아가 이를 피하거나 몸부림친다는 것입니다. 불쌍하지 않을까? 낳아야 되는데 그것 참! 심히 안 좋습니다. 그러므로 우리는 성(性) 앞에 두 번, 세 번 경건해져야 합니다.

ㄴ. 왜 할까?

원치 않는 임신이 되니, 실컷 재미만 보고 낳아서는 안 되니까 수술을 하는 것입니다. 임신시킬 짓을 안 했거나 임신이 안 되게 단도리를 잘하고 재미를 봤으면 임신이 안 될 텐데 그걸 참지 못해서, 피임을 안 해서, 잘못해서, 가볍게 보고 소홀히 해서 불행한 일이 생긴 것입니다. 자업자득, 자승자박이라고나 할까? 기혼여성 39%가 자식이 필요 없어서, 경제적으로 키우기 어려워서, 선택 출산, 약물복용, 기형, 터울 조절 등으로, 미혼여성은 피임을 않거나 잘못해서, 낳을 수 없어서, 기를 수 없어서, 성폭행 등으로 수술을 하고 있습니다.

ㄷ. 문제점

문제는 후유증이 생긴다는 데 있습니다. 죄책감이 생기고(윤리적) 우울해지거나 차후 임신에 안 좋고(불임, 자궁내막 손상, 자궁외임신, 조산, 유산), 수술 합병증(출혈, 천공, 감염)이 생길 수 있고, 10대 청소년에게는 정신적, 육체적으로 심히 좋지 않고, 장차 결혼 시 불안감, 죄책감이 떠나지 않는다는 데 있습니다. 또 한 가지 먹는 낙태약은 차후 유산 위험이나 과다출혈 시 사망할 수 있다는 점입니다.

ㄹ. 어떻게 했으면 참 좋을까?

생명은 소중합니다. 뭣과도 바꿀 수 없는 귀중한 존재입니다. 태아는 태어날 권리가 있고 살 권리도 있습니다. 죽임을 당할 의무는 없습니다. 누구든 마음대로 해할 권리는 없습니다. 그것은 죄를 짓는 일입니다. 적법 낙태(성폭행, 친족간, 유전질환, 모태건강 등)를 제외하고 낙태해서는 안 되고 낳아야 합니다. 그것은 수술 후유증을 막을 수 있고, 양심의 가책을 받을 필요도 없습니다. 그러나 낳기 싫은 사람은 없을 것입니다. 능력이, 낳고 키울 여건이 되지 않아 부득불 수술할 것입니다. 들자니 무겁고 놓자니 깨지게 되는 형국일 것입니다. 낳아라, 낳지 마라 할 수도, 조언하기도 난감해집니다. 어떻게 해야 할까? 생사가 걸려있는 문제임으로 각자가 무겁게 받아들이고 심사숙고해서 현명하게 선택해야 할 것입니다. 그렇다면 이런 비극을 막을 수는 없을까? 남자로서는 피임을 철저히 해야 하고, 준비가 안 돼 있다면 관계를 갖지 말아야 합니다. 여자 쪽에서 거부하면 비극을 막기 위해서라도 적극 수용하는 것입니다. 여자로서는 피임을 철저히 하고 피임준비가 안 돼 있거나 내키지 않으면 분명히 거부해야 이런 비극을 막을 수 있을 것입니다.

④ 난임

난임이란 부부가 1년간 정상적인 성관계를 가져도 임신이 안 되는 경우를 말합니다. 10쌍 중 2쌍이 난임 부부라는 것입니다. 자식을 낳아 기르는 가운데 기쁨과 보람을 누리는 게 정상적인 결혼생활인데 자식이 없으니 한 가정의 슬픔이 아닐 수 없습니다. 누구는 낳아서 걱정, 또 누구는 낳지 못해서 걱정! 왜 이렇게 걱정이 많을까? 난임 부부들은 갖은 방법으로 임신을 시도하고 있습니다. 왜 난임이 될까요? 아내 쪽이 40%, 남편 쪽이 40%, 양쪽이 10%, 원인불명이 10%라는 것입니다. 아내의 난임 원인으로는 첫째가 고령임신(만혼), 35세 넘으면 난자 기능이 떨어집니다. 그리고 배란장애, 나팔관 이상, 자궁 이상, 비만, 저체중, 스트레스, 음주, 흡연, 영양결핍, 무리한 다이어트, 성병 등입니다. 남편 난임 원인으로는 흡연, 음주, 전자파, 환경호르몬, 정자 수 이상, 감소, 무정자증, 고환 이상, 스트레스, 성병, 비만 등입니다. 2008년 2만 6,682명, 2018년 6만 7,270명으로 증가 추세입니다. 갈수록 정자 수가 줄고 질이 떨어지고 있습니다. 우선 책임이 누구에게 있는지 확인해보는 일입니다. 검사해보면 대부분 알게 되고, 그런 후에 조치, 치료를 시작해야 할 것입니다.

아울러 일상생활 중에도 술담배, 과로, 스트레스를 피하고 섭생, 특히 트랜스지방보다는 불포화지방을 취하는 게 좋다는 연구 결과도 있습니다. 인스턴트 식품도 안 좋고, 잦은 사우나도 안 좋고, 커피도, 종이컵 용기도 안 좋고, 꽉 끼는 바지나 빤스도 안 좋고, 무리하게 자전거 타는 것도, 컴퓨터나 휴대전화에서 나오는 전자파도 안 좋고, 탄산음료도 정자에게 안 좋다는 것입니다. 안 좋으니 삼가는 것이 정답입니다. 그나저나 우리의 난임치료 기술은 세계적으로 인정받고 있습니다. 그 덕분으로 출산의 기쁨을 누리고 있는 난임 부부들이 늘어나고 있습니다. 노력은 임신 성공률을 높입니다. 포기하지 말고 꾸준히 노력하면 틀림없이 귀여운 내 아기를 갖게 될 것입니다. 2015년 한 해 인공수정으로 낳은 아이가 1만 9,103명입니다. 저출산에도 보탬이 되고 있습니다. 낙심은 금물입니다. 그런데 이런 경우, 부부가 검사해도 아무 이상이 없는데 임신이 안 되는 경우 오래전 비뇨기과 의사 소견에 정액을 삼킬 경우, 임신거부 반응으로 임신이 안 될 수 있다는 상담기사를 본 일이 있는데 참고해보는 것도 좋을 것입니다.

■ 난임 상담기관
- 난임 상담(복지부, 보건복지협회) 1644-7382
- 보건복지부 콜센터 129번

⑤ 출산

출산일이 다가오면 불안하고 두렵고 걱정이 앞설 것입니다. 초산이면 더 할 것입니다. 진통은 얼마나 클까? 아이가 정상일까? 건강할까? 후유증은 없을까? 비용은 얼마나 나올까? 걱정이 앞서는 것은 누구나 같은 심정일 것입니다. 출산용품, 그동안 준비해둘 것 다 준비해뒀겠지요?

ㄱ. 분만

초산이면 보통 15시간 전후로 출산하게 됩니다. 진통 속에 자궁구가 열리고 산모는 힘을 쓰고 또 쓰게 되니 지칠 대로 지치고, 그것을 아는 양 태아도 어서 나오려고 힘을 쓸 것입니다. 머리는 당기고 팔다리는 오므려서 산도를 잘 빠져나오려고 기특하게 애를 쓸 것입니다. 한 시간, 두 시간 어서 나왔으면 좋으련만 만물의 영장인 인간의 탄생인데 게눈 감추듯, 뚝닥 뭐 만들 듯 쉬 나올 수는 없는 것입니다. 세 시간, 네 시간 진통이 오다가 그쳤다가 살살 오다가 세게 오다가 그 고통에 참기 어려운 고통에 못 견뎌 고래고래 소리 지르기도 하고, 남편을 욕하기도 하고, 수술을 요구하기도 한다는 것입니다. 겪어보지 않으면 그 고통을 모를 것입니다. 그렇다고 안 참을 수도 없고요. "참는 자에게 복이 온다."고 일찍이 성경은 말했습니다. "인내는 쓰나 그 결과는 달다."고 했습니다. 그것을 이겨내는 그 장한 힘, 인내력은 앞으로의 육아라든가 어려움을 극복할 수 있는 소중한 자산이 될 것입니다. 여성은 나약하지만 모성은 강하다고 했습니다. 진통이란 태아를 밖으로 내보내기 위한 자궁의 수축 운동입니다. 수축이 강할수록 아픔은 크나 대신 빨리 나옵니다. 진통이 적으면 아픔은 적지만 빨리 나오지 않으니 눈을 질끈 감고 진통을 즐기는 것입니다. 진통을 겪어야 탄생을 볼 수 있으니깐요.

ㄴ. 제왕절개 수술

정상적으로 낳기 어려운 경우에 하는 수술입니다. 통계청 자료를 보면(2017년) 45%가 제왕절개 수술로 아이를 낳고 있습니다. 분만으로 인한 두려움, 불안, 진통 등 덜 고통스럽게 빨리 낳고 싶어 택하는 경우도 있겠지만 후유증이 생길 수 있다는 점입니다. 자연분만보다도 수술 합병증과 산모 사망률이 더 높고(5~7배) 감염, 출혈 위험도 더 많고 통증도 더 심하고 방광, 자궁혈관 손상 위험도 있고 모유 분비도 늦고 입원 기간도 더 길고 회복 시간도 느리다고 전문가들은 말합니다. 정상 출산이 아니기 때문입니다. 비용도 더 들고 자연분만보다 안 좋은데 굳이 해야 할 이유는 뭘까? 의료사고나 상업적인 문제도 있겠지만 산모나 태아가 위험한 경우나 출산상 문제가 된다면 꼭 해야겠으나 진통이 참기 어려워서, 견디기 힘들어서라면 이제는 산모의 의식 전환이 필요합니다. 출산 문화를 바꿔야 할 것입니다. 속담에 "고생 끝에 낙이 온다."고 했듯이 고통의 계곡을 지나면 기쁨의 낙원이 기다리듯 고통 없이 낳은 자식보다(제왕절개), 고통 속에서 낳은 자식(정상분만)이 더 사랑스럽고 더 애착이 가는 것은 당연할 것입니다. 어떤 산모는 수술 후 아이를 받았을 때 서먹서먹해서 혼났다는 것입니다. 아무래도 애착이 덜 가겠지요. 자연분만보다 제왕절개로 낳은 아이 성적이 낮았다는 외국의 연구 사례도 있습니다. 삶이란 고통의 연속입니다. 그러나 무엇보다도 출산의 고통은 고귀하고 장하고 위대한 것입니다. 축복 속의 향연인 것입니다. 참고 견디고 이겨내는 것입니다. 고통을 즐기십시오.

ㄷ. 드디어

조금만 더, 조금 더 힘을 주세요. 더 힘을 주세요. 쑥 나오면 좋으련만, 조금만 더 힘을 콱 주세요. 으하아앙~ 이제 됐습니다. 다 나왔습니다. 휴~ 휴 수고하셨습니다. 큰일을 해내셨습니다. 장하십니다.

남편은 뭐하노? 어서 땀 좀 닦아주소.

- 힘이 들수록 고통이 클수록 그 고통을 이겨낸 후에 돌아오는 기쁨과 명예는 더욱 크다. - 몰리에르
- 고통이 있어야 탄생을 볼 수 있다. - D. 슈워츠 / 결론
- 고통은 짧고 기쁨은 영원하다. - 실러

- 큰일하셨는데 축복송 1곡 선사합니다. "환희의 송가"(베토벤 교향곡 9번 합창)

■ 임신, 출산, 육아 상담 사이트
- 아이사랑 : 임신, 출산, 육아 포털(www.chidcare.go.kr) / 1644-7373
- 네이버 맘키즈(naver.me/mom)
- 아이사랑 보육포털(www.childcare.go.kr)
- 모유 수유 클리닉, 엄마젖(www.mom-baby.org)
- 산모, 신생아 건강관리사 : 복지로 사이트(www.bokjiro.go.kr)
- 아빠를 위한 육아정보 카페(cafe.naver.com/motherplusall)
- 질병관리본부 예방접종 도우미(nip.kdca.go.kr)

■ 정부 각종 출산, 양육, 기타 지원대책
- 임신, 출산, 양육(보건소, 건보공단)
- 신생아(보건소)
- 영유아(주민센터, 보건소)
- 일하는 부부(고용지원센터)
- 다자녀 가정(연금공단, 주민센터, 한전)
- 입양아 및 장애아 가정(주민센터)
- 농·어업인 가정(주민센터)

제7장
30대 황금년(黃金年)

20대는 청년이고 40대는 중년이요, 30대는 뭐라고 불러야 할까? 가장 활동이 왕성하고 포부를 갖고 일에 몰두, 재미를 느끼고 자기 꿈을 실현할 수 있는 도약의 기회, 인생의 승부를 걸어야 할 나이입니다. 이 30대를 어떻게 설계하고 어떻게 보내느냐에 따라 인생이 좌우되는 황금 같은 중요한 시기입니다. 그래서 이 30대를 황금년이라고 명명해 봤습니다. 직장에서는 중간관리자로서 과, 차장에 해당이 되고 가정적으로는 초, 중생의 학부모 위치로써 어느 정도 안정을 갖춘 시기입니다. 그렇다면 30대, 이 황금 같은 시간을 어떻게 보내야 할까? 나름대로의 마스터플랜이 필요합니다.

1. 직장에서는

　직장 초년생의 위치에서 벗어나 부하를 거느리고 일에 몰두, 재미를 느끼고 지시를 받는 위치에서 지시하는 위치로 격상됩니다. 중간관리자로서 상사를 받들고, 안을 만들어 시도해보고 성과를 내야 하는 책임 있는 자리에 오른 것입니다. 성숙된 능력을 발휘하기 위해서는 많은 노력이 필요합니다. 또 이때는 전직과 도약의 기회가 찾아오기도 합니다. 준비된 자만이 기회를 잡을 수 있습니다.

(1) 전문가(프로)가 돼야

　입사 후 10년 정도 업무를 익혔으므로 지금쯤 전문가가 돼 있겠지요? 아니라고요? 지금도 늦지 않습니다. 늦었다고 생각한 때가 가장 빠른 때라고 했습니다. 현대는 전문가 시대입니다. 전문가가 대접받는 시대에 살고 있습니다. 자기가 맡은 분야만큼은 어느 누구보다도 정통하고 잘 알아야, 잘 처리할 줄 알아야 합니다. 그 일만큼은 누구한테 물어봐야 한다, 맡겨야 한다는 평판을 들을 정도로 실력을 갖춰야 합니다. 그래야만 말발이 서고 권위가 서고 대접을 받을 수가 있습니다. 한눈 팔지 말고 잡기에 빠지지 말고 온 힘을, 전력을 다 쏟아야 합니다. 그럼으로써만이 전문가가 될 수 있습니다. 전문성은 핵심인재의 무기이고, 승진 1순위에 해당합니다. 모든 일은 미쳐야만 이룰 수 있습니다.

　한 곳에 빠져야만 프로가 될 수 있습니다. 마치 TV의 달인처럼 숙달이 돼야 합니다. 숙달만으로 부족합니다. 어려운 문제를 척척 해결할 수 있는 실력을 갖춰둬야 합니다. 속담에 "우물을 파도 한 우물을 파라."고 했습니다. 작정하고 10년 정도 몰입하면 전문가가 될 수 있습니다. 승진도 남보다 빠를 수 있고, 전직하거나 내 사업을 하는 데도 도움을 받을 수가 있습니다. 앞에서도 언급했지만 어떤 이는 1만 시간을 투자해야 전문가가 될 수 있다고 했습니다.(말콤 글래드웰) 1만 시간이란 하루 3시간, 일주일에 20시간을 10년 동안 줄기차게 노력해야 전문가 경지에 도달할 수 있다는 얘기입니다. 성공은 노력에 달려있고, 노력 앞에는 경쟁자가 없다고 했습니다. 전문가가 되기 위해 나는 얼마나 노력했나 자문자답해봅니다. 부족한 부분은 보완해서 채우는 것입니다. 그리고 갈고 닦은 전문성을 어떻게 상품화할지, 써먹을 수 있을지 연구개발을 해둔다면 퇴직 후 재취업이나 내 사업으로 연결시킬 수가 있습니다. 경영이나 인사 실무에 전문성을 갖추고 있다면 퇴직 후에 경영이나 인사컨설팅 사업을 벌릴 수도 있는 것입니다.

- 전문가란 자꾸 범위를 좁혀가며 깊게 지식을 얻는 사람이다. - 버틀러
- 전문가란 아주 조금밖에 알려지지 않은 것을 보다 많이 알고 있는 자다. - 버틀러
- 전문가란 어떤 한 가지 일을 전문으로 하거나 한 가지 분야에 전문적인 지식이나 기술을 가진 사람이다. - 국어사전

(2) 중간관리자

장차 최고경영자(CEO)가 되기 위해서는 거쳐야 되는 코스이므로 관리능력, 리더십을 길러야 합니다. "같은 값이면 다홍치마"라고 출중한 리더가 되는 것입니다. 그러면 리더는 누구인가? 앞장서서 조직을 이끌어가는 지도자를 말합니다. 리더십이란 무엇인가? 한마디

로 부하로 하여금 나의 방침과 지시를 받아들이고 신속히 수행하며, 일사분란하게 따르게 하는 힘, 역량을 말합니다. 열정, 전문성, 추진력, 용기, 책임, 솔선수범, 결단, 신뢰, 존경, 포용력이 요구됩니다. 이런 능력은 중간관리자일 때 한 가지씩 차근차근 배우고 습득해둬야 합니다. 미리 준비해둬야, 갖춰놓고 있어야만 CEO가 됐을 때 조직을 목표한 곳으로 이끌 수 있습니다. 기회란 준비된 자에게만 오고 준비가 안 돼 있으면 취할 수도, 감당할 수도 없습니다. 관리자나 리더십에 관한 책을 참고, 많은 연구가 필요합니다.

① 어떻게 해야 유능한 리더가 될 수 있을까?

평생직장 개념이 사라진 지금 잦은 이직이 일상사가 되고 있습니다. 부하의 이직은 직장이나 본인이나 손해겠으나 떠나는 대부분의 이유는 보수가 적거나 비전이 없다고 얘기를 하지만 속내는 대부분 상사와의 갈등 때문일 것입니다. 부모가 싫어서 가출하듯 그와 같은 맥락으로 볼 수 있습니다. 부하 없는 상사는 있을 수 없습니다. 많은 시간과 비용을 투자해서 힘들게 길렀는데 이겨내지 못하고 못 버티고 자꾸 떠나간다면 관리자로서 감점요인이 될 수 있으므로 책임을 통감해야 합니다. 직급이 높다고 부하직원을 들볶거나 몰아세우거나 잦은 질책은 바람직한 리더의 모습이 아닙니다. 수직관계가 아닌, 명령과 지시나 일삼고 결과만 따지는 상사, 부하 관계가 아닌 보다 한 차원 높은 동료, 협력자로서의 업무관계여야 합니다. 그래야만 믿고 따르고 딴생각 않고 열정을 갖고 적극적으로 업무에 임할 것입니다.

부하란 자기를 믿고 인정해주고 알아주는 상사를 위해 몸을 아끼지 않는다고 했습니다. 직무가 적성에 맞지 않는지, 일이 버거운지, 애로사항은 없는지 집안에 무슨 일은 없는지 관심을 갖고 물어봐야 합니다. "원두쟁이 쓴외보듯"해서는 안 될 것입니다. 부하직원이 무슨 말 못할 고민이 있으면 일이 손에 잡힐 리가 없습니다. 수시로 파악해서 어루만져 주는 것도 리더의 중요한 역할인 것입니다. 또 한편으로는 부하직원의 경력관리에 신경을 써야 합니다. 조언, 의사소통, 잦은 대화가 필요하고, 중요하고 가치 있는 일을 맡김으로써 보람, 뿌듯함, 긍지, 성취욕을 느끼게 해야 합니다. 점점 발전된 모습을 느끼게 해줘야 합니다. 그럼으로써 이직이나 스카웃의 유혹을 막을 수 있습니다. 직장에 대한 애착을 느끼게 해줘야 합니다. 그리고 공정한 인사, 평가, 보상이 필요합니다. 불공정이나 편애는 불평, 불만의 원인이 됩니다. 동생만 편애한다면 형은 동생을 미워하고 반발, 불만을 갖게 되는 이치와 같습니다. 항상 나는 중간관리자로서 유능한 상사인가 자문자답해봐야 합니다. 유능한 상사란 무능한 부하직원을 유능하게 만드는 것이 첫째 임무인 것입니다. 지장(智將)보다 덕장(德將)이 되라고 했습니다. 덕장이란 너그럽고 인품이 훌륭한 지도자를 말합니다. 그래야 믿고 따르게 됩니다.

■ 존경받는 리더는 어떤 타입인가?
1. 우선 실력을 갖추고 있어야 합니다.
2. 솔선수범해야 합니다.
3. 언행일치, 말과 행동이 같아야 합니다.
4. 포용력이 있어야 합니다.
5. 공은 부하에게 책임은 내가 져야 합니다.
6. 인격적으로 공평하게 대해줘야 합니다.
7. 격려와 칭찬은 많이 질책은 적게 해야 합니다.
8. 부하를 감동시킬 수 있는 인간적인 매력이 있어야 합니다.

■ 상사로부터 가장 듣고 싶어 하는 말

"수고했어요. 고생 많았어요. 참 잘했어요. 오늘 내가 술 한 잔 사지." 이런 말을 들으면 힘이 불끈불끈 솟을 것입니다. 잘하려고 더 노력을 할 것입니다. "이게 뭐야? 이렇게 뿐이 못하겠어? 한심하다 한심해." 의욕이 점점 떨어질 것입니다.

- 힘으로 사람을 복종시키지 말고 덕으로 사람을 복종시켜라. - 맹자
- 선비는 자신을 알아주는 사람을 위하여 목숨을 바치고, 여자는 자기를 기쁘게 해주는 사람을 위하여 화장하는 것이다. - 사마천 / 사기
- 보스는 비난을 돌리고 리더는 잘못을 바로잡는다. - 리더십의 대가 / 러셀유잉

② 부하 질책은 이렇게

질책, 꾸중을 하는 사람도 당하는 사람도 결코 유쾌한 일은 못 됩니다. 잘못했기 때문에, 지시대로 이행하지 않았기 때문에, 늑장을 부렸기 때문에 여러 이유로 꾸중을 듣겠지만 기분이 썩 좋을 리 없습니다. 사람은 누구나 다 칭찬받기를 원하지만 완벽하지 못하기 때문에 꾸중을 듣습니다. 꾸중 속에는 2가지 현상이 나타납니다. 수용하고 반성하는 긍정적인 경우와 반발하는 부정적인 경우가 그것입니다. 긍정적인 꾸중은 "아, 잘못했구나." 스스로 수용하고 "잘 해야지." 하는 생각이 드는 경우입니다. 반대로 부정적인 꾸중은 제 잘못을 인정하기보다는 악감정부터 품습니다. 제 잘못보다는 꾸중하는 것만 기분 나빠합니다. 인간은 유형이 다 다르기 때문입니다. 그러므로 화난다고 참지 못하고 감정을 절제하지 못하고 목소리부터 높이는 꾸중은 역효과를 가져오기 때문에 지양해야 합니다. 기왕에 하려면 효과를 얻을 수 있는 꾸중이어야 합니다. 어떻게 해야 할까?

ㄱ. 다른 직원이 안 보는 데서 해야 합니다.

여러 직원이 보는 데서 하게 되면 특히 자기 부하직원이 보는 데서 꾸중을 듣게 되면 자존심이 상하고 비참한 생각이 들기 때문에 효과적일 수가 없습니다. 창피한 생각이 들고 귀에도 들어오지 않습니다. 반발심이 생기기 마련이고 역지사지해보면 알 수가 있습니다. 여러 사람 앞에서 내가 상사로부터 꾸중을 들었다면 어땠을까를 생각해봅니다.

ㄴ. 짧게 해야 합니다. 5분 이내여야 합니다.

10분이고 20분이고 계속 퍼붓는다면 몸 둘 바를 모를 것입니다. 중언부언해서는 효과가 반감됩니다. 요점만 간단히 해야 합니다. 자신에 대한 꾸중이 아니고 일에 대한 꾸중이어야 합니다.

ㄷ. 경우에 따라서는 용서도 필요합니다.

잦은 꾸중은 심리적으로 위축되고 조직에 대한 애착, 일에 대한 의욕이 사그러들게 됩니다. 발전이 아니라 사기를 떨어뜨리는 결과를 가져오게 됩니다. 너그러움, 포용력을 발휘해야 합니다.

ㄹ. 꾸중 뒤에는 반드시 격려가 필요합니다.

호통만 쳤지 맺힌 걸 풀어주지 않으면 그 악감정은 오랫동안 남습니다. 끌어안고 등을 토닥거려 맺힌 응어리를 풀어줘야 합니다. 꾸중 이전 상태로 되돌려놓아야 합니다. 그래야 일할 기분도 나고 반성도 하고 더 잘하려는 생각이 들게 됩니다. 잘못된 꾸중은 이직의 원인이 될 수도 있습니다. 무능한 리더는 호통만 칩니다. 기분 좋게 효과를 얻을 수 있는 꾸중이어야 합니다. 요령이 필요합니다. 질책을 당하면 그것을 성장의 자양분으로 받아들이는 부하가 몇이나 될까?

(3) 이직

■ 신입직원과 경력직원의 이직

직장을 옮기는 것은 같지만 주로 신입직원은 불만이 많아서, 경력직원은 포부, 역량을 펼쳐 보이기 위해서의 차이일 것입니다. 속담에 "절이 싫으면 누가 떠나야 되듯이" 떠나지 않으려고 버텼으나 도저히 못 견디겠으면 미련 두지 말고 작정하고 하루빨리 떠나는 것입니다. 마음이 콩밭에 가있는데 일이 손에 잡힐 리 없고, 하루하루가 고역이므로 서로를 위해서 결단을 내리는 것이 좋습니다.

① 신입직원

ㄱ. 이직 이유

떠나는 이유는 여러 가지가 있을 것입니다. 보수가 적어서, 비전이 보이지 않아서, 승진 기회가 적어서, 업무가 적성에 안 맞아서, 상사와 동료간의 갈등 때문에, 복지후생이 안 좋아서, 직장 분위기가 싫어서 여러 이유가 있을 것입니다. 그러나 잦은 이직은 업무나 기술습득이 어렵습니다. 그래서 일찍이 한비자는 "기술자가 자주 업(혹은 직장)을 바꾸면 성공하지 못한다."고 경고했던 것입니다. 시간, 정력, 금전 낭비를 가져오기 때문입니다.

ㄴ. 안 떠나면 안 될까?

우선 이직 원인을 해소하기 위해 방법을 찾아봤는지, 최선을 다해 노력해봤는지 생각해봅니다. 그래도 해결책을 찾지 못했다면 미련 없이 떠나야 할 것입니다. 하지만 내 마음에 쏙 드는 직장은 없을 것입니다. 장차 옮기려는 곳도 마찬가지입니다. 타당한 이유가 있다면 모르겠으되 남의 떡이 커보인다고 막연한 이직은 금물입니다. 누가 가니, 친구가 갔으니, 뭘로 갔으니, 얼마를 받았으니, 누가 오라고 해서, 나도 자존심이 있지 덩달아 이직한다면 실패하거나 후회가 따를 수 있습니다. 우선 옮길 곳이 자신에게 능력이나, 여건, 희망사항, 조건이 타당한가를 자세히 알아봐야 합니다. 내가 가진 무기(전문성, 능력)는 뭘까? 뭘 준비해뒀나? 냉정한 자기 분석이 필요합니다. 그런 연후 승산이 서면 결심하는 것입니다. 업무에 대한 기본이 갖춰진 상태에서 최소한 3~5년의 업무경험을 쌓은 뒤 이직을 해야 한다는 전문가들의 조언도 있습니다. 그러함에도 어느 해 20대 대졸 신입사원 27.7%가 1년 내에 사표를 냈다는 조사결과도 있습니다.(한국경영자총회) 젊은 혈기에 충동적으로 메뚜기처럼 왔다 갔다 한다면 반드시 후회가 따릅니다. 잦은 이직경력은 좋은 평가를 받을 수 없습니다.

■ 보수가 적어서라면

웅지를 품고 긍지를 갖고 호기롭게 내가 주동이 돼서 불철주야 전력을 다해 직장을 성장시키는 것입니다. 직장이 성장하면 자연 보수가 많아지고 직급도 올라가고 성취감도 맛볼 수가 있습니다. 내 보수는 내가 정한다고 했습니다. 무장된 이런 마인드를 가지고 전 직원을 미래의 사장인 내가 분발케 하고, 일치단결시켜 맡은 일에 최선을 다한다면 어떤 직장이든 성장은 결코 불가능한 것이 아닙니다. 이런 배포가 있어야 합니다. "될성부른 나무는 떡잎부터 다르다."고 했습니다. 많이 준다고 해서 옮겼는데 경기불황으로 급여 삭감일 경우라면 또다시 많이 주는 곳으로 옮겨야 할까를 생각해봅니다.

■ 상사와의 갈등이 원인이라면

내게도 반은 책임이 있으므로 갈등을 풀 수 있는 지혜가 필요합니다. 갈등의 원인이 무엇인가 꼼꼼히 따져보고 해결책을 찾아봅니다. 대부분 답이 보입니다. 소극적으로는 타부서로 이동을 생각해볼 수도 있습니다. 그러나 현명한 방법이라면 내가 약자이므로 참고 이겨내야 합니다. 요새 젊은이들은 인내심이 부족합니다. 적극적으로 극복하려는 의지가 부족합니다. 쉬 포기하려는 경향이 많습니다. 그러니 이직율이 높습니다. 만일 사랑하는 사람과 갈등이 있다면 바로 헤어져야 하나 말아야 하나를 생각해본다면 답이 나옵니다. 해결책이라면 상사의 마음에 쏙 들게 나를 거기에 맞추는 것입니다. 어렵지만 하나에서 열까지 눈에 들게 합니다. 그러면 자연 갈등이 해소될 것입니다. 갈등의 소지를 없애는 것입니다. 세상에 갈등 없는 직장은 없습니다. 원래 인간관계란 갈등 속에서 살아가기 때문에 갈등이 없을 수 없습니다. 있는 것이 정상입니다.

갈등은 인간의 숙명이라고 해도 과언이 아닙니다. 최선의 방법은 스스로 극복하는 방법밖에 없습니다. 얼마나 노력했는지, 해결하려고 최선을 다했는지 자문자답해보면 해결의 실마리가 보일 것입니다. 새로 옮긴 직장에서 상사와 갈등이 빚어진다면 다시 또 이직을 생각해봐야 할까요? 결심 전, 이직 전 친구나 가족, 선배, 주위의 멘토와 상의하는 것은 필수사항입니다. 현명한 판단, 바른 선택을 할 수 있기 때문입니다. 감정은 금물입니다. 자칫 후회가 따를 수 있기 때문입니다. 재삼 재사 고민하고 알아보고 따져보고 이성적으로 이직의 묘를 살리는 것입니다. 결심이 선 뒤 그만두겠다고 얘기하면 그 이유를 물을 것입니다. 불만을 말하지 말고 타당하고 수긍할 수 있는 이유를 대는 것이 좋습니다. Career Up! 경력 향상, 경력 신장을 위해서라는 답이 무난할 것입니다. 보수가 적어서라면 그러면 보수를 더 올려주겠다고 한다면 입장이 난감해지고 초심이 흔들릴 수가 있습니다. 또 옮기기 전까지는, 결정되기 전까지는 옮길 곳을 말하지 않는 것이 좋습니다. 붙잡기 위해서나 훼방을 놓기 위해 평판 조회 시 안 좋게 얘기할 수 있기 때문입니다. 이직은 어디까지나 불만 해소가 아니고 경력 향상을 위한 이직이어야 합니다.

② **경력직원**

　더 큰 곳으로 혹은 꿈을, 전문성, 포부를 펼쳐보기 위해서 이직을 생각하고 있다면 나의 욕구를 충족시켜 줄 수 있고 나의 능력, 내가 익혔든 업무, 갈고 닦은 기술을 더욱더 펼칠 수 있는 곳으로 옮겨야 할 것입니다. 그러면 언제 어디로 어떻게 옮길 것인가? 우선 옮길 곳을 몇 군데 정하고 현 직장 업무에 지장을 주지 않는 범위에서 최소한 6개월 정도의 기간을 두고 준비에 들어가야 할 것입니다. 신입직원 입사 준비처럼 철저한 준비가 필요합니다. 옮길 직장의 사전조사는 필수사항입니다. 후회 없는 이직이어야 합니다. 적을 잘 알아야 이길 수 있듯이 잘 알고 준비해야 쉽게 이직에 성공할 수가 있습니다. 금전적인 이득보다는 업무능력 신장이나 비전을 염두에 둬야 할 것입니다. 옮길 곳에서는 동일 직종의 동일 업무 경력자를 선호합니다. 요사이는 대부분 전 직장의 평판 조회를 합니다. 전 직장에서 어떻게 근무했는지, 업무실적은 어떠했는지, 능력은 있는지, 어떤 처세를 했는지… 잘 알지 못하기 때문에 전 직장의 상사나 동료, 인사 실무자의 평판을 듣고 결정을 하는 경우가 늘어나고 있습니다. 능력이 있어도 평판이 안 좋으면 채용을 하지 않기 때문에 평소 성실한 근무 자세와 원만한 처세, 인간관계가 중요합니다.

ㄱ. 뭘 준비할까?
- 우선 이직계획을 세웁니다.
- 옮길 곳을 찾습니다. 매스컴(신문, 잡지, 방송), 인터넷, 기업체 연감, 헤드헌팅 업체, 인맥 등 3~4곳 업체를 정합니다.
- 정확한 정보를 수집합니다.
- 경력과 능력이 옮길 곳의 직무에 부합되는지 확인합니다.
- 면접 준비를 철저히 해둡니다.(예상질문 답변) 이직 이유, 지원 동기, 업무 신장 계획, 기여도, 포부 등

- 헤드헌팅 업체의 도움이나 인맥을 총동원합니다.
- 이력서나 경력기술서를 요구하기 때문에 철저히 준비해둡니다.

ㄴ. 언제 사직서를 낼 것인가?

이직이 결정돼서 채용계약서에 싸인한 뒤 사표를 내야 합니다. 결정되기 전에 흘리고 다니거나 알려지면 불이익을 당할 수 있고 붙잡으면 인정, 의리상 주저앉을 수도 있기 때문입니다. 그리고 이직하는 날까지 근무에 충실히 임하고 인수인계도 깨끗하게 마무리해야 합니다. 사람은 뒤끝이 아름다워야 합니다. 나를 채용해서 일하게 해준 직장에 고마움을 느끼고 유종의 미를 거두는 것이 직장인의 의리이고 매너인 것입니다. 인간사, 만남보다는 헤어짐이 더 어려운 법입니다. 그동안 고마웠던 분들에게 인사를 하는 것도 잊어서는 안 될 것이고, 응어리진 분들에게 반드시 풀고 가야 합니다. 멱살잡이는 당장은 통쾌하고 시원할 수는 있어도 언젠가는 그것이 부메랑이 돼서 발목을 잡힐 수 있기 때문입니다. 세상사란 참으로 묘해서 먹었던 우물물을 다시는 안 먹겠다고 침을 뱉어도 다시 먹게 되는 경우가 생기기 때문입니다. "원수는 외나무다리에서 만나게 된다."고 원수 같은 상사가 이직을 해서 다시 내 상사로 올 수 있기 때문입니다. 실로 재수 없는 형국이 벌어지기도 합니다. 관련 업계는 좁아서 돌고 돕니다.

ㄷ. 후회막급

어렵게 채용이 돼서 들어가 보니 생각과 다른 것을 알게 됩니다. 직장이 생각보다 부실해서, 이직 협상조건이 충족되지 않아서, 상사, 동료직원과 뜻이 맞지 않아서, 새 업무가 적응이 안 돼서, 텃세가 심해서… 후회가 되고 다시 이직을 생각할 경우도 생길 것입니다. 전 직장만 못해 다시 전 직장으로 돌아간 경우도 많다는 것입니다.

구관이 명관이라고 첫사랑이 애틋하고 옛집이 그립듯이 - 왜 이런 일이 벌어질까? 이직 전에 옮길 직장에 대한 준비 부족, 충분히 알아보지 않고 임했기 때문입니다. 그러므로 옮길 곳의 사전조사가 중요합니다. 직장 연혁, 자본금, 종업원 수, 사업내용, 비전, 경쟁업체, 업계순위, 직무내용, 보수, 직위, 근무지, 모집이유, 근무환경, 직장 분위기, CEO 경영마인드, 평판 등

ㄹ. 참고사항
- 가족간에 충분한 협의를 거쳐야 합니다.
- 채용자는 전문성을 중시하기 때문에 동일 직종, 동일 업무를 선택하는 것이 유리합니다.
- 잦은 이직 경력은 마음 안 맞으면 또 이직할 것 아니냐고 생각할 수 있기 때문에 말뚝 박겠다고 안심시켜야 합니다.
- 경력기술서 작성은 인터넷에 많이 나와 있으므로 참고하십시오.

■ 경력기술서 작성 포인트
- 평가자의 눈높이에 맞게 작성합니다.
- 모집 분야의 업무에 내가 적격자임을 부각시킵니다.
- 직장 양식이 있으면 양식대로 작성합니다.
- 경력 순으로 작성합니다.
- 이직 사유는 타당하고 수긍이 가게 작성합니다.
- 지원 동기는 절실함이 묻어있어야 합니다.
- 해낸 프로젝트, 실적은 구체적으로 적습니다. 수치는 구체적이어야 믿음을 줍니다.
- 입사 후의 포부, 어떻게 공헌하겠다는 것을 설득력 있게 부각시킵니다.
- 전 직장에서 무슨 일을 했고, 무슨 업적을 남겼으며, 여기서는 무슨

일을 해내겠다는 당찬 포부가 들어있어야 합니다.

■ 재취업 사이트
- 한국경력개발진흥원(www.cdkorea.com) / 070-7835-2997
- 비즈니스 피플(https://www.businesspeople.co.kr)
- 코치잡(컨설팅)(http://www.coachjob.net) / (02) 6413-0308
- 노사공동 재취업지원센터(www.newjob.or.kr) / (02) 368-2300
- 중견전문인력 고용센터(www.projob4050.or.kr) / (02) 368-2354
- 한국중견기업연합회 (02) 3275-2985

(4) 직장에서 붙잡는 직원은 어떤 타입일까?

어떤 조직이든 꼭 있어야 되는 존재가 있는 반면 있어도 그만 없어도 되는 부류가 없지 않아 있습니다. 애사심이 투철한 직원이 있는 반면 존재감이 희미한 직원도 있습니다. 나는 어떤 부류에 속할까? 붙잡으려 할까? 알 수 있는 방법은 사표를 냈을 때 알 수가 있습니다. 붙잡으려는 직원에게는 술도 사고 밥도 사고 봉급인상이나 직급을 올려주겠다는 언질을 주는 반면 붙잡으려 하지 않는 직원에게는 언질을 주지 않고 그대로 수리합니다. 시원하게 생각할 것입니다. 누구는 붙잡고 누구는 붙잡지 않는가? 나는 어디에 속하는가? 그걸 알기 위해 일부러 사표를 낼 수는 없고, 업무 중에 은연히 드러납니다. 느낌으로 알 수가 있습니다. 승진 누락은 말할 것도 없고 중요업무, 중요 보직에서 소외됨을 느끼게 됩니다. 나만 모르는 일을 겪기도 합니다. 소위 말하는 왕따와 같습니다. 만회하기 위해선, 붙잡는 존재가 되기 위해선 어떻게 해야 할까? 우선 나의 근무 행태를 점검해봅니다.

1. 주인의식이 있나 없나?
2. 책임감이 있나 없나?
3. 적극적이었나 소극적이었나?
4. 참여자였나 방관자였나?
5. 물불을 안 가렸나 몸을 사렸나?
6. 업무에 열심이었나 소홀히 했나?
7. 충성심, 애사심이 투철했나 희박했나?
8. 리더십이 출중한가 부족한가?
9. 평생직장으로 생각하고 있나 항상 이직을 염두에 두고 있나?
10. 불평, 불만을 수용했나 토로했나?

왼쪽을 지향하면 붙잡으려 하고 승진 1순위자가 될 것입니다. 오른쪽을 지향하면 붙잡지 않을 것이고, 구조조정 1순위자를 면치 못할 것입니다. "세상이 찾는 사람이 되라. 그러면 세상이 그대에게 선물을 줄 것이다."(에머슨)

(5) 실직

아픈 단어 중의 하나가 실직입니다. 실직은 경제적으로, 가정적, 정신적으로 문제가 발생하고 자부심도 잃게 되고 의기가 꺾입니다. 직장이 어려워 문을 닫거나 구조조정으로, 본의 아니게 갑자기 직장을 잃게 되는 경우도 있을 것입니다. 잘 다니던 직장을 하루아침에 그만두면 당황하지 않을 수가 없을 것입니다. 경제적으로 생활자금이 어느 정도 확보가 돼 있다면 재취업 전까지 버틸 수가 있으나 그렇지 않으면 여간 고민이 안 될 수가 없습니다. 당장 생계 걱정, 교육비, 빚 걱정 등 가장으로서 위치가 흔들리게 되고, 감당할 수 없어 안 좋은 일이 생기기도 합니다. 실직의 아픔을 겪어보지 않은 사람은 모를 것입니다. 이때 중요한 것은 용기를 잃지 않는 것입니다. 긍정적인 자세가 중요합니다. 가족이 나만 쳐다보고 있는데 내가 용기를 잃고 의기소침해 있으면, 땅이 꺼져라고 한숨만 쉬고 있다면 어떻게 될까? 덩달아 가족들도 희망을 잃게 되고 의기소침해질 것입니다.

- 용기 있는 곳에 희망이 있다. - C. 타키투스 / 연대기
- 용기는 역경에 있어서의 빛이다. - L. C. 보브 나르그 / 잠언과 성찰
- 용기는 모든 것을 정복한다. 힘까지 주기도 한다. - 오비디우스
- 용기는 불운을 부숴버린다. - 영국 격언

용기는 삶의 원천입니다. "돈을 잃어도 용기는 잃지 말라."고 했습니다. "하늘이 무너져도 솟아날 구멍이 있다."고 했습니다. 결코 절망해서는 안 됨에도 낙담하게 됩니다. 그러나 마음을 단단히 고쳐먹고 다시 직장을 찾아보는 것입니다. 우리나라에는 실로 수많은 직장이 있습니다. 그 가운데 내 한자리 없겠느냐고 자위해봅니다. 이때 중요한 것은 자존심을 버리고 과거에 연연하지 않고 눈높이를 낮춰서 찾아보는 것입니다. 우선 발등의 불부터 끄고 봐야 합니다. 길은 많습니다. 어렵지만 넥타이 대신 작업복 입고 일하겠다는 정신자세가 아주 중요합니다. 각오를 다지면 마음도 어느 정도 안정이 되고 용기도 생기고 길도 열리게 됩니다. "하늘은 자기를 위해 애쓰는 자를 돕는다."고 했습니다. 가장이 실직했을 때 절실히 필요한 것은 가족들의 격려와 위로일 것입니다. "회사 부도 소식을 들었을 때 정말 눈앞이 캄캄했습니다. 그러나 우린 아직 젊어요. 다시 시작하는 것입니다. 물론 빚 갚는 일이 벅차지만 용기를 잃지 않는 자세, 이것이 우리 재산 아닌가요?" 어떤 아내가 남편에게 보내는 편지 일부입니다. (조선일보) 가난은 불편할 뿐 죄는 아닙니다. 실직했다고 기죽지 말아야 되는데 대부분 기죽거나 의기소침해집니다. "딸 아이 우유값이 걱정되는 시절도 있었지요. 조직생활을 참지 못해 뛰쳐나와 실업

자가 된 저에게 아내는 잘 그만뒀다, 당신은 더 큰일을 할 사람이라고 믿는다며 격려하고 위로하더군요."(직장인) 이때 아내는 뭐든 해서라도, 배워서라도 남편 부담을 덜어줘야 합니다. "백짓장도 맞들면 낫다."고 일거리를 찾아 힘을 보태 위기를 슬기롭게 넘겨야 합니다. 자녀들에게도 알려 협조를 구해야 합니다. 어려움을 헤쳐나갈 수 있는 길을 찾아야 합니다.

가장이 실직했을 때 가장 큰 힘이 돼줄 수 있는 사람은 가족 특히 아내뿐입니다. "집이 가난하면 어진 아내를 생각하고, 나라가 어지러우면 어진 재상이 그리워진다." 사기에 나오는 말입니다. 용기를 주고 격려를 해서 다시 일자리를 잡게 해줘야 합니다. 일어서게 해야 합니다. 비난하거나 모욕 주는 말은 절대로 삼가야 합니다. 용기를, 의욕을 잃게 되기 때문입니다. "용돈은 10만 원씩 더 줘라. 다른 남편과 비교하지 마라. 하루 1번씩 남편을 웃겨라. 매일 1번씩 칭찬하라. 상냥하게 말하라." 남편 기 살리기 운동본부 강경란님의 고견입니다. 속에서는 열불이 나겠지만 어쩝니까? "퇴직당한 무능한 남편이라고 아내가 아침밥을 안 해줍디다. 갑자기 직장 잃은 게 분해서 술만 마셔댔더니 아이들이 저보고 정신병원에 입원하래요."(조선일보) 몹쓸 여편네에 몹쓸 자식이 아닐 수 없습니다. "그래도 왕년에 대기업 이사였는데 중소기업이라도 임원 아니면 좀 그렇지." … - 대기업에 다녔다는 게 무슨 훈장입니까? 비록 지금은 작업복을 입고 예전의 절반에 불과한 월급을 받고 있지만 아직 실업자 신세를 못 면한 옛 동료들을 볼 때 전 그나마 다행이란 생각이 듭니다"(중앙일보) 오래전, IMF 사태 때 회자됐던 동요를 소개합니다.

딩동댕 초인종 소리에
얼른 문을 열었더니

그토록 기다리던 아빠가
문 앞에 서 계셨죠

너무나 반가워 웃으며
아빠 하고 불렀는데
어쩐지 오늘 아빠의 얼굴이
우울해 보이네요

무슨 일이 생겼나요
무슨 걱정 있나요
마음대로 안 되는 일
오늘 있었나요

아빠 힘내세요
우리가 있잖아요
아빠 힘내세요
우리가 있어요
힘내세요 아빠!
(아빠 힘내세요 / 작사 권연순 / 작곡 한수성)

- 실직은 더 나은 곳으로 인도하기 위한 일시적 고통이다. - 미상
- 구하라. 그리하면 너희에게 주실 것이요. 찾으라. 그리하면 찾아주실 것이요. 문을 두드리라. 그리하면 너희에게 열릴 것이다. - 성경

(6) 창업 ③

창업해서 돈 좀 벌어 봐야겠는데 땅도 사고 큰 집도 사고 차도 비싼 걸로 타고 다니고 봐서 국회의원 한 번 출마해 볼까나? 어떻게 해

야 할까? 다니던 직장을 뛰쳐나와 창업을 해서 큰 기업을 일군 사람들도 많습니다. 직장인이라면 누구나 한 번쯤 창업! 자기 사업의 꿈을 꿨을 것입니다. 그러나 잘 나가는 직장에 막상 사표를 내고 창업을 한다는 것은 여간 큰 모험이 아닐 수 없습니다. 대부분 생각만 했거나 망설이거나 포기합니다. 인간은 누구나 환경의 변화를 싫어하거나 두려워하는 속성이 있습니다. 마음만 있지 준비가 안 됐거나 실패하면 어쩌나 하는 생각이 앞서기 때문에 실행에 옮기지 못합니다. 도전정신, 모험심 없이는 어려운 것이 창업입니다. 쉬우면 창업이 아닙니다. 창업은 무척 어렵습니다. 수많은 변수가 도사리고 있기 때문입니다. 그럼에도 창업에 성공한 사람들이 많이 나오고 있습니다.

그렇다면 나도 잘만 하면 성공할 수 있다는 얘기가 아닌가? 직장에서는 맡은 일만 하면 되지만 창업은 처음에는 내가 사장이고 생산자이고 판매자, 배달원, 전화당번이 돼야 합니다. 1인 다역을 해내야 합니다. 그만큼 어렵기 때문에 성공보다 실패할 확률이 훨씬 더 높습니다. 다 성공하면 얼마나 좋을까? 만난을 무릅쓰고 성공해낸다면 그 희열, 자부심은 경험하지 않고는 모를 것입니다. 이 세상에 사업 성공의 롤모델을 꼽자면 단연 미국의 세계 부자 마이크로 소프트 사의 빌 게이츠씨일 것입니다. 여러 어려움을 무릅쓰고 성공해서 번 돈으로 세상을 위해 좋은 일에 많은 돈을 쓰고 있습니다. 장하고 멋진 인생이 아닐 수 없습니다. 천당이 있다면 1순위자가 되고도 남을 것입니다.

창업은 모름지기 젊은이라면 한 번쯤 큰 꿈을 품고 시도해볼 만한 '인생 아이템'이 아닐 수 없습니다. 성공해서 좋은 일 많이 하고 애국자가 되는 것입니다. 일생일사(一生一死), 한 번 태어나 힘들게 살다 죽습니다. 기왕지사 큰 꿈, 큰 사업을 크게 이뤄 가치 있고 보람 있게 영광스런 삶을 사는 것입니다. 그러나 뭐든 때가 있습니다. 창업도 마찬가지입니다. 20대는 경험이 부족하고, 50대는 너무 늦고 언제가 적당할까? 40대보다는 아무래도 30대가 적당할 것입니다. 직무와 경력을 살려 혈기왕성하고 패기 넘치는 한창때 시작하는 것이 좋기 때문입니다. 설령 30대에 실패했더라도 40대에 다시 한 번 도전할 수 있기 때문입니다. 그러면 뭘 어떻게 해야 할까? 충분한 기간을 두고 철저한 준비가 필요합니다. 다들 성공을 원하지만 성공자도 있고 실패자도 있습니다.

성공한 사람은 성공한 이유가 있고, 실패한 사람은 실패한 이유가 분명히 있습니다. 제대로 준비 없이 시작하게 되면 거의가 다 실패하게 되고 무모한 도전 역시 실패의 원인이 됩니다. 준비, 관건은 준비에 달려있습니다. 뭘 창업할까? 무슨 사업을 시작할까? 무슨 업종을 택할까? 아이템은 뭘로 할까? 기업형 창업을 할까? 골목, 점포형 창업을 할까? 일단 아이템이 정해지면 집 지을 때 설계도가 필요하듯 주도면밀하고 일목요연한 사업계획서가 필요합니다. 잘 모르면 사업계획서 작성방법에 관한 책을 참고해야 합니다. 반드시 창업에 관한 책을, 시도해보고자 하는 쪽의 책을 여러 권 참고해야 합니다. 간접 경험을 얻을 수가 있고 길을, 방법을 알려주기 때문입니다. 창업 교육수강도 필요합니다. 전문가나 전문기관의 조언도 필요합니다. 그 가운데 중요한 것 중의 하나가 자금조달 계획인데 자금은 내가 가지고 있는 동원 가능한 범위 내에서 시작해야 합니다. 무리하게 투자해서 시작하다 보면 차질이 생길 경우 감당할 수 없고, 투자한 것이 아까워 포기할 수도 없고 점점 수렁에 빠지게 됩니다. 진퇴양난에 처하게 됩니다. 동생 집 잡히고 처남, 동서까지 끌어들여 실패한 경우에는 싸우고 의절하기도 하고 목숨까지 끊는 경우가 생기기도 합니다. 과욕이나 이목을 떨쳐버려야 합니다. 남의 이목을 의식해서는 안 됩니다. 처음부터 무리하게, 크게 벌일 게 아니라 조금씩 조금씩 키워나가는 것이 정도입니다. 그 좋다는 운동도 너무 무리하면 탈이 나듯 너무 무리하게 시작하면 뭔가 틈새가 벌어질 경우 감당을 못하면 문을 닫게 됩니다.

① 창업이란 무엇인고?

그것은 꿈과 포부를 펴보이는 행위이고, 무에서 유를 창조하는 종합예술입니다. 무척 어려워 꺼립니다. 성공 시에는 부와 명예가 따릅니다. 국부창출과 애국하는 길이기도 합니다.

② 왜 창업을 할까?

첫째는 돈을 벌기 위함이요, 두 번째는 사회를 이롭게 하기 위해서고, 세 번째는 각인각색입니다.

③ 창업의 종류

점포형(골목형)과 기업형이 있습니다. 음식점, 옷가게는 점포형이고, 물수건이나 운동화 제조는 기업형입니다.

④ 어떻게 해야 성공할 수 있을까?

무슨 사업을 할 것인가? 기업형이냐? 점포형이냐? 나의 능력과 여건 범위 내에서 아이템을 정하고, 어떻게 사업을 해야 할지 사업계획을 세워야 합니다. 기업형은 자금조달 계획, 생산, 판매, 회계관리, 경영방침 등을 정밀하게 세웁니다. 이외에도 준비할 게 많습니다. 점포형은 입지선정이 중요합니다. 사람 왕래가 많은 곳이 유리합니다. 기업형은 점포형보다 규모가 더 크고 더 넓으므로 준비가 더 치밀해야 됩니다. 무모하게 주먹구구식으로 덤벼들면 거의 다 실패합니다. 어느 정도 준비는 하겠지만 그것 가지고는 부족합니다. 더 치밀하고 더 독특하고 더 철저한 준비가 필요합니다. 모르는 분야보다 잘 아는 분야, 해봤거나 잘 알고 있거나 잘할 수 있는 분야여야 합니다. 그래야만 시행착오를 줄일 수 있고, 실패를 막을 수가 있습니다. 옷 만드는 분야에서 일해봤으면 그쪽 분야는 잘 알겠지만 건설 분야라면 생소하고 잘 모르기 때문에 어렵고 몇 배 이상의 노력이 더 필요합니다. 그래서 속담에 "송충이는 솔잎을 먹고 살아야 된다."고 했습니다.

지는 사업보다 뜨는 사업, 성장유망 사업, 경쟁이 심한 분야보다 남이 안 하는 독점사업, 틈새시장을 공략해야 합니다. 가급적 인류를 이롭게 하는 사업이어야 합니다. 특히 나만의 독특한 아이디어, 아이템이 있으면 더더욱 좋습니다. 많은 조사, 많은 연구가 필요합니다. 발품을 많이 팔아야 됩니다. 한 가지 빠트릴 수 없는 사항이라면 창업 경험이 없기 때문에 잘 알고 시작해야 되므로 아이템 선정이라든가 창업절차라든가 여러 가지 창업에 필요한 창업 실무교육을 이수하는 것이 유리합니다. 보탬이 되고 정확하고 빠르고 쉬운 길을 가르쳐주기 때문입니다. 국가, 지자체나 민간단체에서 창업교육 프로그램을 운영하고 있고, 국가나 지자체에서 창업자금을 지원해주기도 합니다. 요사이는 나 홀로 기업, 1인 창조기업이 늘어나고 있습니다. 한 가지 아이템을 소개한다면 '3D 프린팅' 사업을 들고 싶습니다. 일반 프린터가 문서를 찍어내듯 짧은 시간에 3차원의 기본설계도를 이용해 입체 물건을 만들어내는 기술입니다. 의료, 가전, 군사, 산업, 교육, 건축 등 다양한 분야에서 응용할 수 있는 기술입니다. 제4의 산업혁명이라고 말하는 전문가도 있습니다. "3D 프린팅은 우리가 모든 것을 만드는 방법에 있어 혁명의 바람을 일으킬 잠재력이 있다. 다음 산업혁명은 미국에서 일어날 것이다." 오바마 전 미국 대통령의 국정에서 연설한 대목입니다. 많은 조사, 연구, 공부가 필요합니다. 선수필승(先手必勝)이라는 말을 강조하고 싶습니다. 사람들이 간절히 원하고 애타게 찾고 있는 게 뭘까? 답은 여기에 있습니다. 인간의 욕구를 한없이 충족시킬 수 있는 아이템이어야 합니다. 그게 뭘까?

■ 창업 정보 관련 사이트

- 창업진흥원(www.kised.or.kr) 1357번
- 창업넷(www.k-startup.go.kr)
- 서울시 소상공인 경영지원센터(www.seoulcbdc.or.kr) 1588-5302
- 서울시 창업스쿨(www.school.seoul.kr)
- 경기도 소상공인 종합지원센터(www.gsbdc.go.kr)
- 기업마당(www.1357.go.kr)
- 서울창조경제혁신센터 (02) 723-9100
- 신용보증재단(www.seoulshinbo.co.kr)
- 창조경제타운(creative.korea.or.kr)
- 여성기업 종합정보포털(wbiz.or.kr)
- 공정거래위원회 가맹사업 거래정보사이트 (franchise.ftc.go.kr) 1670-0007
- 우리마을 가게 상권분석(golmok.seoul.go.kr)
- 지오비전 상권분석(geovision.co.kr)
- 청년창업사관학교 : 중소기업진흥공단 (031) 490-1310
- 소상공인진흥원(www.seda.or.kr) 1577-5302
- 소상공인 시장진흥공단(소상공인 지식배움터) : 중소벤처기업부 (www.semas.or.kr) 1588-5302

(7) 시련과 고난과 절망 앞에서

　실패를 하면 대부분 좌절합니다. 그 대가로 시련과 고난을 겪게 되고 그리고 절망합니다. 다 싫어하지만 다 부정적인 것만은 아닙니다. 긍정적인 면이 없지 않아 있습니다. 거친 파도만이 훌륭한 뱃사람을 만들 듯 때에 따라 시련과 고난은 우리의 스승이고, 선물일 수도 있기 때문입니다. 그 안에서 인생의 값진 교훈 - 성숙함, 강인함, 인내심, 지혜를 얻을 수 있기 때문입니다. 그렇다고 시련과 고난을 바라거나 좋아하는 사람은 아무도 없을 것입니다. 그걸 뛰어넘는 방법은 있습니다. 지진에 무너진 옹달샘에서도 샘물이 솟아나듯 오뚝이처럼 튀어오르는 '불굴의 정신자세'가 그것입니다. 칠전팔기의 물러설 수 없는 자세가 그것입니다. 세상에는 해결하지 못하는 문제가 별로 없다고 했습니다. 대부분 해결된다고 했습니다. 문과 벽이 잠시 막고 있을 뿐 그럴수록 문을 두드리면 열리게 되어있습니다.

　그러나 대부분 시련과 고난 앞에서 주저앉습니다. 고지가 저긴데 이겨내지 못하고 포기해버립니다. 그리고 절망합니다. 그래서 훼날크는 말합니다. "절대로 피할 길 없는 절망은 극히 드물다. 아직 벗어날 구멍이 있음에도 사람들은 스스로 절망해버린다. 희망에 속기보다 훨씬 더 절망에 속고 있다." 인간은 한없이 나약한 존재이기 때문에 극복하지 못하고 쉽게 포기해버립니다. 그러나 아무리 힘난한 어려움, 시련과 고난이 닥치더라도 절망아, 비켜라! 내가 간다는 기개와 용기와 '불굴의 정신자세'로 부딪친다면 능히 뛰어넘을 수가, 극복할 수가 있는 것입니다. "하늘이 나에게 유다른 시련을 주시는 것은 나를 유다른 인물로 만들기 위해서다." 어린 시절 어디서 본 걸 적어두고 이렇게 옮겨봅니다. 나를 단련시키기 위해 일부러 시험해본다고 자위해보는 것입니다. 보도 듣도 말도 못하는 삼중고의 헬렌 켈러, 37세에 귀머거리가 된 베토벤, 궁형을 당한 사기의 사마천! 우리 인류를 빛낸 위인들의 모습은 온갖 시련과 고난과 절망 속에서도 포기하지 않고 불굴의 신념으로 만난을 극복한 인간승리의 참모습을 나약한 우리에게 보여주고 있는 것입니다. "쇠는 두들길수록 단단해진다."고 했습니다. 가끔 길거리에서 작은 수레를 끌고 땅바닥을 기면서 물건을 파는 이의 모습을 볼 때면 생의 경외를 느끼게 됩니다. 눈을 낮춰 용기를 얻게 됩니다.

- 내 생애 최대의 자랑은 한 번도 실패하지 않았다는 것이 아니라 넘어질 때마다 다시 일어났다는 것이다. - 골드 스미스
- 고난은 축복의 전주곡 - 성경
- 하늘이 장차 그 사람에게 큰일을 맡기려 할 때는 반드시 먼저 그의 심지를 괴롭게 하고, 근육과 뼈를 깎는 고통을 주며, 육체를 굶주리게 하고, 또 생활을 빈곤케 하고, 하는 일마다 어긋나게 한다. 마음을 분발케 하고 인내심을 기르게 함으로써 그가 할 수 없었던 일을 더 많이 할 수 있게 하기 위함이다. - 맹자
- 고난이 크면 클수록 영광도 크다. - M. T. 키케로
- 불은 쇠를 단련시키고 역경은 사람을 단련시킨다. - L. A. 세네카
- 한 가지 뜻을 세우고 그 길을 가라. 잘못도 있으리라. 실패도 있으리라. 그러나 다시 일어나서 앞으로 가라. - 프라케트
- 성공한 사람들의 공통점은 뭘까? 그것은 실패와 시련과 고난을 두려워하지 않는다는 데 있다. - 중암
- 시간은 슬픔과 고통을 어루만져 준다. - 파스칼
- 약한 사람은 불행이 닥치면 체념해버리고 만다. 그러나 위대한 사람은 불행을 딛고 일어선다. - W. 어빙 / 스케치북
- 고난은 사람의 진가를 증명하는 기회다. - 에픽테토스
- 평온한 바다는 익숙한 사공을 만들지 못한다. - 영국 격언
- 역경보다 나은 교육은 없다. - B. 디즈렐리

- 모든 일에 있어서 가장 무서운 적은 단념이다. - 힐튼
- 한 인간의 불행은 그 인간의 위대함을 증명하는 것이다. - B. 파스칼 / 팡세
- 모든 역경은 반드시 행운의 씨앗을 가지고 있다. - 미상
- 낙담은 절망의 어머니 - J. 키츠
- 역경은 한 인간을 평가하는 잣대다. - 중암
- 배가 뒤집혀야만 헤엄 잘 치는 것이 드러난다. - 회남자
- 초지일관, 백절불굴, 칠전팔기
- 사람의 가장 무서운 병은 절망이라는 악성종양이다. - 임한창
- 풍파 없는 항해 얼마나 단조로운가! 고난이 클수록 내 가슴은 뛴다. - F. W. 니체

(8) 사업 실패로 자살하려는 분에게

사업한다고 있는 돈, 없는 돈 보태고 여기저기서 빌려 시작했으나 실패할 경우 빚독촉에 비난, 면목, 자존심, 죄책감, 고통 속에서 그걸 감당하지 못하고 이겨내지 못하고 절망 끝에 목숨을 끊는 경우를 많이 볼 수 있습니다. 왜 그럴까? 나약하기 때문이고 미리 절망하고 포기하기 때문입니다. 죽는다고 누가 알아주는 것도 아니고 모든 것이 해결되는 것도 아닌데 자기만 살자고 자기 고통만 생각하고 책임을 회피하기 위해 자살을 택합니다. 남은 가족은 어떻게 살라고? 그렇다면 극복할 수 있는 방법은 없을까? 있습니다. 될 대로 되라고 다 놓아버리는 것입니다. 다 잊고 다 포기하고 다 던져버리는 것입니다. 그러면 마음이 한결 가볍고 안정이 됩니다. 뱃장도 생깁니다. 무엇보다도 부정적인 생각보다 긍정적인 생각을 갖는 것이 중요합니다. 빚쟁이들이 욕하면 욕을 먹으면 되는 것이고, 멱살을 잡으면 잡히면 되는 것이고, 끌고 가면 끌려가면 되는 것이고, 감옥에 넣으면 들어가 살다 나오면 되는 것이고, "죽이기야 하겠어. 정 뭐하면 무

륜 꿇고 사죄하면 빚쟁이들이 어쩌겠어? 차차 벌어 갚겠다면 어쩌겠어? 감지덕지해야지." 용서도 받고 탕감도 받을 수 있는 것입니다. 실제로 탕감도 받고 지원받아 다시 재기한 경우도 있습니다.

  또 집이 넘어가면 마음이 무척 아프고 가족 볼 면목이 없겠으나 포기하고 다 비워주면 되는 것입니다. 다시 벌어 더 큰 걸 사면 되는 것입니다. 세월이 약이라고 시간이 지나면 결과야 어떻든 다 해결이 되고야 맙니다. 시간문제일 뿐 문제는 재기 의지에 달려있습니다. 죽을 힘이 있으면 살 힘도 있습니다. 죽을 용기가 있으면 살 용기도 있는 법이다. 죽을 쪽만 생각하니 죽게 되고, 살 쪽으로 생각을 바꾸면 살게 됩니다. 죽을 방법을 찾지 말고 살 방법을 찾는 것입니다. 죽자에서 살자로 생각을 바꾸면 해결의 실마리가 풀리게 됩니다. 사실 찾지 못해서 그렇지 분명 방법과 길은 있습니다. 재기하느냐, 쓰러지느냐는 자기의 장중, 마음먹기에 달려있습니다. 미리 절망하고 포기하고 길을 찾지 않으려 하기 때문에 문이 열리지 않는 것입니다. 생각이 좁고 소심하고 소극적이고 배짱이 없기 때문입니다. 낙심은 금물입니다. 자살 역시도 금물입니다. 자식들은 어떻게 살라고 무책임하게.

  인간의 목숨은 참으로 고귀한 존재입니다. 무엇과도 바꿀 수 없는 오직 한 번뿐인 삶인 것입니다. 그렇게 함부로 헌신짝처럼 버리는 가치 없는 물건이 아닙니다. 개똥밭에 굴러도, 자갈밭에 뒹굴어도 이승이 좋습니다. 밟아도 죽지 않고 다시 일어나는 질긴 잡초처럼 다시 굳건이 일어서는 것입니다. 오뚝이처럼 마음을 가다듬고 더 분발해서 초지일관, 백절불굴, 칠전팔기의 도전정신을 발휘해서 다시 일어서는 것입니다. 그리고 성공하는 것입니다. 되로 받은 걸 말로 갚는 것입니다. 멋있는 일이고 장부의 길입니다. 참고 견디면 반드시 기회가 다시 찾아옵니다. 원통하게 죽기는 왜 죽나요? "울긴 왜 울어" 노랫말처럼 죽기는 왜 죽어인 것입니다. 자살 자살 자살 자 살자 살자 살자. 454, 994쪽에 또 있습니다.

■ 재기 중소기업을 위한 지원
 - 중소기업 기술정보 진흥원 : 재창업 아이디어, 신제품 개발사업
 - 중소기업 진흥공단 : 재도약 지원자금 융자
 - 한국재도전 중소기업협회(02-2068-6770) - 중소벤처기업부 산하

• 최선을 다하지 않고 템스강에 투신하는 사람이 많다. - L. 에스키로스 / 영국인의 정신
• 자살은 더할 나위 없는 겁쟁이의 결과다. - D. 데포 / 투기론
• 도끼의 날이 없어졌다고 자루마저 버리지 말라. - J. 바이프
• 자살을 위한 타당한 이유를 갖다 붙이는 사람은 시원찮은 사람이다. - 에피쿠로스 / 단편
• 세월이 약 - 한국 속담

■ 음악감상
• 그리운 얼굴 - 한명숙
• 보고 싶은 얼굴 - 현미

- 음악은 힘을 내게 하는 힘이 숨어 있습니다.

2. 가정에서는

가정은 혈연으로 맺어진 공동운명체입니다. 생명의 원천이고 안식처이고 보금자리인 동시에 삶의 터전입니다. 그리고 양육과 교육의 장(場)입니다. 서로 사랑하고 믿고 의지하고 도와주고 격려, 위로하고 존경하는 관계를 통해서 가정과 가족의 의미를 만끽하게 됩니다. 또 가정은 희망을 품고 꿈을 꾸고 내일을 기약하는 곳입니다. 희로애락을 함께 하는 공간이기도 합니다.

즐거운 곳에서 날 오라 하여도
내 쉴 곳은
작은 집 내 집뿐이리
내 나라 내 기쁨 길이 쉴 곳도
꽃피고 새 우는 집
내 집뿐이리
오 사랑 나의 집
즐거운 나의 벗
내 집뿐이리.
(즐거운 나의 집 / 비숍)
자주 부르는 노래입니다.

- 가정은 오케스트라와 같다. 온 가족이 합주자가 되어 아름답고 멋있는 음악을 연주하는 것이다. - 이태영

- 가정은 아버지의 왕국, 어머니의 영토며 아이들의 보금자리이다. 가정은 안심하고 모든 것을 맡길 수 있으며 서로 의지하고 사랑하며 사랑받는 곳이다. - H. 웰즈
- 가정의 단란이 지상에 있어서의 가장 빛나는 기쁨이다. 그리고 자녀를 보는 즐거움은 사람의 가장 성스러운 즐거움이다. - J. H. 페스탈로치

가정의 중심은 부부입니다. 부부 사이가 좋아야 가족관계도 좋습니다. 나아가 행복한 가정이 만들어집니다. 갈등이 있거나 자주 다투면 행복한 가정이라고 말할 수는 없습니다. 어떻게 하면 행복한 가정을 만들 수 있을까? 행복한 부부생활을 유지할 수 있을까?

(1) 부부란?

남편과 아내, 흔히들 부부 사이를 일심동체라고 말합니다. 한마음 한뜻을 유지해야 한다는 뜻입니다. 부부관계란 성이 다르고 성장환경이 다르고 교육, 습관, 성격, 취미, 사고방식이 다른 이성이 만나 한 지붕 밑에서 살을 맞대고 살아가야 하는 공생관계입니다. 오순도순 정답게 손을 맞잡고 걸어가는 인생의 반려자, 길동무인 것입니다. 짧다면 짧고 길다면 긴 인생행로에서 슬픔과 기쁨과 괴로움과 즐거움을 나누고 만난을 무릅쓰고 힘을 합쳐 헤쳐 나아가야 하는 동반자 관계입니다.

■ 부창부수(夫唱婦隨)

남편이 노래 부르면 아내는 장단을 맞춰야 되는, 남편이 앞에서 끌고 아내는 뒤에서 미는 협력자 관계입니다. 백짓장도 맞들면 가볍습니다. 사노라면 순경도 있고 역경도 있습니다. 배를 타고 출항하면 평온한 날도 있지만 사나운 폭풍과 파도를 만나기도 합니다. 목

적지까지 무사히 도착하기 위해서는 뛰어난 항해술이 필요하듯 부부관계에도 뭔가의 행복술이 필요합니다. 아끼고 사랑하고 존경하고 믿음과 이해, 양보, 인내, 용서와 협조, 배려가 그것입니다. 한 번 맺은 인연 소중하기 그지없습니다. 평생 이어 나가야 되고 쉽게 끊어져서도 안 되는 고귀한 관계여야 합니다. 부부는 조물주께서 두 몸을 하나로 짝지어 주신 최상의 선물입니다. 부부의 궁극적인 목표는 행복한 부부, 행복한 가정을 꾸리는 데 있습니다. 누구나 행복한 부부, 행복한 가정을 원하지만 그냥 얻어지는 것이 아니고 끊임없이 노력하는 가운데 얻어지는 것입니다. 그러나 대부분 노력을 하지 않습니다. 노력하기를 싫어하거나 귀찮아하는 속성이 있습니다. 편히 살기를 바랍니다. 그러니 갈등과 다툼이 생기고 갈수록 관계가 악화되기도 합니다. 그것이 깊어지면 끊어지기도 합니다. "남으로 생긴 것이 부부같이 중할런가. 사람의 백복(百福)이 부부에 갖췄으니 이리 중한 사이 아니 화(和)코 어찌하리."(박인로 / 오륜가)

■ 부부계명
- 아내의 키가 작으면 남편의 키를 줄여라. - 탈무드
- 남편들아, 아내 사랑하기를 그리스도께서 교회를 사랑하시고 위하여 주심같이 하라. - 성경
- 귀머거리 남편과 눈먼 아내는 가장 행복한 부부다. - 덴마크 격언
- 가죽신 안 맞는 것은 일 년 걱정이요, 성깔 나쁜 아내는 평생 걱정이다. - 한국 속담
- 곯아도 젓국이 좋고 늙어도 영감이 좋다. - 한국 속담
- 젊어서는 사랑으로 살고 늙어서는 정으로 산다. - 한국 속담
- 어진 아내는 그 남편을 귀하게 만들고 악한 아내는 그 남편을 천하게 만든다. - 명심보감
- 남의 아내는 백조와 같고 자기 아내는 쉰 술과 같다. - 톨스토이

- 행복한 결혼생활은 부단한 노력과 슬기로운 지혜를 필요로 한다. - 미상
- 착한 아내를 가진 남편은 제2의 어머니를 가지는 것과 같다. - 영국 격언
- 연약한 그릇을 대하듯 그대들의 아내를 귀히 여겨라. - 성경
- 아내는 남편에게 끊임없이 복종함으로써 남편을 지배한다. - 토마스 프라
- 지는 것이 이기는 것이다. - 중암
- 모자르는 것을 채워주는 것은 누구냐? 그것은 부부다. - 우우당
- 부부는 덧붙여 말하면 가위와 같다. - 토마스 셀링
- 아내를 황후처럼 받들면 남편은 황제가 된다. - 탈무드
- 아내를 다룰 줄 모르는 남자는 참으로 불쌍한 사람이다. - 콜리지
- 좋은 아내는 집안의 보배다. - 한국 속담
- 민첩한 아내는 남편을 느림보로 만든다. - W. 셰익스피어
- 집이 가난하면 어진 아내를 생각하고 나라가 어지러우면 어진 재상이 그리워진다. - 사마천 / 사기
- 정숙한 아내는 가장 진실하고 가장 애정이 있는 벗이다. - 새비지
- 남편을 칭찬해주지 못하는 여자는 사표를 쓰라. - 서양 속담
- 남편에게 있어 최고의 재산은 마음씨 고운 아내이다. - 에우리피데스
- 사랑하는 사람과 행복하게 살기 위해서는 한 가지 비책을 알아야 한다. 상대를 자신에게 맞추려고 하지 말고 자신을 상대에게 맞추어야 하는 것이다. - 발자크
- 아내 입장에서 보면 남편은 하늘처럼 우러러 바라보며 평생을 살 사람이다. 그러기 때문에 남편은 존경받을 만한 존재라야 한다. - 맹자

부부

정 하나로 살아온 세월
꿈같이 흘러간 지금
당신의 곱던 얼굴 고운 눈매엔
어느새 주름이 늘고
돌아보면 굽이굽이 넘던 고갯길
당신이 내게 있어 등불이었고
기쁠 때나 슬플 때 함께하면서
이 못난 사람 위해 정성을 바친
여보, 당신에게 하고픈 말은
사랑합니다. 사랑합니다.
그 한마디뿐이라오.

이 세상에 오직 한 사람
당신을 사랑하면서
살아온 지난 날이 행복했어요.
아무런 후회 없어요.
당신 위해 자식 위해 가는 이 길이
여자의 숙명이요. 운명인 것을
좋은 일도 궂은 일도 함께하면서
당신의 그림자로 행복합니다.
여보, 당신에게 하고픈 말은
사랑합니다. 사랑합니다.
당신만을 사랑합니다.
(노래 · 부부 듀엣 / 작사 · 작곡 신상호)

(2) 주부란?

주부는 가정의 파수꾼이요, 행복의 설계사입니다. 아내, 엄마, 며느리로서 대가를 바라지 않는 자원봉사자입니다. 가족의 의식주, 건강, 대소사, 교육, 재테크 등 모두 관리해야 하는 관리자, 오케스트라의 지휘자 역할을 하는 위치인 것입니다. 그만큼 책임이 크고 막중합니다. 주부가 즐거우면 가족이 즐겁고 주부가 괴로우면 가족도 괴로워집니다. 주부가 편안하면 가족도 편안하고 주부가 힘들면 가족도 힘들어집니다. 아침에 일어나서 밤에 잠자리에 들 때까지 하루 종일 가사에 매달리게 됨으로 중노동에 가깝습니다. 그러므로 가족 모두 협조해서 짐을 덜어줘야 합니다. 스스로 할 수 있는 일은 스스로 하는 것이 도와주는 것입니다.

특히 남편의 협조가 절실히 필요합니다. 물 가져오라, 양말 가져오라가 아니라 스스로 챙겨 가져오는 것입니다. 한 걸음 더 나아가 시간이 날 때마다 집안청소, 설거지, 다림질, 세탁, 요리까지 해서 짐을 덜어주는 것입니다. 장도 봅니다. 그러면 불만이 줄어들게 되고 부부 사이가 더 좋아집니다. 가정이 화평해집니다. 지금 당장 실천에 옮기는 것입니다. 그러면 얼마나 좋아할까요? 주부는 기업을 운영하는 최고경영자처럼 사명감을 가지고 끊임없이 연구하고 노력해서 행복한 가정을 만드는 것입니다. 행복한 가정이란 어떤 경우일까? 가족 모두가 건강하고 화목하고, 하는 일 다 잘 되고, 아이들 공부 열심히 하고, 남한테 손 벌리지 않고 조금 도와줄 수 있는 경제력이 있다면 행복한 가정이라고 말할 수 있을 것입니다. 주부의 일상 행복이라면 뭘까? 남편 직장 보내고 아이들 학교 챙겨 보내고 집안일 대충 끝내고 소파에 앉아 김이 모락모락 나는 차 한 잔 들면서 창밖의 빗소리에 맞춰 솔베이지의 노래를 듣거나 책을 읽거나 신문을 뒤적이는 것 - 일상의 소소한 행복일 것입니다.

■ 현명한 주부가 되기 위한 10계명
1. 전날밤에 다음날 계획을 세웁니다.
2. 일주일 식단을 짭니다.
3. 쇼핑 목록 작성, 1주일 단위 쇼핑합니다.
4. 자녀교육에 심혈을 기울입니다.
5. 매일 독서를 하거나 신문을 봅니다.
6. 아이디어를 개발(발명)해서 돈을 법니다. (960쪽 참고)
7. 가족 건강검진 계획을 세웁니다.
8. 가족 공동 목표를 정하고 함께 이루어냅니다.
9. 가족 비판거리 찾지 말고 칭찬거리 찾습니다.
10. 남과 비교하지 않습니다.

· 현명한 주부는 큰 성(城)보다 낫다. - 우우당

■ 시 한 수 감상하십시오.
지금 그 사람 이름은 잊었지만
그 눈동자 입술은
내 가슴에 있네

바람이 불고
비가 올 때도
나는 저 유리창 밖 가로등
그날의 밤을 잊지 못하지

사랑은 가고 옛날은 남는 것
여름날의 호숫가, 가을의 공원
그 벤치 위에

나뭇잎은 떨어지고
나뭇잎은 흙이 되고
나뭇잎에 덮혀서
우리들 사랑이 사라진다 해도

지금 그 사람 이름은 잊었지만
그 눈동자 입술은
내 가슴에 있네
서늘한 가슴에 있네
(세월이 가면 / 박인환 시 / 노래 박인희 / 이진섭 곡)

(3) 행복한 부부의 비결은 뭘까?

부부가 행복하면 얼마나 좋을까? 부부마다 가정마다 행복하면 사회가, 더 나아가 나라 전체가 행복해질 텐데 아쉽게도 OECD 국가 중 행복지수가 아주 낮습니다. 어떻게 해야 행복해질 수 있을까? 행복은 먼 데 있는 게 아니라 내 안에 있습니다. 마음먹기에 행하기에 달려있습니다. 서로 사랑하고 존경하고 양보, 이해, 배려하고 아끼고 감싸주는 것입니다. 돈을 벌려고 애를 써야 벌리듯이 꾸준히 노력해야 행복해질 수가 있습니다. 서로가 정신적으로 물질적으로 성적으로 만족을 느낄 수 있게 애를 써야 행복해질 수가 있습니다. 그러함에도 노력을 하지 않는다는 데 문제가 있습니다. 안일 속에서 안주하려는, 노력하기를 싫어하는 속성이 있기 때문입니다. 그러므로 저 첫날밤의 약속(부부서약 - 17계명(660쪽))을 철저히 지키고 계속 실천한다면 틀림없이 행복한 부부가 되고도 남을 것입니다. 어떻습니까? 그간 냉장고나 안방 장농에 붙여두고 매일 한 번씩 다져왔셨지요? 앞으로도 계속 실전해나간다면 틀림없이 행복한 부부생활이 유지가 될 것입니다.

(4) 가족회의

지금껏 가정에서의 가족회의 문화는 사실상 생소했습니다. 직장에서의 회의나 학교의 학급회의처럼 가족회의를 하고 있는 가정이 몇이나 있을까? 가족들의 의사는 무시되고 가장의 일방적인 지시로 대소사가 결정되고 이루어졌습니다. 그러다 보니 가족간의 대화와 소통이 원활하지 못했습니다. 불만이 쌓이고 갈등이 해소되지 못하고 내면에 앙금처럼 남아있었습니다. 가정 분란이 많았습니다. 화목한 가정의 참모습은 아니었습니다. 이제는 바뀌어야 합니다. 민주국가의 민주 국민답게 가정 내에서도 민주적으로 의사결정이 이루어져야 합니다. 가족간의 소통과 화합을 위해서 가족회의 도입이 필요해졌습니다. 특히 부모와 자식 사이가 한결 가까워집니다. 거리감이 없어지니 소통의 기회가 늘어나고, 무엇을 생각하고 있는지 무엇을 하는지 알 수 있고, 그동안의 대화 단절이 해소될 수 있습니다. 가족회의란 뭐 거창한 게 아닙니다. 가정의 대소사나 그때그때 문제가 있을 때나 좋은 안(案), 아이디어가 있을 때 가족끼리 모여 머리를 맞대고 해법을 찾고 좋은 안을 수용해서 가정의 행복과 발전을 기하자는 취지의 진일보한 회의인 것입니다. 가족간 한결 돈독해지고 갈등은 줄어들고 합리적이고 의사소통이 원활해지니 화목한 가정이 이루어집니다. 어떻게 하는 것이 좋을까? 효과적인 가족회의를 위해서는 규칙과 절차가 필요합니다.

① 규칙

ㄱ. 횟수 : 가정형편에 맞게 정합니다. (정기적, 비정기적)
ㄴ. 시간 : 30분~1시간 내
ㄷ. 장소 : 가정, 가정 밖(회식 겸)

② 절차
　ㄱ. 제안
　ㄴ. 의사 개진 및 토론
　ㄷ. 아이디어, 개선, 합의점 도출
　ㄹ. 채택, 결정

다수결은 가족분열, 오판을 가져옴으로 지양하고 합의 결정이 좋습니다.

③ 시행 및 평가
■ 아이들에게 어떤 교육 효과가 있을까?
1. 경청의 기술을 배우게 됩니다.
2. 의사표시, 발표력이 길러집니다.
3. 주장, 조율, 타협, 양보, 공감 능력이 생깁니다.
4. 의사존중, 배려, 협력의 기술을 익히게 됩니다.
5. 사고력, 문제해결 능력이 길러집니다.

이제껏 가정에서의 토론문화가 없었습니다. 이를 통해 많이 생각하고 배우고 성숙해지고 소통이 이루어지고 가정이 화목해지고 발전을 기할 수 있습니다. 가정 발전을 위해 도입하는 것도 좋을 것입니다. 바쁜데 무슨 가족회의냐고 한다면 안 해도 무방합니다. 문제점이라면 대가족일 경우 좋은 제도가 될 수 있으나 부모, 자녀 3명이 가족이라면 흥도 안 나고 의미도 반감되고 유명무실해질 수 있으나 장점을 살려 맞게 수용해봅니다. 규칙과 절차를 무시하더라도 취지를 살리는 건 좋습니다.

(5) 부부문제는 뭐가 있을까?

둑이 무너지는 것은 작은 개미구멍으로부터 시작된다고 했듯이 문제라는 것도 처음에는 사소한 것으로부터 시작됩니다. 그때그때 풀어야 하는데 그냥 놔두면 눈 쌓이듯 쌓이게 되고, 걷잡을 수 없이 커지게 되면 폭발하게 되고, 결국 파국으로 치닫게 됩니다. 불도 초장에 꺼야 되듯 문제가 커지기 전에 손을 쓰는 것이 상책입니다. 부부생활의 지혜인 것입니다.

① 갈등

갈등이란 칡넝쿨이나 등나무넝쿨이 얽힌 것처럼 견해나 주장, 이해 등이 엇갈려 다툼이 생기는 걸 말합니다. 어느 가정, 어느 부부든 갈등은 다 있습니다. 남편은 큰 차 사겠다, 아내는 작은 차 사자 서로 우기니 갈등이 생깁니다. 새벽 기도 가겠다, 가지 마라, 가겠다, 무서우니 가지 마라 - 양보하지 않고 물러서지 않고 자기 주장만 내세우니 갈등이 생기지 않을 수가 없습니다. 살아가는 동안 부부 사이에 수없이 많은 크고 작은 갈등이 생깁니다. 갈등이 해소되지 않으면 감정의 앙금이 가시지 않고 쌓이다 보면 언젠가는 폭발하게 됩니다. 오해는 바로바로 풀어야 되듯 갈등도 마찬가지로 바로바로 풀어야 합니다. 완력이나 우격다짐이 아니고 지혜롭게 풀어야 합니다.

어떻게 풀어야 할까? 첫째는 대화로 풀어야 합니다. 해소 안 될 갈등은 없다고 했습니다. 감정보다는 이성을 앞세우는 대화여야 합니다. 그것이 바람직한 방법입니다. 둘째는 입장을 바꿔 생각해보는 것입니다. 자기만 옳다고 자기 주장만 내세운다면 풀릴 수가 없습니다. 내가 너가 되는 자세가 필요합니다. 역지사지를 해보는 것입니다. 셋째는 양보하는 것입니다. 잘했어도 내가 잘못했다고, 옳았어도 내가 틀렸다고 한발 물러서는 것입니다. 끝끝내 우긴다면 어떻게 될까요? 지는 것이 이기는 것입니다. 성인(聖人)이 돼보는 것입니다. 넷째는 견해차를 좁히고 타협점, 합의점을 찾는 것입니다. 내 의견이 틀릴 수도 있고, 상대 의견이 맞을 수도 있습니다. 상대 의견을 무조건 무시해서는 안 됩니다. 다섯째는 간섭을 줄이는 것입니다. 시시콜콜 감 놔라 대추 놔라 일일이 간섭을 하면 좋아할 사람이 없습니다. 간섭은 줄일수록 좋습니다. 경우에 따라서는 보아도 못 본 척, 들어도 못 들은 척, 너그러움, 관대함이 필요합니다. 여섯째는 이해하는 것입니다. 남을 이해한다는 것은 무척 어렵습니다. 대부분 상대 의견을 수용치 않거나 이해하지 않으려는 속성이 있습니다. 자존심이 작용하기 때문입니다. 그러나 부부니 한 번쯤 미친 척 이해해 보는 것입니다. 그럴 수도 있겠구나 - 갈등을 풀지 않고 오래 놔두면 마음의 병, 우울증이 생길 수도 있습니다. 그러므로 갈등은 안 생기게, 생겼으면 빨리 푸는 것입니다.

② 대화 부족

대화는 인간관계의 기본이고 의사소통의 수단입니다. 대화로서 시작하고 대화로서 끝납니다. "부부생활이란 긴 대화의 연속"이라고 어느 철학자는 말했습니다. 대화 단절을 염두에 두고 대화하면서 살아가라는 경구인 것입니다. 어느 해 여성가족부에서 조사한 걸 보면 한국인의 부부 대화시간이 세 쌍 중 한 쌍이 30분도 안 된다는 것입니다. 다섯 쌍 중 한 쌍의 대화 단절이 파경 이유라는 것입니다. 그만큼 중요한 요소임에도 너무나 등한히 한 것도 사실입니다. 여기에는 TV나 인터넷, 휴대폰의 영향도 큽니다. 식사시간만이라도 TV를 꺼야 대화시간이 생깁니다. 우리는 어렸을 때부터 대화하는 법을 배우지 못하고 성장했습니다. 가부장적인 권위 앞에서 말대꾸나 반론은 있을 수가 없었습니다. 상하관계, 명령, 복종관계만 있었지 수평관계, 횡적인 관계를 맺지 못하고 성장했습니다. 자연스런 대화시간이 식사시간인데 대화 없이 빨리 밥만 먹고 일어났습니다. 그러니 대화기술을 제대로 배울 수가 없었습니다. 그런데 프랑스 사람들은 식사시간이 길어 그날에 있었든 일 등 여러 가지 문제가 대화하는 동안에 풀리게 된다는 것입니다. 자연 대화기술이 몸에 배게 됩니다. 감정보다 이성이 앞서게 되고, 오해도 풀리게 되고, 다툼도 줄어들게 되고, 자연 소통이 잘 이루어질 것입니다.

어쨌거나 대화는 부부문제를 풀 수 있는 가장 좋은 방법입니다. 대화는 서로의 생각을 주고받는 소통의 도구입니다. 어떤 주제를 정해도 좋고, 일상의 소소한 문제에 대해 의견을 나누는 것도 좋습니다. 될 수 있으면 대화시간을 늘여야 되고, 대화거리를 만들어야 합니다. 소통의 단절을 막을 수 있고, 한결 부부애가 돈독해집니다. 대화는 사랑의 표현입니다. 부부 행복도 대화시간에 비례한다고 했습니다. 바람직한 대화는 부부 화목의 필수요소입니다. 원활한 대화를 위해서는 대화기술이 필요합니다. 대화기술이란 상대편 말을 잘 들어주고, 상황에 맞게 맞장구를 쳐주는 것입니다. 창에 고수가 없다면 창이 밋밋하듯, "그래요. 맞아요. 좋아요. 잘했어요."와 같이 맞장구를 쳐주면 말하는 사람도 흥이 나고 신나고 자연 즐거운 대화가 이루어집니다.

또 대화는 이해를 높여주고 오해를 풀게 합니다. 그리고 활력을 줍니다. 아내는 하루 종일 남편을 기다리다 문 열고 들어오면 옷도 벗기 전에 그날 있었던 일을 흥이 나서 얘기합니다. 아내는 남편으로부터 위로받고 싶어 합니다. 오순도순 정답게 얘기 나누기를 좋아합니다. 반면 남편은 하루 종일 업무에 시달리다 집에 오면 조용히 쉬고 싶은데 별로 중요하지도 않은 얘기를 미주알 고주알 꺼내니 듣는 둥 마는 둥 싫어하거나 딴전을 피우게 됩니다. 제대로 들어주지 않으니 아내는 화가 납니다. 시무룩해지고 다툼으로 번지기도 합니다. 그러므로 남편은 가정의 평화를 위해서 인내심을 발휘, 맞장구를 쳐가면서 잘 들어줘야 합니다. 경청, 잘 들어준다는 것! 훌륭한 대화기술입니다. 소통의 지름길입니다. "말 한마디가 천냥 빚을 갚는다."고 아내에게 "종일 수고했지요." 한마디 건넨다면 고마워하고 하루의 피로가 눈 녹듯 풀릴 것입니다. 정겨운 대화는 부부생활의 조미료요, 윤활유인 것입니다.

- 한 번 뱉은 말은 주워 담을 수가 없습니다. 골라서 신중하게 해야 합니다.
- 상처 주는 말, 인격을 모욕하는 말은 삼가해야 합니다. 평생 잊지 않고 기억하고 있습니다.
- 남과 비교해서는 안 됩니다. "누구는 돈을 잘 벌어온다는데!"
- 약점, 자존심, 열등감을 건드리는 말은 삼가해야 합니다.
- 격려나 칭찬은 많을수록 좋습니다.
- 시가나 친가의 흉을 보지 않을수록 좋습니다.
- 오순도순, 도란도란, 소곤소곤 – 상냥하게
- 집이 화염에 쌓여있지 않는 한 서로가 큰소리로 이야기하지 말아라. – H. 톰프슨
- 암탉이 수탉보다 소리 높여 우는 집은 불길하다. – 영국 격언
- 암탉이 울면 집안이 망한다. – 한국 속담

③ 부부싸움

안 싸우고 살면 참 좋을 텐데 왜 싸울까? 여러 가지 이유가 있을 것입니다. 성격 차이(47%), 지나친 간섭, 꾸중, 모욕, 무시, 음주, 늦은 귀가, 과소비, 경제문제, 자녀문제, 외도, 친정, 시집 식구 등 실로 다양합니다. 아주 사소한 것부터 결혼생활을 위협할 수 있는 일로도

싸우게 됩니다. 처음에는 말로 싸우다가 감정이 격해지면 이성을 잃게 되고 살림도구를 집어 던지거나 욕설이 튀어나오고 주먹다짐까지 일어나게 됩니다. 자연 후유증이 생깁니다. 부부싸움은 칼로 물 베기라고 하지만 싸우는 것보다 안 싸우는 것이 백 번 좋습니다. 피하거나 싸울 일을 하지 않는 것입니다. 어떻게 안 싸우고 사느냐고 하겠지만 여하튼 안 싸우는 것이 백 번 낫습니다. 병도 나는 것보다는 안 나는 것이 백 번 낫듯 깨진 그릇은 다시 붙여도 그 흔적은 남기 마련입니다.

정녕 안 싸우고는 못 배길 것 같으면 싸우되 말로 싸우는 것입니다. 지혜롭게 싸우는 것입니다. 화를 못 참아 주먹이 근질근질해서 도저히 못 견디겠다면 옷이든 양말짝이든 방바닥에 던질지언정 욕설이나 손찌검해서는 안 됩니다. 그러나 싸울 일이 있으면 말로 싸워서라도 문제, 갈등을 풀어야겠지만 이유 같지 않은 이유, 싸움 같지 않은 걸로 싸우니 문제가 되는 것입니다. 사소한 말싸움이 결국 폭력으로 이어지게 됩니다. TV 채널 싸움, 김치 그릇 냉장고에 안 넣었다고, 치약을 중간부터 짜 쓴다고, 쓰레기 안 버렸다고, 화장실 변기물 안 내렸다고, 카드 결제 하루 늦었다고… 자기 눈에 거슬리고 마음에 안 드니 꼴을 못 참아 싸움이 시작되는 것입니다. 입장을 바꿔 생각한다면 이해하고 용서하고 너그럽게 관용을 베풀면 될 텐데 보아도 못 본 체 들어도 못 들은 체하면 될 텐데 참지 못하고 내뱉으니 싸움이 시작되는 것입니다. 그래서 "귀머거리 남편과 눈먼 아내가 가장 행복한 부부"라는 격언이 생긴 것입니다. "인내는 쓰나 그 결과는 달다."고 했습니다. "참는 자에게 복이 온다."고 성경은 말합니다.

참는 것은 결혼생활에 있어서 아주 중요한 덕목이고, 행복한 결혼생활의 비결이고, 필수 혼수품이나 다름없습니다. 그럼에도 참지를 못해 싸우고 나면 뭐가 남을까? 깨진 그릇이요, 남는 것은 마음의 상처뿐 얻는 것은 아무것도 없습니다. 참지 못해 살림을 쳐부수고 집에 불을 지르는 경우도 있습니다. 문제는 자꾸 다투면 애정에 금이 가고, 쌓이면 언젠가 폭발하게 되고, 그리고 이혼의 길로 접어든다는 사실입니다. 싸움이란 상대가 있어야 합니다. 손뼉도 마주쳐야 소리가 나지 한 손 가지고는 소리가 날 수 없듯이 싸울 상대가 없으면 싸우고 싶어도 싸울 수가 없습니다. 그러니 싸울 기미가 보이면 얼른 자리를 피해버리거나 밖으로 나갔다가 상대방이 화가 풀릴 때까지 기다렸다 들어오는 것입니다. 그런 후 이성적으로 시시비비를 가리는 것입니다. 또 싸울 수 있으므로 모른 체 그냥 넘어갑니다. 아니면 내가 잘못했다고, 지는 것이 이기는 것이라고 했듯이 사과하고 져주면 유야무야 넘어갈 것입니다.

소낙비가 쏟아지면 잠깐 처마 밑으로 비를 피했다가 그치면 발을 옮기듯 부부싸움도 꾀가, 지혜가 필요한 것입니다. 역지사지, 입장을 바꿔 생각해보면, 관대하고 너그러우면 싸울 필요가 없는 것입니다. 내가 잘못했다고, 잘하겠다고, 미안하다고 한마디 건네면 수그러들 것을 알량한 자존심 때문에 지지 않으려고 이기려 하기 때문에 싸움이 그치지 않고 격화됩니다. 정력낭비, 에너지 소모가 아닐 수 없습니다. 간혹 내가 옳았다고 잘했다고 지지 않으려고 부득부득 덤벼드는 아내가 있습니다. 맞으면서도 잘했다고 끝끝내 대듭니다. 어리석은 짓인데도 완력이 남편보다 못하니 얼른 자리를 피하는 것이 상책임에도 물러서질 않습니다. 남편 이겨 먹는다고 장관이 되는 것도 아니고 맞는 사람만 손해일 뿐입니다. 부부싸움 예방법이라면 싸울 짓 안 하되 싸울 기미가 보이면 사과하거나 얼른 자리를 피하는 것입니다. 지는 것이 이기는 것이요, 져줌으로써 승자가 되는 것입니다. 그런즉슨, 너그럽고 관대하게, 웬만하면 보아도 못 본 체 들어도 못 들은 체 넘어가는 것이 가정평화의 비결인 것입니다.

다시 언급합니다만 자식들이 보는 앞에서는 절대로 싸우지 말아야 합니다. 그 이유는 부모가 싸우는 광경을 목격한 자식들에게 평생 씻지 못할 깊은 상처를 주기 때문입니다. 너도 크면 나처럼 자주 싸우고 네 처자식을 때리라는 걸 가르쳐주는 것과 같습니다. 싸우고 나서 아이들에게 기분이 어떠냐고 물어본다면 어떤 대답이 나올까요? 엄마가 아빠한테 상스런 욕을 듣고 맞는 꼴을 보면 하하 웃을까? 아니면 황당하고 슬프고 비참하고 고통스럽고 미움, 분노, 적개심이 부글부글 끓지 않을까? 죽고 싶다, 가출하고 싶다는 충동을 느낀다고 말하는 아이도 있습니다. 맨날 싸우니 공부도 하기 싫고 집도 싫고 실제로 가출한 아이도 있을 것입니다. 정녕코 안 싸우고는 못 배길 것 같으면 아이들이 없는 데서 안 보이는 데서 안 들리는 데서 밖에 나가서 차 안에서 가능하면 학교 넓은 운동장에 가서 싸우는 것입니다. 귀여운 자식에게 즐겁게 해주지는 못할망정 왜 상처를 주느냐는 것입니다. 그것은 자식에게 죄를 짓는 일입니다. 부부싸움이 자주 계속된다면 상담기관의 상담을 꼭 받아보는 것입니다. 답을 얻을 수 있기 때문입니다.

- 배필에게 욕하는 동물은 인간뿐이다. - L. 아리오스토 / 광란의 오를란도
- 모든 말다툼은 아무것도 아닌 것으로 시작해서 서로 이기려고 싸우는 것으로 끝난다. - 엘버트 허바트
- 대개의 가정불화는 극히 작은 일에서 시작한다. - 톨스토이
- 부드럽게 받는 말은 화를 가라앉히고 거친 말은 노여움을 일으킨다. - 성경

- 부부가 공통의 취미를 가지면 대화시간이 늘어나고 한결 돈독해지고 이해심이 깊어져 싸움이 일어나지 않게 된다. - 중암
- 가정생활을 하는 데 있어서 그 어떤 것보다 중요한 것은 참을성이다. - A. 체홉
- 뜻이 맞지 않는 결혼은 지옥이다. 싸움의 시작이다. - 셰익스피어
- 아내는 끊임없이 남편에게 복종함으로써 그를 지배한다. - 플로어 / 신성한 나라, 불경한 나라
- 부부싸움은 수입도 재산도 유산도 불리지 않는다. - 프랑스 격언
- 싸움을 일으키는 원인은 대부분 오해 때문이다. - 고든딘
- 아내가 남편에게 불만인 채 잠자리에서 일어나는 집에서는 많은 말다툼과 불화가 일어나는 것이다. - 사디

④ 가정폭력 ③

가정폭력 신고 건수 - 2013년 16만 1,900건, 2014년 22만 6,247건, 2018년 24만 8,660건

ㄱ. 왜 때릴까?

남편에 의한 아내 폭력 90% 이상이 결혼 3년 내에 시작되고 있습니다. 말대꾸한다고, 재수 없다고, 그냥 미워서, 사랑하니까, 생활고로, 욕먹고 들어와 화풀이로, 심심해서, 의처증이 도져서, 이유 없이, 장난삼아 툭툭, 술만 먹으면, 째려본다고, 무시한다고… 시도 때도 없이 주먹으로 발로 막대기로 심지어 흉기로 무차별하게 배, 가슴, 어깨, 머리, 등, 팔다리 가리지 않고 폭력을 씁니다. 살림을 부수고 던지고 깨고. 어느 해 통계를 보면 10명 중 1명이 매일 당하고 1주일 2~3회가 18%, 3건 중 1건이 30대 부부고 남편 폭력으로 사망한 경우도 많이 발생하고 있습니다. 2018년 전체 살인 건수 301건 중 남편이 아내를 살해한 건수는 55건입니다.(경찰청) 지위고하, 빈부, 연

령, 학력, 직업 불문하고 폭력을 휘두릅니다. 폭력을 휘두른 박사도 있습니다. 어쨌든 아내폭력은 비겁하고 야만 행위고 죄가 되고 처벌을 받습니다. 어떤 폭력도 정당화될 수 없습니다. 때릴 게 없어서 연약한 아내를 때릴까? 이제 폭력은 남의 가정문제가 아니고 사회적 범죄라는 인식을 가져야 할 것입니다. 주위 고발 활성화, 공권력의 적극 개입이 필요합니다. 여성이 제기한 이혼 사유 수위가 가정폭력입니다. 어쨌든 맞고 살 수는 없습니다.

ㄴ. 안 때리면 안 될까?

사랑하는 아내를 때리다니 남편만 믿고 평생 의지하면서 행복하게 잘 살기 위해 결혼했는데 맞고 살다니! 잘해주지는 못할망정 힘없고 연약한 아내를 어떻게 때릴 수가 있을까? 맞을 짓을 했다고 어쩌고 이유를 대겠지만 때려도 된다는 이유는 어디에도 없습니다. 입장을 바꿔서 아내가 나를 수시로 그렇게 때린다면 아프고 기분 나쁘고 화나고 가만 있을까? 내 살이 아프면 남의 살도 아플 텐데 맞는 자의 정신적, 육체적 고통은 말할 수 없이 클 것입니다. 그 후유증은 평생 갈 것이고, 잊혀지지 않을 것입니다. 힘이 있다고 마구 때리면 힘없는 사람은 어떻게 살 수 있을까? 대장부로서 있어서도 안 되는 졸장부나 할 수 있는 비겁한 짓인데 자각과 반성과 다짐이 필요합니다. 어떤 경우든 폭력은 쓰지 않겠다고 결심하고 실천하는 것입니다. 아내가 마음에 안 들더라도 너그럽게 이해, 용서, 아량을 베푸는 것입니다. 그것이 그렇게 안 되면 그래서 계속되면 전문가의 도움을 받아야 합니다.

폭력은 습관입니다. 술버릇처럼 한 번 몸에 밴 폭력 습관은 고치기가 어렵고 계속 되풀이되는 속성이 있습니다. 가정폭력이 잦아지면 폭력사회가 되고 맙니다. 그리고 대부분 자식들도 배워 폭력을 휘두르게 됩니다. 배운 도둑질이라고 맞고 큰 아이가 커서 결혼하면 아버지가 자기를 때리듯 자기 아내나 자식을 때리는, 대물림이 된다는 사실입니다. 너도 커서 나처럼 네 처자식을 때리라고 가르치는 것과 다름이 없습니다. 반사회적인 흉악범도 자랄 때 부모로부터 맞고 자란 경우가 많습니다. 독일의 히틀러도 아버지로부터 맞고 컸다는 것입니다. 살인범죄, 성범죄, 절도범죄자의 50% 이상이 어릴 때부터 맞고 컸다는 것입니다. 청소년 비행자의 70% 이상이 가정폭력을 당하고 컸다는 것입니다. 이걸 보더라도 커나가는 아이들을 위해서도 가정폭력, 아내폭력이나 자녀폭력을 쓰지 말아야 합니다. 가정이 멍들면 덩달아 사회도 멍들게 됩니다.

ㄷ. 왜 맞을까?

힘이 없기 때문에 맞습니다. 나라도 마찬가지입니다. 30년 전에 중동의 어떤 나라가 옆에 있는 작은 나라를 무력으로 침략해서 하루아침에 점령해버렸습니다. 대한제국도 힘이 없으니 일본에 먹힌 것입니다. 이처럼 가정폭력도 마찬가지입니다. 아내가 힘이 있으면 후환이 두려워서 때리지 못합니다. 아내가 항우장사라면 남편이 주먹질을 할 수 있을까? 되로 주고 말로 받을 텐데 감히 때릴 수는 없는 것입니다.

ㄹ. 어떻게 했으면 좋을까?

계속 맞고 살아야 하나? 폭력에 못 견뎌 가출하거나 별거, 이혼도 하지만 어쩔 수 없이 아이들 때문에 생계 때문에 나이 먹으면 안 때리겠지, 애들이 크면 괜찮아지겠지, 아니면 나 하나 맞고 참으면 되겠지, 체념하고 계속 맞고 사는 경우도 있을 것입니다. 폭력으로 가정이 황폐해지고, 가정이 해체되는 이런 비극이 끊이지 않고 계속되고 있는 한 행복한 삶이 아니라 공포의 삶, 창살 없는 감옥에 살고 있는 삶과 다를 바 없습니다. 실제로 오랜 폭력에 시달리다 못해 아내가 남편을, 아들이 아버지를 살해한 경우도 있습니다. "아빠가 엄마를 때릴 때면 아빠를 죽이고 싶어요. 꼭 복수하고 싶어요." 언론에 보도된 아이들 얘기입니다. 정말로 어떻게 했으면 좋을까? 남을 때리면 죄가 되고 처벌받습니다. 남편이 아내를 때리면 역시 죄가 되는데도 개인사, 가정문제, 부부문제라고 제삼자가 개입을 꺼리고 쉬쉬, 유야무야 넘어가기 일수였습니다. 그러기 때문에 부부폭력이 근절되지 않고 계속 일어나고 있습니다. 경찰에 신고해도 별 도움을 받지 못했습니다. 그러나 지금은 '가정폭력 범죄 처벌 등에 관한 법률'이 개정되어 경찰에 신고하면 즉시 출동, 강제로 문을 따고서라도 들어가 개입할 수 있고, 상황에 따라 구속할 수도 있게 됐습니다. 이제는 망설이지 말고 즉시 신고해서 도움을 받아야 합니다. 폭력의 굴레에서 벗어나야 합니다. 맞는 것보다 백 번 낫습니다. 해결의 실마리가 될 수도 있습니다. 그리고 부모, 형제, 이웃, 친구, 상담기관 등에 즉각 알리고 도움을 청해 빨리 벗어나야 합니다. 의지가 중요합니다. 주위에서도 적극 신고하고 도와줘야 합니다.

ㅁ. 방법은 없는가?

1. 나에게 문제는 없는지 왜 때리는지 그 원인을 찾아봅니다. 즉각 고치고 개선하는 것입니다. 잘 모르겠으면 고칠 테니 알려달라고 남편에게 물어봅니다. 그러면 알려줄 것입니다. 싸움은 대부분 말대꾸로부터 시작됩니다. 가급적 말대꾸를 하지 않고 수용하거나 피하는 것이 상책입니다. 어떻게 안 할 수가? 그러면 요령껏 싸움이 안 되게 해야 합니다. 빌미를 주지 말아야 합니다. 한 손바닥으로는 소리가 나지 않는 이치와 같습니다. 이의를 제기하고 싶으면 당신의 말이 맞다. 그러나 내 의견은 이렇다. "Yes, But"이란 화법이 있듯이 남편의 의견을 무시하지 말고 기분을 살려주면서 내 의견을 전달하

는 어법을 쓰는 것입니다. 잘잘못을 따지고 지지 않으려고 얻어 맞으면서까지 대드는 아내가 있지만 어리석은 짓일 뿐입니다. 남편의 화를 돋구는 결과만 초래하게 됩니다. 성향을 알면 피하는 것이 상책입니다. 잘했어도 잘못했다고 져주는 것입니다. 지는 것이 이기는 것이라고 했습니다. 기회를 봐서 조용히 얘기하는 것이 낫습니다. 남편 이겨 먹는다고 뭐가 나올까요? 져줄수록 충돌이 줄어듭니다. 남편이 잘못했으면서도 틀렸으면서도 불X 달렸다고 알량한 자존심은 살아있어 가지고는 못 참아 폭력을 행사합니다. 될 수 있는 한 꼬투리를 주지 말고 뜻을 거스리지 말고 마음에 쏙 들게 하는 것입니다. 비위를 맞추는 것입니다. 고객 만족시키듯 만족시켜 버리는 것입니다. 서로 좋기 때문입니다. 탈무드에 "남편을 황제처럼 섬기면 아내도 황후가 된다."고 했듯이 VIP 모시듯 극진히 모시는 것입니다. 이럴진대 폭력을 쓰려 할까요? "아, 내가 잘못했구나. 큰 죄를 지었구나. 다시는 폭력을 쓰지 말아야지." 마음속으로 진심으로 반성하고 결심해서 폭력을 쓰지 않게 해야 합니다. 마음먹기에 달려있습니다.

2. 남자는 세계를 지배하고 그 남자를 지배하는 것은 여자라고 했습니다. 남편이 술 먹고 들어오면 웃는 낯으로 공손하게 극진히 모시는 것입니다. 그러면 속으로 미안해할 것입니다. 기미가 보이면 대항하지 말고 말대꾸하지 말고 피하는 것이 상책입니다. 속으로 열불이 나겠지만 가정의 화평을 위해서 꾹 참고 꿀물이라도 대령하는 것입니다. 그러면 마음이 풀리고 흡족해할 것입니다. 트집 잡으려고 했다가도 생각을 접으려 할 것입니다. 술 먹은 사람과는 이성적인 대화가 되지 않습니다. 술 먹고 왔다고 신경질 부리면 화 안 날까요? 일 때문에, 밖에서 누구한테 욕을 먹고 들어왔는데 남의 속도 모르고 불평불만, 바가지라도 긁으면 화가 치솟고 화풀이로 폭력을 행

사할 수도 있는 것입니다. 밖에서는 무시당하고 못난이 취급을 받더라도 집에 들어오면 가족들로부터, 아내나 자식들로부터 존경, 인정 받고 싶어 하는 것이 가장의 속성입니다. 개망나니 같은 남편이라도 남편은 남편이니 무시하지 말고 극진히 대접해야 합니다. 가족들로부터 무시당하는 걸 바라는 남편은 없습니다. 무시하면 화도 나고 기분이 안 좋으니 트집 잡고 폭력을 쓸 수 있기 때문입니다. 대접할수록, 최고라고 추켜줄수록 남편은 힘이 불끈불끈 솟고 의욕도 펄펄 나고 그러니 하는 일도 잘 될 것입니다. 평강공주가 바보온달을 잘 리드해서 장군을 만들 듯 지혜가 꾀가 필요합니다.

3. 다시는 안 때리겠다고 사과하고 약속하지만, 무릎 꿇고 비는 남편도 있지만 다시 폭력을 쓰면 첫 대응이 중요합니다. 그냥 지나치지 말고 강력히 경고하고 각서를 받거나 녹음해둡니다. 이혼, 가출, 경찰에 신고하겠다고 으름장을 놓는 것입니다. 경우에 따라서는 그것도 불사해야 합니다.

4. 시간이 지나면 괜찮아지겠지, 아이들 크면 나아지겠지, (그래서 참고 살지만) 나 하나 맞고 참으면 되겠지. 이런 안이한 생각을 버려야 합니다. 제 버릇 남 못 준다고 했습니다. 고쳐지지가 않습니다. 폭력만 늘어날 뿐 또다시 폭력이 계속된다면 피신하거나 별거, 이혼하거나 체념하고 맞고 살거나(이것은 절대 안 되고) 그렇지 않으면 힘을 기르는 것입니다. 여기서의 힘이란 태권도, 유도, 권투, 격투기 등 호신술을 배우는 것입니다. 속담에 "무는 개 주둥이를 쳐다보라."고 했습니다. 앞에서도 언급했지만 남의 집 앞에서 사정없이 무는 개가 도사리고 있다면 바로 못 들어가고 콱 물지 않을까 개 눈치를 보게 됩니다. 사람이 개 눈치를 보다니? 이게 현실이고 힘의 논리인 것입니다. 강자에게 약하고 약자에게 강한 것이 인간의 속성입니다. 남

편이 주먹질을 하려고 하면 배운 유도기술로 손목을 꺾어버리면 꼼짝 못합니다. 발로 찰라치면 배운 태권도 기술, 이단 옆차기로 옆구리를 차버리는 것입니다. 아니면 급소인 사타구니를 힘껏 차버리는 것입니다. 폭력을 쓸 때마다 이렇게 대응하면 몇 번 시도하다가 폭력을 쓸려고 안 할 것입니다. 아내에게 된통 얻어맞을 수 있을 테니깐요. 부끄럽고 망신스러우니 폭력을 삼가할 것입니다. 이에는 이로 대항하는 것이, 공격이 최선의 방어란 말이 있듯이 좋은 방법이 될 수 있습니다. 앞으로 폭력을 쓰면 나도 폭력으로 대응하겠다고 남편에게 경고해둡니다. 매 맞고 살다가 실제로 남편 폭력을 막기 위해 태권도 도장에 다닌 주부도 있습니다. 밤길 호신술 차원에서도 좋습니다. 참고로 보편적 폭력 수용단계를 소개합니다.

1단계 : 분노의 시기 - 수치심, 자존심의 손상으로 분노하고 남에게 맞고 산다는 사실을 말 못해 속으로 끙끙 앓는다.
2단계 : 공포의 시기 - 폭력이 반복되면서 다시 일어날까 공포에 떨고 보복이 두려워 하소연 못하고 침묵을 지킨다.
3단계 : 무기력의 시기 - 폭력으로 망가진 신체, 자존심 손상, 폭력에 대항할 힘이 없어지고 맞더라도 남편에게 의지해서 살 수밖에 없다고 체념 속에 산다.

(출처 : 가정폭력 범죄 / 김운회 저 / 백산출판사)

이래서는 안 될 것입니다. 길이 아닌 것입니다. 길을 찾아야 합니다. 생각을 바꿔 방법을 찾아 하루빨리 지옥에서 벗어나는 것입니다.

■ 가정폭력 삼진아웃제 시행
최근 3년 이내 2회 이상 가정폭력 범죄를 저지른 자가 또다시 폭력을 행사하면 원칙적으로 구속 기소하는 제도입니다. 상습적으로 또는 흉기나 위험한 물건을 휴대해 가정폭력 범죄를 범한 경우, 가정폭력으로 가정을 파탄에 이르게 한 경우… 원칙적으로 구속 수사하는 제도입니다.(경찰청)

■ 가정폭력 피해자 보호명령 제도

가정폭력의 피해자가 수사기관을 거치지 않고 직접 거주하는 관할 가정법원에 가정폭력 행위자를 주거로부터 격리하고 접근을 금지시키는 등의 보호명령을 청구하는 절차입니다.

■ 여성폭력 상담기관
- 경찰서 가정폭력 신고 112번
- 소방서(의료적 치료) 119번
- 여성 긴급전화 1366번 / (휴대폰) 지역번호 + 1366번 / 365일 24시간 여성부 18개 지역 운영 : 가정폭력상담, 긴급피난처 제공(보호시설 연계, 의료기관 연계, 법률기관 연계, 사회복지기관 연계, 상담소 연계, 수사기관 연계)
- 한국여성인권진흥원(가정폭력 방지본부) : www.somenhotline.or.kr / 가정폭력, 성폭력, 성매매 긴급전화 상담 및 보호 / (02) 735-7310, 1050
- 한국 여성의 전화(가정폭력 상담) : www.hotline.or.kr / (02) 2263-6464 / 여성 인권, 가정폭력, 성폭력, 데이트 폭력, 여성폭력 상담 및 피해자 지원쉼터 운영
- 한국 가정폭력 상담소 (02) 847-0675
- 한국 가정법률 상담소 1644-7077
- 이주여성 상담 1577-1366 / 1577-5432

- 여편네에게 손찌검하는 사내는 삼불출의 하나다. - 한국 속담

- 폭력 가정은 악마가 자라는 서식지다. - 이금형
- 폭력은 폭력을 낳는 버릇이 있다. - 아이스칼로스

■ 아내에게 바치는 노래
젖은 손이 애처로워
살며시 잡아본 순간
거칠어진 손마디가
너무나도 안타까웠소
시린 손끝에 뜨거운 정성
고이 접어 다져온 이 행복
여민 옷깃에 스미는 바람
땀방울로 씻어온 나날들
나는 다시 태어나도
당신만을 사랑하리라

미운 투정 고운 투정
말없이 웃어넘기고
거울처럼 마주 보며
살아온 꿈같은 세월
가는 세월에 고운 얼굴은
잔주름이 하나둘 늘어도
내가 아니면 누가 살피랴
나 하나만 믿어 온 당신을
나는 다시 태어나도
당신만을 사랑하리라
(노래 하수영 / 작사 조운파 / 삭곡 임송수)

⑤ 권태기를 어떻게 넘길까?

권태기란 일상사가 시들해져 설렘도 없고 싫증이 나거나 따분해지는 시기를 말합니다. 신혼시절이야 같이만 있어도 설렘이 있고 즐거운 나날이었으나 하루, 이틀, 1년, 2년, 5년, 10년이 지나면 생활에 찌들고 일상사가 개미 쳇바퀴 돌듯 반복되고 변화가 없다 보니 누구나 한 번씩은 겪게 되는 권태기가 찾아오게 됩니다. 갈등을 겪고 다툼도 잦고 미움도 실망도 후회도 생기게 됩니다. 쉽게 유혹에 빠질 수 있고, 일탈을 꿈꾸기도 합니다. 남편이야 밖으로 도니 덜하겠지만 아내는 24시간 내내 가사와 육아, 교육에 매달리게 되니 더욱더 권태를 느낍니다. 답답하고 우울증에 시달릴 수도 있습니다. 맛있는 음식도 처음에는 맛이 있지만 계속 먹게 되면 맛도 모르고, 싫증이 나듯 일상사도 성생활도 시들해지고, 매너리즘에 빠지게 됩니다. 삶 자체에 회의를 느끼기도 합니다. 결혼 전에 보이지 않든 단점들이 하나둘 눈에 띕니다. 깔끔하던 사람이 살고 보니 게으름뱅이요, 상냥하던 사람이 무뚝뚝하고 신사 같은 행동을 하던 사람이 이중인격자처럼 보이기도 합니다. 다소곳한 것처럼 보이던 사람이 그런 악다구니가 없습니다. 본 모습을 감추고 숨겼기 때문입니다. 잘 보이려고 연출했기 때문입니다. 그러나 결혼하게 되면 조심성이 사라지고 자연 하나둘 참모습이 드러나기 마련입니다. 이래서 결혼의 환상이 깨지게 됩니다. 후회가 따르고 되돌릴 수도 없습니다. 이것이 우리 인생이 겪어야 할 과정이고 현실입니다. 이걸 인정하고 수용하고 슬기롭게 권태기를 극복해야 합니다.

어떻게 해야 할까? 뭘 말이요? 먼저 집안 분위기를 바꿔보는 것입니다. 환경을 바꿔보는 것입니다. 결혼 전의 그때처럼 다시 돌아가는 것입니다. 잘 보이려고 거울 한 번 더 보듯이 새롭게 몸과 마음을 꾸며보는 것입니다. 옷도 산뜻하고 우아하게 꾸미고 머리 매무새도 바꿔보는 것입니다. 커튼도 베갯잇도 잠옷도 화사한 걸로 벽지도 장판도 가재도구도 새로 바꾸거나 위치를 바꿔보는 것입니다. 실내장식 연출가가 돼보는 것입니다. 애정표현도 달리하거나 잠자리도 자세도 바꿔보는 것입니다. 하품도 코를 풀 때도 뭔 소리도 밖에 나가서 하는 배려가 필요합니다. 혼전의 추억을 되살리기 위해 당일치기 여행도 좋고 외식도 음악회도 영화감상도 좋습니다. 인간은 환경에 많은 영향을 받습니다. 기분에 좌우되고 그리고 바뀐다는 사실입니다. 남편 역시도 일신우일신(日新又日新)의 노력이 필요합니다. 이틀 걸러 술이요, 배도 나오고, 머리도 벗겨지고, 건강도 나빠지기 시작하는 나이입니다. 일도 중요하지만 가정에 더 관심을 갖고 아내의 일에 동참하는 것입니다. 그런즉슨 아내가 좋아하는 안개꽃이라도 사다가 꽃병에 꽂아봅니다. Y셔츠도 칼라로 바꿔봅니다. 생각이 바뀌면 행동도 바뀌게 되고, 결과도 달라진다는 사실입니다. 분위기가 바뀌면 마음도 행동도 바뀝니다. 서로 새로워지려는 변화를 꾀하려는 노력이 필요한 시기입니다. 아이디어를 짜내 극복하는 것입니다.

- 권태는 병이고 일이 그 약이다. - G. 드레비스 / 잠언과 교훈
- 이성을 가진 동물은 모두 권태기를 느끼는 것이다. - A. S. 푸슈긴
- 겉모습도 속모습도 항상 아름답고 우아하게 꾸민다면 아내에게 권태를 느낄 남편은 없다. - 우우당
 - 음악감상 : Anniversary song / 카니프랜시스

⑥ 외도란 무엇이더냐?

허가 안 난 물건끼리의 만남이요, 불법 무면허 운전이라고나 할까나? 결혼이란 어느 의미에선 배우자 아닌 타인과의 성관계를 갖지 않겠나는 일종의 약속입니다. 바람 피지 않겠다는 다짐입니다. 그러기 때문에 외도는 약속위반이며, 서로 약속을 했으면 약속을 철석

같이 지켜야 되는데 안 지키니 문제가 돼 가정풍파를 몰고 오게 됩니다. 외도는 이혼의 가장 큰 이유 중 하나입니다. 속담에 "돌부처도 시앗을 보면 돌아앉는다."고 외도는 상대에게 극심한 분노, 증오, 배신감, 마음의 상처를 줍니다. 인터넷의 보급으로 불륜부부가 늘어나고 있고, 덩달아 친자감별도 늘어나고 있습니다. 뱃속의 아이가 내 아이인지 남의 아이인지 젖먹이가 내 아이인지 남의 아이인지 알 수가 없습니다. 불행한 일이 아닐 수 없습니다. 특히 남성에게는 일탈 유혹의 손길이 도처에 항상 도사리고 있어 단단한 각오 없이는 빠져나오기가 무척 어렵습니다. 그래서 물의를 일으키게 되고 지탄, 망신을 당하기도 하고 자리를 내놓기도 하고 법의 심판을 받기도 하고 매장당하기도 합니다. 외도는 순간 일탈, 하룻밤 탐닉이고 불륜은 배우자 있는 자와의 연애행위이고 장기일탈이라고 볼 수 있습니다.

특히나 가정주부의 성인 위락장소(카바레, 호스트바 등)의 출입은 일탈의 거점, 외도의 현장이 될 수 있으므로 가지 않는 것입니다. 죄책감, 성폭력, 임신, 성병, 마약의 함정이 될 수 있기 때문입니다. 가정 파탄의 요인이 될 수 있습니다. 호기심 혹은 휩쓸려 가게 되지만 갈 곳이 못 됨으로 아예 갈 생각을 접는 것입니다. 후회를 막고 마음의 평화를 누리는 길이기 때문입니다. 아니, 여보시오? 남자는 가도 되고 여자가 가면 안 되는 거요? 여자는 뭐 사람이 아닌감? 아닙니다. 남자도 가지 말아야 되지만 여자는 특히 가정주부는 가정을 지켜야 되는 파수꾼이기 때문에 출입이 잦다 보면 가정이 깨지게 됩니다. 그렇게 되면 아이들의 위치가 심히 흔들리게 됩니다. 아이들이 무슨 죄가 있나요? 그런즉슨 요조숙녀, 품위 있고 얌전하고 정숙하고 교양 있는 여성은 갈 곳이 못 됩니다. 또 외간남자와의 채팅 역시 외도 현장이 될 수 있습니다. 아예 채팅할 생각을 않는 것입니다. 첫날밤 약속했잖아요? 자중자애하고 서로 정절을 지켜야 합니다. 시야를 저 높은 곳으로 돌려야 합니다.

ㄱ. 왜 외도를 하려고 할까?

성(性)은 짜릿하고 즐겁습니다. 그것은 조물주가 인간에게 준 선물입니다. 일종의 인센티브인 것입니다. 그래서 인간은 도태되지 않고, 멸종되지 않고 유지되고 있습니다. 그것이 즐겁지 않고 소태처럼 쓰다면, 온몸이 마구 쑤시고 찌르고 아프다면 삼가하게 되고 멀리하게 되고 탐닉하지 않게 되고 외도가 없어질지도 모릅니다. 그러나 순간 즐거움을 주기 때문에 내일 삼수갑산을 갈망정 적발되면 처벌도 받고 망신을 당하는 것도 불구하고 외도를 합니다. 심지어 외국에까지 성매매하러 갑니다. 속담에 "남의 떡이 커보인다."고 외도의 밑바닥에는 일말의 호기심도 깔려있습니다. 대보면 그게 그건데 혹시 새로운 뭐가 있나 해서 밝히게 됩니다. 공허함만 남기도 합니다. 외도는 하나의 습관입니다. 특히 남자의 성은 충동적, 즉흥적이라서 성적 자극을 받게 되면 성욕이 발동하고 해소 차원에서 성을 갈구하고 찾게 되고 행동으로 옮깁니다. 억제하지 못하고 가담하게 됩니다.

ㄴ. 외도를 안 하면 안 될까?

남편의 외도는 첫째가 성애의 즐거움을 얻기 위해서지만 한편으로는 아내에게서 얻을 수 없고 채울 수 없는 불만족, 맛볼 수 없는 정서적 그 무엇을 얻기 위해서이기도 합니다. 반면 아내의 그것은 남편에 대한 반감, 반발심, 복수심 등이 쌓여 기회가 오면 폭발형태로 나타나기도 합니다. 이에는 이, 눈에는 눈! 맞바람으로 외도를 하게 됩니다. 남편이 외도를 하면 분하지만 아내는 가정의 평화, 해체를 막기 위해서 참고 용서해주고 받아주기도 합니다. 그러나 남편은 아내가 외도를 하면 참지 못하고 용서하지도 받아들이지 않는 경향이 많습니다. 나는 괜찮고 상대는 안 된다는 것입니다. 내가 하면 로맨스요, 아내가 하면 불륜인 것입니다. 이기심이 없지 않아 한구석에 남아있기 때문입니다. 문제는 그것이 습관이 되고 잦아지면 빠지고 헤어나지 못하면 가정이 해체된다는 사실입니다. 정령 바람 피지 않고 살 수는 없을까? 부부는 순결과 정절을 지켜야 할 의무가 있습니다. 세상이 아무리 바뀌고 변해도 그 가치는 참으로 고귀합니다. 가정의 평화와 행복을 위해서 인격과 도덕과 양심에 따라 자제하고 참아내고 뛰어넘는 것입니다. "황금을 돌같이 보라고 했듯"이 이성을 보면 처음부터 이성으로 보지 않는 것입니다. "성인(聖人)이 되란 말이요?" 한다면 할 말이 없지만 일대 부부 선언이 필요합니다. 첫날밤의 맹세를 벌써 잊었겠지요. 남편이 솔선수범, 본을 보이는 것입니다. 참고 자제하고 뛰어넘는 것입니다. 허(虛)한 점을 찾아 서로 메꾸는 노력이 필요합니다.

ㄷ. 외도 사실을 알았다면

붉으락 프르락 울고 불고 동네방네 소문나게 떠들 게 아니라 서로 이목, 자존심이 있으므로 감정을 앞세우는 것보다 이성적으로 조용히 처리해야 합니다. 용서하거나 모른 체 넘어가면 되지만 그게 그렇게 쉽지 않으니 고통스럽지만 일단 일이 벌어졌으니 비난보단 수습이 우선이므로 신중하게 현명하게 수습해야 합니다. 일회적이냐 습관적이냐 우발적이냐 계획적이냐 전후 사정을 살피고 슬기롭게 대처해야 할 것입니다. 인내, 용서, 경고, 별거, 이혼 등을 고려할 수 있습니다. 객관적인 전문가의 도움도 필요할 것입니다.

- 간통하지 마라. 간통으로 좀처럼 이로움이 돌아오지 않는다. - A. H. 클리프
- 성욕과의 싸움이 가장 어려운 투쟁이다. - L. N. 톨스토이

• 아내는 남편이 다른 여성에게 한눈을 팔지 않도록 항상 성적으로 충족을 시켜줄 줄 아는 지혜가 필요하다. 어폐가 있겠으나 남편이 늘 밖으로 나돌기 때문이다. - 우우당

⑦ 성생활은 어떻게?

ㄱ. 성이란 무엇인고?

그것은 요와 철의 만남이요, 물건과 물건의 교합이다. 정신의 합일이요, 아름다운 육체 언어이다. 그리고 육체는 자극의 열쇠요, 발동의 출발점이다. 또 그것은 열락의 정점이요, 창조의 고통이다. 만남 중의 만남이요, 상열지사 중의 으뜸이라. 성은 생의 영원한 테마이다.

등산도 준비가 필요하듯 교합도 예열이 필요하다. 위에서 가운데로 가운데서 밑으로 하강하니 접문을 하고 구릉을 지나 수풀 속으로 건반을 두들기듯 빨래를 쥐어짜듯 호기롭게 춤을 춘다. 헐떡거림은 수용의 전조요, 물건 진입의 신호이다. 야구방망이 같은 것이 좁은 동굴 속으로 쑤욱 밀려오니 천천히 빠르게 강하고 약하게 깊고도 얕게 일진일퇴 조화 부리니 옥경과 옥문이 무아지경이라. 아이고머니나. 교성이 천지를 진동한다. 밤은 새벽을 뚫고 빠르게 진격한다. 하산은 등산보다 용이하나 주의가 필요하듯 후식(後食)은 작업의 진짜 완성이다.

그래서 일찍이 요한 바오로 2세는 "성(性)은 남편과 아내를 연결해주는 언어이며, 사랑의 표현이자 새로운 생명을 창조하는 신이 주신 최고의 선물이며, 그것은 또 단순히 본능을 충족시켜 주는 것에 그치는 것이 아니라 부부간의 심오한 결속을 가능케 하는 메시지"라고 말했습니다. 성은 몸과 마음이 하나 되어 그 속에서 기쁨과 즐거움을 나누는 것, 그리고 임신의 기쁨, 출산의 축복을 가져다주는 생

명 창조의 아름다운 도구입니다. 그에는 사랑이 있어야 되고, 즐거움이 있어야 되고, 생명이 있어야 됩니다. 하나라도 빠져서는 제 몫을 다할 수 없고, 조화를 이룰 때만이 가치가 있는 것입니다. 반면 아픔을 주고 슬픔을 주고 고통을 주기도 합니다. 유사 이래 이걸 잘못 놀려 패가망신한 경우도 수없이 많이 있어왔고 지금도, 앞으로도 또 있을 것입니다. 이처럼 고(苦)와 낙(樂)을 함께 주는 이것은 잘만 놀린다면 뭣과도 바꿀 수 없는 삶의 값진 보약이 되는 것입니다. 활력이요, 에너지가 되는 것입니다.

ㄴ. 좋은 점은 뭘까?
- 규칙적이고 정상적인 성생활은 노화를 막아주고 장수에 도움을 줍니다.
- 스트레스를 완화시켜 줍니다.
- 면역력, 저항력을 높여줌으로 질병 예방에 도움을 줍니다.
- 강력한 성 에너지를 창조적인 방향으로 쓴다면 훌륭한 업적을 이룰 수 있습니다.

한마디로 잘만 놀린다면 정신적, 육체적으로, 가족적으로, 업무적으로, 국가적으로 좋은 것입니다.

- 섹스는 인생 과제 중 가장 중요한 요소다. 섹스는 인생의 행복을 좌우한다. - 존 B. 윗슨
- 섹스란 부부에게만 허락된 최고의 유희이자 가장 내밀한 대화이며 신에게서 선물 받은 최상의 축복이다. - 성경원
- 사랑의 육체적 완성은 남녀의 심벌이 하나 되어 행복을 나누는 행위에 있다. - 성경원 / 한국 성교육 연구소 대표

ㄷ. 테크닉 개발

만족한 성생활을 위해서는 매번 오르가즘(절정감)을 만끽해야 합니다. 본전을 뽑아야 합니다. 음식이 맛없으면 입이 즐겁지 않듯 그러기 위해서는 성 기술이 필요합니다. 어떤 테크닉이 필요할까? 애들이 보면 안 되니 간단히 몇 가지만 소개합니다. 대신 전문가들이 쓴 책을 참고하십시오. 첫째, 분위기가 조성되어야 합니다. 둘만의 은밀한 공간이므로 화기애애하고 만족한 방사를 치를 수 있도록 준비가 필요합니다. 둘째, 열락을 주고받는 것이므로 지극정성을 다해 임금 모시듯 왕비 모시듯 서비스를 다하는 것입니다. 특히 아내는 수동, 소극적인 자세가 아니라 낮에는 현부가 되고 밤에는 뭐가 되라고 했듯이 적극적 능동적으로 임해야 합니다. 부끄럽긴, 남편은 그것을 좋아한다는 사실입니다. 셋째, 전희는 길게 하고 입장은 늦게 하는 것입니다. 토끼처럼 혼자만 재미 보지 말고 아내도 같이 재미를 보게 해야 합니다. 특히 남편은 후식을 철저히 지켜야 합니다. 전자, 후자 모두 아내의 불만과 원성의 원인이 되기 때문입니다. 그러면 열락의 문은 저절로 열릴 것입니다. 부부싸움이 칼로 물베기가 될 수도 있는 것입니다. 명연주란 오로지 명연주자에 의해서만 완성되는 것입니다.

ㄹ. 성 능력을 강화, 증진시키려면

새 차도 놔두면 녹이 슬듯 자꾸 굴려 반짝반짝 질을 내야 합니다. 오래 두고 써먹어야 합니다. 한 번 인생인데 그러려면 철저한 관리가 필요합니다. 무슨 약물이나 보형물보다 좋은 방법은 자연스런 방법이 좋습니다. 첫째는 운동입니다. 꾸준히 해야 효과가 있습니다. 등산이나 조깅이나 산책이 좋습니다. 물건은 혈관 덩어리라서 그것들은 혈액순환을 좋게 만들기 때문입니다. 둘째는 술은 적당히, 담배는 끊는 것입니다. 그것들은 성기능을 망가뜨립니다. 셋째는 음식을 골고루 적당히 먹는 것입니다. 가장 간단하고 좋은 방법인데 지나치고 있습니다. 보약이나 정력식품은 줄이고, 혐오식품은 먹지 말아야 합니다.

ㅁ. 성기능 장애 - 극복은 어떻게?

호사다마라고 남성에게는 발기부전, 조루, 여성에게는 불감증 같은 장애가 생깁니다. 만족한 성생활을 위해서는 장애를 없애야 하는데 그러기 위해서는 혼자 속으로 끙끙 앓지 말고 서로 적극적으로 극복하려는 노력이 필요합니다. 부부, 사랑의 힘으로 극복할 수 있고, 아니면 전문가의 도움을 받아 치료해야 합니다. 부부생활 가운데 비중을 차지하는 것이 성생활인데 제대로 이루어지지 않으면 행복한 삶이라고 할 수 없습니다. 어떻게 극복해야 할까?

■ 발기부전

물건이 빳빳해야 입장이 가능한데 그렇지 않으니 고민인 것입니다. 일은 해야 되고 몸이 말을 듣지 않으니 낭패인 것입니다. 먼저 이유가 뭔가를 알아야 손을 쓸 수가 있겠지요. 원인으로는 정신적, 심리적인 것, 즉 불안, 긴장, 스트레스, 두려움, 위축 등이고, 신체적인 것으로는 고혈압, 당뇨, 동맥경화, 척추 이상, 비만 등이므로 전문가의 도움이 필요합니다. 과음, 흡연, 약물은 멀리하고 지중해 식단, 주로 야채, 과일, 콩, 생선, 식물성 기름을 취하고 기름진 음식은 적게 먹고 비만이나 동맥경화를 예방해야 합니다. 그것들은 물건 내부의 혈관을 막히게 할 수 있기 때문입니다. 혈액이 술술 잘 돌아야 그 능력이 잘 작동이 되기 때문입니다.

■ 조루

물건이 입장하자마자 아내와 같이 재미를 봐야 하는데 남편 혼자만 재미 보고 끝내는 것을 말합니다. 그래서 아내는 항상 불만을 품게 되고 재미가 없으니 불평, 짜증을 내는 것입니다. 동업자가 혼자 이익만 보면 관계가 깨지므로 서로 이익을 봐야 하듯이 그렇다고 남편을 경멸하거나 무시하거나 상처를 주는 언행은 금물이며 오히려 악화시킬 뿐입니다. "맨날 당신은 그 모양이야. 구실도 못하는 주제에 큰소리치기는!" 어느 때보다도 아내의 협조와 격려가 필요한 것입니다. 아내가 주치의가 되는 것입니다. 인내심을 갖고 꾸준히 서로 노력하면 충분히 극복할 수가 있습니다. 조루증이란 작업시간이 60초 이내고, 들락날락하는 횟수가 15회 이내, 자기 맘대로 조절을 못해 만족을 주지 못하고, 끝내는 토끼형 증세를 말합니다. 심리적 스트레스나 조급증도 원인이 될 수 있고, 남성 30%가 나는 조루증이라고 착각하고 있다는 것입니다. (토끼형 : 올라갔다 내려오는 시간이 아주 빠름)

■ 불감증

아내가 오르가즘(절정감)을 느끼지 못하고 무재미로 끝나는 것을 말합니다. 대부분 이것 때문에 물건을 놀립니다. 놀릴 때마다 이걸 감지한다면 좋겠으나 대부분의 아내들은 재미를 못 보고 작업을 마친다는 점입니다. 안 봐서 모르지만 그래서 화도 짜증도 원망을 하게 되니 문제가 되는 것입니다. 대신 남성은 재미가 한 번뿐이지만 여성에게는 방사 한 번에 여러 번의 재미를 볼 기회를 준 것입니다. 임신, 출산, 육아의 고통에 대한 '뽀나스'가 아닌가 여겨집니다. 방사할 때마다 서로 재미를 본다면 얼마나 좋을까? 전적으로 남편 책임이지만 서로 격려하고 배려하고 노력해야 할 것입니다. 기왕지사 밥맛 없는 밥상보다 맛있는 밥상을 차려야 되듯 어떻게 차릴까? 우선 예열 시간을 **20분** 이상 늘리고 아내의 즐거운 곳(성감대)을 파악하여 느긋하게 공격해서 충분히 헐떡거리게 한 뒤 질펀할 때까지 지극

정성을 다하는 것입니다. 남편이 돈 안 들이고 할 수 있는 최고의 서비스인 것입니다. 그리고 시간을 맞춰 시위를 당기는 것입니다. 그러면 재미 안 볼 아내가 있을까? "오르가즘은 갈망의 집점과 달성하려는 상상의 교차점에서 생긴다."(M. 머거리지)

ㅂ. 성 트러블

매사 만족을 느끼면 불평도 없고 문제도 없습니다. 만족스럽지 못하기 때문에 문제가 생깁니다. 성 트러블도 마찬가지입니다. 왜 성 트러블이 생길까? 원인은 뭘까? 오르가즘, 성 교통, 장소, 딸린 가족, 신체 컴플렉스, 성병, 체위 등입니다. 성 트러블을 해결할 수 있는 방법은 대화에 있습니다. 아내가 성 교통이 있는지 없는지 남편은 모르기 때문에 대화를 통해서 아내가 얘기를 해야만 알 수가 있으므로 솔직한 대화가 필요한 것입니다. 서로 솔직한 대화를 통해서만이 상대의 의중을 파악할 수 있고, 오해를 풀 수 있고, 막힌 곳은 뚫을 수 있으므로 가장 좋은 방법인 것입니다. 가장 가까운 내외지간이므로 부끄러워 말고 쑥스러워 말고 가려운 곳 긁어달라고 적극 요구해야 하고 적극 응해야 합니다. 그동안 쌓인 갈등을 방사 한방으로 혹 날려 보내버리는 것입니다.

ㅅ. 성병 걸리지 않기

호사다마라고 재미 보기 위해 안방 놔두고 밖에 나가 물건을 마구 함부로 휘두르고 다니면 재수 없게 성병에 걸리게 됩니다. 남편이 성병에 걸리면 죄 없는 아내도 덤으로 옮아 성병 보균자가 됩니다. 아닌 밤중에 홍두깨 격이요, 억울하지 않을 수가 없습니다. 화가 안 날 수 없습니다. 더더군다나 에이즈라도 걸리면 점잖지 못한 표현을 빌리자면 미치고 환장할 것입니다. 성병까지 옮기게 하다니 붉으락푸르락 배신감에 도저히 참을 수 없어 자존심이 있지 도저히 살 수 없어 이혼장을 쓰기도 할 것입니다. 특히 남편으로부터 인유두종 바이러스(HPV)를 옮게 되면 여성 사망률 2위인 자궁경부암에 걸릴 수 있다는 사실입니다. 매년 우리나라 여성 3,300여 명이 자궁경부암 진단을 받고 하루 평균 3명이 사망하고 있습니다. (2015. 3. 9. 중앙일보) HPV는 20~30대 남녀가 전체의 70%를 차지하고 있습니다. 이외에 임질, 매독에 걸리기도 합니다. 반대로 아내가 바람을 피워서, 채팅으로 외간남자 만나서, 춤추러 어디 가서 옮아와 남편이 재수 없게 성병에 걸리기도 할 것입니다. 언젠간 아내가 묻지마 관광 가서 분위기에 취해 옆자리 남자와 넘지 말아야 할 선을 넘어 성병에 걸려와 남편이 감염되어 이혼한 경우도 있습니다. 한마디로 웃기고 있는 일들이 벌어지고 있습니다. 그나마 정절의 마지막 보루인 간통제를 없애버렸으니 성병환자가 더 늘어날 것입니다. 혼외자도 더 늘어날 것이고 이혼도, 가정파탄도 더 늘어날 것입니다. 왜 없앴을까? 이럴 줄 몰랐을까? 참 아쉽구랴. 그런즉슨, 절제와 인내와 자존, 자중, 자애가 필요하고 눈을 더 높은 곳으로 지향해야 할 것입니다. 참고로 에이즈 신규 환자가 전 세계적으로는 줄고 있는데 우리나라는 해마다 늘고 있습니다. 2008년 900명, 2018년 1,206명이고, 동성간 성관계 60%, 이성간 35%, 20~30대가 60%를 차지하고 있습니다. 놀랠 노자가 아닐 수 없습니다.

⑧ 고부갈등

시어머니와 며느리의 갈등! 예부터 시어머니와 며느리 사이를 안 좋은 관계, 껄끄러운 사이로 여겨왔습니다. 내가 낳은 딸도 아니오, 나를 낳은 어머니가 아니어서인지 관계가 썩 안 좋아 문제가 되고 있습니다. 힘이 있는 시어머니가 갑이요, 힘없는 며느리가 을이라고나 할까? 완력이야 며느리가 세겠지만 힘 있는 사람이 힘없는 사람을 보살펴야 하는데 인간사가 어디 그런가요? 국가끼리도 마찬가지고 거의 힘이 있는 사람이 힘없는 사람을 못 살게 합니다. 오순도순 내 딸처럼, 내 어머니처럼 지내면 서로 좋고 옆에서도 보기 좋으련만 그렇지 않으니 문제인 것입니다. 또 문제가 생기는구랴.

ㄱ. 어떤 갈등이 있을까?

며느리가 미우면 발뒷굼치만 보아도 밉다는데 왜 이럴까? 역지사지라고, 입장을 바꿔 생각해보면 알 수가 있을 텐데 개구리 올챙이적 생각 않는다고 자기도 며느리 과정을 겪었을 텐데 금이야 옥이야 기른 아들 녀석을 어느 날 갑자기 매새끼가 잡새 채가듯 며느리가 끌어안고 사니 뺏긴 데 대한 질투, 시기심, 앙갚음, 분풀이 같은 감정이 내면에 깔려있을 것입니다. 며느리가 이뻐죽겠으면 모르겠으되 밉디 미우면 더 할 것입니다. 속담에 "며느리는 비빔밥 그릇 씻게 하고 딸은 흰죽 그릇 씻게 한다.", "요강에 오줌 쌀 때 딸은 은조롱, 금조롱 소리인데 며느리 오줌 싸는 소리는 물보 터지는 소리가 난다고 했듯이" 원천적으로 밉게 보는 심리가 밑에 깔려있는 것입니다. 놀부심보라고나 할까요? 이럴진대 아무리 잘해도 맘에 들까? 사사건건 참견, 꾸중, 모욕, 멸시, 무시, 따돌림, 욕설, 손찌검, 혼수타령… 어느 장사가 견뎌낼까? 옛날 노래에도 나와 있듯 고초당초 맵다 한들 시집살이보다 더할소냐? 며느리 역시도 친어머니라면 대수롭지 않은 말도 시어머니가 했다면 그냥 넘기지 못하고 고깝게 받아들이는 경향이 없지 않아 있을 것입니다. 잘못해서 듣는 꾸중도 그대로 받아들이지 않고 꽁하고 삐쭉대는 경우도 많을 것입니다. 피장파장이요.

ㄴ. 어떻게 풀어야 할까?
- 시어머니는 이렇게
  - 어렵지만 친딸처럼 생각하고 대할 것

- 아들을 맘속에서 지울 것, 독립시킬 것
- 입장을 바꿔 생각할 것
- 못 본 체 못 들은 체할 것
- 가급적 참견, 간섭 말 것
- 부족함이 많은 걸 인정할 것(며느리가)
- 며느리와 잘 지내는 방법을 궁리할 것
- 존경받을 처신을 할 것
- 가족의 일원이 된 걸 고맙게 생각할 것

■ **며느리도 이렇게**

- 어렵지만 친어머니처럼 생각하고 대할 것
- 진심으로 공경하고 모실 것
- 면전에서 부정하거나 내 주장을 내세우지 말 것, 가급적 "yes, but" 화법을 사용할 것, "예, 맞습니다. 그러나 제 생각은 이런데요."
- 따로 살면 자주 방문하거나 문안전화 자주 드릴 것
- 음식 끝에 정 붙는다고 맛있는 간식을 자주 드릴 것
- 용돈도 자주 드릴 것
- 시어머니 마음을 사로잡을 방법을 연구할 것

이쁨받는 것도 미움받는 것도 다 자기 하기에 달려있다고 했습니다. 자꾸 베푸십시오. 주는데 싫어할 사람은 없습니다. 다 고마워합니다. 마음 편하게 해주십시오. 속으로 미워죽겠지만 자주 어깨도 주물러 드리십시오. 그거 하나 마음에 쏙 들게 못할까? 선입견을 가지고 두려워할 필요는 없습니다. 해법이라면 먼저 이해하고 먼저 양보하고 먼저 배려하고 아껴 드린다면 반드시 이쁨을 받게 될 것입니다. 돈독한 관계가 유지될 것입니다.

ㄷ. 그렇다면 남편은 옆에서 구경만 하고 있을 것인가?

어머니 편을 들기도, 아내 편을 들기도 난감할 때가 있을 것입니다. 아내 편을 들면 어머니가 서운해할 것이고, 어머니 편을 들면 아내가 서러워할 것입니다. 그래서 부부싸움도 생기게 됩니다. 어떤 사람은 중립을 지켜야 된다고 하지만 남편만 보고 시집 왔는데 남편이 바람막이를 해주지는 못할망정 시어머니 편을 들면, 시어머니 구박에 남편이 덩달아 동조하면 아내가 설 땅이 없습니다. 사안에 따라 다르겠으나 가급적 아내 편을 드는 게 현명한 처사가 아닌가 여겨집니다. 반면 어머니는 실망, 상심, 낙담, 분노, 원망하겠으나 먼저 어머니를 이해 설득시켜 드려야 합니다. 나이 많은 어머니가 이해하고 양보해야지 남의 집에 와서 고생하는 며느리가 안쓰럽지 않느냐고, 출가한 어머니 딸이 이런 경우라면 어쩔 거냐고 설득시켜 드려야 합니다. 시어머니, 아들 녀석이 며느리 편들면 붉으락 푸르락 화가 나겠으나 이혼하면 며느리는 남이 되지만 죽으나 사나 모자관계는 변할 수가 없습니다. 그러니 어머니가 서운하게 생각하더라도 80% 이상은 아내 편을 드는 것이 옳다고 여겨집니다. 시어머니와의 불화로 부부 사이가 벌어지고 싸우고 헤어지게 되면 그 책임은 시어머니가 져야 합니다. 실제로 헤어진 경우도 많이 있을 것입니다. 그런즉슨 자식 부부의 행복을 위하고 불화를 막기 위해서는 시어머니가 서너 발 뒤로 물러서는 지혜가 필요합니다. 가급적 간섭하지 말고, 할 때는 슬기롭게 하고, 배려하고 양보하는 것입니다. 사사건건 참견하면 갈등이 생기기 마련입니다. 보아도 못 본 체 들어도 못 들은 체하는 것입니다. 친딸처럼 대하는 것입니다.

며느리 사랑은 시아버지라고 했는데 요사이는 시아버지와도 갈등이 많아지고 있습니다. 빠른 정년퇴직으로 집에 있는 시간이 많게 되고 감 놔라 대추 놔라 이것저것 간섭이 많아지다 보니 요새 신식 며느리들이 고분고분할 리 없습니다. 옛날 며느리와 달리 배움도 많고 돈도 벌고 자기 주장이 강하다 보니 말도 잘 안 듣고 말대꾸도 하고 반발도 하니 속이 상할 것입니다. 이로 인해 가정불화가 생기고 아들 내외가 별거하기도 합니다. 괘씸하다고 아들에게 이혼을 종용하는 시아버지도 있습니다. 몹쓸 양반! 해법이라면 아는 게 병이라고 모르는 게 약이라고 저희들끼리 알아서 하라고 참견하지 않는 것이 상책입니다. 소일거리에 집중하는 것입니다. 그 대신 며느리를 밉게 보지 말고 친딸처럼 이쁘게 보고 어떻게 하면 며느리를 기쁘게 해줄까를 골똘히 연구합니다. 그러면 며느리와 시아버지 관계도 좋아지고 덩달아 아들 내외도 좋아지게 되니 꿩 먹고 알 먹고, 누이 좋고 매부 좋은 격이 되는 것입니다.

- 며느리와 시어머니 사이가 좋지 않으면 서로 입을 삐쭉거리고 흘겨본다. - 가의 / 신서
- 며느리 늙어 시어미 된다. - 한국 속담
- 그는, 그의 아내로서의 그녀는 무시할 수 있었으나 그의 집 며느리로서의 그녀는 존경하지 않을 수 없었다. - R. 타고르 / 비노디니
- 며느리가 미우면 손자까지 밉다. - 한국 속담

내리사랑은 슬픔을 줄이는 과학이며 그것의 화합은 길다란 행복술과 같습니다. 화합 차원에서 노래, 소개합니다. "즉흥 환상곡", "사랑했는데"(이미자)

ㄹ. 장서갈등

그런데 요사이는 고부갈등이 아니라 장서갈등, 즉 장인 장모와 사위 사이가 안 좋아 티격태격하는 경우도 생기고 있습니다. 여성의 사회 진출로 맞벌이 부부가 많다 보니 자녀 육아를 처부모에게 맡기

는 경우가 많아지고 있습니다. 처갓집 가까이 살거나 아예 처갓집에 들어가 살다 보니 이런 문제가 생깁니다. 웬 문제가 또 생기는고. 바야흐로 처가살이, 처가로 장가가는 시대가 됐습니다. 딸과 사위에 다툼이 있으면 저희끼리 알아서 해결하라고 모른 체하는 것이 상책입니다. 역지사지라고 내가 사위가 돼 보는 것입니다. 참견할수록 좋지 않습니다. 관계만 악화될 뿐, 소일거리에 집중하십시오.

⑨ 이혼 - 할까 말까?

결혼생활이 여러모로 힘들고 더 지속할 수 없을 때 선택하는 최후의 수단이 이혼입니다. 만나 사랑하고 결혼해서 아이 낳고 키우고 가르쳐서 성년이 돼 결혼시켜 내보내고 고락을 같이하면서 물려줄 것 다 물려주고 생을 마감하는 것이 바람직한 부부상인데 중도에서 헤어지니 슬프디 슬픈 일이 아닐 수 없습니다. 이혼하지 않고 오순도순, 정답게 살면 얼마나 좋을까? 주례선생 말처럼 검은 머리가 파뿌리 될 때까지 해로하면 좋을 텐데 중도에서 이혼하게 되니 가슴이 무척 아프고 또 아플 것입니다. 문제는 어떤 게 있을까? 어떻게 해야 할까?

ㄱ. 이유는 뭘까?

성격, 외도, 폭력, 학대, 의부(처)중, 도박, 가출, 성적 부조화, 경제문제, 건강문제, 무능력, 고부갈등, 혼수, 채팅, 기러기 아빠, 알콜중독, 종교갈등, 낭비벽 등 실로 다양하고 복합적인 이유로 갈라서고 있습니다. 이중에는 합당한 이유도 있겠지만 그렇지 않은 이유, 이유 같지 않은 이유도 있을 것입니다. 조금만 노력하면 극복할 수 있는 것도 있을 것입니다. 이혼을 꼭 해야 되는 경우도 있지만 안 해도 되는데 그걸 모르고 이혼하는 경우입니다. 어느 전문가는 수백 명을 상담해봤는데 그중 이혼해야 하는 경우는 30쌍 중 1쌍 정도라는 것입니다. 하고 나니 70%가 후회한다는 것입니다. 안 해도 되는데 하는 게 문제라는 것입니다. 그러다 보니 재결합하는 경우도 많다는 것입니다. 구관이 명관이라고, 옛집이 그립듯이.

ㄴ. 어떤 문제가 생길까?
자녀양육, 재산분할, 생계대책, 상처치유 등의 문제가 생깁니다.

■ **자녀양육**

예전에는 자식을 서로 맡으려 했으나 세태가 변해서인지 키우기가 힘들어서인지 지금은 맡지 않고 서로에게 떠넘기려는 경향이 많다는 것입니다. "아빠한테 가서 살아라. 엄마한테 가서 살아라." 서로 맡지 않고 떠넘기려 하니 아이들은 갈 곳이 없어 보육원이나 해외 입양을 택하게 됩니다. 고아 아닌 고아, 해외 입양아가 되고 있습니다. 양육비도 안 주는 나쁜 아빠가 10명 중 8명이라는 것입니다.(여성가족부) 내 소중한 자식인데 어떻게 그럴 수가 있을까? 2021년 7월부터 1년 안에 양육비를 주지 않으면 1년 이하 징역, 100만 원 이하 벌금, 출국금지, 명단공개를 당하게 됩니다.(양육비 이행법)

■ **재산분할** : 60대편 913쪽을 참고하십시오.

■ **생계대책**

남편으로부터 충분한 위자료나 재산을 받지 못했을 경우 생계가 걱정이 될 것입니다. 꼴 보기 싫어서 어서 헤어지고 싶은 생각에, 홧김에 덜컥해버리면 고생하게 되고 후회가 따르게 됩니다. 차근차근 생계대책을 세워놓고 해야 합니다.

■ **상처치유**

평생 치유할 수 없는 깊은 상처를 입게 될 것입니다. 사별보다 더 고통스러운 것이 이혼이라고 하지만 죄 없는 자식들에게도 깊은 상처를 주게 됩니다. 빠를수록 좋으므로 각종 치유상담소의 조언을 구하는 것도 좋습니다. 참고로 합의이혼 시 전에 받아둔 각서(재산 얼마 주겠다, 양육권 포기한다 등)는 법적 효력이 없습니다. 이혼서류에 도장 찍기 전 친권, 자녀 양육권, 위자료, 재산분할권, 자녀면접권 등이 포함된 합의서를 공증해야 권리를 보장받을 수 있습니다.

ㄷ. 아이들에게 어떤 후유증이 생길까?

부모로부터 버림받았다는 생각에 분노하고 불안, 두려움, 우울, 의기소침해지고 학교에서도 왕따, 설움, 학습장애, 성적저하, 중퇴하기도 하고 성격도 삐뚤어지고 반항, 공격성이 나타날 수도 있습니다. 그 충격에 마음 둘 곳이 없으니 방황, 가출, 비행에 빠지기도 할 것입니다. 절도, 음주, 흡연, 약물, 폭력에 휩쓸릴 수도 있을 것입니다. 이혼은 결국 아이들에게 깊은 상처를 주고, 그 후유증은 평생 가고도 남을 것입니다. 또 이혼은 대물림된다는 점입니다. 한마디로 이혼은 아이들에게 커다란 재앙을 안겨주는 것과 같습니다. 그 충격에 초등학생이 자살한 경우도 있고, 살기 싫어 자살을 생각하고 있다는 고교생도 있습니다. 무슨 죄가 있다고 태어난 죄밖에 없는데 태어나고 싶어 태어난 것도 아니고 자기들 서로 좋아할 때는 언제고 이제와서 싫다고 헤어지다니 그런 무책임한 부모가 원망스러울 것입니다.

"엄마, 아빠 헤어지면 우리 어떻게 살아? 같이 살면 안 돼? 헤어지지 않으면 안 돼? 이혼은 나빠."
"엄마 아빠 행복해지려고 이혼하는 거야."
"엄마 몇 밤 자고 올 거야? 한 밤 자고 올 거지? 엄마."
아이가 보육원에 같이 온 엄마에게 하는 말입니다. 한마디로 절규인 것입니다. 슬프디 슬픈 비극입니다. 그러므로 이혼을 작정했으면 아이들에게 상처를 최소한으로 줄이는 방법을 생각해야 합니다. 우선 헤어지게 된 이유를 솔직하게 정직하게 이야기해줘서 실상을, 불가피함을 알려줘야 합니다. 이해를 구해야 합니다. 이혼했다고 자식들을 원두쟁이 쏜외 보듯 하지 말고 남남이 됐지만 자식들은 미우나 고우나 내 핏줄이므로 모른 체 내팽겨둬서는 안 될 것입니다. 애들이 무슨 잘못이 있을까? 이혼 후의 계획을 소상히 알려줘야 합니다.

"너희들을 사랑한다. 한시도 잊지 않겠다. 1달에 1번이든 2달에 1번이든 만나 식사하는 날을 정하자. 생활비 문제, 학비문제는 이렇게 하겠다. 진학문제 자주 의논해보자. 어려운 문제가 있으면 자주 얘기해다오."

위로하고 안심시키고 그리고 신사숙녀답게 부모답게 내 핏줄이므로 약속을 꼭꼭 지키는 것입니다. 내 자식이므로 내 분신이므로 그렇다고 상처가 치유되지는 않을 것입니다. 문제의 해법은 이혼을 안 하면 되는 것인데, 그러면 받을 상처를 줄 필요가 없는데… 30쌍 중 1쌍만 이혼해야 할 케이스인데 29쌍은 안 해도 되는데 하게 되니 불쌍한 자식들의 가슴에 대못을 쾅쾅 박는 일을 하고 있는 것입니다. 재고가 필요치 않을까? 심사숙고해야 되지 않을까? 심기일전해서 배전의 노력으로 관계를 회복시키면 되지 않을까? 관외자로서 안타까움을 금할 길이 없습니다.

■ 아이를 위한 이혼 7계명

1. 이혼은 실패라는 생각을 갖고 아이를 대하지 말라. 이혼은 가족의 변화일 뿐이다.
2. 어떻게 이혼하느냐가 아이의 삶을 결정한다.
3. 이혼 진행상황을 아이에게 알려라.
4. 헤어진 후에도 부모의 역할은 남는다.
5. 헤어진 부모와의 만남은 아이의 권리이다.

6. 아이들을 이혼 부모가 각각 나눠 키우는 것은 아이들을 이혼시키는 것이다.
7. 양육비는 아이의 생활비이므로 아끼지 말라.

- 법원에서 상담을 맡고 있는 강은숙 위원님의 제언입니다. (2015. 11. 11. 조선일보)

ㄹ. 막을 수는 없을까?

이혼하는 것보다는 않는 것이 백 번 낫겠으나 도저히 같이 살 수 없다면 하루빨리 청산하는 것이 서로를 위해 좋을 것입니다. 짚신도 짝이 있듯, 신발이 맞지 않으면 맞는 신발로 바꿔 신어야 되듯 이혼이 무조건 나쁜 것만은 아닙니다. 길을 잘못 들면 바른 길을 찾아야 되듯 이혼은 어느 날 갑자기 불쑥 튀어나온 것이 아닐 것입니다. 뜸을 들이듯 과정이, 전조증상이 있을 것입니다. "초기에는 무관심하고 대화가 줄어들고 사소한 일에도 짜증을 낸다. 중기에는 성생활이 줄어들고 귀가시간이 늦어지고 자녀와 가정에 소홀히 한다. 말기에는 각방을 쓰고 무시하거나 포기하며 다른 이성을 찾는다." 결혼정보업체인 선우의 이웅진 대표님의 진단입니다. 살다 보면 이혼하고 싶은 충동이 일지 않는 사람은 없을 것입니다. 그렇다고 다 이혼한다면 어떻게 될까요? 이것저것 따지고 저울질하고 참고 견디고 이겨내는 것입니다. 이유 가운데는 극복할 수 없는 이유도 있겠지만 극복할 수 있는 이유라면 극복해내면 되는 것입니다. 남편의 시도 때도 없는 폭력이 아니라면, 밥 먹듯 습관적인 외도나 불륜이 아니라면, 마약이나 도박이나 못된 곳에 빠진 것이 아니라면, 이외에 경제 문제나 남편의 무능력이라면 이것은 진정한 이유가 될 수 없다는 생각입니다. 남편 벌이가 시원찮으면 내가라도 나가서 벌겠다는 자세가 돼 있다면 능히 극복할 수 있는 문제라고 여겨집니다. "백짓장도 맞들면 낫다."고 부부가 서로 팔을 걷어붙이고 머리를 맞대고 일점한 곳으로 노력하면 부자도 될 수가 있습니다. 주위를 둘러봐도 부모 유산 한푼 없이 맨손으로 노력해서 자수성가한 사람들이 너무 많이 있기 때문입니다. 이혼 이유 수위를 차지하는 성격 차이도 마찬가지라고 생각됩니다. "극복하려고 노력해봤어? 얼마나 해봤어?" 자문자답해보는 것입니다. 성격차이란 대부분 말로부터 빚어집니다. 말을 조심해야 하고 말을 함부로 하지 말아야 합니다. 자존심을 긁거나 모욕적인 말을 삼가해야 합니다. 가려서 해야 합니다. 삼사일언(三思一言)이라고 한마디할 때마다 세 번 생각하고 말하는 것입니다. 신중을 기하기 때문에 실언을 하지 않게 됩니다. 입이 방정일 때가 많습니다. 입조심, 말조심, 입을 잘 다스려야 합니다. 그리고 간섭도 자제해야 합니다. 보아도 못 본 체 들어도 못 들은 체 너그럽고 관대해야 합니다. 이기려고 하지 말고 져주는 것입니다. 그러면 다투지 않게 됩니다. 싸울 일이 없어집니다. 성격 트러블이 사라지게 됩니다. 지는 것이 이기는 꼴이 됩니다.

■ 이혼숙려 제도

법원에서는 이혼장 접수 즉시 처리하는 것이 아니고 이혼숙려 기간을 두고 있습니다.(무자녀 1개월, 유자녀 3개월) 그 시간에 생각해보고, 이것저것 다시 생각해보고, 심사숙고해서 결정하라는 것입니다. 그랬더니 10쌍 중 4쌍이 그냥 살겠다는 것입니다. 이혼 취하율이 2배로 늘었다는 것입니다. 어디서 조언을 듣고 30%가량이 이혼 않고 재결합했다는 것입니다. 각방을 쓰거나 잠깐 별거도 좋습니다. 이혼 수순이 아닌 위기 극복의 기회로 여기고 해결책이 없나 그 시간에 곰곰이 생각해보는 것입니다. 또 어느 기관에서는 이혼한 사람에게, '이혼할 사람'에게 하고 싶은 말이 무어냐고 물어보니 65%가 절대로 이혼하지 말라는 것입니다. 대부분 후회하고 있다는 것입니다.(70%) 좀 더 참고 좀 더 이해하고 좀 더 용서해주고 좀 더 배려하고 좀 더 사랑하고 좀 더 잘해줬더라면 하는 후회가 남는다는 것입니다. 그러나 자존심 때문에 다시 살자고 결합하자고 말할 수는 없을 것입니다. 헤어지자고 한 때는 언제인데 이제와서 다시 살자고 하니 벼룩도 낯짝이 있다고 무슨 염치로 어떻게 그런 말이 나올 수 있나 하겠지만 그런데도 용기를 내어 다시 살자고 제의, 재결합하는 부부가 늘고 있다는 것입니다. 반가운 현상입니다. 그 밥에 그 나물이라고 바꿔봐야 그 사람이 그 사람일 텐데 이혼하면 더 나을 거라는 보장, 행복해진다는 보장이 없는데, 공장을 새로 짓는 것보다 보수해서 쓰는 것이 싸게 먹히듯 구관이 명관일 수가 있는 것입니다. 부러진 다리가 붙으면 그 부위는 더 단단해지고 비 온 땅이 더 굳어지는 법입니다. 그리고 홧김에 이혼하자는 말을 쉽게 내뱉지 말아야 합니다. 상대가 덜컥 받아들인다면 후회가 될 수 있습니다. 입이 방정이 돼서는 안 될 것입니다.

ㅁ. 결론은 뭔가?

중대한 문제이므로 설불리 충동적으로 감정에 휘둘리어 급하게 결정할 게 아니라 이혼해야 되나 안 해야 되나 좋은지 나쁜지 심사숙고해서 결정해야 합니다. 자식이 딸린 경우는 더욱더 숙고해야 합니다. 홧김에 서방질한다고 하지만 매사 급할수록 천천히 하라고 했습니다. 후회가 따르기 때문입니다. 그러므로 해야 할 합당하고 뚜렷한 이유가 있고 확고하면 이혼을 하는 것입니다. 결혼생활이 행복하지 않고 불행하다면 때로는 이혼이 더 행복해질 수 있습니다. 그러나 않겠다고 결심이 서면 이혼 이유가 뭔가를 파악, 관계 회복을 위해 몇 배의 노력으로 위기를 극복해내는 것입니다. 이혼 전 2~3군데 상담기관의 조언이 꼭 필요합니다. 좋은 방법, 아이디어를 알려주기 때문입니다. 어떤 전문가는 이혼 후의 삶이 더 행복해질 것인가 하고 자문해보면 분명 답은 나오고, 그리고 그 질문을 여러 번 숙고해보고 결정하라는 것입니다.

그대 옷자락에 매달려 눈물을 흘려야 했나요.
길목을 가로막고 가지 말라고 애원해야 했나요.
떠나가 버린 그대 때문에 내 모습이 야위어가요.
우린 너무 쉽게 헤어졌어요.
우린 너무 쉽게 헤어졌어요.
한 번쯤 다시 만나 생각해봐요.
너무 쉽게 헤어졌어요.
(우린 너무 쉽게 헤어졌어요 / 노래 최진희 / 작사 박건호 / 작곡 김희갑)
곡이 좋아 자주 듣습니다.

■ 가정 가족 문제 상담
- 여성 긴급 전화 1366번
- 법률 상담 132번
- 건강가정 지원센터(http://www.familynet.or.kr) / 1577-9337(부부·자녀 가정사 문제 - 예방 상담치료)
- 한국 가정법률 상담소(http://www.lawhome.or.kr) / 1644-7070

"가정불화 원인의 대부분은 지극히 사소한 데 있다. 남편이 출근할 때 아내가 손을 흔들고 다정하게 전송해주기만 해도 이혼이 회피될 만한 경우도 많다."(J. 사바드 / 시카코 판사)

⑩ 재혼 - 잘하기

재혼은 행복을 위한 또 한 번의 선택입니다. 이혼했으나 당연히 재혼해서는 행복한 삶을 누려야 할 것입니다. 재혼은 초혼보다 더 어렵다고 했습니다. 문제가 더 많을 수도 있습니다. 양쪽에 딸린 자식이 있다면 더 어려울 것입니다. 하지만 여러 난관을 뚫고 재혼에 성공한 사람도 많습니다. 기왕 하는 재혼이 초혼보다 더 행복한 삶이 되어야 합니다. 그러려면 세심한 준비가 필요합니다. 매사 성공은 준비에 달려있다고 했습니다. 성공적인 재혼을 위해서는 결정하기 전 반드시 상대에 대한 철저한 검증이 필요합니다. 사전에 충분히 알고 재혼해야 실패를 막을 수 있기 때문입니다. 우선 체크리스트(점검표)를 만듭니다. 뭘 물어볼까? 알고 싶은 점이 뭘까?

■ 점검, 확인사항

1. 외모
   - 호감 가는 인상인가?
   - 나이는?
   - 체력
   - 마음에 드는가?

2. 직업, 재력은 어떤가?
   - 직장 직위, 위치, 전화번호
   - 재산(동산, 부동산) - 내 명의인가?
   - 빚은 어디에 얼마나 있는가?
   - 신용불량자는 아닌가?

3. 성격은 어떤가?
   - 부드러운가, 온화한가, 거친가?
   - 급한가, 다혈질인가, 참을 줄을 모르는가?
   - 진실한가, 사기꾼 기질, 허풍을 잘 치는가?
   - 독선, 자기 주장이 강한가?

- 버릇 : 말버릇, 욕버릇, 손버릇, 술주정, 거짓말 버릇, 손찌검 버릇, 낭비벽, 방랑벽, 도벽

4. 학력
- 속이지는 않는가?

5. 자녀
- 몇 명인가?
- 양육자, 친권자인가?
- 양육비는 얼마나 주는가, 잘 주는가?
- 계부모 되기 - 마음가짐은 돼 있는가?
- 아이들 상처는 어떤가, 깊은가, 치유가 됐는가?

6. 기타
- 이혼 사유는 뭔가? - 폭력, 외도, 중독, 빚, 실직, 사업실패 등
- 전 배우자와 심적 청산은 됐는가?
- 건강은 어떤가? - 건강진단서 교부
- 가정환경은 어떤가? - 부모, 형제, 자매는 몇 명인가?
- 딸린 가족은 몇 명인가?
- 전과 사실은 없는가?
- 기호는?
- 취미는?
- 종교 - 트러블 요인은 아닌가?
- 성적으로 문제는 없는가?
- 또 뭐가 있을까?

준비 부실한 재혼은 재이혼을 낳게 됩니다. 직접 물어보기가 뭐하

겠으나 반드시 직접 물어 확인해봐야 합니다. 때로는 뒷조사도 필요합니다. 서로 궁금한 점, 알고 싶은 점, 묻고 싶은 점이 많이 있을 것입니다. 서로 직접 묻고 솔직, 정직하게 사실대로 말해줘야 합니다. 이것은 의무사항이고 꼭 지켜야 할 사항입니다. 몰랐다가 속였다가 재혼 후에 알게 되면, 불거지면 사안에 따라 실망 또는 배신감을 갖게 되고 살아가는 데 걸림돌, 갈등을 겪게 됩니다. 다시 헤어질 수도 있습니다.

혹, 재혼 전에 재혼을 빙자해서 돈을 꿔달라는 경우도 있을 것입니다. 꿔줘야 할지 말아야 할지 난감할 수도 있으나 무조건 의심해봐야 하고 반드시 꿔주지 말아야 되고 재혼을 고려해봐야 할 것입니다. 예의가 아닌 것입니다. 왜 돈을 꿔달라고 할까? 그럴듯한 이유를 댈 것입니다. 그래서 속게 되고 결국 안 좋은 일이 생기게 됩니다. 점검해보면 어떤 점은 흡족해 보이지만 어떤 점을 미흡하고 못마땅한 점도 있을 것입니다. 마음에 쏙 들면 좋겠으나 마음에 들지 않는 점이 많다면 재고해야 할 것입니다. 억지로 먹은 밥은 체하듯 역시 마찬가지입니다. 그러나 눈을 너무 높이면 맞출 수가 없습니다. 생각과 판단이 다르므로 어느 선까지는 각자의 몫입니다. 걱정, 고민이라면 첫째가 다시 실패하지 않을까? 두 번째가 재산 상속 문제일 것입니다. 또 혼인관계증명서(결혼과 이혼 여부), 가족관계증명서(딸린 가족 확인)를 확인해봐야 합니다. 합의이혼이 아닌 재판이혼일 경우는 이혼 사유, 위자료 액수, 자녀양육비, 양육권 등이 나와 있으므로 확인해보는 것도 참고가 될 것입니다. 혼인 전에 부부재산, 증여 상속, 자녀 양육문제 등이 포함된 '혼전 계약서'를 작성해서 공증을 받아두는 것이 좋다는 전문가의 조언도 있습니다. 기왕 하는 것 후회 없는 재혼이어야 합니다. 상담기관이나 재혼 전문 변호사의 상담이나 주위에 조언을 구하는 것도 판단하는 데 도움이 될 것입니다.

재혼 관련 책자를 꼭 보십시오. 도서관에 있습니다.

■ 딸린 자녀가 있을 경우

새 부모와 새 자녀간에 갈등이 있을 수 있습니다. 어떻게 간격을 메울 수 있느냐도 재혼 성공의 관건이 될 수 있으므로 세심한 접근이 필요합니다. 부부간에는 맘이 맞고 불만이 없어도 새 부자지간에 갈등이 생기면 어떻게 될까요? 가정 분위기가 화목해질 수 없고, 이로 인해 부부관계가 악화될 수 있습니다. 친부자지간에도 다툼이 있을진대 어느 날 갑자기 새 부모가 나타났으니 황당하고 어색하고 수용하기가 어려울 것입니다. 한마디 한마디 말과 행동에 세심한 주의, 배려, 이해가 뒤따라야 합니다. 마음이 여리기 때문에 토라지거나 마음의 문을 닫을 수도 있습니다. 경우에 따라서는 보아도 못 본 체 들어도 못 들은 체 너그러움을 보여주는 것입니다. 새 형제, 자매 간에도 트러블이 생길 수도 있습니다. 한쪽만 편애해선 안 되고 공정하게 대해야 불만이 없습니다.

3. 건강

　건강은 최고의 재산입니다. "건강한 육체에 건전한 정신이 깃든다."고 했습니다. 건강하면 참 좋고 건강하지 않으면 안 좋습니다. 요새 댁님의 건강은 좀 어떠십니까? 괜찮습니까? 보도를 보면 30대 남성이 비만·흡연율이 제일 높고, 운동량은 제일 낮습니다. 직장생활에서 받는 스트레스, 과중한 업무, 과식, 잦은 술자리, 운동 부족 등이 원인이 되고 있습니다. 인간은 누구나 다 건강하고 오래 살기를 바랍니다. 오복 가운데 첫째가 건강하고 오래 사는 일입니다. 그래서 별짓을 다 합니다. 보약도 먹고 등산도 하고 심지어 혐오식품까지 먹기도 합니다.

　알다시피 인간의 수명에는 한계가 있습니다. 의술이 날로 발전해 수명이 날로 늘어나고 있지만 문제는 제 수명을 다하지 못하고 죽는 데 있습니다. 개똥밭이나 자갈밭에 굴러도 이승이 좋다고 했는데 억울하지 않을 수가 없을 것입니다. 한 번뿐인 인생인데 90살까지 살 걸 40에 죽으면 여간 원통하지 않을 수가 없을 것입니다. 이 아름다운 세상 사랑하는 가족을 남겨두고 일찍 세상을 뜬다는 것은 참으로 애석한 일입니다. 돈도 지위도 명예도 아무 소용이 없습니다. 제 수명이 다할 때까지 살기 위해서라도 건강관리가 꼭 필요합니다. 분명한 것은 건강을 위해 노력하는 것이 않는 것보다 건강하고 오래 산다는 사실입니다.

(1) 어떤 관리가 필요할까?

우선 내 몸의 건강상태를 아는 일입니다. 그래야 제대로 관리할 수가 있습니다. 기본적으로 혈압, 혈당, 체중, 콜레스테롤, 폐, 간, 위, 대장, 심장 등 상태가 어떤가 항상 알고 있어야 합니다. 그러나 속은 알 수가 없습니다. 간이 부었는지 대장에 암이 자라고 있는지 모릅니다. 그래서 정기 건강검진이 꼭 필요합니다. 대개 속병은 상태가 악화된 상태에서 증상이 나타납니다. 그때서야 부랴부랴 병원을 찾지만 그때는 이미 늦습니다. 치료를 할라치면 정신적, 육체적으로 많은 고통과 시간과 비용이 들고 가족에게도 폐를 끼치게 됩니다. 건강은 건강할 때 지켜야 합니다. 건강은 자기가 알아서 관리해야 합니다. 그걸 알면서도 실천하지 않아 병을 얻게 됩니다. 그리고 후회합니다. 소 잃고 외양간 고치는 일들이 자주 일어납니다.

① 정기적인 종합검진

정기적으로 검진을 받아 이상 유무를 확인해보는 것입니다. 느낌이 이상하면 정밀검사를 받아보는 것입니다. 암도 조기에 발견하면 완치가 됩니다. 가래로 막을 걸 호미로 막기 위해서인 것입니다.

② 예방

병나서 치료하는 것보다는 안 나게 하는 것이 상책인데도 대부분 병난 뒤에 치료를 합니다. 예방이란 병 걸릴 짓을 하지 않는 것입니다. 담배 안 피우면 폐암 걸리지 않고, 성병 걸릴 짓을 안 하면 성병에 걸리지 않는 이치와 같습니다. 손만 잘 씻어도 병이 50~70% 예방이 된다니 자주 씻습니다.

③ 운동

보약 먹는 것보다도 운동하는 것이 백 번 낫다고 했습니다. 운동을 하면 혈액순환이 좋아지고 기분이 상쾌해집니다. 체력 소모가 많아지므로 먹는 것이, 칼로리가 몸에 쌓이지 않고 소비되므로 살이 찌지 않게 됩니다. 비만은 성인병의 주범이고 건강의 적입니다. 먹고 가만히 있으면 살이 찝니다. 몸속에 쌓이지 않게 운동으로 막아야 합니다. 며칠 반짝하는 것이 아니라 꾸준히 계속해야 효과를 볼 수 있습니다. 속보, 등산, 수영 등 자기에 맞게 하는 것입니다. 성인병이라면 고혈압, 당뇨, 동맥경화, 고지혈증, 심장병 등입니다. 생활습관이 잘못되어서 생기므로 생활습관병이라고도 합니다. 우리 모두 운동을 생활화해서 건강인, 건강 국가를 만들어야 합니다. 운동할 시간이 없다면 하다못해 엘리베이터를 타지 말고 계단을 걸어 다니는 것도 한 방법이 되겠습니다. 그러나 잘 알면서도 힘들고 귀찮으니 엘리베이터를 탑니다. 그러니 건강이 좋아질 리가 없습니다. 대저, 천하를 얻고도 건강을 잃으면 아무 소용이 없습니다. 중풍으로 쓰러져 꼼짝 못하고 있는데 금덩이 몇 자루 가지고 있는들 무슨 필요가 있을까? 잘 알고 있으면서 실천하지 않으니 그것이 문제인 것입니다. 그래서 끄트머리 1,002쪽에 또 써놨습니다.(실천편) 모든 성공은 실천으로부터 시작됩니다.

④ 먹는 것

식욕은 인간의 3대 욕망 가운데 하나입니다. 먹는 즐거움을 줌으로써 먹게 됩니다. 소태처럼 쓰다면 안 먹게 되고, 그러면 건강을 잃게 되고, 결국 죽게 되니 먹는 즐거움의 인센티브를 준 것입니다. 그런데 문제는 고루 적당히 먹어야 되는데 편식하거나 적게 혹은 많이 먹어서 문제가 되고 있습니다. 편식하면 영양 불균형으로 건강을 해치게 되고, 비만은 만병의 근원이 되고 있습니다. 특히 문제가 되는 것은 육식입니다. 기름기가 많이 들어있으므로 많이 먹으면 혈관 내벽에 늘어 붙어 혈관이 굳어지고 좁아지게 되고 혈액 흐름을 막거나 막히게 됨으로 안 좋습니다. 기름기는 3대 영양소지만 지나치게 많이 먹었을 때 문제가 되므로 적당히 먹어야 합니다. 대신 채소나 생선, 과일, 견과류 등을 육식보다 많이 아니면 적당히 먹어야 할 것입니다. 다 아는 상식이지만 제대로 실천하지 않기 때문에 문제가 생기는 것입니다. 통계를 보면 30대 남성 절반이 비만이고, 연령대별로 30대가 비만율이 제일 높습니다. 회식이나 야근, 모임이 반복되다 보니 자연 술과 음식을 많이 먹게 되고, 덕분에 살이 찌게 됩니다. 운동을 해서라도 살을 빼야 되는데 그것이 여의치가 않습니다. 그러니 건강이 위협받게 되고, 건강을 잃게 됩니다. 왕성하게 활동해야 할 위치인데 직장과 가정에 적신호가 켜지게 되니 문제가 아닐 수 없습니다. 자기 건강은 자기가 알아서 챙겨야 합니다. 비만이라 여겨지면 즉시 살을 빼야 합니다. 적당히 먹고 꾸준히 운동해야 체중조절이 가능합니다.

⑤ 끊어야 할 것

많이 있지만 여기서는 술, 담배, 도박, 마약만을 살펴보겠습니다. 술은 안 먹으면 좋겠으나 사회생활을 하다 보면 안 먹을 수가 없으므로 먹되 절제해서 적당히 먹어야 되고, 담배는 백해무익함으로 피우지 말거나 당장 끊어야 하고, 마약도 도박도 마찬가지입니다. 맛들면 끊기 어려운 것들입니다. 그러기 때문에 처음부터 맛들이지 말아야 되는데 맛들이니까 문제가 됩니다. 지금 중요한 것은 지금 당장 끊겠다고 시도해보는 일입니다. 미루어서는 끊을 수가 없습니다. 시도해야 끊게 됩니다. 불가능은 없다고 했습니다. 끊은 사람도 많이 있습니다. 알고만 있으면 끊을 수가 없습니다. 끊으려고 해야 끊을 수가 있습니다. 어쨌거나 (술은 좀 봐주고) 담배, 마약, 도박은 암과 같은 존재이므로 손대지 말아야 되고, 손대고 있으면 당장 끊어야 합니다. 길이 아니면 가지 말라고 했듯이 길이 아닌 것입니다. 쇠뿔은 단김에 빼라고 했듯이 지금 당장 시작하는 것입니다. 시작은 반이라고 했으니 반은 끊은 거나 다름없습니다. 인정사정 볼 것 없다는 영화 제목처럼 인정사정 볼 것 없이 지금 당장 시도하고 끊는 것입니다. 미루거나 뭉그적거리면 끊기지 않습니다. 단칼에 무 베듯 과단성이 있어야 합니다. 못 끊을 이유가 하나도 없습니다. 노력은 성공의 열쇠입니다. 한 번 빠지면 헤어 나오기 어려운 것이 중독의 속성입니다. 안 빠지는 것이 최고로 좋습니다. 그러니 빠지지 마십시오.

■ 한국 중독 관리센터협회 070-4693-1775
(알코올, 도박, 인터넷, 마약 - 49개소)

ㄱ. 술의 해악과 금주, 절주하는 법

안 좋은 점이 있으면 좋은 점도 있듯이 한 잔 술은 기분을 돋궈주고 긴장, 불안, 우울, 스트레스를 완화, 해소시켜 주기도 합니다. 사회생활, 조직생활, 대인관계에 있어서도 윤활유 역할을 하기도 하지만 안 좋은 일이 더 많이 생깁니다. 알다시피 첫째는 건강을 해칩니다. (위, 간, 식도, 대장, 췌장, 불임, 기형아 출산, 알콜성 치매, 성기능 장애, 알콜중독 등) 둘째는 이성을 잃게 해 각종 사고나 범죄에 연루되기도 합니다. (실언, 실수, 사고, 음주운전, 가정폭력, 범죄, 외도 등) 셋째는 많은 비용을 지불하게 됩니다. (술값, 치료비, 생산감소 등) 이와 같은 폐해를 막기 위해 금주나 절주를 해야 합니다.

■ 어떻게 해야 할까?
• 금주, 절주를 하겠다는 의지가 중요합니다.
• 가급적 술자리를 피하거나 사양합니다.
• 먹되 과음을 피하고 주량껏 먹습니다.

- 알콜중독 기미가 보이면 빨리 치료합니다.

■ 음주요령
- 조금씩 천천히 먹는다.
- 물을 가끔 먹으면서 먹는다.
- 안주는 충분히 먹는다.
- 술 먹기 전에 뭘 조금 먹어둔다.
- 담배를 피우면서 먹지 않는다.
- 센 체 자만하지 않는다.(식도암 위험률 190배)
- 폭탄주를 삼간다.
- 공복 시 깡술은 삼간다.
- 4일 이상 금주한다.(간의 해독시간 3~4일)

알콜은 국제 암연구소가 정한 1급 발암물질입니다. 많은 양을 자주 반복해서 오래 마시면 위암에 걸리고 알콜중독자가 됩니다. 대장암의 위험인자는 술과 육식이고, 또 간암의 발병요인입니다.

■ 재치있게 거절하는 요령
- 나 요새 약 먹고 있어. 정말? 그래 무슨 약? 몰라. 에이 거짓말.
- 간이 안 좋대. 의사가 당분간 먹지 마래.
- 속이 쓰려서 못 먹겠어. 다음에 하지.
- 내일 위내시경 검사 예약해놨어. 어디서? 동네 병원서. 정말?

■ 알콜중독 치료센터
- 복지부 콜센터 129번
- 다사랑 중앙병원 (031) 340-5001

- 술은 평화와 질서의 적이요, 부인의 공포요, 귀여운 어린이 얼굴의 구름이요, 언제나 무덤을 파는 자요, 어머니의 머리를 세게 하는 자요, 슬픔으로 무덤에 가게 하는 자다. 아내의 사랑을 실망케 하며 아이들에게서 웃음을 빼앗는다. 가정에서 음악을 없애버리고 가정을 슬픔으로 차게 만드는 것, 그것이 술이다. - H. W. 그레디
- 술은 범죄의 아비요, 더러운 것들의 어미다. - R. G. 잉거솔
- 술은 마시면 말에 날개가 돋혀서 방약무인하게 뛰논다. - 헤로도토스
- 사람이 술을 마시고 술이 술을 마시고 술이 사람을 마신다. - 법화경
- 술이 들어가면 혀가 나오고, 혀가 나오면 말을 실수하고, 말을 실수하면 몸을 버린다. - 유향 / 설원
- 술이란 사람을 취하게 만드는 독약이다. - 팔만대장경
- 술이 들어가면 지혜가 나가버린다. - G. 허버트 / 자크라프루덴담
- 바다에 빠져 죽은 사람보다 술에 빠져 죽은 사람이 더 많다. - T. 플러
- 음주운전자는 몰상식의 극치, 남을 해치는 자요, 남의 가정을 파괴하는 자다. - 중암
- 적게 먹으면 약주요, 많이 먹으면 망주다. - 한국 속담

ㄴ. 담배의 해악과 끊는 법

백해무익! 이로운 것은 없고 해만 있는 것이 담배입니다. 이도 없고 해도 없으면 모르겠으나 해만 있으니 당장 끊는 것입니다. 담배 속에는 도대체 뭐가 있길래 야단법석일까? 담배연기 속에는 69종의 발암물질과 4,800여 가지의 믿기지 않는 유해성분이 들어있습니다. 그중에는 살충제 성분도 들어있습니다. 한 개비 피울 때마다 폐를 통해 몸속에 스며듭니다. 그래서 갖가지 병이 생깁니다. 전자담배도 마찬가지입니다. 한마디로 흡연은 질병입니다. 병이므로 치료해야 합니다.

- 호흡기 질환 : 폐기종, 천식, 만성 기관지 염증
- 심혈관 질환 : 고혈압, 협심증, 심근경색, 심장마비, 동맥경화, 중풍 등
- 암 : 폐암, 식도암, 구강암, 대장암, 유방암, 위암, 자궁암, 췌장암, 골수암, 직장암, 후두암, 설암, 피부암 등
- 성인병 : 관절염, 버거씨병, 성기능 장애 등

(자료 : 안양시 보건소)

이 외에 이가 누렇게 변색되고 몸에서 역겨운 냄새, 노린내도 나고 임산부가 피우면 저능아, 기형아 출산, 조기폐경, 골다공증에 걸리기 쉽고, 남편 흡연으로 부인이 폐암에 걸린 경우도 있습니다. (간접흡연) 어느 해 통계를 보면 유감스럽게도 우리나라 흡연율이 세계 1위이고, 연간 5만 명이 담배로 사망하고, 연간 약 9조 원의 경제손실이 생기고 있습니다. (2016년 교통사고 사망자 수 4,292명) 건강을 해치고 경제적 손실을 가져오는 담배를 미국에서는 마약으로 분류하고 있고, 마약이나 다름없다고 우리의 어느 전문가도 말합니다. 한 번 맛들이면 중독이 돼서 끊기가 어렵고 끊어야 되는데 그것이 어려우니 문제가 되고 있습니다. 참고로 1개비 피우면 수명 5분 30초 단축, 담배값 3천 원, 50년간 매일 저축하면 2억 2천 9백만 원(강동구 보건소)

■ 어떻게 끊어야 할까?

무 자르듯 단번에 끊으면 참 좋은데 단번에 끊는 사람도 많이 있지만 여러 번 실패 끝에 끊기도 합니다. 혼자보다는 주위의 도움이 필요합니다. 보건소 금연 클리닉을 이용하는 것도 아주 도움이 됩니다. 등록치료를 받으면 성공률이 높으니 적극 참여하는 것입니다. 금연치료 약품, 금연치료 보조제(니코틴 패치, 껌, 사탕) 비용도 보조

받습니다. 프로그램 이수하면 축하선물도 받습니다. 또 각 지역 금연캠프에 참여합니다. 집중치료형(4박 5일), 일반지원형(1박 2일) - 무료. 신청방법 : 각 지역 금연 지원센터 홈페이지나 전화 (02) 592-9030번 내 힘으로 안 되면 남의 힘을 빌리는 것도 좋습니다. 우선 나의 상태가 어떤가를 파악해봅니다. 중독된 것은 아닌지, 아침에 일어남과 동시에 한 대, 화장실 가서 한 대, 식후에 입가심으로 한 대, 무료할 때 한 대, 출장이나 여행할 때 담배를 챙기거나 안 피우면 불안하거나 안절부절 못하거나 이런 경우 중독상태라고 전문가들은 말합니다. 특히 여성 흡연률이 자꾸 늘어나는데 남성보다 끊기가 더 어렵고 폐암도 더 많이 걸리고 어려서부터 피우면 끊기가 더 힘들고 해악이 더 크다고 전문가들은 말합니다. 무엇보다도 중요한 것은 끊으려는 의지와 각오입니다. 살기 힘든 세상에 폐암에 걸리든 말든 마음껏 피우고 죽겠다는 생각이 아니라면 지금 당장 금연을 시도하는 것입니다. 시작 자체가 의미가 있습니다. 시작이 반이라고, 반은 끊은 거나 다름없습니다. 반은 보건소나 전문기관(금연캠프)에 등록하고 적극 치료에 들어가는 것입니다.

■ 금연 순서
1. 금연 날짜를 정하고
2. 가족 특히 아들, 친구, 동료에게 널리 금연을 선포하고
3. 전문기관(보건소, 병원)에 등록하고
4. 집이나 직장, 차 안에 있는 담배, 라이터, 재떨이를 당장 버리고
5. 금연일까지 최대한 줄이고
6. 금연일부터는 하늘이 두 쪽이 나더라도 절대로 담배를 피우지 않는 것입니다. 눈을 질끈 감고 탁 끊는 것입니다. 그러면 끊어집니다. 못 끊을 이유가 하나도 없습니다.

금단현상은 길어야 3주 정도면 대개 사라지므로 3주만 잘 넘기면 성공률이 높아진다는 전문가의 조언도 있습니다. 또 혼자보다는 전문가(보건소, 의료기관)의 도움을 받는 게 성공률이 3배 이상 높다는 것입니다.

■ 왜 끊기가 힘든가?

담배 속에 들어있는 니코틴에 중독되면 금단현상이 일어나 다시 니코틴을 찾게 되니 힘든 것입니다. 금단현상이란 끊으면 두통이 생기고 불안하고 안절부절 못하고 손도 떨리고 잠이 안 오고 두근거리고 흥분되고 못 견뎌 하는 걸 말합니다. 해마다 많은 사람들이 담배를 끊고 있는데 금연 보조제를 쓰거나 담배를 조금씩 줄이거나 소극적인 방법으로 끊는 것보다는 금연 날짜를 정하고 딱 단번에 끊는 사람도 많다는 것입니다. 죽기 살기, 끊기로 작정했다면 못 끊을 이유가 없습니다. 큰일을 할 사람인데 그거 하나 못 끊어서야 어떻게 큰일을 할 수가 있겠습니까? 흡연구역도 점점 줄어들고 있고, 금연구역이 늘어나고 있습니다. 피우다 적발되면 과태료를 물게 되고, 직장에서도 불이익을 당하기도 하고, 외계인 쳐다보듯 하니 치사해서라도 탁 끊는 것입니다. 안 끊으려고 미적대고 합리화시키니 못 끊는 것입니다. 끊을 듯 말 듯해서는 끊을 수가 없습니다. 끊으면 본인 건강에도 좋고, 가족들도 좋아하고, 바둑이도 좋아하고, 옆 동료 직원도 좋아하고, 목구멍도, 폐도 좋아하고, 두루두루 좋으니 당장 끊는 것입니다. 끊는 사람이 없으면 모르겠으나 끊는 사람이 많습니다.

해마다 금연인구가 줄어들고 있습니다. 이제는 담배갑에 흉측한 사진을 넣어 판매하고 있습니다. 외국 예를 보더라도 흡연율이 떨어져 효과를 보고 있다는 것입니다. 말로 끊지 않으니 그걸 보고서라도 빨리 끊으라는 것입니다. 아이들 보기도 창피하고 자존심도 있으니 탁 끊는 것입니다. 담배갑에 있는 사진을 눈에 띄는 곳에 붙여두면 경각심이나 금연 의지가 불타고 효과가 있습니다. 보건소 금연클리닉에도 등록자 수가 배 이상 늘었습니다. 알다시피 담배를 오래 많이 피우면 폐암이나 후두암 등 각종 병에 걸립니다. 그래서 현자(賢者)는 담배를 안 피웁니다. 피워도 바로 끊습니다. 반대로 어리석은 사람은 알면서도 끊지 못하고 꾸벅꾸벅 계속 피워댑니다. 추운 겨울에도 사무실 빌딩 밖에 나가 피워댑니다. 뭐가 좋은지 낄낄대면서 남녀동석해서 같이 피우기도 합니다. 담배 피우는 것은 "나는 의지박약자"라고 선전하는 것과 같습니다. 불가능은 없다고 했습니다. 귀하는 능히 끊을 수가 있습니다. 이참에 탁 끊어버리는 것입니다. 그러면 끊게 됩니다.

■ 담배 생각이 간절할 때
- 흡연 욕구는 3분만 참으면 사라지므로 어떻게든 견디고 참아낸다.
- 물구나무서기 등 운동을 한다.
- 쓴 커피를 두어 잔 마신다.
- 친구나 애인에게 전화한다.
- 군것질을 한다.
- 100까지 센다.
- 심호흡을 한다.
- 찬물을 두어 잔 벌컥벌컥 마신다.
- 스트레칭을 한다.
- 휴대폰이나 컴퓨터를 켠다.
- 동료직원과 얘기를 나눈다.
- 양치질을 한다.
- 금연껌을 씹는다.

- 담배갑에 있는 폐암이나 후두암 사진을 꺼내본다.

■ 국가가 실시하는 금연 프로그램
- 금연 클리닉 : 각 보건소나 국민건강보험공단이 지정한 의료기관 120번 / 1577-1000
- 금연캠프 : 전국 18개 국가 금연지원센터에서 운영 (02) 592-9030 / www.nosmokeguide.or.kr
- 금연상담 전화 1544-9030(국립암센터 금연콜센터)

ㄷ. 마약의 해악과 끊는 법
■ 실정

마약에 손대는 사람들이 늘어나고 있습니다. 2018년 마약사범 적발자 수가 1만 2,613명이고, 2019년은 1만 6,044명으로 증가 추세에 있습니다. 직장인, 주부, 학원강사, 교사, 학생, 의사, 유학 귀국자, 연예인, 농민 등 독버섯처럼 무차별 확산되고 있습니다. 19세 미만 청소년도 늘어나고 있습니다. (2018년 143명, 2019년 239명) 알게 모르게 빠져들고 있습니다. 현재 국내 마약중독자는 54만 명으로 추산하고 있습니다. 마약 청정국가에서 만연국으로 변하고 있습니다. 문제가 아닐 수 없습니다.

■ 유통경로

다양해지고 있습니다. 마약업자, 외국이나 해외여행자, 유학생들이 가지고 들어오거나 밀수, 국제우편을 통해서 무차별 밀반입되고 있습니다. 인터넷을 통해서 다양한 방법으로 유통, 확산되고 있습니다.

■ 종류

아편, 헤로인, 모르핀, 마리화나, 코카인, 히로뽕 등 여러 종류가 있고 신종 마약도 등장하고 있습니다.

■ 해악

일시적으로 기분이 상승하고 성적 흥분, 환각 상태를 느낄 수 있지만 점점 뇌기능이 망가져 끊지 않으면 정신질환, 폐인이 된다는 사실입니다. 뇌, 신장, 폐, 간, 뼈, 피부, 치아, 코, 귀, 간염, 에이즈 등 여러 곳에 영향을 끼칩니다. (한국마약퇴치운동본부) 본인은 말할 것도 없고 가족, 직장, 사회 전반에 나쁜 영향을 주기 때문에 법으로 금하고 있고 처벌을 하고 있습니다. 각종 범죄(폭력, 절도, 성범죄)에 연루되어 사회악 차원에서도 강력히 단속하고 있습니다. 한 번 중독되면 마약에 의지하지 않고는 생활할 수가 없습니다. 자꾸 마약을 찾게 되고 점점 수렁 속에 빠져들게 됩니다. 자살 충동을 느껴 자살을 하기도 하고 직장에 다닐 수도 없고 재산을 날리게 되고 이혼도 하게 됩니다. 한 번 빠지면 온통 마약 생각에 아무 일도 할 수 없기 때문에 패가망신하게 됩니다. 마약은 우리의 영혼을 파괴시키고 인생을 망치는, 인간 파멸의 지름길입니다. 나라를 멍들게 하는 망국병입니다.

■ 동기

왜 마약에 손대는가? 호기심에, 현실도피, 쾌락추구, 유혹, 권유, 부주의, 불찰… 여러 이유가 있을 것입니다. 자기 뜻으로 마약을 하면 누구 원망할 필요가 없겠으나 자신의 뜻에 반해 모르고 마약을 하는 경우입니다. 피로회복제다, 스트레스가 해소된다, 살 빠진다, 컨디션이 좋아진다, 숙취에 좋다… 거짓말로 감언이설에 속아 모르고 하는 경우입니다. 분하고 억울하지 않을 수가 없습니다. 마약은 단 한 번으로도 중독이 될 수 있다는 사실입니다. 살 빼는 약도 대부분(80%) 마약 성분이 들어있다고 식약청 관계자는 말합니다. 이것도 주의해야 합니다. 살다 보면 자신도 모르게 나쁜 유혹에 순간 넘어갈 때가 있습니다. 마약도 마찬가지입니다. 친구나 직장동료, 이성친구, 이웃, 유학 가서 유흥업소 드나들다가 낯모르는 사람으로부터 모르고 혹은 알고도 호기심에 동참하거나 거절을 못하는 경우도 있을 것입니다. 남자친구가 술이나 음료수에 몰래 넣어 먹게 해 시작하는 경우도 많다는 것입니다. 못된 인간! 어디 춤추러 갔다가 술이나 커피나 음료수에 탄 걸 모르고 마시는 경우도 많다는 것입니다. 낯모르는 사람이 권하더라도 취중이니 모르고 먹게 됩니다. 성폭행도 많이 당한다는 것입니다. 마약은 단번에 거절해야 합니다. 절대로 해서는 안 됩니다. 마약은 쥐약과 같습니다. 마약을 하는 친구가 옆에 있으면 자연 마약을 하게 됩니다. 친구를 위해서도 바로 신고를 하고 절교하는 게 상책입니다.

- "멋모르고 손댔다가 인생을 망쳐버렸어요. 절 이렇게 만든 어른들이 죽도록 미워요." 중학교 때부터 손댔다는 여중생 얘기입니다.
- 마약은 한 번 손대면 파멸의 구렁텅이에 빠진다는 것을 미처 몰랐다고 눈물을 흘리는 어느 여고생의 사연이 보도된 일이 있었습니다.
- 마약 주사를 몸에 꽂는 순간 마약 중독에 발을 담근거나 마찬가지라는, 중독에서 벗어난 어느 중독자의 얘기도 있습니다.
- "마약은 한 번 빠지면 헤어 나오기가 힘든 지옥이오." 영화 대부 대사 중에도 나옵니다.
  - 마약의 덫에 스스로 들어가시겠습니까? 마약이 당신을 무너뜨리는 건 단 한 번이면 충분합니다. 단 한 번의 호기심이 거절하지 못한 권유가 당신을 평생 고립시키는 덫이 되었습니다. - 식품의약품안전처(광고문)

■ 어떻게 끊어야 할까?

첫째는 도박이나 담배처럼 끊어야겠다는 의지가 제일 중요합니다. 끊을 의지가 없는 사람에게 백약이 무효지만 끊어야겠다고 작정했으면 미루지 말고 좌고우면하지 말고 지금 당장 시도하는 것입니다. 가족의 도움도 필요합니다. 둘째는 전문가나 전문기관의 도움을 받는 것이 필수적입니다. 지금 당장 찾아가 도움을 청해야 합니다. 의사의 신고 의무사항도 없어졌으므로 주저할 필요가 없습니다. 빨리 찾아가는 것이 빨리 끊는 길입니다. 그리고 적극적으로 재활치료를 받아야 합니다. 그럼으로써만이 수렁에서 빠져나와 새 삶을 살 수가 있습니다. "마약은 속임수다! 처음에는 황홀하지만 그 이후는 죽임이다."(레올라혹스트라)

■ 도움받을 수 있는 곳
- 보건복지부 : 129번
  전국 24개 국가지정 전문병원(무료)
- 한국 마약퇴치 운동본부(www.drugfree.or.kr) / (02) 2677-2245
- 마약류 및 약물남용 예방상담소 / 1899-0893
- 중독재활센터 / (02) 2679-0437

ㄹ. 도박의 해악과 끊는 법

도박중독 추정 200만 명! 왜 이렇게 몹쓸 곳에 빠지는 사람들이 많을까? 도박은 처음에는 여가선용으로 시작합니다. 한 번, 두 번 하다 보면 재미, 스릴도 있고 하지만 가랑비에 옷 젖는 줄 모른다고 나도 모르게 빠져 중독이 됩니다. 화투, 카드, 카지노, 인터넷, 경륜, 경마 등 다양합니다. 알콜이나 흡연, 마약 중독처럼 일단 중독이 되고 나면 헤어 나오기가 무척 어렵습니다. 수렁에 빠지듯 점점 빠지게 됩니다. 돈을 따다 보면 돈 따는 재미로, 잃게 되면 본전 생각에 만회하려고 더 덤비게 됩니다. 그러나 딸 수가, 만회할 수 없는 구조입니다. 그러다 보면 돈 잃고 빚지고 집도 날리게 되고 이혼하기도 하고 직장도 잃게 되고 패가망신하게 됩니다. 자살하거나 범죄에 연루되기도 합니다. 한마디로 바보가 되고 맙니다. 도박을 하지 않으면 아무런 걱정이 없는데 하게 되니 문제가 됩니다. 도박중독은 일종의 난치성 정신질환입니다. 뇌에 문제(충동조절장애)가 생겼기 때문입니다.

중독이 되면 불안, 초조, 안절부절 못하고, 금단현상이 일어납니다. 도박자금은 빌려서 했는지, 뭘 팔았는지, 자금 마련을 위해 나쁜 짓을 생각해봤는지, 할 일은 제쳐두고 했는지, 생각이 떠나지 않는지, 자살, 자해를 생각해봤는지 우선 자기 진단을 해봅니다. 자신의 의지로 조절 못하고 지속적으로 도박을 한다면 일단 중독이 됐다고 볼 수 있습니다. 중독으로 진단이 되면 적극적으로 빨리 치료를 받아야 빠져나올 수가 있습니다. 가족들이 나만 쳐다보고 있는데 생활비도 학비도 대야 하는데 언제까지 허우적거릴 수는 없습니다. 빠져나오려고 노력해야 빠져나올 수가 있습니다. 일단 다른 대안을 찾아봅니다. 도박보다 재미있고 스릴 있는 걸 찾아 몰두해봅니다. 그 자리를 다른 걸로 메꾸는 것입니다. 도박 이전의 즐겼던 것을 다시 시작해보는 것입니다. 그것이 뭘까 쭉 적어봅니다. 운동, 등산, 낚시, 취미활동, 공부라든가, 자기계발, 창작활동, 기술습득, 자격증, 발명, 종교, 봉사활동 등 찾아 심취해보는 것입니다. 대안이 될 수 있습니다. 그러나 그것이 여의치 않으면, 조절이 어려우면 치료는 혼자 힘으로 어렵기 때문에 전문기관의 도움을 받아야 합니다. 마음을 독하게 먹고 치료를 해야 합니다. 이걸로 일생을 그르칠 수는 없습니다. 인생이 너무 억울하기 때문입니다. 대단한 각오가 필요합니다. 우선 잃은 돈은 잊어버려야 합니다. 만회할 수가 없습니다. 아까운 생각이 굴뚝같겠지만 불우이웃에 성금을 냈다고 자위해보는 것입니다.

　길이 아니면 가지를 말라고 했듯이 도박은 길이 아닙니다. 나를 망하게 하는 악마와 같습니다. 넘보아서도 발을 담가서도 안 됩니다. 빠지기 전에 손을 털고 얼른 일어나야 합니다. 친구 따라 강남 간다고 주위에 도박하는 친구가 있으면 멀리하고 상종하지 말아야 합니다. 가만히 있고 싶어도 자꾸 꾀고 불러냅니다. 자연 도박꾼이 되고 중독자가 됩니다. 주부들도 도박판에 몰려다니다 적발되어 망신을 당하기도 합니다. 2014년 도박으로 검거된 주부가 1,244명입니다.(경찰청 자료) 상습도박꾼 4명 중 1명이 가정주부라는 것입니다. 적발 현장에서 TV 카메라를 피하기 위해 옷을 뒤집어쓰는 걸 가끔 보기도 합니다. 품위 있는 요조숙녀가, 자애로운 어머니가 그게 뭡니까인 것입니다. 놀랄 노짜요, 뭐할 게 없어 도박판에 기웃거릴까? 남편 보기가 미안하지 않을까? 아이들 보기가 부끄럽고 창피하지 않을까? 아예 쳐다보지도 말고 여가시간을 그 에너지를 건전한 곳 - 취미, 봉사활동, 자녀교육, 발명 쪽에 쏟는 것입니다. 아이디어 개발에 심취해보십시오.(기타편 960쪽 참고)

- 도박문제 상담전화
  - 빨리 치료 : 080-300-8275
  - 한국도박문제 관리센터(문체부산하 민간상담기관) : 1336번 / (02) 740-9000 - 365일 24시간, 전국 14개 지역 운영
  - 한국 단도박 모임(www.dandobak.co.kr) / (02) 521-2142
  - 한국 단도박 가족모임(www.dandobakfamily.or.kr) / (02) 522-8483

- 젊어서 노름꾼은 늙어서 거지가 된다. - 독일 격언
- 도박을 즐겨서 부자가 된 자와 늙어 가지고도 나팔을 불 수 있는 자는

극히 드물다. - 서양 격언
- 두 사람이 도박을 한다면 한 사람은 반드시 잃게 된다. - 서양 격언
- 도박! 그것은 탐욕의 자식, 죄악의 형제, 해독의 아버지다. - G. 워싱턴
- 도박으로 시간과 돈을 잃는다. - O. 펠섬
- 노름은 흥이 최고로 도달했을 때 치우는 것이 상책이다. - 영국 격언

- 도박할 시간에 진짜 돈 벌 궁리를 하십시오.

(2) 약과 보약

① 약

모든 약은 두 얼굴을 가지고 있습니다. 병을 치료하는 데 없어서는 안 될 귀한 존재입니다. 통증을 완화시켜 주고 빨리 낫게 해줍니다. 반면 잘못 쓰거나 지나치면 해가 되고 독이 됩니다. 모든 약에는 부작용이 있습니다. 설명서에 빠짐없이 나와 있습니다. 그래서 오남용을 하지 말라고 했습니다. 약 주고 병 준다는 말은 이를 두고 한 말입니다. 얼굴이 가려워, 피부과에서 준 연고를 발랐는데 가려움은 전혀 가시지 않고 모공이 넓어져 좁쌀처럼 분비물이 많이 나오고 혈관이 늘어나 술 먹은 사람처럼 얼굴이 붉어지기도 합니다. 비타민도 어떤 것은 오래 많이 먹으면 독이 될 수 있고, 변비약도 어떤 것은 일시적으로 효과를 볼 수 있지만 장복하면 장 기능이 무력해질 수도 있습니다. 그런데도 병원에서 약이나 주사 처방이 없으면 허전하고 치료받은 기분이 안 들어 주사나 투약 처방을 요구하기도 합니다. 그러나 우리 인체는 어느 정도 자연 치유력이 있으므로 굳이 약을 먹지 않아도 치료가 된다면 안 먹는 것이 좋습니다. 머리 아플 때 두통약을 먹으면 금세 낫지만 안 먹어도 시간이 지나면 자연 낫듯이 참고 이겨내는 지혜도 필요합니다.

■ 약화(藥禍)를 막는 법

- 반드시 용법을 지킬 것
- 설명서를 보고 부작용, 주의사항을 숙지할 것
- 먹다가 끊거나 건너뛰지 말 것, 효과가 떨어지거나 내성이 생길 수 있습니다.
- 맹물로 먹을 것, 다른 음료수와 같이 먹지 말 것
- 서방정(徐放錠, 서서히 녹는 약)은 씹어서 먹거나 가루를 내어 물에 개어먹지 말고 그대로 먹을 것
- 미지근한 물로 먹되 한두 모금의 물로 먹으면 약이 목에 걸려 식도에 염증이 생길 수 있으므로 알맞게 먹을 것
- 쪼개거나 임의로 적당히 조제해서 먹지 말 것
- 복용기간이 지난 약은 버릴 것
- 남의 약을 나눠 먹지 말 것
- 알약은 냉장고에 보관하지 말 것, 습기에 약해 스며들어 곰팡이가 슬거나 변질되기 쉽습니다.
- 쓰레기통에 버리면 환경오염이 되므로 약국에 갔다 줄 것

- 약은 어느 것이나 새로운 병을 가져올 우려가 있다. - F. 베이컨 / 학문의 진보
- 대부분의 사람이 병 때문이 아니라 약 탓으로 죽는다. - 몰리에르 / 건성으로 앓는 사나이
- 병 주고 약 준다. - 한국 속담
- 병에 걸리는 것보다도 약을 잘못 쓰고 병을 도지게 하지 말라. - 소포클레스 / 아이아스

② 보약(補藥)

"영감(왜 불러) 뒤뜰에 뛰어놀던 병아리 한 쌍을 보았소(보았지) 어 쨌소(이 몸이 늙어서 몸보신 할려고 먹었지) 잘했군, 잘했어, 잘했군, 잘했군, 잘했어. 그러게 내 영감이라지." 하춘화님의 잘했군 잘했어 - 작사 반야월 / 작곡 고봉산

보약이란 말 그대로 건강하게 오래 살려고 먹으면 몸이 좋아지는 음식이나 약을 말합니다. 인삼, 녹용, 곰쓸개, 지네, 자라, 토룡탕(지렁이), 고로쇠물, 보신탕, 까마귀, 오소리, 산토끼, 족제비, 쇠뜨기풀, 굼벵이, 나무껍질 등. 정력제란 무엇이냐? 남성 물건 좋아지라고 먹는 것! 엄숙하고 세밀히 말하면 남성 성기능 강화제를 말합니다. 몸보신에, 정력이 좋다고 소문나면 너도나도 물불을 안 가리고 무차별 먹어 치우는 우리의 보약 문화에 토종, 희귀동식물이 수난을 당하고 있습니다. 얼마나 효과가 있을까? 별로 없습니다. 안 좋을 수 있는데 왜 그렇게 극성을 부릴까? 아이들 학원이나 과외처럼 왜들 그렇게 휩쓸릴까? 언젠가, 철망우리에 곰을 가둬놓고 곰가슴에 고무호스를 꽂아 대롱으로 쓸개즙을 빨아 먹었다는, 곰이 물끄럼이 쳐다보는 장면이 보도된 일이 있었습니다. 만물의 영장인 인간이 세상에 그럴 수 있을까? 그걸 사서 먹는 사람은 몸보신이 되니 싱글벙글 좋아하겠지만 당하는 곰은 얼마나 아플까? 내 살이 아프면 남의 살도 아픈 법인데 "야, 이 쓸개 빠진 인간들아. 아파죽겠다. 이 몹쓸 인간들아. 못 살겠다. 어서 제거하라." 이렇게 절규하고 있는지도 모릅니다.

왜 우리 한국인들은 유독 보약을 좋아할까? 보약을 먹는다고 병이 안 나는 것도 아니고 오래 사는 것도 아니고 몸에 해로울 수도 있는데 왜 그렇게 난리법석일까? 분별력도 없고 수준이 낮기 때문이고 휩쓸리기를 잘하기 때문입니다. 그러다 보니 외국 관광여행에 몸

보신 코스가 포함된 곳도 있습니다. 재수 없으면 기생충에 걸릴 수도 있으니 주의해야 합니다. 보(補)란 무엇이냐? 부족한 걸 보충해주는 것입니다. 비타민 A가 부족하면 A를 보충해주면 되는 것입니다. 고루고루 적당히 먹는 것이 몸을 보호해주는 최고의 건강식, 보약인 것입니다. 식보(食補)란 말이 있듯이 식약동원(食藥同源)이라고 했듯이 음식이나 약이나 뿌리는 같습니다. 음식이 약이 되는 것입니다. 그런즉슨 만물의 영장인 우리는 깊이 깨닫고 곰쓸개니 오소리, 굼벵이니 그런 것에 연연하지 말고 보약 문화를 바꿔야 합니다. 혐오식품을 먹는다고 해서 건강해지고 병에 안 걸리고 오래 사는 것은 아니기 때문입니다. 고루 적당히 먹고 운동하는 것이 최고의 보약인 것입니다. 자각, 자중, 자애해야 합니다. 일등 국민의 참모습은 아닙니다.

■ 건강 10계명

1. 건강 해칠 일을 하지 않는다.
2. 고루고루 먹는다. - 6대 영양소(단백질, 탄수화물, 지방, 비타민, 미네랄, 식이섬유)
3. 정기 건강검진을 빼먹지 말고 받는다.
4. 내 건강수치를 항상 체크한다. - 혈압, 혈당, 콜레스테롤, 체중
5. 하루 8시간 이상 잠을 충분히 잔다.
6. 꾸준히 운동을 해서 적정 체중을 유지한다.
7. 스트레스는 바로바로 해소한다.
8. 담배는 피우지 않고 술은 적당히 마신다.
9. 정상적인 성생활을 유지한다.
10. 치아관리를 철저히 한다.

• 건강의 시작은 질병을 아는 것이다. - 세르반테스

- 병은 자각되나 건강은 전혀 자각되지 않는다. - T. 플러
- 건전한 신체에 건강한 정신이 깃든다. - 주베나르
- 제일의 재산은 건강이다. - R. W. 에머슨 / 인생의 방법

■ 국민 암 예방수칙

1. 담배를 피우지 말고 남이 피우는 담배연기도 피하기
2. 채소와 과일을 충분히 먹고, 다채로운 식단으로 균형 잡힌 식사하기
3. 음식을 짜지 않게 먹고 탄 음식을 먹지 않기
4. 암 예방을 위하여 하루 한두 잔의 소량음주도 피하기
5. 주 5회 이상, 하루 30분 이상 땀이 날 정도로 걷거나 운동하기
6. 자신의 체격에 맞는 건강체중 유지하기
7. 발암성 물질에 노출되지 않도록 작업장에서 안전보건 수칙 지키기
8. 예방접종 지침에 따라 B형 간염과 자궁경부암 예방접종 받기
9. 성매개 감염병에 걸리지 않도록 안전한 성생활하기
10. 암 검진 지침에 따라 검진을 빠짐없이 받기

(출처 : 국가암정보센터)

■ 건강 관련 사이트

- 국가암정보센터(www.cancer.go.kr) 1577-8899
- 건강IN(건강보험공단)(http://hinhi.or.kr) 1577-1000
- 한국건강관리협회 (http://www.kahp.or.kr)
- 공공보건포털(http://g-health.kr)

4. 식생활
- 금강산도 식후경이라

(1) 뭘 어떻게 먹을 것인가?

인간은 누구나 먹지 않고는 살 수가 없습니다. 살려면 먹어야 되고 먹되 잘 먹어야 됩니다. 다양한 음식, 다양한 식품을 골고루 먹어야 제대로 건강을 유지할 수가 있습니다. 옛날에는 없어서 제대로 못 먹었지만 지금은 너무 많이 먹어서 문제가 되고 있습니다. 하루에 필요한 열량이 성인 1,800~2,400칼로리가 필요합니다. 식품마다 열량과 영양소가 다릅니다. 영양소에는 탄수화물, 지방, 단백질의 3대 영양소와 비타민, 미네랄, 식이섬유 등이 있습니다. 하루 세 끼 식사에 위의 영양소가 골고루 들어있는 식품을 적당히 먹어야 제대로 건강을 지킬 수가 있습니다. 그러나 1가지 식품에는 위의 영양소가 다 들어있는 식품은 별로 없습니다. 어떤 식품에는 칼슘이 들어있는 반면 비타민A가 부족한 식품이 있고, 반대되는 식품도 있습니다. 그러므로 여러 음식을 고루 먹어 영양소를 보충해줘야 합니다. 균형 잡힌 식단이 필요합니다. 식은 생의 영원한 테마이고, 그리고 두 개의 얼굴을 가지고 있습니다.

■ 올바른 식생활습관
1. 제때에 먹습니다.
2. 골고루 먹습니다.
3. 적당하게 먹습니다.
4. 싱겁게 먹습니다.

5. 덜 달게 먹습니다.
6. 탄 음식은 안 먹습니다.
7. 즐겁게 먹습니다.

- 우리가 적게 먹어서 후회하게 되는 일은 없다. - T. 제퍼슨 / 문서집
- 사람은 흔히 칼에 의하여 죽지 않고 저녁식사에 의하여 죽는다. - 영국 격언
- 음식으로 못 고치는 병은 약으로도 고칠 수 없다. - 히포크라테스
- 음식을 절제하라. 그러면 당신은 건강하게 될 것이다. - B. 프랭클린
- 저녁을 적게 먹는 것이 수명을 연장시킨다. - B. 프랭클린

(2) 알고 먹어야 할 것
① 아침밥 굶지 않고 먹기 ②

아침밥을 습관적으로 안 먹거나 출근에 쫓겨, 준비하기가 귀찮아서, 밥맛이 없어서, 다이어트를 하느라 먹는 둥 마는 둥 굶고 출근하는 직장인이 많습니다. 오전 중 업무를 보려면 에너지가 필요한데 굶으면 에너지가 공급되지 않아 힘이 없으니 업무능률이 오를 수 없습니다. 굶으면 배가 고프고 배고픔은 어서 빨리 밥을 먹으라는 신호인데 안 먹으니 뇌도 뿔따구가 나고 뇌기능도 떨어집니다. 자연 집중력, 사고력도 떨어지고 업무에 집중이 되지 않으니 능률이 오르지 않고 허기져 탈진이 되기도 합니다. 욕구불만으로 짜증도 나고 피곤하고 두통도 생깁니다. 계속 굶게 되면 건강을 해치게 되고, 결핵에 걸릴 수도 있고, 하나도 좋을 것이 없습니다. 그런데도 직장인 3명 중 1명이 굶는다니 문제가 아닐 수 없습니다. 자동차에 기름이 공급 안 되면 움직일 수 없는 이치와 같습니다. 변비가 생기고 비만의 원인이 되기도 합니다. 부족한 에너지를 보충하기 위해 점심, 저녁을 더 먹게 되고, 간식도 하게 되니 자연 살이 찌게 됩니다. 그래서

"아침밥을 황제처럼 먹고 저녁밥은 거지처럼 먹으라."고 했습니다. 많이 먹고 곧바로 잠자리에 들게 되니 살찌는 것은 시간문제인 것입니다. 보건복지부와 질병관리본부가 발표한 걸 보면 30대 남성 2명 중 1명이 비만입니다. 놔두면 당뇨병, 고혈압, 고지혈증, 심장병으로 이어지게 됩니다. 다이어트도 아침밥을 먹으면서 하는 것이 효과적입니다. 굶어 열량이 부족하게 되면 몸은 지방을 더 저장하려 하기 때문에 살 빼기가 어렵다는 것입니다. 살 빼려고 아침밥을 굶는 것은 착각이라는 것입니다. 어린아이도 아니고 성인이므로 스스로 깨닫고 아침밥을 굶지 말고 꼭 먹는 것입니다. 내 건강을 위해서 내 가족, 내 아이들을 위해서인 것입니다. 아침을 먹은 사람이 안 먹은 사람보다 당뇨병에 걸리거나 뚱뚱해질 확률이 37~55% 낮았다는 연구 결과도 있습니다. 아침을 안 먹으면 혈당이 떨어지고 자연 점심, 저녁을 많이 먹게 되고, 군것질도 하게 되니 혈당이 올라가게 되고 굶으면 떨어지고 오르락내리락 반복하다 보면 췌장 기능이 떨어져 당뇨병이 생기게 됩니다. 당뇨병을 제대로 관리하지 않으면 시력 기능이 떨어져 눈이 멀고, 신장(콩팥)이 망가져 신장투석을 하게 되고, 족부 궤양이 생겨 다리를 절단해야 된다는 사실을 잊지 말아야 합니다. 장난이 아닙니다. 다쳐서 눈이 멀거나 다리를 자르는 것보다 당뇨병 후유증으로 눈이 멀거나 자르는 경우가 더 많다는 사실입니다. 또 아침을 꼬박꼬박 먹은 사람보다 안 먹는 사람이 2~3kg 이상 살이 더 찐다는 조사도 있습니다. 그런즉슨 애도 아니고 알아서들 하십시오.

② 소식(小食)

매끼 꼭 챙겨 먹되 정량보다 조금 덜 먹는 것입니다. 아쉽다는 느낌이 들 때 수저를 놓아야 합니다. 하지만 맛있는 음식을 먹다가 숟가락을 놓기가 참 어렵습니다. 식욕이 동하는데 그래서 절제하지 못하고 과식하게 됩니다. 적게 먹어서 탈나는 것보다 많이 먹어서 탈 나는 경우가 더 많습니다. 적게 먹을 때는 더 먹으면 되지만 일단 많이 먹으면 토해낼 수도 없고, 많이 먹어 찐 살은 빼기도 힘들기 때문에 소식이 더 나은 것입니다. 어쨌거나 자기에 맞게 적당히 고루 먹는 것입니다. 마른 사람은 조금 더 먹어야 할 것이고, 비만인 사람은 조금 덜 먹는 것입니다. 그게 형평에도 맞습니다. 소식이 쥐나 원숭이 실험에서도 입증이 됐고, 장수촌의 장수 노인들도 소식을 한 사람이 많습니다.

③ 채식 위주

육식보다 채식을 더 많이 먹는 것입니다. 잡곡밥, 채소, 과일, 견과류, 생선, 해조류가 건강에 더 좋습니다. 육식은 기름기가 많이 들어있으므로 많이 먹으면 비만의 원인이 될 수 있으므로 조금 덜 먹고, 채식은 종류가 다양하고 영양소가 육식보다 고루 들어있기 때문에 건강에 더 좋습니다. 특히 암을 예방하는 식품 가운데는 마늘 등 채식 속에 많이 들어있습니다. 채소, 과일, 해조류 등은 일종의 약과 같습니다. 그렇다고 채식만 고집해서는 안 됩니다. 반면 동물성 고기에는 양질의 단백질이 들어있으므로 균형 있는 채식과 육식류가 좋습니다. 기름도 트랜스지방, 가공된 지방이 문제가 되고 있습니다.

반복합니다만 한 가지 간과해서는 안 될 점은, 지구가 더워지면 (온난화) 북극 얼음이 녹아 해수면이 높아지고 질병이 창궐하고 홍수가 나고 가뭄이 들고 해일 등 기상이변이 속출하고 수해를 입는 수재민이 늘어나는 등 자연재해로 해마다 이런 현상이 반복되고 있습니다. 그 원인의 하나가 과도한 온실가스 배출입니다. 특히 소에서 나오는 온실가스(메탄가스, 방귀, 트림, 하품)의 양이 자동차, 비행기,

배에서 나오는 것보다 13%가 더 많이 나온다는 것입니다. 소고기를 많이 먹으면 공급을 늘리기 위해서 많이 길러야 되기 때문에 목초지를 더 많이 조성하기 위해서는 산림도 훼손해야 되고 태워야 하니 자연 온실가스가 많이 나오게 됨으로 동물보호 차원에서나 지구 건강을 위해서라도 소고기를 조금 덜 먹는 것이 좋다 할 것입니다. 자연도 살리고 동물도 살리게 됩니다. 아는지 모르는지 소가 도축장에 끌려 들어갈 때면 닭똥 같은 눈물을 흘린다는 것입니다. 애처롭지 않을 수가 없습니다. 소도 하나의 생명일진대 인간의 목숨이나 다를 바 없는데 먹게 되면 간접 살우행위인지 아닌지, 적게 먹는 게 좋은지 많이 먹는 게 좋은지, 불교에서는 살생을 금하고 있습니다. 스님들은 육식을 하지 않습니다. 자비심이 많기 때문일 것입니다.

④ 싱겁게 먹기

소금은 우리 몸에 필요한 영양소입니다. 체액조절, 산도조절, 근육수축 작용을 돕습니다. 세계보건기구 1일 권장량이 5g인데(1티스푼) 우리는 12.5g을 먹고 있습니다. 문제는 너무 많이 먹는 데 있습니다. 소금을 많이 오래 먹으면 고혈압, 위암, 골다공증, 당뇨병, 지방간, 심장병, 뇌졸중, 만성신부전증 등에 걸릴 위험이 있다고 전문가들은 경고합니다. 또 백내장, 녹내장 위험도 있습니다. 우리의 식습관이 짜게 먹는 데 길들여져 있기 때문입니다. 김치, 찌개, 국, 탕, 장아찌, 장류, 젓갈류, 가공식품, 과자류, 인스턴트 식품에 소금이 많이 들어있습니다. 그러니 권장량 이상 많이 먹게 됩니다. 이제는 식습관을 '싱겁게 먹기'로 바꿔야 합니다. 짜게 먹다 싱겁게 먹으면 맛이 없겠으니 계속 먹게 되면 차차 입에 배고 적응이 됩니다. 외국 사람보다 우리가 위암이 많은 이유는 짜게 먹기 때문입니다. 소금이 위벽을 자극해서 상처를 내기 때문입니다. 암도 1위가 위암입니다. 또 혈압도 오릅니다. 그러므로 요리 시에는 소금을 적게 넣고 외식

할 때는 가급적 싱겁게 먹는 노력이 필요합니다. 염도계를 사용해도 좋습니다. 칼륨은 나트륨 흡수를 억제하고 혈압 상승을 막습니다. 함량이 높은 식품은 바나나, 오렌지, 토마토, 땅콩, 감자, 고구마, 당근 등입니다.

⑤ 덜 달게 먹기

당분도 소금처럼 많이 먹으면 몸에 안 좋습니다. 소금보다 더 나쁘다는 전문가의 지적도 있습니다. 몸에 해로우니 적게 먹는 게 정답입니다. 많이 먹을 경우 영양 불균형, 고지혈증, 충치, 집중력 저하, 중성지방 증가, 과잉행동장애, 비만, 고혈압, 당뇨병, 골다공증, 심뇌혈관 같은 성인병이 촉발될 수 있습니다. 그래서 세계 각국은 지금 설탕 줄이기 전쟁을 벌이고 있습니다. 미국, 영국, 멕시코, 노르웨이, 인도네시아, 필리핀, 인도, 콜롬비아, 프랑스 등. 설탕은 사이다, 콜라, 주스, 커피, 빵, 과자, 떡 등 가공식품에 많이 들어있습니다. 세계보건기구(WHO)도 비만과 만성질환의 주범이라고 경고한 바 있습니다. 당(糖) 성인 1일 섭취 권장량 50g 미만인데 25g 이하로 줄일수록 좋다는 것입니다. 탄산음료 1캔(250ml)에는 26g이 들어있습니다. 2캔이면 하루 권장량(50g)을 넘게 됩니다. 쓴 것은 싫어해도 단맛은 구미를 당기기 때문에 다들 좋아하고 많이 먹습니다.

아이들 역시도 단 것을 자주 먹기 때문에 충치가 생겨 치과치료를 많이 받습니다. 비만아가 많은 것도 여기에 원인이 있다고 볼 수 있습니다. 우리 청소년 1일 권장량은 30g인데 57.5g을 섭취하고 있습니다. 2013년 기준, 만 3~5세는 34.7g, 6~11세는 45.2g을 먹습니다. 그래서 정부도 당류 섭취 줄이기 위한 종합계획을 발표했습니다. 당분 섭취를 1일 총섭취량 대비 10% 낮추겠다는 것입니다. 이에 발맞춰 각 가정에서도 적게 먹는 노력이 필요합니다. 무엇이든 지나치면 안 좋습니다. 단 걸 먹으면 맛은 있되 밥맛이 떨어지고, 쓴 걸 먹으면 먹기는 안 좋으나 밥맛이 좋아집니다. 더운 여름 밥맛이 없을 때 익모초즙은 쓰디 쓰지만 밥맛이 돌아오므로 시식해보는 것도 좋습니다.

⑥ 유해, 불량식품 - 안 먹고, 가려먹기

과도한 농약 살포, 중금속 오염 등 해롭고 질 나쁜 먹거리, 가공식품의 범람으로 건강이 위협받고 있습니다. 상한 음식을 먹으면 배탈이 나듯이 발암물질이 들어있는 음식을 먹으면 암에 걸릴 수가 있습니다. 특히 불에 탄 고기 속에는 발암물질이 들어있으므로 탄 부분을 제거하고 먹어야 합니다. 암 발생원인의 30%는 음식섭취에 있다는 전문가의 지적도 있습니다. 건강을 지키기 위해서는 가급적 친환경 식품, 안전한 먹거리를 먹어야 합니다. 먹기 전 한 번 살펴보고 먹어야 되고, 의심스럽거나 위험스런 음식은 먹지 않는 것이 좋습니다. 특히 바다에서 나는 큰 생선은 수은 함량이 높으므로 가급적 알이나 내장 부위를 제거하고 먹는 것이 좋다는 것입니다. 임산부 역시도 많이 먹지 않는 것이 좋습니다.

⑦ 음식물 쓰레기 줄이기

어느 해인가 - 먹다 남은 음식물이 쓰레기로 엄청나게 버려지고 있습니다. (연 14조) 덩달아 처리비용도 늘어나고 있습니다. (연 5,300억) 1일 배출 쓰레기양 12,000톤, 8톤 트럭 1,880대분, 개인과 국력의 낭비인 셈입니다. 덕분에 토양, 하천, 공기, 먹는 물, 악취 등 환경이 갈수록 오염되고 있습니다. 개선하려면 가정과 사회가 서로 노력하는 수밖에 없습니다.

ㄱ. 가정에서는
- 쓸 만큼 구입하고 먹을 만큼 조리합니다.
- 먹을 만큼 덜어서 먹고 남기지 말아야 합니다.
- 반찬 수를 줄입니다.
- 과식하지 않고 적당히 먹습니다.
- 버리기 전 남은 반찬을 재조리합니다.

버릴 때는 귀찮더라도 꼭 분리해서 버려야 합니다. 그래야 사료나 퇴비로 재활용할 수가 있습니다. 생선 찌거기나 뼈, 내장은 퇴비나 사료로 부적당함으로 일반쓰레기로 분류해서 버려야 합니다. 재활용 여부는 동물이 먹을 수 있나 없나로 구분합니다.

ㄴ. 음식점에서는
- 가짓수보다 맛있게 먹을 수 있는 반찬을, 먹지 않는 것보다 다 먹을 수 있는 반찬을 제공하는 것입니다.
- 비좁고 번거롭지만 먹을 만큼 덜어 먹을 수 있게 옆에 반찬통을 준비합니다. 요사이는 일반음식점도 뷔페식으로 제공하는 식당이 늘고 있습니다. 음식물 쓰레기도 줄일 겸 위생적이라서 좋습니다.
- 손님이 먹다 남은 음식은 싸줍니다. 대부분 고마워합니다. 아까워 가지고 가고 싶어도 체면 때문에 말을 못할 경우도 있을 것입니다. 싸주면 다시 오게 됩니다. 쓰레기는 줄이고 손님 다시 오게 하니 일석이조인 셈입니다. 우리 모두 진정으로 자각하고 생활화해서 환경정화, 비용절감, 일등 국민, 모두 애국자가 돼보는 것입니다. 문제는 실천에 있습니다.

5. 효도
- 할까 말까?

아버님 날 낳으시고 어머님 날 기르시니
이 두 분 곧 아니시면 이 몸이 살았을까
하늘같이 가없은 은혜 어디대어 갚사오리
(정철 / 훈민가)

　옛 시조에서 볼 수 있듯이 부모님이 안 계셨더라면 내가 존재할 수가, 이 아름다운 세상을 만끽하고 살 수가 있을까? 그 고마움, 그 은혜 어디에 비교할 수도 갚을 수도 없으니 -.

낳실 제 괴로움 다 잊으시고 기를 제 밤낮으로 애쓰는 마음
진자리 마른자리 갈아뉘시며 손발이 다 닳도록 고생하시네.
하늘 아래 그 무엇이 넓다 하리오.
어머님의 희생은 가이 없어라.
양주동 박사님의 "어머니의 마음"을 새삼 떠올려봅니다.

　■ 효도란 무엇인가?
　자식들이 부모님을 지극정성으로 모시는 일입니다. 물질적으로 정신적으로 기쁘게 해드리는 일입니다. 물질적인 효도보다 정신적인 효도가 더 클 때도 있습니다. 고대 광실에서 잘 먹고 잘 자고 잘 사시게 하는 것도 큰 효도지만 아들과 며느리가 면전에서 티격태격

자주 싸운다면 산해진미 잘 먹은들 소화가 잘 될 리, 마음 편할 리가 없을 것입니다. 사람은 누구나 하루를 살더라도 마음 편하게 사는 것이 최고의 행복입니다. 농경사회에서는 삶 자체가 효도의 일부였으나 산업사회로 접어들면서 핵가족화의 영향으로 전통적인 가부장제도가 무너지면서 효의 개념이 엷어지고 없어져 가고 있습니다. 안타까운 일이 아닐 수 없습니다.

자식간에도 서로 모시지 않으려고 눈치 보고 서로 미루고 다투고 잦은 패륜 행위가 늘어나고 있습니다. 중풍에 걸린 어머니를 양로원 앞에다가 아니면 효도관광을 시켜 드린다고 관광지에 슬그머니 놔두고 달아나 현대판 고려장도 생기고 있습니다.

어느 관광지에선 1년에 수십 명이 버려지고 있다는 보도도 있었습니다. 부모인데 오죽했으면 그랬을까? 하지만 다른 방법은 없었을까? 한 가지 씁쓸한 점은 부모가 재산이 있거나 많으면 자식들의 태도가 달라진다는 것입니다. 재산이 탐이 나서 마음에 없는 짓들을 한다는 것입니다. 개발 붐 지역에서 땅값이 오르는 바람에 졸지에 부자가 되니 안 오다가, 안 찾다가 1년에 한두 번 올까 말까 했는데 선물 보따리를 들고 자주 찾아온다는 것입니다. 그래서 죽을 때까지 재산을 넘겨주지 말고 가지고 있어야 된다는 말이 회자되고 있습니다. 부모 자신을 위해서나 자식들한테 효도 받기 위해서나 효자를 만들기 위해서라도 움켜쥐고 있어야 된다는 것입니다. 다 넘겨주고 용돈 타쓰기란 속이 뒤틀릴 때가 한두 번이 아닐 것입니다. 그래서 자식들로부터 효도 계약서를 받기도 합니다. 부양을 않거나 학대하거나 소홀히 하거나 부당한 대우를 할 경우 준 재산을 다시 돌려달라고 반환소송을 하겠다는 것입니다. 실제 소송하는 경우도 늘고 있습니다. 아니면 '증여신탁'을 고려해보는 것입니다. 2014년 노인학대 신고 8,772건 중 경제학대 521건, 반환소송 262건이 일어났습니다.

　그러다 보니 법도 만들어지고 있습니다. '불효방지법', 부모 부양을 제대로 안 할 경우, 증여한 재산을 돌려받을 수 있도록 한 법률입니다. 재산을 물려받는 순간 마음이 달라질 수가 있기 때문입니다. 화장실 갈 때 다르고 올 때 다르듯 인간의 속성이기 때문입니다. 그러나 사람다운 사람의 근본은 바뀌지 않습니다. 각설하고, 하해와 같은 부모님 은혜를 어떻게 해야 만분의 일이라도 갚을 수 있을까? 보도를 보면 갖가지 사연의 효행이 줄을 잇고 있습니다. 101세 노모와 치매를 앓고 있는 96세의 장모를 모시고 있는 68세 된 아들, 중풍에 쓰러진 아버지를 20년 모신 아들, 중증 장애인인 시부모를 20년 모신 며느리, 앞 못 보는 아버지, 걷지 못하는 어머니를 4년간 수발한 어느 여중생, 중풍에다 실명한 어머니를 45년간 수발한 아들, 반신불수의 장모를 20년간 모신 사위, 90이 넘은 아버지를 지게에 태워 금강산으로, 중국 태산으로 관광시켜 드린 아들, 아버지 간이식을 시켜 드린 20대 형제, 치매, 중풍에 걸린 아버지와 어머니를 16년간 수발한 인기 여가수(현숙씨) 등 장하지 않을 수가 없습니다. 아무리 세상이 바뀌어도 효자, 효녀, 효부, 사위는 있습니다. 그것이 자식의 도리요, 인간의 근본이기 때문입니다. 그러나 세월은 사람을 기다려주지 않는다고, 물처럼 흘러간 세월은 다시 돌아오지 않으니 모시고 싶어도, 효도하고 싶어도 살기 어려워 효도다운 효도 한 번 제대로 하지 못하고 늘 마음에 걸렸는데, 여유가 생겨 모시고 싶어도 안 계시니 아, 어찌할꼬. 어머니, 아버지 으흐흑, 눈물을 감추시고.

　樹欲靜而 風不止(수욕정이 풍부지)
　子欲養而 親不待(자욕양이 친부대)
　(한영 / 한시외전)

나무는 가만히 있고 싶어도 바람이 그치지 않고
효도를 하고 싶어도 부모님이 가시고 안 계시네.

그러므로 살아계실 때 잘해드리는 것입니다. 꼭 잘 살아야만 하는 것은 아닙니다. 있으면 있는 대로 없으면 없는 대로 정성껏 모시는 것입니다. 떨어져 있으면 자주 찾아뵙고 건강도 챙겨드리고 용돈도 자주 드리고 전화도 자주 드리고 기쁘게 해드리려고 애쓰는 것이 현대판 효도인 것입니다. - 효자가 부모를 봉양함에 있어 무엇보다도 부모님의 마음을 즐겁게 해드리고, 부모님 뜻을 거역하지 말고, 부드러운 말로 부모님의 귀를 즐겁게 해드리고, 온화한 낯빛과 공손한 태도로 부모님의 눈을 즐겁게 해드리며, 부모님이 좋아하시는 음식으로 정성을 다해 봉양해야 하느니라. 증자님 말씀입니다. 부모님 생신일에는 어디 아프신 데는 없는지 건강검진을 해드리고 또 잘 잡수셔야 하니 이도 치료해드립니다. 어버이날에는 사시면 얼마나 사실까? 가보고 싶으신 곳으로 모시고 가서 관광시켜 드리는 것입니다. 엄청 기쁘고 즐겁게 해드리는 것입니다. 또 월급을 타면 알아서 생활비 아니면 용돈을 빼먹지 말고 드리는 것입니다. 말을 안 해서 그렇지 쓸 곳이 많습니다. 옛말에 효자 부모 밑에 효자 자식이 나온다고 내가 부모에게 효도를 해야 내 자식도 본을 보고 내게 효도를 한다는 사실입니다. 효도는 백행(百行)의 근본입니다. 님은 지금 효자입니까? 효부입니까? 효녀입니까? 불효자입니까?

어버이 살아실 제 섬기길랑 다하여라.
지나간 후면 애달프다 어찌하리.
평생에 고쳐 못할 일은 이뿐인가 하노라.
(정철 / 훈민가)

- 우리 부모들은 우리들의 어린 시절을 꾸며주셨으니 우리는 부모들의 말년을 아름답게 꾸며드려야 한다. - A. 생텍쥐페리
- 한 아버지는 열 아들을 기를 수 있으나 열 아들은 한 아버지를 봉양키 어렵다. - 독일 격언
- 까마귀도 자라면 제 어미에게 먹이를 물어다 준다. - 사문유취
- 부모가 온 효자가 되어야 자식이 반 효자가 된다. - 한국 속담
- 늙은 부모들의 생전의 소망과 기쁨은 자식들의 효밖에 없다. - 김용기
- 어버이를 사랑하는 사람은 남을 미워하지 않고 어버이를 존경하는 사람은 남에게 오만하지 않는다. - 효경
- 효도는 모든 덕의 근본이다. - 효경
- 애비가 누더기를 걸치면 자식은 소경이 되지만 애비가 돈주머니를 차고 있으면 자식들은 모두 다 효자가 된다. - 셰익스피어 / 리어왕
- 만약 지구가 멸망해 인류가 다른 곳으로 이주한다면 꼭 가지고 가야 할 문화가 바로 한국의 효다. - 아놀드 토인비

- 절절한 효심곡 1곡 소개합니다. "내 어머니"(임웅균)

6. 노후준비

(1) 왜 해야 하는가?

　인간 수명 100세 시대가 성큼 다가오고 있습니다. 대체로 55~60세에 은퇴하게 되면 장차 30~40년을 더 살아가야 합니다. 남은 기간 어떻게 살아갈 것인가가 문제가 아닐 수 없습니다. 많은 돈을 들여 자녀교육에 올인해도 제대로 취업을 못해 놀고 있는 젊은이들이 늘어나고 있습니다. 예전에는 자녀교육이 어느 의미에서는 노후 수단이 됐으나 이제는 믿을 수가 없고, 자녀가 부모의 노후를 책임져 준다는 보장도 사라져 가고 있습니다. 믿을 건 오직 자신뿐 노후준비는 본인 스스로 해결해야 되는 시대가 돼버렸습니다. 또 부모를 모시지 않으려는 풍조와 자녀에게 얹혀 살려고 하지 않거나 따로 살려는 부모도 늘어나고 있습니다. 이런 현실에서 은퇴 후의 삶을 제대로 살아가기 위해서는 사전에 철저한 노후준비가 필요합니다. 노후가 제대로 준비된 사람은 노후가 축복이지만 준비가 안 된 사람은 재앙이 될 수도 있습니다. 준비에 따라서 노후가 즐겁기도 하고, 괴로운 삶이 될 수도 있는 것입니다. 그럼에도 5명 중 3명이 노후준비가 제대로 안 돼 있는데 이런 현실을 감안할 때 "딱 닥쳐서 보다 왕성한 활동기에 미리 조금씩 준비하는 것"이 무엇보다 중요합니다. 그래서 미리 앞당겨 문제를 제기해본 것입니다. 유비무환의 지혜를 살리는 것입니다.

(2) 그렇다면 무엇을 어떻게 준비할 것인가?

대체로 4가지 - 노후자금, 건강, 소일거리, 관계유지를 들 수 있습니다.

① 노후자금 준비

은퇴하면 경제활동이 중단되므로 수입이 끊기게 됩니다. 그러나 생활비는 계속 지출되므로 생활자금 - 일반생활비·치료비·애경사비·교제비·품위유지비 등이 필요합니다. 어떻게 확보해야 할까? 월급 나오듯, 매달 현금이 꾸준히 나오는, 가장 안전하고 좋은 방법 중의 하나가 연금확보 - 국민연금, 퇴직연금과 개인연금(보험사, 은행, 증권사 등)에 가입해두는 일입니다. 국민연금이나 퇴직연금만으로는 충분하지 못하기 때문에 추가로 수입의 한도 내에서 개인연금에 가입해둡니다. 연금소득은 은퇴 준비의 기본입니다. 노후자금은 얼마나 필요할까? 다 다르고 정확히 계산할 수 없으나 노후자금이 많을수록 좋고, 노후자금 준비는 빠를수록 좋습니다. 금융권을 이용할 경우 복리효과로 적게 부담하고 많이 받을 수 있는 상품에 가입하는 것입니다. 자세한 것은 관련 책자를 참고하는 것도 좋습니다. 전문가나 관련 업체의 상담도 필요합니다. 20대편 683쪽을 참고하십시오.

② 노후건강 준비

노후에 건강을 잃게 되면 노후가 즐겁지 않습니다. 거동이 불편하거나 자리에 누워있으면 그것 역시도 재앙입니다. 어디 마음대로 놀러 다닐 수 없고, 손주 녀석 결혼식에 참석할 수도 없습니다. 노인들의 꿈인 9988234, 99세까지 팔팔하게 살다가 2~3일 아프다 4일째 죽는 것, 그 덕을 보기 위해서는 빼먹지 말고 건강검진을 철저히 받고 적절한 치료, 섭생하고 꾸준히 운동해서 건강을 유지하는 일입니다. 건강해야 노후가 즐겁습니다. 건강한 노후를 맞이하기 위해 지금부터 건강 테크가 꼭 필요한 것입니다. 고혈압, 당뇨, 고지혈증, 비만관리에 힘써야 하고 금연해야 합니다.

③ 소일거리(취미생활)

은퇴하면 시간은 많지만 소일거리가 마땅치 않으면 시간 보내기가 지루할 수 있습니다. TV 보거나 잠자거나 개밥 주거나 동네 한 바퀴 돌거나 그것도 하루 이틀이지 여간 고역이 아닐 수 없습니다. 이럴수록 마땅한 소일거리가 필요합니다. 노년에 즐거운 소일거리가 있다는 것은 축복입니다. 활기찬 노후생활이 되기 때문입니다. 평소 나만의 소일거리, 취미생활을 갖거나 동호회나 봉사활동 등에 참가한다면 은퇴 후 자연스럽게 노년까지 연결될 수 있어 좋습니다.

④ 관계유지(말벗)

은퇴하면 아무래도 사회활동이 줄어들기 때문에 외로움, 따돌림, 우울증에 시달릴 수가 있습니다. 평소에 가족관계, 이웃, 직장, 친구 관계를 돈독히 해서 은퇴 후라도 좋은 관계가 유지될 수 있도록 관심을 갖고 꾸준히 관리 노력하는 것입니다.

■ 상담 사이트
- 국민연금공단 노후설계사이트(http://csa.nps.or.kr) / 국번없이 1355번

- 다음은 국민연금관리공단에서 제공한 노후준비에 대한 안내문을 소개합니다.

1. 노후준비에 대한 질문

Why : 노후준비는 왜 필요할까? 기대수명이 증가하면서 은퇴 후 시간이 길어졌기 때문입니다.

- Who : 노후준비는 누가 할까? 은퇴를 앞둔 장년층만이 하는 것이 아니라 노후를 맞이하는 우리 모두가 준비해야 합니다.
- When : 노후준비는 언제 시작할까? 노후준비는 지금이 가장 효율적이고 부담 없이 시작할 수 있는 적기입니다.
- What : 노후준비를 위해 무엇을 준비해야 할까? 노후 생활자금, 올바른 건강습관, 나만의 여가활동, 풍부한 대인관계 등을 준비해야 합니다.
- How : 든든한 노후는 어떻게 준비할까? 나의 노후준비 수준을 점검한 후 계획을 세워서 꾸준히 실천해 나가야 합니다.
- Where : 노후준비에 대한 도움을 어디에서 받을 수 있을까? 가까운 국민연금 공단지사에서 노후준비 서비스를 받을 수 있습니다.

2. 노후준비의 중요성

(1) 고령화 문제에 직면한 우리 사회

① 숫자로 알아보는 고령화 문제

- OECD 국가 중 노인 자살률 1위
- OECD 국가 중 노인 빈곤률 1위
- 노후준비를 하고 있지 않은 고령자 비율 53%(통계청 2015년)
- 100세 시대의 시작점으로 최빈 사망 연령이 90세가 되는 해 - 2020년
- 부부 한 쌍의 적정 노후 생활비 237만 원(2015년 기준)

　- 다른 누구에게도, 나중으로도 미룰 수 없는 우리의 노후준비! 바로 지금, 스스로 준비해야 합니다.

3. 노후준비의 기본

(1) 재무 - 노후자금 마련하기
① 국민연금 : 국가보장(기본적인 노후생활 보장) - 의무적
② 퇴직연금 : 기업보장(안정적인 노후생활 보장) - 자율적
③ 개인연금 : 개인보장(여유 있는 노후생활 보장) - 자율적
④ 주택, 농지연금 : 개인보장(여유 있는 노후생활 보장) - 자율적

(2) 건강 - 건강생활 실천하기
① 정기적인 건강검진
② 만성질환 예방하기
③ 복부비만 탈출
④ 누적피로 해소
⑤ 갱년기 극복
⑥ 혈관을 젊게 관리

(3) 여가 - 활기찬 여가시간 보내기
① 건강, 스포츠, 운동 : 등산, 요가, 축구 등
② 교육, 문화예술 : 평생교육, 문화예술관람 참여
③ 사회참여와 자원봉사 : 사회적 기업, 자원봉사
④ 여행 및 취미활동 : 여행, 관광, 오락, 예술

(4) 대인관계 - 가족, 친구, 이웃과 함께 준비
① 부부
② 부모, 자녀
③ 형제, 자매
④ 친구
⑤ 이웃

- 청렴한 국민연금, 국민과의 약속입니다.
(자료: 국민연금관리공단, 국번없이 1355번)

제8장
40대 중년(中年)

평균 수명 80세에 40은 중년입니다. 인생의 반환점을 막 돌아선 세대, 사회의 중추적인 역할을 담당하는, 인체에 비유한다면 허리에 해당하는 세대입니다. 앞만 보고 달려온 덕분에 직장이나 사회적으로나 가정적으로 어느 정도 안정적인 생활을 누리게 됩니다. 그동안 직장과 사회에서 갈고 닦아온 지식과 경험과 관록을 드러낼 수 있는 인생의 완숙기에 접어든 것입니다. 일을 사랑하고 인생을 관조하고 삶을 풍요롭게 누려야 할 위치인 것입니다. 위아래도 보고 주위를 살필 때가 된 것입니다. 그러나 엊그제까지만 해도 팔팔한 20대 청춘이었는데 벌써 40대라니, 장강의 뒷물이 앞물을 밀어내듯 인생의 후반전을 준비해야 할 시기이기도 합니다. 오르막이 있으면 내리막이 있듯 수명은 늘어나고 퇴직연령은 짧아지고 직장생활도 길어야 10~15년 퇴직, 은퇴 후를 생각 안 할 수가 없습니다. 왕왕 40대를 위기의 세대라고 말하기도 합니다. 후배들은 사정없이 밀고 올라오고 선배들은 벽처럼 떡 버티고 서 있습니다. 멈출 수도 나아갈 수도 없는 중간에 낀 세대이기도 합니다. 위아래의 압박과 도전을 받게 되니 스트레스를 많이 받게 되고 심신도 피곤하고 체력적으로나 면역력도 떨어져 질병에도 취약합니다.

현직에서 밀려난다는 위기감에 불안을 느끼기도 하고, 은퇴 이후를 준비해야 되고, 자녀교육에도 올인해야 되고, 안팎으로 불안, 초조, 위협을 느끼게 되기도 합니다. 젊은 날의 열정과 용기도 점점 사그라들고 꿈도 점점 멀어지고 미래 역시도 불투명합니다. 남보다 빨리 승진도 해야 되고, 집도 넓혀야 되고, 돈도 많이 벌어야 되고, 부모님도 챙겨드려야 하고, 빚도 갚아야 되고, 다급하고 초조하지 않을 수가 없을 것입니다. 한편으로는 일탈을 꿈꾸기도 합니다. 일상, 매너리즘에의 변화, 불륜에 빠지기도 합니다. 이럴 때일수록, 어려운 시기일수록 현 위치에서 정도를 지키는 일이 무엇보다도 중요합니다. 그것은 맡은 일에 최선을 다하는 것입니다. 40을 불혹이라 했듯이 흔들림이 없어야 합니다. 미혹에 빠져서는 안 된다는 공자님의 말씀처럼 유혹을 떨쳐버려야 합니다. 한눈 팔지 말아야 한다는 뜻입니다. 직장인으로서 가장으로서 지나온 날을 잘 살피고 가다듬고, 그리고 다시 한 번 삶의 목표를 점검하고 퇴직 후를 대비하는 것입니다.

1. 직장에서는

40대는 부서장의 위치입니다. 부장이나 팀장이란 맡은 부서의 리더이고 관리자입니다. 리더십을 발휘해서 임무 이상의 성과를 올려야 하는 자리입니다.

(1) 업무성과

지위가 오를수록 업무는 많아지고 권한과 책임은 커집니다. 말단 직원의 위치라면 맡은 분야만 책임 있게 처리하면 능력을 인정받았습니다. 상도 타고 승진도 했습니다. 그러나 부장은 맡은 업무달성을 위해 리더십을 발휘해서 부하직원들의 능력을 제고하고 성과를 확실히 보여줘야 합니다. 맡은 일, 주어진 일에 성과를 내지 못한다면 조직에서의 지위가 흔들리게 됩니다. 제때에 승진을 못하면 중도에서 탈락을 하게 됩니다. 업무성과와 실적은 부장 혼자 힘만으로는 달성할 수가 없습니다. 부하직원들이 각자 능력을 발휘해야만 성과가 나타납니다. 독불장군은 없습니다. 그러기 때문에 출중한 리더십이 필요합니다. 앞에서 끌고 뒤에서 밀게 하는 것입니다.

지도와 교육, 조언, 격려, 소통을 통해서 각자 능력을 발휘케 하고 일사분란하게 끌고 가야 합니다. 어느 의미에선 부장은 예비 CEO인 것입니다. 여러 부서가 힘을 모아 각자의 프로젝트를 훌륭히 이뤄내야만 직장이 살 듯이 부서 직원 하나하나가 열성을 다해야 성과를 낼 수가 있습니다. 그 리더 역할이 부장인 것입니다. 가령 부서 앞에 떨어진 프로젝트가 직장 전체 연간 비용 1억 절감하기라면 어떻게 해야 목표를 달성할 수 있을까? 사무비품을 싸게 구입한다거나 접대비나 차량 관리비를 줄인다거나 보험료를 절감한다거나 생산성을 높인다거나 비효율적인 것을 없앤다거나 그 외 여러 절약요소가 있을 것입니다. 그걸 다 꺼내 부서직원들에게 임무를 부여하는 것입니다. 각자 열성적인 노력으로 경비절감 1억의 목표를 달성했다면 그 프로젝트는 성공한 것입니다. 부장과 부원들의 능력도 인정받게 됩니다. 이와 같이 눈에 띄는 실적이 많을수록 승진이 성큼 다가오는 것입니다.

(2) 임원 되기 - 준비

부장의 목표는 임원이 되는 것입니다. 상무, 전무, 부사장, 사장 등 임원 자리는 한정이 되어있고 경쟁은 치열합니다. 그러나 임원이 되고 싶다고 아무나 되는 것은 아닙니다. 될 수 있는 부장만이 임원이 되는 것입니다. 그렇다면 기준, 자격은 뭘까? 대체로 능력 + 실적 + 신망을 갖추고 있어야 합니다.

① 업무능력

부장의 위치, 10~15년 정도 근무하면 대체로 능력을 갖췄다고 볼 수 있습니다. 한 직책만 계속 맡는 것이 아니고 순환보직으로 두루 겪어보기 때문에 직장 사정을 훤히 꿰뚫고 있다고 볼 수 있습니다. 그러나 능력이란 대동소이하기 때문에 판단하기가 어렵지만 그래도 뭔가 눈에 띄는 능력을 갖추고 있어야 합니다. 영업은 누구다, 관리는 누구다 하는 평판을 가지고 있어야 능력을 인정을 받을 수 있습니다. 같은 값이면 밋밋한 능력보다는 월등한, 눈에 띄는 가시적인 능력을 가지고 있어야 승진에 유리합니다. 눈에 띄는 남과 비교 우위에 있는 나의 능력은 뭘까? 1차 점검이 필요하고, 미진한 부분을 보완해두는 것입니다. 그리고 플러스 알파라면 투철한 충성심, 애사심입니다. 임원은 기업의 꽃입니다. 그래서 별을 단다고 말하기도 합니다. 책임은 무겁고 권한은 많고 대우도 높습니다. 기왕지사 직장생활을 부장으로 마칠 것이 아니라 상무, 전무… 사장으로 퇴직을 맞아야 할 것입니다. 유념해야 할 점이라면 나의 상사가 어떻게 해서 임원의 반열에 올랐는지 살피고 연구하고 벤치마킹하는 것입니다. 맘먹기에 달려있습니다.

② 실적

지금까지 어떤 실적을 올렸는가? 능력이 출중해도 실적이 시원찮다면 어떻게 될까. 우선 직장에 플러스가 되는 뚜렷한 실적을 올려야 합니다. 존재 의의가 여기에 있기 때문입니다. 실적에는 여러 가지가 있을 것입니다. 직책에 따라 다르겠지만 생산성에 괄목할 만한 실적, 매출에 대한 실적, 경비 절감 차원에서의 실적, 대외 신인도에 대한 실적 등 여러 가지가 있을 것입니다. 기여도가 많은 부장을 승진시켜야 될까? 기여도가 시원찮은 부장을 승진시켜야 될까? 답은 자명합니다. 과연 나는 지금껏 근무해오는 동안 직장에 어떤 뚜렷한 실적을 남겼는가 자문자답해봐야 합니다.

③ 신망

직장은 하나의 조직사회입니다. 한 사람 두 사람이 모여 조직을 이루게 됩니다. 조직이 커지다 보면 그 조직을 이끌 수 있는 리더가 필요합니다. 리더에게는 조직을 한 곳으로 일사분란하게 끌고 갈 수 있는 능력이 필요합니다. 믿고 따르게 하는 능력이 곧 리더십, 신망입니다. 콩으로 메주를 쑨다고 해도 믿고 따르지 않으면 리더로서는 실격입니다. 어느 장군은 주위로부터 신망을 얻었기 때문에 추대를 받아 나라를 세운 것입니다. 이에는 덕이 필요합니다. 덕 있는 사람은 외롭지 않다고 했습니다. 주위에 동조자, 협조자가 모여듭니다. CEO가 되더라도 부하직원으로부터 신망을 얻지 못하면 조직을 제대로 이끌 수 없습니다. 독불장군은 없습니다. 주위의 도움을 받아야만이 제대로 리더십을 발휘할 수가 있습니다. 그래서 지장보다는 덕장이 되라고 했습니다. 그렇다면 어떻게 해야 신망을 얻을 수 있을까? 지향점이 명확해야 되고, 공과 사를 구분해야 되고, 신상필벌이 엄정해야 되고, 솔선수범하고, 도와주고, 너그럽게 대하고, 긍정적이어야 합니다. 출중한 리더십을 가지고 있어야 합니다. 주위로부터 나는 신망을 얻고 있는가 곰곰이 생각해봐야 합니다. 임원이 갖춰야 할 자질로는 열정, 성실성, 실력, 충성심, 판단력, 추진력, 설득력, 인품 등입니다.

(3) 정년퇴직 후 무엇을 할 것인가?

대개 55세 전후로 정년퇴직, 혹은 은퇴를 하게 됩니다. 갈수록 퇴직 연령이 빨라지고 있습니다. 100세 인생, 퇴직하면 뭘 할 것인가? 노후자금이 충분히 준비가 돼 있지 않은 상태에서 퇴직 후 준비해둔 일거리가 없으면 당혹스럽고 막막하고 낭패감을 느끼게 될 것입니다. 70~80도 아니고 50대에 퇴직, 은퇴한다면 팔팔한 나이에 하루 이틀도 아니고 계속 놀 수는 없고 재취업 아니면 자영업이나 창업을 해야 되는데 특히 자영업이나 창업은 준비, 경험 없이 시작하게 되면 실패 확률이 높습니다. 실패하면 노후가 어려워집니다. 그러기 때문에 40대가 되면 정년퇴직을 대비해 퇴직 다음날부터 재취업, 새 직장에 출근하거나 내 사업을 시작할 수 있도록 구체적으로 차근차근 준비하는 일이 아주 중요합니다. 현직에 있을 때의 경력관리 여부가 퇴직 후 10년, 20년 후의 삶이 달라진다는 전문가의 조언도 있습니다. 재취업을 위해 현 업무의 연장선상에서의 경력관리, 업무 기술을 더욱더 연마시키고 고도의 전문직 자격증도 좋습니다. 아니면 내 사업을 위해 갈고 닦은 현 업무 노하우를 내 사업으로 연결시키거나 독특한 아이디어를 개발하는 것입니다. 취미나 특기를 살려 사업으로 연결시킬 수도 있습니다. 작정하고 10년 이상 준비한다면 괄목할 만한 성과가 있을 것입니다. 지금부터 차근차근 목표와 계획을 세워 준비에 들어가는 것입니다. 가급적 술자리를 피하고 TV 시청 시간을 줄여야 합니다. 줄인 시간을 재취업, 내 사업 준비에 투자하는 것입니다. 음식점을 할 계획이라면 지금부터 하나에서 열까지 준비하는 것입니다. 유비무환, 선견지명의 지혜를 살리는 것입니다. 님은 퇴직 후 곧바로 뭐하실 생각이십니까? 준비해뒀습니까? 준비해야 되지 않겠습니까?

(4) 자영업

통계를 보면 자영업자가 5백 49만 명이 넘습니다. (2016년) 그중 40대가 수위를 차지합니다. 직장에서 중도 퇴직하거나 재취업이 뜻과 같지 않으면 대부분 자영업을 선택합니다. 도소매업, 숙박업, 음식점이 있으며, 그중 음식점이 한 축을 차지합니다. 큰 자본 없어도, 경험 없어도 시작할 수 있는 업종이라고 여기기 때문입니다. 그러나 생각처럼 그렇게 만만치 않습니다. 전에 해본 경험이 있으면 모르겠으되 처음 시작한다면 어려움이 한두 가지가 아닐 것입니다. 안 먹으면 죽으니까, 끼니때가 되면 사먹어야 되니 장사가 안 되겠어? 그래도 밑지기야 하겠어? 가게 얻고 내부시설 꾸미고 조리기구 갖추고 종업원 확보해서 시작하면 되지 않겠어? 대부분 경험 없이 너무 안이하게 주먹구구식으로 준비 없이 쉽게 덤벼든다는 것입니다. 그러다 보니 식당 수는 늘어나고 경쟁은 치열하니 십중팔구는 잘 안 되거나 실패한다는 전문가들의 지적입니다. 치킨 가게를 하려면 하다못해 6개월이고 7개월이고 종업원으로 들어가 무급으로라도 하나에서 열까지 몸소 배우고 노하우를 익혀서 시작해야 실패를 줄일 수 있고 성공할 수가 있을 텐데 그게 아닌 게 문제라는 것입니다. 음식점 자영업자 60%가 6개월도 준비 안 하고 시작한다는 것입니다. 한 해(2015년) 66만 개의 음식점 중 1/4이 문을 닫았다는 것입니다. 폐업률도 타업종보다 높게 나옵니다. 그만큼 어렵다는 뜻입니다. 경험 부족에다 진입장벽이 낮고 신입이 몰리다 보니 경쟁이 심해 성공률도 떨어집니다. 다들 장사가 잘 되면 좋겠으나 잘 되는 곳도 있고, 잘 안 되는 곳도 있을 것입니다. 잘 되는 곳은 잘 되는 이유가 있고, 잘 안 되는 곳은 잘 안 되는 이유가 있어서 잘 안 될 것입니다. 도대체 그 이유가 뭘까?

■ 음식점

시작하려면 무엇을 준비해야 할까? 매사 성공은 준비에 달려있습니다. 대체로 4가지, 경영능력, 업종, 자금, 사업장을 꼽습니다.

ㄱ. 경영능력

사업은 사람이 하기 때문에 잘 알고 시작해야 됩니다. 모르면 물어보고, 경험이 없으면 쌓고 시작하는 것이 정답입니다. 성공을 좌우하는 요소가 경영능력입니다.

ㄴ. 업종(아이템)

한식이냐 양식이냐? 한식도 콩나물국밥집이냐? 설렁탕집이냐? 반짝 떴다가 시리지는 유행업종이 아니라 유망한 업종, 계속 끌고 갈 수 있는 아이템이어야 합니다. 불황을 타지 않고, 경쟁이 치열하지 않고, 적은 자금으로 할 수 있고, 원가부담은 낮고 마진이 높은 업종이어야 합니다. 발품, 많은 조사 연구가 필요합니다.

ㄷ. 자금

자기 자본으로 시작해야 하나 부족 시는 차입해야 되는데 너무 높아도 안 좋습니다. 30% 이상이면 위험부담이 따를 수 있다고 지적하는 전문가도 있습니다. 6개월 이상 운영자금이나 생활자금을 확보해둬야 합니다.

ㄹ. 사업장소

눈에 띄고 접근하기 쉽고 홍보성도 있고 기왕이면 주차가 용이한 곳이면 좋습니다. 유동인구가 많은 목 좋은 곳이면 더할 나위 없으나 권리금, 임대료가 비싸 부담이 될 수 있으므로 업종에 따라 후순위, 적합한 곳을 찾는 노력이 필요합니다. 발품을 많이 팔아야 합니다. 오래전 어떤 이는 다방을 계약하기 전 다방 앞에서 종일 손님, 출입자를 세어보고 계약을 했다는 것입니다. 이런 노력이 필요합니다. 음식점 개업 6개월 만에, 1년 만에, 2년 만에 적자를 안고 문 닫는 곳도 있고, 어떤 곳은 일취월장 잘 되는 곳도 있을 것입니다. 같은 치킨집이라도 잘 되는 곳도 있고, 잘 안 되는 곳도 있을 것입니다. 잘 되면 더 잘 되게 하고, 안 되면 잘 안 되는 이유를 철저히 파악해서 잘 되게 해야 합니다. 잘 되는 곳을 벤치마킹하고 노하우를 배워 내 가게에 적용해서 잘 되게 해야 합니다.

■ 어떻게 하면 손님이 많이 몰려오게 할까?

첫째가 맛이 있어야 되고 청결해야 합니다. 그리고 친절해야 하고 서비스도 좋아야 합니다. 같은 설렁탕집이라도 자판기가 우리 집엔 없고 옆집에 있으면 그쪽으로 가게 됩니다. 이것이 고객의 구매심리이고 인지상정입니다. 인간은 이익에 따라 움직이는 존재입니다. 손해나는 일은 싫어하고 득이 되는 일에는 덤벼듭니다. 백화점 세일도 덤으로 뭘 주니 그쪽으로 가게 됩니다. 고객의 취향과 심리를 파악해서 거기에 맞게 기분을 맞춰주는 것입니다. 맛있게 먹고 만족을 느끼면 다시 찾게 되고, 맛도 없고 기분 나쁜 꼴을 보면 다시 찾지를 않습니다. 갓난아이도 만족해야 울지를 않습니다. 반찬이 떨어지면 요구하기 전에 얼른 갖다 줍니다. 대부분 못 본 체합니다. 갖다 준다고 해서 적자가 크게 나는 것은 아닐 텐데 외면합니다. 크게 손해 보면 안 되겠지만 푸짐하고 숱한 맛이 있어야 합니다. 종업원이 자기 생각대로 갖다 주고 싶어도 주인 눈치 볼 때도 있을 것입니다. 알아서 척척 갖다 주면 손님들은 다들 좋아하고 만족스럽게 생각하고 다시 가게 됩니다. 소문이 나면 찾게 됩니다. 먹다 남은 음식 역시도 싸달라고 손님이 요구하고 싶어도 체면 때문에 얘기를 못하는 경우도 많을 것입니다. 말하기 전에 얼른 싸주는 것입니다. 한 번 온 손님을 계속 다시 오게 하는 비결이 성패를 좌우합니다. 일종의 단골손님 확보가 그것입니다. 단골손님이 많으면 불황을 타더라도 큰 타격을 입지 않게 됩니다. 와도 그만 안 와도 그만이라면 장사가 잘 될 수가 없습니다. 손님을 왕으로 생각하고 정성껏 접대하는 것입니다. 이뻐서가 아니고 돈을 벌게 해주니깐요.

　계속 다시 오게 할 수는 없을까? 있습니다. 그게 뭐요? 하나에서 열까지 만족시켜 버리는 것입니다. 고객만족, 어디서 많이 듣던 얘기입니다. 무릇 만족하면 행복을 느낍니다. 그러니 안 올 수가 없습니다. 같은 값이면 다홍치마라고 설렁탕집은 어디, 냉면집은 어디, 이런 평판을 얻어야 합니다. 입소문이 중요하기 때문입니다. 오래전에, 어떤 사람이 자금이 부족하여 변두리에 불고기 음식점을 열었는데 어쩌다가 손님이 와서 먹고 갈 때면 먹다 남은 것은 싸주고 덤으로 고기 조금 줬더니 와본 사람은 다시 오고 소문이 나 문전성시를 이루게 되고, 결국 성공했다는 것입니다. 이 방법도 일종의 영업 노하우인 것입니다. 그 누구도 시도하지 않았던 방법, 기존의 발상을 뒤집는 것! 남처럼 해서는 남 이상 될 수 없다고 했습니다. 지금 우리 가게 경쟁력은 뭘까? 왜 손님이 안 올까? 차별화 전략, 뭔가가 달라야 합니다. 고객감동, 감동을 줘야 되고 만족을 느끼게 해야 합니다. 찾아온 고객, 하나에서 열까지 흡족하게 만족시켜 버리는 것입니다. 그것이 최고의 영업전략이고, 문전성시를 이루는 길이고, 돈 버는 비결입니다.

■ 음식점 창업

너무나 쉽게 생각하는 경향이 많습니다. 만만히 보니 큰코를 다치게 됩니다. 식당에 가면 노력은 성공의 열쇠인데도 노력을 하지 않은 부분이 눈에 띕니다. 역지사지, 입장을 바꿔 생각해보면 알 수가 있습니다. 그래서 맛집순례가 필요합니다. 한 수 배우기 위해서입니다. 어쨌거나 잘 되게 하려면 배 이상의 노력이 필요합니다. 머리를 써야 합니다. 방법을 찾아내야 합니다. 맛, 서비스, 고객반응, 분위기, 청결한 환경, 가격, 불평불만 등 그날 그날 '결산'이 필요합니다. 반성과 개선의 방법을 찾기 위해서입니다. 고객의 불평불만에 항상 귀를 기울이는 것입니다. 업그레이드된 맛과 서비스를 제공하기 위해서입니다. 소문난 집, 잘 되는 곳에 가서 먹어보고 어떻게 운영하는지 벤치마킹해보는 것입니다. 뭔가 다릅니다. 같은 분야 성공한 사람들의 성공담을 소개한 책을 참고해보는 것도 좋습니다. 책 속에 길이 있고, 방법을 알려주기 때문입니다. 노하우를 배워 잘 되게 해야 합니다. 어떤 성공한 자영업자는 늘상 위기의식과 정성을 강조합니다. 잘 되면 소홀해지고 방심하면 기울게 되므로 초심을 잃치 말아야 한다는 것입니다. 옳은 말입니다. "손님이 돈으로 보이면 사업은 그 순간 끝나는 거다." 준오헤어 강윤선 대표님의 고견입니다. 기왕에 하는 장사, 성공해서 기부도 하고 즐겁게 편안한 노후를 맞이하는 것입니다.

■ 단골 만들기 9계명

1. 주인이 가게를 지킬 것
2. 맛이 있을 것
3. 청결할 것
4. 친절할 것
5. 서비스가 흡족할 것
6. 가격이 적정할 것
7. 한 번 온 손님 기막히게 만족시킬 것
8. 동행자도 신경 쓸 것
9. 단골고객 - 인센티브를 제공할 것

■ 소상공인시장진흥공단 - 상권정보시스템
- 예비 창업자 업종 전환을 준비하는 소상공인에게 지역별 업종별 종합적 상권 정보 무료 제공
- 특정 지역 선택 : 상권을 지정하면 업종별 매출, 수익성, 유동인구, 임대시세, 경쟁업소 등 53종의 정보를 한눈에 알 수 있습니다.
- 상권정보 시스템을 이용하려면 네이버, 다음 검색창에 상권정보를 검색하거나 홈페이지(sg.sbiz.or.kr) 접속 가능
- 소상공인시장진흥공단 블로그(blog.naver.com/marketagency) 내 가게 창업하기 첫걸음 : 상권정보시스템 동영상 제공
- 콜센터 1644-5302 / 1357번

■ 참고 사이트
- 서울시 우리 마을 가게 상권분석 서비스(golmok.seoul.go.kr)
- 서울시 소상공인 지원센터(www.seoulbdc.or.kr) 1588-5302
- 서울 신용보증재단(www.seoulshinbo.co.kr) 1577-6119
- 소상공인진흥원(www.seda.or.kr) (042) 363-7761~5

- 소상공인 e-러닝센터(http://edu.seda.or.kr) 1577-5302

(5) 주부 재취업

　직장 여성들은 결혼하거나 임신이나 출산하게 되면 가사나 육아 때문에 부득불 직장을 그만두게 됩니다. 어느 정도 아이를 키우게 되면 한숨 돌리게 되고, 못다 이룬 자아실현 욕구가 생기기도 하고, 경제적 이유 등으로 다시 일자리를 찾게 됩니다. 그러나 한동안 일에서 물러나 있기 때문에 경력단절이 되고, 재취업에 제약이 따르게 됩니다. 특수한 기술직이나 전문직이 아니면 재취업이 어렵습니다. 대부분 비정규직에 머물게 됩니다. 다행스럽게도 퇴직 전의 일을 얻게 된다면 금상첨화겠으나 현실은 내 맘대로 안 되니 고민이 안 될 수가 없습니다. 그렇다고 손 놓고 가만히 있을 수 없어 구직활동을 하게 됩니다. 우선 내 능력, 위치, 환경에 맞는 직장을 찾는 것입니다. 일하면서 가사와 육아를 돌볼 수 있는 자리가 적격일 것입니다. 그래서 시간제나 프리랜서, 재택근무를 희망하게 됩니다. 정부에서도 취업자를 위해 지도, 교육, 알선 등의 서비스를 제공하고 있습니다. 내게 맞는 곳을 찾아 재도전하는 것입니다.

■ 관련 사이트

ㄱ. 여성가족부
- 여성가족부공동육아 나눔터(www.familynet.or.kr) / 1577-8136, 1577-9337
- 여성가족부아이돌봄 서비스(www.idolbom.go.kr) / 1577-2514
- 여성 새로 일하기 센터 / 1544-1199(전국 158개 센터, 718개 과정)
- 위민넷(www.women.go.kr)

ㄴ. 고용노동부 1350번
- 고용센터(www.moel.go.kr)
- 여성 워크넷(www.work.go.kr/women)

ㄷ. 문화체육관광부(www.koreastudy.or.kr) / (044) 203-2000

ㄹ. 교육과학기술부 / 110번
- 한국여성과학 기술인 육성재단(www.wiset.re.kr) / (02) 6411-1000

ㅁ. 기타
- 온라인 경력개발센터, 꿈 날개(www.dream.go.kr//saeil)
- 워크넷(http://www.work.go.kr)
- 커리어넷(http://www.careernet.re.kr)
- 여성기업 종합지원센터(www.wesc.or.kr)
- 한국고용정보원(http://www.keis.or.kr) / (02) 2629-7114, 1577번 / 주부 재취업 도전 직업 60가지 소개
- 한국 여성 경제인협회, 창업스쿨(www.wacademy.co.kr) / (02) 369-0900
- 한국 여성 인력개발센터(www.vocation.or.kr) / 51개소 (02) 369-0900

2. 가정에서는

한 가정의 가장으로서 역할을 충실히 하는 일입니다. 가장이 흔들리면 가정도 흔들리게 됩니다. 중심을 잡고 건실한 생활을 하는 것입니다. 남편으로서 아버지로서 위치를 굳건히 지키는 일입니다. 가장인 남편이 속없이 허튼 짓을 하게 되면 가족들은 고통스럽고 슬퍼집니다. 행복한 가정을 만드는 일은 남편 하기에 달려있다고 해도 과언은 아닙니다. 건강 역시도 가장은 물론 가족들의 건강도 챙겨야 합니다. 나이를 먹을수록 기력도 떨어지고 건강도 취약해집니다. 한 두 가지 병이 시작되는 나이입니다. 아이들 공부에도 관심을 갖고 직접 가르치고 챙겨줘야 합니다. 의미 있는 추억거리도 만들어줍니다. 40대는 중, 고생 학부형의 위치이고, 이때부터는 학비지출이 많아집니다. 그렇다고 노후를 생각 않고 교육비에 다 쏟아부으면 노후가 불안하다고, 후회한다고 전문가마다 강조합니다. 옆집 아이가 유학 가는데 내 아이도 보내야 되는 건 아닌가? 교육비는 휘둘리지 말고 분수에 맞게 적당히 지출해야 합니다. 가정은 행복의 보금자리, 즐거운 안식처입니다.

(1) 가족건강

40대 남성 사망률이 높게 나옵니다. 과로, 잦은 음주, 불규칙한 식사, 운동 부족, 경쟁, 승진, 자녀교육, 부채상환, 노후불안 등 스트레스가 누적되고 심신이 피곤해지니 건강이 취약해집니다. 만성병이 하나둘 생기고 노화가 시작됩니다. 이때의 건강관리가 노후 건강을 좌우하게 됩니다. 가장인 내가 갑자기 건강을 잃게 된다면 나와 내 가족들은 어떻게 될까? 경우에 따라서는 생활비, 교육비, 치료비 등에 시달리게 됩니다. 한마디로 재앙이 될 수도 있습니다. 한창 일할 나이에 사망하거나 건강을 잃게 된다면, 유비무환이라고 그걸 대비해서 보험에 가입해두는 것도 좋습니다. 가장의 건강을 지키는 일이 가정을 위하고 직장, 더 나아가 국가를 위하는 길이기 때문입니다. 가정주부 역시도 마찬가지입니다. 가정의 파수꾼인 가정주부가 건강을 잃는다면 어떻게 될까? 건강한 노년기에 대비해서 건강을 다지고 지키는 일이 무엇보다 중요합니다. 가족들 건강에도 각별히 유의하고 건강하게 지켜내야 합니다. 그래서 건강관리, 건강검진이 꼭 필요합니다. 가래로 막기보다 호미로 막기 위해서입니다. 때로는 가래로도 막을 수 없는 경우도 생깁니다. 비만, 고혈압, 당뇨, 동맥경화, 고지혈증, 심혈관 질환, 위, 대장암, 간암, 유방암, 자궁암, 갑상선암 등을 정기적으로 체크해봅니다.

(2) 자녀 교육비
어느 해 초중고생 사교육비 17조 8,346억 지출(교육부)!

자식을 잘 가르치는 일은 부모 역할이고 의무사항입니다. 보통 중고생 1~2명을 둘 위치인데 사교육비나 조기 유학비 등으로 수입의 많은 부분을 지출하다 보니 저축할 겨를이 없습니다. 빚지기도 하고, 언감생심 노후준비는 뒷전으로 밀리게 됩니다. 의당 부모로서 교육비를 아끼지 말아야 되는데 너무 지나치다 보니 문제가 되고 있습니다. 자주 강조했지만 은퇴 후 30~40년을 살아가야 하는데 노후자금, 생활자금이 제대로 준비가 안 돼 있으면 노후의 삶이 무척 힘들어집니다. 아파도 돈이 없으면 치료를 받을 수 없습니다. 이제는 생각을 바꿔야 합니다. 생각이 바뀌면 행동도 바뀝니다. 자식이 노후의 부모를 섬긴다는 보장이 없습니다. 자기 앞가림도 제대로 못하는데 부모에게 신경 쓸 겨를이 없습니다. 그러므로 자녀의 교육비에 올인해서는 안 될 것입니다. 먼저 노후자금을 떼어놓고 남는 범위에서 교육비를 지출해야 합니다. 그것이 서로를 위해 바람직한 일입니다. 제대로 안 먹고 안 입고 안 쓰고 교육에 올인했는데 늙어 자식에게 손 내밀면 좋아할 자식이 별로 없는 세상이 되고 있습니다.

부모자식간에도 주는 것은 좋아하지만 달라면 싫어하는 것이 인지상정입니다. 자식 부부싸움의 원인이 될 수도 있습니다. 요사이 젊은 사람들의 가치관이 변하고 있습니다. 늙은 부모를 봉양해야 한다는 생각도 자꾸 엷어지고 있고, 노후는 부모 스스로 해결해야 한다는 자식이 늘어나고 있습니다. 40대의 지출 1순위가 자녀 교육비입니다. 40대 90% 이상이 노후대비를 제대로 못하고 있다는 보도도 있습니다. 이제는 교육비를 수입의 10% 이하로 줄여야 합니다. 유학비용도 마찬가지입니다. 학원, 과외 3곳에서 2곳으로, 2곳에서 1곳으로 줄이고, 그 비용으로 연금에 가입하는 것입니다. 퇴직 후 재취업을 위해 자격증이나 경력관리, 자기계발비에 투자하는 것입니다. 사업자금에 보태는 것입니다. 연금도 퇴직 전까지 10년 이상 불입하면 그것도 훌륭한 노후자금에 보탬이 됩니다. 40대는 연금자산을 만들 수 있는 마지막 기회입니다. 교육비를 줄여 노후자금에 보태는 것이 노후에 자식에게 손 벌리는 것보다 백 번 낫습니다. 그것이 나를 위하고 자식을 도와주는 길이기 때문입니다.

(3) 주부

주부가 40대에 들어서면 어느 정도 양육에서 해방됐다고 볼 수 있습니다. 가전제품의 보급으로 가사에서 놓여나게 됩니다. 시간에 여유가 생기고 어느 정도 경제적으로 안정을 누리게 됩니다. 그동안 아이를 낳아 키우고 가르치고 남편 뒷바라지하느라 나만의 시간을 갖지 못했습니다. 한 고비 넘기고 나니 자아가 슬며시 일어나게 됩니다. 나는 누구인가? 그동안 뭐했나? 어떻게 살아야 하나? 외롭고 쓸쓸하고 허무한 생각이 들기도 할 것입니다. 그래서 어떤 이는 못다 한 학업의 꿈을 이루기 위해 진학하기도 하고, 어떤 이는 취미를 살리기 위해 중단했던 그림에 몰두하기도 하고, 어떤 이는 시인의 길을 밟기도 합니다. 봉사의 삶을 살기도 합니다. 반면 춤바람에 휩쓸리기도 하고, 도박판에 끼어 물의를 빚기도 합니다. 순간 일탈해서 불륜에 빠지기도 합니다. 각자의 인생은 각자가 찾고 누리는 것입니다. 일탈을 꿈꾸지 말고 생산적이고 건전한 쪽으로 눈을 돌리는 것입니다. 아름다운 노후준비에 포커스를 맞추는 것입니다.

(4) 갱년기

몸이 가임기에서 폐경기로 넘어가는 시기, 45~55세 사이에 갱년기가 찾아옵니다. 이때는 여성호르몬의 감소로 폐경이 시작됩니다. 배란이 되지 않고 월경이 중지됩니다. 얼굴이 화끈거리고 땀이 많이 나고 가슴이 두근거리고 잠도 잘 오지 않고 불안, 초조, 우울증이 생기고 짜증도 나고 쉬 피로해지는 등 여러 증상이 나타납니다. 또 심혈관 질환, 뇌졸중 등이 유발되고 피부가 건조해지고 가려움증, 성욕감퇴, 성교통, 요실금 증상이 나타납니다. 누구나 겪는 현상이므로 자연스럽게 수용하고 지혜롭게 극복하는 것입니다. 또 골다공증의 90%가 폐경기에 찾아옵니다. 뼈에 구멍이 많이 생기게 됩니다. 골밀도가 빼빼하지 않고 단단하지 못해 넘어지면 쉬 부러집니다. 손목, 척추, 고관절(엉덩이뼈) 등이 손상을 입게 됩니다. 특히 엉덩이뼈가 부러지면 혼자서는 거동할 수 없고, 부축을 받아야 되고, 앉은뱅이 신세가 되기도 합니다. 5명 중 1명이 1년 내에 합병증으로 사망하게 된다니 이거 장난이 아닙니다.

특히 눈길이나 빗길을 조심해야 합니다. 집 안 화장실 바닥이 미끄러우면 잘 넘어지기도 합니다. 넘어지지 않는 것이 최상의 예방책입니다. 그런데 부주의로 넘어집니다. 40 고개를 넘게 되면 갈수록 체력이 약해지고 면역력이 떨어져 질병에 취약한 시기이므로 관심을 갖고 건강에 유의해야 합니다. 특히 폐경기에는 대상포진에 취약함으로 예방백신을 접종하는 것입니다. 폐경 후에 급속히 증가하는 복부비만, 심혈관 질환에 유의하고 고른 영양섭취, 적당한 운동이 필수고 증상이 심해지면 치료가 필요합니다. 골밀도를 높이려면 비타민 D와 칼슘 섭취가 필요합니다. 우유, 치즈, 멸치, 두부 등에 많이 들어있습니다. 커피나 청량음료에 많이 들어있는 카페인은 칼슘을 체외로 배출, 골다공증을 유발하고 수면장애, 두근거림 증상이 더해집니다. 우유는 하루 2잔 이상 섭취하는 게 좋습니다. 칼슘은 뼈를 만드는 재료입니다. 우유가 안 팔려 걱정인데 많이 먹음으로써 축산농가 소득에도 좋고, 건강에도 좋으니 서로 좋습니다.

(5) 남편 기 살리기

일이 갈수록 힘들어지고, 실적도 오르지 않고, 경쟁은 점점 더 치열해지고, 갈등도 늘어나고, 승진도 불투명해지고, 자리 보전도 해야 되고, 아이들 공부도 뜻과 같이 않고, 학비 부담도 늘어나고, 빚도 갚아야 되고, 체력도 예전 같지 않고, 눈도 침침해지고, 뱃살은 늘어나고, 나이는 점점 많아지고, 퇴직 준비도 노후준비도 해야 되고, 경제적으로 도약의 기회도 보이지 않고, 스트레스는 쌓이고, 뜻대로 되는 게 없고, 하루하루 힘들다 보니 기가 죽게 됩니다. 더군다나 승진 누락이라도 되면 더더욱 기가 꺾이게 됩니다. 이럴수록 외면하지 말고 남편의 기가 펄펄 살아나게 해야 합니다. 그래야 가정이 행복해집니다. 남편은 가정의 기둥입니다. 기둥이 무너지면 집이 무너지게 됩니다. 가정이 위기를 맞게 됩니다. 얼굴에 어두운 기는 없는지,

말수가 줄어드는지, 목소리가 힘이 없는지, 풀이 죽어있는지, 의기 소침하지 않는지, 어깨가 축 쳐져 있지는 않는지 살핌은 아내 몫입니다. 이럴 때일수록 아내 역할이 크고 중요합니다. 사그라드는 불씨를 살리듯 기를 살려주는 사람은 아내뿐이기 때문입니다. 잔소리, 비방 모욕은 금물입니다. 책임추궁도 비교도 마찬가지입니다. 닦달 또한 금물입니다. 같은 배를 탄 공동운명체이기 때문에 이럴수록 용기와 격려가 필요합니다. 의욕을 돋궈주고 분발할 수 있고 재기할 수 있는 힘을 불어넣어 줘야 합니다. 어둠 속의 한 줄기 빛이 되어줘야 합니다. 슬기롭게 헤쳐나갈 수 있게 하는 역할이 아내에게도 있기 때문입니다. 첫째는 속이 타겠지만 립서비스를 게을리해서는 안 됩니다. 잘 웃게 마음 편하게 해줘야 합니다.

가정은 활력을 얻는 곳입니다. 당신에게 시련을 주는 것은 당신을 한 차원 높은 곳으로 인도하기 위함입니다. "당신은 능히 극복할 수 있다. 해낼 수 있다. 오늘의 어려움은 어려움이 아니고 기회일 수 있다. 낙심은 금물이다. 용기와 의욕을 잃는 것은 다 잃는 것이다. 우리 힘을 내서 극복합시다. 그러니 활짝 기를 펴세요." 둘째는 밤일(Sex)을 즐겁게 해줘야 합니다. 거부 말고 핀잔 주지 말아야 합니다. 중압감, 스트레스에서 벗어날 수 있고 활력을 얻을 수가 있기 때문입니다. 셋째는 머리를 짜내 도움을, 극복의 실마리(조언, 아이디어)를 제공해야 합니다. 유능한 작전 참모가 돼야 합니다.

- 현명한 아내는 큰 성(城)보다 낫다. - 우우당
- 아내는 그 집의 열쇠다. - T. 풀러
- 좋은 말은 발길질하지 않고 어진 아내는 불평하지 않는다. - 영국 격언
- 집이 가난하면 어진 아내를 생각하고 나라가 어지러우면 어진 재상이 그리워진다. - 사마천 / 사기

(6) 중년의 위기 - 불륜

사회적으로나 경제적으로 어느 정도의 위치에 있다 보니 생활이 안정이 되고 심적으로 여유가 생기고 자신을 뒤돌아보게 됩니다. 인생에 대한 성찰이 일게 됩니다. 인생은 무엇인가? 나는 누구인가? 제대로 삶을 누리고 있는가? 회의를 느끼게 되고 쓸쓸함, 허무한 감정이 일게 돼 정신적으로 방황하게 됩니다. 이때를 사추기(思秋期) 혹은 심리적 위기라고 말하는 사람도 있습니다. 남성의 불륜이 이때 집중되고, 또 이때는 남성호르몬이 줄어들면서 여성호르몬이 증가하고 여성은 반대 현상이 나타납니다. 남성은 소심해지고 센치해지고 감정에 좌우되기 쉽고 외롭고 쓸쓸하다 보니 누군가에게 기대고 싶고 위로받고 싶어 합니다. 이때 어떤 계기가 오면 불륜에 빠지게 됩니다. 아내는 충분히 공감하고 배려하고 다독거려줘야 합니다. 일탈을 막아야 합니다. 애를 달래듯 어루만져 줘야 합니다. 마찬가지로 아내 역시도 남편과 같은 감정이 생길 것입니다. 노랫말처럼 내 청춘을 돌려다오. 청춘이 가버렸으니 인생이 허무하고, 억울한 생각도 들게 되고, 억눌렸던 감정도 살며시 고개를 들기도 할 것입니다. 아내 역시 어떤 계기가 되면 자신도 모르게 순간 일탈을 하게 됩니다. 유혹에 빠져 탈선을 하게 됩니다. 자연 단란했던 가정이 파탄나게 됩니다. 40대 이혼률이 제일 높다는 통계가 이를 말해주고 있습니다. 오래전 어느 은행 지점에서 30~40대 남녀가 만나 밀회하는 것을 우연히 본 일이 있습니다. 남자의 말, "왜 전화 안 받았어? 몇 번 했는데 그 사이 뭐했어? 점심은 먹었어?"

원래 남자는 여자에 비해 질이 좀 떨어져서 말할 것도 없지만 죄도 남자가 여자보다 월등이 많이 짓지만 남편 몰래 외간남자 만나 희희덕거리고 집에 가서 남편과 자식을 볼 면목이 있을까? 양심에 찔리진 않을까? 엉겨 춤이라도 췄거나 모텔이라도 갔다 왔다면 양심에 더 찔리진 않을까. 순간은 짜릿할지 몰라도 양심과 죄책감은 평생 갈 것입니다. 의도를 갖고 외간남자를 만나는 것은 엄밀히 말하면 불륜이고 길이 아닙니다. 길이 아니면 가지를 말라고 했습니다. 한 가정을 지켜야 할 주부로서 부도덕하고 용납할 수 없는 일입니다. 현숙한 주부는 자제할 줄 압니다. 남편들은 별짓 다 하면서 아내들은 사람 아닌가? 불륜을 저지르면 안 되나? 안 될 건 없지만 홧김에 서방질한다고 그래도 아내는 서방질해서는 안 되는 것입니다. 왜냐하면 가정이 파탄나기 때문입니다. 시대가 아무리 바뀌어도 정숙함은 여성의 무기이고 고결한 여성의 가치입니다. 지고의 선(善)입니다. 그리고 아름다운 아내의 덕목입니다. 그것이 그렇게 탐이 나면 이혼을 하고 이 남자 저 남자 마음에 드는 대로 부나비처럼 만남을 가져도 양심에 떳떳하고 거리낄 것이 없습니다. 그런데 설상가상으로 간통죄가 폐지돼 버렸으니, 죄가 되면 캥겨 머뭇거리게 되지만 죄가 안 되니 마음 놓고 거리낌 없이 불륜에 가담할 것입니다. 최후의 보루가 무너졌으니 가정불화, 이혼이 증가하는 것은 불을 보듯 뻔한 것입니다. 절도죄가 있어 망설이게 되지만 없어지면 마음 놓고 남의 것을 훔치게 되는 이치와 같습니다. 심히 걱정되지 않을 수가 없습니다. 덕분에 콘돔 제조회사 주가가 올랐다는 보도도 있습니다. 덩달아 흥신소도 배로 늘어났다는 것입니다. (1,500개 → 3,000개로) 어찌 됐든 가정의 평화를 위해 서로 자중, 자애하는 것입니다. 정조의무를 지켜야 합니다. 그럼에도 간통죄가 없어졌으니 꼭 있어야 되는데 그것 참 아쉽구려.

2015년 9월 14일자 서울신문을 보면 기혼 남성의 38.8%, 기혼 여성의 57.8%가 간통죄 부활을 희망한다는 것입니다. 이럴 줄 몰랐을까? 간통죄 부활하라고 청와대 게시판에 여러 사람이 올리기도 했습니다. 또 한 가지 문제점은 남편이 첩을 얻어 살되 아내가 이혼해주지 않고 모른 체한다면, 둘이 잘 먹고 잘 살아라고 모른 체 눈감아준다면 대한민국은 일부일처제가 아니고 일부다처제가 되는 셈인가? 하, 그것 참 지극히 아쉽구랴. "간통죄 폐지 후 불륜 상대방에게 위자료 청구 급증"(2019. 4. 20. 동아일보)

- 훔친 물이 더 달고 몰래 먹은 떡이 더 맛이 있다. - 성경 잠언 9:17
- 정조는 고드름과 같다. 한 번 녹으면 그것으로 끝난다. - 영국 격언
- 악 중의 제일 악이 간통이라. - 공자
- 간통하지 말라. 간통으로는 좀처럼 이로움이 돌아오지 않는다. - A. H. 클리프
- 아내가 남편에게 불만인 채 잠자리에서 일어나는 집에서는 많은 말다툼과 불화가 일어나는 것이다. - 사디

■ 아내가 낳은 딸, 기르고 보니 남의 자식
　- 최근 가정법원에 접수된 신생자 관계 확인 소송건수(2023. 3. 26.)
　　2018년 - 4,927건
　　2019년 - 4,898건
　　2020년 - 4,669건
　　2021년 - 5,016건

제9장
50대 장년(壯年)

50대는 장년입니다. (고용노동부 규정) 노년의 초입입니다. 체력은 떨어져도 능력이나 기술이나 경륜은 원숙기에 접어든 나이입니다. 대부분 중역의 위치에 오르게 됩니다. 반면 오르막이 있으면 내리막이 있고, 대부분 55세 전후로 정년을 맞게 되고, 이후 은퇴의 길을 걷게 됩니다. 또 이때는 자녀의 대학이나 유학 뒷바라지도 봐줘야 되고, 결혼도 시켜야 되므로 많은 자금이 소요됩니다. 노후를 제대로 준비해둔 사람은 걱정 없겠지만 그렇지 않으면 재취업이나 창업, 자기 사업을 하게 됩니다. 이 시기를 인생의 이모작이라고 말하기도 합니다. 어떻게 보내야 할까?

1. 직장에서는

　50대는 임원(중역)의 위치입니다. 그동안 능력을 인정받아 중역이 된 것입니다. 불철주야 노력했던 덕분으로 고대하고 염원했던 중역, CEO(최고경영자)가 된 것입니다. 감개가 무량하지 않을 수가 없을 것입니다. 신입사원 시절이 엊그제 같았는데 목표했던 CEO가 되다니! 돌이켜보면 힘든 일도 있었고, 보람된 일도 있었습니다. 실패도 있었고, 성공도 있었습니다. 그동안 갈고 닦은 기량과 경륜을 바탕으로 꿈을 펼쳐 보일 기회가 온 것입니다. 소신대로 멋있게 경영해서 많은 성과를 올리는 것입니다. 중역이란 말 그대로 책임이 막중한 자리입니다. 직장의 성패가, 발전과 도약이 양어깨에 달려있습니다.

(1) CEO(최고경영자) 역할

　직장에 취업해서 20년 이상이면 중역 또는 최고경영자가 됩니다. 최고경영자란 그 직장의 대표이고, 일사분란하게 이끌고 갈 막중한 리더의 위치입니다. 경영을 잘해서 그 직장을 일취월장시켜 도약시키느냐, 아니면 잘못해서 퇴보시키느냐의 무겁고 큰 임무를 맡은 것입니다. 직장은 경영자의 그릇 이상으로(능력) 커지지 않는다고 했습니다. 누구나 다 직장을 성장시키려 노력하지만 순간 판단 잘못으로, 실기로, 투자 잘못으로 그르치는 경우도 많이 있을 것입니다. CEO 한 사람만으로 끝나는 것이 아니라 종사자 전체의 운명을 쥐고 있습니다. 경우에 따라서는 국가에 짐이 되기도 합니다. 경영 잘못으로 어렵거나 부도가 나면 직원들은 직장을 잃게 됩니다. 승승장구하면 기업의 가치는 올라가게 되고 과실도 많이 얻게 됩니다. 그래서 CEO 자리는 보람도 있고 외롭고 힘들고 남모르는 고충에 직면하기도 합니다. 중요 과제라면 유망 신사업 발굴, 핵심인재 확보, 육성일 것입니다.

■ CEO는 무슨 뜻일까?
C : Chief - 의사결정을 내리고 책임지는 자리
E : Executive - 말이 아니라 앞장서서 실행하는 존재
O : Officer - 높은 기준과 가치를 가지고 이끄는 존재

(출처 : 정동일의 사람이 경영이다, 2014. 5. 17. 조선일보)

그러므로 경영의 책임자는 지도력과 덕망, 그리고 창조성, 정확한 판단력, 강력한 실천력 등 자질을 고루 갖춰야 할 것입니다. 또 기업인은 시의적절하게 변신할 줄 알아야 합니다. 먼 앞날을 내다보고 시대가 요구하는 산업, 국민이 필요로 하는 제품을 개발하기 위해 기업은 끊임없이 변신하는 노력을 거듭해야 할 것입니다. (호암 이병철)

(2) CEO의 자격 조건은 뭘까?
① 통찰력(예리한)
② 판단력(신속 정확한)
③ 결단력(재빠른)
④ 지휘통솔력(빈틈없는)
⑤ 추진력(강력한)
⑥ 인화력(원만한)

이런 조건을 두루 갖추고 있어야 조직을 원하는 방향으로 이끌 수

있습니다.

(3) 어떻게 해야 직장을 성장시킬 수 있을까?(경영방침)
① 비전을 제시합니다.

　추구하는 방향, 목표를 제시해서 조직원들이 숙지, 공유하고 동참케 하는 일이 무엇보다 중요합니다. 한 곳으로 일사분란하게 밀고 끌고 가야 하기 때문에 CEO 한 사람의 힘으로는 불가능합니다. 조직원들의 아낌없는 지지와 참여가 절대 필요합니다. 독불장군은 있을 수 없습니다. 조직원 한 사람 한 사람이 비전을 공유하고 이해, 긍정, 체화하여 분발케 함으로써 소기의 목적을 달성할 수가 있습니다.

② 인재육성

　유능한 인재 한 사람이 조직원 전체를 먹여 살리는 시대에 와있습니다. 그만큼 인재가 중요 요소가 되고 있습니다. 그래서 인재 제일주의를 표방하고 인재를 발굴, 육성에 심혈을 기울이고 있습니다. 만들고 팔고 거둬들이고, 기계가 아닌 모두 사람이 하기 때문에 조직원들의 힘을 빌리지 않고는 아무것도 이룰 수가 없습니다. 그래서 뛰어난 인재가 필요합니다. 인재가 만사인 셈입니다. 특히 조직원 각자가 능력을 십분 발휘할 수 있도록 적재적소에 배치하는 것도 중요합니다.

③ 유망 신사업 발굴

　우물도 언젠가는 마르게 되고, 금맥도 다 되면 폐광이 됩니다. 자전거도 계속 페달을 밟지 않으면 넘어지듯 기업도 계속 앞으로 전진해야 합니다. 기업의 성패는 이익 창출에 있습니다. 이익을 내지 못하는 기업은 쓰러지고 맙니다. 장차 유망한 사업은 무엇일까? CEO

로서 고민이 안 될 수 없습니다. 기업환경이 자주 변하고, 소비 패턴도 바뀌고, 경쟁도 심해지고, 탈출구가 쉽게 보이지 않습니다. 장차 어떤 상품, 어떤 서비스가 필요할까? 유망할까? 미래 전문가들의 의견 청취도 좋을 것입니다. 한 사람의 생각보다 여러 사람의 의견이 나올 수 있으므로 전 조직원의 아이디어를 구하는 것도 좋을 것입니다.

④ 전체를 훤히 꿰뚫고 있어야 합니다.

잘 돌아가는 부분도 있고, 잘 안 되는 곳도 있을 것입니다. 잘 안 되는 곳, 막히는 곳에 중점을 두고 포커스를 맞춰 뚫어야 합니다. 수시로 현장을 방문해서 조직원들의 의견 청취도 게을리해서는 안 될 것입니다. 현장에 답이 있기 때문입니다.

⑤ 한눈을 팔지 말아야 합니다.

가장이 도박에 미치면 안 되듯 업무 이외에 눈을 돌리지 말아야 합니다. 불철주야 몰입해야 합니다. 경영환경이 날로 달라지고 있습니다. 무한경쟁 시대에 삐끗하면 나가떨어지기 때문입니다. 우물을 파도 한 우물을 파라고 했습니다. 안정 단계에 오를 때까지는 문어발식 경영은 지양해야 합니다.

⑥ 실기를 해서는 안 됩니다.

만물에는 때가 있습니다. 보리는 가을에 심어야 되듯 기업도 마찬가지입니다. 순간순간 기업환경이 변합니다. 시대에 순응하지 못하면 도태됩니다. 코닥도 노키아도 실기해서 몰락의 길을 걷게 됐습니다. 그래서 타이밍이 중요합니다. 기업의 성장과 도태는 타이밍에 달려있다고 해도 과언은 아닙니다. 언제 신제품을 개발할 것인가? 시장에 내놓을 타이밍이 적기인가? 아닌가? 끌고 가야 하나? 접어야 하나? 투자해야 되나? 축소해야 되나? 늘 위기에 직면해 있습니다. 위기는 위험스럽기도 하고 잘만 하면 기회가 되기도 합니다.

⑦ **과욕을 부려서는 안 됩니다.**

　욕심은 성장의 동력입니다. 그러나 너무 무리하게 욕심을 부렸을 때 문제가 되곤 합니다. 의욕이 지나치면 반드시 대가를 치르게 됩니다. 확장할 것인가? 인수할 것인가? 감당할 수 있는가? 몸에 맞는가? CEO의 고민이 아닐 수 없습니다. 순간 판단 잘못으로 넘어지기 때문입니다. 돌다리 건너듯 신중을 기해야 합니다. 운동도 너무 무리하게 하면 건강을 해치듯 과욕을 경계해야 합니다. 결심이 어려울 때는 전 직원의 아이디어를 묻는 것도, 중지를 모으는 것도 좋은 방법이 될 것입니다. 이상 몇 가지를 유념해서 경영에 올인한다면 성과를 올릴 수 있고, 후회 없는 CEO 역할을 마칠 수가 있을 것입니다.

　■ 시나리오 경영

　미리 준비해두면 걱정이 없다고 했듯이, 장차 닥칠지 모를 위기상황에 대비해 미리 가상 시나리오를 만들어 각각 거기에 맞는 대응책을 세워두는 경영기법으로 A안, B안, C안을 만들어두는 일을 말합니다.

(4) 물려주기

　무얼 남겨놓을 것인가? 그동안 갈고 닦은 기술이나 경륜, 노하우는 많은 시간, 많은 비용, 많은 정력을 투자한 덕분으로 얻게 된 결과물입니다. 동시에 값진 직장의 자산입니다. 사장시킨다는 것은 직장과 국가적인 손실입니다. 썩혀서는 안 되고, 환원해야 되고, 살려야 되고, 계승 발전시켜야 합니다. 후임에게 물려줌으로써 실수를 줄일 수 있고, 또 시간과 비용을 절감할 수가 있습니다. 그것이 곧 직장의 발전이고, 플러스인 것입니다. 나를 있게 한 직장에 대한 최소한의 보답인 것입니다. 나는 무엇을 물려주고 떠날 것인가? 어떻게 남길 것인가? 한 권 아니면 몇 페이지의 문서로, 메모로, 구두로, 실습으로 남기는 것입니다. 내려다보고 겪어보면 눈에 띄는 후임자, 재목이 보일 것입니다. 빨리 천거해서 후계자 수업을 시켜야 합니다. CEO로서, 명장(名匠)으로서 그동안 갈고 닦은 기술을, 축적된 노하우를, 경험을 가르치고 전수시켜 나보다 능력을 발휘해서 건실하게 이끌 수 있도록 물려주는 것입니다. 이제 후임에게 물려줄 시간이 다가오고 있습니다.

(5) 하선(下船)

어언 30여 년 직장과 일에 매진, 젊음과 청춘, 패기와 열정을 다 바친 덕분으로 임무를 마치고 무사히 항구에 도착했습니다. 이제 후임에게 물려주고 명예롭게 서서히 내려오는 것입니다. 돌이켜보면 회한과 후회, 실망과 아쉬움도 많았고, 좌절과 성취감도 있었습니다. 슬픈 일, 기쁜 일, 즐거움과 괴로움도 있었습니다. 한편으로는 직장 덕분으로 남편으로서, 가장으로서 아버지로 제 구실을 할 수 있었고, 가정을 건사할 수 있었습니다. 아이들을 잘 키우고 잘 가르칠 수 있었습니다. 직장인으로서 자아실현을 이룰 수 있었습니다. 참으로 고마웠습니다. 장강의 뒷물이 밀려오니 이제 서서히 하선하는 것입니다. 박수 속에 기쁘게 떠나는 것입니다. 그동안 감사했습니다. 직장의 무궁한 발전을 기원합니다. 안녕히~ 또 안녕히~

(6) 재취업과 창업

정년퇴직하고도 경제적인 이유 등으로 은퇴를 하지 못하고 재취업이나 창업을 하는 반퇴자들이 늘어나고 있습니다. 유비무환이라고 젊은 시절부터 꾸준히 은퇴준비를 해왔다면 안락한 노후를 맞이할 수 있었을 텐데 제대로 준비해두지 않으면 어려움에 봉착하게 되고 회한에 젖게 됩니다.

① 재취업

취업을 못해 놀고 있는 젊은이들이 많은데 특출한 기술이나 고도의 전문직이 아니고는 마음에 드는 곳에 취업한다는 것은 무척 어려울 것입니다. 눈높이를 현실에 맞게 낮춰야만 취업의 길이 열릴 것입니다. 그러기 때문에 현직에 있을 때 정년퇴직을 대비해서 미리 차근차근 준비해둬야 하는 이유가 여기에 있는 것입니다. 현직 경력을 살리거나 중장비, 정비, 컴퓨터 등 각종 기술을 배워 자격증을 따 취업하는 길도 있습니다. 구하려고 애를 쓰면 구할 수 있다 했으니 낙심은 금물입니다. 참고로 50세 이상 자격증 선호도는 남성은 지게차 운전기능사, 굴착기 운전기능사, 방수기능사, 여성은 한식기능 조리사, 건축도장 기능사, 떡 제조기능사 순입니다. (한국산업인력공단)

■ 고령자 취업전략 10계명

1. 컴퓨터와 친해져라. - 취업 정보는 인터넷에 모인다.
2. 눈높이를 낮춰라. - "내가 왕년에…"는 과거일 뿐이다.
3. 이력서에 공들여라. - 인맥과 경력을 구체적으로 적는다.
4. 규칙적으로 운동해라. - 기업주는 고령자의 건강부터 생각한다.
5. 발품을 팔아라. - 취업행사나 알선기관을 자주 찾는다.
6. 재취업 교육을 받아라. - 유망자격증을 따는 것도 좋다.
7. 취업일기를 적어라. - 자신의 고쳐야 할 점이 보인다.
8. 미리 준비하라. - 재직 중 퇴사 후를 위해 능력계발을 한다.
9. 서두르지 말라. - 허위 과장광고에 취업 사기를 당할 수 있다.
10. 의기소침하지 말라. - 가장 중요한 것은 자신감과 열정이다.

(출처 : 인크루트 www.incruit.com)

■ 명의 대여 문제

명의 위장 사업자 적발 건수 : 2015년 2,040건, 2018년 2,216건(국세청 자료) 친지나 친구나 모르는 사람이 사업한다고 명의를 빌려달라고 했을 때 놀고 있던 차에 잘 됐다 싶어 응한 경우 피해를 보게 되는 경우도 많이 있을 것입니다. 대표 직함에 급여를 내세울 것입니다. 일명 바지사장이라고 볼 수 있습니다. 월급도 받고 사장 명함도 가지고 다니니 으쓱대기도 하고 기분이 아주 좋을 것입니다. 그런데 문제는 사업이 부진하거나 문을 닫은 경우입니다. 명의를 부탁한 사람이 능력이 없거나 바람같이 사라진 경우라면 모든 책임은 대표에게 있으므로 각종 세금이나 보험료 체납 시 내 재산을 압류당하기도 하고, 거래처 외상대금이 있을 때 내 돈으로 갚아줘야 되고, 덕분에 신용불량자나 출국 금지도 당할 수 있고, 형사처벌도 받게 됩니다.(징역 1년 이하, 벌금 1,000만 원 이하) 인정에 끌리거나 모질지 못해서나 한순간 판단 잘못으로 사람 잃고 돈 잃고 가족이 불행해질 수도 있습니다. 사안에 따라서는 빚보증보다 더 위험할 수가 있습니다. 그런즉슨, 냉정하게 거절하는 것입니다. 그것이 피해를 막는 길입니다.

■ 취업 사이트
- 워크넷(노동부)(www.work.go.kr)
- 노사공동 재취업 지원센터(www.newjob.or.kr) / (02) 368-2300 (노동부, 노총, 경총)
- 중견전문인력 고용지원 센터(www.projob4050.or.kr) / (02) 368-2354~6
- 시니어 워크넷(www.work.go.kr/senior)
- 서울시 일자리 플러스 센터(www.seoul.go.kr) / 1588-9142
- 서울시 50 플러스 재단(50plus.or.kr) / (02) 734-8331

- 중기청 시니어 창업스쿨(K-startup.go.kr) / (042) 480-4462
- 한국무역협회, 중장년 일자리 희망센터(tradejob.kita.net) / (02) 6000-5396~7
- 대한 상공회의소 중장년 일자리 희망센터(4060job.lor.chamhrd.net) / (02) 204-7068~9번
- 전국 경제인 연합회, 중장년 일자리 희망센터(fki-rejob.or.kr) / (02) 6366-0613
- 도시권 인생 이모작 센터(dosimsenior.or.kr) / (02) 3672-5060
- 중장년 재취업 프로그램, 한국 폴리텍대학 신중년 특화과정(교육비 전액 무료, 의복, 중식 제공, 수당, 교통비 지급 - 고용노동부 산하 공공직업훈련기관) / 만 50세 이상, 성별, 학력, 경력 무관(http://kopo.ac.kr)
- 나라일터, 인사혁신처 주관, 공공기관 채용정보 등재(www.gojobs.go.kr)
- 100세 누리, 한국 노인 인력개발원 운영(www.100senuri.go.kr)
- 알리오(www.alio.go.kr)
- 고용지원센터(www.jobcenter.go.kr)
- 대한 노인회 취업센터 / 1577-6065
- 여성인력 개발센터(www.vocation.or.kr)
- 서울시 고령자 취업알선센터(www.noinjob.or.kr)
- 한국 노인인력개발원(www.kordi.or.kr) / 1566-0151
- 한국 시니어클럽협회(www.silverpower.or.kr) / (02) 747-5508
- 귀농귀촌 종합센터(www.returnfarm.com) / 1899-9097, 1544-8572

② **창업(반퇴)**

말이 창업이지 은퇴할 나이에 무슨 창업인가? 하지만 능력과 여건이 충족된다면 창업은 노후준비의 대안이 될 수 있습니다. 나이가

걸림돌이 되므로 대규모보다는 소규모로 아니면 1인 기업을 고려해 보는 것도 좋을 것입니다. 생소한 분야보다 현직에 있을 때의 경험을 살리거나 아이디어를 개발해둔 게 있다거나 잘 알고 있는 업종을 택하는 것이 시간과 비용을 줄일 수 있고, 실패를 막을 수 있습니다. 대부분 생계형 창업 - 요식업, 숙박업, 도소매업에 진출합니다. 내 자금 한도 내에서 시작하는 것이 좋습니다. 무리한 투자는 위험이 따릅니다. 조금씩 조금씩 봐가면서 키우는 것이 기본입니다. 욕심은 금물입니다. 실패하면 다시 일어서기가 무척 어렵습니다. 노후가 불행해집니다. 그러므로 전부 투자해서는 안 되고 여유자금, 어느 정도의 운영 및 생활 자금은 남겨둬야 합니다. 성공은 첫째도 준비, 둘째도 준비, 셋째도 준비에 달려있습니다.

요사이는 50대 이상의 온라인 쇼핑몰 창업자가 늘어나고 있습니다. 초기 자금도 많이 들지 않고 사무실 없이 집에서 나 혼자 시작할 수 있는 점이 좋습니다. 1인 기업인 셈입니다. 오랜 직장에서 갈고 닦은 경험, 노하우, 인맥을 살릴 수 있으므로 오히려 20~30대 젊은 창업자보다 유리할 수 있습니다. 전자상거래 시장이 급성장하면서 여기저기서 쇼핑몰 창업교육이 이루어지고 있습니다. 맘먹고 도전해보는 것입니다.

■ 네이버, 소상공인용 이커머스 플랫폼 - 스마트 스토어

2. 가정에서는

50대는 대학이나 유학 중인 자녀와 결혼을 앞둔 자녀가 있을 위치입니다. 사회가 요구하니 어떻게든 대학은 졸업시켜야 되고, 결혼을 앞둔 자녀가 있으면 손을 벌리니 모른 체할 수도 없습니다. 지출이 많은 시기이기도 합니다.

(1) 학자금과 결혼자금
① 학자금

넉넉히 준비가 돼 있으면 문제가 없지만 준비가 제대로 안 된 가정은 걱정이 안 될 수 없습니다. 미국 같은 나라에서는 부모가 고등학교까지만 지원해주면 대학이나 결혼은 자기들이 알아서 한다는데 그쪽 얘기고 우리는 심지어 결혼예단까지 신경 쓰고 간섭해야 하니 삶이 무척 힘듭니다. 성적이라도 좋아 장학금 혜택이라도 받으면 부담이 덜 될 텐데 그건 고사하고 스펙준비다, 성형수술이다, 해외연수니 뭐니 해서 부모 등골이 더욱 휘게 됩니다. 어떻게 해야 할까? 자식에게 떠넘기는 것입니다. 책임을 지우는 것입니다. 학자금은 아르바이트라도 해서 보태고, 성형수술은 십중팔구 후유증이 생기므로 하지 말고 스펙쌓기용 해외 어학연수는 꼭 해외 나가서 하라는 법은 없으므로 한국에 많이 나와 있는 외국 원어민을 이용하면 되는 것입니다. 오히려 시간과 비용을 줄일 수 있습니다. 잘 알아보면 많이 있을 것입니다. 자녀로서는 부모님의 부담을 조금이라도 덜어드려야 합니다. 그것이 진정으로 부모님의 노후를 도와드리는 길입니다.

② 결혼자금

　결혼은 인간대사이고 경사스럽고 보람된 일입니다. 자식들이 알아서 준비하고 부모에게 손 벌리지 말아야 하는데 취업도 어렵고 늦어 결혼자금이 여의치 않으니 외면할 수 없어 부모가 도와주게 됩니다. 새로 출발하는 자식에게 아낌없이 지원해주는 것이 부모의 도리이나 문제는 어려운 경제 사정에도 불구하고 무리한 지원은 자칫 노후를 어렵게 합니다. 거창하게 치러준다고 행복하게 잘 사는 것은 아닙니다. 형편에 맞게 거품을 빼고 실리적으로 검소하게 치러야 합니다. 허례허식에 치우쳐서는 안 됨에도 빚을 내고 이자를 감당하지 못하는 경우도 생기게 됩니다. 집을 팔아 결혼비용을 대주고 변두리 셋집으로 이사한 경우도 있습니다. 얼마나 버거우면 딸 셋을 결혼시키면 기둥뿌리 안 남아난다는 속담이 생겼을까? 없는 가정에서의 혼사는 큰 짐이 되고 있습니다. 심지어 혼수 부담에 마음은 있어도 돈이 없어 해주지 못하니 비관해서 목숨까지 끊는 경우도 있습니다. 경사가 망사가 되고 있습니다. 신랑 측이 잘 살면 신부 측에 적극 지원해줘야 합니다. 아니면 서로가 합의해서 최소한의 비용으로 치를 수 있게 해야 합니다.

　특히 신랑 측이 대폭 양보해서 간소하게 치러야 합니다. 예단은 다 생략하는 걸로 양가 부모가 합의하는 것입니다. 혼수 문제로 아들 며느리가 싸운다면 그것도 보기가 안 좋습니다. 불행의 단초가 됩니다. 신랑 부모는 덮고 있는 이불도 있고, 입고 있는 외투도 있고, 쓰고 있는 그릇도 있으므로 사람만 한 사람 건강하고 얌전한 사람 들어오면 됐지 뭐가 그리 필요할까? 아무것도 가져오지 말라고 신랑 부모와 신랑이 신부 측에 신신당부하는 것입니다. 가져오면 결혼을 작파하겠다고 다시 한 번 당부해두는 것입니다. 신부 측이 얼마나 고마워할까? 새 며느리가 시부모에게 잘하지 않을까? 달라 보이지 않을까? 인격자가 돼보는 것입니다.
- 혼인의 일에 재물을 논하는 것은 오랑캐나 하는 짓이다. - 안정복/순암집

(2) 노년의 시작을 앞두고

인생은 한 편의 드라마와 같다고 했습니다. 서막이 있으면 종막이 있듯이 서막은 스쳐 지나갔으나 이제 종막이 기다리고 있습니다. 산 날보다는 살 날이 적겠으나 의술의 발전으로 적지 않은 살 날이 기다리고 있습니다. 지난날을 되돌아 살피고 살 날을 대비해서 노후생활의 정밀한 시나리오를 짜두는 것입니다. 시나리오가 없는 삶은 재미가 없고 보람도 없습니다. 작가에 따라 삶이 달라집니다. 대부분 60부터는 일에 놓여나게 됨으로 나만의 시간이 펼쳐집니다. 산 날은 더뎠으나 살 날은 하산길처럼 빠르게 지나갑니다. 하루 하루를 보람 있게 장식하는 것입니다. 무엇을 어떻게 할 것인가? 어떻게 보낼 것인가? 각자 처한 상황이 다르므로 각자의 시나리오를 반드시 마련해두는 것입니다. 무엇보다 유종의 미를 거두는 삶이 돼야 할 것입니다.

제10장
60대 노년(老年)

누가 인생은 60부터라고 했던가? 인생 후반기 노후년! 날로 의술이 발전함에 평균 수명 80을 넘어 100세까지 넘보게 됐습니다. 앞으로 30~40년을 좋든 싫든 살아가야 되는데 수명 연장면에서는 축복이 아닐 수 없습니다. 냇가에서 송사리 잡고 얼음판에서 팽이치고 놀던 시절이 엊그제 같은데 벌써 60을 넘어 인생의 황혼기에 접어들었으니 감회가 새롭다 아니할 수가 없습니다. 못 이룬 꿈, 하고 싶은 일, 하기 싫었든 일 - 얼마나 많았던가? 회한에 젖지 말고 이제 모두 날려버리는 것입니다. 한편으로는 이렇게 건강하게 살아왔던 것도 다행이라 여기고 축복이라 생각하고 안분지족한 삶을 누려야 할 것입니다. 다사다난했던 이 한평생, 할 일을 마치고 은퇴해서 모든 짐을 내려놓고 나니 홀가분하지 않을 수가 없습니다. 바야흐로 인생 3막이 시작된 것입니다. 앞으로 남은 여생 짧지 않은 시간들을 즐겁고 보람 있고 행복하게 보내야 될 텐데 답은 뭘까? 어떤 것을 생각해봐야 할까?

청춘이란, 그것은 두려움을 두려워하지 않을 용기요,
안락함을 거부하는 모험심을 뜻한다.
때로는 스무 살의 젊은이보다도
예순 살의 노인이 더 청춘일 수 있다.
나이를 먹는다고 누구나 다 늙는 것은 아니다.
이상, 꿈을 잃어버릴 때 비로소 늙는 것이다.
(새뮤얼 울먼 / 청춘)

1. 생활비

젊은 사람들보다 적게 들겠지만 그래도 기초생활비를 포함해 여러 곳에 쓸거리가 생길 것입니다. 먹는 것, 입는 것, 일반관리비, 공과금, 건강관리, 문화생활, 여행, 경조사, 이웃모임, 교제비 등 크고 적은 자금이 필요합니다. 돈 없이는 한시도 살아갈 수 없는데 이제 버는 위치에서 쓰는 위치로 바뀌었습니다. 규모에 맞게 쓰되 베푸는 삶이 되어야 합니다. 이웃집 아이가 학자금에 쩔쩔매면 좀 도와주고, 옆집 노인네가 치료비를 걱정하면 선뜻 건네주고 - 죽을 때 가지고 가는 것도 아니고 노인정에 가서 한턱 내는 것도 좋을 것입니다. 또 부부와 같이 여행도 좋고, 취미생활도, 하고 싶은 걸 하는 것입니다. 이처럼 유유자적 노년생활을 즐겁게 보내는 사람들도 있겠으나 문제는 노후준비가 안 된, 수입도, 의탁할 곳도 없는 노인들이 많다는 데 있습니다. 돈 없고 아프고 외로운 3중고에 시달리는 노인들, 젊었을 때부터 그런대로 노후준비를 해놨더라면 걱정이 없었을 텐데 준비해놓은 것이 없으니 그래서 노년에 생활비를 벌기 위해 취업을 해야 되는데 그것도 여의치 않으니 진퇴양난이 아닐 수 없습니다.

언젠가 통계청 자료를 보면 60대 반 이상의 노인이 재취업을 희망하고 있습니다. 그 이유로 첫 번째가 생활비 마련입니다. 그만큼 경제적으로 노후준비가 안 돼 있다는 증거입니다. 자기 스스로 벌어먹고 살아가야 한다는 뜻입니다. 그래서 생활고, 병고를 이기지 못해 목숨을 끊는 노인들이 생기지만 정녕 길은 없는가? 자기 능력에 맞게 취업해서 삶을 꾸려가는 노인들도 있겠으나 많지는 않을 것입니다. 그러나 찾지 못해서 그렇지 건강만 좋으면 자기에게 맞는 일은 분명 있을 것입니다. 포기나 낙심은 금물입니다. "구하면 얻을 수 있고 문을 두드리면 열린다." 했으니 부정적인 생각을 버리고 긍정적으로 적극적으로 문제를 풀려고 애쓰면 풀리지 않을까 하는 막연한 생각이 들기도 합니다. 그러면 어디 가서 일자리를 구해야 할까? 화려했던 과거의 경력을 버리고 눈높이를 낮추어야만 얻을 수 있을 것입니다. 참고로, 달랑 집 한 채 가지고 있으되 생활자금이 부족한 경우 주택 연금제도를 이용하는 것도 대안이 될 수 있을 것입니다. 55세 이상(부부 중 1명) 주택을 소유한 사람이 살고 있는 주택을 담보로 평생 거주하면서 평생 매월 월급 받는 것처럼 연금을 받는 국가가 보증하는 금융제도(상품)입니다. 가입자가 계속 늘어나고 있습니다.(담당기관 : 한국주택금융공사(www.hf.go.kr) / 1688-8114) 또 논밭, 과수원 등을 담보로 제공하고 받는 농지연금도 고려해볼 수 있습니다.(담당기관 : 한국농어촌공사 사이트 "농지연금" / 1577-7770)

■ 취업 사이트

- 고령자 워크넷(http://work.go.kr/senior) / 국번없이 1350
- 서울시 어르신 취업지원센터(www.noinjob.or.kr) / 1588-1877
- 대한노인회 취업알선센터 / (02) 707-2731 / 1577-6065
- 한국노인종합복지관협회(www.kaswcs.or.kr) / 702-6080 (226개소)
- 한국시니어클럽협회(www.silverpower.or.kr) / (02) 747-5508(109개소)
- 한국노인인력개발원(www.kordi.or.kr) / 1566-0151
- 50대편 885쪽에 또 있습니다.

2. 노인건강

　새차도 오래되면 고장이 나듯 우리 인체도 나이가 들면 노쇠해지고 체력, 면역력도 떨어집니다. 쭈글쭈글 주름도 생기고 배도 나오고 머리도 빠지고 허리, 무릎도 아프고, 기억력, 치력, 시력, 청력도 떨어지고 여기저기 병이 생기게 됩니다. 이것은 어쩔 수 없는 자연현상이자 수용할 수밖에 없습니다. 늙지 않고 죽지 않는다면 그것도 문제지만 눈을 감는 순간까지 크게 아프지 않고 건강하게 살다가는 것이 모든 사람들의 한결같은 바람이지만 마음대로 되지 않는 것 역시 건강입니다. 그러나 신경을 쓰고 노력하면 노화를 늦출 수가 있고, 건강하게 보낼 수가 있습니다. 우선 내 몸의 건강상태를 아는 것입니다. 속병은 알 수 없으므로 평소 주의 깊게 살펴보고 정기적인 건강검진이 꼭 필요합니다. 건강관리공단에서 2년마다 한 번씩 무료로 제공하는 건강검진도 거르지 말고 꼭 받아야 됩니다. 무료인데도 안 받는 사람이 많다는 것입니다. 그래서 재차 통보하기도 합니다. 또 보건소에서 무료로 65세 이상 된 노인들에게 제공하는 독감이나 폐렴 예방접종도 꼭 받아야 합니다. 다른 병이나 입원치료 중 폐렴으로 사망하는 경우도 많습니다. 아프면 나만 손해고 서럽습니다. 가족 누가 나 대신 아파줄 수 없습니다. 내 건강은 내가 챙기는 것입니다. 평소에 건강관리를 제대로 한다면 병에 걸릴 위험이 낮아진다는 사실입니다. 소 잃고 외양간 고치는 일은 막아야 합니다.

■ 일상 체크하기

혈압, 맥박, 혈당, 콜레스테롤, 기관지, 체온, 체중, 시력, 청력, 치아, 수면, 목소리, 배설, 피부 소양 등

■ 건강 사이트
- 건강 길라잡이(보건복지부) - http://www.hp.go.kr
- 건강IN(건강보험공단) - http://hi.nhis.or.kr
- 공공보건 포털 - http://g-health.kr

(1) 뇌졸중(중풍)

암 다음으로 많은 것이 뇌졸중이지만 단일 질환으로는 제일 많습니다.

① 뇌졸중이란?

뇌에 혈액을 공급하는 혈관이 터지거나(뇌출혈) 막혀(뇌경색) 뇌기능이 제대로 작동하지 못하는 질환을 말합니다. 70~80%가 뇌경색입니다.

② 원인

고혈압, 심혈관 질환, 음주, 흡연, 당뇨병, 비만, 고지혈증, 짜게 먹는 습관 등입니다.

③ 증상

- 반신마비
- 복시(둘로 보이거나, 겹치는 것)
- 심한 두통, 구토
- 한쪽 시야 장애

- 언어장애
- 음식, 물 : 삼키기 어려움
- 어지럼증 : 자주 넘어짐
- 의식장애
- 걸음걸이 이상 등

④ 증상이 나타나면?

즉시 아니면 늦어도 3시간 안에 치료할 수 있는 전문병원에 도착해야 살 수 있고, 후유증을 줄일 수 있다고 전문가들은 말합니다. 혈액이 뇌에 수초만 공급이 안 되어도 기능을 제대로 못하기 때문에 빨리 도착, 치료를 받을수록 회복이 빠르고 후유증도 적습니다. 건강할 때 미리 병원에 가서 뇌졸중 여부를 검사해보는 것도 아주 중요합니다.(뇌정밀 진단) 쓰러진 후 치료보다 예방하는 것이 본인은 물론 가족들을 위하는 길입니다. 가족에게 큰 선물을 주는 것이나 다름이 없습니다.

■ 뇌졸중 예방수칙
- 정상 혈압 유지하기
- 유산소 운동하기
- 금연, 절주
- 싱겁게 먹기
- 기름진 음식 제한하기
- 약은 중단하지 않기
- 스트레스 빨리 해소하기

■ 유비쿼터스 119 신고시스템(소방방재청)(http://u119.nema.go.kr) / 〈u-안심콜 서비스 이용하기〉 뇌졸중, 협심증, 심근경색을 앓고 있는 경

우 소방서에 신상정보를 등록하고 위급 시 119로 신고하면 자동연결, 응급처치를 받을 수 있는 시스템입니다.

■ 119 안심콜센터 - 신청등록

(2) 치매
① 치매란?
뇌에 이상이 생겨 인지기능이 떨어져 일상생활을 유지할 수 없는 상태를 말합니다. 해마다 늘어나고 있습니다. 65세 이상 노인 10명 중 1명이 치매를 앓고 있습니다.

② 원인
주로 뇌에 독성물질이 쌓여 뇌세포가 파괴돼 생기는 알츠하이머 치매가 있고(70%), 뇌혈관이 막혀 생기는 혈관성 치매가 있고(20%), 위험인자로는 고혈압, 당뇨, 고지혈증, 수면 부족, 심장병, 흡연, 과음 등입니다.

③ 증상
기억력, 이해력, 판단력, 언어, 행동 장애가 오고, 감정변화가 심하고 망상, 환각, 환청 등의 증세가 나타납니다. 심해지면 날짜 감각이 없고, 화도 잘 내고, 뇌둔 물건도 못 찾고, 방금 있었던 일도 기억 못하고, 용변처리도 못하고 여러 증상들이 평소와 달리 나타납니다. 나이 들수록 노화현상으로 기억력이 떨어지고 깜박깜박하는 건망증과는 다릅니다. 건망증은 힌트를 주면 금방 기억해내지만 치매는 힌트를 줘도 기억해내지 못합니다.

④ 예방

여러 검사를 통해 치매 상태를 알 수 있으므로 미리 검사해보는 것도 좋습니다. 보건복지부가 제시한 '치매 예방수칙 3.3.3'을 소개합니다.

ㄱ. 3권(勸) - 즐길 것
- 운동 : 일주일에 3번 이상 만보 걷기
- 식사 : 생선, 채소 골고루 먹기
- 독서 : 부지런히 신문, 책 읽고 쓰기

ㄴ. 3금(禁) - 참을 것
- 절주 : 한 번에 3잔 이상 술 마시지 않기
- 금연 : 당장 담배 끊기
- 뇌 손상 예방 : 보호장구 없이 운동하지 않기

ㄷ. 3행(行) - 챙길 것
- 건강검진 : 혈압, 혈당, 콜레스테롤 정기검사
- 소통 : 가족, 친구와 자주 연락하고 만나기
- 치매 조기발견 : 매년 치매 조기검진 받기(보건소)

치매에 걸리면 자기 이름도 가족도 몰라보고, 자기 아들 보고도 아저씨라고, 자기 마누라 보고도 아줌마라 부르기도 하니 웃을 수도 없고 기가 막힐 것입니다. 또 가족들에게 정신적, 육체적, 경제적으로 고통을 주게 되니 가정의 평화가 깨지게 됩니다. 집을 나가면 못 찾아오기도 하고 배회하게 되니 가족들은 종적을 몰라 애를 태우고 가출신고도 하고 찾아다니기도 하고 광고를 내기도 합니다. 내 부모가 안 돌아온다면 가족들의 불찰이고 책임인 것입니다. 안 보이는 곳에 명찰을 달아드리고 간이 명함을 소지케 해서 발견자가 연락을 취할 수 있도록 해야 합니다. 치매를 일찍 발견, 적극 치료하면 치매를 늦출 수 있고 좋아진다고 전문가들은 말합니다. 문제는 서서히 진행하니 대수롭지 않게 생각하고 있다가 갑자기 이상이 나타나게 되니 부랴부랴 병원에 가지만 그때는 늦습니다. 그러니 65세가 되면 치매관리에 들어가야 합니다. 가래로 막는 것보다 호미로 막는 것이 낫기 때문입니다. 보건소에서 무료로 인지기능 검사를 해주고 있습니다. 참고로 경찰에서 제공하는 치매 환자에 대한 '지문 사전등록 시스템'을 적극 이용하는 것도 좋습니다. 발견 시 보호자에게 즉각 연락해주고 실시간 환자의 위치 정보를 보호자에게 알려주는 서비스입니다. (182번)

- 치매 어르신 실종 예방 배회 감지기 : 이용문의 - 보건복지부 콜센터 129번, 국민건강보험공단 1577-1000번
- 2020년 전체 치매환자 : 61만 2,724명 / 등록자 16만 6,126명 (27.1%)
- 치매환자 실종신고 수 : 2015년 9,869명 / 2020년 1만 2,272명

■ 치매 관련 사이트

- 경찰청 / 국번없이 182번
- 국립중앙치매센터 (www.nid.or.kr) / 1899-9988(치매상담 콜센터 24시간 365일)
- 보건복지부(희망의 전화) / 국번없이 129번
- 치매정보 365 (www.edementia.or.kr)
- 한국치매협회 (www.silverweb.or.kr)
- 한국치매가족협회 (www.alzza.or.kr) / (02) 431-9963
- 한국치매가족 실종신고 / (02) 431-9993

■ 실종사고 해결사 → 지문 사전등록시스템
배회 감지기 착용 시 실종 치매환자 평균 발견시간 660분 → 55분 소요

(3) 골절(낙상)

2015년 낙상 입원환자 28만 400여 명, 65세 이상 노인 50%(질병관리청)! 늙으면 쉬 넘어집니다. 방향감각도 떨어지고 운동신경도 둔해지고 다리 힘도 빠지고 기력도 쇠약해 자주 넘어집니다. 넘어지면 상처를 입게 되고 특히 고관절(엉덩이뼈), 척추, 손목 골절을 당하게 됩니다. 늙으면 뼈의 골밀도가 촘촘하지 않고 엉성해져 충격에 약해 쉬 부러집니다. 회복도 어렵고 수술효과도 높지 않습니다. 특히 고관절 골절이면 거동도 할 수 없어 계속 누워만 있으니 욕창도 생기게 되고 갈수록 체력, 면역력도 떨어져 폐렴이나 패혈증 등 2차 감염에 쉽게 노출되어 합병증으로 사망하게 됩니다. 통계를 보면 낙상으로 치료받다 사망하는 65세 이상 노인 3명 중 1명이 1년 내 사망하고, 80세 이상은 50%가 두 달 내에 사망하고 있습니다. 사망 순위 4위! 암보다 고혈압이나 당뇨병보다도 더 무섭습니다. 장난이 아닙니다. 잘 모르고 너무 가볍게 생각하기 때문입니다. 한마디로 재앙인 것입니다. 여성이 남성보다 낙상이나 골절 빈도가(여성호르몬 분비 저하로) 2배 이상 높고, 사망률은 남성이 2배 이상 높습니다.

왜 이런 현상이 생길까요? 주의력 부족에 있습니다. 조심조심해야 되는데 순간의 방심으로 낙상하게 됩니다. 주로 어디서 일어날까? 대부분 집 안에서 일어납니다. 현관, 계단, 문턱, 거실, 방바닥 전깃줄, 안방, 침대나 화장실이 미끄러워, 목욕 후 빤쓰 입다가, 실내가 어두워, 기타 이유로 잘 넘어집니다. 복용 중인 약 중에는 어지럼증을 유발하는 약도 있을 것입니다. 기립성 저혈압도 조심해야 되고,

화장실에 미끄럼방지 매트를 깔아두는 지혜도 필요합니다. 방심은 금물입니다. 그럼에도 방심합니다. 밖에서는 빗길이나 빙판, 눈길에서 많이 넘어집니다. 젖은 낙엽도 안 좋고 내리막길도 조심해야 되고 논둑길, 밭둑길, 산비탈에서도 자주 넘어집니다. 추운 겨울에는 호주머니에 손을 넣지 말고 장갑을 꼭 껴야 합니다. 넘어져도 땅바닥에 손을 먼저 짚게 돼 엉덩이뼈 골절을 막을 수가 있기 때문입니다. 손목이나 팔다리가 아니고 재수 없게 엉덩이뼈라도 부러지면 누워만 있어야 됩니다. 혼자서는 화장실 출입도 할 수 없고, 더군다나 외출할 수 없으니 즐거워야 할 노년의 삶이 무척 힘들게 됩니다. 재미있을 리 없습니다. 이웃들은 여기저기 돌아다니는데 갈 수가 없어 방에만 있어야 되니, 꼼짝할 수가 없으니 화도 나고 울화통이 터지고도 남습니다. 죽을 맛입니다. 꺼진 불도 다시 보라고 했듯이 조심조심 또 조심해서 낙상을 막는 수밖에 없습니다. 조금만 신경을 쓰면 막을 수 있습니다. 누구 원망할 수도 없고 후회해봤자 아무 소용이 없습니다. 자업자득입니다. 뼈에 좋은 칼슘 성분으로는 우유, 멸치, 뱅어포 같은 것이 좋습니다.

(4) 운동과 영양

늙었다고 방에만 가만히 있으면 자연 근육이 위축되고 몸이 굳게 됩니다. 늙을수록 자꾸 움직여야 합니다. 용불용설(用不用說)이라고 인체는 쓰면 쓸수록 좋아지고, 안 쓰면 안 쓸수록 퇴화하게 됩니다. 그래서 규칙적인 운동이 필요합니다. 힘들고 무리한 운동보다 가볍고 간단한 운동이 좋습니다. 누워만 있으면 밥맛도 없고 소화도 안 되니 집 안 청소, 텃밭 가꾸기도 좋고 동네 한 바퀴 휙 도는 것도 좋습니다. 수영, 자전거, 등산도 좋을 것입니다. 무리하면 분명 탈이 납니다. 몸에 알맞은 적당한 운동은 적정 체중을 유지시켜 줍니다. 성인병도 예방해줍니다. 심신이 맑아지게 되니 정신건강에도 좋습니다. 먹는 것도 적당히 고루 먹는 것입니다. 동물성 단백질도 충분히 섭취해야 됩니다. 질 좋은 음식은 면역력을 높여주고 병을 막아주고 활력을 줍니다. 좌우지간 건강을 유지하는 것이, 아프지 않는 것이 나와 내 가족을 위하는 것이고, 돈도 버는 길입니다. 잘 알아서들 하시겠지요.

(5) 약복용

의약품 부작용 의심사례 2015년 19만 8,037건, 2016년 22만 8,939건(식품의약품안전처)! 노인이 되면 두세 가지 이상 병을 안고 삽니다. 고혈압, 당뇨, 치매, 중풍, 관절염, 전립선 비대증 등 자연 약을 많이 먹게 됩니다. 대여섯 가지 이상 먹을 때도 있습니다. 알다시피 약에는 반드시 부작용이 있습니다. 설명서를 보면 알 수가 있습니다. 우선 복용방법을 잘 지켜야 합니다. 지키지 않으면 오히려 건강에 안 좋습니다. 치료효과도 떨어집니다. 약이 아니고 독이 됩니다. 사망에 이를 수도 있습니다. 특히 흡수배설을 돕는 간이나 신장이 망가질 수도 있습니다. 병을 낫기 위해 먹은 약이 오히려 병을 얻게 되니 억울하기 짝이 없습니다. 누구 원망할 수도 없습니다. 같이 먹어서는 안 되는 약도 있습니다. 복용 후에는 오심, 구토, 두드러기라든가 어지럽지 않은지 속이 쓰린지 가려운지 변비인지 출혈은 없는지 어떤지 관찰이 필요합니다. 그리고 함부로 의사의 처방 없이 먹어서는 안 됩니다. 임의로 사먹는 약이 건강을 해칠 수 있으니 항상 주의가 필요합니다. 건강보조식품도 몸에 맞지 않아 해로울 수도 있습니다. 약은 가지 수가 많아질수록 부작용도 많습니다. 적게 먹을수록 좋습니다. 그러함에도 병원치료 중에 약이나 주사가 없으면 허전하게 생각되어 약이나 주사 처방을 요구하기도 하는데 지양해야 합니다. 귀찮지만 나름대로의 복약 수첩을 만들어 기록관리를 하는 게 좋습니다. 의사, 약사에게 제시하면 치료에 도움이 됩니다. 약화(藥禍) 막는 법은 30대편 832쪽을 참고하십시오.

(6) 장수 노인들

9988234! 99세까지 88하게 살다가 2~3일 아프고 4일째 간다면 얼마나 좋을까? 노인들의 한결같은 염원일 것입니다. 100세가 넘은 노인들의 공통점은 한시도 가만히 있지 않고 움직인다는 사실입니다. 텃밭에 나가 고추를 따거나 파를 다듬거나 청소를 하거나 이웃에 놀러 가거나 한시도 쉬지 않고 활동하는 것입니다. 속담에 "쉬지 않는 물방아는 얼 새가 없다."고 했습니다. 죽은 것은 움직이지 않고 가만히 있는 것이오, 산 것은 쉼 없이 움직이는 것입니다. 물이 흐르다 멈추면 썩듯 몸도 가만히 있으면 위축되고 병이 생기고 결국 죽게 되는 것입니다. 알다시피 암이니 뇌심혈관 질환이니 노인들에게 많은 병이 70대에 집중적으로 발생합니다. 이 시기를 잘 넘기면 100세까지 장수할 수 있다는 전문가들의 조언입니다. 70이 지나 80부터는 병도 적게 발생하고 진행 속도도 느리기 때문에 70대를 잘 관리하라는 것입니다. 그럴 듯합니다.

- ■ 장수비결
- • 규칙적인 생활
- • 육류 + 채식 – 고루 적당히 섭취
- • 적당한 운동, 충분한 수면
- • 금연, 절주
- • 말벗 유지
- • 소일거리(취미생활) – 꾸준히
- • 정기적인 건강검진, 예방접종

결론인즉슨 병에 걸릴 일 하지 않고, 조기에 발견하고, 재빨리 치료하는 것입니다.

3. 소일거리(취미생활)

100세 시대에 앞으로 30~40년을 더 살아야 하기 때문에 소일거리가 없으면 그것 역시도 고역일 수 있습니다. 대부분 TV나 낮잠이나 산책이나 이웃과 잡담 정도인데 좋아하는 소일거리가 있다면 그것 역시 노후의 축복입니다. 없으면 개발하는 것입니다. 이제 직장이나 사업에서 은퇴했으니 일에 대한 스트레스나 간섭받을 필요 없이 이후의 시간은 모두 나의 시간입니다. 그동안 미뤄뒀던 일, 하고 싶었던 일을 시작할 수 있고 취미생활, 봉사활동이나 여행을 하면서 노후를 유유자적하면서 보내게 된다면 축복된 노후가 아닐 수 없습니다. 일이 있다는 것은, 어찌 됐든 일을 한다는 것은 정신적, 육체적으로 건강에 좋은 일입니다. 가만히 있으면 병이 생기거나 퇴화하기 때문입니다. 늙으면 외롭고 우울, 의기소침해지는데 소일거리가 있음으로 벗어날 수 있고, 활기찬 노후생활이 될 수 있습니다. 어떤 노인은 하는 일 없이 노는 것이 일하는 것보다 힘들다고, 또 어떤 노인은 가만히 있으니 병이 나겠다고, 일을 하니 더 젊어지는 것 같다고 말합니다. 텃밭이나 꽃 가꾸기, 가내 수공업도 좋습니다. 등산, 낚시, 봉사활동도 좋습니다. 속담에 "구르는 돌에는 이끼가 끼지 않는다."고 했습니다. 정 할 일이 없으면 꽃배달도 좋고 주차요원도 좋습니다. 자식들도 대부분 환영할 것입니다. 용돈도 벌고 손주 용돈도 벌고 건강도 지키고 시간도 잘 가고 즐겁고 보람 있고 최고의 노테크가 될 수도 있습니다.

요즘은 지자체에서도 다양한 프로그램을 제공하고 있으므로 적극 참여하는 것도 좋습니다. 그렇지 않으면 그동안 일 때문에 미처 생각만 하고 해보지 못했던 걸 해보는 것입니다. 버킷리스트(Bucket List)라고 죽기 전 꼭 해보고 싶은 것들의 목록을 말합니다. 한 가지씩 해본다면 소일거리에 안성맞춤이 될 것입니다. 국내여행 하기, 해외 어디 가보기, 사진작가, 아마추어 화가 되기, 서예 배워 서예전 열기, 가훈 써주기, 성악공부, 악기 배워 재능 기부하기 등 많이 있습니다.

■ 여가 정보 사이트
- 문화포털(www.culture.go.kr) / 문체부
- 한국문화원연합회(www.kccf.or.kr) / (02) 704-2113~3
- 한국노인종합복지관협회(www.kaswcs.or.kr) / (02) 702-6080

4. 관계유지(말벗)

늙으면 외롭고 쓸쓸하고 소외된 삶이 이어집니다. 이때 필요한 것이 말벗입니다. 말벗은 노후생활의 윤활유 구실을 합니다. 가깝게는 가족, 이웃이나 오래된 벗이나 다 좋습니다. 말벗을 통해서 외로움을 달랠 수가 있습니다. 의지할 수가 있고 버팀목이 될 수도 있습니다. 동병상련이라고 괴로움도 호소하고 일상사도 상의하고 위안을 얻을 수 있고 정신건강에도 좋습니다. 베풀어야 몰려오고 유지가 됩니다.

5. 노인의 성(性)

성욕이란 식욕처럼 배고프면 먹고 싶은 생각이 나듯 자연스런 인간의 기본욕구입니다. 수명이 다할 때까지 욕구는 살아있습니다. 그러나 욕구와 능력은 다릅니다. 성욕구는 살아있되 나이 들수록 성능력은 떨어집니다. 특히 남성이 65세가 넘어서면 성감이 떨어지거나 사그러든다는 사실입니다. 자연의 섭리이기 때문입니다. 만약 90이 넘은 노인에게 20대의 그것처럼 물건을 마구 휘두를 수 있는 능력을 부여한다면 그것은 정상이 아니고 문제가 되기 때문에 현명한 조물주께서는 그걸 막아놓은 것입니다. 말도 많고 탈도 많은 성(性)! 어찌 됐든 능력이 부여된다면 정상적이고 규칙적인 부부간의 성생활은 여러 가지 좋은 점이 있습니다. 즐거움, 활력을 주고 부부화목, 노화를 억제하고 면역력을 높여주고 스트레스를 해소해주고 건강을 증진시켜 줍니다. 주는 게 참 많구랴. 그러니 남녀노소 그렇게 기를 쓰는가?

반면에 안 좋은 일도 너무 많이 생깁니다. 물건을 잘못 놀렸을 때 문제가 됩니다. 순간 자제력을 잃어 성범죄에 연루되거나 외도, 불륜, 성병이나 재수 없으면 에이즈에 걸리게 됩니다. 살날이 적다고 탐닉해서는 안 되고 시선을, 성 에너지를 건설적인 곳, 저 높은 곳으로 돌려야 합니다. 집착하면 탈이 납니다. 그것은 노추고 노망이고 인격의 추락입니다. 체통을 지켜야 되고 초월해야 합니다. 나이 든다는 것은 뭘 의미할까? 그것은 인격의 본을 보이는 것입니다. 성은 참기 어렵지만 참아야 할 때 참지 못하면 추한 일이 생깁니다. 참는 행위는 미덕 중의 미덕입니다. 참아야 할 때 못 참아 일이 벌어지고 후회를 하게 되는 경우를 너무 많이 봐왔던 것입니다. 고매한 인격으로 자제하고 뛰어넘어서는 것입니다.

빛이 있으면 그늘이 있듯이 노인 성병환자가 늘어나고 있습니다. 긴강보험공단에 따르면 2013·2017년 상반기에 성병으로 진료받은 환자가 60세 이상 12만 4,054명(7.6%), 70세 이상 6만 1,877명(3.8%)입니다. 에이즈 환자도 눈에 띄고. 웬 성병환자가 이렇게 많은고? 아들 내외가 알면 이거 말씀이 아닙니다. 주책이라고 흉볼지도 모릅니다. 체통이 말이 아닙니다. 다른 병은 몰라도 우리의 정서상 위로받을 수 있는 병은 아니기 때문에, 심히 부끄럽고 쑥스럽기가 한량 없기 때문에 삼가, 자제해야 하는 것입니다. 알아서들 하시겠지요.

6. 황혼육아

맞벌이 부부가 늘어나다 보니 손주를 맡아 키우는 조부모들이 늘어나고 있습니다. 지난 통계지만 2018년 맞벌이 567만 가구 중 250만 가구가 아이를 조부모가 맡아 키우고 있습니다. 자식을 낳아 키우고 가르치고 결혼시켜 내보내고 해방이 되는구나 싶었는데 또 손주 녀석들이 부담을 줍니다. 좀 봐달라고 애를 맡기는데 매몰차게 거부하는 부모도 있지만 대부분 수용하게 됩니다. 늙은 말년에 또 애를 키우다니? 노후가 자유롭지 못하고 이 무슨 팔자인가 싶기도 합니다. 몸이 안 좋으면 그것 역시 고역입니다. 중노동이나 다름없습니다. 노후는 즐거워야 하는데 여간 말씀이 아닙니다. 종일 실랑이를 하다 보니 팔목이 시큰거리고 목도 뻣뻣하고 허리도 무릎도 아프고 어깨도 결립니다. 짜증도 나고 스트레스, 우울증도 생깁니다. 소위 말하는 손주병이 생깁니다. 옆집 누구는 동남아로 어디로 여행 간다는데 이거 울화통이 터집니다. 그러나 어쩝니까? 내 핏줄인 것을. 기왕지사 맡은 이상 마지못해 키우는 것보다 적극적으로 즐겁고 훌륭하게 키우는 것입니다. 혹시 누가 압니까? 키운 손주 녀석이 대통령이 될지. 반면 좋은 점도 있습니다. 빈둥지 증후군이란 말이 있듯이 아들딸 결혼시키고 나면 혼자 남는 경우 일상이 외롭고 적적하기 마련입니다.

그러나 손주 녀석 하나라도 맡아 키우게 되면 일거리가 생기니 시간 가는 줄도 모르고 정신적으로 육체적으로 건강에도 좋습니다. 적당한 자극은 우울증이나 치매예방에도 도움이 됩니다. 똑똑하게 잘 자라기라도 하면 기른 보람, 뿌듯한 성취감을 맛볼 수 있으니 좋습니다. 그러니 과거 자식들 키울 때의 경험을 되살리는 것입니다. 잘못 키운 점, 부족한 점, 아쉬운 점 등을 참고해 업그레이드시키는 것입니다. 육아책도 참고하는 것입니다. 아이 돌보기, 수유하기, 대소변 가르치기, 동요 가르치기, 동화책 읽어주기, 또 한 가지 손주병을 예방하기 위해서는 요령껏 해야 합니다. 자주 맨손체조나 스트레칭을 해보는 것입니다. 오랫동안 업어주거나 안아주지 말아야 합니다. 허리도 아프고 팔도 아프게 되니깐요. 가끔 시원한 냉수라도 두어 컵 벌컥벌컥 마시고 나면 스트레스도 좀 풀릴 것입니다. 자주 쪼그려 앉지 마십시오. 무릎이 안 좋습니다. 힘든 일들은 자식들에게 맡깁니다. 음식물은 씹어서 아이 입에 넣어주지 마십시오. 며느리나 딸이 보면 질겁합니다. TV나 비디오도 자주 보여주지 마십시오. 취학 전편 94쪽을 참고해보십시오.

그나마 건강해야 아이를 돌볼 수 있으니 건강에 유의해야 합니다. 조부모 육아 덕분으로 육아용품, 젖병이니 이유식이니 장난감, 옷가게도 책방에도 조부모 쇼핑이 늘어나고 있습니다. 바야흐로 황혼육아 시대가 열리고 있습니다. 그런데 문제는 안 좋은 일이 불거진다는 데 있습니다. 세대 차이도 나고 육아방법이라든가 육아과정에서 생기는 여러 이유로 뜻이 맞지 않아 딸이나 며느리와의 불화, 갈등을 겪게 됩니다. 늙은 말년에 귀찮고 힘든 것도 불구하고 별 보수 없이 종일 돌봐주는데 질책이나 서운한 일을 당하게 되니, 한다고 하는데도 칭찬은커녕 꾸중을 하니, 고맙다는 말은 못할망정 기분 나쁜 소리를 들으니 화도 나고 속이 상하는 것은 당연할 것입니다. 이로 인해 부모자식간에 의도 상하고 다투기도 할 것입니다. 그렇다고 계속 불편한 관계로 이어갈 수는 없고 관계개선, 갈등을 해소해야 합니다. 서운한 점, 기분 나쁜 점, 오해라든가 요구사항 등 흉금을 털어놓고 얘기해서 해소하는 지혜가 필요합니다. 자식들은 부모님께 늘 고맙게 생각해야 합니다. 혹시라도 서운하게 해드린 점은 없나 살펴야 합니다.

특히 언행에 조심해야 합니다. 허물이 없다고 참지 못하고 쑥쑥 내뱉어서는 안 되는 것입니다. 기왕에 맡겼으니 기분 좋게 즐겁게 보람 있게 육아에 임할 수 있도록 잘해드려야 합니다. 건강도 보수도 챙겨드려야 합니다. 자주 외식도, 나들이도, 꽃구경도 시켜 드리는 것입니다. 역지사지라고, 입장을 바꿔 생각해보는 것이 꼭 필요합니다. 내가 어머니 위치가 돼보는 것입니다. 일해준 것은 표가 나도 아이 키워준 것은 표가 나지 않습니다.

■ 아이 돌봄 서비스 홈페이지(new.idolbom.go.kr)

7. 황혼이혼과 재혼

(1) 이혼

황혼이혼이 늘고 있습니다. 아이들 왕따처럼 이것도 일본에서 유행이 되더니 우리 쪽으로 물 건너 왔습니다. 못된 것만 넘어오니, 이웃이 좋아야 좋은 영향을 받습니다. 한평생 동고동락했는데 늘그막에 이혼은 무슨 이혼, 그냥 살지 하겠지만 당사자들이야 충분한 이유가 있을 것입니다. 신청자가 여성이 많은데 주된 이유는 살아오는 동안 남편으로부터 폭력, 구박, 외도, 무시, 학대, 모욕 등 부당한 대우를 받고 살아왔는데 자식 때문에 생계 때문에 이런저런 이유로 참고 살아왔으나 자식들도 성인이 되고 결혼도 시켰으니 홀가분하고 원수 같은 인간 꼴보기도, 같이 살기도 싫으니 하루라도 빨리 이혼해서 맘 편히 살고 싶어서일 것입니다. 그러나 이혼은 능사가 아닙니다. 화풀이도 안 됩니다. 이혼이 지금보다 나은 삶이 보장되는 것이 아니라면 재고가 필요할 것입니다. 자식들 처지나 체면도 있는 것입니다. 속담에 "홧김에 서방질한다."고 후회가 될 수도 있는 것입니다. 그러나 도저히 같이 사는 것이 고통이 된다면 서슴없이 빨리 해야 할 것입니다. 법은 이룬 재산의 협력 정도와 기타 사정을 참작해서 위자료 액수와 방법을 정해놓고 있습니다. 그간의 판례를 보면 전업주부는 30%, 맞벌이 부부는 50%씩 나누게 되어있습니다. 재산을 미리 빼돌리는 것을 막기 위해 가압류 조치를 취해둬야 한다고 전문가들은 말합니다. 상담기관이나 이혼 전문변호사와의 사전상담이 꼭 필요합니다. 도움을 받을 수 있을 테니깐요.

참고로, 졸혼이 이혼 대안으로 떠오르고 있습니다. 졸혼이란 결혼을 졸업한다는 뜻으로 이혼하지 않은 채 각자의 삶을 간섭받지 않고 자유롭게 살아가는 것을 말합니다. 이것도 일본 언론에 오르내리더니 참! 그래서 이혼 대신에 졸혼을 선택하기도 합니다. 삶의 방식이 각자의 주거지에서 혹은 각방을 쓰면서 부부의 의무를 지지 않고 구애받지 않고 마음대로 자유롭게 따로따로 살아가는 방식입니다. 법적인 부부관계는 유지되므로 이혼의 부담에서 벗어날 수 있고, 심리적으로 위안을 받을 수가 있습니다. 이혼했다는 소리를 피할 수 있고, 자식들로서도 부담을 덜 수 있습니다. 법원에서도 이혼 청구 시 사안에 따라 이혼 대신 졸혼을 권고하기도 합니다.

(2) 재혼

먼 길에 길동무가 필요하듯 여생을 혼자 쓸쓸히 보내는 것보다 마음에 맞는 짝을 구해 도란도란 생을 같이하는 것도 좋을 것입니다. 정서상, 심리적으로 안정을 취할 수 있고 건강에도 좋고 가끔 재미도 보고 혼자 사는 것보다 여러모로 좋을 것입니다. 아파 누워있으면 간호해주니 좋고, 등이 가려우면 옆에 있으니 긁어달랄 수 있고, 말벗도 되고, 위로도 받고 좋은 점이 한두 가지가 아닐 것입니다. 민망하고 쑥스러운 점도 있겠으나 본인들이야 대부분 바랄 것입니다. 그러나 현실은 어렵습니다. 주위의 반대, 특히 자식들의 반대가 많을 것입니다. 홀아비 사정은 과부가 안다고 자식들이 뭐 알까? 안 모시려고 서로 미루면서도 짐짝처럼 생각하면서도 반대만을 하는 것입니다. 어떤 효자는 아버지 재혼을 적극 주선, 성사시킨 일도 있습니다. 이 경우는 사별인 경우이지만, 긍정적인 것보다 부정적인 감정이 앞서는 것도 사실입니다.

그렇다면 문제는 뭐가 있을까? 첫째는 자식들의 동의 여부입니다. 손주까지 둔 나이에 재혼은 무슨 재혼이냐고 반대가 많을 것입니다. 속으로 주책이라고, 노망들었다고 생각할지도 모릅니다. 자식들로서는 이목도 있고 창피스러워하기도 하고 대부분 싫어합니다. 대놓고 반대하기도 할 것입니다. 우선 자식들과의 원만한 합의, 동의를 구해야 합니다. 자칫 의절의 수가 생길 수도 있습니다. 둘째는 재산 상속의 문제입니다. 자식들은 재산 상속분이 줄어들게 되니 재산 누수를 원치 않을 것입니다. 재혼은 하고 싶으나 반대가 심하니 좋은 방법이 뭐 없을까? 차후 한쪽, 재산 있는 남편이 먼저 사망 시 남은 배우자, 부인 쪽은 뭘 먹고 살아야 하나? 그래서 부동산 같은 큰 덩어리는 자식 주고 남은 동산(예금, 유가증권)은 배우자에게 주는 방법도 생각할 수 있습니다. 셋째는 남편에게는 딸린 자식이 없고, 부인 쪽에 자식들이 딸린 경우입니다. 합쳐 같이 살 경우 의붓자식의 성장환경, 가정교육, 가치관, 성격 등이 다르다 보니 자칫 다툼이 생길 수도 있습니다. 그 간격을 얼마나 줄일 수 있느냐에 성공 여부가 달려있을 것입니다. 극복하기 위해서는 서로간의 이해, 양보, 배려, 인내심이 절대 필요합니다.

특히 남편, 새아버지의 세심한 배려와 마음 씀씀이가 중요합니다. 경제문제는 혼전에 분명하게 선을 긋고 합의를 봐야 분란, 갈등을 막을 수가 있습니다. 재산 상속뿐 아니라 생활비 부담액수, 학비, 기타 지출 등 분명한 선을 정해둬야 합니다. 60에 혼자 돼 80~90까지 살 경우 20~30년간 홀로 독수공방을 지켜야 되는데 외로움을 못 견뎌 목숨을 끊는 경우도 있을 것입니다. 이런 저런 걸 감안할 때 자식들로서는 한발 양보하는 지혜가 필요합니다. 속담에 "열 효자보다 한 악처가 낫다."고 했습니다.

8. 노부모 학대

　자식들로부터 학대받는 노인들이 늘어나고 있습니다. 2020년 한 해 노인학대 신고 건수 1만 6,973건, 가해자 3명 중 1명이 아들이고, 배우자, 딸, 며느리 등 70%가 가족에 의해 학대를 당하고 있습니다. 노인학대란 노인에 대하여 신체적, 정신적, 정서적, 성적 폭력 및 경제적 착취 또는 가혹행위를 하거나 유기 또는 방임하는 것을 말합니다. (노인복지법 제1조 외 2, 제4호) 병치료를 해드리지 않거나 식사를 챙겨드리지 않거나 겨울철에 찬 방에 기거케 하거나 의식주 등 많이 있을 것입니다. 그중 해서는 안 될, 용납할 수 없는 학대라면 면전에서 부모에게 욕을 하거나 폭력을 휘두르는 학대일 것입니다. 세상에 나를 낳아 키워주시고 가르쳐주신 부모님에게 욕하고 때리다니 이런 패륜행위가 계속 일어나고 있습니다.

　왜 이런 불행한 일이 일어날까? 사람마다 다 다르고 여러 원인이 있을 것입니다. 성장과정에서 부모로부터 자주 부당한 대우, 학대를 당한 경우가 그 원인이 될 수가 있을 것입니다. 그중 잦은 간섭과 꾸중, 폭력을 당한 경우 그 앙갚음으로 학대를 할 경우도 많이 차지할 것입니다. 현재 어렵게 사는 것을 부모 탓으로 돌려 학대를 하는 경우도 있을 것입니다. 어찌 됐든 이유를 불문하고 자식이 부모를 학대하는 것은, 욕하고 때리는 행위는 커다란 불효고 용납할 수가 없습니다. 조선시대라면 덕석몰이 대상입니다. 늙은 부모를 학대하는 것을 내 자식이 본다면 나도 역시 늙으면 내 자식으로부터 학대를 당한다는 사실입니다. 학대는 대물림되기 때문입니다. 그대로 배워 그대로 따라하기 때문입니다. 어쨌거나 인간으로서는 할 짓이 아니므로 깊이 반성하고 회개하고 용서를 구하고 더 이상 패륜행위를 중지해야 합니다. 학대를 당하고 컸더라도 부모님이니 너그럽게 용서해드리고 잊으십시오. 부모님이 학대하고 싶어서 학대한 건 아니었을 것입니다. 오직 자식 잘 되라고 바른 길로 인도하겠다는 일념으로 한 것이지 미워서는 아니었을 것입니다. 자녀교육, 방법의 차이에 있을 것입니다. 어쨌거나 학대행위는 병적으로 반복되기 때문에 반드시 신고해서 막아야 되고 벗어나는 것입니다. 신고 시 신고인의 개인정보에 대한 비밀은 보장됩니다. (노인복지법 제39조 외 6, 제3항)

- 노인학대 신고 상담전화(보건복지부) / 24시간 운영 1577-1389, 129번 - 전문상담 서비스, 일시보호, 의료지원, 법률지원, 사회복지 서비스, 학대 피해 노인 전용쉼터 29개소 운영
- 경찰서 112번
- 중앙 노인보호 전문기관 (02) 3667-1389

■ 노(老)-노(老) 학대

"80대 노인이 흉기를 들고 아내 폭행!" 신문기사 제목입니다. 배우자에 의한 폭행 등 노인학대가 해마다 늘어나고 있습니다. 보건복지부가 발표한 2019년 노인학대 현황 보고서에 따르면 65세 이상 노인학대 신고 건수는 다음과 같습니다.

2017년 1,263건(피해자 직접 신고 건수 9.2%)
2018년 1,557건(피해자 직접 신고 건수 8.3%)
2019년 1,749건(피해자 직접 신고 건수 7.3%)

살면 얼마나 살겠다고 살 날이 많지 않을 텐데 사는 날까지 오순도순 의좋게 살면 서로 좋고, 자식들 보기도 좋으련만, 욕설도 아니고 흉기를 휘두르면서까지 폭력을 쓸까? 힘 약한 사람 어디 살 수 있을까? 도대체 왜 학대를 할까? 성격이 맞지 않아서 매사 의견충돌이 생기니, 말대꾸한다고, 고분고분하지 않고 대들기 때문에, 밉고 말을 듣지 않기 때문에, 성질을 못 참아서, 인간성이 포악해서… 여러 이유로 학대를 할 것입니다. 그래서 황혼이혼을 하기도 하지만 막을 수는 없을까? 첫째는 너그럽게 이해하고 용서하고 아량을 베풀고 입장을 바꿔 생각해보면 알 텐데 그것이 어렵기 때문에 학대를 하게 되는 것입니다. 그러므로 힘이 부족하니 지는 것이 이기는 것이라고 이기려 말고 져주는 것입니다. 맘에 들게 하거나 비위를 맞추는 것입니다. 황제처럼 받들어 모시는 것입니다. 그럴진대 폭력을 쓰려 할까요? 다툼이 말로부터 시작되기 때문에 언성을 높이지 말고 소곤소곤 공손히 말하는 것입니다.

둘째는 즉시 신고하는 것입니다. 창피해서 밖에서 알려지는 것이 싫어서 보복, 재학대가 두려워서 대부분 신고하지 않고 참고 견디는 경우가 많겠지만 노년이라 태권도도 배울 수 없으니 공격이 최선의 방어라고 즉시 신고하는 것이 해결책이 될 수 있습니다. 처벌이 무서워서라도 2번 학대할 것 1번 하게 되고 1번 할 것 안 할 수 있기 때문에 "무는 개 주둥이를 쳐다보라."고 했듯 머뭇거릴 수 있는 것입니다. 신고하는 것이 해결책이 될 수도 있는 것입니다. 셋째는 피해자의 직접 신고율이 낮기 때문에 주위에서 적극 신고해야 학대를 줄일 수, 막을 수가 있습니다. 연금이나 임대료 등 재산을 빼앗는 경제학대도 늘어나고 있습니다.

9. 아름답게 늙는 지혜

아침이 있으면 저녁이 있고 생(生)이 있으면 사(死)가 있듯이 젊음이 가면 노년이 찾아옵니다. 노년은 생의 종장입니다. 경험의 완성이며 지혜의 보고입니다. 인생의 황혼기 - 노후년, 피할 수 없고 거역할 수 없는 인간의 숙명입니다. 서글퍼하고 외로움, 회한에 젖기도 합니다. 왕왕 노욕(물욕, 명예욕, 정욕)에 노년을 그르치기도 하고, 추해지기도 합니다. 내려놓고 담담히 순응하는 것입니다. 늙는다는 것은 무엇을 의미할까? 본을, 경세(警世)의 철학을 보여주는 것입니다. 유종지미(有終之美), 일몰의 낙조처럼 장엄하게 곱게 그리고 아름답게 늙는 것입니다.

1. 남은 생을 사랑하십시오.
2. 건강관리에 신경 쓰십시오.
- 건강검진, 예방접종(독감, 폐렴)을 빼먹지 말고 받으십시오.
- 낙상을 조심하십시오.
- 치매, 중풍 관리에 신경 쓰십시오.
- 고른 식사에 신경 쓰십시오.(채식 + 육식)
- 적당한 운동을 하십시오.
- 목욕 등 몸을 청결히 하십시오.
- 속옷을 자주 갈아입으십시오.

3. 덕을 베푸십시오.

4. 품위를 지키십시오.

5. 정욕(성)에의 집착을 버리십시오.

6. 취미생활을 가지십시오.

7. 봉사활동을 가지십시오.

8. 외양을 산뜻하게 차리십시오. (머리, 옷, 신발)

9. 소일거리를 가지십시오.

10. 혼자 지낼 방법을 마련해두십시오.

11. 범사에 감사하십시오.

12. 스스로 할 수 있는 일은 스스로 하십시오.

13. 쉬 서운해하고 쉬 삐치지 마십시오.

14. 말벗을 챙기십시오.

15. 간섭, 잔소리를 줄이십시오.

- 훌륭한 노인은 앙금을 제거한 좋은 포도주와 같다. - 페르시아 격언
- 집안에 노인이 있다는 것은 좋은 간판이다. - J. 레이 / 히브리의 격언
- 집안에 노인이 안 계시면 빌려서라도 모셔라. - 그리스 격언
- 늙어가는 사람만큼 인생을 사랑하는 사람은 없다. - 소포클레스
- 백발은 빛나는 면류관, 착하게 살아야 그것을 얻는다. - 성경
- 사람이 곱게 늙는다는 것, 늙을수록 내면세계가 빛을 발한다는 것, 그것은 신의 뜻이며 모든 인간의 궁극적인 소망이고 가치이며 의미다. - 유주현 / 신의 뜻
- 어떻게 늙어야 하는지 아는 사람은 드물다. - 라로슈푸코
- 인생의 황금기는 60~75세 사이이다. - 김형석
- 노인의 말은 맞지 않는 것이 없다. - 영국 격언
- 주름살과 함께 품위가 갖추어지면 존경과 사랑을 받는다. - M. 위고 / 레미제라블

10. 혼자 살게 될 때를 대비하십시오

　생자필멸(生者必滅)이라고 누구든 때가 되면 생을 마감하게 됩니다. 부부 역시도 예외가 아닙니다. 회자정리(會者定離)라고 한쪽이 먼저 가게 되면 남은 한쪽은 홀로 남아 살아가게 됩니다. 한날 한시에 손잡고 가면 좋겠으나 마음대로 되지 않는 것이 인생사(人生死)라 혼자 남겨질 때를 대비해 미리 준비해두는 것입니다. 평균 수명이 남성보다 여성이 7~8세 정도 길다 보니 더 오래 살게 됩니다. 재수 있으면 100세를 넘기기도 합니다. 그 기간 독수공방에서 쓸쓸히 홀로 살아간다는 뜻입니다. 65세 이상 노인 5명 중 1명이 홀로 산다는 통계도 있습니다. 그중 73%가 여성입니다. 같이 살다 혼자 살게 되니 허전하고 외롭고 쓸쓸하고 불안해 못 견뎌 할 것입니다. 애정이 깊다면 그런 감정이 더 할 것입니다. 그런즉슨, 홀로 살게 될 때를 대비해 미리미리 1가지씩 준비, 대비해두는 것입니다. 유비무환이라고 뭘 어떻게 준비해야 될까?

1. 마음을 단단히 고쳐먹는 것입니다. "혼자 살아갈 수 있다!" 매사 마음먹기에 달려있다고 했습니다. 인간에게는 환경에 잘 적응하는 능력이 있습니다. 시간이 지나면 차차 적응이 되고 외로운 감정도 점점 무뎌질 것입니다.
2. 혼자 보낼 소일거리 - 취미생활, 여행이나 봉사, 재능기부 등을 생각해놓습니다.
3. 건강 챙기는 일을 게을리해서는 안 될 것입니다. 건강검진과

예방접종(폐렴, 독감 등)을 빠짐없이 제때 받습니다. 공짜인데도 안 받는 사람이 많다는 것입니다. 건강은 건강할 때 지키라고 했습니다.

4. 보험(암, 간병 등)에 들어두는 것도 좋습니다.
5. 생활환경을 고려해야 할 것입니다. 쇼핑과 병원, 문화시설이 가까워야 되고, 주거도 단독보다는 아파트가 더 편리하고, 큰 평수보다 작은 평수가, 고층보다는 1~2층이 더 좋습니다.
6. 주거지도 가급적이면 자식들과의 왕래를 위해 가까운 거리가 좋을 것입니다.
7. 고독사도 늘어나고 있어 이웃과의 관계개선, 빈번한 왕래가 필요합니다. 이웃사촌이라는 말을 유념해둘 필요가 있습니다.
8. 위급사항 발생 시를 대비해 미리 등록해둡니다. 유비쿼터스 119 시스템, 119 안심 콜센터(897쪽을 참고하십시오.)
9. 요리도 미리 배워둡니다.
10. 생활비 조달을 위해 미리 연금(일반, 주택, 농지)에 가입해둡니다.

- 최악의 고독은 친구를 갖지 않는 일이다. - F. 베이컨
- 이 세상에서 가장 강한 인간이란 고독 속에서 홀로 선 인간이다. - H. 입센 / 민중의 적
- 강자란 보다 훌륭하게 고독을 견뎌낸 사람이다. - 실러

고독할 때 음악은 그걸 이겨낼 수 있는 한 방편이 될 수 있습니다. 즐겁고 시간 흐름도 잊고 외로움도 가시고 위안을 얻을 수 있습니다. 몇 곡 소개합니다.

- 이별의 종착역 - 블루벨즈

- 9월의 노래 - 패티김
- 나는 가야지 - 문정숙
- 바램 - 노사연
- 황혼의 노래 - 박세원

강 건너 등불

그렇게도 다정하던 그때 그 사람
언제라도 눈감으면 보이는 얼굴
밤하늘의 별처럼 수많은 사람 중에
아 당신만을 잊지 못할까
사무치게 그리워서 강변에 서면
눈물 속에 깜박이는 강 건너 등불

강물처럼 오랜 세월 흐르고 흘렀건만
아 당신만을 잊지 못할까
나도 몰래 밤길 따라 강변에 서면
눈물 속에 깜박이는 강 건너 등불
(지웅 작사 / 홍현걸 작곡 / 노래 정훈희)

제11장
죽음 – 인생과의 작별

잘 있거라. 나는 간다. 어디로, 천국으로 -.
한평생 산다는 게 뭐 이렇게 힘들었든고, 휴
별거 아닌데 초로인생(草露人生)인 것을,
그렇게 아옹다옹 했던가.
예전에 미처 몰랐으니 저 달이 슬픔의 달인 것을
힘들게 올라왔으니 이제 서서히 내려가야 돼.
무거운 짐들이랑 다 내려놔야지.
못 이룬 꿈, 회한도 다 털어버리고 가야 돼.
어디로, 갈 곳으로, 같은 값이면 천국으로 -.

1. 죽음

생자필멸이라, 산 자의 죽음은 정한 이치요. 만고불변의 진리이고 삶이 무한하면 그것 역시도 문제라 이 한정된 땅덩어리가 가득 차고 넘쳐나서 만원이 되고 터져버릴지도 모를 일 -. 다행스럽게도 물주의 조화로 생로병사의 과정을 거쳐 유한한 수명을 점지해준 것입니다. 자손을 통해서 연면히 이어지게 한 것입니다. 죽음 앞에는 왕후장상이 따로 없고 장삼이사(張三李四), 온 곳으로 가는 것이 자연의 섭리임에 수용하는 길뿐입니다. 인간은 반드시 죽습니다. 시작이 있으면 끝이 있듯 죽음은 거역할 수 없고, 피할 수 없는 인간의 숙명입니다. 그럼에도 나만은 죽음을 인정하려 들지 않습니다. 두려움과 일말의 미련이 남아있기 때문입니다. 죽음은 고통의 종장이고, 차안과의 작별이며, 피안으로의 여행입니다. 죽음은 삶의 휴식이고, 미지세계로의 출발입니다. 세상에 죽음을 좋아할 사람은 아무도 없을 것입니다. 피해 가길 바라고 죽고 싶어 하지 않습니다. 하지만 그것은 허욕이고 노추에 불과합니다.

왜 이럴까? 두렵고 무섭기 때문입니다. 놓고 가기가 아깝기 때문입니다. 이 아름다운 세상 -. 저, 봄에는 꽃이 피고 우거져 열매 맺고 떨어져 돋아남에 사랑하는 가족을 다 놔두고 다 버리고 미지의 세계로 가기가 아쉽기 때문입니다. 미련이 있었던지 중국의 어떤 왕은 무덤 속에 별걸 다 만들어놨습니다. 젖먹이가 갖고 있는 과자 꾸러미를 뺏기지 않으려는 심정과 같을 것입니다. 공중에서 뛰어내리기 직전의 두려운 심정과 같을 것입니다. 미지의 길인 저편은 아무도 알 수가 없습니다. 꽃이 흐드러지게 피어있는 꽃밭인지, 컴컴한 허공인지, 천길 낭떠러지인지, 불구덩이인지 아무도 알 수가 없습니다. 이제 때가 됐으니 다 놔두고 가야 합니다. 공수래공수거, 빈손으로 왔으니 빈손으로 가는 것입니다. 나만 가는 것이 아니고 다 가니 미련 두지 말고 순순히 가는 것입니다. 뒤에서도 줄줄이 기다리고 있습니다. 미리 가서 좋은 자리, 명당 자리 몇 군데 잡아두는 것입니다. 우리 모두의 영원한 안식처인 온 곳으로 돌아가는 것입니다. 미지의 세계로 여행을 떠나는 것입니다. 인간은 어떤 모습으로 죽음을 받아들일까? 스위스 출신 정신과 의사인 엘리자베스 퀴블러로스의 "죽음의 5단계"를 소개합니다.

1. 부정하고 - 내가 죽을 이유가 없다. 나는 죽지 않는다. 내가 왜 죽어.
2. 분노하고 - 왜 하필 나야. 못 죽어.
3. 협상하고 - 살게 해준다면, 연장해준다면 "뭣을 하겠다. 어떻게 하겠다." 하고 타협한다. 우리의 유명한 모 코메디언은 병들었을 때 살려만 주신다면 목사가 되겠다고 서원하고 목사로 살다 간 일이 있었습니다.
4. 우울하고 - 살 가망이 없다는 것을 알면 자포자기, 심한 우울증에 빠진다.
5. 수용하고 - 죽게 된다는 사실을 그대로 어쩔 수 없이 받아들인다.

여기다 한 단계 추가한 알폰스 데켄의 "기대와 희망"입니다. 혹시나 그 너머에 뭔가 있지 않나 하는 낙관적인 기대를 품는다는 것입니다. 그러면 누가 잘 수용할까? 가족관계가 아주 좋았거나 여한이 없거나 신앙심이 두터운 사람이 잘 받아들인다는 것입니다. 그것이 무서우면 건전한 신앙을 갖는 것도 좋을 것입니다.

- 관뚜껑을 닫은 다음에야 그 사람의 가치를 평가할 수 있다. - 진서
- 나의 모든 과업을 끝마쳤을 때엔 죽음이 즐거운 여행이 될 것이다. - 월콕스
- 죽음은 영원한 잠이다. - J. 푸세
- 죽음이란, 노고와 고통으로부터의 휴식이다. - 키케로
- 잘 보낸 하루가 행복한 삶을 가져오듯이 잘 쓰여진 인생은 행복한 죽음을 가져온다. - 레오나르드 다빈치
- 인생은 여관, 죽음은 여행의 끝이거니 - 드라이덴
- 최상의 죽음이란 미리 예기치 않았던 죽음이다. - M. E. 몽테뉴

2. 공포

째각째각, 사각사각 죽음의 시간이 소리 없이 몰려오면 무섭고 두려울 것입니다. 죽음보다 무서운 것은 죽음 자체가 아니라 죽음에 대한 공포라지만 군대 안 갈려 하듯 어떻게든 안 갈 수 없나? 피할 수 없나? 조금 늦춰주면 안 되나? 거부, 공포심은 누구에게나 다 있을 것입니다. 저쪽이 이쪽보다 낫다면, 다 가지고 간다면 두렵거나 무서움이 덜할지도 모릅니다. 갔다 온 사람도 없고, 물어볼 수도, 알 수도 없으니 두려운 것입니다. 죽은 뒤에는 어디로 가나? 심판은 없는가? 어떻게 하면 이 공포심을 없앨 수가 없을까? 뛰어넘을 수는 없을까? 어떻든 두려움을 없애는 방법은 없다는 사실입니다. 있다면 죽지 않는 것뿐입니다. 다소 위안을 얻을 수 있는 방법이 있다면 첫째는 종교의 힘을 빌리는 방법입니다. 내세를 믿은 종교의 힘에 귀의한다면 어느 정도 해소가 될 수 있을 것입니다.

둘째는 가족이나 호스피스의 도움을 받으면 다소 해소가 될 수 있을 것입니다. 안심이나 위로의 말은 공포심을 누그러뜨리는 효과가 있기 때문입니다. 셋째는 느긋하게 뱃장을 부려보는 것입니다. 나보다 잘난 사람도, 왕도, 부자도 다 갔는데 뭐가 두려워 - 호기를 부려 보는 것입니다. 넷째는 미지의 세계로 여행 떠난다고 자위해보는 것입니다. 여행은 항상 설레고 즐겁기 때문입니다.

- 왜 죽음을 두려워하는가? 죽음은 인생의 가장 아름다운 모험이다. - 프로우먼
- 참된 삶을 맛보지 못한 자만이 죽음을 두려워하는 것이다. - 제이 메이
- 죽음의 공포는 죽음 자체보다도 무섭다. - 푸블릴리우스 시루스 / 격언집
- 죽음에 대한 두려움은 조금도 없다. - C. R. 다윈
- 공포는 언제나 실제보다 무서운 것이다. - 유달영 / 절도범 P.
- 공포를 고쳐주는 의사는 없다. - 영국 격언

3. 웰다잉(Well Dying)

인생의 마무리, 죽음! 존엄과 품위를 지키고 가족들이 지켜보는 가운데 작별인사를 하면서 평온하고 아름답게 생을 마치는 걸 말합니다. 그러나 말기암이나 중증질환자들은 대부분 중환자실에서 무의미한 연명치료를 받다가 생을 마칩니다. 단순히 인위적으로 생명을 잠시 연장시키기 위한 연명치료는 고통이 아닐 수 없습니다. 불필요한 인공호흡이니 심폐소생술이니 신장투석이니 각종 주사를 맞아가면서 의사표시도 못하고 극심한 고통 속에서 심장만 멎지 않을 뿐 식물인간 상태에서 죽음보다 못한 삶을 이어가다가 결국 운명하고 맙니다. 이렇게 구차하게 목숨을 이어가야 하는 것이, 임종을 맞는 것이 진정한 답은 아닐 것입니다.

반면 무의미한 고통에 시달리는 환자를 지켜보는 가족이나 의료진으로서는 안타깝기도 하고 감당하기가 어려울 것입니다. 자식으로서 인륜, 도덕상 외면할 수 없어 계속 치료를 요구하겠지만 소생 가망이 없으면 치료를 중단시키는 것이 고통 속에서 헤매고 있는 환자를 위해 진정한 도움이 될 것입니다.

하지만 임의로 제거하거나 치료중단은 자칫 법적인 책임이 있기 때문에 여간 난감하지 않을 수가 없을 것입니다. 그러나 이제 존엄사 관련 법률(연명의료 결정법)이 국회를 통과, 인공호흡기 착용, 심폐소생술, 혈액투석, 항암제 투여 등 치료해도 회생 가능성이 없고 급속도로 증상이 악화돼 사망이 임박한 경우 환자 본인이 의사를 표시해서 미리 작성해둔 '사전연명 의료의향서'가 있을 경우에는 인공호흡기 등을 제거해도, 치료를 하지 않아도 법적 책임을 묻지 않게 된 것입니다. 치료 여부를 두고 가족간의 갈등을 막을 수도 있습니다. 이를 대비해서 사전연명 의료의향서를 미리 작성해두는 것입니다. 죽음이 임박했을 때 어떻게 치료하라는 본인의 의사표시입니다.

■ 사전연명 의료의향서

1. 뇌사상태나 의식불명 등 현대의술로는 치료할 수 없는 상태일 경우 인공호흡이나 심폐소생술, 혈액투석, 항암제 투여 등 무의미한 연명치료를 거부합니다.

2. ……

년 월 일
작성자 ○○○ 인

- 사전연명 의료의향서 : 누적 등록자 수 80만 5,701명(2021. 1. 31. 남자 30%, 여자 70%)
- 상담 등록기관 : 전국 459개소(보건소, 국민건강보험공단, 병원, 단체)
- 문의 : 국립연명의료관리기관 홈페이지(www.LST.go.kr), 1855-0075

바람직한 임종을 뭘까? 병원 중환자실에서 연명치료를 하다 임종하는 것보다 미리 퇴원해서 몇 시간이던 며칠이던 정든 집에서 사랑하는 가족과 함께 의미 있게 보내면서 바둑이도 같이, 막걸리라도 한 잔 하면서 사진첩을 꺼내보고 아름다웠던 추억을 회상하면서 다가오는 죽음을 담담히 맞이하는 것입니다. 품위 있는 죽음, 존엄사 -

참다운 웰다잉인 것입니다.

- 자식들에게 둘러싸여 인생의 최후를 맞는 사람은 행복하다고 생각한다. - F. 그릴 파르처

4. 떠날 준비

유종지미(有終之美), 무슨 일이든 마무리를 잘해야 되듯 생을 마감함에 있어서 여러 가지 정리해야 할 것들을 빨리 정확하고 빈틈없이 깨끗하게 정리해두는 것입니다. 내일을 기약할 수 없으므로 심신이 건강할 때 미리미리 준비, 정리해두는 것입니다. 무리 없이 아름답게 마무리해둬야 할 것입니다.

(1) 재산정리 - 상속과 기부

살아있을 때 미리 공평하게 나누어줍니다. 자칫 재산분배 시 부자간 형제간 다툼이 생길 수 있습니다. 덜 가지려고 노력해야 하는데 더 차지하려 하니 싸우게 됩니다. 재산이 많던 적던 고민이 되기 마련입니다. 서로 만족할 만큼 자식들이 의가 상하지 않게 분배해줘야 합니다. 경우에 따라서는 법적 절차를 밟아서 불만 없게 나눠줍니다. 불로소득이라서 함부로 쓰게 됩니다. 미리 다 줘버리면 타써야 되기 때문에 쓸 만큼 남겨두는 것이 좋습니다. 그리고 사회보답 차원에서 기부를 하는 것입니다. 사회를 위해 좋은 일을 하고 가는 것입니다. 그것은 천당행 티켓과 같습니다. 기부는 숭고하고 거룩하고 갸륵한 일입니다.

(2) 장례문제

취향과 형편에 맞게 정해, 미리 준비해두는 것입니다. 자식들에게 부담을 덜어주는 것입니다.

① 부고범위 - 리스트 작성 비치
② 장례형식 - 일반, 종교식, 가족장
③ 장례식 장소 - 자택, 장례식장
④ 기간 - 2~3일장, 1일장
⑤ 수의, 관
- 수의 - 평상복, 한지(친환경)
- 관 - 종이관(펄프관)은 가볍고 싸고 보기 좋고 시간이 단축되며, 나무관은 무겁고 비싸고 산림훼손, 대기오염, 외화낭비이기 때문에 지양해야 합니다.

⑥ 방식 - 매장, 화장
⑦ 비용
- 장례 - 식장, 접객, 용품, 염습, 차량비
- 장묘 - 매장(묘지 구입비), 화장(납골묘, 납골당, 수목장)

⑧ 유품정리
- 장례문제는 본인이 미리 정해두거나 준비해두면 유족들이 우왕좌왕하지 않게 되고 갈등을 막고 비용도 절감이 됩니다. 장례는 고인을 위한 의식입니다. 경건한 애도의 장이 되어야 합니다. 없는 유족에게는 큰 짐이 될 수 있기 때문에 허례허식을 버리고 간소하고 검소하게 치러야 합니다. 그것이 고인의 바람이고 유족의 부담을 줄이는 길인 것입니다.

(3) 장기기증
수요는 많은데 기증자는 적습니다. 우리 모두 흙으로 돌아갈진대 기증하면 나는 가도 나의 일부는 살게 됩니다. 선행의 길이기도 합니다. (기타편 1,046쪽을 참고하십시오.)

(4) 기타

- 채권채무 관계정리, 각종 서류, 통장, 도장 인계
- 당부의 글 작성 – 유언장
- 자서전 남기기
- 신세를 졌거나 아프게 한 경우 감사 표시나 용서, 화해 등 인간적인 관계도 정리해둡니다.
- 유언장 작성 시는 반드시 본인이 직접 자필로 유언내용, 연월일, 주소, 성명, 날인까지 해야 효력이 발생합니다. 법적 분쟁을 막기 위해 공증증서를 받아두는 것이 좋습니다.

5. 아, 아 기어코 떠날 때가 왔구려
- 정말 가기 싫은데

    정말 가기 싫은데 안 갈 수는 없나? 삶을 하직하게 되니 많은 생각들이 주마등처럼 뇌리를 스칠 것입니다. 행복하고 보람찬 삶을 살았는가? 후회 없는 삶을 살았는가? 구실은 제대로 했는가? 내가 없더라도 남은 가족들은 잘 살아갈 수 있을지 여한이 많은 사람은 눈이 잘 감기지 않을 것입니다. 그러나 산 사람의 입에는 거미줄 안 친다고 산 사람은 어떻게든 살아간다고 했습니다. 이제 모든 회한, 근심, 걱정일랑 내려놓는 것입니다. 모든 미련 다 버리는 것입니다. 행복한 임종은 뭘까? 아름다운 임종은 뭘까? "다들 이리 오렴, 작별 인사를 해야지." 찬송가도 좋고 찬불가도 좋습니다. 18번이 있으면 그것도 좋습니다. 온 가족이 모인 자리에서 사랑하는 자식 품에 안겨 웃는 낯으로 한 사람씩 손을 부여잡고 작별을 고하는 것입니다.

    "그동안 고마웠다. 애들아, 잘 있거라. 나는 간다. 천국으로."
    - 연분홍 치마가 봄바람에 휘날리드라. 오늘도… 그만, 또 있지?
    - 험난한 이 세상 고생을 면하고 영원한 천국으로 이 몸은 갑니다. 그리운 동생아, 그리운 아들아, 그리운 마누…라 으으음…

              · · · · · · · · · · · · · · · · · · ·

    아이고 아버지, 아이고 성님, 아이고 영감 으흐흐흑…
    - 이리하야 한 인간 눈을 감다. 모두 다 한바탕 꿈인 것을…

나 하늘로 돌아가리라.
새벽빛 와 닿으면 스러지는
이슬 더불어 손에 손을 잡고
나 하늘로 돌아가리라.

노을빛 함께 단둘이서
기슭에서 놀다가 구름 손짓하면은
나 하늘로 돌아가리라.
아름다운 이 세상 소풍 끝내는 날
가서, 아름다웠더라고 말하리라.
(귀천 / 천상병)

노래도 1곡 감상하십시오. "페르귄트 모음곡 중 오제의 죽음"

제12장
기타 – 성찰(省察)

1. 인생의 여러 문제들

인간은 문제를 품고 사는 존재입니다. 눈을 뜨고 눈을 감을 때까지 문제 속에서 살아갑니다. 한시도 문제를 떠나 살 수 없습니다. 인생은 문제투성이라고 해도 과언은 아닙니다. 중한 문제도 있고 가벼운 문제도 있습니다. 쉬운 문제도 있고 어려운 문제도 있습니다. 쉬 풀리기도 하고 잘 안 풀리기도 합니다. 문제를 푸는 방법에 따라 인생이 달라집니다. 성공적인 삶이 될 수 있고, 실패한 삶이 될 수 있습니다. 행복한 삶이 될 수 있고, 불행한 삶이 될 수 있습니다. 그중 간과해서는 안 될 문제들을 성찰해봅니다. 한마디로 성찰은 행복과 성공의 기회를 높이는 기술입니다.

(1) 어떻게 살 것인가?

사람은 누구에게나 인생관이 있고 가치관이 있습니다. 어떻게 보느냐에 따라 인생이 달라집니다. 긍정적으로 보면 긍정적인 삶이 되고, 부정적으로 보면 부정적인 삶이 됩니다. 보람 있는 삶, 행복한 삶이 되기도 하고, 보람 없는 삶, 불행한 삶이 되기도 합니다. 나는 누구인가? 생의 목적은 뭔가? 성공적인 삶은 어떤 삶인가? 어떤 삶이 가치가 있는가? 잘 살고 있는가? 행복한가? 치열한 자기 성찰이 필요합니다. 인생은 유한합니다. 일회적인 삶이요, 두 번 삶이 아닙니다. 한 번뿐인 이 생을 즐겁고 보람 있고 행복하게 살아야 합니다. 이는 인간 모두의 한결같은 바람입니다. 그러기 위해서는 시간을 잘 써야 합니다. 인생은 시간으로 이루어지기 때문입니다.

시간은 쉴새없이 빠르게 흘러갑니다. 한 번 지나간 시간은 다시 돌아오지 않습니다. 붙잡을 수도 없고 되돌릴 수도 없습니다. 기다려주지도 않습니다. 그래서 옛 선현들은 시간을 함부로 쓰지 말고 낭비하지 말고 아껴 쓰라고 누누이 강조했습니다. 그러나 우리는 시간을 쓸데없는 곳에 너무 많이 낭비하고 있습니다. 물 쓰듯 쓰고 있습니다. 시간은 인생의 중요한 무형 자본입니다. 시간은 누구에게나 공평하게 하루 24시간 주어졌습니다. 시간을 아끼고 내 것으로 만든 사람은 성공한 삶이 되고, 허비하고 허송세월한 사람은 내 것으로 만들지 못한 실패한 삶이 될 것입니다. 성공한 사람은 거의가 다 시간을 내 것으로 만든 사람입니다. 건설적인 곳에 투자한 사람입니다. 그러므로 시간에 끌려다니는 노예가 아니라 시간을 지배하는 주인이 되어야 합니다. 지배란 무엇인가? 잘 쓰는 것, 잘 요리하는 것, 잘 관리하는 것입니다. 하루가 모여 이틀이 되고, 1년이 되고, 십 년이 되고, 인생이 만들어지는 것입니다. 하루를 도박으로 보낸 사람과 그릇을 만든 사람과 비교한다면 누가 더 보람 있는 하루를 보냈다고 할 수 있을까? 차이는 천양지차로 다를 것입니다. 하루를 잘 보냈다는 것은 일생의 하루를 잘 살았다는 말과 같습니다. 그러면 24시간 하루를 어떻게 써야? 어떻게 보내야 할까? 오늘 이 하루가 마지막 날이라고 여기고 보내야 할 것입니다. 그렇게 되면 삶이 경건해지고 치열한 삶이 될 것이고, 결과적으로 보람이 있는 하루가 되는 것입니다. 1분 1초가 가히 금쪽같은 시간이 될 것입니다. 이걸 감안한다면 헛곳에 쓸 수가 없습니다. 아까워 함부로 허비할 수가 없습니다. 하루하루가 이런 삶이 계속된다면 일생을 놓고 볼 때 성공적인 삶이 되고도 남을 것입니다.

- 인생은 황홀한 기쁨이다. - R. W. 에머슨
- 인생은 짧은 이야기와 같다. 중요한 것은 그 길이가 아니고 값어치다.

- L. A. 세네카
- 인생은 선도 아니고 악도 아니다. 어떻게 사느냐에 따라 선의 무대가 되기도 하고, 악의 무대가 되기도 한다. - M. E. 몽테뉴
- 인생은 실수를 하고 그것에서 배우고 현명한 선택을 하게 되는 과정이다. 완벽한 사람은 없다. 그러나 실수로부터 배울 준비가 되어있어야만 나날이 발전할 수 있다. - 로라 라가나
- 인생은 아주 일순에 지나지 않는다. 또한 아주 일순인 것이다. - 실러
- 빈손으로 왔다가 뭔가를 남기고 빈손으로 가는 것이 인생이다. - 중암
- 인생은 천국에 들어가기 위한 검열기간이다. - 아라비아 격언
- 인생의 목적은 끊임없는 전진이다. 앞에는 언덕이 있고 냇물이 있고 진흙도 있다. 걷기 좋은 평탄한 길만이 아니다. 먼 곳으로 항해하는 배가 풍파를 만나지 않고 조용히만 갈 수는 없다. 풍파는 언제나 전진하는 자의 벗이다. 차라리 고난 속에 인생의 기쁨이 있다. 풍파 없는 항해란 얼마나 단조로운가! 고난이 심할수록 내 가슴은 뛴다. - F. W. 니체
- 청춘은 실책, 장년은 고독, 노년은 회한 - 디즈렐리
- 어떻게 사는가를 배우는 데는 그 전 생애를 요한다. - L. A. 세네카
- 인생은 불완전한 항해다. - W. 셰익스피어
- 매일을 네 최후의 날인 것처럼 살라. - 하우파트만
- 그릇이 차면 넘치고 사람이 자만하면 이지러진다. - 추적 / 명심보감
- 우리의 인생은 우리가 생각한 대로 만들어진다. - 마르쿠스 아우렐리우스 / 명상록
- 오늘 하루 이 시간은 당신의 것이다. 하루하루를 알찬 행위로 장식하라. - 루즈벨트
- 같이 출발했을 때 시간이 지난 뒤에 보면 어떤 사람은 뛰어나고 어떤 사람은 낙오되어 있다. 이것은 하루하루 자신에게 주어진 시간을 잘

이용했느냐, 이용하지 않고 허송했느냐에 달려있다. - 프랭클린
- 시간은 누구에게나 24시간 공평하게 주어진 자본이다. 이 자본을 효율적으로 잘 이용한 사람만이 성공할 수 있다. - 중암
- 내일에 의존하지 말라. 그날 그날이 1년 중 최선의 날이다. - 에머슨
- 오늘 할 수 있는 일을 내일로 미루지 말라. 미룸은 실패의 원인이 된다. - 프랭클린
- 인생에서 제일 중요한 시간은 오늘이다. - 톨스토이
- 인생은 가까이서 보면 비극이지만 멀리서 보면 희극이다. - 채플린
- 매일 인생의 마지막 날처럼 살아야 한다. 헝그리 정신을 가지고 미련할 정도로 자기 길을 가라. - 스티브 잡스
- 오늘 해낼 수 있는 일에 전력을 다하라. 그렇게 한다면 내일은 더 발전이 있으리요. - 뉴턴
- 인생에게는 왕복표가 없다. - 이주홍 / 동학사의 가랑잎
- 인생은 행복한 자에게는 너무나 짧고 불행한 자에게는 너무 길다. - 영국 격언
- 인생은 하나의 연극 무대와 같다. - 셰익스피어

(2) 바람직한 인간관계는 뭘까?

인간은 사회적인 동물입니다. 혼자 살 수가 없고 함께 살아가야 하는 존재입니다. 독불장군이란 있을 수 없습니다. 인간(人間)이란 단어는 사람과의 사이, 관계를 말합니다. 관계 속에서 살아간다는 뜻입니다. 부부관계, 부자관계, 이웃, 직장, 친구관계 등 관계 속에서 한시도 떠나 살 수 없습니다. 인간관계, 즉 대인관계는 인간의 중요한 덕목입니다. 대인관계란 한마디로 남이 나를 좋아하게 만드는 기술입니다. 대인관계가 좋으면 세상살이가 편하고 부드럽습니다. 그렇지 않으면 어렵고 껄끄러운 삶이 지속됩니다. 성공의 80%가 대인관계에 달려있다고 해도 과언은 아닙니다. 그 비결은 뭘까?

① 주는 것입니다.

주어야 받는다고 주는 것입니다. 베푸는 것입니다. 누구든 주기보다 받기를 원합니다. 달라면 싫어해도 주는데 싫어할 사람은 없습니다. 술도 먼저 사고 밥도 먼저 사고 안부도 먼저 묻는 것입니다. 옛날에 난리가 났을 때 베푼 부자는 피해를 입지 않았습니다. 주되 바라지 않고 주는 것입니다. 주면 언젠가는 받게 됩니다.

② 배려하는 것입니다.

배려는 타인에 대한 마음 씀씀이입니다. 내 입장보다 상대의 입장을 먼저 생각하는 것입니다. 역지사지를 해보는 것입니다. 차를 몰고 물웅덩이를 지나갈 때는 속도를 늦추는 것입니다.

③ 양보하는 것입니다.

조금 손해를 보고 사는 것입니다. 내 이익보다 상대의 이익을 먼저 생각하는 것입니다. 6보다 4를 취하는 것입니다. 대부분 6을 취하려 하니 다툼이 생기고, 관계가 소원해지고, 깨지기도 합니다. 자리를 양보하면 다 좋아합니다.

④ 오해부터 하지 않는 것입니다.

오해란 사실이 아닌 것을 잘못 보고 잘못 듣고 잘못 판단하고 미리 짐작해서 사실로 받아들이는 것입니다. 가져가지 않았는데 가져갔다고 오해한다면 여간 억울한 일이 아닙니다. 살다 보면 이런 일들이 너무 많습니다. 987쪽에 또 써놨습니다.

⑤ 칭찬해주는 것입니다.

남녀노소 누구나 칭찬해주면 다 좋아합니다. 비판하면 다 싫어합니다. 인간관계도 깨지게 됩니다. 우리 국민은 칭찬에 인색합니다.

왜 그럴까? 그것이 대인관계의 비법인 것을 모르기 때문입니다. 꾸중만 들었지 칭찬을 받아보지 못하고 자랐기 때문이기도 합니다. 칭찬은 대인관계의 훌륭한 윤활유입니다. 66, 609쪽에 또 있습니다.

⑥ 먼저 인사를 하는 것입니다.

나보다 지위가 낮고 나이가 어려도 내가 먼저 인사를 하면 황송스럽게 생각하면서도 다들 좋아합니다. 존경도 받게 됩니다. 지위가 높거나 나이가 많으면 먼저 인사하기보다 상대가 먼저 인사하기를, 인사받기를 원합니다. 인사는 나를 위해 하는 것입니다. 인사 잘해 성공한 사람도 있습니다. 인사 안 해서 욕을 먹지 인사 잘해서 뺨 맞는 법은 없습니다. 옛 어른 말씀이 사람은 인사깔이 밝아야 한다고 했습니다. 의미 있는 말입니다.

⑦ 잘 듣고 맞장구를 쳐주는 것입니다.

모든 소통은 대화로 이루어집니다. 소통의 매개는 대화입니다. 내 말은 좀 적게 하고 상대방이 많이 하게 합니다. 경청, 잘 들어주는 것이 훌륭한 대화 기술입니다. 기왕지사 그냥 듣지만 말고 맞장구를 쳐주는 것입니다. 그러면 화자가 좋아합니다. 듣는 둥 마는 둥 하면 대화가 시들해지고 기분 나쁘게 생각할 수도 있습니다. 맞장구는 대화의 조미료입니다. 59, 606, 972쪽에 또 있습니다.

⑧ 늘상 웃는 낯으로 대하는 것입니다.

찡그린 얼굴이나 화난 얼굴보다는 웃는 얼굴이 상대를 기분 좋게 하고 즐겁게 해주고 포근하게 해줍니다. 경계심을 풀게 합니다. 웃는 낯에 침 못 뱉는다고 했습니다. 늘상 험한 낯을 하면 피하고 싫어합니다. 관상학적으로 좋지 않습니다. 어떤 탈렌트는 웃는 낯이 아닌데 거울 보고 연습을 많이 했더니 노상 싱글벙글 웃는 얼굴이 됐고, 그 덕분으로 인기도 얻었다는 것입니다.

⑨ 감동을 주는 사람이 되는 것입니다.

지금 만나는 사람이 제일 중요한 사람입니다. 잡담만 하다가 헤어질 것이 아니라 만날 때마다 뭔가 한 가지씩 보탬이 될 수 있는 말을 해준다면, 사업가에게는 사업 얘기, 학부모라면 교육 얘기를 해준다면 감동 안 할 사람이 없을 것입니다. 나를 좋아하게 되고, 어서 만나고 싶어 하고, 기다려지게 되고, 내 편으로 만드는 비결이기도 합니다. 만나기 전 무슨 얘기를 해줄까 생각해두는 것입니다.

⑩ 약속을 잘 지키는 것입니다.

시간이든 돈이든 무엇이든 한 번 한 약속은 어떤 일이 있어도 지켜야 됩니다. 약속을 어기면 신용을 잃게 되고, 신용을 잃게 되면 인간관계가 깨집니다. 살아가기가 힘듭니다. 한 번 잃은 신용은 회복이 어렵습니다. 신용은 훌륭한 무형의 자산입니다. 215, 688쪽에 또 있습니다.

- 사람이면 다 사람인가? 사람이라야 사람이지. - 속담
- 사람들 중에는 자갈 같은 인간도 있고, 보석 같은 인간도 있다. - 인도 격언
- 인간이란 향기보다도 악취를 더 많이 풍기는 일종의 공해 동물이다. - 김소운 / 향춘
- 사람은 자기 자신을 위해서 사는 것보다 남을 위해 살 때에 더 큰 만족을 느낀다. - H. 헤세 / 게르트 루트
- 스스로 자신을 낮추면 더욱더 높아진다. - 사마천 / 사기

(3) 행복

인생의 궁극적인 삶의 목표는 행복에 있습니다. 그래서 행복한 삶을 갈망하고 추구합니다. 행복은 최고의 선(善)입니다. 행복하게 살기 위해 불철주야 노력을 합니다. 이 세상에 불행하게 살려는 사람은 한 사람도 없을 것입니다. 한마디로 행복은 즐겁고 기쁘기 때문입니다. 그러나 행복은 거저 얻어지는 것은 아닙니다. 노력해야 얻을 수 있습니다. "모든 인간은 행복을 원하지만 행복에 이르려면 먼저 행복이 무엇인지 알아야 한다."(장자크루소)

그렇다면 행복은 뭘까? 행복이란 구하고 바라고 원하는 것을 얻었을 때 느끼는 즐거움, 흐뭇함, 만족한 상태를 말합니다. 건강을 잃다 찾았을 때 우리는 무한한 행복을 느낍니다. 마음에 드는 집을 구했을 때, 갖고 싶은 차를 샀을 때 역시 행복을 느낍니다. 부부간, 부자간 사랑이 깊어질 때, 가족이 건강하고 아이들이 잘 자랄 때 행복을 느낍니다. 사업이 뜻대로 잘 될 때, 마음에 드는 직장을 구했을 때, 좋은 친구를 얻었을 때, 좋은 이성과 사귈 때 행복을 느낍니다. 특히 의식주를 해결할 수 있는 부의 축적에 우리는 무한한 행복을 느낍니다. 그래서 부를 갈망하고 추구하고 노력을 합니다. 돈이 없으면 가난하게 살게 됩니다. 대신 삶이 불편해집니다.

반면 소득이 올라가면 행복지수도 올라갑니다. 행복은 소득과 직결됩니다. 가난은 행복일 수가 없습니다. 꼭 필요한 걸 갖고 싶어도 돈이 없으면 살 수 없으니 만족한 삶이 될 수 없습니다. 행복을 느낄 수 없습니다. 반대로 돈이 있어 갖게 되면 만족을 느끼고 행복해집니다. 그러나 돈은 필요조건은 되지만 충분조건일 수는 없습니다. 부(富) 속에는 불행의 씨앗이 숨겨져 있습니다. 돈 많은 부자라고 다 행복한 삶을 누리는 건 아니기 때문입니다. 사랑이라든가 고통, 건강, 화목 등 돈으로 살 수 없는 것들도 많이 있습니다. 행복은 거창한 것이 아닙니다. 일상의 소소한 즐거움 속에서 얻기도 합니다. 야외에 놀러 가려고 잔뜩 준비를 해놨을 때 비가 오다 그치면 좋아하고 역시 행복을 느낍니다. 월척을 낚았을 때, 쾌변이 잘 될 때, 제비뽑기에 뽑혔을 때, 고스톱에서 오광이 나왔을 때, 장거리 버스에 한 자리 비었을 때, 맛있는 음식을 먹었을 때, 아이가 심히 울다 그쳤을 때 우리는 순간 순간 행복을 느낍니다.

추구하는 보편적인 행복의 조건은 뭘까? 건강하고 부유하고 화목하고 덕을 베풀고 삶이 가치 있고 천수를 누리는 삶일 것입니다. 그러나 사람의 얼굴이 다 다르듯 추구하는 행복의 조건도 만족도 같을 수가 없습니다. 천차만별인 것입니다. 어떤 사람은 50에 만족을 느끼는 반면 100에도 만족을 느끼지 못하는 사람도 있을 것입니다. 욕망이란 다양하고 끝이 없습니다. 다 채울 수도 없습니다. 하나를 얻으면 둘을 추구합니다. 열을 얻어도 만족할 줄 모르는 것이 인간의 속성입니다. 바다는 메워도 사람의 욕망은 메울 수가 없습니다. 욕망을 너무 추구하다 불행을 겪기도 합니다.

그렇다면 어떻게 해야 행복해질까? 일체유심조(一切唯心造)라고 행복은 마음먹기에 달려있습니다. 관점에 따라 달라집니다. 물병에 반쯤 들어있는 물을 보고도 벌써 다 먹었다고 하는 사람이 있는가 하면 아직도 남아있다고 말하는 사람도 있을 것입니다. 행복은 다분히 주관적인 속성이 있습니다. 부족한 가운데 행복을 누리는 지혜가 필요합니다. 밖에서보다 안에서 찾아야 합니다.

산 너머 저쪽 하늘 멀리에
행복이 있다고 말들 하기에

남 따라 찾아갔다가
눈물만 머금고 돌아왔네

자주 인용하는 칼 붓세의 "저 산 너머"란 시입니다. 인간의 욕망은 한이 없습니다. 많이 가지고 있으면서도 더 많이 가지려고 노력을 합니다. 욕망을 반만 줄여도 행복은 배가 된다고 그 누가 말했습니다. 욕망을 줄이는 방법은 절제하는 것입니다. 참고 또 참아내는 것입니다. 그래서 성경은 참는 자에게 행복이 있다고 했습니다. 매사 감사하게 생각하고 남과 비교하지 말고 수분지족(守分知足)하는 삶을 살아야 합니다. 모든 불행의 단초는 비교로부터 오게 됩니다. 누가 큰 집을 사니, 누가 외제차를 타니 나도 자존심이 있지, 욕심과 질시를 느끼면 과욕하게 되고 불행해질 수가 있는 것입니다. "뱁새가 황새를 따라가려면 가랑이가 찢어진다."는 속담이 이를 말해주고 있습니다. 자기 분수를 알고 만족할 줄 알아야 합니다. 안분지족의 삶을 사는 것입니다. 가지고 있는 돈은 10인데, 100짜리를 살려고 한다면 어떻게 될까요? 10으로도 족함을 아는 것이 참 행복입니다. 그리고 봉사하는 삶도, 베풂의 삶도 행복의 필요요소입니다. 도움을 필요로 하는 사람에게 베풀고 도와줌으로써 기쁨을 주고받고, 서로 행복을 느끼게 되기 때문입니다. 그리고 매사 감사하게 생각하는 것입니다. 부모, 형제, 자매, 부부, 이웃, 친구, 직장, 국가에 감사하면서 사는 것도 행복한 삶인 것입니다.

- 인간만이 자신의 행복을 창조한다. - A. P. 체홉
- 사람들은 마음먹은 만큼 행복해진다. - 아브라함 링컨
- 행복은 소유에 비례하고 욕망에 반비례한다. - 폴 새뮤얼슨
- 행복은 거창한 것이 아니고 소소한 즐거움의 합이다. - 서은국
- 행복은 자기의 분수를 알고 그것을 사랑하는 것이다. - R. 롤랑

- 자기 스스로를 행복하다고 생각하는 사람은 행복하다. - 영국 격언
- 사람은 자기가 행복하게 되기를 원하기보다 남에게 행복하게 보이려고 더 애를 쓴다. - 디즈레일리
- 진정한 행복은 절제에서 솟아난다. - 괴테
- 행복도 하나의 기술이다. 즉 자기 자신 속에서 발견하는 기술이 필요하다. - 칼 힐티
- 행복이란 자체가 긴 인내이다. - A. 가뮈 수첩
- 족함을 모르는 사람은 부유하더라도 가난하고 가난해도 족함을 아는 사람은 가난하더라도 부유하다. - 석가모니
- 행복해지는 데는 두 가지 방법이 있다. 가진 것을 더 많이 늘리는 것과 욕망을 줄이는 길이다. 가진 것을 늘리면 더 큰 욕심이 생기지만 욕망을 줄이면 참행복이 찾아온다. - 탈무드
- 비교는 행복의 종말이며 불만족의 시작이다. - 키르케고르
- 만족할 줄 아는 사람은 가난하고 지위가 낮아도 즐겁고, 만족할 줄 모르는 사람은 돈 많고 신분이 높아도 근심하게 된다. - 경행록

(4) 성공의 비결

성공이란 무엇일까? 꿈이나 뜻한 바 목표를 이룬 상태를 말합니다. 인간은 누구나 성공을 바라고 성공을 위해 불철주야 노력을 합니다. 그러나 다 성공하는 것은 아닙니다. 성공한 사람은 성공의 이유가 있고, 실패한 사람은 실패의 이유가 있습니다. 실로 다양한 분야에서 다양한 방법으로 다양한 성공자가 나옵니다. 운동선수로서 사업가로서 기술가로서 짧게는 2~3년, 길게는 5~10년 장기간에 걸쳐 이뤄냅니다. 보답 차원에서 성공은 부와 명예를 가져다줍니다. 성공은 피와 땀과 눈물 없이는 쉬 이루어지지 않습니다. 모든 걸 걸어야, 전력을 다 쏟아부어야 성공할 수가 있습니다. 굳은 신념과 꿈틀대는 열정을 가지고 미쳐야 비로소 성공할 수가 있습니다. 옛말에

수적천석(水滴穿石)이라고 물방울이 계속 떨어지면 돌도 뚫듯이, 마부작침(磨斧作針)이라고 도끼를 갈아 바늘을 만들 듯이 오랜 시간 끈질기게 심혈을 쏟아부어야 비로소 이루어집니다. 그것이 밥 먹듯이 이루어진다면 다 부자가 되고, 다 대통령이 된다면 어떻게 될까요? 그것 역시도 문제가 됩니다. 그러고 보면 노력은 성공의 열쇠이고, 실패 역시도 성공의 발판인 동시에 불변의 진리이기도 합니다.

- 시도 없는 곳에 성공 없다. - H. 넬슨
- 성공의 비결은 일정하고 변하지 않는 데 있다. 사람들이 성공 못하는 것은 처음부터 끝까지 외곬으로 나가지 않았기 때문이지 성공의 길이 험악해서가 아니다. 한마음 한뜻은 쇠를 뚫고 만물을 굴복시킬 수 있다. - B. 디즈레일리
- 성공의 비결은 뜻의 일정 불변에 있다. - 비콘 스필드
- 성공하기 위해선 진짜 하고 싶은 일을 해야 한다. 그래야 열정과 최선을 다하기 때문이다. - 트위터 공동창업자 비즈스톤
- 성공한 사람치고 쉽게 성공한 사람은 드물다. 다른 사람이 들인 노력보다 두 배, 세 배 이상의 노력을 쏟아부어야 비로소 성공이 찾아온다. - 중암
- 성공한 사람은 송곳처럼 어떤 한 점을 향해 일한다. - 보비
- 시작하기도 전에 안 될 것부터 실패, 걱정부터 하는 경향이 많은데 긍정적으로 될 거라고, 성공할 거라고 굳게 믿고 자신을 갖고 시작해야 성공할 수 있다. - 중암
- 자신이 좋아하는 일을 하라. 그러면 성공은 자연히 이루어진다. - 워런 버핏
- 기회가 올 때 받아들일 준비가 되어있는 것 그것이 성공의 비결이다. - 디즈레일리
- 성공은 제 스스로 오지 않는다. 당신이 성공을 향해 가야 한다. - 마르

바 콜린스
- 나는 우연히 성공한 것이 아니라 노력해서 성공한 것이다. - 헤밍웨이
- 어느 누구든 무한한 열정을 품고 그 일에 매달리면 성공한다. - C. 슈와브
- 자신은 성공의 제1비결이다. - R. W. 에머슨
- 소심한 자는 성공할 확률이 적다. - 실러 / 빌헬름텔

■ 뭘 어떻게 해야 성공할 수 있을까?

우선 목표를 정하는 일입니다. 활이 있어도 쏠 곳이 없으면 그 활은 무용지물이 되고 말 듯이, 분명한 목표가 있어야 합니다. 뭘 할 것인가? 뭘 이룰 것인가? 목표가 정해지면 그걸 이루기 위한 수단이 필요합니다. 그것이 계획이고, 그 계획대로 실천에 옮김으로써 비로소 목표가 달성이 됩니다. 실현 가능한 목표를 정하고, 구체적인 계획을 세우고, 강력하게 실천에 옮김으로써 달성이 되는 것입니다. 그것이 실패했을 경우 그 결과를 검토, 분석하고 수정 보완해서 다시 도전하는 것입니다.

① **목표 설정**

장차 뭘 하고 싶은가? 뭘 이룰 것인가? 뭐가 되고 싶은가? 내 목숨을 걸고 싶은 것이 무엇인가? 간절히 원하는 것이 무엇인가? 세계적인 축구선수가 되고 싶은가? 거부가 되고 싶은가? 높은 지위를 얻고 싶은가? 무엇보다 중요한 것은 목표를 정하는 일입니다. 목표 없는 삶은 부평초처럼 바람 부는 대로 물결치는 대로 살아가는 삶입니다. 배에 목적지가 없다면 어떻게 될까요? 어떤 통계를 보면 90% 이상이 목표 없이 살아가고 있다는 것입니다. 그러니 성공하는 사람이 적은 것은 당연합니다. 한마디로 목표 없이는 무엇이든 성공할 수

없다는 사실입니다. 화살도 과녁이 있어야 되듯 뚜렷한 목표를 갖게 되면 긍정적이고 열정적이고 활기차고 적극적인 사람이 됩니다. 눈빛도 다르고 행동거지도 다릅니다. 에너지가 넘치고 생기가 돕니다. 목표 설정은 모든 정력을 한 곳에 쏟게 하는 위력이 있습니다. 성공한 사람은 거의가 다 간절하고 뚜렷한 목표를 가지고 치밀한 계획을 세워 불철주야 적극적으로 밀고 나갔기 때문에 성공한 것입니다. 님은 지금 어떤 목표를 가지고 있습니까? 목표에는 여러 요소가 필요합니다.

ㄱ. 목표는 크게 잡습니다.

작으면 결실도 작습니다. 크면 결실도 큽니다. 뒷동산에 오를까? 백두산에 오를까? 목표가 뒷동산이라면 올라 가봐야 뒷동산입니다. 배를 만들까? 바늘을 만들까?

ㄴ. 실현 가능해야 합니다.

허황되고 비현실적인 목표가 아니고 이룰 수 있고, 달성 가능한 목표여야 합니다. 90 노인의 고시공부는 비현실적인 목표에 지나지 않습니다.

ㄷ. 구체적이어야 합니다.

그냥 의사가 아니고 산부인과 의사냐? 소아과 의사냐? 막연하면 구심점이 없고 동력을 잃게 됩니다.

ㄹ. 기한을 정해야 합니다.

언제까지 달성하겠다고 못을 박듯 꽝 박는 것입니다. 기한을 정하지 않으면 느슨해져서 미루게 되고, 게으름 피우게 되고, 의욕도 떨어지고, 자연 차질이 생기게 됩니다.

ㅁ. 글로 써둬야 합니다.

눈에 잘 띄는 곳에 써 붙여두면 매일 봄으로써 잠재의식에 각인되고 오매불망, 자나 깨나 각오가 새로워지고 잡념이 안 생기고 집중하게 됩니다. 궁리를 하게 되고 노력하게 되니 성큼 목표에 다가가게 됩니다. 종이에 적어 휴대하거나 아니면 휴대폰에 입력해서 수시로 보고 다지는 것도 좋습니다. 아침에 보고 점심에 보고 저녁 잠자리에 봅니다. 틀림없이 달성된다는 확신을 가지고 소리내어 읽어봅니다.

ㅂ. 끈기가 있어야 합니다.

인간은 흔들리는 갈대와 같은 존재라서 상황이 바뀌면 목표가 흔들릴 수 있고, 유혹을 느낄 수 있고, 포기할 수도 있습니다. 그럴수록 초심을 잃지 말아야 합니다. "우물을 파도 한 우물을 파라."고 했습니다. 한 삽만 더 파면 금맥이 보이는데 참지 못하고 이겨내지 못하고 중도에서 주저앉기도 합니다. 끈기란 참고 이겨내고 버티는 힘입니다. 에디슨 선생은 전구를 발명하기까지 2,399번 실패하고 2,400번째에 성공했다는 것입니다. 집념과 끈질김은 능히 쇠를 뚫을 수 있습니다.

- 목표를 설정하지 않은 사람들은 목표를 뚜렷하게 설정한 사람들을 위해 일하도록 운명지어진다. - 브라이언 트레이시
- 나는 목표를 세우면 반드시 동시에 실행해낼 방법을 생각하고, 어떤 수단을 쓰건 목표를 최종적으로 실현한다. - 사카모토 료마
- 見月忘指(견월망지), 달을 보되 달을 가리키는 손가락을 보지 말라는 뜻. 어떤 목표를 세웠으면 실천과정에서 생기는 여러 가지 지엽적인 일에 신경 쓰지 말라는, 한 길로 매진하라는 뜻.
- 낭중지추, 주머니 속의 송곳처럼 한 곳에 집중해야 목표를 이룰 수가

있다.
- 나무를 겨누는 자보다 태양을 겨누는 자의 화살이 더 높이 난다. - 시드니
- 볼록렌즈를 한 곳에 집중해서 쪼이면 종이에 불이 붙는다.
- 성공하려고 우리는 목표를 한층 더 높이 잡는다. - R. W. 에머슨 / 수필집

② 계획 수립(PLAN)

목표를 달성하려면 계획이 필요합니다. 계획이란 집 지을 때 필요한 설계도와 같은 것입니다. 한옥으로 지을까? 양옥으로 지을까? 몇 평으로 할까? 벽돌은 몇 장 필요할까? 언제까지 지을까? 자금은 얼마가 소요될까? 설계도 없이 짓는 집이란 짓기 힘들고 부실해서 오래 못 가 무너지기 마련입니다. 계획도 이처럼 치밀하고 구체적이고 효율적인 계획이어야 합니다. 중장기, 월별, 주간, 일간 계획 등 단계별 세부 계획이 수립되어야 합니다. 계획은 목표 달성을 위한 수단이고 전략입니다. 전투에서 작전 계획이 시원찮으면 승리할 수 없듯이 계획이 시원찮으면 목표를 제때에 제대로 달성할 수 없습니다. 계획을 세우면 다음과 같은 이점이 있습니다.

ㄱ. 시간이 절약됩니다. 순서대로 진행하게 되니 그만큼 시간이 절약됩니다.
ㄴ. 비용이 절감됩니다. 시행착오를 줄이게 되니 비용이 덜 듭니다.
ㄷ. 성공률이 높습니다. 실패에 대한 불안감이 줄어들고 자신감이 생기니 더욱더 노력을 쏟게 됩니다.

- 계획은 일의 근본적 요소다. 그것은 많은 사업을 원만하게 성취시킨다. - S. 스마일스

- 개변(改變)시킬 수 없는 계획은 나쁜 계획이다. - 푸블릴리우스 시루스 / 격언집

③ 실천, 행동(Do)

계획대로 차질없이 과감히 밀고 나가는 것입니다. 밀리거나 미루면 쌓이게 되고 차질을 빚게 돼 기한 내 목표 달성이 어렵습니다. 아무리 훌륭한 계획도 제때 실천이 뒤따르지 못하면 헛수고, 유명무실해집니다.

"말하는 것이나 희망하는 것, 바라는 것이나 의도하는 것보다 중요한 것은 행동하는 것이다." 성공학의 대가 브라이언 트레이시 선생의 말입니다. 우리 속담에는 뭐가 있을까? "구슬이 서 말이라도 꿰야 보배가 된다." 실천과 행동의 중함을 간파한 명언입니다. "실천궁행" 실천 없이는, 행동하지 않고는 아무것도 이뤄낼 수 없습니다. 실천은 무척 어렵습니다. 담배 끊기가 쉬우면 금연에 성공 못할 사람이 없습니다. 성공한 사람들은 거의 실천력이 뛰어난 사람들입니다. 적당히 실천하는 것이 아니라 철저히 실천한 사람들입니다. 실천에는 고통이 따릅니다. 그래서 실천이 더 어렵습니다.

세상에는 적극적인 사람과 소극적인 사람이 있습니다. 소극적인 사람들은 일을 해내지 못합니다. 적극적인 사람만이 해냅니다. 실천가, 행동파들은 거의가 다 적극적인 사람들입니다. 비성공자들의 특징은 결심만 하고 제대로 실천, 행동하지 않는 데 있습니다. 실천이 효과적으로 이루어지려면 미루지 않는 것입니다. 지체 말고 과감하게 즉시 즉시 계획대로 행동에 옮기는 것입니다. 속담에도 "소뿔은 단김에 빼라."고 했습니다. 단번에 잡아당겨야 빠지듯이 뜸을 들이고 미룰수록 그만큼 늦어집니다. 미룸은 실패의 원인이 됩니다. 옛

말에 이르기를 "알기가 어려운 것이 아니라 실행하기가 어렵고, 실행하기 어려운 것보다 끝을 보기가 어렵다."고 했습니다. 인간에게 있어 가장 중요한 덕목의 으뜸은 실천입니다. "당신이 마음속으로 그린 것을 생생하게 상상하고 간절히 바라며 깊이 믿고 열의를 다해 행동하면 그것이 무엇이든 반드시 현실로 이루어진다."(폴 마이어)

④ 검토(Check)

목표달성, 성공에는 분명 그 이유가 있습니다. 왜 성공했는지. 실패 역시도 분명 그 이유가 있습니다. 왜 실패했는지 - 무리한 목표는 아니었는지, 계획은 빈틈이 있었는지, 미루지는 않았는지, 전력을 다하지 않았는지 검토해봅니다. 수정 보완하기 위해서입니다. 그게 뭘까? 그 원인을 찾아내는 것입니다. 앎으로써 실마리가 풀리고 실패를 거울삼아 다시 '재도전'하는 것입니다.

⑤ 실패

실패 없는 성공은 드물고 어렵기 때문에 실패하게 됩니다. 성공이 밥 먹듯이 이루어진다면, 그래서 다 성공한다면 고통 속에서 고민에 빠질 필요가 없습니다. 실패 없이 한 번으로 성공하는 것이 바람직하지만 인간은 불완전하기 때문에, 부족함이 많기 때문에 실패하게 됩니다. 그러나 실패는 잠시 숨고르기일 뿐 좌절과 포기만이 진정한 실패인 것입니다. 대부분 실패를 거울삼아 성공하게 됩니다. 어찌 보면 실패는 성공의 고마운 스승이나 다름없습니다. 나침반이나 마찬가지입니다. 그 속에서 무엇을 알았는가? 배웠는가? 얻었는가가 중요한 것입니다. 다시 언급해 성공은 실패라는 대가를 치러야 이루어집니다. 그리고 보면 실패는 성공의 어머니인 셈입니다.

• 실패는 성공의 어머니이다. - 영국 격언

- 실패란 성공의 여명이 트이기에 앞선 그 어둡고 침침한 이른 아침 시간일 경우가 많다. - 레이미첼 훗지스 / 성공
- 한 번 넘어졌을 때 원인을 깨닫지 못하면 일곱 번 넘어져도 마찬가지다. 가능하면 한 번만으로 원인을 깨달을 수 있는 사람이 되어야 한다. - 마스시타 고노스께
- 틀리는 것과 실패하는 것은 우리들이 전진하기 위한 훈련이다. - W. F. 채닝 / 현대에 대한 강연
- 실패를 두려워한다면 아무것도 이룰 수 없다. - 중암
- 넘어짐으로써 안전하게 걷는 법을 배운다. - 영국 격언
- 성공한 사람이란 실패에서 많은 것을 배워 새로운 방법으로 다시 문제에 도전하는 사람을 말한다. - 데일 카네기
- 실패를 하지 않는 인간은 대개 아무것도 하지 않은 인간이다. - E. J. 펠프스
- 젖먹이도 수없이 넘어지고 엎어지면서 스스로 걷게 된다. 자전거도 넘어지면서 타게 된다. - 중암
- 실패보다 더 좋은 교훈은 없다. 실패의 경험을 바탕으로 더 많은 노력을 기울인다면 성공을 거둘 수 있다. - 디즈렐리
- 우리의 최대의 영광은 한 번도 실패하지 않음에 있는 것이 아니라 실패할 때마다 다시 일어나는 데 있다. - 골드 스미스
- 우리는 성공에서보다 오히려 실패에서 많은 것을 배운다. - S. 스마일스
- 인간은 누구나 실패하기 마련이다. 문제는 그 실패를 되풀이하느냐 안 하느냐에 따라 그 가치가 결정된다. - 중암
- 실패라고? 난 그런 걸 만난 적이 없다. 다만 잠깐 멈췄던 것일 뿐이다. - 도티 월터스
- 실패 없이 성공한 사람들은 드물다. 크게 성공한 사람들은 대부분 크게 실패한 경험이 있다. 그 실패 속에서 지혜, 경험, 배포, 스케일, 노

하우 등을 배우게 된다. 성공에 대한 자신감을 얻게 된다. - 중암
- 모든 일에 있어서 가장 무서운 적은 단념이다. - 힐튼
- 인생에서 실패한 사람 중 다수는 성공을 목전에 두고도 모른 채 포기한 이들이다. - 토마스 에디슨

(5) 부자 되기

큰 부자! 듣기만 해도 설레이지 않습니까? 세상에 부자 되기 싫은 사람은 아무도 없을 것입니다. 굴뚝 같겠지만 다 부자가 되는 것은 아닙니다. 부자가 되려고 노력해야 될 수 있고 운도 따라야 합니다. 우리가 불철주야 일을 하는 것은 고상하게 얘기하면 재화를 얻기 위해서입니다. 다 돈 벌기 위해서, 부자 되기 위해서입니다. 돈이 있어야 살아갈 수 있고, 돈이 있어야 구실을 할 수 있고, 돈이 있어야 좋은 일도 할 수 있습니다.

세상에서 돈처럼 소중하고 좋은 것은 그리 많지 않습니다. 속담에 "돈이 있으면 귀신도 부리고 처녀 불X도 따올 수 있다."고 했습니다. 안 되는 것 빼고는 다 할 수 있는 것이 돈의 위력입니다. 이렇게 좋은 반면 돈 때문에 안 좋은 일, 나쁜 일이 생기지 않은 날이 없습니다. 돈이 그만큼 좋고 필요하기 때문입니다. 그렇다면 그 좋은 돈을 벌기 위해서는 어떻게 해야 될까? 부동산을 굴려 부자가 된 사람도 있고, 증권에 투자해서 돈을 번 사람도 있고, 여러 분야에서 여러 방법으로 부자가 되고 있습니다. 큰 부자들은 거의가 기업(제조업, 서비스업)을 일으킨 사람들입니다. 세계 부자 빌 게이츠씨도 기업을 일으켜 큰 부자가 된 것입니다. 기업을 일으키는 데 갖춰야 할 조건은 대체로 3가지, 업종, 자본, 기술입니다. 이 세 가지 조건이 충족이 되고 조화를 이루었을 때 비로소 성공이 보장되는 것입니다. 문제는 자기자본입니다. 목돈이 필요합니다. 목돈 마련은 저축에 있습니다. 쓸

것 다 쓰고, 먹을 것 다 먹고, 할 것 다 하고는 목돈을 모을 수가 없습니다. 덜 먹고 덜 써야 모아집니다. 구두쇠 정신을 발휘해야 합니다. 거부들의 공통점이 있다면 처음부터 거창하게 시작한 것이 아니고 작게 미미하게 시작했다는 사실입니다. 눈도 두 개요, 귀도 두 개요, 입은 하나요, 그들과 다를 바 없습니다. 여러분도 애쓰고 노력하면 거부가 될 수 있습니다. 어떻게? 749쪽을 참고하십시오.

특히 업종, 아이템이 훌륭하면 자기 자본 없이도 길이 열리게 됩니다. 자본가들이 모여들기 때문입니다. 거부는 하늘이 내지만 소부는 근검절약을 하면 이룰 수 있다고 했습니다. 현존하는 세계 400대 부자 65%가 자수성가한 부자들입니다. 100명 가운데 65명이 부모 유산 없이 적수공권으로 부자가 된 사람들입니다. 이걸 볼 때 누구나 맘만 먹으면 부자가 될 수 있다는 사실입니다. 딴 곳에 신경 쓰지, 허비하지 말고 오로지 사업 쪽, 돈 버는 쪽으로 머리를 굴리는 것입니다. 내가 무슨? 하지 마시고 큰 포부를 갖고 맘먹고 도전하십시오. 그리고 부자들을 관찰하고 연구하는 것입니다. 어떻게 부자가 됐는지 정보를 얻을 수 있고, 노하우를 배울 수 있습니다. 생각이나 사고방식, 자세나 태도 등을 엿볼 수 있습니다. 또 성공자들의 노하우가 담긴 책을 보고 참고해서 내 것으로 만드는 것입니다. 간접경험을 얻는 것입니다. 일생일사, 기왕지사 큰 부자가 돼 좋은 일 많이 하고 멋들어지게 살다가 생을 마치는 것입니다. 인생은 황홀한 축복!

- 가난은 우리를 괴롭히고 상처를 주고 가르친다. 다만 부의 욕망을 부채질할 뿐이다. – 미상
- 노력이 적으면 얻는 것이 적다. 부의 축적은 오로지 노력의 산물이다. – 미상
- 집이 부자면 먼 친척들도 모여들고 집이 가난하면 형제도 흩어진다.

- 신자
- 한 푼을 절약지 않는 자는 결코 부자가 될 수 없다. - 영국 격언
- 부자가 되는 한 가지 방법이 있다. 내일 할 일을 오늘 하고, 오늘 먹을 것을 내일 먹으라. - 유태인 격언

(6) 발명하기 ② - 전 국민 발명가 되기

현대를 아이디어 시대라고 말합니다. TV, 냉장고, 자동차, 휴대폰, 이쑤시개, 채칼, 냄비, 칫솔 등 크고 작은 상품들 모두가 아이디어를 응용한 발명의 산물입니다. 우리가 이런 문명의 혜택을 받고 사는 것은 모두 발명의 힘, 발명가의 덕분입니다. 발명이란 창의적인 아이디어로 새로운 것을 만들어내는 일입니다. 그렇다고 꼭 전문적인 고도의 기술이 있어야만 되는 것은 아닙니다. 수준 높은 발명 말고는 평범한 보통 사람들의 아이디어로 만들어진 것들이 대부분입니다. 발명에는 남녀노소, 학력과는 무관합니다. 발명 의지가 있느냐 없느냐에 달려있습니다. 알다시피 발명왕 에디슨 선생은 초등학교 1학년 중퇴자였습니다. 노력 끝에 발명을 해서(1,084건) 인류를 이롭게 했습니다. 부와 명예를 누리기도 했습니다. "나를 천재라 하면 잘못이다. 나는 단지 노력했을 뿐이다." 선생이 한 말입니다. 일본의 마스시타 고노스케 창업자는 전기회사 어린 사환 시절에 자전거 타고 심부름 가다 집 안에서 자매가 한 개의 소켓으로 한 사람은 전등을, 한 사람은 전기인두를 쓰겠다고 다투는 걸 보고 옆에 소켓을 하나 더 달면 안 될까? 거기서 힌트를 얻어 특허출원 쌍소켓을 만들어 그걸 기반으로 대재벌이 된 것입니다. 순간의 아이디어를 내 것으로 만든 실례입니다. 만일 우리의 중학생 누가 그보다 먼저 개발했더라면 어떻게 됐을까? 미국의 16세 라디오 수리공 필립이라는 소년은 일(-)자 나사못과 드라이버를 십(+)자 나사못과 드라이버로 만들어 돈을 벌었는데 일자못을 드라이버로 죄었다 풀었다 하다 보

면 홈이 늘어나 불편하고 못 쓰게 되지만 십자못은 그런 폐단이 없고 사용하기도 편리해 누가 알세라 부랴부랴 특허출원, 생산해 부자가 된 것입니다.

또 있습니다. 미국의 13살짜리 어린 양치기 소년이 철조망을 발명해 가장 어린 나이에 한 가지 발명품으로 가장 돈을 많이 번 사례입니다. 양들이 덩굴장미를 피해 허름한 울타리 쪽으로 자주 빠져나가자 주인한테 뺨도 맞고 꾸중도 듣게 되니 화도 나고 그것으로 지나쳤으면 모르겠으되, 부자가 될 팔자였는지 가만히 관찰해보니 양들이 장미가시 있는 쪽을 피해 넘어 가더라는 것입니다. 옳다구나 거기서 힌트를 얻어 철조망 울타리를 만들어 시험해보니 양들이 철사가시에 찔려 울타리 밖으로 빠져나가지 않자 특허출원, 생산해 큰 부자가 된 것입니다. 순간의 착상을 아이디어화한 것입니다. 발명이랄 것도 없는데 양치기가 아니고 책가방만 들고 왔다 갔다 하는 학생신분이었더라면 이런 행운은 없었을 것입니다. 아이디어 개발은 이런 사소한 비능률, 불편을 그냥 지나치지 않는 데 있습니다. 위의 3가지 사례는 전문 기술이 필요 없는 아이디어인 것입니다. 이걸 볼 때 누구나 다 발명가, 아이디어를 개발할 수 있고, 잘만 하면 부자가 될 수 있다는 사실입니다.

① 그렇다면 어디에서 아이디어를 찾고 얻을 것인가?

우리 주위, 일상생활을 통해 쓰고 있는 모든 용품이 다 해당이 됩니다. 현재의 것보다 보다 편리하고, 보다 더 만들기 쉽고, 보다 새롭고, 보다 이롭고, 보다 아름다우면 모두 다 해당이 되는 것입니다. 평소 관심을 갖고 사용 중인 것에 뭐 문제가 없나, 개선할 점은 없나 잘 살펴보는 것입니다. 꼼꼼히 살펴보면 분명 1~2가지 개선할 점, 단점이 보일 것입니다. 그것이 곧 훌륭한 아이디어가 되는 것입니다.

② 그러면 어떻게 발명할까? - 발명기법

아래와 같은 체크리스트를 만들어 1가지씩 대입해보는 것입니다.

- 한 가지 기능을 더 보태면 안 될까? 연필 끝에 고무 지우개를 붙여 돈을 많이 번 사례도 있습니다.
- 한 가지 기능을 빼버리면 - 선이 없는 무선전화기가 나온 것입니다.
- 경박단소(輕薄短小) - 더 가볍고 더 얇고 더 짧고 더 작게 하면 어떨까?
- 중후장대(重厚長大) - 더 무겁고, 두껍고, 길고, 크게 하면 어떨까?
- 비슷하게 하면
- 재료를 바꿔보면
- 향기 나게 하면
- 쪼개보면, 나눠보면
- 거꾸로 하면
- 더 간편히 하면
- 반대로 하면
- 남의 아이디어를 덧붙여보면
- 색깔을 바꿔보면
- 위치를 바꿔보면
- 더 많게 더 적게 하면
- 옆으로 하면
- 강하게 하면 약하게 하면
- 세 개나 한 개로 하면
- 무늬를 넣으면
- 보다 빠르게 하면
- 보다 새롭게
- 포장을 바꿔보면 어떨까?
- 더 좁게 하면 더 넓게 하면
- 용도를 바꿔보면
- 모양을 바꿔보면
- 투명하게, 불투명하게 하면
- 뒤집어보면
- 평평하게 하면
- 거칠게 하면, 부드럽게 하면
- 세모로, 네모로, 둥글게 하면
- 우표 - 스티커 봉투로
- 색깔을 조화시키면
- 순서를 바꿔보면
- 위에 달면 밑에 달면
- 좀 헐렁하게 하면
- 결합하면 분할하면
- 불편한 점 편리하게 하면
- 전후좌우를 바꿔보면
- 그릇을, 부속물을 바꿔보면
- 또 다른 사용법은 없는가?
- 아래위를 바꿔보면
- 더 굵게 하면 가늘게 하면

- 어른용, 아기용, 사계절용
- 고칠 곳은 없나?
- 그림, 글씨를 넣어보면
- 고정관념을 바꿔보면
- 대용할 수는 없는가?
- 값싸게 생산하는 방법은?
- 회전식으로 하면
- 겹치게 하면
- 각도를 달리해보면
- 복합해보면
- 시간을 절약하면
- 또 뭐 없을까?

좋은 아이디어가 떠올랐을 때 즉시 메모해두고 위 물음에 1가지씩 대입시켜 보면 어떨까? 그럴 것이 아니라 집 안에 있는 모든 물건 하나씩 대입해보는 것입니다. 구두끈 매기가 귀찮아서 자크가 나온 것입니다. 그 덕분으로 단추구멍, 단추가 필요 없는 옷이 만들어지고 있습니다. 날개 없는 선풍기도 등장했습니다. 필요는 발명의 어머니라고 했습니다. 이력서를 쓸 때도, 그림을 그릴 때도, 음식을 만들 때도, 농사를 지을 때도, 손톱깎기를 만들 때도 위 물음에 대입해보면 색다른 점은 안 보일까? 알다시피 우리는 자원 빈국입니다. 외국에서 원자재를 들여와 좋게 싸게 가공해서 수출해 외화를 벌어와야 하는 나라입니다. 돈이 많아야 나라가 부강해지고 국민이 잘 살 수 있습니다. 외국으로부터 업신여김을 당하지 않습니다. 발언권이 세진다는 뜻입니다. 2014년 발명특허 출원 건수가 21만 건, 실용신안이 9천 건이 넘습니다. 상품처럼 특허권을 외국에 로열티(특허사용료)를 받고 수출하는 것입니다. 개인 각자가 1년에 1건씩 아이디어를 개발한다면? 온 국민이 너도나도 70년대의 새마을 운동처럼 발명을 생활화해서 발명에 힘써 발명에 매진한다면 개인이나 국부창출에 많은 도움이 될 것입니다.

특히나 국민의 대표인 국회의원들이 솔선수범해서 1년에 1가지씩 아이디어를 개발한다면 국부 창출에 많은 도움이 되고, 경제가 날로 발전할 것입니다. 네모난 수박, 네모난 사과, 하트형 감귤, 두루마리 스피커, 전기 수유기, 휴대용 순간 온수기, 강판과 쟁반이 있는 도마, 체인 없는 자전거, 온도표시 프라이팬 손잡이 등은 모두 우리가 만든 상품입니다. 2016년 생활발명대회 최고상은 탈북여성 주부가 머리카락 안 걸리는 세면기로 대상을 받기도 했습니다. 우리 생활 속에는 수많은 아이디어가 숨어있습니다. 너도나도 그걸 찾아 아이디어를 개발하는 것입니다. 그래서 국민 모두가 부자가 되고, 부강한 1등 국가를 만드는 것입니다.

■ 주부 발명가 되기

주부들이 집에서 아이 키우고 살림하면서 돈 벌 수 있는 길은 없을까? 발명(아이디어 개발)을 들고 싶습니다. 부업 삼아 틈틈이 아이디어를 개발하는 것입니다. 불합리, 불편함을 그냥 지나치지 말고 그걸 없앨 수 있는 방법을 찾아낸다면 그것이 훌륭한 아이디어고 발명인 것입니다. 주방용품, 유아용품, 가전제품, 그릇, 옷, 이불, 화장도구, 장신구, 화장실용품, 자동차 등 의식주 생활에 필요한 발명은 주부가 더 적합합니다. 늘 사용하고 겪어보기 때문입니다. 구멍이 없는 국자 손잡이에 구멍 하나 뚫으면 그것이 곧 굿아이디어인 것입니다. 못에 걸 수 있으니깐요. 사용할 때 불편한 점은 없는가 그냥 지나치지 말고 개선점을 찾아낸다면 훌륭한 아이디어가 되고 대박을 터트린다면 돈방석에 앉게 됩니다. 사용하기 더 편리하고 더 새롭고 이롭고 보기 좋고 만들기 쉽고, 빠르고… 화장할 때 불편한 점은 뭐 없는가? 자가용 타고 내릴 때 뭐 없는가? 기막힌 아이디어는 없는가? 관심을 갖고 유심히 살펴본다면 우리 생활 주변에 널려있습니다. 뉴턴이 사과 떨어지는 것을 보고 만유인력을 발견했듯이 관찰하면 눈에 띄게 됩니다. 눈에 띄는 세상 모든 물건이 다 해당이 됩니다. 특허출원(발명특허, 실용신안)해서 획득하면 권리를 팔 수 있고,

직접 생산을 할 수가 있습니다. 스팀 청소기로 유명한 한경희 생활 과학 대표는 무릎 꿇고 걸레질하기가 힘들고 불편해 거기서 힌트를 얻어 개발했다는 것입니다.

또 어떤 50대 주부는 떼었다 붙였다 하는 신발끈 아이디어로 돈을 많이 벌었다는 것입니다. 이것은 실험실에서만 가능한 고차원의 기술이 아니고 단순한 아이디어에 지나지 않습니다. 주부들은 훌륭한 아이디어맨이 될 수 있습니다. TV 잠깐 덜 보시고 하루 30분씩만 아이디어 개발에 투자하는 것입니다. 1주일에 1번, 1시간씩 온 가족이 '발명시간'을 갖는 것입니다. 아이들 창의력 교육에도 좋습니다. 대입 시험에도 득이 됩니다. 쇠뿔은 단김에 빼라고 지금 당장 시작하는 것입니다. 아이디어 개발에 관한 책을 참고해보는 것도 좋습니다. 돈을 많이 벌게 되면 좋은 일을 많이 하는 것입니다. 걱정이 돼 다시 한 번 - 만물은 아이디어의 소산입니다. 아이디어 대상이 아닌 것이 없습니다. 눈에 띄는 모든 것이 다 해당이 됩니다. 그것들이 시의적절하게 개발이 되어 히트를 치면 돈방석에 앉게 된다는 사실입니다. 중요한 것은 알고만 있고 실행이 없으면 아무 소용이, 소득이 없습니다. 시작이 반이라고 지금 곧 주위를 살펴보고 찾아내 개발한다면 님은 틀림없이 부자가 되고 말 것입니다. 냉장고, 청소기, 와이파이, 일회용 기저귀, 다리미, 구명보트, 잠망경 등은 여성이 만든 것입니다.

■ 특허청 발명지침
- 1계명 - 더 해보아라.
- 2계명 - 빼보아라.
- 3계명 - 모양을 바꿔보아라.
- 4계명 - 용도나 재료를 바꿔보아라.

- 5계명 - 남의 아이디어를 빌려라.
- 6계명 - 불편한 점을 고쳐보아라.

(자료 : 특허청)

- 특허청(www.kipo.go.kr) / 1544-8080
- 한국여성발명협회(www.inventor.or.kr) / (02) 538-2702, 2710(발명 교육, 출원, 사업화까지 원스톱 지원하고 있습니다.)
- 한국발명진흥회(www.kipa.org/kipabiz) / (02) 3459-2800
- 한국발명가협회 / (02) 554-7053
- 좋은 아이디어가 있을 경우 창조경제타운(www.creativekorea.or.kr)의 문을 두드려보는 것도 좋습니다.(아이디어 개선, 사업화 추진, 시장 진출, 글로벌 진출 등을 돕고 있습니다. 지금까지 300개 기업이 탄생했습니다.)

■ 국가별 표준 특허보유 현황

1위 미국, 2위 핀란드, 3위 일본, 4위 프랑스, 5위 한국, 6위 독일

(자료 : 특허청)

■ 국가별 특허출원 현황(2015년)

중국(110만 건), 미국(58만 9천 건), 일본(31만 9천 건), 한국(21만 3천 건), 전체 세계 4위, 국민 1인당 특허 세계 1위(자료: 정보통신기술센터)

- 발명의 비결은 부단한 노력에 있다. - 뉴턴
- 발명이 발명을 낳는다. - R. W. 에머슨
- 결핍은 발명의 여주인이다. - 센트리브
- 어떤 발명이라도 완전한 것은 결코 없다. 꾸준한 개량이 필요하다. - T. A. 에디슨

- 나의 발명은 대부분 끊임없는 인내의 노동 끝에 비로소 찾은 것이었으며, 명백히 한 가지 일에 대한 무수한 경험의 결과이다. – T. A. 에디슨
- 타인의 발명에다 무엇을 덧붙이는 일은 쉽다. – 라틴 격언
- 필요는 발명의 어머니이다. – 영국 격언

(7) 문제해결 방법

우리는 살아가는 동안 수많은 문제에 부딪치게 됩니다. 삶 자체에 많은 문제가 들어있습니다. 큰 문제, 작은 문제, 어려운 문제, 쉬운 문제, 급한 문제, 급하지 않은 문제들이 수없이 우리 앞을 가로막고 있습니다. 쉽게 풀리기도 하고 풀리지 않기도 합니다. 풀고 나면 생기고 나아가면 또 나타납니다. 산 너머 산이요, 장애물 경기와 같습니다. 문제 아닌 게 없습니다. 건강, 교육, 직장, 부부, 부자, 친구, 취업, 금전, 결혼, 입시, 학교, 시험문제 등 수없이 많습니다. 삶 자체가 문제투성이의 연속인 셈입니다. 그러나 문제가 있으면 반드시 풀어야 되고, 답을 구해야 합니다. 문제란 풀기 위해서 존재하는 것입니다. 부부 사이에 문제가 생기면 풀고 넘어가야 하는데 그냥 묻어두고 지나간다면 언젠가는 예기치 않은 문제가 발생할 수 있습니다.

■ 문제가 있으면 어떻게 풀어야 할까?

우선 문제가 뭔지 정확히 파악하는 일입니다. 정확히 알아야 해결의 실마리를 찾을 수 있기 때문입니다. 문제의 원인이 파악되면 해결할 수 있는 방법을 찾는 일입니다. 그걸 열거해보고 하나씩 해결책을 찾아봅니다. 머리를 싸매고 골똘히 생각해봅니다. 집중해서 생각해봅니다. 이렇게도 궁리해보고 저렇게도 생각해봅니다. 그러다 보면 실마리가 보이기 시작하고 해결책이 떠오르게 됩니다. 옛말에 "사지사지귀신통지"(思之思之鬼神通之 / 관자)란 말이 있습니다. 이렇게 생각해보고 저렇게 생각해보고 이 궁리 저 궁리 하다 보면 귀신

처럼 알게 된다는 뜻입니다. 문제 중에도 쉬운 문제는 쉽게 풀리지만 어려운 문제는 쉬 풀리지 않고 오래 가기도 합니다. 아주 안 풀리면 고민하게 되고 고민 고민하다 보면 풀리기도 합니다.

그러나 몇 번 하다 안 풀리면 대부분 포기해버립니다. 그러니 풀릴 리가 없습니다. 포기는 금물입니다. 안 풀릴수록 궁리를 더 해보는 것입니다. 풀릴 것도 포기해버리면 풀릴 턱이 없고, 안 풀릴 것처럼 보인 문제도 포기하지 않고 끈질기게 생각하고 궁리해보면 해결책, 답이 보이게 됩니다. 분명 답은 있습니다. 찾지 못해서 고민이 될 뿐입니다. "방법을 찾으면 길이 있다. 방법이 없다는 것은 방법을 찾을 생각을 안 했기 때문이다. 길이 없으면 길을 찾고 찾아도 없으면 만들면 된다." 아산 정주영님의 천금 같은 어록입니다. 문제풀이의 답은 생각의 힘에 있습니다.

발명왕 에디슨 선생은 전구를 발명하기까지 포기하지 않고 수없이 골똘히, 이렇게 저렇게 생각해보고 궁리해보고 수많은 시험 끝에 (2,400번째) 결국 성공합니다. 그래서 노먼 빈센트 필 박사는 말합니다. "모든 문제는 반드시 문제를 푸는 열쇠가 있다. 끊임없이 생각하고 찾아내라." 다시 언급합니다만 생각은 문제를 푸는 열쇠입니다. 생각해보고 또 생각해보는 것입니다. 이 궁리 저 궁리를 하다 보면 답이 저절로 나오게 되어있습니다. 대학 등록금을 마련할 길은 없고, 고민은 깊어지고, 등록 마감일은 다가오는데 궁리 끝에 신문사에 호소해 기사가 나고 독지가가 나타나 해결이 된 경우를 가끔 보게 됩니다. 이렇듯 생각의 힘은 위대한 것입니다.

- 모든 삶은 근본적으로 문제해결이다. - 카를 포퍼
- 이 세상에 답이 없는 문제는 없다. - 차동엽

- 지구상의 모든 문제는 "생각의 위대한 힘"에 의해서 해결되고 발전돼 왔든 것입니다.

(8) 생각의 위대한 힘

"인간은 생각하는 갈대"라고 그 누가 말했습니다. 갈대처럼 나약하고 바람에 쉬 흔들리고 쉬 꺾일 수 있지만 그래도 한 가닥 생각하는 힘이 있기 때문에 위대하고, 존귀하고, 그리고 만물의 영장의 위치에 오른 것입니다. 생각은 곧 아이디어이고, 또 그것은 재화를 창출합니다. 오늘날의 물질문명은 모두 생각의 산물입니다. 모든 만물은 모두 생각의 힘에 의해서 창조된 것입니다. 생각은 생각을 낳습니다. 생각은 쉼 없이 끊이지 않고 일어납니다. 좋은 생각도 일고 나쁜 생각도 품습니다. 좋은 생각은 좋은 일이 생기고 나쁜 생각은 나쁜 일이 생깁니다. 저 홀로코스트의 비극(유대인 600만 학살)의 단초도 한 가닥 생각으로부터 시작되고 인류를 구한 저 페니실린의 발명도 한낱 생각의 힘에 의해 만들어진 것입니다. 건설적인 생각은 곧 힘이 되고, 창조가 되고, 문명 발달의 동력이 됩니다. 생각은 행동을 낳고, 또 그것은 운명을 가릅니다. 우리는 하루에도 수많은 생각에 묻혀 삽니다. 무엇을 먹을까? 무엇을 할까? 어느 쪽으로 갈까? 한시도 생각을 떠나서는 살 수 없는 존재입니다. 그래서 또 누가 말했습니다. "나는 생각한다. 고로 존재한다." 오직 죽음만이 생각을 멈추게 할 뿐, 산다는 것은 생각한다는 것입니다. 그래서 로댕은 생각하는 사람이라는 위대한 작품을 남겼던 것입니다. 삶은 갈수록 어려워지고 문제는 더욱더 늘어나고 복잡해지고 답은 생각에 있으므로 생각하고 또 생각하는 것입니다. 생각은 만물창조의 열쇠이고, 만난사의 해결사인 것입니다. 한마디로 "생각은 위대한 힘"인 것입니다. 그걸 적절히 이용한 사람만이 성공할 수가 있고, 행복을 누릴 수가 있는 것입니다.

- 나는 생각한다. 고로 존재한다. - R. 데카르트
- 우리의 인생은 우리가 생각한 대로 만들어진다. - 마르쿠스 아우렐리우스
- 올바른 생각이야말로 신이 내린 최상의 선물이다. - 아이스 킬로스
- 생각이 인간을 위대하게 한다. - B. 파스칼
- 생각은 인생의 소금이다. - 셰익스피어
- 생각은 행동의 씨앗이다. - 에머슨 / 사회와 고독
- 행동하기 전에 먼저 생각하라. - 카네기
- 모든 인간사의 수행에 있어서 생각의 집중이 힘의 비결이 된다. - R. W. 에머슨 / 인생의 방법
- 어려운 문제에 부딪쳤을 때 우리는 사고를 하는 것이요, 사고 끝에 하나의 해결방법으로써 결론에 도달한다. - J. 듀이
- 된다고 생각하면 안 보이던 길도 보이고, 안 된다고 생각하면 있는 길도 안 보인다. - 아산 정주영

  - 인류 역사상 위대한 산물인 발견과 발명은 생각하는 힘에 의해서 이루어졌던 것입니다.

(9) 작심삼일

새해가 되면 새 기분으로 평소 해내지 못한 일, 해보고 싶은 걸 하겠다고 목표를 정하고 시도해봅니다. "금연하겠다. 외국어 공부를 하겠다. 게임 안 하겠다. 다이어트해서 살을 빼겠다. 뭘 하겠다." 거창하고 호기롭게 시작하지만 마음먹은 것, 작심이 대부분 사흘을 넘기지 못하고 슬그머니 중단이 되고 맙니다. 계속 시도해서 목표를 달성해야 하는데 이루지 못하고 끝을 보지 못하고 흐지부지되고 맙니다. 왜 이런 현상이 생길까? 첫째는 동기 부족에 있습니다. 간절하지 못하기 때문입니다. "해내지 못하면, 지금 담배 끊지 못하면 사흘

후에 폐암에 걸린다. 그러니 당장 끊지 않으면 안 되겠다." 같은 절실한 동기가 부족하기 때문입니다. 해도 그만 안 해도 그만 이런 생각을 갖고 시작하니 3일을 넘기지 못합니다. 둘째는 그 계획이 무리하거나 구체적이지 못하기 때문입니다. 하루에 얼마씩 살을 빼겠다고 작정했으면 저녁 몇 시부터 몇 시까지 며칠 동안 무엇을, 예를 들어 "10kg짜리 역기를 50번 들겠다. 줄넘기를 100번 넘겠다." 같은 구체적인 실천 계획이 있어야 하는데 없기 때문입니다. 셋째는 끈기가 부족하기 때문입니다. 1차 실패했다고 포기할 것이 아니라 쇠심줄처럼 끈질기게 2차, 3차… 재도전하려는 의지가 필요한데 부족하기 때문입니다. 넷째는 작심 이전의 편안함으로 돌아가려는 본능이 도사리고 있기 때문입니다. 자다가 새벽에 일어나 어학원에 간다는 것은 여간 고역, 고통스러운 일이 아닙니다. 귀찮고 하기 싫고 짜증나고 게으름이 발목을 잡기 때문입니다. 오늘까지만 자고 내일부터 가자고 타협하거나 미루는 습성이 마음 한구석에 자리 잡고 있기 때문입니다. 그렇다고 낙망할 필요는 없습니다. 의지 부족이라고 자책할 필요도 없습니다. 인간의 속성이기 때문입니다.

그러면 어떻게 하는 게 좋겠소? 좋은 방법이라도 있소? 얘기해보시오. 한 번 들어봅시다. 예, 얘기해드리지요. 중요한 것은 결심이 아니고 결행, 실천입니다. 방법이 있어도 실천하지 않으면 유명무실이 되고 맙니다. 언제부터 뭐 하겠다 자신에게는 물론 가족이나 동료들에게 선전포고하듯 거창하게 선포하는 것입니다. 자기가 한 말에 책임감을 느끼게 됨으로 구속력이 생겨 실천을 안 할 수가 없기 때문입니다. 실천하지 않으면 실없는 사람으로 비쳐지기 때문입니다. 특히 어린 자녀들에게 선포하는 것이 더 효과적입니다. 아빠가 명색이 어른이 돼가지고 어린 자식에게 약속을 어기면 헛소리한 격이고, 체면이 말이 아니고, 부끄러운 일이 되므로 책임감이 더 느껴지기 때문입니다. 어떻습니까? 세상이 내 뜻대로 된다면 못 이룰 게 없고, 걱정할 게 하나도 없습니다. 뜻대로 되지 않는 것이 정상입니다. 그래서 고민도 하고 걱정도 하고 자책도 좌절도 하게 됩니다. 그러나 낙숫물이 한 방울 두 방울 떨어져 댓돌을 뚫듯이 끈질기게 물고 늘어지면 계속 시도해보면 작심한 게, 마음먹은 게 이루어지지 않을 수가 없는 것입니다. 실현 가능한 목표, 구체적인 계획, 강력한 실천, 글로 써붙여두거나 휴대해서 수시로 다지는 것입니다.

■ 금연하기

금연하기가 그렇게 쉬우면 담배 못 끊을 사람이 어디 있을까? 무슨 작심이든 1차 시도해서 성공하지 못하면 대부분 포기하고 마는데 그냥 포기할 것이 아니라 기왕에 작심했으니 자신에게 미안도 할 테고, 쇠심줄처럼 끈질기게 재시도해보는 것입니다. 2차 작심을 시도해보고 실패하면 힘들다고 아주 포기할 것이 아니고 다시 3차를 시도해보고 실패하면 다시 4차를 시도해보고 실패하면 5차, 6차, 10차 이상 재시도를 해본다면 하늘은 자신을 위해 애를 쓰는 자를 도와준다고 했듯 반드시 성공하고야 말 것입니다.

(10) 대화기술

대화란 무엇인가? 눈과 입과 귀를 맞대고 의견을 주고받는 소통행위를 말합니다. 대화는 인간관계의 기본 행위입니다. 대화로 시작하고 대화로 끝납니다. 대화 없이는 소통이 이루어지지 않습니다. 한시도 대화 없이는 살아갈 수 없습니다. 대화는 사회생활의 필수도구입니다. 내 속에 들어있는 생각을 주고 상대의 것을 수용함으로써 소통이 되고 원만한 인간관계가 이루어집니다. 대화에는 부부간, 부자간, 이웃간, 친구간, 동료간의 대화도 있고, 윗사람과 아랫사람과의 대화도 있습니다. 다 격이 다릅니다. 격에 맞는 대화가 바람직한 대화입니다. 대화라고 해서 다 같은 대화는 아닙니다. 대화다운 대화가 진정한 대화, 가치 있는 대화인 것입니다. 효과적인 대화가 되기 위해서는 대화기술이 필요합니다. 대부분 상대 얘기를 듣기보다 내 얘기하기를 좋아하는 속성이 있습니다. 대화는 쌍방통행이어야 합니다. 일방통행은 대화가 아닙니다. 그것은 지시이고 설교와 다름 없습니다. 다 싫어하고 자연 대화는 끊기고 맙니다. 어리석은 자는 내 얘기만 앞세우지만 지혜로운 사람은 듣는 데 열중합니다. 입은 하나고 귀가 두 개인 것은 다 이유가 있습니다. 경청, 상대의 말을 잘 듣는다는 것은 상대의 지식과 경험과 정보를 내 것으로 만드는 것과 같습니다. 내 말만 앞세운다면 얻는 게 없는 대화가 되고 맙니다.

대화 중에는 맞장구도 꼭 필요합니다. 창에도 고수가 있듯이 듣기만 할 게 아니라 추임새도 필요합니다. 칭찬도 필요합니다. "옳거니, 잘했군 잘했어. 그래 맞아." 화자는 흥이 나서 입에 거품을 물고 떠드니 분위기도 좋아집니다. 친밀감도 돈독해집니다. 그러나 "실증 나기 전에 그치란 말이 있듯이" 상대가 듣는 둥 마는 둥 할 때는 얼른 그치는 것입니다. 눈치 없이 떠든다면 대화가 될 수 없습니다. 살다 보면 예기치 않은 오해도 있습니다. 오해는 풀고 넘어가야 합니다. 풀 수 있는 방법, 효과적인 방법은 대화에 있습니다. 맺힌 건 풀고 막힌 건 뚫어야 합니다. 층간소음 다툼도, 주차 다툼도 대화 부족에 있습니다. 내 생각이 옳으면 남의 생각도 옳은 법입니다. 내 생각이 틀리고 상대의 생각이 옳을 수도 있습니다. 그러함에도 옳다고 내 주장만 앞세우면 풀리지 않습니다. 때로는 상대의견을 수용하는 포용력도 필요합니다. 배려할 줄 아는 너그러움도 있어야 합니다. 대화는 같은 값이면 상대에게 득이 되는 대화여야 합니다. 병자에게는 치료 정보를, 사업자에게는 사업 아이디어를 제공하는 것입니다. 사전에 대화거리를 준비한다면, 무슨 대화를 할 것인가를 생각해둔다면 한결 보람 있는 만남이 될 것입니다. 대화는 생산적이어야 합니다. 부정적인 대화보다 긍정적인 대화여야 합니다. 용기를 주고 격려해주는 대화여야 합니다. 관계가 더 친밀해지고 더 깊어집니다. 어쨌거나 대화는 즐거워야 합니다. 부드럽고 상냥하고 유머러스하게 -.

- 말하는 것은 지식의 영역이며 듣는 것은 지혜의 특권이다. - O. W. 홈스 / 아침 식탁의 교수
- 침묵은 회화의 위대한 화술이다. 자기의 입을 닫을 때를 아는 자는 바보가 아니다. - W. 해즐릿 / 특성
- 부부생활은 긴 대화이다. - F. W. 니체
- 말은 돈으로 알고 사용하라. - G. C. 리히텐 베르그
- 잘 생각하지도 않고 하는 말은 겨누지 않고 총을 쏘는 것과 같다. - 우크센 셰르나
- 다변도 무언도 슬기로운 아내는 피한다. - 유주현 / 현대의 양처
- 가루는 칠수록 고와지고 말은 할수록 거칠어진다. - 한국 속담
- 말 한마디로 천냥 빚을 갚는다. - 한국 속담
- 밤에 말할 때는 목소리를 낮추어라. 낮에 이야기할 때는 주위를 잘 살펴라. - 유태인 격언
- 듣기를 먼저하고 말하기를 나중에 하라. - 성경
- 낮말은 새가 듣고 밤말은 쥐가 듣는다. - 한국 속담
- 발 없는 말이 천리 간다. - 한국 속담

(11) 메모하기

"인간은 망각의 동물"이라고 누가 말했습니다. 쉬 잊기를 잘합니다. 잘 잊혀집니다. 그렇다면 메모란 뭣이냐? 잊지 않기 위해 그 즉시 요점을 적어두는 걸 말합니다. 성공한 사람들은 대부분 메모 습

관이 몸에 밴 사람들입니다. 에디슨씨, 나폴레옹씨, 링컨씨, 베토벤씨, 뉴턴씨, 네오나르도 다빈치씨. 귀찮은데도 왜 메모를 할까? 해는 없고 좋은 점, 얻는 것이 많기 때문입니다. 더욱이 순간순간 떠오르는 생각, 좋은 아이디어는 그 순간이 지나면 사라지는 경향이 많으므로 그 즉시 적어두지 않으면 놓치기 쉽습니다. 아무리 기억력이 좋아도 메모해두지 않으면 한 시간 두 시간 시간이 지나면 잊혀지기 마련입니다. 또 기억해낼 수가 없습니다. 그러나 적어두면 잊고 있어도 나중에 보면 10년 후라도 새록새록 기억이 되살아나 알 수가 있습니다. 또 이용할 수도 있습니다. 즉시 즉시 적어두는 것이 내 것이 되고, 좋은 습관으로 굳어집니다. 사업상, 업무중, 스케줄, 약속, 아이디어 개발이라든지 메모거리가 많습니다. 바쁜 일과에 얽매이다 보면 깜박 잊을 때도 있습니다. 그것이 중요치 않으면 모르겠으되 사안에 따라 큰 낭패를 볼 수가 있습니다. 그래서 메모가 필요합니다. 어떻게 보면 메모는 인간 경영술이기도 합니다. 그럼에도 메모에 무관심한 것도 사실입니다. 귀찮기 때문이기도 합니다. 필요성이나 효과를 못 느꼈기 때문이기도 합니다.

그러나 중요한 만남일 경우 머리에 기억해놨다가 잊지 않고 만남을 가지면 좋은데 깜빡 잊어버린 경우도 생길 것입니다. 여간 낭패가 아닐 수 없습니다. 특히 아이디어 개발에 관심을 가지고 있을 경우, 순간 떠오르는 생각을 메모해두지 않으면 그것이 소용되는 굿아이디어라면 잊힌 경우 활용할 수 없으니 역시 낭패가 됩니다. 발명왕 에디슨 선생이 수많은 발명품을 만든 것은 그때그때 순간순간 떠오르는 아이디어를 그 즉시 메모해두고 활용한 덕분이었을 것입니다. 아이디어는 상품이고 돈이고 재산입니다. 상급자로부터 지시받은 경우 머리로만 기억해뒀다가 깜박 잊고 있을 경우 지시자는 이제나 저제나 결과를 기다리고 있는데 함흥차사가 됐다면 좋은 평가를 받을 수는 없을 것입니다. 살다 보면 순간 순간 그 즉시 메모할 일이 많이 생깁니다. 놓치지 않고 써먹기 위해서는 그 즉시 메모하는 습관을 들여야 합니다. 그래서 항시 필기구를 소지해야 되고, 손 닿는 곳에 항상 준비해둬야 합니다. 산책할 때나 지하철, 버스에서나 영화관, 운동경기장이나 대화 중에 옆 사람 얘기 중에 메모거리가 있습니다.

    영화 자막 중에도 음미해둘 만한 대사가 많이 나옵니다. 그때 적어뒀더라면 할 때가 있습니다. 그러므로 작업할 때나 외출 시나 집에서나 가까운 곳에 필기구를 항상 준비해둡니다. 잠자리에서나 화장실, TV 보면서도 밥 먹으면서도 즉시 메모할 수 있도록 손 닿는 곳에 비치해둡니다. 사색이나 신문, 독서, 강의를 들을 때 참고가 될 내용은 그 즉시 바로 적어둡니다. 지나치면 내 것이 될 수 없습니다. 아쉽기도 하고 후회되기도 합니다. 메모의 생명은 신속성에 있습니다. 버스 떠난 뒤에 손드는 것처럼 잊은 뒤에 생각나지 않는데 메모해둘 수는 없습니다. 주위를 살펴보면 메모를 하지 않는 사람들이 많습니다. 하기야 휴지 없이 손으로 코를 푸는 어른들도 눈에 띄는데 그것이 그렇게 필요하고 중요하지 않겠지만 소지황금출(掃地黃金出)이라고 마당을 쓸면 황금이 나온다는 말이 있듯이 그것들이 쌓이면 자신에게 도움이 되는 것입니다. 어찌 됐든 메모거리가 생기면 않는 것보다는 하는 것이 좋고 한 시간 두 시간 지난 뒤에 하는 것보다는 잊혀지므로 그 즉시 하는 것이 좋습니다. 수첩이나 휴대폰은 꺼내야 되고, 꺼내는 순간 잊힐 수 있고, 작동시키는 데 시간이 걸리므로 메모는 신속이 생명이니 주머니에 항상 메모지와 펜을 준비해두고, 그 즉시 메모해두는 것입니다. 소용되는 메모거리를 놓치면 아깝고 아쉽습니다.

수집된 메모는 사장하지 말고 나름대로 분류 정리해서 유용하게 활용하는 것입니다. 우리 조상님들은 기록문화에 투철했고, 그 덕분으로 우리에게 값진 왕조실록이라는 보물을 남겨준 것입니다. 앞에서의 철조망 아이디어나 십자 나사못 아이디어나 쌍소켓 아이디어처럼 순간 떠오르는 아이디어를 내 것으로 만들기 위해서나 일상사나 직장 업무능률을 제고하기 위해서나 즉시 메모하는 습관을 들이는 것입니다. 메모의 습관화, 생활화가 필요합니다.

(12) 인내

필요한 덕목인데 왜 참지를 못할까? "인내는 쓰나 그 결과는 달다."고 누가 또 말했습니다. 참기는 무척 어렵겠지만 참아내면 득이 된다는 뜻입니다. 인내란 괴로움, 고통, 모욕, 분노, 노여움 등을 참고 견디고 이겨내는 힘을 말합니다. 한평생 살아가는 동안 참고 견디고 이겨내야 할 일들이 수없이 많습니다. 반면 참지를 못해 일을 그르쳐 안 좋은 일들을 수없이 많이 겪기도 합니다. 욕을 참고, 고통을 참고, 노여움, 분함을 참는 건 그리 쉬운 일이 아닙니다. 수양을 많이 닦은 사람도 욱하는 상황이 닥치면 참지 못하고 이성을 잃고 사리분별을 못해 크고 작은 사고를 냅니다. 그리고 후회를 하게 됩니다. 부부가 싸울 때도 화를 못 참아 집안 살림을 부수고 불을 지르고 폭력을 쓰고 흉기를 휘두르기도 합니다. 그래서 "백인당중유태화"(百忍堂中有泰和)라고 백 번 참으면 가정이 화평한데 못 참아 가족에게 큰 상처를 줍니다.

속담에도 "홧김에 서방질한다."고 참지 못해 서방질한다면 어떻게 될까요? 가정이 깨지게 됩니다. 고금불문, 동서불문, 남녀불문, 노소불문 참기 어려운 것 중의 하나가 성욕입니다. 인간의 기본 욕구지만 성욕을 참지 못해 갖가지 안 좋은 일이 너무 많이 벌어집니다. 말도 그렇습니다. 해서는 안 될 말을 참지 못하고 내뱉음으로 구설수에 오르기도 하고, 자리를 내놓기도 하고, 징역을 살기도 합니다. 또 있습니다. 끼어들었다고 화를 참지 못해 쫓아가 보복운전을 하는 경우도 다반사고, 또 사고를 내기도 합니다. 층간 소음문제로 참지 못해 멱살을 잡기도 하고, 불을 지르고, 흉기를 휘둘러 살인도 합니다. 모년 모월 모일에 대문 앞의 주차문제로 시비가 붙어 집주인이 참지 못하고 두 자매를 살해한 경우도 있습니다.

얼마나 화가 났으면 그랬을까? 조금만 참았으면 이 고생을 안 했을 텐데 감옥에서 후회의 나날을 보내고 있을지도 모릅니다. 순간 참았더라면 얼마나 좋았을꼬. 땅을 치고 후회한들 엎질러진 물인 것입니다. 매사 참지를 못하면 대가를 치르게 됩니다. 식탐도 참지 못하면 살이 찝니다. 옛말에 인지위덕(忍之爲德)이라고 참는 게 덕이, 득이 된다고 했습니다. 참아야 할 게 너무나 많은데 덕분에 참지 못해 안 좋은 일이 너무 많이 벌어집니다. 참는 행위는 인간 덕목 중의 으뜸의 하나입니다. 반짝거리는 구두 콧등을 밟히면 화가 나고 모른 체하면 싸움이 나고 참지 못해 폭력을 휘두르게 되고 처벌받으면 후회합니다. 좀 참을걸! 참았으면 일이 커지지 않았을 텐데 후회하게 됩니다. 덥다고 옷을 훌훌 벗고 다닐 수는 없습니다. 참고 견뎌야지, 그것이 인간의 참모습입니다. 이성이 있기 때문입니다.

그럼에도 왜 이성을 쉬 잃을까? 참지 못할까? 한자의 참을 인(忍)자는 칼 도(刀)자와 마음 심(心)자가 합쳐진 글자입니다. 칼에 베이거나 찔려 몸과 마음이 아프더라도 참아야 된다는 뜻이 담긴 글자입니다. 지가 안 참으면 어쩔 것이여. 다른 길이 없습니다. 참는 수밖에요. 안 참으면 사고나기 마련입니다. 육체적인 고통은 참기 어렵습니다. 정신적으로 모욕을 당해도, 분한 일을 당해도 참아내기가 무척 어렵습니다. 참는 행위는 난사(難事) 중의 지난사(至難事)입니다. 어려움 중의 큰 어려움입니다. 참으면 문제가 없는데 어렵기 때문에 참지를 못해 문제가 됩니다. 불행해지고 비극을 겪게 됩니다. 옛말에도 살인자분야(殺人者忿也)라고 분노가 극에 치달으면 살인한다고 했습니다. 실례가 수없이 많습니다. 그래서 참을 인자(忍字) 셋이면 살인도 면한다고 했습니다. 분할 때 표출하지 말고 참자, 참자, 참자 세 번 되뇌면 가라앉게 되고, 후회가 생기지 않는다는 뜻입니다.

참음으로써 회피하게 되고 지나고 나면 백 번 잘했다, 참은 걸 잘했다고 자위할 때가 많습니다. "성인(聖人)이 되란 말이요?" 한다면 할 말이 없으나 참는 연습, 수양 공부가 필요합니다. 화가 나더라도 흥분부터 하지 말고 목소리부터 높이지 말고 참으라고 내면에 명령하는 것입니다. 하나, 둘, 셋… 스물까지 셉니다. 자연 수그러들게 됩니다. 그래도 참기 어려우면 다시 세는 것입니다. 아니면 참는 자에게 복이 돌아온다고 반복 외웁니다. 아니면 수리수리 마하수리, 나무 관세음보살을 반복해봅니다. 하느님 아버지, 하느님 아버지 참게 해주십시오. 됩니다. 순간의 감정을 잠재우는 것입니다. 뛰어넘는 것입니다. 어떤 사람은 스톱을 외치고 빨간 신호등을 떠올려보라는 것입니다. 일리가 있습니다.

- 화를 잘 내면 말썽을 일으키고 골을 잘 내면 실수가 많다. - 성경
- 짜증을 부리며 조급하게 굴지 말라. 어리석은 사람이나 짜증을 낸다. - 성경

한때의 분한 감정을 이기지 못하고 참지 못해 일생을 망치는 경우가 많습니다. 술집에서 째려본다고 싸우다가 살인한 경우도 있습니

다. 어쨌든 참는 게 좋습니다. 못 참으면 사고가 나니깐요.

- 참을성이 적은 사람은 그만큼 인생에 있어서 약한 사람이다. - 러셀
- 인간의 최고의 미덕은 항상 인내다. - M. P. 카토
- 인내는 희망을 품는 기술이다. - 슐라이어 마허
- 인내는 온갖 고난과 고통에 대한 최상의 치료다. - 플라우투스
- 인내는 만족의 열쇠다. - 마호메트
- 인내는 집결된 끈기다. - T. 칼라일
- 참는 자에게 복이 온다. - 성경
- 인내라는 것은 참을 수 없는 것을 참는 것을 말한다. 인내는 굴종이나 체험과는 다르다. 내일을 위해 참는다는 것, 그것이 인내다. - 유현종 / 개선의 행진
- 화가 나면 무엇인가 말하기 전에 열까지 세라. 그래도 화가 가라앉지 않으면 백까지 세라. 그래도 안 되면 천까지 세라. - 토마스 제퍼슨
- 노여움을 알면서 잘 참는 사람은 현명하다. - 영국 격언
- 노여움은 무모(無謀)에서 시작되어 후회로 끝난다. - 피타고라스
- 노여움이 불길처럼 타오르고 욕심이 큰 물결처럼 일어날 때 이것을 깨닫고 억누르는 것이 바로 인내이다. - 홍자성 / 채근담
- 조그만 병이나 조그만 괴로움을 참지 못하면 큰일을 이루지 못한다. - 강태공
- 참으면 되는데도 못 참아서 일이 크게 벌어진다.
- 강한 자는 적을 벗으로 만든 자다. 자신의 분노를 억누를 줄 아는 자다. - 탈무드
- 한때의 분한 생각을 참으라. 그러면 백 일의 근심을 모면하리라. - 경행록
- 다른 사람이 참을 수 없는 것을 참아내야만 비로소 다른 사람이 할 수 없는 것을 할 수 있다. - 법구경

(13) 입조심, 말조심

자기의 생각과 느낌을 표현하는 수단의 하나가 말입니다. 말은 의사소통의 도구입니다. 말에는 여러 종류가 있습니다. 긍정적인 말, 부정적인 말, 칭찬과 격려의 말이 있고, 비난과 헐뜯는 말도 있습니다. 거짓말도 있고, 참말도 있습니다. 또 과묵한 사람도 있고, 말이 많은 사람도 있습니다. 침묵할 때는 침묵해야 되고, 말해야 할 때는 말해야 합니다. 말을 해야 할 때는 가만히 있고, 가만히 있어야 할 때는 말을 해 곤경에 처하기도 합니다. 시위를 떠난 화살처럼 한 번 뱉은 말은 다시 돌아오지 않습니다. 주워 담을 수가 없으니 그것이 심히 문제가 됩니다. 말은, 때와 장소를 가리지 않고 생각 없이 뱉은 말은 평생 상처를 주기도 하고, 적을 만들기도 합니다. 다투기도 하고 갈등을 빚기도 하고 헤어지기도 합니다.

삼사일언(三思一言)이라고 말할 때는 세 번 생각해보고 말하라는 것입니다. 그만큼 신중하게 말하라는 뜻입니다. 귀는 둘이지만 입은 하나입니다. 많이 듣되 적게 말하라는 것입니다. 말이 많으면 실언도 많기 때문입니다. 가리지 않고 함부로 말했다가, 제멋대로 입을 놀렸다가 징역을 산 사람도 있고, 자리에서 물러난 사람도 많습니다. 말로, 세치혀로 죽이기도 하고 살리기도 합니다. 위력이 그만큼 크다는 뜻입니다. 그래서 선현들은 말조심, 입조심을 당부합니다. 말은 교양의 척도이고 인격의 잣대입니다. 말은 자신의 품위를 나타냅니다. 됨됨이를 알 수가 있습니다. 긍정적인지 부정적인지 진실한 사람인지 거짓된 사람인지 알 수가 있습니다. 속담에 "가는 말이 고와야 오는 말이 곱다."고도 했습니다. 되로 주고 말로 받는 것이 말의 속성입니다. 내가 상대를 비난하면 상대도 나를 비난합니다. 부메랑처럼 되돌아옵니다. "모든 화의 근원은 입으로부터 나온다."고 했습니다. 그러므로 말은 될 수 있는 대로 아껴야 되고, 참아야 되고,

신중하게 말해야 합니다.

　안 해도 될 말을 괜히 해가지고 구설수에 오르고 지탄을 받기도 합니다. 입 닫고 있으면 아무 문제가 없는데 긁어 부스럼 만든 격입니다. 그래서 영국 수상을 지낸 처칠씨는 "입으로 나오려는 말을 삼키고서 배탈난 사람은 아무도 없다."고 했습니다. 악하고 나쁜 말, 비방하는 말은 삼가고 좋은 말 선한 말 참말만 해야 합니다. "양약은 입에 쓰나 몸에 이롭듯" 바른 말은 귀에 거슬리지만 자신에게 유익함을 줍니다. 그러나 사람은 대부분 바른 말, 충고의 말을 싫어합니다. 충고가 필요한 사람인데도 충고를 싫어합니다. 아첨의 말, 달콤한 말을 좋아합니다. 알다시피 백제의 어떤 왕은 신하들의 바른 말, 충고의 말을 무시해서 결국 나라를 망하게 한 것입니다.

　속담에 "곰은 쓸개 때문에 죽고 사람은 혀 때문에 망한다."고 했습니다. 입이 방정이라고도 했습니다. 가시 돋친 말은 남의 가슴에 대못질하는 것과 같습니다. 아픔과 상처와 흔적이 남습니다. 쉬 잊히지 않습니다. 속담에 "가루는 칠수록 고와지고 말은 할수록 거칠어진다."고 했습니다. 때와 장소에 따라 상황에 맞게 하는 말이 잘하는 말입니다. 한 번 뱉은 말은 주워 담을 수가 없습니다. 그러므로, 말을 할 때는 함부로 쑥쑥 하지 말고 삼가서 말하고, 말하기 전에 세 번 생각해보고 말하고, 비방, 상처 주는 말보다는 칭찬과 격려의 말을 해준다면, 부정적인 말보다는 긍정적인 말을 해준다면 서로 좋고 인간관계도 돈독해집니다. 처세의 지혜인 셈입니다.

- 모든 화는 입에서 나온다. 오로지 입을 지켜라. 모든 사람의 불행은 그 입에서 생겨나니, 입은 몸을 해치는 도끼요, 몸을 찌르는 칼날이다. - 법구경

- 말해서 후회한 적은 자주 있어도 침묵을 지켜서 후회하는 일은 절대 없다. - 시모니데스
- 가루는 칠수록 고와지고 말은 할수록 거칠어진다. - 한국 속담
- 말이 아름다우면 그 메아리도 아름답다. - 열자
- 입 때문에 망하는 수는 종종 있지만 귀 때문에 망하는 일은 없다. - 탈무드
- 입과 혀는 재앙과 근심의 문이고 몸을 망치는 도끼다. - 명심보감
- 입은 화의 문이고, 혀는 몸을 자르는 칼이다. - 사문유취
- 병은 입으로 들어가고 화는 입으로부터 나온다. - 고언
- 발 없는 말이 천 리를 간다. - 한국 속담
- 세 치 혀로 사람을 살리기도 하고 죽이기도 한다. - 한국 속담
- 말이 많으면 허물을 면키 어려우나 그 입술을 제어하는 자는 지혜가 있느니라. - 성경
- 눈으로는 아무것이나 마구 보면 음심이 생기고, 귀로 아무 말이나 마구 들으면 미혹에 빠지고, 입으로 아무 말이나 마구 지껄이면 화를 입게 된다. - 회남자
- 현자의 입은 마음속에 있고, 어리석은 자의 마음은 입 안에 있다. - 와이드 빌 / 철학자의 속담과 격언
- 말도 아름다운 꽃과 같이 그 빛깔을 지니고 있다. - E. 리스 / 말
- 다정스런 말은 시원한 물보다 목마름을 축여준다. - G. 허버트 / 지혜의 투망
- 잘 생각하지도 않고 하는 말은 겨누지 않고 총을 쏘는 것과 같다. - 우크션셰르나
- 말은 사상의 옷이다. - S. 존슨 / 시인의 생활
- 말해야 할 때 가만히 있고, 가만히 있어야 할 때 말하지 말라. - 사디 / 장미원
- 말은 돈으로 알고 사용하라. - 리히텐 비르크

- 말이 많으면 허물도 많다. - 한국 속담
- 괴로운 말은 약이 되고 달콤한 말은 독이 된다. - 사마천 / 사기
- 인간이 귀 두 개와 혀 하나를 가진 것은 남의 말을 좀 더 잘 듣고 필요 이상의 말을 하지 못하게 함이다. - 제논

(14) 판단과 선택

삶은 선택의 연속입니다. 매순간 크고 작은 선택에 직면합니다. 선택 없이는 한시도 살아갈 수가 없습니다. 인생은 선택입니다. 먹는 것도 김치찌개를 먹을까? 꼬리곰탕을 먹을까? 입는 것도 양복을 입을까? 작업복을 입을까? 자는 것도 침대에서 잘까? 방바닥에서 잘까? 사는 것도 저급품을 살까? 고급품을 살까? 타는 것도 버스를 탈까? 전철을 탈까? 어느 편이 빠를까 판단해봅니다. 그리고 유리한 쪽을 선택하게 됩니다. 선후, 경중, 완급이며 학교, 직장, 친구, 배우자, 사업, 자동차 등 판단하고 선택합니다. 공대를 갈까? 상대를 갈까? 내가 키가 작으니(판단) 배우자는 키 큰 사람을 선택해야지, 그게 낫겠지? 줄을 잘 잡아야 된다는데 누구 뒤에 설까? 자꾸 어지러운데 이거 중풍 징조 아닌가? 큰 병원으로 갈까? 작은 병원으로 갈까? 담배를 끊을까 말까? 오늘까지만 실컷 피우고 내일부터는 탁 끊을 거야. 지리산으로 갈까? 설악산으로 갈까? 꽃피는 5월이 나을까? 눈 내리는 겨울이 좋을까? 혼자 갈까? 애인하고 같이 갈까? 아침에 잠자리에서 일어나 밤에 잠자리에 들 때까지 수많은 판단과 선택 속에 살아갑니다. 민물낚시를 갈까? 바다낚시를 갈까? 홍도를 갈까? 인천 앞바다로 갈까? 이것이냐? 저것이냐? 그것이 문제로다. 판단과 선택! 중하지 않을 수가 없습니다.

■ 어떻게 살까?

잘 사는 게 나을까? 못 사는 게 나을까? 좋은 일만 하고 살까? 나쁜

짓만 하고 살까? 악하게 살까? 선하게 살까? 죄짓고 살까? 죄 안 짓고 살까? 인생은 판단과 선택이고, 그것은 운명을 가릅니다. 선(先) 판단, 후(後) 선택! 먼저 판단하고 나중에 선택합니다. 머리가 판단이면 선택은 꼬리에 해당이 됩니다. 무릇 모든 선택은 판단에 의해서 결정지어집니다. 판단을 잘해야 함은 불문가지입니다. 옛날 중국(당나라)의 관리선발 기준은 신언서판(身言書判)이었습니다. 풍채가 헌칠하고 말을 조리 있게 잘하고 글을 잘 쓰고 그리고 신속 정확한 판단력을 꼽았습니다. 그중의 으뜸은 판단력입니다. 풍채가 볼품 없어도, 말을 잘 못하더라도 글을 잘 못 써도 그런대로 살아갈 수 있지만 판단을 잘못해서 삐끗하면 크게는 성패, 운명과 생사가 바뀌게 됩니다. 판단 잘못으로 줄을 잘못 서 역적이 되고, 멸문지화를 당하기도 합니다.

인간사 갖춰야 할 중요한 덕목 중의 으뜸은 판단인 것입니다. 그런데 문제는 판단을 잘해서 결정하고 선택해야 되는데 잘못했을 때입니다. 잘 아시는 노키아도 코닥도 판단을 잘못해서 실기를 한 것처럼 판단력도 사고, 지식, 지혜, 경험의 축적에 의해서 길러집니다. 많이 보고 듣고 해보고 생각해보고 알아야 되고 경험을 쌓아야 합니다. 그걸 쌓기 위해서는 많은 시간이 필요하고 한계, 제약이 따르기 때문에 차선책으로 효과적이고 가장 좋은 방법이라면 지식, 지혜, 간접 경험의 보고인 독서와 신문 보는 일입니다. 잘 알아야 신속 정확하게 바른 판단을 하고 선택할 수가 있기 때문입니다. 잘 모르면 머뭇거리게 되고, 잘못 판단해서 잘못 선택하게 됩니다. 독서와 신문읽기의 생활화가 필요한 것도 이 때문입니다.

■ 판단
- 사람은 누구나 자기를 척도로 해서 남을 판단한다. - 영국 격언

- 세상을 알려면 신문부터 읽어라. - 워런 버핏
- 담요 길이에 맞춰 네 다리를 펴라. - 탈무드
- 때는 얻기 어렵고 잃기는 쉽다. - 사마천 / 사기
- 누울 자리를 보고 다리를 뻗으라. - 한국 속담
- 재주가 있고 어리석은 사람은 있어도 판단력을 지니고서 어리석은 사람은 절대 없다. - F. 라로슈푸코 / 잠언과 고찰
- 사람들은 누구나 기억력의 부족을 한탄한다. 그러나 아무도 판단력의 부족을 한탄하지 않는다. - F. 라로슈푸코 / 잠언과 고찰
- 인간 생활이나 일생의 운명을 결정하는 것은 어떤 한순간의 일이다. - 괴테
- 위대한 인물이란 올바른 판단력의 소유자다. - 에머슨
- 후퇴할까? 진격할까? 그것의 판단력은 생사를 가른다. - 중암
- 너무 숙고하는 자는 그다지 큰일을 이루지 못한다. - 경행록
- 사또 뜬 뒤에 나팔 분다. - 한국 속담
- 어떤 다리를 건너야 하고, 어떤 다리를 불태워야 하는지를 결정하는 것은 인생에서 가장 어려운 일이다. - 데이비드 러셀
- 얻기 어려운 것이 시기요, 놓치기 쉬운 것이 기회다. - 조광조
- 먼저 하면 남을 지배하고, 뒤에 하면 남에게 지배받는다. - 사기
- 너무 고르다가 눈먼 사위 얻는다. - 한국 속담
- 선수필승(先手必勝)
- 쇠뿔은 단김에 빼라. - 한국 속담
- 신속 정확한 판단, 과감한 선택, 몸을 아끼지 않는 행동 - 중암

■ 선택

- 우리의 마음속에는 어둠과 빛이 공존한다. 우리의 운명을 결정하는 것은 우리의 선택이다. - 데이비드 스미스
- 각자는 자기 길을 선택할 줄 알아야 한다. - 프로페르 티우스

- 같은 값이면 다홍치마 - 한국 속담
- 우리 앞에는 불행과 행복의 두 가닥 갈림길이 언제나 있다.
- 기회는 새와 같은 것이기에 날아가기 전에 꼭 잡아라. - 실러
- 이것이냐? 저것이냐? - S. A. 키에르 케고르
- 해가 뜰 때 건초를 말려라. - 영국 격언
- 우리가 날마다 산다는 것은 선택과 결단의 되풀이라고 말할 수 있다. - 구상
- 발견했을 때 곧 잡지 않으면 안 되는 것이 찬스다. - 프란시스 베이컨
- 쇠는 뜨거울 때 두드려라. - 영국 격언

(15) 오해

- 물건을 가져오지 않았는데도 가져갔다고 오해할 수도 오해받을 수도 있을 것입니다.
- 부의금 접수자가 주인 몰래 봉투 몇 개를 자기 주머니에 집어넣었는데 부의록이 없다 보니 당사자끼리는 서로 오해가 생길 수도 있을 것입니다.
- 뇌물을 건넸는데 배달사고인 경우 당사자끼리 오해한 경우도 있을 것입니다.
- 회갑잔치에 나는 저를 초대했는데 저 잔치에는 나를 초대 안 해, 잔치를 안 했는데 오해할 수도 있을 것입니다.
- 죄를 짓지 않았음에도 억울하게 옥살이한 경우도 있을 것입니다.
- 나는 제 아들 녀석 결혼식에 가서 축의금을 주고 왔는데 저는 안 와, 어디 두고 보자. 청첩장을 못 받았는데 오해하고 서운하게 생각하고 토라지고 악감정을 품을 수도 있을 것입니다.

한평생 사노라면 오해받기도 하고, 오해한 경우도 많이 생깁니다. 그로 인해 돈독했던 인간관계가 파탄나기도 합니다. 멀리 나갔다 밤

늦게 돌아와 보니 마루 밑에 왠 남자 고무신이 있어 이상하게 생각하고 문을 여니 왠 남자가 자기 마누라를 껴안고 자고 있더라는 것입니다. 성질 급한 우리 한국 남성들 가만히 있을까? 실은 머리 깎고 스님이 된 친척 여동생이었습니다. 오해가 사람 잡는다고 오해로 살인을 한 경우도 많이 있을 것입니다. 어떤 가수는 시력이 안 좋아 잘 알아보지 못해 인사를 제대로 못한 관계로 건방지다는 소리를 듣게 됐다는 하소연도 있습니다. 오비이락이라고 "까마귀 날자 배 떨어진다."는 속담이 있듯 살다 보면 고약스럽게 오해하고, 오해받을 일이 많이 생깁니다. 그래서 셰익스피어 선생은 "인생은 오해의 연속"이라고 했습니다.

그런데 문제는 잘 모르고 잘 알아보지도 않고 너무 쉽게 성급하게 오해부터 한다는 데 있습니다. 친밀했든 사이가 오해로 인해 서운해하고, 토라지기도 멀어지기도 파탄나기도 할 것입니다. 그렇다면 오해란 뭣이냐? 잘못 보고, 잘못 듣고, 잘못 알고, 잘못 판단, 넘겨짚고, 지레짐작 추측해서 사실이 아닌데도 사실처럼 인정하고 받아들이는 것입니다. 팥을 팥으로 보지 않고 콩으로 보기 때문에 문제가 생기는 것입니다. "제 눈에 안경"이라고 제 시각으로만 판단, 보기 때문입니다. 어떻게 하는 게 좋을까? 오해받을 일을 하지 말고 오해할 일이 있다 하더라도 성급하게 오해부터 하지 말고 사실인가 아닌가 일단 간접적으로라도 알아보고 정 의심스러우면 본인한테 직접 물어보고 사실이 아니라면 오해를 푸는 것입니다. 사실이 아님에도 사실로 받아들인다면 오해받은 사람으로서는 여간 억울하지 않을 수가 없을 것입니다.

ㄱ. 瓜田不納履(과전불납리) - 소통 / 문선

남의 외밭에서는 신발을 만지작거리지 말라고 했습니다. 허리를 굽히게 되니 멀리서 보면 외를 따는 것처럼 보이니 "아, 저놈이 남의 외밭에 가서 외를 따는구나. 나쁜 놈!"

ㄴ. 李下不整冠(이하부정관)

오얏나무 밑에서는 갓을 만지작거리지 말라고 했습니다. 두 팔을 올리게 되니 멀리서 보면 오얏을 따는 것처럼 보이니 "아, 저놈이 남의 오얏(자두)을 따는구나. 고얀놈!" 쉬, 오해할 수 있으므로 오해받을 짓을 하지 말고 함부로 성급하게 오해부터 하지 말라는 처세훈인 것입니다.

(16) 교통사고

말도 많고 탈도 많은 교통사고! 교통사고로 하루에도 많은 사람이 죽고 다치고 있습니다. 2016년 통계를 보면 교통사고 1년간 22만 917건, 사망 4,292명, 부상 33여만 명! 사회적 비용도 어마어마할 것입니다. 사고발생율 OECD 국가 중 1위. 못된 것만 일등이니 원! 알다시피 교통사고는 생명과 재산의 손실을 가져옵니다. 피할 수 없는 것이 아니라 피할 수 있는 인재(人災)가 대부분입니다. 운전자는 우선 교통법규를 철저히 지켜야 합니다. 그래야만 최소한의 사고를 막을 수 있습니다. 그것이 나와 내 가족 그리고 남을 위하는 길입니다. 교통사고로 부모를 잃고 고아 아닌 고아, 생계가 어려운 유자녀도 많을 텐데 비극이 아닐 수 없습니다. 막을 수는 없을까? 음주운전, 졸음운전, 운전 중 흡연, 휴대폰 통화, DMB 시청, 과속, 불법유턴, 끼어들기, 갓길운전, 중앙선 침범 등 사고유형이 다양합니다. 이 중 음주운전, 안전띠 두 가지만 살펴보겠습니다.

① 음주운전

특히 음주운전은 잠재적 살인행위나 다름없습니다. 주의력, 인지

능력이 현저히 떨어집니다. 술을 안 먹고 운전해도 사고를 많이 내는데 술 취한 몸으로 어떻게 운전대를 잡으려고 하는지, 또 말리지 않는지 한심한 사람들이 너무 많은 사회가 우리 대한민국입니다. "베테랑인데, 몇 년 무사고 운전자인데 괜찮겠지. 잠깐이면 되는데 설마 사고가 나겠어?" 이런 생각을 가지고 운전하니 사고가 나는 것은 당연합니다. 2015년 전체 교통사고 23만 2,035건 중 음주운전 교통사고 2만 4,399건, 사망자 583명, 부상자 4만 2,880명이 발생했습니다. (경찰청) 사고율도 일반 교통사고보다 음주운전 사고가 7배 이상 높습니다. 44.5%가 재범입니다. 어떤 사람은 음주운전으로 6번 처벌받기도 하고 술 먹고 운전하다 자전거를 타고 가는 자기 어머니를 치어 자기 어머니가 사망한 경우도 있고, 단속경찰관을 차에 매달고 도망가다 떨어져 숨지게 한 경우도 있습니다. 얼마 전에는 음주운전자가 정차 중인 앞차를 들이받아 앞차에 타고 있는 삼대 가족 - 어머니, 부인, 아들 세 사람이 사망한 경우도 있습니다.

넋 빠진 사람들이 너무 많은 게 대한민국 사회입니다. 한마디로 웃기고 있는 것입니다. 늦었지만 이제 음주문화를 확 바꿔야 합니다. 차를 가진 사람들은 다들 자각해야 합니다. 차 있으면 술 먹을 생각을 말고 권하지도 말아야 합니다. 너무 관대하고 후해서 차를 몰고 가야 된다는 것을 뻔히 알면서도 권하는데 이제 권하지도 받지도 말아야 합니다. 사고가 나면 술 권하는 사람도 공범자나 마찬가지입니다. 그래서 동승자도 같이 처벌하고 있습니다. 그런즉슨 일단 술을 먹으면 운전대를 아예 잡을 생각을 말고, 아니면 대리운전을 시키거나(비용 아까워 말고) 대중교통을 이용해야 합니다. 술 먹을 일이 있으면 차를 집에 놔두고 나와야 합니다. 기름도 아끼고, 사고가 날 일도 없고, 남 다치거나 죽게 할 일도 없고, 영창 갈 일도 없으니 일거사득인 것입니다. 음주운전 사고로 운전자가 죽으면 억울할

게 없지만 멀쩡한 남의 가정을 파괴하니 문제인 것입니다. 입장을 바꿔 남의 음주운전으로 내 자식이 죽었다면 그 심정은 말로 표현할 수 없이 아플 것입니다. 3대 독자라면 그 심정은 어떨까? 이제 음주운전자는 살인 예비음모자로 봐야 합니다. 본인과 타인의 생명과 재산과 행복을 파괴하는 흉악한 범죄행위로 간주해야 합니다.

- 음주운전으로 적발되면 터키에서는 30km 구보시키고, 호주에서는 신문에 이름 실어 망신시키고, 일본은 술을 제공하거나 권한 자에게도 벌금형에 처하고, 엘살바도르는 적발 즉시 사형에 처하고, 불가리에서는 재범은 교수형에 처함. 오래전 어느 보험회사 신문광고문입니다. 사고 시 엄중 가중 처벌해야 함에도 처벌 수위가 낮으면 법 무서운 줄 모르고 음주운전자가 늘어납니다. 우리도 어떤 나라처럼 음주운전 재범 시 사형에 처한다면 어떻게 될까? 엄한 처벌만이 음주운전 사고를 막고, 줄일 수 있습니다. 처벌기준을 높이면 사고는 자연 줄어듭니다. 늦은 감이 있지만, 음주운전 사고가 많다 보니 처벌기준도 강화되고 있습니다. 방조자(음주운전을 권유하거나 독려한 동승자)도 이제 처벌을 받게 됐습니다. (일명 윤창호법)

- 음주운전 사실을 알면서도 차량(열쇠)을 제공한 자
- 피용자 등 지휘감독 관계에 있는 사람의 음주운전 사실을 알면서도 방치한 자
- 음주운전을 예상하면서 술을 제공한 자(단, 대리운전이 손쉬운 지역에서 식당 업주가 술을 판매한 사례는 제외)

음주운전자가 사망사고를 내면 일본은 징역 22년, 미국 15년, 한국은 3년에서 무기징역. 결론은 술을 먹으면 운전을 하지 않는 것입니다. 대중교통을 이용하거나 대리운전을 시키는 것입니다.

② 안전띠 - 생명띠

- 안전띠 착용율 : 전 좌석 84.8%(앞좌석 88% / 뒷자석 97.2%, 2020년 한국교통안전공단)
- 교통사고 사망자 10명 중 4명 - 안전띠 미착용자
- 미착용 치사율 앞좌석 2.8배, 뒷자석 3.7배

안전띠는 생명띠입니다. 여러 사고 현장에서 중요성을 말해주고 있습니다. 많은 사례가 이를 증명하고 있습니다. 사고 시 맬 때와 안 맬 때의 차이가 너무 크기 때문에 단속도 하고, 캠페인도 벌립니다. 스스로 매면 될 텐데 왜 안 맬까? 귀찮고 번거롭고 답답하고 불편하고 호기를 부리고 싶고 자존심이 상해서일 것입니다. 운전 끝날 때까지 조금만 참고 매면 되는데 그걸 참지 못하고 재수 없이 사고라도 당하면 어쩌려고? "인내는 쓰나 그 결과는 달다."고 했으니 꾹 참고 무조건 매는 것입니다. 안 맨 덕분으로 100세까지 살 걸 30에 죽으면 얼마나 원통할까? 수학여행 버스가 길 밑으로 굴렀으나 안 맨 학생은 죽었지만 맨 학생들은 찰과상만 입은 경우도 많고, 뒷좌석도 맬 때보다 안 맬 때 치사율이 3.7배 높게 나옵니다. 그러니 매라면 매는 것입니다. 뭐가 어려울까? 자존심이 상해서일까? 스스로가 매는 것입니다. 타율이 아니라 자율적으로 매는 것입니다. 일등 국민은 스스로 맵니다. 내 사랑하는 가족을 위해서라도 매는 것입니다. 매라고 해야 매는 시늉을 하는 것이 우리나라 운전자의 모습입니다. 꼼수를 부리기도 하고, 종합보험 들 때와 안 들 때 다르듯 매면 든든하고 위안이 됩니다. 유아용 카시트도 마찬가지입니다. 단거리든, 장거리든, 일반도로든, 고속도로든 생명줄이므로 꼭 매는 것입니다. 안 맨 덕분으로 차 밖으로 20m까지 튕겨 나간 경우도 있습니다. 사고가 나면 불구자가 되거나 사망하게 됩니다. 치료비도 많이 듭니다. (국내 카시트 착용율 35%(일반도로) / 독일 97%)

또 한 가지! 부부가 호기롭게 타고 가다 가로수에 부딪쳐 다 사망하면 어린 자식들은 고아 아닌 고아가 됩니다. 2021년에는 몇 명이나 될까? 아내는 거의가 다 앞 조수석에 타는데 조수석에 타지 말고 뒷좌석에 타는 게 좋습니다. 사고 시 조수석이 제일 위험한 자리이기 때문입니다. 둘 중에 하나라도 살아야 아이들이 고아를 면할 수 있기 때문입니다. 애정관리상 옆에 있는 것보다 뒤쪽에 잠깐 떨어져 있는 것도 좋습니다.

다시 언급합니다만 안전띠는 사고를 막아주고 줄여주고 말 그대로 안전을 보장해주니 운전자, 동승자 모두 자각하고 실천하는 것입니다. 습관이 되게 합니다. 재수 없으면 안 맨 덕분으로 사고를 당해 반신불수가 되거나 사망하게 됩니다. 그건 알 수가 없습니다. 나는 조심스럽게 운전해도 앞에서 뒤에서 옆에서 갑자기 밀어붙이면 어쩔 수 없이 당하게 됩니다. 그래서 코카콜라 사장이나 누가 비행기를 타고 갈 때는 같은 비행기를 타지 않고 서로 다른 비행기를 타고 간다는 것입니다. 같이 타고 가다 같이 사망하면 공유하고 있는 생산 노하우(비밀)를 다 잃을 수 있기 때문이라는 것입니다. 알면 뭐 할까요? 이 시간 이후 음주운전을 하지 않고 안전띠 꼭 맵시다. 뒷자석도 맵시다. 6세 미만의 유아도 카시트를 착용합시다. 카시트 미착용이 65%라니 사고가 나면 어쩌려고? 치료비용도 많이 나올 텐데… 그것은 자녀를 사랑하지 않는다는 증거이기도 합니다. 쇠귀에 경읽기니 알아서들 하는 것입니다.

- 운전대만 잡으면 돌변하는 한국인 - 어떤 외국인의 말
- 안전띠 미착용 시 치사율 4배, 상해 가능성 18배 증가
- 차 밖으로 튕겨 나가 사망할 확률이 24배 증가
- 뒷좌석 안전띠 미착용 피해자 사고과실 20%까지 인정 (국토교통부)

- 안전띠! 나와 가족을 지키는 생명띠, 장수띠, 행복띠! 과속운행은 가정파괴! 안전운행은 행복약속! 막힐수록 양보운전! 급할수록 여유운전! (경찰청)
- 사람이 보이면 일단 멈추거나 속도를 줄이는 운행습관 길들이기

요사이는 운행 중 휴대폰으로 통화하다가, 문자를 보내거나 보다가 순간 사고를 내는 경우도 많습니다. 얼마 전 어떤 운전자는 20km 속도로 문자를 보면서 골목길 우회전하다가 50대 여성을 치어 사망케 한 경우도 있습니다. 운전자는 어떻게 됐을까요? 잘 모르겠습니다. 영창에 가있겠지요. 운전 중 휴대폰 사용을 금하고 반드시 운행을 마친 뒤 하거나 급할 땐 공터 같은 데로 들어가서 사용하는 습관을 들이는 것입니다. DMB 시청도 운행 중에는 하지 맙시다.

(17) 자살 ②

2018년 자살자 1만 3천 670명, 2019년 1만 3,799명! 하루 평균 38명으로 OECD 국가 중 1위입니다. 오래 살려고 별짓 다 하는데 하나뿐인 귀하디 귀한 생명인데 목숨을 끊다니 뭣과도 바꿀 수 없는 생명인데 안타까운 현실에 서글픔이 느껴집니다. 왜 자살할까? 다 이유가 있을 것입니다. 살다 보면 누구나 한두 번은 그런 충동을 느낄 때가 있을 것입니다. 그 원인은 다 다르겠지만 삶에 대한 애착이 엷기 때문일 것입니다. 심성이 유약해서일 것입니다. 성적비관, 입시실패, 학교폭력, 왕따, 실연, 가정불화, 빚, 취업좌절, 학대, 사업실패, 질병, 생계난, 외로움, 억울함, 불명예, 자존심 실추 등으로 고민하고 절망하고, 고통 속에서 극복을 못하고, 이겨내지 못하고 목숨을 끊는 경우가 대부분일 것입니다. 오죽했으면 그런 극단적인 행동을 했을까? 이해, 동정이 가지만 한편으로는 그렇게까지 안 해도 되는데 하는 아쉬움이 남습니다. 길이 있을 텐데? 나 하나 목숨을 끊으

면 그 고통에서 벗어날 수는 있을지 모르지만 남은 가족에게는 평생 지워지지 않는 슬픔과 상처를 주게 됩니다. 후유증을 남겨주게 됩니다. 그러나 자살은 해결책은 될 수 없습니다. 진정 극복할 수 있는 방법은 없을까?

① 자살 징후는 뭘까?

우울해하거나 골똘히 생각하거나 외부접촉을 끊거나 말수가 적어지거나 식사양이 줄어들거나 유언장을 쓰거나 조상묘를 찾거나 성직자를 찾거나 신변을 정리하거나 죽어야겠다고 자주 말하거나 자살을 예고하거나 한다는 것입니다. 또 전에 자살을 시도했거나 가족 친지 중에 자살한 사람이 있거나 울고 싶은 차에 뺨 맞는 격으로 유명인 누가 자살하면 따라하는 경우도 많습니다.(베르테르 효과) 중앙심리부검센터(보건복지부)에서 20세 이상 자살자 121명의 가족친지 151명과 면담조사 결과(2016. 1. 27. 조선일보) 자살자의 93.4%가 자살 사전경고를 보냈지만 81%가 눈치를 못 챘다는 것입니다.

■ 자살자의 경고신호
ㄱ. 언어
• 죽음 언급(먼저 간다, 잘 있어)
• 자살방법 표출(총이 있다면)
• 일기 등에 죽음 기재
• 망자에 대한 그리움 표현

ㄴ. 행동
• 불면, 식욕, 체중 감소
• 구체적 준비(농약, 번개탄)
• 죽음 관련 작품, 보도에 몰입

- 평소와 달리 고마움, 미안함 표시

ㄷ. 정서
- 감정변화(잦은 눈물, 과묵해짐)
- 무기력, 대인기피, 외출 자제

(출처: 중앙심리부검센터)

주의 깊게 살펴보면 낌새를 느낄 수 있고, 알아차릴 수 있고, 막을 수도 있을 것입니다. 참고로 어떤 전문가는 자살 징후가 있는 사람에게 너 자살하려는 거냐고 물었을 때 아니라고 웃어넘기면 자살의 도가 없는 것이고, "응" 하면 의도가 있다는 것입니다. 설득력이 있습니다.

② 어떻게 해야 할까?

우선 죽으려 생각 말고 살려고 생각하는 것입니다. 생각을 바꾸는 것입니다. 그리고 될 대로 되라고 시간에 맡기는 것입니다. 대부분 시간이 지나면 어떤 방향으로든 해결이 되고 맙니다. 세월이 약이란 노랫말이 있듯이 이 또한 지나가리라인 것입니다. 죽을 궁리보다 살 궁리, 살 방법을 모색해보는 것입니다. 찾아보면 반드시 길이 보이기 마련입니다. 해결책을 위해 전문가와의 상담도 꼭 필요합니다. 전문가이니까 해결책을 제시할 것입니다. 위험인자로는 우울증, 음주 등입니다. 자살자의 88%가 우울증에 시달리고 있습니다. 또 자살 당시의 39.7%가 음주 상태였고, 25.6%는 과다음주로 평소 문제를 갖고 있다는 것입니다. 약물로 우울증의 90% 이상이 치료되므로 빨리 치료부터 하는 것입니다. 건강을 잃지 않는 한 산 사람은 어떻게든 살아갑니다. 희망의 끈을 놓치 않는 것이 중요합니다. 어떤 전문가(서울대병원 강남센터 유대현 교수)는 단계별 대처방법으로 경청과 전문가 상담 유도를 꼽습니다. 죽고 싶을 때 옆에서 쓸데 없는 말 하지 말라(무시), 다 잘 될 거야(조건 없는 낙관) 같은 반응은 금기라는 것입니다. 대신 긍정적인 에너지(희망 섞인 말, 격려)를 주라는 것입니다. 또 상담을 통해서 마음을 되돌릴 수도 있으므로 적극 상담에 응하는 것입니다. 설득력이 있습니다.

③ 이런 경우
- 성적 비관 – 중학생편 455쪽을 참고하십시오.
- 실연 – 중학생편 457쪽을 참고하십시오.
- 학교폭력, 왕따 – 중학생편 456쪽을 참고하십시오.
- 사업실패 – 30대편 757쪽을 참고하십시오.
- 기타 – 생활고, 신병, 고독, 염세비관, 동반자살, 억울함, 불명예 등

오죽하면 그런 극단적인 선택을 할까? 벗어날 길이 없기 때문일 것입니다. 막다른 골목이라고 치부하여 빠져나오려 하지 않기 때문일 것입니다. 희망이 보이지 않고 절망만 보이기 때문일 것입니다. 한편으론 강인한 삶의 의지가 부족하기 때문일 것입니다. 세상은 뜻과 같지 않습니다. 뜻대로 되지 않는 것이 세상의 이치입니다. 뜻대로 마음먹은 대로 된다면 고민도, 고통도, 자살도 할 필요가 없습니다. 안 되니까 문제가 되고, 고통 속을 헤매는 것입니다. 그렇다고 손 놓고 가만히 있으면 해결되는 것도 아닙니다. 적극적으로 해결하려고 애를 써야 해결이 됩니다. 낙망이 있으면 희망도 있습니다. 희망의 끈을 놓지 말고 내 앞으로 끌어당겨야 끌려오게 됩니다. 인간에게는 마음 한구석에 어려움을 헤쳐 나갈 수 있는 힘이 도사리고 있습니다. 새싹이 땅을 뚫고 나오듯이 어떤 자극, 어떤 힘이 필요합니다. 나보다 나은 사람을 비교하는 것이 아니라 나보다 부족한 사람과 비교한다면 다소 위안과 용기를 얻을 수가 있습니다. 앞에서도

언급했지만 시장이나 길에서, 땅바닥을 기면서 작은 수레에 뭘 담아 파는 이를 볼 수가 있습니다. 하체결손으로 부득불생을 이어가기 위해 힘들게 살아갑니다. 그 근저에는 잡초처럼 끈질긴 생명력으로 삶의 끈을 놓지 않으려는 강한 정신력이 있기 때문일 것입니다. 그런데도 팔다리가 멀쩡한데 생을 끊다니? 위의 사례를 위안 삼는다면 용기를 얻게 되고, 생각이 달라질 수 있습니다. "개똥밭에, 자갈밭에 굴러도 이승이 좋다."고 생각을 바꾸면 행동도 바뀌고, 운명도 바뀐다고 했습니다. 죽는 쪽보다 사는 쪽으로 생각을 바꾸는 것입니다. 그러면 살게 되는 것이고, 사랑하는 가족과 같이 생을 이어갈 수가 있는 것입니다.

- ■ 그렇다면 어떻게 하는 것이 좋겠소?

다시 언급합니다만 이 세상에는 고통이나 괴로움, 고민 없는 사람은 없습니다. 정도의 차이는 있을지언정 다 가지고 있습니다. 그걸 이겨내지 못하고 참고 견뎌내지 못하고 성급하게 목숨부터 끊는 사람들이 많은데 그들의 공통점이라면 이 순간의 고통, 괴로움만 생각하고 또 그것이 영원히 지속될 거라고 믿는 마음입니다. 그러나 환경이란 수시로 변하기 때문에 장차 내게 유리한 국면으로 바뀔 수 있고, 변수도 있습니다. 그것은 시간문제일 뿐 어떻게든 해결이 되고 만다는 사실입니다. 그런데도 그것이 아깝지, 원통하지 않을까? 세월이 해법이 될 수 있으니 조금만 버티면 좋은 날이 올 수 있으므로 섣불리 성급하게 목숨부터 끊는 일은 삼가해야 합니다. 왜 그리 급할까? 너무 쉽게 외곬으로 빠지지 말고 멀리 보고 시간에 맡기는 것이 최선의 방법이 될 수 있는 것입니다.

- ■ 동반자살

한 가지 안타까운 점은 자식과의 동반자살입니다. 내가 낳은 자식이지만 소유물도 아니고 엄연한 한 생명이고, 인격체이므로 존중해 줘야 되고, 또 살 권리가 있습니다. 내가 낳은 자식 내 맘대로의 인식을 바꿔야 합니다. 내가 죽으면 자식들이 고아가 되고, 천덕꾸러기가 되고, 고생한다고 함께 끌고 갈려고 하지만 그것은 나만의 속 좁은 생각에 지나지 않습니다. 삶 자체가 고생이고, 고통입니다. 왕후장상도 그 누구도 고민, 고통 없는 인간은 없습니다. 삶 자체가 고통의 연속입니다. 오로지 극복 여부에 달려있습니다. 그럼에도 물어보지도 않고, 승낙받지도 않고 무조건 끌고가니 자식으로선 울며 겨자 먹기요, 심히 억울할 것입니다. 무슨 이유로든 두 번도 아니고 한 번뿐인 목숨인데 자식이 무슨 죄가 있다고 끌고 갈 권리는 없습니다. 그것은 범죄고 살인행위나 다름없습니다. 죽고 싶으면 나 혼자만 죽으면 될 것이지 왜 죄 없는 자식을 죽이려 할까? 산 자는 살려고 하면 어떻게든 살아갑니다. 고생도 시련도 있겠지만 고생 좀 하면 어떻습니까? 고생은 인간단련의 훌륭한 도구입니다. 위대한 스승입니다. "고생 끝에 낙이 온다."고 했습니다. 고생 자체에 행복도 있고, 극복할 수 있고, 노력하면 부자도, 성공인생이 될 수도 있습니다. 차라리 자살을 단념하고 자살하려는 그 독한 의지로 그 어려움을 헤쳐 나간다면 능히 극복할 수 있고, 살게 되는 것이고, 끌고 갈 이유가 사라지는 것입니다. 서로 살게 되니 서로 좋은 것입니다. 누이 좋고 매부 좋은 격입니다. 용기를 잃지 마시고 생각을 바꾸십시오. 분발하십시오. "하늘이 무너져도 솟아날 구멍이 있다."고 했습니다.

- 불우한 어린 시절은 성공의 걸림돌이 되지 않는다. - 월트 디즈니 법칙
- 내 자녀니까 내 멋대로 할 수 있다는 사고방식은 가장 위태로운 생각이다. 자식은 상품이 아니다. - 오소백 / 단상

■ 상담전화

- 중앙자살 예방센터 1393번 / (02) 2203-0053 – 삶의 희망이 보이지 않을 때 혼자 고민하지 말고 연락 주세요. 더 이상 혼자가 아닙니다. 당신 곁에 1393(24시간 자살상담 보건복지부)
- 중앙심리부검센터 (02) 555-1095
- 한국자살예방협회 (counselling.or.kr) (02) 413-0892~3
- 건강가정지원센터 (www.familynet.or.kr) 1577-9337
- 한국 생명의 전화 (www.lifeline.or.kr) 1588-9191
- 한국 생명 존중희망재단 (02) 3706-0500

• 최악의 상황을 받아들이는 순간 더 이상 잃을 게 없게 된다. 그리고 이는 자동으로 뭐든지 얻을 것만 남게 된다는 것을 의미한다. – 김환영
• 자기 학대의 극치는 자살이다. – 법구경
• 인간은 신이 소환할 때까지 기다려야 하며, 스스로 생명을 빼앗아서는 안 된다. – 소크라테스
• 자살을 위해 타당한 이유를 갖다 붙이는 사람은 시원찮은 사람이다. – 에피쿠로소 / 단편
• 자살은 더할 나위 없는 겁쟁이의 결과다. – D. 데포 / 투기론
• 최선을 다하지 않고 템스강에 투신하는 사람은 많다. – A. 에스키로스 / 영국인의 정신

어떤 노래는 위안 혹은 생의 애착을 느낄 수 있습니다. 역시 아름다운 음악은 수명연장의 효과가 있습니다.

■ 음악감상
• 체리핑크 맘보 – 안다성
• 파리의 다리 밑

- 무정한 마음
- 눈이 내리네
- 그리운 금강산
- 그리운 얼굴 - 한명숙
- 보고 싶은 얼굴 - 현미

(18) 성(性) 에너지의 전환

　인간에게는 무한한 욕망이 있습니다. 식욕, 명예욕처럼 성에 대한 욕망, 성욕이 있습니다. 인간욕망 가운데 가장 강렬한 것이 성욕입니다. 성욕에는 강력한 에너지가 있습니다. 뭣과도 바꿀 수 없는 불꽃 같은 에너지가 숨어있습니다. 추진력, 상상력, 창조적인 힘이 숨어있습니다. 성욕은 성공의 모태입니다. 수시로 발동이 되고 컨트롤 하기가 어려운 것이 성욕입니다. 자제하지 못하면 물의를 일으켜 지탄을 받고, 처벌 혹은 신세를 망치기도 합니다. 성 에너지는 행동의 원천이며, 삶의 활력소이고, 발전의 원동력입니다. 속담에 "오줌발이 시원찮은 사람에게는 돈을 빌려주지 말라."고 했습니다. 알다시피 동물 가운데 저돌적인 것은 돈공(豚公)입니다. 불X 안 깐 돼지처럼이란 말이 있듯이 성선(性腺)을 제거하면 그 저돌적인 힘이 사그러들고 언제 그랬냐는 듯 온순해집니다.

　인간 역시도 마찬가지입니다. 왕조시대의 내시가 그 일례입니다. 그럼에도 대부분 성이 지닌 위대한 잠재능력을 모르거나 무분별하게 오남용합니다. 물건을 마구 놀려댑니다. 오로지 육체행위로만 소모하고 맙니다. 성 에너지의 낭비인 셈입니다. 만일 이 에너지를 건설적이고 창조적인 곳으로 전환, 쏟는다면 가히 위업을 이룰 수 있고, 역사가 이를 증명하고 있습니다. 동서고금을 막론하고 성 에너지를 사업, 직무, 문학, 예술, 건축, 발명, 운동 등에 쏟아 위대한 업적을 이룬 사람들이 수없이 많습니다. 그 전범이 발명왕 에디슨 선생입니다. 선생은 수많은 발명품을 만들어 인류사회 발전에 지대한 공헌을 했습니다. 부와 명예를 얻었습니다. 성 에너지를 오로지 한 곳, 발명에 쏟은 덕분입니다. 레오나르 다빈치씨, 앤드류 카네기씨, 헨리 포드씨, 수많은 노벨상 수상자들, 우리의 방탄소년단, 축구의 손흥민씨… 또 누가 있을까요? 이런 위대한 성 에너지를 도박에, 사기나 범죄에, 오락에, 게으름에 쏟았다면 그런 위업을 이룰 수는 없었을 것입니다. 그런즉슨, 그 위대한 성 에너지 - 성욕, 정력을 헛된 곳에 쏟지 말고, 육체적인 쾌락행위로만 소비하지 말고 생각을 바꿔 현재 하고 있는 분야, 일에 쏟고 올인한다면 성과를 더 많이, 더 빨리 달성할 수가 있는 것입니다. 성욕의 배출구를 어디에 두느냐에 따라 인생의 성패가 달라질 수 있습니다. 똑같이 주어진 시간, 방향 설정이 다른 결과를 가져오게 되는 것입니다. 한마디로 운명을 가르게 됩니다. 특히나 20~30대의 젊은이들은 꼭 음미해볼, 지나치지 말아야 할 생의 금과옥조인 것입니다. 일점 한 곳에 생을 거는 것입니다. 성의 배출구를 현재 하고 있는 일이나 건설적이고 창조적인 곳에 두고 쏟아부으십시오. 그러면 앞길에 영광스런 장(場)이 펼쳐질 것입니다.

- 성에 대한 욕구를 억제함으로써 그만큼 에너지를 모아 다른 일에 열중할 수 있다는 것은 부정할 수가 없다. - 홍신자
- 인간의 성욕의 정도와 종류는 인간 정신의 궁극적인 정점으로 치닫는다. - 니체

(19) 실천(실행, 행동)

말하기는 쉬워도 실천하기는 어렵습니다. 실천이란 몸소 행동에 옮기는 것을 말합니다. 백 번의 말보다 한 번의 실천이 더 중요하고

더 가치가 있습니다. 아무리 훌륭한 계획도 세워놓고 실천하지 않으면 그 계획은 무용지물이 되고 맙니다. 언행일치, 말과 행동이 일치해야 함에도 대부분 말로서 그치고 맙니다. 그만큼 실천이 어렵기 때문입니다. 그래서 흡연도 끊기가 어렵습니다. 왜 이렇게 실천이 어려울까? 인간은 원래 육체적으로 힘든 걸 싫어하고 편안한 걸 추구하는 속성이 있습니다. 가만히 있는 걸 좋아하고 몸소 움직이는 걸 싫어합니다. 움직이면 땀도 나고, 배도 고프고, 에너지도 소모되고, 힘들기 때문입니다. 살빼기 운동으로 역기를 들었다 놨다 하다 보면 힘이 드니 며칠을 넘기지 못합니다. 무엇이든 실천하지 않으면 성공도 없습니다. 모든 성공의 출발점은 실천으로부터 시작됩니다. 콩도 몸소 심어야 싹이 트고, 벼도 몸소 심어야 수확이 있습니다. 죽이 되든 밥이 되든 모든 결과물은 실천, 행동에 옮김으로 이뤄집니다. 성실, 정성, 노력, 인내, 용기, 신념, 의지 등 인간 덕목 가운데 으뜸은 실천입니다.

옛말에도 "말하는 것이 어려운 것이 아니고 실천하는 것이 어렵다."고 했습니다. "일단 마음먹으면 즉각 행동으로 옮기는 것이 나의 어릴 때부터의 생각이었다." 선박왕 오나시스 선생은 말합니다. 계획을 세우면 즉시 시작하는 것입니다. 생각나면 그 즉시 행동에 옮기는 것입니다. 생각하고 또 생각하고 이것저것 따지고 재다 보면 너무 숙고하거나 좌고우면하다 보면 머뭇거리고, 미루게 되고, 하기 싫고, 실기하게 되고, 대부분 주저앉고 맙니다. 그러니 일이 되지가 않습니다. 성공할 수가 없습니다. 생각나면, 하고 싶은 일이 떠오르면 미루지 말고 그 즉시 행동에 옮겨야 이루어집니다. 성공인들은 거의 다 실천가들입니다. 오매불망 피아노를 배우고 싶었는데 기회가 없어 못 배웠다면, 미루고 있었다면 머뭇거리지 말고 지금 당장 피아노 학원에 달려가 배우면 되는 것입니다. 그래야 치게 됩니다.

"쇠뿔은 단김에 빼야 빠지듯, 부뚜막의 소금도 넣어야 짜듯" 솥뚜껑 열고 얼른 소금을 집어넣는 것입니다. 일을 저질러야 일이 됩니다. 너무 숙고하면 결심도 행동도 어렵습니다.

범인(凡人)에게는 미루는 습성이 있습니다. 그래서 벤저민 프랭클린 선생은 "오늘 할 수 있는 일을 내일로 미루지 말라."고 했습니다. 미루게 되면 실기하게 되고 일이 되지 않습니다. 그러나 대부분 미루기를 좋아합니다. 이따가, 내일, 모레⋯ 게으른 근성이 마음 구석에 도사리고 있습니다. 발목을 잡고 있습니다. 실천가만이 뿌리치고 벌떡 일어납니다. 미적대면 주저앉고 맙니다. 어쨌든 계획을 세우면 그 즉시 실천합니다. 생각나면 즉각 행동합니다. 미루지 말고 벌떡 일어나 행동에 옮기는 것입니다. 습관화시키는 것입니다. 밥 먹고 나면 으레 숭늉을 먹듯 그 즉시 실천에 옮기는 것입니다. 그래야 일이 됩니다. 성공은 실천에 비례합니다. 님은 실천가입니까? 안 실천가입니까?

- 생각은 쉽고 행동은 어려운데 이 세상에서 가장 어려운 것은 생각을 행동으로 옮기는 것이다. - 괴테
- 산다는 것은 호흡하는 것이 아니라 행동하는 것이다. - 루소
- 시작은 반, 천리길도 한 걸음부터 - 한국 속담
- 바보들의 특징은 항상 결심만 하고 행동하지 않는다. - 괴테
- 고민해봐야 헛일이다. 사람에게 필요한 것은 행동이다. - C. 브론테
- 말하기는 쉬워도 행동하기는 어려운 법이다. - 영국 격언
- 움직이지 않으면 아무 일도 일어나지 않는다. - 아인슈타인
- 실천은 그걸 이루는 수단이다. - 중암
- 말하고자 하는 바를 먼저 행하고 그 후에 말하라. - 논어 / 위정편
- 지금 당신이 성공하지 못한 것은 계획도 아이디어도 아니고 실천하지

못했기 때문입니다. - 링컨
- 발견했을 때 곧 잡지 않으면 안 되는 것이 찬스다. - 프란시스 베이컨
- 공상가란 생각만 하고 행동이 없는 사람이다. 반대로 생각 없이 행동하면 만용가다. - 미상
- 말은 해야 맛이고, 고기는 씹어야 맛이다. - 한국 속담
- 행동을 말로 옮기는 것보다 말을 행동으로 옮기는 편이 훨씬 어렵다. - M. 고리키
- 생각을 갖고 행동하라. 그러나 일단 행동할 시기가 오면 생각을 멈추고 실행하라. - 나폴레옹
- 말도 행동이고, 행동도 말의 일종이다. - 에머슨
- 말은 행동의 거울이다. - 솔론
- 애교 있는 행동은 사람의 눈을 즐겁게 하고, 진실 있는 행동은 사람의 마음을 지배한다. - A. 포프
- 너의 신념을 행동으로 옮겨라. - R. W. 에머슨
- 부뚜막의 소금도 집어넣어야 짜다. - 한국 속담
- 구슬이 서 말이라도 꿰야 보배가 된다. - 한국 속담

2. 부강한 나라, 아름다운 사회건설을 위하여

(1) 1등 국가를 만들고 1등 국민이 됩시다

1등 국민이란 뭘까? 자기 위치에서 자기 일을 묵묵히 '제대로' 해내는 국민을 말합니다. 자기 일이란 지금 맡고 있고, 하고 있는 일입니다. 그냥 마지못해 하는 것이 아니라 적당히 어물어물하는 것이 아니라 제대로 빈틈없이 철저히 하는 것입니다. 그럼으로써만이 꽃 피울 수가 있고, 열매를 맺을 수가 있고, 발전을 기할 수가 있습니다. 지도자는 지도자로서, 공무원은 공무원으로서, 가장은 가장으로서, 생산자는 생산자로서 제 몫을 제대로 해내는 것입니다. 생산자가 제대로 물건다운 물건을 생산하지 못한다면 그 물건이 제대로 팔릴 수가 없습니다. 반대로 잘 만든다면 잘 팔리게 되고, 부가 창출되고, 국민도 잘 살게 되고, 국가도 점점 부강해집니다. 일등 국가도 마찬가지입니다. 일등 국민 한 사람 한 사람이 모여 일등 국가가 되는 것입니다. 국가란 국민을 담는 그릇입니다. 아름답고 튼튼하게 잘 만들어야 합니다. 이 지구상에는 여러 국가가 있지만 선진국, 중진국, 후진국으로 나뉩니다. 선진국이란 일등 국가를 말합니다. 국민이 의무를 다하고, 법과 질서를 잘 지키며, 문명의 혜택을 받고, 여유롭고 윤택하게 살면서 이웃을 돕고 문화예술을 사랑하는 정겨운 사회가 일등 국가의 위치고 일등 국민의 모습인 것입니다. "국가가 여러분을 위해 무엇을 할 수 있는가를 묻지 말고, 여러분이 국가를 위해 무엇을 할 수 있는가를 물으십시오." 미국의 존 F. 케네디 전 대통령의 취임연설문의 일부입니다.

- 국가가 강하려면 국민 각자가 강해야 한다. - 손우성 / 투쟁의 어의 (語義)
- 치국(治國)은 항상 부하고 난국(亂國)은 항상 가난하다. - 관자
- 위대한 나라란 곧 위대한 인물을 낳는 나라이다. - B. 디즈레일리
- 민심이 천심이다. - 한국 속담
- 한 나라의 국민을 멸망케 하는 것은 기근, 질병, 그리고 전쟁이다. - 로마 격언
- 국민이 권력자의 도구가 되지 않으려면 국민의 항거가 계속되어야 한다. - 이태영
- 국민 대중은 어리석은 듯하면서도 현명하다. - 이희승 / 민주주의 기로에 서서
- 국가의 평화를 원한다면 전쟁을 준비하라. 강한 팀에 대해서는 감히 공격하거나 모욕하지 못하는 것이다. - 베게티우스 / 로마 군사교본
- 유일의 안정된 국가는 온갖 국민이 법 앞에 있어서 평등한 국가다. - 아리스토텔레스 / 정치학
- 국가의 운명은 청년교육에 달려있다. - 아리스토텔레스

① 지도자

지도자는 조직의 리더입니다. 조직을 일사분란하게, 그리고 멋지게 이끌 책임자입니다. 배의 선장 역할과 같습니다. 그 조직의 운명과 성패를 좌우합니다. 그러기 때문에 그 책임은 실로 막중합니다. 알다시피 세월호가 이를 증명하고 있습니다. 훌륭한 지도자를 만나면 그 조직은 행복하고, 융성 발전하고, 형편없는 지도자를 만나면 그 조직은 불행에 휩싸이게 되고, 퇴보하게 되고, 질곡에 빠집니다. 훌륭한 지도자의 자격요건은 뭘까?

- 비전과 목표를 설정하고, 그걸 실현할 수 있는 능력을 가지고 있어야

합니다. 인기와 능력은 별개입니다.
- 신속 정확한 상황 판단력이 출중해야 합니다. 업무 자체가 항상 판단력을 요구하기 때문입니다.
- 식견과 경륜, 통찰력이 있어야 합니다. 앞을 내다볼 줄 아는 혜안을 가지고 있어야 합니다.
- 솔선수범해야 합니다. 본을 보이는 것입니다. 그래야 믿고 따르게 됩니다.
- 청렴결백해야 합니다. 지위를 이용해서 사익을 취해서는 안 됩니다. 위가 흐리면 아래도 흐리기 때문입니다.
- 인품, 인격, 품위가 있어야 합니다. 그렇지 않으면 그 조직원으로부터 존경을 받을 수가 없습니다.
- 멸사봉공의 신념을 가지고 있어야 됩니다. 사심을 버리고 공익을 먼저 생각해야 합니다.

"모든 위대한 지도자는 한 가지 공통점이 있다. 동시대 사람이 안고 있는 가장 큰 불안에 정면으로 맞서 해결하고자 하는 의지가 바로 그것이다. 이것이 리더십의 핵심이다."(케네스 갤브레이스)

■ 국가 지도자

국가의 지도자는 대통령입니다. 대통령은 동네 반장이 아닙니다. 국가의 운명을 좌우합니다. 행정 수반이므로 행정 능력이 뛰어나야 합니다. 그러함에도 때가 되면 너도나도 자천 타천 어중이 떠중이들이 대통령 돼보겠다고 덤벼듭니다. 욕심 없는 사람이 어디 있을까? 자리에 앉으면 누구나 할 수가 있습니다. 20대 젊은이도 앉혀주면 하게 됩니다. 어떻게든 굴러갑니다. 왕조시대에도 8세짜리가 왕 노릇을 했습니다. 그래도 꾸려갑니다. 그러나 문제는 얼마나 잘할 수 있느냐 하는 것입니다. 이에는 자질, 선견지명, 통찰력, 판단력, 행정력, 추진력, 경륜, 학식, 인품이 요구됩니다. 인기와 능력은 별개입니다. 왕왕 인기를 능력으로 착각하기도 합니다. 인기는 거품이고 실상은 드러납니다. 검증 안 된 자가 자리에 앉게 되면 그 국가는 제대로 굴러가지 못하고 파행이 계속됩니다. 시끄럽지 않은 날이 없습니다. 나라 발전이 더뎌지고 후퇴가 되고 국민은 그만큼 힘든 삶을 살게 됩니다.

반면 훌륭한 지도자를 만나면 그 국민의 삶은 윤택해지고, 질이 높아지고, 행복해집니다. 가까운 싱가폴의 이광요 전 수상은 인구도, 자원도, 땅도, 역사도 일천하지만 짧은 기간에 선진국 대열에 진입시켰습니다. 능력이 출중해서 정치를 잘했기 때문입니다. 그러므로 선출의 기회가 올 때마다 후보자의 됨됨이, 과거의 언행, 경력, 정책, 행정능력 등을 꼼꼼히 따져보고 심사숙고해서 잘 선택하고 잘 뽑아야 할 것입니다. 누구를 뽑든 나와 상관없다고 치부해서는 안 됩니다. 잘못 뽑은 대통령의 잘못된 정책은 후대에까지 영향을 미치기 때문입니다. 그러므로 출사표를 던지기 전 내가 대통령감인가? 정말 잘할 수 있는가? 가슴에 두 손을 얹고 겸허히 자문자답해봐야 합니다. 인기와 능력은 다릅니다. 겸양의 미덕을 발휘해야 합니다. 명예욕, 권력욕 욕심이 없는 사람은 없습니다. 국가와 국민 앞에 겸손해야 합니다. 국민을 나락으로 떨어트릴 수 있기 때문입니다. 역사의 죄인이 될 수 있기 때문입니다. 다시 언급합니다만 잘 뽑아야 되므로 후보자를 잘 알 수 있는 방법의 하나라면 종이신문을 보는 일입니다. 한마디로 국가 지도자란 국민이 마음 편히 생업에 종사하고 잘 먹고 잘 살 수 있게 하는 역할인 것입니다. 국익을 먼저 생각하는 대통령이 진정한 지도자인 것입니다.

- 위대한 인물이란 올바른 판단력의 소유자다. - 에머슨

- 이성과 판단력은 지도자가 되는 요소이다. - C. 타키투스
- 서투른 양치기는 양떼를 망쳐버린다. - 호메르스 / 오디세이
- 위대한 지도자는 국민에게 그들의 이익이 그들의 생각과는 다른 데 있음을 인식시킨다. - B. 프랭클린
- 한 민족의 지도자를 받들 사람이 없다면 나라의 앞길도 어두울 수밖에 없다. 지혜로운 눈과 뜨거운 마음으로 지도자를 찾는 일은 사회인이나 국민의 의무이기도 하다. - D. L. 원스 / 마음추의 스승
- 지도자는 남을 두려워하며 자신을 두려워한다. - 김관석 / 지도자란
- 가장 훌륭한 임금은 백성이 그가 있다는 것만 알 뿐이다. - 노자
- 지도자를 택할 때는 친소와 원근과 차당피당의 관념을 떠나서 전군 중의 이해를 표준하고, 공평 정직한 마음으로 할 것입니다. - 도산 안창호 / 동포에게 고하는 글
- 지도자는 조직의 목표와 비전을 설계하는 사람이다. - 이광요

② 법과 질서

　일등 국민의 첫 번째 요건은 의무를 다하고 법과 질서를 잘 지키는 일입니다. 법이 지켜지지 않고 질서가 문란한 사회는 일등 국가가 될 수 없습니다.

ㄱ. 법

　법은 국가의 주춧돌입니다. 주춧돌이 무너지면 집도 무너집니다. 법은 사회를 지탱하는 최소한의 규범입니다. 법치국가에서 법이 제대로 지켜지지 않으면 제대로 굴러갈 수가 없습니다. 선진국 국민들은 법과 질서를 잘 지킵니다. 타율이 아니라 자율, 자발적으로 지킵니다. 그러니 선진국 소리를 듣는 것입니다. 그런데 우리 실정은 어떤가? 법을 지키면 이익이 된다는 생각을 가져야 되는데 손해를 본다는 생각을 갖고 있는 사람이 많습니다. 그러니 위법, 탈법이 난무

합니다. 법은 엄정해야 합니다. 그래야만 준법률이 높습니다. 지위 고하를 막론하고 일벌백계로 책임을 물어야 합니다. 유전무죄, 무전 유죄가 돼서는 안 됩니다. 하지만 힘 있고 돈 있고 권력 있으면 수단과 방법을 가리지 않고 다 빠져나가려 합니다. 지도층부터 법을 철저히 지켜야 일반 국민들도 따르게 되는데 자기들은 법을 어기면서 준법하라고 하니 따르지 않게 됩니다. 윗물이 맑아야 아랫물도 맑습니다. 노블레스 오블리주 정신을 가져야 합니다.

특히 법을 만든 자들도 누구보다도 솔선수범해서 법을 잘 지켜야 합니다. 그럼에도 잘 지키지 않습니다. 교도소에 들락거리기도 합니다. 특권 의식에 사로잡혀 법 지키는 것을 자존심 상하는 걸로 착각하기도 합니다. 법 집행자는 철저히 책임을 물어야 합니다. 그런데도 입만 뻥긋하면 지위 고하를 막론하고 어쩌고 하다가 유야무야 지나가 버립니다. 흐지부지되고 맙니다. 법을 지키면 이익이 되고, 안 지키면 손해를 본다는 인식을 심어줘야 합니다. 실제로 그런 사회여야 합니다. 어떤 기관의 연구결과를 보면 법질서를 안 지켜 생긴 손실이 성장률 마이너스 1%가 된다는 것입니다. 온 국민의 자각이 절실히 필요합니다. 자각만 하면 뭘 할까? 실천이 더 중요합니다. 실천하지 않으면 공염불에 지나지 않습니다. 우선 나부터 철저히 지켜야 합니다. 그러다 보면 한 사람 두 사람 전염되고, 그것이 퍼지면 법 없이도 살 수 있는 세상이 될 것입니다.

- 법을 만드는 사람은 법을 어기는 사람이 되어서는 안 된다. - 미국 격언
- 나라가 부패하면 부패할수록 이에 비례하여 법률이 늘어난다. - 타키투스 / 역사
- 도둑이 없으면 법은 쓸데없다. - 한국 속담
- 법을 만드는 사람은 오히려 법을 어기는 데 능통하다. - 반투족

- 법률은 거미줄과 같다. 약자는 걸려서 꼼짝을 못하지만, 강자와 부자는 뚫고 나간다. - 아나카르시스
- 법은 질서다. 따라서 좋은 법은 좋은 질서다. - 아리스토텔레스
- 법은 대중의 이익을 위하여 인류의 경험 위에서 행동하는 인간 지혜의 최종 결과다. - S. 존슨
- 법은 공동 사회를 돌보는 자에 의하여 만들어진 공동이익을 위한 이성의 명령이다. - 성 아퀴나스
- 법이 무시되는 곳에 전제가 생긴다. - W. 피트

ㄴ. 질서

질서는 아름답습니다. 질서 의식은 국민 수준의 척도입니다. 질서도 법처럼 잘 지켜야 합니다. 일등 국민이면 누구나 말하기 전에 스스로 자율적으로 지켜야 하고, 그것이 일등 국가의 참모습입니다. 창천을 나는 저 기러기 떼의 모습은 질서의 전형입니다. 차원 높은 인간이 짐승보다 못해서는 안 됨에도 무질서가 판을 칩니다. 무질서는 국가 발전을 가로막습니다.

■ 기초질서에는 어떤 것이 있을까?

침뱉기, 꽁초, 껌, 휴지, 오물 버리기, 새치기, 방뇨, 소란, 굉음, 층간소음, 방견, 휴대폰 소음, 줄 안 서기, 공중화장실 불결 사용, 산과 들, 계곡, 하천, 해수욕장에 마구 버린 쓰레기 등 무질서는 반드시 대가를 치릅니다. 많은 처리비용이 듭니다. 버리지 않으면, 버릴 곳에 버리면 비용이 안 들거나 적게 들 텐데 마구 버리니 우리가 낸 세금이 해마다 헛곳에 쓰이고 있습니다. 일등 국민의 참모습은 아닙니다. 늦었지만 이제는 아무 데나 버리지 말고 쓰레기통에 버리고, 버릴 곳이 없으면 작은 쓰레기라면 호주머니에 가지고 있다가 쓰레기통에 버리는 습관을 들여야 합니다.

■ 교통질서에는 뭐가 있을까?

무단횡단, 무질서 승하차, 지하철 승강기 뛰어내리기, 불법 주정차, 과속, 신호위반, 음주운전 등 열거하기 힘들 정도로 질서를 지키지 않고 있습니다. 한 해 기초 교통질서를 지키지 않아 부담하는 비용이 25조 원이나 낭비되고 있다는 보도도 있습니다.

■ 왜 질서를 지키지 않을까?
- 질서의식 수준이 낮기 때문입니다. 나 하나쯤이야 괜찮겠지 하는 이기적 심리가 의식 속에 깔려있기 때문입니다. 의식 부재가 근본 원인입니다.
- 자율보다 타율에 길들여져 있기 때문입니다. 어떤 이는 일제의 통치를 받았기 때문이라고 풀이하기도 합니다.
- 깨끗한 거리, 휴지조각 하나 없는 거리, 안 버리면 되는데, 쓰레기통에 버리면 되는데 그것이 정녕 그렇게 어려울까?

■ 어떻게 해야 할까?

스스로 알아서 자율적으로 지키면 되는데 그게 부족하므로 경각심 차원에서라도 강력한 단속이 효과적입니다. 법이 무서워라도 지키게 됩니다. 자율이 안 되면 타율이 필요합니다. 비교해서 뭐합니다만, 싱가폴에서는 침을 뱉어도 벌금, 꽁초를 버려도 벌금(1회 170만 원, 2회 340만 원 부과). 남의 차에 흠집을 내면 태형(곤장으로 엉덩이 때리기), 미약중독자에게도 태형, 15kg 이상 화약 소지자는 이유 불문 사형 등 엄격한 형벌이 깨끗한 사회 환경을 만들고, 도둑이나 폭력범이 없는 사회를 만든다는 것입니다. 전에는 껌을 제조와 판매를 금지했으나 FTA 체결로 껌을 살 때 등록하고 신분증을 제시해야 살 수 있다는 것입니다. 오래전 얘기인데 지금 달라진 것도 있을 것입니다. 우리는 어떤가? 많이 나아졌지만 그래도 무질서는 곳곳에 남아있습니다. 질서를 지키면 빠르고 편리하고 이롭고 아름답습니다. 자각하고 질서 준수를 생활화하는 것입니다. 유아 때부터 가르쳐 습관화시키는 것입니다.

- 질서는 정신의 건전이며, 육체의 건강이며, 도시의 평화이며, 또 나아가서는 국가의 안전이다. - R. 사우디
- 질서 속에만 평화가 있다. - 아미엘 / 일기
- 훌륭한 질서는 모든 것의 기초다. - 미상
- 질서, 그것만이 자유를 만든다. 무질서는 예속을 만들 뿐이다. - 페기
- 질서는 하늘의 으뜸가는 법률이다. - A. 포우프

③ 환경 살리기

잠자는 사자의 콧털을 건들면 깨자마자 콱 물지 않을까? 이처럼 지구를 건들고 못살게 굴면 반드시 공격하고 각종 재앙으로 보답하게 됩니다. 환경은 날로 파괴되고, 오염되다 보니 지구가 몸살을 앓고 있습니다. 잘 가꿔야 되는데 자꾸 훼손하니 견디지 못하고 각종 자연재해와 이변이 속출하고 있습니다. "지구는 피부를 가지고 있다. 그리고 그 피부는 여러 가지 병을 가지고 있다. 그 병의 하나가 인간이다."(니체)

ㄱ. 지구 온난화

지구를 덥게 하니 온도가 올라가고, 오존층이 파괴되고, 극지방의 빙산이나 히말라야 만년설도 녹아내리고, 가뭄, 홍수, 혹한, 폭우, 폭설, 지진, 해일, 태풍, 허리케인, 사막화, 이상기온, 물부족, 농작물 피해 등 각종 재해가 빈발하고 있습니다. 특히 해수면이 올라가 섬이나 저지대가 침수되고 있습니다. 태평양의 어느 섬나라는 물에 잠겨 인근 타지역으로 옮긴 경우도 있습니다. 수몰 위기 섬나라

가 44개국에 이르고 있습니다. 생태계에 많은 변화가 오고 전염병도 늘어나고 있습니다. 이대로 가다가는 언젠가는 인간이 쾌적하게 살 수 없는 환경으로 바뀌게 될지도 모릅니다. 어떤 노벨상 수상자는 20~30%의 생물이 금세기 안에 멸종된다고 말하기도 합니다. 이제 발등에 불이 떨어진 형국이 됐습니다. 신음하고 있는 지구를 구해야 할 과제를 안게 됐습니다. 수수방관해서도 안 되고 적극적으로 막아야 하는 임무가 우리 앞에 놓여있습니다.

■ 어떻게 해야 할까?

우선 온난화의 주범인 온실가스(이산화탄소 77%, 메탄가스, 이산화질소 등)를 줄이는 일입니다.

1. 에너지(석유, 가스, 석탄) 사용을 줄여야 합니다. 태우면 이산화탄소 (CO_2)가 배출됩니다.
2. 전기를 덜 써야 합니다. 전기를 생산할 때 에너지가 소비됩니다.
3. 자동차를 덜 타야 합니다. 대표적 온실가스인 CO_2를 줄일 수 있기 때문입니다. 가급적 대중교통을 이용합니다.
4. 고기를 덜 먹어야 합니다. 가축(소, 양, 염소)이 내뿜는 메탄가스(트림, 방귀, 배설물)가 온실가스의 15%를 차지합니다. 많이 먹으면 토지개간, 벌목, 화전이 증가합니다.
5. 쓰레기는 줄이고 덜 쓰고 덜 먹어야 합니다. 소각폐기 시 에너지가 소비되고, 발암물질이 생기고, 공기도 안 좋고, 온실가스가 방출됩니다. 또 음식물 쓰레기도 줄여야 합니다.
6. 나무를 많이 심어야 합니다. 나무나 숲은 산소를 내뿜고 CO_2를 흡수합니다. 1인당 연간 CO_2 배출량이 나무 947그루를 심어야 상쇄가 됩니다. (산림과학원 조사)
7. 산불을 방지해야 합니다. 나무가 타면 CO_2가 발생합니다.

2016년에 산불이 391건이 발생했습니다. 산림청에 물어보니 피해액이 157억 원이라는 것입니다.

아는 것도 중요하지만 실천이 더 중요합니다. 미약하지만 나부터 적극 동참하고 실천하는 것입니다. 그럼으로써만이 재앙을 막을 수 있고, 우리 후손들에게 쾌적한 환경, 더 나아가 아름다운 금수강산을 물려줄 수 있는 것입니다.

ㄴ. 물 오염

오염된 물을 먹지 말아야 하는데 깨끗한 물이 없으면 오염된 물을 먹게 됩니다. 오염되게 했으니 오염된 물을 먹는 것은 당연합니다. 건강에 좋을 리 없습니다. 점점 전국의 하천이 오염되고 있습니다. 오염원은 생활 오폐수, 산업폐수, 농약, 농축산 폐수 등입니다. 그중 많이 나오는 것이 음식물 쓰레기입니다. 어느 해 하루에 쏟아지는 음식물 쓰레기는 14,452톤, 5톤 트럭으로 2,890대분이며, 처리비용은 연간 6,752억 원입니다. 참고로, 오염된 물을 정화시키는 데, 물고기가 먹을 수 있게 되살리는 데 필요한 물의 양은 다음과 같습니다.

- 라면 국물 한 그릇 버렸을 때 5천 배에 해당하는 물 750L가 필요합니다.
- 된장 국물 한 그릇 버렸을 때 7천 50배에 해당하는 물 1,410L가 필요합니다.
- 우유 한 컵 버렸을 때 1만 5천 배에 해당하는 물 3,000L가 필요합니다.
- 식용유 한 스푼 버렸을 때 18만 8천 배에 해당하는 물 2만L가 필요합니다.

(자료 : 수자원공사)

우리가 버린 중금속에 오염된 물이 어디로 갈까? 하천으로 강으로 바다로 흘러들어 갑니다. 물속에는 수많은 물고기들이 삽니다. 고래, 상어, 망둥이, 잉어, 붕어, 새우, 오징어, 낙지, 꼴뚜기, 도루묵 등 별게 다 삽니다. 우리가 버린 중금속에 오염된 물고기를 잡아먹으면 우리 몸에 중금속이 쌓이니 병들고 아프게 됩니다. 하나도 좋을 턱이 없습니다. 기형아 출산 위험도 있습니다. 될 수 있으면 덜 생산하고, 될 수 있으면 오염시키지 않는 것이 제일 좋습니다. 물을 오염시키지 않으려면 음식을 먹을 만큼 만들고, 남기지 말아야 합니다. 차제에 애국자가, 일등 국민이 돼보는 것입니다.

ㄷ. 환경 호르몬

환경 호르몬이란 사람 몸속에 들어가 정상적인 호르몬 작용을 방해하거나 교란시키는 화학물질을 말합니다. 한마디로 가짜 호르몬이 진짜 호르몬 행세를 하는 것입니다. 굴러온 돌이 박힌 돌을 빼내는 형국입니다. 그래서 전문가들은 누누이 환경 호르몬의 심각성을 강조합니다. 건강을 위협하는 환경 호르몬이 우리 생활 주위 곳곳에 넘쳐나고 있습니다. 농약을 사용하는 농작물을 먹거나 플라스틱 제품이나 종이컵, 비닐랩, 호일 같은 생활용품 등이 열에 녹을 때 환경 물질이 나옵니다. 언젠가 국립환경 연구원이 4대 강에서 잡은 붕어의 생식세포를 검사해보니 100마리 중 8마리가 암컷 난세포가 수컷 생식기에서 발견되고, 암컷 생식세포에서 수컷 생식세포가 관찰됐습니다. 비율이 해마다 늘어나고 있습니다. 한강에서도 등이 굽은 물고기가 잡히기도 합니다. 그렇다면 인체에는 어떤 변화가 올까? 건강한 20대 남성의 정자 수도 줄어들고, 정자 운동력이 10명 중 4명이 부실하다는 것입니다. 그만큼 임신능력이 떨어집니다. 전립선암, 갑상선암, 불임, 자연 유산율도 높아지고, 생리통, 자궁암, 유방암이 증가하고, 태아가 여러 장애를 가지고 태어날 가능성이 크다는 것입니다. 신경계, 신장, 심장, 면역체계, 성조숙증, 생식기 기형 등 위험성이 있으므로 신경을 써야 한다고 전문가들은 강조합니다.

■ 어떻게 해야 할까?
- 먹거리는 잘 씻고 껍질은 벗겨 먹어야 합니다.
- 플라스틱(PVC) 제품을 끓일 경우 환경 호르몬이 나올 수 있고, 플라스틱 주걱으로 뜨거운 후라이팬을 뒤적일 때도 안 좋고
- 전자레인지에 데울 때는 전용 그릇을 사용하고
- 쓰레기 소각 시는 환경 호르몬이 나오니 가급적 피하고
- 생선 내장은 가급적 덜 먹는 것이 좋고
- 스프레이 제품은 가급적 사용을 줄이고
- 아기 젖병은 플라스틱보다 유리병이 좋고
- 장난감도 무독성 제품이 좋고
- 랩이나 알루미늄 호일 제품은 사용을 줄이고
- 캔 음료도 가급적 덜 먹는 것이 좋을 것입니다.
  - 가급적 사용을 줄이거나 피하는 수밖에 없겠습니다.

ㄹ. 일반 쓰레기

쓰레기는 늘어나고 갈 곳은 없고 처리에 애를 먹고 있습니다. 버려지는 일반 쓰레기 수거비용은 얼마나 될까?

- 분리수거 철저히 하기
- 쓰레기는 쓰레기통에 버리기
- 꽁초는 길바닥에 버리지 말고 쓰레기통에 버리기
- 껌은 꼭 종이에 싸서 쓰레기통에 버리기
- 내가 사용했던 자리 청소하기
- 되가져 오기

- 플라스틱병, 비닐봉지, PVC랩 등은 안 쓰고 덜 쓰고 친환경 제품으로 바꿔쓰기

안 버리면 주울 필요도 없으니 수거비용이 안 들 텐데 - 다시 언급합니다만 우리 모두 쓰레기를 함부로 버리지 않고 버릴 곳에 버리면 많은 처리비용이 절감될 것입니다. 야외 놀러갈 때는 반드시 빈 봉투를 휴대하고, 쓰레기가 생기면 쓰레기장에 버리거나 없을 때는 그냥 아무 데나 버리지 말고 차에 싣고 오는 것입니다. 조금만 수고하면 되는데 그것이 그렇게 지키기가 어려울까? 껌을 씹고 종이에 싸서 버릴 곳에 버린다면 길바닥이 한결 깨끗해질 텐데 정녕 그것이 그렇게 어려울까? 커나가는 아이들에게 가르쳐야 하고, 버릇 들게 해야 합니다. 어른들이 솔선수범해야 아이들이 보고 배우고 그대로 따라하게 됩니다. 알면 뭐 할까요? 의식을 바꾸고 과감히 실천하는 것입니다. 그러면 우리 금수강산이 쓰레기 몸살을 안 해도 되고, 환경이 잘 보전되고, 세금도 절약될 것입니다. 그 비용을 복지예산에 전용하는 것입니다. 참고로, 1회용품 소멸 기간은 비닐봉지 10~20년, 일회용품 컵은 20년 이상, 이쑤시개는 20년 이상, 스티로폼은 500년 이상입니다.

■ 일등 국민 되기

기왕에 버릴 쓰레기 철저히 분리, 깨끗하게 세척해서 버리면 다시 쓸 수가 있는데, 재생해서 쓰게 되니 일석이조의 효과가 있습니다. 폐플라스틱으로는 의류, 가방, 포장용기 등을 생산합니다. 그런데 분리수거해서 버린다고 다 재생해서 쓸 수 있는 건 아닙니다. 없는 것도 있습니다. 그게 뭐이냐?

품목	문제점	올바른 배출 방법
택배상자(종이, 스티로폼)	이물질 있으면 재활용 불가	테이프, 택배송장, 스티커 등 떼고 배출
생수병, 플라스틱 통	라벨 붙어있으면 재활용품 질 하락	라벨 떼고 이물질 씻어 배출
비닐, 스티로폼 그릇 (컵라면 용기 등)	음식물, 스티커 등이 묻으면 재활용 불가	씻어서 배출, 이물질 제거 어려우면 종량제 봉투에 버려야
그물모양 과일 포장재	혼합 재질로 재활용 불가	종량제 봉투에 버려야
보온보냉 팩	혼합 재질로 재활용 불가	종량제 봉투에 버려야

(자료 : 환경부)

"생수병 버릴 때 라벨 좀 떼주세요! 아직도 페트병이나 소주병에 꽁초가 많이 들어있어요." 자원관리 도우미 얘기입니다. 전국 15,000여 아파트 단지에 한시적으로 자원관리 도우미가 분리 작업을 하고 있습니다.(2020년 8,600여 명 / 인건비 8,422억) 문제는 가정에서 일일이 확인, 제거, 세척해서 버린다는 것은 투철한 애국심 없이는 어려울 수도 있습니다. 귀찮고 번거롭고 불결하고 냄새도 나고 손에도 묻으니 대부분 그냥 휙 버리는데 다시 도우미가 손보게 됩니다. 또 국내 폐플라스틱은 질이 떨어져 깨끗하고 질 좋은 일본 폐플라스틱을 수입하고 있습니다.(2019년 58,200톤 / 전체 수입 물량의 40%) 오늘부터 나부터, 국민 모두가 기왕에 버릴 거 귀찮더라도 깨끗하게 분리 배출하는 것입니다. 조금만 신경 쓰면 되는데, 자원관리 도우미가, 애국자가 돼보는 것입니다. 아는 것보다 보탬이 되는 것은 실천입니다. 실천은 성공의 열쇠입니다.

ㅁ. 음식물 쓰레기(30대편 842쪽을 참고하십시오.)
ㅂ. 미세 플라스틱 쓰레기

보도를 보면 우리가 버린 플라스틱, 비닐봉지, 스티로폼 등이 해마다 많은 양(2016년 7만 480톤)이 풍화, 분해되면서 하천이나 강, 바다로 유입되고 있습니다. 입자가 작기 때문에(5mm 이하) 물고기들이 먹이로 오인 먹게 되면 먹이사슬에 의해서 우리 인체에 들어오면 내분비계를 교란시킨다고 전문가들이 경고하고 있습니다. 발생 자체를 줄이거나 분리수거하고 버릴 곳에 버리면 되는데 아무 데나 마구 버리니 문제가 되는 것입니다. 일회용 플라스틱 제품 사용을 줄여야 합니다. 우리나라가 해양 미세플라스틱 최대 오염국의 하나라는 것입니다. 매년 전 세계 해양 플라스틱 쓰레기가 800만 톤이나 바다로 유입, 떠다니고 있습니다. 환경을 해치고 우리의 건강을 위협하는 플라스틱을 어떻게 해야 할까? 발생을 줄이고 버릴 곳에 버리는 것뿐입니다.

- ■ 2016년 국민 1인당 플라스틱 소비량 세계 1위(한국)
- ■ 한국 연간 플라스틱 사용량(2017년 기준, 괄호 안 1인당)
- 비닐봉지 235억 개(460개) : 한반도 면적 70% 덮을 양
- 생수 페트병 49억 개(96개) : 지구 10.6바퀴 돌 수 있는 양
- 플라스틱 컵 33억 개(65개) : 지구에서 달까지 쌓을 수 있는 양 - 그린피스 한국지부
- 바다 쓰레기 중 82%가 일회용 플라스틱 폐기물
- 매주 1인당 미세플라스틱 5g 섭취(신용카드 1장 분량) - 세계자연기금
- 바다 플라스틱의 35% ; 세탁과정에서 배출(합성섬유 세탁 시 미세플라스틱 수만~수백만 개 배출) - 세계자연보전연맹

• 환경이 인간을 만드는 것이 아니다. 인간이 환경을 만드는 것이다. - B. 디즈레일리
• 환경! 내가 환경을 만드는 것이다. - 나폴레옹

한마디로 환경 보전은 우리의 건강을 심대하게 지켜주는 확실한 기술입니다. 노래 1곡 소개합니다. "아름다운 강산"(신중현과 뮤직파워)

④ 범죄 없는 사회

가장 살기 좋은 사회는 어떤 사회일까? 첫째가 범죄 없는 사회일 것입니다. 어떤 사회든 갈등, 다툼, 이해관계가 없는 사회는 없습니다. 또 빈부격차가 없는 사회도 없습니다. 그러다 보니 남의 것을 탐하고 빼앗고 해치게 되는 범죄가 늘 일어나고 있습니다. 범죄 없는 사회라면 얼마나 좋을까? 나부터 죄를 짓지 않거나 피하거나 가담하지 않거나 멀리한다면 점점 줄어들 것입니다. 범죄 종류는 몇 가지나 될까? 절도, 사기, 폭력, 살인 등 죄짓고는 살 수가 없습니다. 다리 뻗고 잘 수도 없습니다. 죄를 지었다면 대가를 받는 것은 당연합니다. 잘했으면 상을, 잘못했으면 벌을 받는 사회가 제대로 된 사회, 공정한 사회입니다. 잘했어도 벌을 받고, 잘못했어도 상을 탄다면 제대로 된 사회일 수는 없습니다. 어쨌거나 죄짓는 걸 좋아할 사람은 한 사람도 없을 것입니다. 돈이 급해서, 사세 부득으로, 어쩔 수 없이, 먹고 살기 위해서, 어떤 피치 못할 사정 때문에 여러 이유로 죄를 짓게 되고 죄인, 악한 사람이 됩니다.

원래 인간은 선하게 태어났습니다. 그래서 선한 일을 많이 하지만 대부분 환경의 영향으로 죄를 짓게 됩니다. 여기서 한 가지! 죄지을 양이면 죄짓기 전에 꼭 죄를 지어야 하나? 죄짓지 않으면 안 되나? 죄를 지지 않고 해결할 수 있는 방법은 없을까 한 번 깊이 생각해보는 것입니다. 돈 때문에 도둑질할 경우라면 안 하면 안 되나? 꼭 해야 되나? 다른 방법은 없나? 달리 구할 길은 없나? 일해서 버는 것이 떳떳하지 않겠나? 길을 찾아보면, 궁리를 해보면 어렵겠으나 찾아질 수도 있습니다. 생각을 바꾸면 행동도 바뀌게 됩니다. 도둑질은 바른 길이 아니므로 도둑질하지 않으면 떳떳하고, 벌을 받을 일도, 교도소에 갈 필요도 없습니다. 나도 좋고 피해자도 없으니 좋고 사회도 덩달아 좋아집니다. 어쨌든 돈이 필요하면 돈을 벌어야 되고, 돈을 벌려면 직업을 갖거나 사업을 해야 합니다. 도둑질은 직업이 아니고 사업도 아닙니다. 더 나아가 부자가 될 수 없습니다.

속담에 "바늘 도둑이 소도둑 된다."고 한 번 두 번 계속하게 되면 버릇 들게 되고, 교도소 갔다 오면 다시 도둑질하게 되고, 또다시 교도소에 가게 돼 평생 도둑질에서 벗어나기가 어렵습니다. 배운 도둑질이라고 그것도 배웠다고 계속 도둑질을 하게 됩니다. 그래서 탈출하고 싶어도, 방향을 전환하고 싶어도 여건이 되지도 않고, 희망의 끈이 보이지 않기 때문일 것입니다. 다른 길로의 모색이 어렵기 때문일 것입니다. 그러나 도둑질은 길이 아니므로 과감히 벗어나는 것입니다. 일대 용단이 필요합니다. 도둑질하지 않겠다고 자신에게 선포하는 것입니다. 아예 생각을 접고 그쪽을 쳐다보지도 말아야 합니다. 그럼으로써만이 다른 길을 생각해보게 되고, 다른 길이 열리게 되는 것입니다. 비로소 서광이 보이는 것입니다. 떳떳한 삶이 시작되는 것입니다. 또 한 가지는 살인입니다. 죄 없는 사람의 목숨을 끊어서는 안 됩니다. 내 목숨이 소중하면 남의 목숨도 소중합니다. 한 번뿐인 목숨인데 어떤 걸로도, 금은보화로도 바꿀 수 없는 것이 목숨인데 너무 경시하고 법도 무르다 보니 살인이 밥 먹듯 일어나고 있습니다. 죄없이 죽임을 당한다면 여간 억울하지 않을 수가, 원통하지 않을 수가 없습니다. 누구한테 보상을 받아야 하나? 설령 남의 것을 뺏을지언정 죄 없는 사람 목숨만은 해쳐서는 안 됩니다. 역지사지, 입장을 바꿔 생각해보는 것입니다. 누가 죄 없는 내 목숨을 뺏는다면 얼마나 억울할까? 원통할까? 우리 모두 착하게 선량하게 죄짓지 말고 사는 것입니다. 범죄 없는 세상, 살기 좋은 세상, 천국 같은 세상을 만드는 것입니다.

- 범죄의 원천은 약간의 사리분별의 결여, 이성의 착오, 정열의 폭발적인 힘이다. - T. 홉스 / 정치철학론
- 악의 근원이 되는 것은 돈 그 자체가 아니라 돈에 대한 애착, 그것이다. - S. 스마일스
- 아, 아, 돈, 돈! 이 돈 때문에 얼마나 많은 슬픈 일이 이 세상에 일어나고 있는 것일까! - L. N. 톨스토이 / 전쟁과 평화
- 바늘 도둑이 소도둑 된다. - 한국 속담
- 훔친 돈 가지고 부자가 되는 사람은 거의 없다. - 서양 격언
  - 한국법무보호복지공단 : 출소자 숙식·주거·취업 제공
    (02) 2695-8721

⑤ 한국병

우유병, 꽃병, 위장병 말고 우리 사회엔 어떤 병이 있을까? 일류병(학벌, 직장), 중독(도박, 마약, 음주, 섹스, 권력, 부패, 혼수, 명품, 성형, 학원과외, 조기유학), 불량식품, 허례허식, 냄비근성 등 고쳐야 할 병이 너무 많습니다. 그러나 하루아침에 쉽게 고쳐지지는 않을 것입니다. 대오각성! 각자의 자각에 달려있습니다. 고치려고 해야 고쳐집니다.

ㄱ. 빨리빨리 병

외국에도 잘 알려진 말 "빨리, 빨리" 너도나도 빨리빨리 위아래도 빨리빨리. 음식을 시키자마자 빨리 내오라고 독촉하는 조급성, 일에는 절차와 순서, 과정이 중요한데 결과부터 먼저 챙기는 사회풍조 때문에 빨리 성과를 내기 위해서는 빨리빨리 서두르게 됩니다. 물론 때에 따라서는 빨리 서둘러야 할 때도 있습니다. 그런 경우는 빨리

서둘러서 처리해야 합니다. 쇠뿔은 단박에 빼야지 천천히 놀아가면서 잡아당기면 빠질 턱이 없습니다. 마당에 넌 고추는 소낙비 맞기 전에 빨리빨리 치워야 합니다. 단거리 경주도 벼락같이 빨리 달려야 1등을 할 수가 있습니다. 한편으로는 조급성이 짧은 시간에 압축성장이라는 놀라운 성과를 가져와 10대 경제대국이 됐지만, 대부분의 일들은 밥 뜸 들이듯 절차를 거치고 충분한 시간을 들여야 제대로 된 성과를 얻을 수가 있습니다.

급하다고 바늘허리에 실을 매달 수는 없습니다. 미친개 쥐 잡듯이 서둘면 하자가 생겨 댓가를 치르게 됩니다. 그래서 "급할수록 천천히 하라."고 했습니다. 급히 한 것은 하자가 생기게 되고, 다시 꼼꼼히 손봐야 하기 때문에 낭비를 가져오게 됩니다. 공기를 맞춰서 도로를 건설하기 위해 서둘다 보면 하자가 많이 생기니 추가로 보수비용을 감당해야 합니다. 교통사고가 많은 것도 조급성에 원인이 있습니다. 조금 천천히 가면 안 될까? 3분 먼저 갈려다 30년 먼저 간다는 말이 있듯이 천천히 슬로우, 슬로우, 천천히 가는 것입니다. 냉장고에 놔둔 꿀단지에 아이들이 먼저 손댈까봐 빨리 가려는 것일까? 이제 우리는 경제 규모가 많이 커졌습니다. 느림의 미학이라는 말이 회자되고 있는데 천천히 차근차근해야 합니다. 빨리 가봤자 몇 분 먼저 가는 것뿐인데 왜 그리 급하게 서둘까? 우리 조상들이 난리를 많이 겪어서일까? 빨리 피난 가야 되니, 그게 흐를까? 사탕 먹을 때도 그렇지, 맛을 보면서 천천히 빨아 먹어야 순서인데 그걸 참지 못해 우두둑 깨물어 먹는데 재수 없으면 이가 부러질 수 있고, 계속 그렇게 먹다 보면 나이 먹어서는 아파서 씹을 수가 없어 낭패를 보게 되는데 왜 빨리 먹으려 할까? 등산 역시도 산꼭대기 빨리 올라가봤자 볼 게 뭐 있을까? 빨리 내려오게 되는데 천천히 올라가면서 앞도 보고, 옆도 보고, 뒤도 보고, 히프짝도 보고, 개미 노는 것도 보고, 이

나무도 보고, 저 나무도 보고, 땅도 보고, 하늘도 보고, 감상하고, 음미하면서, 사색도 하고, 관조하면서 산꼭대기에 올라가서는 야호 소리 목청껏 몇 번 질러보고, 동도 보고, 서도 보고, 남도 보고, 북도 보면서, 넘어지면 다치니까 천천히 내려오는 것이 참다운 등산, 참다운 삶의 모습인 것입니다. 슬로우 슬로우, 천천히 꼼꼼히!

ㄴ. 적당주의

보다 빠른 성과를 얻기 위해서는, 꼼꼼히 철저히 하게 되면 아무래도 시간이 많이 걸리니 대충대충 적당히 해야 할 것입니다. "적당히 해라. 언제 하려고 그렇게 꼼꼼히 하냐? 대충대충 해라. 누가 알아주냐? 시간 없다." 잘 쓰는 말입니다. 이런 풍조가 사회 곳곳에 깔려있습니다. 의식 속에 자리 잡고 있습니다. 이런 사회는 제대로 된 사회라고 볼 수는 없습니다. 무슨 일이든 천천히 살피면서 꼼꼼히 해야 성과를 얻을 수 있고, 실패를 막고, 유종의 미를 거둘 수 있습니다. 물건을 만들 때도 천천히 꼼꼼히 고장 안 나게 하자 없이 잘 만들어야 좋은 물건이 나오게 됩니다. 적당히 만들면 고장도 잦고 결국 잘 안 팔려 망하게 되는 것입니다. 수출품도 잘 만들어 마무리를 잘 해 보내야 되는데 적당히 만드는 바람에 반품을 당하고, 손해를 본 경우도 많이 있을 것입니다. 문제 많은 건설공사도 부실의 근본 원인은 적당주의에 있습니다. 철근도 설계대로 넣어야 하는데 적당히 넣으면 오래 못 가 무너집니다. 원칙대로 철저히 하면 부실이 생기지 않습니다. 옛날 삼풍백화점이나 성수대교가 무너지는 것도 공사를 원칙대로 철저히 하지 않고 적당히 했기 때문일 것입니다. 세월호 참사도 마찬가지입니다. 적당히 해서는 실적을 올릴 수 없고, 적당히 해서는 사고를 막을 수 없습니다. 적당히 해야 하는 것이 있다면 음식 먹기입니다. 적당히 먹어야지 너무 적게 먹거나 너무 많이 먹으면 몸에 탈이 납니다. 이제 우리는 오늘부터 나부터 적당주의를 타파해야 합니다. 시간이 좀 걸리더라도 원칙대로 철저히 꼼꼼히 해야 합니다. 의식을 개혁해야 합니다. 그것이 일등 국가, 일등 국민이 되는 길입니다.

ㄷ. 학원, 과외

온 나라가 학원, 과외 열풍에 빠져 있습니다. 유, 초, 중, 고, 대, 고시, 취업 등. 과외란 부족한 부분, 모자라는 과목을 보충하기 위해서 학교 공부 이외에 잠깐씩 받는 것이 정상적인 과외 형태입니다. 그러나 지금의 초, 중, 고생의 공부 모습은 학교 수업은 뒷전이고 학교 수업이 끝나면 학원, 과외 2~3곳을 다녀야 되고, 밤늦게까지 공부에 매달려야 하니 잠도 제대로 못 자고, 학교 숙제도 건너뛰기도 하고, 학교 수업도 등한히 하고, 엎드려 자기 일수고, 일반 취미활동이나 특기 같은 걸 살리기 위해서는 시간을 투자해야 하는데 그러지 못하고 다람쥐 쳇바퀴 돌리듯 오로지 학원, 과외 공부에 매달리게 되니 심신이 무척 피곤하고 정신건강을 해치기도 하고, 결코 정상적인 바람직한 공부 모습은 아닌 것입니다. 노는 것도 공부 못지않게 중요한데 공부만 하고 놀지 않으면 바보가 된다고 했듯이 마음껏 뛰놀고 꿈꾸고 꿈 키울 시기에 오로지 공부, 학원, 과외에만 매달리니 불행한 삶이 아닐 수 없습니다. 지켜줘야 할 부모가 더 열심이니 주객이 전도됐다고나 할까요? 공부, 과외, 진학 스트레스에 정신과 치료를 받는 아이들이 늘어나고 있는 실정입니다. 무엇이든 지나치면 좋을 터이 없습니다. 대가를 치르게 됩니다. 이제 학원, 과외는 가려서 자신의 능력과 수준, 형편에 맞게 하는 것이 잘하는, 바람직한 학원, 과외입니다. 우리 학생들의 행복도가 OECD 국가 중 제일 낮습니다. 우리 모두 각성이 필요합니다. 초등학생편 264쪽을 참고하십시오.

ㄹ. 부정부패

어느 종교단체 대표는 한국인이 있는 곳에 부패가 있고, 부패 있는 곳에 한국인이 있다는 말이 나올 정도로 우리 사회에 부정부패가 널려있다고 말합니다. 부정부패가 심하다 보니 부패 공화국, 뇌물 공화국이라는 소리를 듣게 됩니다. 중고생들도 90% 이상이 한국은 부패사회라고 썼다고 말합니다. 뇌물을 주지 않으면 일이 되지 않는다고 말하는 외국인도 있습니다. 지위고하를 막론하고 사회 곳곳에서 부정부패 행위가 끊이지 않고 일어나고 있습니다. 주지도 받지도 말고 주어도 안 받으면 되는데 주는 자와 받는 자의 이해관계가 맞아 떨어지니 근절되지 않고 있습니다. 국가간 부패 순위도 높게 나오고 있습니다.(OECD 38개국 중 30위) 부패를 막지 않고는 선진 사회, 일등 국가가 될 수 없습니다.

■ 왜 부패가 많을까?

준법정신이 낮기 때문입니다. 법을 어기지 말아야겠다는 생각보다 법을 어겨도 괜찮다는 생각, 재수 없이 걸렸다는 생각, 법을 지키면 손해라는 생각이 팽배해 있기 때문입니다. 그리고 법이 물러서입니다. 미성년자 입장불가 장소라면 입장 안 시키면 되는데 입장시켜 놓고 걸리면 무마하려고 뇌물을 쓰고, 세금이 나왔으면 내면 되는데 안 내려고 덜 내려고 뇌물을 주고, 설계대로 30평 건물 그대로 건축하면 되는데 40평으로 지어놓고 편법을 생각합니다. 연줄을 동원해서라도 나만은 빨리 입원하겠다는 생각, 응당 줘야 하는 공사비를 차일피일 미루니 빨리 받기 위해 뇌물을 쓰고, 준공검사 빨리 해주면 되는데 늦장 부리면 뇌물을 생각하게 됩니다. 또 공장을 하나 지으려면 수백 군데 도장을 받아야 하는데 불합리한 규제가 많으면 많을수록 부정의 소지가 많아지기 마련입니다. 나라가 망하거나 혼란스러운 것은 사회지도층의 무능, 무책임, 권력남용, 부정부패, 국민들의 사치, 무질서, 무사안일 등의 원인에서 빚어집니다. 과거 월남이 망한 것은 위아래가 다 썩었기 때문이라고 말들을 합니다. 한때 우리보다 GDP가 높았던 필리핀도 마르코스 정권이 부패해서 국민들이 어렵게 산다는 것입니다. 한마디로 부정부패는 국가 발전의 암적 존재입니다.

■ 그렇다면 부패 고리를 어떻게 끊어야 할까?

누구만의 책임이 아니고 우리 모두의 책임입니다. 하루아침에 끊어지지는 않을 것입니다. 그렇다고 손 놓고 있어서는 안 되고 끊으려고 노력해야 끊어집니다.

1. 어릴 때부터 가정에서나 학교에서 준법, 도덕심을 가르쳐야 합니다. 일본은 어릴 때부터 폐를 끼치지 말라고 가르친다는데 우리는 남에게 지지 말라는 것부터 가르칩니다.
2. 공직자의 보수를 대기업 수준으로 충분히 올려주는 것입니다. 그래야 자긍심, 프라이드도 생기고, 곁눈질을 덜 하지 않을까?
3. 법이 가벼우면 유혹을 느끼게 되므로 무겁게 처벌해야 합니다. 무서우면, 무거우면 경계합니다. 발을 못 붙이게 패가망신한다는 인식을 심어줘야 합니다. 금방 사면해버리면 법을 무시하게 됩니다. 무서워하지 않게 됩니다. 위는 무겁게 아래는 가볍게 해야 합니다.
4. 위가 탁하면 아래도 탁하므로 위부터 먼저 솔선수범해야 합니다. 윗물이 맑아야 아랫물이 맑다고 했습니다.
5. 주지도 받지도 말자는 공감대가 형성되게 해야 합니다. 부끄럽게 생각하는 분위기를 만들어야 합니다.
6. 의리상 야박하지만 내부 고발자에게 상을 아주 많이 수고, 신분보장을 철저히 해준다면 일조가 될 것입니다. 명칭도 내부

고발자는 공익 제보자로, 대한민국 의인상을 제정하자는 의견도 있습니다.
7. 주는 자 받는 자 똑같이 처벌해야 합니다.
8. 규제를 대폭 완화하는 것입니다. 규제가 많을수록 부패 소지가 많습니다. 공장 짓는데 인허가 58단계, 구비서류 336가지, 처리 일수 975일(국회 예결위)

- 부정이 번식하면 사회도 붕괴한다. - A. 스미스
- 권력은 부패한다. 절대적인 권력은 절대적으로 부패한다. - J. 액튼
- 인간을 부패하게 하는 세균은 권력과 돈과 그리고 명성이다. - 이어령
- 도둑놈이 훔친 것으로 부자가 되는 일은 거의 없다. - 영국 격언

ㅁ. 쏠림

배가 한쪽으로 쏠리면 가라앉게 됩니다. 세월호 참사도 배가 한쪽으로 쏠렸기 때문에 복원력을 잃고 많은 사상자를 내고 가라앉은 것입니다. 오래전 쇠뜨기 풀이 몸에 좋다고 소문나자 너도나도 사나른 웃지 못할 일도 있었습니다. 우리는 왜 잘 쏠릴까? 잘 휘둘릴까? 따라갈까? 따라할까? 주관이, 소신이 없을까? 그래서인지 오래전 외국의 어떤 군인은 한국인들은 레밍(북유럽 핀란드 북부에 서식하고 있는 들쥐 일종)처럼 행동한다고 흉보기도 했습니다. 선두 쥐 한 마리가 왼쪽으로 달려가면 너도나도 우~ 하고 왼쪽으로 달려가고, 오른쪽으로 가면 또 우~ 하고 오른쪽으로 따라간다는 것입니다. 선두 쥐가 낭떠러지 밑으로 떨어지면 뭣도 모르고 우르르 따라가 떨어진다는 것입니다. 망둥이가 뛰니 꼴뚜기도 뛴다는 속담처럼 우리에겐 왜 뛰는지 왜 가는지도 모르고 덮어놓고 덩달아 따라가는 습성이 있습니다.

지하철 계단에서도 한 사람이 뛰면 바쁜 사람도 있겠지만, 너도나도 덩달아 뛰어 내려가는데 넘어지면 어쩌려고, 다리라도 부러지면 어쩌려고 실제로 넘어지는 사람도 있습니다. 알다가도 모를 일 - 그러다 보니 따라민국이라는 자조적인 말이 회자하고 있습니다. 초등학교 애를 누가 외국에 단기 유학 보내니 너도나도 따라 유학 보냅니다. "친구 따라 강남 간다."는 속담이 이를 말해줍니다. 멀쩡한 코를, 보기 좋은 코를 누가 코 높이는 수술을 하니 질세라 덩달아 너도나도 하는 바람에 보기 싫은 코가 돼 속상해하고 우울증에 걸리기도 하고 안 좋은 일이 생기기도 합니다. 수술한 코, 앞에서 보다 옆에서 거울로 한 번 보는 것입니다. 어딘가 맘에 안 들면 다시 하게 되고, 수술중독에 걸린 사람도 있습니다. 너도나도 쌍까풀 수술을 하다 보니 얼굴이 비슷비슷해집니다. 눈이 사람을 구분하는데 딴사람 모습으로 보이니 못 알아보기도 하고, 날카롭고 음침하게 보이기도 하고, 험한 인상으로 보여지다 보니 그래서 원위치 수술을 하는 사람들도 많다는 것입니다. 상업상 부추기는 바람에 멀쩡한 턱을 깎는 사람도 많습니다. 얼마나 아플까? 수술 잘못으로 죽은 사람도 있습니다. 외국의 어떤 신문은 대한민국 서울은 세계의 성형수술, 한국의 성형수술은 기형적인 인간이 등장하는 서커스 쇼라고 비웃기도 합니다. 가히 성형 공화국이요. 누가 명품 가방을 메고 다니면 너도나도 질세라 값을 따지지 않고 심지어 명품계를 만들어 장만하는 경우도 있습니다. 비싸니 살 돈은 없고 꿩 대신 닭이라고 중고품을 사 메고 다니는 사람도 많고 짝퉁을 들고 다니기도 합니다. 가히 명품 공화국이라고 해도 과언은 아닙니다. 실속보다 허식에 남의 이목에 신경 쓰기 때문입니다. 한마디로 자신이 없다는 증거입니다. 한마디로 개성이, 자기 주관이 없기 때문입니다. 뿌리 깊은 나무는 바람에 잘 흔들리지 않는다고 했습니다. 유행을 따라가는 것은 좋습니다.

꽁초를 길바닥에 버리지 않고 쓰레기통에 버리는 풍조! 이런 추종은 좋습니다. 너도나도 질세라 이웃을 돕는 것도, 자원봉사도 좋습니다. 반면 찢어진 청바지를 사입거나 멀쩡한 걸 찢거나 구멍을 내서 입고 다닌 사람들이 많은데 그것은 바람직한 추종은 아닙니다. 미관상 보기 싫고 품위가 없다는 증거입니다. 옛날의 거지들이나 입고 다녔는데 왜 그걸 모를까? 따라하고 싶을까? 역시 포경수술도 마찬가지입니다. 갓난애, 어린아이에게 칼을 대다니! 학원, 과외나 선행학습도 마찬가지이고, 적성을 무시하고 인기학과에 쏠리는 것도 마찬가지입니다. 웬 놈의 마찬가지가 이렇게 많은고. 우리는 휩쓸리기를 좋아합니다. 부화뇌동을 잘합니다. 한때의 묻지마 투자, 묻지마 관광이 바로 이런 현상입니다.

■ 왜 이런 현상들이 생길까?

왜 추종을 잘할까? 쏠릴까? 현상을 잘 알지 못하기 때문입니다. 자신이 없기 때문입니다. 확고한 신념, 주관이 서있지 않고 생각성이 부족하기 때문입니다. 한마디로 판단력이 부족하기 때문입니다. 이제는 따라가기 전에 곰곰이 따져보고 판단해봐야 합니다. 맞는지 어떤지, 이가 되는지 해가 되는지, 좋은지 나쁜지, 옳은지 그른지 판단해보고 선택하는 것입니다. 세상을 정확히 알려면, 판단력을 기르려면 매일매일 신문을 봐야 합니다. 세상이 한눈에 쏙 들어옵니다. 세상을 훤히 비춰주는 거울이기 때문입니다. 그러함에도 신문 보는 주부가 드문데 아침에 일어나 거울 보듯 신문(종이)을 보는 것입니다. 깨어있는 국민이 되기 위해서도 신문 구독은 필수사항입니다. 좋은 쏠림이라면 구한말의 국채보상운동이나 저 새마을운동이나 IMF 때의 금모으기도 좋습니다. 얼마 전 서해안 태안 앞바다 유조선 기름 유출사고로 어민들이 피해를 입자 전국 각지에서 자원봉사자들이 구름처럼 찾아와 빠른 시일 내에 복구한 것도 같은 맥락입니다. 쏠림 덕분입니다. 그러므로 이제는, 우리 모두는 그렇지 않은 쏠림은 지양해야 합니다. 일등 국민의 참모습은 아니기 때문입니다. 자각, 자존, 자중, 자애해야 할 것입니다.

- 세상을 알려면 신문부터 읽어라. - 워런 버핏
- 신문은 일반 서민의 교수다. - W. 비처 / 플리머스 설교집

ㅂ. 예약 부도(No-Show)

예약했다가 아무 연락도 없이 나타나지 않는 경우를 말합니다. 이런 부도 현상이 사회 곳곳에서 빈번히 발생하고 있습니다. 업체들은 골머리를 앓고 있습니다. 조선일보에서 심층취재 보도한 예약 부도 기사를 보면 식당, 미용실, 병원, 고속버스, 소규모 공연장 등 5개 서비스 부문 100개 업체를 조사한 결과 부도율이 평균 15%로 나와 있습니다. 식당 20%, 일반 병의원 18%, 미용실 15%, 공연장 10%, 이로 인해 연간 매출 손실이 추산 4조 500억 원이고, 연관 제조업체 매출 손실이 3조 780억 원이며, 합해서 8조 2,800억 원에 이르고 있습니다. (조선일보, 현대경제연구원 조사) 가히 한국병이라고 아니할 수 없습니다. 어떤 음식점은 하루 14개 예약팀 가운데 6개 팀이 아무런 연락도 없이 나타나지 않았다는 것입니다. 어떤 업소는 단체손님이 부도내면 200~300만 원을 고스란히 손해본다는 것입니다. 음식을 정성껏 만들어놓고 이제나 저제나 기다리고 있는데 다른 손님들이 와도 그 자리에 앉힐 수도 없고, 문 쪽을 연신 보면서 눈이 빠지게 기다리고 있는데 연락도 없이 시간이 돼도 나타나지 않으면 점잖은 표현을 빌린다면 화나고 열불이 날 것입니다. 자주 벌어지면 때려치우고 싶은 생각이 굴뚝 같을 것입니다. 기다리다 지쳐 전화하면 미안하고 입장이 난처하니 받지 않거나 탁 끊거나 지금 어디서 먹고 있다는 것입니다. 싫은 소리를 하면 소문을 퍼뜨려 장사를 못하게 하겠다고 위협도 한다는 것입니다. 적반하장도 유분수지 뭐 뀐 놈이

성낸다고 10분 전에 취소 연락이 오면 이미 만들어놓은 음식은 어쩌라고? 개밥 주라는 얘기일까? 한참 지난 뒤에 와서는 우리 자리 내놓으라고 언성을 높이고, 횡포를 부리는 경우도 많다는 것입니다. 갑질의 전형입니다.

　전국의 음식점이 42만 군데라는데 별 경우가 다 있을 것입니다. 문제는 이미 만들어놓은 음식을 처리해야 되는데 다른 팀에게 줄 수 없는 메뉴라면 아깝다고 다 먹어 치우면 배탈이 날 테고, 아깝다고 버리지 않으면 다 썩을 테고, 버리게 된다면 쓰레기 버리는 비용이 가외로 더 늘어나고 환경이 오염되고 국가적으로 처리비용이 더 들게 되는데 누구한테 손해배상을 청구해야 되나? 부도를 낸 사람들은 이런 생각을 철저히 해봤을까? "안에서 새는 바가지 밖에서도 샌다."는 속담이 있듯이 외국에 여행 가서 관광지에서도 이런 행태를 벌린다는 것입니다. 자주 펑크를 내니 한국 사람에게는 예약을 거절하는 곳도 점점 늘어나고 있다는 것입니다. 악명이 높다는 것입니다. 한국에 대한 좋은 이미지에 먹칠하고 있는 것이나 다름없습니다. 장사 안 돼서 고민, 부도 맞아서 손실 고민! 그래서 전국 외식업중앙회에서는 예약 부도 문화를 정착시키기 위해 No-Show! 예약은 약속입니다. 캠페인을 벌리기도 했습니다.

　병의원에서도 마찬가지로 예약 부도가 다반사라는 것입니다. 어떤 병원은 하루 예약 환자가 58명 중 46명이 아무 연락도 없이 나타나지 않았다는 것입니다. 미리 전화 한 통 하면 될 텐데, 수술일 경우 미리 준비해놔야 환자 오는 즉시 수술에 들어가게 되는데 오지도 않고 아무 연락도 없으니 어떤 것은 다시 쓸 수 없어 버려야 한다는 것입니다. 손실은 병원 몫이 되고 맙니다. 항공권 좌석도 이코노미석(연 13만여 건, 46%)보다 1등 비즈니스석(66만여 건, 10.5%)이 더 많고 (2014년), 추석 열차표도 36%가 예매해놓고 취소도 않고, 비행기, 고

속버스 등 중복으로 예약해놓고 막판 선택한다는 것입니다. 2016년 9월 15일 추석날 40만 장, 5명 중 1명이 출발 당일 취소했다는 것입니다. 콜택시도 기다리다 전화해보면 받지 않거나 몇 번 하면 그때서야 다른 차로 가고 있다는 대답이라는 것입니다. 속이 많이 상할 일입니다. 대학도서관에서도 예약해놓고 나타나지 않아 빈자리 눈앞에 두고도 자리가 날 때까지 기다릴 때가 많다는 것입니다. 분통 터질 일입니다.

동창회, 동호회 모임도 20명 예약했다가 10명만 나타나는 경우도 많다는 것입니다. 공포의 고객이라는 것입니다. 예약 숫자를 적당히 파악하는 것이 아니라 철저히 파악해서 예약해야 하는데 말씀이 아닙니다. 아이돌 공연도 부도가 많다 보니 정작 보고 싶은 사람들은 표를 살 수가 없으니 못 보게 되고, 경찰서에 고소해놓고 나타나지 않으니 업무 차질이 많고, 심사숙고해서 해야 하는데 급하고 홧김에 우선 해놓고 보자는 생각으로 하게 된다는 것입니다. 민원인이 관공서에 자료 요청해놓고 3년간 90만여 건 중 15만 건(17%)을 찾아가지 않아 63억 원의 세금이 허공으로 날아갔다는 것입니다. 그러다 보니 펑크는 선진국의 4배고, 예약 문화는 세계 꼴찌라는 말을 듣게 됩니다. 예약 부도율을 낮출수록 경제적인 이익은 늘어날 것입니다. 10% 낮추면 3조 8,310억 원의 손실을 줄일 수 있고, 5만 명의 추가 일자리 창출을 가져온다는 것입니다. (현대경제연구원 조사)

■ 왜 이런 일이 벌어질까?

국민성의 문제입니다. 한때의 코리아 타임(시간 약속을 밥 먹듯 어기는 걸 빗댄 말)이라는 말이 유행했듯 그런 의식이 아직도 남아있기 때문입니다. 나의 이익, 입장, 편리함만 생각하고 상대의 입장, 처지를 생각하지 않기 때문입니다. 이타심, 배려심이 부속하고 역지사지 정신이 결여되어 있기 때문입니다. 부도 내도 불이익을 안 당한다는 생각을 갖고 있기 때문입니다. 반대로 불이익을 당한다면 현저히 줄어들 것입니다.

■ 어떻게 해야 할까?

예약은 엄연한 약속입니다. 한 번 한 약속은 어떤 일이 있어도 지켜야 합니다. 못 갈 경우는 미리 통보하는 문화를 만들어야 합니다. 입장을 바꿔서 배려하는 자세가 필요합니다. 그것이 일등 국민의 참모습이기 때문입니다. 특히 음식점 예약은 심사숙고를 해서 해야 합니다. 내가, 내 부모가 운영한다고 생각하고 예약해야 합니다. 대부분 상사가 지시하고 비서나 말단직원이 예약하는데 한 군데 정했다가 차질이 생길 경우 책임추궁이 따르니까 몇 군데 중복 예약하게 되는데 앞으로는 전 직원이 상의해서 정하거나 반대로 상사가 알아보고 상사가 직접 예약하는 문화를 만들어야 합니다. 말단직원이 예약해놔도 상사가 최종적으로 입맛대로, 기분 내키는 대로 어디로 가자고 선택하기 때문에 예약자 입장만 난처하게 됨으로, 못할 짓을 하게 됨으로 이제는 상사가 예약해야 합니다. 부득이 취소 시에는 이틀 전에 하고, 부도 시에는 다음날 업소에 찾아가서 변상하는 신사도를 발휘하는 것입니다. 일본에서는 예약하고 안 오면 음식값 전액을 청구한다는 것입니다. 그런즉슨, 예약은 전화보다 찾아가서 잘 알아보고 취향에 맞게 하는 것입니다. 업소에서는 예약을 지킬 경우 감사의 보답으로 상응하는 인센티브를 제공하는 것입니다. 집매매 계약서처럼 예약금을 걸고 예약하는 문화를 만들어가는 것입니다. 다소나마 예약 부도를 막을 수 있기 때문입니다. 우리 모두 자각하고 반성하고 실천하는 것입니다. 이제부터 예약은 심사숙고해서 하고, 약속은 꼭 지키는 것입니다. 위 내용은 조선일보 연속 기획보도 기사를 참고했습니다. 현대경제연구원과 아울러 조선일보사에 깊은 감사의 말씀을 드립니다.

조선일보 2015. 12. 14~2016. 12. 13
(NO SHOW. 사라진 양심 ['예약부도'] 기획시리즈)

⑥ 아버지 순결 서약

ㄱ. 거시기 극복

부어라 마셔라
내일 삼수 갑산을 갈망정
오늘 맘껏 마시고 맘껏 취하자
맘껏 먹고 맘껏 즐기자 니나노
얼씨구 좋구나 좋다 지화자
절씨구 좋구나 좋다 지화자
이렇게 한세상 저렇게 한세상
맘껏 즐기면서 멋대로 살아가자

이런 사람은 없겠지만 제일 술 많이 먹는 나라 가운데 한국이 선두주자요, 제일 성에 빠진 나라 가운데 하나가 한국이라고 예전에 외국의 어떤 잡지가 발표를 했습니다. 지적이 없더라도 이제 우리는 대오각성하고 깨어나야 합니다. 성의 수렁 속에서 빠져나와야 합니다. 음주 공화국, 섹스 공화국에서 빠져나와야 합니다. 웬 모텔이 그렇게 많은가? 심지어 시골 구석까지 들어찼습니다. 모텔들이 뭐하는 곳인고? 이제 외도 문화에서 벗어나야 합니다. 한 단계 드높은 도덕 국가로 올라서야 합니다. 일등 국민이 되기 위해서라도 자제해야 되고, 인내해야 되고, 뛰어넘어야 되고, 극복하는 것입니다. 무엇보다 남자가, 남편이, 아버지가 변해야 합니다. 아버지가 변해야 가정도 변하고, 사회도 변하고, 국가도 변합니다. "지금 이 나라의 성적 타락은 세계에서 그 유래를 찾을 수 없다. 우리나라처럼 유흥업소가 많은 나라도 없고, 우리나라처럼 접대 여성이 혹사당하는 나라도 없고, 우리나라처럼 성폭력이 많은 나라도 없다."는 오래전 어느 검사의 지적입니다.

ㄴ. 어떻게 해야 할까?

늦은 감이 있으나 지극히 어렵지만 지금 자신에게, 아내에게, 자식에게 순결 서약을 하는 것입니다. 그리고 실천하는 것입니다. 순결 서약서를 작성해서 안방 장롱에 붙여두고 거울 보듯 늘 다짐하고, 자제하고 참고 극복하는 것입니다. 가정의 평화와 행복을 위해서 가정불화와 이혼의 원인인 외도 문화에서 벗어나는 것입니다. 거시기 휘두르기를 자제, 삼가는 것입니다. 일등 국민의 참모습이기 때문입니다.

- 진실로 성숙한 남자는 자신의 성욕을 자기 마음대로 다룰 줄 아는 사람이다. 그 욕망이라는 종마를 우리에 가둬놓은 사람이다. 종마를 우리에 가둘 수 있을 때에야 비로소 그 욕망을 원하는 방향으로 몰고 갈 수 있다. - 스티브 비덜프
- 성은 생식적 가치를 중심으로 부부간의 신뢰와 사랑을 전제로 할 때만 도덕적이다. - 강방식

ㄷ. 순결서약서

나는 아버지로서

성적으로 순결하고

영적으로 거룩하며

정직하고 성실하게 살아갈 것을

사랑하는 가족과 사회 앞에 서약합니다.

　　　　　　　　　　　　년 월 일
　　　　　　　　　　　　서약자 ○ ○ ○

ㄹ. 순결선언문(Purity Statement)

1. 나는 아내를 사랑하며, 자녀들에게 모범이 되는 삶을 살겠습

니다.
2. 나는 음란, 탐욕, 분쟁, 시기, 이기적인 생각을 거부하겠습니다.
3. 나는 음란물을 사지도 보지도 않고, 보관하지도 않겠습니다.
4. 나는 저속한 말, 남을 헐뜯는 말은 하지 않고 격려하고, 칭찬하는 말을 하겠습니다.
5. 나는 술과 담배를 삼가고, 도박과 마약을 거부하며, 폭력을 행사하지 않겠습니다.
6. 나는 공정하지 않는 돈을 바라거나 주고받지 않겠습니다.
7. 나는 거짓과 요행, 미신을 멀리하고 정직하고 성실하게 살아가겠습니다.
8. 나는 공중도덕을 준수하고, 사회의 기본 질서를 잘 지키겠습니다.
9. 나는 어른을 공경하고, 젊은이를 존중하겠습니다.
10. 나는 내 이익을 위하여 남에게 피해를 주지 않으며, 자연환경을 보호하겠습니다.

ㅁ. 두란노 아버지 학교

위의 순결서약서와 순결선언문은 두란노 아버지 학교(대표 김성묵 장로)의 강령입니다. 1995년 10월 외도, 가정폭력, 이혼 등으로 무너진 가정을 회복하자는 목적으로 두란노 서원에서 시작된 시민운동 단체입니다. 가정의 지도자인 아버지가 먼저 순결을 지키고 혼탁한 사회를 건강하게 만드는 데 앞장설 것을 다짐하는 장입니다. 교파와 종파를 초월해서 누구나 참가할 수 있습니다. 현재 국내외에서 42만 명이 넘고, 동참자도 날로 늘어나고 있습니다. (74개국 258개 도시 개설) 들불처럼 새마을운동처럼 전국 곳곳, 모든 지역, 모든 직장에서 우리 아버지 모두가 틈을 내 적극 동참하는 것입니다. 부부 학교도 운영하고 있습니다.

ㅂ. 미투(Me Too) 운동

미투(#Me Too - 나도 당했다) 운동이 들불처럼 여기저기에서 일어나 사회문제가 되기도 했습니다. 미투 운동이란 힘이 강한 남성이 힘 약한 여성에게 가한 성희롱, 성추행, 성폭력 고발운동을 말합니다. 2017년부터 미국에서 시작됐습니다. 왜 이런 일들이 일어날까? 인간에게는 식욕처럼 성욕 본능이 있습니다. 특히 남성에게는 수시로 성욕이 발동, 어떻게 해보려는, 성욕을 채우려는 본능이 있습니다. 조물주의 조화지만 만일 그것이 없다면 인류는 진즉 지구상에서 사라지고 말았을 것입니다. 맛있는 음식을 보면 먹고 싶은 식욕본능이 있는 것처럼 거시기를 어떻게 하지 않는 이상 성범죄는 계속 일어날 것입니다. 동시에 이성의 힘, 자제능력도 있습니다. 본능을 억제하는 힘이 마음 한켠에 사리고 있습니다. 참고, 자제하고, 이겨내면 인격자가 되고, 그렇지 않으면 비인격자가 되고 지탄, 망신, 처벌을 받게 됩니다. 이에는 지위, 빈부, 노소, 종교, 학식에 좌우되지 않습니다.

■ 어떻게 해야 할까?

처음부터 아예 이성(여성)을 동성으로 보는 것입니다. 펜스룰이란 말이 있듯이(아내가 아닌 다른 여성과는 절대 단둘이 식사를 하지 않는다는 마이크 펜스 미국 전 부통령의 과거 발언) 경계심을 갖고 거리를 두고 대하는 것입니다. 어떻게 해보려고 껄떡거리면 차후 반드시 대가를 치르게 된다는 생각을 항상 갖는 것입니다. 그래서 일찍이 최영 장군은 황금 보기를 돌보듯 하라고 했습니다. 견금여석(見金如石), 남의 것을 탐하면 탈이 나게 돼 있으니 탐내지 말라는 뜻입니다. 탐하지, 밝히지 않으면 아무 문제가 없는 것처럼 여성을 동성으로 보는 것입니다. 귀하는, 그대는 여성이 아니고 남성이다, 동성이다 이렇게 여성을 만날 때마다, 대할 때마다 마음속으로 되뇌는 것입니다. 귀하는 여성이 아니고 남성이다. 자기 암시의 힘을 빌리는 것입니다. 그러면 편안해지고 어떻게 해보려는 생각, 번민, 갈등이 사그러들게 마련입니다. 자주 반복, 되풀이하면 어느 사이 버릇 들게 됩니다. 버릇 들면 유혹에서 벗어날 수 있고, 문제가 생기지 않습니다. 문제가 생기지 않으니 참 좋습니다. 처자식도 좋아합니다. 본인은 물론 덕분에 법도 좋아합니다. "성욕과의 싸움이 가장 어려운 투쟁이다."(L. N. 톨스토이)

⑦ 자원봉사와 기부, 자선 그리고 장기기증

ㄱ. 자원봉사

누가 시켜서도 아니고 자발적으로 시간과 노력을 들여서 보수 없이 하는 봉사는 즐겁고 보람 있는 일입니다. 숭고하고 갸륵한 일입니다. 쓰레기 줍는 것도 봉사요, 길바닥 껌 떼는 것도 봉사인데, 너무 많은 곳에서 봉사의 손길을 기다리고 있습니다. 독거노인, 장애인, 환자, 굶주리는 사람, 불쌍한 아이들, 병원, 사회복지 시설 등의 대인 봉사와 일반 교통질서, 범죄예방, 재난지역 복구, 환경보호 감시 등 공익 봉사를 들 수 있습니다. 국가 지원은 한계가 있으므로 개인의 적극 참여가 절실히 필요합니다. 앞에서도 언급했지만 2007년 12월 충남 태안 앞바다 유조선 기름 유출사고 지역에 전국 각지에서 많은 국민이 참여하여 단시간 내 복구한 사례에서 보듯 우리 국민에겐 이런 저력이 있습니다. 일등 국민의 참모습이었습니다. 든든하지 않을 수가 없습니다.

1. 봉사는 자발적으로 마음속에서 우러나와야 합니다. 남이 시켜서 하는 것은 가치가 떨어집니다. 재미를 느낄 수 없고 보람도 없습니다.
2. 공익성이 있어야 합니다. 사적인 봉사는 도움이지 봉사가 아닙

니다.
3. 보수 없이 이루어져야 합니다. 보수를 바라는 봉사는 봉사가 아닙니다. 그것은 노동입니다.
4. 꾸준히 해야 합니다. 그래야 실질적인 도움이 됩니다.
5. 시간이 남아서 하는 것보다는 시간을 내서 하는 것입니다. 그것이 더 가치가 있습니다.

봉사란 남을 도와주는 것이요, 이웃에 대한 사랑의 표현입니다. 도움을 필요로 하는 사람에게 도움을 주는 것처럼 흐뭇하고 기쁘고 보람 있는 일은 별로 없을 것입니다. 행복하고 싶거든 남을 도와주라고 했습니다. 봉사를 하면 옥시토신이 많이 나와 오래 살고 기쁨과 뿌듯함, 행복, 만족감을 주게 됨으로 틈을 내거나 틈나는 대로 봉사에 참여하는 것입니다. 또 일등 국민이 되는 길입니다. 봉사자가 계속 늘어나고 있습니다. 그동안 어렵게 살다 보니 봉사에 신경 쓸 겨를이 없었습니다. 그러나 이제는 어느 정도 잘 살게 되었으니 적극 봉사에 참여하는 것입니다. 우리의 어떤 여성 기업인은 봉사하기 위해 기업하는 것이고, 남을 위해 일한다고 했습니다. 그러니 그 기업이 번창하지 않을 수가 없을 것입니다.

- 한 사람이 못을 박으면 딴 사람은 그 못에 모자를 건다. - 영국 속담
- 모든 위대한 사람들의 발자취를 보자. 그들이 걸어온 길은 고난의 길이며, 자기 희생의 길이었다. 자기를 희생할 줄 아는 사람만이 위대해질 수 있다. - G. E. 레싱
- 자기를 희생하는 것만큼 행복한 일은 없다. - 도스토옙스키
- 나는 언제나 조국을 위해 목숨 바치기를 두려워하지 않노라. - F. A. 호라티우스
- 초는 자기 몸을 태워서 불을 밝힌다. - 영국 격언

- 양초는 남을 밝게 해주며, 자신을 소비한다. - H. G. 보운
- 봉사를 위주로 하는 사업은 번영할 것이며, 이득을 위주로 하는 사업은 쇠퇴하리라. - 헨리포드
- 하나를 베풀면 만 배를 얻는다. - 김대성
- 선행이란 타인의 얼굴에 미소를 가져오는 행위다. - 마호메트
- 꿀벌이 다른 동물보다 존중되는 것은 부지런하기 때문이 아니고 다른 자를 위해 일하기 때문이다. - R. M. 크리소 스톰 / 시화

■ 봉사 사이트
- 1365 자원봉사포털(www.1365.go.kr)
- 복지넷(www.bokji.net)
- 한국 자원봉사센터협회 / (02) 7150-8008

ㄴ. 기부, 자선

기부란 내 재산을 사회 발전을 위해 좋은 일에 쓰라고 내놓는 걸 말합니다. 재능기부도 있습니다. 자선 역시도 가난하고 어려운 사람을 도와주는 걸 말합니다. "부는 거름과 같아서 쌓아두면 썩은 냄새를 풍기지만 뿌려주면 많은 것을 자라나게 한다." 미국의 어떤 부자가 자기 재산을 사회에 기부하면서 한 말입니다. 기부는 세상을 건강하고 아름답게 해줍니다. 각박한 세상에 아직도 어렵게 사는 사람들이 많습니다. 구제하기 위해서는 많은 돈이 필요합니다. 속담에 가난 구제는 나라도 못한다고 국가가 담당하기에는 한계가 있습니다. 그래서 개인의 기부가 필요한 것입니다.

- 어떤 60대 할아버지가 400억대의 부동산을 대학에 기부
- 옷 장사를 해서 번 논 10억 원을 병원에 기부한 할머니
- 삯바느질을 해서 번 돈 5억을 고등학교에 기부한 할머니

- 구멍가게를 해서 모은 12억대 건물을 대학에 기부한 할머니
- 30년간 젓갈장사를 해서 번 돈 13억을 대학에 기부한 할머니
- 전 재산 270억을 기부한 할아버지
- 커피 행상으로 모은 1천만 원을 이웃돕기에 기부한 커피 아줌마
- 평생 곱창집을 해서 번 돈 55억을 기부한 할머니
- 결혼비용 줄여서, 회갑잔치 비용 줄여서, 돌잔치 비용, 결혼 축의금을 기부한 사람들
- 얼굴 없는 천사, 올해에도 나무 밑에 5천만 원 놓고 가
- 익명으로 3억을 어린이 쉼터에, 익명으로 5억 원을 장학기관에 기부한 이름도 없고, 얼굴도 없는 기부 천사들. 언론에 보도된 내용입니다.

평생 피땀 흘려 어렵게 모은 재산을 선뜻 내놓는다는 것은 보통 어려운 일이 아닐 것입니다. 주저하고 망설이고 그러다 대부분 뜻을 접겠지만 이런 기부자들의 용기와 이타정신은 길이 기려야 합니다. 옛글에 적선지가는 필유여경이라고 좋은 일을 하면 반드시 좋은 일이 생긴다고 했습니다. 사필귀정인 것입니다. 기부자도 자원봉사자처럼 오래 산다고 했습니다. 많은 재산을 기부한 석유왕 록펠러(98세까지)씨나 철강왕 카네기(84세)씨도 오래 살았습니다. 워런 버핏씨나 빌 게이츠씨도 오래 살지 않을까? 삶이 노상 기쁘고 즐겁고 보람이 있을 테니깐요. 기부를 하고 나면 기분이 뿌듯하고 좋을 것입니다. 옥시토신이 분비되니 행복해지는 것은 당연합니다. 그러니 자연 건강도 좋아지고, 오래 살게 되는 것입니다. 반면 좋지 않은 일을 하면 늘 양심에 가책을 받게 되고, 두근두근하니 심장도 안 좋고, 기분이 좋을 턱이 없으니 건강에도 좋을 리 없을 뿐더러 아무래도 장수난망일 것입니다. 미국의 어느 대학에서 300쌍의 노인을 조사했더니 남을 돕는 사람이 더 오래 살더라는 것입니다. 그래서인지 미

국은 90% 가까이 기부에 동참하고 있다는 것입니다. 기부가 밥 먹듯이 이뤄지고 있으니 국가의 동력, 힘의 원천이 여기에서 나온다고 봐도 과언은 아닐 것입니다. (한 해 기부금 총액 460조 원)

■ 우리는 어떤가?

우리의 김장훈 가수는 이렇게 말했습니다. "남을 위해 돈을 쓰면 내가 행복해져요. 그 기분에 계속 기부하는 것입니다." 옳은 말씀입니다. "많은 돈을 남기고 가는 것은 치욕이다." 철강왕 카네기씨의 말입니다. 우리는 16%가 안 되지만 계속 늘어나고 있습니다. 좋은 현상입니다. 하나의 기부가 이루어지면 주는 사람도 기쁘고 행복해지고 받는 사람 역시 기쁘고 행복해지고 바이러스에 전염되듯 나라 전체에 번지면 나라 전체가 행복해지는 것입니다. "공수레 공수거" 빈손으로 왔다가 빈손으로 간다고 했습니다. 내 능력에 맞게 기부하는 삶을 산다면 그것이 곧 일등 국민의 참모습인 것입니다. 봉사와 기부, 자선행위는 고귀하고 숭고하고 거룩하고 갸륵하고 그리고 아름다운 덕목입니다. 들불처럼, 뭉게구름처럼 전국 방방곡곡에서 들고 일어나야 합니다.

- 진정한 사랑은 이것저것 재지 않습니다. 그저 줄 뿐입니다. 아플 때까지 주십시오. - 테레사 수녀
- 자선은 오직 마음의 미덕일 따름이며 손의 미덕은 아니다. - J. 에디슨 / 후견인
- 선행은 죽은 뒤에도 남는다. - 프랑스 격언
- 자선을 베풀 때에는 오른손이 하는 일을 왼손이 모르게 하며 그 자선을 숨겨두어라. 그러면 숨은 일도 보시는 네 아버지께서 갚아주실 것이다. - 마태복음 6:3
- 주는 것이 받는 것보다 행복하다. - 성경

- 부자가 가지고 있는 커다란 행복은 자선을 행할 수 있는 일이다. - J. 라브뤼예르
- 베풀어준 사람은 입을 다물라. 받은 사람은 말을 해라. - M. 세르반테스
- 남을 도와주는 손은 기도하는 입술보다 성스럽다. - R. G. 잉거 솔 / 무대의 아이들
- 돈을 모으는 것보다 주는 것이 훨씬 행복하다. - 카네기
- 건강할 때 자선으로 희사하는 것은 금이요, 병 나을 때의 희사는 은이고, 죽은 뒤의 것은 납이다. - 유대 격언
- 착한 일을 하는 사람에게 하늘이 복을 내려 보답하고 악한 일을 한 사람에게는 하늘이 화를 내려 보답한다. - 공자
- 아무도 보지 않는 곳에서 남에게 베푸는 자는 모세보다 위대하다. - 유대 격언
- 널리 알려질 것을 바라고 하는 자선은 이미 자선이 아니다. - 하튼 그래도 않는 것보다 하는 것이 백 번 낫습니다.
- 네가 가진 재물이 네 것이라면 왜 저세상에까지 가지고 가지 않는가. - B. 프랭클린
- 자선이라는 덕성은 이중으로 축복받는 것이다. 주는 자와 받는 자를 모두 축복하니 미덕 중의 최고 미덕이다. - 셰익스피어
- 남이 나에게 해주기를 바라는 바를 남에게 해주어라. - 영국 격언

ㄷ. 장기기증

장기이식 대기환자 45,000명, 기증자 450명!(2019년) 우리 주위에는 장기를 기증받으면 건강을 되찾거나 죽음의 문턱에서 회생할 수 있는 사람들이 많은데 기증자가 부족해 장기기증을 애타게, 목 빠지게 기다리고 있습니다. 수요에 턱없이 모자랍니다. 심장, 간, 안구, 신장 등 우리 인간은 죽으면 한 줌의 흙이 되어 자연으로 돌아갑니

다. 흔적 없이 사라집니다. 그래서 나의 장기 일부를 필요한 사람에게 남겨주고 가는 일은 좋은 일이고, 숭고하고 거룩한 일이 아닐 수 없습니다.

언젠가 어떤 처녀는 신장을 가난한 농부에게 주고, 농부 아내는 낯모를 30대에 주고, 그의 어머니는 다른 30대 주부에게 이식수술을 받게 했는데 신장기증 릴레이를 한 것입니다. 각박한 사회지만 이런 훈훈한 미담이 계속되고 있습니다. 나는 가다라도 내 몸, 내 장기의 일부는 남에게 이어져 죽지 않고 사는 것입니다. 우리 모두 너도나도 몸의 일부를 놓고 간다면 훈훈한 사회, 정겨운 사회가 될 것입니다. 일등 국민의 참모습입니다. 장기기증이란 자신의 특정한 장기를 필요한 사람에게 대가 없이 주는 걸 말합니다. 16세 이상이면 부모 동의 없이 누구나 등록할 수 있고, 본인이 등록했어도 언제나 취소할 수 있고, 사후 유가족이 반대하면 기증이 이뤄지지 않습니다. 법적 구속력이나 강제성이 없습니다.

■ 등록방법(장기기증 희망등록)
- 등록기관 방문등록 : 거주지 등록기관 방문등록
- PC / 모바일 등록 : 질병관리청 장기이식 관리센터 접속 후 등록
- 우편 / 팩스 등록 : 장기이식 센터로 신청서 요청 및 작성 후 팩스로 전송

장기기증 희망등록이란 본인이 장차 뇌사나 심장사가 됐을 때 장기를 대가 없이 기증하겠다는 의사표시입니다.

- 질병관리청 장기이식 관리센터(www.konos.go.kr) / (02) 2628-3602
- 한국 장기조직 기증원 / 1577-1458(24시간 운영)

- 사랑의 장기기증 운동본부 / (02) 363-2114
- 대학병원 장기이식 센터
- 국립장기조직 혈액관리원(복지부) / (02) 2628-3602

⑧ **독서하는 국민 ② - 독서의 생활화**

　어느 해 통계자료에 의하면 한국인 하루 독서시간은 6분으로 나와 있습니다. 많기도 해라. 왜 독서를 해야 하는가? 독서는 인생의 영원한 스승이고, 어둠을 밝혀주는 등불이고, 방향을 제시하는 나침반입니다. 책 속에는 인간의 모든 역사, 문화, 사상, 지식, 지혜, 경험이 축적되어 있습니다. 지식과 정보화 사회에서 그것이 부족하면 자연 뒤처지게 됩니다. 그걸 얻기 위한 수단이 독서이기 때문에 중요한 것입니다. 책 속에는 길도 있고 방법도 있습니다. 여러 분야의 수많은 책들은 수많은 저자들의 짧게는 몇 년, 길게는 몇 십 년, 혹은 평생에 걸쳐 연구업적, 지식, 체험, 철학이 녹아있기 때문에 독서를 통해서 짧은 시간에 돈 들이지 않고, 힘들이지 않고 내 것으로 만들 수 있고, 간접 경험을 얻을 수 있기 때문에 독서가 필요하고 중요한 것입니다. 가령 수경재배를 할 경우 안 해봐서 잘 모른 경우라면 실패도 하고, 비용도 시간도 더 들고, 여러 시행착오를 하면서 차차 알게 되지만 수경재배를 한 사람이 쓴 책을 보면 자세히 알려주니 시간, 비용, 노력이 적게 들고 시행착오를 줄일 수가 있습니다. 한마디로 덕을 많이 보게 됩니다. 이것이 독서 효과인 것입니다. 아는 것이 힘이 된다고, 독서를 통해서 알게 되니 힘을 얻게 되는 것입니다.

　또 독서는 인격과 교양을 높여줍니다. 선과 악, 옳고 그름 혹은 사리 판단력을 길러줍니다. 또 어려움을 해결할 수 있는 지혜를 줍니다. 한마디로 살아가는 데 있어서 꼭 필요한 성공의 열쇠가 독서입니다. 독서의 양은 성공에 비례한다고 했습니다. 한 권보다 두 권,

두 권보다 세 권, 많이 볼수록 많은 것을 알고 배우고 얻을 수 있기 때문입니다. 이런 생활의 필수품인 독서를 우리 국민은 너무 하지 않고 있습니다. 1년에 1권도 보지 않은 사람이 부지기수입니다. 4명 가운데 1명꼴이고, UN 회원국 가운데 166위 꼴찌 수준입니다. 왜 독서에는 쏠림현상이 없을까? 책을 가까이하지 않는 국민과 국가는 발전할 수 없다고 했습니다. 미래가 없다고 말하기도 합니다. 깨어있는 국민이 되려면 독서가 필수요소입니다. 너도나도 독서에 매진해서 지식강국을 만들어야 합니다. 문화 선진국이 되어야 합니다. 시간이 없어서 독서를 못한다는 것은 핑계에 불과합니다. 바쁜 가운데 틈틈이 하루 10분, 20분도 좋습니다. 꾸준히 하면 습관이 돼서 하지 않고는 못 배깁니다. 독서는 자기계발의 지름길이기 때문에 1달에 1권도 좋고, 2권도 좋고, 3권도 좋습니다. 우리 모두 독서를 생활화하는 것입니다. 독서는 일등 국가 일등 국민의 필수요소입니다.

- 만일 당신이 내일 아침, 오늘보다 더 나은 사람이 되어 깨어나고 싶다면 잠들기 전에 책을 펴들고 단 세 쪽이라도 읽으라. - 오프라 윈프리
- 독서가 정신에 미치는 영향은 운동이 육체에 미치는 영향보다 크다. - 토마스 에디슨
- 방에 책이 없는 것은 몸에 정신이 없는 것과 같다. - 키케로
- 시간이 없어서 책을 읽을 수 없다고 하는 사람은 설령 시간이 있어도 책을 읽을 사람이 아니다. - 회남자
- 생각하지 않고 읽는 것은 씹지 않고 식사하는 것과 같다. - E. 버크
- 좋은 책을 읽는 것은 과거의 가장 뛰어났던 사람들과 대화를 나누는 것과 같다. - R. 데카르트 / 방법론

세계 최고 부자 빌 게이츠씨도 독서광으로 유명합니다. 나의 성공은 독서가 뒷받침됐기에 가능했다고 고백합니다. 매일 밤 1시간씩

주말에는 두세 시간씩 1년에 평균 50권의 책을 읽는다는 것입니다. 페이스북의 마크 저커버그씨도 2주에 적어도 1권 정도는 읽는다는 것입니다. "한국인들이 우리 뒤를 바짝 따라오고 있으니 두려움을 느낀다. 그러나 걱정할 게 없다. 왜냐, 한국인들은 책을 읽지 않으니까." 30~40년 전의 어떤 일본 사람의 얘기지만 의미심장한 말입니다. 그럼에도 전철 안에서는 책 읽는 사람이 눈에 띄지 않습니다. 남녀노소 모두 다 휴대폰만 만지작거리고 있습니다. 멍하니 있는 것보다는 낫겠지요. 380쪽에 또 있습니다.

⑨ 기업가 우대

기업가의 역할은 무엇일까? 소비자에게 필요한 물건을 공급하고, 직원 월급 주고, 수출해서 외화 벌어오고, 세금 내는 일 등입니다. 가정을 꾸려가려면 돈이 있어야 되듯 국가도 마찬가지입니다. 돈이 없으면 제대로 꾸려갈 수가 없습니다. 발만 동동 구르게 됩니다. 그렇다고 돈이 하늘에서 툭 떨어지는 것도 아니고 국민과 기업이 낸 세금으로 충당합니다. 국세청에 물어보니 개인이 낸 세금보다 기업이 낸 세금이 더 많다는 것입니다. 그 세금 가지고 도서관도 짓고 길도 닦고 다리도 놓습니다. 인공위성도 쏘아올리고, 탱크도 만들고, 국회의원 세비도 주고, 공무원 월급도 주고, 심지어 보너스까지 줍니다. 특히나 수출을 많이 해서 외화를 많이 벌어와야 국가가 부강해지고 국민이 잘 살게 됩니다. 그러면 수출은 누가 하느냐? 기업이 합니다. 밤잠 안 자고 누가 뒤에서 컨트롤하느냐? 기업인이 합니다.

- "국가 재정의 일등공신인 기업인에게 감사드립니다." 간담회장에서 어느 국세청장이 한 말입니다.(이현동)
- "세계 최빈국에서 선진국 문턱에 이르기까지 기업들이 국민과 함께 흘린 땀과 눈물은 정당하게 평가받아야 합니다. 지금 이순간에도 글

로벌 시장에서 치열한 경쟁을 벌이며 불철주야 구슬땀을 흘리는 기업인들에게 온 국민을 대신해서 경의를 표합니다." 경제단체장 모임에서 어느 경제 장관이 한 말입니다.(박재완)

오늘날 미국이 세계 제일의 강대국이 된 것은 투철한 기업가 정신을 가진 기업가들 - 카네기, 포드, 록펠러, 빌 게이츠씨 같은 불굴의 창조적인 기업가들의 덕분이었을 것입니다. 우리도 해방 이후 6·25전쟁을 거치면서 폐허 속에서 짧은 시간에 200여 나라 가운데 10위권의 경제대국이 된 것은 오로지 불철주야 오대양 육대주에 나가 국부 창출을 위해 힘쓴 기업가들의 헌신적인 노력 덕분이었습니다. 이 시대의 영웅이고 애국자인 것입니다. 우대하고 존경하고 기려야 할 것입니다. 수출을 매우 많이 할 수 있도록 적극적으로 지원해줘야 되고, 힘을 실어줘야 합니다. 기업하기 좋은 환경을 만들어줘야 합니다. 그러나 일부에서는 기업인들을 폄하하고 깎아내리고 지탄하고 발목을 잡고 기를 죽이고 안 좋게 보는 시각도 있습니다. 이해가 되는 부분도 있지만 왕왕 그들의 일탈은 일부이지 전부는 아닙니다. 가려서 법의 심판에 맡기면 되는 것입니다. 기업인을 부정적으로 보지 말고 긍정적으로 보고 기업에 전심전력할 수 있도록 우리 모두 적극 도와야 합니다. 우리와 우리 후손들의 일이기 때문입니다. 그것이 부강한 나라, 국민이 잘 살 수 있는 길이기 때문입니다. 참고로 2016년 수출액 5,000억 달러, 10만 기업이 237개 국가에 9,100가지 품목을 수출했습니다. "개인적으로 삼성전자를 키우는 일이 곧 국가에 기여한다는 신념으로 살아왔습니다. 실제 매출과 수익이 늘어나면 더 많은 세금을 낼 수 있고, 사람도 더 뽑을 수 있습니다. 그렇게 성장하는 기업들이 많아질수록 국부가 증가하고, 국민들에게 혜택이 돌아가는 것이 아닌가요?" 삼성전자 윤부근 사장과 대학생 간의 좌담 중에 나온 말입니다.(2011. 12. 7. 조선일보)

아시다시피, 자동차도 배도 반도체 성공도 모두 우리 기업가들의 창의적인 도전정신에서 이뤄진 것입니다. 숱한 좌절과 시련을 극복하고 이뤄낸 값진 쾌거인 것입니다. 우리 미래는 이런 기업가들의 양 어깨에 달려있다고 해도 과언은 아닌 것입니다. 우리나라가 유엔 사무총장 배출국가가 된 것도 국력이 뒷받침됐기 때문입니다. 계속 국력을 키워야 하고, 세계 속의 일류 기업을 자꾸 만들어내야 합니다. 일사분란하게 적극적으로 밀어줘야 합니다. 기업하기 좋은 여건을 만들어줘야 합니다. 발목을 잡지 말고 기업하는 것이 자랑과 긍지와 자부심을 가질 수 있도록 밀어줘야 합니다. 기업이 번창해야 국가도 부강해지고, 국민도 잘 살게 됩니다. 나아가 후손들에게 부강한 나라를 물려줄 수가 있는 것입니다. 한마디로 기업은, 기업가는 대한민국 최고의 국가 자산입니다. 세계 최고의 기업이 20개, 30개, 50개, 100개 계속 나올 수 있도록 모두 합심해서 적극 밀어줘야 합니다. 그럼으로써 선진국, 강대국, 일등 국가, 일등 국민이 되는 것입니다. - 능력 있는 사람은 창업을 하십시오. 국가는 기업가를 격려하고 마음껏 밀어주십시오. 국가는 불필요한 규제를 적극 푸십시오. 국민은 기업가를 존경하십시오. 국가와 기업가와 노조는 힘을 합치십시오. 그래야 번영, 발전할 수 있습니다.

■ 국부 창출을 위해 다시 한 번 도약을!
- 골드먼 삭스(미국 최대 투자은행)는 2007년 보고서에서 한국의 1인당 국민 소득이 2050년에는 8만 달러를 넘어 세계 2위, 경제 규모는 7위, 생활 수준은 세계 최고가 될 것이라고 전망했다.
- 2015년 영국 국제경영 연구센터는 골드먼 삭스보다 20년 앞당겨 2030년 한국 국내 총생산(GDP)이 세계 7위에 오를 것이라는 전망을 내놨다. 하영구 은행연합 회장 기고문 일부입니다.(2016. 8. 11. 중앙일보)

- 한국은 신흥 경제대국의 선두주자다. 경제 개발을 시작한 1962년부터 40년 동안 평균 경제 성장률이 세계에서 가장 높았다. 경제력 순위는 세계 11위이고, 수출 규모는 세계 5위다. 1인당 국민 소득이 2만 7천 달러가 넘는다.(지금은 3만 5,000달러가 넘습니다.) 중국, 브라질, 러시아는 소득이 1만 달러에 미치지 못하고 인도는 겨우 1,600달러 수준이다. 우리는 적은 인구로 놀라운 성과를 거뒀다. 고려대 경제학과 이종화 교수 기고문 일부입니다.(2016. 8. 8. 중앙일보)
- 1969년 1월 종업원 36명의 변방 3류 회사로 출발해 43년 만에 연간 매출 200조 원이 넘는 세계 1위 종합 IT기업이 된 삼성전자는 한국판 '오랑캐 정신'의 무한한 가능성을 상징한다. 삼성그룹의 연간 매출은 미국의 대기업인 보잉과 마이크로소프트(MS), 스타벅스 등 3개사의 매출액 합계보다도 더 많다. 많은 전문가는 한국이 삼성전자 같은 기업을 5개 정도만 더 갖는다면 한국을 넘보기 어려울 것이라고 지적했다. 송의달 조선비즈 대표 기고문 일부입니다.(2016. 8. 10. 조선일보)

　오랑캐 정신은 쉽게 말해 강력한 상대방 국가나 기업의 위세에 주눅 들지 않고 끈질기고 강인하게 자신을 살찌워 가는 생존술을 말합니다.

　우리는 지금껏 어려운 고비를 수없이 넘기고 어느 정도 안착에 성공했습니다. 그러나 이것으로는 성이 차지 않습니다. 이대로 주저앉을 수는 없습니다. 10년 내에 국민 소득 7만 달러 달성! 너도나도 판을 걷어붙이고 똘똘 뭉쳐 일치단결해서 멋지게 이루어내는 것입니다. 남녀노소, 여도 없고 야도 없습니다. 오로지 국부창출을 위해, 목표 달성을 위해 한 길로 매진하는 것입니다. 제2 한강의 기적, 경제대국 한국 건설을 위해 하면 된다는 그 저력을 발판삼아 다시 한번 힘차게 뛰어오르는 것입니다. "We can do!" 우리는 힐 수 있습니다. 반드시 우리는 해내야 합니다. - 국부 창출을 위해 애쓰시는 기업가 여러분에게 노래 몇 곡 선사합니다.
- 비발디 - 사계 가을 3악장
- 토셀리의 세레나데
- 귀에 익은 그대 음성
- 진도아리랑
- 동심초

⑩ 다문화 가족

　우리는 단일민족이었습니다. 그걸 무척 자랑스럽게 여겨왔습니다. 지리적으로 변방에 있다 보니 외국인의 유입이 드물었기 때문이기도 했습니다. 그러나 지금은 국제화 시대에 맞춰 결혼, 유학, 비즈니스 등으로 많은 외국인이 들어와 살고 있습니다. 222만 명을 넘어 어느덧 다문화 사회에 접어들었습니다. 여성가족부에 의하면 다문화 가족은 109만 명을 넘었고, 다문화 장병도 4천 명을 넘어설 것이라는 전망입니다. 특히 우리 농촌 총각들의 결혼 상대자로 동남아 결혼 이주여성이 13만 명을 넘고, 그들 사이에 출생한 자녀가 26만 명, 초, 중, 고에 다니는 학생 수도 16만 명이 넘습니다. 자연스럽게 다문화 가족이 출현하게 된 것입니다. 저출산으로 인구 감소현상이 나타나고 있으나 그들의 이주 덕분으로 농촌 노총각의 결혼문제가 어느 정도 해소되고, 농촌 공동화를 막고, 저출산 돌파구도 생긴 셈입니다. 그러나 2030년부터는 인구가 점점 줄어들 것이라고 전문가들은 예측하고 있습니다. 인구가 줄면 소비가 줄고, 생산도 줄고, 일자리도 줄어듭니다. 국력도 떨어지고 쇠퇴해집니다. 인구 감소는 국가 재앙이 될 수 있습니다. 결혼은 생산의 원동력이고, 번영의 기초가 됩니다. 총각들이 짝이 없어 결혼을 못하면 사회문제가 되기 마련입니다. 다행스럽게도 그들의 이주로 가정을 꾸려 자식을 낳게 되니 남편이 되고, 아버지가 되고, 가장이 되고, 국력 신장에도 일조하고 있습니다.

　반면 문제도 생기고 있습니다. 극소수겠지만, 남편만 믿고 먼 타국땅에서 시집 왔는데, 기대하고 왔는데 현실이 생각과 다르니 실망, 후회가 따를 것입니다. 특히 경제문제가 큰 변수가 되고 있습니다. 언어, 모습, 교육, 문화, 종교, 생활습관, 예절, 사고방식이 다르다 보니 자연 갈등이 생기게 됩니다. 특히 언어가 통하지 않으니 의사소통이 제대로 이뤄질 수가 없습니다. 결혼생활이 더더욱 어려워집니다. 더욱이 시댁식구의 냉대, 괄시, 학대, 남편의 주벽이나 폭력에 시달려 결혼생활을 견디지 못하고, 적응하지 못하고 이혼, 가출, 귀국, 자살로까지 이어지기도 합니다. 행복한 결혼생활을 꿈꾸고 시집 왔는데 반대 현상이 빚어져 고통, 슬픔, 실망, 낙담, 후회가 따를 것입니다. 특히 일부 자녀들이 동네 친구나 학교 친구들의 놀림, 왕따, 폭력에 시달리게 되니 이중 고통이 아닐 수 없습니다. 이 문제를 어떻게 풀어야 할까? 우선 남편과 가족들의 사랑, 배려, 이해, 격려가 필수적입니다. 입장을 바꿔 생각해보는 것입니다. 내 누이가, 내 딸이 외국 총각한테 시집 갔다고 가정해보는 것입니다. 행복하게 잘 살고 있다면 더없이 기쁘겠지만 학대를 당하고 있다면 마음이 아플 것입니다. 이해가 될 수 있을 것입니다. 같이 사는 동안 의사소통이 제대로 안 돼 답답할 때도 많겠지만 내 아내니, 내 며느리니 마음에 들지 않더라도 미울 때가 있을지라도 너그럽게 이해하고 용서하고 배려하고 가르쳐주고 참고 슬기롭게 헤쳐나가는 것입니다.

　일단 내 가족이 된 이상 배척하지 말고 품어야 합니다. 사랑으로 감싸야 합니다. 포용해서 내 가족으로 만드는 것입니다. 호강시켜 주지는 못할망정 못살게 굴어 못 견뎌 가출이라도 해버린다면 소 잃고 외양간 고치는 어리석은 짓을 해서는 안 될 것입니다. 그러니 어린 아내를 사랑해주는 것입니다. 아껴주는 것입니다. 고생한다고 어깨라도 자주 주물러주는 것입니다. 남편 아니면 누가 사랑해주겠습니까? 하루 1가지씩 기쁘게 해줄 거리를 찾아 기쁘게 해주십시오. 어폐가 있겠지만 내 아내를 만나지 않았더라면, 가정을 해보는 것입니다. 다행스럽게도 결혼을 승낙해줬으니 얼마나 고맙습니까? 대를 이을 자식도 낳아주었으니 기쁘지 않습니까? 세상에 어디에도 내 마음에 쏙 드는 배우자는 없습니다. 역시 남편감으로 손색이 없다고 자부할 수는 없을 것입니다. 어찌 됐던 그들은 우리 국민이 됐고, 이웃이 됐고, 아이들은 이 땅에서 태어나 자랐으므로 어엿한 대한민국 국민입니다. 세금도 내고 병역의무도 치르게 됩니다. 그러니 배척을 말고 차별하지 말고 도와주고 격려해주고 품어야 할 의무가 우리에게 있습니다. 이것이 일등 국가, 일등 국민의 참모습입니다. 이제 다문화라는 말은 쓰지 말아야 합니다.

■ 이주 여성 여러분들에게 한 가지 부탁의 말씀을 드린다면

물 설고 땅 설은 먼 이국땅에 와서 모르는 사람들과 어울려 산다는 것은 무척 어렵고 힘들 것입니다. 그 고충이란 이루 말할 수가, 한 두 가지가 아닐 것입니다. 첫째 언어, 풍습, 습관, 예절, 문화, 음식, 역사, 생활방식이 다르니 적응하기가 어려울 것입니다. 특히 말이 통하지 않으니 더더욱 힘들 것입니다. 그러나 일단 대한민국 국민이 된 이상 여러 어려움을 극복하고 하루빨리 동화 노력을 해야 할 것입니다. "로마에 가면 로마법을 따르라."고 했습니다. 꿋꿋하게 어려움을 이겨내는 것입니다. 지혜롭게 헤쳐나가는 것입니다. 모두 자기 하기에 달려있다고 했습니다. 그래서 행복한 가정을 꾸리는 것입니다. 힘을 내십시오. 용기를 잃지 마십시오.

■ 다문화 가족 서비스 기관

- 이주여성 긴급지원센터 / 1577-1366(여성가족부 365일 24시간 13개 국 언어 봉사)
- 고용노동부 전화 / 1350번
- 법무부 / 1345번 - 외국인 종합안내센터(다문화 가족 민원 해결사)
- 보건복지부 / 129번
- 다누리 / 다문화 가족 지원 종합사이트(여성가족부 : 한국 생활정보 제공, 한국어 교육)

■ 지방자치단체 다문화 가족 지원센터

- 서울 (02) 300-8200
- 부산 (051) 633-1381
- 기타(각 지역 시, 도)

■ 여성 새로 일하기 센터

- 서울 (02) 921-2070
- 부산 (051) 807-7944
- 기타(각 지역 시, 도)

■ 기타

- 한국정보화진흥원(www.itstudy.or.kr) / (02) 2013-8710(다문화 가정 방문, 정보화 교육상담)
- 한국가정법률상담소(http://www.lawhome.or.kr) / 1644-7077
- 하이코리아(www.hikorea.go.kr) / 법무부 - 외국인을 위한 전자정보 서비스

⑪ 단결! 또 단결!

　단결이란 여러 사람이 한 뜻을 가지고 힘을 모아 한데 뭉치는 걸 말합니다. 반대로 분열이란 한 집단 구성원이 여럿으로 갈라지는 걸 말합니다. 분산이란 사방으로 흩어져 버리는 것이므로 힘이 모아질 리 없습니다. 무릇, 뭉치면 살고 흩어지면 죽습니다. 단결하면 힘을 얻고, 분열하면 힘을 잃습니다. 동서고금의 진리입니다. 금을 모아 IMF를 이겨냈듯이, 힘을 모아 합치면 태산도 움직일 수 있는 것이 단결의 위력인 것입니다. 저, 아프리카 대평원을 내달리는 누우떼도 대오에서 흩어지면 사자의 밥이 되고 말기 때문에 뭉쳐 다니듯이 하찮은 동물의 삶도 이럴진대, 왜 우리는 단결하지 못할까? 뭉치지 못할까? 가정의 어려움, 조직의 어려움, 국가의 어려움, 극복의 요체는 합심, 단결에 있습니다. 한 마음 한 뜻으로 뭉치는 데 있습니다.

　오래전 주한 일본대사 어떤 사람은 "일본 사람이 한국 사람과 1 : 1로 대결하면 일본 사람이 모두 진다. 그러나 세 사람의 일본인이 세 사람의 한국 사람과 맞설 때 상황이 달라진다."고 했습니다. 그들은 단결을 잘하고 우리는 뭉치지 못하고 분열을 잘해 우리를 너끈히 이긴다는 것입니다. 의미심장한 말입니다. 우리는 단결보다 분열을 좋아하는 DNA가 흐르고 있습니다. 병자호란, 임진왜란 앞에서도 편을 갈라 싸움질했습니다. 또 조선시대 사색 당쟁만 봐도 그렇습니다. 처음에는 동인과 서인으로 갈라져 싸우다가 다시 갈라지고, 필경 서로 화를 주고받습니다. 사약을 받기도 하고 유배당하기도 합니다. 국력이 소모되고 인재난을 겪기도 합니다. 합쳐도 부족한데 분열하니 힘이 모아질 리가 없습니다.

　국가든 개인이든 힘이 약하면 당하거나 뺏기게 됩니다. 그래서 단결이 중요하고, 단결해야 하는 이유인 것입니다. 우리의 정당사를 봐도 마찬가지입니다. 이합집산, 모였다 흩어지기를 반복하고 있습니다. 권위, 긍지, 자부심이 생길 리 없습니다. 월드컵 붉은 악마들(응원단)의 거리 곳곳의 그 함성은 월드컵 4강의 신화를 만든 것입니다. 빗방울도 한 방울 두 방울 모이면 둑도 무너뜨리고 맙니다. 이것이 단결의 위력입니다. 단결하면 번영하고, 분열하면 쇠하게 됩니다. 국가 역시도 국민이 단결할수록 힘이 배가되니 부강해집니다. 일등 국가, 일등 국민이 되는 길은 단결에 있습니다. 모두 힘을 모아 일치단결해서 한 길로 매진해야 어려움도 극복할 수 있고, 발전하게 된다는 사실입니다.

　작금의 대한민국 사회는 어떤가? 단결을 잘하는가? 분열을 잘하는가? 국력이 모아지는가? 흩어지는가? 무엇보다 국익이 우선해야 되고, 국익 외는 우선일 수 없습니다. 국익 앞에는 여야, 남녀노소 구분이 있을 수 없습니다. 한 배를 타고 있으므로 뒤집어지면 다 죽게 된다는 사실을 항상 잊지 말아야 합니다. 국가 지도자, 정치 지도자, 국민 모두 합심, 단결이 필요한 싯점입니다. 어려움이 닥칠 때마다 IMF 때의 금모으기처럼 일치단결해 극복하고 헤쳐나가야 합니다. 우리 개개인은 세계 어디에 내놔도 손색이 없는 우수한 자질을 가진 민족입니다. 단, 단결했을 때 얘기입니다. 몽골 제국을 세운 징기스 칸이 임종 시 다섯 아들을 불러서 화살 1개씩을 주면서 꺾으라 하자 다 꺾었습니다. 다시 다섯 개씩을 주면서 한 번에 꺾으라고 했으나 모두 꺾지 못했습니다. "너희 다섯 형제가 단결하면 이같이 힘이 있어서 남에게 굴함을 당하지 않을 것이다." 분열하지 말고 단결하라는 메시지였습니다. 잘 알다시피 고구려의 대막리지 연개소문이 죽자 세 아들이 서로 권력을 잡기 위해 단결하지 못하고, 힘을 합치지 못하고, 서로 싸우다 결국 나라가 망한 단초가 된 것입니다.

우리에게 결여된 것은 단결, 합심입니다. 과거 일부 정치 지도자들 가운데는 나라에 어려움이 있을 때마다 솔선수범, 협력하고 길을 제시해야 됨에도 사사건건 발목을 잡고 분열을 조장하고 발전을 가로막았습니다. 반대를 위한 반대가 난무했습니다. 나라 발전을 위해서는 너와 내가 있을 수 없습니다. 힘을 합쳐 일치단결해야 합니다. 국론 통일, 대통합이 절실히 필요합니다. 살 길은, 발전하는 길은 오직 이 한 길뿐입니다. 그럼에도 왜 단결을 못하는가? 분열을 좋아하는가? 국파산하재요 춘재불사춘(國破山河在 春來不似春 - 李白)이라. 나라가 망해버리면 봄이 와도 봄 같지 않으니 봄놀이가 재미있을 리 없습니다. 삶다운 삶을 살아갈 수가 없습니다.

우리는 왜 분열을 좋아하는가? 모이면 흩어지고 또 흩어지니 모일수록 힘이 생기고 힘이 축적돼 만난을 극복할 수 있는 힘이 생기는데, 왜 국론 통일이 안 되는가? 개인 각자는 다들 우수한데 한 곳으로 결집한다면 거칠 것이 없는데 못할 게 못 이룰 게 없는데, 대항할 자가 없는데 왜 흩어지기를 좋아하는가? 단결하지 못하는가? 치고 받고 싸우다가도 국난을 당하면, 힘을 합칠 일이 생기면 싸움을 중지하고 합심, 대응해야 하는데 그것도 불구하고 싸움질에만 매달리니 결국 다 죽고 마는데 왜 그걸 모를까? 소인배 기질이 있어서일까?

알다가도 모를 일, 안타까움을 금할 수가 없습니다.

- 입이 여럿이면 금도 녹인다. - 한국 속담
- 작은 알의 모래도 많이 쌓이면 배가 가라앉는다. - 영국 격언
- 단결은 힘이다. - 영국 격언
- 똘똘 뭉친 열 사람이 흩어진 천 사람, 만 사람을 이길 수 있다. - 중암
- 단결에 의해시 작은 나라는 번성하고, 불화에 의해서 큰 나라는 망한다. - 살 스티누스
- 혼자서 막지 못한 원수도 둘이서는 막을 수 있다. - 성경 전도서 4:12
- 모기가 모이면 천둥소리가 난다. - 한국 속담
- 개가 두 마리 모이면 사자를 죽일 수 있다. - 유대 격언
- 손뼉도 마주쳐야 소리가 난다. - 한국 속담

어느새 우리는 젖어있다.
희고 검은 소나기에
피할 틈도 없이
우리는 젖어 흘러간다.

나는 이리로
너는 저리로
(…)
앙파 대파 실파 쪽파…
맛 좋은 파가 이 땅에는 하고 많은데,
그것도 모자라
성씨끼리도 파를 만들어
눈만 뜨면 파당으로 모이고
파당으로 분열하는

오늘도

나는 이리로
너는 저리로

깨지고 터지고 갈라서면서
파당의 소나기에 젖어
정신없이 흘러가는
나는 지금 무슨 파인가
정체불명의 이 파당의 시궁창에서
오늘도 여전히 우리는 흘러간다.

나는 이리로
너는 저리로.
(양파와 대파 / 김형영)

⑫ 가자, 가자, 어디로?
ㄱ. 해외로

우리는 땅이 좁고 천연자원도 별로 없습니다. 잘 살기 위해서는 해외로 나가 보고 듣고 배워와서 그걸 기반으로 물건을 잘 만들어 수출해서 외화를 많이 벌어와야 살아갈 수 있는 위치에 있습니다. "경제대국으로 가기 위해선 해답은 하나밖에 없다. 수출 진흥, 그 완전 무결한 실천이 전부다."(호암 이병철) 그간 위정자들의 수출드라이브 정책과 진취적이고 창의적인 기업가와 온 국민들이 똘똘 뭉쳐 노력을 했기에 수출입 규모 1조 달러, 세계 6위의 무역대국이 된 것입니다. 그동안 열사의 나라에서 우리의 해외 전사들은 밤에도 횃불을 켜놓고 공사를 했습니다. 우리의 수출 역군들은 해외 곳곳으로

험지로, 오지로 물건 보따리를 메고 다니면서 팔았습니다. 그 덕분으로 세계 10권의 경제대국이 된 것입니다. 우리는 그 님들의 노고와 고마움을 한시도 잊어서는 안 될 것입니다. 눈을 밖으로 돌린 나라는 부강한 나라가 됐고, 문을 안으로 걸어 잠근 나라는 망했거나 쇠락의 길을 걸었습니다. 한때 영국은 눈을 해외로 돌린 결과 해가 지지 않는 강대국이 됐고, 우리 조선은 쇄국정책으로 문을 안으로 걸어 잠근 사이 일본은 문을 먼저 열었고, 그리고 밀고 들어와 대한제국이 망해버린 것입니다. 이런 역사 현실 앞에서 우리는 눈을 해외로 돌리고, 해외로 나가야 됩니다. 해외에 노다지가 널려있기 때문입니다.

ㄴ. 해저로

바닷속에는 뭐가 있을까? 갈치, 도미, 오징어, 홍어, 고래, 쭈꾸미, 멸치, 새우 등 갖가지 물고기들이 살고 있습니다. 소라도 있고, 다시마도 있고, 고려청자도 있고, 금과 은과 망간과 석유가스 등 천연자원이 묻혀 있습니다. 특히 전 세계 원유 매장량의 30%, 천연가스 매장량의 15%가 바다 밑에 묻혀 있습니다. 두 마디도 아니고 한 마디로 말할 것 같으면 바다는 자원의 보고이고 돈입니다. 다행스럽게도 우리나라는 삼면이 바다로 둘러싸여 있습니다. 못 본 체해서도 안 되고 놓쳐서도 안 되고 해저 기술을 개발해서 캐내야 합니다. 자원 확보 차원에서 적극 나서야 합니다. 국부 창출의 기회이고, 해양강국으로 가는 지름길이기 때문입니다.

"사실 우리 모두가 모르고, 또 잊고 지내는 바다가 우리에게 주는 혜택은 실로 큰 것입니다. 지구 표면의 70%를 차지하는 바다는 지구 생물의 97%를 차지하며, 지구 온도를 조절해주고 있습니다. 또한 끊임없이 증발하여 비와 눈으로 다시 바다로 돌아가는 과정에서 육지 생물의 생활을 가능하게 해주고 있습니다. 바다는 수면 위에 육지를 모두 깎아 넣어도 아직 3,000m의 수심이 남습니다. 그만큼 큰 바다이기에 육지보다도 훨씬 많은 생물이 바다에 살고 있으며, 그 안에 들어있는 광물을 비롯한 갖가지 자원 또한 육지의 그것에 비할 바가 못 됩니다. 인구가 날로 증가하고 자원 소모량이 더욱 커짐에 따라 육지에 한계를 느낀 인류가 넓고 큰 바다를 찾아 나서는 것은 너무나 당연한 귀결이기도 합니다. 이제 우리가 해야 할 일은 이런 좋은 조건들을 지혜롭게 조화하여 해양대국을 건설하는 것입니다." 동원그룹 김재철 회장님의 신문 기고문입니다. (1996. 8. 29. 조선일보)

ㄷ. 우주로

언젠가 지구는 만원이 될 것입니다. 그걸 대비하기 위해 각국은 우주 개발에 열을 올리고 있고, 선점하기 위해 치열한 경쟁을 벌리고 있습니다. 기술개발, 경제성, 안보, 국격(국가 이미지) 등의 이점이 있습니다. 우주 기술은 최첨단 기술이 집약된 분야이기 때문에 경제적으로 파생효과도 아주 큽니다. 무선 청소기, 냉동 건조식품, 라식수술, 단열재, 에어백, 전자레인지나 정수기, 자동차 내비게이션도 우주 기술에서 나온 상품입니다. 이 외에도 수없이 많습니다. 그래서 우리나라도 2031년에 우리가 만든 발사체로 달에 가려고 준비하고 있습니다. 그 과정에서 습득한 여러 첨단기술을 산업에 이용함으로써 경제효과를 얻을 수가 있습니다. 방송통신, 신약개발, 질병치료, 날씨, 재해예방, 교통정보 이용, 군사정보 수집, 정찰감시 등 실로 무궁무진합니다. 특히 미항공우주국(NASA)에서 나온 1,800개가 넘는 기술들이 민간에서 이용되고 있습니다. 이제 우리는 좁은 땅덩어리에서 싸움질만 할 것이 아니라 눈을 들어 우주로 한 걸음씩 나아가야 합니다. 이제 우리 한국도 세계 7대 우주 강국에 진입했습니다. 우주 산업은 산업 기술의 꽃입니다. 거의 모든 최첨단 기술이 들어있습니다. 그러니 우리 국민 모두가 우주개발에 애정과 관심을 가지고 협조하고, 격려하고, 적극 지원해야 할 것입니다.

(2) 위대한 한국, 한국인

일찍이 아시아의 황금시기에
빛나는 등불의 하나 코리아
그 등불 다시 한 번 켜지는 날엔
너는 동방의 밝은 빛이 되리라.
(인도 시인 - 타골)

"아시아 시대, 태평양의 시대가 온다. 한국이 시대의 주역이자 경제대국으로 성장할 수 있는 절호의 기회를 맞았다."(호암 이병철, 1987. 1. 한국경제신문)

① 위대한 한국

1945년 8월 15일 36년간의 일제 압제로부터 해방을 맞았습니다. 축적된 자본도 기술도 없었습니다. 오로지 헐벗고 굶주림과 가난뿐이었습니다. 설상가상으로 6·25 동족상잔의 비극을 겪게 되었습니다. 3년여 전쟁하는 동안 산업시설은 파괴되고, 곳곳이 폐허가 되었습니다. 정치는 불안하고 사회는 혼란, 그 자체였습니다. 국가 재정은 고갈되고, 국민들은 굶주림에 허덕이고 있었습니다. 1960년 국민소득이 태국 220달러, 필리핀이 170달러, 한국은 76달러였습니다. 이런 악조건 속에서 천우신조랄까? 5·16 군사혁명을 기점으로 지도자와 국민들이 똘똘 뭉쳐 "잘 살아보세, 하면 된다."는 굳은 신념으로 빈곤 탈출의 기치 아래 수출에 매진한 결과, 주지하다시피 수출입 규모 세계 6위, 1조 달러에 올라섰고, 군사력 6위, 세계 6대

제조강국, 세계 10위권의 경제대국이 된 것입니다. 그리고 또 3050클럽에 들게 됐습니다. 3050클럽이란 1인당 국민소득 3만 달러, 인구 5천만 명 이상의 국가를 말합니다. 미국, 일본, 독일, 영국, 프랑스, 이탈리아에 이어 7번째에 끼게 된 것입니다. 최근에는 유엔 무역개발위원회(UNCTAD)가 한국의 지위를 개발도상국가에서 선진국으로 변경했습니다. 그야말로 선진국이 된 것입니다.

더군다나 짧은 시간 내에 우리나라처럼 산업화, 민주화에 성공한 나라가 없다고 전문가들마다 이구동성으로 말합니다. 또 원조받는 나라에서 원조 주는 나라가 됐습니다. 장하지 않을 수가 없습니다. 그 저력에 자긍심, 자부심을 느끼지 않을 수가 없습니다. 무에서 유를 창조한 우리에겐 이런 잠재력이 내면에 꿈틀거리고 있었던 것이었습니다. 지난 월드컵 때에 붉은 악마들의 그 결집, 그 함성이 이를 증명하고 있습니다. 우리 국민은 신명난 민족임에 틀림이 없습니다. 굿판을 벌려만 주면 한판 멋들어지게 추는 신바람난 민족입니다. 그리고 부지런한 민족입니다. 열사의 나라에서 공기를 맞추기 위해 밤잠 안 자고 횃불을 켜놓고 공사를 하는 민족이 우리 말고 또 있을까요? 배를 제일 잘 만드는 나라, 조선 1위가 한국이요, 제일 높은 건물을 짓는 나라가 한국이고 한국인입니다. 모래벌판에서 이룬 포철신화, 새마을운동을 수출하고 국제기능올림픽을 휩쓸고 있는 나라가 한국이요, TV나 냉장고, 휴대폰도 휩쓸고 IT 강국이요 골프낭자군은 또 어떤가요. 한류와 K-POP이 세계를 휩쓸고 있는 나라 - 위대한 한국, 코리아. 우리에겐 꿈이 있습니다. 목표가 있습니다. 그것은 위대한 한국, 위대한 한국인이 되는 것입니다. 일등 국가, 일등 국민이 되는 것입니다.

② 위대한 한국인

"우리 민족으로 말하면 아름다운 기질로 아름다운 산천에 생장하여 아름다운 역사와 교화로 살아온 민족이므로 근본이 우수한 민족입니다."(안창호 / 동포에게 고하는 글)

위대한 국가는 위대한 국민이 만들어냅니다. 국민 한 사람 한 사람이 곳곳에서 묵묵히 맡은 일에 최선을 다할 때 국가는 성장하여 부강해지고, 국민도 윤택해지고, 행복한 삶을 구가할 수 있는 것입니다. 요체는 사람입니다. 인재가 넘치는 사회! 그래서 유능한 인재가 필요하고 길러야 할 책무가 있는 것입니다. 다행스럽게도 우리는 그 사이 사회 곳곳에서 위대한 영웅들을 만날 수가 있었습니다. 그 님들이 있었기에 발전, 부강해질 수 있었고, 그 님들을 길이 길이 흠모하고 존경하고 기려야겠습니다. 세계를 휩쓴 K-팝의 방탄소년단, 축구의 손흥민님, 영화 아카데미 작품상을 수상한 기생충의 봉준호님, 피겨의 김연아님, 비디오 아트의 백남준님, 소프라노의 조수미님, 마라톤의 손기정님, 의사 안중근님, 윤봉길님, 경제를 부흥시킨 삼성 이병철님, 현대 정주영님, 포철의 박태준님… 우리에겐 이런 위대한 영웅들이 있었기에 우쭐댈 수 있었고, 참으로 행복했습니다.

"내 손톱이 빠져나가고, 내 귀와 코가 잘리고, 내 손과 다리가 부러져도 그 고통은 이길 수 있으나 나라를 잃어버린 그 고통만은 견딜 수가 없습니다. 나라에 바칠 목숨이 오직 하나밖에 없는 것만이 이 소녀의 유일한 슬픔입니다."(유관순 열사 유언 중)

■ 손에 손잡고 - 코리아나

후기

　본서를 쓰기 위해 오래전부터 준비해오다 이제야 결실을 보게 됐습니다. 우리 인생은 수많은 문제점을 안고 살아갑니다. 삶 자체가 문제 투성이라고 해도 과언은 아닙니다. 그걸 한 권에 담는다는 것은 여간 무리가 아닐 수 없습니다. 위장병도, 부동산도 한 권 분량인데 많은 분량이어야 됨에도 지면관계상 한 권에 담았고 역부족으로 내용이 넓지도, 깊지도 못하고 변죽만 울리고 말았습니다. 이 점 양찰하시어 부족한 점, 미심쩍은 점, 관심 분야 깊이 천착하시기를 바라마지 않습니다.

　이 책에 실린 인용문은 저작자님의 허락을 받았으나 혹 누락된 부분이 있을 수 있습니다. 알려주시거나 확인되는 대로 허락을 받고 곧바로 올리겠습니다. 이 점 해량해주시옵고 거듭, 거듭 심심한 감사의 말씀을 드립니다. 아울러 이 책이 나오기까지 애써주신 출판사 대표님과 직원 여러분의 노고에 깊은 고마움을 전합니다.

부록

알아두시면 유용한 전화번호

■ 긴급 서비스

범죄신고 - 112
재난구조, 구급신고 - 119
사이버테러, 개인정보 침해신고 - 118
학교폭력, 성매매 피해신고 - 117
해양사고 신고 - 122
마약범죄 종합신고 - 1301
가정폭력, 여성 긴급전화 - 1366
감염병 신고 및 질병 정보안내 - 1339
아동학대, 노인돌봄, 보건복지, 긴급지원 상담 - 129
미아, 가출신고 - 182
금융 관련 피해신고(보이스피싱 등) - 1332
간첩신고 - 1337
로드킬 동물신고 - 120
국정원 안보상담 및 신고 - 111
밀수신고 - 125
청소년 상담 - 1388
아동학대 - 112
노인학대 - 1577-1389
KT 고객센터 및 전화고장 신고 - 100

■ 생활정보 서비스

표준시각 안내 - 116
일기예보 안내 - 131

수도고장 신고 - 121
정전, 전기고장 신고 - 123
가스사고 신고 - 1544-4500
환경오염 신고 - 128
법률구조 상담 - 132
관광정보 안내 - 1330
금융정보 조회 - 1369
교통정보 안내 - 1333
우체국 민원 - 1588-1300
전화번호 안내 - 114
국내 입양 및 미혼모 상담 - 1588-7501
자원봉사 - 1365
열차정보 - 1588-7788
대한항공 - 1588-2001
아시아나항공 - 1588-8000
고속버스 정보 - 1588-6900
여객선 정보 - 1544-1114
FM 95.1 MHZ - (02) 311-5114

■ 공공민원 서비스

사회복지 서비스(희망의 전화) - 129
인권침해 상담 - 1331
부정, 불량식품 신고 - 1399
다문화 가족지원 - 1345
고용근로 상담, 신고 - 1350
정부통합 민원 서비스 - 110
부정부패 신고 - 1398
한 부모 상담, 양육비 이행지원 - 1644-6621
아이돌봄 신청, 돌보미 지원안내 - 1577-2514
선거법 위반신고 - 1390
국세 관련 상담 - 126

(자료 : 대한민국 정책브리핑)